KRÖNERS TASCHENAUSGABE BAND 368

In rund 1800 Artikeln erschließt dieses Lexikon die Religion der Germanen: ihre Vorstellungen von Göttern, Alben, Zwergen und Riesen, von Beginn und Ende der Welt, von der Entstehung des Menschen, von Schicksal, Tod und Jenseits sowie ihre Formen der Anbetung, des Kultes und ihre Einstellung zur Magie. Der zeitliche Rahmen reicht von der Eisenzeit bis in die Mitte des 11. Jahrhunderts; das Gebiet, in dem germanische Völker siedelten, erstreckt sich von Island bis zum Schwarzen Meer. Das Lexikon stützt sich auf die Überlieferung in Sachfunden, Bilddarstellungen und schriftlichen Quellen, wobei die reiche skandinavische Tradition einen Schwerpunkt bildet. Eigene Artikel behandeln Begriffe und Probleme der archäologischen und volkskundlichen Quellen. Die anhaltende Faszination der Gestalten der germanischen Mythologie dokumentieren die Angaben über ihr Fortleben in Literatur, Musik und Kunst der Neuzeit. Reichhaltige Literaturhinweise sowohl zu den einzelnen Artikeln als auch in einer umfassenden Bibliographie im Anhang erleichtern den Zugang zur Forschungsdiskussion.

Das Standardwerk wurde für die drittte Auflage vollständig überarbeitet, auf den aktuellen Stand der Forschung gebracht und erheblich erweitert.

Rudolf Simek

Lexikon der germanischen Mythologie

Dritte, völlig überarbeitete Auflage

ALFRED KRÖNER VERLAG STUTTGART

Rudolf Simek
Lexikon der germanischen Mythologie
Unveränderter Nachdruck
der 3., völlig überarbeiteten Auflage 2006
Stuttgart: Kröner 2018
(Kröners Taschenausgabe; Band 368)
ISBN 978-3520-36804-1

Umschlagbild: Darstellung von Odin als Reiter auf einem Helmblech aus dem Grabfeld von Wendel, Schweden

Gesamtherstellung: Friedrich Pustet Regensburg

Inhalt

Vorwort zur 3. Auflage VII

Einleitung VIII

Abkürzungsverzeichnis XIV

Glossar verwendeter Fachausdrücke XVII

Zur Schreibung isländischer Namen XVIII

Lexikon A – Z 1

Literaturverzeichnis 507

Vorwort zur 3. Auflage

Es ist 22 Jahre her, seit die erste Auflage dieses Lexikons erschienen ist, und 10 Jahre seit der erweiterten zweiten Auflage. In diesem Zeitraum hat sich viel getan auf dem Gebiet der germanischen Mythologie und Religionsgeschichte, und während ich bei der Erstauflage noch über ein mangelndes Interesse und eine gewisse Tabuisierung des Themas klagen konnte, hat sich inzwischen die Lage grundlegend geändert: Im deutschen wie im angelsächsischen Sprachraum und ganz besonders in Skandinavien ist germanische Religionsgeschichte wieder ein relevantes Thema, zahlreiche Kongresse, Projekte sowie viele Einzeluntersuchungen zeugen davon. Auch die Tatsache, daß dieses Lexikon ins Englische (1993, paperback edition 1996), Isländische (1994) und auch ins Französische (1996) übersetzt wurde, zeigt das zunehmende internationale Interesse an den vorchristlichen germanischen Religionen. Die knapp 150 Neueinträge im Literaturverzeichnis gegenüber der zweiten Auflage dokumentieren aber auch in Auswahl, wie sehr sich heute nicht nur die Philologien und die Geschichte sowie die Religionswissenschaft, sondern in zunehmendem Maße auch die archäologischen Wissenschaften mit der nord- und westeuropäischen Religionsgeschichte beschäftigen. Um so mehr muß der noch engeren Zusammenarbeit zwischen den Wissenschaftsdiziplinen die Zukunft gehören, damit einerseits die zahlreichen Neufunde und Neuerkenntnisse fachübergreifend zu rezipiert und andererseits die quellenkritischen Ansätze der einzelnen Disziplinen auch in den Nachbarfächern ausreichend angewendet werden können.

Es schien mir daher diesmal nicht wie bei der zweiten Auflage ausreichend, nur Fehler auszumerzen, punktuell Neues nachzutragen und einige Artikel zu ergänzen, sondern ich habe neben zahlreichen Ergänzungen und Erweiterungen auch etliche Artikel grundlegend neubearbeitet, weil sie meinen Erkenntnisstand nicht mehr ausreichend widerspiegelten. Der deutlich größere Umfang geht also nicht nur auf den Neusatz zurück, sondern reflektiert auch den Wissenszuwachs auf dem behandelten Gebiet, zudem sind auch in dieser Auflage wieder über ein Dutzend neue Artikel dazugekommen.

Wie bisher bin ich allen Lesern für Anregungen, Ergänzungen und Korrekturen dankbar, die sicherlich wieder in eine zukünftige Neuauflage einfließen werden.

Wien, im Jänner 2006 Rudolf Simek

Einleitung

Mythologie

»Mythen sind Geschichten von Göttern«, sagt J. de Vries im Vorwort zu seiner Forschungsgeschichte der Mythologie, und wenn diese Definition auch stimmen mag, so stellt sie doch eine beträchtliche Einschränkung des Begriffs Mythos dar. Im hier vorgelegten »Lexikon der germanischen Mythologie« soll germanische Mythologie als Gesamtheit der Glaubensvorstellungen des germanischen Heidentums verstanden werden, wie sie uns in Sachfunden, Bilddarstellungen und schriftlichen Quellen überliefert sind. Diese Vorstellungen beschränken sich nicht auf »Geschichten von Göttern«, sondern sie beziehen sich auch auf Wesen der niederen Mythologie wie Alfen, Zwerge und Riesen, sie beschäftigen sich mit dem Beginn und der Endzeit der Welt, mit der Entstehung der Menschen, mit Schicksal, Tod und Jenseits; auch in der Form der Anbetung der Götter, im Kult, in den Begräbnissitten und in der Einstellung zur Magie manifestieren sie sich. Nicht nur die germanische Mythologie im engeren Sinn, sondern die gesamte germanische Religionsgeschichte soll in diesem Nachschlagewerk erschlossen werden. Nicht erfaßt ist dagegen das umfangreiche Gebiet der germanischen Heldensage.

Germanisches Heidentum und Quellen

Der Zeitabschnitt, innerhalb dessen wir von heidnisch-germanischer Religion sprechen können, beginnt in der Bronzezeit (1500–500 vor Chr.) und endet mit der Christianisierung der germanischen Stämme, die im Süden früher einsetzt als im Norden: die Goten wurden noch während der Völkerwanderungszeit im 3./4. Jh. christianisiert, es folgten die angelsächsischen und deutschen Stämme. In Skandinavien hielt sich das Heidentum wesentlich länger, erst Mitte des 11. Jh. ist die Missionierung abgeschlossen. Etwa 2500 Jahre lang lebte also die germanische Religion, und von Island bis zum Schwarzen Meer reichte das Gebiet, in dem germanische Völker siedelten. Während einer so langen Zeitspanne und in einem so weiten Raum waren die religiösen Vorstellungen gewiß nicht einheitlich und statisch. Erschwerend kommt hinzu, daß die Quellenlage karg

und lückenhaft ist, so daß wir etwa über die Religion der germanischen Eisenzeit (500 v. – 400 n. Chr.) fast gar nichts wissen.
Die unvollständige Überlieferung gibt bei unkritischer Betrachtung ein recht verzerrtes Bild der heidnischen Religion. Die meisten unserer Informationen stammen von Christen und wurden zum allergrößten Teil auf einer der letzten Bastionen des germanischen Glaubens, auf Island aufgezeichnet. Dort haben sich mehr als 200 Jahre nach der Christianisierung (im Jahr 1000) Gelehrte mit der germanischen Religion beschäftigt. Erst dabei wurden einige der jüngeren Eddalieder gedichtet, die älteren aufgezeichnet, und es entstand Snorri Sturlusons Dichterhandbuch, die sogenannte Snorra-Edda. Snorri versucht hier, eine systematische Darstellung der germanischen Götterlehre zu geben, aber seine Quellen sind vor allem wikingerzeitliche Gedichte (Skalden- und Eddalieder) aus Norwegen und Island, die kaum für den ganzen Bereich der Germania repräsentativ waren und bereits von den Ideen des vordringenden Christentums beeinflußt waren. Zudem war Snorri Christ, und seine christliche Erziehung ist in seine Darstellung miteingeflossen. Dennoch sind seine Werke eine unserer Hauptquellen für die germanische Mythologie.
Schon während der Germanenmission hatten christliche Historiker wiederholt Details der heidnischen Religion erwähnt, aber an einer umfassenden Darstellung waren sie nicht interessiert, und viel ist aus ihren Schriften nicht zu entnehmen, außerdem ging die Tendenz im Frühmittelalter – wie unter Ludwig dem Frommen (gest. 840) – eher zur Unterdrückung heidnischen Gedankenguts. Für die Völkerwanderungszeit sind wir im allgemeinen auf die verstreuten Runeninschriften angewiesen, die meist magischen Charakter haben und nur ganz selten über die Götter selbst berichten. Hinzu kommt die Aussage der Ortsnamen, die über die Verbreitung der Kulte verschiedener Götter Auskunft geben. Ergiebiger sind die römerzeitlichen Quellen; der römische Historiograph Tacitus hat zu Ende des 1. Jahrhunderts nach Chr. eine Monographie über die Germanen (Germania) verfaßt, in der er auch auf deren Religion zu sprechen kommt. Seine Darstellung ist unsere wichtigste Quelle für das germanische Altertum, auch wenn er die Germanen etwas idealisiert gesehen haben mag.
Unverfälschte Zeugen des Glaubens der römerzeitlichen Germanen in Deutschland sind die Denkmäler des Matronenkults. Dabei handelt es sich um Weihesteine der Germanen für ihre germanischen Schutzgötter, die von römischen Steinmetzen und mit lateinischen Inschriften hergestellt wurden; nur wenige Namen dieser Muttergottheiten finden sich auch in Snorris Götterlehre, die meisten können wir nicht einmal sicher deuten. – Abgesehen von archäologi-

schen Bodenfunden, die einige Rückschlüsse über den Grabbrauch und z. B. über die Verehrung von Quellen und dgl. erlauben, haben wir für die ältesten 1500 Jahre germanischer Religion nur die südskandinavischen Felszeichnungen, die Kulte darstellen, aber verschweigen, wem diese Kulte galten.

Forschung

Die Kargheit und Uneinheitlichkeit der Quellen hatte nicht nur zur Folge, daß die germanische heidnische Religion selbst in Nord- und Westeuropa wesentlich weniger bekannt war und ist als das antike Heidentum, sondern forderte andererseits auch zur Erforschung dieser Religion heraus. Schon Snorris gelehrte Aufarbeitung seiner Quellen ist nichts anderes als die erste wissenschaftliche Beschäftigung mit der germanischen Mythologie. Sie war die Grundlage für die Arbeit der Mythographen während der hochmittelalterlichen isländischen Renaissance (auch der dänische Historiograph Saxo Grammaticus zu Beginn des 13. Jahrhunderts bezog sein Wissen aus Island) und setzte sich in Skandinavien auch im Spätmittelalter und in der frühen Neuzeit fort, sowohl in Gestalt der spätmittelalterlichen Trivialliteratur (Märchensagas) als auch in antiquarischer Beschäftigung mit heidnischer Vorzeit (wie beim schwedischen Erzbischof und Historiker Olaus Magnus im 16. Jahrhundert). Im übrigen Europa drang dagegen die Kenntnis der germanischen Religion erst während der Aufklärung langsam durch.
Zu Beginn des 19. Jahrhunderts wurde während der deutschen Romantik ein erster Höhepunkt der Beschäftigung mit der germanischen Religion erreicht, der sich sowohl in der künstlerischen Rezeption in bildender Kunst und Literatur manifestierte, als auch im Entstehen einer wissenschaftlichen Auseinandersetzung mit dem Heidentum, die als Beginn der eigentlichen → Forschungsgeschichte zu sehen ist, die bis heute anhält und durch die Entdeckung neuer Quellen und die Entwicklung neuer Theorien immer wieder neue Impulse erfährt.
Da das immer noch grundlegende Handbuch von Jan de Vries, dem auch das vorliegende Wörterbuch weitgehend verpflichtet ist, seine letzte Überarbeitung bereits vor 1956 erfahren hat und die neueren Handbücher entweder recht knapp gehalten sind (Ström-Biezais) oder sich auf einen regionalen Teilbereich beschränken (Turville-Petre), galt es hier, auch die Forschungsliteratur der letzten Jahrzehnte aufzuarbeiten. Einen Überblick gibt die ausführliche internationale Bibliographie mit über 1500 Titeln am Ende des Bandes; die den einzelnen Artikeln beigefügten Literaturverweise verzeichnen die neuere und speziellere Sekundärliteratur.

Rezeption in Kunst und Literatur

In Gegensatz zur eher kontinuierlichen Entwicklung der Forschung sind in der künstlerischen Rezeption des germanischen Altertums und seiner Religion deutliche Höhepunkte festzustellen: In Dänemark und auch in Schweden führte die nordische Renaissance zu einer nationalen Rückbesinnung auf die eigene Vergangenheit, die in Deutschland nur geringfügig wirksam wurde. Im deutschen Sprachraum gaben erst die durch die ersten Edda-Übersetzungen ermöglichten Opern Richard Wagners einen Impuls zur Rezeption germanischer Religion und Sage, der bis ins 20. Jahrhundert hineinwirkte, wobei es sich in vielen Fällen allerdings eher um eine Rezeption von Wagners Opern handelte als um die Rezeption der eigentlichen Quellen der germanischen Mythologie – ablesbar z. B. an der Häufigkeit von Walkürendarstellungen.

Die Assoziation der von Wagner bearbeiteten Stoffe der germanischen Heldensage mit nationalistischem Ideengut führte in den 20er und 30er Jahren des 20. Jahrhunderts zu einer intensiveren künstlerischen Beschäftigung in national gesinnten Kreisen. Dabei wurde jedoch die germanische Mythologie im engeren Sinn weitgehend ausgeklammert, was möglicherweise mit der kirchlichen Bindung der betreffenden Künstler zusammenhängt, die zu einer Tabuisierung der germanischen Religion führte. Dagegen sind Ansätze zu einer Beschäftigung mit germanischer Sage und Götterwelt auch in der aufkeimenden Arbeiterbewegung der 20er Jahre zu finden, die sich aber im Schatten der nationalsozialistischen Bewegung nicht weiter entfalten konnten. Seit der Machtübernahme Hitlers nahm die wissenschaftliche und populärwissenschaftliche Forschung über die Germanen und die germanische Mythologie sowohl in der Germanistik wie auch in den verwandten Fächern Volkskunde und Nordistik einen beträchtlichen Aufschwung, der dann zu einer umfangreichen Produktion von populären Werken über die »Götter der Germanen« führte. Daß diese Publikationen kaum einen greifbaren Niederschlag in der künstlerischen Beschäftigung – mit Ausnahme von Buchillustrationen – fanden, zeigt die Grenzen dieses staatlich geförderten Interesses für die nordische Vergangenheit.

Nach 1945 galt daher die germanische Sage und Mythologie als ideologisch belastet und fand in der künstlerischen Tätigkeit 30 Jahre lang kaum einen Niederschlag, während die Forschung fortgeführt wurde und schon in den 60er Jahren wieder einen beträchtlichen Aufschwung erlebte, besonders von der komparativen Religionswissenschaft und textkritischen Ansätzen der Philologie her. Zaghafte Anfänge künstlerischer Rezeption sind seit Beginn der 70er Jahre im Zusammenhang mit der zunehmenden Mittelalterrezeption festzustellen, ein anderer Anstoß geht von der Welle »mythischer Romane« aus, die aber ihren Ursprung im angelsächsischen Sprachraum hat und daher auch eher die keltisch-arthurische Mythologie und Sagenwelt verarbeitet. Von mehr als von vereinzelten Ansätzen zur erneuten Rezeption speziell germanischer Mythologie kann derzeit also nicht die Rede sein.

Das vorliegende Lexikon bemüht sich erstmals, nicht nur ein Handbuch für die germanische Mythologie und Religionsgeschichte selbst vorzulegen, sondern bei jedem Stichwort exemplarisch auch die künstlerische Rezeption zu behandeln; es versteht sich auch als Motivlexikon zur germanischen Religion in Kunst und Literatur der Neuzeit.

Auswahl der Stichwörter

Als Stichwörter wurden alle Namen und Begriffe aufgenommen, die für die germanische Religion direkt relevant sind, darüber hinaus noch die Namen, welche in der Snorra-Edda und in den mythologischen Eddaliedern in direkter Verbindung mit Mythos im engeren Sinn erscheinen, auch dann, wenn es als sicher gelten kann, daß sie erst am Ende der heidnischen Zeit im Rahmen dichterischer Ausgestaltung entstanden sind. Erschlossene, aber nicht in dieser Form überlieferte Namen sind durch ein hochgestelltes Sternchen gekennzeichnet (z. B. *Ziu), andere, die erst in der neuzeitlichen Dichtung und Forschung entstanden und mit dem germanischen Heidentum ursprünglich nichts zu tun haben, sind in Klammern gesetzt z. B. (Cisa), (Woglinde). Zusätzlich wurden einige Artikel aufgenommen, die sich mit der Forschungsgeschichte, bzw. den wichtigsten Persönlichkeiten der Forschung beschäftigen.

Aufbau der Artikel

Nach dem jeweiligen Stichwort findet sich in Klammer die Sprachangabe und soweit möglich auch die etymologische Bedeutung. Es folgt eine Kurzcharakteristik des Begriffs, dann die ausführlicheren Informationen mit ihren Belegstellen und schließlich eine Darstellung der Beziehungen zu anderen Bereichen und, wenn nötig, eine ausführlichere Behandlung der Etymologie.

Am Ende des Artikels wird die Sekundärliteratur angegeben, meist mit Kurztiteln; vollständige Literaturangaben finden sich in der Bibliographie am Ende des Bandes, Abkürzungen im Abkürzungsverzeichnis.

Anschließend findet sich mit dem Hinweis N (Nachleben) die Rezeption des Stoffes in der Neuzeit; wo diese Angaben umfangreicher sind, wird nach Bildender Kunst, Literatur, Musik und Sonstigem getrennt.

Dank

Mein Dank gilt besonders Herrn Ministerialrat Dr. L. Strebl, von dem der ursprüngliche Plan zum »Lexikon der germanischen Mythologie« stammt, der aber aus beruflichen Gründen an der Ausarbeitung verhindert war und mir in großzügiger Weise nicht nur alle seine bibliographischen Vorarbeiten zur Verfügung stellte, sondern auch weiterhin immer hilfreichen Anteil nahm. Weiter gilt mein Dank all den Kollegen an der Universität Wien, deren Hilfe ich in Anspruch nahm, besonders den Mitarbeitern am Thesaurus palaeogermanicus, sowie Professor H. Pálsson von der Universität Edinburgh, und nicht zuletzt meiner Frau, die mir immer mit konstruktiver Kritik zur Seite stand. Herr A. Klemm vom Alfred Kröner Verlag hat mit großer Hingabe und viel Mühe an der Durcharbeitung des Manuskripts mitgewirkt, auch ihm sei hier herzlich gedankt.

Gmunden, Sommer 1984

Abkürzungsverzeichnis

A) Quellen

1) Eddalieder (Ausg. G. Neckel u. H. Kuhn, Heidelberg [4]1962)

Akv	Atlakviða
Alv	Alvíssmál
Am	Atlamál
Bdr	Baldrs draumar
Fjm	Fjölsvinnsmál
Fm	Fáfnismál
Gðr	Guðrúnarkviða
Gg, Gróg	Grógaldr
Grm	Grímnismál
Grp	Grípsspá
Grt	Grottasöngr
Háv	Hávamál
Hdl, Hl	Hyndluljóð
HH I	Helgakviða Hundingsbana in fyrri
HH II	Helgakviða Hundingsbana in önnur
HHv	Helgakviða Hjörvarðssonar
Hlr	Helreið Brynhildar
Hm	Hamðismál
Hrbl	Hárbarðsljóð
Hunn	Hunnenschlachtlied (Hlöðskviða)
Hym	Hymiskviða
Ls	Lokasenna
Od	Oddrúnargrátr
Rm	Reginsmál
Rþ	Rígsþula
Sd	Sigrdrifumál
Skm	Skírnismál
Svm	Svipdagsmál
Thrk	Thrymskviða
Vkv	Völundarkviða
Vm	Vafþrúðnismál
Vsp	Völuspá

2) Snorra-Edda (Ausg. F. Jónsson, København 1900)

Gylf	Gylfaginning
Hat	Háttatal
Skaldsk	Skáldskaparmál

3) Sonstige

Ann	Tacitus, Annales
Drdlj	Darraðarljóð
Fms	Fornmanna sögur
Germ	Tacitus, Germania
Gesta Dan.	Saxo Grammaticus, Gesta Danorum (Ausg. A. Holder, Straßburg 1886)
Gesta Hammab. Eccl. Pontif.	Adam von Bremen, Gesta Hammaburgensis Ecclesiae Pontificum
Hist	Tacitus, Historiae
Hist. Eccl.	Beda, Historia Ecclesiastica Gentis Anglorum

Zahlenangaben hinter Quellenzitaten beziehen sich auf Bücher, Kapitel oder Strophen, nur bei Saxo auch auf Seiten.
Übersetzungen sind, soweit nicht anders angegeben, die des Autors.

B) Sekundärliteratur

1) Zeitschriftentitel

AfdA	Anzeiger für deutsches Altertum
ANF	Arkiv för nordisk Filologi
APhSc	Acta Philologica Scandinavica
Archiv	Herrigs Archiv für die Geschichte der deutschen Sprache und Literatur
ARW	Archiv für Religionswissenschaft
DS	Danske Studier
DVjS	Deutsche Vierteljahrsschrift für Literatur, Wissenschaft und Geistesgeschichte
FFC	Folklore Fellows Communications
FmSt	Frühmittelalterliche Studien
GR	Germanic Review
GRM	Germanisch-Romanische Monatsschrift
IF	Indogermanische Forschungen
JEGPh	The Journal of English and Germanic Philology
KLNM	Kulturhistorisk Leksikon for nordisk Medeltid
MLN	Modern Language Notes
MLR	Modern Language Review
MoM	Maal og Minne
Neuphil. Mitt.	Neuphilologische Mitteilungen
NoB	Namn och Bygd
PBB	Beiträge zur Geschichte der deutschen Sprache und Literatur
West	Tübingen
Ost	Halle/S.
PMLA	Publications of the Modern Language Association

SMS	Studia Medievalia Septentrionalia
SS	Scandinavian Studies
SSUF	Språkvetenskapliga sällskapets i Uppsala förhandlingar
TNTL	Tijdschrift voor Nederlandse Taal en Letterkunde
WuS	Wörter und Sachen
ZfceltPh	Zeitschrift für celtische Philologie
ZfdA	Zeitschrift für deutsches Altertum
ZfdPh	Zeitschrift für deutsche Philologie

2) Nachschlagewerke und Monographien

ARG, de Vries	J. de Vries, Altgermanische Religionsgeschichte, Berlin ^{3}1970
CIL	Corpus Inscriptionum Latinarum, Berlin 1853ff.
DicMa	Dictionary of the Middle Ages, New York 1982–89
GKAR, Birkhan	H. Birkhan, Germanen und Kelten bis zum Ausgang der Römerzeit, Wien 1970
Hoops	J. Hoops, Reallexikon der germanischen Altertumskunde, Straßburg 1911–19
KLL	Kindlers Literatur Lexikon, München 1965
LexMA	Lexikon des Mittelalters, Zürich/München 1980ff.
MeScand	Medieval Scandinavia. An Encyclopedia, hg. von Ph. Pulsiano und K. Wolf, New York 1993
RGA	J. Hoops, Reallexikon der germanischen Altertumskunde, 2. Aufl., hg. von H. Beck u. a., Berlin/New York 1972–2006
Thes. Pal. 1984	H. Reichert, Lexikon der altgermanischen Namen, Wien 1984 (= Thesaurus Palaeogermanicus 1)

C) Sonstiges

Abb.	Abbildung
ahd.	althochdeutsch
Ausg.	Ausgabe(n)
Bd.	Band
ders.	derselbe
dies.	dieselbe
Diss.	Dissertation
dt.	deutsch
eig.	eigentlich
hg., Hg.	herausgegeben, Herausgeber
Kap.	Kapitel
Kl.	Klasse
lat.	lateinisch
Lit.	Literatur
mhd.	mittelhochdeutsch

N:	Nachleben
N. F.	Neue Folge
N.S.	Neue Serie/New Series
Pl.	Plural
Pr.	der mit einer Strophe verbundene Prosatext
Sg.	Singular
Str.	Strophe
Übers.	Übersetzung, übersetzt
Zs.	Zeitschrift

Glossar verwendeter Fachausdrücke

ätiologisch	die Ursprünge erklärend
aquatisch	zum Wasser gehörig
archaisch	sehr altertümlich, primitiv
autochthon	eigenständig, eingeboren, einheimisch
chthonisch	irdisch, unterirdisch, mit der Erde verbunden
dróttkvætt	»Hofton«, altnord. Versmaß des skaldischen Preislieds aus achtzeiligen Strophen mit sechssilbigen Kurzzeilen
eddisch	zur → Edda gehörig
eponym	namengebend
eschatologisch	→ Eschatologie
etymologisch	die Wortabstammung erklärend
euhemeristisch	→ Euhemerismus
fornyrðislag	eddisches Versmaß
genealogisch	Stammbäume betreffend
Initiation	Einweihung
ljóðaháttr	»Spruchton«, eddisches Versmaß aus zwei Langzeilen
Protoplasten	Stammeltern, Urmenschen
schamanistisch	zur Kulturstufe des Schamanismus gehörig
semantisch	die (Wort-)Bedeutung betreffend
skaldisch	zur → Skaldendichtung gehörig
synkretistisch	die Vorstellungen verschiedener Religionen vereinigend oder vermischend
theophore Ortsnamen	mit einem Götternamen gebildete → Ortsnamen

Zur Schreibung isländischer Namen

Altnordisch þ wird wie stimmloses englisches th ausgesprochen, ð (nur Inlaut) wie stimmhaftes englisches th. Der Überblickbarkeit halber und um die alphabetische Auffindung zu erleichtern, werden þ und Þ in Stichwörtern auch als th und Th geschrieben. Der isländische Buchstabe ǫ ist durchwegs durch das etwa entsprechende deutsche ö wiedergegeben. Der Akzent ´ auf Vokalen ist kein Betonungszeichen, sondern bezeichnet die Länge des Vokals.

A

Abiamarcae. Matronenname. Den Matronis Abiamarcis ist eine Inschrift auf einem römerzeitlichen Weihestein aus Floisdorf bei Aachen (CIL XIII 7898) gewidmet; wäre die eigentliche Lesung A. richtig, wäre eine Deutung als »das hinten (im Wald) gelegene Grenzland« denkbar. Neufunde mit dem Matronennamen → Ambiamarcae bestätigen jedoch die ältere Vermutung, daß bei den A. richtig Ambia- zu lesen ist.

S. Gutenbrunner, Die german. Götternamen, 1936; K. H. Schmidt, Die Komposition der gall. Personennamen, in: ZfceltPh 26, 1957; H. Birkhan, GKAR, 1970; B. u. H. Galsterer, Neue Inschriften aus Köln, in: Epigraphische Studien 12, 1981.

Abirenae. Matronenname? Es ist nicht sicher, ob auf der Inschrift von Deutz tatsächlich Matronis Abirenibus zu lesen ist, oder ob es sich bei diesem Namen um einen Zusatz zum vorher genannten Hercules Magusanus handelt; Gutenbrunner wollte auf Ambirenes »Die Anwohner des Rheines« ändern, was dann allerdings auf eine keltische Bildung deuten würde. Seine Ansicht wird durch einen Neufund von Deutz gestützt, welcher unter anderem auch Ambiorenesibus geweiht ist; → Ambioreneses.

S. Gutenbrunner, Die german. Götternamen, 1936; H. Birkhan, GKAR, 1970.

Abstammungsmythen (Ethnogonien) der german. Völker sind uns von Tacitus bis ins Hochmittelalter in schriftlichen Quellen überliefert. Besonders diese Erzählungen vermengen Mythen, Sagen und Historisches. Eine Trennung dieser Schichten ist für die Mythologie nicht notwendig, da die mythische Funktion davon unbeeinflußt bleibt. Kennzeichnend für alle Zweige german. A. ist das Element der Sakralabstammung, ob die A. nun Völker, Stämme oder Herrschergeschlechter betreffen. Die älteste Nachricht über A. bei den Germanen stammt von Tacitus (Germ 2): »In alten Liedern, bei ihnen die einzige Art geschichtlicher Überlieferung, feiern sie den erdgeborenen → Tuisto. Seinem Sohn Mannus, dem Ahnherren und Gründer ihres Volkes, schreiben sie drei Söhne zu, von deren Namen sie (die Stämme) ihre Namen ableiten: die an der Küste Ingaevonen, die in der Mitte Hermionen, die anderen Istaevonen. Manche versichern, da ja die Urzeit verschiedenste Vermutungen zuläßt, daß dieser Sohn noch mehr Nachkommen gehabt hätte, von denen sich Völkernamen ableiten: Marser, Gambrivier, Sueben, Vandilier, was die alten und echten Namen wären.« Aus den drei ungenannten Ahnen der drei Völker hat man die Götter *Yng (= Freyr), *Ermin (→ Irmin = *Tīwaz?) und einen nicht zu identifizierenden *Ist herauslesen wollen, aber nur *Yng hält kritischer Untersuchung stand. Dagegen

findet sich der formale Aufbau dieser A., Tuisto (»Zwitter«) – Mannus (»Mann«) – 3 Söhne, auch in der skandinavischen Tradition der Edda (→ Kosmogonie), wo die drei Söhne Odin, Vili und Vé von Buri (Borr) die Ahnen der Götter sind; dieses Schema findet sich auch in A. anderer indogerman. Völker, etwa bei den Griechen. Dem zwitterhaften Tuisto scheint in der nordischen Mythologie der riesische Urzwitter Ymir zu entsprechen, welchem im Altindischen das Urgeschwisterpaar Yama – Yamî, avestisch Yima, gegenübersteht; dem Mannus des german. A. bei Tacitus entspricht im Altindischen Mânus als Stammvater der Menschheit, womit wesentliche Züge dieses A. im indogerman. Bereich bis ins 3. Jahrtausend v. Chr. zurückzuverfolgen sein dürften.
Aber wie die Tacitusstelle zeigt, legten auch die einzelnen german. Stämme auf ihre Sakralabstammung Wert, was sich in den uns aus späterer Zeit überlieferten A. german. Stämme bestätigt. Von den angelsächs. Anführern gibt um 731 n. Chr. Beda (Hist. Eccl. I, 15) eine Genealogie, die Hengist und Horsa über Wictgils, Witta und Wecta auf Wodan zurückführt, »von dem auch die Königshäuser vieler anderer Provinzen abstammen«. Diese Genealogie enthält in den umfangreicheren Fassungen mittelalterlicher Historiker (etwa Nennius) auch zahlreiche andere mythologische Namen, zu denen durchwegs Geat (der dem altnord. Odinsnamen Gaut entspricht) gehört.
Von einem mythischen Ahnen namens Gaus (durch Lautverschiebung aus Gaut) leitet sich ein langobardisches Königsgeschlecht her (Hist. Langob. 5), dem Audoin und Alboin angehörten. Ähnlich berichtet Jordanes (Getica 13, 78) von den Goten, deren Königsgeschlecht der Amaler sich von Gapt (aus *Gaut) herleitet. Jordanes nennt die Amaler »Anses« (identisch wohl mit den Asen), welche er als semideos (»Halbgötter«) übersetzt.
In der mittelalterlichen altnordischen Literatur reflektieren die Erzählungen von der Sakralabstammung noch den Zweck der Rechtslegitimierung von Königs- und Fürstengeschlechtern. Während die schwedischen Ynglingar sich von Yngvi-Freyr herleiteten (Ynglingatal), stellt sie Snorri in der Ynglinga saga in die Deszendenz Odins, wo schon Eyvindr in der Haleygjatal im 10. Jh. mit der Genealogie der Ladejarle angeknüpft hatte. Sekundär an ältere Genealogien knüpfen die Ansprüche der Sakralabstammung der dänischen Skjöldungen und der nordischen Skilfingen an.
Im german. Bereich ist also sowohl bei Königsgeschlechtern, Einzelstämmen und Völkern der Glaube an göttliche Abstammung ebenso nachzuweisen, wie sie die eddischen Quellen auch für die Entstehung der Mensch-

heit überhaupt nahelegen (→ Anthropogonie).

J. Grimm, Dt. Mythologie, [4]1875–78; O. Höfler, Abstammungstraditionen, in: RGA 1, 1972; A. Faulkes, Descent from the Gods, in: Mediaeval Scandinavia 11, 1978/79.

Ägir (altnord., »Meer«) ist in der nordischen Mythologie der Meerriese, der Züge eines Meergottes annimmt.

Snorri sagt in Skaldsk 23, daß Hlér und Gymir andere Namen für Ä. sind; Ä. findet sich häufig in den mythologischen Erzählungen der Eddas als Freund der Götter; in der Ls (und in den Grm 45) bewirtet er die Götter und dieses Gastmahl dient dann als Rahmenhandlung des Liedes. Ähnlich ist dann bei Snorri (Skaldsk 1) ein Besuch Ä.s bei den Göttern der Rahmen für mythologische Erzählungen: »Ein Mann hieß Ä. oder Hlér; er wohnte auf der Insel, die Hlésey genannt wird und war sehr weise. Er machte sich auf die Reise nach Asgard, die Götter aber wußten von seiner Reise und begrüßten ihn freundlich, auch wenn vieles nur Blendwerk war.«

Auch für die Zeit vor der Christianisierung sind Mythen um Ä. durch Kenningar belegt, so die Identität von Ä. und Hlér und seine Rolle als Wirt (Egill, Sonatorrek 8).

In Texten zur norweg. Urgeschichte aus dem Hochmittelalter wird Ä./Hlér als Sohn des → Fornjótr bezeichnet. Die Meeresgöttin Ran ist laut Snorri (Skaldsk 31) Ä.s Tochter, laut Skaldsk 58 jedoch seine Frau, mit der er neun Töchter hatte, die üblicherweise mit den Meereswellen identifiziert wurden (→ Ägirstöchter). Ran besitzt ein Netz, mit dem sie die Ertrunkenen auffischt, die nicht nach Hel oder Walhall kommen, sondern bei Ran eine Art unterseeisches Totenreich bevölkern.

Ä. bedeutet im Altnordischen sowohl den Meerriesen, wie häufig (aber sekundär?) auch das Meer selbst; der Name Ä. hängt mit german. *ahwo, lat. aqua »Wasser« zusammen, bedeutet im Falle des Meerriesen also »Wassermann« (vgl. lat. Aquarius); allerdings wäre es auch möglich, daß es sich bei Ä. »Meerriese« und ägir/ägi »Meer« um zwei verschiedene Wörter handelt (Tveitane 1976).

F. R. Schröder, Die Göttin des Urmeeres und ihr männlicher Partner, in: PBB West 82, 1960; J. de Vries, ARG, [3]1970; M. Tveitane, Omkring det mytologiske navnet Aegir m »vannmannen«, in: APhSc 31, 1976; E. F. Halvorsen, Aegir, in: KLNM 20, 1976.

N: Ä. wird besonders in der bildenden Kunst als nordisches Äquivalent Poseidons dargestellt: N. J. O. Blommér, *Näcken och Ägirs döttrar* (Gemälde 1850); J. P. Molin, *Aegir* (Brunnenrelief); E. Doepler d. J., *Aegir* (in: E. Doepler, W. Ranisch, *Walhall*, 1901).

(Sonstiges) *Aeger*, norweg. Korvette, fertiggestellt 1967.

Ägirshelm (altnord. Aegishjálmr oder eig. Oegishjálmr »Schrekkenshelm«) ist in der nord. Hel-

densage Sigurds Helm (Rm 14 Pr, Fm 16, 17, 44 Pr; Snorri, Gylf 38), den er dem Drachen Fafnir abnimmt, nachdem er ihn erschlagen hat; vorher hatte er (laut Snorri) Hreiðmarr, dem Vater Fafnirs, gehört.
Der Ä. versetzt alle, die ihn sehen, in Schrecken; er könnte somit auf klassischen Einfluß zurückgehen, da die griechische aigis (bei Zeus ein Schild, bei Pallas Athene ein vom Gorgonenhaupt gekrönter Mantel) dieselbe schreckeneinflößende Funktion hat; das griechische Wort aigis könnte durch die Einwirkung des lautlich ähnlichen altnord. œgr »schrecklich« volksetymologisch zum »Schreckenshelm« geworden sein.
Mit dem Meerriesen Ägir hat der Ä. jedenfalls nichts zu tun.

Ägirstöchter (altnord. Aegisdœtra) werden in der altnord. Dichtung die Meereswellen genannt. Die neun Töchter des Meerriesen → Ägir und seiner Frau Ran heißen (laut Snorri, Skaldsk 22 u. 58) Himinglæva (»die Himmelsglänzende« = »Welle«), Blóðughadda (»Blutig-Haar«), Hefring (»die sich Hebende«), Dúfa, Uðr, Hrönn, Bylgja, Bara (alle Synonyme für »Welle«), Kolga (»die Kalte«). Neben diesen neun Ä.n nennt Snorri noch etliche andere Namen, womit er aber nur den Skalden nachfolgt; die Namen dürften also bei den Ä.n (wie auch z. B. bei den Walküren) nicht festgelegt gewesen sein, sondern jedes Synonym für »Welle« konnte von den Dichtern als Name für eine der Ä. gebraucht werden; die Namen sind so sprechend, daß sie sicher nicht lange vor Ende der heidnischen Zeit geprägt wurden. Snorris Liste geht wahrscheinlich auf ihn selbst zurück, und nur teilweise auf eine Strophe Einarr Skúlasons.

L. Motz, Giantesses and their Names, in: FmSt 15, 1981.

N: (Bild. Kunst) Ägirs Töchter werden in der Kunst des 19. Jh. entweder als den klassischen Nymphen entsprechend abgebildet: J. P. Molin, *Nöck, Agir o. h. döttrer* (Brunnenrelief) und N. J. O. Blommér, *Näcken och Ägirs döttrar* (Gemälde 1850), oder, der nordischen Auffassung eher entsprechend, einfach als Meereswellen: H. Hendrich, *Nordische Landschaft (Oegir's Töchter)* (Gemälde 1889).

Aelf (altengl.) → Alben.

Äpfel der Göttin → Idun, welche die Götter verjüngen, wenn sie davon essen, erwähnt schon um 900 der Skalde Thjóðólfr in seiner Haustlöng; dies ist die Quelle für Snorris Bericht von den goldenen Ä.n, welche Idun in ihrer Truhe aufbewahrt und damit die Götter verjüngt (Gylf 25); als der Riese → Thjazi einmal Idun samt ihren Ä.n raubt, beginnen die Götter zu altern (Skaldsk 1).
Obwohl dieser Mythos von Idun nicht sehr verbreitet war, kann

man die Vorstellung von den wunderbaren (goldenen) Ä.n auch in anderen Texten finden, etwa Skm 19f., wo Skírnir der Gerðr elf Ä. als Lockmittel anbietet.
Die Ä. als Symbol der Fruchtbarkeit und des Lebens dürften die Germanen schon früh von den Römern übernommen haben, da sich Ä. schon in der römischen Kaiserzeit als Lebenssymbole auf den Altären der → Nehalennia abgebildet finden. Die Hesperidenäpfel der antiken Mythologie – das Hochzeitsgeschenk der Gaia an Hera – könnte also als Vorbild für Iduns Ä. gedient haben, ebenso aber die christliche Lebensbaumsymbolik. Mit dem Idun-Mythos verwandte irische Geschichten vom Raub der heilenden Ä. aus dem Garten der Hisbernia durch die Söhne des Tuireum können auf ähnliche Vorbilder zurückgehen, hängen aber nicht unbedingt mit dem nordischen Mythos zusammen.
Die Frage, wann man in Skandinavien mit der Kultivierung von Apfelbäumen begann (in der jüngeren Steinzeit? vor oder während der Römerzeit? im Hochmittelalter?) ist für die magische Bedeutung der Ä. nicht weiter wichtig, da man unter den Grabbeigaben des Osebergschiffes auch Kübel voll wilder Ä. gefunden hat, die gewiß als Lebenssymbol betrachtet werden können. Der Name der Frucht, der bereits vorgermanisch den nordeuropäischen Sprachen gemeinsam war, läßt auf eine Pflege von Apfelbäumen lange vor der Römerzeit schließen.

S. Bugge, Iduns Aebler, in: ANF 5, 1889; J. de Vries, ARG, [3]1970; E. O. G. Turville-Petre, Myth and Religion of the North, Westport 1975; I. Müller u. D. Harmening, Apfel, in: LexMA 1, 1980.

Afliae. Matronenname. Zwei römerzeitliche Weihesteine aus dem Kölner Raum (CIL XIII 8211 u. 8157) sind den Matronis Afliabus, bzw. Matronis Aflims gewidmet; schon die in der zweiten Form erhaltene urgerman. Dativendung erweist den Namen als gut germanisch, und er gehört wohl zu altnord. afl., ahd. afla »Kraft«, bedeutet also »die Stärkenden«; die Verbindung mit dem lateinischen Namen der Eifel (Kauffmann) ist unwahrscheinlich.

F. Kauffmann, Der Matronenkultus in Germanien, in: Zs. für Volkskunde 2, 1892; S. Gutenbrunner, Die german. Götternamen, 1936; M. Schönfeld, Wörterbuch der altgerman. Personen- und Völkernamen, [2]1965; J. de Vries, ARG, [3]1970; H. Birkhan, GKAR, 1970.

Agnarr (altnord.) heißt in den Grm 2 der Sohn des Königs → Geirroðr, der dem von seinem Vater gemarterten unerkannten Odin hilft. Im jüngeren Prosarahmen zu den Grm wird aber auch Geirroðs Bruder A. genannt, nach dem der Junge benannt worden sei.

Agni war ein sagenhafter schwed. König aus dem Geschlecht der Ynglinge, der von Thjóðólfr in

seinem Skaldengedicht Ynglingatal 10 erwähnt wird. Darin wird mitgeteilt, daß A. durch seine Frau → Skjalf an seinem Halsband erhängt wurde. Snorri kommentiert und erweitert dies in seiner Ynglinga saga: A. habe auf einem Kriegszug nach Finnland eine Schlacht gewonnen und wollte die Tochter des gefallenen Königs der Finnen zur Frau nehmen. Diese aber, Skjalf, knotet in der Nacht einen Strick um das Halsband des Königs und läßt diesen an einem Baum erhängen. Auch ohne Snorris Ausschmückungen läßt Thjóðólfs Strophe den Vergleich mit einem Odinsopfer (wie bei Víkarr) zu, die Rolle der Frau (von deren Grund zur Rache die Strophe nichts erwähnt) und das Halsband machen dies nicht unwahrscheinlich. A. ist daher wohl in die Reihe der geopferten Ynglingen-Könige wie Dómaldi, Jörundr und Sveigðir zu stellen.
Den Flurnamen Agnafit bei Stockholm erklärt Snorri mit dem Ort, an dem A. verbrannt worden sei; diese Erklärung dürfte aber höchstwahrscheinlich falsch sein, da Agnafit wohl zu den zahlreichen schwedischen Flurnamen auf agn- »Köder« zu stellen ist.

W. Grönbech, Kultur und Religion der Germanen, [5]1954; D. A. H. Evans, King A.: Myth, History or Legend?, in: Speculum Norrœnum, Studies E. O. G. Turville-Petre, Odense 1981.

N: Vom schwed. Dichter P. H. Ling stammt ein Drama *Agne* (1912).

Ahineh(i)ae. Matronenname. Ein jetzt verlorener Weihestein aus Blankenheim bei Aachen (CIL XIII 8845) trug eine Inschrift mit der Widmung an die A., wobei die Lesung nicht völlig gesichert ist. Der Name der A. ist möglicherweise von einem Flußnamen abgeleitet, vgl. ahd. aha »Wasser, Fluß«.

S. Gutenbrunner, Die german. Götternamen, 1936; M. Schönfeld, Wörterbuch der altgerman. Personen- und Völkernamen, [2]1965.

Ahnenkult → Totenkult.

Ahueccaniae. Matronenname (?). Den Ahueccani(i)s Auehae et Hellivesae ist ein Votivaltar mit Inschrift von Gleuel bei Köln von 201 n. Chr. gewidmet (CIL XIII 8161). Ob die beiden dargestellten weiblichen Gestalten tatsächlich Göttinnen oder Götterbegleiterinnen sind, ist kaum festzustellen. Der Name deutet vielleicht auf Quellgöttinnen (vgl. german. *ahwō-, ahd. aha »Wasser«), wie die in der selben Inschrift genannten Auehae, oder auch die Ahinehiae. Den zweiten Wortteil stellt Gutenbrunner zu angelsächs. wiccian »zaubern«, mhd. wicken »wahrsagen«; A. könnte dann etwa »wahrsagende Wasserfrauen« bedeuten.

S. Gutenbrunner, Die german. Götternamen, 1936.

Ái (altnord., »Stammvater«) ist der Name eines Zwerges in der Vsp 11, 15 und in den Thulur.

Alaferhviae. Matronenname. Drei römerzeitliche Inschriften aus der Gegend von Jülich sind den Alaferhviabus geweiht. Matronennamen wie die Alagabiae und Alaterviae machen es sehr wahrscheinlich, daß es sich auch bei den A. um Matronen handelt; bei einer der Inschriften (von Patteren, CIL XIII 7862) scheint dem Namen das (beschädigte) Wort Nymphis vorherzugehen. Der Name A. wurde von Gutenbrunner und de Vries als »die großen Leben Spendenden« gedeutet (zu ahd. ferh, angelsächs. feorh »Leben«), Birkhan dagegen stellt die A. gemeinsam mit den Alaterviae, Berhuihenae und der dea Vercana zu ahd. fereheih »Baum, Eiche« und deutet sie als »die zu allen Bäumen gehörige[n] Göttin[nen]«, womit dieser Name zur Fruchtbarkeitsfunktion der Matronen zu stellen wäre; eine Stützung findet diese Deutung in den Baumdarstellungen mancher Weihesteine.

W. Schulze, A., in: ZfdA 54, 1913; S. Gutenbrunner, Die german. Götternamen, 1936; J. de Vries, ARG, [3]1970; H. Birkhan, GKAR, 1970.

Alagabiae. Matronenname. Den Matronis Alagabiabus ist ein aus dem 4. Jh. stammender Votivstein aus Bürgel bei Solingen (CIL XIII 8529) gewidmet; der Name in der Bedeutung »die Allgebenden« stellt ein germanisches Gegenstück zu dem ebenfalls erhaltenen, teilweise keltisierten Matronennamen Ollogabiae dar; möglicherweise wurden von der germanisch-keltischen Mischbevölkerung am Niederrhein die selben Matronen unter beiden Namen verehrt.

S. Gutenbrunner, Die german. Götternamen, 1936; M. Schönfeld, Wörterbuch der altgerman. Personen- und Völkernamen, [2]1965; Thes. Pal. 1984.

Alaisiagae. Gemeinsamer Name oder Beiname zweier Göttinnen. Die A. werden auf drei Inschriften aus Housesteads am Hadrianswall/Nordengland genannt, zwei von ihnen sind nicht nur diesen duabus Alaisiagis, sondern auch dem → Mars (Thingsus) gewidmet. Es läge daher vielleicht nahe, auch die A. als Thinggöttinnen aufzufassen. In den beiden älteren der Inschriften (aus der 2. Hälfte des 2. Jh.) werden auch Einzelnamen der Göttinnen genannt, und zwar einmal Baudihillia und Friagabis, das andere Mal Beda und Fimmilena. Im Anschluß an Heinzel hat man die beiden letzteren Namen in Zusammenhang mit den altfries. Rechtstermini Bodthing und Fimelthing (»Ladung« und »Urteil«) gebracht, was aber nicht völlig gesichert ist; allerdings stammen die Stifter der Inschriften aus einer friesischen Legion, die in Nordengland stationiert war. Während man diese beiden Göttinnennamen also vielleicht als Gerichtsgöttinnen deuten darf, ist die Bedeutung des Namens A. sehr umstritten; die wahrscheinlichste Deutung – vorausgesetzt es handelt sich um einen Beinamen für zwei Göttinnen – ist »die Allgeehrten« (vgl. altnord. eira), wobei auch eine Verbindung mit der altnord. Heilgöttin Eir nicht ganz auszuschließen ist.

R. Heinzel, Über die ostgot. Heldensage, in: Sitzungsber. der k. Akad. der Wiss. in Wien 119, 1889; S. Gutenbrunner, Die german. Götternamen, 1936; J. de Vries, ARG, [3]1970 (mit der Literatur zu den zahlreichen älteren Deutungsversuchen).

Alateivia. Name einer german. Göttin. Die Inschrift auf einem römerzeitlichen Weihestein aus Xanten (CIL XIII 8606) lautet: Alateiviae ex iussu i[psius] Divos medicus »der A. auf ihren eigenen Befehl vom Arzt Divos«, wodurch es möglich, aber keineswegs gesichert ist, daß die A. eine Heilgöttin war. A. bedeutet »die Allgöttliche«. Wie andere Matronennamen auf Ala- ist der Name sicher germanisch.

S. Gutenbrunner, Die german. Götternamen, 1936; J. de Vries, ARG, [3]1970; H. Birkhan, GKAR, 1970.

Alaterv(i)ae. Matronenname. Eine Inschrift auf einem römerzeitlichen Weihestein aus dem Edinburgher Hafen Crammond ist den Matrib(us) Alatervis et Matrib(us) Campestrib(us) gewidmet (CIL VII 1084). Gutenbrunner schließt sich noch der Deutung des Namens als »die Allgetreuen« an (zu german. *terwa- »fest, treu«), während Birkhan die A. wie die Alaferhviae als »die zu den Eichen/Bäumen gehörige[n] Göttin[nen]« erklärt (zu german. *teru̯a- »Baum, Wald«).

S. Gutenbrunner, Die german. Götternamen, 1936; H. Birkhan, GKAR, 1970.

Alben (altnord. álfr, ahd. alb, altengl. ælf »der Alb«, altengl. ælfen, mhd. elbinne »die Albin, Elfe«) sind eine Gattung mythologischer Wesen. Sie werden in den Eddas des öfteren zusammen mit den Asen erwähnt (æsir ok alfar: Ls 2, Grm 4, Skm 7; Skaldsk 1 u. 29), in den Háv zweimal auch in einer Hierarchie von Asen, A. und → Zwergen. Zweifellos standen die A. (oder ein Teil der unter diesem mehrschichtigen Begriff zusammengefaßten Wesen) tatsächlich den Asen nahe. Es sind uns vereinzelte Angaben überliefert, die sogar von einem Kult oder zumindest einem Opfer an die A. sprechen, dem → álfablót. Die altnord. Bezeichnung álfr tritt uns in einigen Zwergennamen im dvergatal der Vsp entgegen (Álfr, Gandálfr, Vindálfr), womit die A. in die Nähe der Zwerge rücken, mit denen offensichtlich Snorri eine Untergruppe der A., die Schwarzalben, identifiziert, wenn er (Gylf 33, Skaldsk 37) die Zwerge in Svartálfaheimr wohnen läßt. Auch in der Heldensaga von Wieland dem Schmied (Völundarkviða 10, 13, 32) wird Wieland als Führer und Landsmann der A. bezeichnet, was sich sicherlich auf seine Kunstfertigkeit als Schmied bezieht. Möglicherweise nicht gerade auf ihre Verwandtschaft mit den Zwergen, sicherlich aber auf die dämonische Seite ihres Wesens verweisen Ausdrücke wie Albschuß, altengl. ylfa gescot für Hexenschuß. Eine Verbindung der A. mit den Riesen tritt außer im *Beowulf* (eotenas ond ylfe) nur in den Alv. auf, hier jedoch nur in der Aufzählung der verschiedenen Wesen (Menschen, Asen, Wanen, Zwerge, A., Riesen). Im Gegensatz zu diesem Aspekt der A., welcher mit Snorris Gruppe der Dunkel- oder Schwarzalben zu identifizieren wäre, begegnen wir auch einer ganz anderen Art von A., wie in einigen Namen der Ahnenreihe des norweg. Königs Harald Schönhaar (Álfr, Álfgeirr, Gandálfr, Álfhild); es wird nämlich in einem der diesbezüglichen Quellentexte (Sögubrot af fornkonungum Kap. 10) berichtet, daß diese Ahnenreihe (der Alfar) als die schönsten Menschen bezeichnet werden; allerdings ist alf- auch sonst in altnord. Personennamen häufig. Snorri nennt ebenfalls seine Gruppe der Lichtalben schöner als die Sonne, und die altengl. Dichtung verwendet ælfsciene »albenschön« für »wunderschön«. Hierher gehört wohl auch die mehrfach belegte Kenning álfrödull »Albenrad« für »Sonne«. Eine Verbindung der (hellen?) Alben mit der Sonne stellt auch ihr Wohnort, → Álfheimr (Gylf 16) dar, welcher in den Grm als Wohnort Freyrs erwähnt wird.

Im Gegensatz zu den Zwergen sind von den A. kaum Namen überliefert; ausdrücklich erwähnt wird nur Dáinn als A. (Háv 143), und auch dies ist andernorts ein Zwergenname.

Snorri unternahm den Versuch einer Klassifizierung der A. in → Lichtalben, → Dunkelalben und → Schwarzalben (ljósálfar, dökkálfar, svartálfar) in der Gylf 16 und 33, wobei er die Zwerge mit Schwarzalben gleichsetzt, die in Svartálfaheimr wohnen. Die Lichtalben wohnen in Álfheimr, die Dunkelalben unter der Erde. Schon Grimm hat darauf hingewiesen, daß diese Teilung Snorris in die in lichten Höhen wohnenden wunderschönen Wesen einerseits und die pechschwarzen unter der Erde hausenden andererseits (Gylf 16) verdächtig nach christlichem Dualismus von Engeln und Teufeln im Volksglauben aussieht. Grimm glaubte noch einen Schritt weitergehen zu können und außer den Lichtalben = Engeln, Schwarzalben/Zwerge = Teufeln noch die dunklen (bleichen?) A. mit den Seelen der Verstorbenen identifizieren zu können. Jedenfalls zeigen diese Möglichkeiten, daß bei solchen bei Snorri zu findenden Systematisierungsversuchen mythischer Wesen, welche weder in den älteren Liedern noch bei den Skalden belegbar sind, Vorsicht geboten ist; aber wenn Snorri damit volksreligiöse Glaubensvorstellungen seiner Zeit wiedergibt, dann sind dies in erster Linie christliche Konzepte, in welchen die A./Elfen wie auf mittelalterlichen skand. Amulettblechen schon mit Dämonen synonym sind. – Zwei der unter → álfarblót angeführten Fälle scheinen nahezulegen, daß es sich bei den A. um verehrte Verstorbene handelt, denen man eine an den griechischen Heroenkult erinnernde Verehrung entgegenbrachte. Allerdings sind in den genannten Fällen wohl auch Elemente des Totenkults in den Albenkult eingeflossen. Es ist auch durchaus möglich, daß die beiden Sorten von A., die Dunkel- und die Lichtalben, die beiden in Verbindung stehenden Kulte, den Toten- und den Fruchtbarkeitskult, repräsentieren. – Systematisierungstendenzen finden sich sehr früh in angelsächs. Quellen (vor dem 10. Jh.), die schon auf Abweichungen zwischen den A. des nordischen Volksglaubens und den altenglischen ælfen (→ Elfen) hindeuten. Letztere waren offensichtlich durch keltische Vorstellungen beeinflußt.

Die Etymologie hilft bei der Frage nach dem Ursprung des Glaubens an A. kaum weiter: Das Wort gehört entweder mit lat. albus »weiß« zu indogerman. *albh- »glänzen, weiß sein«, bedeutete dann also vielleicht etwa »lichte Nebelgestalt«; oder zu altind. rbhu- »kunstvoll, Künstler«. Beide Erklärungen beleuchten wieder nur je einen Aspekt des komplexen Bildes von den A., das uns die Quellen bieten.

J. Grimm, Dt. Mythologie, [4]1875–78; H. R. Ellis, The Road to Hel, Cambridge 1943; N. Thun, The Malignant Elves, in: Studia Neophilologica 41, 1969; J. de Vries, ARG, [3]1970; L. Motz, On Elves and Dwarfes, in: Arv 29/30, 1973/74; H. Kuhn, Alben, in: RGA 1, 1976; J. de Vries, Altnord. etymolog. Wörterbuch, Leiden [2]1977; L. Motz, Supernatural Beings 1. Elves, Dwarfs and Giants, in: MeScand, 1993; K. Jolly, Popular Religion in late Saxon England. Elf Charms in Context, Chapel Hill (N.C.) 1996; E. Tarantul, Elfen, Zwerge und Riesen, 2001; J. McKinnell u. R. Simek (mit K. Düwel), Runes, Magic and Religion: A Sourcebook, 2004.

N: (Bild. Kunst) N. J. O. Blommér, *Älvdansen* (Gemälde, 1847) und *Älvdrömmen* (Gemälde, 1849); H. v. Schwind, *Die Elbe* (Gemälde, 1862); J. A. Malmström, *Älvalek* (Gemälde, 1866). (Lit.) J. L. Heiberg, *Elverhöj* (Drama, 1828) und *Alferne* (Drama, 1835); Chr. Winter, *Alfens Brud* (Gedicht in: *Nogle Digte*, 1835). (Musik) R. Wagner übernahm den Albenkönig Alberich aus der dt. Heldensage in seinen Ringzyklus.

Albenkult → álfablót.

Alberich ist der Zwerg im Nibelungenlied, der dem nordischen → Andvari entspricht. Über die Sage von Huon de Bordeaux wird A. bereits im 14. Jh. als Auberon, dann → Oberon in den Artusstoffkreis übernommen, wo er als Elfenkönig große Verbreitung erlangte.

N: Bei Wagner ist A. ein tyrannischer Zwergenkönig aus dem Geschlecht der Nibelungen (*Das Rheingold, Siegfried, Götterdämmerung*).

Albiahenae. Wahrscheinlich ein Matronenname; er findet sich in vier römerzeitlichen Weiheinschriften, alle aus Ober-Elvenich bei Euskirchen (CIL XIII 7933–6). Diese räumliche Konzentration spricht dafür, daß der Name der A. von einem Ortsnamen *Albiniacum abgeleitet ist, aus dem Elvenich entstanden sein kann.

S. Gutenbrunner, Die german. Götternamen, 1936; M. Schönfeld, Wörterbuch der altgerman. Personen- und Völkernamen, [2]1965 (mit älterer Literatur).

Albruna hieß eine german. Seherin; Tacitus (Germ 8) erwähnt sie bei seiner Beschreibung der Heiligkeit der Frauen unter den Germanen: »Wir haben es unter dem seligen Vespasian erlebt, daß Veleda bei vielen lange göttlichen Platz einnahm; aber auch schon lange vorher wurden A. und einige andere verehrt, aber nicht durch Kriecherei oder als ob sie sie etwa erst zu Göttinnen machten.«
Daraus allein geht nicht hervor, daß A. eine Seherin war, denn trotz der Erwähnung der → Veleda könnte es sich bei der A. auch um eine der → Matronen handeln, aber der Name legt, wenn die Konjektur richtig ist (denn er ist eigentlich als Aurinia, Albrinia überliefert und erst zu A. verbessert), eine Bedeutung »die mit dem Geheimwissen der Alben versehene« oder »die vertraute Freundin der Alben« nahe, welche A. als Seherin charakterisieren würde.

H. Krahe, Altgerman. Kleinigkeiten, 4. Veleda, in: IF 66, 1961; R. Much, Die Germania des Tacitus, [3]1967.

Alcis ist der Name eines göttlichen Zwillingspaares, dessen Kult in Tacitus' *Germania* (43) beschrieben wird: »Bei den Naharnavalern wird ein uralter heiliger Hain gezeigt, dem ein Priester in weiblichem Gewand vorsteht; die Götter könnte man, wie man sagt, nach römischer Auffassung Kastor und Pollux gleichsetzen, denn sie sind diesen Alcis genannten Göttern an göttlicher Macht gleich. Sie haben keine Bilder und nichts deutet auf den Einfluß fremder Religionen; dennoch werden sie als Brüder, als Jünglinge verehrt.«
Der german. Stamm der Naharnavali (auf dem Gebiet Schlesiens?) wird nur bei Tacitus erwähnt, heilige Haine erwähnt er auch bei anderen german. Stämmen. Daß Tacitus ausdrücklich von der interpretatio romana durch Castor und Pollux spricht, zeigt, daß er sich die Alcis als → Dioskuren vorstellte. Der Name der A. (german. *Alhiz) wird entweder mit gotisch alhs »Tempel«, litauisch elkas »Götterhain« zur Sippe von altengl. ealgian »schützen« gestellt, er bedeutet dann also »Schutzgottheiten«, oder aber zu dem bei Caesar überlieferten german. Wort alsces »Elche«. Da die griechischen → Dioskuren z.T. als pferdegestaltige Gottheiten aufgefaßt wurden, könnte man unter Heranziehung dieser Etymologie die A. auch als Elchs-, eher aber als Pferdegötter betrachten, zumal sich in völkerwanderungszeitl. Bilddarstellungen auch eine

pferdegestaltige Variante des german. Dioskurenmotivs nachweisen läßt (Hauck). Auch die Namen des angelsächs. Brüderpaares Hengist und Horsa stehen in deutlichem Bezug zu Pferden.

R. Meringer, Indogerman. Pfahlgötzen, in: WuS 9, 1926; J. Loewenthal, A., in: PBB 51, 1927; A. H. Krappe, Alces, in: PBB 57, 1933; T. Palm, Der Kult der Naharvalen, in: ARW 36, 1939; H. Rosenfeld, Die vandalischen Alkes »Elchreiter«, der ostgerman. Hirschkult und die Dioskuren, in: GRM 28, 1940; W. Schwarz, German. »Dioskuren«?, in: Bonner Jahrbücher 167, 1967; J. de Vries, ARG, [3]1970; H. Kuhn, Alci, in: RGA 1, 1973; K. Hauck, Gemeinschaftsstiftende Kulte der Seegermanen, in: FmSt 14, 1980.

Aldafaðir oder Aldafǫðr (altnord., »Vater der Menschen«) ist ein Beiname Odins in den Vm (5 und 53), bei Bragi (Ragnarsdrápa 14) und in den Thulur. Der Name ist ähnlich wie Alfaðir gebildet, bezieht sich aber auf Odin als Vater der Menschen im Sinne der eddischen → Anthropogonie.

Aldagautr? (altnord., »Menschen-Gautr«) ist ein Odinsname in den Bdr 2 (und 13?), der aber möglicherweise nur auf einen Abschreibefehler zurückgeht; ansonsten vgl. Aldafaðir und Gautr.

álfablót (altnord., »Opfer an die → Alben«) ist uns durch die altnord. Literatur in drei Fällen überliefert. Die erste Erwähnung stammt aus den Austrfararvísur des Skalden Sigvatr Þórðarson von einer Reise nach Schweden, die er im Herbst 1018 unternommen hatte. Er erzählt, daß er an mehreren Höfen abgewiesen wurde, da dort gerade das á. abgehalten wurde. Aus der ironisierenden Beschreibung scheint hervorzugehen, daß dieses Opfer ihm aus Norwegen nicht bekannt war. – Dies ist die einzige ausdrückliche Erwähnung des á., jedoch erzählt die Kormaks saga (22) von einer anderen Art von Opfer an die Alben, wo dem verwundeten Þórvarðr empfohlen wird, das Blut eines Stieres auf einen von Alben bewohnten Hügel zu gießen und ihnen vom Fleisch ein Mahl zu bereiten; dieses Ereignis fiele nach der internen Chronologie dieser Sage in die 2. Hälfte des 10. Jh., die Sage selbst ist jedoch erst in der 1. Hälfte des 13. Jh. entstanden, so daß wir diesen Glauben an eine Heilkraft der Alben, falls nicht überhaupt fiktiv, erst für diese Zeit annehmen könnten. Die dritte Nennung bezieht sich auf den nach glückbringender Herrschaft in Geirstad begrabenen König Óláfr Guðrøðarson, der nach seinem Tod von der Bevölkerung Geirstaðaálfr genannt wurde und dem Opfer dargebracht wurden (Ynglinga saga 48, 49); sein Ururgroßvater König Hálfdan hvítbeinn wird in einer Strophe als brynjálfr bezeichnet, wobei dies jedoch als eine Kenning und nicht als Beiname zu betrachten ist (Ynglinga saga 44). – Wenn wir auch über die Art des a. nichts Sicheres wissen, so ist dennoch durchaus möglich, daß den Alben (im Gegensatz zu den Zwergen) ein gewisser Kult gewidmet war.

J. de Vries, Über Sigvats Álfablót-Strophen, in: APhSc 7, 1932; ders., ARG, [3]1970; L. Motz, On Elves and Dwarfes, in: Arv 29/30, 1973/74.

Alfaðir (altnord.), Odinsname, → Alföðr.

álfar (altnord.) → Alben.

Alfarinn (altnord., »der Weitgereiste« oder »der ganz Verlassene«?) ist der allerdings recht untypische Name eines Riesen (in den Thulur).

Alfen → Alben.

Álfheimr (1) (altnord., »Welt der Alben«) ist laut Snorri (Gylf 16) der Wohnort der Lichtalben, den er sich offenbar in himmlischer Region vorstellte, da in den Grm 5 Á. als Wohnort (?) Freyrs bezeichnet wird, den er von den Asen als Zahngeschenk (Patengeschenk beim ersten Zahn) bekommen hatte; Á. gehört damit zur Reihe der in den Grm angeführten Götterwohnungen in Asgard.
(2) (altnord.) im historischen Sinn wurde das Gebiet zwischen den Strömen Götaelf und Glom im heutigen Grenzgebiet zwischen Norwegen und Schweden genannt (Ynglinga saga 48). Ein Zusammenhang mit den → Alben ist nur insofern gegeben, als das dort in sagenhafter Zeit lebende Volk der Alfur, deren Herrscher zu den Vorfahren Harald Schönhaars zählen, als »schöner als alle anderen Völker« bezeichnet wird (Sögubrot af Fornkonungum 10) und dies auf eine Abstammung von den Alben hindeuten könnte.

Alföðr (altnord., »Allvater«) ist ein Beiname Odins (Grm 48); in der Form Alfaðir tritt der Name auch in der HH I 38 und beim Skalden Arnórr Þórðarson (11. Jh.) auf; ein weiterer Beleg bei Þórmóðr Bersason (nach 1000) ist unsicher. Die Odinsnamen auf -föðr (auch Herföðr, Valföðr) sind möglicherweise älter und eher heidnisch als die auf -faðir (Alfaðir, Sigfaðir), wie die Belege zu zeigen scheinen; die Form A. in den Grm könnte parallel zu den anderen Formen auf -föðr gebildet sein. Snorri erklärt A. (Gylf 13): »Man könnte ihn [Odin] deshalb A. nennen, weil er der Vater aller Götter und Menschen ist und von all dem, was durch ihn und seine Kraft erschaffen wurde.« Diese Erklärung scheint ebenso durch den Einfluß des Christentums geprägt wie der Ausdruck A. selbst, welcher möglicherweise eine Übersetzung des mittellateinischen christlichen Gottesnamens omnipater (erstmals bei Prudentius im 4. Jh. belegt) ist. Das deutsche Allvater ist eine Übersetzung von A., die erstmals bei Gottsched 1745 für Odin aufscheint.

H. Falk, Odensheite, Kristiania 1924; H. Kuhn, Das nordgerman. Heidentum, in: ZfdA 79, 1942; F. Kluge, Etymolog. Wörterbuch der dt. Sprache, [24]2002.

Álfr oder Alfr (altnord., »Albe, Elf«) heißt ein Zwerg in der Vsp 16 und in den Thulur, sonst ist Á. öfters Name verschiedener sagenhafter Personen. Zu den Überschneidungen zwischen → Zwergen und → Alben.

Alfrek → Alben.

Alfrigg, Alfregg (altnord.) heißt ein Zwerg, der im Sörla þáttr als einer der vier Schmiede von Freyjas Halsband genannt wird (→ Brísingamen). Ähnliche Namen tragen auch sagenhafte Personen der altnord. Literatur: Alfrikr (Vilkins máldagi), Alrekr (Ynglingatal); ist A. zu diesen zu stellen, bedeutet der Name also »der mächtige Alfe«; aber auch »der sehr Erfahrene« (zu al-freginn) wäre möglich.

Alhiahenae. Matronenname. Den Matronis Alhiahenabus ist eine römerzeitliche Weiheinschrift von Neidenstein bei Heidelberg (CIL XIII 6387) gewidmet. Gegen eine Gleichsetzung mit den Albiahenae spricht der Fundort, da der Name der Albiahenae wohl von *Albiniacum (dem heutigen Elvenich) abgeleitet ist. Die A. sind dagegen entweder zu got. alhs »Tempel« zu stellen, oder zum german. *alh- »Elch«, das sich in süddeutschen Ortsnamen wie Ellwangen findet.

S. Gutenbrunner, Die german. Götternamen, 1936.

Ali (1) → Vali 1.
(2) ist eine bei Snorri (Skaldsk 16) in einer Loki-Kenning »Alis Vater« genannte Nebenform des Namens von Lokis Sohn Vali (→ Vali 2).

Allvaldi, auch Alvaldi (altnord., »der Allmächtige«) heißt im Hrbl 19 der Vater des Riesen → Thjazi. Dieser »Allgewaltige« wird sonst nirgends erwähnt und dient möglicherweise nur der rhetorischen Betonung, als Thor den Thjazi erschlägt. Bei Snorri heißt er allerdings → Ölvaldi.

Allvater → Alföðr.

almáttki áss (altnord. hinn almáttki áss »der allmächtige Ase«) ist ein ungenannter Gott in einer altnord. Schwurformel, die sich in der Óláfs saga Tryggvasonar 201 und in der Landnámabók (H 268) findet (hjálpi mér svá Freyr ok Njörðr ok hinn almáttki áss: »so helfe mir Freyr und Njörðr und der allmächtige Ase«), wo auf einen Tempelring geschworen wird und eine Göttertrias mit Freyr und Njörðr angerufen wird.
Wiederholte Versuche zur Identifizierung dieses allmächtigen Gottes ergaben im wesentlichen drei verschiedene Lösungsmöglichkeiten:
1) hinn a. á. = Ullr (Pálsson), da laut dem Eddalied Akv. ein Ringschwur auf Ullr geleistet wurde und dieser irgendwann auch eine Stellung als Hauptgott

eingenommen haben dürfte. Die Hauptschwäche dieser Erklärung ist die sehr geringe Verbreitung eines belegbaren Ullr-Kultes (Ostnorwegen und Mittelschweden, nicht Island).
2) hinn. a. á. = Odin (F. Jónsson, Neckel, de Vries), da es undenkbar sei, daß der german. Hauptgott in einer Schwurformel nicht angerufen worden sei. Dagegen spricht allerdings die geringe Verbreitung eines Odin-Kultes auf Island und die Tatsache, daß Odin als zwiespältiger, gesetzloser Gott wohl nicht gerade bei Schwüren angerufen worden sein dürfte.
3) hinn. a. á. = Thor (Olrik, Olsen, Wessén, Mogk, Turville-Petre, Tapp), da der die Weltordnung aufrecht erhaltende Thor bei Schwüren wohl eher angerufen wurde als Odin, und ein Thorskult in Island belegt ist. Dazu kommt, daß Thor durch die Verschiebung seiner Funktion von der der Stärke auch auf andere Bereiche des Lebens (Fruchtbarkeit; Recht, Familie?) wohl eher die Bezeichnung »allmächtig« im täglichen menschlichen Leben verdient als andere Götter. Auch wenn bei dem Argument der Thorsverehrung auf Island Vorsicht geboten ist, da es sich vor allem auf die Sagas als Quelle stützt (und hier besonders auf die kaum vertrauenswürdige Eyrbyggja saga), bleibt Thor doch aus dem letztgenannten Grund die wahrscheinlichste Lösung bei der Frage nach der Identität des a. á.
Bislang ist die Möglichkeit, daß etwa Týr der ungenannte Gott sein könnte, wohl noch nicht ernstlich vorgetragen worden; obwohl ein Týr-Kult für das Mittelalter kaum (und für Island überhaupt nicht) belegbar ist, muß in Erwägung gezogen werden, daß er als alter Himmelsgott und Rechtsschützer (vgl. Mars Thingsus) als Schwurgott zumindest in Betracht kommen könnte. Allzu große Bedeutung sollte man aber der Bezeichnung a. á. nicht beimessen, da die Eidesformel eine frappante Ähnlichkeit mit der christlichen aufweist, und sie – falls in den beiden Quellen nicht überhaupt gelehrte Rückverlängerung vorliegt – durch die christliche Schwurformel schon früh beeinflußt worden sein kann.

H. L. Tapp, Hinn almáttki áss – Thor or Odin?, in: JEGPh 55, 1956; H. Pálsson, Áss hin almáttki, in: Skírnir 130, 1956; J. de Vries, ARG, [3]1970; E. O. G. Turville-Petre, The Cult of Óðinn in Iceland, in: Nine Norse Studies, London 1972.

Almaviahenae. Matronenname. Eine Weiheinschrift aus Thorr bei Köln (CIL XIII 12065) ist diesen Matronen gewidmet. Falls der Name wirklich germanisch ist, könnte er möglicherweise zum Flußnamen Elm, ahd. Elmaha, bei Fulda, zu stellen sein, der aber weit vom Fundort entfernt liegt; allerdings ist ein derartiger Flußname in der Bedeutung »Ulmenbach« sicher kein Einzelfall. Eine keltische Herkunft des Namens A. würde die Ähnlichkeit mit dem südgallischen Matronennamen Matrae Almahae nahelegen.

M. Ihm, Der Mütter- und Matronenkultus und seine Denkmäler, in: Bonner Jahrbücher 83, 1887; S. Gutenbrunner, Die german. Götternamen, 1936.

Alsvartr (altnord., »der ganz Schwarze«) ist der Name eines Riesen in den Thulur, auf die schmutzige Häßlichkeit der Riesen im mittelalterl. Volksglauben anspielend (vgl. Surtr, Svartr, Ámr).

F. Jónsson, Þulur, in: APhSc 9, 1934.

Alsviðr (1) (altnord., »der ganz Weise«) heißt ein Riese in den Háv 143, der hier als runenkundiger Riese bezeichnet wird.
(2) (altnord. alsviðr »sehr schnell«) und Árvakr heißen die beiden Pferde, die (laut Grm 37) die Sonne über den Himmel ziehen. Die Namen finden sich auch in den Sdr 15 und in den Thulur. Snorri interpretiert die Grm-Strophe so (Gylf 10): »Ein Mann namens Mundilfari hatte zwei Kinder; die waren so schön und hübsch, daß er seinen Sohn Mond, die Tochter Sonne nannte; diese verheiratete er mit einem Mann namens Glenr. Die Götter aber waren über diese Anmaßung erzürnt, nahmen die Geschwister, setzten sie in den Himmel und ließen Sol die Pferde lenken, welche den Wagen der Sonne zogen, die die Götter zur Beleuchtung der Welt aus einem Funken, der aus Muspellsheimr flog, geschaffen hatten; diese Pferde heißen Árvakr und A. Unter den Schultern der Pferde befestigten die Götter aber zwei Blasbälge zur Kühlung, und in einigen Werken wird das ›Eisenkühlung‹ genannt.«

Altar. Im german. Altertum dürfte es zwei Arten von Altären für Opferungen und andere Kulthandlungen gegeben haben, einerseits Steinhaufen (altnord. → hörgr), andererseits hölzerne Kultgestelle (altnord. → stallr).
Von der Bronzezeit bis zur röm. Eisenzeit sind im german. Bereich Steinhaufen, die durch Beifunde als Opferstätten identifiziert sind, archäologisch belegt, und dürften mit den bei Tacitus (Ann I, 61) erwähnten Altären in Wäldern, wo die Germanen Menschenopfer dargebracht hätten, gemeint sein. Diese Steinhaufen hießen im Altnordischen hörgr (ahd. harug, angelsächs. hearg), womit Grabhügel, vor allem aber Opferstätten, bezeichnet wurden (Hdl 10). Schwedische Ortsnamen, wie Thorshälla (aus Thórshörgr) und Onsjö (aus älterem Odenshög), weisen darauf hin, daß diese Stätten noch in historischer Zeit dem Götterkult dienten.
Daneben sind seit der Bronzezeit Holzgestelle (wie aus dem Moor von Bangeroosterveld) bekannt. Vier stehende Pfosten waren oben durch Balken verbunden, mit Horndarstellungen geschmückt und von einem Steinkreis umgeben. Einfachere Holzgerüste auf Opferplätzen sind aus etwas späterer Zeit be-

kannt, das altnord. Wort dafür ist stallr oder stalli (Grundbedeutung Gestell; dann Altar); bei den Skalden des 9. Jh. findet sich dieses Wort einige Male (Thjóðólfr, Thorvaldr víðförli, Egill), bei Egill wird Odin sogar vinr stalla (»Freund der Altäre«) genannt, demnach dürften zu dieser Zeit derartige Altarformen noch bekannt gewesen sein.

F. Jónsson, Hörg, (Festschrift K. Weinhold) 1896; J. de Vries, ARG, [3]1970; H. Jankuhn u. H. Kuhn, A., in: RGA 1, 1973; E. H. Andersen, Die Darstellung des heidnischen Altars auf gotländischen Bildsteinen und dem Runenstein von Elgesem, in: FmSt 18, 1984.

Altarring → Tempelring.

Althjófr (altnord. Alþjófr »der perfekte Dieb«) heißt ein Zwerg in der Vsp 11 und in den Thulur.

alu ist ein runisches Zauberwort, das in über 20 Belegen aus dem 3. bis zum 8. Jh. in Runeninschriften vorkommt. Einige Male, vor allem auf Brakteaten, steht a. alleine, sonst in Verbindung mit Namen, mit Begriffsrunen und anderen Zauberwörtern (laþu, laukaR). Mit a. sind möglicherweise auch die ölrúnar (»Bier-Runen«) der eddischen Sd (7 u. 19) gemeint, wobei erst der Dichter die Angleichung an öl »Bier« durchführte, um eine dem Sprachgebrauch seiner Zeit entsprechende Sinngebung zu erreichen.

Krauses Deutung von a. aus einem älteren aluh, das mit got. alhs »Tempel« verwandt sein soll, als »Amulett, Tabu« wird heute angefochten. Eine Verbindung mit hethitisch alwanzaḫḫ »bezaubern«, griech. alúein »außer sich sein«, altnord. öl »Bier« wird vorgezogen, die für a. eine Grundbedeutung »Ekstase, Zauber« nahelegt.

W. Krause, Beiträge zur Runenforschung, 1932; E. Polomé, Notes sur le vocabulaire religieux, in: Nouvelle Clio 6, 1954; W. Krause, Die Runeninschriften im älteren Futhark, 1966; E. Polomé, Old Norse Religious Terminology, The Nordic Languages and modern Linguistics 2, Stockholm 1975; J. de Vries, Altnord. etymolog. Wörterbuch, Leiden [2]1977; S. Brink, Har vi haft ett kultisk *al i Norden?, in: Sakrale Navne, hg. von G. Fellows-Jensen u. B. Holmberg, Uppsala 1992; L. Saltveit, Litt mer om *laukaR* og *alu*, in: MoM 1992; G. H. Heyerdahl, Litt mer om *laukaR* og *alu*, in: MoM 1992; J. McKinnell u. R. Simek (mit K. Düwel), Runes, Magic and Religion: A Sourcebook, 2004.

Alusneihae. Matronenname von zwei Weihealtären aus Inden-Pier (Kreis Düren) vom Ende des 2. Jh. Der Name ist (falls er nicht überhaupt zu den Matronennamen auf Ala- gehört) mit dem runischen Zauberwort → alu und german. aluþ »Bier, Rauschtrank« zu verbinden; da der zweite Teil nicht leicht zu deuten ist (→ Nehalennia), muß die Bedeutung des Matronennamens offen bleiben.

M. Clauss, Neue Inschriften im Rheinischen Landesmuseum Bonn, in: Epigraphische Studien 11, 1976.

Alvaldi → Allvaldi.

Alvilda (= altnord. Alfhilda?) heißt eine walkürenartige Königstochter aus Götaland bei

Saxo (Gesta Dan. VII, 229); Saxo rationalisierte offenbar die Walküren der nord. Mythologie und machte sie zu kriegerischen Prinzessinnen, so auch Visna und Hetha (VIII, 256–258) und vielleicht auch Hermuthruda (IV, 103f.).

Alvíss (altnord. allvíss, alvíss »allwissend«) »der Allwissende« ist der Name des Zwergs, der nach den → Alvíssmál um Thors Tochter anhält und, von diesem überlistet, im Sonnenlicht versteinert. Da der Name sonst nie begegnet und die Alvíssmál ein sehr junges Eddagedicht sind, dürfte der Name eine dichterische Neuschöpfung des 12. Jh. sein; das Wissen um die Weisheit der → Zwerge gehört dem Volksglauben an.

Alvíssmál, (Alv, altnord., »Das Lied vom ›Allwissenden‹) heißt ein höchstwahrscheinlich erst aus dem 12. Jh. stammendes Eddalied, das von der Überlistung des Zwergs → Alvíss durch den Gott Thor berichtet. Der Inhalt geht kaum auf eine mythische Erzählung zurück, eher wird poetisches Material, wie es sich sonst in den Synonym- und Namenreihen der Thulur in der Snorra-Edda findet, vom Dichter in einer erfundenen mythologischen Rahmenhandlung präsentiert: Dem Zwerg Alvíss ist Thors Tochter versprochen worden, und er kommt nun, um die Hochzeit zu feiern. Da gibt ihm Thor als Bedingung die Beantwortung von Fragen auf. Darauf folgen zweimal 13 ganz gleich gebaute Strophen, in denen erst jeweils Thor nach den Bezeichnungen für Erde, Himmel, Mond, Sonne, Wolken, Wind, Flaute, Feuer, Meer, Wald, Nacht, Getreide und Bier fragt und in der darauffolgenden Strophe vom Zwerg die Antwort bekommt, wie die betreffenden Bezeichnungen dafür bei den Menschen, den Asen, Wanen, Zwergen, Riesen und Alben lauten. Am Ende fällt der Schein der Sonne in die Halle, wodurch der Zwerg versteinert. – Die Dialogform kommt auch in anderen Eddaliedern, wie den Vafthrúðnismál und den Skírnismál, vor, auf den Inhalt der Rahmenhandlung (die Brautwerbung des schließlich überlisteten Zwergs) dagegen wird sonst nie hingewiesen, obwohl auch Snorri (Skaldsk) zwei Strophen aus den A. zitiert; wir müssen sie daher als Erfindung des Dichters, der sich dabei die → Vafthrúðnismál als Vorlage nahm, betrachten. Interessant sind an den A. neben den auch sonst bekannten Kategorien mythischer Lebewesen vor allem die Synonymgruppen, die den verschiedenen Wesen auch bestimmte Sprachebenen zuzuteilen scheinen; allerdings sind dabei auch die Anforderungen des Stabreims in Betracht zu ziehen, die z. T. die Wahl der Ausdrücke bestimmen. Man wird in den A. daher wohl eher einen dichterisch bearbeiteten Beitrag zur Poetik der Skalden zu sehen haben als etwa aus tatsächlichen mythologischen Gegebenheiten oder aus Tabusprachen stammende Sprachschichten.

Ausg.: G. Neckel u. H. Kuhn, Edda, [4]1962.
Übers.: F. Genzmer u. A. Heusler, Edda, Bd. 2, 1922.
H. Güntert, Von der Sprache der Götter und Geister, 1921; M. Thordarson, A., in: Árbók h. Ísl. Fornleifafjelags, 1924; R. Meissner, Die Sprache der Götter, Riesen und Zwerge in den »A.«, in: ZfdA 61, 1924; J. de Vries, Om Eddaens Visdomsdigtning, in: ANF 50, 1934; H. Klingenberg, A. das Lied vom überweisen Zwerg, in: GRM N. F. 17, 1967; K. Schier, A., in: KLL 1, 1967; J. de Vries, Altnord. Literaturgeschichte, [2]1964–67; C. Watkins, Language of Gods and Language of Men, in: J. Puhvel (Hg.), Myth and Law among the Indo-Europeans, Berkeley u. a. 1970; L. Moberg, The Languages of A., in: Saga-Book 18, 1973.

Áma (oder Amma, altnord., »die Dunkle«) heißt eine Riesin beim Skalden Einarr Gilsson und in den Thulur, wie andere Riesennamen auf die Häßlichkeit der Riesen Bezug nehmend.

Ambiamarcae. Matronenname. Eine neugefundene Weiheinschrift aus Deutz von 252 n. Chr. trägt die Widmung: In (honorem) domus divinae et genio lo(ci), Ambiamarcis, Ambiorenesibus, Marti Victori, Mercurio, Neptuno, Cereri, diis deabusque omnibus ... (»Zu Ehren des göttlichen Hauses und des Schutzgeists des Ortes, der Ambiamarcae, Ambiorenis, des siegreichen Mars, des Merkur, Neptun, der Ceres und allen Göttern und Göttinnen ...«). Obwohl hier und auf einer zweiten Inschrift aus Wardt (Kr. Moers) vom Jahre 218 die A. nicht ausdrücklich als Matronen bezeichnet werden, ist dies durch die Widmung an die Matronae → Abiamarcae gesichert. Der Neufund bestätigt die schon von Gutenbrunner geäußerte Vermutung, daß in diesem Fall statt Abia- eigentlich Ambia- zu lesen ist; hinzu kommt noch eine ebenfalls belegte Nebenform Ambiomarcae. Die ganze Gruppe gehört wahrscheinlich zum Ortsnamen *Ambia (heute Embt); allerdings wäre auch eine Grundbedeutung von Ambiamarc- »die umhegte Mark« möglich. Der Name ist jedenfalls eine keltisch-germanische Mischbildung. Auffällig ist, daß sowohl die A. wie auch die Ambiomarcae in der Textumgebung römischer Gottheiten genannt werden. Ob es sich also um einen tatsächlich germanischen Matronennamen handelt, ist fraglich.

S. Gutenbrunner, Die german. Götternamen, 1936; G. Alföldy, Epigraphisches aus dem Rheinland III, in: Epigraphische Studien 5, 1968; H. Birkhan, GKAR, 1970; B. u. H. Galsterer, Neue Inschriften aus Köln, in: Epigraphische Studien 12, 1981.

Ambiomarc(i)ae. Eine von Soldaten der XXX. Legion gestiftete Weiheinschrift aus Remagen beginnt: I. O. M. et Genio loci, Marti, Herculi, Mercurio, Ambiomarcis [...], wobei es sich möglicherweise um Matrae oder Matronae A. handelt; allerdings könnte es sich dabei auch nur um eine Ortsangabe zu den vorhergehenden Götternamen handeln, aber ein Neufund aus den 1970er Jahren mit dem Matronennamen → Ambiamarcae macht es wahrscheinlich, daß es sich bei den A. um eine Nebenform dazu handelt.

F. Kauffmann, Der Matronenkultus in Germanien, in: Zs. für Volkskunde 2, 1892; S. Gutenbrunner, Die german. Götternamen, 1936; M. Schönfeld, Wörterbuch der altgerman. Personen- und Völkernamen, [2]1965.

Ambioreneses. Matronenname. Wie die ganz ähnlichen Abirenae sind wohl auch die A. als Matronenname aufzufassen, wenn dies hier auch nicht ausdrücklich angeführt ist. Der Name stammt von einer neugefundenen Inschrift aus Deutz von 252 n. Chr. und ist gemeinsam mit den Ambiamarcae innerhalb einer Reihe römischer Götter genannt. Die A. sind also wohl »die auf beiden Seiten des Rheins wohnenden (oder verehrten?) Matronen«.

B. u. H. Galsterer, Neue Inschriften aus Köln, in: Epigraphische Studien 12, 1981.

Ambirenae → Abirenae.

Amfratninae ist der Name von Matronen auf rund einem Dutzend Votivsteinen, die erst 1980 in Eschweiler gemeinsam mit Votivaltären für die → Alaferhviae gefunden wurden; der Name ist wohl zu ahd. frad »fähig«, fradi »Erfolg« zu stellen, womit diese Matronen als Patroninnen persönlichen Glücks zu werten wären.

R. Nedoma, Matronae A., in: Beiträge zur Namenforschung 24, 1989.

Ámgerðr (altnord., »die dunkle Gerðr«) heißt eine Riesin beim Skalden Einarr Gilsson und in den Thulur; Gerðr kommt als eine der bekanntesten Riesinnen der nordischen Mythologie häufig in anderen Riesinnennamen vor, auf die dunkle, schmutzige Farbe der Riesen weisen auch andere Namen (Svartr, Surtr, Ámr) hin.

Ammaca. Name einer möglicherweise germanischen, eher aber gallischen Göttin auf einer Inschrift aus Maastricht; → Gamaleda.

Amnesahenae. Matronenname. Den Matronis Amnesa[henis] ist eine Weiheinschrift von Thorr bei Köln gewidmet, der Name ist allerdings möglicherweise keltisch.

S. Gutenbrunner, Die german. Götternamen, 1936.

Ámr (altnord., »der Dunkle«) heißt ein Riese in den Thulur und beim Skalden Ófeigr.

Ámsvartnir (altnord., »der Rot-Schwarze« oder »der ganz Schwarze«?) heißt laut Snorri (Gylf 33) der See, in dem die Insel Lyngvi liegt, auf der der → Fenriswolf bis zu den → Ragnarök angekettet ist. A. ist, wie viele andere Namen der Erzählung, eine ausschmückende Erfindung Snorris.

Amulette sind magische Gegenstände, die den Träger gegen

Unglück schützen oder ihm Kraft verleihen sollen. Seit der Bronzezeit ist die Verwendung von A.n bei den Germanen durch archäologische Funde belegt. Die A. aus tierischen, pflanzlichen oder mineralischen Materialien (Muschelstücke, Tierklauen, Wurzeln, Bernsteinperlen) wurden in der Eisenzeit durch metallene Anhänger abgelöst, die ihre Fortsetzung in den völkerwanderungszeitlichen → Brakteaten und verwandten scheibenförmigen A.-anhängern mit runischen Zauberwörtern oder magisch gebrauchten einzelnen runischen Sinnzeichen fanden. In den letzten heidnischen Jahrhunderten wurden daneben weiterhin gefaßte Mineralien oder Glasperlen sowie Kräutera. verwendet.
Zu den A.n, die nicht einen allgemeinen Abwehrzauber, sondern die Bindung an einen bestimmten Gott erzielen sollten, gehören kleine Götterstatuetten, die archäologisch für Freyr und Thor, literarisch für Freyr bezeugt sind. Kleine Thorshämmer (→ Mjöllnir) als A.-anhänger waren in der heidnischen Spätzeit Symbol für das Heidentum an sich. Die älteren sogenannten Herkuleskeulen gehen ebenfalls auf eine Thorsverehrung zurück. Auch andere Miniaturwaffen sind als A. verwendet worden, wobei kleine Lanzenspitzen auf eine Verbindung zu einer Odinsverehrung deuten könnten, wie sie auch durch die Brakteaten bezeugt wird.

S. Grieg, Amuletter og Gudebilder, in: Viking 18, 1954; H. Thrane, T. Capelle, H. Jankuhn u. W. Krause, Amulett, in: RGA 1, 1973; K. Düwel, Buchstabenmagie und Alphabetzauber. Zu den Inschriften der Goldbrakteaten und ihrer Funktion als Amulette, in: FmSt 22, 1988; S. H. Fuglesang, Viking and Medieval Amulets in Scandinavia, in: Fornvännen 84, 1989.

Án (altnord., aus aða-vinr »vornehmer Freund«) heißt in der Vsp 11 ein Zwerg, sonst ist Á. als Männername belegt.

Ánarr (1) (altnord., »der Andere«) heißt ein Zwerg in der Vsp 11 und 15.
(2) (altnord.) scheint in Þjóðólfr Arnórssons Sexstefja 3 der Name des Vaters der Erde zu sein.

Andhrímnir (altnord., »der dem Ruß Ausgesetzte«) heißt der Koch, der in Walhalla den Eber → Sæhrímnir im Kessel Eldhrímnir zubereitet – das ist zumindest Snorris Interpretation (Gylf 37) von Grm 18. – In den Thulur findet sich A. als Name für »Adler«.

Andlangr (altnord., »der ganz Lange, Weite«) heißt bei Snorri der zweite Himmel, welcher zwischen dem ersten, sichtbaren, und dem dritten namens → Víðbláinn liegt. Die Vorstellung von drei (oder mehr) Himmeln ist ganz christlich. Sowohl die Bezeichnung A. als auch den Rest der Stelle dürfte Snorri aus dem mittelalterlichen Lehrgespräch *Elucidarius* bezogen haben, da der in diesem Werk erwähnte zweite Himmel (coelus spiritualis) in den beliebten isländ. Übersetzungen und Bearbeitungen des *Elucidarius* als andlegr himinn bezeichnet wird; diese Bezeichnung hat Snorri für seine angeblich heidnische Kosmologie nur geringfügig geändert und auch seine Aussagen zum dritten Himmel (Víðbláinn) aus dem Wortlaut des *Elucidarius* zum zweiten Himmel bezogen. Mit heidnischer Mythologie haben wir es hier also nicht zu tun. – A. findet sich auch in zwei späteren christl. Gedichten (Guðmundardrápa, Petrsdrápa) sowie in den Thulur, ist an diesen Stellen aber sicherlich von Snorri übernommen.

Andrusteihiae. Matronenname. Die diesen Matronen geweihten Inschriftensteine tragen die Formen Andrustheihis (Bonn), Andrusteihiabus (Godesberg, CIL XIII 7995 und Köln) und Andrustehiabus (Köln CIL XIII 8212). Die A. gehören etymologisch zu altfränk. antrustio »Gefolgsmann«, und sind daher wie die kelt. Cantrusteihiae (zu pagus Condrustis) zu einem Gau-, bzw. Völkernamen zu stellen.

S. Gutenbrunner, Die german. Götternamen, 1936; H. Birkhan, GKAR, 1970; B. u. H. Galsterer, Die römischen Steininschriften aus Köln, 1975.

Andvari (altnord., »der Vorsichtige«) heißt ein Zwerg in der Vsp, den Rm und in den Thulur. Die Prosaeinleitung der Rm berichtet, wie Loki mit dem Netz den Zwerg A. fängt und dieser sich mit seinem Gold freikaufen muß, wofür er aber den Goldring, der zum Schatz gehört, mit einem Fluch belegt. Das Gold, der Ring und der damit verbundene Fluch werden zu dem auslösenden Motiv der Nibelungensage. Auch A. gehört damit eher in den Bereich der Heldensage, von wo ihn Wagner bezog, als in den der Mythologie.

Anesiaminehae. Matronenname von einer Inschrift aus Zülpich (CIL XIII 7926). Möglicherweise keltisch und zum Flußnamen Anesus, Anasus, d. i. die Enns, die allerdings weit entfernt vom Fundort ist.

S. Gutenbrunner, Die german. Götternamen, 1936; M. Schönfeld, Wörterbuch der altgerman. Personen- und Völkernamen, [2]1965.

Angeyja (altnord.) heißt eine der neun riesischen Mütter des Gottes Heimdall laut Völuspá in skamma (Hdl 37). Die Bedeutung ist unklar: »die der engen Insel« (zu ey; so de Vries), »die Bedrängerin« (Gering) oder etwa zu geyja »bellen« (so Motz)?

H. Gering, Kommentar, Bd. 1, 1927; J. de Vries, Altnord. etymolog. Wörterbuch, Leiden [2]1977; L. Motz, Giantesses and their Names, in: FmSt 15, 1981.

Angrboða (altnord. »die Kummer Bereitende«) heißt die Riesin, mit der Loki laut Völuspá in skamma (Hdl 40) den Fenriswolf gezeugt hat. Snorri berichtet in Gylf 19 zusätzlich, auch die Midgardschlange und die Hel seien dieser Verbindung entsprungen.

Ob die Tradition von Loki als Vater von Fenriswolf, Midgardschlange und Hel höheres Alter aufweist, ist schwer zu beurteilen, der sprechende Name A. ist jedoch sicherlich späte mythographische Erfindung des 12. Jh.

L. Motz, Giantesses and their Names, in: FmSt 15, 1981.

Ann (altnord.) Zwergenname, → Önn.

Annanept(i)ae. Name german. Matronen (genauer: Matres). Die den Matribus Annaneptis gewidmete Weiheinschrift aus Wissen bei Xanten (CIL XIII 8629) stammt von 233 n. Chr. Der Name ist möglicherweise zu altnord. Nipt »Schwester; Walkürenname« zu stellen; der erste Wortteil gehört vielleicht zu ahd. unnan »gönnen«, got. ansts »Gunst«, die A. wären dann also die »freundlichen Schwestern«, diese Deutung ist jedoch keineswegs gesichert.

R. Much, German. Matronennamen, in: ZfdA 35, 1891; S. Gutenbrunner, Die german. Götternamen, 1936; M. Schönfeld, Wörterbuch der altgerman. Personen- und Völkernamen, [2]1965.

Annar (altnord., »der Andere, der Zweite«) hieß laut Snorri der zweite Mann der Nótt (der personifizierten Nacht); beider Tochter sei die Jörð gewesen. Warum Snorri hier einen sonst unbelegten Mann für die Nótt erfindet, und ob die Verwandtschaft von Jörð und Nótt erst durch ihn konstruiert wurde, ist unbekannt.

Anses ist eine gotische Bezeichnung für »Götter«, welche sich beim christl. Geschichtsschreiber Jordanes im 6. Jh. (Getica 13,78) auf ein mythisches Ahnengeschlecht bezieht, das laut Jordanes ehemals als Heroen (semideos) verehrt wurde. Etymologisch sind die A. mit den → Asen identisch, der Bestandteil Ans- findet sich auch in zahlreichen völkerwanderungszeitlichen Personennamen, ohne daß die Bedeutung völlig geklärt wäre; Krappes Deutung der A. als göttliches Zwillingspaar ruht auf schwachen Füßen, viel wahrscheinlicher ist Grimms alte Erklärung von ans- als »Balken« (altnord. áss »Balken«); demnach wären die Götter die Tragebalken des Himmels; noch eher ist aber an die aus Balken geschnitzten Götterbilder (Pfahlgötter) zu denken.

J. Grimm, Dt. Mythologie, [4]1875–78; A. H. Krappe, A., in: PBB 56, 1932; E. Polomé, L'étymologie du terme germanique *ansuz ›dieu souverain‹, in: Études German. 8, 1953; J. de Vries, ARG, [3]1970.

Anthropogonie (Erschaffung der Menschen). Was die Vorstellungen der Westgermanen bezüglich der religiösen Anschauungen über die Entstehung der Menschen anbelangt, sind wir ausschließlich auf Tacitus als Quelle angewiesen. Er berichtet, daß sich die drei germanischen Volksstämme Ingaevonen, Istaevonen und Hermionen von einem gemeinsamen Vorfahren, Mannus, herleiten, welcher wiederum der Sohn des von der

Erde abstammenden Tuisto (oder Tuisco) war. Trotz des vermutlich hohen Alters der Vorstellung von Mannus als Stammvater (vgl. Mânus als Ahnherr in der indischen Mythologie) gehört diese Genealogie aber eher in den Bereich der Ethnogonien (→ Abstammungsmythen) als den der A. Somit verbleiben als Quellen für die german. Vorstellungen zur A. wieder nur die beiden Eddas. Der Bericht Snorris von → Búri, der von der Urkuh → Auðumla aus dem Eis freigeleckt wird und → Burr hervorbringt, der mit der Riesentochter Bestla die ersten Götter Odin, Vili und Vé zeugt, ist nicht als Mythos von der Entstehung des Menschen aufzufassen, da ja erst in der Folge diese Götter aus zwei Baumstämmen das erste Menschenpaar, Ask und Embla, schaffen. Obwohl offensichtlich sowohl in der Vsp als auch bei Snorri verschiedene ältere Traditionen vermischt wurden, ist Búri als menschlicher Stammvater der Götter undenkbar. Man wird daher die Schöpfung des Menschen aus Baumstämmen von der anderen Tradition, der Genealogie Búri-Burr-Göttertrias (vgl. Tuisto-Mannus-Völkertrias bei Tacitus), zu trennen haben. Diese genealogische Abstammung der Menschen von den Göttern, die sich auch in den Ethnographien germanischer Volksstämme und Königsgenealogien manifestiert und sich damit als die ursprünglichere Auffassung erweist, wurde in der Spätzeit des Heidentums durch die sekundäre – etwa von südöstlichen Ideen kontaminierte? – Vorstellung von der Erschaffung eines ersten Menschenpaares durch eine Göttertrias überlagert. – Bei Snorri sind es Odin, Vili und Vé, die das erste Menschenpaar schaffen, in der Vsp 18 besteht die Göttertrias aus Odin, Hönir und Loðurr; Odin schenkt den Menschen den Lebenshauch, Hönir die Seele, Loðurr die Lebenswärme (falls das sonst unbelegte lá so gedeutet werden darf). – Eine Wiederholung der A. findet sich im Vm 45, wo das Menschenpaar Líf und Lífþrasir den Weltuntergang in einem Baum überleben, um die Ahnen eines neuen Menschengeschlechts zu werden.

O. Höfler, Abstammungstraditionen, in: RGA 1, 1968; J. de Vries, ARG, [3]1970; G. Steinsland, Antropogonimyten i Völuspá, in: ANF 98, 1983; M. Clunies-Ross, Pseudo-Procreation Myths in Old Norse: An Anthropological Approach, in: Social Approaches to Viking Studies, hg. von R. Samson, Glasgow 1991.

Ár ok friðr (altnord., etwa: »gute Ernte und Friede«) ist eine Formel der german. Kultsprache, die zusammenfaßt, was im german. Sinn das Heil ausmachte (Baetke). In der Beschreibung von → Fróðis Frieden finden sich Elemente von Á. o. f. vereinigt: wiederholte gute Ernten, reiche Fischschwärme, äußerer Friede und innere Sicherheit, Fehlen jeglichen Verbrechens.

Für die Verwirklichung dieses Zustandes brachte man vornehmlich dem Fruchtbarkeitsgott Freyr Opfer dar. Die Tatsache, daß dieses Opfer ein Königsopfer war, deutet darauf hin, daß der König nicht nur rational für den äußeren Frieden, sondern durchaus auch für gute Ernten zuständig und verantwortlich war (→ Sakralkönigtum).

W. Baetke, Der Begriff der »Unheiligkeit«, in: PBB 66, 1942; A. Ebenbauer, Fróði und sein Friede, (Festgabe O. Höfler) 1976; F. Ström, År och fred, in: KLNM 20, 1976.

Arnhöfði (altnord., »der Adlerköpfige«) ist ein Odinsname in den Thulur und könnte sich vielleicht auf Odins Verwandlung in einen Adler im Mythos vom Raub des → Skaldenmets beziehen. – Allerdings finden sich noch eine Reihe anderer Tiernamen unter den Odinsnamen (Jálkr, Björn), die sich vielleicht weniger auf die literarisch tradierten Mythen, als auf Tierverkleidungen in einem älteren Odinskult beziehen könnten.

Arvagast(i)ae. Matronenname. Die den Matronis Arvagastis gewidmete Inschrift von Müddersheim bei Aachen (CIL XIII 7855) stammt aus der Zeit nach 150 n. Chr. Der Name ist wohl auf den german. Personennamen *Arwagasti- (vgl. fränk. Arbogastes, Arvagastes, 4./5. Jh.) zurückzuführen.

S. Gutenbrunner, Die german. Götternamen, 1936; M. Schönfeld, Wörterbuch der altgerman. Personen- und Völkernamen, [2]1965.

Árvakr (altnord., »zeitig wach«) heißt eines der beiden Pferde, welche den Sonnenwagen ziehen (Grm 37 und Snorri, Gylf 10); das andere heißt → Alsviðr.

Arvernus → Mercurius Arvernus.

Arvolecia. German. (?) Göttin, welche in einer Weiheinschrift von Brough in Nordengland aus der Zeit nach 150 n. Chr. genannt wird (Deae Arvolecie). Zwar trägt der Stifter der Inschrift den keltischen Namen Maiotius, A. ist aber wohl doch ein german. Name und bedeutet vielleicht »die schnell Heilende«.

S. Gutenbrunner, Die german. Götternamen, 1936.

Ásabragr (altnord., »Asen-Fürst«) wird der Gott Thor in den Skm 33 und in den Thulur genannt; die recht blasse Bezeichnung bestätigt nur seine ohnehin bekannte hohe Stellung im german. Götterhimmel.

Ásaheimr (altnord. »Welt der Asen«) oder Ásaland heißt laut Snorris Urgeschichte ein Land in Asien, aus dem die Asen stammen (Ynglinga saga 2). Die Hauptstadt war Asgard, die er (Gylf 8) mit Troja identifiziert und damit eine Verbindung zwischen der Geschichte des klassischen Altertums und dem Norden herstellt. Mit german. Mythologie hat diese christlich-gelehrte Mischung von antiken Stoffen und »abgesetzten« Göttern natürlich wenig zu tun.

Ásaland (altnord., »Land der Asen«) → Ásaheimr.

Ása-Thór (altnord. Ása-Þórr »Asen-Thor«) wird der Gott Thor wiederholt von Snorri genannt. In der Dichtung findet sich die Bezeichnung nur einmal (Hrbl 52). Da es sich um einen Ehrennamen Thors handelt, der in der Literatur besonders dort zur Anwendung kommt, wo Thors Ruf auf dem Spiel steht (Hrbl; bei Útgarðaloki), dient er der ironischen Verstärkung.

A. M. Sturtevant, Regarding the Name Ása-Þórr, in: SS 25, 1953.

Ásbrú (altnord., »Asenbrücke«) nennt Snorri (Gylf 14) als weiteren Namen für die Himmelsbrücke → Bifröst.

Asen werden die Angehörigen der größeren Götterfamilie der altnordischen Mythologie genannt, die andere Familie bezeichnet Snorri als → Wanen.
Zu den A. zählen die bedeutendsten nordischen Götter (Odin und seine Söhne Thor und Balder, auch Loki). Die A. sind vorwiegend Götter des Krieges und der Herrschaft, die Wanen Fruchtbarkeitsgötter.
Im erweiterten Sinn werden in der eddischen Mythologie die Götter allgemein als A. bezeichnet, was seinen Grund wohl in der Verschmelzung der beiden Götterfamilien durch Austausch von Geiseln und Heirat untereinander nach Ende des Wanenkriegs hat. Snorri zieht meist überhaupt keine klare Linie zwischen den beiden Götterfamilien; in seiner großen Aufzählung der A. (Skaldsk 1) nennt er neben Odin noch Thor, Njörðr, Freyr, Týr, Heimdallr, Bragi, Víðarr, Váli, Ullr, Hœnir, Forseti und Loki, bei den Asinnen Frigg, Freyja, Gefjon, Iðunn, Gerðr, Sigyn, Fulla, Nanna, abweichend davon (Gylf 34) die Göttinnen Eir, Gefjon, Fulla, Freyja, Sjöfn, Lofn, Vár, Vör, Syn, Hlín, Snotra und Gná. Die Bezeichnung ásynjur »Asinnen« kann also ebenfalls alle weiblichen Gottheiten umfassen. Alle Götter leben in Asgard (»Hof der Asen«), zu dem die Brücke → Bilröst oder Ásbrú (»Asenbrücke«) führt. Im Weltschöpfungsmythos gibt es keine unterschiedliche Herkunft der beiden Götterfamilien, sie treten in den Götterliedern gemeinsam auf, sie alle werden durch → Iðunns Äpfel jung erhalten und sind alle vom kumulativen Untergang zu den → Ragnarök bedroht. Ob das Wort A. also ursprünglich ein übergeordneter Begriff für »Götter« war, aus dem sich die Wanen herausgelöst haben, oder umgekehrt der Name einer Götterfamilie war, der später zur Allgemeinbezeichnung erhoben wurde, läßt sich auf Grund der Quellen nicht entscheiden.
Odin nimmt in der Mythologie der Eddas, besonders aber bei Snorri, stets den Rang des obersten A. ein, und der kann, wie auch Thor, einfach als »der Ase« bezeichnet werden. In den Skm ist nicht einmal klar, welcher von beiden hier als ásabragr »Bester der A.« genannt wird, und der

Ausdruck der »allmächtige Ase« (hinn → almáttki áss) in einer Schwurformel läßt ebenfalls offen, ob es sich um Odin oder Thor handelt. Dagegen dürfte mit dem Namen der a-Rune (angelsächs. ōs, german. *ansuz) sicher Odin gemeint sein.

Die Bezeichnung A., im Altnordischen æsir (Einzahl áss »Ase«), ist auch im Gotischen als Ansis (so latinisiert bei Jordanes, Getica XIII, 78) überliefert, im Angelsächsischen als ēsa (so in ēsa gescot »Hexenschuß«; Einzahl ōs). Im Deutschen ist der Name der A. nur in Personennamen (Ansila, Ansgeir, Anshram) erhalten.

Das Wort ist gemeingermanisch und schon in der römischen Kaiserzeit im Namen der Göttin Vih-ansa (»Kampf-Göttin«?) bezeugt und höchstwahrscheinlich ebenfalls um 200 n. Chr. auf der Runenschnalle von Vimose (Dänemark): a(n)sau wīja »dem A. weihe ich«. Die Grundform der Götterbezeichnung ist also ans-. Ob man sie mit german. *ans- »Balken, Pfahl« in Verbindung stellen darf, so daß der Ursprung in einer Verehrung von → Pfahlgöttern läge, oder mit altind. ásura- (zu ásu »Lebenskraft«) ist bislang ungeklärt, da beide Möglichkeiten etwas für sich haben.

Eine Reihe von skandinav. Ortsnamen weist das Element Ás- auf (schwed. Asperg, Åslunda, norweg. Ásaráll), das sicherlich die Götter im allgemeinen bezeichnet. Ein Produkt mittelalterlicher Gelehrsamkeit und keine Reflexion german. Heidentums ist der Bericht von Herkunft und Einwanderung der A. aus Asien in der euhemeristischen Darstellung bei Snorri und Saxo Grammaticus, wo Asgard nach Asien verlegt und der Ursprung der Bezeichnung A. aus Ásiámenn (»Asiaten«) hergeleitet wird. Die Namensähnlichkeit ist eben ideal für die Verknüpfung von alten skandinavischen Genealogien mit gängigen gelehrten Urgeschichten, welche nach kontinentalen Vorbildern die historische Verbindung der skandinavischen Völker mit dem klassischen Altertum und der christlichen Heilsgeschichte ermöglichte.

J. de Vries, ARG, [3]1970; H. Kuhn, A., in: RGA 1, 1973; O. Gschwantler, A., in: LexMA 1, 1980; H. Kuhn, Gott im Altnordischen, in: ders., Kleine Schriften 4, Berlin/New York 1978; L. Elmevik, Åsaka, in: Nordisk Namnstudier, (Festskrift till H. Ståhl) Uppsala 1985 (= NoB 73); B. Holmberg, Asbjørn, Astrid og Åsum. Om den hedenske as som navneled, in: Sakrale Navne, hg. von G. Fellows-Jensen u. B. Holmberg, Uppsala 1992.

N: (Lit.) N. F. S. Grundtvig, *Om Asalæren*, in: *Ny Minerva* 1807; P. H. Ling, *Asarne* (Epos 1816–33); Hans von Hammerstein, *Die Asen* (Epos [1928]).

(Musik) W. Gerhard, *Assemblée dansante* (Ballett, 1816).

(Bild. Kunst) → Odins Einwanderung.

Asericinehae. Matronenname, welcher auf drei Weiheinschriften im Raum Köln genannt wird: Matronis Asericinehabus (Odenhausen, CIL XIII 7981),

Aserecinehis (Odendorf, CIL XIII 7978 und 7979). Möglicherweise gebildet zu einem german. Personennamen *Ansurik- (vgl. altfränk. Ansoricus, got. Anserigus).

S. Gutenbrunner, Die german. Götternamen, 1936; M. Schönfeld, Wörterbuch der altgerman. Personen- und Völkernamen, [2]1965.

Asgard (altnord. Ásgarðr »Heim der Asen«) ist der Wohnort der Götter in der nord. Mythologie. In den Götterliedern findet sich A. nur in Hym 7 und Thrk 18, bei den Skalden nur bei Þórbjörn dísarskáld im 10. Jh. Häufig ist die Bezeichnung, welche ursprünglich wohl gar kein Name war, bei Snorri; er verwendet sie sowohl in Gylf als auch in Skaldsk meist einfach für den Wohnort der Asen; in A. liegt die Halle → Walhall, dort befindet sich auch → Hliðskjálf, von wo aus Odin die ganze Welt überblickt, und der Platz → Iðavöllr liegt innerhalb von A. Die Götter ließen sich in A. auch einen Tempel (→ Glaðsheimr) und eine Halle für die Asinnen (→ Vingólf) bauen. Die in den Grm angeführten Wohnsitze der Götter (→ Götterwohnungen) liegen ebenfalls in A.

Ursprünglich dürfte A. als Teil Midgards aufgefaßt worden sein, in dem die Götter nahe den Menschen wohnten – im Gegensatz zu → Utgard, dem außerhalb dieses Gebiets gelegenen Bereich. Dagegen stellte Snorri sich A. offensichtlich schon als im Himmel gelegen vor, wie die Bezeichnung → Himinbjörg belegt. In dieses himmlische A. führt die Brücke → Bifröst.

Obwohl nicht ausdrücklich erwähnt, dürfte sich die von Snorri in Gylf 41 erzählte Geschichte vom → Riesenbaumeister auf den Bau von A. beziehen: Die Götter wollen sich eine feste Burg bauen lassen, und ein Riese erbietet sich, dies in 18 Monaten zu bewerkstelligen; als Lohn verlangt er Freyja zur Frau, sowie Sonne und Mond als Geschenk. Niemand soll ihm dabei helfen außer seinem Pferd Svaðilfari. Mit Hilfe dieses Riesenpferdes geht die Arbeit so zügig voran, daß die Götter drei Tage vor Ablauf der Frist beraten müssen, wie sie den Riesen um seinen Lohn bringen könnten, denn an eine Einhaltung des Vertrags hatten sie gar nicht gedacht. Loki bekommt die Schuld an dem Vertrag mit dem Riesen und wird dazu bestimmt, einen Ausweg zu finden. Er verwandelt sich daraufhin in eine Stute und lenkt den Hengst Svaðilfari von der Arbeit ab, so daß der Bau nicht rechtzeitig fertig wird. Thor erschlägt den Riesen, Loki aber gebiert bald darauf ein achtbeiniges Fohlen, den → Sleipnir. – Snorri hatte noch ein ganz anderes Konzept von A., das mit german. Mythologie fast nichts zu tun hat und das er in seiner gelehrten Urgeschichte in Gylf 2 und 8 sowie der Ynglinga saga (2, 5, 9) anführt; hier ist A. Hauptstadt von Asaland oder Asaheimr, und in Gylf 9 wird dieses »Alte

A.« (Ásgarð enn forna) sogar mit Troja identifiziert.

J. de Vries, ARG, [3]1970; E. F. Halvorsen, Åsgard, in: KLNM 20, 1976; J. Harris, The Masterbuilder Tale in Snorri's Edda and Two Sagas, in: ANF 91, 1976.

N: H. Hendrich, *A.* (Illustration, um 1890); *Åsgard* heißt auch ein Ölfeld vor der mittelnorweg. Küste (seit 2000).

Asien ist nach Snorris Etymologie, in der Germanisches, Antikes und Christliches vermischt wird, das Herkunftsland der Asen; ihr Reich dort hieß laut Snorri Ásaheimr oder Ásaland, dessen Hauptstadt Asgard war und das von Odin regiert wurde (Ynglinga saga 2).

Askr (altnord., »Esche«) und Embla sind nach der altnord. Anthropogonie der Edda das erste Menschenpaar (Vsp 17 und 18, Gylf 8). Snorri beschreibt, wie die Söhne von Burr – die Götter Odin, Vili und Vé – am Strand zwei Baumstämme finden, aus denen sie die Menschen schaffen, indem der erste ihnen Atem und Leben, der zweite Verstand und Bewegung, der dritte Aussehen, Sprache, Gehör und Sehkraft verleiht. Die Vsp dagegen nennt Odin, Hœnir und Loðurr als die Götter, die den Protoplasten Atem (önd), Seele (óðr), Lebenswärme (falls das sonst unbelegte lá dies bedeutet) und das Aussehen (oder Gesundheit: góðr litr; litr bedeutet eig. »Farbe«) schenken. Ström hat heftig bestritten, daß óðr »Seele« bedeute, und erklärt es als Stimme, was kaum in diese Reihe von grundlegenden Lebensfunktionen paßt (→ Seele). – Von A. und Embla stammt nach Snorri das ganze Menschengeschlecht ab, dem die Götter Midgard als Wohnstätte zuteilten. – A. paßt auch etymologisch zum Mythem der Schöpfung aus einem Baumstamm, und ein Aesc als Stammvater des Königsgeschlechts der Aescingar bezeugt, daß es sich nicht um eine eher junge Mythographie handelt. – Um kaum mehr als eine interessante Idee handelt es sich bei A. C. Bangs Vergleich von A. und Embla mit Adam und Eva, wenn auch S. Bugges Herleitung von Iðavöllr aus Eden und dem Urðarbrunnen aus Jordan auf der selben Linie liegen.

A. C. Bang, Völuspá und die Sibyllinischen Orakel, 1880; J. de Vries, ARG, [3]1970; Å. V. Ström, German. Religion, 1975; G. Steinsland, Ask og Embla i *Vǫluspá* – fri fantasi eller gammel tradisjon?, in: Sagnaheimur, (Studies in Honour of Hermann Pálsson) Wien 2001.

Atla (altnord., »die Streitsüchtige«, zu atall) ist der Name einer Riesin oder Trollfrau in den Thulur. In der Völuspá in skamma (Hdl 37) wird sie als eine der neun riesischen Mütter des Heimdali angeführt.

Atlaterviae → Alaterviae.

Atli (altnord., »der Schreckliche«) ist ein Name für Helden und Könige (Attila = Atli) in den Heldensagen; in den Thulur wird A. aber auch als Name für den Gott Thor angeführt.

Atríðr (altnord., »Angreifer«) ist ein Odinsname in den Grm 48 und in den Thulur, der auf Odins Rolle als Kriegsgott anspielt.

H. Falk, Odensheite, Kristiania 1924.

Atufrafinehae. Wohl ein Matronenname, wenn dies auch in keinem der sechs Belege aus Berkum bei Bonn (CIL XIII, 7984–9) ausdrücklich angegeben ist. Der Name ist ungeklärt, macht aber einen germanischen Eindruck; Gutenbrunners phantasievolle Deutung stellt die A. zu einem Ortsnamen *At þraf(n)i- »Am Turm, Am Matronentempel« (zu altnord. þref »Gerüst«), allerdings macht schon die gutbelegte Form A. eine derartige Grundform höchst unwahrscheinlich.

S. Gutenbrunner, Die german. Götternamen, 1936.

Atvarðr (altnord., »der Abwehrer« oder »der Anverwandte«?) heißt ein Zwerg (?) in den Fjm 34.

Auðr (altnord., »Reichtum«) heißt laut Snorri (Gylf 9) der Sohn der Nótt, der personifizierten Nacht, mit ihrem ersten Mann Naglfari. Warum Snorri für Nótt hier einen ersten Mann und einen Sohn erfunden hat, ist unbekannt; A. ist in anderen isländ. Quellen als Frauenname überliefert.

Audrinehae. Matronenname; sieben Weiheinschriften auf römerzeitlichen Votivsteinen aus Hermühlheim bei Köln sind diesen Matronis Audrinehae (viermal), Auðrinehae, Authrinehae oder Autriahenae (je einmal) gewidmet. Der Name bedeutet vielleicht »die göttlichen Beistand Verleihenden« (de Vries; zu urnord. auja »göttl. Schutz«) oder »die freundlichen Schicksalsmächte« (Gutenbrunner; zu altnordisch auðna »Schicksal«). Birkhan sieht in den Austriahenae die selben Matronen wie den A. und stellt sie zum Namen der Austrogoti; sie bedeuteten dann »die Östlichen«; dagegen spricht allerdings sehr die geographische Verteilung, da die Gebiete beider Namen klar getrennt sind.

S. Gutenbrunner, Die german. Götternamen, 1936; H. Birkhan, GKAR, 1970.

Auðumla (altnord. Auðumla, Auðhumla, Auðumbla) ist nach Gylf 5 der Name der Urkuh, die aus dem tauenden Urreif entstand; Snorri erzählt, daß aus ihrem Euter vier Milchströme liefen, die den Riesen → Ymir ernährten, während A. aus dem salzigen Eis in drei Tagen den Stammvater der Götter, Buri, freileckte. A. bedeutet »die (milch-)reiche, hornlose Kuh« (zu auðr »Reichtum« und *humala »hornlos«). Über hornlose Kühe bei den Germanen berichtet schon Tacitus (Germ. 5). – Das Bild der heiligen Kuh ist bei zahlreichen außergerman. Religionen eng verbunden mit der Gestalt der Erdmutter (nur die ägyptische Hathor ist eine kuhköpfige Himmelsgöttin); so tragen auch Hera (»die Kuhäugige«) und besonders Isis noch Reste der Kuhgestalt. Für den germanischen Bereich ist die Nerthus zu erwähnen, welche laut Tacitus auf einem von Kühen gezogenen Wagen im kultischen Umzug geführt wurde: hier ist die Gestalt nur mehr in den Attributen der Göttin zu finden. – Die vier Milchströme aus A.s Euter legen einen Vergleich mit den vier Paradiesesströmen nahe; wahrscheinlicher aber als gemeinsame Ursprünge im Umkreis der nahöstlichen Magna-Mater-Vorstellungen ist es, daß die vier Milchströme der A. erst Snorris klerikaler Bildung entstammen.

A. Noreen, Urkon Auðhumla och några hennes språkliga släktningar, in: NOB 6, 1918; F. R. Schröder, German. Schöpfungsmythen, in: GRM 19, 1931; O. Nordland, A., in: KLNM 1, 1956; J. de Vries, ARG, ³1970.

N: Die ausgefallene Szene, in der A. Ymir nährt und Buri aus dem Eis freileckt, hat der danische Maler N. A. Abilgaard (1743–1809) zum Anlaß für ein Gemälde genommen.

Aueaniae → Aufaniae. Auf einer Inschrift von Carmona bei Córdoba (CIL II 5413) ist Matribus Aueaniabus für Aufaniabus verschrieben.

Aueha. Germanische Göttin auf einer römerzeitlichen Weiheinschrift; die Inschrift stammt aus Gleuel (→ Ahueccaniae), den Namen wird man wohl mit Gutenbrunner zu german. *ahwō- »Fluß« zu stellen haben, so daß diese Dea Aueha vielleicht eine Fluß- oder Quellgöttin war.

S. Gutenbrunner, Die german. Götternamen, 1936.

Aufaniae. Matronenname. Den Matronis Aufaniabus sind knapp 90 Inschriften gewidmet, womit dieser Name nach den Austriahenae am häufigsten belegt ist; die Inschriften finden sich meistens in Bonn und auch in Nettersheim, der Rest bis auf zwei Ausnahmen ebenfalls am Niederrhein; diese Ausnahmen stammen aus Córdoba/Spanien und Lyon/Frankreich. Die datierten Steine begrenzen einen Zeitraum von 164–235 n. Chr., um die Jahrhundertwende sind sie am häufigsten; damit fallen auch die Denkmäler der Matronae A. in die Blütezeit des Matronenkults am Niederrhein. Die Inschriften sind nicht immer ausdrücklich den Matronis Aufaniabus gewidmet, die göttlichen Adressaten werden dann als Deae A. oder Sanctae A. bezeichnet, was ihre hohe Stellung im Kult nur bestätigt. Der Name A. ist noch immer nicht völlig geklärt, am überzeugendsten scheint Muchs Deutung als »freigebige Ahnmütter« (vgl. got. ūfjō »Überfluß«).

R. Much, German. Matronennamen, in: ZfdA 35, 1891; S. Gutenbrunner, Die german. Götternamen, 1936; B. u. H. Galsterer, Neue Inschriften aus Köln, in: Epigraphische Studien 12, 1981.

Aumenahenae. Matronenname. Den Matronis bzw. Matribus

Aumenahenis sind zwei römerzeitliche Kölner Inschriften gewidmet (CIL XIII 8215 u. 12054); wahrscheinlich gehört der Name zum Flußnamen Oumena »Bach bei Aumenau« bei Ems an der Lahn.

S. Gutenbrunner, Die german. Götternamen, 1936; H. Birkhahn, GKAR, 1970.

Aurboða (1) heißt nach Hdl 30 und Gylf 50 eine Riesin, die Frau von Gymir und Mutter von Gerðr, über deren Werbung durch Freyr das Eddalied → Skírnismál erzählt. Was der Name bedeutet, ist unklar; da in den Fjölsvinnsmál 38 A. nicht eine Riesin, sondern ein Mädchen bezeichnet, hat man an ein Wort aur (aus lat. aurum gedacht: Sturtevant), um so zu einem kenningartigen Frauennamen »Bieterin des Goldes« zu gelangen. Doch ist das Zeugnis der Fjölsvinnsmál wohl sekundär. Altnordisch aurr bedeutet zwar möglicherweise auch noch »Feuchtigkeit« (de Vries), aber mit Hinblick auf das Vorkommen des Elements in anderen Riesen- und Zwergennamen (Aurgelmir, Aurvangr) und die Verwandtschaft von A. mit den ebenfalls chtonischen Wesen Gymir und Gerd ist wohl eher altnord. aurr »Sand, Schlamm« anzunehmen, bei dem die Bedeutungen auch gut belegt sind.

A. M. Sturtevant, Etymological Comments upon Certain Old Norse Proper Names in the »Eddas«, in: PMLA 67, 1952; J. de Vries, ARG, [2]1970; ders., Altnord. etymolog. Wörterbuch, Leiden [2]1977; L. Motz, Giantesses and their Names, in: FmSt 15, 1981.

(2) (altnord.) heißt eine der Mägde Menglöðs in den Fjm 38.

Aurgelmir (altnord.) ist ein Riese (Vm 29f., Thulur) und wahrscheinlich mit Ymir identisch, da er in den Vm als Großvater des Bergelmir und Vater des Thrúðgelmir bezeichnet wird. Wie bei ähnlichen Riesennamen (Aurboða, Aurgrímnir) ist die Herleitung aus aurr »feuchter Sand, Schotter« am wahrscheinlichsten, A. wäre demnach etwa der »aus Sand geborene Brüller«.

Aurgrímnir (altnord.) ist der Name eines Riesen (nur in den Thulur); wie bei den Riesennamen Aurgelmir, Aurboða scheint wegen der chtonischen Natur der Riesen die Herleitung aus aurr- »feuchter Sand, Schotter« am wahrscheinlichsten, der Name bedeutet dann etwa »der aus Sand entstandene Zornige«.

Aurkonungr (altnord.) ist ein Name für den spärlich belegten Gott → Hœnir, den nur Snorri (Skaldsk 15) anführt. Warum Hœnir so genannt wird, wissen wir nicht, allerdings ist es sehr wahrscheinlich, daß die Zusammensetzung von aur- mit konungr nicht etwa »Sandkönig«, sondern wohl »der reiche König« bedeutet; vielleicht handelt es sich um eine Kenning aus einer uns verlorenen Dichtung.

A. M. Sturtevant, Etymological Comments, in: PMLA 67, 1952.

Aurnir (altnord.) Riese im Grt → Örnir.

Aurvandill (altnord.). Snorri bewahrt in seiner Edda (Skaldsk 17) den Rest einer Mythe von A., die hier Thor A.s Frau Gróa erzählt. Er berichtet ihr, er sei von Norden kommend durch (den Fluß) → Élivágar gewatet. Dabei habe er A. in einem Korb auf seinem Rücken getragen. Eine von A.s Zehen habe aus dem Korb geragt und sei abgefroren, worauf er sie abgebrochen, in den Himmel geworfen und als Beweis einen Stern aus ihr gemacht habe, der Aurvandils tá heißt.
Snorri hat wohl die Anekdote zur Erklärung des Namens Aurvandils tá (d. i. »A.s Zehe«) nach dem Muster der Erzählung von der Entstehung der Sterne aus Thjazis Augen nachgebildet. A. hatte aber sicherlich schon früher mit einem Stern zu tun, denn die altengl. Entsprechung des Namens A., Earendel, ist ein Name für »Glanz, Morgenstern«; Much hat daher in einer gewagten Deutung Aurvandils tá (aus einem *tahō »Balken«) als Sternennamen mit »A.s Balken« erklärt, da auch die griechischen Sternheroen als pferdeköpfige Pfahlgötter verehrt worden wären.
Der Name A. hat auch in Sagen anderer germanischer Völker Entsprechungen: neben dem altengl. Earendel tritt er als Horwendillus bei Saxo (III, 85–87) als Vater des Amlethus (= Hamlet) auf, im Mittelhochdeutschen als namengebender Held des Spielmannsepos *Orendel*, sowie in langobard. (Auriwandalo) und ahd. (Orentil) Personennamen. Den dunklen Mythenrest erhellen alle diese Belege nicht.
Auch die Etymologie von A. ist ungeklärt: Muchs Deutung als »der glänzende Wandale« (zu altnord. aurr »Gold«?, verwandt mit lat. aureum »Gold«?) kann ebensowenig überzeugen wie die Erklärung durch Aurr- in der üblichen Bedeutung »feuchter Schotter« (wie Aurboða). Am semantisch einleuchtendsten, da zur Sternenmythe passend, scheint Muchs spätere Deutung als »Lichtstreif, Lichtstrahl« (zu vöndr »Stab«), die aber ebenfalls fraglich ist.

R. Much, Wandalische Götter, in: Mitteilungen der schles. Ges. für Volkskunde 27, 1926; ders., Aurvandils tá, (Festschrift H. Seger) 1934; S. Gutenbrunner, Der zweite Merseburger Zauberspruch, in: ZfdA 80, 1944; J. de Vries, ARG, [3]1970; ders., Altnord. etymolog. Wörterbuch, Leiden [2]1977.

N: Tolkien hat den Mythos um A. (in der englischen Form als Eärendil) in sein *Silmarillion* und *The Lord of the Rings* übernommen; hier wird er zu dem von den Elfen verehrten Abendstern (Simek, *Mittelerde*, 2005).

Aurvandils tá → Aurvandill.

Aurvangar (altnord., »die Schotterauen«) scheint in Vsp 14 (Aurvangasjöt) einem mythologischen Ort, den Wohnsitz der Zwerge, zu bezeichnen, der nachfolgende Ortsname Jöruvellir dürfte dasselbe bedeuten; sonst ist A. nie erwähnt.

Aurvangr (altnord., »der von → Aurvangar«) heißt ein Zwerg in Vsp 13 und in den Thulur.

Aurvargr (altnord., »Schotter-Wolf«?) ist der Name eines Zwergs in der Vsp 13 (Lesart von → Aurvangr).

ausa (barn) vatni (altnord. »[ein Kind] mit Wasser besprengen«) → Wasserweihe.

Austri (altnord., zu austr »Osten«) heißt ein Zwerg in der Vsp 11, der nach Gylf 7 den aus Ymirs Schädel gebildeten Himmel im Osten stützt. → Vestri.

Austriahenae. Matronenname. In Morken-Harff wurden 1958 über 150 Weihesteine des Matronenkults gefunden, die mit einer einzigen Ausnahme alle den Matronis Austriahenis geweiht sind, soweit die zum Teil fragmentarischen Inschriften eine Lesung zulassen. Die Matronae A. sind damit der häufigste belegte Matronenname, und die Steine lassen, obwohl keiner ein Datum trägt, eine Datierung in die Blütezeit des Matronenkults am Niederrhein um 200 n. Chr. zu, so daß für diese Zeit ein bedeutendes Kultzentrum des Matronenkults in Morken-Harff oder der engeren Umgebung postuliert werden kann.
Birkhan stellt den Namen zum ersten Wortteil von Austrogoti, der dann »die Östlichen« bedeutete; die von ihm vorgeschlagene Gleichsetzung mit den Audrinehae (aus Hermühlheim) ist wohl wegen der klaren Trennung der Fundgebiete unwahrscheinlich.

H.-G. Kolbe, Die neuen Matroneninschriften von Morken-Harff, in: Bonner Jahrbücher 160, 1960; H. Birkhan, GKAR 1970; Thes. Pal. 1984.

Authrinehae. Matronenname, → Audrinehae.

Aviaitinehae. Matronenname. Eine Weiheinschrift aus Bürgel bei Solingen ist den Matronis Rum(a)nehis item Aviaitinehis gewidmet; Lesung und Deutung des Namens sind allerdings höchst unsicher.

S. Gutenbrunner, Die german. Götternamen, 1936; M. Schönfeld, Wörterbuch der altgerman. Personen- und Völkernamen, [2]1965.

Axsinginehae. Matronenname auf einer römerzeitlichen Kölner Weiheinschrift (CIL XIII 8216); vielleicht zu got. ahs »Ähre«, also fruchtbarkeitsspendende Göttinnen?

S. Gutenbrunner, Die german. Götternamen, 1936.

Axtkult. In Nordeuropa ist seit der Jungsteinzeit durch archäologische Funde ein A. bezeugt, in welchem kultische Äxte – die für den praktischen Gebrauch ungeeignet waren – eine bedeutende Rolle spielten. In der Bronzezeit deuten zahlreiche Felszeichnungen, aber auch die Bronzefigürchen von Grevensvaenge auf einen verbreiteten A., der wohl als Fruchtbarkeitskult zu verstehen ist, wie die phallischen Gestalten der Felsbilder vermuten lassen.

Miniaturäxte als Amulettanhänger finden sich in der späten Eisenzeit und dann erst wieder in der Wikingerzeit.

Da ein A. in den literarischen Quellen nicht erwähnt wird, hat man ihn mit der Rolle des Thorshammers → Mjöllnir verbunden, der in der heidnischen Spätzeit zum Symbol des Heidentums, als Antwort auf das Kreuz des Christentums, wurde. Die Gleichsetzung von Axt und Hammer kann mit der Funktion beider Kultsymbole im Fruchtbarkeitskult begründet werden. Das hohe Alter des german. A.s, die Verwandtschaft mit dem kretischen A., und die Parallelen zu den Blitzwaffen außergerman. Götter, wie der Keule Indras und Herkules oder dem Hammer des gallischen Sucellos, deuten auf einen indogerman. Ursprung der verschiedenen Formen des A.s.

O. Almgren, Symboliska miniatyryxor från den yngre järnåldern, in: Fornvännen 4, 1909; J. de Vries, ARG, ³1970; M. Puhvel, The Deicidal Otherworld Weapon, in: Folklore 83, 1972; H. Jankuhn u. H. Beck, A., in: RGA 1, 1973; H. Trætteberg, Øks, in: KLNM 20, 1976.

B

Baduhenna. Name einer german. Göttin, von der Tacitus (Ann IV, 73) berichtet, daß ihr ein Hain geweiht war; in der Nähe dieses B.-Haines in Friesland seien im Jahre 28 n. Chr. 900 römische Soldaten niedergemetzelt worden.

Der erste Wortteil ist wohl zu ⋆badwa- »Kampf« zu stellen, der zweite findet sich als -henae häufig in Matronennamen. Es dürfte sich bei der Göttin B. also um eine Kriegsgöttin gehandelt haben; die Stelle bei Tacitus ist allerdings die einzige Nennung des Namens. Waldheiligtümer bei den Germanen sind jedoch öfters belegt (Heiliger → Hain).

J. de Vries, ARG, ³1970.

Bældæg (altengl., »der leuchtende Tag«), auch B. Wodning oder B. Wodening genannt, ist ein altengl. mythischer Name, der in einer Chronik (Æthelweard) durch Balder ersetzt wird. Auch Snorri kennt diesen Gott und erwähnt ihn im Prolog seiner Edda als zweiten Sohn Odins »Beldeg, den wir Balder nennen«. B. könnte somit eine englische Form des Namens Balder sein, die aus altengl. bealdor »Fürst, Herrscher; Christus« nach dem Beispiel von Götternamen wie Swæfdæg gebildet wurde (de Vries; dagegen Philippson), könnte aber auch nur eine späte Entwicklung altengl. Tradition unter dem skandinav. Einfluß des 10. Jh. sein.

E. Hackenberg, Die Stammtafeln der angelsächs. Königreiche, 1918; R. Jente, Die mytholog. Ausdrücke im altengl. Wortschatz, 1921; E. A. Philippson, German. Heidentum bei den Angelsachsen, 1929; K. Sisam, Anglo-Saxon Royal Genealogies, in: Proceedings of the British Academy 39, 1953; J. de Vries, ARG, ³1970; E. O. G. Turville-Petre, Myth and Religion of the North, Westport 1975.

Bakrauf (altnord. »Hintern«) heißt eine Riesin (nur in den Thulur).

Balder (altnord. Baldr, altengl., ahd. Balder) ist einer der bedeutenderen german. Götter und einer der Asen; → Balders Tod nimmt in der german. Mythologie eine zentrale Stelle ein, ist aber nur in literarischen Quellen Skandinaviens überliefert, wenn man vom → Zweiten Merseburger Zauberspruch absieht.

Die skandinav. Überlieferung teilt sich in eine norweg.-isländische und eine dänische Tradition. Den ausführlichsten Überblick über den Mythos von B. gibt Snorri in seiner Edda. In Gylf 21 beschreibt er B. kurz: »Der zweite Sohn Odins ist B., von dem (nur) Gutes zu sagen ist; er ist der Beste und alle loben ihn; er ist von so schönem Aussehen und so hell, daß ein Leuchten von ihm ausgeht … er ist der weiseste der Asen, am sprachgewandtesten und am freundlichsten, aber es ist so mit ihm beschaffen, daß seine Entschlüsse keinen Bestand haben. Er wohnt auf → Breiðablik, das im Himmel liegt und wo es nichts Unreines gibt.« B.s Mutter ist Frigg (Gylf 21 und Skaldsk 19), seine Frau Nanna, sein Sohn Forseti (Gylf 31, Skaldsk 5); B. ist der Besitzer des Schiffs → Hringhorni und des Rings → Draupnir (Skaldsk 5); nach den Ragnarök wird er von Hel gemeinsam mit seinem Bruder Höðr zurückkehren und in der neuen Welt leben (Gylf 52 nach Vsp 62).

Daneben widmet Snorri aber eine der umfangreichsten zusammenhängenden Stellen seiner Edda dem Mythos von B.s Tod und der Schilderung von → Balders Bestattung: Um B. zu schützen, verlangt Frigg allen Lebewesen und allen Elementen einen Eid ab, ihn nicht zu verletzen, nur die → Mistel wird dabei übergangen. Loki erfährt dies, und als die Götter einmal zur Unterhaltung Gegenstände nach dem unverwundbaren B. werfen, drückt Loki dem blinden → Höðr einen Mistelzweig in die Hand, den dieser nach B. wirft und ihn damit durchbohrt und tötet. Dies ist der schrecklichste Verlust für Götter und Menschen. Odins Sohn → Hermoðr reitet auf Friggs Wunsch zur Hel, um B. von ihr zurückzubekommen; Hel stellt dafür die Bedingung, daß alles auf der Welt um ihn weinen müsse; dann würde sie ihn freigeben. Tatsächlich weint die ganze Welt um B., außer einer Riesin namens Thökk, und so muß B. bei den Toten bleiben. Snorri meint, diese Riesin sei eigentlich Loki gewesen. Inzwischen haben die Asen B.s Begräbnis gerichtet. B. wird auf seinem Schiff Hringhorni auf einem Scheiterhaufen gemeinsam mit seiner Frau Nanna verbrannt, und Odin legte den Ring Draupnir auf den Scheiterhaufen.

Als Quellen Snorris kommen bei B.s Tod und → Hermoðs Helritt verlorene Lieddichtungen in Frage, B.s Bestattung ist von Snorri nach der um 983 entstandenen → Húsdrápa des isländ. Skalden Úlfr Uggason gestaltet, welche die Schnitzarbeiten in einer isländischen Festhalle beschreibt. B.s Tod wird aber auch in mehreren Eddaliedern erwähnt (Bdr; Vsp 31–33; Ls 28), wobei sich in der Vsp B.s Tod in die Reihe der Ereignisse, die zu den Ragnarök führen, eingliedert. Ls 28 spricht zwar nur davon, daß es Lokis Schuld ist, daß B. nicht mehr lebt, was sich sowohl auf seine Rolle bei B.s Tod wie auf seine Verhinderung von B.s Rückkehr beziehen könnte; Lokis Rolle im B.mythos dürfte jedenfalls ursprünglich sein.

Die prophetische Schilderung der Ereignisse in den Bdr stellt die Verbindung zur dänischen Tradition des Mythos von B. dar, denn hier wird wie bei Saxo von der Rache an → Höðr und Odins Zeugung des Rächers mit Rinda gesprochen. Bei Saxo Grammaticus (Gesta Dan. III, 69ff.) ist Nanna der Anlaß des Streits zwischen Balderus und Høtherus (wie Höðr hier heißt). Zuerst besiegt Høtherus B. und gewinnt Nanna. Nach darauffolgenden Siegen B.s, durch die er dänischer König wird, gelingt es Høtherus, B. durch Magie und mit einem Schwert, das ihn als einziges töten kann, zu erstechen. Saxo setzt dann mit der breit ausgeführten Erzählung von Odins Eroberung der Rinda fort, die ihm B.s Rächer → Bous gebiert, welcher dann Høtherus zwar tötet, dabei aber selbst umkommt.

B. als dänischer König ist wahrscheinlich kaum erst eine Erfindung Saxos, sondern dürfte auf eine ältere Tradition der Assoziation B.s mit dem dänischen Königshaus in Lejre zurückgehen; darauf weist eine Strophe der isländischen Bjarkamál, die B. erwähnt, ebenso wie eine Nennung von B.s Wohnsitz Breiðablik als Ortsnamen Bredebliche (nahe → Lejre!) beim schwed. Chronisten Johannes Messenius im 17. Jh. Damit dürfte B. auch als mythischer Ahnherr des dän. Königsgeschlechts in Frage kommen, um so mehr, als in den mythischen Ahnenreihen dänisch beeinflußter angelsächsischer Chroniken der Name Bældæg durch B. ersetzt wird.

Die Etymologie des Namens B. ist noch immer ungeklärt. Die verschiedenen Deutungsversuche hängen durchwegs von der jeweiligen Interpretation des B.mythos ab. Die ältesten Erklärungen stellten B. zur indogerman. Wurzel *bhel- »weiß« (litauisch baltas), sehen ihn also als den Lichtgott, als den ihn wohl auch Snorri beschreibt. Daneben steht die Ansicht, B., altengl. bealdor, bedeute eigentlich »Herr, Fürst«, und so sei auch ahd. balder im Zweiten Merseburger Zauberspruch zu übersetzen (dagegen vehement Kuhn). Bringt man dagegen B. mit dem naheliegenden altnord. baldr, ahd. bald »tapfer« zusammen, wird daraus ein kriegerischer Charakter B.s abgeleitet, der in den Quellen keineswegs belegt ist und auch gar nicht zum Bild B.s passen will. Aus dem Zusammenhang mit baldr »tapfer« erschloß Schröder aber eine Grundform *bal-ora-m »Kraft«, womit B. eine Rolle als Fruchtbarkeitsgott zugedacht wird.

Man wollte auch die offensichtlichen Parallelen zwischen dem B.mythos und dem Christentum als eine nordische Imitation christl. Mythen erklären; diese vor allem in der 2. Hälfte des 19. Jh. gängige Interpretation verfocht vor allem S. Bugge, der glaubte, daß die Geschichten, welche die Skandinavier im schon christl. England über Christus, Sohn Gottes, hörten, auf B., Sohn des höchsten Gottes Odin übertragen worden seien, so Details wie die Tötung B.s durch den blinden Höðr, dem die Durchbohrung Christi durch den blinden Longinus in der christl. Legendarik entspräche.

Der Tod B.s und seine Wiedererstehung nach den Ragnarök (die allerdings nur in der Vsp beiläufig erwähnt wird), haben im Gefolge Frazers zu einer weithin akzeptierten Deutung des B.mythos als Tod und Wiedererweckung eines Vegetationsgottes geführt (so noch Ebenbauer 1974). Allerdings darf man dabei nicht übersehen, daß im eigentlichen B.mythos B. eben nicht zu den Lebenden zurückkehrt, und daß die Vorstellungen vom zyklischen Leben eines Vegetationsgottes im Germanischen sonst eher fremd zu sein scheinen.

Auch de Vries' Erklärung des Mythos als Initiationsritus ist nicht völlig einleuchtend, öffnet aber den Weg zum offensichtlich schamanoiden Kontext einer germanischen Odinsreligion, zu deren engerem Umkreis der B.mythos zweifellos gehört. In der jüngeren Vergangenheit konnte Hauck recht deutlich zeigen, daß auf den Bilddarstellungen der völkerwanderungszeitl. Brakteaten, die vorwiegend Odin gewidmet sind, auch die Grundzüge des Mythos von B. bereits 600 Jahre vor Snorri relativ klar ausgebildet sind: B.s Tod durch den Zweig, Odins Übergabe des Rings Draupnir, B.s Ankunft bei Hel sind bildlich in den sogenannten Drei-Götter-Amuletten festgehalten.

Eine runisch-exemplarische Abbreviatur des B.mythos könnte auch – wenn man Gutenbrunner glauben will – in der Nennung der drei Götter Loki, Wodan und Thor der Runeninschrift der → Nordendorfer Fibel aus dem 7. Jh. vorliegen: LOGAÞORE = Loki war der Anstifter zu B.s Tod, WODAN = Odin hat ihn laut Snorri am schwersten empfunden; WIGIÞONAR = Þórr vígði »Thor weihte« den Scheiterhaufen bei B.s Bestattung. So geistreich diese Theorie auch ist, die keineswegs adäquate Stellung Odins bei Snorri und die Tatsache, daß → Thor eben nicht als Weihegott verstanden werden kann (Marold), lassen eine solche Deutung der Inschrift kaum zu.

Das durch die Brakteaten gesicherte Alter des B.mythos wird durch weitreichende außergerman. Parallelen bestätigt, wie etwa durch den Mythos von Lemminkäinens Tod in der finnischen Kalevala, oder die kaukasischen Sagen der Osseten, in denen vor allem die Übereinstimmung der Rollen von Loki und Syrdon, der für den Tod Soslans verantwortlich ist, beeindruckt. Dumézil schloß aus solchen Gemeinsamkeiten auf eine bereits indogerman. Tradition des B.mythos.

Über einen Kult B.s ist uns nichts Brauchbares überliefert, immerhin gibt es einige Ortsnamen in Norwegen, Dänemark und England, die möglicherweise mit dem Namen B. gebildet sind, jedoch keine Aussagekraft besitzen. Ebensowenig hat der altnord. Pflanzenname Baldersbrá (für die weiße Kamille), den Snorri von der strahlenden Schönheit der Brauen B.s ableitete (Gylf 21), irgendeine Beweiskraft.

S. Bugge, Studien über die Entstehung der nord. Götter- und Heldensagen, 1889; F. Detter, Der B.mythus, in: PBB 19, 1894; F. Niedner, B.s Tod, in: ZfdA 41, 1897; G. Sarrazin, Der B.-Kultus in Lethra, in: Anglia 19, 1897; F. Kauffmann, B.: Mythus und Sage, 1902; J. G. Frazer, B. the Beautiful, London 1913; J. Loewenthal, Zur german. Wortkunde, in: ANF 33, 1917; G. Neckel, Die Überlieferungen vom Gotte B., 1920; E. Schröder, B. in Deutschland, in: NoB 10, 1922; F. R. Schröder, Germanentum und Hellenismus, 1922; M. Olsen, Om B.digtning og B.kultus, in: ANF 40, 1924; R. Much, B., in: ZfdA 61, 1924; E. Mogk, Lokis Anteil an B.s Tod, Helsinki 1925; H. Hempel, Hellenist.-Oriental. Lehngut, in: GRM 16, 1928; K. Helm, B. in Deutschland?, in: PBB 67, 1944; H. Schneider, Über die ältesten Götterlieder der Nordgermanen, in: PBB 69, 1947; H. W. J. Kroes, Die B.überlieferungen und der zweite Merseburger Zauberspruch, in: Neophilologus 35, 1951; H. Kuhn, Es gibt kein balder »Herr«, (Festschrift K. Helm) 1951; O. Höfler, B.s Bestattung, in: Anzeiger der phil.-hist. Klasse der österr. Akad. der Wissenschaften, 1952; F. R. Schröder, B. und der zweite Merseburger Spruch, in: GRM 34, 1953; J. de Vries, Der Mythos von B.s Tod, in: ANF 70, 1955; S. Gutenbrunner, B.s Wiederkehr, in: GRM 37, 1956; N. Lid, B., in: KLNM 1, 1956; J. de Vries, [Rez.] G. Dumézil, Les Dieux des Germains, in: PBB West 81, 1959; G. Dumézil, Hotherus et Balderus, in: PBB West 83, 1961/62; F. R. Schröder, B.-Probleme, in: PBB West 84, 1962; H. Fromm, Lemminkäinen und B., (Festschrift F. v. d. Leyen) 1963; G. Dumézil, Balderiana Minora, in: Indo-Iranica. Mélanges G. Morgenstierne, 1964; F. R. Schröder, Die eddischen »B.s Träume« in: GRM 14, 1964; A. Closs, Irdisches Wiedererstehen, in: Kairos 7, 1965; A. Kabell, B. und die Mistel, Helsinki 1965; S. Gutenbrunner, Ritennamen – Kultnamen – Mythennamen, (Namenforschung. Festschrift A. Bach) 1965; W. H. Wolf-Rottkay, B. and the Mistletoe, in: SS 39, 1967; K. Schier, B.-Lieder, in: KLL 1, 1967; ders., B., Loki, Heimdall, 1969; E. C. Polomé, The Indo-European component in Germanic Religion, in: J. Puhvel (Hg.), Myth and Law among the Indo-Europeans, London 1970; J. de Vries, ARG, [3]1970; K. Hauck, Goldbrakteaten aus Sievern, 1970; E. Marold, »Thor weihe diese Runen«, in: FmSt 8, 1974; A. Ebenbauer, Ursprungsglaube, (Gedenkschrift für H. Güntert) 1974; J. S. Martin, Baldr's Death, in: Iceland and the Mediæval World. Studies Maxwell, Melbourne 1974; E. O. G. Turville-Petre, Myth and Religion of the North, Westport 1975; H. Klingenberg, Die Drei-Götter-Fibel von Nordendorf, in: ZfdA 105, 1976; K. Schier, B., in: RGA 2, 1976; G. Dumézil, Gods of the Ancient Northmen, Berkeley 1977; J. de Vries, Altnord. etymolog. Wörterbuch, Leiden [2]1977; R. Volz, B., in: LexMA 1, 1980; A. D. Mosher, The Story of Baldr's Death, in: SS 55, 1983; F. Stjernfelt, Baldr og verdensdramaet, København 1990; L. Motz, The Conquest of Death: the Myth of Baldr and its Middle Eastern Counterparts, in: Collegium Medievale 4, 1991; A. D. Mosher, Baldr, in: MeScand,

1993; St. Schaffner, Die Götternamen des Zweiten Merseburger Zauberspruchs, in: Die Sprache 41, 1999.

N: (Bild. Kunst) H. E. Freund, *Balder* (Statue, 1821); C. W. Eckersberg, *Balders Tod* (Gemälde); B. E. Fogelberg, *Balder* (Marmorstatue, 1844: in enger Anlehnung an Thorwaldsens Christusstatue); C. G. Qvarnström, *Loke och Höder* (Statue 1863), K. Ehrenberg, *Balder und Nanna, Idun und Bragi* (Zeichnung, 1882); E. Doepler d. J., *Balders Tod* (in: E. Doepler, W. Ranisch, *Walhall*, 1901); D. Hardy, *The Death of Balder* (Gemälde, ca. 1900).
(Lit.) J. Ewald, *Balders Død* (Heroisches Singspiel, 1775); A. Oehlenschläger, *Balders Död* (Trauerspiel, 1805); ders., *Baldur hin Gode* (Mytholog. Trauerspiel, 1807); L. Uhland plante 1812 ein Trauerspiel »Balder«, das sich wie Oehlenschlägers und Fouqués Stücke vorwiegend an Saxos Darstellung halten sollte; F. de la Motte Fouqué, *Baldur der Gute* (Ein Heldenspiel, 1818); E. Tegner, *Frithjofssaga* (Epos, 1825; erfindet nach den Angaben der altnord. *Friðþjófs saga*, wo ein sicher fiktives Balderheiligtum auf einer norweg. Insel erwähnt wird, ein Balderpriestertum); V. Rydberg, *Baldersbålet* (Gedicht, in: *Dikter*, 1882); A. Kayser-Langenhannss, *Balder und Loki*, 1891; W. Hertz, *Wie Höther Nannas Liebe gewann* (in: *Gesammelte Dichtungen*, 1900); H. F. Blunck, *Krist und Balder begegnen einander* (in: *Märchen und Sagen*, 1937).
(Musik) H. Vogl, *Der Fremdling* (Oper, 1880, Text: Felix Dahn); O. Beständig, *Balders Tod* (Oratorium, 1888); C. Kistler, *Baldurs Tod* (Oper, 1891, Text: Freiherr v. Sohlern).
(Sonstiges) *Balder*, niederländ. Patrolboot, fertiggestellt 1954. *Balder* heißt auch ein Ölfeld vor der norweg. Südwestküste.

Balders Bestattung wird wie die anderen Teile des Mythos von Balder, → Balders Tod und → Hermoðs Helritt, am ausführlichsten bei Snorri (Gylf 48) erzählt. Bei B. B. kennen wir in dem um 986 entstandenen Gedicht → Húsdrápa des isländ. Skalden Ulfr Uggason die Quelle Snorris.
Snorri berichtet, daß nach Balders Tod und Hermoðs Ritt nach Hel die Asen Balders Leichnam zu Balders Schiff → Hringhorni brachten, um ihn auf einem Scheiterhaufen auf dem Schiff zu verbrennen. Sie konnten das große Schiff aber nicht zu Wasser lassen, so daß die Riesin Hyrokkin gerufen wurde, die es beim ersten Anlauf so von den Stapeln schiebt, daß die Rollen Funken sprühen. Thor, darüber erzürnt, will sie mit Mjöllnir erschlagen, die anderen Götter aber hindern ihn daran. Balders Leichnam wird nun auf das Schiff gebracht und als seine Frau Nanna dies sieht, stirbt sie aus Kummer und wird ebenfalls auf den Scheiterhaufen gelegt. Als Thor den Scheiterhaufen mit seinem Hammer weiht, kommt

ihm ein Zwerg namens Litr vor die Füße, den er ins Feuer tritt, wo er verbrennt. Bei B. B. waren Odin mit Frigg, seine Walküren und Raben anwesend, Freyr fuhr auf einem Wagen vor, der vom Eber Gullinborsti (oder Sliðrugtanni) gezogen wird, Heimdall reitet auf Gulltopr und Freyja fährt mit ihren Katzen, auch eine Menge von Reifriesen und Bergriesen ist dabei. Odin legt den Ring Draupnir auf den Scheiterhaufen und auch Balders Pferd wird mitverbrannt.

In vieler Hinsicht stimmt diese Schilderung mit den uns (übrigens nur durch Snorri) erhaltenen Strophen von Ulfs Husdrápa überein; der Zug der Götter ist fast identisch; an der Spitze Freyr (Strophe 7), dann Odin (8) mit den Walküren und Raben (9), dann Heimdall (10), eine Riesin schiebt das Schiff vom Stapel, während Odins Krieger ihr Reittier halten (11). Der Zug der Götter und das von der Riesin geschobene Schiff konnten zwei Szenen der Schnitzerei in Óláfr Pás Halle, die Ulfr in dem Gedicht beschreibt, gewesen sein. Daß die anderen Szenen (Nannas Tod, die Weihe des Scheiterhaufens, der eigenartig unmotivierte Auftritt des Zwerges Litr) in keiner Strophe überliefert sind, kann Zufall sein, vielleicht kannte aber auch Snorri nicht mehr Strophen als wir. Die Ungereimtheiten und blinden Motive bei Snorri (Bedrohung der Riesin Hyrokkin, der Zwerg Litr) könnten dann vielleicht auf Snorris eigene Kenntnis der Schnitzarbeiten zurückzuführen sein, wobei er darin abgebildete Gestalten auf seine eigene Art interpretiert hätte.

Höfler hat auf den Zusammenhang zwischen der in der Husdrápa beschriebenen Schnitzarbeit und Darstellungen auf bronzezeitlichen Felsbildern, in denen ganz ähnliche Bildelemente auftreten, hingewiesen, und hat von daher die Bedrohung Hyrokkins und den Zwerg Litr zu deuten versucht: Thor mit dem erhobenen Hammer, wie er auch auf Felszeichnungen auftritt, habe Snorri einmal als Weihe des Scheiterhaufens, dann aber wieder als Bedrohung der (daneben abgebildeten) Riesin verstanden; der Zwerg habe seinen Ursprung in den Voltigeuren (Kulttänzern), wie sie oft in sonderbaren Stellungen über den Schiffen der Felszeichnungen zu sehen sind. – Dabei erhebt sich allerdings die Frage, ob die 2000–3000 Jahre zwischen den Felszeichnungen und der Schnitzarbeit durch das Postulat einer im wesentlichen ungebrochenen künstlerischen Tradition, oder aber durch eine Kultkontinuität zu überbrücken sind, die immer wieder zu ähnlichen Darstellungen der traditionell nachvollzogenen Kulthandlungen führen konnte, wobei Höfler beide Möglichkeiten für denkbar hält.

Lit: → Balder.

Balders Tod wird am ausführlichsten bei Snorri beschrieben:

Als Balder schwere Träume hat, beschließen die Asen, ihn zu schützen, und Frigg nimmt allen Lebewesen und sogar den Steinen einen Eid ab, ihn nicht zu verletzen. Die Asen vergnügen sich später damit, nach dem nun unverwundbaren Balder zu schießen oder zu schlagen. Aber Loki beneidet Balder. Er verkleidet sich daher als Frau und fragt Frigg aus, die ihm erzählt, daß sie nur der Mistel keinen Schwur abgenommen habe, da diese zu jung gewesen sei. – Loki nahm daraufhin einen Mistelzweig und ging damit zum blinden Gott → Höðr, der sich am Spiel der Asen nicht beteiligen konnte, auch da er keine Waffe hatte. Loki aber zeigt ihm die Richtung, und Höðr wirft den Mistelzweig nach Balder, der diesen durchbohrt und tötet. Die Asen sind wie erstarrt, und Odin weiß, daß B. T. das größte Unglück für Menschen und Götter ist.

Snorri hat für seine Schilderung wohl nicht nur die uns erhaltenen spärlichen Quellen benutzt: Höðr als Balders Töter wird in Vsp 33 und Bdr 11 genannt, die von Snorri angeführte Kenning skjótandi mistilteins (»Schießer der Mistel«) findet sich sonst nirgends, allerdings wird die Mistel in Vsp 31f. als Ursache für B. T. genannt; daß Loki auf irgendeine Weise für B. T. verantwortlich ist, läßt sich aus Ls 28 entnehmen; die von Snorri genannte Kenning raðbani Baldrs (»Ratgeber zum Tod Balders«) ist in der erhaltenen Dichtung ebenfalls nicht zu finden. Auch von Balders Unverwundbarkeit ist sonst nicht die Rede.

Es fällt auf, daß Balder in der Skaldendichtung zwar keineswegs selten genannt wird, Anspielungen auf den Mythos von B. T. aber bis auf die genannte kleine Gruppe von Eddaliedern gänzlich fehlen; Úlfr Uggasons Húsdrápa, die Snorri als Quelle für seine Schilderung von → Balders Bestattung verwendet hat, und die ihrerseits eine Beschreibung geschnitzter mythologischer Szenen in einer isländ. Festhalle des 10. Jh. ist, könnte auch Informationen über B. T. enthalten haben, sicher ist dies jedoch keineswegs. Diese kargen Hinweise auf Balder legen die Vermutung nahe, daß Snorri auf uns verlorene Eddalieder zurückgreifen konnte. Selbst wenn es solche Dichtungen gegeben hat, ist es ungewiß, ob es sich dabei um zwei Lieder, »B. T.« und »Hermoðs Helfahrt« (Neckel, Schröder) oder nur um eines (Schneider, de Vries) gehandelt hat.

Trotz der fehlenden Tradition in der Skaldendichtung ist der Mythos von → Balder sehr alt, da Bildquellen des 5. und 6. Jh. (Brakteaten) B. T. bereits wiedergaben.

Lit. → Balder.

Baldrs draumar (Bdr; altnord., »Balders Träume«) ist das einzige Eddagedicht über Balder in der Haupthandschrift (AM 748,4to) von ca. 1300 überschrieben. Das

Lied erzählt in 14 Strophen, wie die Götter, beunruhigt über Balders böse Träume, die seinen vorzeitigen Tod befürchten lassen, beraten; schließlich reitet Odin in die Unterwelt (Niflhel), wo er eine tote Seherin (→ Völva) zum Leben erweckt. Unter dem Decknamen Vegtamr (weshalb das Lied in jüngeren Handschriften auch Vegtamskviða »Vegtams Lied« heißt) stellt er der Seherin Fragen, die in ihren Antworten → Balders Tod, seinen Mörder und seinen Rächer offenbart. Am Ende erweist sich Odin durch eine unlösbare Frage als Gott der Weisheit, die Seherin erkennt ihn. Obwohl das Lied sowohl mit der Völuspá als auch der Thrymskviða eine Strophe gemeinsam hat, muß es nicht jünger sein als diese.

Ausg.: G. Neckel u. H. Kuhn, Edda, [4]1962.
F. Niedner, Balders Tod, in: ZfdA 40, 1897; Å. Ohlmarks, Totenerweckungen in Eddaliedern, in: ANF 52, 1936; H. Schneider, Über die ältesten Götterlieder der Nordgermanen, in: PBB 69, 1947; St. Allen, »B. dr.« 14 och Guðrunarkviða II, 9, in: ANF 76, 1961; F. R. Schröder, Die eddischen »Balders Träume«, in: GRM N. F. 14, 1964; K. Schier, B. dr., in: KLL 1, 1965; J. de Vries, Altnord. Literaturgeschichte, [2]1964–67; H. R. Ellis, The Road to Hel, New York 1968; J. Fleck, Drei Vorschläge zu B. dr., in: ANF 84, 1969; R. L. Dieterle, The Song of Baldr, in: SS 58, 1986; F. J. Heinemann, B. dr., in: MeScand, 1993.

N: In der deutschen Literatur war dieses Lied besonders im Sturm und Drang wirksam, wohl nach dem Vorbild des Engländers Thomas Gray (*The descent of Odin*, 1768) wurde es sowohl von J. N. C. M. Denis (*Odins Helafahrt*, 1772) als auch von Herder (*Das Grab der Prophetin*, 1778/79) übertragen.

(Baldruus). Angeblicher Göttername auf einer Utrechter Inschrift aus dem 3./4. Jh., welcher Balder entsprechen sollte, aber wie *Lobbonus und Hercules *Alabuandus nur auf allzu phantasievoller Deutung des absichtlich unleserlich gemachten Texts beruht.

C. W. Vollgraff, Romeinsche Inscripties uit Utrecht, in: Versl.en Medel. d. Akad. van Wetenschapen te Amsterdam, Afd. Letterk. 70 B 5, 1930; A. W. Byvanck, De Inscriptionibus Traiectensibus nuper repertis. in: Mnemosyne N. S. 60, 1933; S. Gutenbrunner, Die german. Götternamen, 1936; J. de Vries, ARG, [3]1970.

Báleygr (altnord., »der mit den flammenden Augen«) ist ein Beiname Odins in den Grm 47, bei Hallfreðr Vandræðaskáld (Hákonardrápa 6), Gisli Illugason 1 und in den Thulur. Mit den beiden Odinsnamen B. und Bileygr sind wahrscheinlich die bei Saxo vorkommenden Brüder Bolwisus und Bilwisus zu identifizieren (Gesta Dan. VII, 234f.), wo Balwisus Strenge, Bilwisus aber Milde für den Helden Hagbarðr fordert. Falk hat wohl nicht zu Unrecht geschlossen, daß es sich bei B. und Bileygr um zwei verschiedene Aspekte Odins handelt: B. seine göttliche, Bileygr seine menschliche Seite.

H. Falk, Odensheite, Kristiania 1924.

Bara oder Bára (altnord., »Welle«) heißt eine der Töchter des Meerriesen Ägir und seiner Frau Ran (Snorri, Skaldsk 23 und beim Skalden Gisli Súrsson). Fast alle Namen der neun → Ägirstöchter repräsentieren eine Erscheinungsform der Meeresoberfläche.

Barrey → Barri 1.

Barri (1) heißt der mythologische Ort, an dem nach den → Skírnismál 41 Freyr und Gerðr einander zu ihrer Hochzeit treffen sollen. Nach dieser Angabe ist es ein windstiller Hain (lundr lognfara), in der Nacherzählung des Liedes bei Snorri (Gylf 36) heißt der Ort jedoch Barrey (wie die Hebrideninsel Barrey, heute Barra) und wäre demnach also eine Insel. B. kann etymologisch auf zwei Arten gedeutet werden: einerseits als »Kornfeld« (zu altnord. barr »Getreide«); so erklärt es Olsen in seiner Deutung der Skírnismál als heiliger Hochzeit zwischen Gott und Erdmutter im Rahmen eines Fruchtbarkeitskultes. Andererseits könnte es (zu altnord. barr »Nadelbaum«) auch »Nadelwald« bedeuten, was zu einem Hain besser paßt.

M. Olsen, Fra gammelnorsk myte og kultus, in: MoM, 1909; J. Sahlgren, Lunden Barre i Skírnismál, in: NoB 50, 1962; J. de Vries, Altnord. etymolog. Wörterbuch, Leiden [2]1977.

(2) (altnord., »Narr«; auch Personenname) heißt ein Zwerg in der Fjm 24.

Baudihillia. Name einer Göttin auf einer Weiheinschrift vom Ende des 2. Jh. aus Housesteads am Hadrianswall/Nordengland, welche duabus Alaisiagis Baudihillie et Friagabi gewidmet ist. Alaisiagae ist ein Beiname für beide Göttinnen (»die Verehrungswürdigen«), B. selbst ist aber noch ungeklärt, da Siebs' Deutung als »die Kampfgebietende« (*Baudihildi) weder von der Konjektur noch von der Konstruktion her überzeugt.

Th. Siebs, Neues zur german. Mythologie, in: Mitteilungen der schles. Ges. für Volkskunde 25, 1924; R. Much, B. und Friagabis, (Festschrift Jellinek) 1928; S. Gutenbrunner, Die german. Götternamen, 1936.

Baugi (altnord., »der Krumme«) heißt ein Riese, der Bruder → Suttungs, bei dem Odin einen Sommer lang als Knecht arbeitet, um dafür einen Schluck des kostbaren → Skaldenmets zu bekommen. Da Suttungr aber auch B. den Met verweigert, hilft B. Odin, den Met durch eine List zu erwerben. B. versucht dann, allerdings vergeblich, auch Odin am Raub des Mets zu hindern (Snorri, Skaldsk 1). Der Name B., wenn nicht die ganze Gestalt, dürfte von Snorri erfunden sein, wahrscheinlich in Anlehnung an das Wort baugeið in den Háv 110.

A. Kabell, Baugi und der Ringeid, in: ANF 90, 1975.

Baum. Nicht nur → Heilige Haine, sondern auch einzelstehende Bäume wurden bei den Germanen als heilige Orte verehrt. Christliche Autoren des Frühmittelalters verurteilen wiederholt die Verehrung von

Bäumen bei den südgerman. Stämmen. In der Schilderung des Tempels in Uppsala bei Adam von Bremen (Gesta Hammab. Eccl. Pontif. IV, 26) wird ein großer B. in der Nähe des Tempels erwähnt, der im Winter wie im Sommer grün ist und dessen Art niemand kennt (Scholion 138). Dieser B. wurde wohl als irdisches Gegenstück zum mythologischen Weltenbaum → Yggdrasill betrachtet, an dem Odin in seinem Selbstopfer neun Nächte lang hing. Bäume wurden aber im allgemeinen wohl kaum wegen ihrer Beziehung zu einer bestimmten Gottheit, sondern wegen ihres Symbolcharakters für das Wachstum verehrt.

T. Palm, Trädkult, Lund 1948; J. de Vries, ARG, ³1970.

bauta(r)steinn (altnord.). Eisenzeitliche Grab- oder Gedenksteine, die in Südskandinavien weit verbreitet sind und üblicherweise aus schmalen oder flachen Monolithen bestehen, die bis zu 6 m hoch über den Boden aufragen. Der Name könnte ursprünglich »in die Erde gestoßene Steine bedeuten«, aber die größeren Exemplare konnten unmöglich in den Boden gerammt werden, sondern wurden bis zu einem Drittel ihrer Höhe in Gruben eingegraben. Erst in der Wikingerzeit tragen ganz vereinzelt bautarsteinar auch Runeninschriften.

Bávorr, auch Bavörr, Bafurr (altnord.) heißt ein Zwerg in der Vsp 11; der Name ist wohl nur eine Variante zu → Bívurr.
N: Als Bofur erscheint B. in J. R. R. Tolkiens Roman *The Hobbit* (1937) unter den 13 Zwergen.

Beda. Name einer Göttin, eine der beiden → Alaisiagae auf einem der Votivaltäre von Housesteads am Hadrianswall/Nordengland aus der Zeit nach 150 n. Chr.; die Inschrift ist Deo Marti Thingso et duabus Alaesiagis Bede et Fimmilene gewidmet. Da der hier genannte → Mars Thingsus der Gott des Things, der Versammlungs- und Gerichtsstätte, ist, hat man auch die beiden Göttinnen B. und Fimmilena mit Rechtsausdrükken in Verbindung gebracht, nämlich altfries. Bodþing »einberufenes Thing« und Fimelþing »Urteilsgericht« (oder »bewegliches Gericht«?). Die Stifter der Inschrift waren Friesen der Legion am Hadrianswall, daher ist die Verbindung mit diesen Rechtsausdrücken vertretbar, auch wenn der zeitliche Abstand zu berücksichtigen ist. B. wäre also etwa »die Herrin des *Bedthings«; eine einleuchtendere Erklärung bieten auch andere Deutungsversuche nicht.

K. Kauffmann, Mytholog. Zeugnisse, in: PBB 16, 1892; S. Gutenbrunner, Die german. Götternamen, 1936 (mit ausführlicher Diskussion); J. de Vries, ARG, ³1970 (mit älterer Literatur).

Beda Venerabilis (673–735) war ein angelsächs. Kleriker und Gelehrter, von dessen umfangreichem Schrifttum (Grammatik,

Rhetorik, Zeitrechnung, Naturgeschichte, Kirchengeschichte, Hagiographie) für die Geschichte und Religion der Germanen besonders seine *Historia ecclesiastica gentis Anglorum* (»Kirchengeschichte der Angelsachsen«, fertiggestellt 731) von Bedeutung ist, da sie nicht nur eine Kirchengeschichte, sondern eine allgemeine angelsächs. Geschichte ist, die auch die mythische Vorgeschichte dieses germanischen Stammes immer wieder anschneidet, so etwa die Herkunft von Hengist und Horsa oder den Mythos von Scyld Scefing.

Begräbnis → Grabbrauch.

Beinviðr (altnord.) heißt ein Riese in den Thulur. B. findet sich auch als Name eines Gewächses (Stechpalme, Stecheiche), es ist jedoch ungewiß, ob und weshalb der Riese nach ihm benannt sein könnte.

F. Jónsson, Þulur, in: APhSc 9, 1934.

Bekehrung meint hier den Übergang von den pagan-polytheistischen Religionen der germanischen Völker zum Christentum, wobei dieser Vorgang vom 4. Jh. (Goten) bis zum 12. Jh. (Teile Schwedens) gedauert hat. Dabei ist zu diskutieren, was jeweils die eigentliche B. ausmacht, nämlich entweder der formale, meist historisch greifbare Zeitpunkt der Taufe (des Herrschers) oder aber die persönliche Übertragung von Loyalitäten von angebeteten Mächten auf den christlichen Gott. Letzteres ist auf Grund der Quellenlage nur unzureichend zu rekonstruieren und kann von tiefem inneren religiösen Wandel bis zu stark synkretistisch geprägtem (und dann als »abergläubisch« bezeichnetem) Beibehalten älterer Glaubensformen reichen. Insgesamt kann man den Vorgang der B. (wobei sich auf Grund der besseren Quellenlage die nordgermanischen gentes als Paradigma anbieten) in wenigstens fünf Phasen einteilen. Die erste Phase wäre ein von äußeren Einflüssen freier germanischer Polytheismus, der aber ein rein theoretischer Wert bleibt, weil schon seit der römischen Eisenzeit christliche und antik-römische Religiosität in größerem oder kleinerem Grad den Germanen besonders der Grenzbereiche des Imperium romanum zur Kenntnis gelangt sein müssen. Zur zweiten Phase gehören erste Kontakte mit dem Christentum, die sich sowohl aus den frühesten Missionsaktivitäten als auch aus kulturellen und wirtschaftlichen Kontakten ergaben, wobei für Skandinavien die Reisen der Wikingerzeit diese Kontakte beispielhaft illustrieren können. Mit der dritten Phase kann man den Beginn des häufig beschworenen → Synkretismus, also der Glaubensmischung zwischen germanisch-paganen und christlichen Vorstellungen, ansetzen, wobei hier meist auf die Einflüsse der griechisch-römischen Religion und der nahöstlichen Glaubensvorstellungen, wie sie sich etwa in der Magie noch des christlichen Hochmittelalters finden, hinzuweisen vergessen wird. Zweifellos hat es daneben aber auch Fälle eines bewußten, den Totalitätsanspruch des Christentums ignorierenden Synkretismus gegeben, wenn sowohl aus Britannien wie aus Skandinavien Fälle der Verehrung alter Götter und des neuen Gottes nebeneinander belegt sind. Der Synkretismus hat aber seine Spuren nicht zuletzt in Kunst und Literatur hinterlassen, was oft zeigt, wie gering der Abstand zwischen Akkomodation und Synkretismus sein kann. Als vierte Phase ist der häufig genug von Massentaufen, rein politischem Zeremoniell oder mitunter sogar Zwangsmaßnahmen begleitete formale Vorgang der Taufe zu sehen, wobei die Frage nach der persönlichen »B.« im Sinne von Überzeugungswandel eben nicht greifbar wird. Erst als fünfte Phase (und in der Geschichte meist tatsächlich der Taufe nachgereiht) ist die Unterweisung der Neubekehrten, der Aufbau einer kirchlichen Struktur und die damit erst einhergehende sakramentale Versorgung zu sehen. In der Praxis ist der Abschluß dieser letzten B.sphase erst mit der Ausbildung einheimischer, der Landessprache mächtiger Priester und der Wahl einheimischer Bischöfe vollzogen.

O. Gschwantler, K. Schäferdieck, B. und B.sgeschichte, in: RGA 2, 1976; G. Steinsland, The Change of Religion in the Nordic Countries – a Confrontation between two Living Religions, in: Collegium Medievale 3, 1990/2; E. Mundal, Kristinga av Norge og Island reflektert gjennom samtidig skaldedikting, in: ebenda; L. E. v. Padberg, Mission und Christianisierung. Formen und Folgen bei Angelsachsen und Franken im 7. und 8. Jh., 1995; ders., Die Christianisierung Europas im Mittelalter, 1998; M. Carver (Hg.), The Cross goes North. Processes of Conversion in Northern Europe, A. D. 300–1300, Woodbridge 2003; R. Simek, Religion und Mythologie der Germanen, 2003; A. Sanmark, Power and Conversion – A Comparative Study of Christianization in Scandinavia, Uppsala 2004.

Beldeg (altnord.) → Bældæg.

Beli (1) (altnord., »Brüller«) ist ein Riese, der uns durch seinen Kampf mit → Freyr zu den Ragnarök bekannt ist. Snorri erzählt in der Gylf 36, daß Freyr waffenlos war, als er mit dem Riesen B. kämpfte, und ihn daher mit einem Hirschgeweih (dessen Bedeutung in diesem Mythos unklar ist) tötete. Daher wird Freyr in Kenningar als »Töter B.s« (bani Belja, z. B. Vsp 53) bezeichnet. Da wir aus dem Lied von Freyrs Brautwerbung (Skm) wissen, daß Freyr seinem Diener → Skírnir Ross und Schwert geliehen hatte, könnte die waffenlose Tötung B.s damit zusammenhängen; die Riesin Gerðr, um die Skírnir für Freyr wirbt, betrauert nämlich in Skm 16 den Tod ihres Bruders, dessen Name nicht genannt wird, durch Freyr. Daraus könnte man schließen, daß B. der Bruder von Gerðr und damit der Sohn von Gymir und Aurboða war, gesichert ist dies jedoch nicht.

K. Weinhold, Die Riesen, 1858; J. de Vries, ARG, [3]1970.

(2) (altnord.) ist ein (mythologischer?) Pferdename in der eddischen Kálfsvísa.

Beow, auch Beav u. ä. (angelsächs., »Gerste«) ist einer der mythischen Ahnen Vôdens (= Odins) in den Stammtafeln der angelsächs. Königshäuser, meist als Sohn Sceldwas/Scylds. Ob B. mit dem Helden Beowulf des gleichnamigen Epos identisch ist, ist unsicher, da die Namen etymologisch voneinander zu trennen sind. Auf Grund der Bedeutung des Namens B. und der Verbindung zu → Sceaf hat die ältere Forschung in ihm meistens einen Korndämon sehen wollen und ihn mit altnord. → Byggvir verglichen; da Sceaf aber als Korngott ausscheidet und auch Byggvir nicht sicher als solcher zu betrachten ist, überzeugt diese Deutung auch für B. nicht. Die lautliche Ähnlichkeit mit Beowulf und die semantische mit Sceaf ist wohl der Grund, weshalb B. als mythischer Vorfahr in den Genealogien zu finden ist.

E. A. Philippson, German. Heidentum bei den Angelsachsen, 1929.

Bergdís (altnord., »Berg-Dise«) heißt eine Riesin in Hversu Nóregr byggðisk und in den Thulur. Da Riesinnennamen auf -dís sonst nur in den Sagas des 13. und 14. Jh. häufig sind (Eydís, Glámdís, Skjalddís, Thordís), liegt der Schluß nahe, daß man in jener Zeit den wahren Charakter der als Disen bezeichneten weiblichen Gottheiten nicht mehr gekannt und sie daher mit den Vorstellungen von Riesinnen vermischt habe.

Bergelmir (altnord., »der Berg-Brüller«?) ist ein Riese in den Vm (29 u. 35); er ist der Enkel des Urriesen Ymir (= Aurgelmir) und der Sohn von Thrúðgelmir. Bei Snorri (Gylf 6) wird die Strophe Vm 35 so interpretiert, daß beim Tod Ymirs alle Reifriesen in seinem Blut ertranken, außer B. und seine Frau, die sich retten konnten und von denen seither die Reifriesen abstammen.

A. Kock, Ordforskning i den äldre Eddan, in: ANF 27, 1911.

Berguiahenae. Matronenname. Von einer römerzeitlichen Votivinschrift aus Gereonsweiler (Kreis Jülich; CIL XIII 12014) ist nur der Namensteil -rguiahenis erhalten, aber durch die am selben Ort gefundene, den Matronis Berhuiahenis geweihte Inschrift (CIL XIII 12013) scheint die Lesung als B. gesichert. Eine stärker abweichende Form desselben Namens liegt möglicherweise in einer Tetzer Inschrift vor, die den [Ber?] guinehis geweiht war. – Birkhan stellt den Namen der B. trotz lautlicher Probleme zu den zu Baumnamen gebildeten Matronennamen (wie Alaferhviae, Alaterviae, Vercana; vgl. ahd. fereheih »Eiche«).

S. Gutenbrunner, Die german. Götternamen, 1936; H. Birkhan, GKAR, 1970.

Berguinehae. Matronenname auf einer verlorenen Inschrift von Tetz bei Aachen (CIL XIII 7878); wohl eine Nebenform zu → Berguiahenae, aber die Lesung ist unsicher.

Berhuiahenae. Matronenname auf einer Votivinschrift von Gereonsweiler bei Aachen (CIL XIII 12013); → Berguiahenae.

Berlingr (altnord., »kurzer Balken«) heißt ein Zwerg, der im Sörla þáttr als einer der vier Schmiede von Freyjas Halsband genannt wird. → Brísingamen.

J. de Vries, Altnord. etymolog. Wörterbuch, Leiden [2]1977.

Berserker (altnord. berserkr, Pl. berserkir) sind in der altnord. Literatur Krieger, die sich im Kampf durch ihre »Berserkerwut« auszeichnen, während der sie brüllen, in ihre Schilde beißen und unverwundbar werden. Die älteste Erwähnung der B. findet sich in der Haraldskvæði, einem Preislied des Skalden Thórbjörn hornklofi auf den norwegischen König Harald Schönhaar nach der siegreichen Entscheidungsschlacht (ca. 872) am Hafrsfjord, in der Berserkir und → Ulfheðnar brüllend am Kampf teilgenommen hätten. In der Dichtung kommen B. noch sieben Mal vor, besonders in jungen Eddaliedern und Skaldenstrophen des 12.–14. Jh.; nur eine Strophe des Víga-Styrr in der Eyrbyggja saga könnte noch aus heidnischer Zeit stammen, was aber recht ungewiß ist.
Ausführlich berichtet zu Beginn des 13. Jh. Snorri in der Ynglinga saga 6 von den B.n: »Odins Männer gingen (in der Schlacht) ohne Panzer und waren toll wie Hunde oder Wölfe, bissen in ihre Schilde und waren stärker als Bären oder Stiere. Sie erschlugen die Leute, aber sie selbst verwundete weder Feuer noch Eisen; das nennt man Berserkerwut (berserksgangr)«.
In der isländischen Sagaliteratur werden die B. auf zwei verschiedene Arten literarisch topoisiert: einerseits als königliche Elitetruppen, die – meist in Gruppen von 12 – berühmten Königen unterstehen (Egils saga, Vatnsdœla saga, Hrólfs saga kraka), andererseits als herumziehende Unruhestifter (allein, zu zweit, oder zu zwölft), die Bauern zum Zweikampf herausfordern und/oder ihnen ihre Töchter oder Frauen abverlangen, und die erst vom jeweiligen Sagahelden in Form einer stereotypen Mannesprobe überwunden werden (Grettis saga, Heiðreks saga).
Die literarische Klischeegestalt des B.s im isländ. Hoch- und Spätmittelalter hat aber, wie sowohl die Etymologie des Namens als auch Reste alter Vorstellungen in den Beschreibungen (vor allem bei Snorri) zeigen, eine lange Tradition, deren Wurzeln im kultisch-ekstatischen Maskenkriegertum des germanischen Altertums liegen.
Die Etymologie von B. (aus ber- »Bär« und serkr »Hemd, Fell«) zeigt wie die der häufig mit den

B.n zusammen erwähnten Úlfheðnar (»Wolfs-Häuter«), daß es sich dabei um Krieger in Fellverkleidungen handelt, wie sie schon auf vendelzeitlichen schwedischen Helmblechen (Torslunda: 6./7. Jh.) dargestellt sind. Das Element ber- wurde schon von Snorri und der älteren Forschung als berr »bloß« mißverstanden (»gingen ohne Panzer«), die Erwähnung nackter germanischer Krieger bei Tacitus (Hist II, 22) hat diese Deutung gestützt.

Snorri erwähnt den Bezug der B. und Úlfheðnar zu Odin: sie sind »seine Krieger«. Odin ist aber auch der Gott der kultischen Ekstase (wie nicht zuletzt sein Name bestätigt) und die Berserkerwut trägt alle Anzeichen ekstatischer Bewußtseinszustände: Feuer- und Schmerzunempfindlichkeit sind ebenso wie das Nicht-Bluten bekannte Phänomene schamanischer Trancezustände.

Der Ursprung der B. und Úlfheðnar liegt also in skandinavischen Sonderformen von alten Maskenkulten, die sich in der Existenz von dem Odin geweihten kultischen Maskenkriegerbünden manifestierten.

H. Güntert, Über altisländ. B.-Geschichten, 1912; O. Höfler, Kultische Geheimbünde der Germanen, 1934; N. Lid, Berserk, in: KLNM 1, 1956; H. D. Fabing, On Going Berserk: a Neurochemical Inquiry, in: Scientific Monthly 83, 1956; K. v. See, B., in: Zeitschrift für dt. Wortforschung N. F. 2, 1961; G. Müller, Zum Namen Wolfhetan, in: FmSt 1, 1967; H. Kuhn, Kämpen und B., ebenda 2, 1968; H. Blaney, The Berserkr, Colorado 1972; O. Höfler, B., in: RGA 1, 1973; D. J. Beard, The Berserkr in Icelandic Literature, in: Approaches to Oral Literature, hg. von R. Thelwall, Ulster 1978; G. Kreutzer, B., in: LexMA 1, 1980; B. Blaney, The Berserk Suitor: The Literary Application of a Stereotyped Theme, in: SS 54, 1982; ders., Berserkr, in: MeScand, 1993.

Bestattungsformen → Grabbrauch.

Bestla (altnord.) ist eine Riesin, die Tochter des Riesen Bölthorn. Sie gebiert Borr, dem Sohn des Ahnherren Búri, drei Söhne, nämlich die ersten Götter: Odin, Vili und Vé. Diese erschlagen den Urriesen Ymir und erschaffen aus seinem Körper die Welt (Gylf 5 und 6). Odin wird in der Skaldendichtung als »Sohn der B.« bezeichnet (Einarr skálaglamm, Vellekla 4), ebenso in Háv 140. Da der Name der B. unklar ist, dürfte er höheres Alter aufweisen; als Deutungen bieten sich »Ehefrau« oder »Rinde, Bast« an, wobei die zweite Bedeutung nicht unwahrscheinlich ist, da auch die beiden Urmenschen der german. Kosmogonie, Ask und Embla, die Namen von Bäumen tragen; deshalb muß man aber nicht so weit gehen, in B. die schützende Rinde des Schutzbaumes von Odins Sippe sehen zu wollen (Hunke).

W. Hunke, Odins Geburt, in: Edda-Skalden-Saga, (Festschrift F. Genzmer) 1942; J. de Vries, Altnord. etymolog. Wörterbuch, Leiden [2]1977.

Beyggvir (altnord.), Nebenform zum Namen → Byggvir.

Beyla (altnord.) ist nach der Ls (55, 56 und Prosaeinleitung) eine Dienerin Freyrs und Frau von → Byggvir. Loki beschimpft sie als »schmutzige Magd«, aber dies ist in der Ls selbst der einzige Hinweis auf ihre dienende Rolle. Wie bei Byggvir dürfte es sich bei B. um einen Schutzgeist handeln; B. wird heute meist zu baula »Kuh« gestellt, wäre demnach also eine Beschützerin der Milchwirtschaft. Sievers stellte B. als »Frau Bohne« zu baun »Bohne« (aus *Baunilō) als Pendant zum Korngeist Byggvir. Dumézil dagegen deutet B. als »kleine Biene« (aus *bíuilō).

E. Sievers, Grammat. Miszellen, in: PBB 18, 1894; G. Dumézil, Deux petits dieux scandinaves: Byggvir et B., in: La nouvelle Clio 3, 1952; F. Jónsson, Lexicon Poeticum, Kopenhagen [2]1966; J. de Vries, ARG, [3]1970; ders., Altnord. etymolog. Wörterbuch, Leiden [2]1977.

Biáf (altnord. für altengl. → Beow). Im Prolog zu seiner Edda erwähnt Snorri B. als Sohn Skjölds, »den wir Bjár nennen«. → Bjár findet sich nur als Besitzer des Pferdes Kerti in den Alsvinnsmál.

Biflindi (altnord., »der mit dem bemalten Schild«) ist ein Name für Odin in den Grm 49 und den Thulur; auch Snorri führt den Namen (mit der abweichenden Form Bifliði) an (Gylf 2). Auf vendelzeitlichen Helmblechen und auf den Bildsteinen wird Odin als Speerreiter auch mit Schild abgebildet, ob aber hier irgendein Zusammenhang mit dem Namen B. besteht, ist ungewiß. Vielleicht ist auch Bifliði »der die Heere zittern macht«? die richtige Form.

H. Falk, Odensheite, Kristiania 1924.

Bifröst (altnord.), Name der Brücke zwischen Midgard und Asgard, welche, als Regenbogen betrachtet (Grm 44, Fm 15; Gylf 40), von den Göttern kunstvoll zwischen Himmel und Erde erbaut wurde (Gylf 12). B. endet im Himmel, bei Himinbjörg, wo Heimdallr wohnt und die Brükke gegen die Riesen bewacht (Gylf 16 und 26). Jeden Tag reiten die Asen über die Brücke B., die deswegen auch Ásbrú genannt wird, zu ihrem Gerichtsplatz beim Urdsbrunnen (Gylf 14). Zu den Ragnarök werden die feindlichen Muspellssöhne über B. reiten, wobei sie einstürzt.

B. bedeutet entweder die »schwankende Himmelsstraße« (zu altnord. bifa »zittern, beben«), oder, wenn → Bilröst doch die ursprünglichere Form ist, »der nur kurz zu sehende Regenbogen«; unwahrscheinlicher ist die Deutung als »der vielfarbige Weg«. Die Beschreibung von B. als Regenbogen durch Snorri ist jedenfalls viel überzeugender als die Annahme de Vries', mit B. sei eigentlich die Milchstraße gemeint gewesen. Nicht mit B. zu verwechseln ist die Jenseitsbrükke → Gjallarbrú, die ins Totenreich führt und die den zahlreichen außergermanischen Vorstellungen von der Jenseitsbrükke entspricht.

J. de Vries, ARG, ³1970; P. Dinzelbacher, Die Jenseitsbrücke im Mittelalter, 1973; A. Ebenbauer, B., in: RGA 2, 1982.

N: H. Hendrich, *Walhall* (Gemälde aus dem Zyklus *Der Ring des Nibelungen*, ca. 1900–1908).

Bifurr, auch Bívorr, Bivörr (altnord., »der Zitternde« zu bifa?) heißt ein Zwerg in der Vsp 11 und in den Thulur. Eine andere Deutung wäre »Biber«, bzw. »der wie ein Biber Emsige«. Dann wäre das Wort allerdings aus dem Niederdeutschen entlehnt.

C. N. Gould, Dwarf-Names, in: PMLA 44, 1929; J. de Vries, Altnord. etymolog. Wörterbuch, Leiden ²1977.

N: B. heißt einer der 13 Zwerge in J. R. R. Tolkiens Roman *The Hobbit* (1937).

Bil (altnord., »Augenblick«?) heißt eine Göttin, die Snorri in der Gylf 34 unter den Asinnen nennt.
In der Gylf 10 ist B. allerdings nur eine Märchengestalt in dem bei Snorri überlieferten Märchen vom Bild im Mond (→ Máni), wo sie eine der Gestalten im Mond ist; in den Kenningar der Dichtung kommt B. als nicht näher definierte mythologische Frauengestalt häufig vor. Als Göttin im eigentlichen Sinn wurde B. in der heidnischen Zeit aber sicher nicht betrachtet.

A. Holtsmark, B. og Hjuke, in: MoM, 1945.

Bíldr (altnord., »Aderlaßmesser«) heißt ein Zwerg in einer Version der Vsp 13.

Bileygr (altnord., »der schlecht Sehende«) ist ein Name für Odin in den Grm 47 und den Thulur, der sich auf Odins Einäugigkeit bezieht, aber im Zusammenhang mit dem Odinsnamen → Báleygr betrachtet werden muß.

Billingr (1) (altnord., »Zwilling, Zwitter«) heißt ein Zwerg in einer Version der Vsp 13.
(2) (altnord.) ist der Vater eines Mädchens (Billings mey), das Odin im sogenannten ersten → Odinsbeispiel der Háv (96–102) verführen will; er wird von ihr aber überlistet, so daß er statt ihrer eine Hündin im Bett vorfindet. Es ist unwahrscheinlich, daß B. 2 und B. 1 identisch sind, da sich Odin sonst ausschließlich mit Töchtern von Riesen (Gunnlöð, Rinda) einläßt, so daß also auch B. 2 möglicherweise ein Riese ist.

S. Nordal, Billings mær, (Bidrag till nordisk filologi till. E. Olson) Lund 1936.

Billings Tochter (altnord. Billings mey) in den Háv 97, → Billingr 2, → Odin.

Bilröst (altnord.), nur in Grm 44 und Fm 15 Bezeichnung für die Brücke nach → Asgard, den Regenbogen. Der Name gehört wohl zu altnord. bil »Augenblick; schwache Stelle« und ist vielleicht der ursprüngliche Name der Himmelsbrücke, obwohl sie in der Snorra-Edda immer → Bifröst genannt wird.

Bilskírnir (altnord., »der mit Lichtstrahlen Blitzende«?) heißt ein Saal, der ebenso wie Walhall 540 Türen hat (Grm 24). Laut Snorri liegt B. in → Thrúðvangr, in Skaldsk 4 bezeichnet er B. überhaupt als Besitz Thors. Eine Thorskenning beim Skalden Gamli aus dem 10. Jh. bestätigt Snorris Verbindung von Thor und B.

A. M. Sturtevant, Etymological Comments Upon Certain Old Norse Proper Names in the Eddas, in: PMLA 67, 1952.

Bjár (altnord.) Name eines Helden aus den Alsvinnsmál, dort der Besitzer des Pferdes Kerti. Von Snorri wird B. im Prolog zu seiner Edda mit Biáf, d. i. altengl. → Beow, identifiziert.

Björgólfr (altnord., »Berg-Wolf«) heißt ein Riese in den Thulur, der Name wirkt aber eher wie eine Kenning für einen Riesen.

Björn (altnord., »Bär«) nennt sich Odin in der Harðar saga 15, allgemein ist B. ein häufiger Personenname. Als Odinsname liegt eine Verbindung zu den Tierverkleidungen der Odinskrieger nahe (Ynglinga saga 6; → Berserker).

H. Falk, Odensheite, Kristiania 1924.

Björt (altnord., »die Schöne, Helle«) heißt eine der Mägde Menglöðs in den Fjm 38.

Bláinn (1) (altnord.) ist der Name eines Zwergs in den Thulur; zur Bedeutung → Bláinn 2.
(2) (altnord.), Bezeichnung für den Urriesen → Ymir in der Vsp 9, vielleicht weil aus seinem Schädel der blaue Himmel erschaffen wurde; auf jeden Fall zu altnord. blár »blau, schwarz«.

Blapthvari (altnord. Blapþvari »Plapper-Stange«?) heißt ein Riese in den Thulur.

Blávorr oder Blövurr (altnord. »der Glänzende« zu norweg. blava »glänzen«?) heißt ein Zwerg in den Thulur.

Bleik (altnord., »die Blonde«) Name einer der Mägde Menglöðs in den Fjm 38.

Blíð (altnord., »die Freundliche«) heißt eine der Mägde Menglöðs in den Fjm 38.

Blikjanda-böl (altnord., »bleiches Unglück«) heißt in Snorris allegorisierender Beschreibung der Wohnung der Unterweltsgöttin → Hel deren Bettvorhang (Gylf 33).

Blindi (altnord., »der Blinde«) ist eine Bezeichnung für Odin im Eddalied HH II und bezieht sich wohl auf seine Einäugigkeit.

H. Falk, Odensheite, Kristiania 1924.

Blindvidr (altnord., etwa: »versteckter Baum«) heißt ein Zwerg in den Thulur.

blóðörn (altnord.) → Blutaar.

Blóðughadda (altnord., »die mit blutigem Haar« = »Welle«) heißt eine der neun Töchter des

Meerriesen → Ägir und seiner Frau Ran (Skaldsk. 22 und 58; Einarr Skúlason; Thulur), welche in der altnord. Dichtung mit den Meereswellen gleichgesetzt wurden. Der Name scheint für eine Welle allerdings nicht sehr treffend zu sein, aber vielleicht ist für den Vergleich das glänzend-strähnige Aussehen der vom Wellenkamm abströmenden Wasserfaden ausschlaggebend gewesen; noch unwahrscheinlicher ist es jedenfalls, diese → Ägirstochter als eine Art Walküre der auf dem Meer umgekommenen Krieger zu betrachten.

blót (altnord.) → Opfer.

Blutaar. Das Ritzen des B.s (altnord. rísta blóðörn) war eine besonders grausame Art der Tötung, bei der dem Opfer bei lebendigem Leib die Rippen vom Rückgrat abgetrennt, wie Adlerschwingen auseinandergefaltet und die Lungenflügel herausgezogen wurden.
Diese Art der Rache an einem Feind ist uns sowohl in Skaldengedichten (Sigvat) und Eddaliedern (Rm 26), als auch in Sagas überliefert und könnte ursprünglich auf eine Form des Menschenopfers zurückgehen, da in der Orkneyinga saga 8 Jarl Einarr seinen Gegenspieler solcherart töten ließ und ihn damit dem »Odin für den Sieg opferte« (gaf hann Óðni til sigrs sér); eine ähnliche Angabe findet sich bei Saxo (Gesta Dan. IX, 315). Andere Belege für diese Tötungsart lassen aber vermuten, daß es sich dabei ursprünglich um eine spezielle Art der Vaterrache handeln könnte.

A. Ebenbauer, B., in: RGA 3, 1978.

Boðn (altnord., »Gefäß«). Als im Mythos vom Raub des Skaldenmets die Zwerge Fjalarr und Galarr das Blut des weisen Riesen → Kvasir auffangen, bewahren sie es (laut Snorri, Skaldsk 1) in den beiden Gefäßen B. und Són und im Kessel Óðœrir auf; die drei Gefäße gehen dann samt dem Met in den Besitz des Riesen Suttungr über, von dem Odin den Met schließlich raubt.
Die Bezeichnung B. hatte Snorri aus älteren Kenningar übernommen, in denen B. eindeutig als Gefäß identifizierbar ist.

H. Lindroth, B., Són och Óðrœrir, in: MoM, 1915; J. de Vries, ARG, 31970.

Bölthorn (altnord. Bölþorn »Unglücks-Dorn«) heißt der Vater der Riesin Bestla, welche die Mutter der ersten Götter, Odin, Vili und Vé ist. B. kommt nur in Háv 140 vor, woher wohl auch Snorri (Gylf 5) seine Information bezog. B.s Stellung in der Mythologie ist nicht ganz klar, da er sonst nicht als einer der Urriesen erwähnt wird, jedoch mit dem ersten Menschen Buri zeitlich auf einer Stufe steht. Auch sein Name paßt in kein altes mythologisches Konzept.

Bölverkr (altnord., »der Übelstifter«) nennt sich Odin selbst in den Grm 47 und so nennt ihn auch Snorri in der Erzählung vom Raub des Skaldenmets (Skaldsk 1). Odin stößt auf neun Mäher des Riesen Baugi und verwickelt sie in einen Streit um seinen Wetzstein, in dessen Folge sie einander töten; daraufhin verdingt er sich unter dem Namen B. selbst einen Sommer lang bei Baugi und arbeitet für neun. Als Lohn verspricht ihm Baugi einen Schluck vom → Skaldenmet, den sein Bruder Suttungr aufbewahrt, hält aber den Lohn schließlich zurück, so daß Odin zu anderen Listen greifen muß und den Met raubt.

Bömburr (altnord., »Dicker«) heißt ein Zwerg in der Vsp 11. N: B. ist einer der 13 Zwerge in J. R. R. Tolkiens Roman *The Hobbit* (1937).

Bootsbestattung ist ein Grabbrauch, der für die Germanen Nord- und Westeuropas während der Eisenzeit bis zum Ende der Wikingerzeit archäologisch bestens belegt ist und auch in den mittelalterlichen literarischen Quellen häufig aufscheint. Die literarischen Zeugnisse unterscheiden drei Arten der B.:
1) ein Schiff, das mit dem Toten an Bord (brennend) auf das Meer hinaussegelt; davon spricht schon der byzantinische Geschichtsschreiber Prokop im 6. Jh. bei der Beschreibung der Anwohner der Nordseeküste und das altengl. Beowulfepos. Die hochmittelalterlichen altnordischen Quellen (Snorri: Ynglinga saga 13, Gylf 48) betonen das brennende Schiff mit dem Scheiterhaufen, das aufs Meer hinausfährt.
2) das Schiff, das samt dem Toten an Land verbrannt wird, worauf die Asche in einem Hügel beigesetzt wird. Erwähnungen dieser Form finden sich wiederholt bei Saxo (111, 74; V, 156; VIII, 264); dazu kommt noch der ausführliche und interessante Augenzeugenbericht des Arabers Ibn Fadlan aus dem Jahre 922, welcher das Begräbnis eines Warägerhäuptlings beschreibt; er schildert, wie dem Toten nicht nur Waffen, Speisen, Haustiere, sondern auch ein Mädchen in das Schiff mitgegeben wird, bevor dieses mit allem auf dem Scheiterhaufen verbrannt wird; dann wird über der Asche ein Grabhügel aufgeworfen.
3) Häufiger sind literarische Belege in den Königssagas und Isländersagas über Körperbestattungen in einem Schiff, über das dann ein Grabhügel aufgeschüttet wird.
Die Bestattung auf einem aussegelnden (brennenden) Schiff ist archäologisch selbstverständlich nicht nachweisbar, die anderen Arten der B. werden durch zahlreiche Funde bestätigt. Dabei sind die Körperbestattungen in unverbrannten Schiffen etwas häufiger als Brandbestattungen, wobei auch Brandgräber in unverbrannten Booten vorkommen. Bodenfunde ergeben, daß der Brauch der B. in Skandinavien weder örtlich noch zeitlich eng begrenzt war; er war am häu-

figsten in Norwegen und Schweden und fand seinen Höhepunkt in der Vendel- und Wikingerzeit (6.–10. Jh.). Eine Form der B., bei der Leichnam und Boot verbrannt in → Schiffssetzungen beigesetzt wurden, finden sich vor allem in Schweden und Dänemark.

Die zugrundeliegenden Vorstellungen unterschieden sich wahrscheinlich je nach Art der B., da das Konzept der Schiffsreise des Toten ins unbekannte Jenseits kaum für die in Grabhügeln regelrecht verankerten Grabschiffe gelten kann. Da die verschiedenen Grabbräuche zumindest in der Wikingerzeit auch nebeneinander bestanden haben, ist mit der Vermengung verschiedener ursprünglich getrennter Vorstellungen zu rechnen: einerseits die Schiffsreise ins Jenseits, andererseits das Grab als Haus des Toten verbunden mit der Idee vom Schiff als Wohnstatt des Seefahrers. – Soweit unsere späten literarischen Quellen diesen Schluß zulassen, muß die Vorstellung vom Totenschiff → Naglfar von der Sitte der B. getrennt werden, da Naglfar nur in Verbindung mit dem Weltuntergang (Ragnarök) auftritt. Eher dürfte als mythologisches Gegenstück zur B. an Balders Leichenschiff → Hringhorni gedacht worden sein, welches laut Snorri (Gylf 48) brennend ins Meer gestoßen wurde.

Å. Ohlmarks, Gravskeppet, Stockholm 1946; M. Müller-Wille, Bestattung im Boot, in: Offa 25–26, 1970.

N: Ein brennendes Schiff mit einem toten Wikinger ist die stereotype Art der Darstellung altnord. Bestattungssitten in der Neuzeit; so etwa in Sir Frank Dicksees Gemälde *The Funeral of a Viking* (1893) und in allen Wikingerfilmen. In J. R. R. Tolkiens Romantrilogie *The Lord of the Rings* (1954/55) wird Denethors Sohn Boromir auf skandinav. Weise in ein Boot gelegt.

Borr steht bei Snorri für → Burr.

Borvoboendoa. Göttinnen- oder Matronenname auf zwei römerzeitlichen Inschriften aus Utrecht, möglicherweise jedoch keltisch.

S. Gutenbrunner, Die german. Götternamen, 1936.

Boudunnehae. Matronenname von zwei Kölner Inschriften aus dem 2. Jh.; möglicherweise aber keltisch.

S. Gutenbrunner, Die german. Götternamen, 1936; B. u. H. Galsterer, Die röm. Steininschriften aus Köln, 1975.

Bous ist laut Saxo (Gesta Dan. III, 82) der Rächer Balders; er ist der Sohn der Rinda, den Odin mit ihr zeugte, nachdem ihm vom finnischen Seher Rostiof geweissagt worden war, daß nur sie ihm den Rächer Balders gebären würde. B. erweist sich schon im zarten Alter als sehr kriegerisch und tötet schließlich Hötherus, stirbt aber selbst bald darauf an seinen Wunden. B. entspricht dem Odinssohn → Vali der eddischen Götterlehre und hat wie dieser die einzige Funktion, Balder zu rächen. B. ist die latinisierte Form des altdän. Namens Bo (altnord. Búi) »Bauer«. Ob dagegen der altdän. Vegetationsdämon Boui mit B. identisch ist und B. daher als Fruchtbarkeitsgott zu betrachten ist (de Vries), ist eher fraglich.

P. Herrmann, Die Heldensagen des Saxo Grammaticus, 1922; J. de Vries, ARG, [3]1970.

Boviden → Stierkult.

bragafull oder bragarfull (altnord., etwa »Häuptlings-Becher«) wurde laut Snorri beim Opfermahl oder Festmahl der Becher genannt, der nach den Bechern für die Götter getrunken wurde, bevor man das → minni (den Becher für die Verstorbenen) trank (Ynglinga saga 37; Hákonar saga góða 14). Die abweichenden Formen der Bezeichnung lassen offen, ob es sich um einen »Häuptlings-Becher« oder um einen »Becher für den Vornehmsten (Ahnen?)« handelte. In der Edda (HHv Pr 30) wird das b. mit dem Gelübde beim Erbmahl verbunden. Da aber Snorri sich in den genannten Quellen kaum auf alte Traditionen stützt und auch der Prosazusatz des Eddalieds wahrscheinlich recht jung ist, bleibt dahingestellt, ob das Trinken des b. wirklich eine heidnisch-germanische Sitte war.

K. Düwel, Das Opferfest von Lade, 1971.

Bragi (1) auch: Bragi enn gamli Boddason (»Bragi Boddason der Alte«) ist der älteste Skalde, dessen Werk wir kennen, er hat im 9. Jh. (in Norwegen?) gewirkt, wenn auch die Quellen keine genauere Datierung zulassen. In der Liste der Skalden (Skáldatal) aus dem 12./13. Jh. wird B. als Dichter eines sagenhaften schwed. Königs Beli bezeichnet, aber auch eines schwed. Königs Björn at Haugi, der mit einem König Bern von Birka identifiziert wurde, den der Hl. Anskar um 830 aufgesucht habe; demnach wäre B. um 830 schon ein erwachsener Mann gewesen. Isländ. Quellen (Landnámabók, Egils saga) stellen B. aber in Genealogien, nach denen er zwischen 835–900 gelebt hätte.
Neben einigen Einzelstrophen hat uns Snorri in seiner Edda 20 Strophen und Halbstrophen von B.s → Ragnarsdrápa überliefert, einem Schildgedicht, in dem die auf dem Schild dargestellten sagenhaften und mythologischen Szenen besungen werden.
B. wurde schon im Mittelalter als der erste der Skalden gefeiert, und mit aller Wahrscheinlichkeit ist der Dichter B. mit dem Gott → B. 2 identisch; er wäre dann also schon 100 Jahre nach seinem Tod zu einer mythischen Gestalt geworden.

F. Jónsson, Brage skald, in: AphSc 5, 1930/31; E. O. G. Turville-Petre, Scaldic Poetry, Oxford 1976.

(2) (altnord.), Gott der Dichtung. Snorri nennt ihn in Skaldsk 1 bei der Aufzählung

der Götter, in Gylf 25 sagt er von ihm: »Einer (der Asen) heißt Bragi; er ist wegen seiner Weisheit berühmt, besonders aber für seine Redegewandtheit und seine Wortkunst; er weiß am meisten von der Dichtung, und nach ihm wird die Dichtkunst benannt (bragr), und nach ihm wird jemand Dichter oder Dichterin genannt, wenn er mit Worten geschickter ist als andere. Seine Frau ist Iðunn.« Von den Eddaliedern nennt ihn die Grm 44 im mythologischen Kontext, bezieht sich hier aber dennoch eher auf den Skalden B. (B. 1); in der Ls (8–14) streitet er als einer der Asen mit Loki, auch hier wird Iðunn als seine Frau genannt. Sonst wird er nur in Sd 16 in unklarem Zusammenhang mit Runen erwähnt. In den Skaldengedichten findet sich B. selten; als Mann der Iðunn in einer Strophe der Grettis saga, im übrigen nur in den Hákonarmál 14 (961) und den Eireksmál 3 (954), jeweils als Begrüßer der besungenen Fürsten in Walhall. Nichts in den beiden Skaldengedichten zwingt zur Annahme, daß der Dichter B. hier als Gott aufgefaßt wurde; er ist also nur einer der Helden, die der Aufnahme in Walhall wert waren.

Da B. erst im 12./13. Jh. bei Snorri und in der Ls tatsächlich als Gott auftritt, ist es sehr wahrscheinlich, daß aus dem verehrten Dichter des 9. Jh. erst sehr spät eine Göttergestalt wurde (Mogk, Turville-Petre); daß eine solche Vergöttlichung nicht notwendigerweise in der heidnischen Zeit stattgefunden haben mußte, liegt in der systematisierenden Behandlung der german. Mythologie in der gelehrten isländ. Renaissance des Hochmittelalters.

Snorri sagt, bragr »Dichtung« habe den Namen vom Gott B.; da ein bragr aber auch »Häuptling, Fürst« bedeuten konnte und der Name B. auch sonst für historische und fiktive Personen verwendet wurde, ist der Zusammenhang B./bragr »Dichtung« nicht unbedingt ursprünglich, hat vielleicht aber die Vergöttlichung des Dichters gefördert.

E. Mogk, B. als Gott und Dichter, in: PBB 12, 1887; S. Bugge, Der Gott B. in den norrönen Gedichten, in: PBB 13, 1888; E. Mogk, B., in: PBB 14, 1889; W. H. Vogt, Thors Fischzug, (Stud. till. A. Kock) Lund 1929; ders., B.s Schild, in: APhSc 5, 1930; H. Kuhn, Es gibt kein balder »Herr«, (Festschrift K. Helm) 1951; H. b. d. Wieden, B., in: ZfdPh 80, 1961; J. de Vries, ARG, [3]1970; E. O. G. Turville-Petre, Myth and Religion of the North, New York 1975.

N: (Lit.) F. G. Klopstock, *Wingolf* (Ode, 1747), ders., *Braga* (Ode, 1771), ders., *Die Kunst Tialfs* (Ode, 1771); A. Oehlenschläger, *Bragis Sang om Gefjon* (Gedicht in *Nordens Guder*, 1819); *Bragur* (Zeitschrift, 8 Bde., 1791–1812). (Bild. Kunst) K. v. Münchhausen, *Braga* (Stich, 1799); K. Ehrenberg, *Balder und Nanna, Iduna und Braga* (Zeichnung, 1883); E. Doepler d. J., *Bragi* (in: E. Doepler, W. Ranisch, *Walhall*, 1901). (Sonstiges) *Brage*, norweg. Minenleger, fertiggestellt 1944.

(3) (altnord.) ist bei Egill Skalagrímsson (Höfuðlausn 31) auch ein Name für Odin.

Brakteaten nennt man kreisrunde, einseitig geprägte Schmuckscheiben aus dem 5. und 6. Jh., die ihren Ursprung in der Imitation spätantiker Kaisermedaillons haben. Von den bisher gefundenen B. stammen ca. 300 aus Dänemark, ca. 190 aus Schweden, ca. 160 aus Norwegen, knapp 30 aus England und ca. 20 vom europäischen Festland südlich von Dänemark. Schon seit dem 19. Jh. unterscheidet man vier Haupttypen von B. nach ihren Motiven:

A-B.: Männerkopf im Profil,
B-B.: ein bis drei menschliche Vollfiguren, teils in Tierbegleitung,
C-B.: Männerkopf im Profil über einem Vierbeiner,
D-B.: einzelne Tiere oder Tierornamentik.

Etwa die Hälfte aller B. gehören zur Gruppe C, ein Viertel sind D-B.
Eine Früh- und Nebenform der B. sind Medaillon-Imitationen, die im Gegensatz zu den B. auch auf der Rückseite eine Bildfläche tragen.
Etwa ein Drittel aller B. tragen auch Runeninschriften, die aber nur zum Teil einen Sinn ergeben, bzw. lesbar sind; in diesen wird teilweise der Runenmeister genannt, oder er spricht selbst, die Mehrzahl aber sind magische Runeninschriften, in denen sich die auch sonst magisch bedeutsamen Wörter alu und laukaR (→ Lauch) finden.
Für die Mythologie sind die B. weniger wegen der Runen von Bedeutung, sondern weil sie in der bildlichen Darstellung die Imitation des römischen Kaiserportraits schnell zu Gunsten der Darstellung nord. Vorstellungen aufgaben und damit eine Fülle religiösen Bildmaterials für eine im wesentlichen schriftlose Zeit bieten.
Neben der Abbildung von Menschen finden sich Tierdarstellungen, darunter Borstentiere (A-B.), Vögel (auf A-, B-, und C-B.), Pferde (C-B.) und Phantasietiere (auf den D-B.), wobei die Pferdebilder der C-B. häufig durch ihre offensichtlich behinderten Vorderläufe auffallen, was wohl »Schulterlähmung« vermuten läßt (Hauck). Die Darstellung des Männerkopfes und der anderen Bildelemente auf den A- und C-B. legt die heute meist akzeptierte Auffassung nahe, daß der Platz des Kaisers der spätantiken römischen Medaillons auf den B. im Norden vorwiegend durch Odin eingenommen wurde, wobei vor allem seine Rollen als Zauberarzt und Götterherrscher ikonographisch ausgedrückt wurden. Häufigstes Motiv – das der C-B. – ist dabei die Pferdeheilung durch Odin, wie sie literarisch auch durch den Zweiten Merseburger Zauberspruch bewahrt ist.
Bei den Drei-Götter-B., tritt neben Odin auch Balder sicher auf,

sodann vielleicht Loki (?), möglicherweise aber eher Hel, worin eine bildliche Verkürzung des ganzen Baldermythos gesehen werden könnte (Hauck).

Gerade bei den Detaildeutungen ist aber in der B.ikonographie noch umfangreiche Untersuchungsarbeit zu leisten, eine eindeutige Erklärung wird aber in vielen Fällen, etwa bei den Drei-Götter-B., und bei der etwaigen Darstellung dioskurischer Gottheiten (?), kaum möglich sein.

K. Hauck, Goldbrakteaten aus Sievern, 1970; O. Höfler, B. als Geschichtsquelle, in: ZfdA 101, 1972; K. Hauck, Zur Ikonologie der Goldbrakteaten I–XXV (1972–1983: siehe Bibliographie); ders., Brakteatenikonologie, in: RGA 3, 1978; E. Munksgaard, L. Webster, B. Arrhenius, K. M. Nielsen u. K. Düwel, B., ebenda; K. Düwel, Buchstabenmagie und Alphabetzauber. Zu den Inschriften der Goldbrakteaten und ihrer Funktion als Amulette, in: FmSt 22, 1988; K. Hauck, Der religions- und sozialgeschichtliche Quellenwert der völkerwanderungszeitlichen Goldbrakteaten, in: German. Religionsgeschichte. Quellen und Quellenprobleme, hg. von H. Beck, D. Ellmers u. K. Schier, 1992; E. Seebold, Römische Münzbilder und german. Symbolwelt, ebenda; K. Hauck, Die bremische Überlieferung zur Götter-Dreiheit Altuppsalas und die bornholmischen Goldfolien aus Sorte Muld (Zur Ikonologie der Goldbrakteaten, LII), in: FmSt 27, 1993; L. Motz: The Magician and His Craft. In: Collegium Medievale 7, 1994/1; dies., Note on a Bracteate from Trollhättan. In: Collegium Medievale 9, 1996/1–2; K. Starkey, Imagining an Early Odin: Gold Brakteates as Visual Evidence?, in: SS 71, 2001.

Brandbestattung (Kremation) der Toten begann sich von der älteren Bronzezeit (ca. 1300 v. Chr.) an in ganz Europa durchzusetzen und kann als typisch für die heidnischen Germanen angesehen werden, auch wenn daneben fast stets auch Körperbestattungen auftraten. Die B. ist bis in die Wikingerzeit in verschiedenen Formen belegt (→ Grabbrauch, → Bootsbestattung). Das älteste literarische Zeugnis für die B. bei den Germanen findet sich um 100 n.Chr. bei Tacitus (Germ 27,1), der berichtet, wie dem Toten Waffen und Pferd mitgegeben werden und er in einem Grabhügel beigesetzt wird. Für die heidnische Spätzeit finden sich zahlreiche literarische Belege der Leichenverbrennung, vor allem bei Saxo (I, 27; III, 74; V, 156; VI, 214; VIII, 264) und Snorri (Heimskringla Prolog; Ynglinga saga 8, 9, 13, 16, 19), seltener in der Sagaliteratur (Örvar-Odds saga 31, 32, 41; Völsunga saga 31; Norna-Gests Þáttr 9) und in der Skaldendichtung. Sehr interessant ist der Bericht des Arabers Ibn Fadhlan, der am Beginn des 10. Jh. einer Bestattungszeremonie der Waräger an der Wolga beiwohnte und ausführlich darüber berichtet.

In der Mythologie begegnet die B. bei → Balders Begräbnis (Snorri, Gylf 33), wo der tote Gott auf seinem Schiff verbrannt wird.

Bei den Süd- und Westgermanen ging die B. je nach dem Zeitpunkt der Christianisierung durch den Einfluß der Kirche stark zurück, in Skandinavien dagegen wurde die Körperbestattung – offensichtlich durch das südliche Vorbild – schon vor der Bekehrung häufiger als die B.

Brandingi (altnord. »Brennender«) heißt ein Riese in den Thulur; wie die Riesen Eldr, Eimnir und Logi erscheint er als eine Personifikation des Feuers, die bei den Riesen wohl deshalb nahelag, weil es der Riese Surtr ist, der zu Ragnarök den Weltbrand entfacht.

Breiðablik (altnord., »das weithin Glänzende«) heißt laut Grm 12 der himmlische Wohnort des Gottes Balder. Snorri erwähnt in Gylf 16 und 21 nur, daß B. ein schöner Ort ist, der niemals unrein sein wird; B. ist als Name sicher eine relativ junge Bildung, kaum älter als die Grm selbst.

Brimir (1) (altnord.) ist ein Riesenname in der Vsp (9 und 37) als Umschreibung für Ymir. Da das Meer (nach Grm 40) aus Ymirs Blut entstanden ist, gehört B. wohl zu brim »Meer«.
(2) (altnord.) heißt nach Snorri (Gylf 51) der Saal, in dem die Götter ihre Trinkgelage abhalten; zugrunde liegt dem Namen jedoch offensichtlich eine Fehlinterpretation von Vsp 37: bjórsalr jötuns, en sá Brimir heitir (»der Biersaal des Riesen, der Brimir heißt«), wo B. Name des Riesen, nicht des Saales ist; → Brimir 1.

Brisingamen (altnord.) heißt ein Schmuckstück der Freyja in späteren altnordischen Quellen (Thrk 13, 19; Gylf 34, Skaldsk 20). Trotz der überlieferten Form, welche »Halsband der Brisinge« bedeutet, dürfte es etymologisch zu norweg. brisa »glänzen« zu stellen sein; die jetzige Bezeichnung könnte vielleicht durch das im altengl. *Beowulf* erwähnte Brōsinga mene beeinflußt sein. – Schwer zu beurteilen ist der uns nur verstreut und fragmentarisch überlieferte Mythos vom Raub dieses Halsbands. Die altnord. Quellen sagen darüber aus (vgl. de Vries): 1) Loki wird »Dieb von Brisings Gürtel« (Brísings girði) genannt (Þjóðólfr ór Hvíni, Haustlöng, 9. Jh.); 2) Loki wird »Dieb des B.« genannt (Skaldsk 16); 3) Freyjas Halsband heißt B. (Thrk 13, 19; Gylf 34, Skaldsk 20); 4) Im Sörla þáttr (»Geschichte von Sörli«) aus dem späten 14. Jh. stiehlt Loki im Auftrag Odins das kostbare Halsband der Freyja, das hier keinen Namen trägt; 5) Heimdall und Loki kämpfen um ein Objekt, das in der Húsdrápa (10. Jh.) möglicherweise mit → Singasteinn umschrieben wird; 6) Snorri berichtet in Skaldsk 8, daß Heimdali und Loki in Seehundgestalt um das B. gekämpft haben; diese Stelle stammt vermutlich aus einem uns verlorenen Teil der Húsdrápa; 7) Heimdall wird bei Snorri (Skaldsk 8) »Bringer von Freyjas Halsband« genannt. Dazu kommt noch die Erwähnung im altengl. Epos *Beowulf* (1197–1201), daß Hama das Brōsinga mene aus Eormenrics Halle gestohlen (?) habe.

Aus diesen verschiedenen Hinweisen ist kaum ein Mythos zu rekonstruieren, der die Bedeutung des B. sowie Lokis und Heimdalls Rolle bei dessen Raub erhellen könnte. Die ausführlichste Version vom Raub von Freyjas Halsband im Sörla þáttr ist bei weitem auch die jüngste, deren Angaben möglicherweise stark bearbeitet worden sind, um sie der literarischen Funktion in dieser Erzählung, die den → Hjaðningavíg erklärt, anzupassen. Der þáttr berichtet, das Goldhalsband sei von vier Zwergen geschmiedet worden (Alfrigg, Dvalinn, Berlingr, Grerr). Mit jedem von ihnen mußte Freyja eine Nacht verbringen, um es zu bekommen. Als Loki dies Odin verrät, zwingt dieser Loki, ihm das Halsband zu verschaffen. Loki kann nur in Gestalt einer Fliege in das Schlafzimmer Freyjas eindringen; da sie auf dem Halsband liegt, muß er sie stechen, worauf sie sich bewegt und er ihr den Schmuck entwenden kann. Als ihn Freyja von Odin zurückfordert, macht er zur Bedingung, daß sie zwischen zwei Königen einen ewigen Krieg verursacht; dies gelingt ihr schließlich, es entsteht das Hjaðningavíg. – Selbst wenn diese Erzählung auf einen älteren Mythos zurückgeht, klärt sie nicht die Rolle des Kampfes zwischen Heimdall und Loki, da von einer Rückeroberung des Halsbands durch Heimdall nichts berichtet wird. – Das B. und sein Raub fanden auch recht unterschiedliche Interpretationen. Much sah darin die Reflexion eines Mythos vom Diebstahl des Feuers, wobei er Lokis Auftreten in Seehund- und Lachsgestalt im Sinne einer aquatischen Natur des Gottes überhaupt deutete. Die naturmythologischen Erklärungsversuche fanden zwei Deutungen für das B., beide in Verbindung mit altnord. brísingr, norweg. brising »Feuer«. Nach Pipping sind die Brísingar die Strahlen der Aurora borealis (Nordlicht), welche die in der Schlacht gefallenen und Odin geweihten Helden symbolisieren. Nach einer älteren Deutung ist das B. Symbol für die aufgehende Sonne, wobei die Form eines Halsrings mit dem Kult einer Fruchtbarkeitsgöttin (Freyja) verknüpft war (Müllenhoff); als Belege werden skandinav. Bronzefiguren der Völkerwanderungszeit herangezogen, welche nackte weibliche Gestalten mit Halsringen darstellen (F. Ström, Jungner). Pering dagegen hat das B. mit der Kenning hafnýra (»Meerniere«) in der genannten Strophe der Husdrápa verbunden, ein Wort, das er als Bezeichnung für die nierenförmige Frucht einer westindischen Pflanze, welche der Golfstrom nach Skandinavien führt (norweg. vettenyrer, søbønner), auffaßt. Diese Früchte aber wären als Geburtssteine, also als Amulette für gebärende Frauen, verwendet und im Gürtel, später an einem Halsband, getragen worden. Es ist übrigens keineswegs sicher, daß

Heimdall und Loki in der Strophe der Husdrápa wirklich um das B. kämpfen, hafnýra wäre auch eine einwandfreie Kenning sowohl für »Insel« als auch für »Schiff«. – Das völlige Fehlen der mit dem Brōsinga mene des *Beowulf* verbundenen Personen Hama und Eormenrīc im nordischen Mythos vom B. (obwohl Heimir und Eormanric der nordischen Heldensage gut bekannt sind) hat 1983 H. Damico zu der geistreichen, wenn auch nicht unbedingt überzeugenden Theorie veranlaßt, daß die Namen dieser Gestalten nicht als Eigennamen, sondern als Bezeichnungen aufzufassen seien: altengl. hāma »Grille« = Fliege = Loki, eormenrīc »Welt-Macht« = Odin. Trotz dieser verschiedenen Erklärungsversuche ist festzuhalten, daß wir bezüglich der wahren Rolle des B. in der nordischen Mythologie sowie der Funktion des Kampfes zwischen Heimdall und Loki völlig im unklaren sind.

K. Müllenhoff, Frija und der Halsbandmythus, in: ZfdA 30, 1886; R. Much, Der german. Himmelsgott, (Festgabe R. Heinzel, Bd. 1) 1898; H. Jungner, Gudinnan Frigg och Als Härad, Uppsala 1922; H. Pipping, Eddastudier, in: Studier i Nordisk Filologi 17, 1926; J. de Vries, The Problem of Loki, Helsinki 1933; B. Pering, Heimdall, Lund 1941; F. Ström, Loki, Göteborg 1956; A. B. Rooth, Loki in Scandinavian Mythology, Lund 1961; B. Arrhenius, Det flammande smycket, in: Fornvännen 57, 1962; F. Jónsson, Lexicon Poeticum, Kopenhagen [2]1966; J. de Vries, Altgerman. Religionsgeschichte, [3]1970; K. Schier, Húsdrápa 2, Heimdall, Loki und die Meerniere (Festgabe Höfler) 1976; H. Damico, Sörlaþáttr and the Hama Episode in Beowulf, in: SS 55, 1983.

N: Eine moderne literarische Bearbeitung bietet der Jugendroman *The Weirdstone of Brisingamen* von A. Garner (London 1960); J. Doyle-Penrose, *Freyja and the Necklace* (Ölgemälde, um 1890).

Brísingr (altnord., »Flamme«) ist im Gedicht Haustlöng (9) des Skalden Þjóðólfr ór Hvíni aus dem 9. Jh. vielleicht als Name eines Zwergs aufzufassen; → Brísingamen.

Brokkr (altnord., »der mit metallenen Bruchstücken arbeitet«, »Schmied«; kaum: »der Läufer« zu brokka) heißt laut Snorri (Skaldsk 33) der Bruder und Gehilfe des Zwerges → Sindri, welcher die Götterkleinodien Gullinborsti, Draupnir und Mjöllnir verfertigte.

L. Motz, New Thoughts on Dwarf-Names, in: FmSt 7, 1973.

Brüder Grimm → Grimm, Jakob.

Brünhilde (altnord. Brynhildr), die Heldin der Nibelungensage, wird in nordischen Quellen (Skaldsk 39; Od 14) als → Walküre bezeichnet, was zweifellos in Zusammenhang mit ihrem kriegerischen Auftreten steht.

N: Auch in R. Wagners *Ring* ist Brünnhilde (Sopran) eine Walküre, Tochter der Erda und des Wotan, die von diesem aus Walhall verstoßen wird. Von K. Gjellerup stammt die Tragödie *Brynhild* (1884).

Brúni (1) (altnord.) ist ein Beiname Odins, der sich allerdings nur in den Thulur findet. Er kann entweder (wie der Zwergenname) als »der Braune« gedeutet werden, wahrscheinlich aber eher »der mit den buschigen Augenbrauen«.

H. Falk, Odensheite, Kristiania 1924.

(2) (altnord. »der Braune«) heißt ein Zwerg in der Vsp 13.

Brýja (altnord., »Trollweib«) heißt eine Riesin in den Thulur; das Wort ist aber wohl nur eine Neubildung zu brý »Troll«.

Brynhildr → Brünhilde.

Bugge, Sophus (1833–1907), norweg. Altertumsforscher, vertrat in seinen *Studier over der nordiske Gude- og Heltesagns Oprindelse* (1880ff.; dt.: Studien über die Entstehung der nordischen Götter- und Heldensagen, 1889) die provokante Theorie, daß praktisch alle Mythen, die uns in der altnord. Literatur überliefert sind, auf spätantike und christl. Vorstellungen zurückgehen. Obwohl auch B. als Vertreter der älteren komparatistischen Mythologie gelten kann, hat er mit all seinen Vorgängern gebrochen, die sich darin einig waren, daß man in den Eddas mit einheimisch-heidnischem Material zu tun habe. B. war von den offensichtlich christlichen Einschübseln in der Eddadichtung ausgegangen und gelangte mittels gewagter Etymologien (Loki aus Luzifer, Urðarbrunnr aus Jordan, Iðavellir aus Eden, Garmr aus Cerberus) zu einer völligen Abhängigkeit der german. Mythologie von nahöstlichen Religionen. Als Ort der Übernahme stellte sich B. das wikingerzeitliche Irland und Britannien vor. B.s Thesen, die in der Folge noch von W. Golther verteidigt wurden, stießen zwar auf heftige Ablehnung, doch sein Hinweis auf die Möglichkeit südöstlicher Einflüsse auf die german. Religion findet bis heute Beachtung.

Buínn (altnord., »der Bereite«) heißt ein Zwerg in den Thulur.

Bumburr (altnord.) Zwerg, → Bömburr.

Búri (1) (altnord. »Erzeuger, Vater«) ist der Name des Stammvaters der Götter. In den kosmogonischen Stellen der Lieder-Edda wird B. nicht erwähnt. Snorri erzählt von ihm, daß ihn die Urkuh Auðumla aus dem Eis freigeleckt habe. B. hat einen Sohn (ob ebenfalls mit einer Riesin, wie Burr, oder mit sich selbst, wie Ymir, teilt auch Snorri nicht mit) namens Burr, der mit der Riesentochter Bestla die ersten Götter, nämlich Odin, Vili und Vé, zeugt.

(2) oder Buri (altnord., etwa zu búa, also »Bewohner«?) ist der Name eines Zwerges in der Vsp 13.

Burinn (altnord., zu burr »Sohn«?) heißt ein Zwerg in den Thulur.

Burorina. Name einer Göttin auf einer Weiheinschrift von der Insel Walcheren (CIL XIII 8775), der aber möglicherweise keltisch ist. Falls germanisch, vielleicht zu angelsächs. byrele »Schenkin«?

S. Gutenbrunner, Die german. Götternamen, 1936; M. Schönfeld, Wörterbuch der altgerman. Personen- und Völkernamen, [2]1965; J. de Vries, ARG, [3]1970.

Burr, auch Borr, (altnord., »Sohn«) heißt der Vater von Odin, Vili und Vé (Vsp 4, Gylf 5,6). Nach Snorri ist er der Sohn von Búri, welchen die Urkuh → Auðumla aus dem Ureis hervorbrachte; B. hat → Bestla, die Tochter des Riesen Bölthorn, zur Frau, wodurch in Snorris Kosmogonie die Riesen die Ahnen der Götter sind und diesen zeitlich vorausgehen.

Búseyra (altnord., entweder »die Groß-Ohrige«, oder »die den Haushalt hungern läßt«) heißt eine Riesin in einer Strophe des Skalden Thórbjörn dísarskáld, wo sie mit anderen von Thor erschlagenen Riesinnen genannt wird. Konkreteres über Mythen von der Tötung der dort angeführten Riesen und Riesinnen wissen wir nicht, nur von Hyrrokin erzählt Snorri, daß Thor sie bei Balders Bestattung beinahe erschlagen hätte.

Byggvir (altnord.) heißt nach Ls 43, 46, 56 und der einleitenden Prosa der Ls der Diener Freyrs; ebenso wie seine Frau → Beyla wird er nur hier erwähnt. Ohne die Angaben in der Prosaeinleitung wären sie kaum als Diener anzusehen, da sie wie die Götter am Streitgespräch mit Loki teilnehmen. Zwar wird Beyla von Loki als »schmutzige Magd« angesprochen, doch im Rahmen seiner anderen Beschimpfungen ist dies nicht allzu aussagekräftig. Obwohl die nur einmalige Erwähnung keine großen Schlüsse zuläßt, wird man in B. und Beyla kleinere Gottheiten oder zumindest Schutzdämonen zu sehen haben, wozu auch die Etymologien der Namen passen. B. wird üblicherweise zu bygg »Korn« gestellt, bei ihm handelte es sich also um einen Korndämonen, einen Feldgeist. Die früher vertretene Gleichung von B. mit dem finnischen Korngeist Pellon-Pekko (→ Fjölnir 2) wird heute weitgehend abgelehnt. Wahrscheinlicher ist dagegen eine Verbindung mit dem altengl. Beav (Beow), der in Stammtafeln als Sohn von Sceldva angeführt wird; Beav und Sceldva aber stehen im selben Verhältnis zueinander wie Beowulf und Scyld Scefing; von diesem aber wird berichtet, daß er als Kind in einem Schiff, an eine Ährengarbe gelehnt, ans Land getrieben sei (*Beowulf* 7f.), er steht also offensichtlich mit einem Feldkult in Zusammenhang.

E. Sievers, Grammat. Miscellen, in: PBB 18, 1894; G. Dumézil, Deux petits dieux scandinaves: B. et Beyla, in: La nouvelle Clio 3, 1952; J. de Vries, ARG, [3]1970.

Byleiptr → Byleistr.

Byleistr (oder Byleiptr, Byleiftr) heißt einer der beiden Brüder Lokis (Vsp 51, Hdl 40, Gylf 32, Skaldsk 16); für ein hohes Alter von Lokis Stammbaum (→ Helblindi, → Farbauti, → Nal, → Laufey) sprechen die meist nur schwer deutbaren Namen. Die Etymologie von B. ist ungelöst; der zweite Teil gehört wohl zu -leiptr »Blitz«, der erste vielleicht zu bylr »Wind«; eine Deutung als »der im Sturm Blitzende« oder (mit Weinhold) »der Sturmlöser« ist jedoch unbefriedigend; noch weniger überzeugt Bugge mit »Bienen-Blitz« in Anlehnung an die Fliegengestalt, welche der Teufel annehmen kann.

K. Weinhold, Die Sagen von Loki, in: ZfdA 7, 1849; S. Bugge, Studien, 1889; E. Wadstein, Bidrag till tolkning ock belysning av skalde- ock Edda-dikter, in: ANF 11, 1895; J. de Vries, Loki ... und kein Ende, (Festschrift Schröder) 1959; ders., Altnord. etymolog. Wörterbuch, Leiden [2]1977.

Bylgja (altnord., »Welle«) heißt eine der neun Töchter des Meerriesen Ägir und seiner Frau Rán (Skaldsk 22 und 58; Ottar Svarti; Guðmundardrápa; Njáls saga), welche in der altnord. Dichtung mit den Meereswellen gleichgesetzt wurden.

Byrgir (altnord., »Verberger«) heißt in einem bei Snorri (Gylf 10) zu findenden Märchen vom Bild im Mond der Brunnen, von dem Bil und Hjúki kamen, als der Mond sie von der Erde holte; → Máni.

C

Caimineae. Matronenname auf einer verlorenen Inschrift aus Euskirchen (CIL XIII 7969); es ist nicht sicher, ob der Name germanisch oder keltisch ist.

S. Gutenbrunner, Die german. Götternamen, 1936; M. Schönfeld, Wörterbuch der altgerman. Personen- und Völkernamen, [2]1965.

Cannanefates → Kannanefates.

Cantrusteihiae. Matronenname von drei Weihesteinen aus dem 2./3. Jh., aber höchstwahrscheinlich keltisch, zum Volksnamen Condrusi (vgl. pagus Condrustis).

S. Gutenbrunner, Die german. Götternamen, 1936; G. Alföldy, Epigraphisches aus dem Rheinland III, in: Epigraphische Studien 5, 1968; H. Birkhan, GKAR, 1970.

Chandrumanehae. Matronenname; ein römerzeitlicher Weihestein von Billig bei Euskirchen (CIL XIII 7968) trägt die Widmung: Chandrumanehis; der Name ist bisher nicht überzeugend erklärt.

S. Gutenbrunner, Die german. Götternamen, 1936.

Channo → Mercurius Channin(i)us.

Chuchenae. Matronenname, der sich auf vier Weihesteinen aus der Gegend von Zülpich, wahrscheinlich aus dem 3. und 4. Jh., findet (CIL XIII 7923–4, 12008–9); Herkunft und Bedeutung des Namens sind ungeklärt, falls er nicht zum Ortsnamen Kuchenheim zu stellen ist.

S. Gutenbrunner, Die german. Götternamen, 1936; M. Schönfeld, Wörterbuch der altgerman. Personen- und Völkernamen, [2]1965.

Cimbrianus, Cimbrius → Mercurius Cimbrianus.

(Cisa, Zisa) angeblich Name einer german. Göttin, die nach einem lat. historischen Text aus dem 11. Jh. in heidnischer Zeit in Augsburg verehrt wurde. Während Grimm noch umfangreiche Spekulationen über die Identität dieser Göttin angestellt hatte, wird heute die Annahme einer Göttin C. verworfen, da der Quellentext kritischer Untersuchung nicht standhält.

J. Grimm, Dt. Mythologie, [4]1875–78; R. Kohl, Die Augsburger C. – eine german. Göttin?, in: ARW 33, 1936.

Cobba. Eine Weiheinschrift aus Utrecht lautet: deabus Borvoboendoae Cobbae gewidmet; ob es sich bei der C. aber wirklich um eine Göttin handelt, und ob es sich bei den genannten Gottheiten um germanische oder keltische handelt, ist nicht geklärt.

S. Gutenbrunner, Die german. Götternamen, 1936.

Codex Regius der Lieder-Edda (isländ.: Konungsbók eddukvæði) wird die Haupthandschrift der → Lieder-Edda genannt; nachdem sie 1643 in den Besitz des Bischofs Brynjólfur Sveinsson von Skálholt gelangt war, schenkte sie dieser 1662 dem dän. König Friedrich III., wovon die Handschrift ihren Namen (»Königsbuch«) bekam und unter der Bezeichnung Gl. kgl. sml. 2365, 4to in der Königlichen Bibliothek in Kopenhagen eingestellt war. 1971 wurde sie als erste einer größeren Zahl altisländ. Handschriften an Island zurückgegeben. Der Codex wurde in der zweiten Hälfte des 13. Jh. abgefaßt und enthält die bedeutendste Sammlung altnord. Götter- und Heldendichtung; im 16. oder 17. Jh. ging eine acht Blätter umfassende Lage des Manuskripts, die Lieder des Sigurd-Stoffkreises enthielt, verloren; heute umfaßt der Codex nur noch 45 Blätter.

D

Dagfinnr (altnord. »Tagfinder« oder »Tagzauberer«?) heißt ein Zwerg in den Thulur; bezieht sich der Name vielleicht auf den Glauben, daß Zwerge (und ähnliche Wesen) versteinern, wenn sie vom Tageslicht getroffen werden? → Zwerge, → Alvíss.

Dagr (altnord., »Tag«) ist der personifizierte Tag, und als solchen faßt ihn auch Snorri (Gylf 16 nach Vm 25) auf, wenn er ihn als Sohn der »Nacht« (Nótt) und des → Dellingr bezeichnet. Sonst kommt D. in den Eddas selten vor: Hdl 18 erwähnt ihn als Mann der Thora, im Fragment der Alsvinnsmál reitet er das Pferd Drasill. Wichtiger ist Snorris Erwähnung (Skaldsk 62), daß von ihm das Geschlecht der Döglingar abstammt, zu dem auch der Held Helgi Hundingsbani gehört, der wiederum von einem D. in offenbar kultischem Zusammenhang getötet wird (HH II). Höfler hat aus D. und den Döglingar eine Sakralgestalt *Daguz abgeleitet, die eine Gottheit des Tages und des Lichts gewesen wäre und bei den Sueben verehrt worden sei. Dieser D. der Sueben wäre nach der Auswanderung der Angeln nach Großbritannien als Sueben-D., angelsächs. Swæfdæg, bezeichnet worden, woraus sich der altnordische Name → Svipdagr entwickelt habe.

O. Höfler, Das Opfer im Semnonenhain, in: Edda. Skalden. Saga. Festschrift F. Genzmer, 1952; F. R. Schröder, Svipdagsmal, in: GRM 47, 1966.

N: Als Jüngling auf weißem Pferd erscheint D. in P. N. Arbos *Dag* (Gemälde, 1874).

Dáinn (1) (altnord., »gestorben«) heißt ein Zwerg in der Vsp 13 und bei Sigvatr Þorðarson (11. Jh.); in Hdl 7 wird er gemeinsam mit dem Zwerg Nabbi als Hersteller des Ebers Hildisvini bezeichnet, sicherlich in Anlehnung an den ebenfalls von Zwergen verfertigten Eber Gullinborsti des Gottes Freyr. In den Háv 143 tritt D. als Vertreter der Alben auf, eine Gleichsetzung Zwerg = Albe ist aber gerade hier nicht zulässig, da gleich darauf die Zwerge gesondert angeführt werden. Da aber alle Zwergennamen ziemlich jung sind, ist ihre recht willkürliche dichterische Verwendung verständlich, obwohl D. einer der ganz wenigen Zwergennamen ist, die auch außerhalb der Thulur und des Zwergenkatalogs der Vsp auftreten.

H. de Boor, Der Zwerg in Skandinavien, (Festschrift Eugen Mogk) 1924.

(2) (altnord.) heißt einer der vier Hirsche, die laut Grm 33 (und Snorri, Gylf 15) im Geäst der Weltesche Yggdrasill weiden.

Darradarljóð (altnord., »Dörruðs Lied«) häufig auch als »Walkürenlied« bezeichnet, gehört nicht zu den → Götterliedern, sondern nimmt auf das historische Ereignis der berühmten Schlacht von Clontarf (bei Dublin) am Karfreitag 1014 Bezug, wo die Iren und ein Wikingerheer aufeinandertrafen, und in der sowohl der siegreiche irische König Brian (deshalb auch Briansschlacht genannt) als auch der Orkadenjarl Sigurd fielen. Die Entstehungszeit des im eddischen Versmaß fornyrðislag abgefaßten Liedes dürfte kurz danach anzusetzen sein, da es offenbar noch unter dem direkten Eindruck der Schlacht abgefaßt ist; möglicherweise ist der Dichter in der Umgebung der Orkadenjarle zu sehen, wofür auch der Ort der Rahmenhandlung spricht. Nach dem begleitenden Prosatext der Njáls saga, in welcher das Lied überliefert ist, sah ein Mann in Caithness/Nordschottland 12 Reiter auf ein

Haus zureiten; durch eine Luke erblickt er, wie diese → Nornen – sechs von ihnen, Hildr, Hjörþrimul, Sanngriðr, Svipul, Guðr und Göndul, werden mit Namen genannt – auf einem Webstuhl aus menschlichen Gedärmen, Schädeln, Schwertern und Speeren das Schicksal der Krieger in der Schlacht weben; schließlich reiten sie wieder davon, sechs nach Norden und sechs nach Süden. – Nur scheinbar ist das Lied nach dem Namen des Beobachters, Dörruðr, benannt. Dies ist jedoch unwahrscheinlich, da im Lied selbst der Name wiederholt in der Kenning vef darraðar »Kampf« vorkommt: vindum, vindum, vef darraðar (»wir weben, wir weben das Gewebe Dörruds«); die auch schon in Egils Höfuðlausn 5 vorkommende Kenning wird zwar meist als »Speer-Gewebe« = »Kampf« (kaum: »Schicksal«) gedeutet, wobei darraðr in einer Bedeutung »Speer« zu altnord. darr, altengl. daroþ »Speer« gestellt wird. Darraðr ist jedoch nur in wenigen ähnlichen Kenningar belegt, wie dafar Darraðar »Heer?« und skúrum Darraðar »Speerhagel«; da das Wort in diesen Kenningar noch dazu im Singular steht, sind Bedeutungen wie »Gewebe des Speers« höchst unwahrscheinlich. Überzeugender wirkt dagegen Falk, der statt eines *darraðr »Speer« einen Odinsnamen Dörruðr postuliert, was in allen genannten Fällen mehr Sinn gibt. Danach wäre also auch das Lied selbst nach Odin benannt, was gut zu seiner Funktion als Schlachtengott paßt. – Daß → Nornen oder → Walküren über das Schicksal der Helden bestimmen, wird auch sonst in der altnordischen Heldendichtung erwähnt. Dennoch dürfte die Einkleidung des D. in der Prosa der Njáls saga sekundär sein und auf ein Mißverständnis zurückgehen; das Lied selbst läßt nämlich eher ein Weben der Walküren durch das Mitkämpfen im Schlachtgeschehen vermuten als ein Weben an einem Webstuhl fern davon (See).

Ausg.: F. Jónsson, Den norsk-islandske Skjaldedigtning, A 1, København 1908; E. Ó. Sveinsson, Brennu-Njáls saga, Reykjavík 1954.

E. Magnússon, D., Coventry 1910; A. Åkerblom, D., in: Ord och Bild 25, 1916; H. Falk, Odensheite, Kristiania 1924; A. J. Godheer, Irish and Norse Traditions about the Battle of Clontarf, Haarlem 1938; A. Holtsmark, Vefr Darraðar, in: MoM, 1939; F. Genzmer, Das Walkürenlied, in: ANF 71, 1956; A. Holtsmark, D., in: KLNM 2, 1957; K. v. See, Das Walkürenlied, in: PBB West 81, 1959; K. Schier, D., in: KLL 2, 1966; J. de Vries, Altnord. Literaturgeschichte, [2]1964–67; H. Uecker, D., in: RGA 5, 1983; R. G. Poole, D., in: MeScand, 1993.

N: Das D. hat möglicherweise indirekt auf die Eingangsszene von Shakespeares *Macbeth* gewirkt, eine dt. Fassung unter dem Titel *Die Todesgöttinnen* veröffentlichte Herder 1778/79 in seinen *Volksliedern*.

Darri (altnord.) heißt ein Zwerg in den Fjm 34; → Dörri.

Dellingr (altnord., »der Glänzende« oder »der Berühmte«?) heißt ein Zwerg in den Thulur.

C. N. Gould, Dwarf-Names, in: PMLA 44, 1929; J. de Vries, Altnord. etymolog. Wörterbuch, Leiden [2]1977.

Deusonianus → Hercules Deusonianus.

Díar (»Götter«) nennt Snorri (Ynglinga saga 2 und 6) die Gruppe von 12 Priestern, die laut seiner euhemeristischen Darstellung mit Odin in Asgard und dann in Skandinavien regierten; in diesem Sinne findet sich die Bezeichnung D. nur in Snorris Darstellung von der Einwanderung der → Asen, aber schon im 10. Jh. verwendet der Skalde Kormákr das Wort in einer Kenning für Skaldenmet: día fjörðr »Fjord der Götter«. Der Ausdruck D. ist wohl aus dem Altirischen entlehnt (altir. día »Gott«), und ist mit dem altnord. Týr etymologisch verwandt; da Kormákr mütterlicherseits irischer Abstammung war, dürfen wir annehmen, daß er D. erst als Fremdwort eingeführt hat, das dann von Snorri, der Kormáks Strophe kannte und auch zitierte, übernommen wurde.

N. Lid, D., in: KLNM 3, 1958.

Dienstag. Von allen → Wochentagsnamen hat der lat. dies Martis (daraus franz. mardi) »Tag des Mars« bei der Übertragung in die german. Sprachen die unterschiedlichsten Übersetzungen: Während im angelsächs. und skandinav. Bereich der röm. Gott Mars einfach durch den german. Gott *Tīwaz (ahd. Zîu, altengl. īg, Tīw, altnord. Týr) ersetzt wurde und damit zu den Wochentagsnamen altengl. Tīwesdaeg (engl. Tuesday), altnord. Týsdagr, geführt hat, tritt im dt. Sprachraum der Gott *Tīwaz nur in fries. tīesdi, ahd. zîostag, mhd. zîestac, alemann. zîstac auf. Durchgesetzt hat sich aber nicht diese Variante, sondern mittelniederländ. dinxendach, dingsdag, mittelniederdt. dingesdach, dt. Dienstag, welches wohl auf den Beinamen des *Tīwaz, *Þingsaz »Ding-Gott« (→ Mars Thingsus) zurückzuführen ist, falls der Name des Tages nicht überhaupt von Ding, Thing »Versammlung« stammt; wegen der bedeutenden Rolle der Götternamen bei der Übersetzung der Wochentagsnamen scheint dies aber nicht sehr wahrscheinlich; auch de Vries' These von D. als Nebenform eines ursprünglicheren Diestag ist nicht ganz überzeugend. – Weitere Namen des Tages im Deutschen sind noch das südbair. Ertag (»Tag des Ares«) und das nicht heidnisch belastete Aftermontag um Augsburg.

J. de Vries, Dinsdag, in: TNTL 48, 1929; ders., ARG, [3]1970; O. Höfler, Mars Thingsus, in: Handwörterbuch zur dt. Rechtsgeschichte, 18. Lfg., 1979; F. F. Kluge, Etymolog. Wörterbuch der dt. Sprache, [24]2002.

Ding → Thing.

Dioskuren sind eigentlich die von Zeus mit Leda gezeugten Zwillingsbrüder in der antiken Mythologie, die griech. Kastor und Polydeukes, lat. Castor und Pollux heißen. Allgemeiner bezeichnet man mit D. jedes der göttlichen Zwillingsbrüderpaare, wie sie für die meisten indogerman. Völker belegt sind. Bei den Germanen war dies auf Grund der Quellenlage lange Zeit ungesichert. Vor allem für das german. Altertum gibt es jedoch verschiedene Hinweise auf die Existenz eines solchen göttlichen Zwillingsbrüderpaars. Der älteste findet sich beim griech. Historiker Timaios aus dem 3. Jh. v. Chr., der berichtet, daß die »Kelten« (d. h. Germanen) an der Nordseeküste besonders die D. verehrt hätten. Ein besserer Beleg für die D.-Verehrung ist eine kurze Stelle bei Tacitus (Germ 43, 12ff.), wo er die Verehrung eines göttlichen Brüderpaares erwähnt, die → Alcis genannt wurden, und die er ausdrücklich mit Castor und Pollux gleichsetzt.

Außer diesem einzigen direkten Hinweis auf die Verehrung der Alcis weisen noch andere Quellen auf die Existenz dioskurischer Gottheiten bei den Germanen hin. Selbst wenn man die unsicheren Belege möglicher Zwillingsgötter auf bronzezeitlichen Felszeichnungen nicht berücksichtigt (Schwarz), sind die doppelten Götterfigürchen aus der Bronzezeit (wie etwa eines von Seeland) immer noch zu beachten.

In den Stammessagen german. Völker tritt wiederholt ein mythisches Brüderpaar auf; ein solches Paar führte den Auszug der Langobarden aus Skandinavien an (Ibur und Aio bei Paulus Diaconus, Aggi und Ebbi bei Saxo Grammaticus VIII, 284f.), und die Angelsachsen eroberten England unter der Führung der Brüder Hengist und Horsa (Beda, Hist. Eccl. I, 15; Geoffrey of Monmouth VI, 9f.); in der Stammessage der Wandalen sind die Brüder Raos und Raptos die Führer der Astinger (Cassius Dio 71, 12).

Nicht jedes Brüderpaar der Mythen und Heldensagen wird man aber als D. deuten dürfen; Olsen und de Vries wollten auch in den Haddingjar ursprünglich dioskurische Gottheiten sehen, dies dürfte aber ebenso verfehlt sein wie der Versuch, im nährenden Paar des german. Göttersystems – Freyr und Njörðr – ein Zwillingspaar zu sehen.

In der griechischen Mythologie wurden die D. als pferdegestaltige Gottheiten betrachtet. Dies könnte auch für die german. Entsprechungen gelten, da sowohl die Etymologie von Tacitus' Alcis wie die Namen der angelsächs. Führer Hengist und Horsa eine Pferdegestalt (oder Elchgestalt?) nahelegen. Dies findet seine Bestätigung in völkerwanderungszeitlichen Bilddokumenten (Helmpreßblechen, Brakteaten, Bildsteinen), wo die Darstellung von menschengestaltigen dioskurischen Paaren mit solchen in Pferdegestalt wechselt (Hauck).

Wenn wir auch wenig über die Funktion und Stellung der german. D. wissen – denn Haucks Deutung als Sieghelfer im mythischen Umkreis des Schlachtengottes Odin ist eine nicht recht überzeugende Hypothese – so kann die Existenz von dioskurischen Gottheiten bei den Germanen doch mit großer Sicherheit angenommen werden.

F. Niedner, Die D. im Beowulf, in: ZfdA 42, 1898; K. F. Johansson, Germ. Alcis (Germ. Dioskurer), in: ANF 35, 1919; J. Loewenthal, Cultgeschichtl. Fragen, in: PBB 49, 1925; R. Meringer, Indogerman. Pfahlgötzen, in: Wörter und Sachen 9, 1926; M. Olsen, Stedsnavne og Gudeminner i Land, Oslo 1929; A. H. Krappe, Les dieux jumaux, in: APhSc 6, 1931; R. Much, Aurvandils tá, (Festschrift H. Seger) 1934; H. Rosenfeld, Die vandal. Alkes, in: GRM 28, 1940; E. Krüger, Die gall. und die german. D., in: Trierer Zs. 16 u. 17/18, 1940 u. 1941/42; H. Neumann, Neue Beitr. zum altgerman. D.-glauben, in: Bonner Jahrbücher 150, 1950; J. Sahlgren, Hednisk gudalära, in: NoB 38, 1950; N. Wagner, D., Jungmannschaften und Doppelkönigtum, in: ZfdPh 79, 1960; H. Rosenfeld, German. Zwillingsgottkult, in: Märchen. Festschrift für F. v. d. Leyen, 1963; W. Schwarz, German. »D.«?, in: Bonner Jahrbücher 167, 1967; D. Ward, The Divine Twins, in: Folklore Studies 19, 1968; H. Biezais, Die vermeintlichen german. Zwillingsgötter, in: Temenos 5, 10 1969; J. de Vries, ARG, [3]1970; D. J. Ward, An Indo-European mythol. theme, in: Indo-European and the Indo-Europeans, Philadelphia 1970; K. Hauck, Bildforschung als histor. Sachforschung, (Festschrift H. Löwe) 1978; ders., Gemeinschaftsstiftende Kulte der Seegermanen, in: FmSt 14, 1980, ders., Zur Ikonologie der Goldbrakteaten XXVIII, in: Jahrbuch des Röm.-German. Zentralmuseums 32, 1983; ders., D., in: RGA 4, 1984; M. Battaglia, Nerthus as a Female Deity. The *interpretatio romana* and Tacitus' *Germania*, XL revisited, in: Amsterdamer Beiträge zur älteren Germanistik 55, 2001.

Dísablót (altnord., »Disenopfer«). Dieses Opfer an die → Disen ist für den westnordischen Bereich nur in zwei (diesbezüglich wenig verläßlichen) Isländersagas von der Mitte des 13. Jh. belegt; in der Víga-Glúms saga 6 wird das D. auf einem norweg. Hof zu Winterbeginn (at vetrnóttum, also Mitte Oktober) gefeiert. Die Egils saga 44 erwähnt ebenfalls ein herbstliches Fest in Norwegen, welches als D. bezeichnet wird. Über die Form des Opfers berichten die beiden Sagas nur, daß ein Gastmahl damit verbunden war. Auch wenn es sich bei diesen Belegen nur um einen literarischen Topos handelt, beweisen sie doch, daß die Isländer sich auch für ihre eigene Vergangenheit von diesem Kult distanzierten und ihn in Norwegen lokalisierten. Auch Snorri Sturluson zu Beginn des 13. Jh. war das D. bekannt, in der Ynglinga saga 33 stellt er es zu den Kulten im schwedischen Uppsala; Snorris Angaben ergänzen aber nur die Nennung des D. im Gedicht Ynglingatal des Skalden Þjóðólfr ór Hvíni aus dem 9. Jh., wo das D. offensichtlich ebenfalls zu den großen Kultfeiern in → Uppsala, wie Adam von Bremen sie schildert, gestellt wird. Der Ausdruck → Dísarsalr in diesem Zusammenhang weist vielleicht auf eine komplexere Kultform und die Existenz eines Tempels hin. Die literarischen Quellen lassen vermuten, daß ein Kult der Disen in Schweden verbreiteter war als im westnordischen Bereich; Ortsnamen, die auf ein hohes Alter des Disenkults weisen, finden sich aber nicht nur in Schweden (Diseberg, Disevi), sondern auch in Norwegen (Disin).

F. Ström, Diser, Nornor, Valkyrjor, Stockholm 1954; E. O. G. Turville-Petre, Myth and Religion of the North, New York 1964; J. de Vries, ARG, [3]1970.

Dísarsalr (altnord., »Halle der Disen«) war laut Snorri (Ynglinga saga 33) ein Tempel in Uppsala, der dem Kult der Disen diente; die Bezeichnung findet sich auch in jüngeren Sagas wie der Hervarar saga 7. Ob dieser Tempel mit dem großen Tempel in Uppsala identisch war, läßt sich auf Grund der wenigen und knappen Erwähnungen in den Quellen nicht entscheiden.

Disathing (altschwed. disaþing) → Disting. Auch als Ortsname im schwed. Uppland belegt.

Disen (altnord. dís, Pl. dísir; altschwed. dis) sind eine Art von weiblichen (Fruchtbarkeits-?) Gottheiten, vielleicht verwandt mit den altsächs. → Idisi des Ersten Merseburger Zauberspruchs. Auf einen Glauben an die D. mit einem damit verbundenen Opfer (→ dísablót) im heidnischen Skandinavien weisen schwedische und norweg. Ortsnamen: norweg. Disin aus älterem Dísavin »Disenwiese« (→ Idisiaviso bei Tacitus), schwed. Diseberg, Disevid, Disasen und Disaþing (vom Ort, an dem das Thing zur Zeit des Disenopfers abgehalten wurde; → Disting). Von einem ausgesprochenen Disenopfer, das auf den Höfen zu Winterbeginn gefeiert wurde, berichten erst Sagas ab dem 13. Jh.; verläßlicher scheinen die Aussagen über eine enge Verbindung des schwedischen Königsgeschlechts der Ynglingar zu den D. (Ynglingatal 12 und Snorris Ynglinga saga 19 u. 29): Agni stirbt durch seine Logadís genannte Frau, Aðils stürzt beim dísablót, während er den dísarsalr umreitet, zu Tode. Daß die D. auch noch zu Ende der heidnischen Zeit in Norwegen verehrt wurden, dürfte der Beiname des Skalden Thorbjörn dísarskald belegen; es ist uns von ihm zwar nur ein bei Snorri überliefertes Fragment eines Liedes über Thor erhalten, sein Beiname geht wohl aber auf eine den D. gewidmete Dichtung zurück. – In der altnordischen Prosaliteratur werden die D. öfters erwähnt, meist in der Bedeutung von fylgjurartigen Traumfrauen (→ spádísir). – Einige der eddischen Quellen könnten die D. als walkürenartige Totenführerinnen vermuten lassen, und in Gdr 119 werden die Walküren auch als Herjans dísir »Odins D.« bezeichnet. Ausdrücklich als tote Frauen werden die D. in Am 28 beschrieben, und eine (sekundäre?) Vorstellung von den D. als den Seelen verstorbener Frauen (→ Fylgjen) liegt auch den → landdísir des isländischen Volksglaubens zugrunde.

Daneben tritt altnord. dís aber auch einfach als Bezeichnung für »Frau« auf, wie ja auch das

möglicherweise verwandte ahd. itis, altsächs. idis, angelsächs. ides für »Frau«, vielleicht aber auch für eine Art von Göttin gebraucht wurde. Es ist daher auch problematisch, Schlüsse aus Bezeichnungen wie Vanadís für Freyja (Gylf 34) und Öndurdís »Schi-Dise« für Skadi zu ziehen, da dís in diesen Kenningar durchaus auch »Frau« bedeuten kann.
Die tatsächliche Stellung der D. ist also nur schwer zu ergründen, auch die Opferzeiten geben keine schlüssige Auskunft, da das (spät belegte) Disenopfer in Norwegen zu Winterbeginn, das schwed. Disting aber für Anfang Februar belegt ist. Für den Jahresbeginn ist auch das angelsächs. Fest mōdraniht »Mütternacht« überliefert, welches am besten mit dem westgerman. → Matronenkult in Verbindung gebracht wird. Da auch die Funktion der Matronen mehrfacher Natur war: Fruchtbarkeitsgöttinnen, persönliche Schutzgeister, aber auch Kriegsgöttinnen – wird man den Glauben an die D., wie den an die Walküren und Nornen, sowie den Matronenkult, als verschiedene Manifestationen eines Glaubens an eine Vielzahl weiblicher (Halb-?)Gottheiten auffassen dürfen.

E. Brate, D., in: Zs. für dt. Wortforschung 13, 1911/12; F. Ström, Diser, nornor, valkyrjor, Stockholm 1954; ders., Diser, in: KLNM 3, 1958; J. de Vries, ARG, [3]1970; H. Birkhan, GKAR, 1970; H.-P. Naumann, Supernatural Beings 2. Dísir, in: MeScand, 1993; R. Simek, Religion und Mythologie der Germanen, 2003.

N: Wie Walküren werden die D. in D. Hardys Gemälde *The Dises* aufgefaßt.

Disenopfer → Dísablót.

Dísir (altnord.) → Disen.

Disting, auch Disaþing (altschwed., »Thing zur Zeit des Disenopfers«) ist die öfters belegte Bezeichnung für ein Anfang Februar in → Uppsala stattfindendes Thing, welches seinen Namen ursprünglich von einem Opferfest für die → Disen bekam und ihn nach der Christianisierung beibehielt. Das D. in Uppsala und das für den westnordischen Raum belegte → dísablót »Disenopfer« bestätigen ebenso wie norwegische und schwedische Ortsnamen die kultische Verehrung der Disen in Skandinavien. Daß es irgendwann auch ein D. an anderen Orten außer Uppsala gab, beweist der Ortsname Disaþing im schwedischen Uppland.

K. F. Söderwall, Ordbok öfver Svenska Medeltids-Spraket, Lund 1900–1918; J. de Vries, ARG, [3]1970.

dökkálfar (altnord.) → Dunkelalben.

Doepler, Karl Emil (1824–1905), Maler, Illustrator und Kostümzeichner, schuf die umstrittenen Kostüme für R. Wagners *Ring* beim Bayreuther Nibelungenfestspiel 1878, wobei er sich um historisch und archäologisch fundierte Nachbildungen wikingerzeitlicher Kleidung bemühte. Wagner war mit dem Ergebnis nicht zufrieden, und auch später hat man sich bei Ringinszenierungen nur selten um historische Akribie bemüht.

D.s Sohn Emil d. J. (1855–1922) beschäftigte sich ebenfalls mit nord. Mythologie und schuf die Illustrationen zu W. Ranisch' Jugendstilbildband über die german. Mythologie (E. Doepler, W. Ranisch, *Walhall*, Berlin 1901).

Dörri (altnord., vielleicht »Speerkämpfer«?) heißt ein Zwerg in den Fjm 32.

Dörruðr (altnord., »der Speerkämpfer«, aus *darr-höðr), ist in den Kenningar vefr Darraðar »Dörruds Gewebe, Kampf« (Drdlj), dafar Darraðar »Heer«, skúrir Darraðar »Speerregen« wohl ein Name für Odin; allerdings ist in allen genannten Fällen auch die Möglichkeit von darraðr »Speer« erwogen worden, was in der Prosa nirgends belegt ist. Gerade in der ersten genannten Kenning ist aber im Zusammenhang des → Darraðarljóðs Odin in seiner Funktion als Gott des Kampfs und der gefallenen Krieger die wahrscheinlichste Lösung, und auch von der Etymologie her trifft der Name zu, denn der Speer ist auch sonst Odins Attribut.

H. Falk, Odensheite, Kristiania 1924; A. Holtsmark, Vefr Darraðar, in: MoM, 1939; F. Jónsson, Lexicon poeticum, Kopenhagen [2]1966 (s. v. darraðr); J. de Vries, ARG, [3]1970; ders., Altnord. etymolog. Wörterbuch, Leiden [2]1977.

Dofri (altnord.) heißt ein Riese in den Thulur. In der Flateyjarbók (Haralds þáttr hárfagra) ist er der Bewohner des (Berges) Dofrafjall, wovon der Riesenname abgeleitet sein dürfte; ansonsten wäre allerdings auch die Bedeutung »der Faule« möglich.

Dolgr (altnord., »Feind; Troll«) heißt ein Zwerg in den Thulur.

Dólgthrasir (altnord. Dólgþrasir »der feindlich Kämpfende«) heißt ein Zwerg in der Vsp 15. In der Version der Snorra-Edda heißt er Dólgþvari »Feindbohrer« (?); Dólg- findet sich auch im Personennamen Dólgfinnr, Thrasurr ist ein Odinsname.

Dólgthvari → Dólgthrasir.

Dolmen, auch: Hünengräber, sind Großsteingräber der vorgerman. westeuropäischen Megalithkultur und wurden noch im 19. Jh. oft fälschlich als altgerman. Opfertische oder »Druidenaltäre« angesehen.

Dómaldi. Der schwed. König D. Vísbursson aus dem Geschlecht der Ynglinge wird vom Skalden Thjóðólfr in seiner Ynglingatal 5 erwähnt; er berichtet in dieser Strophe nur, daß die Schweden in Hoffnung auf gute Ernte ihren eigenen König D. töteten. Snorri gibt in der Ynglinga saga 15 seinen Kommentar dazu: In D.s Tagen herrschte in Schweden große Hungersnot; die Schweden opferten Ochsen, im nächsten Jahr Menschen, aber beides half nicht; »dann berieten sich die Häuptlinge und waren sich darin einig, daß ihr König D. Schuld an den Mißernten habe, und daß sie ihn für gute Ernte opfern sollten, ihn angreifen und erschlagen und die Altäre mit seinem Blut röten, und das taten sie.«

Davon abweichend berichtet die lat. *Historia Norvegiae*, daß D. als Opfer für die Göttin Ceres (womit wohl Freyja gemeint ist) erhängt wurde; das Hängen würde auch hier aber eher auf ein Odinsopfer weisen.

Die Vorstellung, daß der König persönlich für gute Ernte und Frieden verantwortlich ist, liegt in der Institution des → Sakralkönigtums begründet. In der Ynglinga saga finden sich noch mehrere Beispiele für die Opferung eines Königs wegen Mißernten, für die Burgunder ist dies schon im 4. Jh. belegt.

W. Grönbech, Kultur und Religion der Germanen, [5]1954; F. Ström, Kung Domalde i Svitjod och »kungalyckan«, in: Saga och Sed, 1967; J. de Vries, ARG, [3]1970; L. Lönnroth, Dómaldi's death and the myth of sacral kingship, in: Structure and Meaning in Old Norse Literature, Odense 1986.

N: Das 1911–15 entstandene Wandgemälde im schwed. Nationalmuseum Stockholm von C. Larsson, *Midvinterblot* (»Mittwinteropfer«), zeigt die Opferung D.s.

Donar ist das südgerman. Äquivalent des german. Gewittergottes, der im Norden → Thor, im Altenglischen Þunor heißt. Die südgerman. Quellen sind weit spärlicher als die über Thor. Für die röm. Zeit ist die Verehrung D.s nur indirekt durch die (nicht immer ganz eindeutig dem german. Gott zuzuordnenden) Weiheinschriften an → Hercules belegt und durch die Übersetzung des röm. Wochentagsnamens Dies Jovi durch ahd. Donarestag, mittelniederdt. Dunredach, fries. Thunresdey, angelsächs. Thunresdaeg. Die wechselnde Gleichsetzung mit zwei verschiedenen röm. Göttern beruht darauf, daß es sich im Falle von D. = Herkules um die interpretatio romana handelt, bei der anscheinend mehr die äußerlichen Attribute des Gottes zum Tragen kamen: der Hammer D.s wurde mit Herkules' Keule gleichgesetzt, ihre Kraft bei der Bekämpfung von Ungeheuern stützte diese Identifikation; bei Tacitus (Germ 9, Ann II, 12) bezeichnet Herkules ebenfalls D.; dagegen beruht die Übersetzung Jupiters durch D. auf der interpretatio germanica, wobei ausschlaggebend gewesen sein dürfte, daß es sich bei beiden um Blitze schleudernde Hauptgötter handelte. Auch die von Bonifatius 725 bei Geismar in Hessen gefällte Donarseiche wird im Text durch den Namen Jupiters als solche bezeichnet.

Für die nachröm. Zeit ist eine D.-Verehrung durch die Nordendorfer Spange, auf der neben den Göttern Wodan und Logaþore auch wigiþonar genannt wird, sowie eine sächsische Abschwörungsformel, die Thunaer,

Wodan und Saxnôt nennt, sicher, wenn auch nicht reichlich belegt.
An Ortsnamen sind die zahlreichen deutschen Donnersberge zu erwähnen, die aber nicht unbedingt alle als Kultortsnamen zu betrachten sind.

J. Grimm, Dt. Mythologie, [4]1875–78; E. Mogk, D., in: Hoops 1, 1911–13; J. de Vries, ARG, [3]1970.

(Donner) ist R. Wagners Version des german. Gottes Donar/Thor in der Oper *Das Rheingold* (hoher Baß).

Donnerstag. Der deutsche → Wochentagsname D. läßt sich wie Freitag und wohl auch Dienstag auf einen heidnischen Götternamen zurückführen. Der röm. Wochentagsname dies Iovi (»Tag des Iuppiter«, daraus franz. Jeudi) wurde in der Interpretatio germanica als »Tag des → Donar/Thor« wiedergegeben: german. *þonares dag, auf welches ahd. donarestag (dt. D.), altengl. thunresdæg (engl. Thursday) und altnord. þórsdagr (dän., schwed. Torsdag) zurückgehen. Die Gleichsetzung des römischen Hauptgottes Jupiter mit dem Gott Donar/Thor weist jedenfalls auf die große Bedeutung des german. Gottes in den ersten nachchristl. Jahrhunderten hin.

Dóri (altnord.) ist der Name eines Zwergs in der Vsp 15; entweder »der Schädiger« (zu altsächs., angelsächs. derian), oder zu färingisch dori »Pflock«; einiges für sich hat Motz' Erklärung als »Narr« zu altnord. dari, mhd. tōre »Narr«.

L. Motz, New Thoughts on Dwarf-Names, in: FmSt 7, 1973.

N: D. ist einer der 13 Zwerge in J. R. R. Tolkiens Roman *The Hobbit* (1937).

Drache (ahd. traccho, altnord. dreki, altengl. draca). Die Vorstellung von Drachen ist weder auf die Germanen noch auf die Indogermanen beschränkt; im german. Raum sind Drachen seit dem 8. Jh. gut belegt, häufige Erwähnungen finden sich in der altengl. und altnord., aber auch ahd. Literatur, besonders der Heldendichtung (Nibelungenlied, Beowulf, Vǫlsunga saga, Fáfnismál, und vereinzelt auch in der altnord. Skaldendichtung). Die Vorstellung vom Drachen als starkem und gefährlichem Fabeltier könnte in der Germania auf die Drachenbanner der röm. Armee zurückgehen, von wo aus er auch ins walisische Wappen gelangt ist. Auch das Wort stammt aus dem Lateinischen draco, während das einheimische Wort für D. (vgl. altnord. linnr) nur im dt. Lindwurm überlebt hat. Selbst die skandinav. Drachenschiffe, die größte Klasse der Kriegsschiffe mit Drachenhäuptern als Stevenverzierungen oder -aufsätzen, altnord. dreki, übernahmen den lat. Stamm. Diese Stevenaufsätze ebenso wie die geschnitzten Drachenhäupter als Balkenabschlüsse an den Stabkirchen könnten auf einen alten

Glauben an den Drachen als unheilabwendendes oder unheilbringendes Tier deuten.
In der german. Mythologie, wie sie uns aus mittelalterlichen skandinav. Quellen entgegentritt, stammt der D. Níðhǫggr in der Vǫluspá wohl aus der christlichen mittelalterlichen Visionsdichtung, aber Thors Drachenkämpfe, besonders mit dem → Miðgarðsormr, haben Züge mit Drachenkämpfen der Heldendichtung gemeinsam und gehen möglicherweise auf ältere german. Vorstellungen zurück. D.n werden im Beowulf und den Fáfnismál als Kriechtiere beschrieben, während besonders jüngere (Fornaldar-)Sagas häufig von Flugdrachen (flugdreki) berichten.

O. Höfler, Siegfried, Arminius und die Symbolik, 1961; F. Wild, D.n im Beowulf und andere D.n, in: Sitzungsber. der Österreich. Akademie der Wissenschaften 238/5, 1962; C. Lofmark, Der rote D. der Waliser (Festgabe O. Höfler), 1976; J. A. Tally, The Dragons Progress, Denver 1983; R. Simek, D. Germanische Mythologie, Kultur und Sagenüberlieferung, in: LexMa 3, 1986.

draugr (altnord.) wird der lebende Tote genannt, der nach dem skandinav. Volksglauben im Grabhügel ein sehr konkretes »Nachleben« führte und damit eine Bedrohung der Lebenden darstellte. Im Mittelalter war der lebende Tote im Grabhügel zu einem beliebten literarischen Topos geworden, und die Sagas sind voll von Beschreibungen dieser Wiedergänger, welche etwa die Grabräuber in Kämpfe verwickeln, aber auch sonst – besonders um die Mittwinterzeit – zu einer Bedrohung von Mensch und Vieh werden. Die endgültige Tötung des d. wurde meist dadurch vollzogen, daß man ihm den Kopf abschlug, ihn zum Gesäß legte und ihn daraufhin verbrannte; die Asche wurde dann abseits menschlicher Behausungen vergraben (Grettis saga 35, Eyrbyggja saga 63). Dieser Spukgestalt mittelalterlicher Literatur liegt der viel ältere Glaube an ein Fortleben des Toten in voller Lebenskraft und Körperlichkeit zugrunde (→ Tod und Weiterleben), der sich mit dem Wissen um den Anblick eines Leichnams im Zustande beginnender Verwesung vermengte. Auch der Glaube an die endgültige Bannung eines Wiedergängers durch Feuer weist sicher hohes Alter auf. Das Wort d. gehört zur indogerman. Wurzel *dreugh- und bedeutete ursprünglich etwa »schädlicher Geist«.

H.-J. Klare, Die Toten in der altnord. Literatur, in: APhSc 8, 1933/34; E. O. G. Turville-Petre, Myth and Religion of the North, New York 1964; Å. V. Ström u. H. Biezais, German. und balt. Religion, 1975; J. Glauser, Supernatural Beings 2. D. and Aptrganga, in: MeScand, 1993.

N: *Draugr* heißt ein Ölfeld vor der mittelnorweg. Küste.

Draupnir (1) (altnord., »der Tropfer«) heißt Odins goldener Armring, weil von ihm jede neunte Nacht weitere acht gleich schwere Ringe abtropfen (Snorri, Gylf 48, Skaldsk 33). Er wurde laut Snorri wie die anderen Götterkleinodien von den Zwergen Brokkr und Sindri geschmiedet. Odin legte D. bei Balders Begräbnis auf dessen Scheiterhaufen, einmal nennt Snorri auch Balder als Besitzer des Rings (Skaldsk 5). Saxo erwähnt in seiner Fassung des Baldermythos ebenfalls einen magischen Ring, der den Reichtum des Besitzers vergrößert, und der aus derselben Tradition wie D. stammen könnte. In der Skaldendichtung wird D. etliche Male – meist in Kenningar für Gold – erwähnt, aber nie gesagt, welchem Gott der Ring gehört; in der Edda wird zwar der Name D. nicht genannt, aber der Ring und seine Eigenschaft beschrieben (Skm 21).

Man hat bei der Rolle des Ringes D. auch an das mythische Gegenstück zum → Tempelring gedacht, Odin wäre dann der passende Besitzer des mythischen Schwurrings. Höfler hat auf den Ring als Herrschaftssymbol verwiesen. Hauck konnte den Götterring als Machtzeichen Odins, den dieser dem toten Balder als Machtlegitimation gegenüber der Unterweltsgöttin Hel auf den Scheiterhaufen legt, auf einer Reihe von norweg. Brakteaten aus dem 5.–7. Jh. nachweisen. Schon frühwikingerzeitliche gotländische Bildsteine zeigen Odin mit dem Ring auf Sleipnir reitend. Die Darstellungen umfassen dabei – nach Haucks Deutung – Odin mit dem Ring als Herrschaftssymbol, Balders Ankunft und Aufnahme bei Hel durch Vorweisung des Rings. Wenn auch diese detaillierte Deutung vielleicht nicht unbestritten bleiben wird, so zeigt doch das keineswegs seltene Auftreten des Rings (zum Teil als Knotenring) in Götterdarstellungen auf Brakteaten und Amuletten die mythische Relevanz dieses Symbols in der völkerwanderungszeitlichen Germania, auch wenn der Name D. dafür wohl relativ jung und ein Produkt wikingerzeitlicher literarischer Ausgestaltung ist.

O. Höfler, Das german. Kontinuitätsproblem, in: Histor. Zs. 157, 1938; J. de Vries, ARG, [3]1970; K. Hauck, Gemeinschaftsstiftende Kulte der Seegermanen, in: FmSt 14, 1980.

N: J. R. R. Tolkien, *The Lord of the Rings* (Romantrilogie, 1954/55).

(2) (altnord., »Tropfer« von Ringen, also »Goldschmied«?) heißt ein Zwerg in der Vsp 15 und in den Thulur.

Drei-Funktionen-Theorie nennt man die Theorie des franz. Religionswissenschaftlers Georges Dumézil: Das Göttersystem der indogerman. Völker kann in drei Stufen oder Funktionen gegliedert werden, nämlich Herrscherfunktion, Funktion der Stärke und Funktion der Fruchtbarkeit. Der Funktion der Herrschaft wird vor allem der Göttervater Odin, aber auch der alte Himmelsgott Týr zugeordnet, der Funktion der Stärke (oder anders: des Kriegs) Thor, der Funktion der Fruchtbarkeit die

Wanen, besonders Freyr; die nord. Göttinnen dürften ebenfalls dieser Gruppe zugezählt werden.
Dumézil hat bei der german. Religion eine auffällige »Verschiebung« zwischen den Funktionen festgestellt. Die Exponenten der Herrscherfunktion beschäftigen sich auffallend viel mit der Streiterfunktion (sowohl Odin wie Týr werden auch als Kriegsgötter bezeichnet), und Thors Bereich wiederum ragt in die nährende Funktion hinein. Diese Entwicklung tritt besonders in den nordischen Quellen auf und könnte eine Entwicklung gegen Ende des Heidentums darstellen.
Dumézils D.-F.-T. blieb keineswegs unwidersprochen (Philippson, Steblin-Kamenskij), hat aber weitgehend in die Forschungsliteratur Eingang gefunden und stellt den wichtigsten Beitrag des Strukturalismus für die german. Religionsgeschichte dar, da sie ein brauchbares Deutungsmodell für die german. Götterwelt im Rahmen der indogermanischen bildete. Inzwischen haben aber besonders die Arbeiten von L. Motz u. a. gezeigt, wie sehr Dumézil die Aussagen der Quellen schematisieren und vereinfachen mußte, um die german. Götter seiner D.-F.-T. anzupassen, so daß diese heute als wenigstens teilweise überwunden angesehen werden kann und einer kritischeren Sichtung der einzelnen Quellen Platz machen mußte.

E. O. G. Turville-Petre, Professor Georges Dumézil, in: Saga-Book 14, 1953–55; G. Dumézil, L'idéologie tripartie des Indo-Européens, Bruxelles 1958; C. S. Littleton, The New Comparative Mythology, Berkeley 1973; Å. V. Ström u. H. Biezais, German. und baltische Religion 1975; G. Dumézil, Gods of the ancient Northmen, Berkeley 1977; J.-C. Riviere, George Dumézil à la découverte des Indo-Européens, Paris 1979; M. I. Steblin-Kamenskij, Myth, Ann Arbor 1982; L. Motz, The King, the Champion and the Sorcerer, 1996 (= SMS 1).

Drífa (altnord., »Schneegestöber«) ist eine Riesin (?) in der mythischen Genealogie des Ahnherren Fornjótr in der Version von Hversu Nóregr byggðisk, wo Thorri, Fönn, Mjöll und D. die Kinder des Königs Snær sind. Da alle diese Namen Aspekte des Winters personifizieren, wäre es möglich, daß es sich dabei ursprünglich um eine Genealogie von Reifriesen handelte.

Dröfn (altnord. »Welle«) ist eine Riesin, wird aber wiederholt auch als eine der Töchter des Meerriesen Ägir und seiner Frau Ran bezeichnet (Skaldsk 58; Ormr, Einarr Gilsson, Kormákr). Nur bei Snorri (Skaldsk 22) wird sie nicht unter den neun → Ägirstöchtern genannt.

Drómi (altnord., »Fessel«) heißt die zweite der Fesseln, mit der laut Snorri (Gylf 33) die Asen den Wolf → Fenrir binden wollten, die er aber wie die erste (Lœðing) zerriß. Schließlich konnte er mit der Fessel Gleipnir gebunden werden. Snorri führt die sprichwörtliche Phrase »den D. abwerfen« an, die sich auf die Bewältigung großer Schwierigkeiten beziehe, den Namen hat er wohl nicht selbst erfunden.

Druden → Thrúðr.

Dúfa (altnord., »Untertaucherin« = »Welle«) heißt eine der neun Töchter des Meerriesen Ägir und seiner Frau Ran (Skaldsk 22 und 58; Einarr Skúlason; Thulur); → Ägirstöchter.

Dúfr (altnord.) ist der Name eines Zwerges in der Vsp 15; wohl »der Schläfrige« (zu norweg. duva).

Dulinn (altnord., »der Verborgene«) heißt ein Zwerg in den Thulur.

Dumbr (altnord., »der Dumme« oder »der Stumme«) heißt ein Riese in den Thulur. Viele der mittelalterlichen nordischen Riesennamen kennzeichnen ihre Träger als langsam, dumm oder häßlich.

Dumézil, Georges (1898–1986) war ein franz. Religionswissenschaftler, der seine Theorien über die Religionen der indogerman. Völker seit 1939 auch auf die german. Religion anzuwenden begann und damit eine neue Richtung der komparativen Mythologie in die Forschungsgeschichte einführte, die unabhängig von ihm schon durch F. R. Schröder eingeleitet worden war. D.s Ideen, die in zunehmendem Maße dem Strukturalismus zuzuordnen sind (bzw. ihn mitbegründeten), führten in der Folge zur Entwicklung der sogenannten → Drei-Funktionen-Theorie (1958), die er auch auf die german. Mythologie anwendete und die heute weitgehend akzeptiert wird. D. wandte sich wiederholt gegen die übertriebene Kritik an der Verläßlichkeit Snorris, wie sie durch Mogk und Baetke vertreten wurde.

Duneyrr (altnord., »der mit daunigen [oder braunen] Ohren») heißt laut Grm 33 (und Snorri, Gylf 15) einer der vier Hirsche, die im Geäst der Weltesche Yggdrasill weiden.

Dunkelalben (altnord. Dökkálfar) sind laut Snorri eine Gruppe der → Alben, welche er in Gylf 16 in D. und Lichtalben trennt. Die D. bezeichnet er als »schwärzer als Pech« und sehr verschieden von den Lichtalben. – Vermutlich hat die Erfahrung, daß unter dem Begriff Alben traditionellerweise verschiedene mythologische Wesen zusammengefaßt wurden, bei Snorri zu einem Versuch der Systematisierung an Hand von Kategorien des christlichen Volksglaubens geführt; Grimm hat daher kaum Unrecht, wenn er meinte, Snorri habe die D. mit Teufeln, die Lichtalben mit Engeln identifiziert. Tatsächlich handelt es sich jedoch wohl bei den D. und den Lichtalben um zwei Aspekte derselben Vorstellungen von Totendämonen, die wie Toten- und Fruchtbarkeitskulte nah aneinander stehen.

J. Grimm, Dt. Mythologie, [4]1875–78; E. O. G. Turville-Petre, Myth and Religion of the North, New York 1964.

Durathrór (altnord. Duraþrór »Schlummer-Eber«?) heißt einer der vier Hirsche, die laut Grm 33 (sowie Snorri, Gylf 15, und den Thulur) im Geäst der Weltesche Yggdrasill weiden.

Durinn (altnord.) heißt ein Zwerg in der Vsp 10 und Gylf 13; er gehört etymologisch möglicherweise zu dúra, also »der Schläfrige«. Falls der Kurzvokal ursprünglich ist, wäre auch »Türhüter« (zu dyrr) oder ein Zusammenhang mit aidhvaras »dämonisches Wesen« zu erwägen.

B. Ejder, Eine Vsp-Stelle, in: Die Sprache 22, 1976; J. de Vries, Altnord. etymolog. Wörterbuch, Leiden [2]1977.

Dúrnir (1) (altnord., »der Schläfer«) heißt ein Zwerg in den Thulur.
(2) (altnord.) ist der Name eines Riesen, nur in den Thulur.

Dvalarr (altnord.) heißt ein mythischer Hirsch in den Thulur; wahrscheinlich identisch mit dem Hirsch → Dvalinn 2 der Grm.

Dvalinn (1) (altnord., »der Langsame« oder »der Schlafende«) ist der Name eines Zwergs (Vsp, Háv, Alv, Fm, Gylf), nach Fm der Vater einiger Nornen. Im Sörla þáttr wird er als einer der vier Schmiede von Freyjas Halsband genannt.
N: D. ist einer der 13 Zwerge in J. R. R. Tolkiens Roman *The Hobbit* (1937).
(2) (altnord.) heißt einer der vier Hirsche, die laut Grm 33 (und Snorri, Gylf 15) im Geäst der Weltesche Yggdrasill weiden; in den Thulur findet er sich in der Form Dvalarr.

dvergr (altnord. »Zwerg«) → Zwerge.

E

Earendel (altengl., »Morgenröte, Morgenstern«) → Aurvandill.

Ēastre → Ēostra.

Eber → Gullinborsti, → Sonargöltr.

Edda, ursprünglich der Name für die → Snorra-Edda (auch Prosa-Edda oder jüngere Edda genannt), jetzt der übliche Name der als → Lieder-Edda (auch als ältere Edda, poetische Edda oder fälschlich als Saemundar Edda) bezeichneten Sammlung altnord. Helden- und → Götterlieder. Altnordisch Edda bedeutet eigentlich »Urgroßmutter«, was als Worterklärung nicht ausreicht; denkbar wäre dabei jedoch eine Herleitung aus Wörtern wie Eddumál oder Eddasaga »Großmuttergeschichten«. Die häufigste Erklärung stellt Edda zu óðr »Dichtung, Gedicht«, also in der Bedeutung »Poetik«. Durchaus möglich wäre auch die Deutung als »Buch von Oddi«, da Oddi der Hof ist, auf dem sowohl Saemundr, der vermeintliche Verfasser der Lieder-Edda, wohnte, als auch → Snorri Sturluson seine Jugend verbrachte. Falsch ist dagegen die Erklärung »Ehrwürdiges Buch« zu einem *eddr »geehrt«.

G. Neckel, Aisl. Edda ›Urgroßmutter‹, in: ZfdA 49, 1908; H. Andersen, Smaa kritiske Strejftog, in: ANF 50, 1934; W. Krogmann, Die Edda, in: ANF 52, 1936; S. Gutenbrunner, Der Büchertitel Edda, in: PBB 66, 1942; H. S. Falk u. A. Torp, Norweg.-Dän. etymolog. Wörterbuch, Oslo/Bergen [2]1960; J. de Vries, Altnord. etymolog. Wörterbuch, Leiden [2]1977; A. Faulkes, Edda, in: Gripla 2, Reykjavík 1977 (= Rit 16); J. Harris, Eddic Poetry, in: Old Norse-Icelandic Literature. A Critical Guide, hg. von C. J. Clover u. J. Lindow, Ithaca/New York 1985; O. Gschwantler, Edda, in: LexMA 3, München 1986; H. Beck, Eddische Dichtung, in: RGA 6, 1986; K. Schier, Edda, Ältere, ebenda; U. Dronke, Eddic Poetry as a source for the history of Germanic religion, in: German. Religionsgeschichte. Quellen und Quellenprobleme, hg. von H. Beck, D. Ellmers u. K. Schier, Berlin/New York 1992; P. Hallberg, Eddic Poetry, in: MeScand, 1993.

N: K. Rheintaler, *Edda* (Oper, 1875); *Edda* heißt auch ein Ölfeld vor der norweg. Südwestküste, wobei die Namengeber offensichtlich der Meinung waren, es handle sich um eine Göttin (vgl. O. Stemshaug: Våre nya stadnamn, in: Syn og Segn 83, 1977, 306).

Eggmóinn (altnord., »vom Schwert geschlagen«) heißt ein Zwerg in den Thulur; er weist, wie eine Reihe anderer Zwergennamen auch, auf eine Vorstellung der → Zwerge als Geister von Toten hin.

Eggthér (altnord. Eggþér) heißt ein Riese in der Vsp 42, der an dieser Stelle der Hirte der Riesinnen im Eisenwald ist und als fröhlich und harfenspielend bezeichnet wird. Der Name E. hat ein Gegenstück in altengl. Ecgthéow, Beowulfs Vater, und bedeutet eigentlich wohl den, »der mit Schneiden bewaffnete Diener hat«. Als Personenname findet sich E. im Altnordischen auch als Egðir, im Althochdeutschen als Eggideo, Eckideo.

P. H. Salus u. P. Beekman Taylor, Eikinskjaldi, Fjallarr, and Eggþér, in: Neophilologus 53, 1969; J. de Vries, Altnord. etymolog. Wörterbuch, Leiden [2]1977.

Egill (altnord.) heißt in Hym 7 der Riese, bei dem Thor auf seiner Fahrt zu Hymir seine Böcke einstellt. Aus der Bemerkung in Hym 38, ein Riese habe für das Lahmen eines Bockes von Thor mit seinen beiden Kindern gebüßt, ist eine Verbindung mit der bei Snorri (Gylf 43) erzählten mythischen Geschichte über das Hinken von Thors Bock anzunehmen; hier muß nämlich ein Bauer, bei dem Thor und Loki übernachtet haben – sein Name wird nicht genannt – für das Lahmen eines Bockes büßen, das sein Sohn verursacht hat, indem er seinen Sohn Thjálfi und seine Tochter Röskva dem Thor als

Diener mitgeben muß. E. dürfte demnach wohl den Vater von Thjálfi und Röskva im Mythos von → Thors Böcken bezeichnen.

Eiche. Im Rahmen der altgerman. Verehrung von Bäumen (→ Baum) wurden nicht nur Heilige Haine, sondern auch einzelstehende Bäume als heilig betrachtet, darunter vielleicht auch E.n. Dafür spricht die vom Missionar Bonifatius Anfang des 8. Jh. in Geismar gefällte E., die als rubor jovis (»E. des Juppiter = Thor«) bezeichnet wurde und also vermutlich Thor geweiht war. Sonst war aber im german. Altertum die E. keineswegs der »heilige Baum« der Germanen, wie es neuzeitliche Volkskundeforscher glauben machen wollten; selbst der Weltenbaum Yggdrasill ist eine Esche.

Eid. Der E. als Anrufung einer heiligen Macht als Zeugen für die Wahrhaftigkeit einer Aussage war schon in german. Zeit durch besonderen Formalismus gekennzeichnet; zum E. gehörte auch die Selbstverfluchung des Schwörenden für den Fall des Eidbruchs. E.e wurden auf Waffen, offensichtlich aber meist auf Ringe abgelegt (→ Ringeid). Heidnische Eidesformeln sind uns erst aus christlicher Zeit überliefert, so die Anrufung von Freyr und Njörðr und des → almáttki áss in der Landnámabók, die aber durch christliche Formeln beeinflußt sein dürfte. Die Reflexion eines feierlichen heidnischen E.s dürfte im sogenannten Urfehdebann (isländ. Tryggðamál) vorliegen, der uns in einigen altnord. Texten überliefert ist (Heiðarvíga saga 33, Grettis saga 72; kürzer Grágás 114): »Ein Verräter ist, wer den Frieden bricht … und soll vertrieben werden … und soll von überall wie ein Wolf ausgestoßen sein, wo Christen zur Kirche gehen, Heiden Opfer bringen, Feuer brennen, die Erde etwas wachsen läßt, ein Kind die Mutter ruft und eine Mutter einen Sohn gebiert, Menschen Feuer schlagen, Schiffe segeln, Schilde blinken, die Sonne scheint, Schnee fällt, Finnen schifahren, die Föhre wächst, der Falke an einem langen Frühlingstag fliegt, von günstigem Wind unter beiden Schwingen getragen, der Himmel sich wölbt, Häuser bewohnt werden, der Wind die Wasser zum Meer weist und Männer Korn säen. Er soll die Kirchen und Christen meiden und die Opfer der Heiden, Haus und Höhle, jedes Heim, außer der Unterwelt.« (Zitiert nach Grettis saga 72.)

W. Baetke, guð in den altnord. Eidesformeln, in: PBB 70, 1948; A. Kabell, Baugi und der Ringeid, in: ANF 90, 1975.

Eikin (altnord., »die Wütende«) heißt einer der mythischen Flüsse im Flußkatalog der Grm 27 und in den Thulur.

Eikinskjaldi (altnord., »der mit dem Eichenschild«) ist ein

Zwergenname in der Vsp 13 und 16. Allerdings ist nicht sicher, ob E. wirklich ein Name ist, oder ob es sich nur um ein Attribut handelt, welches die anderen Zwerge der Reihe im dvergatal der Vsp bezeichnet, da als Eigenname eher Eikinskjöldr zu erwarten wäre.

P. H. Salus u. P. B. Taylor, Eikinskjaldi, Fjalarr, and Eggþér, in: Neophilologus 53, 1969.

N: Als Beiname eines Zwergs wird E. auch in J. R. R. Tolkiens Roman *The Hobbit* aufgefaßt, wo Thorin den Beinamen Oakenshields trägt.

Eikthyrnir (altnord. Eikþyrnir »der mit eichenartigem Geweih«) heißt der Hirsch, der auf Walhalls Dach steht und von den Blättern des Baumes Læraðr (= Yggdrasill?) äst. Von seinen Geweihenden tropft es in die Quelle Hvergelmir, welche alle Flüsse der Welt speist. Diese Angaben der Grm 26 wiederholt auch Snorri in Gylf 38. – Welche Rolle der Hirsch wirklich in der german. Religion gespielt hat, ist nicht ganz klar, wahrscheinlich steht der → Hirschkult in irgendeiner Verbindung mit der – durch Odin vermittelten – Königswürde; das tropfende Geweih ist als Reminiszenz an mythische nahrungsspendende Urwesen wie die Urkuh Auðumla oder die Ziege Heiðrún zu verstehen.

J. de Vries, ARG, [3]1970; A. Liberman, The Origin of the Eddic Animal Names Heiðrún and Eykþyrnir, in: General Linguistics 28, 1988.

Eilífr Goðrúnarson, isländischer Skalde, der am Ende des 10. Jh. in Norwegen am Hof Jarl Hakons wirkte; von einem Preislied auf Hakon ist nur ein kleiner Rest erhalten, dagegen sind größere Partien seiner → Thórsdrápa durch Snorri bewahrt.

Eimgeitir (altnord.) heißt ein Riese in den Thulur; der Name ist eine Erweiterung des Riesennamens Geitir und bedeutet »der dampfende (oder brennende) Geitir«.

Eimnir (altnord. »Brenner«) heißt ein Riese in den Thulur, dessen Name ebenso wie der des Brandingi daran erinnert, daß er wohl zu den Riesen gehört (Surtr), die zu den Ragnarök den Weltenbrand entfachen. Logi (und Eldr) dagegen sind lediglich Personifikationen des Feuers.

Einheri (altnord., »der allein kämpft«) ist in der Ls 60 ein Name für den Gott Thor und bezieht sich als poetische Umschreibung wohl auf die Tatsache, daß er häufig allein mit Riesen und dämonischen Mächten kämpft. Ein Zusammenhang mit den Einheriern – die ja Odins Krieger sind – ist ganz unwahrscheinlich.

Einherier (altnord. Einherjar »die allein Kämpfenden«) heißen in der altnord. Mythologie die im Kampfe gefallenen Krieger, welche nach ihrem Tod von den → Walküren vom Schlachtfeld zu Odin nach → Walhall gebracht werden. In diesem Kriegerparadies verbringen sie ihre Tage mit Kämpfen, am Abend aber sind alle wieder lebendig (Vm 41) und trinken gemeinsam vom Met, der aus den Eutern der Ziege Heiðrún fließt und ihnen von den Walküren kredenzt wird (Grm 25 und 36). Die E. essen täglich vom Fleisch des sich ständig erneuernden Ebers Sæhrímnir, das für alle ausreicht und vom Koch Andhrímnir im Kessel Eldhrímnir zubereitet wird (Grm 18). Zu den → Ragnarök werden die E. auf Seiten der Götter gegen den Fenriswolf und die anderen Feinde der Menschen und Götter zum Kampf antreten (Grm 23). In der Edda wird von den E.n nur in den Grm, Vm und HH I 38 gesprochen, von wo sie Snorri (bes. Gylf 37–40) übernommen hat. Daß die Vorstellung von den E.n aber zumindest schon in der heidnischen Spätzeit bekannt war, beweisen die Skaldengedichte Eiríksmál und Hakonarmál von der Mitte des 10. Jh. M. Olsen sah den Ursprung des Mythos von den E. in Rom bei den immerzu kämpfenden und täglich neu beginnenden Gladiatoren. Aber selbst wenn man den Einfluß des römischen Kolosseums auf das Walhallbild (mit 540 Toren) der späten poetischen Quellen nicht völlig verwerfen will, liegen die Wurzeln für die Kämpferschar des german. Kriegerparadieses doch sicher nicht in Rom. Die Vorstellung vom ewigen Kampf und dem täglichen Auferstehen der darin gefallenen Krieger findet sich auch bei Saxo (I, 31) und auch in den Berichten vom → Hjaðningavíg. Den E. vergleichbar, und vor allem etymologisch naheliegend, sind die Harii in Tacitus *Germania* (43), die als »Totenheer« (feralis exercitus) beschrieben werden; solche offensichtlich lebenden Totenheere wird man mit Höfler am wahrscheinlichsten als kultisch motivierte → Kriegerbünde deuten, die zur Ausbildung der Vorstellungen von den E.n wie auch des Wilden Heeres führten. Daran knüpft auch eine andere Etymologie des Wortes E. an, das möglicherweise auch »die zu *einem* Heer Gehörigen« bedeutet.

E. Mogk, Einherjar, in: Hoops 1, 1911–13; O. Höfler, Kultische Geheimbünde der Germanen, 1934; F. Ström, Einherjar, in: KLNM 3, 1958; J. de Vries, ARG, [3]1970.

N: Auch in der Kunst sind die E. fester Bestandteil des Walhallbildes, etwa in K. Ehrenbergs Kohlezeichnung *Gastmahl in Walhalla (mit einziehenden Einheriern)* (1880) oder A. Oehlenschlägers Gedicht *Einheriarne* (in: *Nordens Guder*, 1819); bei Klopstock, *Braga* (Ode, 1771) als Einherion.

Einriði oder Eindriði (altnord., »der allein Reitende«, urspr. vielleicht »der Alleinherrscher«) ist ein Name für den Gott Thor (Haustlöng 19, Vellekla 15, Thulur); bei Snorri kommt E. nur im Prolog zu seiner Edda in der gelehrten Urgeschichte der Asen vor, hier ist E. Sohn des Lóriði und Vater Vingþors, wobei alle drei Namen eigentlich nur Beinamen Thors sind. Weil der Name E. (ebenso wie der Thorsname Hlóriði) in den mittelalterlichen literarischen Quellen nur sehr sporadisch auftritt, aber als Personennamen im Runenschwedischen ainriþi (Grinda in Södermannland, 11. Jh.) und Runendänischen ainraþi (Rimsø, Nordjütland, 10. Jh.) auftritt, könnte dies auf eine auch außerliterarische Bekanntheit des Thorsnamens hinweisen.

Eir (altnord.) ist bei Snorri (Gylf 34) der Name einer Asin, die hier als die beste Ärztin bezeichnet wird. In den Fjm 38 ist E. eine der Dienerinnen der Menglöð, in den Thulur jedoch der Name einer → Walküre. Die Bedeutung des Namens »die Helfende« (altnord. eir »Hilfe, Gnade«) paßt zwar auf eine heilende Göttin, jedoch fehlt der Name in der Liste der Asinnen in den Thulur, und man wird die totenerweckende und heilende Kraft der Walküren in Betracht ziehen müssen, so daß auch der Bezug auf Walküre als der Ursprünglichere möglich wäre.

J. Grimm, Dt. Mythol., [4]1875–78; J. Steffensen, Lækningagyðan Eir, in: Skírnir 134, 1960; J. de Vries, ARG, [3]1970; G. Müller, Die Heilkraft der Walküre, in: FmSt 10, 1976.

Eisenhandschuh des Gottes Thor → járngreipr.

Eisenwald → Járnviðr.

Eistla (altnord.) heißt eine der neun riesischen Mütter des Heimdall im Riesinnenkatalog der Völuspá in skamma (Hdl 37). Die Bedeutung des Namens ist nicht geklärt. Gering deutet E. (zu eisa »eilen«) als »die Stürmische«, Sturtevant stellt ihn zu eista »Hoden«, also »die Geschwollene, Schwellende«, was zu seiner Deutung von E. als Meerriesin paßt. Motz stellt E. zu eisa »glühende Asche, Feuer«, also »die Glühende«.

H. Gering, Kommentar, Bd. 1, 1927; A. M. Sturtevant, Etymol. Comments upon Certain Old Norse Proper Names in the Eddas, in: PMLA 67, 1952; L. Motz, Giantesses and their Names, in: FmSt 15, 1981.

Eisurfála (altnord., »Aschen-Trollweib«) heißt eine Riesin in den Thulur.

Eitri (altnord., »der Giftige«) heißt ein Zwerg in den Thulur, vgl. den deutschen Ausdruck Giftzwerg.

Elben → Alben, → Elfen.

Eldhrímnir (altnord., »der durch Feuer Berußte«) heißt der Kessel, in welchem in Walhall der Koch Andhrímnir den sich immer wieder erneuernden Eber → Sæhrímnir zubereitet; das ist jedenfalls Snorris (Gylf 37) Deutung von Grm 18.

Eldir (altnord., etwa »der Feueranzünder«) heißt der Diener Ägirs in der → Lokasenna. Auch Snorri erwähnt den Namen (Gylf 31) in Anlehnung an die

Ls; die Prosaeinleitung der Ls und Snorri erwähnen noch einen zweiten Diener namens → Fimafengr.

Eldr (altnord., »Feuer«) heißt ein Riese in den Thulur; bei Snorri (Skaldsk 26) ist E. ein Bruder von Ägir und Vindr und damit ein Sohn des Fornjótr. Da der sonst mit dem Feuer identifizierte Sohn Fornjótrs Logi heißt, dürfte es sich bei E. nicht um einen eigentlichen Namen, sondern nur um ein von Snorri »personifiziertes« Synonym für → Logi handeln.

M. Clunies Russ, Snorri Sturluson's use of the Norse origin-legend, in: ANF 98, 1983.

Elfen sind Wesen der niederen Mythologie und waren ursprünglich mit den → Alben identisch. Die westgerman. Vorstellungen von diesen Wesen beginnen sich aber schon im Frühmittelalter von den skandinavischen zu unterscheiden, und im angelsächs. Raum entsteht bald – vielleicht unter keltischem Einfluß – eine eigenständige Tradition im Volksglauben über die E. Schon im 9. und 10. Jh. finden sich in altengl. Texten eine ganze Reihe differenzierter Bezeichnungen für E., was einen Grund in der Vielfalt von elfischen Wesen in der klassischen antiken Mythologie gehabt haben kann, deren Bezeichnungen man zu übersetzen suchte, andererseits aber auch auf eine bereits fortgeschrittene Systematisierung dieser Wesen in der german. Mythologie schließen läßt. Neben dem maskulinen ælf/ylf und dem femininen ælfen/elfen finden sich die Komposita bergælfen, dunælf(en), muntælfen »Bergelfe«, landælf, feldælf, wæterælfen und sæælfen »Wassernymphen«, und wuduælfen »Waldelfen«.

Das angelsächs. Adjektiv ælfsciene »schön wie ein E.« deutet ebenso wie die Verwendung in Personennamen (Aelfbeorht, Aelfred) auf die helle Seite dieser Wesen hin, während zahlreiche Krankheitsnamen den schadenstiftenden Charakter der E. belegen.

Während im Spätmittelalter und in der Neuzeit die skandinavischen alfar gemeinsam mit den Zwergen im huldufólk aufgingen und die Elben im deutschen Volksglauben dieser Zeit keine große Rolle spielten, hat sich eine starke englische Tradition erhalten, aus der diese Wesen erst im 18. Jh. (durch Bodmer, Wieland, Herder) in den deutschen Sprachraum entlehnt wurden. Darauf beruht auch die Tatsache, daß im Deutschen heute die Lehnform E. wesentlich verbreiteter ist als Elben oder Alben.

R. Jente, Die mytholog. Ausdrücke im altengl. Wortschatz, 1921; E. A. Philippson, German. Heidentum bei den Angelsachsen, 1929; R. A. Peters, OE. ÆLF, – ÆLF, ÆLFEN, – ÆLFEN, in: Philol. Quarterly 42, 1963; N. Thun, The Malignant Elves, in: Studia Neophilologica 41, 1969; E. O. G. Turville-Petre, Myth and Religion of the North, Westport 1975; J. McKinnell u. R. Simek (mit K. Düwel), Runes, Magic and Religion: A Sourcebook, 2004.

N: (Lit.) Im angelsächs. Sprachraum ist der Bekanntheitsgrad der E. nicht ohne Auswirkungen auf das Nachleben in der Literatur geblieben, und E. spielen von Shakespeare bis Tolkien eine wesentliche Rolle in der englischen Literatur (vgl. Oberon), wobei sich die helle Seite der E. durchgesetzt hat und sie als zarte, manchmal geflügelte, den Menschen meist gutgesinnte Schutzgeister dargestellt werden. Die deutsche Bezeichnung Erlkönig (wie in Goethes gleichnamiger Ballade) statt Elfenkönig entstammt einer falschen Übersetzung Herders, der das dänische elverkonge (»Elfenkönig«) als »Erlenkönig« mißverstand.
(Bild. Kunst) M. v. Schwind, *Elfentanz* (Gemälde); B. E. Ward, *Huldra's Nymphs* (Gemälde); C. P. Sainton, *The White Elves* (Gemälde); N. J. O. Blommér, *The Elf-Dance* (Gemälde); im Gefolge der Elfenreigen-Bilder von Blommér und v. Schwind entstand eine Flut von »Elfenreigen«-Gemälden, die zum häufigsten Motiv in der Kitschproduktion des 19. und 20. Jh. zählen.

Elfenmühlen → Felszeichnungen.

Élivágar (altnord., Pl.) heißen nach Snorri (Gylf 3 und 4) die Ströme, die aus der Quelle Hvergelmir in die Urschlucht Ginnungagap flossen. Als ihre giftigen Reiftropfen mit der Hitze Muspellsheims zusammentrafen, entstand im schmelzenden Eis das erste organische Leben, nämlich der Riese → Ymir. Die Deutung der E. als elf Ströme, die Snorri auch namentlich nennt (Svöl, Gunnthrá, Fjörm, Fimbulthul, Slíðr, Hríð, Sylgr, Ylgr, Víð, Leiptr, Gjöll: alle diese Flußnamen stammen aus dem Flußkatalog in Grm 27 und 28), geht offensichtlich auf ihn selbst zurück und beruht wohl nur auf der Pluralform des Namens. Snorri selbst nennt jedoch in Skaldsk 17, wohl in Anlehnung an Hym 5, E. als nur einen Fluß, der die Grenze zu Jötunheim bildet; Hym 5 sagt aus, daß Hymir östlich von E. am Himmelsrand wohnt. Halvorsen hat darauf hingewiesen, daß der Name E. (wohl zu él »Unwetter« und vágr »Meer«?) in der Hym als Name für das die Welt umgebende Urmeer aufgefaßt werden kann, was der Bedeutung des Namens auch besser gerecht wird.

E. F. Halvorsen, E., in: KLNM 3, 1958.

Éljúðnir (altnord., »die Regenfeuchte«?) heißt die Halle der Unterweltsgöttin → Hel laut Snorris allegorisierender Beschreibung ihres Wohnorts (Gylf 33).

Elli (altnord., »Alter«) ist das personifizierte Alter. In Snorris Erzählung von Thors Fahrt zu → Útgarðaloki (Gylf 45f.; → Skrýmir) wird sie als die alte Amme des Útgarðaloki dargestellt, mit der Thor einen Ringkampf auszutragen hat, in welchem er unterliegt, da es niemanden gibt, der nicht schließlich vom Alter überwunden wird, wie Snorri in der Erklärung des Kampfes dann feststellt.

Embla (altnord.) ist in der eddischen Anthropogonie die erste Frau. → Askr und E. wurden aus Baumstämmen geschaffen und von einer Göttertrias mit den verschiedenen Funktionen psychischen und physischen Lebens begabt (Vsp 17 und 18; Gylf 8). Während Askr »Esche« etymologisch problemlos ist, bereitet E. diesbezüglich Schwierigkeiten. Naheliegend wäre eine Herleitung aus *Elmla < *Almilōn und damit zu almr »Ulme« (Bugge). Die genauere Entsprechung wäre jedoch *Ambilō, und man hat daher versucht, Askr und E. mit den Wandalenkönigen Assi und Ambri in der Langobardengeschichte des Paulus Diaconus zu verbinden, da Ambri wohl aus einem *Ambrilō stammt (Much). Interessanter als diese unsichere Entsprechung ist Sperbers Verweis auf griech. ámpelos »Rebe, Schlingpflanze«. Dabei ist zu beachten, daß im indogerman. Bereich eine Analogie zwischen dem Feuerbohren und dem Geschlechtsverkehr gesehen wurde; beim Feuerbohren fand als entzündbares Feuerholz unter dem Bohrer aus Hartholz auch Holz von Schlinggewächsen Verwendung. Die rituelle Feuerbohrung scheint für den skandinavischen Bereich auch durch eine Darstellung auf einer der Steinplatten des bronzezeitlichen Grabs von Kivik auf Schonen gesichert.

H. Sperber, E., in: PBB 36, 1910; R. Much, Wandalische Götter, in: Mitteilungen der schles. Ges. für Volkskunde 27, 1926; F. R. Schröder, German. Schöpfungsmythen, in: GRM 19, 1931; J. de Vries, Altgerman. Religionsgeschichte, [3]1970; Å. V. Ström, German. Rel., 1975; J. de Vries, Altnord. etymolog. Wörterbuch, Leiden [2]1977.

Ennilangr (altnord., »der mit der langen Stirne«) wird in den Thulur als Name für den Gott Thor angeführt; warum, ist unbekannt.

Ēostra (oder vielleicht *Ēastre; angelsächs.) ist der von Beda (De temporum ratione 15) erwähnte Name einer Göttin, von welcher laut → Beda der Ēosturmonath (= April) seinen Namen hat. Grimm schloß aus dieser Erwähnung und dem Namen des ahd. Osterfestes Ôstarûn (Plural zu *Ôstara) eine westgerman. Göttin der Morgenröte und des Frühlings, urgerman. *Austrō, ahd. *Ôstara (vgl. lat. Aurora). Trotz wiederholt geäußerter Zweifel sollte man mindestens Bedas Angaben nicht verwerfen; allerdings wird man statt einer Göttin der Morgenröte trotz des Namens eher eine der frühlingshaften Fruchtbarkeit anzunehmen haben, da auch sonst die german. Göttinnen (und die Matronen) meist solche der Fülle und des Wachstums sind.

J. Grimm, Dt. Mythologie, [4]1875–78; E. A. Philippson, German. Heidentum bei den Angelsachsen, 1929; H. Wesche, Beitr. zu einer Geschichte des dt. Heidentums, in:

PBB 61, 1937; J. de Vries, ARG, [3]1970; H. bei der Wieden, Die Runenbildtafel vom Süntel, in: Schaumburg-Lippische Mitteilungen 22, 1973; Å. V. Ström u. H. Biezais, German. und balt. Religion, 1975; J. Udolph, Ostern, 1999.

N: J. Reich, *Eástre* (Aquarell, ca. 1900).

Eoton (angelsächs., »Riese«) ist eine besondere Gruppe von Riesen in der heidnischen angelsächs. Mythologie; die altnord. Entsprechung ist jötunn. Auch Grendel in der Beowulfsage, obwohl eigentlich ein Wasserungeheuer, wird als E. bezeichnet.

E. A. Philippson, German. Heidentum bei den Angelsachsen, 1929.

Erce (altengl.) wird in einem altengl. Ackersegen genannt, wo die Erde mit Erce, erce, erce, eorþan modor angerufen wird. Ob es sich bei diesem Wort E. aber wirklich um eine Göttin, die Erdmutter, handelt, steht nicht fest, ebensowenig ist die Bedeutung des Namens geklärt. Eine Verbindung mit der in Sachsen belegten Schreckgestalt der Frau Herke (oder Harke) ist zwar vermutet worden, ist aber keineswegs sicher und hilft bei der Deutung auch nicht weiter.

E. A. Philippson, German. Heidentum bei den Angelsachsen, 1929; J. de Vries, ARG, [3]1970.

(Erda) ist R. Wagners Fassung der german. Göttin Jörð. Während Jörð aber als Mutter Thors bezeichnet wird, macht Wagner in den Opern *Das Rheingold* und *Siegfried* aus Erda die Mutter der Nornen und der Walküre Brünnhilde.

N: H. Hendrich, *Schlafende Erda*, (Ölgemälde, 1900).

Erdbeben → Lokis Bestrafung.

Ermis → Irmin.

Erster Merseburger Zauberspruch. Im Gegensatz zum → Zweiten Merseburger Zauberspruch handelt es sich bei diesem Spruch nicht um einen Heilspruch, sondern um einen »Lösesegen«, der Gefangene aus ihren Fesseln befreien soll. Der erste Teil des vier Langzeilen umfassenden Zauberspruchs berichtet, wie eine Anzahl von (walkürenartigen?) Frauen (»Idisi«, → Disen) gefangene Krieger von ihren Fesseln befreien, die letzte Zeile enthält den eigentlichen magischen Befehl in Nachvollziehung der Vorbildhandlung: insprinc haptbandun, invar vigandun (»entspringe den Fesseln, entfliehe den Feinden«). Die in der Forschung diskutierte Frage, ob ein solcher Lösezauber denn helfen kann, ist vor dem Hintergrund zeitgenössischen Glaubens an die Wirkkraft irrelevant.

B. Murdoch, But Did They Work? Interpreting the Old High German Merseburg Charms in their Medieval Context, in: Neuphilologische Mitteilungen 89, 1988; R. Schuhmann, Wie ›deutsch‹ ist der erste Merseburger Zauberspruch?, in: Die Sprache 41, 1999; W. Beck, heraduoder. Zum Ersten Merseburger Zauberspruch, in: Herrigs Archiv für das Studium der neueren Sprachen und Literaturen 237, 2000; H. Eichner, R. Nedoma, Die Merseburger Zaubersprüche: Philologische und sprachwissenschaftliche Probleme aus heutiger Sicht, in: Die Sprache 42, 2001/02.

Eruler → Heruler.

Eschatologie. Die Vorstellungen von den letzten Dingen und vom Ende der Welt; bei den Germanen begegnen sie in der eddischen Mythologie in den Visionen von → Ragnarök und in dem nicht restlos geklärten westgerman. Begriff → Muspell. Sie sind aber keineswegs für alle german. Völker auch nur der heidnischen Spätzeit gleichermaßen gültig.

Esche. Die E. genoß unter den Bäumen bei den Germanen offensichtlich besondere Verehrung. Der Weltbaum, dessen Wurzeln sich unter alle Erdteile erstrecken und dessen Krone in den Himmel ragt, ist eine E., die Yggdrasill genannt wird. Dagegen dürfte es sich bei dem großen immergrünen Baum neben dem Tempel in Uppsala, den Adam von Bremen erwähnt (Gesta Hammab. Eccl. Pontif. IV, Scholion 138), um eine Eibe gehandelt haben.

Ein Hinweis auf die Verehrung der E. ist bei Snorri erhalten, der (Skaldsk 18) in der mythischen Erzählung von Thors Fahrt nach → Geirröðargard berichtet, daß sich Thor aus dem anschwellenden Fluß Vimur nur retten konnte, in dem er sich an einer E. herauszog; deshalb sage man »die E. sei Thors Rettung« (reynir er björg Þórs), und diese Beziehung Thors zur E. wird auch in einer Skaldenstrophe der Grettis saga (um 1300) erwähnt.

Beachtenswert ist, daß nach der Schöpfungssage der Vsp der erste Mann Askr (»E.«) hieß, und ein Aesc als mythischer Ahnherr des angelsächs. Königsgeschlechts der Aescingas belegt ist (dagegen ist der altengl. Ausdruck æscmen für die dän. Wikinger von der nord. Schiffsbezeichnung askr abgeleitet). Die E. – die im bronzezeitlichen Südskandinavien besonders verbreitet war – dürfte also eine Rolle in irgendwelchen german. Schöpfungsmythen gespielt haben.

W. Heizmann, Die E. als Weltenbaum in der mythischen Überlieferung der Nordgermanen, in: Beiträge zur E., LWF. Berichte aus der Bayerischen Landesanstalt für Wald und Forstwirtschaft 34, 2002.

Ethnogonien → Abstammungsmythen.

Et(h)rahenae. Matronenname. In beiden bekannten Erwähnungen der E. auf Weihesteinen tritt sie gemeinsam mit den Gesahenae auf: als Etrahenis et Cesahenis in Rödingen (CIL XIII 7890), als Matronis Etttrahenis et Gesahenis in Bettenhoven (CIL XIII 7895); Ettt- ist sicher für Eth- verschrieben. Eventuell könnten die E. zu ahd. ettar »Zaun, Mark« gehören, vielleicht aber auch zum Ortsnamen Eitrach. Die fragmentarische Inschrift aus Wollersheim (CIL XIII 7821) deutet möglicherweise auf einen Zusammenhang zwischen den E. und den Veteranehae/Veterahenae.

M. Ihm, Der Mütter- und Matronenkultus und seine Denkmäler, in: Bonner Jahrbücher 83, 1887; S. Gutenbrunner, Die german. Götternamen, 1936; M. Schönfeld, Wörterbuch der altgerman. Personen- und Völkernamen, ²1965.

Euhemerismus ist die Auffassung, der Kult von Göttern könne auf die Verehrung bedeutender Menschen aus ferner Vergangenheit zurückgeführt werden. Den Namen hat der E. von Euhemeros aus Messene (um 300 v. Chr.), dem Schöpfer dieser Theorie, dessen Werk durch Nennius ins Lateinische übersetzt wurde.

In der german. Mythologie tritt der E. vor allem bei den christlichen skandinav. Historikern und Mythographen, besonders dem Isländer Snorri Sturluson und dem Dänen Saxo Grammaticus, auf. Er findet sich in den meisten isländischen Geschichtswerken des Hochmittelalters und hat seinen Ursprung schon im Isländerbüchlein des Ari fróði (vor 1133), wo er Yngvi und Njörðr als historische Könige einführt.

Bei Snorri tauchen euhemeristische Vorstellungen vor allem im Prolog zu seiner Edda und in der Ynglinga saga auf, wo er von der Einwanderung der Asen nach Skandinavien berichtet (→ Odins Einwanderung), während die eigentliche Mythographie der Gylf als bewußte Täuschung dieser Asen ausgegeben wird, dann aber kaum noch Spuren von E. trägt. In der Ynglinga saga (5–7) berichtet Snorri ausführlich über den euhemeristischen Ursprung der nordischen Götter und Religion: Odin war Herr über Asgard in Asien, einer großen Opferstätte, der 12 Oberpriester vorstanden; als sich Odin nach der Einwanderung in Sigtuna niederläßt, werden ihm und seinem Kollegium von 12 Oberpriestern (darunter Njörðr, Freyr, Heimdall, Thor, Balder) Opfer dargebracht und sie werden als Götter verehrt.

Saxos E. ist anderer Art; zwar ist der von ihm verarbeitete Stoff isländisch, die Art der Behandlung weicht aber von der Snorris ab. Wir hören z. B. nichts von der Einwanderung der Asen. Dagegen entwickelt Saxo (Gesta Dan., I, 19f.) eine Göttertheorie, die allerdings nur geringen Einfluß auf den Rest seines Werkes hat; Saxo erklärt, es gäbe drei Arten von Zauberern: die älteste Gruppe der Riesen wäre von der kleineren, aber intelligenteren Gruppe der Wahrsager unterworfen worden; die dritte entstand aus der Verbindung der beiden anderen und ihre Mitglieder kamen ihren Vorfahren weder an Größe noch an Zauberkraft gleich, wurden aber dennoch von den Menschen als Götter verehrt. Dieses System bleibt allerdings funktionslos und unerklärt; mit der ersten Gruppe meint Saxo sicherlich die (Ur-)Riesen der nordischen Mythologie, mit der dritten vielleicht die Asen und Wanen. Er ordnet jedoch die von ihm durchwegs wie Menschen behandelten Götter nirgendwo in dieses System ein. Odin nimmt aber auch bei ihm eine vorrangige Stellung ein, und wenn Ollerus oder Mithotyn seine göttliche Position usurpieren, führt dies zu deren schnellem Ende. Er

erwähnt im Rahmen von Odins zweiter Verbannung (Gesta Dan. III, 80ff.) ein göttliches Kollegium der Asen, welches möglicherweise den 12 Priestern bei Snorri entspricht.
Für den E. bei den skandinav. Autoren gibt es mehrere Gründe: Erstens suchten die Autoren der gelehrten isländischen Renaissance einen Weg, die ihnen in den Skaldengedichten und Eddaliedern überlieferte heidnisch-german. Mythologie rational faßbar zu machen, zweitens bot der E. die Möglichkeit, sich ohne Widerspruch zum christl. Glauben mit heidnischer Mythologie wissenschaftlich zu beschäftigen und drittens schuf er für die Gelehrten eine Gelegenheit, an kontinentaleuropäische historische Traditionen möglichst ohne Bruch anzuknüpfen.

A. Heusler, Die gelehrte Urgeschichte, 1908; P. Herrmann, Die Heldensagen des Saxo Grammaticus, 1922; R. Schomerus, Die Religion der Nordgermanen im Spiegel christlicher Darstellung, 1936; F. Wild, Odin und Euemeros, 1941; W. Baetke, Die Götterlehre der Snorra-Edda, 1950; A. Holtsmark, Studier i Snorres Mytologi, Oslo 1964; K. W. Bolle, In defense of Euhemeros, in: J. Puhvel (Hg.), Myth and Law among the Indo-Europeans, London 1970; K. v. See, E., in: LexMa 4, 1987.

Euthungae. Name german. Matres auf einer Kölner Inschrift (CIL XIII 8225); geweiht den [Mat]ribus Suebis [.] Euthungabus »den suebischen Müttern E.« Da jedoch ein Buchstabe vor dem Namen fehlt, ist die Form nicht völlig gesichert. Wahrscheinlich gehört der Name der E. aber doch zu dem bei antiken Schriftstellern belegten german. Völkernamen der Iuthungi, und nicht etwa als [R]euthungae zu Reudigni.

S. Gutenbrunner, Die german. Götternamen, 1936; E. Schwarz, Die Herkunft der Juthungen, in: Jahrbuch für fränk. Landesforschung 14, 1954; M. Schönfeld, Wörterbuch der altgerman. Personen- und Völkernamen, [2]1965.

(Externsteine), bizarre Sandsteinformationen bei Horn-Bad Meinberg in Nordrhein-Westfalen, die schon seit dem Beginn der Neuzeit gerne als german. Kultstätte interpretiert wurden, was nach dem derzeitigen Forschungsstand zwar nur schwer zu widerlegen, aber auch keinesfalls zu beweisen ist. Dagegen ist weltliche und (christliche) geistliche Nutzung seit dem 9./10. Jh. archäologisch nachweisbar.

F. Hohenschwert, H. Beck, J. Udolph u. W. Schlosser, E., in: RGA 8, 1991–95.

(Eyluðr) (altnord., »Insel-Wiege«) wird in den Thulur fälschlich als Odinsname angeführt, ist aber in dem Gedicht der Snæbjörn aus dem 11. Jh., wo es sonst das einzige Mal vorkommt, eine Kenning für »Meer«.

H. Christiansen, E., in: Norsk Tidsskrift for Sprogvidenskap 19, 1960.

Eyrgjafa (altnord., »Sandspenderin«? oder Ørgjafa »Narbenspenderin«?) heißt eine der neun riesischen Mütter des Heimdallr laut Völuspá in skamma (Hdl

37). Wie die anderen dieser Namen dürfte auch E. kaum älter als das Lied selbst sein.

L. Motz, Giantesses and their Names, in: FmSt 15, 1981.

Eysteinn Valdason, ein Isländer, der gegen Ende des 10. Jh. ein Gedicht über Thor verfaßt hat, von dem wir aber sonst nichts wissen. Von seiner → Thórsdrápa (2) sind nur drei Strophen erhalten, die Thors Fischfang beschreiben, und die in der Snorra-Edda überliefert sind.

F

Fachine(i)hae. Matronenname. Drei niederrhein. Votivinschriften aus dem 3./4. Jh. (zwei aus Zingsheim, eine aus Euskirchen) sind diesen Matronis Fa(c)hine(i)his gewidmet; der Name gehört vielleicht zu german. *fahana- »froh«.

S. Gutenbrunner, Die german. Götternamen, 1936.

(Fafner) ist ein von R. Wagner für die Oper *Das Rheingold* erfundener Riesenname, der in der nord. Götter- und Heldendichtung nicht belegt ist, sondern nur als Name des Drachen aufscheint (→ Fafnir, → Fasolt).

Fafnir (altnord., »der Umarmer«) heißt in der nord. Heldensage der Drache, den Sigurð tötet.

Fáinn (altnord., »der Bunte«) heißt ein Zwerg in den Thulur.

Fála (altnord., »Trampel, Trollweib«) heißt eine Riesin in den Thulur, aber auch beim Skalden Gisli Súrsson und in zwei jüngeren Sagas. F. bietet sich als Riesinnenname geradezu an, wenn man die hochmittelalterlichen Vorstellungen von den dummen und häßlichen Riesinnen heranzieht; mit den selbst für Götter begehrenswerten Riesentöchtern der german. Mythologie (Gerðr, Skaði) haben diese Gestalten nur mehr wenig zu tun.

Falhófnir (altnord., »der mit falben Hufen«) heißt ein mythisches Pferd im Katalog der Pferdenamen in den Grm 30 und in den Thulur; laut Snorri (Gylf 14) ist F. eines der Pferde der Asen.

Fallanda-forað (altnord. »Fall-Gefahr«, »Hindernis«) heißt in Snorris allegorisierender Beschreibung die Schwelle der Wohnung der Göttin → Hel (Gylf 33).

Falr (altnord., »Verberger« zu fela) ist der Name eines Zwergs beim Skalden Hofgarðarefr in einer Fassung von Vsp 16 (statt Fjallar), und bezieht sich wohl auf das Verbergen des Skaldenmets. F. bedeutet aber auch »Schafthülse am Speerblatt«.

L. Motz, New Thoughts on Dwarf-Names, in: FmSt 7, 1973.

Fano. German. Gott? Einem Deo Fanoni war ein 1964 gefundenes Kölner Altarfragment aus dem 2./3. Jh. geweiht, wahrscheinlich auch ein Fragment aus Xanten (CIL XIII 8660). Falls der Name wirklich germanisch ist – auch keltischer Ursprung wäre möglich – ist er vielleicht mit dem Namen des Herulerführers Fanitheus zu ahd. fana, fano »Tuch, Fahne« zu stellen.

M. Schönfeld, Wörterbuch der altgerman. Personennamen, [2]1965; G. Alföldy, Epigraphisches aus dem Rheinland, in: Epigraphische Studien 5, 1968.

Fár oder Fárr (altnord., entweder wie Fáinn: »der Bunte« oder »Gefahr«) heißt ein Zwerg in den Thulur.

Farbauti (altnord.) heißt nach der Angabe der Snorra-Edda (Gylf 32, Skaldsk 16) und der älteren Skaldendichtung (Þjóðólfr ór Hvíni, Haustlöng 5; Ulfr Uggason, Húsdrápa 2) Lokis Vater, der als Riese bezeichnet wird. F. bedeutet »der gefährlich Schlagende«, also bei naturmythologischer Deutung möglicherweise »Blitz« (Kock) oder »Sturm« (Bugge).

S. Bugge, Studien, 1889; A. Kock, Etymolog.-mytholog. Unters., in: IF 10, 1899; J. de Vries, Altnord. etymolog. Wörterbuch, Leiden [2]1977.

Farli (altnord., »der Fahrende, Reisende«?) heißt ein Zwerg in den Thulur.

Farmaguð (altnord., »Lastengott«) ist ein Odinsname bei Snorri (Gylf 10) und ist wohl mit → Farmatýr identisch.

H. Falk, Odensheite, Kristiania 1924.

Farmatýr (altnord., »Gott der Last«) ist ein Odinsname (Grm 48, Thulur, und bei Eyvindr Finnsson: Háleygjatal 11), er bezieht sich vielleicht auf Odin als Gott des Handels; Wotan/Odin wird ja in der Interpretatio romana mit Merkur gleichgesetzt (Falk). Höfler hat in diesem Zusammenhang auf Odin als Gott der Männerbünde verwiesen, da er im Kontext von Bünde- und Gildenwesen am ehesten als Handelsgott gesehen werden kann. Wenig wahrscheinlich ist die Annahme, der Name beziehe sich auf die mythologische Erzählung vom Raub des Skaldenmets (de Vries), obwohl die Kenning Odins farmr »Odins Last = Dichtermet« belegt ist, da sie kaum recht passend ist. Zu den Namen auf -týr vgl. → Sigtýr.

H. Falk, Odensheite, Kristiania 1924; H. de Boor, Die relig. Sprache der Vsp., in: Dt. Islandforschung 1, 1930; O. Höfler, Kultische Geheimbünde der Germanen, Bd. 1, 1934; J. de Vries, ARG [3]1970.

Fasolt (mhd.) ist ein Riese der deutschen Heldensage; in der Eckensage ist er der Bruder Eckes, in einem späten Gewittersegen wird er als Gebieter des Gewitters angerufen. Ob er mit Kári (dem ebenfalls nicht sehr häufig belegten Windriesen der nord. Mythologie) identisch ist, wie Grimm annahm, ist sehr fraglich.
In die skandinav. Mythologie hat F. jedoch erst auf dem Umweg über R. Wagners Oper *Das Rheingold* Eingang gefunden, wo

sich der Fluch des Rings gleich darin offenbart, daß F. von seinem Bruder Fafner erschlagen wird, sobald die beiden in den Besitz des Horts gelangen.

J. Grimm, Dt. Mythologie, [4]1875–78.

Fatalismus → Schicksalsglaube.

Felszeichnungen, besonders die der Bronzezeit in Südskandinavien, sind wertvolle Quellen für die Religion der frühgeschichtlichen Germanen, selbst wenn die ethnische Zugehörigkeit der Skandinavier vor der eisenzeitlichen Jastorf-Kultur umstritten ist. Sie finden sich besonders in den Küstengebieten Südnorwegens und Südschwedens, am häufigsten sind sie an der Küste des Grenzbezirkes Bohuslän. Die F. wurden wahrscheinlich über 1500 Jahre hinweg bis zum Ende der Bronzezeit (ca. 500 v. Chr.) angefertigt. Sie bestehen meist aus flachen, höchstens wenige Zentimeter tiefen Ritzungen auf flachen Steinflächen in der offenen Landschaft, und waren möglicherweise mit Kalk oder Rötel eingefärbt worden, da sie sonst kaum sichtbar sind. Nach dem Menschen, oft tanzend oder anbetend (Adoranten), ist das Schiff das häufigste Motiv der F. neben Bäumen oder Scheiben. Es sind Tiere, Pflugszenen, Wagengespanne, Kampfszenen und Hochzeitsszenen abgebildet, die Darstellungen sind jedoch keineswegs realistisch; die Größenverhältnisse zwischen einzelnen Details wechseln stark, und nicht selten ist eine übergroße Gestalt neben (oder sogar über ältere) andere Szenen eingeritzt. Daneben gibt es aber auch schalenförmige Vertiefungen verschiedener Größe, Scheiben, Spiralen, netzartige Strukturen und Fußabdrücke.

Es wird heute allgemein angenommen, daß es sich bei den F. um Darstellungen religiöser Szenen und Symbole handelt. So etwa spielt das Schiff sicherlich eine Rolle im Kult eines Sonnengottes, der um Schutz für die Schiffahrt angebetet wurde. Pflug- und Hochzeitsszenen dürften einen Kult eines Fruchtbarkeitsgottes bewahren. Einige Symbole bleiben jedoch rätselhaft, so die im Volksglauben als Elfenmühlen (schwed. älvkvarnar) bekannten schalenartigen Vertiefungen, oder die Fußabdrücke, die vielleicht die irdische Gegenwart des verehrten Gottes symbolisieren sollen.

So offensichtlich es ist, daß die abgebildeten Prozessionen und Kultszenen auf den Schiffen mit der Verehrung von Göttern zu tun haben, so wenig wissen wir, um welche Götter es sich dabei gehandelt hat. Am wahrscheinlichsten ist ein Kult von Fruchtbarkeitsgottheiten, etwa den Wanen Njörðr und Freyr, in den Figuren mit erhobenen Äxten hat man auch Frühformen des Hammergottes Thor erblicken wollen, oder in speertragenden Männern Odin. Trotz der langen Kontinuität in den Kulttraditionen der F. ist es sehr schwer, und auch nicht besonders sinnvoll, Götter der bronzezeitlichen F. direkt mit denen der um ca. 3000 Jahre jüngeren Götterwelt der Eddas zu identifizieren.

A. W. Persson, Åkerbruksriter och hällristningar, in: Fornvännen 25, 1930; O. Almgren, Nordische F. als religiöse Urkunden, 1934; F. Behn, Die nordischen Felsbilder, in: ARW 34, 1937; B. Almgren, Hällristningar och bronsålderdräkt, in: Tor 6, 1960; J. de Vries, ARG, [3]1970; K. Schier, Skandinavische Felsbilder als Quelle für die german. Religionsgeschichte?, in: German. Religionsgeschichte. Quellen und Quellenprobleme, hg. von H. Beck, D. Ellmers u. K. Schier, Berlin/New York 1992.

Fengr (altnord.) heißt Odin in Rm 18 und in den Thulur. Das Wort bedeutet normalerweise »Beute, Vorrat«, aber deswegen Odin als Handelsgott zu bezeichnen (vgl. Farmaguð), ist überspitzt. Am ehesten ist F. zu fá »fangen« zu stellen, bedeutet dann also »Fang; Fänger; der die Gefallenen nach Walhall führt«.

H. Falk, Odensheite, Kristiania 1924; J. de Vries, Altnord. etymolog. Wörterbuch, [2]1977.

Fenja (altnord.) heißt eine Riesin im Grottasöng, beim Skalden Þórmóðr Bersason und bei Snorri, Skaldsk 40. Am wahrscheinlichsten scheint die Deutung als »die Moorbewohnerin« (zu fen), was aber nicht recht zu der an der Mühle arbeitenden Riesin paßt. Man hat daher an »die Entfernerin der Spreu« oder »die schwer Arbeitende« gedacht, was aber wiederum etymologisch nicht überzeugt.

J. Loewenthal, Wirtschaftsgeschichtliche Parerga, in: Wörter und Sachen 9, 1926; J. de Vries, ARG, [3]1970.

Fenrir oder Fenrisúlfr (altnord.) heißt der Wolf, den Loki mit der Riesin Angrboða gezeugt hat, und der von den Asen mit starken Fesseln gebunden wurde; zu den Ragnarök aber wird er sich losreißen und Odin verschlingen, bevor Viðarr ihn töten kann.

Der Mythos von F. gliedert sich bei Snorri in mehrere unabhängige Geschichten: Die Fesselung des Wolfes, wobei der Gott Týr seine rechte Hand verliert, dann der Kampf Odins und Viðars mit F. zu den Ragnarök, und wohl auch die Stelle vom Losbrechen des Höllenhundes Garmr und das Verschlingen der Sonne durch einen Wolf.

Bei Eyvindr (Hákonarmál 20) wird erwähnt, daß F. zu den Ragnarök ohne Fesseln durch die Welt streifen wird; Snorri hat diesen knappen Mythenverweis mit dem Märchenmotiv der unsichtbaren Fessel und einer Sage, die den Verlust von Týrs rechter Hand erklärt, zu einer mythischen Novelle verarbeitet; er erzählt in Gylf 33, daß Loki mit der Riesin Angrboða drei Kinder hatte, nämlich F., die Midgardschlange und Hel. Den Wolf zogen die Götter auf, aber als er zu stark wuchs, beschlossen sie, ihn zu binden und versuchten es zuerst mit der Fessel Lœðing, dann mit Drómi, die er beide zerriß; schließlich machen die Zwerge die Fessel → Gleipnir, die leicht und weich ist, und mit dieser binden die Asen den Wolf auf der Insel Lyngvi im See Ámsvartnir; der Wolf aber wird mißtrauisch, als Pfand muß einer der Götter die Hand in seinen Rachen stecken, damit er sich die Fessel anlegen läßt. Als der Wolf merkt, daß er sie nicht zerreißen kann, verliert Týr seine rechte Hand. Dann binden die Götter die Fessel mit der Kette Gelgja an den Felsen Gjöll, den sie mit dem Stein Thviti in die Erde schlagen. Schließlich spreizen sie dem Wolf auch noch ein Schwert zwischen die Kiefer, er heult fürchterlich, und der Geifer aus seinem Rachen bildet den Fluß Ván. Er ist nun so gut gefesselt, daß er erst zu den Ragnarök wieder loskommt.

Auf den Verlust von Týrs Hand bei der Fesselung F.s spielt sonst nur die Ls 38f. an, auch dieses Gedicht ist jedoch sehr jung; ob beide Geschichten schon in heidnischer Zeit verbunden worden waren, wissen wir nicht.

Mit F. identisch dürfte der Höllenhund (oder Wolf) Garmr sein, da er nach Vsp 58 zu den Ragnarök seine Fesseln zerreißt und in Vsp 56 ein ungenannter Wolf mit Odin kämpft. Daß Týr gegen Garmr antritt, ist wohl erst ein Einfall Snorris, der zwischen F. und Garmr unterscheidet. Aber noch zwei andere Wölfe werden bei den Ereignissen um die Ragnarök erwähnt, von denen einer die Sonne, der andere den Mond verschlingt; die Vsp erwähnt sie nicht, Snorri nennt sie am Beginn der Ragnarök (Gylf 50). In Gylf 11 erwähnt er einen Wolf Mánagarmr (»Mondverschlinger«) aus dem Eisenwald, den selben, den die Vsp 40 F. nennt; kurz zuvor gibt er den Wölfen, die Sonne und Mond verfolgen, die Namen Hati und Sköll. Es dürfte sich bei all diesen Wölfen nur um F. handeln; die verschiedenen Namen gehen wohl auf Snorris übertriebene Systematisierungsversuche zurück.

Daß die Götter ein Schwert in F.s Rachen spreizen, ist schon im 10. Jh. in einer Kenning bei Eyvindr belegt, auch das wikingerzeitliche Gosforth-Kreuz aus Nordengland zeigt den Wolf mit dem Schwert zwischen den Kiefern. Das Thorvald-Kreuz auf der Insel Man (10. Jh.) zeigt F., wie er Odin verschlingt.

Die Bedeutung des Namens F. ist nicht völlig geklärt, am wahrscheinlichsten ist die Verbindung mit altnord. fen »Sumpf«, das hohe Alter dieser Bildung zeigt nach Gutenbrunner die Parallelbildung im Volksnamen Fanesii bei Plinius; F. war also ursprünglich ein »Sumpfbewohner«, was bei einem solchen Untier gut möglich ist.

Der Mythos von F. hängt jedenfalls mit dem eschatologischen Vorstellungskomplex um die Ragnarök zusammen, der sich im 10. Jh. herausbildete, aber schon vorher durch südöstliches Gedankengut – wie die kaukasischen Sagen vom gefesselten Riesen – beeinflußt worden sein kann. Die literarische Ausarbeitung und die Fülle der Namen für alle Details ist jedoch erst Snorris Produkt.

E. Wilken, Der Fenriswolf, in: ZfdPh 28, 1896; F. v. d. Leyen, Der gefesselte Unhold, (Festschrift J. v. Kelle) Prag 1908; S. N. Hagen, Om navnet Fenrisulfr, in: MoM, 1910; A. Olrik, Ragnarök, 1923; S. Gutenbrunner, Fanesii und F., in: ZfdA 77, 1940; O. Briem, Fenrisúlfr, in: KLNM 4, 1959; A. Sommerfelt, Har syden og vesten vært uten betydning for nordisk hedenskap?, in: MoM, 1967; J. de Vries, ARG, [3]1970; O. Gschwantler, Die Überwindung des Fenriswolfs und ihr christliches Gegenstück bei Frau Ava, in: Poetry in the Scandinavian Middle Ages (Spoleto, 4–10 Sept. 1988), Spoleto 1990; W. Heizmann, Fenriswolf, in: Dämonen, Monster, Fabelwesen, hg. von U. Mueller u. W. Wunderlich, 1999 (= Mittelalter Mythen 2).

N: (Bild. Kunst) D. Hardy, *Odin and Fenris* und *The Binding of Fenris* (zwei Gemälde, um 1900); E. Doepler d. J., *Odin und Fenriswolf* und *Fesselung des Fenriswolfes* (beides in: E. Doepler, W. Ranisch, *Walhall*, 1901); aus den 1960er Jahren stammt A. V. Gunneruds Eisenskulptur *F.* auf der Insel Asköy bei Bergen.
(Lit.) A. Oehlenschläger, *Om Fenrisulven og Tyr* (Gedicht in: *Nordens Guder*, 1819); K. H. Strobl, *Der Fenriswolf*, 1903; als geiles Monster erscheint F. in der Burleske *Til kamp mod dødbideriet* von E. K. Reich und E. Larsen (1974).

Fenrisúlfr (altnord., »Fenriswolf«) → Fenrir.

Fenriswolf → Fenrir.

Fensalir (altnord., »Sumpf-Säle«?) heißt laut Vsp 33 der Wohnort der Frigg, den auch Snorri erwähnt (Gylf 34 und 48; Skaldsk 90). Ob der Name auf einem mit Frigg in Verbindung stehenden Quellenkult deutet (so Edzardi), muß wohl offenbleiben.

A. Edzardi, F. und Vegtamskviða 12,5ff., in: Germania 27, 1882.

feralis exercitus → Harier, → Wildes Heer.

Fernovineae und Fernovinehae. Matronenname. Den Matronis Fernovineis ist eine Inschrift von Meckenheim, den Fernovinehis eine von Köln aus dem 2. oder 3. Jh. geweiht; vielleicht zu einem *fern-awī »Altbach«.

S. Gutenbrunner, Die german. Götternamen, 1936; M. Schönfeld, Wörterbuch der altgerman. Personen- und Völkernamen, [2]1965; B. u. H. Galsterer, Die röm. Steininschriften aus Köln, 1975.

Fesselhain (altnord. Fjöturlundr) → Semnonenhain.

Feuer. Einen bei den Indogermanen noch verbreiteten Kult des F.s dürfte es bei den Germanen in historischer Zeit nicht mehr gegeben haben. Zwar erwähnt Caesar für die Germanen den Kult eines Vulcanus, sonst ist aber ein Feuergott nicht nachweisbar, obwohl man versucht hat, Loki als solchen zu deuten, was aber nur auf der unzulässigen Verbindung von Loki mit der dichterischen Personifikation des F.s, → Logi, beruht. Die Rolle des F.s in verschiedenen religiösen Bräuchen (Julfeuer, Sonnwendfeuer) und Rechtshandlungen (Umgehung eines Landstücks mit F. zur Besitzergreifung) berechtigt jedenfalls nicht dazu, von einem germanischen Kult des F.s zu sprechen, wie Huth nachzuweisen versuchte.

O. Huth, Der Feuerkult der Germanen, in: ARW 36, 1939; ders., Vesta, 1943; J. de Vries, ARG, [3]1970.

Fibel von Nordendorf → Nordendorfer Fibel.

Fiðr (altnord., auch Finnr »Finne; Zauberer; Troll«) ist der Name eines Zwergs (Vsp 16 und in den Thulur); F. ist im 11. Jh. auch als Personenname belegt. Die Finnen hatten im mittelalterlichen Skandinavien einen Ruf als Zauberer und auf diese Funktion dürfte sich der Zwergenname F. beziehen.

H. Koht, Var »Finnerne« alltid Finnar?, in: MoM, 1923.

Fíli, auch Víli (altnord.) heißt ein Zwerg in der Vsp 13. In der Fassung der Snorra-Edda finden sich die beiden Namen Hepti und F. zu → Heptifili zusammengefügt. F. könnte »der Feiler« bedeuten, allerdings ist ein fili »Feile« im Altnord. sonst nicht belegt und müßte aus dem Niederdeutschen oder Friesischen entlehnt sein. Eine andere Etymologie deutet F. (aus *filhja) als den »den Skaldenmet versteckenden Zwerg«.

H. Gering, Kommentar, Bd. 1, 1927; L. Motz, New Thoughts on Dwarf-Names, in: FmSt7, 1973; J. de Vries, Altnord. etymolog. Wörterbuch, Leiden [2]1977.

N: F. erscheint als einer der 13 Zwerge in J. R. R. Tolkiens Roman *The Hobbit* (1937).

Fimafengr (altnord., »der eilig Herbeischaffende«, zu fimi »eilen« und fengr »Vorrat«) heißt ein Diener Ägirs in der Prosaeinleitung der → Lokasenna, wo F., als ihn die Asen loben, von Loki erschlagen wird. Snorri erzählt in Gylf 31 ähnliches. Da F. weder in der Ls selbst noch in anderen Schriften erwähnt wird, dürfte er eine recht junge Analogieschöpfung zum anderen Diener Ägirs mit dem ebenfalls sprechenden Namen → Eldir sein.

J. de Vries, Altnord. etymolog. Wörterbuch, Leiden [2]1977.

Fimbulthul (altnord. Fimbulþul »mächtiger Wind«? oder »mächtiger Redner«?) heißt ein Fluß im Katalog mythischer Flüsse in den Grm 27, bei Snorri ist er einer der Flüsse Élivágar, die aus der Quelle Hvergelmir entströmen (Gylf 3 und 38).

Fimbulthulr (altnord. Fimbulþulr »mächtiger Redner, mächtiger Weiser«) ist ein Name für Odin in den Háv 80 und 142.

Fimbultýr (altnord. »gewaltiger Gott«) ist ein Odinsname (Vsp 60), welcher auf die Funktion Odins als german. Hauptgott verweist. Die Zeile der Vsp, wo von »F.s alten Runen« gesprochen wird, hat Nerman zum Anlaß genommen, um die häufig mehrfach auftretende Rune → (Týr-Rune) auf F. zu beziehen. Nur aus der Vsp, ohne jegliche Zwischenglieder, derartige Rückschlüsse für völkerwanderungszeitliche Inschriften ziehen zu wollen, ist zu riskant.

H. Falk, Odensheite, Kristiania 1924; J. de Vries, ARG, [3]1970.

Fimbulwinter (altnord. fimbulvetr »der Riesenwinter, der verheerende Winter«) ist bei Snorri (Gylf 50) der strenge Winter, der den Weltuntergang zu den → Ragnarök einleitet, in den Vm 44 scheint er für die Ragnarök überhaupt zu stehen. Laut Snorri war der F. eine Folge von drei Wintern, ohne Sommer dazwischen, mit Schnee von allen Himmelsrichtungen, Frost und kalten Stürmen.
Ähnliche mythologische Vorstellungen sind bei anderen Völkern zwar selten, finden sich aber auch in iranisch-manichäischen Mythen; eine Entlehnung von dort ist aber unwahrscheinlich, da gerade in Nordeuropa die Kälte als kosmische Gefahr autochthon ist. Der Versuch, den F. mit einem Klimaeinbruch an der Wende von der skandinav. Bronzezeit zur Eisenzeit um ca. 500 v. Chr. zu identifizieren (Sernander) muß als gescheitert gelten, vielmehr kann jede Folge von strengen Wintern den Anlaß zu dieser Vorstellung gegeben haben.

T. Bergeron, M. Fries, C. A. Mobeg u. F. Ström, »Fimbulvinter«, in: Fornvännen 51, 1956.

Fimmilena. Name einer Göttin in einer Inschrift von einem der Votivaltäre aus Housesteads am Hadrianswall/Nordengland, aus der Zeit nach 150 n. Chr. Der Altar wurde von Angehörigen einer in Nordengland stationierten friesischen Legion gestiftet und ist dem → Mars Thingsus und den beiden ›Alaisiagen‹ Beda und F. geweiht. Wie → Beda 2 wird auch F. am überzeugendsten zu einem altfriesischen Rechtsbegriff, dem Fimelþing, gestellt; obwohl dieses Wort selbst nicht völlig geklärt ist (»bewegliches Thing«, »Endurteil«?) wird man F. als »Herrin des Fimelþings« betrachten dürfen. Unwahrscheinlicher ist Schuttes Deutung der F. als »Göttin des Fivelgaues«.

H. Jaekel, Die Alaisiagen Bede und Fimmilene, in: ZfdPh 22, 1890; G. Schütte, Eponyme Götter und Heroen, in: ZfdA 69, 1932; S. Gutenbrunner, Die german. Götternamen, 1936; J. de Vries, ARG, [3]1970 (mit älterer Lit.).

Finnr (altnord.), Zwerg, → Fiðr.

Fjalarr (1) (altnord.) heißt ein Zwerg in der Vsp 16. Bei Snorri (Skaldsk. 1) ist er der Bruder des Zwergs → Galarr. Die beiden haben den weisen Kvasir ermordet und aus seinem Blut den → Skaldenmet gebraut. Snorri verwendet die Zwergenbrüder auch zur Erklärung der Kenning dvergar farskostr (bzw. dvergar skip) »Met«, indem er erzählt, wie der Riese Suttungr die beiden Zwerge, die seinen Vater Gillingr und seine Mutter ermordet haben, auf einer Schäre aussetzt, und wie sie sich durch die Herausgabe des Skaldenmets freikaufen. – Die Bedeutung des Namens F. ist unsicher: »der Verberger« (zu fela) würde auf einen Zwerg und auch auf F. 3 passen, jedoch nicht zu F. 2; daher wurde F. auch zu neunorweg. fjela »spähen« gestellt, welches sich aber im Altnordischen nicht in dieser Bedeutung belegen läßt. Die jüngste Erklärung (Salus u. Taylor) schließt wieder an fela an und deutet F. als »Verberger, Betrüger«, wobei festgestellt wird, daß F. nur in F. 1 als Name, sonst nur als Beiname auftritt, wodurch möglicherweise Schlauheit und Klugheit hervorgehoben werden sollen.

C. N. Gould, Dwarf-Names, in: PMLA 44, 1929; P. H. Salus u. P. B. Taylor, Eikinskjaldi, Fjalarr and Eggþér, in: Neophilologus 53, 1969; J. de Vries, Altnord. etymolog. Wörterbuch, Leiden [2]1977.

(2) (altnord.) heißt ein hellroter Hahn in der Vsp, der beim Riesen Eggþér sitzt und kräht.

(3) (altnord.) heißen in den Eddas mehrere Riesen; in den Háv 14 wird der Name als Synonym für Suttungr verwendet, im Hrbl 26 dürfte er in Zusammenhang mit dem Mythos von Skrýmir stehen, obwohl es nicht völlig sicher ist, ob hier tatsächlich ein Riese, oder aber ein Zwerg gemeint ist; in den Thulur findet sich F. jedenfalls unter den Riesennamen.

Fjölkaldr (altnord., »Sehr-Kalt«) heißt in den Fjm 6 der Großvater von Svipdagr, der sich hier Vindkaldr und Vater von Várkaldr nennt. Diese Namen sind dichterische Ausschmückung.

Fjölnir (1), Name für Odin (Grm 47, Rm 18; Gylf 2 und 19, und häufig in der Skaldendichtung), der möglicherweise als »der Viel-Wissende« aufgefaßt wurde; zur Etymologie → Fjölnir 2. Als Odinsname ist F. sicherlich erst sekundär.

W. v. Unwerth, Fiolnir, in: ANF 33, 1917.

(2), sagenhafter schwed. König (Skaldsk 40), Sohn des Yngvi-Freyr und der → Gerðr, der nach einem Fest betrunken in eine Metkufe stürzt und ertrinkt (Ynglinga saga 11); das hohe Alter dieser Erzählung ist durch eine bei Snorri zitierte Strophe des Thjóðólfr ór Hvíni, einem Skalden des 9. Jh., belegt. Die Etymologie des Namens ist umstritten, an den verschiedenen Deutungen hängen die diversen mythologischen Deutungsversuche. Die ältere Forschung (Schück, Kjaer, Krohn; wieder aufgenommen durch Sturtevant) stellte F. (aus *Fe-l-un-eR) zum altnord. Verb fela »verbergen«, deutete F. also vorwiegend als Odinsnamen: »der den Skaldenmet Verbergende«. Primär als Name des Fruchtbarkeitsgottes wurde F. von Unwerth aufgefaßt, der ihn (aus *FelduniR) zu germanisch *felþa, dt. Feld stellte, also als »Feldgottheit«. Er verband diese Deutung mit Olsens Theorie von der Identität des → Byggvir (zu altnord. bygg »Korn«, also ein »Korngeist«) mit dem finnischen Korngeist Pellon Pekko (aus *beggwu- > bygg); damit verknüpfte er die Erzählung von F.s Tod in der Metkufe, so daß nach seiner Deutung der Feld- oder Korngott sein Leben im aus dem Korn gebrauten Bier verliert. Seit Dumézil wird diese Deutung abgelehnt, da Pekko eigentlich Diminutiv zu Pietari »Peter« ist. Semantisch scheint eine andere Deutung am einleuchtendsten, nämlich F. zu altnord. fjöl- »viel-« zu stellen (Lexicon Poeticum, Naumann, Dumézil), also »der Reiche, Mächtige«, was als Emanation Freyrs gut paßt; allerdings kommen dergleichen Bildungen auf ein Adverb sonst nicht vor (de Vries). Falk hat auch F. als Abkürzung von Fjölsviðr »der sehr Weise« vorgeschlagen, was aber nur für den Odinsnamen paßt (→ Fjölnir 1).

H. Schück, Studier i Nordisk Litteratur och Religionshistoria, Stockholm 1904; H. Naumann, Altnord. Namensstudien, in: Acta Germanica N. R. 1, 1912; A. Kjaer, Nogle Stedsnavne, in: MoM, 1914; W. v. Unwerth, Fiǫlnir, in: ANF 33, 1917; F. Jónsson, Maskuline substantiver på -nir, in: ANF 35, 1919; K. Krohn, Skandinavisk Mytologi, Helsingfors 1922; H. Falk, Odensheite, Kristiania 1924; F. R. Schröder, Neuere Forschungen zur german. Altertumskunde und Religionsgeschichte III, in: GRM 17, 1929; F. Jónsson, Lexicon Poeticum, [2]1931; A. M. Sturtevant, Etymological Comments, in: PMLA 67, 1952; J. de Vries, Altgerman. Religionsgeschichte, [3]1970; G. Dumézil, From Myth to Fiction, Chicago 1973; J. de Vries, Altnord. etymolog. Wörterbuch, Leiden [2]1977.

Fjölsviðr (1) (altnord., »der sehr Weise«) heißt ein Zwerg in den Thulur.
(2) (altnord.) ist in den Grm 47 ein Odinsname, der auf Odins Stellung als weisester der Götter Bezug nimmt.
(3) (altnord., »Vielwisser«) heißt in dem jungen Eddagedicht → Svipdagsmál der (riesische?) Bewacher der Jungfrau →Menglöð, der dem Held Svipdagr Auskunft über sie sowie über verschiedene mythologische Fragen gibt; der Teil der Svm wird daher auch als Fjölsvinsmál bezeichnet. F. 3 ist sicher nicht mit F. 2, aber auch kaum mit F. 1 identisch.

Fjölsvinnsmál (Fjm, altnord., »Lied von Fjölsviðr«) heißt ein sehr junges Eddalied, das zusammen mit dem Grógaldr als → Svipdagsmál bezeichnet wird. In den 50 Strophen im Versmaß ljóðahattr erzählen die Fjm von der Brautfahrt des Helden → Svipdagr zu der auf einem von einer Waberlohe umgebenen Berg wohnenden → Menglöð, deren riesischem Bewacher → Fjölsviðr (»Vielwisser«) er unter dem Decknamen Vindkaldr zahlreiche Fragen stellt. Dabei geht es zuerst um Menglöðs Gefolgschaft und Wohnort, dann um mythologische Themen, und schließlich verkündet Fjölsviðr auch, daß Menglöð keinem Mann außer Svipdagr gehören würde. Svipdagr gibt sich daraufhin zu erkennen, und Menglöð und er begrüßen einander unter gegenseitigen Liebeserklärungen.

Fjölvarr (altnord., »der sehr Vorsichtige«) ist eine mythische Person im Hrbl 16, bei der Odin fünf Jahre verbracht habe; da der eng verwandte Name Fjölvör eine Riesin bezeichnet, könnte man in F. einen Riesen vermuten, allerdings erwähnen die Quellen nichts von einem Mythos von Odin und F.; da aber

Odins Äußerungen im Hrbl ohnehin vorwiegend darauf abzielen, Thor zu verwirren, ist es möglich, daß ein solcher Odinsmythos gar nicht existierte.

Fjölverkr (altnord., »der viel Arbeitende«) heißt ein Riese in den Thulur; die Riesen sind naturgemäß die Schwerarbeiter unter den mythologischen Wesen, was auch aus den Erzählungen und Sagen vom Riesenbaumeister hervorgeht.

Fjölvör (altnord.) heißt eine Riesin in den Thulur; der Name könnte vielleicht »die sehr Vorsichtige« bedeuten; zu anderen Deutungsmöglichkeiten → Svívör.

Fjörgyn (altnord., »Erde«) wird Thors Mutter einige Male genannt (Hrbl 56, Vsp 56), und könnte, ebenso wie → Hlóðyn nur ein anderer Name für Thors Mutter → Jörð sein, da schon Snorri F. nicht als eigene Göttin aufgefaßt hat. Allerdings fällt auf, daß F. in der Skaldendichtung nirgends vorkommt, was bei einer rein literarischen Nebenform zu Jörð zu erwarten wäre.

J. de Vries, F. en Fjörgynn, in: TNTL 50, 1931; F. R. Schröder, Erce und F., (Festschrift für K. Helm) 1951.

Fjörgynn (altnord.) ist der Vater der Göttin → Frigg, der allerdings nur bei Snorri (Skaldsk 19) und in der sehr jungen Ls 26 erwähnt wird, nicht aber in der Skaldendichtung oder in älteren mythologischen Eddaliedern. Auf Grund dieser Quellenlage ist es wahrscheinlicher, daß F. eine junge Weiterbildung zu Fjörgyn ist, aber man hat F. auch mit dem litauischen Gott Perkunas verbinden wollen. In F. aber einen alten Donnergott als Vorgänger von Thor sehen zu wollen, beansprucht die beiden Belege aus dem 12./13. Jh. für den Namen doch zu sehr.

R. Much, Der german. Himmelsgott, (Festgabe für R. Heinzel) 1898; J. Loewenthal, Zur german. Wortkunde, in: ANF 33, 1917; J. de Vries, Fjörgyn en F., in: TNTL 50, 1931; F. R. Schröder, Erce und Fjörgyn, (Festschrift für K. Helm) 1951; J. de Vries, ARG, [3]1970.

Fjörm (altnord., »die Eilige«) ist ein Fluß im Flüssekatalog der Grm 27; bei Snorri (Gylf 3 und 40) wird F. als einer der → Élivágar bezeichnet, die aus der Quelle Hvergelmir entspringen.

Fjöturlundr (altnord., »Fesselhain«) → Semnonenhain.

Fleggr (altnord.) heißt ein Riese in den Thulur. Der Name gehört entweder zu flag »Bergwand, Klippe«, weil die Riesen ja im Gebirge hausen, oder zu flagð »Unhold, Troll«.

F. Jónsson, Þulur, in: APhSc 9, 1934; J. de Vries, Altnord. etymolog. Wörterbuch, Leiden [2]1977.

(Floßhilde) ist eine der Rheintöchter in R. Wagners Opern *Das Rheingold* und *Die Götterdämmerung*; der Name ist von Wagner frei erfunden.

Fluch, Verfluchung ist die formalisierte Verwünschung und gehört damit zum Schadenzauber, allerdings ist er als Rechtsmittel (nicht zuletzt bei der Selbstverfluchung) davon deutlich zu unterscheiden. Die meisten erhaltenen F.formeln stammen nicht nur aus christlicher Zeit, sondern sind auch schon in christliches Denken eingebettet, in welchem der F. durch Gott wirkt; christlich konnte der F. zwar auch als Verdammung von Ketzern, aber in der Praxis mehr als Abwehrzauber (gegen dämonische Krankheitsursachen) angewendet werden. Allerdings sind im Althochdeutschen und Altenglischen die erhaltenen Formeln kaum von den Segen (→ Zauberspruch) zu unterscheiden. Einzig der runische Beleg aus dem 6./7. Jh. von Osthofen bei Worms: »god fura dih deofile«, möglicherweise (aber sprachlich sehr problematisch) als »Gott vor dich, Teufel« zu lesen, wäre ein echter Abwehr-F. Im Altnordischen sind deutlich mehr Belege für den F. erhalten, die ausgeformtesten Beispiele sind die F.strophen des (allerdings erst hochmittelalterlichen Eddaliedes) Skírnismál Str. 26–36, in welchem Freyrs Diener Skírnir der Riesentochter Gerðr in 11 Strophen alle möglichen Unannehmlichkeiten androht. Die F.dichtung im Þorleifs þáttr jarlaskálds (um 1300) in der Flateyjarbók könnte aber auf ältere Strophen aus dem ausgehenden 10. Jh. zurückgehen. Zweifellos alt ist dagegen der in der Grágás, der Grettis saga und der Heiðarvíga saga überlieferte sogen. Urfehdebann (isländ. Tryggðamál), der auf dem Weg der Selbstverfluchung in stabreimenden Formeln freies Geleit zusichert (→ Eid).

W. H. Vogt, Stilgeschichte, 1927; ders., F., Eid, Götter – altnordisches Recht, in: Zs. der Savigny-Stiftung für Rechtsgeschichte 57, Germanist. Abt., 1937; H. Sauer, U. Ebel, E. Meineke, F.dichtung, in: RGA 9, 1995; I. Schneider, Schadenzauber, in: RGA 26, 2004; J. McKinnell u. R. Simek (mit K. Düwel), Runes, Magic and Religion: A Sourcebook, 2004.

Fönn (altnord., »Schneewächte«) ist eine Riesin (?) in der mythischen Genealogie des Ahnherren Fornjótr in der Version von Hversu Nóregr byggðisk, wo Thorri, Mjöll, Drífa und F. die Kinder des Königs Snær sind. Da alle diese Namen Aspekte des Winters personifizieren, wäre es möglich, daß es sich dabei ursprünglich um einen Stammbaum von Reifriesen handelte.

För Skírnis → Skírnismál.

Fol → Phol.

Fólkvangr (altnord., »Feld des Volkes«; »Feld des Heeres«?) heißt der Wohnort der Göttin Freyja (Grm 14); der Name F., sicher kaum älter als die Grm selbst, wird durch die gleich darauf gegebene Erklärung verständlich gemacht, daß Freyja die Hälfte der Gefallenen (für Walhall) auswählt – Odin die andere Hälfte. Snorri hält sich in Gylf 23 eng an diese Angaben der Grm und ergänzt, daß Freyjas Saal in F. Sessrumnir heißt.

Folla → Volk, → Fulla.

Forað (altnord., »Gefahr«) heißt eine Riesin in den Thulur, was auf die Gefährlichkeit der Riesinnen, wie sie auch aus den Thorsabenteuern hervorgeht, hinweist.

Fornaldarsögur (altnord., »Vorzeit-Sagas«) nennt man die Gattung von → Sagas, deren Stoff sich mit der sagenhaften Vorzeit Skandinaviens beschäftigt, also im wesentlichen mit der Zeit vor der Besiedlung Islands. Diese im späten 13. und 14. Jh. verfaßten Sagas sind keineswegs einheitlich, einige von ihnen tragen sogar recht märchenhafte Züge, andere beschäftigen sich mit alten Heldensagen (Hrólfs saga kraka) oder mit pseudohistorischen Königsgeschichten (Skjöldunga saga). Einige der F. beruhen auf älteren Liedern, die entweder in Prosa übertragen (Völsunga saga) oder als Gerüst für die Saga verwendet wurden (Hervarar saga). Etliche der F. müssen verlorengegangen sein, wurden aber von Saxo Grammaticus in seinen lat. *Gesta Danorum* verwendet und sind uns daher dem Inhalt nach bekannt, wenn auch die Form verlorenging, da Saxo recht frei mit seinen Quellen umging.
Einige der F. bewahren neben Heldensagen auch Mythenreste und alte Genealogien und sind deswegen auch als Quelle für die german. Mythologie interessant (Hervarar saga). Aber wie bei anderen Sagas ist auch bei den F. als Quelle Vorsicht geboten, da ihre Autoren (wie die der Isländersagas), heidnische Sitten und Götter zum Teil nur als historischen Aufputz ihrer Erzählungen verwendeten.

Fornbogi (altnord., »der alte Bogen«) heißt ein Zwerg in der Vsp 13.

Fornjótr (altnord.) ist ein Ahnherr eines Geschlechts (von Riesen?) in einer sagenhaften norweg. Urgeschichte am Beginn der Orkneyinga saga (Fundinn Nóregr) und, etwas abweichend, in der Flateyjarbók (Hversu Nóregr byggðisk). Er wird zwar als König beschrieben, aus den Namen seiner Nachkommenschaft geht jedoch hervor, daß es sich um einen mythologischen Stammbaum handelt: F. hat drei Söhne, Hlér (»Meer«), Logi (»Feuer«) und Kari (»Wind«). Als Karis Sohn wird entweder Jökull (»Gletscher«) oder Frosti genannt. Nach beiden Traditionen ist Kari der Großvater von Snær (»Schnee«), der wiederum der Vater von Thorri (Name eines Wintermonats) ist. Nach der abweichenden Version in Hversu Nóregr byggðisk heißen Snærs Kinder Thorri, Fönn (»Schneewächte«), Drífa (»Schneegestöber«) und Mjöll (»Pulverschnee«). Diese winterliche Genealogie könnte darauf hinweisen, daß es sich dabei ursprünglich um einen Stammbaum der Reifriesen gehandelt hat, der erst in der hochmittelalterlichen Literatur in die Urgeschichte Norwegens eingebaut wurde; allerdings weisen die sprechenden Namen auf eine junge Erfindung hin.

Nur die Etymologie des Namens F. selbst ist problematisch und es gibt viele Erklärungsversuche: liest man forn-jótr, so wäre eine Deutung als »alter Jüte« (Grimm) oder »Urriese« (Hellquist) möglich; for-njótr ergäbe »Vorbesitzer« (Uhland) oder »Vernichter« (Jónsson); am unwahrscheinlichsten ist forn-njótr »Opfergenießer« (Noreen), während forn-þjótr »alter Brüller« (Kock) wenigstens anderen Riesennamen an Bedeutung nahesteht. Die Schreibung fior- in Handschriften des 13. und 14. Jh. legt nahe, daß F. zu dieser Zeit als »Lebensriese« (zu fjör »Leben«) aufgefaßt wurde, also möglicherweise mit dem Urriesen Ymir gleichgesetzt wurde.

Ob der altengl. Pflanzenname Fornetesfolm (zu F. und folm »Hand«) wirklich auf nordischen Einfluß zurückgeht, ist zwar unsicher, würde im positiven Fall aber auf den großen Bekanntheitsgrad dieses Riesen hinweisen.

L. Uhland, Schriften, Bd. 6, 1868; J. Grimm, Dt. Mythologie, [4]1875–78; A. Noreen, Mytiska Beståndsdelar i Ynglingatal, (Uppsalastudier til. S. Bugge) Uppsala 1892; E. Hellquist, Om F., in: ANF 19, 1903; E. A. Philippson, German. Heidentum bei den Angelsachsen, 1929; F. Jónsson, Þulur, in: APhSc 9, 1934; J. de Vries, Altnord. etymolog. Wörterbuch, Leiden [2]1977; M. Clunies-Ross, Snorri Sturluson's use of the Norse origin-legend, in: ANF 98, 1983.

Forn-Ölvir (altnord., »der alte, heidnische Ölvir«) ist ein Odinsname in den Thulur.

Forschungsgeschichte. Die F. der german. Mythologie beginnt eigentlich erst im 19. Jh., die wenigen Werke der Renaissance über die Germanen und ihre Religion (z. B. Cluver 1616, Schedius 1648) sind reine Zitatensammlungen aus klassischen Autoren und lat. Chronisten des Frühmittelalters, wobei zwischen german. und keltischer Mythologie kaum getrennt wurde. Erst Henri Mallet brachte 1756 in seinem Werk *Monumens de la mythologie et de la poesie des Celts et particulièrement des anciens Scandinaves* (1764 von Gottfried Schütze ins Deutsche übersetzt) als erster Übersetzungsproben altnord. Literatur aus der Lieder-Edda und der Snorra-Edda. Schütze war selbst ein eifriger Bewunderer des nordischen Altertums, aber mehr aus politischen als wissenschaftlichen Gründen.

Am Beginn einer umfassenden wissenschaftlichen Erforschung der german. Mythologie stehen J. Grimms *Deutsche Mythologie* (1835) und L. Uhlands *Der Mythus von Thor* (1836). Seither ist die Forschung zur german. Mythologie nicht mehr abgebrochen, wobei Grimms umfangreiche Arbeit die weitaus größere Wirkung hatte. Grimm wollte seine Mythologie unter Ausschluß der skandinavischen schreiben, hat aber dennoch eine Fülle nordischen Materials verarbeitet, so daß seine *Deutsche Mythologie* bis heute eine der wertvollsten Darstellungen der gesamtgerman. Mythologie auf Grund volkskundlicher und literarischer, kaum aber archäologischer Quellen ist. Unter den Zeitgenossen war Grimms Werk (1875–78, 4. Aufl. hg. von E. H. Meyer) weniger verbreitet als K. Simrocks *Handbuch der deutschen Mythologie* (1855), obgleich letzteres sowohl an Umfang des Materials, wie an Verlässlichkeit der Präsentation einen Rückschritt gegenüber Grimm darstellt.

Schon Uhland hatte in seiner mythologischen Untersuchung immer wieder Ansätze zu naturmythologischen Deutungen gemacht, was dann besonders in der Schule der vergleichenden Mythologie häufig zu allzu vereinfachenden Schlüssen führte. Die Vertreter dieser Schule, zu der etwa A. Kuhn und W. Schwartz zählen, stellten sich die Aufgabe der Rekonstruktion der indogerman. Religion, M. Müller sogar der Urreligion überhaupt. Diese Forschungsrichtung wurde durch die sogenannte folkloristische Mythologie abgelöst, der schon Grimm viel zu verdanken hatte und die durch W. Mannhardts *Wald- und Feldkulte* (1875) neue Anstöße erfuhr. Diese Auswertung des volkskundlichen Brauchtums für die german. Mythologie wurde bis Mitte des 20. Jh. weiter betrieben und hat der Religionswissenschaft reiches Material eröffnet; auch Sir J. G. Frazers Monumentalwerk *The Golden Bough* (1911–35) beruht auf dieser Strömung. Gegen Ende des 19. Jh. begannen sich in zunehmendem Maße die Philologen der german. Mythologie anzunehmen, wobei vor allem Sophus Bugge mit überspitzten Hypothesen über die Herkunft der german. Mythen aus christlichem und antikem Geistesgut die Frage nach der »Echtheit« german. Mythologie aufwarf. Die meisten seiner Theorien werden zwar heute abgelehnt, haben aber der kritischen Betrachtungsweise des 20. Jh. den Weg gewiesen. Bugges Thesen wurden vor allem durch E. H. Meyer vertreten, der sie mit den alten naturmythologischen Deutungen verband, was in der Folge zu ihrer Ablehnung führte.

Einen nicht zu unterschätzenden Beitrag zur Erforschung der german. Mythologie leistete E. Mogk, der mit seiner vehementen Kritik an der Verläßlichkeit der Snorra-Edda auf die Problematik der Zuverlässigkeit altnordischer Quellen hinwies; er hat mit Recht darauf hingewiesen, daß Snorris Mythographie vor allem auch Literatur ist, hat sich aber deswegen allzusehr der folkloristischen Mythologie zugewandt. Seine Bedenken sind im Ansatz noch heute gültig. Allerdings darf dabei nicht übersehen werden, daß Snorri ein gründlicher Sammler von Material war, das uns verloren ist, und eine große Kenntnis der heidnischen Mythologie besaß, auch wenn er recht frei und phantasievoll mit ihr umging.

Eine neue Quelle für die Erforschung der german. Religion erschloß der norweg. Ortsnamenforscher Magnus Olsen, der zu Beginn des 20. Jh. mit mehreren Arbeiten an die Öffentlichkeit getreten ist. Seither gelten die Ortsnamen als wichtige Quelle german. Religionsgeschichte. Allerdings liegt noch keine umfassende Darstellung vor, die etwa einer Überinterpretation des bisher untersuchten Materials begegnen könnte.

Die Stellung der Religion im Leben der Germanen, ihren Einfluß auf Kult und Sitte erforschte der dänische Religionswissenschaftler W. Grönbech, dessen Werk *Vor Folkeæt i Oldtiden* (1909–12, dt. 1937) erst eine späte Würdigung erfuhr. Die Zusammenhänge von Mythologie und Kult und die Bedeutung des Kults im Leben des einzelnen hat der Wiener O. Höfler untersucht; seine Ergebnisse haben zwar Widerspruch, aber keine Widerlegung gefunden.

Komparatistische Mythologie ganz anderer Art als die Forscher des 19. Jh. betrieb F. R. Schröder, der den außergerman. Parallelen und Bezügen nachging. Seine klaren Arbeiten widmete er der Gesamtschau von Mythen in den Religionen der indogerman. Völker. Einzelne seiner Thesen sind allerdings nicht unbedingt nachzuvollziehen. Ähnliche Wege ging der Franzose Georges Dumézil, der zusätzlich die soziokulturelle Situation der gemeinsamen Frühzeit untersuchte und so zu seiner → Drei-Funktionen-Theorie gelangte, die seit dem Zweiten Weltkrieg trotz einzelner Vorbehalte grundlegende Bedeutung gewonnen hat. De Vries hat sich in seiner *Altgermanischen Religionsgeschichte* in der 2. Auflage (1956/57) mit den Dumézilschen Gedankengängen auseinandergesetzt, auf denen auch eines der jüngsten Handbücher (Ström-Biezais) basiert. De Vries steht das große Verdienst zu, in seinen Werken immer wieder eine Synthese der bisherigen Forschung angestrebt zu haben; seine Religionsgeschichte ist das umfassendste und noch immer gültige Handbuch der german. Mythologie, auch wenn er manchmal ein wenig unkritisch mit den nordischen literarischen Quellen umgeht; de Vries kann (wie Grönbech, Schröder, Höfler) zu den Anhängern der sogenannten Sakraltheorie gezählt werden, welche vor allem durch H. Kuhn und seinen Schüler v. See heftig attackiert wurde, da letztere das Sakrale als konstitutives Grundelement der Kultur weitgehend ablehnen.

Neue Wege ist K. Hauck gegangen, der sich mit den völkerwanderungszeitlichen Bilddokumenten (vor allem Brakteaten) beschäftigt, in denen er die Darstellung german. Mythen sieht, und nachhaltig auf die bisher fast völlig vernachlässigten bildlichen Zeugnisse als Quelle german. Mythologie hingewiesen hat.

W. Golther, Handbuch der german. Mythologie, 1895; R. Batka, Altnordische Stoffe und Studien, in: Erg.-heft 2 zu Euphorion, 1896; R. M. Meyer, Altgerman. Religionsgeschichte, 1910; F. Strich, Die Mythologie in der dt. Literatur, 1910; J. de Vries, Der heutige Stand der german. Religionsforschung, in: GRM 33, 1951/52; K. Helm, Mythologie auf alten und neuen Wegen, in: PBB West 77, 1955; J. de Vries, Forschungsgeschichte der Mythologie, 1961; ders., ARG, [3]1970; M. I. Steblin-Kamenskij, Myth, Ann Arbor 1982.

Forseti (altnord., »Vorsitzender«) heißt einer der Asengötter, laut Snorri (Gylf 31, Skaldsk 5) der Sohn Balders und der Nanna; er wohnt in der Götterwohnung Glitnir (Gylf 31 nach Grm 15). In der ganzen altnord. Dichtung wird er nur in den Grm erwähnt, wo er als Gott verstanden wird, der alle Streitfälle entscheidet, daher auch sein Name: »Vorsitzender (am Thing)«; den Rest (die Verwandtschaftsverhältnisse und den Wohnort) hat wohl Snorri dazuerfunden.

Trotz der recht unergiebigen skandinav. Quellen und des sprechenden Namens braucht F. keine späte dichterische Erfindung zu sein. In der zwischen 785 und 797 von Alcuin verfaßten *Vita Sancti Willebrordi* wird nämlich erzählt, daß dieser Missionar zu Beginn des 8. Jh. auf eine zwischen Friesland und Dänemark gelegene Insel kam, die nach dem dort verehrten Gott Fositesland genannt wurde; Adam von Bremen (Gesta Hammab. Eccl. Pont. IV, 3) identifizierte diese Insel mit Helgoland, was aber kaum richtig ist. – Man hat auf Grund der Namensähnlichkeit dieses friesischen Fosite und des westnord. F. eine gemeinsame Grundform gesucht, die *Forsete oder *Forsite gelautet haben kann, welche dann im Norden durch Volksetymologie zu dem verständlicheren F. umgestaltet worden wäre. Im Oslofjord findet sich der Ortsname Forsetlund, der ebenfalls auf diesen Gott deuten könnte.

Die Hypothese, F. sei – wie bei Snorri – tatsächlich ein Rechtsgott gewesen (de Vries), krankt daran, daß bei Herleitung aus dem Friesischen die Bedeutung des nordischen Namens keine Beweiskraft mehr hat und daher auch nicht zur Stützung der auf den ersten Blick naheliegenden These herangezogen werden darf.

F. B. Hettema, Fosete, Fosite, Foste, in: TNTL 12, 1893; T. Siebs, Der Gott Fos(e)te und sein Land, in: PBB 35, 1909; J. de Vries, ARG, [3]1979.

N: E. Doepler d. J., *Forseti* (in: E. Doepler, W. Ranisch, *Walhall*, 1901).

Forve (altnord.) heißt ein Zwerg in den Thulur. Auch wenn man ein Forvé ansetzt, ist die Bedeutung unsicher: »unheiliger Ort« oder »Vorplatz eines Heiligtums«? Beides paßt schlecht als Zwergenname.

C. N. Gould, Dwarf-Names, in: PMLA 44, 1929.

Frægr (altnord., »der Berühmte«) heißt ein Zwerg in der Vsp 13.

Franangrsfors (altnord., »Wasserfall von Franangr«) ist im Prosaschluß der → Lokasenna sowie in Snorris Bericht von → Lokis Bestrafung (Gylf 49) der Wasserfall, in dem sich Loki, in einen Lachs verwandelt, vor den Asen versteckt; kein mythologischer Ort, sondern sicher erst ein Produkt der Ausgestaltung der Erzählung im 12. oder 13. Jh., falls sie überhaupt älter ist.

Frár (altnord., »der Flinke«) heißt ein Zwerg in der Vsp 13.

Fráriðr (altnord., »der Fortreitende«) ist ein Odinsname in den Thulur. Vielleicht liegt hier die Vorstellung von Odin, der als Totengott mit den Gefallenen nach Walhall reitet, zugrunde.

H. Falk, Odensheite, Kristiania 1924.

Frea (langobardisch) ist in den Geschichtswerken der Langobarden, der *Origo gentis Langobardorum* und der *Historia Langobardorum* des Paulus Diaconus, die Gemahlin des Gottes Wodan und ist also mit → Frigg identisch.

***Frēa** (angelsächs.) wäre die Entsprechung des skandinav. Gottes Freyr in Britannien, aber *F. ist im Altenglischen nie als heidnischer Gott belegt, sondern nur in der Bedeutung »Herr«, häufig sogar auf Christus bezogen.

(Freia) ist R. Wagners Version der Göttin Freyja, die er aber mit der Figur der Göttin Idun (der Hüterin der goldenen Äpfel) zu einer Gestalt verschmolzen hat; F. ist ein hoher Sopran in der Oper *Das Rheingold*.

Freitag. Der → Wochentagsname F. geht auf die gemeingerman. Übersetzung des röm. dies Veneris (»Tag der Venus«) im oder vor dem 4. Jh. n. Chr. durch »Tag der Frîja« zurück: ahd. frîatag, altengl. frīgedeag, altnord. friádagr. Ob es wirklich die Einschätzung der Frîja/Frigg als Liebesgöttin war, die zur Übersetzung von Venus geführt hat, ist ungewiß, da Friggs sexuelle Freizügigkeit sonst eher ein Charakteristikum junger Quellen zu sein scheint.

E. O. G. Turville-Petre, Myth and Religion of the North, Westport 1975; F. Kluge, Etymolog. Wörterbuch der dt. Sprache, [24]2002.

Freki (altnord., »der Gierige«) heißt laut Grm 19 und Gylf 37 einer von Odins Wölfen, der andere ist Geri. In der Vsp (44, 49, 51) ist F. dagegen ein Name für den Fenriswolf.

Freyja (altnord., »Frau, Herrin«) ist die bedeutendste Göttin der altskandinav. Mythologie und die schöne Göttin der Liebenden. Sie gehört zur Götterfamilie der Wanen, ist die Tochter von → Njörðr und seiner Schwester, und Schwester (und ursprünglich wohl auch Frau) des Freyr.

Die eddische Mythologie dichtet ihr einen Mann Oðr an (der sonst sehr selten erwähnt wird), mit dem sie die Töchter Hnoss und Gersimi gehabt habe (Gylf 34); die Namen der beiden Töchter sind synonym und bedeuten nur »Kostbarkeit«, sind damit also nur späte, dichterische Emanationen der Göttin selbst.

Snorri beschreibt (Gylf 23) sie folgendermaßen: »F. ist die berühmteste von den Göttinnen; sie wohnt im Himmel an einem Ort namens Folkvangr, und wenn sie in die Schlacht zieht, bekommt sie die Hälfte aller Gefallenen, Odin die andere« (so auch die Grm 14, die Snorri hier zitiert); »ihre Halle heißt Sessrúmnir, sie ist groß und schön. Wenn F. reist, dann sitzt sie in ihrem von Katzen gezogenen Wagen … Sie hat gerne Liebeslieder, und es ist nützlich, sie in Liebesangelegenheiten anzurufen.«

Neben dem von Katzen gezogenen Wagen sind ein Falkengewand (wie das der Frigg: Thrk 5; Skaldsk 1) und vielleicht auch der Eber Hildisvíni (Hdl 7), besonders aber das Halsband → Brísingamen ihre Attribute.

In der altnord. Dichtung ist von F. häufig die Rede; in der Thrk will der Riese → Thrymr den Hammer Mjöllnir nur dann herausgeben, wenn er F. zur Frau bekommt, in der Ls 30 wird sie der Hurerei beschuldigt, im Hdl tritt sie mit einer Riesin in einen Wettstreit, und im Odd 9 wird sie gemeinsam mit der Göttin Frigg angerufen.

Snorri betont ihre Stellung als schönste und wichtigste der Göttinnen, in den Riesenabenteuern ist sie die Vertreterin der Göttinnen, die auch für die Riesen immer wieder begehrenswert ist, nicht nur in der Thrk, sondern auch in den Geschichten vom → Riesenbaumeister und vom Riesen → Hrungnir.

Auch die Skalden des 10. Jh. nennen F. nicht selten; ein bezeichnendes Licht auf ihre repräsentative Stellung in der heidnischen Religion wirft eine Anekdote über den Skalden Hjalti Skeggjason, der am Allthing im Jahre 999 im Rahmen der Konfrontation zwischen Heidentum und Christentum einen Spottvers auf F. dichtete: »Ich mag keine bellenden Götter; F. halte ich für eine Hündin« und dafür wegen Gotteslästerung geächtet wurde (Íslendingabók 7).

F. ist ihrer Herkunft nach eine Wanin und als solche Fruchtbarkeitsgöttin. Sie ist auch die Lehrerin der Magie, die sie zu den Asen bringt (Ynglinga saga 4). Snorri erwähnt in diesem Zusammenhang, daß unter den Wanen die Geschwisterehe üblich war. Man wird daher in Freyr und F. ein göttliches Geschwisterpaar/Ehepaar annehmen dürfen; später erst, in der Gemeinschaft der Asen, findet man für F. einen Mann namens → Oðr, der einmal lange fort ist und um den sie goldene Tränen weint (Vsp 25, Hdl 47; Gylf 35), was ebenfalls schon im 10. Jh. bekannt war.

In der Skaldendichtung wird F. mit einer Reihe von Namen bezeichnet, die Snorri (Gylf 34) aufzählt: Mardöll, Hörn, Gefn, Sýr, dazu noch Vanadís. Durch diese Namen ist F. als häusliche Schutzgottheit gekennzeichnet; der Beiname Sýr weist darauf hin, daß F. wie ihr Bruder Freyr mit dem Attribut des Schweines bezeichnet wurde; im Hdl reitet sie auch auf dem Eber Hildisvíni. Ebenfalls im Hdl 10 brüstet sich F., daß ihr Schützling Óttar ihr Altäre errichtet und Opfer dargebracht hätte. Und obwohl die literarischen Quellen sonst nichts über einen Kult der F. verlauten lassen, so zeigt doch eine ganze Anzahl von skandinav. Ortsnamen, daß es eine Verehrung der F. in Schweden und Norwegen gegeben hat; norweg. Ortsnamen wie Frøihov (aus *Freyjuhof »F.s Tempel«) und schwedische wie Frövi (aus *Freyjuvé »F.s Heiligtum«) könnten auf einen öffentlichen Kult hinweisen, obwohl man für eine Schutz- und Liebesgöttin eher einen rein häuslichen Kult erwarten würde.

E. F. Halvorsen, F., in: KLNM 4, 1959; J. de Vries, ARG, [3]1970; E. O. G. Turville-Petre, Myth and Religion of the North, Westport 1975; L. Motz, The Goddess F., in: Snorrastefna 1990, hg. von Ú. Bragason, Reykjavík 1992; J. Lindow, Freyr and F., in: MeScand, 1993. → Freyr.

N: (Bild. Kunst) H. E. Freund, *Freyja* (Statue, 1821/22); N. J. O. Blommér, *Freyja sökande sin make* (Gemälde, 1852); K. Ehrenberg, *Freyas Aufnahme unter den Göttern* (Kohlezeichnung, 1881); ders., *Frigg; Freyja* (Zeichnung, 1883); E. Doepler d. J., *Freyja* (in: E. Doepler, W. Ranisch, *Walhall*, 1901); J. Doyle-Penrose, *Freyja and the Brisingamen* (Gemälde); H. Hendrich, *Freyas Garten* (Ölgemälde für die Nibelungenhalle in Königswinter, 1913); ders., *Freias Garten* (Ölgemälde für die Halle Deutscher Sagenring, 1926).

(Lit.) A. Oehlenschläger, *Frejas alter* (Lustspiel, 1818); ders., *Freias Sal* (Gedicht).

(Sonstiges) *Freyja* als Schiffsnamen tragen ein schwed. Versorgungsschiff (1953) und ein Minensucher der BRD (1966), darüber hinaus ist *Freyja* aber auch als Name von Yachten im dt. und angelsächs. Sprachraum seit dem Ende des 19. Jh. überaus beliebt.

Freyr (altnord., »Herr«) ist neben Odin und Thor der bedeutendste Gott der germanischen Mythologie.

F. ist laut Snorri der Sohn des → Njörðr mit dessen Schwester; er ist der Bruder der Freyja und nach dem Brauch der Wanen ursprünglich wohl auch deren Gemahl, bis er bei den Asen um die Riesentochter Gerðr wirbt (Skm; Gylf 36) und diese heiratet.

F. gehört das Schiff → Skíðblaðnir (Gylf 44; Skaldsk 7 u. 33) und der Eber → Gullinborsti, der (laut Snorri, Gylf 48) F.s Wagen zieht; abgesehen von Snorris märchenhaften Ausschmückungen dürften diese Attribute alt sein, da der Eber als Zeichen der

Fruchtbarkeit auch andernorts mit den Wanen und dem schwedischen Königshaus verbunden wird und eine Beziehung zur Schiffahrt andererseits ebenfalls für die Wanengötter Njörðr und F. weit zurückzuverfolgen ist.

F.s Wohnung ist → Álfheimr (Grm 5), das er schon als Zahngeschenk bekam. Snorri beschreibt F. in Gylf 23 folgendermaßen: »F. ist der vornehmste unter den Göttern; er regiert über Regen und Sonnenschein und damit über das Wachstum der Erde; es ist gut, ihn um gute Ernte und Frieden anzurufen; er wacht auch über den Reichtum der Menschen.« F. fällt zu den Ragnarök im Kampf gegen den Feuerriesen Surtr (Vsp 53; Gylf 50), wobei ihm laut Snorri sein Schwert fehlt, das er für die Werbung um Gerðr seinem Diener Skírnir geliehen hatte. Gerade an dieser Stelle wird F. »Töter des Beli« genannt, wobei uns nur Snorri (Gylf 36) berichtet, daß F. diesen sonst unbekannten Riesen mangels seines Schwertes mit einem Hirschgeweih getötet habe.

Anders beschreibt Snorri in seiner euhemeristischen Darstellung der Ynglinga saga 10 das Leben F.s: F. ist hier ein schwedischer König, der sich in Uppsala niederließ; er war mit Gerðr verheiratet, sein Sohn hieß Fjölnir. Unter seiner Herrschaft begann → Fróðis Friede, und von seinem Beinamen Yngvi leite sich der Name des Ynglingen-Geschlechts ab. Als F. starb, verheimlichte man dies den Schweden drei Jahre lang, er wurde auch nicht verbrannt, um nicht damit den Fróði-Frieden zu unterbrechen, sondern man ließ ihm Verehrung und Opfer zuteil werden.

Man hat schon seit langem erkannt, daß Fróði mit F. identisch ist, und auch die von Snorri erwähnte Affinität F.s zu Schweden steht außer Frage, wie nicht zuletzt die Kultortsnamen beweisen. Adam von Bremen berichtet vom Tempel in Uppsala und erwähnt dort Standbilder des Thor, Wodan und Fricco, mit dem sicherlich F. gemeint ist, und dessen Statue sich durch einen »mächtigen Phallus« (Adam: cum ingenti priapo) ausgezeichnet habe. Adam berichtet auch von lasziven Gesängen im Rahmen der Opfer in Uppsala, die sich in den Rahmen eines Fruchtbarkeitskultes gut einfügen.

Eine eigenartige Erzählung über die Verehrung F.s findet sich in einem Abschnitt der isländ. Flateyjarbók, wo davon erzählt wird, wie der flüchtige Gunnar Helmingr bei einer Freyspriesterin Schutz findet, die mit einem Wagen durch das Land zieht, der das Standbild des Gottes F. trägt. Gunnar nimmt bald den Platz der Statue ein und fährt so mit umher; als aber die Priesterin schwanger wird, nimmt das Volk dies als gutes Zeichen auf. – So jung diese Geschichte auch sein mag, so paßt sie zwar gut zur Umfahrt der Nerthus bei Tacitus und dem möglichen Glauben an die ernte- und fruchtbarkeitsspendende Kraft der Wanengötter, aber der Einfluß ausländischer Schwankerzählungen ist dennoch nicht auszuschließen.

Saxo berichtet von einem → Frøsblot, welches Haddingus (der gemeinsame Züge mit dem Gott Njörðr aufweist) eingeführt habe, und solche Opfer an F. sind vor allem in Schweden auch sonst in der Literatur belegt; Kultortsnamen auf F. sind besonders in Ostschweden häufig, und auch das erwähnte Opfer in Uppsala kann ein Opfer für F. gewesen sein. Zu F.s göttlichem Attribut, dem Eber, scheinen die schwedischen Könige eine besondere Beziehung gehabt zu haben, wie auch das schwedische Reichskleinod Svíagríss (ein Ring, »Schwedenferkel«) bestätigt; → Gullinborsti. Uppsala und Ostschweden überhaupt waren also das Zentrum des Kultes für den Gott F., und dieser Kult wurde besonders von den schwedischen Ynglingen-Königen getragen, die ihr Geschlecht von F. herleiteten. Überhaupt, so hat Motz nachweisen können, ist der Bezug F.s zu königlicher Macht und Reichtum ebenso stark ausgeprägt wie der zur Fruchtbarkeit, so daß man ihn am ehesten als eponymen Gott der schwedischen Könige wird ansehen dürfen.

Daß F. auch außerhalb Schwedens besondere Verehrung genoß, zeigt seine Stellung in der Schwurformel »so helfe mir F. und Njörðr und hinn almáttki áss«; bei den Opferfeiern der norweg. Jarle von Hlaðir, wurde der erste Trunk zwar Odin, die folgenden aber angeblich Njörðr und F. geweiht; allerdings ist dieser Bericht in der Hákonar saga góða 14 vermutlich nicht historisch, da erst über 200 Jahre später verfaßt. In den isländischen Quellen finden sich wiederholt Männer mit dem Beinamen Freysgoði »Priester des F.«, und selbst die Bemerkung einer jüngeren isländischen Saga, ein Verehrer des F. habe ein F.-amulett in seinem Beutel bei sich getragen (Vatnsdœla saga 10), wird durch den Fund einer kleinen wikingerzeitlichen Statuette (aus Rällinge, Schweden), die ausgeprägt phallischen Charakter hat, bestätigt. F. ist nicht nur Hauptgott der Schweden, er ist auch der mythische Ahnherr der schwedischen Königsfamilie der Ynglinge und trug den Beinamen → Yngvi, oder Yngvi-F., was dem in der Ls 43 und der Óláfs saga erwähnten Namen → Ingunarfreyr entspricht; möglicherweise ist Yngvi-F. daher auch mit dem mythischen Stammvater *Ingwaz des german. Stammes der Ingaevones zu identifizieren, aber das Problem der Verwandtschaft von F./Yngvi/*Ingwaz ist noch keineswegs völlig gelöst.

S. Bugge, Fricco, Frigg und Priapos, Kristiania 1904; E. O. G. Turville-Petre, The Cult of F., in: Proceedings of the Leeds Phil. and Lit. Soc. 3, 1935; H. Schück, Ingunar-F., in: Fornvännen 35, 1940; F. R. Schröder, Ingunar-F., 1941; W. Baetke, Yngvi und die Ynglinger, 1964; N. Å.

Nielsen, F., Ullr, and the Sparlösa Stone, in: Mediaeval Scandinavia 2, 1969; J. de Vries, ARG, [3]1970; E. O. G. Turville-Petre, Myth and Religion of the North, Westport 1975; P. Meulengracht Sørensen, F. i islændingesagaerne, in: Sakrale Navne, hg. von G. Fellows-Jensen u. B. Holmberg, Uppsala 1992; ders., F. in den Isländersagas, in: German. Religionsgeschichte. Quellen und Quellenprobleme, hg. von H. Beck, D. Ellmers u. K. Schier, Berlin/New York 1992; J. Lindow, F. and Freyja, in: MeScand, 1993; L. Motz, The King, the Champion, and the Sorcerer, 1996.

N: (Bild. Kunst) B. E. Fogelberg, *Freyr* (Gipsstatue, 1818); K. Ehrenberg, *Freyr und Gerda, Skade und Niurd* (Zeichnung, 1883); E. Burne-Jones, *Freyr* (Skizze); J. Reich, *Frey* (Aquarell, um 1900); E. Doepler d. J., *Freyr* und *Freyr und Gerd* (in: E. Doepler, W. Ranisch, *Walhall*, 1901).
(Lit.) P. O. Sundman, *Berättelsen om Såm* (Roman 1977).
(Sonstiges) *Freyr* heißt auch ein Patrouillenboot der niederländ. Marine (1954).

Friagabis. Name einer Göttin. Eine der Inschriften von den Weihealtären aus Housesteads am Hadrianswall/Nordengland (nach 150 n. Chr.) bezeichnet die Göttinnen F. und Baudihillia gemeinsam als → Alaisiagae. F. bedeutet wohl »die freundlich Spendende«.

R. Much, Baudihillia und F., (Festschrift Jellinek) 1928; S. Gutenbrunner, Die german. Götternamen, 1936.

Fricco nennt Adam von Bremen (Gesta Hammab. Eccl. Pontif. IV, 26) den im Tempel von Uppsala gemeinsam mit Thor und Wodan verehrten Gott, der dort cum ingenti priapo (»mit gewaltigem Phallus«) dargestellt gewesen sei. Mit F. ist zweifellos der Fruchtbarkeitsgott → Freyr gemeint, auch wenn die Etymologie von F. Schwierigkeiten bereitet; mit dem Namen Freyr/Frø ist F. nämlich nicht identisch, es sei denn, Adam habe ihn mit Frigg verwechselt. Wahrscheinlicher ist eine Herleitung aus einem *friðkan »Liebhaber«, dagegen ist die in der älteren Forschung beliebte Erklärung aus dem thrakischen Priapos nicht recht überzeugend.

J. Loewenthal, F., in: PBB 50, 1927; J. de Vries, ARG, [3]1970.

(Fricka) ist R. Wagners Version der Göttin Frigg in den Opern *Das Rheingold* und *Die Walküre*; wie Frigg ist F. auch bei Wagner die Frau Wotans.

Fríð (altnord., »die Hübsche«) heißt eine der Mägde Menglöðs in den Fjm 38.

Friede war für die Germanen »die Gesamtheit jener rechtlich-sittlichen Ordnungen, die ein friedliches und fruchtbares Zusammenleben in der politischen Gemeinschaft gewährleisten« (Baetke). Diese Vorstellung vom F. begegnet uns in den Quellen im Idealbild eines goldenen Zeitalters zur Zeit von → Fróðis Friede, sowie im Opfer für → ár ok friðr, das nicht nur als Opfer an den Fruchtbarkeitsgott Freyr, sondern auch in Verbindung mit dem Königsheil als religiöser und nicht nur rechtlicher Zustand zu sehen ist (→ Sakralkönigtum).

W. Baetke, Der Begriff der »Unheiligkeit«, in: PBB 66, 1942; A. Ebenbauer, Fróði und sein F., (Festgabe O. Höfler) 1976; F. Ström, År och fred, in: KLNM 20, 1976.

Frigg (altnord.) ist in der altskandinav. Mythologie die Hauptgöttin der Asen und steht unter den Göttinnen an Bedeutung nur der Wanengöttin Freyja nach.

F. ist die Frau Odins, Mutter Balders und Tochter eines sonst unbekannten → Fjörgynn (Ls 26; Skaldsk 19); ihr Wohnsitz in Asgard ist → Fensalir, ihre Dienerinnen heißen Fulla und Gná (Gylf 34, Skaldsk 19). Ihr Attribut ist das Falkenkleid (Skaldsk 18, 19). In der Snorra-Edda tritt F. vor allem im Mythos von Balder hervor, wo sie es ist, die allen Dingen auf der Welt einen Eid abnimmt, ihren Sohn → Balder zu schonen, und auf ihren Wunsch reitet Hermoðr nach Hel, um Balder auszulösen.

Als göttliches Ehepaar, das bei Konflikten der Menschen verschiedene Parteien ergreift, erscheinen F. und Odin sowohl in der Prosaeinleitung der eddischen Grm als auch in der Geschichte der Langobarden (Paulus Diaconus, *Historia Langobardorum*), wo Wodan die Wandalen, seine Frau Frea (= F.) aber die Langobarden unterstützt, die schließlich durch List siegen.

Einen anderen Mythos um F. erzählt Snorri in der Ynglinga saga 3, wo sich Odins Brüder Vili und Vé während → Odins Verbannung nicht nur seine Güter, sondern auch seine Frau F. gemeinsam angeeignet hatten; als Odin zurückkehrt, nimmt er F. wieder zu sich. Darauf spielt wohl auch die Ls 26 an, wo Loki F. beschuldigt, mit Vili und Vé geschlafen zu haben. Eine ganz andere Rolle spielt F. in einer von Saxos Versionen von Odins Verbannung (Gesta Dan. I, 25f.), wo sie, auf Odins Ruhm eifersüchtig, eine Statue von ihm zerstören läßt, indem sie sich einem Sklaven hingibt; auf Grund dieser Schande geht Odin in die Verbannung.

In altgerman. Zeit scheint F. auch außerhalb Skandinaviens bekannt gewesen zu sein: im Zweiten Merseburger Zauberspruch tritt Frîja (die ahd. Form des Namens F.) handelnd auf, und schon im 3. oder 4. Jh. wurde sie so verehrt, daß man bei den Übersetzungen des römischen Wochentagsnamens dies Veneris in ahd. frîatac, altengl. frīgedeag (dt. Freitag) Venus mit F. gleichsetzte. In Skandinavien hat man interessanterweise das südgerman. Wort frîadag übernommen (altnord. frîadagr) und nicht etwa ein eigenes *Friggjardagr gebildet; zu Mitte des 1. Jahrtausends dürfte also F. im Süden bekannter als im Norden gewesen sein.

Die Gleichsetzung der Göttin Frîja/F. mit Venus sagt auch etwas über den Charakter der F. aus, was durch die Bedeutung des Namens bestätigt wird: F. ist am sinnvollsten zu altsächs. frī, altengl. frēo »Frau«, altind. priyā »Geliebte« zu stellen. F. wäre demnach schon ursprünglich die Göttin der Frauen, der Verwandtschaft, vielleicht der Liebe. Bei dem hohen Alter der F. besteht übrigens kein Grund, sie nicht schon sehr früh als Frau Odins zu betrachten; in der Darstellung christlicher Schriftsteller hat das Götterpaar dann Züge von Zeus und Hera angenommen.

H. Jungner, Gudinnan F. och Als Härad, Uppsala 1922; ders., Om Friggproblemet, in: NoB 12, 1924; E. F. Halvorsen, F., in: KLNM 4, 1959; J. de Vries, ARG, [3]1970; L. Motz, Sisters in the Cave, in: ANF 95, 1980; St. Schaffner, Die Götternamen des Zweiten Merseburger Zauberspruchs, in: Die Sprache 41, 1999; H. Eichner u. R. Nedoma, Die Merseburger Zaubersprüche: Philologische und sprachwissenschaftliche Probleme aus heutiger Sicht, in: Die Sprache 42, 2001/02.

N: (Lit.) Vom schwed. König Gustav III. stammt ein Drama *Friggja*; H. F. Blunck, *Frau Frigg und der Doktor Faust* (in: *Märchen und Sagen*, 1937).
(Bild. Kunst) K. Ehrenberg, *Frigg, Freyja* (Zeichnung, 1883); J. C. Dollmann, *Frigga spinning the clouds* (Gemälde, ca. 1900); E. Doepler d. J., *Wodan und Frea am Himmelsfenster* (in: E. Doepler, W. Ranisch, *Walhall*, 1901); H. Thoma, *Fricka* (Zeichnung).
(Sonstiges) *Frigg* heißt auch ein Ölfeld vor der norweg. Südwestküste an der Grenze zu den brit. Hoheitsgewässern, zu dem es inzwischen neue Ölfelder namens *Nordøst Frigg, Øst Frigg* und *Sydøst Frigg* gibt.

Frîja, german. Göttin, Gemahlin Wodans, am besten in der altnord. Form → Frigg belegt, ist in südgerman. Quellen nur als langobardisch Frea und als F. im Zweiten Merseburger Zauberspruch erhalten. Die Namensform F. wird aber für das 2./4. Jh. n.Chr. durch die Übersetzungen des lat. Wochentagsnamens dies Veneris durch ahd. frîatac (→ Freitag) bestätigt.

St. Schaffner, Die Götternamen des Zweiten Merseburger Zauberspruchs, in: Die Sprache 41, 1999.

Frisavae. Name german. Matres von einer Inschrift aus Wissen bei Xanten (CIL XIII 8633), den Matribus Frisavis paternis, den »väterlichen frisiavischen Müttern«, gewidmet; diese F. wurden offensichtlich vom Volk der Frisai (auch Frisiavi, Frisaevones), einem Stamm der Friesen, verehrt.

S. Gutenbrunner, Die german. Götternamen, 1936; J. de Vries, ARG, [3]1970.

***Frô** (ahd.) ist im Althochdeutschen nur in der Bedeutung »Herr« überliefert (vgl. Fronleichnam), entspricht aber lautlich dem altnord. Freyr und wäre damit auch die ahd. Entsprechung für den Götternamen Freyr. Für einen solchen Gott *F. spricht aber nur ein holländ. Ortsnamen, Vroonloo (»F.s Wald«), was aber als Beweis für die Existenz eines *F. als südgerman. Gegenstück zu Freyr kaum ausreicht; dies um so mehr, als im Zweiten Merseburger Zauberspruch ein Gott Phol genannt wird, der mit der dort genannten Volla eine Entsprechung zum nord. Götterpaar Freyr und Freyja darstellen könnte.

F. R. Schröder, Ingunar-Freyr, 1941; J. de Vries, ARG, [3]1970.

Fróði (bei Saxo Frotho) ist ein sagenhafter dän. König aus dem Geschlecht der Skjöldungen, während dessen Herrschaft der berühmte F.-Frieden (Fróðafriðr) währte. Dieser Friede manifestierte sich in einer langen Reihe von guten Ernten, durch welche die Bauern wohlhabend wurden, in andauerndem Frieden (→ ár ok friðr) und einer solchen inneren und äußeren Sicherheit, daß niemand einen goldenen Ring, der auf der Heide von Jelling lag, wegnahm.

Der F.-Friede wird schon in Einars Skaldengedicht Vellekla (um 986) erwähnt, Details finden sich bei Snorri in der Ynglinga saga 10f. und Skaldsk 40 sowie bei Saxo (Gesta Dan. V). Nur bei Snorri (Ynglinga saga 10) wird F. mit Freyr gleichgesetzt und der Friede diesem Fruchtbarkeitsgott zugeschrieben.

Es handelt sich also um einen sagenhaften Friedenszustand, nicht unähnlich dem goldenen Zeitalter, der beispielhaft ist für den Glauben an die Verantwortlichkeit des Königs für Frieden und gute Ernten (→ Sakralkönigtum) wie für den Kult des Fruchtbarkeitsgottes (Freyr), während dessen Dauer Gottesfriede zu herrschen hatte, was Tacitus (Germ 40) auch für den Kult der Nerthus bestätigt. Wenn Snorri und Saxo die Herrschaft F.s in die Zeit des Kaisers Augustus datieren, als auch Christus geboren wurde, so handelt es sich dabei um gelehrt-christliche Harmonisierungstendenzen.

F. kommt als Gestalt der german. Heldensage wiederholt vor, als Froda im angelsächs. *Beowulf* und im *Widsith* und als fünf verschiedene Könige namens Frotho bei Saxo, wobei die sagenhistorische Stellung dieser fünf Frothos recht komplex ist. Wahrscheinlich handelte es sich dabei ursprünglich um einen einzigen mythisch-sagenhaften König, der ein Sohn von Skjöld, dem mythischen Ahnen der Skjöldungen, war (Ebenbauer).

K. Visted, Frodes Fred – Julefred, in: Norsk Folkekultur 8, 1922; K. Schier, Freys und F.s Bestattungen, (Festschrift O. Höfler 2) 1968; J. de Vries, ARG, [3]1970; A. Ebenbauer, F. und sein Friede, (Festgabe O. Höfler) 1976; F. Ström, År och fred, in: KLNM 20, 1976; N. Lukman, Frode Fredegot – Den gotiska Fravita, København 1981.

N: J. R. R. Tolkien, *The Lord of the Rings* (Roman, 1954/55).

Frø ist bei Saxo (Gesta Dan. I, 30; III, 75; VI, 185) ein Gott, dem in → Uppsala Opfer dargebracht wurden (→ Frøsblot), von denen Saxo besonders Menschenopfer hervorhebt; F. ist zweifellos mit dem Gott → Freyr identisch.

Frøsblot (»Frø-Opfer«) bei Saxo ist F. die schwed. Bezeichnung für die Opfer an den Gott Frø = Freyr in → Uppsala (Gesta Dan. I, 30); Saxo erklärt die Entstehung dieses Opfers als Sühne des → Haddingus an Frø, dem er dabei Menschenopfer darbrachte. Haddingus habe dieses Opfer jährlich wiederholt, später sei es von seinen Nachkommen fortgeführt worden. Dagegen berichten andere Quellen, daß das große Opferfest in Uppsala nur alle neun Jahre stattgefunden habe, was auch bei Saxo (Gesta Dan. VI, 185) noch durchscheinen könnte.

Was es mit der Erwähnung dunkelhäutiger Opfer (furvis hostiis) auf sich hatte, die Haddingus Frø im F. dargebracht habe, ist ungewiß.

(Froh) ist R. Wagners Version des Gottes Frô (→ Freyr) in der Oper *Das Rheingold*.

Fror (altnord., »flink«) heißt ein Zwerg in der Vsp 13.

Frosti (altnord., »Kälte, Frost«) heißt ein Zwerg in der Vsp 16 und in den Thulur.

Frostriesen → Hrímthursar.

Fruchtbarkeitskulte sind Kulte, welche die Natur oder die sie lenkenden Götter zur Erneuerung des jährlichen Wachstums und zur Erhaltung des Erntesegens bewegen sollen. Im german. Altertum sind solche F. nicht allzu reichlich belegt, um so häufiger finden sich Belege dafür im neuzeitlichen Volksbrauchtum, das auf ältere Kultformen zurückgeht.

Zu den archaischsten Vorstellungen über die Erweckung der Fruchtbarkeit gehört der → hierós gámos (oder Heilige Hochzeit) des Himmelsgottes mit der Erdmutter, welche von den Menschen symbolisch im Beilager auf dem Acker nachvollzogen werden kann, was sich im Volksbrauchtum bis in die Neuzeit erhalten hat. Schon auf Felszeichnungen aus dem 1. Jahrtausend v. Chr. sind kultische Hochzeitsszenen dargestellt, und auch der Kult der Nerthus wird überzeugend als Heilige Hochzeit gedeutet.

Die Verehrung der Wanengötter Njörðr, Freyr und Freyja und die Opfer an sie sind ebenfalls zu den Vegetationskulten zu stellen; die Bedeutung dieser → Wanen im Glauben der bäuerlichen Bevölkerung Skandinaviens wird durch die große Zahl theophorer Ortsnamen bestätigt, die auf eine beträchtliche Zahl von Kultorten im Wanenkult hinweisen. Da → Freyr in historischer Zeit als Hauptvertreter dieser Götter der dritten Funktion (nährende oder Fruchtbarkeitsfunktion; → Drei-Funktionen-Theorie) gelten kann, ist das große Opferfest in → Uppsala, das in den Schilderungen Adams und Saxos durch die lasziven Lieder und Tänze als Bestandteil eines F.s aufzufassen ist, wohl als Opfer an den Gott Freyr (vgl. → Frøsblot) zu deuten.

W. Mannhardt, Wald- und Feldkulte, [2]1904; A. W. Persson, Åkerbruksriter och hällristningar, in: Fornvännen 25, 1930; E.

Elgqvist, Studier rörande Njordkultens spridning, Lund 1952; B. Sternquist, New Light on Spring-Cults in Scandinavian Prehistory, in: Archeology 17, 1964; E. O. G. Turville-Petre, Fertility of Beast and Soil, in: Old Norse Literature and Mythology, Austin 1969; J. de Vries, ARG, [3]1970.

Fulla (altnord.) zählt Snorri zu den Asinnen (Skaldsk 1), andernorts nennt er diese Göttin jedoch als Zofe der Frigg (Skaldsk 19, Gylf 34), deren Schatulle sie trägt, deren Schuhe sie versorgt und deren Geheimnisse sie kennt; F. ist laut Snorri eine Jungfrau, die ihr Haar offen trägt und ein Goldband um die Stirne hat. Diese Erwähnung des Goldbands beruht auf einer alten Kenning für Gold, in der der Name F. vorkommt; F. wird von den Skalden auch in Kenningar für »Frau« genannt. Snorri erwähnt zwar, daß Balder der F. aus Hel einen Goldring schickte (Gylf 48), aber dies beweist nicht, daß sie eine Rolle im Baldermythos spielte, sondern nur, daß Snorri F. auf Grund der Kenningar mit Gold assoziierte (so auch Gylf 34; Skaldsk 30, 34).
Da F. schon in den Skaldengedichten des 10. Jh. vorkommt, ist sie wohl keine späte Allegorie der Fülle (zu fylli), sondern höchstwahrscheinlich mit der Göttin → Volla identisch, die im Zweiten Merseburger Zauberspruch vorkommt. Allerdings ist nicht klar, wer diese Göttin wirklich ist: eine selbständige Gottheit, oder mit Freyja identisch (was der Zauberspruch nahelegen könnte), oder mit Frigg gleichzusetzen, was aus Snorris Verbindung von F. mit Frigg vermutet werden kann; etymologisch wäre auch eine Deutung von Volla (mit → Phol als »Fohlen«) als »Stute« nicht völlig auszuschließen (Eichner).

St. Schaffner, Die Götternamen des Zweiten Merseburger Zauberspruchs, in: Die Sprache 41, 1999; H. Eichner u. R. Nedoma, Die Merseburger Zaubersprüche: Philologische und sprachwissenschaftliche Probleme aus heutiger Sicht, in: Die Sprache 42, 2001/02.

Fullangr (altnord., »lang genug«? oder Fúllangr »fauler Geruch«?) heißt ein Zwerg in den Thulur.

Fundinn (1) (altnord. »der Gefundene«) heißt ein Zwerg in der Vsp 13.
(2) (altnord.) ist vielleicht ein Odinsname in einer Kenning bei Einarr Gilsson.

Funktionen → Drei-Funktionen-Theorie.

Fylgjen (altnord. fylgjur, Sg. fylgja, auch fylgjukona) sind in der altnord. Literatur die vom Leib der Menschen losgelösten Seelenwesen. – Die F. werden nur im Traum oder von seherisch begabten Menschen wahrgenommen; sie erscheinen in Frauen- oder Tiergestalt, sind aber eine Art von Doppelgänger des Menschen, die statt seiner agieren oder als ominöse Vorzeichen auftreten können.
Obwohl die F. im nordischen Heidentum der einzige Hinweis auf den Glauben an eine Art von

→ Seele sind, unterscheiden sie sich doch entschieden von der christlichen Seelenvorstellung, da sie den Menschen beim → Tod verlassen und zu selbständigen Wesen werden; allerdings können F. auf Verwandte übergehen, so daß eine bestimmte Beziehung der F. zur Familie angenommen werden muß.
Man hat die F. als sowohl mit den römischen Genien als auch mit den Schutzengeln verwandte Schutzgeister aufgefaßt. Sie sind aber mehr als diese mit dem Schicksalsglauben verbunden und stehen damit mit dem personifizierten Glück der Menschen, den → Hamingjen, in Verbindung.
Das Wort fylgja wird naheliegend zum altnord. Verbum fylgja »folgen« gestellt, bedeutet dann also eigentlich »Folgegeist«. Ein Zusammenhang mit fulga »Haut, Decke; Geburtshaut« und fylgja »Nachgeburt« ist aber nicht völlig von der Hand zu weisen.

M. Rieger, Über den nord. F.-glauben, in: ZfdA 42, 1898; I. Blum, Die Schutzgeister in der altnord. Literatur, 1912; E. O. G. Turville-Petre, Liggja fylgjur þínar til Íslands, in: Saga-Book 12, 1937–45; H. R. Ellis, The Road to Hel, Cambridge 1943; F. Ström, Fylgja, in: KLNM 5, 1960; E. Mundal, Fylgjemotiva i norrøn litteratur, Oslo 1974; D. Strombäck, The Concept of Soul in Nordic Tradition, in: Arv 31, 1975; Å. V. Ström u. H. Biezais, German. und balt. Religion, 1975; E. Mundal, Supernatural Beings 3. Fylgja 4. Norns, in: MeScand, 1993.

Fyrnir (altnord., »der Alte«) heißt ein Riese in den Thulur.

G

Gabiae. Matronenname. Den Matronis Gabiabus sind mindestens 10 bekannte Weihesteine gewidmet, wovon vier aus Rövenich bei Euskirchen stammen, wo möglicherweise ein Kultzentrum anzusetzen ist. Der Name bedeutet »die Gebenden« und hat in der altskandinav. Mythologie ein Gegenstück in der Göttin Gefjon. Auf zwei Inschriften, die die G. nennen, ist Matronis durch Iunonibus ersetzt; dies wird durch die Verbindung von Matronae und Iunones auf norditalien. Inschriften erhellt, so daß Iunones entweder ein Synonym für Matronae oder eine Untergruppe von Matronen sein kann. Auffällig ist, daß von allen german. Matronen nur die G. als Iunones bezeichnet werden, was aber als Eigenart eines Steinmetzen erklärt werden könnte; die Stifter sind nicht identisch.

R. Much, Der german. Himmelsgott, (Festgabe für R. Heinzel) 1898; S. Gutenbrunner, Die german. Götternamen, 1936; J. de Vries, ARG, [3]1970.

Gagnráðr (altnord., »der Entgegen-Rater«) nennt sich Odin in seinem Wissenswettstreit mit dem Riesen Vafthrudnir in den eddischen Vm. G. bedeutet ganz frei übersetzt also vielleicht »Streitgegner«. In den Thulur wird der Name als Gangráðr wiedergegeben, was wahrscheinlich, auch im Hinblick auf einen Odinsnamen wie Gangleri, das Richtigere sein könnte und dann etwa »der Wegkundige« bedeutet.

H. Falk, Odensheite, Kristiania 1924.

Galarr (1) (altnord., »Schreier«) heißt bei Snorri (Skaldsk 1) einer der beiden Zwerge (→ Fjalarr), die den weisen Kvasir töteten, sein Blut auffingen, mit Honig vermischten und daraus den → Skaldenmet bereiteten. Snorri verwendet die Zwergenbrüder G. und Fjalarr auch zur Erklärung der Kenning dvergar farskostr (identisch mit der uns aus dem 10. Jh. überlieferten Kenning dverga skip), indem er erzählt, wie die beiden Zwerge den Riesen Gillingr und seine Frau ermorden, worauf deren Sohn Suttungr die Zwerge auf einer Schäre aussetzt, wovon sie sich erst durch die Herausgabe des Skaldenmets (metaphorisch also des Schiffs, da es sie von der Schäre zurückbefördert) freikaufen müssen. Ob diese Erklärung der Kenning wirklich auf einer älteren Mythe beruht, ist zweifelhaft, die Zwergennamen sind sicherlich erst Snorris Zutat.
(2) (altnord.) findet sich auch als Name eines Riesen, aber nur in den Thulur.

galdr (altnord., eig. »Zaubergesang«, im weiteren Sinn: »Zauberei«) war ein Bestandteil der altskandinav. Zauberpraktiken (seiðr). Ausführlich berichtet die Eireks saga rauða 4 vom Absingen eines solchen g. (genannt Varðlokkur) durch eine Frau (nicht die Seherin selbst) bei einer Wahrsagesitzung in Grönland. Der Wortlaut eines g. ist nicht überliefert, die vermutliche Form aber geht aus der Bezeichnung galdralag für eine Strophe mit besonders strikten Stabreimbindungen und betont parallelistischem Versaufbau hervor (Snorri, Háttatal 101). Daß der g. gesungen (und nicht gesprochen) wurde, dafür spricht die Verwandtschaft des Wortes mit dem Verb galan »singen, zwitschern«, auch wenn einige unserer mittelalterlichen Quellen vom g. wie von einem gemurmelten Zauberspruch (z. B. Grettis saga 79) sprechen.

I. Lindquist, Galarar, Göteborg 1923; J. de Vries, ARG, [3]1970.

Gallehus-Hörner. Die beiden goldenen Hörner wurden 1639 und 1734 bei Gallehus in Schleswig gefunden, jedoch 1802 aus dem Museum in Kopenhagen gestohlen und eingeschmolzen. Für die reiche Bilddekoration der G. ist man daher auf alte Zeichnungen angewiesen. Die Hörner stammen vom Beginn der Völkerwanderungszeit (Anfang 5. Jh.); die bildlichen Darstellungen von Menschen, Tieren und symbolischen Zeichen weisen zwar auf keltischen, vielleicht auch südosteuropäischen Einfluß, die G. werden aber durch den runischen Herstellervermerk auf einem der Hörner eindeutig als germanisch gekennzeichnet: »Ich, Hlewagast Holtssohn, habe das Horn gemacht« (Ek Hlewagastir Holtijar horna tawido). Die Deutung der Bildszenen auf den beiden G. – deren ursprüngliche Funktion übrigens auch nicht sicher feststeht (→ Horn) – ist bis jetzt nicht gelungen, die Identifikation mit german. Göttern und Kulthandlungen bleibt sehr hypothetisch.

W. Hartner, Die Goldhörner von Gallehus, 1969; J. de Vries, ARG, [3]1970.

Gamaleda. Name einer möglicherweise german. Göttin auf einer Inschrift eines Weihesteines aus Maastricht, gewidmet Ammacae sive Gamaledae (CIL XIII 3615); vgl. altnord. gamall »alt«?

S. Gutenbrunner, Die german. Götternamen, 1936.

gambanteinn (altnord., »Zauberzweig«) ist ein eigenartiger Zaubergegenstand, mit dem Skírnir (in den Skm) die Gerðr bezaubert, und den Odin (Hrbl 20) vom Riesen Hlébarðr bekam, den er dafür um den Verstand brachte. Nach diesen Quellen scheint es sich um einen Zauberstab gehandelt zu haben, die Bedeutung des Wortes gamban- könnte aber auf eine Art Wünschelrute hinweisen.

A. G. v. Hamel, G., in: Neophilologus 17, 1932; A. M. Sturtevant, Three Old Norse Words, in: SS 28, 1956; J. de Vries, ARG, [3]1970.

Gambara ist in den Quellen zur Langobardengeschichte (Origo u. Paulus Diaconus I, 3 u. 7) die Mutter der sagenhaften langobardischen Führer Ybor und Ajo. G., so wird erzählt, habe bei der Göttin Freyja den Sieg der Langobarden über die Wandalen erwirkt. Bei Saxo (VIII, 284) erscheint G. in der Form Gambaruc als Mutter von Ebbo und Aggo in einem Nachhall der langobardischen Auswanderungssage.

G. wurde auf Grund ihres Namens (aus *Gand-bera »Stabträgerin«) als Seherin gedeutet (Strömbäck), die Langobardengeschichte erwähnt eine solche Funktion der G. allerdings nicht.

D. Strömbäck, Sejd, Uppsala 1935; Å. V. Ström u. H. Biezais, German. und baltische Religion, 1975.

Gandálfr (altnord., »der zauberkundige Albe«) heißt ein Zwerg in der Vsp 12 und in den Thulur, obwohl G. eigentlich ein Elfenname (→ Alben, → Zwerge) ist.

N: Literarisch hat ihn J. R. R. Tolkien als odinische Führerfigur in seinen Romanen *The Hobbit* (1937) und *The Lord of the Rings* (1954/55) berühmt gemacht.

gandr (altnord.) ist auch in der Bedeutung »Zauber; Zauberstab« belegt, dürfte ursprünglich aber eher den »(helfenden) Geist« bei magischen Handlungen bezeichnet haben, worauf noch das Wort göndul (→ Göndul) und das Element -gandr in den Ungeheuernamen → Jörmungandr und → Vanagandr hinweisen.

C. Tolley, Vǫrðr and Gandr: Helping Spirits in Norse Magic, in: ANF 110, 1995.

Gangláti (altnord., »der Langsame«) heißt der Knecht der Unterweltsgöttin Hel in Snorris allegorisierender Beschreibung ihrer Wohnung (Gylf 33).

Gangleri (altnord., »der vom Gehen Müde«?) ist ein Beiname Odins in den Grm 46 und den Thulur. Snorri nennt auch den zu den Göttern kommenden Gylfi G. (Gylf 2), der aber sicher nicht mit Odin identisch ist. Der Name G. steht zweifellos mit der häufigen Rolle Odins als einsamer Wanderer in Zusammenhang.

Ganglöt (altnord., »die Langsame«) heißt in Snorris allegorisierender Beschreibung der Wohnung der Göttin Hel deren Magd (Gylf 33).

Gangr (altnord., »Gang«) heißt ein Riese, der laut Snorri (Skaldsk 1) der Bruder von Thjazi und Iði und damit der Sohn von Ölvaldi war. Ölvaldi teilte seinen Besitz so auf, daß jeder seiner Söhne als Erbschaft sich einen Mund voll Gold nehmen durfte; daher heiße das Gold auch »Mundvoll G.s oder Iðis oder Thjazis«; da G. tatsächlich in einigen Kenningar für Gold vorkommt, dürfte weder diese Verwandtschaft noch der Mythenrest (?) erst durch Snorri erfunden worden sein.

Gangráðr (altnord.), Odinsname, → Gagnráðr.

Ganna ist der Name einer german. → Seherin aus dem Stamm der Semnonen, die gegen Ende des 1. Jh. n. Chr. tätig war. Wie ihre Vorgängerin → Veleda dürfte auch die jungfräuliche G. politischen Einfluß ausgeübt haben, da ihr selbst der römische Kaiser Domitian seinen Respekt erwies, als sie im Gefolge des semnonischen Königs Masyas nach Rom kam (Cassius Dio, Historia Romana 67,5).
Der Name G. wird meist als mit altnord. gandr »Zauberstab« zusammenhängend gedeutet und hängt demnach (wie bei der Seherin Waluburg) direkt mit den Insignien ihres Berufs zusammen.

E. Schröder, Walburg, die Sibylle, in: ARW 19, 1916–19; H. Volkmann, German. Seherinnen in römischen Diensten, 1964; J. de Vries, ARG, ³1970.

N: (Lit.) F. de la Motte Fouqué, *Welleda und Ganna* (Roman, 1818).

Gantunae. Matronenname, der nur einmal auf einer den Gantuni[s] Flossia Pat[e]rna gewidmeten Kölner Inschrift (CIL XIII 8218) erwähnt wird. Wahrscheinlich zu german. *ganta »Gans«, also die »Gänsegöttinnen«. Allerdings ist der Kult der Wasservögel im keltischen Bereich wesentlich verbreiteter als bei den Germanen, dennoch dürfte es dabei zu synkretistischen Erscheinungen gekommen sein, da die Verbindung von Gans und german. Gottheiten auch von dem Mars Thingsus geweihten Stein aus Housesteads her belegt ist.

S. Gutenbrunner, Die german. Götternamen, 1936; E. Krüger, Das Tierfries-Beschlagstück aus dem Moorfund von Thorsberg, in: Prähistorische Zs. 34/35,2, 1949/50.

Gapt wird in der Gotengeschichte des Jordanes als göttlich verehrter Ahnherr der Könige des Amalergeschlechts angeführt. Bei der Erklärung des Namens gilt allgemein, daß G. hier für Gaut verschrieben ist, welches mit dem altnord. Odinsnamen → Gautr, angelsächs. Geat, zu verbinden ist.

H. Birkhan, G. und Gaut, in: ZfdA 94, 1965; J. de Vries, ARG, [3]1970.

Garmangabis. Name einer german. Göttin auf einer Weiheinschrift von Lanchester bei Durham/Nordengland aus der Zeit zwischen 238–244 n. Chr.; der Weihestein wurde von dort stationierten Sueben gestiftet. G. bedeutet entweder »die reichlich Spendende« (vgl. Friagabis), oder vielleicht »die germanische Gabis«.

T. v. Grienberger, Dea G., in: ZfdA 38, 1894; F. Kauffmann, Mythol. Zeugnisse aus röm. Inschriften. 6. Dea G., in: PBB 20, 1895; S. Gutenbrunner, Die german. Götternamen, 1936; J. de Vries, ARG, [3]1970.

Garmr (altnord.) heißt ein mythologischer Hund (Grm 44), der in der Endzeitvision der Vsp vor der → Gnipahellir angekettet ist und heult (Vsp 44, 49, 58), von dem wir nur den Namen kennen. Snorri läßt ihn zu den Ragnarök gegen Týr kämpfen, wobei beide den Tod finden, aber dies dürfte erst Snorris Zutat sein. G. mit dem namenlosen Höllenhund in Bdr gleichzusetzen, wie es häufig geschieht, entbehrt jeder Grundlage, dagegen ist es möglich, im Hund G. eine andere Bezeichnung für den Fenriswolf zu sehen, wofür die Fesseln sprechen. Daß G. jedoch eine bekannte Gestalt der nord. Mythologie war, beweisen zahlreiche Kenningar.

S. Nordal, Vsp, 1980.

N: K. Ehrenberg, *Loki und Sigyn, Hel mit dem Hunde Garm*, (Zeichnung, 1883).

Gastropnir (altnord.) heißt der Lehmwall um Menglöðs Wohnung in den Fjm 12; der Name ist nicht befriedigend geklärt.

Gausus → Gautr.

Gaut ist wohl statt des in der handschriftlichen Form → Gapt überlieferten gotischen Götternamens zu lesen, der höchst wahrscheinlich zum altnord. Odinsnamen → Gautr zu stellen ist.

Gautatýr (altnord., »Göten-Gott«) ist ein Odinsname bei Eyvindr Finnsson: Hákonarmál 1 (ca. 961) und stellt eine Erweiterung des Odinsnamens → Gautr nach dem Muster von Hroptr und Hroptatýr dar; → Sigtýr.

H. Kuhn, Rund um die Vsp, (Festschrift de Boor) 1971.

Gauti → Gautr.

Gautr und **Gauti** (altnord., »Götländer«) sind häufig belegte Odinsbeinamen, die auch als männliche Personennamen vorkommen. Der Name G. findet sich in der Form Gapt/Gaut auch als mythischer Ahne der Langobarden, als Geat in den Stammtafeln angelsächs. Königshäuser und als Gausus im langobardischen Edictus Rothari. Er ist somit als eponymer Ahnherr der Goten zu betrachten, der vielleicht schon in der gemeinsamen skandinav. Heimat der german. Stämme mit Odin identifiziert worden war, was erklären könnte, weshalb er weithin so als Stammvater verehrt wurde.

H. Falk, Odensheite, Kristiania 1924; J. de Vries, ARG, [3]1970.

Gavadiae. Matronenname. Diesen Matronis Gavadiabus sind Inschriften auf Weihesteinen aus der Zeit um 200 n. Chr. aus Jülich (sechs) und Mönchengladbach (zwei) gewidmet. Der Name ist etymologisch wohl mit got. wadi »Pfand«, gawadjon »verloben« zu verbinden; diese Matronen sind also entweder Ehestifterinnen oder Göttinnen, welche über Gelübde und Eide wachen.

S. Gutenbrunner, Die german. Götternamen, 1936; J. de Vries, ARG, [3]1970; M. Clauss, Neue Inschriften im Rheinischen Landesmuseum Bonn, in: Epigraphische Studien 11, 1976.

Gavasiae. Matronenname. Den Matronis Gavasiabus ist eine Inschrift aus Thorr bei Köln gewidmet (CIL XIII 12067). Falls die G. nicht mit den Gavadiae identisch sind, könnte man den Namen mit got. gawasjan »bekleiden« in Verbindung bringen: dies wäre semantisch insofern zu begründen, als sich auf Votivaltären häufig Matronen mit Windeln abgebildet finden, was auf ihre Funktion als Geburtshelferinnen hindeutet.

S. Gutenbrunner, Die german. Götternamen, 1936.

Geat (angelsächs. Göttername) scheint in den Stammtafeln der angelsächs. Königshäuser als mythologischer Vorfahr Vôdens (= Odins) auf und wird meist ausdrücklich als Gott (quem Getam jam dudum pagani pro deo venerabantur), bei Nennius als Sohn Gottes bezeichnet. – G. ist lautlich eine Entsprechung des gotischen Gapt, welcher bei Jordanes (Getica 14) als Stammvater der Amaler genannt wird, sowie des altnord. Odinsnamens Gautr (Grm 54) und des Stammvaters der Gauten und heros eponymos der Insel Gautland (d. i. Götland) in der Ynglinga saga 34.
G. steht also in enger Verbindung mit Odin und ist zumindest in der skandinav. Mythologie mit Odin gleichgesetzt worden, bei den Angelsachsen und Goten dagegen wurde diese Identifizierung nicht vollzogen. Hier fungiert G. nur als mythischer Stammvater des Gautenvolks, von dem sich die verschiedenen Königsgeschlechter herleiten.

J. Grimm, Dt. Mythologie, [4]1875–78; E. Hackenberg, Die Stammtafeln der angelsächs. Königreiche, 1918; E. A. Philippson, German. Heidentum bei den Angelsachsen, 1929; K. Sisam, Anglo-Saxon Royal Genealogies, in: Proceedings of the British Academy 39, 1953.

Gefjon (auch Gefjun, altnord.) ist eine skandinav. Göttin, von der Snorri (Ynglinga saga 5, Gylf 1) erzählt: Während → Odins Einwanderung nach Skandinavien hielt er sich unterwegs in Odensø (Odense) auf Fünen auf, und sandte G. auf Landsuche nach Norden. Der schwed. König Gylfi gibt ihr dort Land zum Pflügen, und sie verwandelt ihre vier Söhne, die sie mit einem Riesen hatte, in Stiere; diese spannt sie vor einen Pflug und pflügt so Seeland von Schweden los. Snorri setzt hinzu, daß Seeland vorher an der Stelle lag, wo jetzt der Mälarsee in Schweden ist, und daß später Odins Sohn Skjöldr G. zur Frau nahm und sie zusammen in → Lejre lebten.

Snorris Erwähnung des Mälarsees ist sicher sekundär, ursprünglich handelte es sich hier um eine ätiologische Sage von der Entstehung des Öresunds zwischen Schonen und Seeland, welche Snorri mit der Erwähnung von G. und Gylfi in Bragis Ragnarsdrápa 13 (9. Jh.) verband, wo aber nicht unbedingt dieselbe Sage angesprochen wird.

Die ältere Forschung hat G. meist als Namen für Freyja (oder auch Frigg) angesehen, weil in der Ls 20 Loki der G. vorwirft, sie habe sich einem »weißen Jüngling« um eines Geschenkes willen hingegeben; das Zeugnis der Ls ist aber zu jung und der Vorwurf zu stereotyp, um irgendeine Aussagekraft zu haben. Dennoch wird man G., wenn sie auch nicht mit Freyja zu identifizieren ist, schon auf Grund ihres Namens (»die Gebende«) zu den Fruchtbarkeits- und Schutzgöttinnen stellen können, die den Großteil der german. Göttinnen ausmachen.

A. Olrik, Gefion, in: DS, 1910; R. C. Boer, Gylfes mellemværende med Aserne, (Festskrift t. H. Pipping) Helsingfors 1924; F. Genzmer, Die Gefjonstrophe, in: PBB 51, 1932; A. Holtsmark, Gevjons plog, in: MoM, 1944; A. M. Sturtevant, Regarding the Old Norse Name G., in: SS 24, 1952; N. Lukman, Gefion, in: KLNM 5, 1960; V. Kiil, Gevjonmyten og Ragnarsdrapa, in: MoM, 1965; J. de Vries, ARG, [3]1970; M. Clunies-Ross, The myth of G. and Gylfi and its function in Snorra-Edda and Heimskringla, in: ANF 93, 1978; W. Heizmann, G.: Metamorphosen einer Göttin, (Mythological Women. Studies L. Motz), 2002.

N: Eine Statue der G. trägt der G.-Brunnen in Kopenhagen.

Gefn (altnord., »Geberin«) ist laut Snorri (Gylf 34, Skaldsk 35) ein Name für die Göttin Freyja, welcher auch einige Male in der Skaldendichtung vorkommt. Falls es sich nicht ursprünglich um eine eigenständige Schutzgöttin gehandelt hat, bezeichnet der Name wie andere Beinamen die Freyja als eine Göttin der Fülle.

Geirahöd ist der Name einer → Walküre, der sich in den Grm 36 in einigen Eddahandschriften statt Geirönul findet. Wie zahlreiche andere Walkürennamen ist G. eigentlich ein Synonym für »Kampf« (zu altnord. geirr »Speer« und höð »Kampf«).

Geiravör ist der Name einer → Walküre in den Thulur; der zweite Teil des Namens ist entweder identisch mit der Göttin → Vör, also »Speergöttin«, oder mit dem häufigen Wortbestandteil -vör in Personennamen wie Geirvör und Hervör.

F. Jónsson, Lexicon Poeticum, Kopenhagen ²1966.

Geirdriful (altnord., »Speerschleuderin«) ist der Name einer → Walküre in den Thulur.

Geirlöðnir (altnord., »der zum Speerkampf Einladende«) ist ein Odinsname in den Thulur und verweist auf Odins charakteristische Waffe, den Speer → Gungnir.

Geirölnir ist ein Name Odins in den Thulur und stammt vielleicht aus *Geirönlir, bedeutet dann also wie der Walkürenname → Geirönul »der mit dem Speer Vorwärtsstürmende«. Allerdings findet sich Ölnir auch allein als Zwergenname.

H. Falk, Odensheite, Kristiania 1924; F. Jónsson, Gudenavne – dyrenavne, in: ANF 35, 1919; ders., Lexicon Poeticum, Kopenhagen 1966; J. de Vries, Altnord. etymolog. Wörterbuch, Leiden ²1977.

Geiröndull → Geirönul.

Geirönul, Geirrönul, Geirrömul, Geirölul sind verschiedene Schreibformen des Namens einer → Walküre in den Grm 36. Ob ein Zusammenhang mit dem Odinsnamen Geirölnir und dem Zwergennamen Ölnir besteht, und was der zweite Wortteil bedeutet, ist unsicher. Möglich wäre »die mit dem Speer Vorwärtsstürmende« (zu altnord. ana), bei Geirölul könnte man aber auch an das magische Runenwort alu denken.

F. Jónsson, Gudenavne – dyrenavne, in: ANF 35, 1919; ders., Lexicon Poeticum, Kopenhagen ²1966; J. de Vries, Altnord. etymolog. Wörterbuch, Leiden ²1977.

Geirroðr (altnord.) ist der Protagonist der Rahmenhandlung des Eddaliedes Grm (2, 51) und zweifellos eine literarische, keine mythologische Gestalt; der noch jüngere Prosarahmen der → Grímnismál nennt diesen König einen Sohn von Hrauðungr und stellt ihm einen Bruder Agnarr zur Seite; im Gedicht selbst wird aber nur ein Agnarr genannt, und dieser ist G.s Sohn.

M. Clunies-Ross, An Interpretation of the Myth of Þórr's Encounter with Geirrøðr and his daughters, in: Speculum Norrœnum. Studies G. Turville-Petre, Odense 1981.

Geirröðargarð (altnord., »Geirröðs Hof«) ist der Wohnort des Riesen → Geirröðr in Jötunheim.

Thors Fahrt nach G. und sein Kampf mit Geirröðr werden ausführlich in der Thórsdrápa des Skalden Eilífr Goðrunarson vom Ende des 10. Jh., sowie im Anschluß daran von Snorri (Skaldsk 18) beschrieben: Geirröðr hatte Loki gefangengenommen, in eine Kiste gesperrt und ihn nur unter der Bedingung freigelassen, daß er Thor ohne seinen Hammer, Kraftgürtel und Eisenhandschuh nach G. bringe. Thor macht sich auf die Reise, wobei er in der Thórsdrápa von Thjálfi, bei Snorri dagegen von Loki begleitet wird. Thor kehrt am Weg bei der Riesin Gríðr ein, die ihm ihren Kraftgürtel, Eisenhandschuh und den Zauberstab Gríðarvölr mitgibt. Er kommt dann an den Fluß Vimur, der bei der Überquerung immer mehr anschwillt. Als Thor bemerkt, daß der Grund dafür die Riesentochter Gjálp ist, die flußaufwärts über dem Fluß steht und ihr Wasser läßt, ergreift er einen Stein, den er nach ihr wirft, um den Fluß »an der Quelle zu dämmen«; schließlich überquert er den Fluß mit Hilfe des stützenden Zauberstabs und kommt zu Geirröðr. Dort untergebracht, läßt er sich auf einen Stuhl nieder, der aber von den Riesentöchtern Gjálp und Greip in die Höhe gestemmt wird, in der Absicht, den Gott an der Decke zu erdrücken; dieser aber stemmt sich mit dem Stab gegen die Decke und bricht damit den Riesinnen den Rücken. Geirröðr fordert dann Thor zu einem sportlichen Kräftemessen heraus, wobei der Riese durchbohrt und getötet wird.

Die Folge dieser Kämpfe findet sich auch bei Saxo (VIII, 290) beschrieben, wo der sagenhafte Herrscher Geruthus (Geirröðr) mit durchbohrtem Leib, seine drei (statt wie bei Snorri zwei) Töchter mit gebrochenem Rükken geschildert werden. Sonst ist von diesem Mythos bei Saxo nicht mehr viel zu finden, seine Darstellung ist dafür stark von Elementen der christlich-mittelalterlichen Visionsliteratur durchsetzt. G. wird bei ihm sicher mit der Unterwelt identifiziert, während es im ursprünglichen Mythos, soweit noch zu erkennen, ein Teil → Útgarðs war.

In spätmittelalterlicher märchenhafter Umgestaltung ist Thors Fahrt nach G. auch in der Thorsteins saga bæjarmagns (14. Jh.) zu finden, wo Thor durch einen Norweger namens Thorstein ersetzt ist.

Aber auch schon bei Eilífr und bei Snorri sind in dieser mythologischen Erzählung vielleicht zwei ältere Mythen zu einem verschmolzen: Thors Kampf mit Geirröðr einerseits, die eher schwankhaften Abenteuer mit den Riesentöchtern andererseits.

R. Simek, Elusive Elysia, or: Which Way to Glæsisvellir? On the Geography of the North in Icelandic Legendary Fiction, in: Sagnaskemmtun, (Studies in Honour of Hermann Pálsson) 1986.

N: E. Doepler d. J., *Thor durchquert den Wimurfluß* (in: E. Doepler, W. Ranisch, *Walhall*, 1901).

Geirröðr (altnord., »Speer-Schutz«) heißt ein Riese, der in der mythologischen Erzählung von Thors Fahrt nach → Geirröðargarð Thors Gegner ist; auch in verschiedenen Kennin-

gar der Skaldendichtung und in den Thulur wird der Riese aus diesem offensichtlich gut bekannten Mythos genannt.
Snorri erzählt, wobei er der Thórsdrápa des Skalden Eilífr folgt, wie G. Thor zu einem sportlichen Kräftemessen herausfordert und ihm ein rotglühendes Eisenstück zuwirft, das Thor jedoch mit seinem Eisenhandschuh, den er von der Riesin Gríðr bekommen hat, in der Luft auffängt, und es mit solcher Kraft nach G., der sich hinter einer eisernen Säule versteckt hat, wirft, daß es die Säule, den Riesen und die Wand durchschlägt, bevor es draußen im Boden stekkenbleibt.
Um denselben Riesen G. dürfte es sich bei Saxos Geruthus (8, 286ff.) handeln, dem Herrscher über ein sagenhaftes Reich nordöstlich von Skandinavien, in das der Sagenheld Thorkillus eine Reise unternimmt; als die Expedition schließlich mit Hilfe → Guðmunds, G.s menschenfreundlichem Bruder, den grauenerregenden Palast des Geruthus erreicht, sehen die Reisenden G. mit durchbohrtem Körper (da Thor ihn mit dem Eisenstück durchschlug), flankiert von drei Frauen mit gebrochenem Rücken; in ihnen sind deutlich G.s Töchter, von denen Snorri in Skaldsk 18 allerdings nur zwei (Gjálp und Greip) erwähnt, zu erkennen.
In der aus dem 14. Jh. stammenden Thorsteins saga bæjarmagns sind G. und Guðmundr die Beherrscher aneinandergrenzender sagenhafter Königreiche, wobei G.s Volk als dunkel und übel, Guðmunds dagegen als hell und freundlich beschrieben wird; hier zeigen sich Züge einer spätmittelalterlichen isländischen Jenseitstopographie, die auf den populären christlichen Vorstellungen der Visionsliteratur beruht und die in der späten isländischen Literatur in die nordische Sagengeographie eingebaut und immer weiter ausgestaltet wurde, wobei dann nur mehr geringe Reste des Weltbilds der german. Mythologie erhalten blieben.

P. Herrmann, Die Heldensagen des Saxo Grammaticus, 1922; E. Mogk, Die Überlieferungen von Thors Kampf mit dem Riesen Geirröð, (Festskrift Pipping) 1924; H. R. Ellis, The Road to Hel, Cambridge 1943.

Geirrölul → Geirönul.

Geirskögull (altnord., »Speerkampf«) ist wiederholt als Name einer → Walküre belegt (Vsp 30, Thulur) und gehört entweder zu altnord. skögull »Kampf« oder zum Walkürennamen Skögull.

Geirstaðaálfr (altnord., »der Albe von Geirstad«) war laut Snorris Heimskringla (Ynglinga saga 48 und 49) ein posthumer Beiname des sagenhaften Königs Óláfr Guðrøðarson, welcher in Geirstad begraben lag, wo ihm die Bevölkerung nach seinem Tod opferte und ihn auf Grund seiner glückhaften Herrschaft verehrte; → Alben, → Álfablót.

Geirtýr (altnord., »Speer-Gott«) ist ein Odinsname bei Sturla Þórðarson: Hákonarkviða 21 (13. Jh.) und damit eine späte Neubildung nach dem Muster der Odinsnamen auf -týr (→ Sigtýr). Der Speer ist sowohl in der Literatur wie der Ikonographie das vorherrschende Attribut Odins.

H. Falk, Odensheite, Kristiania 1924; H. de Boor, Die religiöse Sprache der Vsp, in: Dt. Islandforschung 1, 1930.

Geirvimull (altnord., »von Speeren sprudelnder Fluß«) ist einer der mythischen Flüsse im Flußkatalog der Grm 27 und wird von Snorri auch als einer der Élivágar bezeichnet (Gylf 3). Der Name erinnert an die waffenführenden Flüsse der christlichen Visionsliteratur, die auch sonst im Norden in den Unterweltsflüssen in der Vsp 36 (Slíðr) und bei Saxo I,31 ihren Niederschlag fanden.

Geitir (altnord., etwa: »der Ziegenhirt«) heißt ein Riese in den Thulur und in etlichen Kenningar.

Geitla (altnord., »die kleine Ziege«) heißt eine Riesin in den Thulur, auch in einer Saga findet sich eine Riesin namens Geit (Jökuls Þáttr Búasonar 12). Der Vergleich mit den anspruchslosen Tieren der Berge ist nicht sehr schmeichelhaft, entspricht aber auch dem sonst zu findenden Bild des Riesen im mittelalterlichen skandinav. Volksglauben.

Gelgja (altnord., »Pfahl, Fessel«) heißt laut Snorri (Gylf 33) die Kette, mit der die Fessel Gleipnir, womit die Asen den Wolf → Fenrir gebunden hatten, am Felsen Gjöll befestigt wurde. Wie die meisten in dieser Erzählung vorkommenden Namen ist wohl auch G. in dieser Bedeutung eine Erfindung Snorris.

Gerðr (altnord.) heißt die Tochter des Riesen Gymir und Frau des Gottes Freyr. Über Freyrs Werbung um sie berichtet das Eddagedicht → Skirnismál (nacherzählt bei Snorri, Gylf 36), auch das Hdl 30 nennt sie als Tochter von Gymir und Aurboða, und Frau von Freyr; beider Sohn heißt (nach Ynglinga saga 11) Fjölnir. Snorri erwähnt G. auch in Skaldsk 1 in der Liste der Asinnen.

G. wird (im Anschluß an Olsen) meist als Erdgöttin gesehen und ihre Ehe mit dem Sonnengott Freyr als hierós gámos gedeutet. Olsens Interpretation beruht auf der Deutung von G. als »Göttin des kultivierten Landes«, zu altnord. garðr »umzäuntes Feld«. Sahlgren lehnte diese Deutung ab, da G. auch ein Frauenname ist und Namen von Göttinnen im Altnordischen nie als Personennamen auftreten. L. Motz hat gezeigt, daß der gemeinsame Zug von garðr und seinen Verwandten nicht das eingezäunte fruchtbare Land, sondern die Einzäunung ist. Sie deutet G. also als »die durch eine Einzäunung Geschützte« und die kultische

Hochzeit der Skm nicht als Fruchtbarkeitszeremonie, sondern als Ritual der Unterwerfung einer Repräsentantin des weibliche Kräfte vertretenden Riesengeschlechts durch die maskulin dominierten Asen. Plausibler wirkt G. aber dennoch als Erdgöttin, wenn es auch wohl zu weit führt, daß Olsen sie in ihrer Funktion als Partnerin des Fruchtbarkeitsgottes Freyr als wachstumsfördernde Macht zu → Nerthus stellt.

J. Grimm, Dt. Mythologie, [4]1875–78; M. Olsen, Fra gammelnorsk myte og kultus, in: MoM, 1909; F. R. Schröder, Germanentum und Hellenismus, 1924; J. Sahlgren, Skírnismál, in: Eddica et Scaldica, Lund 1928; ders., Sagan om Frö och Gärd, in: NoB 16, 1928; ders., Lunden Barre i Skírnismál, in: NoB 50, 1962; E. O. G. Turville-Petre, Fertility of Beast and Soil, in: Old Norse Lit. and Mythol., hg. von E. C. Polomé, Austin 1969; J. de Vries, Altgerman. Religionsgeschichte, [3]1970; L. Lönnroth, Skírnismál och den fornisländska äktenskapsnormen, (Festskrift O. Widding) København 1977; L. Motz, G., in: MoM, 1981; P. Bibire, Freyr and G.: The Story and its Myths, in: Sagnaskemmtun, (Studies H. Pálsson) Wien 1986; R. Simek, Lust, Sex and Domination: Skírnismál and the Foundation of the Norwegian Kingdom, in: Sagnaheimur, (Studies in Honour of H. Pálsson), hg. von R. Simek u. Ásdís Egilsdóttir, Wien 2001.

N: (Lit.) Mit G. beschäftigt sich eine ganze Reihe von Gedichten A. Oehlenschlägers in *Nordens Guder* (1819), sowie E. Tegners Gedichtfragment *Gerda*.
(Bild. Kunst) K. Ehrenberg, *Freyr und Gerda, Skade und Niurd* (Zeichnung, 1883).

(Gerhilde) heißt eine Walküre (Sopran) in R. Wagners Oper *Die Walküre*. Der Name ist von Wagner frei erfunden.

Geri (altnord., »der Gierige«) heißt in den Fjm 14 einer der Höllenhunde, die Hel bewachen. In den Grm 19 sind G. und Freki Odins Wölfe, die er füttert; dies zitiert auch Snorri (Gylf 37).

Germania → Tacitus.

Gersimi (oder Görsimi, altnord., »Kostbarkeit«) heißt in den Thulur eine Tochter der Freyja. Da sonst Freyjas Tochter Hnoss heißt, und hnoss und gersimi Synonyme sind, handelt es sich also um eine poetische Variante zu Hnoss.

Geruthus ist bei Saxo (VIII, 286ff.) der latinisierte Name des Riesen → Geirröðr, des Herrschers über ein sagenhaftes Reich im Nordosten Skandinaviens.

Gesahenae. Matronenname. Den Matronis Gesahenis sind mindestens fünf niederrhein. Weihesteine gewidmet; auf zweien davon werden sie gemeinsam mit den Ethrahenae genannt. Die Bedeutung des Namens G. ist unsicher, Gutenbrunner vermutet Ableitung von einem Ortsnamen.

S. Gutenbrunner, Die german. Götternamen, 1936.

Gestilia (altnord., »Gast«) heißt eine Riesin in den Thulur. Wie der Name auf eine Riesin passen soll, ist unklar, es sei denn mit gestr in seiner ursprünglichen Bedeutung »Fremder«.

Gestr (altnord., »Gast, Fremder«) nennt sich Odin in der Óláfs saga hins helga; der Name ist für Odins Rolle als unerkannter Wanderer in den Fornaldarsögur charakteristisch.

H. Falk, Odensheite, Kristiania 1924.

Gestumblindi (altnord.) ist ein Name eines Gotländers, unter welchem Odin in der Hervarar saga 9 auftritt, wo sich König Heiðrek mit ihm in einen Rätselwettkampf einläßt, welchen G./Odin mit der unlösbaren Frage gewinnt, was Odin dem toten Balder ins Ohr geflüstert habe – dieselbe Frage, mit der Odin auch seinen Wissenswettstreit gegen den weisen Riesen Vafthruðnir in den eddischen Vm (54f.) gewinnt.
Bei Saxo findet sich G. als Gestiblindus, König von Götaland (Gesta Dan. VI, 160). Die Darstellung der Sage und bei Saxo haben gemeinsam, daß G. ein Gotländer ist, ein Feind des schwedischen Königs, und daß jemand im Kampf gegen diesen für G. eintritt (Odin in der Saga, Erik bei Saxo).
Der Name G. wird seit Wessén überzeugend als Gest-inn-blindi »der blinde Gast« gedeutet, ein Name, der damit auf Odins Einäugigkeit anspielt.

H. Falk, Odensheite, Kristiania 1924; E. Wessén, Gestumblinde, (Festskrift till. H. Pipping) Helsingfors 1924.

Gevarus heißt laut Saxo (Gesta Dan. III, 63) ein norweg. König, welcher der Vater der Nanna und Ziehvater des Høtherus (des Töters Balders) ist. Bei Snorri heißt der Vater der Nanna Nepr. Gevar ist kein skandinav. Name und könnte mit dem sächsischen Personennamen Geb(a)heri identisch sein.

F. Detter, Der Baldermythus, in: PBB 19, 1894; P. Herrmann, Die Heldensagen des Saxo Grammaticus, 1922.

N: König Gewar ist auch der Vater Nannas in W. Hertz' Ballade *Wie Höther Nannas Liebe gewann* (in: *Gesammelte Dichtungen*, 1900).

Geysa (altnord., »die Vorwärtsstürmende«) heißt eine Riesin in den Thulur; sollte die handschriftliche Nebenform Gessa richtiger sein, dann wohl »die Freche«.

Gífr (altnord., »der Gierige«?, »Unhold«) heißt einer von den zwei Höllenhunden, die laut Fjm 14 die Pforten von Hel bewachen; der andere heißt Geri. Die Namen sind erst späte Ausschmückung der alten, aber wahrscheinlich auch schon vom klassischen Altertum beeinflußten Vorstellung von Hunden, die die Hölle bewachen.

Gillingr (altnord., »der Lärmer, Schreier«) heißt ein Riese in Snorris Erzählung vom Raub des → Skaldenmets und ist dort der Vater des Suttungr.
G. wird laut Snorri (Skaldsk 1) von den beiden Zwergen Fjalarr

und Galarr, die auch Kvasir ermordet hatten, umgebracht, indem sie mit dem Riesen rudern gehen und das Boot an einem Felsen kentern lassen, so daß der Riese ertrinkt; G.s Frau erschlagen die beiden dann mit einem Mühlstein. Der Sohn G.s, Suttungr, nimmt daraufhin die beiden Zwerge und setzt sie auf einer von der Flut überspülten Schäre aus, bis sie um ihr Leben bitten und den wertvollen Met als Buße anbieten.
Der Skaldenmet heißt schon in der Haleygjatal des Skalden Eyvindr skáldaspillir (um 985) »Buße G.s« (Gillings gjöld), ob der Rest von Snorris phantasievoller Erzählung ebenso alt ist, bleibt fraglich, die wesentlichen Züge davon sind aber doch durch andere Kenningar gesichert, wenn auch der Name G. sonst nicht erwähnt wird.

Gimlé (altnord., vielleicht: »der vor Feuer geschützte Ort«?) ist nach Vsp 64 ein mit Gold gedeckter Saal, in dem die Menschen nach den Ragnarök wohnen werden. Nach Snorri ist G. jedoch ein himmlischer Ort, in dem die guten Menschen nach ihrem Tod wohnen werden (Gylf 3 und 51) und liegt im dritten Himmel (Víðbláinn), unerreichbar für Surts die Welt vernichtenden Weltenbrand (→ Surtalogi), und ist zunächst nur von Lichtalben bewohnt. Diese Darstellung ist aber zweifellos stark christlich geprägt; darauf deuten nicht nur die drei Himmel, deren oberster von Lichtalben (= Engeln?) bewohnt ist, sondern Snorri hat auch die Ragnarök in der Vsp als jüngstes Gericht aufgefaßt, das über Verdammnis oder Rettung der Menschen entscheidet.

Ginnar (1) (altnord., »Betrüger, Hexer«) ist in den Thulur ein Odinsname, der zum altnord. Verb ginna »täuschen, zaubern« zu stellen ist und damit auf Odins magische Funktion verweist.

H. Falk, Odensheite, Kristiania 1924.

(2) (altnord., »Betrüger«) heißt ein Zwerg in der Vsp 16 und in den Thulur.

Ginnungagap (altnord.) ist in der eddischen Kosmogonie der Name des kosmischen Urraums vor der Erschaffung der Welt.
Vsp 3 erzählt:

Ár vas alda þar er Ymir bygði var sandr né saer né svalar unnir; iörð fannz aeva né upphiminn gap var ginnunga, enn gras hvergi.

(»Lang ist es her, daß Ymir hauste,
es gab weder Sand noch See noch kühle Wellen,
es gab weder Erde noch Himmelszelt,
auch keine Pflanzen, nur G.«)

Daraus läßt sich entnehmen, daß der Dichter der Vsp unter G. den leeren Urraum verstanden hat. Snorri beschreibt (Gylf 4), wie nördlich von G. das eisige → Niflheim entsteht, im Süden das feurige → Muspellsheimr. In

Niflheim lag die Quelle Hvergelmir, aus der Giftströme, die Élivágar, entströmten, welche im nördlichen Teil von G. gefroren. Wo die Funken aus Muspellsheimr im milden und windstillen G. auf das Eis trafen, begann Leben zu entstehen, nämlich der Urriese Ymir und dann auch die Urkuh Auðumla. Die ersten Götter – Odin, Vili und Vé – töteten den Riesen und schafften ihn in die Mitte von G., wo sie aus → Ymirs Körper die Erde erschufen (Gylf 7). Eine weitere Erwähnung von G. bei Snorri findet sich Gylf 14, wo der Standort der Weltesche Yggdrasill beschrieben wird; eine ihrer Wurzeln ist »bei den Reifriesen, wo sich ehemals G. befand«. – Daß der Begriff G. nicht nur auf die Eddas beschränkt ist, sondern in Skandinavien weiter verbreitet war, beweist ein Scholion zu Adam von Bremen (IV, 39) wo *immane baratrum abyssi* mit Ghinmendegop glossiert wird. – Etymologisch ist G. schwer zu deuten; de Vries hat in einer ausführlichen Untersuchung gezeigt, daß G. wohl eher »der mit magischen (und schöpferischen) Kräften erfüllte Urraum« bedeutet als »die gähnende Kluft«. Überlegungen zu den Vorstellungen der mittelalterlichen Isländer von der geographischen Lage von G. hat Cassidy angestellt und ist zu dem Schluß gekommen, daß damit der Abgrund am Rande der Welt bezeichnet wurde, aber in der Folge vielleicht auch die Kluft, durch die man sich den die Erde umgürtenden Oceanus mit dem Atlantik verbunden dachte; tatsächlich findet sich auf der isländischen Amerikakarte des Bischofs Guðbrandur Thorlaksson von 1606 die Nordwestpassage mit G. bezeichnet; aus der älteren altnord. Literatur lassen sich diese Schlüsse allerdings nicht ableiten.

G. Storm, G. i Mythologien og i Geografien, in: ANF 6, 1890; J. de Vries, G., in: APhSc 5, 1930/31; V. H. de P. Cassidy, The Location of Ginnunga-gap, in: Scandinavian Studies, (Essays presented to H. G. Leach) Seattle 1965; J. de Vries, ARG, [3]1970.

Gipul (altnord., »die Klaffende«?) heißt einer der (mythischen?) Flüsse im Flußkatalog der Grm 27.

Gísl (altnord., »Peitsche«? oder zu geisl, also »der Strahlende«?) heißt ein mythisches Pferd im Katalog der Pferdenamen in den Grm 30 und in den Thulur; bei Snorri (Gylf 14) ist G. eines der Asenpferde.

Gizurr (altnord.) ist ein Odinsname in der Skaldik (Málsháttakvæði 22; Sturla Thórðarson) und in den Thulur; der Name ist etymologisch nicht völlig klar, als Odinsname hat Falk eine Verwandtschaft mit geta »vermuten« vorgeschlagen, so daß der Name sich auf Odins Rolle in den Wissenswettkämpfen beziehen könnte, ähnlich wie der Name Sanngetall.

H. Falk, Odensheite, Kristiania 1924; J. de Vries, Altnord. etymolog. Wörterbuch, Leiden [2]1977.

Gjallarbrú (altnord., »Brücke über den Jenseitsfluß Gjöll«) ist die Jenseitsbrücke der nordischen Mythologie, deren Name erst spät belegt ist (nur bei Snorri und seinem Neffen Sturla Þórðarson). Die Vorstellung ist offensichtlich schon stark von der mittelalterlichen europäischen Visionsliteratur beeinflußt. Snorri beschreibt in Gylf 48, daß die Brücke mit »leuchtendem Gold« bedeckt war. → Hermóðr reitet auf dem Weg nach Hel über die Brücke, die auf dem nach Norden führenden Helvegr liegt. Sie wird von der Magd → Móðguðr bewacht.

Daß das Konzept einer G. trotz der nur sporadischen Erwähnungen im mittelalterlichen Skandinavien verbreitet war, erhellt sich aus Erwähnungen bei Saxo (I, 35) im Rahmen der Unterweltsreise des Hadingus und in den Fornaldarsagas und romantischen Sagas des 14. Jh. (z. B. Eiriks saga víðförla, Konraðs saga Keisarasonar). Allerdings sind diese Werke noch stärker als Snorri mit literarischen Motiven der kontinentaleuropäischen Literatur durchsetzt. Dies gilt auch für die ausführlichste Beschreibung der G. in dem norweg. Visionsgedicht »Draumkvaede«, aus der Mitte des 13. Jh. Auch hier scheint der Name G. oder Gjaddarbru u. ä. auf, derartige Bezeichnungen finden sich wiederholt in skandinav. Volksballaden. – Insgesamt ist es recht zweifelhaft, ob die Jenseitsbrücke in heidnisch-german. Vorstellungen überhaupt einen Platz hatte.

K. Liestøl, Draumkvaede, Oslo 1946; A. Holtsmark, G., in: KLNM 5, 1960; P. Dinzelbacher, Die Jenseitsbrücke im Mittelalter, Diss. Wien 1973.

Gjallarhorn (altnord., »das laut tönende Horn«) ist das Horn des Gottes → Heimdall (Vsp 46), das er bläst, um die Götter vor dem Anbruch der Ragnarök zu warnen. Dies beschreibt auch Snorri in der Gylf (26 und 50), während er in Gylf 14 das G. als ein Trinkhorn auffaßt, mit dem → Mímir Weisheit aus dem Mimirsbrunnen trinkt; aber auch die Grm (13) dürften das G. als Trinkhorn auffassen, wo es zwar nicht erwähnt wird, aber von Heimdall wird gesagt, daß er guten Met trinkt. Auf Grund der tatsächlichen Verwendung von Hörnern ist diese Doppelfunktion des G.s aber nicht überraschend (und auch vom altfranz. Olifant, dem Horn Rolands, her bekannt).

Das Horn gehört bei den Germanen zu den ältesten Musikinstrumenten. Wie bei den → Luren dürfte es aber auch bei den Hörnern reine Sakralhörner gegeben haben, die irdische Entsprechungen des mythologischen G.s waren. Funde von Trinkhörnern reichen bis in die älteste Eisenzeit zurück, eine Funktion als Musikinstrument ist bei einigen Exemplaren möglich. Stellen bei Caesar und Plinius bestätigen für diese Zeit ebenfalls die Verbreitung des Trinkhorns bei den Germanen.

Aus dem 3. oder 4. Jh. finden sich in Dänemark gläserne Trinkhörner, ansonsten waren es meist Rinderhörner, die am Rand und am Ende mit zum Teil sehr kunstvoll gearbeiteten Beschlägen aus Bronze oder Silber versehen waren und häufig auch Füße zum Abstellen hatten. Die Funktion des Sakralhorns wird in der mittelalterlichen isländischen Literatur noch einige Male im Motiv der sprechenden Trinkhörner reflektiert (Þorsteins þáttr bæjarmagns). Interessant ist, daß solche Hörner in der Literatur meist paarweise auftreten, was an die Paarigkeit der bronzezeitlichen Luren erinnert, letztlich aber wohl doch auf das paarige Auftreten der Hörner am Tierkopf zurückgehen dürfte. Ganz zweifellos kultischen Charakter trugen die mit mythologischen Szenen geschmückten Goldhörner von → Gallehus aus dem Dänemark des 5. Jh.

Å. Ohlmarks, Heimdalls Horn und Odins Auge, Lund/Kopenhagen 1937; E. Emsheimr, Horn, in: KLNM 6, 1961; J. Brøndsted, Nordische Vorzeit, 1960–63; C. Redlich, Zur Trinkhornsitte bei den Germanen der älteren Kaiserzeit, in: Prähistor. Zs. 52, 1977.

Gjálp, auch Gjölp (altnord., »die Schreierin« oder »die Brausende«?) ist ein häufiger Name für Riesinnen in der altnord. Literatur (Thulur; Grettis saga 4; Egils saga 60); bei Snorri (Skaldsk 18) heißt so eine von → Geirröðs Töchtern, die von Thor erschlagen werden, in der Völuspá in skamma (Hdl 37) wird der Name bei der Aufzählung der neun riesischen Mütter des Heimdall angeführt.

H. Gering, Kommentar, Bd. 1, 1927; L. Motz, Giantesses and their Names, in: FmSt 15, 1981.

Gjöll (1) (altnord., »Lärm«) heißt ein mythischer Fluß im Flüssekatalog der Grm 28, von Snorri wird er auch als einer der → Élivágar bezeichnet (Gylf 3). Bei ihm ist G. der Unterweltsfluß, der der Einzäunung der Unterwelt (Helgrind) am nächsten ist und über den die Jenseitsbrücke Gjallarbrú führt, der also offensichtlich die Grenze zu Hel bildet (Gylf 48). Als weitere Unterweltsflüsse sind auch Vaðgelmir (Rm 4), Slíðr (Vsp 36) und Geirvimull (Grm 27; Gylf 38) überliefert, alle offensichtlich bereits von Vorstellungen der christlichen Visionsliteratur geprägt.
(2) (altnord.) heißt laut Snorri (Gylf 33) die Steinplatte, an welche die Götter den → Fenriswolf fesselten.

Glaðr (altnord. »der Frohe« oder »der Glänzende«) heißt ein mythisches Pferd im Katalog der Pferdenamen in den Grm 30 und in den Thulur. Bei Snorri (Gylf 14) wird G. unter den Pferden der Asen angeführt.

Glaðsheimr (altnord. »leuchtendes Heim« oder »Freuden-Heim«) heißt in Grm 8 Odins Wohnort, wo auch Walhall steht; Snorri (Gylf 13) beschreibt ihn als Tempel für Odin und 12 Götter, der innen und außen wie Gold ist und das beste und größte Gebäude der Welt darstellt.

Glær (altnord., »der Helle«) ist ein mythisches Pferd in den Grm 30 und in den Thulur; bei Snorri (Gylf 14) ist G. eines der Pferde der Asen.

Glæsisvellir (auch Glasisvellir, altnord., »die glänzenden Gefilde«) ist in den altnord. Fornaldarsögur (Hervarar saga 1; Þórsteins þáttr bæjarmagns 5, 11, 12; Helga þáttr Þórissonar 1–3; Samsons saga 22; Bosa saga 7, 8, 10, 14, 16) ein paradiesartiges Reich im Jenseits, wo der sagenhafte König → Guðmundr regiert.
G. wird üblicherweise mit dem Glasislundr (»glänzender Hain«) im Eddalied HHv 1, wo König Hjörvard wohnt, verbunden, und steht damit wohl auch dem Hain Glasir nahe, der laut Snorri vor den Toren Walhalls lag. G. wird nirgends detailliert beschrieben, wohl ist aber von Guðmunds Reichtum und Herrlichkeit die Rede (so auch bei Saxo, → Guðmundr), so daß man daraus schließen kann, daß es sich bei G. um helle, paradiesartige Jenseitsgefilde handelt, wie es auch der Name impliziert; ähnliches dürfte auch mit dem wlite beorhte wang im altengl. *Beowulf* gemeint sein. Das Konzept einer derartigen Paradieseslandschaft ist kaum heidnisch-germanisch, sondern scheint durch die mittelalterliche christliche Literatur beeinflußt zu sein; der Name jedoch stammt sicher nicht aus christlichen Texten, kann aber trotzdem gelehrten Ursprungs sein, da bei Plinius (Naturalis Historia IV, 103) von Bernsteininseln namens Glesiae die Rede ist. Das Wort Glasir-, Glæsir- kann aber auch schon ursprünglich mit german. gleza »Harz, Bernstein« zusammenhängen.
Andererseits könnte G. mit alten Vorstellungen im Volksglauben der skandinav., baltischen und slawischen Völker zusammenhängen, wonach die Toten in oder auf einem Glasberg wohnen, der noch in unseren Volksmärchen reflektiert wird.
Ähnlich synkretistische Vorstellungen wie in G. liegen auch den anderen mittelalterlichen german. Jenseitsgefilden, wie altnord. Ódáinsakr, wohl auch Iðavöllr und dem altenglischen neorxnawang zugrunde, wo german. Glaube und Christentum ineinander übergehen.

R. Much, Balder, in: ZfdA 61, 1924; K. Straubergs, Zur Jenseitstopographie, in: Arv 13, 1957; J. Simpson, Otherworld adventures, in: Folklore 77, 1966; N. Lincoln, On the Imagery of Paradise, in: IF 85, 1980; R. Simek, Elusive Elysia, or: Which Way to G.? On the Geography of the North in Icelandic Legendary Fiction, in: Sagnaskemmtun, (Studies in Honour of Hermann Pálsson) 1986.

N: Eine inhaltliche Umdeutung haben die G. bei J. R. R. Tolkien in *The Lord of the Rings* (Romantrilogie, 1954/55) erfahren, wo sie als Gladdenfields erscheinen.

Glámr (altnord., »der Bleiche«) heißt in den Thulur ein Riese sowie der Troll in der berühmten G.-Episode der Grettis saga 35.

Glapsviðr (altnord., »der geübte Verführer«) ist ein Odinsname in der Grm 47 und den Thulur, und bezieht sich wohl auf Odins Liebesabenteuer (Rindr, Gunnlöð), deren er sich auch im Hrbl rühmt.

H. Falk, Odensheite, Kristiania 1924.

Glasir (altnord., »der Glänzende«) heißt laut Snorri der Hain mit Bäumen mit goldenem Laub, der in Asgard vor den Toren Walhalls stand (Skaldsk 34). G. kommt aber schon in der Bjarkamál im 10. Jh. vor, ohne daß hier sicher ein Hain gemeint ist. Vielleicht hat Snorri den Namen erst nach Vorbild von Glæsisvellir (einer Paradieseslandschaft) zum Namen des Waldes gemacht.

Glaumarr (altnord., »der Lärmende«) heißt ein Riese in den Thulur. Riesennamen in dieser Bedeutung sind recht häufig, vgl. Aurgelmir, Bergelmir, Thrúðgelmir, Thrymr etc.

Gleipnir (altnord., »die Offene«) heißt die Fessel, mit der der Wolf → Fenrir schließlich von den Asen gebunden werden kann, nachdem zwei andere Fesseln gerissen sind. Snorri erzählt (Gylf 33), daß Skírnir sie für die Götter von den Zwergen holte, die sie aus folgenden Bestandteilen hergestellt hatten: aus dem Geräusch der Katze, dem Bart einer Frau, aus den Wurzeln der Berge, dem Atem eines Fisches und der Spucke eines Vogels, kurz, alles Dinge, die es nicht gibt, wie schon Snorri erklärend feststellt; und obwohl diese Fessel ganz leicht und weich ist, kann sie der Fenriswolf nicht zerreißen.
Die Elemente dieser Erzählung stammen wohl aus einem älteren Märchen oder einem Rätsel, und Snorri hat sie in die Geschichte von der Fesselung Fenrirs eingebaut.
N: Als rosa Bändchen (!) erscheint G. in E. Doeplers d.J. *Fesselung des Fenriswolfes* (in: E. Doepler, W. Ranisch, *Walhall*, 1901).

Glenr (altnord., »Öffnung in den Wolken«) heißt laut Snorri, Gylf 10, der Mann der Sól, der personifizierten Sonne.

A. Kock, Studier i de nordiska språkens historia, in: ANF 14, 1898.

Glitnir (altnord., »der Glänzende«) heißt laut Grm 15 die silbergedeckte Wohnung des Gottes Forseti, deren Wände, Pfosten und Säulen aus Gold sind, wie auch Snorri in Anlehnung an die Strophe berichtet (Gylf 16 und 31). G. findet sich auch im Ynglingatal 7, ohne daß seine Rolle dort ganz verständlich ist.

E. Ó. Brim, Bemærkninger, in: ANF 11, 1895.

Glói, auch Glóinn (altnord., »der Glühende«) heißt ein Zwerg in der Vsp 15, als Glóinn findet er sich auch in den Thulur.
N: G. ist einer der 13 Zwerge in J. R. R. Tolkiens Roman *The Hobbit* (1937).

Glumra (altnord., »die Lärmende«) heißt eine Riesin in den Thulur. Riesennamen in dieser Bedeutung sind recht häufig, vgl. → Glaumarr.

Gná (altnord.) heißt eine Göttin, die nur bei Snorri als 14. der Asinnen genannt wird; er sagt über sie: »Frigg sendet sie mit ihren Aufträgen in die ganze Welt; sie hat ein Pferd, das durch die Luft und übers Wasser läuft und Hófvarpnir heißt ... Nach G. wird etwas gnæfa (»hochaufragend«) genannt, wenn es hoch dahinfährt.«
Snorris Etymologie des Namens ist nicht unbedingt richtig, aber was der Name sonst bedeuten soll, ist unsicher, auch wenn man in ihr eine »Göttin der Fülle« hat sehen wollen.

J. de Vries, Altnord. etymolog. Wörterbuch, Leiden [2]1977.

N: E. Doepler d. J., *Gna* (in: E. Doepler, W. Ranisch, *Walhall*, 1901).

Gneip (altnord., zu gnipa »Felsspitze«) heißt eine Riesin in den Thulur und bei Einarr Gilsson (Selkollu-vísur 3).

Gneypa (altnord., »die Gebückte«?) heißt eine Riesin in den Thulur.

Gnipahellir (altnord., etwa »überhängende Höhle«) ist in der Vsp (44, 49, 58) ein mythologischer Ort, vor dem der Hund Garmr angekettet ist, welcher sich zu den Ragnarök losreißt (ebenso Gylf 50). Über die Lage im mythologischen Weltbild wissen wir genausowenig wie beim Ort Gnipalundr der HH I. Daß G. am Eingang zu Hel läge, ist reine Spekulation.

Gnissa (altnord., »die Reibende«?) heißt eine Riesin in den Thulur.

Goden. Im Altnordischen ist goði (Pl. goðar) die Bezeichnung für den → Priester und Häuptling, die Sagas nennen heidnische Priester oft auch hofgoði (»Priester eines → Hof«); seine Funktion und sein Machtbereich heißen goðorð.
Der Name Goði läßt sich auf dem Runenstein von Nordhuglen/Norwegen bis ins 5. Jh. zurückverfolgen, wo er in der Form gudija auftritt, welche gotisch gudja entspricht; auch wikingerzeitliche dän. Runensteine erwähnen G.
Allerdings dürften in Dänemark die G. nie die Bedeutung von selbständigen politischen Führern wie in Norwegen und Island erreicht haben. Aus den isländischen Quellen erfahren wir sehr wenig über die religiöse Rolle der G. und ihre Aufgaben im Kult – denn die wenigen Angaben über den Bau oder die Erhaltung eines Hofs sind gelehrte Rückprojektion des isländischen Eigenkirchensystems. Um so mehr treten die G. in den Sagas als Häuptlinge ihrer Bezirke auf und stellten in Island die eigentliche politische Führerschicht dar.

K. Maurer, Zur Urgeschichte der Godenwürde, in: ZfdPh 4, 1873; B. S. Phillpotts, Temple-administration and Chieftainship, in: Saga-Book 8, 1913/14; J. de Vries, Celtic and Germanic Religion, in: Saga-Book 16, 1963–64; ders., ARG, [3]1970; H.-J. Seggewiss, Goði und Höfðingi, 1978.

Goðheimr → Manheimr.

Goðthjóð (altnord. Goðþjóð) bedeutet üblicherweise »Gotenvolk« (vgl. Hlr 8, Ghv 8 und 16, Hunn 13 und 18), aber in der Vsp 30 scheint G. mit goðaþjóðin »Götter« identisch zu sein.
S. Nordal, Vsp, 1980.

Göll (altnord., »Lärm, Kampf«) ist einer der zahlreichen Namen von → Walküren, welche eigentlich nur Synonyme für »Kampf« sind (Grm 36, Thulur).

Gömul (altnord., »die Alte«?) heißt einer der (mythischen?) Flüsse im Flußkatalog der Grm 27 und in den Thulur.

Göndlir (altnord., »Zauberer«) ist in den Grm 49 und den Thulur ein Name für Odin, der auf Odins Kenntnis der Magie verweist.

Göndul (altnord.) ist der Name einer Walküre (Drdlj 5; Vsp 30, auch in den Thulur der Snorra-Edda); der Name gehört etymologisch zu altnord. gandr »Zauber, Zauberstab«, in einem norweg. Zauberspruch von 1325 bedeutet göndul aber auch »Zaubertier; Werwolf?«. Auf jeden Fall weckt der Name magische Assoziationen, was sicherlich mit der Funktion der → Walküren als Lenkerinnen menschlichen Schicksals zusammenhängt.
F. Ohrt, Gondols ondu, in: APhSc 10, 1935; F. Jónsson, Lexicon Poeticum, Kopenhagen [2]1966; J. de Vries, ARG, [3]1970; ders., Altnord. etymolog. Wörterbuch, Leiden [2]1977.

Göpul (altnord., »die Klaffende«?) heißt einer der (mythischen?) Flüsse im Flußkatalog der Grm 27.

Götter. Als german. Hauptgötter nennt Tacitus im 1. Jh. Mercur, Hercules und Mars, womit wohl Odin/Wodan, Thor und Týr gemeint sind. Aus der Römerzeit ist dazu noch eine beträchtliche Anzahl von Namen weiblicher Gottheiten erhalten, die der → Matronen.
Bei Geschichtsschreibern des frühen Mittelalters finden sich für etliche german. Stämme die Namen göttlicher Ahnen (z. B. langobard. Gaut, altengl. Woden); schon Tacitus erwähnt, daß die drei großen german. Völker der Hermionen, Ingævonen und Istaevonen ihre Namen von mythischen Stammvätern herleiteten, wovon wenigstens Yngvi = Freyr auch noch im Mittelalter als Ahnherr des schwed. Königsgeschlechts der Ynglinger angesehen wurde.
In der skandinav. Mythologie, wie sie uns aus den altnord. Quellen bekannt ist, werden die G. in zwei große Familien eingeteilt: die → Asen (Stärke und Herrschaft) und die → Wanen

(Fruchtbarkeit). Dazu kamen in der Dichtung der heidnischen Spätzeit vergöttlichte Helden (Bragi, Hermoðr), die in den gelehrten Mythographien des 13. Jh. von Snorri und Saxo neben den anderen G.n angeführt werden. Außer Odin, Thor, Baldr, Loki, Týr, Frigg, Freyr, Freyja und Ullr scheinen aber nur wenige G. tatsächlich eine echte Rolle im Glauben des german. Heidentums gespielt zu haben.

Götterdämmerung → Ragnarök.

Götterlieder. Die → Lieder-Edda enthält neben Heldendichtungen auch Lieder mythologischen Inhalts, die ersten neun Lieder im → Codex Regius der Liederedda und die später zu findende → Alvíssmál. Die einleitende → Völuspá ist vermutlich auch das älteste Gedicht, von ihr ausgehend sind die Lieder zuerst um Odin (→ Hávamál, → Vafþrúðnismál, → Grímnismál, nur sehr eingeschränkt auch → Skírnismál, dann als Übergang → Hárbarðsljóð), dann um Thor gruppiert (→ Hymiskviða, → Lokasenna, → Þrymskviða). Die Haupthandschrift für diese Lieder ist der um 1170 in Island entstandene Codex Regius, die mythologischen Lieder → Rigsthula, → Balders draumar und das Hyndluljóð sind jedoch nicht darin enthalten, wobei wenigstens letzteres erst sehr spät (Ende 13. Jh. oder 14. Jh.) entstanden sein dürfte. Die Form der G. ist die stabreimende Langzeile der german. Dichtung. Die Datierung ist schwierig, da sowohl die Form wie auch die mythologischen Inhalte der G. noch lange nach der Christianisierung als traditionelle Kunstgattung weitergepflegt wurden, wie auch die wohl erst spätmittelalterlichen G. Grógaldr und Fjölsvinnsmál (üblicherweise unter dem Titel → Svipdagsmál zusammengefaßt) bezeugen. Die Abfassungszeit ist auch von Lied zu Lied verschieden, kann aber grob mit dem Zeitraum vom 9. bis zum 12. Jh. angesetzt werden. Damit sind die G. neben der → Skaldendichtung die ältesten literarischen Zeugnisse nordgerman. Mythologie.

Ausg.: G. Neckel u. H. Kuhn, Edda, Bd. 1, ^{5}1983.

Übers.: A. Krause, Die Götter- und Heldenlieder der Älteren Edda, 2004.

E. Mogk, Nordische Literatur, in: Grundriß der german. Philologie, hg. von H. Paul, Bd. 2, ^{2}1901–09; H. Schneider, Über die ältesten G. der Germanen, 1936; ders., Über die ältesten G. der Nordgermanen, in: PBB 69, 1947. A. Holtsmark, Eddadiktning, in: KLNM 3, 1958; J. de Vries, Altnord. Literaturgeschichte, ^{2}1964–67; K. v. See, Altnord. Literatur, in: LexMA 1, 1980; K. Schier, Die Literaturen des Nordens, in: Neues Handbuch der Lit.-wissenschaft, hg. von K. v. See, 1981; R. Kellog, A Concordance to Eddic Poetry, East Lansing (Michigan) 1988.

Götterwohnungen werden in den Götterliedern der Edda, vor allem in den Grm, namentlich genannt, und auch bei Snorri finden sich die 12 G. der Grm: → Trúðheimr ist Thors Wohnort, → Ydalir der von Ullr, → Alfheimr gehört Freyr; → Valaskjálf ist laut Snorri (Gylf 16) Odins Besitz, so auch → Glaðsheimr, während Saga in → Sökkvabekkr wohnt, Njörðs riesische Frau Skaði lebt in → Thrymheimr, der Burg ihres Vaters Thjazi in den Bergen, Njörðr selbst aber in → Nóatún am Meer; → Breiðablik wird von Baldr bewohnt, → Himinbjörg von Heimdall, → Folkvangr ist Freyrs Sitz und → Glitnir die Wohnung von Forseti.

Die meisten dieser G. tragen allzu sprechende Namen, um höheren Alters zu sein; der Dichter der Grm bietet in diesen Strophen eher Wortmaterial für die Verwendung von Skalden, aber auch die Systematisierungstendenz des späten Heidentums mag eine Rolle gespielt haben. Trotz der Übereinstimmung mit den Grm in seiner Gylf nennt Snorri in der Ynglinga saga 5 in zwei Fällen abweichende G.: Odin wohnt hier im »alten Sigtúnir« (bei Sigtuna), wo laut Snorri ein Tempel errichtet wurde. Die Wohnung von Freyr lokalisiert er in Uppsala, zweifellos wegen des dortigen Freyr-Kultes.

Gói (altnord.) heißt eine Riesin in der winterlichen Reifriesengenealogie im Text von Hversu Nóregr byggðisk, einer sagenhaften Urgeschichte Norwegens. G. heißt normalerweise im Altnordischen der Wintermonat, welcher von Mitte Feber bis Mitte März reicht; die Frage, ob man in dem personifizierten Monatsnamen eine alte Vegetationsgottheit zu sehen hat, wie dies auch bei → Thorri angenommen ist, bleibt Spekulation.

E. F. Halvorsen, Þorri, in: KLNM 29, 1976.

Góinn (altnord., vielleicht »Land-Tier«?) heißt eine der Schlangen, die unter den Wurzeln der Weltesche → Yggdrasill hausen (Grm 34). Nach Snorri (Gylf 15) leben diese Schlangen in der Quelle → Hvergelmir. G. wird in den Grm der Sohn von Grafvitnir genannt.

A. M. Sturtevant, Comments on Mythical Name-Giving in Old Norse, in: GR 29, 1954.

Grábakr (altnord., »Graurükken«) heißt eine der Schlangen, die unter den Wurzeln der Weltesche → Yggdrasill hausen (Grm 34); laut Snorri (Gylf 15) leben diese Schlangen in der Quelle Hvergelmir. – Als poetisches Synonym für das Schiff »Ormr inn langi« findet sich G. aber schon in Hallfreðrs Ólafsdrápa an der Wende zum 11. Jh.

Grabbrauch. Für das Verständnis der verschiedenen Grabformen sind mehrere Aspekte zu unterscheiden: die Vorstellungen vom Weiterleben nach dem Tode, die Verehrung der Toten durch die Lebenden, der Schutz der Lebenden vor den Toten, die soziale Struktur der Gemeinschaft und nicht zuletzt die gesellschaftliche Stellung des Toten.

Obwohl nicht gesagt werden kann, ab wann wir genau die nord- und westeuropäische Bevölkerung als germanisch bezeichnen können, weisen die Formen des G.s eine Kontinuität auf, die möglicherweise ethnische Umschichtungen überdauerte und daher die Betrachtung vor- und frühgeschichtlicher Bräuche notwendig macht.
Die der Bronzezeit (1800–500 v. Chr.) vorhergehende westeuropäische Megalithkultur war durch ihre monumentalen Dolmengräber gekennzeichnet, die zumindest in einer ihrer Formen (den Ganggräbern) als Sippen- oder Dynastiengräber angelegt waren; in solchen Hünengräbern (von Erdhügeln bedeckten Großsteingräbern) fanden sich in Dänemark die Überreste von bis zu 100 unverbrannt beigesetzten Personen. Diese gewaltigen Steinbauten können als Zeugnisse sowohl eines ausgeprägten Ahnenkults als auch des notwendigen Schutzes der Lebenden vor den Toten verstanden werden. Auch darf von der Errichtung solcher monumentalen Bauwerke als Grabstätte für die zukünftige Sippe oder Familie auf einen straffen sozialen Verband geschlossen werden. Einen kleinen Einblick in die religiösen Vorstellungen dieser Frühzeit erlaubt die Orientierung der Gräber mit dem Eingang nach Süden und der Grabkammer im Norden (→ Hel). Spuren von Feuer in den Gräbern und die einzigartige Anlage des Ganggrabs von Newgrange/Irland, wo ein über dem Gangeingang im Süden angebrachter großer Quarzbrocken die Sonnenstrahlen nur zu Mittwinter in die Grabkammer dringen ließ, scheinen einen ausgeprägten Totenkult vorauszusetzen.
Mit Ende der Jungsteinzeit und dem Übergang zur Bronzezeit wechselt der G. zu Steinkistengräbern und einer damit verbundenen Tendenz zu Einzelgräbern, was am ehesten auf eine Lockerung der sozialen Struktur, aber auch auf ein Nachlassen des Totenkults zurückgeführt werden kann. Ob daraus aber auf eine gesteigerte Furcht vor den Toten geschlossen werden kann – das Sippengrab mußte ja bei jeder Beisetzung neu geöffnet werden – ist fraglich. Neben den Steinkistengräbern gehen in der ältesten Bronzezeit einfache Bestattungen im Hügel einher. Der Grabhügel, häufig auch mit Nachbestattungen in der Seite des Hügels und wiederholten Umbauten, bleibt dann die für die Bronzezeit bestimmende Grabform Nordeuropas.
Der Grabhügel bleibt auch die dominierende Grabform zumindest höherer sozialer Schichten, als sich um 1300 v. Chr. die Verbrennung der Leichen mit Beisetzung der Asche durchzusetzen beginnt. Weder der Grabhügel noch die Brandbestattung sind sichere Zeugen für eine Einwanderung neuer Völker, und besonders die Kremation ist nicht allein auf eine Änderung des G.s

bei den indogerman. Völkern zu beschränken. Der Übergang zur Leichenverbrennung im 2. Jahrtausend v. Chr. scheint im ganzen euroasiatischen Raum aufzutreten. – Auch einen Wechsel zu einem Seelenglauben muß die neue Sitte keineswegs bedeuten, da die Grabbeigaben auch weiterhin die Vorstellung vom »lebenden Toten« zulassen; ebenso bietet auch die Deutung der Verbrennung der Leichen zum Schutz der Lebenden vor den Wiedergängern keine ausreichende Erklärung für die weite Verbreitung des Brauchs.

Das Einsetzen der Eisenzeit in Europa zeigt vorerst keinen wesentlichen Wandel im G. Allmählich beginnt sich aber vom Süden, vom mediterranen Bereich her, der Brauch der Körperbestattung auszubreiten, was auf römischen und später christlichen Einfluß zurückzuführen ist. Die Ausbreitung geht aber sehr ungleichmäßig vor sich; Tacitus berichtet noch im 1. Jh. nur von der Brandbestattung im Hügel bei den Germanen, bei den früh christianisierten Goten dagegen hat sich die Körperbestattung bald zum Normalfall entwickelt. Von der nachrömischen Eisenzeit bis zum Ende des Heidentums ist bei West- und Nordgermanen ein Nebeneinander von Verbrennung und Bestattung anzutreffen. Während im Süden die Christianisierung den Übergang zur Körperbestattung beschleunigt und diese sich auch in Skandinavien langsam durchsetzt, hält sich die Verbrennung bei Sachsen und Friesen bis ins 8. Jh., als die Kirche dagegen Stellung beziehen mußte.

Die Grabform des Hügels hält sich über die heidnische Spätzeit hinaus vor allem in Skandinavien; während sie auf den brit. Inseln in der röm. Eisenzeit eher rückläufig war, setzte sie sich unter der skandinav. Besiedlung wieder stärker durch, war aber wie in Skandinavien neben anderen Grabformen Zeichen des sozialen Standes des Begrabenen, also vorwiegend Kriegern und Häuptlingen vorbehalten. Bei dieser Form der Bestattung war die → Bootsbestattung vom Beginn der Völkerwanderungszeit an überaus häufig, wobei sich alle Varianten der Verbrennung und Bestattung finden. Auch in Gräberfeldern ohne Boote finden sich Reminiszenzen daran in Form von → Schiffssetzungen, wo Steine das Grab in Bootsform einrahmen.

In der altnord. Literatur finden sich die Bestattung im Hugel und die Bootsbestattung (mit oder ohne Verbrennung) als die häufigsten Formen des G.s, aber auch die Bestattung in Särgen wird in der Literatur erwähnt.

Während der ganzen besprochenen Zeitspanne fehlen Grabbeigaben nie völlig, wenn sie auch in der frühen Eisenzeit stark zurückgegangen waren. Die wikingerzeitlichen Ausstattungen von Fürstengräbern dagegen übertreffen an Reichhaltigkeit der Beigaben noch die bronzezeitlichen Gräber, und bestätigen den auch literarisch belegten Brauch, den Toten auch Tiere und sogar Menschen (etwa die Frau oder eine Dienerin) ins Grab mitzugeben, was aber von der gesellschaftlichen Stellung des Toten abhängig war. In Skandinavien waren in der Wikingerzeit die Gräber markierende Bautasteine häufig, die sich von anderen Grabsteinen (Runensteine, Bildsteine) durch ihre Größe und Inschriftlosigkeit abheben.

O. Almgren, Vikingatidens grafskick i verkligheten och i den fornnordiska litteraturen, in: Nordiska Studier till. A. Noreen, Uppsala 1904; H. Rosén, Om dödsrike och dödsbruk i fornnordisk religion, Lund 1918; S. Lindqvist, Snorres uppgifter om hednatidens gravskick och gravar, in: Fornvännen 15, 1920; ders., Ynglingaättens gravskick, in: Fornvännen 16, 1921; K. Helm, Die Entwicklung der german. Religion, in: H. Nollau, German. Wiedererstehung, 1926; S. Piggot, Ancient Europe, Edinburgh 1965; H. Uecker, Die altnord. Bestattungssitten, 1966; Å. Hyenstrand, Gravformer och symboltekken under yngre bronsalder, in: Fornvännen 63, 1968; J. de Vries, ARG, [3]1970; H. Döbler, Die Germanen, 1975; Å. V. Ström, Änkebegravning, in: KLNM 20, 1976; J. M. Coles u. A. F. Harding, The Bronze Age in Europe, London 1979; M. Müller-Wille, Burial Mounds and Burial Practises, in: MeScand, 1993; ders., Graves, ebenda; H. Geisslinger, K. W. Alt u. G. Schiller, Grab und G., in: RGA 12, 1998; R. Simek, Religion und Mythologie der Germanen, 2003.

Grabhügel. Die Beisetzung von Toten in G.n in verschiedenster Form (Brandgrab, Körpergrab, Einzelgrab, Sippengrab) ist in Europa seit dem Neolithikum verbreitet und nicht nur auf die Germanen beschränkt. Bei der german. Bevölkerung ist die Bestattung im G. von der jüngeren Bronzezeit bis zur Wikingerzeit in West- und besonders Nordeuropa belegt; während daneben durchwegs andere Grabformen zu finden sind (→ Grabbrauch), scheint der G. (ursprünglich wahrscheinlich ein Sippengrab) in spätheidnischer Zeit vorwiegend Häuptlings- oder Königsgrab gewesen zu sein.

Der Glaube an das Weiterleben nach dem Tod in Form des lebenden Toten (→ draugr) hat in den literarischen Quellen in den Bewohnern von G.n seine deutlichste Ausgestaltung erfahren, obwohl sich der Glaube daran nicht auf die in G.n beigesetzten Toten beschränkte.

Die Vorstellung vom Toten im G. legt die von in Bergen wohnenden Toten nahe; davon berichtet die isländ. Sagaliteratur (Eyrbyggja saga 11; Njáls saga 14) ebenso wie wiederholt die isländ. Landnámabók (S 69, M 25, S 97, u. ö.). Zu diesen nordgerman. Belegen sind auch die süd- und westgerman. Erzählungen vom König im Berge zu stellen: Friedrich Barbarossa (oder auch Karl der Große) wartet der Sage nach im Untersberg, Friedrich II. im Kyffhäuser, Herzog Widukind in einem Hügel an der Weser, König Arthur im Cadbury Hill (Somerset/Südwestengland) auf den Tag, wo er die Menschheit retten soll. Die Entrückung dieser Könige ist vom german. Glauben an den lebenden Toten nicht zu trennen, sondern ein weiterer Beleg dafür, wie konkret man sich das Leben nach dem Tod vorstellte.

J. Grimm, Dt. Mythologie, 41875–78; E. Hartmann, Der Ahnenberg, in: ARW 34, 1937; H. R. Ellis, The Road to Hel, Cambridge 1943; S. Piggot, Ancient Europe, Edinburgh 1973; H. Döbler, Die Germanen, 1975; Å. V. Ström u. H. Biezais, German. und balt. Religion, 1975; M. Müller-Wille, Burial Mounds and Burial Practises, in: MeScand, 1993.

Grabschiff → Bootsbestattung.

Gráð (altnord., »die Gierige«? oder »Bö«?) heißt einer der mythischen Flüsse im Flußkatalog der Grm 27.

Grafvitnir (altnord., »Gruben-Wolf«?) heißt eine der Schlangen, die unter den Wurzeln der Weltesche Yggdrasill hausen (Grm 34); laut Snorri leben diese Schlangen in der Quelle Hvergelmir; in den Grm wird G. als Vater der Schlangen Góinn und Móinn bezeichnet.

Grafvölluðr (altnord., »der unter der Ebene Grabende«?; vielleicht richtig Grafvölduðr »der in der Grube Herrschende«) heißt eine der Schlangen, die unter den Wurzeln der Weltesche Yggdrasill hausen (Grm 34), nach Snorri sogar in der Quelle Hvergelmir (Gylf 15).

Gratichae. Matronenname; den Matronis Gratich(is) ist eine römerzeitliche Inschrift aus Euskirchen (CIL XIII 7971) gewidmet; der Name ist ungeklärt.

S. Gutenbrunner, Die german. Götternamen, 1936.

Greip (altnord., »Griff«) ist der Name einer Riesin (Haustlöng 13); in der Völuspá in skamma (Hdl 37) wird sie unter den neun riesischen Müttern des Heimdall angeführt. Bei Snorri (Skaldsk 18) heißt so eine von Geirröðs Töchtern, welche Thor erschlägt.

Grendel (altengl.) ist ein im Wasser lebendes Monster, welches im altengl. Heldenepos *Beowulf* (aus dem 8. Jh.) allnächtlich Männer aus der Halle König Hrōðgārs raubt, bis Beowulf den Kampf mit ihm aufnimmt, unter Wasser G.s Mutter tötet und schließlich G. selbst enthauptet. Diese ursprünglich möglicherweise mythische Erzählung war nicht nur in England bekannt, sondern findet sich auch in nur geringfügig veränderter Form in zwei isländ. Sagas, der Grettis saga (um 1300) und der Samsons saga fagra (14. Jh.), die vielleicht nicht einmal direkt vom Beowulfepos beeinflußt waren. Der Name G. kommt in diesen Sagas jedoch nicht vor.

E. A. Philippson, German. Heidentum bei den Angelsachsen, 1929; R. W. Chambers, Beowulf, Cambridge 31959.

Grerr (altnord.) heißt ein Zwerg, der im Sörla þáttr (in der Flateyjarbók, Ende des 14. Jh.) als einer der vier Schmiede von Freyjas Halsband (→ Brísingamen) genannt wird. Die Etymologie ist unsicher: entweder (zu altengl. gerār »brüllen«) »der

Brüller«, oder (zu mittelirisch grerr »kurz«) »der Kleine«.

J. de Vries, Altnord. etymolog. Wörterbuch, Leiden [2]1977.

Gríðarvölr (altnord., »Stab der Gríðr«) heißt in der Geschichte von Thors Fahrt nach → Geirröðargarð der Zauberstab, den Thor zusammen mit dem Kraftgürtel und dem Eisenhandschuh von der Riesin Gríðr bekommen hat, die ihn beherbergt (Snorri, Skaldsk 18). Thor überwindet schon den Fluß Vimur, den die Riesentochter Gjálp durch ihren Urin mächtig anschwellen läßt, nur indem er sich auf G. stützt; bei → Geirröðr stemmt er G. gegen die Decke und bricht den beiden Riesentöchtern Gjálp und Greip, die seinen Sessel gehoben hatten, den Rücken.

Während man meist geneigt war, in dieser Erzählung nur einen der vielen mythischen Schwänke bei Snorri zu sehen, hat Schröder darauf hingewiesen, daß hier ein Mythos von der Trennung des Urelternpaares Himmel und Erde durch den Sohn vorliegen könnte, welcher sich gegen beide stemmt, so wie Thor gegen Stuhl und Decke.

Der Zauberstab (völr) tritt sonst in der german. Religion vorwiegend als Attribut der Seherinnen auf, die davon auch ihren Namen haben (völva). Sonst findet er sich selten, und eine Erwähnung eines G. ähnlichen Stabs in der jungen Samsons saga fagra beruht auf Entlehnung aus der Snorra-Edda.

F. R. Schröder, Indra, Thor und Herakles, in: ZfdPh 76, 1957.

Gríðr (altnord., »Gier, Heftigkeit«) ist eine Riesin, von der Snorri (Skaldsk 18) erzählt, daß sie den Gott Thor auf seiner Fahrt nach → Geirröðargarð aufgenommen hatte: »Thor kehrte da bei einer Riesin namens G. ein; sie war die Mutter Viðars des Stillen. Sie berichtete Thor vom Riesen Geirröðr, daß dieser schlau wie ein Fuchs und schwer zu behandeln war. Sie lieh ihm den Kraftgürtel und Eisenhandschuhe und den Stab → Gríðarvölr.« Wir haben es also trotz des Namens mit dem seltenen Fall einer freundlichen Riesin zu tun, was vor allem im Zusammenhang mit dem Riesenbekämpfer Thor auffällig ist. G. kommt einige Male in Kenningar vor, und zwar auch schon im 10. Jh. (Kormákr, Sigurðardrápa 4).

Gríma (altnord., »Maske«) heißt eine Riesin in den Thulur; wahrscheinlich ist der Name ebenso abschätzend wie unser »Percht«.

(Grimgerde) heißt eine Walküre (Alt) in R. Wagners Oper *Die Walküre*. Der Name ist von Wagner frei erfunden.

Grímlingr (altnord., »der Kleine mit der Maske«?) heißt ein Riese in den Thulur, wobei der Name für einen Riesen recht unpassend wirkt. Vgl. aber Gríma.

Grimm, Jakob (1785–1863) gilt nicht nur als Begründer der deutschen Philologie und Altertumskunde, sondern auch der wissenschaftlichen Beschäftigung mit der german. Mythologie, so daß eine Forschungsgeschichte »vor J. Grimm« und »seit J. Grimm« (R. M. Meyer) deutlich unterschieden werden kann. Nach kleineren Vorarbeiten veröffentlichte G. 1835 seine *Deutsche Mythologie*, in der er versuchte, diese unter Ausschluß der nordischen Mythologie darzustellen. Er griff aber dennoch immer wieder auf skandinav. Material zurück, wodurch sein Werk durchaus den Charakter eines Abrisses der german. Mythologie erhält.

G. stützte sich in erster Linie auf volkskundliche Quellen, in zweiter nur auf die literarische Überlieferung; die Archäologie spielt, der Entstehungszeit entsprechend, noch eine sehr geringe Rolle.

G.s Werk wurde nur langsam zur Kenntnis genommen, war aber lange wirksam (2. Aufl. 1844, 3. 1854, 4. Aufl., hg. von E. H. Meyer und um einen Band erweitert, 1875–78). Es zeichnet sich durch unglaublichen Materialreichtum aus und stellt die Basis des folkloristischen Zweiges der Religionsforschung, ja der ganzen späteren Forschung zur german. Mythologie dar.

P. Fritz, »Aller sage grund ist nun mythus«. Religionswissenschaft und Mythologie im Werk der Brüder G., in: Die Brüder G. Dokumente ihres Lebens und Wirkens, 1985.

Grímnir (1) (altnord.) ist ein Odinsname, unter dem Odin im danach benannten Eddalied → Grímnismál auftritt; wie der Odinsname Grímr bedeutet G. »der Maskierte«. Neben Grm 47 und 49 findet sich G. in den Thulur, beim Skalden Hallfreðr und in zwei Kenningar für »Dichtung« auch in Eilifs Thórsdrápa, Úlfs Húsdrápa und bei Jarl Rögnvald. Das Auftreten in den Kenningar für Skaldenmet = Dichtung könnte auf eine Verbindung zum Mythos vom Raub des → Skaldenmets durch Odin hinweisen, etwa auf seine Verwandlung in einen Adler. Wahrscheinlicher ist dennoch, daß es sich wie bei → Grímr um einen alten Kultnamen für Odin handelte.

(2) (altnord., »der Maskierte«) heißt ein Riese in den Thulur; vgl. Gríma.

Grímnismál (Grm, altnord., »Das Lied von Grímnir«), ein Götterlied der Lieder-Edda, welches fast ausschließlich mythologischen Lehrstoff in didaktischen Strophen und Thulurreihen enthält. Das Gedicht hat in seiner uns überlieferten Form eine umfangreiche Prosarahmenhandlung, dazu bilden die Strophen 1–3 und 51–53 einen Rahmen für die eigentliche Wissensdichtung.

Die Rahmenhandlung erzählt von den Brüdern Geirroðr, der von Odin, und Agnarr, der von Odins Frau Frigg aufgezogen wird. Geirroðr beseitigt Agnarr, um allein die Königswürde des Vaters Hrauðungr zu erben. Über Geirroðr entbrennt ein Streit zwischen Odin und Frigg, und Odin beschließt, ihn zu prüfen. Auf Friggs Rat hin empfängt Geirroðr Odin – der sich jetzt Grímnir nennt – höchst ungastlich, er läßt ihn 8 Tage zwischen zwei Feuern martern, um ihn zum Reden zu bringen, bis ihm Geirroðs 10jähriger Sohn Agnarr zu trinken gibt; dann spricht Grímnir die 54 Strophen, die außer kurzen Anspielungen auf die Prosaerzählung in loser Folge und in verschiedenen Versmaßen eine Fülle von Merkstoff mit insgesamt 194 verschiedenen mythologischen Namen bringen. Am Ende rezitiert Grímnir/Odin noch 55 seiner Namen und gibt sich zu erkennen. Daraufhin wird im Ende des Prosarahmens noch berichtet, wie sich Odins Rache an Geirroðr erfüllt und dieser in sein eigenes Schwert stürzt. – Die zentrale Wissensdichtung enthält mythologisches Material über die → Götterwohnungen, über die Weltesche → Yggdrasill und die → Kosmologie überhaupt, ebenso wie die Erschaffung der Welt, daneben Listen von mythischen Flüssen und Pferden u. a. m.

Die ältere Forschung (Müllenhoff, Boer; Genzmers Eddaübersetzung, auch de Vries 1934) hat im Prosarahmen und den wenigen damit zusammenhängenden Strophen den eigentlichen Kern des Liedes gesehen und die meisten anderen Strophen wegen ihres offensichtlich didaktischen Charakters als späte Zutat abgetan. Die Geschichte von der Bevorzugung je eines Helden durch Odin und Frigg ist ja auch aus der Langobardengeschichte bekannt (der *Origo gentis Langobardorum* von 653 und Paulus Diaconus' *Historia Langobardorum* I,7.8 aus dem 8. Jh.) und ähnelt der Täuschung des Zeus im 14. Gesang der Ilias. Daneben finden sich in der Prosa auch noch zwei Märchenmotive, die auch sonst aus der altnord. Literatur bekannt sind: Der Brudermord um der Königswürde willen (wie in der Hervarar saga ok Heiðreks) und die Hilfe des Sohns für einen durch seinen Vater gefolterten Zauberer (wie in der Hálfdanar saga svarta 8).

Die Betrachtung des Liedes samt Prosarahmen als eine Einheit geht auf v. Hamel und Olsen zurück, deren Erkenntnissen sich die weitere Forschung angeschlossen hat, wobei der didaktische Hauptteil als typisches Produkt des ausgehenden Heidentums Ende des 10. Jh. gesehen wird, die Folterung Odins aber als Ritus der Wissensgewinnung, wie sie ähnlich auch in schamanistischen Praktiken begegnet (v. Hamel, Schröder, de Vries). Als Wissenswettstreit im Rahmen des Herrschaftsanspruchs auf das Sakralkönigtum interpretiert Fleck die Grm. Erst 1972 hat B. Ralph auf die naheliegende Möglichkeit aufmerksam gemacht, daß der Prosarahmen späterer Zusatz sein könne, der wohl aus der freien Ausgestaltung der Rahmenstrophen 1–3, 51–53 unter Verwendung der genannten Motive entstanden sei. Die 54 Strophen der Grm können auch ohne Prosarahmen sehr wohl einen Sinnzusammenhang bilden, und die Rahmenstrophen, die sicher schon ursprünglich zum Lied gehörten, stellen dann nicht mehr als einen fiktiven mythologisierenden Rahmen ähnlich dem der Alv und der Vm dar; wie Ralph eingehend gezeigt hat, sind die Wissensstrophen der Grm trotz wechselnden Versmaßes durchaus straff komponiert. Man wird also einem kultischen Ursprung des Liedes kritisch gegenüber stehen müssen, und die Grm am ehesten als spätheidnische Wissensdichtung zu betrachten haben, wofür auch die Systematisierungstendenzen am mythologischen Stoff sprechen.

R. Much, Der Sagenstoff der Grm, in: ZfdA 46, 1902; R. C. Boer, Beiträge zur Eddakritik, I. Über Grm, in: ANF 22, 1906; K. Müllenhoff, Dt. Altertumskunde, Bd. 5, [2]1908; A. G. van Hamel, Óðinn hanging on the tree, in: APhSc 7, 1932/33; M. Olsen, Fra Eddaforskningen. Grm og den höiere tekstkritik, in: ANF 49, 1933; A. H. Krappe, Odin entre les feux (Grm), in: APhSc 8, 1933–34; J. de Vries, Om Eddaens Visdomsdigtning, in: ANF 50, 1934; F. R. Schröder, Grm, in: PBB West 80, 1958; G. W. Weber, Grm, in: KLL 3, 1967; J. Fleck, Konr-Óttarr-Geirroðr, in: SS 42, 1970; ders., The ›Knowledge-Criterion‹ in the Grm: The Case against ›Shamanism‹, in: ANF 86, 1971; B. Ralph, The Composition of the Grm, in: ANF 87, 1972; E. Haugen, The Edda as Ritual: Odin and his Masks, in: Edda. A Collection, Winnipeg 1983.

Grímr (1) (altnord.) ist ein Odinsname, der in den Grm 46 und 47 (und in den Thulur) genannt wird. Wie der Odinsname Grímnir bedeutet G. »der Maskierte«, was sich wahrscheinlich auf Odins zahlreiche Verkleidungen und Verwandlungen bezieht, von denen ausdrücklich Snorri in der Ynglinga saga 6 berichtet. Andererseits ist der Odinskult zu beachten, mit den Maskenumzügen der Jungmännerbünde (→ Wildes Heer) und den in Tierverkleidung auftretenden Odinskriegern (wie Berserker und Úlfheðnar). Diese kultische Maskierung könnte auch die Basis für die Namen G. und Grímnir sein. Daß der Odinsname G., wenn er auch in der Dichtung seltener vorkommt als Grimnir, verbreiteter gewesen ist, lassen englische topographische Namen wie Grim's ditch und Grim's dyke für verschiedene (spätrömerzeitliche?) Befestigungsanlagen vermuten.

H. Falk, Odensheite, Kristiania 1924; A. L. Meaney, Woden in England, in: Folklore 77, 1966; J. de Vries, ARG, [3]1970.

(2) (altnord., »der Maskierte«) heißt ein Zwerg in den Thulur.

Gripnir (altnord., »Greifer«) heißt ein Riese in den Thulur; bedeutungsähnliche Namen sind Harðgreipr und Víðgrípr.

Grisla (altnord., »Ferkelchen«) heißt eine Riesin in den Thulur; andere Handschriften nennen hier Gnissa.

Grjótún (altnord., »Stein-Stadt«) heißt der Wohnort des Riesen Geirröðr in der Haustlöng 14 des Skalden Thjóðólfr; der Name ist wie eine Kenning gebildet, die steinerne Stadt der Riesen sind natürlich die Berge.

Grjótúnagarðar (altnord., »Stein-Stadt-Mauer«) ist ein mythischer Ortsname; in Snorris Erzählung (Skaldsk 17) von Thors Kampf mit dem Riesen → Hrungnir ist G. der Ort des Zweikampfs zwischen den beiden. Snorri hat den Namen in Abwandlung des Wohnorts des Riesen Geirröðr in der Haustlöng, Grjótún, erst selbst gebildet.

Gróa (altnord.) ist der Name einer Seherin; im eddischen Grógaldr (»G.s Zaubergesang«) ist sie die Mutter Svipdags, bei Snorri (Skaldsk 17) ist sie die Frau von Aurvandill; Snorri erzählt, wie sie nach Thors Kampf mit → Hrungnir den Splitter von Hrungnirs Wetzstein, der in Thors Schädel steckt, entfernen soll.
Der Name G. gehört etymologisch zweifellos zum Verb gróa »wachsen, gedeihen«; deswegen allein an eine alte Fruchtbarkeitsgottheit zu denken, ist müßig, da der Name höchstwahrscheinlich sehr jung ist.

Grógaldr (Grg, altnord., »Zauberlied der Gróa«) heißt ein sehr junges Eddalied, das zusammen mit den Fjölsvinnsmál als → Svipdagsmál bezeichnet wird. In den 16 Strophen des Liedes im Versmaß ljóðahattr sucht der Held Svipdag von seiner toten Mutter Gróa Rat für seine gefahrvolle Brautwerbefahrt zur Menglöð, und Gróa kündet ihm neun Zaubersprüche gegen verschiedene Gefahren an, die aber selbst nicht mitgeteilt werden.

Grottasöngr (Grt, altnord., »das Lied von der Mühle Grotti«) ist ein Eddalied, welches nur in zwei Handschriften von Snorris Edda aus dem 13. Jh. überliefert ist, nicht aber im Codex Regius. Daß entweder das Lied selbst oder – wahrscheinlicher – eine ältere Fassung des Stoffes schon im 10. Jh. bekannt war, beweisen Kenningar bei den Skalden (Egill, Eyvind), welche das Gold als »Froðis Mehl« bezeichnen.
Fenja und Menja sind zwei Riesinnen, die König → Froði als Sklavinnen gekauft hat, um seine Mühle Grotti zu drehen, die alles mahlt, was man sich wünscht. Die beiden Mägde beklagen in einer Wechselrede (8–24) ihr Schicksal, sprechen von ihrer Herkunft und ihren Taten, aber auch vom nahen Untergang von Froðis Königssitz in Hleiðra (Lejre). Schließlich verfallen sie in ihren Riesenzorn und zerstören Mühle und Haus, indem sie mit der Mühle das mahlen, was sie wünschen: Feuer, Waffen, ein feindliches Heer.
Dieses kurze, 24 Strophen umfassende Lied gehört natürlich nicht zur Götterdichtung, der

Stoff aber stellt eine Vermengung von mythischem mit sagen- und märchenhaftem Material dar, wobei gerade der letzte Aspekt von Snorri (Skaldsk 40) breiter ausgesponnen wird; er setzt die Erzählung des Gs. damit fort, daß ein Wikinger namens Mýsingr mit dem feindlichen Heer kommt, Froði erschlägt und seinen Königssitz zerstört; das war das Ende von »Froðis Frieden«. Mýsingr aber nahm Fenja und Menja samt der Mühle mit und ließ sie solange Salz mahlen, bis sein Schiff davon sank. Deswegen sei das Meer salzig, und aus der Bewegung der versinkenden Mühle sei ein Meeresstrudel entstanden.
Das Lied verbindet das bei Snorri mit anderen ätiologischen Motiven kombinierte europäische Märchenmotiv von der Wunschmühle mit dem mythisch-sagenhaften König Froði, dessen legendärer Friede uns auch aus zahlreichen anderen nordischen Quellen bekannt ist. Der Name der Mühle und die zwei zornigen Riesenmägde sind der Zusatz des Liedes oder seiner Vorstufe.

Ausg.: G. Neckel u. H. Kuhn, Edda, [4]1962. E. Schnippel, Der Grottasong und die Handmühle, in: ZfdA 61, 1924; A. Holtsmark, Grotta söngr, in: KLNM 5, 1960; J. de Vries, Altnord. Literaturgeschichte, [2]1964–67; H. Beck, Gs., in: KLL 3, 1964, A. Ebenbauer, Fróði und sein Friede, (Festgabe für O. Höfler) 1976; C. Tolley, The Mill in Norse and Finnish Mythology, in: Saga-Book 24, 1994–97.

N: V. Rydberg, *Den nya Grottesånger* (Gedicht, in: *Diktér*, 1891).

Grotti (altnord.) ist der Name einer mythisch-sagenhaften Mühle, → Grottasöngr.

Grottintanna (altnord., »die mit weit auseinander stehenden Zähnen« oder »die mit mahlenden Zähnen«?) heißt eine Riesin in den Thulur.

Grýla (altnord., »Gespenst, Trollweib«) ist eines der Synonyme für Riesin in den Thulur.

Gudme, Ort auf Ostfünen/Dänemark, dessen Namen man ebenso wie etwa 10 weitere skandinavische Ortsnamen auf Gud- auf ein ursprüngliches *Guðheim »Ort der Götter« zurückführen könnte, was durch benachbarte Ortsnamen wie Gudbjerg, Albjerg (»Berg des Heiligtums«?) und Galdbjerg (»Opferberg«) gestützt wird; dabei ist aber umstritten, ob der Name nicht auch von mittelalterlichen Klosternamen stammen könnte. Zwar hat man in G. (und dem angrenzenden Lundeborg) bislang kein Heiligtum, aber dennoch ein Reichtumszentrum der Völkerwanderungszeit gefunden, das auch Funde von → Brakteaten und → guldgubber erbracht hat, was auf eine pagan-religiöse Bedeutung dieses als Herrschaftszentrum ausgewiesenen Ortes hinweisen könnte.

J. Kousgård Sørensen, Gudhem, in: FmSt 19, 1985; H. Beck, Namenkundlich-religionsgeschichtliche Bemerkungen zur G.-Diskussion, in: Nordwestgermanisch, hg. von F. Marold u. C. Zimmermann, Berlin/New York 1995.

Guðmundr (altnord.), auch G. von Glæsisvellir genannt, ist der sagenhafte König dieses mythischen Reiches im Nordosten Skandinaviens. Er wird im Gegensatz zu seinem Bruder (oder nur: Nachbarn?) → Geirröðr nicht ausdrücklich als Riese bezeichnet, wenn auch bei Saxo (wo er Guthmundus heißt) seine große Gestalt erwähnt wird.

Die ausführlichste (und älteste) Erzählung findet sich bei Saxo (VIII, 286ff.), in welcher Thorkillus auf der Expedition zu Geruthus (= Geirröðr) im äußersten Bjarmaland auf dessen Bruder G. stößt, der die Männer Gorms und Thorkills durch luxuriöse Bewirtung in seine Gewalt bringen will, wegen ihrer Abstinenz sein Ziel jedoch nicht erreicht (vgl. Odysseus' Abenteuer bei Kirke). Thorkill und seine Leute sehen auf dem Weg zu G.s Haus eine goldene Brücke über einen Fluß, die sie aber nicht betreten dürfen, da der Fluß die Grenze zwischen der menschlichen und der jenseitigen Welt bildet. Schließlich bringt G. die Reisenden doch über den Fluß, so daß sie ihre Reise zu Geirröðr fortsetzen können.

In der Thorsteins saga bæjarmagns (14. Jh.) ist G. der König von Glæsisvellir und Herrscher über ein lichtes, menschenfreundliches Volk, aber dem finsteren Geirröðr tributpflichtig; mit Hilfe des Helden Thorstein wird Geirröðr überwunden. Weitaus negativer – als König einer Geisterwelt und Zauberer – wird G. von Glæsisvellir in dem ebenfalls jungen Helgis þáttr Þórissonar dargestellt, wogegen die Hervarar saga ihn einfach als König von → Glæsisvellir, welches in Jötunheim liege, bezeichnet; dort wohnte er an einem Ort namens Grund (in der Thorsteins saga das Land Jarl Agdis, eines Gefolgsmannes von Geirröðr) und wurde nach seinem Tod mit Opfern verehrt.

G. dürfte also als Herr eines Totenreichs verehrt worden sein, wenn man der allerdings nicht sehr verläßlichen Hervarar saga Glauben schenken darf, denn Glæsisvellir hängt zweifellos mit mittelalterlichen Paradiesvorstellungen zusammen; daß diese Vermutung nicht ganz unbegründet ist, geht aus der Verehrung eines »hölzernen Gudmund«, eines Holzgötzen, in Telemark (Norwegen) zu Beginn des 18. Jh. hervor (Höfler).

Dennoch gehen G. und Glæsisvellir wohl kaum auf alte heidnisch-german. Glaubensvorstellungen zurück, sondern sind eher das Produkt einer sich erst im Hoch- und Spätmittelalter in Skandinavien unter ausländischem Einfluß entwickelnden Jenseitsgeographie.

O. Höfler, Kult. Geheimbünde, 1934; H. R. Ellis, The Road to Hel, Cambridge 1943; C. Tolkien (Hg.), The Saga of King Heidrek the Wise, Edinburgh 1960; J. Simpson, Otherworld Adventures, in: Folklore 77, 1966; R. Simek, Elusive Elysia, or: Which Way to Glæsisvellir? On the Geography of the North in Icelandic Legendary Fiction, in: Sagnaskemmtun, (Studies in Honour of Hermann Pálsson) 1986.

Guðr (altnord.), Name einer Walküre, Nebenform zu → Gunnr.

Guinehae. Matronenname auf einer Inschrift von Tetz (CIL XIII 7878); vielleicht auf Berguinehae zu ergänzen? Sonst ungeklärt.

M. Schönfeld, Wörterbuch der altgerman. Personen- und Völkernamen, [2]1965.

guldgubber (dän., »Goldmännchen«) nennt man völkerwanderungszeitliche, geprägte dünne Goldblechfiguren, welche nur 10–15 mm groß sind und vor allem in den großen Hallen von skandinavischen Reichtumszentren des 6./7. Jahrhunderts (wie z. B. Gudme auf Fünen/Dänemark, Uppåkra in Schonen/Schweden, Mære und Borg in Norwegen) deponiert wurden. Von den bislang ca. 3500 gefundenen Bildchen (davon aber ca. 2300 aus Bornholm aus stark gestörten Fundlagen), die etwa 600 verschiedene Prägungen repräsentieren, zeigen ca. 200 Motive einzelne Männergestalten, ca. 30 Abdrucke einzelne Frauengestalten, und nur 15 Motive Paare. Der Rest ist entweder nicht mehr zu identifzieren oder zeigt offenbar Tote, welche durch ihre fehlenden Gesichtszüge, ihre Fußhaltung und übergroße, im Unfähigkeitsgestus dargestellten Hände markiert sind, dazu sogar einige Tierfiguren (Schweine, Bären?). Die Tatsache, daß viele der Figuren neben einer Reihe von Attributen (Trinkhörner, Fibeln und Halsketten bei den Frauen, Diademe, Ringe, Sturzbecher, Stäbe und ungeklärte Objekte bei den Männern) auch deutliche Rechtsgesten aufweisen oder eben als tot dargestellt werden, macht die alte Deutung als Götterbilder ganz unwahrscheinlich. Vermutlich handelt es sich um Bilder von Fürsten oder deren Ahnen, welche zu bestimmten Anlässen geprägt und möglicherweise an den → Hochsitzsäulen ihrer Hallen angebracht wurden.

M. Watt, Die Goldblechfiguren (»g.«) aus Sorte Muld, in: Der historische Horizont der Götterbild-Amulette aus der Übergangsepoche von der Spätantike zum Frühmittelalter, hg. von K. Hauck, 1992; dies., Gubber, in: RGA 13, 1999; dies., Guldgubberne fra Sorte Muld, Bornholm, in: Nordisk hedendom. Et Symposium, hg. von Gro Steinsland, Odense 1991; dies., Kings or Gods? Iconographic Evidence from Scandinavian Gold Foil Figures, in: The Making of Kingdoms. Anglo-Saxon Studies in Archaeology and History 10, Oxford 1999; R. Simek, Gods, Kings, Priests or Worshippers? The Status of the Figures on the Migration Age Scandinavian *g.*, in: Norna u istochnika sud'by: Sbornik statej v chest' Eleny Aleksandrovny Mel'nikovoj, hg. von T. N. Jackson u.a., Moskva 2001; ders., Goddesses, Mothers, Dísir: Iconography and Interpretation of the Female Deity in Scandinavia in the first Millenium, in: Mythological Women. Studies L. Motz, 2002; R. Simek, S. Ratke, *G.*: Relics of Pre-Christian Law Rituals? in: Germanic religion in long term perspective, Lund 2006 (im Druck).

Gullfaxi (altnord., »Gold-Mähne, Gold-Pferd«) heißt das Pferd des Riesen → Hrungnir, der damit Odin auf Sleipnir zu einem

Wettrennen herausfordert; er ist mit G. zwar langsamer als Odin, kommt aber bei der Verfolgung Odins erst in Asgard zum Stehen, worauf er als Folge seiner Prahlereien schließlich von Thor im Zweikampf erschlagen wird. Thor schenkt dann das Pferd G. seinem dreijährigen Sohn Magni, den er mit der Riesin Járnsaxa gezeugt hatte. Odin rügt Thor deswegen und meint, er hätte das Pferd lieber ihm, seinem Vater, schenken sollen als dem Riesensprößling Magni. Bis auf diese letzte Episode macht die ganze Erzählung durchaus den Eindruck einer Neuschöpfung Snorris in Skaldsk 17, die zum Kampf Thors mit Hrungnir überleiten soll. In den Thulur wird G. als eines der Asenpferde erwähnt.

N: *Gullfaks* heißt ein norweg. Ölfeld zwischen Westnorwegen und den Shetlands.

Gullinborsti (auch Gullinbursti, Gullinbyrsti, altnord., »der mit den goldenen Borsten«) heißt der Eber des Gottes Freyr. Der Name wird nur von Snorri (Gylf 48 und Skaldsk 7) erwähnt, der ihn wahrscheinlich nach einer Kenning für »Eber« in Ulfs Húsdrápa gebildet hat. G., der auch Sliðrugtanni genannt wird, zieht einen Wagen, in dem Freyr fährt (Gylf 48), und kann schneller als jedes Pferd durch die Luft und über Wasser laufen, und das bei Tag und Nacht, da seine Borsten hell leuchten; G. wurde vom Zwerg Brokkr verfertigt. Diese märchenhaften Elemente sind aber wohl erst Snorris mittelalterliche Ausschmückung. Den Eber als Tier des Gottes Freyr kannte aber schon Ulfr im Jahr 986, und das sonarblót (Opferung des Ebers → Sonargöltr) wurde schon früh als Erntesegen abgehalten. Allzuhäufig ist die immer als gegeben akzeptierte Verbindung von Freyr mit dem Eber freilich nicht belegt, obwohl der Eber als Symbol schwedischen Königtums auch auf dem Ring → Svíagríss und als schwedische Helmdekoration auf eine Verbindung mit den Wanen hinweist.

H. Beck, Das Ebersignum, 1965.

N: A. Oehlenschläger, *Loke skaffer Aser Kleinodier hos Dvaergene* (Gedicht in: *Nordens Guder*, 1819).

Gullinkambi (altnord., »Goldkamm«) heißt in der Vsp 43 ein Hahn, der bei den Asen durch sein Krähen den Anbruch der Ragnarök verkündet; weitere Hähne in der Edda sind Fjallar (Vsp 42) und Salgofnir (HH II 49). Der Hahn warnt nicht nur die Götter, sein Weckruf dürfte auch bei einer Auferweckung der Toten Bedeutung haben. Daß den Hähnen im Totenkult ein Platz zukam, scheint eine Stelle in der Jenseitsreise des → Haddingus bei Saxo (I, 31) zu belegen, wo Haddingus' Führerin einen Hahn tötet, den sie über eine Mauer im Jenseits wirft und der sofort wieder lebendig wird.

Å. V. Ström u. H. Biezais, German. und balt. Religion, 1975.

Gullintanni (altnord., »der mit den goldenen Zähnen«) ist ein Beiname des Gottes → Heimdall, den Snorri (Gylf 26) anführt und den er damit erklärt, daß Heimdall goldene Zähne gehabt habe; dieser Name hat mit dazu geführt, daß man in Heimdall (nach Snorri »der weiße Gott«) einen Gott der Sonne, des Tages oder der Morgenröte sehen wollte.

Gullmævill (altnord., eigentl. »Goldmöwchen«, aber vielleicht »reicher Seekönig«, da Mævill als Seekönigsname zu finden ist) heißt ein Zwerg in den Thulur.

C. N. Gould, Dwarf-Names, in: PMLA 44, 1929.

Gulltoppr (altnord., »Goldmähne«) heißt ein mythisches Pferd im Katalog der Pferdenamen in den Grm 30 und in den Thulur. Daß G. Heimdalls Pferd ist, muß man sicherlich erst Snorris mythologischen Systematisierungsversuchen zuschreiben (Gylf 26, 46, Skaldsk 8).

Gullveig (altnord., »Gold-Trank, Gold-Rausch« oder »Gold-Stärke«; jedenfalls aber »die personifizierte Gier nach Gold«), Zauberin oder Seherin in der Vsp. Der Name G. findet sich ausschließlich in der Vsp 21 und 22, und diese Strophen sind keineswegs ganz klar:

Vsp 21:
»Da erinnerte sie sich des ersten Kriegs in der Welt,
als sie Gullveig mit Speeren stießen
und sie in der Halle des Hohen verbrannten;
dreimal verbrannten sie die dreimal Geborene,
oft, nicht selten, aber sie lebt.

Vsp 22:
Heiðr wurde sie genannt, in welches Haus sie auch kam,
die richtig weissagende Seherin, die Zauberei verstand.
Sie zauberte, wo sie konnte, sie zauberte in Trance,
sie war immer das Vergnügen böser Frauen.«

Darauf folgt dann die Schilderung des → Wanenkriegs.
Die G.-episode läßt einen breiten Spielraum für Deutungen zu; G. wird als Seherin bezeichnet, ob sie deshalb aber mit der Seherin identisch ist, nach der die Vsp benannt ist – wie J. Grimm annahm – ist sehr zu bezweifeln. Zauberkundig wird G. erst nach ihrer dreifachen Wiedergeburt unter dem Namen Heiðr genannt. Heiðr ist sowohl in der Landnámabók wie in der Hrólfs saga kraka der Name einer Seherin, aber deswegen noch kein Synonym für Seherin. Ihre magischen Fähigkeiten stellt G./Heiðr auf die Seite der Wanen, wofür auch ihre Verbrennung durch die Asen (Hár »der Hohe« ist Odin) und der dadurch entfachte Krieg zwischen Asen und Wanen ausreichende Belege sind. Sie mit de Vries als »Hexe« zu betrachten, die von den Asen ver-

brannt wird, ist allerdings simplifizierend.

Gehrts hat in der G.-Mythe die Reflexion eines Opferritus gesehen, Fischer (im Anschluß an Müllenhoff) einen alchemistischen Goldläuterungsritus, was immer darunter zu verstehen sein mag. Krause hat auf die Parallelen mit Pandora, Dumézil auf solche mit Tarpeia hingewiesen; in beiden Fällen ist es wahrscheinlich, daß die Zusammenhänge nur typologischer Natur sind. Die bislang einleuchtendste Erklärung der G. gibt Turville-Petre (basierend auf Dumézil), der G. als Freyja deutet. Freyja war nämlich die am engsten mit Gold assoziierte Göttin (ihr gehört z. B. das Brísingamen, und ihre Töchter heißen Hnoss und Gersimi, beides bedeutet »Juwel«), sie gehört zu den Wanen, die aber nach dem Wanenkrieg (als Geisel?) bei den Asen anzutreffen ist, und sie ist die Exponentin der als → seiðr bezeichneten Form von Magie. Möglicherweise ist in G./Freyja eine »Agentin« der Wanen zu sehen, welche durch Goldgier, Lust und Zauberei Zwietracht unter den Asen säen sollte. Selbst der dreifache Versuch der Asen, diese Versuchungen auszurotten, scheitert, und G. lebt weiter. De Vries hat vorgeschlagen, daß sich diese Korruption auf eine sexuell-orgiastische beschränkt, welcher die Asen (eine »streng patriarchalische Oberschicht«) ein Ende setzen wollten. Dagegen spricht aber doch die Betonung des Elements »Gold« in den Namen von G. und Heiðr. Allerdings ist die Etymologie nicht unumstritten; Gull- heißt »Gold«, aber veig (auch in den Frauennamen Rannveig, Sölveig, Þórveig) ist unklar, bedeutet meist »alkoholisches Getränk«, aber auch »Kraft, Stärke« und vielleicht ebenfalls »Gold«. Die »Gier nach Gold« dürfte die Bedeutung am ehesten treffen, auch wenn der Name, wie de Vries annimmt, jung ist. Auch Heiðr liegt semantisch nahe: heiðr bedeutet »Ruhm« ebenso wie (als adj.) »hell, klar«. G. wird zwar nach ihrer Wiedergeburt mit einem anderen Namen bezeichnet, die Bedeutung bleibt aber im wesentlichen unverändert.

J. Grimm, Dt. Mythologie, [4]1875–78; G. Dumézil, Tarpeia, Paris 1947; T. H. Wilbur, The Interpretation of Vsp 22, 4: Vitti Hon Ganda, in: SS 31, 1959; J. de Vries, Vsp Str. 21 u. 22, in: ANF 77, 1962; R. W. Fischer, G.s Wandlung, in: Antaios 4, 1963; E. O. G. Turville-Petre, Myth and Religion of the North, New York 1964; H. Gehrts, Die G.-Mythe der Vsp, in: ZfdPh 88, 1969; J. de Vries, ARG, [3]1970; W. Krause, G. and Pandora, in: Skandinavistik 5, 1975.

Guma (altnord.) heißt eine Riesin in den Thulur. Daß G. nur eine feminine Form von gumi »Mann« wäre, ist kaum überzeugend; vielleicht also zu Gymir?

Gungnir (altnord., »der Schwankende«) heißt Odins Speer, der zu seinen typischen Attributen zählt. Schon Bragi im 9. Jh. nennt Odin Gungnis váfaðr (»Schüttler des G.«) und bei Egill heißt er geirs dróttin (»Herr des Speers«);

auch Kormákr nennt Hroptr (= Odin) als Träger des G. In → Odins Selbstopfer wird der Gott durch einen Speer verwundet, diese Art der Verwundung ist auch für das Odinsopfer sonst belegt (→ Víkarr), und in der Ynglinga saga 9 berichtet Snorri in euhemeristischer Darstellung, daß sich sowohl Odin als auch Njörðr bei ihrem Tod mit einem Speer ritzten, um sich Odin zu weihen. Mit dem Speer tötet Odin die Krieger in der Schlacht und holt sie dann zu sich; der Speerwurf über das feindliche Heer weiht dieses dem Odin.

Nach Snorri (Skaldsk 9 und 33) wurde G. ebenso wie die anderen Götterattribute von Zwergen geschmiedet, den Söhnen Ivaldis, die Loki dazu gezwungen hatte; laut Sdr 17 sind auf der Spitze des Speers G. Runen eingeritzt; Runeninschriften auf völkerwanderungszeitlichen Speerspitzen sind auch durch archäologische Funde bekannt. Seit den bronzezeitlichen südskandinav. Felszeichnungen ist in Skandinavien ein Speergott belegt, der mit Odin sicherlich identisch ist; auf den wikingerzeitlichen Bildsteinen ist der Speerreiter durch die Vogelbegleitung, zum Teil auch durch das achtbeinige Pferd Sleipnir zweifelsfrei als Odin gekennzeichnet.

Es ist allerdings nicht sehr wahrscheinlich, daß der »Aufstieg« des Speergottes Odin und ein »Fall« des älteren Schwertgottes Týr tatsächlich einen Wandel in der Form des Kampfes vom Schwert zum Speer reflektieren (Schwietering), vielmehr ist der Speer als Herrschaftssymbol von Bedeutung, das dem Rechtsgott Týr ebenso zukam wie Odin in seiner Herrscherfunktion.

J. Schwietering, Wodans Speer, in: ZfdA 60, 1923; O. Höfler, Germanisches Sakralkönigtum, 1952.

Gunnlöð (altnord., »Einladung zum Kampf«) ist der Name einer Riesin, die im Mythos vom Raub des Skaldenmets diesen Trank bewacht. Als der Besitzer des Mets, G.s Vater Suttungr, Odin einen Schluck des → Skaldenmets verweigert, kriecht Odin in Schlangengestalt durch ein vom Riesen Baugi durch den Berg gebohrtes Loch zu G.; nachdem er drei Nächte bei ihr geschlafen hat, gewährt G. ihm drei Schlucke des Mets, mit denen er die Gefäße Boðn, Són und Óðrœrir völlig leert, bevor er in Adlersgestalt entflieht (Snorri, Skaldsk 1, nach Háv 103–110).

G.s Name wäre für eine Walküre typischer als für eine Riesin, so daß man sie mit der Gestalt der trankspendenden Walküre verglichen hat.

Eine Parallele zu der Geschichte von G.s Verführung durch Odin ist der griechische Mythos von Zeus und Persephone; Persephone ist in einer Höhle eingeschlossen, Zeus kommt in Gestalt einer Schlange zu ihr; der Verbindung entspringt Zagreus. Trotz einiger übereinstimmender Details sind aber der Zagreusmythos und der nordische Mythos vom Raub des Skaldenmets kaum verwandt.

R. Doht, Der Rauschtrank im german. Mythus, 1974.

N: P. Cornelius, *Gunlöd* (Oper, 1891).

Gunnr oder Guðr (altnord., »Kampf«) ist ein häufiger Walkürenname, sowohl in der Skaldendichtung wie in der Edda (Drdlj 5, Vsp 30, HH II, 7) und der Snorra-Edda (Gylf 55). G. weist wie andere Walkürennamen (Hildr, Herfjötur, Hjörþrimul, Hlökk, Skaga, Thrúðr) auf den Einfluß der → Walküren auf das Kampfgeschehen hin.

F. Jónsson, Lexicon Poeticum, Kopenhagen [2]1966; J. de Vries, Altnord. etymolog. Wörterbuch, Leiden [2]1977.

Gunnthorin (altnord. Gunnþorin »die Kampflustige«) heißt einer der mythischen Flüsse im Flußkatalog der Grm 27.

Gunnthró (altnord. Gunnþró »Kampfrinne«, wahrscheinlicher als Snorris Version Gunnþrá »Kampfeslust«) ist ein Fluß im Katalog mythischer Flüsse in der Grm 27; bei Snorri, wo der Fluß Gunnþrá oder auch Gunnþráin heißt (Gylf 3 und 40), ist er einer der Flüsse Élivágar, die aus der Quelle Hvergelmir entspringen.

Gusir (altnord.) heißt ein Riese in den Thulur; ob er mit dem sagenhaften Finnenkönig Gusi, der in der späteren altnord. Literatur häufig vorkommt, identisch ist, ist ebenso unklar wie die Bedeutung des Namens: vielleicht zu gustr »Bö« und gjósa »sprudeln«, also vielleicht »der Stürmende«?

Gustr (altnord., »Bö«) heißt ein Zwerg in den Rm 5, ist hier aber wohl nur ein anderer Name für den Zwerg Andvari.

Guthmundus ist ein sagenhafter König bei Saxo Grammaticus (8, 286ff.), der mit dem altnord. → Guðmundr identisch ist.

Gylfaginning, Gylf (»Die Täuschung Gylfis«), der erste Abschnitt der → Edda. Snorri beschreibt in der Rahmenhandlung, wie der schwed. König → Gylfi in Verkleidung, sich Gangleri nennend, nach Asgard zieht, um die Asen und ihre Weisheit kennenzulernen. Er trifft in einer Halle auf drei Götter, Hárr (»der Hohe«), Jafnhárr (»der ebenso Hohe«) und Thriði (»der Dritte«), die ihm auf seine Fragen Antwort geben. In diesen Antworten bietet Snorri eine systematische Darstellung der nordischen Mythologie, die unsere wesentlichste Quelle hierfür darstellt. Am Ende hört Gylfi Donner und findet sich allein auf einer Ebene. In der Beschreibung der Götter, ihrer Attribute, ihrer Taten und des mythischen Weltgebäudes diente Snorri in der Anordnung vorwiegend die Völuspá als Vorlage, die ebenfalls von der Kosmogonie bis zum Weltende und der Neuschöpfung fortschreitet. Snorri zitiert über 60 Strophen, und neben der Völuspá zählen zu seinen Quellen die Vafthrúðnismál, Grimnismál, Skírnismál, und für die Charakterisierung der Götter vorwiegend die Lokasenna. Die Form der G., der didaktische Dialog, war Snorri wohl vorwiegend aus lat. Werken wie den Gregoriusdialogen und dem *Elucidarius* bekannt. Die Behandlung des Stoffes ist frei und trotz des gelehrten mittelalterlichen Blickwinkels auch frei von jeder christlichen Verteufelung der alten Mythen. Aber auch die Meinung, Snorri habe mehr oder weniger an die vermittelten Inhalte geglaubt (H. Kuhn), ist jedoch recht unwahrscheinlich. Snorri steht den Mythen eher mit einer bemerkenswerten wissenschaftlichen Objektivität und Distanz gegenüber.

E. Mogk, Untersuchungen über die G., in: PBB 6 u. 7, 1879 u. 1880; F. Jónsson, Litt. Hist., Bd. 1, Kopenhagen 1923; W. Baetke, Die Götterlehre der Snorra-Edda, 1950; H. Kuhn u. W. Baetke: Die Götterlehre [Rez.], in: Anz. f. d. A. 65, 1952; J. de Vries, Altnord. Literaturgesch., Bd. 2, [2]1967; E. O. G. Turville-Petre, Origins of Icelandic Lit., Oxford 1975; A. Wolf, Sehweisen und Darstellungsfragen in der G., in: Skandinavistik 7, 1977; G. Lorenz, Snorri Sturluson, G. Texte, Übersetzung, Kommentar, 1984; H. Klingenberg, G. Tres vidit unum adoravit, in: Germanic Dialects, hg. von B. Brogyanyi u. Th. Krömmelbein, Amsterdam/Philadelphia 1986.

Gylfi, mythischer Schwedenkönig, der nach Snorris gelehrter Urgeschichte den Asen die Herrschaft in Skandinavien übergab (Snorra-Edda, Prolog; Ynglinga saga 5); in der → Gylfaginning (»Die Täuschung Gylfis«) setzt Snorri G. als Protagonisten der Rahmenhandlung ein. In den Thulur der Snorra-Edda scheint G. als Seekönig auf, was sowohl zu der Etymologie des Namens paßt (zu altnord. gjálfr »Meer, Woge«) als auch zu seiner Funktion in der Ynglinga saga; hier schenkt er → Gefjon ein Stück Ackerland, das sie von Schweden lospflügt, woraus die Insel Seeland entsteht; möglicherweise ist in G. also ursprünglich ein Meerriese zu sehen.

A. Olrik, Gefion, in: Danske Studier, 1910; F. Jónsson, Þulur, in: Acta Philologica Scandinavica 9, 1934; J. de Vries, Altgerman. Religionsgeschichte, [3]1970; ders., Altnord. etymolog. Wörterbuch, Leiden [2]1977; M. Clunies-Ross, The myth of Gefjon and G. and its function in Snorra-Edda and Heimskringla, in: ANF 93, 1978.

N: P. H. Ling, *Gylfe* (Epos, 1812); P. Hörberg, *König Gylfe empfängt Oden bei seiner Ankunft in Schweden* (Skizze, 1814).
Gylfilitenbund, ca. 1880ff.

Gyllir (1) oder Gyllingr (altnord., »der Schreiende«) heißt ein Riese in den Thulur, vielleicht mit Gillingr identisch.
(2) (altnord., »der Goldfarbene«) heißt ein mythisches Pferd in den Grm 30 und in den Thulur; Snorri (Gylf 14) führt G. unter den Asenpferden an.

Gymir (altnord. »Meer«?) ist ein Riese, nach der Prosaeinleitung der Ls ist G. ein anderer Name für den Meerriesen → Aegir. Diese Gleichsetzung findet sich in der Lieder-Edda nur hier, aber auch bei Snorri (Skaldsk 23) mit Berufung auf eine Strophe von Refr; in diesen beiden Fällen kann sich die Identifikation aber auf die funktionelle Austauschbarkeit von Riesennamen in Kenningar beschränken. Auf Grund der unterschiedlichen Angaben über die Familienverhältnisse (Aegirs Frau ist die Meeresgöttin Ran, er hat mit ihr neun Töchter) sind aber wohl zwei getrennte Gestalten anzunehmen. G. ist nämlich der Vater der → Gerðr (Skm, Hdl 30), um welche Freyr durch Skírnir werben läßt, dazu kommt in der Nacherzählung bei Snorri (Gylf 36) und in der Hdl 30 noch Aurboða als Frau G.s. Die Thulur erwähnen G. ebenfalls unter den Riesen. Die mythische Funktion von G. – ob chthonische Gottheit oder Meerriese – ist unklar, auch die Etymologie; aber da es sich vielleicht doch um eine von Aegir getrennte Figur handelt, hat man Etymologien vorgeschlagen, die der angeblichen chtonischen Natur des Riesen G. gerecht werden wollen: als »Erdmann« (zu altnord. gumi »Mensch«, gyma »Erde«); als »der Winterliche« (zu gemla); als »der Beschützer« (zu geyma) oder als »der Brüller« (aus *Ga-Ymir).

M. Olsen, Fra gammelnorsk Mythe og Kultus, in: MoM 1, 1909; J. Sahlgren, Skírnismál, in: Eddica et Scaldica 2, Lund 1928; A. M. Sturtevant, Three Old Norse Words, in: SS 28, 1956; J. de Vries, Altnord. etymolog. Wörterbuch, Leiden [2]1977.

H

Hábrók (altnord., »Hoch-Hose«) heißt der Habicht, der sich in Grm 44 als mythischer Vertreter seiner Gattung in einer Aufzählung solcher mythischer Repräsentanten findet; der Name bezieht sich wohl auf den Ansatz der Beinbefiederung.

Hadda (altnord., »die Haarige«) heißt eine Riesin in der mythischen Genealogie in Hversu Nóregr byggdisk, einer sagenhaften norweg. Urgeschichte; H. ist hier die Tochter des Riesen Svaði und die Frau des Norr.
N: *Hadda*, niederländ. Patrouillenboot, fertiggestellt 1955.

Haddingjar sind zwei Brüder, die in den altnord. Sagas als tveir H., bei Saxo (Gesta Dan. V) als duo Haddingi (»die zwei H.«) bezeichnet werden. Von ihnen berichten die skandinav. Quellen zur german. Heldensage (Hdl 23; Örvar-Odds saga 29; Hervarar saga 3), daß sie die jüngsten von 12 Brüdern waren, und einander so nahe standen, daß sie erst zusammen die Kraft eines Mannes hatten. Die Form H. ist ein Plural zum Namen des Odinshelden → Haddingus und entspricht wohl den wandalischen Königen der Hasdingi und den angelsächs. Heardingas.
Besonders Dumézil hat in diesen Brüdern der Heldensage eine Reflexion einer german. Vorstellung von → Dioskuren-Göttern gesehen, die im german. Be-

reich auch in den Alcis auftreten; allerdings ist es wohl verfehlt, alle möglichen Brüderpaare der Mythologie und Heldensage als Dioskuren interpretieren zu wollen.

O. Höfler, German. Sakralkönigtum, 1952; G. Dumézil, From Myth to Fiction, Chicago 1973.

Haddingus ist ein dän. König, über den Saxo (Gesta Dan. I) recht ausführlich erzählt und der in der nord. Heldensage offensichtlich einen wichtigen Platz einnahm, obwohl er in den isländischen Quellen nie allein genannt wird, sondern nur zusammen mit seinem Zwillingsbruder als die zwei → Haddingjar.
Man hat den Namen H. schon früh mit dem Weihehaar der Odinskrieger in Verbindung gebracht, H. ist überhaupt der typische Odinsheld, der von Jugend an in seinen zahlreichen Kämpfen Odins Hilfe genießt und der sich am Ende seines Lebens in spektakulärer Weise Odin weiht: der siegreiche König erhängt sich vor den Augen seines Volkes. Weitgehende Parallelen mit der Biographie eines anderen Odinshelden, dem König Harald hilditann, haben zu Spekulationen über die Verwandtschaft der beiden Sagen geführt, die aber schließlich nur in bezug auf ähnliche Strukturen in den Lebensläufen von Odinshelden nachzuweisen ist.
Eine Reflexion eines Mythenkomplexes um den Gott Njörðr hat Dumézil im heroischen Leben des H. zu sehen gemeint, und zweifellos gibt es hier strukturelle Gemeinsamkeiten. Warum der Mythos allerdings so grundlegend in eine Heldensage umgearbeitet worden wäre, bei der nicht nur alle Namen, sondern auch wichtige Handlungselemente verlorengegangen sind, kann auch Dumézil nicht beantworten.

P. Herrmann, Die Heldensagen des Saxo Grammaticus, 1922; O. Höfler, German. Sakralkönigtum, 1952; G. Dumézil, From Myth to Fiction, Chicago 1973; R. Kroesen, One Hadingus – two Haddingjar, in: SS 59, 1987.

Hadningar-Kampf → Hjaðningavíg.

Hænbúi (altnord.) ist der Name eines Zwergs in den Thulur. Möglicherweise eine Variante zu Hornbori, vielleicht gehört er aber zum Pflanzennamen Hænbúa »Narde«.

Hängen → Odins Selbstopfer, → Menschenopfer, → Todesstrafe.

Hæra (altnord., »die Grauhaarige«) heißt eine Riesin in den Thulur.

Haeva, Name einer german. Göttin von einer Inschrift aus Geldern (4. Jh?; CIL XIII 8705), welche Herculi Magusano et Hævae gewidmet ist; H. könnte eine Schreibweise für die griechische Göttin Hebe sein, aber die mögliche Verbindung mit german. *hīwan- »heiraten« erlaubt auch die Deutung als german. Göttin, welche dann eine Beschützerin der Familien gewesen wäre und die deshalb von einem Ehepaar für ihre Kinder angerufen wurde, wie der weitere Text der Inschrift zeigt.

M. Schönfeld, Wörterbuch der altgerman. Personen- und Völkernamen, [2]1965; J. de Vries, ARG, [3]1970.

Hafli (altnord., »der Halter« oder »der Gierige«?) heißt ein Riese in den Thulur, der zwar sonst in der altnord. Dichtung nicht auftritt, wohl aber bei Saxo als Haphlius; laut Saxo werden die beiden Söhne Grams, Guthorm und Hadding, in Schweden von den zwei Riesen Vagn(h)ophtus und Haphlius (= Vagnhöfði und H.) aufgezogen (Gesta Dan. I, 19). Entsprechend Saxos euhemeristischer Betrachtungsweise der nordischen Mythologie werden neben den Göttern auch die Riesen auf menschliches Niveau gebracht und können so als Ziehväter des Helden fungieren. Saxos Bericht und die Namen gehen hierbei wohl auf uns verlorene Fornaldarsögur zurück.

P. Herrmann, Die Heldensagen des Saxo Grammaticus, 1922.

Hagvirkr (altnord., »der günstig Wirkende«) ist ein Odinsname in den Thulur; der Name stellt den Gegensatz zum Odinsnamen Bölverkr dar.

Hain → Heiliger Hain.

Haki (altnord., »Haken«) ist ein häufiger Name für Seekönige in den Kenningar der Dichtung, nur in der Riesengenealogie der Völuspá in skamma (Hdl 32) scheint er einen Riesen zu bezeichnen, welcher als Sohn der Hveðna und Enkel des Hjörvarðr angeführt wird.

Hala (altnord.) heißt eine Riesin in den Thulur und einigen Kenningar. Der Name gehört entweder zu helan »verbergen« oder zu hall »glatt«, wobei die erste Deutung semantisch überzeugender ist.

Halamarðus → Mars Halamarðus.

Hallinskiði (altnord.) ist ein Beiname des Gottes → Heimdall im Skaldengedicht Gráfeldardrápa des Glúmr Geirason (um 970) und bei Snorri (Gylf 27); daneben ist H. eine Bezeichnung für »Widder« in den Thulur. Für den etymologisch unklaren Namen wurden bereits eine ganze Reihe von Deutungen vorgeschlagen, die von »der mit den schiefen Hörnern« über »der schräge Stab = Sonnenstrahl« oder »Weltachse« bis zum »Felsenspalter« (Schröder) reichen. Zusammenstellungen der Erklärungen bei:

A. Ohlmarks, Heimdalls Horn, Lund 1937; J. de Vries, Altnord. etymolog. Wörterbuch, Leiden [2]1977.

Hamavehae. Matronenname mit einem sicheren (Altdorf CIL XIII 7864) und zwei fraglichen Belegen (CIL XIII 7847 u. 12072); der Name gehört wohl (trotz de Vries' Vorbehalten) zum Volksnamen der Chamaver, welcher sich sowohl bei Tacitus (Ann XIII, 55) als auch andernorts in der antiken Literatur vom 1. bis zum 4. Jh. n. Chr. findet.

S. Gutenbrunner. Die german. Götternamen, 1936; M. Schönfeld, Wörterbuch der altgerman. Personen- und Völkernamen, ²1965; J. de Vries, ARG, ³1970.

Hamingja (altnord.) ist im nord. Heidentum das personifizierte Glück eines Menschen und wird als solches nicht nur abstrakt, sondern auch als eine Art von seelenhaftem Schutzgeist aufgefaßt und steht damit den → Fylgjen nahe.
Eine zweite Bedeutung von H. scheint für die veränderte Erscheinungsform von Menschen, die ihre Gestalt wechseln können, vorzukommen. Das Wort ist nämlich wahrscheinlich aus einem *ham-gengja entstanden, bezog sich ursprünglich also auf Menschen, die ihren hamr (»Gestalt, Hülle«) »gehen« lassen können; dieses Motiv des Gestaltwandels ist vor allem in den skandinav. Volkserzählungen sehr beliebt. – Möglicherweise ist die Vorstellung von der H. als personifiziertem Glück auf dem Wege über den Schutzgeist aus der außerhalb des Körpers Gestalt annehmenden Seele entstanden. – Nach dem Tod eines Menschen kann seine H. auf einen anderen übergehen, und zwar im Gegensatz zur Fylgje auch außerhalb der Familie.

I. Blum, Die Schutzgeister in der altnord. Literatur, 1912; H. R. Ellis, The Road to Hel, 1943; J. de Vries, ARG, ³1970; Å. V. Ström u. H. Biezais, German. und balt. Religion, 1975.

Hammer → Mjöllnir.

Hammerweihe → Mjöllnir, → Thor.

Hánarr (altnord.; vielleicht eig. Hánnar »der Kunstfertige«) heißt ein Zwerg in der Vsp 13 und in den Thulur.

Hangagoð (altnord. »Hänge-Gott«) ist ein Odinsname bei Hávarðr ísfirðingr 14; → Hangatýr.

Hangatýr (altnord., »Hänge-Gott«) ist ein Odinsname (Víga-Glúmr: Lausavísur 10, und Einarr Gilsson, Selkolluvisur 7) und bezieht sich auf das Hängen im Odinskult, wie es sowohl die Sage von Víkarr (Saxo VI, 184) als auch das bekannte Selbstopfer Odins der Háv 138 reflektieren (→ Hängen, → Odin). Zu den Namen auf -týr vgl. → Sigtýr.

H. Falk, Odensheite, Kristiania 1924; E. O. G. Turville-Petre, Myth and Religion of the North, New York 1964; J. de Vries, ARG, ³1970.

Hangi (altnord., »der Hängende«) wird Odin vom Skalden Tindr Hallkelsson (ca. 987) genannt; wie auch Hangaguð und Hangatýr spielt der Name auf → Odins Selbstopfer und damit auf seine Rolle als Gott der Gehenkten an.

H. Falk, Odensheite, Kristiania 1924.

Hanno → Mercurius Channin(i)us.

Haphlius (lat.) heißt ein Riese bei Saxo, der identisch mit → Hafli ist.

Haptaguð (altnord., »Fesselgott«?) wird Odin bei Snorri (Gylf 19) genannt, und man könnte dabei sowohl an einen »Gott, der Fesseln löst« als auch an einen »Gott, der Fesseln anlegt« denken, was beides für Odin belegt ist. Andererseits wird er aber in Kenningar auch als hapta beiðir (»Gebieter der Götter« Glúmr Geirason: Gráfeldardrápa I) oder hapta snytrir (»Berater der Götter« Þjóðólfr: Haustlöng 3) bezeichnet, mit höpt in der Bedeutung von »göttliche Mächte«, wodurch H. auch auf Odins Stellung als Hauptgott verweisen könnte; H. wäre dann »der die Menschen durch seine göttlichen Gesetze bindende Gott«.

H. Falk, Odensheite, Kristiania 1924; J. de Vries, ARG, [3]1970.

Hárbarðr (altnord., »Graubart«) ist ein Odinsname in den Grm 49, im Hrbl und in den Thulur. Odin wird vor allem in der Sagaliteratur wiederholt als alter bärtiger Wanderer beschrieben.

Hárbarðsljóð (Hrbl, altnord., »das Harbard-Lied«) ist ein Götterlied der Lieder-Edda, welches sich durch seine ungewöhnliche Form von anderen Eddaliedern abhebt: wenige vollständige Strophen in den Versmaßen fornyrðislag und ljóðahattr stehen neben einzelnen metrischen Zeilen oder fast umgangssprachlichen Prosasätzen, aber doch in einer Ordnung, die beweist, daß nicht der Zufall, sondern bewußte Komposition am Werk war, die durch die disparaten Formen die Ironie des Inhalts zusätzlich hervorhebt.

Etwas ungewohnt ist auch der Inhalt: Thor kommt als zerlumpter Wanderer vom Riesenland zurück, und Odin (unter dem Namen Hárbarðr) als Fährmann verweigert ihm die Überfahrt über einen Sund. Statt dessen verspottet Odin Thor, stellt ihn als kräftigen, aber geist- und mutlosen Bauernlümmel hin, berichtet von seinen eigenen (Liebes-)Abenteuern, denen Thor auf die Frage »Was hast du inzwischen getan?« nur seine diversen Riesenkämpfe (mit Hrungnir, Thjazi) entgegenzusetzen hat.

Das Lied zeigt dabei eine Tendenz, die in folgendem Satz kulminiert (24): »Dem Odin gehören die Fürsten, die im Kampf fallen, dem Thor das Geschlecht der Knechte.« (Óðinn á iarla þá er í val falla, enn þórr á þræla kyn.); »Der Standort des Dichters wird in solchen Sätzen klar: hier verspottet ein vom gehobenen Selbstgefühl des kampferprobten Wikings, Dichters und weltgewandten Fürstengefolgsmanns erfüllter Anhänger des Odin-Glaubens den bäuerlichen Schutzgott, dem jedes Verhältnis zum Geistigen fehlt und der dem ambivalenten Wesen Odins nicht gewachsen ist.« (Weber)

Die Situation des Lieds – der reisende Held, konfrontiert mit dem widerstrebenden Fährmann – findet sich in der altnord. Literatur auch anderswo, frappant ist aber die Ähnlichkeit mit Hagens Streit mit dem Fährmann an der Donau im Nibelungenlied (1480ff.).

Die Hrbl vermutet man meistens als in der heidnischen Spätzeit (in Halogaland?) entstanden; daß man im Heidentum an der Verspottung eines Gottes (vor allem zugunsten eines anderen) nicht Anstoß nahm, darf als sicher gelten. Ein Gegenstück innerhalb der Eddadichtung haben die Hrbl diesbezüglich jedoch nur in der Ls, und seitdem für diese eine sehr viel spätere Entstehung nicht ausgeschlossen werden kann, muß auch bei der Datierung der Hrbl Vorsicht walten.

M. Olsen, Edda- og Skaldekvad, Oslo 1960; J. de Vries, Altnord. Literaturgeschichte, [2]1964–67; G. W. Weber, Hárbarzljóð, in: KLL 3, 1967; C. J. Clover, H. as generic farce, in: SS 51, 1979.

Harðgreip (altnord., »die hart Zugreifende«) heißt eine Riesin in den Thulur; die altnord. Dichtung erwähnt sie sonst nicht, um so ausführlicher berichtet Saxo (Gesta Dan. I, 20ff.) über H., die bei ihm in der latinisierten Form Harthgrepa heißt. H. ist hier die Tochter des Riesen Vagnophtus (Vagnhöfði), welcher einer der Ziehväter des Helden → Haddingus ist. H. ist offensichtlich Haddings Amme, die Art ihrer Fürsorge ändert sich aber, als er das Mannesalter erreicht; als er von ihren Liebesanträgen nichts wissen will und darauf hinweist, daß sie als Riesin für menschliche Umarmungen etwas unhandlich sei, erwidert sie: »Laß dich durch die Ungewöhnlichkeit meiner riesenhaften Figur nicht erschrecken. Ich kann die Gestalt meines Körpers durch willentliche Veränderung bald kleiner und bald größer, bald dünner und bald dicker machen, bald zusammenziehen und bald ausdehnen. Bald erreiche ich die Nähe des Himmels, bald verwandle ich mich in die kleinere Gestalt der Menschen.« Schließlich gewinnt sie ihn mit ihren in Verse gefaßten Anträgen doch zum Beischlaf und begleitet ihn von nun an in Männerkleidung und erweist sich auf Grund ihrer Stärke als wertvolle Hilfe. Auf ihren gemeinsamen Reisen zeigt sie sich auch zauberkundig, als sie mit Hilfe eines Runenstabes, den sie unter die Zunge eines Toten schiebt, diesen zu Prophezeiungen zwingt – ein typisches Beispiel für den nordischen seiðr. Als sich eines Nachts eine riesige Hand in die Hütte der beiden Reisenden schiebt, verwandelt sich H. in ihre Riesengestalt und hält durch ihren festen Griff diese Hand von ihrem Schützling fern (ob ihr Name von dieser Episode stammt, oder ob Saxo durch den Namen zu der Episode angeregt wurde, ist kaum zu entscheiden). Von H.s Ende erzählt Saxo, daß sie von Angehörigen ihrer eigenen Rasse mit den Klauen zer-

fleischt wurde, gibt aber nicht den Grund an.
Der Typus der Riesin als Ziehmutter findet sich auch in isländ. Sagas, die zwar ebenfalls die Vermischung des hochmittelalterlichen Riesenbilds des Volksglaubens und dem Riesen der german. Mythologie vornehmen, sie aber weniger ausführlich beschreiben als Saxo.

E. Hellquist, Ett par mytologiska bidrag, in: ANF 21, 1905; P. Herrmann, Die Heldensagen des Saxo Grammaticus, 1922; P. Fisher u. H. E. Davidson, Saxo Grammaticus, The History of the Danes, Cambridge 1979/80.

Harðgreipr (altnord., »der hart Zugreifende«) ist in den Thulur der Name eines Riesen, der sonst nicht belegt ist und wohl nur als männliche Nebenform zu → Harðgreip verzeichnet wurde.

Harðverkr (altnord., »der hart Arbeitende«) heißt ein Riese in den Thulur, vgl. auch → Fjölverkr.

Harðvéurr (altnord., »der kräftige Schützer«) ist in den Thulur ein Name für den Gott Thor, der in der Hym auch als → Véurr bezeichnet wird; H. ist nur eine Verstärkung dazu.

Hariasa. Name einer german. Göttin, welcher im Jahre 187 n. Chr. in Köln ein jetzt verlorener Stein mit einer Inschrift gewidmet wurde (CIL XIII 8185). Etymologisch hängt der Name H. mit dem altnord. Walkürennamen Herja zusammen, es handelt sich also höchstwahrscheinlich um eine Kriegsgöttin. – Allerdings wäre es auch möglich, daß die H. eine »haarreiche Göttin« war.

S. Gutenbrunner, Die german. Götternamen, 1936; J. de Vries, ARG, [3]1970; A. Kabell, Harja, in: ZfdA 102, 1973.

Harier (latinisiertes westgerman. Harii »Krieger«, vgl. got. harjis »Heer«) sind ein Germanenstamm bei Tacitus (Germ 43), von denen er folgendes berichtet: »Im übrigen sind die H., abgesehen von ihrer Kraft, an der sie den vorgenannten Völkern überlegen sind, auch noch wild und verstärken ihre angeborene Wildheit noch durch Kunstgriffe und die kluge Wahl des Zeitpunkts: mit schwarzen Schilden und schwarzgefärbten Körpern. Dunkle Nächte wählen sie zum Kampf aus, und schon durch die Schrecklichkeit und die Schattenhaftigkeit des Totenheeres jagen sie Entsetzen ein, und kein Feind hält diesem fremdartigen und höllischen Anblick stand; denn in allen Schlachten werden zuerst die Augen besiegt.«
Dieses schattenhafte Kriegerheer erinnert auch sprachlich an die → Einherier, die aber nicht unbedingt ein altes Detail in der Vorstellung des german. Kriegerparadieses darstellen. Näher liegen die nächtlichen Umtriebe des → Wilden Heers, die O. Höfler überzeugend als kultisch mit Odin verbundene Kriegerbünde erklärt hat.

O. Höfler, Kultische Geheimbünde der Germanen, 1934; R. Much, Die Germania des Tacitus, [3]1965; J. de Vries, ARG, [3]1970.

Harigast (urgerman., »Heer-Gast«, »Heer-Krieger«) ist ein Name von einer Inschrift auf dem Helm B von Negau (Windische Bühel/Slowenien), möglicherweise aus dem 1. oder 2. Jh. v. Chr. Die in einem venetischen Alphabet abgefaßte Inschrift ist wohl HARIGASTITEIVA zu lesen, könnte also bedeuten »dem Gott Harigast« oder »Harigast dem Gott Teiva« oder, weniger wahrscheinlich, »Harigast, Sohn des Te, ...«. Die neuere Forschung (Scardigli, Pittioni) hält die zweite Deutung für die richtige, so daß H. ein german. Krieger gewesen wäre, der den Helm als Votivgabe für eine Gottheit niedergelegt hätte. – De Vries dagegen deutete H. als Göttername (vgl. den Göttinnennamen Hariasa), für Wodan/Odin, der ja Gott des Heeres war, worauf auch einige seiner altnord. Namen anspielen (Herjann, Herjaföðr, Heráss, Hertýr etc.).

J. de Vries, ARG, [3]1970; A. L. Prosdocimi u. P. Scardigli, Negau, in: Italia linguistica nuova et antica I, Misc. in onore di O. Parlangeli, Galantina 1976; R. Pittioni, Urzeit, 1980 (mit Diskussion der älteren Literatur).

Harimella. Name einer german. Göttin in einer lat. Weiheinschrift von Birrens am Hadrianswall/Nordengland (CIL VII 1065), welche der deae Harimellae gewidmet ist. Dem Versuch, H. zum niederrhein. Ortsnamen Harimalla zu stellen, hat Much heftig widersprochen; Much deutete H. als walkürenartige Gestalt, zum Walkürennamen Herja und zu altnord. mjöll »Schnee«; Birkhan erklärt den Namen schlüssiger als gleichbedeutend mit dem Walkürennamen Herfjötur »Heerfessel« und verweist dabei auf die Heerehemmende Funktion der Idisi im Ersten Merseburger Zauberspruch (mit -mella zu altir. mall »langsam«).

R. Much, Dea H., in: ZfdA 36, 1892; E. Schröder, Dea H., in: ZfdA 61, 1924; R. Much, Harimalla-H., in: ZfdA 63, 1926; S. Gutenbrunner, Die german. Götternamen, 1936; J. de Vries, ARG, [3]1970; H. Birkhan, GKAR, 1970.

Hárr (1) (zu altnord. hár »hoch«; »der Hohe«), Bezeichnung für Odin. Die Bedeutung »der Hohe« ist durch die Formen höll Háva (Háv 109, 111, 164) und den Namen Jafnhárr in der Gylfaginning gesichert, möglich wäre vielleicht auch ein Hár (Vsp 21) »der einäugige Gott« (zu einem altnord. hár »blind«). Die Deutung »der Grauhaarige« (Fms X 171) ist sicher erst sekundär.

F. Detter, H., in: PBB 18, 1894; H. Falk, Odensheite, Kristiania 1924; J. de Vries, ARG, [3]1970; ders., Altnord. etymolog. Wörterbuch, Leiden [2]1977.

(2), auch Hár (wohl »der Graue« zu altnord. hárr »grau, grauhaarig«), Zwerg; nur in der Liste der Zwergennamen Vsp 16 und Gylf 17.

Harthgrepa (lat.) heißt eine Riesin bei Saxo, die identisch ist mit → Harðgreip.

Hástigi (altnord., »der hoch Steigende«) heißt ein Riese in den Thulur.

Hati (altnord., »Verächter«) heißt in Grm 39 ein mythischer Wolf. Er wird als der Sohn von → Hróðvitnir bezeichnet und Snorri berichtet in Gylf 11, daß er vor der Sonne herläuft und den Mond verfolgt, den er schließlich verschlingen wird; der Wolf → Sköll dagegen verfolgt die Sonne.
N: J. C. Dollman, *The wolves pursuing Sol and Mani* (Gemälde, ca. 1900).

Háttatal, Hát, (»Liste der Versformen«) → Snorra-Edda.

Haugspori (altnord.) heißt ein Zwerg in der Vsp 15. H. würde »Hügeltreter« bedeuten, Gutenbrunner aber sieht H. nur als Beinamen für den vorangehenden Zwergennamen Hár(r); dies ist zwar möglich, aber auch nicht wahrscheinlicher als H. als Zwergenname. Die von Gutenbrunner angeschlossene Überinterpretation von Hár H. als Verweis auf Odin ist jedenfalls abzulehnen.

S. Gutenbrunner, Versteckte Eddagedichte, in: Edda, Skalden, Saga. Festschrift Genzmer, 1952.

Haustlöng (altnord.) ist der von Snorri mitgeteilte Titel eines Gedichtes des norweg. Skalden Thjóðólfr ór Hvíni aus dem 9. Jh.; H. bedeutet »die Herbstlange« und könnte darauf hinweisen, daß der Dichter für die Abfassung des 20 Strophen im Versmaß dróttkvætt umfassenden Gedichts einen ganzen Herbst brauchte; die H. könnte ursprünglich aber länger als die erhaltenen 20 Strophen gewesen sein.
Das Gedicht beschreibt die auf einem Schild, den Thjóðólfr von einem gewissen Thorleifr bekommen habe, dargestellten mythologischen Szenen, der Dichter schöpft aber auch aus seinem eigenen mythologischen Wissen, um das Abgebildete zu ergänzen. Zwei Themen beherrschen den Inhalt: der Raub der Göttin Idun durch Thjazi und Lokis Abenteuer mit diesem Riesen, und Thors Kampf mit dem Riesen Hrungnir.
Die H. gehört zu den ältesten literarischen Quellen für die nord. Mythologie, und schon Snorri hat sie in seiner Mythographie verwendet.
Holtsmarks Theorie, daß es sich bei der H. um die Wiedergabe eines german. Kultdramas handle, wird heute meist abgelehnt.

A. Holtsmark, Myten om Idun og Tjatse i Tjodolvs H., in: ANF 64, 1949; V. Kiil, Tjodolvs H., in: ANF 74, 1959; A. Holtsmark, H., in: KLNM 6, 1961; J. de Vries, Altnord. Literaturgeschichte, 21964–67; K. Schier, H., in: KLL 3, 1967; E. O. G. Turville-Petre, Scaldic Poetry, Oxford 1976; E. Marold, Kenningkunst, 1983; R. North, Heathen religion in Haustlǫng, in: Sagas and the Norwegian Experience. 10th International Saga Conference, Trondheim 1997.

Havae. Matronenname auf einer römerzeitlichen Inschrift von

Merzenich bei Düren (CIL XIII 7847); die semantisch naheliegende Deutung als »die Hohen« (vgl. den altnord. Odinsnamen Hárr) ist etymologisch nicht überzeugend.

Hávamál (Háv, altnord., »Die Sprüche des Hohen«) ist eine Folge von Gedichten in der Edda, die bis auf kurze mythologische Abschnitte, die sich durchweg mit Odin befassen, der eddischen Wissensdichtung zuzurechnen sind; die 164 Strophen der Háv sind nur im Codex Regius der Edda überliefert. Strophe 164 bezeichnet alles Vorhergehende als »Sprüche des Hohen«, es wird also Odin in den Mund gelegt, womit ein fiktiver Rahmen für die Sammlung geschaffen wird.

Die ersten 79/80 Strophen, von der dt. Forschung auch als »das alte Sittengedicht« bezeichnet, geben Regeln und Lehren für den täglichen Gebrauch: für das Verhalten als Gast, beim Essen und Trinken, in der Freundschaft, in der Freigebigkeit, beim Thing. Auch 81–95 geben Lehren, vor allem in Liebesdingen, welche dann in den → Odinsbeispielen (96–102, 103–110) anhand von Odins Liebesabenteuern exemplifiziert werden; unter die lehrhaften Strophen zwischen 81–95 sind einige Priamelstrophen eingestreut, die aufzählen, wovor man sich hüten soll. In Háv 112–137 folgt dann eine Reihe von Lehren an einen jungen Mann namens Loddfáfnir, die deswegen als Loddfáfnismál bezeichnet werden. Daran schließt sich in 138–141 der für die Mythologie bedeutendste Teil der Háv an, das sogenannte »Runengedicht Odins« (Rúnatals þáttr Óðins), welches → Odins Selbstopfer enthält. Nach einer Überleitung (142–145) folgen im letzten Teil der Háv die sogenannten Zauberlieder (auch ljóðatal, 146–164), die Ankündigungen von 18 Zaubersprüchen enthalten, sie selbst werden aber nicht mitgeteilt.

Die Háv nehmen in der Dichtung der Edda eine Sonderstellung ein, die sich nicht nur aus dem Stoff, sondern auch aus der auf den ersten Blick sehr heterogenen Natur der einzelnen Abschnitte und ihrer Einschätzung erklärt. Man hat in der älteren Forschung (Überblick bei v. See, Gestalt, 1972) die Háv als ein vorwiegend unzusammenhängendes, in der Anordnung zufälliges Konglomerat von Strophen und Liedern gesehen, wobei vor allem das angeblich hohe Alter und die echt german. Art des »Alten Sittengedichts« betont wurden, am Rest jedoch zahllose Zerlegungen, Umstellungen und Streichungen vorgenommen wurden, um einer »ursprünglichen Gestalt« näherzukommen; v. See hat aber seit 1972 überzeugend gezeigt, daß die überlieferte Form der Háv nicht von Zufälligkeiten diktiert, sondern von der tätigen Hand eines Redaktors konzipiert wurde. Der Nachweis vom Einfluß der lat.

Sprichwortsammlung der Disticha Catonis auf die Sittenlehre der Háv hat die Auffassung von der unverfälscht german. Art der Lehren widerlegt. Man wird also die Háv in ihrer überlieferten Form als ein Produkt des späten 12. oder frühen 13. Jh. zu sehen haben, das zwar eine Fülle älteren Materials verwendet, aber mit einigen Ausnahmen dem christlichen Hochmittelalter näher steht als dem german. Altertum.

Ausg.: G. Neckel u. H. Kuhn, Edda, [4]1962. A. Heusler, Die zwei altnord. Sittengedichte der Háv, in: Sitzungsber. der Berliner Akademie, 1917; A. Holtsmark, Háv, in: KLNM 6, 1961; J. de Vries, Altnord. Literaturgeschichte, [2]1964–67; H. Beck, Háv, in: KLL 3, 1967; K. v. See, Sonatorrek und Háv, in: ZfdA 99, 1970; H. Klingenberg, Háv., (Festschrift S. Gutenbrunner) 1972; K. v. See, Die Gestalt der Háv, 1972; ders., Disticha Catonis und Háv, in: PBB West 94, 1972; ders., Probleme der altnord. Spruchdichtung, in: ZfdA 104, 1975; ders., Common sense and Háv, in: Skandinavistik 17, 1987; C. Larrington, Háv and Sources outside Scandinavia, in: Sagabook 23, 1990–93; B. Fidjestøl, Håvamål og den klassiske humanismen, in: MoM, 1992; D. A. H. Evans, Háv, in: MeScand, 1993.

N: (Lit.) J. G. Herder, *Die Zauberkraft der Lieder* (in: *Volkslieder*, 1778–79).

Hefring (altnord., »die (sich) Hebende« = »Welle«) heißt eine der neun Töchter des Meerriesen → Ägir und seiner Frau Ran (Skaldsk 22 und 58; Einarr Skúlason), welche in der mythologischen Dichtung mit den Meereswellen gleichgesetzt werden.

Heidr (1) (altnord.) wird die Seherin → Gullveig in der Vsp 22 genannt, nachdem sie von den Asen dreimal verbrannt und dreimal wiedergeboren wurde. H. heißt auch in der Landnámabók eine Seherin (Heiðr völva) und ebenso in der Hrólfs saga kraka 3. Dennoch ist es unwahrscheinlich, daß H. in der Vsp nur als Bezeichnung für Seherin und nicht als Eigenname aufzufassen ist (so aber de Vries), da die anderen Bedeutungen von altnord. heiðr (»Ruhm«; adj.: »hell, strahlend«) semantisch gut zum Namen Gullveig passen.

J. de Vries, Vsp Str. 21 u. 22, in: ANF 77, 1962; E. O. G. Turville-Petre, Myth and Religion of the North, New York 1964.

(2) ist wiederholt der Name von Seherinnen und Zauberinnen in der altnord. Literatur, so in der Örvar-Odds saga 2, Hrólfs saga kraka 3, Landnámabók (S 179 = H 145), und war möglicherweise ein Beiname für Zauberinnen, vielleicht aber auch nur ein rein innerliterarisch tradierter Name für solche Frauen, wie etwa Thuriðr eine war.

(3) (altnord., entweder »Ehre« oder »Heide, Hochebene«) heißt ein Riese in der Riesengenealogie der Völuspá in skamma (Hdl 32), welcher als Sohn des Hrímnir bezeichnet wird.

Heiðrun (altnord.) heißt eine Ziege in der nord. Mythologie, die nach Grm 25 auf → Walhall steht, von den Blättern des Baumes Læraðr frißt und aus ihrem Euter klaren Met in die Becher der → Einherier fließen läßt (ebenso Gylf 38). In der Hdl 46,

47 wirft Hyndla der Freyja als Beleidigung vor, sie sei genauso brünftig wie H. De Vries schließt aus Namen wie Heiðvanr und Heiðdraupnir, heiðr könnte ein rituelles Wort für den Opfermet gewesen sein; ansonsten ist die Bedeutung des Wortes dunkel. – Die Vorstellung der metspendenden Ziege dürfte eine spezifisch nord. Umgestaltung der Vorstellung von der nährenden Urkuh sein (→ Auðumla), eine verwandte Vorstellung begegnet aber in der Ziege Amaltheia der griechischen Mythologie, deren Hörner Füllhörner sind.

S. Einarsson, Some Parallels in Norse and Indian Mythology, in: Scandinavian Studies, (Essays presented to H. G. Leach) Seattle 1965; J. de Vries, ARG, [3]1970; A. Liberman, The Origin of the Eddic Animal Names Heiðrún and Eykþyrnir, in: General Linguistics 28, 1988.

N: *Heidrun* heißt auch ein Ölfeld vor der norweg. Südwestküste.

Heilige Hochzeit → hierós gámos.

Heiliger Hain. Tacitus berichtet, daß es die Germanen nicht für angemessen hielten, die Erhabenheit der Götter in Wände einzuschließen. Sie weihten ihnen Lichtungen und Haine (Germ 9), die er wiederholt als H. H. im Kult der Germanen nennt: die heiligen Orakelpferde werden in solchen Hainen gehalten (Germ 9), im → Semnonenhain verehrte dieser Stamm seinen höchsten Gott (Germ 30), und der Nerthus war ein Wald geweiht (Germ 40); die Altäre der Cherusker befanden sich auf Waldlichtungen (Ann I, 61).

Fast alle Wörter für → »Tempel« in den german. Dialekten konnten in den frühen Texten auch als »Hain, Wald« glossiert werden, angelsächs. ealh, alh, got. alhs ebenso wie angelsächs. bearo, ahd. baro und angelsächs. hearg, altnord. hörgr. Der Ursprung anderer Formen german. Heiligtümer lag also wohl tatsächlich in der Verehrung der Götter in Hainen, wenn auch in historischer Zeit die Belege dafür karg sind. Vom isländ. Siedler Thórir snepill Ketillsson, der at lundi wohnte, wird berichtet, daß er einem H. H. (altnord. lundr) opferte (Landnámabók S 237, H 202); interessant ist die Erwähnung eines »Fesselhains« (fjöturlundr) im Eddalied HH II 27, der mit dem Semnonenhain bei Tacitus zu verbinden ist, welcher nur in Fesseln betreten werden durfte. Ein »windstiller Hain« (lundr lognfara) namens Barri (vgl. angelsächs. bearo »Hain«) ist in den eddischen Skm 39 der Ort, wo der Gott Freyr auf seine Geliebte Gerðr trifft.

Die weite Verbreitung des H. H. im Kult haben aber die skandinav. Ortsnamen erhalten; in Schweden finden sich eine Reihe von Ortsnamen wie Fröslunda, Nörlunda, Ullund, Tislund, sogar Onslund, während Torslunda auch in Dänemark vorkommt; in Norwegen fehlt diese Art von Ortsnamen fast völlig (Ausnahmen sind Forsetlund

und vielleicht Nalum), was aber möglicherweise mit der geringeren Bewaldung Norwegens zusammenhängen kann.

Heimdall (altnord. Heimdallr, auch Heimdalr und Heimdali, vielleicht »der die Welt beleuchtet«?, Etymologie unklar) ist ein nord. Gott, der zu den Asen zählt und als Wächter der Götter gilt. H. wird in den Eddaliedern einige Male erwähnt, in der Skaldik aber nur ganz selten (Húsdrápa 10), dürfte aber dennoch in der heidnischen Mythologie keine geringe Rolle gespielt haben.

In der Vsp 1 sowie in der → Rþ, wo er unter dem Decknamen Rígr auftritt, wird H. als Vater aller Menschen bezeichnet. H. ist der Todfeind Lokis (Ls 48), und die beiden töten einander zu den Ragnarök (Gylf 50). Snorri erzählt von H.: »Er wird ›der weiße Ase‹ genannt, und er ist groß und heilig; er wurde von neun Schwestern geboren. Er heißt auch Hallinskiði und Gullintanni, denn seine Zähne waren aus Gold; sein Pferd heißt Gulltopr. Er wohnt auf Himinbjörg bei (der Brücke) Bifröst; er ist der Wächter der Götter und sitzt da am Ende des Himmels und bewacht die Brücke vor den Bergriesen. Er braucht weniger Schlaf als ein Vogel und sieht bei Tag wie bei Nacht 100 Meilen weit. Er hört das Gras auf der Erde und die Wolle auf den Schafen wachsen und alles, was lauter ist. Er besitzt das Horn, das Gjallarhorn heißt, und das man auf der ganzen Welt hören kann. H.s Schwert wird höfuð (»Menschenkopf«) genannt.« (Gylf 26). Neben dieser mysteriösen Bemerkung, die anzeigen könnte, daß H. selbst durch einen Menschenkopf umkam, ist auch vieles andere an diesem Gott recht unklar. So wurde der Hinweis, H. sei von neun Müttern geboren worden, die alle Schwestern sind, so verstanden, daß es sich dabei um die neun → Ägirstöchter, die Wellen, handelte; allerdings sagt Hdl 35–37 ausdrücklich, daß es sich bei den neun Müttern H.s um Riesinnen gehandelt habe, und die Namen von diesen und die der Ägirstöchter stimmen nicht überein.

H.s Beiname Hallinskiði wird in den Thulur auch als Name für Widder gebraucht, ebenso wie heimdali, was sonst eine der Nebenformen des Namens H. ist. Möglicherweise wurde H. mit dem Widder ebenso assoziiert, wie Thor mit den Ziegenböcken, Freyr mit dem Eber oder Odin mit seinen Raben oder Wölfen. Weiter ist Much gegangen, der in H. einen widdergestaltigen Gott sehen wollte, da der Widder bei den Germanen zweifellos ein verbreitetes Opfertier war (vgl. altnord. sauðr »Schaf«, got. sauþs »Opfer«) und vielleicht sogar als sakrales Tier betrachtet wurde.

Als Wächter der Götter (Grm 13, Ls 48) und der Himmelsbrücke bläst H. am Beginn der Ragnarök in sein Horn, um die Götter zu warnen (Vsp 46; Gylf 50). De

Vries hat daraus den Schluß gezogen, daß H. bei der zweiten mythischen Funktion, der der Stärke, einzuordnen wäre, wobei Thor den Krieger, H. den Wächter repräsentiere. Dumézil dagegen sieht H. als Gott des Ursprungs an, der, wie der römische Janus und der indische Dyauḥ der Mahābhārata, zwar nicht Göttervater, aber Gott des Beginns des langen Lebens (symbolisiert durch seine neun Geburten) ist; allerdings kann dann Snorris Mitteilung, H. sei ein Sohn Odins (Skaldsk 8), nicht stimmen. Schröder dagegen sieht in H. einen Feuergott, der dem indischen Agni entspräche.

Noch unklarer ist die Rolle, die H. im Kampf um das → Brísingamen (Freyjas Halsband) spielt, von dem Úlfr in der Húsdrápa erzählt. Auch die Bedeutung seiner strahlenden Erscheinung im Mythos und seiner goldenen Zähne ist weiterhin rätselhaft, seit man die simplifizierende naturmythologische Deutung, nach der H. ein Gott der Morgenröte und des Tages sein sollte, verworfen hat. Auch Ohlmarks Deutung von H. als Sonnengott – H.s Horn stelle die Mondsichel dar – kann trotz interessanter Anstöße nicht überzeugen. Noch geheimnisvoller ist die Erwähnung des Heimdallar hljóð (Vsp), das unter dem Weltenbaum liegt, was sich vielleicht auf H.s Horn bezieht; möglicherweise ist hljóð auch H.s gutes Gehör, oder stellvertretend ein Ohr, das wie Odins Auge als Unterpfand im Mimisbrunnen am Fuß des Weltenbaumes liegt? Auch H.s Beiname Vindlér ist in seiner Beziehung zum Gott H. ungeklärt.

Trotz zahlreicher Einzeluntersuchungen, die immer wieder neue Aspekte des Gottes H. beleuchtet haben, ist man jedenfalls auch heute noch weit von einer ganzheitlichen Deutung des Charakters und der Funktion H.s entfernt.

K. Müllenhoff, Frija und der Halsbandmythos, in: ZfdA 30, 1886; V. la Cour, H.s Navne, in: DS, 1923; R. Much, Der nord. Widdergott, in: Dt. Islandforschung 1, 1930; A. Ohlmarks, H.s Horn und Odins Auge, Lund 1937; B. Pering, H., Lund 1941; J. de Vries, Heimdallr, dieu énigmatique, in: Etud. German. 10, 1955; G. Dumézil, Remarques comparatives sur le dieu scandinave Heimdallr, in: Etud. Celt. 8, 1959; F. R. Schröder, Die Göttin des Urmeeres, in: PBB West 82, 1960; ders., H., in: PBB West 89, 1967; ders., Helgi und H.? in: GRM 19, 1969; J. de Vries, ARG, [3]1970; E. O. G. Turville-Petre, Myth and Religion of the North, Westport 1975; G. Dumézil, Gods of the Ancient Northmen, Berkeley 1977; W. Sayers, Irish Perspectives on Heimdallr, in: alvíssmál 2, 1993.

N: (Bild. Kunst) K. Ehrenberg, *Týr und Heimdall* (Zeichnung, 1882); D. Hardy, *Heimdall* (Gemälde, ca. 1900); E. Doepler d. J., *Heimdall an der Himmelsbrücke* (in: E. Doepler, W. Ranisch, *Walhall*, 1901).

(Sonstiges) *Heimdall*, norweg. Fischereiwachtschiff, fertiggestellt 1962; *Heimdal* heißt auch ein Ölfeld vor der norweg. Südwestküste.

Heimlaug völva (altnord., »H. die Seherin«) ist eine Seherin, die dem Helden der Gull-Þóris saga (18 und 19) durch ihre Fähigkeit der Weissagung hilft. Sie ist ein Beispiel für die in der Sagaliteratur überaus beliebte Gestalt der heidnischen Seherin, welche im Hochmittelalter bereits zum literarischen Topos geworden war und nur noch eine Reminiszenz an die einstmalige Bedeutung von Seherinnen im german. Altertum darstellt.

Hel (1) (altnord.), das Totenreich der german. Mythologie, Reich der Göttin Hel (→ Hel 2), die wohl erst eine von der Dichtung ausgehende Personifizierung des Totenreichs ist. H. ist ein Reich der Toten, in das die an Land durch Krankheit und Altersschwäche Gestorbenen aufgenommen werden (die Ertrunkenen gehören der Rán, die im Kampf Gefallenen Odin) und es nicht wieder verlassen können. »Nach H. kommen« ist in den Eddaliedern und in der Skaldik nur ein Synonym für »Sterben«.
H. ist in der german. Mythologie kein Strafort, keine Hölle, sondern einfach der Aufenthaltsort der Toten; dies belegt auch eine Bemerkung bei Widukind anläßlich des Sieges der Sachsen über die Franken 915: »Wo gibt es eine so große Hölle, die soviele Erschlagene aufnehmen könnte?« (Res Gestae Saxorum I, 23). Aspekte eines Straforts wie die christl. Hölle nimmt H. erst im Hochmittelalter in den Beschreibungen Snorris, Saxos und später den Eddaliedern an. Hier fließen dann Elemente der mittelalterlichen Visionsliteratur (welche in Island ebenso bekannt und beliebt war wie anderswo) in die Darstellung der H. ein: die → Gjallarbrú, die Jenseitsbrücke über den Unterweltsfluß Gjöll, die zwar auch einheimische Elemente aufweist, aber doch mit der Seelenbrücke christlicher Visionen identisch sein dürfte (Gylf 48), ebenso wie der waffentragende Fluß → Slíðr (Vsp 36) oder → Geirvimull (»Speersprudler«, Grm 27; Gylf 38), der auch (ohne Namen) bei Saxo I, 31 die von einer Brücke überspannte Grenze zum Jenseits bildet. Odins Reise nach H. in den Bdr und Snorris Bericht über die Helreise des Hermóðr, der Balder befreien will, geben bereits späte und ausgeschmückte Beschreibungen eines Schattenreichs: Die erwähnte Gjallarbrú wird von der Magd Móðguðr bewacht (Gylf 48); ein dem griechischen Cerberus ähnelnder Höllenhund bewacht auch in Bdr 3 und 4 den Eingang zu H. Die Einzäunung der H. heißt Helgrindr, Hermóðr als Lebender muß darüber hinwegreiten (Gylf 48), andernorts heißt sie Nágrindr (Skm 35, Ls 63) oder Valgrindr (Grm 22). Die späten Fjm nennen das Tor zu H. Thrymgjöll. – Deutlich als christliche Hölle ist H. in Snorris phantasievoller Beschreibung in Gylf 33 aufgefaßt, wo er den Wohnort der Göttin H. in Niflheim = (hier) H., Niflhel beschreibt: Ihre Halle heißt Éljúðnir »die Feuchte«, ihr Teller und ihr Messer »Hunger«, ihr Knecht

Ganglati »der Langsame«, die Magd Ganglöt »die Faule«, die Schwelle Fallandaforad »Hindernis«, das Bett Kör »Krankheit«, der Bettvorhang Blíkjanda-bölr »bleiches Unglück«; daß diese Allegorisierungen nichts Germanisches an sich haben, braucht kaum erwähnt zu werden.

H. hatte man sich wahrscheinlich als im Norden liegend vorgestellt, den man z.T. auch als Heimat der Riesen und Dämonen betrachtete.

Snorri zitiert in Gylf 48 einen Satz, nach dem der Weg zur Unterwelt nach Norden und abwärts führt (niðr ok norðr liggr helvegr), und darauf könnte auch H. als feuchte und kalte Gegend hinweisen (vgl. auch die Gleichsetzung von → Niflheim und Niflhel in Gylf 33 und 43), aber nicht notwendigerweise, denn diese Eigenschaften passen auch auf ein unter der Erde liegendes Reich. Die Hügelgräber der Megalithkultur Westeuropas haben durchwegs den Eingang im Süden und die Grabkammer im Norden, und auch bei den bronzezeitlichen Schiffssetzungen sowie den vendel- und wikingerzeitlichen Schiffsgräbern ist die Nord-Süd-Richtung vorherrschend.

H. gehört etymologisch gemeinsam mit got. halja »Hölle«, altengl. hell, ahd. hella zum Verbum ahd. helan »verbergen«, dazu auch altir. cuile »Keller«. Damit ist auch etymologisch die Ansicht gestützt, der Ursprung der Vorstellung von H. liege im Sippengrab, wie es uns in den erdbedeckten Megalithgräbern der Stein- und Bronzezeit vorliegt.

H. R. Ellis, The Road to H., Cambridge 1943; E. F. Halvorsen, H., in: KLNM 3, 1961; J. de Vries, ARG, [3]1970.

(2) (altnord.) heißt die Göttin der Unterwelt (→ Hel 1), die wahrscheinlich eine recht späte dichterische Personifikation der Unterwelt H. ist. Die ersten Kenningar mit der Göttin H. finden sich Ende des 10. und im 11. Jh. Die Unterwelt ist der Wohnsitz und der Herrschaftsbereich der Göttin; typische Kenningar für die Unterwelt sind »die Hallen der Hel« (salar Heliar: Vsp 43) oder »Haus der Hel« (rann Heliar: Bdr 2). Die ausführlichste Beschreibung findet sich bei Snorri (Gylf 33), wo die H. als Tochter des Loki und damit als Schwester der Midgardschlange und des Fenriswolfs bezeichnet wird; er beschreibt H. als halb schwarz, halb bleich, sowie als düster und grimmig; dann gibt er eine in christlicher Tradition stehende allegorische Beschreibung ihrer Wohnung (→ Hel 1). Insgesamt spricht nichts für die Annahme einer Göttin H. in vorchristlicher Zeit.

N: K. Ehrenberg, *Hermod, von Hel die Herausgabe Baldurs erbittend* (Kohlezeichnung, 1881) und *Loki und Sigyn*; *Hel mit dem Hunde Garm* (Zeichnung, 1883); J. C. Dollman, *Hermod before Hela* (Gemälde).

Helblindi (1) (altnord., »der Blinde des Totenreichs«) heißt einer der beiden Brüder Lokis (→ Byleistr); H. kommt zwar nur in der Snorra-Edda vor (Gylf 32, Skaldsk 16), dennoch dürfte er nicht erst das Produkt später mythographischer Ausgestaltung sein, denn Lokis Stammbaum (und die damit verbundenen Figuren) dürfte höheres Alter aufweisen.

J. de Vries, The Problem of Loki, Helsinki 1933.

(2) (altnord.) heißt in den Grm 46 in den meisten Eddahandschriften Odin, wahrscheinlicher ist aber die Form → Herblindi.

Helgrind (altnord., »Zaun von Hel«) heißt nach Snorri (Gylf 48) der Zaun, der die Unterwelt Hel umschließt; da keiner, der das Tor darin durchschritten hat, Hel wieder verlassen kann, muß Hermóðr beim Besuch von Balder in der Unterwelt darüber hinwegreiten. Andernorts wird dieser Zaun auch Nágrind und Valgrind genannt.

Hellivesa. Name einer Göttin von einer lat. Weiheinschrift aus Glenel bei Köln von 201 n. Chr. (CIL XIII 8161). Vielleicht zum Flußnamen Elle?

S. Gutenbrunner, Die german. Götternamen, 1936.

(Helmwige) heißt eine Walküre (Sopran) in R. Wagners Oper *Die Walküre*. Der Name ist von Wagner erfunden, wohl in Anlehnung an einen echten Walkürennamen wie Hjalmthrimul.

Helreginn (altnord., »Beherrscher der Hel«) heißt ein Riese in den Thulur; sonst werden die Riesen kaum direkt mit der Unterwelt assoziiert, auch wenn ihr Reich, wie Hel, im Norden im Utgard liegt.

Helvegr (altnord., »der Weg nach → Hel«) ist der Weg in die Unterwelt (Vsp 47 und 52; Hlr Pr.). Snorri spricht in Gylf 48 davon, daß der H. nach unten und Norden führt (en niðr ok norðr liggr helvegr).

J. de Vries, ARG, [3]1970.

Hengikjöptr (altnord., »der mit dem hängenden Kinn«) ist vermutlich ein Beiname Odins (und bezieht sich dann wohl auf den langen Bart), obwohl die Stelle in Skaldsk 40 bei der Einleitung zum Grottasöngr dies nicht ausdrücklich erwähnt; aber da sich H. in den Thulur unter den Odinsnamen findet, dürfte er auch hier als solcher aufzufassen sein.

A. M. Sturtevant, Etymol. Comments Upon Certain Old Norse Proper Names in the Eddas, in: PMLA 67, 1952.

Hengist und Horsa heißen nach der angelsächs. Überlieferung die beiden Heerführer der Angeln bei ihrer Landnahme in England (Geoffrey of Monmouth, Hist. Regum Britanniae 6, 10; Beda, Hist. Eccl. 1, 15), angeblich im Jahre 449. Brüderpaare wie H. u. H. finden sich auch in den Abstammungsmythen anderer german. Völker (→ Dioskuren); die Bedeutung der beiden Namen (zu dt. Hengst bzw.

engl. horse) legt eine Verbindung mit pferdegestaltigen gemein(indo)germanischen Zwillingsgottheiten (wie auch im thebanischen und indischen Mythos) nahe, und man wird daher auch H. u. H. eigentlich als mythologische Gestalten aufzufassen haben. Eine bemerkenswerte Bestätigung für die mythische Pferdegestalt der Brüder ergibt sich daraus, daß noch um 1875 die Pferdeköpfe an den Giebeln holsteinischer Bauernhäuser Hengist und Hors genannt wurden.

K. Schreiner, Die Sage von H. u. H., 1921; E. A. Philippson, German. Heidentum bei den Angelsachsen, 1929; J. de Vries, ARG, [3]1970.

Hengjankjapta (altnord., »die mit dem hängenden Kinn«) heißt eine Riesin bei Þórbjörn dísarskáld, der in dieser Strophe berichtet, daß H. von Thor erschlagen wurde. H. ist einer der zahlreichen wenig schmeichelhaften Namen für Riesinnen, die sich häufig auf das Aussehen beziehen.

Heorot (altengl., etwa: »die Hirsch-Halle«) heißt im *Beowulf* 78ff. die große Halle der dän. Könige in → Lejre, die an den Giebelenden mit Hirschgeweihen geschmückt war und daher ihren Namen hatte. H. geht trotz der Einflüsse alttestamentarischer Typologie in der Schilderung im *Beowulf* möglicherweise auf eine tatsächliche große Festhalle in Lejre zurück; der Hirsch oder Hirschgeweihe könnten bei den Angelsachsen als Symbol der Königswürde gegolten haben, worauf etwa die mit dem Sutton-Hoo-Schiff (7. Jh.) gefundene Königsstandarte hinweist, die mit einem Hirsch geschmückt war. Daß Hirschgeweihe schon viel früher religiösen Symbolwert hatten, beweisen der bronzezeitliche Kultwagen von Strettweg (Steiermark, 7. Jh. v. Chr., keltischer Herkunft) und die südskandinav. Felszeichnungen. Die Zuordnung eines Hirschkults zu einem bestimmten nordischen Gott (z. B. Balder: Sarrazin) beschränkt sich auf Spekulationen. Jedenfalls hatte der Hirschkult bei den Kelten wesentlich größere Bedeutung als bei den Germanen.

G. Sarrazin, Die Hirsch-Halle, in: Anglia 19, 1897; H. Rosenfeld, Die vandalischen Alkes »Elchreiter«, der ostgerman. Hirschkult und die Dioskuren, in: GRM 28, 1940; M. A. Lee, H. and the »Guest-Hall« of Eden, in: Mediaeval Scandinavia 2, 1969; J. de Vries, ARG, [3]1970.

Hepti (altnord., »Griff«) heißt ein Zwerg in der Vsp 13; in der Version der Snorra-Edda (Gylf) sind H. und der darauffolgende Name Víli zu → Heptifili verbunden, was aber nicht unbedingt das Richtigere ist.

Heptifili (altnord.) ist ein Zwergname (Vsp 13: Gylf 13), der die in den anderen Handschriften zu findenden Namen → Hepti und → Fíli ersetzt. Laut Gering könnte H. »der durch Feilen Schäfte glättet« bedeuten, das Wort fili »Feile« ist im Altnord. sonst jedoch nicht belegt und müßte aus dem Deutschen entlehnt sein; vgl. allerdings heptisax »Art Messer«.

H. Gering, Kommentar, Bd. 1, 1927; C. N. Gould, Dwarf-Names, in: PMLA 44, 1929; L. Motz, New Thoughts on Dwarf-Names, in: FmSt 7, 1973; J. de Vries, Altnord. etymolog. Wörterbuch, Leiden [2]1977.

Heráss (altnord.; runennord. haras »Heer-Gott«) ist ein Odinsname auf der Runeninschrift vom Grabstein von Eggjum (Sogne, Norwegen) aus der Mitte des 7.Jh., allerdings ist diese Lesung nicht völlig sicher. Ist Høsts Interpretation richtig, dann fungiert Odin auf der Inschrift als Totenführer, eine Rolle, die auf ihn als Anführer des Totenheers genau zutrifft. Der Stein trägt auch die Zeichnung eines Pferds, das als → Sleipnir interpretiert worden ist, was aber sehr spekulativ ist.

G. Høst, To Runestudier, in: Norsk Tidsskrift f. Sprogvidenskap 19, 1960; Abb. ebenda und bei E. O. G. Turville-Petre, Myth and Religion of the North, New York 1964, Abb. 28.

Herblindi (altnord., »der das feindliche Heer Blendende«) ist ein Beiname Odins in den Thulur und als handschriftliche Variante zu Helblindi in den Grm 46. Da laut Ynglinga saga 6 Odin seine Feinde in der Schlacht blind und taub werden lassen konnte, dürfte die Form H. die ursprünglichere sein.

H. Falk, Odensheite, Kristiania 1924.

Hercules. Römischer Gott, hervorgegangen aus dem griechischen Heros Herakles, Töter von Ungeheuern und Sinnbild männlicher Kraft; in der Interpretatio romana höchstwahrscheinlich Name für den german. Donnergott *Þunaraz (Donar/Thor).

Schon Tacitus erwähnt unter den german. Hauptgöttern neben Mars und Mercurius auch H. (Germ 9). Nicht sicher ist, ob damit tatsächlich schon der german. *Þunaraz gemeint ist, denn das Argument, daß Tacitus mit H. sicherlich einen der drei wichtigsten Götter Odin, Týr und Thor gemeint habe, krankt daran, daß diese german. Trias für die älteste Zeit nicht ausdrücklich belegt, jedoch anzunehmen ist; auch setzt die Interpretatio germanica bei der Übersetzung der lat. Wochentagsnamen Thor für den römischen Jupiter ein. Allerdings spricht zweierlei als Tertium comparationis für die Gleichsetzung von H./Herakles und Donar/Thor: Beide sind in ihrem Geltungsbereich die Töter von Ungeheuern und Riesen, also die kraftvollen Verteidiger von Göttern und Menschen gegen die außerirdischen und lebensbedrohenden Mächte; und zweitens sind Gemeinsamkeiten bei den göttlichen Attributen der beiden festzustellen: wie H. mit der Keule, so ist Thor mit seinem Hammer Mjöllnir in mythologischen Erzählungen und bildlichen Darstellungen untrennbar verbunden. Da Herkuleskeulen und Thorshämmer in Miniaturform als amulettartige Anhänger Verwendung fanden, zwischen denen J. Werner typologische Gemeinsamkeiten feststellen konnte, spricht auch diese Übereinstimmung für eine sachliche Identifikation von H. mit *Þunaraz/Donar/Thor.

J. Werner, Herkuleskeule und Donar-Amulett, in: Jb. des Röm.-german. Zentralmuseums 11, 1964; J. de Vries, ARG, [3]1970; H. Birkhan, GKAR, 1970.

(Hercules Alabuandus). Angeblicher Göttername von einer Utrechter Inschriftentafel, welche aber inzwischen als Quelle verworfen wird, da die Inschrift offenbar absichtlich durch Schnörkel unkenntlich gemacht wurde und jegliche Lesung rein hypothetisch bleibt; neben H. A. hat man auch zwei Belege für Hercules Magusanus, sowie für *Baldruus und *Lobbonus herauslesen wollen.

S. Gutenbrunner, Die german. Götternamen, 1936; J. de Vries, ARG, [3]1970.

Hercules barbatus (»der bartige Hercules«). Göttername auf einem Votivstein aus Brohl am Niederrhein (CIL XIII 7694). Da auch der Name des Dedikanten nicht unbedingt germanisch wirkt, ist eine Deutung als german. Hercules (d. h. Donar/Thor) nicht möglich, es handelt sich sicherlich um den römischen Gott.

J. de Vries, ARG, [3]1970.

Hercules Deusonianus ist ein Göttername, der nur auf Münzen des röm. Kaisers Postumus (258–269) belegt ist. Der Name wird meist zu einem niederrhein. Ortsnamen Deuso (dem heutigen Doesburg?) gestellt und könnte sich trotz des Vorkommens auf röm. Münzen auf den german. Hercules, d. i. Donar/Thor, beziehen.

S. Gutenbrunner, Die german. Götternamen, 1936; J. de Vries, ARG, [3]1970.

Hercules Magusanus (etwa »der mächtige Hercules«) ist ein Beiname des german. Hercules, d. h. des Gottes Thor. An gesicherten Belegen für diesen Götterbeinamen finden sich bisher 10 Votivsteine, 4 Armringe und 2 röm. Münzen des röm. Kaisers Postumus. Die Münzen wurden in Köln 261 n. Chr. geprägt, die Weihesteine fallen ins 2. und 3. Jh. n. Chr., wobei der älteste Beleg der Weihesteine aus Mumrills am Hadrianswall/Nordengland (CIL VII 1090) stammen dürfte. Ein Stein aus Rom (CIL VI 31162), errichtet von einem german. Gardereiter, ist mit 219 datiert; ein Neufund stammt aus Dakien, die anderen Steine alle aus Niedergermanien. Die Armringe fanden sich in Tongeren, Neuss, Köln und Bonn.

Obwohl drei Votivsteine eine Darstellung des H. M. tragen, die völlig den Abbildungen des röm. Hercules entsprechen (Keule, Löwenfell, einmal mit dreiköpfigem Cerberus), finden sich alle Belege auf german. Boden oder sind doch durch die Namen der Dedikanten als german. zu bezeichnen. Da man bereits auf Grund der Nennungen der german. Hauptgottheiten bei Tacitus (Mercurius, Hercules und Mars) Hercules mit Donar/Thor identifiziert hat, legt der höchstwahrscheinlich german. Beiname des H. M. ebenfalls eine Deutung als Donar/Thor nahe. Die Bedeutung des Beinamens Magusanus ist allerdings nicht unumstritten; nachdem man im 19. Jahrhundert den Namen etymologisch meist zum german. Verbum *mag- »können, vermögen« (vgl. got. magan) gestellt hatte, wurde er später als Ableitung von einem Grundwort angesehen, welches das kelt. *magos- »Feld« enthielt: Grienberger deutet H. M. als *magusanus »campestris«, Norden stellt ihn zum Ortsnamen Mahusenham (jetzt Myswinkel bei Duurstede), Much und Gutenbrunner zu Noviamagus (jetzt Nijmegen), dem Hauptort der Bataver, in deren Stammesgebiet das Zentrum des Kultes auch tatsächlich zu fallen scheint. Erst jüngst hat man wieder auf die german. Deutung zurückgegriffen und Magusanus auf *Maguz/s-naz »der zur Kraft Gehörige« zurückgeführt (Wagner).

Fr. Kauffmann, Mytholog. Zeugnisse aus röm. Inschriften. 1. H. M., in: PBB 15, 1891; Th. v. Grienberger, Zwischenvocalisches h in german. und kelt. Namen der Römerzeit, in: PBB 19, 1894; E. Norden, Die german. Urgeschichte in Tacitus Germania, [3]1923; S. Gutenbrunner, Die german. Götternamen, 1936; R. Much, Die Germania des Tacitus, [3]1967; J. de Vries, ARG, [3]1970; H. G. Horn, Eine Weihung für H. M. aus Bonn, in: Bonner Jahrbücher 170, 1970; M. Clauss, Neue Inschriften im Rhein. Landesmuseum Bonn, in: Epigraphische Studien 11, 1976; N. Wagner, (H.) M., in: Bonner Jahrbücher 177, 1977.

Hercules Maliator. Göttername auf einer Votivinschrift aus Oberburg (CIL XIII 6619), früher wegen des Anklangs an Mjöllnir als »hammerschwingender Hercules« = Thor gedeutet, was inzwischen abgelehnt wird, da maliator wohl von maliatores »Steinarbeiter« abzuleiten ist, und er damit als (römischer) Schutzpatron der Steinbrucharbeiter angesehen werden muß, ebenso wie Hercules Saxanus.

E. Jung, German. Götter und Helden in christl. Zeit, [2]1939; J. de Vries, ARG, [3]1970; H. Birkhan, GKAR, 1970.

Hercules Saxanus. Dieser Göttername wurde von der älteren Forschung als Beiname des german. Hercules (d. i. Thor) angesehen, welcher ein Schwert als Attribut getragen hätte (vgl. ahd. sahs, altengl. seax »Schwert«), wird aber heute durchwegs als röm. Gott gedeutet, der ein Schutzpatron der Steinbrucharbeiter am Niederrhein gewesen wäre, wofür auch die Nebenform Saxsetanus (zu lat. saxetum »Steinbruch«) spricht. Dennoch handelt es sich wohl um eine Mischform zwischen röm. und german. Kult, denn trotz des offensichtlich lat. Beinamens sind die Denkmäler mit diesem Götternamen vorwiegend um Bonn und Koblenz belegt (CIL XIII 7697–7712, 7716–7720), und die mit dem Kult dort konfrontierten Germanen werden in diesem »felsenbrechenden Hercules« sicherlich Thor erblickt haben.

E. H. Meyer, H. S., in: PBB 18, 1894; A. v. Domaszewski, Die Religion des röm. Heeres, in: Westdeutsche Zeitschrift 14, 1895; S. Gutenbrunner, Die german. Götternamen, 1936; M. Schönfeld, Wörterbuch der altgerman. Personen- und Völkernamen, ²1965; J. de Vries, ARG, ³1970.

Herfjötur (altnord., »Fessel des Heeres«) ist ein kenningartiger Name einer → Walküre (Grm 36, Thulur), der wohl auf die schicksalsbestimmende Funktion der Walküren besonders in Schlachten anspielt.

Herföðr (altnord., »Heervater«) ist ein Name Odins (Vsp 29) und bezieht sich auf die Vorstellung von Odin als Lenker des Schlachtenschicksals. Wesentlich häufiger ist das ähnliche → Herjaföðr.

Heri (altnord., »Hase«) heißt ein Zwerg in den Thulur, weniger wahrscheinlich ist die Bedeutung »der Krieger« (Motz).

L. Motz, New Thoughts on Dwarf-Names, in: FmSt 7, 1973.

Herja (altnord.), Name einer Walküre in den Thulur, gehört etymologisch zu altnord. herja, ahd. herjôn »verheeren«, und geht auf die selbe Form *Harjaza zurück wie der westgerman. Göttinnenname Hariasa aus dem 2. Jh. Ob in H. allerdings tatsächlich ein ursprünglicher Göttinnenname auch bei den Nordgermanen vorlag, ist kaum zu entscheiden; unabhängige Entwicklung ist gerade bei einer »Kampfgöttin« ebenso wahrscheinlich.

Th. v. Grienberger, German. Götternamen auf antiken Inschriften, in: ZfdA 36, 1892; M. Schönfeld, Wörterbuch der altgerman. Personen- und Völkernamen, ²1965.

Herjaföðr (altnord., »Heervater«) ist ein häufiger Name Odins in den Götterliedern (Vsp 43, Grm 19, 25, 26, Vm 2, Hdl 2; auch in den Thulur). Er bezieht sich ebenso wie Herfödr auf die Vorstellung von Odin als persönlichem Lenker des Schlachtenschicksals. Kuhn hat vermutet, daß die Odinsnamen auf -föðr (H., Valföðr) älter und eher heidnisch seien als die auf -faðir (Alfaðir, Sigfaðir). Auf Odin als Kriegsgott weisen zahlreiche seiner Namen, mit Her- auch Hertýr und Herteitr.

H. Falk, Odensheite, Kristiania 1924; H. Kuhn, Das nordgerman. Heidentum, in: ZfdA 79, 1942.

Herjann (altnord., »Herrscher«) ist ein häufiger Name Odins (Vsp 30, Grm 46, Gðr I, 19; Krakumál 29, Íslendinga drápa 11, bei Einarr Skálaglamm; in den Thulur; bei Snorri, Gylf 2). H. ist eine sehr alte Bildung mit -ana-Suffix wie dróttin, Óðinn und Ullinn und stimmt mit griech. koíranos »Herrscher« überein. Der Odinsname H. verweist auf Odin als Führer der → Einherier, des wilden Heers (schon bei Tacitus als Totenheer der Harii belegt), und stellt damit wahrscheinlich einen sehr alten Kultnamen des Gottes dar.

S. Bugge, German. Etymologien, in: PBB 21, 1896; H. Falk, Odensheite, Kristiania 1924; J. de Vries, ARG, [3]1970.

Herke, Harke → Erce.

Herkir (altnord., »Lärmer« oder »Stümper«?) heißt ein Riese in den Thulur; der Name ist die männliche Form zu dem häufiger belegten weiblichen Riesennamen Herkja.

Herkja (altnord., »Lärmerin« oder »die Geplagte«?) heißt eine Riesin in den Thulur und in der Harðar saga 7. Der Name ist identisch mit dem der Gemahlin Attilas, Erka, und dem mhd. Frauennamen Herche.

Hermóðr (altnord.) ist im Baldermythos laut Snorri der Name von Balders Bruder, der sich bereit erklärte, auf Sleipnir nach Hel zu reiten, um die Göttin Hel zur Herausgabe Balders zu bewegen (→ Hermóðs Helritt). Nur bei Snorri (Gylf 48) ist H. ein Gott, Odins Sohn und Balders Bruder, in der Edda wird nur in Hdl 2 ein Held namens H. erwähnt, aus dem Snorris Gott H. wohl entstanden ist. In Eyvinds Hákonarmál 14 begrüßt H. gemeinsam mit Bragi (ursprünglich wohl ebenfalls nur ein Sterblicher) die in Walhall ankommenden Gefallenen, ohne daß darin eine Anspielung auf eine etwaige Göttlichkeit zu finden wäre.

In Genealogien altengl. Königshäuser wird ein Hēremōd unter den Vorfahren Wodens als Vater Sceafs genannt, im *Beowulf* (902ff.) ist Hēremōd ein Dänenkönig, der verbannt wurde und weite Fahrten unternehmen mußte, was vielleicht auf eine Reflexion von Hermóðs Helritt hinweisen könnte.

E. Hackenberg, Die Stammtafeln der angelsächs. Königreiche, 1918; E. A. Philippson, German. Heidentum bei den Angelsachsen, 1929; ders., Die Genealogie der Götter, Urbana 1953; K. Sisam, Anglo-Saxon Royal Genealogies, in: Proceedings of the British Academy 39, 1953; J. de Vries, ARG, [3]1970.

N: (Bild. Kunst) K. Ehrenberg, *Hermod, von Hel die Herausgabe Baldur's erbittend* (Kohlezeichnung, 1881); J. C. Dollman, *Hermod before Hela* (Gemälde, ca. 1900).

(Lit.) *Idunna und Hermode* (Titel einer 1812–16 in 3 Bänden erschienenen Zeitschrift).

Hermóðs Helritt nennt man die Episode im Mythos von → Balder, wo nach Balders Tod Hermóðr auf Wunsch Friggs zu Hel reitet, um bei ihr Balder auszulösen. Ausführlich wird H. H. bei Snorri (Gylf 48) vor und nach der Beschreibung von Balders Bestattung geschildert: Frigg fragt, wer bereit wäre, nach Hel zu reiten, um Balder aufzusuchen und der Göttin Hel Lösegeld anzubieten, falls sie ihn nach Asgard zurückkehren lasse. Odins Sohn Hermóðr ist dazu bereit, und er reitet auf Odins Pferd Sleipnir davon. Es folgt nun die Schilderung von Balders Begräbnis, nach der Snorri die Schilderung von H. H. wieder aufnimmt:

Hermóðr reitet neun Nächte durch tiefe und dunkle Täler, bis er zum Fluß → Gjöll kommt und über die goldgedeckte Jenseitsbrücke → Gjallarbrú reitet, welche von der Magd Móðguðr bewacht wird. Sie meint, daß die Brücke unter ihm allein mehr dröhne als unter den fünf Scharen toter Männer, die am Vortag darüber gezogen wären, und schließt daraus, daß er kein Toter ist und fragt nach seinem Begehren; er berichtet ihr von seinem Auftrag, und sie bestätigt, daß Balder nach Hel gekommen ist. Hermóðr reitet weiter bis zum Hel-Gatter, überspringt es mit Sleipnir und kommt so zur Halle der Hel, wo er Balder auf einem Hochsitz sieht, und bleibt über Nacht hier. Als er der Hel seinen Wunsch vorträgt, sagt sie unter der Bedingung zu, daß alle Lebenden und Toten Balder beweinen müßten. Balder begleitet nun Hermóðr bis vor die Halle und sendet Odin zur Erinnerung den Ring Draupnir.

Nanna aber sendet Frigg Leinen und andere Geschenke, sowie einen Goldring für Fulla. Hermóðr reitet heim nach Asgard und berichtet über seine Reise, worauf die Asen Boten in die ganze Welt senden, damit alle um Balder weinten; und alles weinte, Menschen und Tiere, Erde, Steine, Bäume und Metalle, nur eine Riesin namens Thökk weigert sich – und diese Riesin war eigentlich Loki.

Da über H. H. in den dichterischen Quellen so gut wie nichts erhalten ist, die Erzählung bei Snorri aber doch sehr geschlossen wirkt, hat man angenommen, daß Snorri hier ein verlorenes Lied von H. H. benützt hat, welches entweder nur H. H., vielleicht aber auch Balders Tod enthalten haben könnte; daß H. H. in einigen uns nicht überlieferten Strophen der Húsdrápa (die Snorri als Quelle für die Erzählung von Balders Bestattung verwendete) enthalten war, ist höchst unwahrscheinlich. Auch das einzige Balderlied der Lieder-Edda, die Bdr, erwähnen H. H. nicht.

H. H. gehört zu den Jenseitsreisen, von denen die Edda auch noch die Bdr (Odin sucht eine tote Seherin auf) und den Helreið Brynhildar (»Brünhilds Helritt«, zur Heldendichtung gehörig) aufweist, während solche Reisen bei Saxo und in den Fornaldarsögur öfters vorkommen.

H. H. als Abstieg eines Fruchtbarkeitsgottes zu deuten, der die Vegetation zu neuem Leben hervorruft, wie extrem naturmythologische Deutungen vorschlagen, trifft kaum das Richtige. Da → Hermoðr aber wohl eine rein literarische Gestalt war und aus einem menschlichen Sagenhelden entstanden ist, sollte die mythologische Relevanz von H. H. nicht überbewertet werden.

Lit. → Balder.

Hermuthruda (wohl aus Ermunthrud) heißt eine kriegerische Königin bei Saxo (Gesta Dan. IV, 103f.); → Alvilda.

Herran (altnord.) ist ein Name für Odin und eine nur bei Snorri vorkommende (Gylf 2) Nebenform zu → Herjan.

Herteitr (altnord., »der Heer-Frohe«) ist in den Grm 47 und den Thulur ein Odinsname; vgl. Herföðr, Hertýr, Herjaföðr.

(Hertha) ist die in der ältesten Forschung aus einer handschriftlichen Variante für Nerthus und einer Etymologie von »Erde« parallel zur altnord. Jörð erschlossene »Erdmutter«. Auf haltlosen Spekulationen basiert auch die Verbindung des Herthasees und der Herthaburg auf der Ostseeinsel Rügen mit dem Nerthuskult.

L. Motz, The goddess Nerthus: a new approach, in: Amsterdamer Beiträge zur älteren Germanistik 36, 1992.

N: F. v. Hagedorn, *Der Wein* und *Hertha* (Gedichte, 1745).

Herthögn (altnord. Herþögn »Heerempfängerin«) ist wohl ein Walkürenname, obwohl er in den Thulur unter den Synonymen für »Kampf« zu finden ist.

Hertýr (altnord., »Heer-Týr, Heer-Gott«) ist ein nur einmal belegter Odinsname vom Ende des 10. Jh. (Einarr skálaglamm, Vellekla 3), als die Odinsnamen auf -týr relativ häufig waren; týr bedeutet hier nur »Gott« und nicht Týr selbst, wie auch der Plural tívar immer nur »Götter« bedeutet.

H. de Boor, Die relig. Sprache der Vsp, in: Dt. Islandforschung 1, 1930.

Heruler. Die H. (oder Eruler) sind in den antiken Schriftquellen german. Kriegerscharen, die vom 3. bis zum 6. Jh. n. Chr. von Griechenland, Italien, Spanien, Nordafrika, Gallien bis Schottland durch kriegerische Einfälle hervortraten; bei der Eroberung Italiens durch Odoaker im Jahre 476 gehörten H. zu seinen Stammtruppen. Nach dem Sturz der H.-Herrschaft an der Donau durch die Langobarden ziehen größere Teile der H.-Scharen nach Skandinavien.
Früher bezeichnete man die H. als german. Stamm, heute hat sich die Meinung durchgesetzt, daß es sich um gut organisierte, sehr mobile Kriegerverbände gehandelt haben muß. Schon früh hat man die H. mit dem mindestens neunmal belegten Terminus für »Runenmeister«, urnord. erilaR (5./6. Jh.) zusammengebracht, der wiederum mit dem Adelstitel altnord. Jarl, angelsächs. eorl (engl. earl) verwandt sein könnte. In einer bislang unwiderlegten Theorie hat Höfler die Züge der H. mit der Ausbreitung der Runen in Zusammenhang gebracht, wobei der Helm A von Negau, der den Namen Erul eines german. Centurio in röm. Diensten aus dem 1. oder 2. Jh. n. Chr. trägt, als Bindeglied dient; Angehörige der H. (wie der genannte Centurio Erul) hätten demnach

schon zu dieser Zeit nach etrurischen und röm. Vorbildern die Runenschrift geschaffen, deren Kenntnis sich durch die straffe Organisation und große Beweglichkeit der H.-Scharen bald bis Skandinavien ausbreitete, längere Zeit aber als Privileg der Angehörigen des (kultisch an Odin gebundenen?) Kriegerverbands der H. galt.

R. Much, H., in: Hoops 2, 1915; O. Höfler, Herkunft und Ausbreitung der Runen, in: Die Sprache 17, 1971; M. Taylor, H., in: RGA 14, ²1999.

Hervör ist der Name einer Walküre mit dem Beinamen alvitr »allwissend« oder »überirdisches Wesen, Walküre« in der Vkv; H. und Hlaðguðr, Töchter des Königs Hlöðver, werden gemeinsam mit Ölrun als Schwanenjungfrauen beschrieben, die mit Hilfe ihrer Schwanenhemden fliegen können; diese Erläuterungen in der Prosaeinleitung des Eddaliedes haben jedoch im Lied selbst keine Basis. Sowohl die genannten Walkürennamen wie ihre Verbindung mit dem Motiv der Schwanenjungfrauen gehören jedoch auf jeden Fall dem Bereich der Heldendichtung an und nicht der Mythologie; zwar werden → Walküren auch sonst als durch die Lüfte reitend geschildert (reið lopt ok lög: HHv 9Pr, HH II 4Pr), aber diese Vorstellung ist in der Vkv doch stark entstellt.

Hetha heißt eine kriegerische Königin bei Saxo (Gesta Dan. VIII, 256f.); → Alvilda.

Hiannanef-. Hiannanefae oder Hiannanefatae ist die eigentliche Lesung des unter → Kannanefates besprochenen Matronennamens.

hierós gámos (griech., »Heilige Hochzeit«). Der h. g. ist die Hochzeit zwischen dem Himmelsgott und der Erdmutter, deren Vereinigung die Neubelebung der Fruchtbarkeit der Natur bewirkt. Bei den Germanen ist er in den bronzezeitlichen Felszeichnungen bestens belegt, läßt sich aber auch in den uns erhaltenen Mythen wiederholt nachweisen. So sind etwa Odins verschiedene Liebesabenteuer, vor allem mit Riesinnen (zu denen auch die Jörð »Erde« gehört, mit der er den Gott Thor zeugte) als Reflexionen eines h. g. zu verstehen, auch wenn Odin nicht der ursprüngliche german. Himmelsgott war.

Vor allem in Vegetationskulten spielt der h. g. eine wesentliche Rolle, wobei die Verbindung des befruchtenden Himmels (bzw. der Sonne) mit der empfangenden Erde besonders im Kult des phallischen Gottes Freyr hervortritt, für den sowohl Adam von Bremen (Gesta Hammab. Eccl. Pontif. IV, 27) als auch Saxo (Gesta Dan. VI, 185) voller Entrüstung bacchantische Szenen im Kult vermerken. Die Wanen Freyr und Njörðr dürften im kultischen Nachvollzug des h. g. eine wesentliche Rolle gespielt haben, denn schon Tacitus dürfte im Kult der Nerthus (Njörðr) ei-

nen h. g. angedeutet haben, für den etwa die nachfolgende Waschung der Göttin spricht. Dabei hat man im Zusammentreffen der Ortsnamen → Njarðarlög und Tysnes auf der norweg. Insel Tysnesö eine hier durch die Kultortsnamen erhaltene Verbindung des Himmelsgottes Týr mit der Erdgöttin Nerthus/ Njörðr sehen wollen.
Im Volksbrauch hat sich eine Reflexion der Heiligen Hochzeit in den Frühlingsbräuchen, in denen der Beischlaf auf dem Acker eine symbolische Rolle spielt, bis in die Neuzeit erhalten.

F. R. Schröder, Ingunar-Freyr, 1941; S. Singer, Die Religion der Germanen, in: Schweiz. Archiv für Volkskunde 43, 1946; J. de Vries, ARG, [3]1970; F. Ström, Hieros gamos-motivet i Hallfreðr Óttarsons Hákonardrápa, in: ANF 98, 1983; G. Steinsland, Det hellig bryllup og norrøn kongeideologi. En undersøkelse av hierogamimyten i Skírnismál, Ynglingatal, Háleygjatal og Hyndluljóð, Oslo 1991; dies., Die mythologische Grundlage für die nord. Königsideologie, in: German. Religionsgeschichte. Quellen und Quellenprobleme, hg. von H. Beck, D. Ellmers u. K. Schier, Berlin/New York 1992.

N: *Heilige Hochzeit* nennt sich eine auf Elementen der german. Mythologie beruhende Produktion des Wiener Serapion-Theaters (1983).

Hiheraiae. Matronenname auf einer römerzeitlichen Inschrift von Enzen bei Euskirchen (CIL XIII 7900), den Matronis Hiheraiis gewidmet; Gutenbrunner bezweifelt die Verbindung mit german. *hihera- »Häher« aus lautlichen und semantischen Gründen.

S. Gutenbrunner, Die german. Götternamen, 1936.

Hildingr (altnord., »Krieger«) heißt ein Zwerg in den Thulur.

Hildisvíni (altnord., »Hildi-Eber«) heißt in Hdl 7 der Eber, auf dem Freyja reitet, und der eigentlich der in ein Tier verwandelte → Óttar ist. Er wird als gullinborsti »goldborstig« bezeichnet, ein deutlicher Hinweis dafür, daß der Dichter dabei an Freyrs Eber → Gullinborsti dachte. Die Hdl ist ein recht spätes Eddalied, und es besteht die Möglichkeit, daß der Dichter seine Informationen, wenn nicht gar aus der Snorra-Edda, so jedenfalls eher aus gelehrten Quellen als aus lebendigen mythologischen Vorstellungen bezog.

Hildólfr (1) (altnord., »Kampf-Wolf«) heißt in den Thulur ein sonst nie erwähnter Sohn Odins. (2) (altnord.) ist im Hrbl 8 der (von Odin fingierte) Besitzer des Fährboots, mit dem er Thor nicht übersetzen will; H. wohnte im Ráðseyjarsund, ein sonst ebenfalls unbelegter Ortsname. Diese Strophe ist Teil des Spiels, mit dem Odin den simplen Thor im Hrbl verwirrt.

Hildr (1) (altnord. hildr »Kampf«) ist der Name einer → Walküre (Drdlj 3, Vsp 30, Grm 36; Thulur), die in Snorris Bericht (Skaldsk 47) von der Schlacht → Hjaðningavíg nachts die am Tage gefallenen Krieger wieder zum Leben erweckt, so daß sie ewig weiterkämpfen müssen (Háttalykill). Möglicherweise ist in dieser Erzählung die Reflexion einer magisch-heilenden Funktion der Walküren im Volksglauben zu sehen, denn auch die Walküre → Skuld in der Hrolfs saga kraka 51 erweckt die Gefallenen eines Heeres bei Nacht wieder zum Leben. Auch der Name der in den Thulur als Walküre, sonst als Asengöttin bezeichneten → Eir (»Gnade, Hilfe«) könnte auf eine solche Heilkraft der Walküren hinweisen. Doch ist das wahrscheinlich aus dem keltischen Bereich stammende Motiv der wiedererweckten Krieger recht verbreitet und stellt vielleicht nur einen literarischen Topos beim Eingreifen übernatürlicher Mächte bei Schlachtenschilderungen dar.

J. Grimm, Dt. Mythologie, [4]1875–78; F. Panzer, Hilde – Gudrun, 1901; G. Müller, Zur Heilkraft der Walküre, in: FmSt 10, 1976; H. E. Davidson, Saxo Grammaticus, Cambridge 1979/1980.

(2) (altnord.), eine in den Eddaliedern erwähnte Sagenperson (Hdl 19, HH II 29), die Tochter Högnis, die auch mit der Walküre Brynhildr (und der Walküre Hildr?) identifiziert werden könnte.

(3) (altnord.) heißt eine Riesin in den Thulur und in der Húsdrápa.

Himinbjörg (altnord., »Himmelsburg«) heißt nach Grm 13 und Snorri Heimdalls himmlischer Wohnort, der am Ende des Himmels am Kopf der Brücke → Bifröst liegt, woraus sich Heimdalls Funktion als Wächter der Götter ergibt (Gylf 16 und 26).

Himinhrjóðr (altnord., »der Himmelsverwüster«) heißt in Snorris Version (Gylf 47) von → Thors Fischfang der größte Stier in der Herde des Riesen → Hymir. Der Gott Thor reißt diesem Stier den Kopf ab, um ihn als Köder für die Midgardschlange zu verwenden. Vom Stierkopf als Köder, aber ohne Nennung des Namens H., spricht auch die Hym 19, und die bildliche Darstellung von Thors Fischzug auf der Grabplatte von Gosforth/England (10. Jh.) zeigt deutlich den Rinderschädel am Ende von Thors Angelleine.
Der Name H. ist in verschiedenen Handschriften der Snorra-Edda als Himinbrjótr, Himinhrjotr, Himinjóðr überliefert, da er aber nur bei Snorri und in den Thulur vorkommt, dürfte es sich um eine junge Neuschöpfung (Snorris?) handeln. Warum der Stier H. heißt, ist ungewiß.

Himmel → Asgard, → Andlangr, → Víðbláinn.

Hirmin → Irmin.

Hirschkult → Heorot.

Hjaðningavíg (altnord., »Kampf der Hedinskrieger«) heißt ein Kampf zwischen den Heeren der Helden Hedin und Högni, über den der Sörla þáttr (in der Flateyjarbók) und Snorri (Gylf 48) berichten; Snorri verweist in diesem Zusammenhang auch auf Bragis Ragnarsdrápa (9. Jh.), wo aber die Bezeichnung H. nicht direkt vorkommt. Laut Sörla þáttr entstand der Kampf auf Anstiften Odins (→ Brísingamen), nach Snorri ging es um Högnis Tochter und Hedins Geliebte, → Hildr 1. Sieht man die mythologisierende Einleitung des Sörla þáttr als authentischen Teil des – zweifellos mythischen – Kampfes an, so könnte man ihn mit dem Kampf zwischen Loki und Heimdall in Verbindung setzen (Ström), welcher vielleicht ebenfalls um das Brísingamen geführt wird und zu den Ragnarök seine Fortsetzung findet. Auf das immerwährende Fallen und Auferwecktwerden der Krieger im H. spielt offenbar auch die Kenning Haddingjar land »Land der Hedinskrieger« = »Unterwelt« an. – Schon Grimm hat auf die mögliche Verbindung zwischen den Hjaðningar und dem wilden Heer hingewiesen, und auch Höfler hat sie als Formierung ewig kämpfender Krieger als kultischen Kriegerbund betrachtet.

J. Grimm, Dt. Mythologie, [4]1875–78; M. Olsen, Hjadningekampen og Hallfreds Arvedraapa over Olav Tryggvason, (Heidersskrift M. Hægstad) Oslo 1925; O. Höfler, Der Runenstein von Rök, 1952; F. Ström, Loki, Göteborg 1956.

Hjálmberi (altnord., »Helmträger«) heißt Odin in den Grm 46 und den Thulur. Snorri erwähnt wiederholt, daß Odin einen Goldhelm trägt (Gylf 50; Skaldsk 17), die Odinsdarstellungen auf vendelzeitlichen Helmblechen und Bildsteinen (Stenkyrka Lillebjärs III, falls hier wirklich Odin dargestellt ist) zeigen ihn ebenfalls behelmt.

H. Falk, Odensheite, Kristiania 1924.

Hjalmthrimul (altnord. Hjalmþrimul »Helmlärmerin«, »Kämpferin«) ist der Name einer Walküre in den Thulur.

Hjarrandi (altnord.) ist ein Odinsname in der Skaldik (bei Bragi, Ragnarsdrápa 11 und Snorri, Háttatal 53) und in den Thulur. Der Name H., von Saxo als Hiarnus wiedergegeben und öfters als Männername belegt, könnte am ehesten auf eine Umbildung der westgerman. Personennamen ahd. Herrant, Hôrant, angelsächs. Heorrenda zurückgehen. Warum Odin jedoch H. genannt wird, ist unklar.

H. Falk, Odensheite, Kristiania 1924; J. de Vries, Altnord. etymolog. Wörterbuch, Leiden [2]1977.

Hjörþrimul (zu altnord. hjörr »Schwert« und þrima »Kampf, Lärm«) »die Schwertkämpferin«, ist der Name einer → Walküre im Drdlj 3 und in den Thulur; wie auch andere Walkürennamen (Guðr, Hildr) weckt H. Assoziationen mit dem Kampf, auf dessen Ausgang die Walküren Einfluß haben.

Hjörvarðr (altnord., »Schwertwächter«) ist in der Riesengenealogie der Völuspá in skamma

(Hdl 32) offenbar der Name eines Riesen, des Vaters der Hveðna; sonst ist H. immer Name verschiedener sagenhafter Personen.

Hjuki (altnord., »der Gesundende«?) heißt in einem bei Snorri überlieferten ätiologischen Märchen vom Bild im Mond der Bruder der Bil; der Name könnte sich auf den zunehmenden Mond beziehen; → Máni.

A. Holtsmark, Bil og Hjuke, in: MoM, 1945.

Hlaðguðr (altnord.) ist der Name einer → Walküre, die wie ihre Schwester → Hervör nur in der Heldendichtung vorkommt; sie trägt in der Vkv den Beinamen svanhvít »Schwanweiß«. Ob Hlað- wirklich »Kopfschmuck« bedeutet (de Vries), ist wohl recht zweifelhaft. Die Assoziation mit altnord. hlaða »weben« und guðr »Kampf« zu einer Bedeutung »Schlachtenweberin« scheint trotz der umgekehrten Reihenfolge der Wortelemente für eine Walküre wahrscheinlicher (→ Darraðarljóð).

J. de Vries, Altnord. etymolog. Wörterbuch, Leiden [2]1977.

hlautteinn (altnord., »Opferzweig«?) wird in Snorris Heimskringla (Hákonar saga góða 14) und in der möglicherweise davon beeinflußten Eyrbyggja saga 4 ein Zweig genannt, mit dem angeblich bei den heidnischen Opferfeiern der Priester das Blut des Opfertieres auf die Wände des Tempels und auf die Anwesenden spritzte. Eine ähnliche Szene beschreibt auch die Kjalnesinga saga 2, aber die Vorstellung dürfte wohl der Phantasie der hochmittelalterlichen christlichen Autoren entsprungen sein, die im h. ein heidnisches Gegenstück zum Sprengwedel (aspergium) der christlichen Liturgie konstruierten. Tatsächlich könnte der h. in der heidnischen Zeit jedoch so etwas wie ein Stab zum Losen (→ Los und Orakel) gewesen sein (Hym 1; Thorvaldr Koðránsson).

Hlébarðr (altnord.) heißt ein Riese in der Hrbl 20, mit dem Thor einen Kampf ausgetragen hat, von dem wir aber sonst nichts wissen. Ob der Name mit dem auch sonst belegten h. »Wolf, Bär« (aus léoparðr, léparðr »Leopard«) identisch ist, ist nicht sicher.

Hleðiólfr (altnord., »schützender Wolf«?) ist eine Variante des Zwergennamens Hlévargr in der Snorra-Edda.

Hlér (altnord., »Meer«) ist ein anderer Name für den Meerriesen → Ägir (Skaldsk 1 und 23), so auch in der norweg. Urgeschichte in ›Fundinn Nóregr‹, wo er der Sohn des → Fornjótr ist. Kenningar in der Skaldendichtung weisen daraufhin, daß H. schon früh als Name für Ägir verwendet wurde: H.s doetr (beim Skalden Sveinn) sind die sonst als → Ägirs Töchter bezeichneten Wellen, und H.s viti (bei Egill Skalagrímsson) ist

gleichbedeutend mit Ägis eldr (beides bedeutet »Ägirs Feuer«, d. h. Gold).
Der Name der dän. Insel Hléysey (jetzt Læssø) scheint vom Namen H. abgeleitet zu sein; da Ägir eher Züge eines Meergottes als eines Riesen trägt, wäre H. als eponymer Stammvater der Insel möglich; nur wegen des Namens ein Kultzentrum für H. auf der Insel anzunehmen, geht zu weit.
Bei Saxo (VIII, 272) kommt ein Lerus vor, der vermutlich mit H. identisch ist, denn von dessen Sohn Snio (= altnord. Snær) berichtet er in der Folge ausführlich. Daß auch die Chronik von Lejre in Dänemark (Chronicon Lethrense 5) Læ (= Lerus = H.) und Snio in Zusammenhang bringt, läßt darauf schließen, daß auch Lejre schon früh mit H. assoziiert und vielleicht ebenfalls auf H. zurückgeführt wurde.

G. Schütte, Dän. Heidentum, 1926; J. de Vries, ARG, [3]1970; H. E. Davidson u. P. Fisher, Saxo Grammaticus, Cambridge 1979/1980.

Hlévangr oder Hlévargr (altnord.) heißt ein Zwerg in der Vsp 15. Beide Namensformen, -vangr »Feld« und -vargr »Wolf« wären möglich. H. »windgeschützte Ebene« ist als Zwergenname jedoch nicht sehr sinnvoll, und auch Goulds Deutung von Hlévargr »Lee-outlaw, i. e. evil person buried in a sheltered spot« ist ebensowenig überzeugend wie Motz' »sheltering, protective wolf«.

C. N. Gould, Dwarf-Names, in: PMLA 44, 1929; L. Motz, New Thoughts on Dwarf-Names, in: FmSt 7, 1973.

Hléysey (altnord.) dän. Insel, heute Læssø im Kattegat, → Hlér.

Hliðskjálf (altnord.) ist entweder der Name von Odins Thron oder von seiner Halle. H. findet sich in keinem der Eddalieder, sondern nur in den – wohl jüngeren – Prosaeinleitungen zu den Grm und Skm. In beiden Fällen scheint H. einen Sitz zu bezeichnen, der es den Göttern erlaubt, die ganze Erde zu überblicken. Bei Snorri (Gylf 16) wird H. ebenso aufgefaßt: »Dort in diesem Saal [Valaskjálf] befindet sich H., der Hochsitz, der so heißt; und wenn Allvater auf diesem Stuhl sitzt, sieht er über die ganze Welt.« Nicht den Thron, sondern den Ort, an dem er sich befindet, bezeichnet H. aber in Gylf 8: »Es gibt einen Ort, der H. heißt, und wenn Allvater sich dort in den Hochsitz setzt, [...]«. H. als Aussichtspunkt legt auch Gylf 49 nahe, und die Etymologie des Wortes deutet in dieselbe Richtung: Hlið ist »Öffnung«, und skjálf ist zwar nicht sicher zu deuten, das entsprechende altengl. scylf, scelf weist jedoch auf »Turm«; mittelniederdt. schelf heißt »Gerüst«, man könnte H. also vielleicht als »Gerüst über der (Tür-)Öffnung: Aussichtsturm, Wachtturm« deuten.
Daß Odins Thron H., der eine »überirdische« Schau erlaubt, mit dem Zaubergerüst seiðhjallr, welches den Seherinnen (wie den Schamanen) Einblick in die andere Welt gestattet, in Zusam-

menhang gebracht werden kann, hat V. Kiil gezeigt.
G. W. Weber meinte sogar, H. in einer Darstellung des Altunasteines, welcher auch eine Abbildung des Mythos von Thors Fischfang trägt, erkennen zu können. Ob auch die im heidnischen Skandinavien stark verbreiteten sitz- oder thronartigen Amulettanhänger als Repräsentanten von H. gesehen werden können (so Drescher und Hauck), scheint nicht ganz sicher; mit der Abbildung des Altunasteines haben sie nichts gemein.
Nach M. Olsen weist die Verbindung von Odin mit H., die seines Sohnes Vali mit Valaskjálf und des anderen Sohnes Vidar mit einem *Viðarskjálf (erhalten im norweg. Ortsnamen Viskjøll) auf einen Bezug zum Odinsnamen Skilfingr hin, welcher selbst wiederum vom Geschlechternamen der Skilfingar abgeleitet wäre. Diese in der Ynglingatal 18 und Hdl 11 und 16 erwähnten Skilfingar sind identisch mit den Scylfingas, welche laut altengl. *Beowulf* die Herrscherdynastie der Schweden zu einer sagenhaften Vorzeit waren. H. und Valaskjálf wie auch *Viðarskjálf wären demnach Kultortsnamen mit Bezug auf Odin und Angehörige dieser seiner Dynastie. Daß der Name H. wenigstens keine ganz junge Bildung ist, belegen sowohl die nicht völlig durchsichtige Etymologie wie auch eine Erwähnung des Namens beim Skalden Hallfreðr vandræðaskáld (Lausavísur 6) im 10. Jh.

E. Brate, Betydelsen av ortnamnet Skälv, in: NoB 1, 1913; M. Olsen, The Farms and Fanes of Ancient Norway, Oslo 1928; V. Kiil, Hliðskjálf og seiðhjallr, in: ANF 75, 1960; E. O. G. Turville-Petre, Myth and Religion of the North, New York 1964; G. W. Weber, Das Odinsbild des Altunasteins, in: PBB West 94, 1972; J. de Vries, Altnord. etymolog. Wörterbuch, Leiden ^{2}1977; H. Drescher u. K. Hauck, Götterthrone des heidnischen Nordens, in: FmSt 16, 1982.

Hlíf (altnord., »Schmutz«) und Hlífthrasir heißen zwei der Mägde Menglöðs in den Fjm 38; diese Namen sind möglicherweise eine Nachahmung von Líf und Lífthrasir in den Vm 45.

Hlífthrasa (altnord. Hlífþrasa oder Hlífþursa) heißt eine der Mägde Menglöðs in den Fjm 38; → Hlíf.

Hlífthursa → Hlífthrasa.

Hlín (altnord., »Schützerin«) wird von Snorri (Gylf 34) und in den Thulur als Göttin genannt, welche Frigg zum Schutze der Menschen eingesetzt hat. In der Vsp 53 scheint H. aber nur ein anderer Name für Frigg zu sein; in der Skaldendichtung kommt H. häufig in Kenningar für »Frau« vor, schon im 10. Jh. war sie eine gut bekannte mythologische Gestalt. Vermutlich ist aber H. wirklich nur ein Beiname der Frigg, den Snorri in der Vsp-Strophe als eigene Göttin aufgefaßt hat.

Hljóðólfr (altnord., »der heulende Wolf«?) heißt ein Zwerg in den Thulur.

Hlóðyn (oder Hlöðyn?, altnord.) wird (Vsp 56) die Mutter des Gottes Thor genannt, die sonst aber Jörð heißt. Der Name der H. ist etymologisch nicht geklärt, eine Verbindung mit dem Göttinnennamen → Hludana wird aber seit langem vermutet. Da H. mit Jörð identisch ist, hat man in ihr meist eine Erdgöttin gesehen.

J. de Vries, ARG, [3]1970.

Hlói (altnord., »der Brüller«) heißt ein Riese nur in den Thulur.

Hlökk (altnord., »Lärm, Kampf«) ist der Name einer der 13 → Walküren in den Grm 36.

Hlóra (altnord.) heißt laut Snorri die Ziehmutter des Gottes Thor (sein Ziehvater heißt hier Vingnir); sie wird aber nur bei Snorri (Skaldsk 4) erwähnt und dürfte eine Abstraktion Snorris aus dem Thorsnamen Hlórriði sein, ist also eine gelehrte Erfindung des 13. Jh.

Hlóriði oder Hlórriði (altnord., »der laute Reiter«, »der laute Wettergott«?) ist ein häufiger Name für Thor in den jüngeren Eddaliedern (Hym 4, 16, 27, 29, 37; Ls 54, Thrk 7, 8, 14, 31) aber auch schon in der Vellekla 15 (Einarr Skálaglamm, um 986). Der Name erweckt zwar durch seine unklare Etymologie und seine Ähnlichkeit mit dem Thorsnamen Einriði den Eindruck eines alten Kultnamens, tritt aber eben erst sehr spät auf. Daß der Name von Thors Mutter Hlóra aus H. abstrahiert ist, und nicht umgekehrt, ist anzunehmen, da Hlóra sich ausschließlich bei Snorri findet.
Als Lóriði kennt auch Snorri H. in seiner gelehrten Urgeschichte im Prolog der Edda, er ist hier der Vater von Einriði und Großvater von Vingþorr (beides ebenfalls Thorsnamen), auch für Snorri bestand also eine Assoziation von H. und Thor.

Hludana. German. Göttin, die aus fünf lat. Inschriften bekannt ist: 3 vom Niederrhein (CIL XIII 8611, 8723, 8661), 1 aus Münstereifel (CIL XIII 7944), 1 aus Beetgum/Friesland (CIL XIII 8830). Die Inschrift von Nijmegen gehört in das Jahr 197, die aus Münstereifel zwischen 222–235 n. Chr. Zur Erklärung des Namens wurden zahlreiche Deutungen versucht (vgl. bei Gutenbrunner und de Vries), als die beständigsten haben sich die Verbindungen mit Frau Holle und Huld einerseits, mit der altnord. Hlóðyn andererseits erwiesen. Falls man wirklich die Gruppe Hel, Nehalennia, Huld, Hlóðyn, H. und Frau Holle zusammenstellen und mit altengl., ahd. helan »verbergen« verbinden darf, so ergibt sich für diese Gruppe weiblicher Gottheiten der Charakter von chthonischen Göttinnen oder Erdgöttinnen; da Hlóðyn Thors Mutter ist, und er auch »Sohn der Erde« (Jarðar burr) genannt wird, erfreut sich diese Erklärung besonderer Beliebtheit.

H. Jaekel, Ertha H., in: ZfdPh 23, 1891; F. Kauffmann, Dea H., in: PBB 18, 1894; K. Helm, Hluðana, in: PBB 37, 1912; S. Gutenbrunner, Die german. Götternamen, 1936; J. de Vries, ARG, [3]1970; L. Motz, Gerbt, in: MoM, 1981.

Hnikarr (altnord., »Aufhetzer«) heißt Odin in den Grm 47, den Rm 18 und 19, und häufig in der Skaldendichtung. In der Heldensage tritt Odin als Beschützer Sigurds unter dem Namen H. auf; als Sigurd in einem Sturm um ein Kap segelt, wird er von einem alten Mann namens H. angerufen, sobald er ihn an Bord nimmt, legt sich der Sturm; H. gibt dann Sigurd auch den Sieg in der Schlacht gegen die Hundingssöhne (Rm Pr 16–Pr 26).

H. Falk, Odensheite, Kristiania 1924; J. de Vries, ARG, [3]1970.

N: E. Doepler d. J., *Odin als Hnikar* (in: E. Doepler, W. Ranisch, *Walhall*, 1901).

Hnikuðr (altnord.), Odinsname in den Grm 48, → Hnikarr.

Hnitbjörg (altnord., »Stoßfelsen«) heißt der Berg, in dem der Riese → Suttungr mit seiner Tochter Gunnlöð wohnt und den Skaldenmet aufbewahrt (Snorri, Skaldsk 1). Snorri führt als Beleg dafür die Kenning Hnitbjarga lögr (»Flüssigkeit H.s«) für den Skaldenmet an, die aber aus einer uns nicht erhaltenen Dichtung stammt, und auch in Snorris primärer Quelle für den Mythos vom Raub des Skaldenmets (Háv 104–110) nicht vorkommt, so daß wir keine weiteren Informationen über H. besitzen. Durch den Namen H. wird eine Verbindung mit den sich öffnenden und schließenden Bergen als Versteck von Schätzen in Märchen nahegelegt, auch eine Deutung als Tor zur Unterwelt wäre denkbar.

R. Doht, Der Rauschtrank im german. Mythus, 1974.

Hnoss (altnord., »Kostbarkeit, Kleinod«) heißt bei Snorri (Gylf 34, Skaldsk 20 u. 35) und in den Thulur die Tochter von Oðr und Freyja, nach der alle Kostbarkeiten benannt seien. In den Thulur wird auch ein Synonym für H. »Kleinod«, nämlich Görsemi oder Gersimi, als Tochter der Freyja angeführt. Ob Snorri den Namen aus einer (mißverstandenen?) skaldischen Kenning hat, oder ob er ihn selbst erfunden hat, ist unbekannt.

Hochsitzsäulen → öndvegissúlur.

Hoddmímir (altnord., »Schatz-Mímir«?) kommt in Vm 45 in der Bezeichnung Hoddmímis holt vor, was den Wald oder den Baum, in dem sich die Überlebenden der Ragnarök versteckt hielten (→ Líf), bezeichnet, und kann am ehesten mit dem Stamm der Weltesche Yggdrasill identifiziert werden, da in der Edda anscheinend ebenso wie bei Snorri (Gylf 14) → Mímir und sein Brunnen mit Yggdrasill assoziiert werden; auch → Mímameiðr »Mímirs Baum« meint wahrscheinlich den Weltenbaum.

Hödd (altnord.) → Hadda.

Höðr (altnord., »Kämpfer«) ist einer der Asengötter. Im Mythos verschuldet er → Balders Tod. Laut Snorri (Gylf 48, Skaldsk 13) ist er blind; H. ist ein Sohn des Odin (Skaldsk 13) und damit Balders Bruder, den er mit einem Mistelzweig tötet (Gylf 48, Skaldsk 5 und 13). Er selbst wird schließlich von Balders Rächer → Vali erschlagen (Skaldsk 5). In den Thulur wird er ebenfalls als Sohn Odins angeführt. Im Baldermythos tritt H. gar nicht stark hervor, sowohl bei Snorri (Gylf 48) als auch Vsp 32 und Bdr (9f.) steht er recht im Hintergrund des Geschehens, obwohl er Balder tötet; dagegen ist in der isländ. Tradition, besonders bei Snorri, Loki als Ratgeber wichtig. Anders ist die Rolle H.s in Saxos Version des Baldermythos (hier heißt er Hötherus), wo er sehr positiv gezeichnet wird. Hier heiratet auch er (nicht Balder) Nanna, nach dem Tod Balders fällt Hötherus durch den Rächer → Bous.

Snorri erwähnt im Anschluß an Vsp 62 noch, daß H. und Balder gemeinsam nach den Ragnarök in die neue Welt einziehen werden (Gylf 52). In der Skaldendichtung besteht überhaupt kein Bezug zwischen H. und dem Baldermythos, der Name wird nur einige Male als nicht näher definierte mythologische Gestalt in Kenningar verwendet. Eine Episode aus dem altengl. Beowulfepos hat man wegen der Namensähnlichkeit der agierenden Brüder neben den Baldermythos gestellt: Hæðcyn (=? H.) tötet durch einen bösen Zufall seinen Bruder Herebeald (= ? Balder) (*Beowulf* 2434ff.); der Pfeilschuß und die Namen sind die einzige Übereinstimmung mit dem Baldermythos, eine mögliche Beziehung wäre nicht sehr aussagekräftig.

Dumézil hat für die Tötung des an sich unverwundbaren Balder durch den blinden H. indische Parallelen beigebracht und sieht daher in der Rolle des blinden Gottes ein altes indogerman. Motiv.

G. Dumézil, Hötherus et Balderus, in: PBB West 83, 1961/62; J. de Vries, ARG, [3]1970; G. Dumézil, Gods of the Ancient Northmen, Berkeley 1977.

N: C. G. Qvarnström, *Loke och Höder* (Statue, 1863); E. Doepler d. J., *Hödur* (in: E. Doepler, W. Ranisch, *Walhall*, 1901).

Höfler, Otto (1901–87), Wiener Germanist und Volkskundeforscher, hat seit den 30er Jahren neben seinen Arbeiten zur Heldensage und Sprachgeschichte vor allem die german. Religionsgeschichte durch wesentliche Erkenntnisse bereichert. Höfler kann dem Zweig der folkloristischen Mythologie zugezählt werden, hat sich aber auch – beeinflußt durch W. Grönbech – mit dem Glaubensleben und dem Kult in Beziehung zur Mythologie beschäftigt, wobei er im

Mythos Reflexionen alter Kultbräuche sieht; deren angeblich fortdauernde Relevanz machte H. zu einem, wenn auch nicht unumstrittenen, akademischen Ideologen des NS-Regimes. Er hat auch auf die Bedeutung des Sakralen im Leben des einzelnen ebenso wie in den archaischen Organisationsformen der Gesellschaft hingewiesen und die Auswirkungen dieser Religiosität im Kult beleuchtet.

O. H., Kleine Schriften, 1992.
H. Birkhan, O.H., in: Almanach der Österreichischen Akademie der Wissenschaften 138, 1988; H. Beck, H.O., in: RGA 15, 2000.

höfuð (altnord., »Menschenhaupt«) wird das Schwert des Gottes → Heimdall genannt, dürfte aber kein Eigenname des Schwertes sein.

Högstari (altnord.; = → Hugstari? sonst etwa »der Schlagfeste«) heißt ein Zwerg in den Thulur.

Hölgabrúðr → Thorgerðr Hölgabrúðr.

Höll (altnord., »die Glatte« oder »die Trügerische«?) heißt einer der mythischen Flüsse im Flußkatalog der Grm 27.

Hœnir (altnord.) ist einer der weniger bedeutenden Götter der eddischen Mythologie. Seine mythische Stellung ist weitgehend unklar. In der Vsp 17f. ist es die Göttertrias Odin, H. und Loðurr, die im Mythos von der Erschaffung der Menschen auftreten, wobei H. den Menschen den Verstand (óðr) gibt. In einer anderen Göttertrias, zusammen mit Odin und Loki, tritt H. in den Rm und Skaldsk 37 auf, ist hier aber funktionslos. Vsp 63 nennt ihn als einen der Asen in der neuen Welt nach den Ragnarök. In der Haustlöng des Skalden Thjóðólfr wird H. im Mythos von Thjazi, ohne irgendeine wichtige Rolle zu spielen, genannt.
Ausführlicher wird seine passive Stellung von Snorri im Mythos vom → Wanenkrieg beschrieben (Ynglinga saga 4), wo der große und schöne H. von den Asen den Wanen als Geisel gestellt wird, die ihn zum Häuptling machen. Er läßt sich in allen Fragen vom weisen Mímir beraten, bis die Wanen dahinterkommen und Mímir enthaupten. – Snorri bezeichnet H. in einigen Kennigar, neben anderen, die ihn mit Odin verbinden, auch als »schnellen Asen«, »Langfuß« und → aurkonungr (Skaldsk 15), lauter Benennungen, die mangels weiterer Quellen unverständlich bleiben.
Die Deutungen von H.s mythologischer Rolle gehen weit auseinander. Man hat in ihm einen Himmelsgott, Wolkengott, sogar Sonnengott oder Wassergott, meist aber einen schwan- oder storchgestaltigen Vogelgott sehen wollen, der eine vogelgestaltige Verkörperung der geistigen Fähigkeiten Odins sei. Diese Erklärungen sind aber allesamt recht unbefriedigend, und man wird vielleicht eher (wie de

Vries) an einen Gott der Schweigsamkeit und der kultischen Feierlichkeit zu denken haben.

F. Detter u. R. Heinzel, H. und der Wanenkrieg, in: PBB 18, 1894; J. Loewenthal, Zur german. Wortkunde, in: ANF 33, 1917; F. R. Schröder, H., in: PBB 49, 1918; J. Loewenthal, Religionswiss. Parerga, in: PBB 45, 1921; W. Krogmann, H., in: APhSc 6, 1932; F. Ström, Guden H. och odensvalan, in: Arv 12, 1956; E. Elgqvist, Guden Höner, in: ANF 72, 1957; F. Ström, H., in: KLNM 7, 1962; E. C. Polomé, Some Comments on Vsp, Stanzas 17–18, in: Old Norse Literature and Mythology, Austin 1969; J. de Vries, ARG, [3]1970.

hörgr (altnord., »Heiliger Steinhaufen; Altar; Tempel?«) ist der Name für eine Form des german. Opferaltars, die archäologisch schon seit der Jungsteinzeit belegt ist und eine archaische Form des → Altars darstellt. Ursprünglich dürfte H. überhaupt nur »heilige Stätte« bedeutet haben, da das verwandte angelsächs. hearg sowohl »Heiliger Hain« als auch »Tempel, Götterbild« bedeuten konnte. H. ist auch in schwed. Ortsnamen im Zusammenhang mit Odin und Thor bezeugt: Thorshälla (aus Thórshörgr) und Onsjö, Odenshög (aus Óðinshörgr). Eine Entwicklung des H. zu einem Tempel im eigentlichen Sinn ist nicht nachzuweisen, eine Art von Zeltkonstruktion ist aber durch das altengl. heargtraef (im *Beowulf*) zu vermuten, die Verwendung der Phrase hörgr hátimbráðr (»hochgezimmerter H.«: Grm 16, Vsp 7) deutet auf eine Holzkonstruktion auf oder um den H., vielleicht zum Schutz etwaiger Götterbilder.

F. Jónsson, Hörgr, (Festschrift K. Weinhold) 1896; O. Olsen, Hørg, hov og kirke, København 1966; A. Rostvik, Har och Harg, Uppsala 1967; H. Jankuhn, H. Kuhn, Altar, in: RGA 1, 1973.

Hörn (1) (altnord.) ist in der Skaldendichtung und bei Snorri (Gylf 34) ein Name für die Göttin Freyja, dessen Bedeutung nicht ganz klar ist, aber zu hörr »Flachs« gehören könnte; deswegen ist sie aber noch nicht als Göttin der Flachsernte zu betrachten (so de Vries), sondern eher als Schutzgottheit der Flachsverarbeitung überhaupt, die ja völlig der weiblichen Domäne angehörte.
Daß in Schweden die Ortsnamen Härnevi (auch Järnevi), aus *Hörnar-vé (»Heiligtum der H.«) auf einen Kult der H. deuten, hebt sie aus der Zahl der anderen nord., den Matronen oder Disen verwandten weiblichen Schutzgöttinnen (wie Hlín, Snotra, Vár etc.) hervor.

J. de Vries, ARG, [3]1970.

(2) (altnord.) heißt eine Riesin in den Thulur. H. ist auch eine häufige Bezeichnung für die Göttin Freyr, die Herkunft des Namens ist allerdings dunkel.

Hœrnavi, Hærnavi (schwed. Ortsname) → Hörn.

Hötherus (Høtherus, auch Hotherus) ist bei Saxo (Gesta Dan. III) der Sohn des schwed. Königs Hothbrodus und Gegenspieler des Balderus um die Gunst der

Nanna, die er schließlich heiratet; er tötet Balder und fällt selbst durch die Rache Bous. H. ist identisch mit dem altnord. → Höðr im Mythos von → Balder.

hof (altnord.) → Tempel.

Hófvarpnir (altnord., »der mit den Hufen wirft«) heißt das Pferd der Göttin Gná. Es kommt aber nur bei Snorri vor, der ein Strophenfragment mit diesem Namen zitiert, sowie in den Thulur.

Horn (1) (Trinkhorn, Blashorn) → Gjallarhorn.
(2) (altnord., »Horn«) heißt ein Fluß (?) im Gg 8.

Hornbori (altnord.) heißt ein Zwerg in der Vsp 13 und in den Thulur. H. bedeutet möglicherweise wie altengl. hornbora »Hornbläser«. De Vries zieht auch »der im Winkel gezeugte« in Betracht, aber auch »Horndurchbohrer« wäre möglich. Die Deutung »der Hornträger« zu bera (Motz) ist sprachlich sehr fraglich.

J. Sahlgren, Nordiska ortnamn, in: NoB 23, 1935; L. Motz, New Thoughts on Dwarf-Names, in: FmSt 7, 1973.

Horsa → Hengist und Horsa.

Horwendillus (latin. altdän.) ist bei Saxo (Gesta Dan. III, 85–87) der Vater des Amlethus (= Hamlet). Der Name dürfte aber erst von Saxo mit der Hamletsage verbunden worden sein und stammt aus der Mythologie, → Aurvandill.

Hotherus → Hötherus.

Hræsvelgr (altnord., »Leichenfresser«) heißt ein riesenhafter Adler, der nach den Vm 37 am Ende der Welt (im Norden?) sitzt und durch seinen Flügelschlag den Wind entstehen läßt. Die Vorstellung, daß der Wind durch den Flügelschlag eines Riesenvogels entsteht, ist auch bei anderen Völkern zu finden. Da der Adler sich von Aas nährt, lag der Name H. nahe, wegen seiner riesigen Dimensionen wird er als Riese bezeichnet (und auch in den Thulur unter den Riesen genannt). Der Schluß, daß es sich wegen des Namens H. bei den Riesen ursprünglich um Totendämonen gehandelt habe, ist also völlig verfehlt.

J. Loewenthal, German. Cultaltertümer, in: PBB 47, 1922; J. de Vries, ARG, [3]1970.

Hrafnaguð (altnord., »Rabengott«) ist ein Odinsname, den nur Snorri (Gylf 37) bei der Erwähnung der Odinsraben → Huginn und → Muninn nennt und der möglicherweise für → Hrafnáss bei den Skalden steht.

Hrafnáss (altnord., »Raben-Ase«) wird Odin zweimal in der Skaldendichtung genannt (Haustlöng 4; Refr), da er von zwei Raben begleitet wird, → Huginn.

Hrauðnir (altnord., »Vernichter«) heißt ein Riese in den Thulur und beim Skalden Tindr.

Hrauðungr (1) (altnord., »der Zerstörer« oder »der Gerüstete«?) ist ein König in der jungen Prosaeinleitung zum Eddalied → Grímnismál und der Vater von Geirroðr und Agnarr; als Hjördís' Vater tritt ein H. auch im Hdl 26 auf, und H. findet sich in den Thulur als Seekönigsname. H. ist also eine literarische und keine mythologische Gestalt, der Name bezeichnet einfach irgendeinen sagenhaften König.

R. Much, Der Sagenstoff der Grm., in: ZfdA 46, 1902.

(2) (altnord.) heißt ein Riese in den Thulur und in einer Skaldenkenning; wie das bedeutungsähnliche Hrauðnir spielt auch H. auf die zerstörerische Kraft der Riesen als Feinde der Götter und Menschen an.

Hríð (altnord., »Unwetter«) heißt einer der mythologischen Flüsse im Flußkatalog der Grm 28; bei Snorri (Gylf 3) ist H. einer der Flüsse Élivágar, die aus der Quelle Hvergelmir entspringen.

Hrímfaxi (altnord., »Ruß-Pferd«) heißt nach Vm 14 das Pferd, das die Nacht bringt; das Pferd für den Tag heißt → Skinfaxi.

Hrímgerðr (altnord., »Frost-Gerðr«) heißt eine Riesin in der HHv (und in den Thulur), wo sie als Tochter des Riesen Hati bezeichnet wird und sich mit dem Helden Atli auf eine Redeschlacht einläßt; H. ist also eine Schöpfung der Heldensage. Der Name ist eine Verbindung der Hrímthursar (»Frostriesen«) mit dem Namen der bekanntesten Riesin → Gerðr.

Hrímgrimnir (altnord., »Reif-Grimnir«) heißt ein Riese, der laut Skm beim Totenreich haust. Skírnir drohte der → Gerðr, sie zu H. zu schicken. Der Name ist eine Verstärkung des Riesennamens Grimnir in Anlehnung an die Hrímthursar »Reifriesen«.

Hrímnir (altnord., »der Bereifte« oder »der Berußte«) ist der Name eines Riesen, der sowohl in der Skaldendichtung wie in den Eddaliedern Skm 28 und Hdl 32 (und in den Thulur) genannt wird, ohne daß sich eine besondere Stellung im Mythos abzeichnet. Im Hdl werden seine Kinder genannt, Heiðr und Hrossthjófr, was aber wohl mehr mit den Gesetzen des Stabreims zu tun hat; auch ob die namentliche Beziehung zu den Hrímthursar beabsichtigt ist, bleibt unklar.

Hrímthursar (altnord. Hrímþursar »Reifriesen«) werden an einigen Stellen der altnord. Literatur die Riesen genannt (Háv 109, Grm 31, Skm 30 und 34; Snorri, Gylf 4–5; 14; u. ö.), wohl weil der Ahnherr der Riesen, Ymir, aus dem Eis entstanden ist und deswegen ebenfalls als Reifriese (hrímþurs: Vm 33) bezeichnet wird; Ymir war ein zwittriges Urwesen, das sich fortpflanzte, indem einer seiner Füße mit dem anderen einen Sohn zeugte, von dem die Riesen abstammen. Die Bezeichnung H. wird außerdem der Vorstellung gerecht, daß die lebensbedrohenden Mächte, zu denen die Riesen gehören, im kalten Norden und Nordosten Skandinaviens wohnend gedacht wurden.

I. Christiansen, Rimtusser, in: KLNM 14, 1969; L. Motz, The Families of Giants, in: ANF 102, 1987.

Hringhorni (altnord., »Schiff mit einem Kreis am Steven«) heißt das Schiff, auf welchem laut Snorri (Gylf 48, Skaldsk 5) Balder verbrannt wurde.

Es ist nicht sehr wahrscheinlich, daß H. schon in der heidnischen Zeit mit Balder verbunden worden war, vielmehr dürfte erst Snorri den Namen geprägt haben. Bei der Beschreibung von → Balders Bestattung war Snorris Hauptquelle Úlfs Skaldengedicht Húsdrápa, welches die mythologischen Szenen beschrieb, die in einer isländischen Holzschnitzarbeit um 980 dargestellt worden waren. Snorri dürfte nun entweder aus einer verlorenen Strophe oder aus eigener Kenntnis der Schnitzarbeit gewußt haben, daß das abgebildete Schiff einen Ring am Steven trug, und daher dem Schiff den naheliegenden Namen H. gegeben haben. Die Darstellung von Schiffen zusammen mit dem Sonnensymbol (denn ein solches war der Kreis am Steven wohl) hatte im 10. Jh. bereits eine lange ikonographische Tradition, die mit verschiedenen Belegen bis zu den bronzezeitlichen Felszeichnungen zurückführt (Simek 1977).

Bei diesem Schiff mit der Sonne handelte es sich um das Schiff des Fruchtbarkeitsgottes (Freyrs Schiff Skíðblaðnir), welches Snorri im Rahmen von Balders Bestattung nicht mit Freyr assoziierte und daher neu benannte, eben als H.

In H. – oder der Abbildung, auf die der Name zurückgeht – überlappen also zwei im wesentlichen unzusammenhängende Traditionsstränge: Das Sonnenschiff Skíðblaðnir des Fruchtbarkeitsgottes Freyr einerseits, das durch die bildlichen Darstellungen bekannt war, und das Totenschiff (→ Naglfar) andererseits, das durch den in der Wikingerzeit weitverbreiteten Grabbrauch der Schiffsbestattung natürlich auch Snorri noch kannte. H. ist damit als gelehrte Konstruktion der nachheidnischen (oder frühestens spätheidnischen) Zeit anzusehen; mit dem Gott Balder wurde das Schiff erst im Rahmen seiner Bestattung verbunden.

O. Höfler, Balders Bestattung, in: Anz. der phil.-hist. Klasse der österr. Akad. der Wissenschaften, Jg. 1951, Nr. 23, 1952; R. Simek, Skíðblaðnir, in: Northern Studies 9, 1977; ders., Die Schiffsnamen, 1982.

Hringvölnir (altnord., »der mit dem Stab mit einem Ring«?) heißt ein Riese in den Thulur.

Hripstoðr (altnord.) heißt ein Riese nur in den Thulur; der Name ist ungeklärt.

Hrist (zu altnord. hrista »schütteln, beben«) »die Erschütternde« ist der Name einer der 13 → Walküren in den Grm 36, der sich auch häufig in Kenningar für »Frau« findet.

Hróarr (altnord.; sonst ein männlicher Personenname) heißt ein Riese in den Thulur.

Hróðvitnir (altnord., »Ruhm-Wolf«) heißt laut Grm 39 (und dann auch bei Snorri, Gylf 11) der Vater des Wolfes Hati, welcher den Mond in seinem Lauf verfolgt; H. findet sich auch als Wolf in den Thulur, und die Ls 39 nennt den Fenriswolf Hróðrsvitnir; auch H. wird also wahrscheinlich mit Fenrir zu identifizieren sein.

Hrökkvir (altnord., »der Krumme«) heißt ein Riese in den Thulur.

Hrönn (1) (altnord., »Welle«) heißt einer der (mythischen?) Flüsse im Flußkatalog der Grm 28.
(2) heißt eine der neun Töchter des Meerriesen → Ägir und seiner Frau Rán (Skaldsk 22 und 58), die in der altnord. Dichtung mit den Meereswellen gleichgesetzt wurden.

Hrolfr (altnord.) heißt ein Riese, welcher in der sagenhaften Urgeschichte Norwegens der Sohn des → Svaði und der Bruder der Hadda ist. Er heiratete Gói aus dem Geschlecht Fornjótrs.

Hroptatýr (altnord.) ist ein Odinsname bei Skalden in der zweiten Hälfte des 10. Jh. (Eyvindr Finnsson: Hákonarmál 14; Ulfr Uggason: Húsdrápa 8) und in der Edda (Grm 54, Háv 160); die Bedeutung von H. ist ebenso wie die des Odinsnamens → Hroptr ungeklärt, ist jedoch wahrscheinlich alt und auf jeden Fall noch echt heidnisch.

S. Bugge, Altnord. Namen, in: Zs. für vergl. Sprachforschung 3, 1854.

Hroptr (altnord.) ist ein recht häufiger Odinsname, sowohl in den Eddaliedern (Vsp 62, Grm 8, Ls 45, Sd 13) wie auch bei Skalden (Kormákr: Sigurðardrápa 7, Tindr: Hákonardrápa, Þórarin svarti: Máhlíðingavísur 9, Ulfr Uggason: Húsdrápa 8 und 11, Thord Kolbeinsson: Eiríksdrápa 5). Die datierbaren skaldischen Belege fallen sämtlich in den Zeitraum von 50 Jahren um das Ende des 10. Jh., auch ein Beleg für → Hroptatýr stammt aus dieser Zeit. Es handelt sich also bei H. um ein Modewort, als das Heidentum bereits in offener Konfrontation mit dem Christentum stand. Die Mehrzahl der eddischen Belege für H. sind ebenso wie das Hroptatýr in den Háv 160 und Grm 54 der heidnischen Renaissance des Hochmittelalters zuzuschreiben, wozu auch Saxos latinisiertes Rostarus/Rosterus (IX, 304; III, 79) zu zählen ist. Die alte Deutung von H./Hroptatýr als »Redner, Sprecher der Götter« (vgl. ahd. hruoft »Geschrei«) ist unmöglich, falls

H. und Rostarus zusammengehören, ebenso die Deutungen »Beschwörer« (zu altnord. hrópa: so Vogt) oder »Verberger« (vgl. altfries. Cruptorix). Ganz unwahrscheinlich ist Bugges Herleitung von H./Rosterus, Rostarus aus Christus.

S. Bugge, Studien, 1889; F. Kauffmann, Dea Hludana, in: PBB 18, 1894; W. H. Vogt, H. Rögna, in: ZfdA 62, 1925; H. de Boor, Die relig. Sprache der Vsp, in: Dt. Islandforschung 1, 1930; J. de Vries, ARG, [3]1970.

Hrosshársgrani (altnord., »Roßhaars-Grani«) ist ein Odinsname in den Thulur und in der Gautreks saga, wo Odin sich als Starkaðs Ziehvater Grani verkleidet. Grani ist aber auch ein Pferdename, und so könnte H. wie der Odinsname Jalkr auf einen (kultischen?) Bezug Odins zu Pferden hinweisen; → Sleipnir.

H. Falk, Odensheite, Kristiania 1924.

Hrossthjófr (altnord. Hrossþjófr »Pferdedieb«) heißt ein Riese in den Thulur sowie der Riesengenealogie der Völuspá in skamma (Hdl 32), wo er als Sohn Hrímnirs bezeichnet wird.

Hruga oder Hryga (altnord., »Haufe«) heißt eine Riesin in den Thulur, sicherlich als pejorative Bezeichnung für eine dicke Person.

Hrund (zu altnord. hrinda »stechen, stoßen«; »die Hervorstechende«?) ist der sonst unbelegte Name einer Walküre in den Thulur.

J. de Vries, Altnord. etymolog. Wörterbuch, Leiden [2]1977.

Hrungnir (altnord., »Lärmer«) heißt ein Riese, der Odin zu einem Pferdewettlauf herausfordert und schließlich von Thor im Zweikampf getötet wird.

Der Mythos von H. war offensichtlich im mittelalterlichen Skandinavien gut bekannt, denn etliche Kenningar der Skaldendichtung und auch Eddalieder erwähnen ihn (Hrbl 14f., Hym 16, Ls 61, 63, Grt 9). Der in Þjóðólfs Gedicht Haustlöng 14ff. kurz skizzierte Mythos ist bei Snorri (Skaldsk 17) breit erzählt: Odin reitet auf seinem Hengst Sleipnir nach Jötunheim, wo er auf H. trifft; dieser erkundigt sich nach seinem Namen und bewundert sein Pferd, worauf Odin wettet, daß es in Jötunheim kein gleichwertiges gäbe; H. aber preist sein eigenes Pferd → Gullfaxi und galoppiert hinter Odin her, wobei er ihn zwar nicht einholt, aber doch so schnell reitet, daß er erst in Asgard zum Stehen kommt; die Götter laden ihn zum Trinken ein, und im Rausch verfällt H. gewaltig ins Prahlen: er würde Walhall heim nach Jötunheim tragen, Asgard versenken und die Götter töten, außer Freyja und Sif, die er entführen würde. Als die Götter, seiner Beleidigungen müde, Thor rufen, droht ihm dieser sofort, aber da H. unbewaffnet ist, einigen sie sich auf einen Zweikampf bei Grjótúnargarðar. Als Thor und sein Diener Thjálfi dort ankommen, finden sie H. mit seinem steinernen Herzen und einen künstlichen Riesen aus Lehm mit dem Herz einer Stute namens Mökkurkalfi als Gegner vor. Thjálfi warnt H., daß Thor von unten angreifen würde, worauf sich H. auf seinen Schild stellt. Als Thor dann den Hammer Mjöllnir nach ihm schleudert, wirft H. seine Waffe, einen Wetzstein, zurück, der aber an Mjöllnir zerbricht; ein Teil dringt Thor in den Schädel, und er fällt, die anderen Trümmer fallen zur Erde, wo aus ihnen Steinbrüche entstehen. Mjöllnir aber zerschmettert H.s Haupt, Thjálfi tötet Mökkurkalfi. Als H. fällt, kommt eines seiner Beine über Thor zu liegen, der sich deswegen nicht erheben kann, bis sein dreijähriger Sohn Magni kommt und ihn befreit. Die Seherin → Gróa soll nun durch Zaubersprüche Thor von dem Wetzsteinsplitter im Kopf befreien; als er ihr aber währenddessen die Geschichte ihres Mannes → Aurvandill erzählt, vergißt sie aus Freude darüber ihre Zauberlieder; daher steckt der Wetzstein noch immer in Thors Kopf, und deswegen soll man Wetzsteine nicht über den Boden werfen, denn dann bewegt sich der Stein in Thors Haupt.

In dieser Form haben wir eine von Snorris typischen Mythennovellen vor uns, die aber viele ältere Elemente enthält. Eine naturmythologische Deutung als Kampf zwischen dem Gewittergott Thor und dem Felsriesen der Berge (Golther) wird dem Mythos nicht völlig gerecht. Man braucht auch nicht (wie Wais) die Wanderung des Mythos aus dem Orient nach Nordeuropa im Zuge der Verbreitung der Metalle annehmen, da der Konflikt zwischen den neueindringenden Eisen- und den alten Steinwaffen in jeder Kultur eine ausreichend einschneidende Veränderung bedeutete, um mythisch umgesetzt zu werden. Einiges für sich hat auch Dumézils Vorschlag, den Kampf als Reflexion eines Initiationsritus zu sehen, da in solchen Riten die Bekämpfung von Scheinungeheuern (wie hier des Lehmriesen Mökkurkalfi oder eines schon toten Drachens in der Hrólfs saga kraka) eine Rolle spielt; das Problem ist dann allerdings, warum der eigentliche Held, der Initiand Thjálfi, in der Haustlöng (Snorris Quelle) nicht vorkommt. Da wir nicht wissen, ob Snorri neben der Haustlöng noch andere Quellen verwendet hat, ist es kaum sinnvoll, einzelnen Details, wie dem Schild unter H.s Füßen, allzuviel Bedeutung zuzumessen. Allerdings findet sich bei Bragi die Schildkenning »Blatt der Füße des Räubers der Thrúðr«, womit angedeutet sein könnte, daß H. es war, der Thrúðr, Thors Tochter, geraubt hatte: zweifellos ein gewichtigeres Motiv für den Zweikampf Thors mit H. als Snorris Geschichte von H.s Prahlerei in Asgard; aber auch dabei erhebt sich die Frage, warum sich die Thrúðr dann schon in der Haustlöng nicht mehr findet. Ein wichtiges Motiv ist das dreizackige → Hrungnirs Herz, da dadurch Thors Kampf mit H. mit dem Kampf Indras gegen das dreiköpfige Ungeheuer Trisiras in der indischen Mythologie verglichen werden kann. Wie das auf Runensteinen belegte Herz hat der Wetzstein in Thors Schädel einen festen Platz im heidnischen Volksglauben, was noch Snorris Bemerkung über das Werfen von Wetzsteinen bestätigt. Auch wurden in die Thorsbilder auf den Hochsitzsäulen Nägel eingeschlagen (reginnaglar). Von einem wetzsteingroßen Auswuchs an Cuchulains Stirn berichtet die irische Sage, so daß es sich um einen weitverbreiteten Mythos gehandelt haben dürfte, auch wenn seine Bedeutung nicht mehr erkennbar ist.

W. Stokes, A few Parallels between the Old-Norse and the Irish Literatures and Traditions, in: ANF 2, 1885; W. Golther, Handbuch der german. Mythologie, 1895; F. R. Schröder, Thor und der Wetzstein, in: PBB 51, 1927; H. Schneider, Die Geschichte vom Riesen H., in: Edda, Skalden, Saga. Festschrift F. Genzmer, 1952; K. Wais, Ullikummi, H., Armilus und Verwandte, ebenda; J. de Vries, ARG, [3]1970; G. Dumézil, Gods of the Ancient Northmen, Berkeley 1977; S. A. Mitchell, The Whetstone as Symbol of Authority in Old English and Old Norse, in: SS 57, 1985; J. Lindow, Thor's Duel with H., in: Alvíssmál 6, 1996.

N: (Bild. Kunst) E. Doepler d. J., *Thor den Hrungnir bekämpfend* (in: E. Doepler, W. Ranisch, *Walhall*, 1901).

Hrungnirs Herz (altnord. Hrungnis hjarta) ist ein Symbol, dessen Namen wir nur durch Snorri (Skaldsk 17) kennen, wo er Thors Kampf mit dem Riesen → Hrungnir beschreibt. Snorri erzählt, »daß Hrungnir ein Herz aus hartem Stein und mit drei Ecken (oder Hörnern) gezackt hatte, so wie das Ritzzeichen gemacht wird, das seither H. H. heißt«. Diese Beschreibung deutet auf ein Zeichen, welches auf Runensteinen und gotländ. Bildsteinen erhalten ist und aus drei miteinander verflochtenen Dreiecken besteht, welches norwegisch als valknuter (wohl: »Knoten der Gefallenen«) bezeichnet wird und Gemeinsamkeiten mit der Triskele (dem dreifüßigen Hakenkreuz) aufweist. Der norweg. Name dieses Zeichens und die Tatsache, daß es auf Bildsteinen durchwegs mit Odin gemeinsam auftritt und noch dazu auf Grabbeigaben des Osebergschiffes eingeschnitzt ist, weisen ihm eine Rolle im Totenkult zu.

Auf dem frühwikingerzeitlichen Bildstein von Lillbjärs/Gotland findet sich dieses Zeichen gemeinsam mit einem ähnlichen, auch sonst (auf dem Runenstein von Skoldelev) belegten, aus drei ineinander verflochtenen Trink(?)hörnern gebildeten Symbol, auf welches Snorris Beschreibung des H. H. ebenfalls passen könnte. Möglicherweise ist dieses Symbol nur eine stilistische Nebenform des aus Dreiecken gebildeten Symbols; andernfalls müßte erwogen werden, ob nicht die drei Hörner als H. H. bezeichnet wurden und vom valknuter zu unterscheiden sind.

Sicher scheint aus dem Kontext der Bildsteine die sakrale Funktion beider Zeichen.

J. de Vries, ARG, ³1970.

Hrygða (altnord., »die Betrübte«) heißt eine Riesin in den Thulur; betrübte Riesinnen gibt es im nord. Mythos mehrere, die sich zur Identifikation anbieten, wobei besonders Skaði, wegen des Tods ihres Vaters Thjazi und ihrer unglücklichen Ehe mit Njörðr, oder die von Odin verführte und des Skaldenmets beraubte Gunnlöð in Frage kämen.

Hrymr (altnord.) heißt in Gylf 50 ein Riese, der zu den Ragnarök das Schiff Naglfar steuert; laut Vsp 51 ist der Steuermann des Schiffes jedoch Loki, und H. ist in der Vsp 50 nur ein bewaffneter Riese, der gegen die Götter kämpft.
Sonst wird H. nicht genannt, und auch die Etymologie des Namens ist unklar.

(Hünengräber) ist die übliche deutsche Bezeichnung für jungsteinzeitliche Großsteingräber (Ganggräber → Grabbrauch, → Dolmen), die während der Megalithkultur von Skandinavien über die westeuropäischen Insel- und Küstengebiete bis Malta verbreitet waren. Da aber für diese Epoche um 3000–2000 v. Chr. noch nicht von einer german. Bevölkerung gesprochen werden kann, ist auch der religionsgeschichtliche Quellenwert für die german. Religion nur beschränkt.

Hugi (altnord., »Gedanke«) ist der personifizierte Gedanke (in seiner Schnelligkeit) in der mythologischen Erzählung von Thors Fahrt zu Útgarðaloki (Snorri, Gylf 45f.), wo Thors Diener Thjálfi gegen H. im Wettlauf antritt, aber unterliegt, da nichts schneller als der Flug des Gedankens ist.

Huginn (altnord., »der Gedanke«) heißt einer der beiden Raben Odins, der andere ist → Muninn. H. ist wesentlich häufiger belegt als Muninn, in der Edda (Grm 20, HH I 54, Rm 18 und 26, Fm 35, Gðr II 29) sowie in der Skaldendichtung, hier meist als allgemeine Bezeichnung für »Rabe«. Snorri berichtet in Gylf 37 über die beiden Raben: »Zwei Raben sitzen auf seinen (d. h. Odins) Schultern und sagen ihm alle Neuigkeiten ins Ohr, die sie sehen oder hören; sie heißen H. und Muninn; er sendet sie am Morgen aus, um über die ganze Welt zu fliegen, und zum Frühstück sind sie wieder zurück; dadurch erfährt er viele Neuigkeiten, und deswegen nennt man ihn ›Rabengott‹ (hrafnaguð).«
Die Verbindung von Odin mit den Raben ist alt und bereits im 10. Jh. durch zahlreiche Kenningar belegt, auch wenn die Namen noch nicht genannt werden: Odin ist der Gott der Raben, die als Odins Vögel bezeichnet werden; Raben werden besonders häufig als Vögel des Schlachtfelds genannt, so daß die

Gefallenen – die zu Odin nach Walhall kommen – auch »Fressen für die Raben« genannt werden. Somit waren die Raben auch die Schlachtenvögel, und die Heerbanner wikingerzeitlicher nord. Heere trugen offensichtlich häufig die Darstellung eines Raben, wie uns nicht nur skandinav. Quellen (Orkneyinga saga, Njáls saga, Thorsteins saga Síðu-Hallssonar), sondern auch einige engl. Chroniken berichten; diese Rabenbanner (altnord. Hrafnsmerki) waren angeblich so gewoben, daß das flatternde Banner den Eindruck erweckte, der eingewobene Rabe schlage mit den Schwingen.

Man hat in Odins Raben eine Personifikation der intellektuellen Gaben des Gottes sehen wollen, was aber nur von den Namen her erschlossen werden kann, und diese sind kaum vor dem 9. oder 10. Jh. entstanden. Daß Odin aber schon viel früher mit den Raben assoziiert wurde, beweisen vendelzeitliche Darstellungen (6. und 7. Jh.), die Odin in Vogelbegleitung abbilden: auf dem Helmblech aus einem schwedischen Vendelgrab ist er ein Speerreiter, der von zwei Vögeln begleitet wird, und auf Goldbrakteaten der Gruppen A, B und C wird Odin wiederholt durch seine Vogelbegleitung ikonographisch identifiziert, was durch andere Darstellungselemente (göttlicher Atem, Speer, Pferdeheilung) gestützt wird. In den Brakteatendarstellungen werden die Vögel (oder einer von ihnen) öfters am Ohr des Gottes (wie bei Snorri!) oder dem des zu heilenden Pferdes abgebildet, was zu der Vermutung führen kann, daß es sich bei den Raben ursprünglich nicht (nur?) um die Begleiter Odins am Schlachtfeld, sondern auch um tiergestaltige Helfer' Odins in seiner (veterinär-)ärztlichen Funktion handelt. Mit Hauck einen Schritt weiterzugehen und auf eine Verbindung zu vogelgestaltigen Walküren in der Odinsbegleitung zu verweisen, scheint jedoch gewagt.

A. M. Sturtevant, Comments on Mythical Name-Giving in Old Norse, in: GR 29, 1954; J. de Vries, ARG, [3]1970; E. O. G. Turville-Petre, Myth and Religion of the North, Westport 1975; K. Hauck, Zur Ikonologie der Goldbrakteaten XV: Die Arztfunktion des seegerman. Götterkönigs, (Festschrift H. Beumann) 1977.

N: Als Begleiter → Odins werden die Raben wiederholt bildlich dargestellt; als Zeichen einer neuen Welt (ähnlich Noahs Tauben) sieht sie R. Wagner in seinem Gedicht *Zum 25. August 1870.*

Hugstari (altnord., »der Sture«?), Name eines Zwerges in der Vsp 15 (Gylf 13), nach allen Haupthandschriften außer der Snorra-Edda heißt er aber → Haugspori.

Hulda (altnord.) ist der Name einer Riesin, über welche laut Sturlunga saga der Isländer Sturla Thorðarson dem norweg. König Magnus Hákonarson eine Saga vorgetragen habe, die vor allem der Königin gut gefiel. Eine sol-

che Saga von H. ist uns (falls sie überhaupt jemals existiert hat) nicht überliefert.
Ob diese Riesin H. mit der deutschen Märchengestalt Holda/ Frau Holle wirklich etwas zu tun hat, ist unsicher, ebenso der Zusammenhang mit dem isländ. Huldrufolk (den Zwergen); gemeinsam dürfte allen diesen Wesen »das Versteckte« sein, wie es die Etymologie des Namens nahelegt.
N: Die Angabe der *Sturlunga saga* hat dazu geführt, daß noch im 19. Jh. in Island eine anonyme *Huldar saga* verfaßt wurde.
(Musik) C. Franck, *Hulda* (Oper, 1894).

Hund. In der Religion spielte der H. bei den Germanen so gut wie keine Rolle, auch kaum als Opfertier, selbst wenn laut Adams Schilderung des → Uppsala-Opfers angeblich auch Hunde aufgehängt wurden; in der Mythologie ist nur der Höllenhund → Garmr als Bewacher am Eingang der Hel bekannt.

Hundálfr oder Hundolfr (altnord., »Hund-Albe« oder »Hund-Wolf«) ist der recht eigentümliche Name eines Riesen in den Thulur.

Hurst(ae)rga. Name einer german. Göttin auf einer römerzeitlichen Inschrift aus Tiel/Holland.

Thes. Pal. 1984.

Húsdrápa (altnord., »Hausgedicht«). Die Laxdoela saga 29 berichtet, daß der Isländer Ólafr Pá (Olaf Pfau) in Hjarðarholt eine prächtige Halle erbaute, deren Innenwände mit Schnitzereien dekoriert waren, welche Szenen aus der german. Mythologie wiedergaben. Der Skalde Ulfr Uggason trug anläßlich einer Hochzeit, die nach der Saga zwischen 980 und 985 zu datieren ist, ein Gedicht vor, das die in Olafs Halle eingeschnitzten Szenen beschrieb. Er erwähnt darin den Kampf zwischen Loki und Heimdall (→ Brísingamen), den Kampf Thors mit der Midgardschlange (→ Thors Fischzug) und geht ausführlich auf → Balders Bestattung ein. Von der H. sind nur zwölf Strophen und Halbstrophen in der Snorra-Edda erhalten, sie war aber nach Snorris Auskunft (Skaldsk 8) von größerem Umfang. Snorri hat in seiner Edda von dem in der H. enthaltenen mythologischen Material offensichtlich ausgiebig Gebrauch gemacht.

Ausg.: F. Jónsson, Den Norsk-islandske Skjaldedigtning, B. 1, København/Kristiania 1912.
E. Marold, Kosmogonische Mythen in der H. des Úlfr Uggason, in: International Scandinavian and medieval studies in memory of Gerd Wolfgang Weber, Triest 2000.

Hvalr (altnord., »Wal«) ist der Name eines Riesen in den Thulur. In den späten Abenteuer- und Märchensagas verwandeln sich Zauberer gerne in Wale.

Hveðna oder Hvæðna (altnord.) ist der Name einer Riesin in der

Völuspá in skamma (Hdl 32) sowie Bragis Ragnarsdrápa. In der Riesengenealogie Hdl 32 wird sie als Tochter von Hjörvarðr bezeichnet; der Name ist wohl nur eine Variante zu Hveðra.

Hveðra (altnord., zu hveðurr »Widder« oder zu altengl. hweoðerian »brüllen«?) ist der Name einer Riesin in den Thulur und bei Einar Skúlason 13, 14.

J. de Vries, Altnord. etymolog. Wörterbuch, Leiden [2]1977; L. Motz, Giantesses and their Names, in: FmSt 15, 1981.

Hveðrungr (1) (altnord., vielleicht »Brüller«?) scheint in den Thulur als Riesenname auf. In der Vsp 55 rächt Viðarr seinen Vater Odin an »H.s Sohn«, was laut Snorri (Gylf 50) also der Fenriswolf sein müßte; da Fenrirs Vater Loki ist, wäre demnach H. ein Name für Loki; dafür spricht auch die Bezeichnung Hveðrungsmaer für Hel (Ynglingatal 32), die ja auch eine Tochter Lokis ist.

S. Nordal, Vsp, 1980.

(2) (altnord.) ist ein nur in den Thulur vorkommender Odinsname, der vielleicht auf einem Mißverständnis von Vsp 55 beruht; → H. 1.

Hvergelmir (altnord., »der brausende Kessel«?) heißt nach Gylf 3 die Quelle in Niflheim, der die Flüsse Élivágar entspringen, nach Gylf 15 und 38 jedoch die Quelle unter der Weltesche Yggdrasill. In den Eddaliedern findet sich der Name H. nur in Grm 26 als Quelle, aus der die Flüsse der Welt entspringen. Neben H. finden sich in der eddischen Mythologie an Quellen bei Yggdrasill auch der Urdsbrunnen und der Mimisbrunnen, aber de Vries hat zweifellos recht, wenn er alle drei als verschiedene Namen ein und derselben mythischen Quelle sieht. In Gylf 51 führt Snorri auch an, daß der Drache Níðhöggr in der Quelle haust. – Der Name H. ist sicher recht jung; bemerkenswert ist dabei, daß sonst Riesen Namen auf -gelmir tragen: Thrúðgelmir, Bergelmir, Aurgelmir. → Wasser.

J. de Vries, ARG, [3]1970.

Hymir (altnord.) ist ein Riese, der als Vater des Gottes Týr bezeichnet wird und bei dem Thor für die Asen einen Kessel holen will. Thors Abenteuer mit H., wozu auch der Mythos von → Thors Fischfang gehört, werden im Eddalied → Hymiskviða und, etwas abweichend, bei Snorri (Gylf 17) erzählt. Bei Snorri liegt der Schwerpunkt auf der Geschichte von Thors Fischfang, bei dem H. die Angelschnur, an der die Midgardschlange hängt, durchschneidet, worauf Thor ihn wütend über Bord schlägt. In der Hym dagegen spielt H. eine bedeutendere Rolle als Besitzer der riesigen Kessel, welche Thor für die Götter zum Bierbrauen holen soll; obwohl H. hier als Vater Týrs bezeichnet wird, ist er einer der für alle Thorsabenteuer typischen feindseligen Riesen und wird schließlich auch von Thor erschlagen. Auch ältere Kenningar der Skaldendichtung erwähnen H., aber auch sie wissen nicht viel mehr zu sagen, als daß er ein Riese ist. Jedenfalls bestätigen sie, daß er als Gestalt mythischer Erzählungen schon in heidnischer Zeit bekannt war und nicht erst im 12. und 13. Jh., als die Hym entstand und Snorri seine Fassung des Mythos niederschrieb. In der Ls 34 werden Töchter H.s erwähnt, die angeblich Njörðs Mund als Abort verwendeten, die Hym erwähnt sie aber nicht, was aber nicht beweist, daß nicht doch so ein Götterschwank über Njörðr und H.s Töchter bekannt war.

Die Erwähnung von H. als Vater Týrs findet sich nur in Hym 5, bei Snorri ist Týr der Sohn des Odin. Möglicherweise liegt in H. eine zum Riesen »abgesunkene« alte Göttergestalt vor, aber die Vaterschaft über Týr belegt diese Annahme ebensowenig wie die unklare Etymologie des Namens H.

F. R. Schröder, Das Hymirlied, in: ANF 70, 1955.

Hymiskviða, Hym (altnord., »das Lied von Hymir«) ist ein Götterlied des 12. oder 13. Jh. in der Edda, das ebenso wie die Thrymskviða ein Abenteuer des Gottes Thor zum Inhalt hat. Ein Teil des Stoffes, nämlich → Thors Fischzug, findet sich auch bei Snorri (Gylf 47), sonst deuten nur eine Zeile aus dem sogenannten Ersten Grammatischen Traktat und einige wenige ältere Kenningar auf den in der Hym in 39 Strophen dargestellten Mythos von Thor und dem Riesen Hymir.

Die Hym beginnt mit einem geplanten Festmahl der Götter, zu dem der Riese → Ägir das Bier brauen soll, was dieser aber mangels eines ausreichend großen Kessels vorerst ablehnt. Daraufhin machen sich die beiden Götter Thor und Týr, hier als Freunde beschrieben, auf den Weg nach Osten zum Riesen Hymir, Týrs Vater, um von ihm einen Kessel zu bekommen. Beim Bauern Egill (dem Vater von Thjálfi und Röskva?) stellt Thor seine Böcke ein. Bei Hymir angekommen, treffen sie zuerst seine 900-köpfige Mutter, seine goldgekleidete Frau (eher eine Göttergestalt?) versteckt sie unter den Kesseln des Riesen (9) und bereitet Hymir auf die Anwesenheit von Gästen vor. Sein Blick aber zertrümmert die Säule, die sie verbirgt, neun Kessel fallen zu Boden und zerbrechen, außer einem einzigen. Beim darauffolgenden Abendessen verspeist Thor zum Entsetzen des Riesen allein zwei der drei Stiere, die Hymir gebracht hat. Dieser verkündet, man werde deswegen am folgenden Tag fischen gehen müssen, und schickt Thor um einen Köder; Thor aber reißt dem größten von Hymirs Stieren (namens Himinhrjóðr) den Kopf ab und nimmt ihn zum Fischen mit. Weiter, als dem Riesen lieb ist, rudert Thor aufs

Meer hinaus, und während der Riese zwei Wale fängt, ködert Thor mit dem Stierschädel an der Angelleine die Midgardschlange. Thors Füße brechen durch die Bodenplanken des Bootes, als er die Leine einholt, so daß den Riesen Panik befällt, und er, gerade als Thor mit dem Hammer ausholt, um das Ungeheuer zu töten, die Angelschnur kappt (was in der Hym aber nicht erwähnt wird und nach Snorri ergänzt werden muß) und das Ungeheuer im Meer verschwindet (24). Auf dem Heimweg trägt Thor die beiden Wale samt den Rudern, aber Hymir hört dennoch nicht auf, Thors Kraft zu erproben: er hat einen Becher, den niemand zerbrechen könne, der nicht wirklich kräftig sei. Als Thor ihn gegen eine Säule wirft, zerbricht diese, und erst, als er ihn auf Anraten der Hausfrau mit aller Kraft gegen den Schädel des Riesen schleudert, zerbricht der Becher (31). Hymir betrauert den Verlust des Bechers, bezweifelt aber, ob die Götter den Kessel (den er ihnen nach bewältigter Kraftprobe nun schuldet?) davontragen könnten, und Týr schafft es tatsächlich nicht; erst als Thor ihn sich überstülpt, kann er ihn wegtragen. Hymir und seine Riesen verfolgen dann Thor noch, werden aber alle mit Mjöllnir erschlagen (36). Beim Heimweg stürzt dann noch einer von Thors Böcken und lahmt an einem Bein, was Lokis Werk sei; ein Riese (→ Egill?) hat dafür seine beiden Kinder (Thjálfi und Röskva) als Buße gegeben. Schließlich langen sie mit dem Kessel bei den Asen an, und Ägir kann darin Bier brauen (39).

Die Hym besteht im wesentlichen aus drei miteinander verknüpften Mythen: Die Kesselholung Thors bei Hymir, Thors Fischzug, und schließlich das Lahmen von Thor Bock. Während der Mythos von der Kesselholung sonst nur durch eine zufällig im Ersten Grammatischen Traktat (nach 1100) überlieferte Zeile »der Henkel war zu hören, als Thor den Kessel trug« (heyrði til höddu þá er Þorr bar hverin) belegt ist, berichtet Snorri (Gylf 47) ausführlich über Thors Fischzug mit Hymir, wenn auch mit geringen Abweichungen: Thor schlägt den Riesen mit der Faust über Bord, als dieser die Angelschnur kappt. Den dritten Mythos, den von Thors lahmendem Bock, hat Snorri in ein anderes Thorsabenteuer eingearbeitet, nämlich bei Thors Fahrt zu Útgarðaloki (Gylf 44; → Skrýmir), wo der Bauernsohn Thjálfi die Schuld am Lahmen des Bocks trägt (→ Thors Böcke).

Snorris Kenntnis der Fischfangepisode (und Unkenntnis der Kesselholung) hat zu verschiedenen Theorien über die Entstehungszeit der Hym geführt; K. Reichardt hat sie auf Grund bestimmter sprachlicher Parallelen zwischen 1225 und 1250 datieren wollen. Sicher ist jedoch nur, daß das Lied in die gelehrte isländ. Renaissance zwischen 1100 und 1250 einzuordnen ist. Die märchenhaften Elemente der Hym (wie die 900-köpfige Riesin) sind für die Dichtung dieser Zeit nicht untypisch.

Während die ältere Forschung die Hym als ein vom Dichter verbundenes Konglomerat verschiedener Mythen betrachtete, hat Schröder zu zeigen versucht, daß die meisten auftretenden Elemente im indischen Mythos von Indra, Tvaṣṭar und dem Raub des Göttertranks Parallelen haben; die Basis der Hym sei demnach ein alter Mythos über den für den Göttertrank stellvertretenden Kessel gewesen, bis in der nordischen Mythologie Odin Thor als Räuber des Skaldenmets abgelöst habe. Obwohl die Parallelen zu Indra tatsächlich eher auf Thor als Bringer des Göttertranks hinweisen würden, läßt sich bei der festen Stellung Odins als Verwalter des Rauschtranks bei den Germanen die Auffassung Schröders nicht aufrechterhalten.

Ausg.: G. Neckel u. H. Kuhn, Edda, [4]1962. E. Hellquist, Om naturmytiska element i H., in: ANF 18, 1902; K. Reichardt, H., in: PBB 57, 1937; J. de Vries, Das Wort goðmálugr, in: GRM 35, 1954; F. R. Schröder, Das Hymirlied, in: ANF 70, 1955; G. W. Weber, H., in: KLL 3, 1967; O. Gschwantler, H., in: MeScand, 1993; U. Dronke, Six Notes on the Interpretation of *H.*, in: Gripla 14, 2003.

N: → Thors Fischfang.

Hyndla (altnord., »Hündchen«) heißt die offenkundig genealogisch sehr versierte Riesin in der nach ihr benannten → Hyndluljóð. Daß sie in einer Höhle wohnt, ist ein stereotyper Zug bei Riesen, ungewöhnlich ist ihr Reittier, ein Wolf. Auch ist es eine recht ausgefallene Idee des Dichters aus dem 13. Jh., ausgerechnet einer Riesin mit dem Namen H. solche außerordentliche Kenntnisse von Ahnenreihen zuzuschreiben.

L. Motz, Giantesses and their Names, in: FmSt 15, 1981.

Hyndluljóð (Hdl, altnord., »Lied von Hyndla«) ist ein nicht im Codex Regius, sondern erst in der Flateyjarbók des späten 14. Jh. überliefertes Eddalied, das weder den Götterliedern noch den Heldenliedern problemlos zuzuordnen ist. Das Lied ist als mythologisierende Rahmenerzählung mit genealogischen Reihen als Mittelteil angelegt; dieser Mittelteil ist allerdings stark geschwellt durch ein eingeschobenes, unabhängiges Lied, die → Völuspá in skamma (Str. 29–44). Die Genealogien der eigentlichen H. enthalten über 80 Personen- und Geschlechternamen, wobei es sich teils um Namen aus der Heldensage, teils um historische und pseudohistorische norwegische Namen handelt.

Die Rahmenhandlung beginnt damit, daß Freyja die Riesin Hyndla aufsucht, um mit ihr nach Walhall zu reiten, damit Hyndla Óttar Auskunft über seine Ahnen gebe. Óttar hat nämlich mit Angantýr gewettet – wohl um genealogische Kenntnisse. Widerstrebend folgt die Riesin auf ihrem Wolf der auf dem Eber Hildisvíni (eigentlich dem verwandelten Óttar) reitenden Freyja. Hyndla zählt nun Óttars Ahnenreihen auf; als anschließend (die hier unorganisch eingeschobene, mit der H. durch Kehrreime verbundene Völuspá in skamma behandle ich getrennt) Freyja sie auffordert, Óttar den Gedächtnistrunk zu reichen, bricht Hyndla in Beschimpfungen gegen Freyja im Stil der Lokasenna aus. Unter Androhung eines Feuerzaubers bringt Freyja die Riesin schließlich dazu, Óttar den Trunk zu reichen.

Nach de Vries' Erklärung stellen die H. eine Wissensdichtung als Auftragsarbeit für eine dem uns ansonsten unbekannten Óttar nahestehende Person, sicher einen Norweger, dar. Anspielungen und Entlehnungen deuten darauf, daß der Dichter die Hakonarmál ebenso wie HH I und II kannte und das Lied wohl erst im 12./13. Jh. entstanden ist. Klingenberg sieht in den H. überhaupt erst das Produkt eines Sammlers aus dem 13. Jh., der zwei ältere Teile (die Genealogien und die Völuspá in skamma) kompiliert und mit einer Rahmenhandlung versehen habe. Fleck dagegen interpretierte die H., ebenso wie die Rigsthula und die Grímnismál, als eine funktionale Kultdichtung, welche die Wissensweitergabe (im Falle der H. von Genealogien) im Rahmen der Individualweihe im german. Sakralkönigtum reflektiere, was wohl die Entstehungszeit viel zu früh ansetzt. – Nur als Mittel zur Festlegung von Rechtsansprüchen auf eine Erbschaft sieht Gurevich die Genealogie Óttars, und er deutet die H. demnach als Mythologisierung einer Erbstreitigkeit zwischen Óttar und Angantýr, welche als stilisierte Representation des Kampfes zwischen Midgard und Utgard konzipiert wurde.

H. Gering, Óttar heimski, in: ANF 36, 1920; A. Holtsmark, H., in: KLNM 7, 1962; J. de Vries, Altnord. Literaturgeschichte, [2]1964–67; H. Beck, H., in: KLL 3, 1967; J. Fleck, Konr–Óttar–Geirroðr: A Knowledge Criterion for Succession to the Germanic Sacred Kingship, in: SS 42, 1970; A. Y. Gurevich, Edda and Law. Commentary upon H., in: ANF 88, 1973; H. Klingenberg, Edda-Sammlung und Dichtung, 1974.

Hýr, auch fälschlich Lýr (altnord., »die Glänzende«), heißt eine mythologische Halle in den Fjm 32. Sie ist wohl das Gebäude, in dem Menglöð, von der Waberlohe umschlossen, wohnt.

Hyrrokkin (altnord., »die vom Feuer Geschrumpfte«) ist eine Riesin, von der Snorri (Gylf 48) in der Geschichte von → Balders Bestattung erzählt, daß sie von den Göttern gerufen wird, als es nicht gelingt, Balders Grabschiff zu Wasser zu lassen; »Da kam sie auf einem Wolf geritten und hatte Giftschlangen als Zügel. Dann sprang sie vom Reittier, und Odin rief vier Berserker herbei, um auf es aufzupassen, aber sie konnten es nicht festhalten, bis

sie es niederschlugen. Da ging H. zum Vorsteven des Schiffs und schob es beim ersten Anlauf weg, so daß Funken aus den Rollen stoben und das ganze Land bebte. Da wurde Thor zornig und griff zum Hammer, und er hätte ihr den Schädel eingeschlagen, wenn ihn nicht alle anderen Götter um Gnade für sie gebeten hätten.« H. dürfte aber dem Zorn Thors auf Dauer doch nicht entgangen sein, denn bei Thorbjörn dísarskald wird sie in einer Strophe mit lauter anderen Riesinnen genannt, die Thor erschlagen hatte.
N: (Bild. Kunst) H. findet sich in E. Doeplers d. J. Illustration *Balders Bestattung* (in: E. Doepler, W. Ranisch, *Walhall*, 1901).

I

Iðavöllr (altnord.) ist der Name einer mythischen Ebene in der Vsp 2 und 60, welche bei Asgard liegt und zum Wohnsitz der Götter gehört; auch nach dem Weltende zu den Ragnarök ist I. der Ort, an dem sich die Götter in der neuen Welt einfinden. – Seit Krogmann wird I. meist als »glänzende Ebene« zu einem altnord. *iði »Glanz« gestellt. Diese Deutung ist aber trotz vergleichbarer Parallelen (wie Glæsisvellir) nicht überzeugend, da der Name I. sicherlich eine junge Bildung ist und *iði oder Verwandte nicht belegt sind. Man wird daher auch die älteren Deutungen heranzuziehen haben, die I. zu íð stellten, das damit also etwa »Feld der Betriebsamkeit« bedeuten könnte, was nicht unpassend ist, da die Götter in Vsp 2 hier bei allerlei Tätigkeiten geschildert werden und auch I. am wahrscheinlichsten eine Schöpfung des Vsp-Dichters ist. Eine weitere mögliche Deutung von I. wäre »sich fortwährend erneuerndes, verjüngendes Feld«, zu iðuliga »fortwährend« und íðgnógr »übergenug«, da ja in der Vsp I. repräsentativ für die neuerstandene Welt nach den Ragnarök steht. Bugge dagegen sieht in I. eine durch angelsächs. Vermittlung in den Norden gelangte Verballhornung des christlichen Eden (wie er auch Urðr aus Jordan erklärt).

S. Bugge, Studien, 1889; W. Krogmann, Neorxna wang und I., in: Archiv 191, 1955; A. Holtsmark, I., (Festschrift Reichardt) 1969.

Idban(?)gabia (oder: Idbans?-). Rest des Namens einer german. Göttin auf einer römerzeitlichen Weiheinschrift aus Pier bei Düren (CIL XIII 7867): Deae Idban[.·.]gabiae. Gutenbrunner will Idian.gabiae lesen und stellt es zu altnord. íðinn »fleißig«; aber der fragmentarische Zustand des Namens läßt keine sicheren Deutungen zu.

S. Gutenbrunner, Die german. Götternamen, 1936.

Iði (altnord., »der Bewegliche, der Fleißige«) heißt ein Riese, der laut Snorri (Skaldsk 1) der Bruder von Thjazi und Gangr und damit der Sohn Ölvaldis war. Ölvaldi teilte seinen Besitz so auf, daß jeder seiner Söhne sich als Erbschaft einen Mund voll Gold nehmen durfte; daher heiße das Gold auch »Mundvoll I.s oder Gangs oder Thjazis«; da I. wirklich in zahlreichen Kenningar für Gold vorkommt, dürfte diese Verwandtschaft und die Erzählung von der Erbschaft wohl der Rest eines alten Mythos sein.

Idisi (altsächs.) sind weibliche Wesen im → Ersten Merseburger Zauberspruch:

Eiris sazun idisi, sazun hera duoder.
suma hapt heptidun, suma heri lezidun,
suma clubodun umbi cuoniouuidi:
insprinc haptbandun, invar vigandun.
»Einst saßen die Idisi, saßen hier und dort,
Einige banden Fesseln, einige hemmten das Heer,
einige lösten Fesseln:
Entspringe den Fesseln, entfliehe den Kriegern.«

Diese I. sind hier offenbar eine Art von Wesen, die den Walküren nahestehen könnten, da diese in der altnord. Mythologie ebenfalls die Macht haben, Heere zu hemmen: vgl. den Walkürennamen Herfjötur »Heerfessel«. Sonst bedeutet altsächs. idis, ahd. itis, angelsächs. ides eine würdige, verehrte Frau (verheiratet oder unverheiratet), allenfalls Frau überhaupt, und glossiert damit genau lat. matrona. Außer dem genannten Zauberspruch weist nichts im südgerman. Bereich direkt auf eine religiöse Bedeutung der I., allerdings wäre auf Grund der identischen Bedeutung von itis und matrona ein Bezug zum zwischen dem 1. und 5. Jh. n. Chr. am Niederrhein verbreiteten → Matronenkult durchaus denkbar; eine Verbindung mit den nordgerman. → Disen wäre naheliegend, ist aber nicht unumstritten. – Der bei Tacitus (Ann II,16) erwähnte Name eines Schlachtfelds an der Weser, Idistaviso wurde von Müllenhoff und Grimm zu → Idisiaviso »Frauenwiese« emendiert, was aber ebenfalls keine Rückschlüsse zuläßt.

O. Schade, Altdt. Wörterbuch, [2]1872–82; J. Grimm, Dt. Mythologie, [4]1875–78; F. Kögel, Idis und die Walküre, in: PBB 16, 1892; E. Brate, Disen, in: Zs. für dt. Wortforschung 13, 1911/12; G. Eis, Eine neue Deutung des ersten Merseburger Zauberspruchs, in: Forschungen und Fortschritte 32, 1958; J. de Vries, ARG, [3]1970; H. Birkhan, GKAR, 1970.

Idisiaviso (verbessert aus dem Idistaviso der Handschriften) heißt die Ebene an der Weser, wo 16 n. Chr. eine Schlacht zwischen Arminius und Germanicus stattfand (Tacitus, Ann II, 16). I. bedeutet »Ebene der Idisi«, »Frauenwiese«; da im Ersten Merseburger Zauberspruch den → Idisi ein Einfluß auf den Ausgang eines Kampfes zugesprochen wird, liegen Gemeinsamkeiten mit den Walküren nahe; I. wäre also ein Ort, an dem die I. einmal in einer Schlacht mitgewirkt hätten. – Eine verlockende, jedoch gewagte Etymologie wäre die Deutung des sonst nicht völlig geklärten altnord. → Iðavöllr aus einem *Ið[is]avöllr, was I. genau entsprechen würde.

K. Müllenhoff, Verderbte Namen bei Tacitus, in: ZfdA 9, 1853; J. Grimm, Dt. Mythologie, [4]1875–78.

Idun (altnord. Iðunn, »die Verjüngende«) heißt eine Göttin der altnord. Mythologie, die sehr selten erwähnt wird. Vor der Christianisierung ist sie nur in Thjóðólfs Skaldengedicht Haustlöng (um 900) zu finden, welches Snorri verwendet hat: »Bragis Frau ist I.; sie verwahrt in ihrer Truhe die → Äpfel, von denen die Götter essen sollen, wenn sie altern, um so alle wieder jung zu werden; so geht es bis zu den Ragnarök« (Gylf 25). Snorri erzählt ausführlich den Mythos von → Thjazi, in welchem I. samt ihren Äpfeln durch Loki und den Riesen Thjazi entführt wird, bis die Asen Loki zwingen, I. mit Hilfe von Freyjas Falkengewand zurückzuholen. Loki trägt dabei I. in Gestalt einer Nuß (nur bei Snorri) und wird von Thjazi in Adlergestalt verfolgt, bis die Asen schließlich den Riesen erschlagen.

Snorri könnte für den Mythos von I.s Entführung und Rückkehr neben der Haustlöng noch andere Quellen benützt haben, von der uns erhaltenen Dichtung erwähnt aber sonst überhaupt nur die sehr junge Ls die Göttin I.; In Ls 17 wird ihr vorgeworfen, sie habe mit dem Mörder ihres eigenen Bruders geschlafen, ein Vorwurf, der ebensowenig andernorts zu finden ist wie ähnliche Anschuldigungen dieser Art in der Ls.

Im Mythos vom Raub der I. ist die Vorstellung von den verjüngenden → Äpfeln mit der gängigen Geschichte vom Raub einer Göttin durch die Riesen verknüpft, und obwohl dieser Mythos offenbar nicht sehr bekannt war und wohl von Erzählungen des klassischen Altertums über die Hesperidenäpfel beeinflußt sein könnte, kann dies zwar schon lange vor der literarischen Zeit geschehen sein, vielleicht aber verbanden erst die gelehrten Isländer des 12./13. Jh. die klassischen Sagen mit den Angaben der Haustlöng und den goldenen Äpfeln, die in den Skm 19 erwähnt werden.

Falls I. in der heidnischen Zeit tatsächlich als Göttin verehrt wurde, stellt man sie wegen ihrer Äpfel wohl zu den Fruchtbarkeitsgöttinnen.

S. Bugge, Iduns Aebler, in: ANF 5, 1889; E. Brate, Disen, in: Zs. für dt. Wortforschung 13, 1912; A. Holtsmark, Myten om Idun og Tjatse i Tjodolvs Haustlöng, in: ANF 64, 1949; E. F. Halvorsen, Idunn, in: KLNM 7, 1962; J. de Vries, ARG, [3]1970; E. O. G. Turville-Petre, Myth and Religion of the North, Westport 1975.

N: (Bild. Kunst) H. E. Freund, *Idun* (Statue, 1821); C. G. Qvarnström, *Idun* (Statue, 1843) und *Iduna som bortrövas av jätten Tjasse i örnhamn* (Gipsstatue, 1856); C. Hansen, *Iduns Rückkehr nach Valhalla* (Gemälde) und C. Hammers gleichnamiger Holzschnitt

(1862) nach Hansens Gemälde; K. Ehrenberg, *Bragi und Idun, Balder und Nanna* (Zeichnung, 1882); B. E. Ward, *Idun* (Aquarell, 1905); E. Doepler d. J., *Idun* (in: E. Doepler, W. Ranisch, *Walhall*, 1901); J. Doyle-Penrose, *Idun and the apples* (Gemälde).
(Lit.) F. G. Klopstock, *Wingolf* (Ode, 1762); J. G. Herder, *Iduna, oder der Apfel der Verjüngung* (Aufsatz über dt. Mythologie, in: *Die Horen* 1796); N. F. S. Grundtvig, *Idunna* (Gedicht, 1810); A. Oehlenschläger, *Idun* (zwei Gedichte in: *Nordens Guder*, 1819); *Iduna* (Zeitschrift des »Gotischen Bundes«, hg. von H. G. Geijer, 1811–35); *Idunna und Hermode* (Zeitschrift, in 3 Bänden, 1812–16).

Ífing (altnord., »der Ungestüme«?) heißt in den Vm 16 der mythische Grenzfluß zwischen den Riesen und Göttern, er darf niemals zufrieren, denn sonst könnten ihn die Riesen überqueren. Der Name Í. wird nur hier genannt, aber daß Asgard und Midgard von dem in Útgarð liegenden Jötunheim durch einen oder mehrere Flüsse getrennt gedacht wurden, bestätigen auch andere Quellen, in der Hym 5 tragen diese Flüsse den Namen Élivágar.

Ifles. Matronenname auf einer Weiheinschrift aus Gohr (CIL XIII 8520), der nicht ausreichend gedeutet ist; jedenfalls gehört der Name nicht, wie z.T. angenommen, zu den Afliae.

Íma (altnord., »Kampf« oder »die Staubige«?) heißt eine Riesin in den Thulur.

Imðr oder Imð (altnord.) ist der Name einer Riesin (Thulur; HH I 43); in der Völuspá in skamma (Hdl 37) wird I. unter den neun riesischen Müttern des Gottes → Heimdall genannt. Etymologisch gehört I. wohl zu íma »Wolf«, und zwar wegen der Farbe, also »die Graue, Schmutzige«; aber auch »die Rauschende« (zu yma) wurde erwogen; → Ímgerðr.

A. M. Sturtevant, Etymol. Comments on certain Words and Names in the Elder Edda, in: PMLA 66, 1951; L. Motz, Giantesses and their Names, in: FmSt 15, 1981.

Ímgerðr (altnord.) heißt eine Riesin in den Thulur; wie andere Riesinnennamen ist Í. eine Variante auf Gerðr, die bekannteste Riesin der nordischen Mythologie, aber Ím- (vgl. auch Íma, Imðr, Ímr) ist nicht ganz klar: entweder zu íma »Kampf« oder zu ím »Staub«.

Ímr (altnord.) heißt ein Riese in den Thulur; nach Jónsson »der Dunkle«, aber wahrscheinlicher ist eine der Bedeutungen wie bei den Riesinnennamen → Ímgerðr, Íma, Imðr.

F. Jónsson, Þulur, in: APhSc 9, 1933.

Ineae. Matronenname auf einer römerzeitlichen Inschrift aus Bonn (CIL XIII 8174), welche den Matronis Ineis gewidmet war.

Thes. Pal. 1984.

Ing (angelsächs.) ist die Entsprechung des skandinav. → Yngvi und Stammvater der Ingaevones; I. tritt allerdings nur im altengl. Runengedicht auf, wo er zu den Ostdänen, genauer zu den Heardingas (= Hasdingi = Haddingjar), gerechnet wird. Dabei fährt er einen Wagen, was auf einen Kultwagen wie beim Yngvi-Kult oder beim Kult der Nerthus deuten könnte. Die Etymologie des Namens ist trotz zahlreicher Versuche noch immer nicht geklärt.

J. Loewenthal, Zur german. Wortkunde, in: ANF 33, 1917; W. Krause, I., in: Nachrichten der Ges. der Wiss., Phil.-hist. Kl. 3, 1944; J. de Vries, ARG, [3]1970.

Ingi (altnord.) Zwerg → Yngvi 2.

Ingunar-Freyr (altnord.) wird der Gott Freyr in der Ls 43 und der großen Óláfs saga hins helga genannt.
Dieser Name von → Freyr ist wohl als Nebenform zu dem ostnord. → Yngvi-Freyr zu betrachten. Mit I.-F. hat man die Bezeichnung eines Dänenkönigs im altengl. *Beowulf* (1319) verglichen, der dort Frea Ingwina »Herr der Ing-Freunde« (oder »Herr der Ingaevonen«?) genannt wird. Identisch mit I.-F. ist diese Bezeichnung aber sicher nicht, weil Freyr im Norden nie nur »Herr« bedeutete, und man I.-F. somit wenigstens als »Gott Freyr der Ing-Freunde« deuten müßte. Dagegen wird die ältere Deutung von I.-F. aus einem *Inguna-árfreyr »der erntespendende Gott der Ing-Freunde« heute eher abgelehnt.

H. Schück, I.-F., in: Fornvännen 35, 1940; F.R. Schröder, I.-F., 1941; E. O. G. Turville-Petre, Myth and Religion of the North, Westport 1975.

Interpretatio christiana. Während die Römer beim Kontakt mit den Germanen versuchten, die german. Gottheiten mit den eigenen zu identifizieren (→ Interpretatio romana), blieb den Anhängern des monotheistischen Christentums diese Möglichkeit der Bewältigung der german. Religion verwehrt. Zwar war den meisten spätantiken und mittelalterlichen christlichen Autoren die übliche Interpretatio romana bekannt, ihre Betrachtungsweise war dennoch notwendigerweise anders: Während für die imperialistischen Römer der Synkretismus eine legitime Form der kulturellen Ausbreitung darstellte, war für die german. Kleriker nach der Christianisierung das Heidentum eine überwundene oder zu überwindende Religionsstufe, zu der möglichst kein Weg zurückführen sollte. Das Mittel dazu war eine I. c., die vor allem eine Diabolisierung der heidnischen Götter und eine Dämonisierung der Wesen der niederen Mythologie enthielt. Lediglich die mittelalterlichen isländ. Autoren sind in der Ablehnung heidnischer Religion viel weniger radikal als anderswo, wie auch gerade auf Island während der Bekehrung heidnische Mythen und christliches Gedankengut in einzelnen Fällen auch ineinander aufgingen (→ Thors Fischzug); besonders bei Snorri fließt in seine Darstellung der german. Mythologie Christliches häufig mit ein, ohne in Konflikt zu geraten.

H. Achterberg, I. C., 1930; O. Gschwantler, Christus, Thor und die Midgardschlange, (Festschrift O. Höfler 1) 1968.

Interpretatio germanica nennt man die Benennung röm. Götter mit den Namen german. Gottheiten durch die Germanen, als die beiden Völker um die Zeitenwende miteinander in näheren Kontakt traten; der umgekehrte Vorgang wird als → Interpretatio romana bezeichnet. In beiden Fällen handelt es sich um die Aneignung von Begriffen der fremden Religion durch die Bezeichnung mit vertrauten Begriffen. Den einzig verläßlichen Einblick in die I. g. haben wir durch die german. Übersetzung der röm. → Wochentagsnamen. Der dies Martis wird als Tag des Zîu/Týr wiedergegeben (→ Dienstag), der Tag des Mercurius als Tag Wodans/Odins (engl. Wednesday). Der Tag Jupiters wurde zum Tag des Donar/Thor, obwohl er in der Interpretatio romana als Hercules aufscheint. Der römischen Venus wurde schließlich Frîja/Frigg gegenübergestellt (→ Freitag). Diese Beispiele machen die Problematik der I. g. offenbar: Scheinen auch bei Odin und Thor die Götterattribute ausschlaggebend gewesen zu sein, sind wir in den anderen Fällen auf Spekulationen angewiesen, da wir zuwenig über die tatsächliche Rolle der german. Götter im Glauben dieser Zeit wissen, um aus der Identifikation mit bestimmten römischen Göttern ihre Stellung im Pantheon ableiten zu dürfen.

Interpretatio romana, römische Interpretation. Als die Römer mit den Germanen in Berührung kamen, versuchten beide Völker, sich Elemente der Fremdreligion durch die Benennung mit eigenen Bezeichnungen vertraut zu machen; die Betrachtung und Bezeichnung german. Götter durch die Römer wird I. r., die Benennung röm. Götter durch die Germanen → Interpretatio germanica genannt. Anhaltspunkte für die Interpretation waren sicherlich auch formale Kriterien, etwa die Attribute der Götter: so mögen Hut und Stab des Hermes/Merkur und Hut und Speer des Wodan/Odin als Gemeinsames des Vergleichs gedient haben. Bei der vorwiegend bildlosen Religion der Germanen waren die Römer zweifellos auch auf german. Auskünfte angewiesen, wodurch auch die Funktionen der Götter als Tertium comparationis dienen konnten, auch wenn uns diese Funktionen heute nicht mehr klar sind. Die I. r. und die Interpretatio germanica konnten verschiedene Ergebnisse hervorbringen: ein Römer, der nach einer Entsprechung für Donar/

Thor suchte, mag von den Germanen erfahren haben, dieser bekämpfe Ungeheuer und töte Riesen, und dachte dabei an Hercules, während einem Germanen auf der Suche nach einem donnernden und blitzeschleudernden Jupiter natürlich sofort Thor einfiel.

Beispiele für die I. r. finden sich schon bei Caesar und dann besonders ab Tacitus, welcher Mercur als obersten Gott der Germanen bezeichnet, was durch zahlreiche auf german. Boden dem Mercur geweihte Votivaltäre bestätigt wird; gemeint ist mit Mercur Wodan/Odin, was durch spätere Quellen ausdrücklich bestätigt wird. An zweiter und dritter Stelle der german. Hauptgottheiten nennt Tacitus (Germ 9,1) Hercules und Mars; Hercules gibt dabei Thor wieder, welcher allerdings in der Interpretatio germanica der Wochentagsnamen für Jupiter steht. Mars dürfte Týr/Tíwaz bezeichnen, auch wenn bei Mars auch odinische Züge zu erkennen sind.

J. de Vries, ARG, [3]1970; R. L. M. Derolez, Götter und Mythen der Germanen, 1974.

Íri (altnord., »der Ire«) heißt ein Zwerg in den Fjm 34.

Irmin. Die einzige Erwähnung eines Gottes mit diesem Namen findet sich in den ca. 967 verfaßten *Res Gestae Saxonicae* des Mönchs Widukind von Corvey, der die von den fränkischen Annalen zum Jahr 772 berichtete Zerstörung der → Irminsûl durch Karl den Großen literarisch ausschmückt; er erzählt, daß die Hirminsul als Siegeszeichen der Sachsen errichtet worden wäre und daß der Name Hirmin mit Hermes und Mars gleichzusetzen sei, weswegen vor allem die ältere Forschung in I. einen Namen für den german. Gott *Tīwaz (Zîu/Týr) sehen wollte. Daneben hat man den angeblichen Gott I. oder Ermin auch aus dem german. Volksnamen der Hermiones (eig. Ermiones?) bei Tacitus ableiten wollen, und de Vries hat in Anlehnung an Dumézils Theorien versucht, I. als Vertreter der »dritten Funktion« entspechend dem indischen Aryaman zu erklären. Da jedoch der einzige brauchbare Verweis auf die Existenz des Gottes I. die Irminsûl ist, und diese besser als »gewaltige Säule« zu erklären ist, muß jede Überlegung über Identität oder Funktion dieses Gottes reine Spekulation bleiben.

Lit. → Irminsûl.

Irminsûl (altsächs. u. ahd., »gewaltige Säule«; kaum: »Säule des Gottes Irmin«) findet sich in den Berichten über den Feldzug Karls des Großen in Sachsen im Jahre 772, als er die Eresburg einnahm und dabei die I. zerstörte; dies berichten zahlreiche fränk. Annalen zum Jahr 772, ausführlicher aber Rudolf von Fulda (*Translatio Alexandri*) und Widukind von Corvey (*Res Gestae Saxonicae*). Die Annalen nennen die I. fanum, lucum oder idolum, bei Rudolf ist sie ein großer, unter freiem Himmel errichteter Holzstamm; bei Widukind ist sie ein Siegeszeichen namens Hirminsul, wobei Hirmin mit dem Gott Hermes identisch ist. Das Wort begegnet aber auch in etlichen oberdeutschen Glossaren, wo es lat. colossus, pyramides, altissima columna glossiert, und zwar ohne jeglichen Beigeschmack eines Kultes, und als »riesige Säule« findet sich I. noch im 12. Jh. in der *Kaiserchronik*. Obwohl man mit Widukind aus der I. auf einen german. Gott Hirmin, Irmin hat schließen wollen, von dem sich auch die german. Völkerschaft der Hermionen herleiten soll, legen sämtliche andere Quellen als Bedeutung »riesige Säule« nahe; dafür sprechen auch die altnord. Wörter → Jörmungrundr, altengl. eormengrund »Erde«, sowie besonders altnord. → Jörmungandr »Midgardschlange«, die ihren Namen nicht von einem Gott hat, sondern einfach »Riesenschlange« heißt. Auch ahd. irmindeot des *Hildebrandsliedes* steht, wie schon Grimm festgestellt hat, besser für einen »großen Gott« als für einen bestimmten Einzelgott. Die Evidenz der Quellen spricht also gegen die Existenz eines Gottes Irmin.

Die I. läßt sich aber dennoch in den Rahmen eines → Pfahlkultes einordnen. Widukinds über 200 Jahre nach den Ereignissen verfaßter Bericht spricht zwar von einem »Siegeszeichen«, was aber wenig aussagt. De Vries hat Belege zum Kult einer Weltensäule zusammengestellt, der für den german. Raum als gesichert gelten kann und im Norden ein Gegenstück in der Weltesche Yggdrasill hat. Die ältere Forschung hat versucht, die I. mit den entlang des Rheins verbreiteten römerzeitlichen → Jupitergigantensäulen zu identifizieren. Es kann jetzt aber als gesichert gelten, daß diese keine german., sondern galloroman. Kultdenkmäler waren; darüberhinaus fällt die Eresburg nicht in das Fundgebiet der Jupitersäulen.

Dagegen ist bei der I. in einem größeren Zusammenhang der vom Ende der Bronzezeit an belegbare Kult von Pfählen und Balken zu erwähnen (→ Pfahlgötter, → reginnaglar).

J. Grimm, Dt. Mythologie, ^{4}1875–78; K. Müllenhoff, Irmin und seine Brüder, in: ZfdA 23, 1879; W. Braune, Irmindeot und Irmingot, in: PBB 21, 1886; A. Olrik, I. og gudestøtter, in: MoM, 1910; G. Neckel, Irmin, (Festschrift Siebs) 1933; E. Schröder, I., in: ZfdA 72, 1935; S. Gutenbrunner, Der Kult des Weltherrschers bei den Semnonen, in: APhSc 14, 1939/40; K. Helm, Erfundene Götter?, (Festschrift Panzer) 1950; J. de Vries, La valeur religieuse du mot germanique irmin, in: Cahiers du Sud 36, 1952; ders., Sur certain glissements fonctionnels de divinités dans la religion germanique, (Hommages a G. Dumézil) Brüssel 1960; ders., ARG, ^{3}1970.

N: In der Neuzeit steht die I. vor allem für die deutsche Komponente der altgerman. Religion; so in F. v. Hagedorns Gedicht *Der Wein* (1745) oder in F. de la Motte Fouqués Drama *Die Irminsäule*. Eine vorrangige Stellung nimmt die I. als Symbol der neugerman.

Bewegungen des 20. Jh. ein: als Wappen der von 1927–45 existierenden Nordischen Glaubensgemeinschaft, als Titel der *Irminsul-Schriftenreihe für junggermanische Religion* in den 20er Jahren, als Zeitschriftentitel *Irminsul, Stimme der Armanenschaft* (seit 1969) oder im Namen der erst 1980 entstandenen deutschgläubigen Bewegung *Treuekreis Artglaube Irminsul.*

Irpa (altnord.) heißt eine Göttin, die laut Njáls saga 18 und Jómsvíkinga saga im 10. Jh. im norweg. Hálogaland gemeinsam mit der Göttin → Thorgerðr Hölgabrúðr verehrt wurde. Der Name ist wahrscheinlich zu jarpr »dunkelbraun« zu stellen, ob wir deshalb schon auf eine chthonische Gottheit schließen dürfen (Schröder), ist zweifelhaft.

F. R. Schröder, Ingunar-Freyr, 1941; J. de Vries, ARG, [3]1970.

Isis. Ursprünglich ägyptische, dann in der ganzen antiken Welt verehrte Göttin. Tacitus erwähnt in seiner *Germania* 9, daß ein Teil des german. Stammes der Sueben einer Göttin Isis opferte. Ob es sich dabei tatsächlich um die Sueben oder um einen anderen Stamm handelte, wird diskutiert. Wichtiger ist die Frage, welche german. Gottheit Tacitus in seiner → Interpretatio romana als I. wiedergegeben hat. Sein Hinweis, das Zeichen dieser Göttin sei ein Schiff (liburna) gewesen, deutet entweder auf die friesische Göttin → Nehalennia, auf deren Votivsteinen aus dem 3. Jh. wiederholt ein Schiff dargestellt ist, oder auf die westgerman. Göttin → Nerthus (identisch mit dem skandinav. Gott Njörðr), da Njörðr offensichtlich ein Schiffahrtsgott war, bevor er durch Freyr in dieser Rolle abgelöst wurde. Ob das während der ganzen Bronze- und Eisenzeit gut belegte → Schiff als Kultobjekt wirklich mit dem Kult der german. I. zusammenhängt, ist jedoch keineswegs sicher.

K. Helm, I. Sueborum?, in: PBB 43, 1918; R. Much, Die Germania des Tacitus, [4]1965.

Isländersagas (isländ. Íslendinga sögur) sind die Sagas, die auf Grund ihrer wikingerzeitlichen isländ. Stoffe, ihres knappen, realistischen »Sagastils« und ihrer literarischen Qualität zur berühmtesten Gattung der isländ. Literatur geworden sind.

Diese I. geben durch ihre realistische Darstellung den Eindruck erzählter Geschichte, so daß man lange Zeit meinte, die Erzählungen hätten sich wenigstens zum Teil von der Zeit ihrer Entstehung im 10./11. Jh. bis zu ihrer Aufzeichnung im 13. Jh. mündlich weitervererbt (Freiprosatheorie). Tatsächlich aber handelt es sich um literarische Meisterwerke von Autoren des 13. Jh. (Buchprosatheorie), in die zwar geschichtliche Quellen, Genealogien und kurze episodenhafte Geschichten eingeflossen sind, und in denen teils auch echte, mündlich tradierte Skaldenstrophen verwendet wurden, die aber doch ebenso von mittelalterlicher Gelehrsamkeit, christlicher Bildung und politischem Denken des 13. Jh. geprägt sind. Daher ist beim Gebrauch der I. als Quelle für die german. Religionsgeschichte mindestens ebenso strenge Quellenkritik anzuwenden wie bei anderen hochmittelalterlichen gelehrten Texten, etwa der Snorra-Edda. Die unkritische Übernahme der wenigen Beschreibungen heidnischer Sitten und Kulte in den I., die wir mehr dem historischen Interesse ihrer Autoren als tatsächlichen Zuständen im Heidentum verdanken, kann zu gefährlichen Fehlschlüssen führen; ein Beispiel dafür ist die Beschreibung eines heidnischen Tempels auf Island in der phantasievollen Eyrbyggja saga, die in der Forschungsliteratur immer wieder als Quelle für eine Geschichte des german. Tempels angeführt wurde, obwohl sie wahrscheinlich überhaupt keinen Quellenwert besitzt. Dennoch sind sicherlich auch in den I. Reminiszenzen der alten heidnischen Religion bewahrt, die um so verläßlicher sind, je niederer die religiöse Ebene ist, denn einfache magische Praktiken haben sich im Volk auch nach der Christianisierung sicher noch lange erhalten.

E. O. G. Turville-Petre, Myth and Religion of the North, Westport 1975; R. Boyer, Paganism and literature, in: Gripla 1, Reykjavík 1975; B. McCreesh, How pagan are the Icelandic family sagas? in: JEGPh 79, 1980; J. H. Aðalsteinsson, Old Norse Religion in the Sagas of Icelanders, in: Gripla 7, Reykjavík 1990.

Iulineihiae. Matronenname. Der Name stammt von einer Inschrift auf einem Weihestein aus Müntz bei Jülich (CIL XIII 7882) und ist zweifellos vom Ortsnamen Iuliacum, dem heutigen Jülich, abgeleitet. Von einem german. Matronennamen ist bei den I. nur insofern zu sprechen, als der Ort auf german. Gebiet fällt und der Kult dieser Matronen sicherlich auch von einer german. Bevölkerung getragen wurde; der Ortsname Iuliacum ist jedoch lateinisch (von Iulius).

S. Gutenbrunner, Die german. Götternamen, 1936; J. de Vries, ARG, [3]1970.

Iunones (= → Matronen) → Gabiae.

Ívaldi (altnord.) ist in den Grm 43 und bei Snorri (Gylf 42) der Vater von Zwergen, welche das Schiff Skíðblaðnir erbauten. In Skaldsk 33 werden dieselben Zwerge auch als Verfertiger von Sifs goldenem Haar und Odins Speer Gungnir bezeichnet. Ob Í. selbst ein Zwerg ist, wird nicht mitgeteilt. Die Etymologie des Namens hat zu Spekulationen Anlaß gegeben: aus einer Grundform *īwa-waldan kann es »Besitzer des Bogens«, also vielleicht Ullr, ebenso wie »die in der Eibe waltende Gottheit« bedeuten, letztere wurde von Schröder mit Skaði gleichgesetzt; eine Herleitung aus *Inhu-waldan würde Í. in die Nähe Yngvis stellen. Aber weder die kargen Informationen der Quellen noch diese Deutungsversuche können die Stellung Í.s ausreichend erklären.

M. Olsen, Hedenske Kultminder, Kristiania 1915; F. R. Schröder, Ingunar-Freyr, 1941; J. de Vries, ARG, [3]1970; ders., Altnord. etymolog. Wörterbuch, Leiden [2]1977.

Íviðja (altnord.) heißt eine Riesin in den Thulur; die Bedeutung des Namens ist unklar; entweder zu víðr »Wald«, also »die im Wald Hausende«, oder zu ívið »Bosheit«, »die Boshafte«; ganz unwahrscheinlich ist »die Einwickelnde« (zu viðja).

J. de Vries, Altnord. etymolog. Wörterbuch, Leiden [2]1977.

J

Jafnhárr (»der ebenso Hohe«), in Grm 49 ein Name für → Odin, in der → Gylfaginning aber ein Gott in einer Göttertrias von Hárr, J. und Thriði. Da alle drei dieser Namen, aber auch der von Gylfi angenommene Name Gangleri, andernorts als Odinsnamen begegnen, ist es möglich, daß Snorri durch die Verwendung dieser Odinsnamen die »Täuschung Gylfis« zusätzlich verdeutlichen wollte.

H. Falk, Odensheite, Kristiania 1924; J. de Vries, ARG, [3]1970.

Jaki (altnord., »Eiszapfen«) heißt ein Zwerg in den Thulur; die Lesung ist unsicher, auch Toki wäre möglich; vielleicht nur eine Variante zu → Jari.

Jalkr (altnord., »Wallach«) ist ein Odinsname in den Grm 49 und 54, in den Thulur und einige Male in der Skaldendichtung. J. kommt auch als Seekönigsname vor; die ursprünglichere Bedeutung im Altnordischen läßt an einen Zusammenhang mit anderen mythologischen Personen mit Pferdenamen denken, wie Hengist und Horsa, deren Genealogie (bei Beda) ja ebenfalls auf Odin zurückgeführt wird.

H. Falk, Odensheite, Kristiania 1924.

Jari (altnord., »der Streitsüchtige« zu jara »Streit«?) heißt ein Zwerg in der Vsp 13.

Járnglumra (altnord., »Eisen-Brüllerin«) heißt eine Riesin in den Thulur.

járngreipr (oder járnglófi, altnord., »Eisenhandschuh«) ist neben dem Hammer und dem Kraftgürtel (→ megingjörð) ein weiteres Attribut von Thor, das ihm allerdings erst von Snorri zugeschrieben wird. Nur mit Hilfe des j. könne er seinen Hammer werfen (Gylf 20), und beim Riesen → Geirröðr damit ein glühendes Eisenstück, das ihm der Riese zuwirft, fangen und zurückschleudern.

Járnsaxa (altnord., »die mit dem Eisenmesser«) ist ein Riesinnenname in den Thulur. Auch Skaldsk 17 nennt so die Riesin, mit der Thor den Magni zeugte. In der Völuspá in skamma (Hdl 37) wird J. unter den neun riesischen Müttern des Heimdall genannt. In Skaldsk 21 wird J. allerdings als Name für die Göttin Sif gebraucht.

L. Motz, Giantesses and their Names, in: FmSt 15, 1981.

Járnviðja (altnord., »die aus dem Eisenwald«) heißt in den Thulur eine Riesin. Sonst aber kommt nur der Plural des Namens vor, nämlich járnviðjur »die im Eisenwald wohnenden« Riesinnen, die im mythologischen Járnviðr (»Eisenwald«) hausen (Snorri, Gylf 11; Eyvindr Skáldaspillir, Haleygjatal 3). Ob der Name der Riesinnen (von dem der Kompilator der Thulur J. als Synonym für Riesin ableitete) oder der des Waldes das Ursprünglichere ist, muß offenbleiben, denn obwohl der Wald in der Vsp erwähnt wird, fällt auch die Erwähnung der Riesinnen bei Eyvind noch ins 10. Jh.

Járnviðr (altnord., »Eisenwald«) heißt laut Vsp 40 ein Wald im Osten, wo ein Trollweib Wölfe gebiert. Snorri schmückt die Stelle folgendermaßen aus (Gylf 11): »Eine Trollfrau wohnt im Osten von Midgard in dem Wald namens J.; in diesem Wald leben die Trollfrauen, die Járnviðjur heißen. Eine alte Trollfrau gebar als Söhne viele Riesen, alle in Wolfsgestalt, und davon stammen diese Wölfe ab.« Einer von ihnen, genannt Mánagarmr, wird die Sonne verschlingen, ist also mit Fenrir identisch. Die Namen der Waldbewohnerinnen, der Járnviðjur, sind offensichtlich ebenso von J. abgeleitet wie die íviðjur (Hdl 48) von den íviðr der Vsp 2; alle diese Namen sind nur Produkte später mythographischer Ausgestaltung. – Auch ein Wald in Holstein trug den Namen Jarnwith (oder dt. Isarnho).

J. Grimm, Dt. Mythologie, [4]1875–78; K. Müllenhoff, Dt. Altertumskunde, 1870–1908.

Jenseits. Die german. Vorstellungen von Unterwelt und J. sind keineswegs einheitlich. In der eddischen Kosmologie ist die Unterwelt → Hel der Aufenthaltsort der an Land durch Krankheit und Altersschwäche Gestorbenen; die Ertrunkenen gehören der → Rán, die im Kampf Gefallenen kommen zu Odin nach → Walhall. Hel und die anderen Totenorte Niðavellir, Náströnd stellte man sich als im Norden gelegen vor, wozu auch die Nord-Süd-Ausrichtung der Gräber, von den Ganggräbern der stein- und bronzezeitlichen Megalithkultur bis zur spätheidnischen Wikingerzeit, stimmt. Aber die Grabbräuche dieser drei Jahrtausende beweisen auch, daß man sich den → helvegr, den Weg in die Unterwelt, meist als über das Meer führend vorgestellt hat, wie die überaus zahlreichen Schiffsgräber und Schiffssetzungen zeigen. Andere, schon von christlichen Ideen durchsetzte Vorstellungen vom J. geben die erst in christlichem Kontext überlieferten Bezeichnungen altengl. neorxnawang sowie altnord. → Glæsisvellir und → Ódáinsakr (beide in Sagas des 14. Jh.) wieder, vielleicht auch das im Westen gelegene Hvitramannaland. Ein nicht von Toten, aber von Riesen und Dämonen bevölkertes J. ist Utgard, welches man sich im arktischen Norden jenseits des Meeres vorstellte. Die späten Beschreibungen des J. und der Jenseitsreisen sind sicherlich stark durch die christlichen Paradiesesvorstellungen geprägt, aber auch die eddischen Quellen sind nicht frei von christlichen Einflüssen, die aber wohl schon früh, während des 1. christlichen Jahrtausends, auf die german. Vorstellungen eingewirkt hatten. Ein Aspekt german. Jenseitsvorstellungen hat sich jedoch bis ins Hochmittelalter durch die Christianisierung erhalten: Hel und die anderen Jenseitsorte sind nie, wie im Christentum, Straforte.

Jenseitsreisen begegnen uns wiederholt in der altnord. Literatur. In den Eddas ist die bekannteste Jenseitsreise → Hermoðs Helritt, der auf Wunsch der Frigg nach Hel reitet, um den toten Balder freizukaufen, was freilich mißlingt (Snorri, Gylf 48). Im Eddalied Bdr ist es Odin, der auf Sleipnir nach Hel reitet, um von einer toten → Völva etwas über Balders Schicksal zu erfahren; nur dem Titel und dem Rahmen nach ist das Eddalied Helreid Brynhildar (»Brünhildes Helfahrt«) eine Jenseitsreise, dem Inhalt nach eine Rechtfertigung ihres Lebens.

Ebenfalls als Jenseitsreise ist Thors Reise nach → Geirröðargarð zu verstehen, die schon im späten 10. Jh. in Eilífs Thórsdrápa überliefert ist und von Snorri (Skaldsk 18) ausführlich geschildert wird. Diese Geschichte blieb, wohl ohne den Umweg über Snorri, literarisch wirksam und findet sowohl bei Saxo in den Reisen des Thorkillus zu Gerruthus als auch in der Jenseitsreise der Þorsteins saga bæjarmagns (im 14. Jh.) ihren Niederschlag. Auch in anderen jungen → Fornaldarsögur finden sich dann in der Folge solche J. oder Motive daraus, etwa im Helga þáttr Þorissonar oder der Eireks saga víðförla, aber alle diese Texte des 13. und 14. Jh. tragen schon ausgeprägte Einflüsse der christlichen Visionsliteratur, obwohl auch einheimisch-german. Traditionen verarbeitet sind. Ebenso durch christliche Visionen geprägt ist die wohl aus dem 13. Jh. stammende norweg. Ballade Draumkvæde, die sich in mündlicher Form bis weit in die Neuzeit erhalten hat. Das starke christl. Element in den Fornaldarsögur zeigt jedoch, daß auch bei den darin enthaltenen Vorstellungen, wie den Beschreibungen der Jenseitsgefilde → Ódáinsakr oder → Glæsisvellir, mit christlichem Einfluß zu rechnen ist und daß diese Begriffe kaum zum heidnischen Gedankengut zu rechnen sind. Wie sehr dies auch für die Eddalieder gilt, ist nicht klar, aber Vorsicht ist auch hier geboten.

H. R. Ellis, The Road to Hel, Cambridge 1943; J. Simpson, Otherworld adventures in an Icelandic saga, in: Folklore 77, 1966; D. Strömback, Resan till den andre världen, in: Saga och Sed, 1976.

Jökull (altnord., »Gletscher«) ist der Name eines Riesen (?), der in der Genealogie des mythischen Ahnherren Fornjótr (nach der Tradition in Hversu Nóregr byggðisk) der Vater des Königs Snær ist. J.s Vater ist Kári (»Wind«), dessen Brüder Logi (»Feuer«) und Ägir (»Meer«). Da vor allem Snærs Kinder nur Personifikationen von Erscheinungen des Winterwetters sind, wäre es naheliegend, in der ganzen Sippe einen Stammbaum von naturmythischen Wesen wie den Reifriesen zu sehen.

Jörð (altnord., »Erde«) ist der Name einer Göttin aus der Familie der Asen, obwohl sie auch als Riesin bezeichnet wird; sie ist die Frau (oder Geliebte) Odins, als deren Sohn Thor häufig bezeichnet wird (Haustlöng 14, Thrk 1, Ls 58; Gylf 37; Skaldsk 4). Laut Snorri ist J. die Tochter der Nótt (»Nacht«) und ihres zweiten Mannes Ánarr (Gylf 9). In der heidnischen Spätzeit, aus der unsere ältesten literarischen Quellen stammen, dürfte man J. nur mehr als Mutter Thors gekannt haben, als Erdgöttin – die sie ja zweifellos war – spielte sie keine Rolle mehr; ob die Namen Fjörgyn, Hlóðynn, Fold, Grund (alle »Erde«) nur mehr dichterische Umschreibungen für die Mutter Thors bei den Skalden waren, oder ob wir in ihnen Beinamen der alten Erdgöttin J. zu sehen haben, ist unklar, ersteres ist aber wahrscheinlicher. Über die Verehrung der Erdmutter → Nerthus (→ Njörðr) durch die Germanen spricht schon Tacitus. Wie Thors Entsprechung in der indischen Mythologie, Indra, der durch den Himmelsgott Dyaus mit der Erde gezeugt wurde, ist auch Thor ein Sohn der Erde, ebenso wie der im (bei Tacitus überlieferten) altgerman. → Abstammungsmythos erwähnte Ahnherr Tuisto. Die Erde als Mutter der Götter ist aber wohl auch aus der eddischen Kosmogonie herauszulesen, wo die Riesin Bestla die Mutter der ersten Götter Odin, Vili und Vé ist, da ja die Riesen als chthonische Wesen zu betrachten sind.

Jörmungandr (altnord., »gewaltiges Ungeheuer«) ist laut Vsp 50 und Snorri (Gylf 33, Skaldsk 16) ein Name für die → Midgardsschlange. Daß die Bezeichnung alt ist, beweist das Vorkommen in Bragis Ragnarsdrápa 16 (9. Jh.) ebenso wie verwandte Bildungen: der Wortteil Jörmun- findet sich auch im Odinsnamen Jörmunr, in der Bezeichnung Jörmungrundr »Erde« und im Personennamen Jörmunrek(k)r sowie auch im altsächs. Irminsûl »Weltsäule« und im ahd. Irmindeot des Hildebrandslieds (→ Irmin). Gandr, sonst »Zauberei, Zauberstab« findet sich in der Bedeutung »Ungeheuer« auch in Vanargandr »Fenriswolf«.

J. Sverdrup, Bemerkungen zum Hildebrandslied, (Festschrift E. Mogk) 1924; J. de Vries, Altnord. etymolog. Wörterbuch, Leiden [2]1977.

Jörmungrundr (altnord.; altengl. eormengrund, runenschwed. iarmunkrunt-) ist ein alter poetischer Name für »Erde«. Das altnord. J. findet sich in den Grm 20 und bei Sturla Þórðarson, die runenschwed. Form in der Karlevi-Inschrift von ca. 1000 n. Chr., die altengl. im *Beowulf.* Die Bedeutung von J. ist »gewaltiger Grund«, wenn auch bei den Namen auf Jörmun- eine Verbindung mit einem Gott Irmin postuliert wurde.

J. de Vries, Altnord. etymolog. Wörterbuch, Leiden [2]1977.

Jörmunr (altnord., »der Gewaltige«) ist ein Odinsname in den Thulur. Die Bedeutung in der vorliegenden Form ist einfach »der Große, Gewaltige«, vgl. Jörmungandr, über eine Verbindung zum german. Volk der Ermionen lassen sich nur Vermutungen anstellen (vgl. Irmin).

H. Falk, Odensheite, Kristiania 1924; E. O. G. Turville-Petre, Myth and Religion of the North, Westport 1975.

Jöruvellir (altnord., »sandige Ebene«; kaum zu jara »Kampf«) ist ein nicht näher beschriebener mythologischer Ort in der Vsp 14, der jedoch mit dem Ort → Aurvangar (von ähnlicher Bedeutung) verbunden werden dürfte.

S. Nordal, Vsp, 1980; J. de Vries, Altnord. etymolog. Wörterbuch, Leiden [2]1977.

Jötunheim (altnord. Jötunheimr oder Pl. Jötunheimar »Welt der Riesen«) ist in der altnord. Literatur, und nicht nur in der mythologischen, die Bezeichnung für eine Gegend im Osten. In der Kosmologie der Edda steht es noch für das östlich von Midgard gelegene dämonische Riesenreich, das durch Flüsse und den Eisenwald von der Welt der Menschen getrennt ist (Vsp 8, 48, Skm 40 und Pr., Thrk 7, 9 u. ö.); in dieser Bedeutung findet es sich auch bei Snorri sehr häufig, aber auch schon bei den älteren Skalden (Þjóðólfr, Egill). In der späteren Prosaliteratur tritt ein Wandel ein: als das Riesenreich J. als literarischer Topos etabliert ist, rückt es mit dem zunehmend empirisch erfaßten geographischen Weltbild immer mehr nach Norden.

jötunn (altnord., Pl. jötnar) ist in der altnord. Mythologie (neben thurs und troll) eine der allgemeinen Bezeichnungen für »Riese«, und zwar die am wenigsten wertende, während thurs und troll meist pejorativen Charakter haben. Ob das Wort ursprünglich zu eta »essen« (also: »der große Fresser«) oder zu einem Völkernamen Etiones gehört, ist nicht völlig geklärt.

J. de Vries, ARG, [3]1970; ders., Altnord. etymolog. Wörterbuch, Leiden [2]1977.

jól (altnord.) → Jul.

Jolareidi (norweg., »Jul-Ritt«) → Wildes Heer.

Jólnir (altnord.) ist ein Beinamen Odins (in Eilífs Thórsdrápa 12), der auf seinen Bezug zum Julfest (altnord. jól) hinweist; es wäre denkbar, daß die Fruchtbarkeitsopfer des Mittwinterfestes auch Odin gegolten hatten, wahrscheinlicher ist aber, daß er als Totengott mit der mittwinterlichen Ahnenverehrung in Verbindung gebracht wurde; auch als Herr des Wilden Heeres steht er in einer Beziehung zum Julfest. Da der etymologische Ursprung von Jul auf ein Zauberfest hindeuten könnte, wäre auch hier eine Verbindung zum Gott der Magie, Odin, denkbar.
Die in der mittelalterlichen norweg. Geschichte in Agrip af Nóregs Konunga sögum (ca. 1190) angeführte Herleitung von Jól aus J. ist natürlich falsch.

H. Falk, Odensheite, Kristiania 1924.

Jordanes (6. Jh.) war ein gotischer Kleriker, der vielleicht Bischof von Kroton war, sich später aber in Thessaloniki oder Konstantinopel aufhielt. Im Jahre 551 verfaßte er für einen Freund eine Geschichte der Goten (*De origine actibusque Getarum*, kurz: Getica), die Angaben über Herkunft, Geschichte und auch einzelne Bemerkungen über den Kult der Goten enthält, und die sich über weite Strecken auf die verlorene Gotengeschichte des Cassiodor stützt.

Jul (altnord. jól) war das heidnisch-german. (Opfer-)Fest zu Mittwinter und ist noch heute die skandinav. Bezeichnung für Weihnachten.
Die zeitliche Gleichsetzung mit dem Mittwinterfest ist etwas problematisch, da die älteren german. Belege, die Monatsnamen gotisch fruma jiuleis (4. Jh.) und angelsächs. giuli (8. Jh., bei Beda) sich auf den Dezember, bzw. Dezember und Jänner beziehen, während der etymologisch ebenfalls verwandte altnord. Monatsname ýlir (nur einmal im 13. Jh. belegt) den Zeitraum von ca. 14. November bis 13. Dezember bezeichnet, also keinen Anhaltspunkt für den genauen Zeitpunkt des Opferfestes geben; allerdings ist die Identifikation mit der mittwinterlichen Opferzeit am wahrscheinlichsten.
Auch das vorchristliche Julfest hatte ausgesprochen religiösen Charakter; laut Gulathingslög 7 wurde es: til árs oc til friðar (etwa: »für eine fruchtbare und friedliche Saison«) gefeiert, war also ein Fruchtbarkeitsopfer. Von den Göttern wurden aber nicht so sehr die Wanen, als vielmehr Odin, der auch den Beinamen Jólnir trug, mit J. assoziiert, wozu zweifellos auch die Vorstellung vom → Wilden Heer beitrug.
Die Frage, ob das german. Julfest noch eine Funktion in Totenkult und Ahnenverehrung hatte, ist ungeklärt; für die stein- und bronzezeitlichen westeuropäischen Mittwinteropfer ist dies jedenfalls sicher.
Die christlichen isländ. Quellen des Hochmittelalters beschrei-

ben das heidnische J. im Lichte der ihnen bekannten Weihnachtsfeiern, wobei vor allem in den Sagas die Julzeit als die Zeit der besonderen Aktivität von → Wiedergängern hervortritt; einerseits war dafür sicherlich die literarische Topoisierung un- (bzw. vor-)christlicher Verhaltensmuster verantwortlich, andererseits auch die Vorstellung von der wilden Jagd im Volksglauben. Die Tatsache, daß das »J. trinken« mit der Feier des Festes synonym war, zeigt die Form des Fests als Trinkgelage in historischer Zeit, könnte aber auch auf ein älteres Trankopfer zurückverweisen. Bei Snorri wird das heidnische J. durchwegs als Mittwinteropfer verstanden, wobei er es als Gemeinschaftsfest darstellt. Eine allgemeingültige Zuordnung von J. als Gemeinschafts- oder Familienfest lassen die altnord. Quellen aber nicht zu.

Die Kargheit der literarischen Quellen für das heidnische Julfest steht in Kontrast zu dem Reichtum skandinav. J.-Brauchtums (Julblock, Julbock, Juleber, Julfeuer, Julsingen u. v. a.), welches auf die Bedeutung des Festes auch in vorchristlicher Zeit hinweist.

Die Etymologie des Namens des Julfests (altnord. jól, angelsächs. geohol, gehol) und des Wintermonats (angelsächs. giuli, geóla, got. fruma jiuleis, altnord. ýlir) ist nicht vollständig geklärt, ein Ursprung aus einem »Zauber«, »Beschwörungsfest« o. ä. wäre denkbar (Meringer).

G. Bilfinger, Das german. Julfest, 1901; R. Meringer, Der Name des Julfests, in: WuS 5, 1913; M. P. Nilsson, Studien zur Vorgeschichte des Weihnachtsfestes, in: ARW 19, 1916–19; H. Celander, Förkristen j., Stockholm 1955; M. P. Nilsson, At which Time of the Year was the Pre-Christian Yule Celebrated?, in: Arv 14, 1958; A. Björnsson, Hjátrú á jólum, in: Skírnir 135, 1961; L. Weiser-Aall, J., in: KLNM 8, 1963.

Juppitergigantensäulen. In der röm. Germania haben sich bisher etwa 800 Fragmente sogenannter J. gefunden. Es handelt sich dabei um Kultdenkmäler, die aus einem von meist vier Götterreliefs verzierten Sockelstein und einer mit Schuppen dekorierten Steinsäule darauf bestehen, die wiederum von einer reitenden Juppitergestalt gekrönt wird, die über einen schlangenfüßigen Giganten hinwegreitet. Die Höhe beträgt meist 4 Meter, im Falle der Großen Mainzer Juppitergigantensäule über 9 Meter. Die J. waren in der Mainzer und Kölner Gegend besonders verbreitet, finden sich aber auch am Oberrhein und Neckar häufig. Die Entstehungszeit dieser Denkmäler fällt ins 2. und 3. Jh. n. Chr.

In der älteren Literatur herrschte eine heftige Diskussion um german. oder kelt. Zuordnung der Säulen, die besonders mit der german. → Irminsûl in Verbindung gebracht wurden, wobei man den dargestellten Juppiter mit dem german. Gott Zîu/Týr identifizierte (Hertlein). Heute scheint es dagegen auf Grund der Bevölkerungsstruktur der Fundgebiete, dem Namensmaterial auf den Inschriften und stilistischen Elementen weitgehend sicher, daß es sich vorwiegend um Kultdenkmäler der galloroman. Bevölkerung handelt; die dem Juppiter entsprechende Gottheit ist daher in der keltischen und nicht der german. Mythologie zu suchen.

F. Hettner, Die Juppitersäulen, in: Westdt. Zeitschrift 4, 1885; F. Hertlein, Die J., 1910; ders., Juppitersäulen, in: Hoops 2, 1914/15; F. Drexel, Die Gottheiten der Equites Singulares und die Juppitersäulen, in: Germania 8, 1924; H. Birkhan, GKAR, 1970; W. Müller, Die J. und ihre Verwandten, 1975; G. Bauchhenss, P. Noelke, Die Jupitersäulen in den german. Provinzen, 1981.

K

Kaldgrani (altnord., »Kalt-Bart«) heißt ein Riese in den Thulur.

Kannanefates. Matronenname (verbessert aus Hiannanefates). Diesen Matribus paternis Kannanef(atibus) wurde ein Kölner Weihestein mit Inschrift von einem Angehörigen der XXX. Legion gestiftet (CIL XIII 8219). Der Matronenname K. gehört zur ala Cannanefatium (oder Cannenefatium); das so bezeichnete Regiment ist ab 74 n. Chr. bis 149 n. Chr. recht häufig belegt (so auch bei Tacitus, Ann), so daß auch der Matronenname in diese Zeitspanne zu datieren ist.

S. Gutenbrunner, Die german. Götternamen, 1936; M. Schönfeld, Wörterbuch der altgerman. Personen- und Völkernamen, ²1965.

Kára (altnord.) heißt nach HH II die Helgi Haddingjaskaði beschützende → Walküre, welche die wiedergeborene Walküre → Sigrun ist, ebenso wie Helgi der wiedergeborene Helgi Hundingsbani. Der nur in der Heldendichtung überlieferte Name K. könnte entweder »die Wilde, Ungestüme« bedeuten (vgl. altnord. afkárr »wild«) oder, zu altnord. kárr »Locke«, »die Lokkige«; nach Höfler besteht dabei ein Zusammenhang mit dem kultischen Runennamen Odinkar »der mit den (langen?) Odins-Locken«.

O. Höfler, German. Sakralkönigtum, Bd. 1, 1952; J. de Vries, Altnord. etymolog. Wörterbuch, Leiden ²1977.

Kari (altnord., »Wind, Bö«) heißt ein Riese, der laut der Genealogie in der norweg. Urgeschichte einer der Söhne des Ahnherren → Fornjótr ist. Als K.s Sohn wird in einer Fassung (Fundinn Nóregr) Frosti, in der anderen (Hversu Nóregr byggðisk) aber Jökull genannt, jedenfalls aber ist K. der Großvater des sagenhaften Königs → Snær.

Keila (altnord., »enger Fjord, Klamm«) heißt eine der Riesinnen, die laut Þórbjörn dísarskáld von Thor erschlagen wurde, von der wir aber sonst nichts wissen.

Kenningar (altnord. kenning, Pl. kenningar), poetische Umschreibungen von Begriffen in mehreren Wörtern, sowohl in der eddischen als auch der → Skaldendichtung auftretend. Da die K. den Begriff bewußt verschlüsseln, sind die mythologischen K. ohne Kenntnis des entsprechenden Mythos meist nicht aufzulösen. Dadurch bieten die K. einerseits einen wesentlichen Hinweis auf den religiös-mythologischen Bildungsstand der Dichter und ihres Publikums, andererseits enthalten K. öfters auch Anspielungen auf Mythen, über die die anderen Quellen schweigen und dienen dadurch als zusätzliche Quellen german. Mythologie.

R. Meissner, Die K. der Skalden, 1921; H. v. d. Merwe Scholtz, The Kenning in Anglo-Saxon and Old Norse Poetry, Utrecht 1927; W. Krause, Die Kenning als typische Stilfigur der german. und kelt. Dichtersprache, 1930; W. Mohr, Kenningstudien, 1933; P. Trost, Zur Wesensbestimmung der Kenning, in: ZfdA 70, 1933; W. Mohr, Kenningstudien, 1933; H. Marquardt, Die altengl. K., 1938; H. Lie, K., in: KLNM 8, Malmö 1963; E. O. G. Turville-Petre, Scaldic Poetry, Oxford 1976; E. Marold, Kenningkunst, 1983; R. Frank, Kenning, in: Dictionary of the Middle Ages 7, New York 1986; F. Amory, Kennings, Referentiality, and Metaphors, in: ANF 103, 1988; ders., Kennings, in: MeScand, 1993.

Kerlaugar (Pl. von altnord. kerlaug »Wannenbad«) heißen zwei der mythischen Flüsse in den Grm 29 (und in den Thulur), die Thor täglich durchwaten muß. Im Hinblick auf die eigenartige Bedeutung des Namens ist es möglich, daß er sich auf eine sonst nicht überlieferte Thorsmythe bezieht.

Kíli (altnord.) heißt ein Zwerg in der Vsp 13 und in den Thulur. Etymologisch entweder zu kill »lange schmale Bucht«, oder sinnvoller zu einem (aus dem Niederdt. entlehnten) kíli »Keil« gehörend, also vielleicht »Keilschmied«?

C. N. Gould, Dwarf-Names, in: PMLA 44, 1929; S. Gutenbrunner, Eddastudien I, in: ANF 70, 1955.

N: K. ist in J. R. R. Tolkiens Roman *The Hobbit* (1937) einer der 13 Zwerge auf der abenteuerlichen Reise.

Kindesaussetzung war ein altskandinav. Rechtsbrauch, demzufolge es dem Vater gestattet war, ein Neugeborenes aussetzen zu lassen, solange dieses noch keine Nahrung angenommen hatte und die (möglicherweise aber unhistorische) heidnische → Wasserweihe noch nicht empfangen hatte. Die K. war angeblich eine der Ausnahmen, die bei der Christianisierung Islands im Jahr 1000 vom christlichen Recht gemacht wurde, so daß sie auch später noch eine Zeitlang legal war (Kristni saga 12).

Die K. und das nachträgliche Aufziehen der Kinder durch fremde Eltern ist nicht nur in der isländ. Literatur des Mittelalters, sondern auch in den europäischen Volksmärchen (*Drei Königskinder, Hänsel und Gretel*) ein so wichtiges literarisches Motiv, daß sich die Frage stellt, ob nicht die Bedeutung des Motivs in der Literatur zu einer Überbetonung der K. in den Rechtsquellen geführt hat.

Kivikgrab. Das bronzezeitliche Grab von Kivik auf Schonen besteht aus glatten, rechteckigen

Steinplatten, die durch Zeichnungen geschmückt sind, welche Verwandtschaft mit den Felszeichnungen aufweisen, aber wesentlich eleganter und klarer ausgeführt sind. Auf den Zeichnungen der Steinplatten haben wir eine Folge von kultischen Szenen vorliegen, was durch die abgebildeten Lurenbläser, Prozessionen und Symbole als gesichert gelten kann. Welcher Art dieser Kult aber genauer war und welchen Göttern er diente – falls es sich nicht um einen Totenkult handelte –, läßt sich kaum feststellen.

J. Bing, Das Kivikdenkmal, in: Mannus 7, 1915; J. de Vries, ARG, [3]1970.

Kjalarr (altnord.) heißt Odin in den Grm 49 und zweimal in skaldischen Kenningar. In den Grm findet sich das Wort im Zusammenhang mit kjalki »Schlitten«, K. könnte demnach also vielleicht »Schlittenfahrer« bedeuten; möglich wäre aber auch »der Gott, der den Aasfressern Nahrung gibt«, also bezogen auf Odin als Kriegsgott (Falk).

H. Falk, Odensheite, Kristiania 1924; J. de Vries, Altnord. etymolog. Wörterbuch, Leiden [2]1977.

Kjallandi (altnord.) heißt eine Riesin in den Thulur und beim Skalden Þórbjörn dísarskáld, der in einer Strophe nur berichtet, daß sie von Thor erschlagen wurde. Sonst wissen wir nichts von ihr, auch der Name ist ungeklärt.

Kör (altnord., »Krankheit«) heißt das Bett der Göttin → Hel in Snorris allegorisierender Beschreibung ihrer Wohnung (Gylf 33).

Körmt (altnord., »die Schützende« zu karmr »Schutzwehr«?) heißt ein (mythischer?) Fluß in den Grm und in den Thulur; die Grm sprechen davon, daß Thor jeden Tag auf dem Weg zum Thing der Götter unter der Esche Yggdrasill die Flüsse »K. und Örmt und die beiden Kerlaugar« durchwaten muß. Dies könnte darauf deuten, daß es sich bei diesen Flüssen um Jenseitsflüsse handelt, die die Ostgrenze von Midgard gegen Jötunheim bilden, wo sich Thor nach Auskunft der Eddalieder häufig zur Bekämpfung der Riesen aufhielt. – K., heute Karmöy, heißt auch eine norweg. Insel zwischen Stavanger und Haugesund.

Köttr (altnord., »Katze«) ist der nicht sehr treffend scheinende Name eines Riesen in den Thulur.

Kolga (altnord., »Welle«) heißt eine der neun Töchter des Meerriesen → Ägir und seiner Frau Rán (Skaldsk 22 und 58; Einarr Skúlason; HH I 28), welche in der altnord. Dichtung mit den Meereswellen gleichgesetzt wurden.

Kosmogonie. Von den Vorstellungen der Westgermanen über den Ursprung der Welt wissen wir wenig. Tacitus berichtet nur, daß die Germanen einen der

Erde entstammenden Gott Tuisto anbeteten, dessen Sohn Mannus Ahnherr der drei german. Volksstämme Ingaevonen, Hermionen und Istaevonen ist (→ Anthropogonie). Tuisto wird etymologisch zur Zahl zwei gestellt, ist also möglicherweise ebenso hermaphroditischer Natur wie der nordische Urriese Ymir, der aus sich Kinder zeugt. Über Ymir berichtet die dritte Strophe der Vsp, daß er vor Urzeiten hauste, »als weder Himmel noch Erde existierten« (iörð fannz æva né upphiminn), sondern nur der Abgrund → Ginnungagap. Diese alliterierende Formel der nordgerman. Quelle findet sich aber nicht nur im ahd. *Wessobrunner Gebet* (9. Jh.; ero ni uuas noh ûfhimil), sondern in etwas variierter Form auch im *Heliand*, in altengl. Texten, auf einem schwed. Runenstein und auch auf dem spätmittelalterlichen dän. Runenstab von Ribe (Schier, Lönnroth). Trotz der häufigen Verwendung in christlichem Kontext dürfte die Formel also auf eine alte, gemeingermanische kosmologische Formel zurückgehen. Die erste Zeile der genannten Vsp-Strophe liest nach Codex Regius und Hauksbók »In alter Zeit, als Ymir hauste« (Ár vas alda, þat er Ymir bygði), in der Version der Snorra-Edda jedoch »als nichts war« (þat er ecci var). Man hat meist Snorris Version als der ursprünglicheren den Vorzug gegeben, dennoch erinnert sie an Genesis 1, 2 (terra … erat … vacua); auch wird in Vm 29, 30 ein Riese Aurgelmir genannt, den schon Snorri mit dem in Vm 28 genannten Ymir identifizierte (Gylf 4). – Noch vor der Erschaffung der Welt existieren nach Snorri zwei Gegenpole, das eisige Niflheim und das feurige Muspell; die Flüsse Élivagár (laut Gylf 3: Svöl, Gunnthrá, Fjörm, Fimbulthul, Slíðr, Hríð, Sylgr, Ylgr, Víð, Leiptr, Gjöll) füllen dann Ginnungagap mit giftigem Reif; die darauf treffende Hitze Muspells läßt das Eis schmelzen und führt zur Entstehung Ymirs. Diese Vorstellung dürfte Snorri aus Vm 31 entnommen haben. Ymir wird dann von der Kuh Auðumla genährt, welche aus dem Eis Buri, den Stammvater der Götter, freileckt; Buri ist der Vater von Burr, welcher mit der Riesentochter Bestla die Götter Odin, Vili und Vé zeugt, die dann Ymir erschlagen und aus seinem Fleisch die Erde schaffen (Vm 21, Grm 40; Gylf 7), aus seinen Knochen die Berge, den Himmel aus seinem Schädel und die Meere aus seinem Blut, in dem das ganze Riesengeschlecht (seine Existenz wird offensichtlich vorausgesetzt, auch die Götter stammen über Bestla von den Riesen ab) ertrinkt, ausgenommen den Riesen Bergelmir (Vm 35; Gylf 6). Als die drei Götter aus Ymirs Leib die Welt erschaffen haben (Grm 40, 41 fügt noch hinzu, daß aus seinen Haaren die Bäume, aus seinen Brauen Midgard und aus seinem Gehirn die Wolken geschaffen wurden;

→ Kosmologie), nahmen sie zwei Baumstämme, aus denen sie das erste Menschenpaar Ask und Embla schufen (→ Anthropogonie). – Neben diesen nordgerman. (oder vorsichtiger: eddischen) Schöpfungsvorstellungen hat Schier noch versucht, aus Vsp 4,1 (Áðr Burs synir bíóðom um ypþo) aus dem Emporheben der Erde eine aquatische K. herauszulesen, wofür allerdings diese unsichere Stelle die einzige german. Quelle wäre und die daher sicher keine Rolle gespielt hat. – Die german. K., so karg die Quellen dafür sind, hat zahlreiche außergerman. Entsprechungen; auf die Parallelität der Zwittergestalten Tuisto/Ymir mit dem indischen Stammvater (sanskrit Yama, avestisch Yima) ist wiederholt hingewiesen worden, aber die Drei-Generationen-Folge der Protoplasten (Buri – Burr – Odin) mit der Tötung der Vorfahren hat Entsprechungen in griechischen, phönizischen, iranischen und babylonischen Mythologien (Littleton), und auch die Schöpfung der Welt aus dem Körper eines Urwesens hat weltweit Entsprechungen.

F. R. Schröder, German. Schöpfungsmythen, in: GRM 19, 1931; K. Schier, Die Erdschöpfung aus dem Urmeer, (Festschrift Leyen) 1963; J. de Vries, Altgerman. Religionsgeschichte, [3]1970; G. S. Littleton, The »Kingship in Heaven« Theme, in: Myth and Law, hg. von J. Puhvel, Berkeley u.a. 1970; J. S. Martin, Ár vas alda, Ancient Scandinavian Creation Myths Reconsidered, in: Speculum Norrœnum. Studies G. Turville-Petre, Odense 1981; L. Lönnroth, Iǫrð fannz æva né upphiminn, ebenda.

Kosmologie. Nur die nord. Quellen bieten uns ein recht vollständiges Weltbild, und wenn Snorri in seiner Edda dieses Bild auch mit zahlreichen Details außergerman. Herkunft ausschmückt, so finden doch die wichtigsten eddischen Aussagen ihre Bestätigung auch in anderen Quellen. – Die von Menschen bewohnte Welt dieser eddischen K. heißt → Midgard; nicht weit davon haben die Götter ihre Burg → Asgard. Außerhalb der von Menschen bewohnten Welt liegt → Utgard, wo die Dämonen ihre Wohnstätten haben: im Osten, durch Flüsse von Midgard getrennt, liegt → Jötunheim, im Norden und unter Midgard das Totenreich → Hel. Daß der Süden, wo vor der Schöpfung das feurige → Muspellsheim lag, ebenfalls eine Bedrohung darstellt, ist wohl erst ein späteres Konzept, das auf den Einfluß manichäischer Religionen zurückzuführen ist; ursprünglich wurde der Süden mit Leben und Heil identifiziert, wie schon die nach Süden sich öffnenden bronzezeitlichen Grabanlagen zeigen (→ Grabbrauch). Zentrum des mythologischen Weltgebäudes ist der Weltenbaum → Yggdrasill, dessen Wurzeln sich bis über die Grenzen der bewohnten Welt erstrecken. Nach archaischen Vorstellungen ist der Weltenbaum die Stütze des Himmels, und auch bei den Kontinentalgermanen finden wir einen Himmelspfahl in der → Irminsûl. Der Himmel, mit der Erde durch die Brücke → Bifröst verbunden, wird erst in späten Quellen, unter christlichem Einfluß, zum Wohnort der Götter, als man Asgard und auch die ursprünglich in Hel vorgestellte Halle Walhall in den Himmel verlegte. Die bekannte Welt ist von einem Urmeer umgeben, in dem sich die → Midgardschlange um die Welt schlingt. Nicht nur Snorri, sondern auch die Autoren der späteren Sagaliteratur haben sich immer wieder bemüht, diese einheimisch-germanische K. sowohl mit den auf Reisen gemachten Erfahrungen, als auch mit denen, die durch christlich-gelehrte Darstellungen vermittelt wurden, zu harmonisieren, was zu zahlreichen unterschiedlichen Deutungen der mythologischen Geographie geführt hat (→ Jenseits).

W. Grönbech, Kultur und Religion der Germanen, [5]1954; J. de Vries, ARG, [3]1970; R. L. M. Derolez, Götter und Mythen der Germanen, 1974; P. Schjødt, Horizontale und vertikale Achsen in der vorchristlichen skandinav. K., in: Old Norse and Finnish Religions and Cultic Place-Names, hg. von T. Ahlbäck, Åbo/Stockholm 1990; R. Simek, Altnordische Kosmographie. Studien und Quellen zu Weltbild und Weltbeschreibung in Norwegen und Island vom 12. bis zum 14. Jh., Berlin/New York 1990.

Kraftgürtel des Gottes Thor → megingjörð.

Kráka (altnord., »Krähe«) heißt eine Riesin in den Thulur.

Kremation → Brandbestattung.

Kriegerbünde → Odinsweihe, → Berserker, → Einherier.

Königsheil → Sakralkönigtum.

Kultobjekte sind Gegenstände, die im Kult verwendet wurden, und die wir aus Bodenfunden ebenso wie aus bildlichen Darstellungen kennen; sie gehören zu den wichtigsten Quellen der Religionsgeschichte, obwohl sie nur selten darüber Aufschluß geben, welchem Gott der Kult galt, in dem sie Verwendung fanden. Zu den ältesten K.n kann man die Steinkreise und Schiffssetzungen zählen. Aus der Bronzezeit sind uns aus bildlichen Darstellungen, die durch Bodenfunde gestützt werden, auch Luren und Kultäxte als K. bekannt. K. waren wohl auch die in den Felszeichungen dargestellten Schiffe. Die Funktion kleiner Bronzefiguren, die vielleicht Adoranten, vielleicht auch Götter darstellten, ist unbekannt. Dagegen dürften reine Kultwagen wie der Sonnenwagen von Trundholm in Umzügen eine Rolle gespielt haben, wie sie Tacitus für den Kult der → Nerthus überliefert. Auf einer niedrigeren Ebene religiösen Lebens liegt der Ursprung der eisenzeitlichen hölzernen → Pfahlgötter, die man in Dänemark, England und Deutschland gefunden hat. Als K. sind auch Trinkhörner und Kessel zu bezeichnen, auch wenn die religiöse Bindung der einzelnen Gegenstände nicht immer eindeutig festzustellen ist. Brakteaten nehmen einen Randbereich unter den K.n ein, da sie eher Amulettcharakter hatten, wenn auch meist die Bindung an einen bestimmten Gott feststeht (Odin), ebenso wie etwa bei den amulettartigen Thorshämmerchen (→ Mjöllnir). Kleine Götterstatuetten (von Freyr, Thor) finden sich in der heidnischen Spätzeit, echte Kultgeräte sind aus dieser Zeit nicht erhalten.

Kvasir (altnord.). Als die zwei Göttergeschlechter der Asen und Wanen nach dem → Wanenkrieg Frieden schlossen, besiegelten sie diesen Friedensschluß, indem sie alle in ein Gefäß spuckten, und aus diesem Speichel den K. schufen, welcher der weiseste aller Menschen war. Zwei Zwerge, Fjalarr und Galarr, ermordeten K. und fingen sein Blut in den drei Gefäßen Boðn, Són und Óðrœrir auf. Sie mischten das Blut mit Honig und daraus entstand der Met, der jeden, der davon trinkt, zum Dichter macht (Snorri, Skaldsk 1). Daher wird dieser Met (auch Dichtermet oder → Skaldenmet) auch als »K.s Blut« (Kvasis dreyra: Einarr Skálaglamm, Vellekla 1) bezeichnet. In Gylf 49 nennt Snorri K. den weisesten aller Asen; in der Ynglinga saga 4 nennt er ihn den klügsten der Wanen, der sich als Geisel bei den Asen aufhalte, was aber von den anderen Traditionen abweicht.

Ursprünglich war K. wohl die Bezeichnung für den aus Beeren gewonnenen und dann gegorenen Saft (vgl. norweg. kvase, russ. kvas). In archaischen Kulturen wird für die Herstellung eines solchen Tranks die Methode verwendet, daß die Beeren gemeinschaftlich gekaut und in ein Gefäß gespien werden – eine genaue Entsprechung der Entstehung K.s im german. Mythos.

Daß Snorri uns in seiner Schilderung tatsächlich eine getreue Schilderung eines alten Mythos gibt, beweist nicht nur die schon erwähnte Kenning »K.s Blut« aus dem 10. Jh., sondern auch der indische Mythos vom Raub des Göttertrankes Soma durch den Gott Indra (durch einen Adler oder Indra selbst) weist so enge Parallelen mit dem Mythos von K. und dem Raub des Mets auf, daß man auf Gemeinsamkeiten in urindogerman. Zeit schließen darf.

Die Erzählung von K. findet sich bei Snorri im Anschluß an den Wanenkrieg; auch der Bericht von der Speichelmengung als Bestandteil des Friedensschlusses weist auf das hohe Alter des Mythos hin, da sowohl Speichelmengung wie auch der gemeinschaftliche Genuß des Rauschtranks bei zahlreichen Völkern in den Zeremonien des Bundes- und Friedensschlusses einen festen Platz hat. Dumézil hat darüber hinaus diese im K.-Mythos reflektierte Zeremonie als Symbol für den Zusammenschluß der Repräsentanten der drei mythologischen Funktionen zu dem sozialen und religiösen System der indogerman. Gemeinschaft gedeutet.

N. S. Hagen, On the Origin of the Name K., in: ANF 28, 1912; A. M. Sturtevant,

Etymological Comments upon Certain Old Norse Proper Names in the Eddas, in: PMLA 67, 1952; J. de Vries, ARG, [3]1970; R. Doht, Der Rauschtrank im german. Mythos, 1974; G. Dumézil, Gods of the Ancient Northmen, Berkeley 1977.

Kyrmir (altnord.) ist ein Riese in den Thulur, dessen Name unklar ist: entweder »der Drücker« oder »der Schreier«?

F. Jónsson, Þulur, in: APhSc 9, 1934; J. de Vries, Altnord. etymolog. Wörterbuch, Leiden [2]1977.

L

Læraðr (altnord.) heißt ein mythischer Baum in den Grm (25 und 26), der auf dem Dach von Walhall steht und an dessen Zweigen eine Ziege (Heiðrun) und ein Hirsch (Eikthyrnir) äsen. Die Ziege spendet Met, mit dem laut Gylf 38 die Einherjer gestärkt werden, von dem Hirschgeweih tropft es in die Quelle Hvergelmir, aus der alle Gewässer der Welt gespeist werden.
Es handelt sich in diesen beiden Strophen um ein systematisierendes mythologisches Schaubild der heidnischen Spätzeit, weswegen auch L. üblicherweise mit dem Weltenbaum Yggdrasill identifiziert wird, da wir sonst keine Nachrichten über L. besitzen und in der nord. Mythologie sonst nur Yggdrasill als mythologischer Baum genannt wird. Auch die Bedeutung des Wortes L. ist unklar. Am naheliegendsten wäre »Schaden-Bereiter« (zu læ), was aber nicht auf einen mythologischen Baum paßt; Sturtevant hat allerdings vorgeschlagen, daß sich der »Schaden« auf Odin bezieht, da ja auch Yggdrasill »Pferd des Schrecklichen« = »Pferd Odins« bedeutet. Andere, wenn auch lautlich problematischere Deutungen sind »Schutzspender« (aus *hléráðr) oder »Feuchtigkeitsspender«.

A. M. Sturtevant, Etymological Comments upon Certain Old Norse Proper Names in the Eddas, in: PMLA 67, 1952; J. de Vries, Altnord. etymolog. Wörterbuch, Leiden [2]1977.

Læssø, dänische Insel (altnord. Hléysey), → Hlér.

Lævateinn (altnord., »Schaden-Zweig«) heißt ein Schwert in den Fjm 26, ist aber eigentlich kein Name, sondern eine Schwertkenning.

Landdísasteinar (isländ., »Felsen der Land-Disen«) hießen in Nordwestisland noch im 18. und 19. Jh. einzelne Felsen, in deren Umgebung man weder das Gras mähen noch Kinder spielen lassen sollte, und die gewisse Verehrung genossen. Aus diesen Angaben und dem Namen läßt sich schließen, daß man die L. als Wohnort der → Landdísir, eine Art von schützenden Geistern, betrachtete.

K. Kaalund, Bidrag til en historisk-topografisk Beskrivelse af Island I, Kjøbenhavn 1877; E. O. G. Turville-Petre, A Note on the Landdísir, in: Early English and Norse Studies. Presented to Hugh Smith, London 1963.

Landdísir (altnord. »Land-Disen«) werden in den altnord.

Quellen in dieser Form nirgends erwähnt, können aber aus der Bezeichnung → Landdísasteinar erschlossen werden. Die L. waren vielleicht mit den → Disen, weiblichen Schutzgottheiten, identisch, oder sind zu den → Landvættir, isländ. Schutzgeistern, zu stellen; daß man sich die L. als in Felsen wohnend vorstellte, wo sie auch verehrt wurden, könnte bedeuten, daß es sich um tote Ahnen handelte, die man hier verehrte. Auch von anderen Gattungen jenseitiger Lebewesen, wie Zwergen und Alben, glaubte man, daß sie in Hügeln und Felsen hausten.

E. O. G. Turville-Petre, A note on the L., in: Early English and Norse Studies. Pres. to H. Smith, London 1963; ders., Myth and Religion of the North, New York 1964; J. de Vries, ARG, [3]1970.

Landvættir (altnord.) sind Wesen der niederen Mythologie, nicht unähnlich den Alben, die nur in den mittelalterlichen isländ. Quellen belegt sind. Hauptquelle dafür ist die Landnámabók, von der die anderen isländ. Texte (Egils saga 57; Snorri, Óláfs saga Tryggvasonar 33) vermutlich abhängig sind. Im Úlfljóts-Gesetz in der Landnámabók (H 268) wird darauf hingewiesen, daß es in der heidnischen Zeit Gesetz war, bei der Annäherung an Island die Drachenhäupter von den Schiffssteven abzunehmen, um die schützenden L. nicht zu erschrecken. Als Schutzgeister des Landes scheinen die L. auch sonst in der Landnámabók betrachtet zu werden (S 329; S 330 = H 289), und man wird in ihnen die Naturgeister zu sehen haben, mit welchen sich die isländ. Siedler des 9. und 10. Jh. das Land bewohnt vorstellten, und die imstande waren, den Bauern Unheil zu bringen, wenn man sie verärgerte. Sie als Totendämonen zu erklären, ist eine unnötige Überinterpretation des Quellenmaterials.

S. Solheim, Landvette, in: KLNM 10, 1965; J. de Vries, ARG, [3]1970; B. Einarsson, Vættatrú og nokkur íslenzk örnefni, in: Árbók hins íslenzka fornleifafélags, 1967.

Lanehiae. Matronenname. Diesen Matronen ist eine Inschrift auf einem Weihestein von Lechenich bei Euskirchen (CIL XIII 7976) gewidmet. Ein Zusammenhang zwischen dem Namen L. und dem Ortsnamen Lechenich ist unsicher, da dieser wohl auf *Laciniacum zurückgeht; ähnlicher ist noch der mittelalterliche Name Lanehe des ostbelgischen Ortes Lasne. Auch andere Deutungsversuche (vgl. Gutenbrunner) liefern keine befriedigende Erklärung des Namens.

M. Ihm, Der Mütter- oder Matronenkultus und seine Denkmäler, in: Bonner Jahrbücher 83, 1887; S. Gutenbrunner, Die german. Götternamen, 1936.

Langbarðr (altnord., »Lang-Bart«) ist ein Odinsname in den Thulur, gleichbedeutend mit dem Namen Síðskeggr, der ebenfalls auf den langen Bart Odins anspielt. Möglich wäre aber auch ein Zusammenhang mit dem Völkernamen der Langobarden, denen laut Paulus Diaconus (*Historia Langobardorum*, I. 8) Odin den Namen gegeben hatte, aufgrund des Überlieferungskontextes ist dies nicht sehr wahrscheinlich (Nedoma).

H. Falk, Odensheite, Kristiania 1924; R. Nedoma, Der altisländische Odinsname L.: ›Langbart‹ und die Langobarden, in: Die Langobarden. Herrschaft und Identität, 2005.

Lauch (altnord. laukr) wurde im german. Norden als eine besonders heilkräftige und magisch wirksame Pflanze betrachtet. Im mittelalterlichen Island wurde der Ausdruck laukar-garðr »Lauchgarten« sogar zu einer Bezeichnung des klösterlichen Heilkräutergartens überhaupt. Die Heilkraft des L.s zeigt etwa das Eddalied Sd 8, wo der L. als wirksames Mittel gegen Gift im Met empfohlen wird, ebenso eine ganze Reihe von Runeninschriften, fast ausschließlich auf Brakteaten, wo das Runenwort laukaR (oder verkürzt lauR, luR, lkaR) allein oder mit anderen runenmagischen Wörtern die Inschrift bildet, die zweifellos glückbringenden oder heilenden Charakter haben sollte. Der älteste Name der l-Rune lautet laukaR, teils auch līna, und die Verbindung von L. und Leinen findet sich sowohl in der Inschrift auf einem Beinmesser von Fløksand (Südwestnorwegen, um 350 n. Chr.): līna laukaR, als auch in der hochmittelalterlichen isländ. Geschichte vom → Völsi, wo Leinen und L. als Konservierungsmittel für einen Pferdephallos verwendet werden. Dabei dürfte der L., wie in isländ. medizinischen Werken des Mittelalters, als antiseptisches Mittel, Leinen als Verband gemeint sein. Neben der medizinisch-magischen Bedeutung des L.s führte die Form der Pflanze dazu, daß der L. in Kenningar für Schiffsmast und Schwert Verwendung fand.

S. E. Eitrem, Lina laukar, (Festskrift t. A. Kjær) Kristiania 1924; W. P. Lehmann, Lin and laukr in the Edda, in: GR 30, 1955; J. Lange, Løg-Laukar, in: Sprog og Kultur 23, 1963; W. Krause, Die Runeninschriften im älteren Futhark, 1966; G. P. Helgadóttir, Laukagarðr, in: Speculum Norrœnum. Studies G. Turville-Petre, Odense 1981; W. Heizmann, Laukr (»L.«) in der altnord. Literatur, Mythologie und Heilkunde, 1981; W. Heizmann, Bildformel und Formelwort. Zu den laukaR-Inschriften auf Goldbrakteaten der Völkerwanderungszeit, in: Runor och runinskrifter, Stockholm 1985; ders., Lein(en) und L. in der Inschrift von Fløksand und im Vǫlsa þáttr, in: German. Religionsgeschichte. Quellen und Quellenprobleme, hg. von H. Beck, D. Ellmers u. K. Schier, Berlin/New York 1992; ders., Wörterbuch der Pflanzennamen im Altwestnordischen, Berlin/New York 1993.

Laufey (altnord., »Laubinsel«?) heißt die Mutter Lokis (Ls 52, Thrk 18, 20; Gylf 32, Skaldsk 16; Sörla þáttr 2; Thulur), welche auch → Nal genannt wird; in der Dichtung wird Loki jedenfalls immer als Loki Laufeyjarson bezeichnet. Da »Laubinsel« wenig Sinn gibt, ist möglicherweise die Herkunft aus *lauf-awiaz »die Laubreiche« in Betracht zu ziehen, also eine Baumgöttin; oder bedeutet L. »die Vertrauenserweckende« (vgl. got. galaufs)? Beides fügt sich nur schlecht in Lokis vorwiegend dämonischen Stammbaum ein.

J. de Vries, Altnord. etymolog. Wörterbuch, Leiden [2]1977.

Lebender Toter → draugr, → Tod und Weiterleben.

Leiði (altnord., etwa »der Verhaßte«) heißt ein Riese, der in einer Strophe des Skalden Thórbjörn dísarskáld (10. Jh.) zusammen mit anderen von Thor erschlagenen Riesen genannt wird, von dem wir aber sonst nichts wissen.

Leifi (altnord., »Erbe«?) heißt ein Riese in den Thulur und in einer Kenning bei Thórðr Kolbeinsson.

Leikn (altnord.) heißt eine Riesin in den Thulur und in einer Strophe des Skalden Thorbjörn dísarskáld, wo sie unter den von Thor erschlagenen Riesinnen genannt wird, und in einigen Kenningar, unter anderem bei Hallfreðr und Hallvarðr (10. und 11. Jh.). Der Name ist unklar; er könnte entweder »die Verhexte« bedeuten, oder, weniger wahrscheinlich, »die Spielgefährtin«.

F. Jónsson, Þulur, in: APhSc 9, 1934; L. Motz, Giantesses and their Names, in: FmSt 15, 1981.

Leiptr (altnord., »Blitz«) ist ein Fluß im Flußkatalog Grm 28, in Snorris Kosmogonie (Gylf 3) einer der elf aus Niflheim strömenden Flüsse Élivágar.

Leirvör (altnord.) ist eine Riesin in den Thulur, deren Name vielleicht »die mit den schmutzigen Lippen« bedeuten könnte, falls -vör aber zur Göttin Vör (→ Svívör) gehört, dann eine Art Kenning: »Lehm-Göttin« = Riesin.

Lejre (altnord. Hleiðr) war der alte Königssitz der dän. Könige, der Skjöldungen, von denen in der Sage besonders → Froði zu Berühmtheit gelangte. In L. stand (laut dem altengl. Heldenepos *Beowulf*) die große Halle der Dänenkönige, die → Heorot hieß, und Harald Hilditann liegt angeblich in L. begraben. Der deutsche Mönch Thietmar von Merseburg (I, 9) berichtet von einem heidnischen Opfer in L., das dem → Uppsala-Opfer, wie Adam von Bremen es schildert, verdächtig ähnelt; Thietmar (gestorben 1018) allerdings schrieb seinen Bericht mindestens 50 Jahre vor Adam, möglicherweise gehen also beide Berichte auf dieselbe Quelle zurück.
Heute sind in L. nur mehr die größte dän. Schiffssetzung und einige eisenzeitliche Grabhügel zu finden; archäologische Untersuchungen haben Gebäudereste nur für das 10. Jh. nachgewiesen; Thietmars Angaben über L. als wikingerzeitliches Opferzentrum könnten also stimmen, vielleicht war L. zu dieser Zeit wirklich Königssitz. Für die ältere Zeit haben die Grabhügel zwar Spuren reicher Bestattungen erbracht, die aber schon ins

4. Jh. zu datieren sind. Belege für ältere Gebäude oder gar die Spuren eines völkerwanderungszeitlichen Königshofes wurden nicht gefunden. Der sagenhafte Königssitz L. dürfte wohl woanders gelegen sein.

G. Jones, A History of the Vikings, Oxford 1973; O. Klose, Handbuch der historischen Stätten. Dänemark, 1982 (= KTA 327).

Lerus → Hlér.

Léttfeti (altnord., »der Leichtgängige«) heißt ein mythisches Pferd im Katalog der Pferdenamen in den Grm 30 und in den Thulur; nach Snorri (Gylf 14) ist L. eines der Pferde der Asen.

Leudinae. Matronen(bei)name. Drei der den Matronis Vacallinehis in Pesch gewidmeten Inschriften tragen den Zusatz Leudinis. Mit diesem Namen ist wohl auch der Mercurius Leud [...]anus aus Derichsweiler bei Düren zu verbinden. Am wahrscheinlichsten wirkt die Annahme, der Name sei von einem Ortsnamen *Leudium (oder *Leudiacum: Lüttich?) abgeleitet, so daß die Votivsteine von aus *Leudium stammenden Verehrern der Vacallinehae in Pesch errichtet worden wären.

S. Gutenbrunner, Die german. Götternamen, 1936; M. Schönfeld, Wörterbuch der altgerman. Personen- und Völkernamen, [2]1965; G. Alföldy, Epigraphisches aus dem Rheinland III, in: Epigraphische Studien 5, 1968.

Lichtalben (altnord. ljósálfar) sind eine Gruppe der → Alben, die Snorri (Gylf 16) in L. und Dunkelalben einteilt. Laut Snorri wohnen die L. in Álfheimr, was er sich offenbar in himmlischen Regionen vorstellt. Sie werden von ihm als schöner als der Sonnenschein beschrieben, wobei Snorri wohl an christliche Engel gedacht haben dürfte; dies trifft besonders dort zu, wo er schildert, daß Gimlé im dritten Himmel liegt und derzeit nur von L. bewohnt ist. Tatsächlich sind die L. jedoch die Gruppe (bzw. der Aspekt) der Alben, die sie schon früh in die Nähe der Asen rücken ließ.

N: Als winzige feenartige Wesen finden sich die L. in C. P. Saintons Aquarell *The White Elves* dargestellt.

Liðskjálfr (altnord. etwa: »Gelenkschlenkerer«) heißt ein Zwerg in den Fjm 34; die Deutung »der vor Bier, Trunkenheit Zitternde« (Motz) ist unhaltbar.

L. Motz, New Thoughts on Dwarf-Names, in: FmSt 7, 1973.

Lieder-Edda. Da sowohl das von Snorri Sturluson verfaßte Handbuch der Skaldendichtung (→ Snorra-Edda) als auch eine Sammlung von → Götter- und Heldenliedern, die im → Codex Regius überliefert sind, als Edda bezeichnet werden, nennt man heute letztere Sammlung L.

Ursprünglich trug nur Snorris Werk den Namen Edda, als aber 1643 der isländ. Bischof Brynjólfur Sveinsson in den Besitz des heute als Codex Regius bezeichneten Manuskripts gelang-

te, nahm er an, es handle sich um die Snorri vorliegende Liedersammlung, die er (wie schon andere Isländer vor ihm) dem isländ. Gelehrten Sæmundr inn fróði (1056–1133) zuschrieb und daher ebenfalls Edda oder Sæmundar Edda nannte. Seit sich herausstellte, daß beide Annahmen falsch sind und der Codex Regius erst in der zweiten Hälfte des 13. Jh., also geraume Zeit nach der Snorra-Edda, niedergeschrieben wurde, hat man den Ausdruck Sæmundar Edda aufgegeben; die Bezeichnung Edda hatte sich jedoch bereits so weit eingebürgert, daß sie weiterverwendet wird, wobei jedoch immer klar zwischen der sogenannten älteren oder L. und der sogenannten jüngeren oder Snorra-Edda (auch Prosa Edda) unterschieden werden muß.
Zu den Eddaliedern der L. werden heute auch einige Werke gezählt, die nicht im Codex Regius enthalten sind, so Baldrs draumar, die Rigsþula, das Hyndluljóð, der Grottasöngr, das Hunnenschlachtlied und die jungen Svipdagsmál. Der Codex Regius enthält über 30 Lieder oder Liedfragmente von Götter- und Heldenliedern, wobei ein wesentlicher Teil der Heldendichtung dem Stoffkreis der Siegfried- und Völsungensage angehört. Gerade in diesem Abschnitt fehlt eine acht Blätter umfassende Lage (die große Lacuna des Codex Regius) der heute nur mehr 45 Blätter umfassenden Handschrift.
Seit 1662 befand sich der Codex Regius der L. in der Königlichen Bibliothek in Kopenhagen, bis er 1971 an Island zurückerstattet wurde.

J. de Vries, Altnord. Literaturgeschichte, [2]1964–67; K. Schier, Edda, in: KLL 2, 1968; B. Fidjestøl, The Dating of Eddic Poetry, hg. von O. E. Haugen, Copenhagen 1999.

Líf (altnord. líf »Leben«) heißt in Vm 45 einer der beiden Menschen, die die → Ragnarök überleben und zu den Ahnen eines neuen Menschengeschlechts werden (→ Lífthrasir). Es handelt sich dabei offensichtlich um eine Reduplikation der → Anthropogonie, die aus dem zyklischen Aufbau der eddischen Eschatologie verständlich wird. Vm 45 und Gylf 52 sprechen davon, daß L. und Lifthrasir »im Holze Hoddmimirs« (í holti Hoddmimis) überleben und sich von Morgentau ernähren. Dieses Holz Hoddmimirs ist nicht als Wald aufzufassen, in dem sich die beiden versteckt halten, sondern ist wohl eine Umschreibung für den Stamm der Weltesche Yggdrasill, womit also auch beim neuen Menschengeschlecht die Schöpfung der Menschen aus Baumstämmen (→ Askr, → Embla) nachvollzogen wird. Die Vorstellung von der Herkunft der Menschen aus Bäumen ist im german. Bereich von hohem Alter. Sagenhafte Parallelen finden sich in der bairischen Sage vom im Baum wohnenden Hirten, dessen Nachkommen das von der Pest verwüstete Land bevölkern werden (nacherzählt bei

Schröder); aus dem Altnordischen ist aber sicherlich auch die verjüngte Wiedergeburt des vorher als Baummensch lebenden Örvar-Odd hierher zu stellen (Örvar-Odds saga 24–27).

L. Mackensen, Baumseele, in: Zs. für Deutschkunde, 1924; F. R. Schröder, German. Schöpfungsmythen, in: GRM 19, 1931; J. de Vries, ARG, [3]1970.

Lífthrasir (altnord. Lífþrasir »der nach Leben Strebende«; auch Leifþrasir) heißt einer der beiden Menschen, die laut Vm 45 die Ragnarök überleben werden; → Líf.

A. M. Sturtevant, Semantic and Etymological Notes, in: SS 20, 1948.

līna laukar (altnord., »Leinen und Lauch«) → Lauch.

Litr (altnord., »der Farbige«) heißt ein Zwerg in der Vsp 12 und in den Thulur. Snorri erwähnt ihn im Bericht von → Balders Bestattung (Gylf 48) und schildert, wie L. vor die Füße Thors gerät, als dieser gerade mit Mjöllnir Balders Scheiterhaufen weihen will; Thor tritt ihn daraufhin in den Scheiterhaufen, wo er mit Balder verbrennt; da der Zwerg in dieser Episode keine klare Funktion erfüllt, könnte die Episode auf einen unklaren Namen in Snorris Vorlage zurückzuführen sein.

Ljómi (altnord., »Glanz, Blitz«) heißt ein Zwerg in den Thulur.

Ljósálfar (altnord.) → Lichtalben.

Ljóta (altnord., »die Häßliche«) ist ein typischer Riesinnenname in den Thulur.

(Lobbon(n)us). Angeblicher Göttername auf einer Utrechter Inschrift, welcher aber auf phantasievoller Deutung des absichtlich unleserlich gemachten Textes beruht; → Hercules Alabuandus.

C. W. Vollgraff, Romeinsche Inscripties uit Utrecht, in: Versl.en Medel. d. Akad. van Wetenschapen te Amsterdam, Afd. Letterk. 70 B 5, 1930; A. W. Byvanck, De Inscriptionibus Traiectensibus nuper repertis, in: Mnemosyne N. S. 60, 1933; S. Gutenbrunner, Die german. Götternamen, 1936; J. de Vries, ARG, [3]1970.

Loðinfingra (altnord., »Zottelfinger«) ist einer der Riesinnennamen (in den Thulur), die auf die Behaarung der Riesinnen anspielen (vgl. Hadda).

Loðurr (altnord.), Name eines Gottes, der in Vsp 18 als Gefährte Odins und Hœnirs auftritt. Sonst kommt L. nur in der Odinskenning L.s vinr »L.s Freund« je einmal in Eyvinds Háleygjatal (10. Jh.) und in der Íslendingadrápa des Haukr Valdísarson (12. Jh.) vor. Da L. in der Vsp in Begleitung derselben Götter auftritt wie sonst → Loki, hat man versucht, in L. einen anderen Namen für Loki zu sehen. L. gibt im Schöpfungsmythos der Vsp dem Menschen schönes Aussehen und Lebenswärme (falls das ungeklärte lá dies bedeutet); in der Rolle eines Lebensspenders ist Loki jedoch schwer vorstellbar.

Auch die etymolog. Versuche, L. mit Loki zu verbinden – mittels des runischen Götternamens → logaþore (Gras, Krogmann) – sind nicht überzeugend. Die Verbindung L. – Loki hat Philippson durch den Hinweis zu stützen versucht, daß L. den Menschen schönes Aussehen verlieh, ein Attribut, das Snorri auf Loki anwendet. Aber auch davon abgesehen, daß es sich dabei bei Snorri wohl um einen (christlich-) literarischen Topos handelt (»schön – aber böse«), ist diese Theorie wenig wahrscheinlich. Für eine Identität von L. und Loki, noch dazu in einer Funktion als kulturheroischer Feuergott, hat sich in letzter Zeit nur mehr F. R. Schröder ausgesprochen.

Das aufgrund der Quellen tragfähigste Argument für die Gleichung L. = Loki ist die Odinskenning Lopts vinr »Freund Lopts« in Einar skálaglamms Vellekla (9. Jh.), denn Loptr ist sicher ein Name für Loki, und L. scheint in den beiden eingangs genannten Kenningar in analoger Position auf. – Neben zahlreichen anderen Deutungsversuchen (vgl. de Vries) hat man L. auch als mit Freyr identisch ansehen wollen, und zwar mittels einer Etymologie von L. zu got. liudan »wachsen«, altnord. lóð »Frucht, Ertrag«, aber auch ljóðr »Leute, Gemeinschaft«. Dadurch wäre L. als ein Gott der Fruchtbarkeit, Fortpflanzung und des Schutzes der menschlichen Gemeinschaft charakterisiert.

E. J. Gras, De Noordse Loki-mythen in hun onderling verband, Haarlem 1931; J. de Vries, The Problem of Loki, Helsinki 1933; W. Krogmann, Loki, in: APhSc 12, 1937–38; E. A. Philippson, Die Genealogie der Götter, Urbana 1953; E. C. Polomé, Quelques notes à propos de l'énigmatique dieu scandinave Lóðurr, in: Revue Belge 33, 1955; F. R. Schröder, Die Göttin des Urmeeres und ihr männl. Partner, in: PBB West 82, 1960; E. F. Halvorsen, Lóðurr, in: KLNM 10, 1965; E. C. Polomé, Some Comments on Völuspá Stanzas 17–18, in: Old Norse Lit. and Mythol., Austin 1969; J. de Vries, ARG, [3]1970.

Lœðing (altnord.) heißt die erste der Fesseln, mit denen die Asen laut Snorri (Gylf 33) den Wolf → Fenrir binden wollten, die er aber wie die zweite Fessel (Drómi) zerriß, bis er schließlich mit der dritten Fessel, Gleipnir, gebunden werden konnte. Snorri führt eine sprichwörtliche Redensart an, »sich aus dem L. befreien«, was ein Ausdruck für die Bewältigung von Schwierigkeiten sei, und vielleicht hat wirklich nicht erst er den Namen erfunden; die Bedeutung von L. ist jedenfalls unklar.

Lofarr (altnord., »der Lober« oder »der lobenswerte Krieger«?) heißt ein Zwerg in der Vsp 14 und 16 und in den Thulur.

Lofn (altnord., »die Tröstliche, Milde«) heißt eine Göttin, die Snorri (Gylf 34) unter den Asinnen anführt und von der er sagt: »L. ist so mild und gütig anzurufen, daß sie vom Allvater (= Odin) und von Frigg die Erlaubnis bekam, auch diese Frauen und Männer zusammenzubringen, für die vorher die Heirat verboten war. Von ihrem Namen kommt der Ausdruck ›Erlaubnis‹ (lof) und ebenso, daß sie von den Menschen sehr ›gelobt‹ wird«. Hier verbindet der Gelehrte Snorri einige Etymologien mit dem ihm aus Kenningar bekannten mythischen Frauennamen L. zu einer kurzen mythischen Geschichte; als Göttin findet sich L. sonst nur in den Thulur.

logaþore (runenalemannisch) ist einer der drei Götternamen in der Runeninschrift auf der → Nordendorfer Fibel, welche lauten:

logaþore
wodan
wigiþonar

Der erste Name, l., wurde meist mit → Loðurr und → Loki in Verbindung gebracht, wobei Loki eine Kurzform von Loðurr wäre und Loðurr (als *luhaþuraz) mit l. (aus *lugaþuraz) identifiziert wird, diese Herleitungen sind jedoch recht unsicher. Die Gleichung wird durch die altengl. Glossenwörter logðor, logþor, logþer, logeþer »arglistig« gestützt, denn Loki ist zweifellos arglistig. Allerdings paßt diese Deutung überhaupt nicht auf Loðurr, und das auslautende -e von l. ist ungeklärt. Hierzu meint Klingenberg, l. sei zusätzlich auch von hinten nach vorne gelesen worden, also logaþore eroþagol (ähnlich schon Feist); eroþa gol (zu vor-ahd. erþa »Erde« und german. *galan »schreien«) bedeutete »Erde schrie« und sei auf das Weinen aller Dinge bei Balders Tod zu beziehen, wovon sich Loki ausschloß. Ob die (magische) Runeninschrift aus dem frühen 7. Jh. allerdings so direkt mit Snorris (literar.) Text aus dem 13. Jh. in Beziehung gesetzt werden kann, ist zumindest fraglich. Jüngste Deutungen fassen l. nicht als Namen, sondern als christliche Abwehr der beiden anderen Götter auf: »Ränkeschmiede sind Wodan und Donar«; ebenfalls kaum überzeugend.

S. Feist, Zur Deutung der dt. Runenspangen, in: ZfdPh 47, 1918; J. de Vries, The Problem of Loki, Helsinki 1933; W. Krogmann, Loki, in: APhSc 12, 1937–38; W. Krause, Die Runeninschriften im älteren Futhark, 1966; W. Steinhauser, Die Wodansweihe von Nordendorf bei Augsburg, in: ZfdA 97, 1968; E. C. Polomé, Some Comments on Völuspa Stanzas 17–18, in: Old Norse Lit. and Mythol., Austin 1969; H. Klingenberg, Die Drei-Götter-Fibel von Nordendorf bei Augsburg, in: ZfdA 105, 1976; K. Düwel, Runen und interpretatio christiana, in: Tradition als histor. Kraft, (Festschrift K. Hauck) 1982; H. Rosenfeld, Die german. Runen im kleinen Schulerloch und auf der Nordendorfer Bügelfibel A, in: ZfdA 113, 1984.

(Loge) ist in R. Wagners Oper *Das Rheingold* ein Halbgott (Tenor). L., bei Wagner Herr des Feuers, entspringt der wagnerschen Konfusion des Gottes Loki mit dem Riesen Logi; Logi findet sich bei Snorri als Personifikation des Feuers, der Gott Loki dagegen hat in der german. Mythologie nichts mit dem Feuer zu tun.

Logi (altnord., »Flamme, Feuer«) ist ein Riese, der zweifellos eine

Personifikation des Feuers ist. Er ist einer der drei Söhne des Ahnherren → Fornjótr (Fundinn Nóregr; Ynglingatál 27) und tritt als Gegner Lokis in Snorris mythologischer Erzählung von Thor und → Útgarðaloki auf (Gylf 45 und 46; → Skrýmir): Útgarðaloki ruft L. zum Wettstreit mit Loki auf: »Man nahm einen Trog voller Geschlachtetem und trug ihn in die Halle; Loki setzte sich an ein Ende und L. ans andere; beide aßen, so schnell sie konnten, und trafen in der Mitte des Trogs aufeinander. Loki hatte da alles Fleisch von den Knochen heruntergegessen, L. aber das Fleisch samt den Knochen und den Trog dazu. Allen schien nun, daß Loki das Spiel verloren hätte.« Einige Seiten weiter aber legt Snorri dem Útgarðaloki die Erklärung dieses Schauspiels in den Mund: Die Götter wurden durch Zauberei überwunden, und Lokis Gegner »war nämlich das Wildfeuer, das nicht allein das Fleisch, sondern auch den Trog verbrannte.«
Die in dieser Form sicherlich ganz junge Erzählung beruht einerseits auf einem Wortspiel (L. – Loki), andererseits könnte sie durchaus auf ein älteres Rätsel zurückgehen (»Was frißt schneller als Loki? – Nur das Feuer.«).

Lóinn (altnord., »der Faule«) heißt ein Zwerg in den Thulur.

Lokasenna (Ls, altnord., »Lokis Spottrede«) ist ein Götterlied der älteren Edda, in dem uns Loki durch seine Beschimpfungen einiges über den Charakter der heidnischen Götter mitteilt, die uns in einem recht vollständigen Pantheon vorgeführt werden. – Die einleitende Prosa im Codex Regius berichtet, wie die Götter in der Halle des Riesen → Ägir zum Trunke versammelt sind; als alle Ägirs geschickte Diener loben, erschlägt Loki einen von ihnen, Fimafengr, und wird daraufhin aus der Halle vertrieben. Hier setzt nun die Ls ein. Loki versucht, wieder Zutritt zu erlangen, wird zuerst vom Diener Eldir abgewiesen, dann aber schließlich, nachdem er auf seine Blutsbrüderschaft mit Odin pocht, widerstrebend eingelassen. Er grüßt jedoch Bragi nicht, und als Idun diesen in Schutz nimmt, bekommt sie selbst Lokis Spott zu spüren. Von nun an überhäuft Loki die Götter mit Beschimpfungen, und jeder, der einem anderen zu Hilfe kommt, wird sofort selbst das Opfer von Lokis Tirade. Schließlich kehrt Thor, der sich auf einer seiner Ostlandreisen befunden hatte, zurück und vertreibt Loki, indem er drohend auf seinen Hammer Mjöllnir hinweist, nicht ohne selbst noch von Loki verhöhnt zu werden. Bei den Göttinnen (Idun, Gefjon, Frigg, Freyja) beschränken sich Lokis Schmähungen auf die Unterstellung von Untreue und Unzucht. Bei den Göttern sind die erhobenen Vorwürfe dagegen unterschiedlicher Natur. Bragi und Byggvir (den Diener Freyrs) bezichtigt er der Feigheit, ohne daß sich dafür andernorts in den Quellen Belege finden. Njörðr verspottet er, sein Mund habe den Riesentöchtern als Nachttopf gedient, als er als Geisel bei den Riesen war, und beschuldigt ihn auch des Inzests mit seiner Schwester (→ Wanen). Týr wird vorgeworfen, Loki habe mit dessen Frau einen Sohn gezeugt, ohne dafür zu büßen. Odin dagegen zeiht er der Ungerechtigkeit bei der Verleihung des Sieges und der Zauberei (→ seiðr). Die meisten dieser Vorwürfe, abgesehen von Inzest und Zauberei, sind uns unbekannt; schon b. d. Wieden hat darauf hingewiesen, daß eine so umfangreiche Lücke in der Überlieferung unwahrscheinlich sei, und wir daher, wie das mittelalterliche Publikum, die Anschuldigungen Lokis als Verleumdungen anzusehen haben. Eine Reihe seiner Vorwürfe kennen wir jedoch aus anderen mythologischen Erzählungen: Týr hat nur einen Arm, da er den anderen bei der Fesselung des Fenriswolfs verlor (vgl. Gylf 24), Freyr wird wegen des Verlusts seines Schwertes zu den Ragnarök waffenlos dastehen (vgl. Gylf 50), Heimdall muß immerfort Wache stehen (vgl. Grm 13, Gylf 26); Thor mußte Hunger leiden, weil er seinen von einem Riesen verschnürten Rucksack nicht aufbrachte, hatte im Fäustling eines Riesen geschlafen (vgl. Gylf 44), und wird zu den Ragnarök dem Fenriswolf unterliegen. Davon scheint uns nur die letzte Anklage unrichtig, denn nach der Vsp ist es Odin, der mit Fenrir kämpft, die anderen Vorwürfe sind uns aber zumindest aus Snorris Gylf bekannt. – Schwierig zu beurteilen ist die Stellung der Ls zum Baldermythos. Häufig wurde angenommen, die Ls setzte den – von Loki verschuldeten – Tod Balders bereits voraus, daher auch → Lokis Bestrafung nach dem Ende der Ls. Das Lied selbst aber sagt nur, daß Loki Balder am Kommen hinderte, vielleicht, weil er über ihn nichts Schlechtes hätte sagen können; die Bestrafung scheint hier aber die Rache für die Verleumdungen zu sein. – Wie die anderer Eddalieder ist auch die Entstehungszeit der Ls höchst umstritten. Für eine Abfassung in heidnischer Zeit spricht, daß ein christlicher Autor eine Herabsetzung der Götter wohl auf andere Weise inszeniert hätte und daß Spottreden dieser Art zwischen Göttern auch aus der indischen Mythologie bekannt sind. Eine frühe Entstehung ist kaum aus einem vermeintlichen Thorglauben des Dichters zu schließen (de Boor), da Thor, wenn er auch Loki schließlich zum Abzug zwingt, doch selbst bei den Beschimpfungen Lokis nicht besser wegkommt als andere Götter. Für eine Entstehung in der heidnisch-christlichen Übergangszeit des 10. Jh. (b. d. Wieden) spricht, daß solchen Zeiten »nichts mehr heilig« sei, und ein Zerrbild der Götter deshalb nur damals möglich war. Sehr für eine Abfassung in noch späterer Zeit, etwa im 12. Jh., spricht jedoch, daß das in der Ls gebotene System eines nord. Pantheons der wissenschaftlichen Erfassung im Sinne Snorris nähersteht als lebendigem Glaubensgut. Darüber hinaus hat Schröder auch auf mögliche antike Vorbilder hingewiesen, vor allem die Göttersymposien bei Menippos, Seneca und Lukian; solche Vorbilder wären jedoch vor dem 12. Jh. kaum denkbar. Die Sprache der Ls dürfte eher auf eine spätere Entstehung weisen (Kuhn), ebenso wie verschiedene Anspielungen auf andere mythologische Erzählungen, von denen der Verfasser der Ls ein verlorenes Lied von Thor und Skrýmir und wohl auch die Vsp sowie die Skírnismál gekannt haben wird.

A. Edzardi, Zur Ls, in: Germania 23, 1878; M. Hirschfeld, Untersuchungen zur Ls, 1889; F. Niedner, Bemerkungen zu den Eddaliedern, 3. Ls, in: ZfdA 36, 1892; A. G. v. Hamel, The Prose-Frame of Ls, in: Neophilologus 14, 1929; H. de Boor, Die rel. Sprache der Vsp, in: Dt. Islandforschung 1930, hg. von W. H. Vogt, Bd. 1, 1930; J. de Vries, The Problem of Loki, Helsinki 1933; H. Kuhn, Die negation des verbs in der altnord. dichtung, in: PBB 60, 1936; W. Mohr, Mephistopheles und Loki, in: DVjS 18, 1940; F. R. Schröder, Das Symposium der Ls, in: ANF 67, 1952; H. b. d. Wieden, Einige Bemerkungen zum religionsgeschichtl. Ort der Ls, in: ZfdPh 83, 1964; J. de Vries, Altnord. Literaturgeschichte, 21964–67; A. Holtsmark, Ls, in: KLNM 10, 1965; G. W. Weber, Ls, in: KLL 4, 1968; P. N. Andersen, Form and Content in Ls: a Re-evaluation, in: Edda 81, 1981; B. Söderberg, Ls – egenheter och ålder, in: ANF 102, 1987; P. Meulengracht Sørensen, Loki's *Senna* in Ægir's Hall, in: Idee – Gestalt – Geschichte, hg. von G. W. Weber, (Festschrift Klaus von See) 1988.

N: C. Hansen, *Aegirs Gaestebud* (Gemälde, 1857). A. Oehlenschläger, *Aegirs Gjaestebud* (Gedicht, 1883); A. Strindberg, *Lokes smädelser* (Gedicht, 1913).

Loki (altnord.) ist die vielschichtigste, aber auch negativste Gestalt des german. Pantheons. Er ist der Vater der Feinde der Götter, der Midgardschlange, des Fenriswolfs und der Hel, aber gerade er hilft den Göttern auch aus schwierigen Situationen. Die Quellen über ihn sind zahlreich und keineswegs eindeutig, ebenso vielfältig sind die Deutungen seiner Person.

1) Die Quellen

a) L., Thjazi und die Entführung Iduns: Über L.s Rolle im Mythos von → Thjazi berichtet bereits Þjóðólfr ór Hvínis Gedicht Haustlöng aus dem späten 9. Jh.; denselben Stoff behandelt Snorri in seiner Prosaedda (Skaldsk 1). Im Gegensatz zum üblichen Lokibild wird er in der → Haustlöng in Kenningar als »Odins Freund, Hœgnis Freund, Thors Freund« bezeichnet; seine Rolle im Thjazi-Mythos ist überhaupt positiver als andernorts: nicht Bosheit, sondern sein Jähzorn bringen ihn dazu, Idun Thjazi auszuliefern, und sowohl bei ihrer Rückholung wie durch seine Rolle als Spaßmacher im anschließenden Mythos über → Skaði machte er sich den Asen nützlich.

b) L. und der Bau von Asgard, die Geburt Sleipnirs: Negativ ist auch seine Rolle beim Bau von → Asgard (Gylf 52) kaum. Er schmiedet nicht nur den Plan für die Asen, er scheut sich auch nicht, auf eine für ihn schmähliche Art den Riesenhengst Svaðilfari abzulenken, indem er sich in eine Stute verwandelt, was zu der Geburt des Hengstes → Sleipnir führt. Auf diese mythologische Erzählung spielen sowohl Vsp als auch Hdl 40 an.

c) L. und Thor: In den mythologischen Erzählungen, die sich mit Thors Fahrt ins Riesenland beschäftigen, hat L. die manchmal komische Rolle eines Dieners, wie es dem schwankartigen Charakter dieser Geschichten entspricht, jedoch auch hier nicht ohne negativen Beigeschmack. – Die um das Ende des 10. Jh. verfaßte, fragmentarisch überlieferte → Thórsdrápa des isländ. Skalden Eilífr Góðrúnarson berichtet von Thors, durch L. verschuldete Fahrt nach → Geirröðargarð, die durch L. heraufbeschworene Situation löst Thors Kraft, was an die → Lokasenna erinnert, wo L. selbst zum Gegner Thors wird. – Die → Thrymskviða berichtet von der Rückholung des gestohlenen Thorshammers Mjöllnir, in der Thor sich als Freyja und L. sich als Dienerin verkleidet; auch in der Thrymskviða ist L. den Asen eher nützlich als schädlich. – Die Reise zum Riesen → Útgarðaloki wird nur von Snorri (Gylf 45) berichtet, L. tritt hier gegen einen der Riesen, → Logi, in einem Wettessen an, und verliert dabei ebenso wie dann Thor beim Trinken. – Hym 37 gibt L. zunächst die Schuld an der Lähmung von einem von Thors Böcken, die folgende Strophe der Hym erklärt den Vorfall jedoch so wie Snorri, bei dem L. damit nichts zu tun hat.

d) L. und die Kleinode der Götter: Snorri erklärt in Skaldsk 33 verschiedene Kenningar und bettet diese Erklärungen in eine Erzählung ein, in der L. → Sifs Haar abschnitt; als Entschädigung beschaffte L. den Asen goldenes Haar für Sif, den Speer Gungnir für Odin und Skíðblaðnir für Freyr. Im Wettstreit mit ihm gewinnt der Zwerg Brokkr mit seinen Kleinoden, dem Ring Draupnir für Odin, dem Eber Gullinborsti für Freyr und dem Hammer Mjöllnir für Thor. L. verliert zwar nicht den Kopf, der Zwerg darf ihm aber den Mund vernähen: eine deutliche Anspielung auf L.s böses Mundwerk. Auch in dieser Geschichte ist die ambivalente Funktion L.s offensichtlich: trotz seiner unleugbar boshaften Absichten erwirbt er dann doch Wertgegenstände für die Asen; gerade diese Funktion deutet übrigens wie das Fischernetzmotiv im Bericht von → Lokis Bestrafung darauf, daß L. ursprünglich die Rolle eines Kulturheroen hatte und erst im Laufe der Zeit immer mehr zum Antagonisten der Götter wurde.

e) Über L. als Räuber des → Brísingamen wissen wir recht wenig: Snorri spricht in Skaldsk 8 von einem Kampf Heimdalls mit L. um das Brísingamen, in dem die beiden Götter Seehundgestalt angenommen hätten; er verweist dabei auf die Húsdrápa von Úlfr Uggason (ca. 980). Eine der uns von diesem Gedicht erhaltenen Strophen spricht tatsächlich auf recht dunkle Weise von einem Kampf zwischen Heimdall und L., von der Seehundgestalt und dem Brísingamen ist allerdings nicht die Rede. Ansonsten erzählt nur der Sörla þáttr (»Geschichte von Sörli«) in der großen isländ. Handschrift Flateyjarbók (aus dem späten 14. Jh.) vom Raub eines Kleinods der Freyja durch L.; Heimdall wird hier nicht erwähnt. In Kenningar bei Snorri (Skaldsk 16) als auch in der Haustlöng wird L. »Räuber des Brísingamen, bzw. Brisings-Gürtel« bezeichnet; ein Zusammenhang zwischen diesem und dem Kampf zwischen Heimdall und L. ist unsicher, denn auch zu den Ragnarök treten diese beiden Götter gegeneinander an.

f) Die Geschichte von L. und → Andvari gehört eher in das Gebiet der mythologisierenden Heldensage als in das der Mythologie. In den Rm 1–9 und Skaldsk 37 tritt die Göttertrias Odin, L. und Hœnir auf. Der Goldschatz, dessen Herkunft hier mythologisierend erzählt wird, ist der der Nibelungensage.

g) Im Mythos von → Balders Tod, der zwar durch die Hand des blinden Höðr, aber auf L.s Betreiben erfolgt, offenbart sich L. als echter Feind der Götter. Auch verhindert er, daß Balder aus der Totenwelt zurückkehren darf, indem er ihn als einziger nicht beweint. Ausführlich wird diese Geschichte bei Snorri (Gylf 48) erzählt, Erwähnungen finden sich in der Vsp 33–35 und Skaldsk 16.

h) L. steht auch zu → den Ragnarök nicht auf Seite der Asen. Vsp 51 berichtet, daß er das Schiff → Naglfar steuert und an der Spitze der von ihm gezeugten Ungeheuer und der Bewohner Hels gegen die Asen zieht (Gylf 50); L. kämpft mit Heimdall, und sie töten einander.

i) In der Snorra-Edda (Gylf 32) wird L. und seine Familie vorgestellt. Der hübsche, aber böse und listenreiche L. ist der Sohn des Riesen Farbauti, seine Mutter heißt Laufey oder Nal, seine Brüder sind Byleistr und Helblindi. L.s Frau heißt Sigyn, ein Sohn Nari oder Narfi; dazu nennt der Prosarahmen der Ls noch Vali als Sohn. Mit der Riesin Angrboða hat L. drei Nachkommen gezeugt, nämlich den Fenriswolf, die Midgardschlange und die Hel. Als Stute hat L. dem Hengst Svaðilfari → Sleipnir geboren. Ein nicht näher ausgeführter Vorwurf, L. habe auch in Frauengestalt Kinder geboren, findet sich in Ls 23, 33 und Hdl 41. Der Stammbaum L.s findet sich unverändert noch zu Ende des 14. Jh. in der Flateyjarbók (Sörla þáttr 2), möglicherweise geht er dort auf Snorri zurück.

Daß der Stammbaum selbst höheres Alter aufweist, lassen die teilweise schwer deutbaren Namen annehmen.

j) L. wird in der Snorra-Edda auch mit dem Namen Loptr bezeichnet (Gylf 19, 32), was als »der Luftige«, aber auch als »der Blitzer« gedeutet wurde, beides paßt nicht gut auf L. Auch Loðurr wurde als Name für L. angesehen, da er (Vsp 18) mit Hœnir und Odin gemeinsam genannt wird wie L. in der Haustlöng und Skaldsk 1; allerdings paßt → Loðurrs Rolle in der Vsp kaum zu L. Für eine Verbindung zwischen den beiden Namen läßt sich die Etymologie nicht heranziehen. Der Name L. ist etymologisch ungelöst; möglicherweise ist L. eine Kurzform für Loptr oder Loðurr, könnte aber auch zu altnord. luka »schließen« gehören, wobei auf L.s Stellung zu den Ragnarök verwiesen wird. Recht spekulativer Natur sind die Versuche, den auf der → Nordendorfer Fibel eingeritzten fränk. Runennamen → logaþore mit L. zu verbinden; da diese Verbindung zumindest höchst unsicher ist, beschränken sich die Quellen zu L. ausschließlich auf nordgerman. Gebiet.

2) Die Deutungen

L. ist ein funktionsloser Gott. Es gab auch keinen L.-kult, Ortsnamen auf L. sind unbekannt. Wir sind daher für Erklärungen völlig auf die oben angeführten Quellen angewiesen und können allenfalls außergerman. Parallelen funktionsähnlicher Göttergestalten heranziehen. In der älteren Forschung seit Grimm hatte man immer wieder versucht, in L. einen Feuergott zu sehen, wozu auch die Namensähnlichkeit mit dem personifizierten Feuer, dem Riesen → Logi geführt hat; L. jedoch hat mit deutsch Lohe nichts zu tun. Als Dieb des Feuers wollte man L. auch auf eine aquatische Natur festlegen (Much; Gras), wofür man auch seine Verwandlungen in einen Seehund und einen Lachs heranzog. Keinem Deutungsversuch ist es bisher gelungen, alle uns überlieferten Seiten des Charakters von L. einzubeziehen, L. ist eben nicht nur das dämonische Wesen, der Schädiger, den Bugge in seiner Deutung als Reflexion des christlichen Lucifer in ihm sah. Ihn mit dem Hermes der Griechen oder dem kelt. Briciu zu vergleichen, verharmlost ihn andererseits zum boshaften, närrischen, geschwätzigen Diener der Götter. Ihn wegen der Nähe zu Odin – als dessen Blutsbruder er sich in der Ls bezeichnet – als reine Hypostase Odins, als Abspaltung der negativen Wesensseite Odins zu sehen (F. Ström) ist ebenfalls allzu simplifizierend. Seinem vielschichtigen Wesen wird de Vries eher gerecht, der in ihm den »trickster« archaischer Religionen sah, der die Doppelfunktion des Kulturheroen und Betrügers ausübt. Dumézil ist es gelungen, für L. eine Parallele in Syrdon, einer mythologischen Gestalt der kaukasischen Osseten, zu finden. Obwohl die Osseten Nachkommen der Skythen und demnach Indogermanen sind, bleibt die Art der Parallelität offen. → Lokis Bestrafung hat zu Vergleichen mit dem kaukasischen Riesen Amiran (Olrik) und mit Prometheus geführt. Auch mit der Möglichkeit der Überlagerung von nordischen durch südöstliche Vorstellungen könnte dabei eventuell sogar gerechnet werden. Trotz Closs' Einwänden haben Amiran und Prometheus nicht nur die überragende, aber revoltierende Intelligenz gemeinsam, beide haben sicherlich auch eine ursprünglich kulturheroische Stellung. Die psychologische Deutung sieht seit Dumézil L. als Vertreter einer »impulsiven Intelligenz« verbunden mit unbändigem Tätigkeitsdrang und maligner Einstellung (de Vries).

K. Weinhold, Die Sagen von L., in: ZfdA 7, 1849; J. Grimm, Dt. Mythologie, ^{4}1875–78; K. Müllenhoff, Frija und der Halsbandmythos, in: ZfdA 30, 1886; S. Bugge, Studien, 1889; K. Zacher, L. und Typhon, in: ZfdPh 30,1898; A. Olrik, Loke i nyere folkeoverlevering 1, 2, in: Danske Studier, 1908, 1909; ders., Myterne om Loke, (Festskrift Feilberg) København 1911; H. Celander, Lokes mytiska Ursprung, Uppsala 1911; H. Grüner-Nielsen, A. Olrik, Efterslaet til Lokemyterne, in: Danske Studier, 1912; H. Celander, Loke-problemet, in: Danske Studier, 1914; J. Loewenthal, Drei Götternamen, in: ANF 31, 1915; E. Mogk, L.s Anteil an Balders Tod, Helsinki 1925; E. J. Gras, De Noordse L.mythen in hun onderlig verband, Haarlem 1931; J. de Vries, The Problem of L., Helsinki 1933; W. Krogmann, L., in: APhSc 12, 1937/38; W. Mohr, Mephistopheles und L., in: DVjS 18, 1940; F. Ström, L. Ein mytholog. Problem, Göteborg 1956; J. de Vries, L. ... und kein Ende, (Festschrift Schröder) 1959; A. Closs, L. und die german. Frömmigkeit, in: Kairos 2, 1960; A. B. Rooth, L. in Scandinavian Mythology, Lund 1961; H. Sperber, Der Name L. und die Wortfamilie von german. *lukan, in: Saga och Sed, 1962; A. Holtsmark, L. – en omstridt skikkelse i nordisk mytologi, in: MoM, 1962; E. O. G. Turville-Petre, Myth and Religion of the North, London 1964; A. B. Rooth, Loke, in: KLNM 10, 1965; U. Drobin, Myth and Epical Motifs in the L.-Research, in: Temenos 3, 1968; E. C. Polomé, Some Comments on Völuspa, Stanzas 17–18, in: Old Norse Lit. and Mythol., Austin 1969; J. de Vries, ARG, ^{3}1970; Å. V. Ström u. H. Biezais, German. u. balt. Religion, 1975; J. C. Frakes, L.'s Mythological Function in the Tripartite System, in: JEGPh 86, 1987; Y. S. Bonnetain, En er þetta sá L. Laufeyjarson, þá líkaði honum illa, er Baldr sakaði ekki, in: International Scandinavian and medieval studies in memory of Gerd Wolfgang Weber, Triest 2000.

N: Für eine Deutung L.s in der Mythologie unbrauchbar, aber von Interesse für seine Stellung im Volksglauben sind die verschiedenen volkskundlichen Vorstellungen, in denen L. vorkommt. In zwei Aufsätzen Olriks und in Dumézils Monographie finden sich zahlreiche Belege gesammelt; besonders interessant hierbei ist die färöingische Ballade *Lokka-táttur,* in der die Trias Odin, Hœnir und L. aufscheint. In Island findet sich L. in verschiedenen Sprichwörtern und Redensarten, darunter »da ist ein loki drin« von einem verwickelten Faden und »lokabrenna« für die Hundstagshitze. In Norwegen ist L. mit dem Herdfeuer verknüpft; wenn der Ofen prasselt, heißt es »Lokje schlägt seine Kinder« und man wirft

Reste ins Feuer »für Lokje«. Eine Gestalt des flandrischen Volksglaubens, Lodder, hat man ebenfalls zu L. gestellt und versucht, daraus eine Stärkung der angenommenen Zusammenhänge zwischen L. und Loðurr zu ziehen.
(Lit.) Gerade L.s schwer faßliches Wesen hat ihn zu einem der meistbehandelten german. Götter in der dt. Literatur werden lassen. Schon A. Oehlenschlägers Balder-Trilogie *Baldur der Gute* machte L. zur wichtigen Figur (daneben tritt L. bei Oehlenschläger auch in einigen der Gedichte in *Nordens Guder* von 1819 auf), und F. de la Motte Fouqués Tragödie *Baldur der Gute* von 1818 beinhaltet ebenfalls eine L.-Handlung. Der falschen Deutung von L. als Feuergott hatte sich R. Wagner in seinem ab 1848 entstandenen *Ring der Nibelungen* verschrieben. Häufig wurden L.-Dichtungen um die Jahrhundertwende: ab 1889 erschien A. Kayser-Langerhannss' Tragödie *Loki* in mehreren Auflagen; dies., *Balder und Loki* (Trauerspiel, 1891); L. Jacobowskis symbolistischer Roman *Loki. Roman eines Gottes* erschien 1898 und 1901 K. Weisers Schauspiel *Loki*; A. Strindberg, *Loke* (Gedicht, 1882).
(Bild. Kunst) H. E. Freund, *Statuette des Loki* (Holzplastik, 1822); N. J. O. Blommér, *Loke och Sigyn* (Gemälde, um 1850); C. G. Qvarnström, *Loke och Hödur* (Gipsstatue, 1863, später Bronzeausführung); M. E. Winge, *Loke och Sigyn* (Gemälde, 1963); O. Wergeland, *Loki och Sigyn* (Gemälde, 1879); K. Ehrenberg, *Loki und Sigyn; Hel mit dem Hunde Garm* (Zeichnung, 1883); H. Natter, *Loki* (Marmorstatue, 1888); D. Hardy, *Loki und Svadilfari* und *Loki and Thiassi* (Gemälde, um 1900); J. Doyle-Penrose, *The Punishment of Loke* (Gemälde).
(Musik) Schon vor Wagner hatte L. Eingang in J. H. Stuntz' Ballett *Orfa* (1852) gefunden.

Lokis Bestrafung wird in einer kleinen mythologischen Erzählung am ausführlichsten in der Gylf 49, kürzer im Prosaabschluß der → Lokasenna erzählt, Anspielungen darauf finden sich sowohl in der Ls 49, 50 als auch in der Vsp 35. In der Gylf berichtet Snorri im Anschluß an den Baldermythos, daß Loki nach der Ermordung Balders auf einen Berg flüchtete. Tagsüber verwandelte er sich in einen Lachs, der sich im Wasserfall Frananger-fors aufhält. Mit Hilfe von Lokis eigener Erfindung, dem Fischnetz, gelingt es schließlich den Asen, Loki in die Enge zu treiben, bis Thor ihn fangen kann. Die Asen bringen Loki in eine Höhle und holen Lokis Söhne, Vali und Narfi; Vali wird in einen Wolf verwandelt, der Narfi zerreißt, mit dessen Gedärmen Loki nun an drei Steine gefesselt wird. Skaði befestigt eine Giftschlange über Loki, die ihr Gift auf ihn tropft; Lokis Frau Sigyn hält jedoch eine Schüssel unter das tropfende Gift, aber immer wenn sie die volle Schüssel entleert, fällt das Gift auf Loki, der sich davon so aufbäumt, daß die Erde bebt. Dies nennen die Menschen Erdbeben. – Die Ähnlichkeiten dieser Erzählung mit der Prometheussage sind offensichtlich, die Sagen vom »gefesselten Riesen« des Elbrus finden sich vor allem im Kaukasusgebiet. Obwohl Olrik den Ursprung der nord. Version in der kaukasischen sah, hat Dumézil vor allem auf die Unterschiede der Details der Fesselung hingewiesen. Dennoch sind Gemeinsamkeiten zwischen dem nord. und dem griech. Motiv nicht völlig von der Hand zu weisen, denn neben der eigentlichen Fesselung selbst dürften sowohl Prometheus wie Loki zu den Kultheroen zu zählen sein, worauf bei Loki die gerade in der Geschichte von seiner Bestrafung erwähnte Erfindung des Fischnetzes hindeutet. Ob eine Abbildung auf dem Gosforth-Kreuz in Northumberland aus dem 9. Jh. tatsächlich den gefesselten Loki und Sigyn darstellt, ist nicht ganz sicher.

A. Olrik, Ragnarök, 1922; J. de Vries, The Problem of Loki, Helsinki 1933; G. Dumézil, Loki, 1959.
Abb.: J. de Vries, Altgerman. Religionsgeschichte, Bd. 2, [3]1970; E. Roesdahl (Hg.), The Vikings in England, London 1981.

(Lollus) ist ein vermeintlicher german. Gott aus einer verlorenen Stelle bei Caesar.

K. Helm, L.?, in: PPB 43, 1918.

Lóni (altnord.) heißt ein Zwerg in der Vsp 13. Möglicherweise »der Leuchtende« (Gering), oder auch »der Faule« (Gould).

H. Gering, Kommentar, Bd. 1, 1927; C. N. Gould, Dwarf-Names, in: PMLA 44, 1929.

Loptr (altnord.) ist ein Name für → Loki (Ls 6, Hdl 41, Fjm 26; Thorsdrápa 1, Haustlöng 8; Gylf 32) und bedeutet wohl »der Luftige, Luftgott« (aber eher im Sinne von »Luftikus« als von »der luftige Höhen Beherrschende«) zu altnord. lopt »Luft«; die Deutung »der Hochgewachsene« (zu lypta) ist lautgesetzlich unmöglich, die Herleitung aus *lopteldr »Blitz«, also »Blitzgott« beruht auf der falschen Auffassung von Loki als Feuergott; »der Blitzer« würde auch wesentlich besser zu Thor als zu Loki passen.

A. Olrik, Myterne om Loke, (Festskrift Feilberg) København 1911; J. de Vries, The Problem of Loki, Helsinki 1933; A. M. Sturtevant, Etymolog. Comments upon Certain Old Norse Proper Names in the Eddas, in: PMLA 67, 1952.

Los und Orakel dürften bei den Germanen wenigstens der Frühzeit eine Rolle gespielt haben, wenn wir Tacitus (Germ 10) glauben dürfen, der verschiedene Arten des Orakels bei den Germanen nennt: sie hätten (wie die Römer) die Zukunft aus dem Vogelflug, aber auch aus dem Verhalten von Pferden gedeutet; auch den Zweikampf als eine Art von Gottesurteil nennt er, dazu noch das Losen mit kleinen Holzstückchen, in welche notae (wohl Runen) eingeritzt worden wären.

Diese Art des Losens wird vereinzelt auch in kelt. Quellen

(noch der Neuzeit) erwähnt; dagegen ist die Bezeichnung für eine ähnliche Divinationshandlung in den altnord. Quellen als das »Fallen des Opferzweigs« (fella blótspán, u. ä.) beschrieben (Landnámabók S 196 = H 166; Ynglinga saga 38; Gautreks saga 7; Hervarar saga 6 und 7); die Einzahl des Spans deutet darauf, daß hier eine andere Art des Orakels gemeint war, vor allem da das Auslosen mit Holzstücken durch Aufwerfen (taka upp hlutir) abweichend geschildert wird (Egils saga 48); allerdings kann eine Reflexion heidnisch-religiöser Orakelhandlungen von den christlichen Autoren durchaus schon verzerrt wiedergegeben worden sein. Wie sehr heidnische Bräuche oder Begriffe mißverstanden werden konnten, zeigt die Eyrbyggja saga, die einen hlautteinn wie einen christlichen Sprengwedel (aspergium) beschreibt, obwohl der hlautteinn höchstwahrscheinlich mit dem blótspánn identisch war, da die eigentliche Bezeichnung für Losstäbchen altnord. teinn (Hym 1), altengl. tan war, und sie in den lateinisch geschriebenen Friesischen Gesetzen tenos genannt wurden (Lex Frisionum 14,1).
Als Form des Losens dürfte also das bei Tacitus beschriebene Aufwerfen von mit (vorrunischen?) Zeichen markierten Holzstäbchen tatsächlich existiert haben, die verschiedenen Schilderungen der nord. Quellen dagegen geben kaum den wahren Sachverhalt wieder.

R. Meissner, Gangatil fréttar, in: Zs. für Volkskunde 27, 1917; L. Elmevik, fsv. *lytir (*Lytir), in: NoB 54, 1966.

N: E. Doepler d. J., *Losungen* (in: E. Doepler, W. Ranisch, *Walhall*, 1901).

Lubicae. Matronenname. Den Matronis Lubicis ist eine Kölner Inschrift auf einem Weihestein gewidmet (CIL XIII 8220); Gutenbrunner stellte den Namen zu german. *lubja- »Heilmittel«, wonach die L. also »Heilende Göttinnen« wären.

S. Gutenbrunner, Die german. Götternamen, 1936.

lundr (altnord. »Hain«) → Heiliger Hain.

Luren (altnord. lúðar) heißen (vor-)german. Musikinstrumente, die vor allem in der Bronzezeit beliebt waren. Die L. sind Blasinstrumente aus Bronze, über 2 m lang, geschwungen, und treten in Bodenfunden meist paarweise auf; dies wird durch die Darstellungen der Felszeichnungen bestätigt, wo Lurenbläser meist ebenfalls zu zweit auftreten. Die L. dürften wenigstens teilweise kultische Musikinstrumente gewesen sein, wie der Bildkontext auf Felszeichnungen und den Darstellungen des Kivikgrabes nahelegt.

Lútr (altnord., »der Gebückte«) heißt ein Riese, der in einer Strophe des Skalden Thórbjörn dísarskáld (10. Jh.) zusammen mit anderen von Thor erschlagenen Riesen genannt wird; sonst wissen wir nichts von L.

Lyfjaberg (altnord., »Heil[kräuter]berg«) heißt der Berg, auf dem in den Fjm die Menglöð wohnt, und zu dem sich der Held Svipdagr Zutritt verschaffen muß, obwohl der Berg durch einen Riesen bewacht und von einem Flammenwall umgeben ist. Laut Fjm 36 bringt er allen Kranken und Lahmen, die ihn ersteigen, Heilung – daher auch der Name des Berges, der eher der Märchenwelt als der german. Mythologie entstammt.

Lyngvi (altnord., »mit Heidekraut bewachsener Ort«) heißt laut Snorri die Insel im See Ámsvartnir, auf dem die Asen den Wolf → Fenrir bis zu den Ragnarök angekettet haben (Gylf 33). Der erst von Snorri in den Fenrir-Mythos eingeführte Name paßt auf eine Insel ganz gut, in den Thulur wird L. aber, wohl auf Grund eines Mißverständnisses, unter den Namen für Seekönige geführt; der Name stammt wohl aus einer uns nicht erhaltenen, schon im Mittelalter nicht ganz klaren Kenning.

Lýr (altnord.) heißt eine mythologische Halle in den Fjm 32; L. bedeutet eigentlich »Hecht«, aber die Halle dürfte richtig Hýr »die Glänzende« heißen (so auch einige Handschriften).

Lytir (altschwed.) war möglicherweise ein schwed. Gott, dessen Name in einem Text des 14. Jh. erwähnt wird (am Ende der Óláfs saga Tryggvasonar nach der Version der Fláteyjarbók) und der sich auch aus Ortsnamen wie Lytisbergh und dem dreimal belegten Lytislund(a) ableiten läßt. Abgesehen von der Frage nach der Verläßlichkeit der Saga und der Aussagekraft der Ortsnamen stellt sich aber die weitere Frage, wer unter diesem Namen gemeint sein könnte. Strömbäck nahm an, es handle sich um einen Schimpfnamen, mit dem der christliche Sagaautor den Gott Freyr belegt habe (zu lýta »beschmutzen«), aber zu dieser Erklärung paßt die Existenz von Kultortsnamen nicht. Andere Deutungen sehen L. als Beinamen Freys, und zwar entweder als »Gott, der über das Schicksal entscheidet« (zu altschwed. liuta »losen«) oder als Hinweis auf den phallischen Charakter Freys. Aber L. kann auch einen eigenständigen »Schicksalsgott« bezeichnet haben (Elmevik), da gerade diese Funktion für Freyr sonst nicht belegt ist.

D. Strömbäck, L. – en fornsvensk gud?, (Festschrift til F. Jónsson) København 1928; L. Elmevik, fsv. *lytir (*Lytir), in: NoB 54, 1966; J. de Vries, ARG, ³1970.

M

Macht → máttr ok megin.

Magie ist der Versuch des Menschen, sich das Übernatürliche dienstbar zu machen, wobei der Glauben an die Automatik von übernatürlichen Kräften Voraussetzung ist. M. ist nicht als vorreligiöses Phänomen zu sehen, sondern tritt häufig auch neben religiösen Vorstellungen auf. Die M. (etwa gleichbedeutend mit Zauber) umfaßt nicht nur die Geisteshaltung, sondern auch die Praktiken, mit denen die Mechanismen von jenseitigen Kräften in Bewegung gesetzt werden sollen.

Für das skandinav. Mittelalter gibt uns Snorri einen guten Überblick darüber, was er unter M. verstand, wenn er von Odin als Meister der M. spricht (Ynglinga saga 7): »Odin beherrschte und praktizierte die Kunst, die am mächtigsten ist und seiðr (»M., Zauber«) genannt wird, und dadurch kannte er das Schicksal der Menschen und die Gefahren der Zukunft und ebenso, wie man einem Menschen den Tod oder Unglück oder Krankheit bringt und wie man die Menschen um Kraft und Verstand bringt und sie jemandem anderen gibt. Aber mit dieser Weisheit war so große Schande verbunden, daß die Männer meinten, sie könnten sie nicht ohne Schande ausüben, und darum brachte man diese Kunst den Priesterinnen bei.«

In dieser Aufzählung lassen sich zwei Arten von M. unterscheiden, nämlich eine weiße M., zu der das Weissagen gehört, und die schwarze M., die in der Ausübung von Schadenszauber bestand (Strömbäck).

Zur weißen M. gehörte neben der Vorhersage der Zukunft, wie sie die german. → Seherinnen praktizierten, auch Fruchtbarkeits- und Wetterzauber, der in den altnord. Quellen kaum hervortritt, aber wohl in der Runenmagie Bedeutung hatte, und der Gesundheitszauber, wie er sich neben den erhaltenen Zaubersprüchen auch im Tragen von → Amuletten manifestierte; dagegen dürfte bei den Germanen der Liebeszauber zur schwarzen M. gezählt worden sein und als äußerst schändlich gegolten haben: während Skírnir (in den Skm) im Namen Freys um Gerðr wirbt, bringt er sie schließlich schon durch die bloße Androhung von Zauber zur Zustimmung; Odin, der Rinda erst durch Zauberei gewinnt, wird wegen dieser Schande verbannt (→ Odins Verbannung).

Zu einem Bereich zwischen weißer M. und Schadenszauber zählen die Siegrunen, die häufig in Waffen eingeritzt wurden, um zum Sieg zu verhelfen; als Siegrunen wurde offenbar die mehrfache Nennung der Týr-Rune betrachtet.

Praktiken der schwarzen M., des Schadenszaubers (altnord. seiðr oder gandr) beschreiben wiederholt die Sagas; dabei ist es allerdings sehr fraglich, wieviel davon tatsächlich der heidnischen Zauberpraxis entstammt. Häufig belegt ist das Einritzen von Runen auf Holzstücke, was im Schadenszauber (Grettis saga 79) wie im → Totenzauber eine Bedeutung gehabt haben dürfte; Runen wurden in der M. weniger als Buchstaben eingesetzt, vielmehr fanden sie nach ihrem Begriffswert Verwendung; die Wiederholung bestimmter Begriffsrunen (etwa th = thurs »Riese«, n = nauð »Not«) sollte die Verstärkung der Botschaft bewirken. Eine andere Form des Schadenszaubers besteht in der Aufstellung einer → níðstöng oder eines → trénίð; dabei könnte es sich ursprünglich um die Errichtung hölzerner Stangen mit menschlichem Gesicht als Beschimpfung bestimmter Personen gehandelt haben, wobei es sich wohl weniger um eine Verfluchung als um eine Verspottung des Angesprochenen handelte (Gisla saga 2). Anders dagegen ist die in der Egils saga 57 berichtete Aufstellung einer níðstöng mit einem aufgesetzten Pferdeschädel und eingeritzten Runen zu werten, die ausdrücklich magische Bedeutung hatte; eine Parallele dazu findet sich bei Saxo (Gesta Dan. V, 134), wo eine Stange mit einem Pferdekopf ein feindliches Heer abschrecken soll.

M. wird in der altnord. Literatur, wo sie ausdrücklich erwähnt wird, fast durchwegs als schändlich bezeichnet; wie aus der eingangs zitierten Stelle bei Snorri hervorgeht, war M. offensichtlich nicht mit der Mannesehre vereinbar, und man schob sie auf Frauen ab, die als Zauberinnen (seiðkonur) auch wiederholt erwähnt werden; dazu gehört auch eine andere Bemerkung Snorris, daß erst Freyja den → seiðr von den Wanen zu den Asen gebracht habe (Ynglinga saga 4). Die Bezeichnung Zauberer (altnord. Seiðmaðr) galt als Beleidigung, fast gleichbedeutend damit war finnr »Finne«, da die Finnen als besonders zauberkundiges Volk galten. Die These von der Herkunft der nord. M. von den Finnen wird heute allgemein abgelehnt, vielmehr dürfte es sich auch beim skandinav. seiðr um eine Form schamanistischer Praxis gehandelt haben, die aus einer archaischen Kulturstufe stammt und bei verschiedenen Völkern durchaus unabhängig auftreten kann.

H. Gering, Über Weissagung und Zauber, 1902; K. Jarausch, Der Zauber in den Isländersagas, in: Zs. f. Volkskunde 39, 1930; F. Ohrt, Eddica og Magica, in: APhSc 9, 1934/35; D. Strömbäck, Sejd, Stockholm 1935; A. Ohlmarks, Arkt. Schamanismus und altnord. seiðr, in: ARW 36, 1939; E. Kiessling, Zauberei in den german. Volksrechten, 1941; D. Strömbäck, Sejd, in: KLNM 15, 1970; J. de Vries, ARG, [3]1970; H. R. E. Davidson, Hostile Magic, in: The Witch Figure, (Studies K. M. Briggs) London 1973; F.-X. Dillmann, Le maître-des-runes: essai de détermination socioanthropologique: quelques réflexions méthodologiques, in: Michigan Germanic Studies 7, 1981; K. Düwel, Buchstabenmagie und Alphabetzauber. Zu den Inschriften der Goldbrakteaten und ihrer Funktion als Amulette, in: FmSt 22, 1988; S. E. Flowers, Magic, in: MeScand, 1993; N. Price, The Viking Way, Uppsala 2002; B. Solli, Seid, Oslo 2002.

Magni (altnord., »der Starke«) ist der Sohn des Gottes Thor und der Riesin Járnsaxa (Skaldsk 17). In den Vm 15 werden die Thorssöhne M. und Móði als Erben des Hammers Mjöllnir nach den Ragnarök bezeichnet, im Hrbl 9 und 53 nennt sich Thor

»Vater des M.«, auch in der im 10. Jh. entstandenen Thórsdrápa des Skalden Eilífr wird M. als Sohn Thors genannt. M. war also in der heidnischen Spätzeit als Thorssohn gut bekannt, während wohl erst Snorri Járnsaxa als Mutter ergänzte.
Snorri hat in seine Erzählung von Thors Kampf mit dem Riesen Hrungnir eine kurze Anekdote über M. eingebaut; als Thor den Hrungnir erschlägt, fällt dieser so, daß einer seiner Füße über dem gestürzten Thor zu liegen kommt, und weder Thjalfi noch einer der Asen ihn davon befreien kann: »Da kam M., der Sohn Thors und der Járnsaxa, der drei Jahre alt war; er warf das Bein Hrungnirs von Thor und sprach: ›Es ist schade, Vater, daß ich erst so spät komme; ich glaube, ich hätte diesen Riesen mit der Faust töten können, wenn ich auf ihn getroffen wäre.‹ Da stand Thor auf und begrüßte seinen Sohn freundlich und sagte, daß er einmal kräftig werden würde – ›und ich will dir das Pferd Gullfaxi geben, das dem Hrungnir gehört hat‹. Da sprach Odin und meinte, Thor mache einen Fehler, wenn er das wertvolle Pferd dem Riesensprößling und nicht seinem Vater gäbe.« (Skaldsk 17)
In dieser Erzählung wird noch deutlicher als sonst, daß M., wie die anderen Thorskinder Móði und Thrúðr, nichts anderes als die Personifikationen von Thors Eigenschaften sind. M. ist also die verkörperte Kraft Thors; die Erhebung von M. als der Kraft Thors zur eigenständigen mythologischen Person fand in der heidnischen Spätzeit statt, als Thor zum Hauptrepräsentanten des im Kampf mit dem Christentum noch einmal auflebenden Heidentums wurde.
N: K. Ehrenberg, *Odin, Thor und Magni* (Zeichnung, 1883).

Magusanus → Hercules Magusanus.

Mah(a)linehae. Matronenname. Den Matronis Mahlinehis sind zwei Weihesteine aus der Kölner Gegend gewidmet, ein weiterer aus Deutz (CIL XIII 8492) scheint neben anderen Gottheiten auch M. zu erwähnen. Die M. gehören entweder zum Ortsnamen Mecheln, oder aber zu german. *mahl-, *mahal »Gerichtsstätte«, wären dann also Gerichts- oder Thinggöttinnen.
J. de Vries, Studien over German. Mythologie II, in: Tijdschrift voor Nederlandsche Taal- en Letterkunde 50, 1931; S. Gutenbrunner, Die german. Götternamen, 1936.

Maitienae → Naitienae.

Manheimr oder Mannheimr (altnord., »Welt der Menschen«) ist laut Snorri (Ynglinga saga 8) der Wohnort von Skaði und Njörðr, wobei er dafür die Ynglingatál 2 zitiert; andernorts ist aber Thruðheimr der Wohnort der Skaði. Snorri berichtet in der Folge, daß M. eine Bezeichnung für Schweden sei, Goðheimr dagegen der Namen für Groß-Schweden (d. h. Rußland).

M. wird auch in Eyvinds Háleygjatál 3 genannt, und bezeichnet hier die menschliche, im Gegensatz zur göttlichen Welt. In Snorris euhemeristischer Darstellung steht M. = Schweden für das Land, in dem die mythische Vergangenheit in die menschlich historische übergeht, Goðheimr aber für das mythische Land, wo er das irdische Asgard ansetzt, aus dem die Götter stammen.

A. Y. Gurevich, Space and Time, in: Mediæval Scandinavia 2, 1969.

Máni (altnord., »Mond«) tritt als personifizierte Gestalt der Mythologie nur in den Vm 23 und bei Snorri (Gylf 10) auf sowie in zwei skaldischen Kenningar, für welche M. anscheinend ein Riesenwesen in einem uns unbekannten Mythos ist.

In den Vm und bei Snorri ist Mundilfari der Vater des M. und seiner Schwester Sol. Daß auch der Mond wie die Sonne von Pferden über den Himmel gezo gen wird, erzählt nur Snorri; und wie die Sonne, so wird auch M. von einem Wolf verfolgt, nämlich Hati, der ihn zu den Ragnarök einholen und verschlingen wird; deswegen wird der Wolf auch Mánagarmr »Verschlinger des M.« genannt (nur Snorri, Gylf 11).

Snorri gibt in diesem Zusammenhang eine kleine Märchenerzählung über das Bild im Mond wieder: »M. lenkt den Gang des Mondes und bestimmt auch sein Auf- und Abnehmen. Er nahm einmal zwei Kinder von der Erde, Bil und Hjúki, als sie vom Brunnen Byrgir kamen, und auf ihren Schultern den Scheffel Sægr und die Stange Simul trugen. Viðfinnr hieß der Vater der beiden. Diese Kinder folgen dem Mond, wie man von der Erde aus sehen kann.« Die Namen in dieser Erzählung könnten erst von Snorri selbst stammen, aber ihre Bedeutungen sind nicht so offensichtlich, wie man es von Snorri sonst kennt; vielleicht hat er auch sie, wie die weitverbreitete Geschichte selbst, dem Volksmund entnommen.

Die bei Snorri zu findende Form der Sage vom Mann im Mond (ein Mann mit einer Stange und eine Frau mit einem Scheffel) findet sich noch im neuzeitlichen Volksglauben Skandinaviens und Norddeutschlands, vielleicht auch in England.

Die Vsp 6, die den Mythos um M. und Mundilfari etc. nicht kennt, spricht vom Mond, den die Asen eingesetzt haben, »um das Jahr zu zählen«; in der Tat richtete sich die german. Zeitrechnung nach dem Mond und nicht nach der Sonne, auch wurden kürzere Zeitspannen in Nächten, nicht in Tagen angegeben.

S. Baring-Gould, Curious Myths of the Middle Ages, London 1884; R. Beitl, Dt. Volkstum der Gegenwart, 1933; A. Holtsmark, Mane, in: KLNM 12, 1967.

N: J. C. Dollman, *The wolves pursuing Sol and Mani* (Gemälde, ca. 1900).

Mannus ist laut Tacitus (Germ 2) der Sohn des mythischen Ahnherren der Germanen, Tuisto. M. seinerseits hätte wiederum drei Söhne gehabt, nach deren Namen sich die german. Stämme der Ingaevonen, Herminonen und Istaevonen benennen. Der Aufbau dieser mythischen Genealogie (Tuisto – Mannus – 3 Söhne) findet sich auch in der Kosmogonie der Edda, wo Buri – Borr – Odin/Vili/Vé als Ahnherren aller anderen Götter genannt werden.
M. entspricht im altind. Schöpfungsmythos der Stammvater Mánus (manu »Mensch«). Der → Abstammungsmythos von M. dürfte also bis in indogerman. Zeit zurückzuverfolgen sein.
N: In J. E. Schlegels Drama *Hermann* (1743) findet sich eine Szenenanweisung für einen »Hayn, mit den Bildern des Thuiskon und Mannus«.

Mardöll (altnord.) ist ein Name für die Göttin Freyja, den Snorri (Gylf 34) anführt, und der in der Skaldendichtung einige Male in Kenningar für »Gold« vorkommt. Die Bedeutung des Namens ist nicht ganz klar, vielleicht ist M. »die das Meer Erleuchtende« (vgl. Heimdallr), oder »die das Meer anschwellen läßt« (zu þöll)?

Margerðr (altnord., »See-Gerðr«) ist eine Riesin in den Thulur.

Mars. Dem röm. Kriegsgott M. entsprach in der Interpretatio germanica der german. Gott *Tīwaz (altnord. Týr, ahd. Zio), was durch die Übersetzung von Dies Martis durch angelsächs. tīwesdaeg (engl. Tuesday), ahd. ziestag, altnord. týsdagr erwiesen ist. Tacitus (Germ 9,2) nennt M. an dritter Stelle der german. Götter nach Merkur und Hercules, und führt ihn auch andernorts als einen von den Germanen verehrten Gott an. Die häufig herangezogene Stelle bei Jordanes (Getica V, 41), daß die Goten den M. als Stammvater verehren und ihm blutige Opfer darbringen, dürfte auf Übertragung des M./Ares der Thraker und Geten auf die Goten beruhen und hat daher wenig Gewicht.
Weshalb M. mit Zio/Týr verglichen wurde, ist aber nicht völlig klar; Zio/Týr war der alte german. Himmelsgott, was sich auch aus der sprachlichen Urverwandtschaft mit griech. Zeus, lat. Juppiter ergibt. M. war aber genausowenig wie sein griech. Gegenstück Ares ein Himmelsgott, sondern ein Kriegsgott. Den einzigen Hinweis auf Týr als möglichen Kriegsgott gibt aber erst Snorri im 13. Jh. (Gylf 24), wenn er über den Asen Týr schreibt: »Er ist der kühnste und tapferste, und er hat Gewalt über den Sieg in Schlachten; für Helden ist es gut, ihn anzurufen.« Da aber bei Snorri die alte Gleichsetzung von Týr und M. als bekannt vorauszusetzen ist, muß dieses Zeugnis vernachlässigt werden, um so mehr als sich andernorts in den Mythen keine Bestätigung

dafür findet. Die wahrscheinlichste Vergleichsmöglichkeit bietet sich in dem Beinamen → Mars Thingsus auf einem Weihestein des 3. Jh. an, welcher nahelegt, daß es sich dabei um einen Gott der german. Thing-Versammlung handelte.
Als weiterer Beiname des german. M. (= *Tīwaz) auf Votivinschriften findet sich auch → Mars Halamarðus.

J. de Vries, ARG, [3]1970; N. Wagner, Der M. der Goten, in: Volkskultur und Geschichte, (Festschrift Dünninger) 1970; O. Höfler, M. Thingsus, in: Handwörterbuch zur dt. Rechtsgeschichte, Lfg. 18, 1979.

Mars Halamarðus. Eine Weiheinschrift aus Horn bei Roermond/Holland, wahrscheinlich aus dem 1. Jh., trägt die Widmung: Marti Halamarðo sacrum … Die von Grienberger vorgeschlagene Deutung dieses Beinamens des german. Mars (= *Tīwaz) als »der Männermordende« erklärt diesen Gott als Kriegsgott. Die Etymologie ist jedoch nicht überzeugend, und auch die Belege von Zio/Týr deuten nicht auf einen Kriegsgott (→ Mars).

S. Gutenbrunner, Die german. Götternamen, 1936; J. de Vries, ARG, [3]1970.

Mars Thingsus. Im 3. Jh. wurde in Housesteads am Hadrianswall/Nordengland von fries. Legionären in röm. Diensten ein Votivaltar gestiftet, mit der Inschrift Deo Marti Thingso et duabus Alaisiagis Bede et Fimmilene. Thingsus gibt german. *þingsaz wieder und ist am überzeugendsten mit langobard. thinx »Rechtsversammlung«, gerthinx »Gerthing«, altnord. þing »Versammlung« zu verbinden, ist also demnach der Gott des Things, der Rechtsversammlung. Ob *þingsaz als Beiname des Mars, der in der Übersetzung der Wochentagsnamen durch german. *Tīwaz (ahd. Zio, altnord. Týr) wiedergegeben wird, oder als eigenständiger Göttername *þingsaz »Rechtsgott« aufzufassen ist, ist unsicher. Auch ob im dt. Wochentagsnamen Dienstag (mittelniederdt. dingesdach, mittelniederländ. dingsdach) das Wort Ding »Thing« oder dieser Gott *þingsaz fortlebt, ist nicht geklärt. Da auch engl. Wednesday, dt. Donnerstag und Freitag auf Götternamen zurückgehen, ist letzteres wahrscheinlich, aber de Vries hat darauf hingewiesen, daß Dienstag möglicherweise nur eine Variante zu ursprünglicherem Diestag sein könnte, welches dann ebenso wie engl. Tuesday auf *Tīwaz zurückgehe. K. v. Sees Einwände gegen Thingsus als Thing-Gott – er möchte Thingsus als Wetter- oder Zeitgott auffassen – sind schon etymologisch unwahrscheinlicher als die Verbindung mit Thing und beruhen vor allem auf der polemischen Ablehnung der Thingheiligkeit, für die Höfler jedoch überzeugende Belege beigebracht hat. – Für Thingsus als Thing-Gott sprechen auch der dän. Ortsname Tislund, der ein Thingplatz war (und nicht häufig genug auftritt, um mit v. See als Zufall abgetan zu werden), sowie eventuell die in der Inschrift des M. T. ebenfalls genannten und sonst unbelegten Göttinnen → Beda 2 und → Fimmilene, die man am überzeugendsten mit altfries. Rechtstermini in Verbindung gebracht hat.

W. Scherer, M. T., in: Sitzungsber. der Akad. der Wiss. Berlin, Phil. hist. Kl., 1884; K. Weinhold, Tius Things, in: ZfdPh 21, 1889; S. Gutenbrunner, Die german. Götternamen, 1936; K. v. See, Altnord. Rechtswörter, 1964; J. de Vries, ARG, [3]1970; H. Birkhan, GKAR, 1970; O. Höfler, »Sakraltheorie« und »Profantheorie« in der Altertumskunde, (Festschrift Gutenbrunner) 1972; K. v. See, Kontinuitätstheorie und Sakraltheorie in der Germanenforschung, 1972; G. Dumézil, Gods of the Ancient Northmen, Berkeley etc. 1977; O. Höfler, M. T., in: Handwörterbuch zur dt. Rechtsgeschichte, Lfg. 18, 1979.

Marsacae. Matronenname. Diesen Müttern sind zwei römerzeitliche Weihesteine aus Xanten gewidmet. Der Name ist wahrscheinlich zum Völkernamen Marsaci zu stellen, wobei es sich trotz der kelt. Namensbildung wohl um einen german. Stamm handelt.

S. Gutenbrunner, Die german. Götternamen, 1936.

Masanae. Matronenname. Ein Weihestein aus Köln (CIL XIII 8223) ist den Matribus Masanabus gewidmet, deren Name noch ungeklärt ist.

S. Gutenbrunner, Die german. Götternamen, 1936.

Mathamod. Göttername von einer römerzeitlichen Weiheinschrift aus Masculula bei Tunis (CIL VIII 15779), der aus sprachlichen Gründen als höchstwahrscheinlich germanisch anzusehen ist; beide Namensteile finden sich häufig in german. Namen, Matha – z. B. in got. Maþasuinþa, ahd. Mathfrid, angelsächs. Mathilda, -mod etwa in altnord. Hermóðr. Wie der Göttername nach Tunesien kam, ist eine andere Frage; man wird vielleicht mit Birkhan eine von german. Veteranen gegründete Kolonie annehmen dürfen.

S. Gutenbrunner, Die german. Götternamen, 1936; M. Schönfeld, Wörterbuch der altgerman. Personen- und Völkernamen, [2]1965; H. Birkhan, GKAR, 1970.

Matres → Matronen. Vergleiche folgende M.: Annaneptiae; Atlaterv(i)ae; Aufaniae; Aumenahenae; Euthungae; Frisavae; Marsacae; Masanae; Suleviae.

Matres Germanae (»die german. Mütter«). Auf Inschriften auf zwei römerzeitlichen Weihesteinen ist statt des Namens der verehrten Matres nur ihre »Nationalität« angegeben, und zwar in der den [M]atribus meis [Ger]manis Suebis gewidmeten Kölner Inschrift (CIL XIII 12067) und der Inschrift von Winchester, England (CIL VII 5), welche sogar Matrib[us] Ital[is] Germanis Gal[lis] Brit[tis] gewidmet ist.

S. Gutenbrunner, Die german. Götternamen, 1936.

Matronen (lat. Matronae, auch Matres und Matrae »Mütter«) werden die Muttergottheiten

genannt, denen zwischen dem 1. und dem 5. nachchristlichen Jahrhundert Votivsteine und Altäre errichtet wurden, auf deren über 1100 bisher bekannten Inschriften etwa die Hälfte auf german. → Matronennamen entfällt. Der → Matronenkult ist keine ausschließlich german. Erscheinung, sondern ist auch im kelt. Bereich sehr stark vertreten; daß sich die erhaltenen Weihedenkmäler ausschließlich auf röm. (Kolonisations-)Gebiet finden, sagt nichts über das Fehlen des Kultes in der rechtsrheinischen Germania aus. Erst die Vermischung mit kelt. Vorstellungen und die Möglichkeiten der von den Römern übernommenen Schriftlichkeit führten zur Entstehung der uns erhaltenen Denkmäler des Matronenkults.
Die Darstellung der M. auf den Weihesteinen präsentiert die M. fast ausschließlich in Dreiergruppen. Die unterschiedlichen Trachten zeigen, daß nicht nur verheiratete Frauen (kenntlich durch Hauben), sondern auch Jungfrauen (gelöstes Haar, discriminale) als M. verehrt werden konnten. Den M. mit ihren funktionalen Aspekten des Schutzes der Familie, der Fruchtbarkeit, der Geburtshilfe, z. T. aber auch als Kriegsgöttinnen, dürften auf nordgerman. Gebiet die später belegten → Disen entsprechen, für welche die Existenz eines Kults überliefert ist, und die möglicherweise im südgerman. Raum mit den Idisi (mythologischen weiblichen Wesen im Ersten Merseburger Zauberspruch) zu identifizieren sind.

S. Gutenbrunner, Die german. Götternamen, 1936; E. A. Philippson, Der german. Mütter- und Matronenkult am Niederrhein, in: Germanic Review 19, 1944; J. de Vries, ARG, [3]1970; R. L. M. Derolez, Götter und Mythen der Germanen, 1974; K.-E. Westergaard, Die vergessenen Göttinnen der Fruchtbarkeit, in: Frauen und Frauenbilder dokumentiert durch 2000 Jahre, Oslo 1983; F. L. Gattinoni, Un culto celtico nella Gallia cisalpina, Milano 1986; G. Bauchhenss u. G. Neumann (Hg.), M. und verwandte Gottheiten, 1987.

Matronenkult. Die Verehrung von Matronen (Matronae, auch Matres und Matrae) ist ein Phänomen, welches, abgesehen von einer gewissen Streuung, vorwiegend auf Oberitalien sowie den röm. besetzten Teil von Germanien und Ostgallien während der röm. Kaiserzeit beschränkt ist. Über den M. wissen wir nur durch Inschriften auf Weihesteinen und Votivaltären, von denen bisher über 1100 bekannt sind; davon weisen über die Hälfte Matronen mit german. Namen auf. Der german. M. ist nicht auf das Stammesgebiet der Ubier, welche 38 n. Chr. auf das linke Ufer des Niederrheins übersiedelten, beschränkt, ist hier aber am intensivsten belegt und weist zahlreiche einzelne Kultzentren auf. Die Denkmäler des german. M.s wurden durch Vertreter des Kults, vor allem german. Legionären in röm. Diensten, bis an die Grenzen des Imperiums in Schottland, Friesland, Südspanien, durch Gardeeinheiten aber auch nach Rom getragen.

In der röm. Religion auch der Kaiserzeit gibt es kein genau entsprechendes Gegenstück zur Matronenverehrung, eher wurde an eine Herkunft aus dem gallischen M. gedacht, auf den der andere Teil der erhaltenen Denkmäler des M.s entfällt. Dennoch liegen vor allem der spezifisch niederrheinischen Form des M.s zweifellos auch einheimisch-german. Glaubensvorstellungen zu Grunde, wie sie im Glauben an die Disen, vielleicht auch die Walküren, in wesentlich späteren Quellen reflektiert werden. Allerdings muß die german.-kelt.-röm. Mischkultur am Niederrhein in den ersten nachchristlichen Jahrhunderten als Katalysator für diese Ausformung des Glaubens an mütterliche Schutzgottheiten gelten, wobei der Vermittlung der Schriftlichkeit durch die röm. Truppen eine nicht zu unterschätzende Rolle zufällt. Wir sind für den M. ausschließlich auf die große Zahl von Weiheinschriften als Quelle angewiesen, da die antiken Schriftsteller gerade über diesen Aspekt german. Glaubenslebens Stillschweigen bewahren, vielleicht auch deshalb, weil sie im M. richtig einen religiösen Synkretismus erblickten, welcher vor allem Tacitus' Intentionen bei seiner Beschreibung german. Lebens und Glaubens zuwiderlaufen mußte.

Im M. kommen für die verehrten Muttergottheiten neben Matronae auch die Bezeichnungen Matres und *Matrae (aus dem Dativ Matrabus erschlossen) vor; seit Gutenbrunner ist man davon abgegangen, keinen Unterschied zwischen diesen verschiedenen Beschreibungen zu machen und sie als willkürliche oder allenfalls regionale Variationen zu sehen, und ist dazu übergegangen, auch sachliche Unterschiede herauszuarbeiten; dabei fällt vor allem die geographische Verteilung auf, da am Niederrhein vorwiegend, in Oberitalien nur Matronae zu finden sind, in Britannien nur Matres, in Gallien meist Matrae und Matres. Weiters ist bemerkenswert, daß die Mütter, deren Beinamen auf Völker- oder Stammesbezeichnungen beruhen, vorwiegend Matres genannt werden. Es ist jedoch sehr schwierig festzustellen, ob etwa wirklich die Matres »eigentliche Muttergottheiten« und die Matronae »mehr allgemein als verheiratete Frauen verehrte Göttinnen« angesehen werden dürfen, wie de Vries dies vorschlägt.

Die zeitliche Begrenzung des M.s ist mit dem Ende des 1. und des 5. nachchristlichen Jh. anzusetzen; die älteste gefundene Inschrift stammt aus Andernach von einem Matrosen der röm. Flotte in Germanien (CIL XIII 7681) aus der Zeit zwischen 70 und 89.

Obwohl der M. vor allem von german. Soldaten und Verwaltungsbeamten in röm. (Kriegs-) Diensten (sowie deren Familien) getragen wurde, zeigt sich aus Angaben der Inschriften ebenso wie aus den → Matronennamen selbst, daß der Nothelferaspekt und die Schutzfunktion der Matronae stark überwiegt: Matribus paternis Kannanef., Matribus [M]arsacis paternis sive maternis, [M]atribus meis [Ger]manis Suebis werden die Matronen in direkter Bezogenheit auf ihr persönliches Verhältnis zum Verehrer genannt, häufig werden sie von diesem pro se et suis (für sich und die Seinen) angerufen, wenn nicht überhaupt ausdrücklich für sich oder ein bestimmtes Familienmitglied. Daneben weisen auch noch einige wenige Matronennamen auf kriegerische Göttinnen. Die Steine und Altäre, welche die Inschriften tragen, sind vorwiegend Votivgaben, welche nach Erfüllung eines Gelübdes in Auftrag gegeben wurden, und insofern von den späteren christlichen Votivinschriften in der Funktion nicht abweichend.

Die Darstellungen der Matres und Matronae, auch auf Steinen ohne Inschriften, zeigen sie fast ausschließlich zu dritt, stehend oder sitzend von vorne, mit Fruchtkörben auf dem Schoß zumindest einer der Frauengestalten, wobei die manchmal gelösten Haare mit Stirnband der mittleren eine Jungfrau, die Hauben der anderen verheiratete Frauen nahelegen; als Matronae konnten alle bezeichnet werden. Votivsteine und Altäre sind in vielen Fällen keine alleinstehenden Denkmäler, sondern finden sich gehäuft in Verbindung mit Kultzentren und Tempelbauten, wie sie aus Pesch, Nettersheim und Bonn sowie anderen niederrhein. Ortschaften bekannt sind. Dieser Bezug zu Kultzentren ist zahlenmäßig damit zu verdeutlichen, daß die Hälfte der ca. 360 Denkmäler von Matronennamen, welche Gutenbrunner 1936 anführte, auf nur drei Namen, nämlich die Aufaniae, die Suleviae und die Vacallinehae entfällt. Davon wiederum sind über 60 Nennungen der Vacallinehae fast ausschließlich in Pesch, die damals knapp 70, inzwischen bald 90 Belege für die Aufaniae fast nur in Bonn und Nettersheim zu finden. Der Tempel in Pesch war ein Umgangstempel mit quadratischer Cella, jüngste Funde haben in der Umgebung ganz ähnliche Konstruktionen ans Licht gebracht. Über die konkreten Kultformen in diesen Tempeln und Kultzentren wissen wir wenig; neben den schon genannten Fruchtkörben finden sich an Kultsymbolik in den Darstellungen von Opferszenen noch brennender Weihrauch und obstgefüllte Opferschalen, an Tieropfern Schwein und Fisch; in den sonstigen Dekorationen finden sich neben Obst Pflanzen und Bäume. Andere Attribute der Matronen sind die Schlange (unterirdische Mächte oder Seelen von Verstorbenen?) sowie Kinder und Windeln, was nicht nur auf ihre allgemeine Schutzfunktion über die Familie, sondern auch auf ihre speziellere als Geburtshelferinnen hinweist (was z. T. auch durch die mutmaßlichen Etymologien der Namen gestützt wird). Über bestimmte Kultzeiten liegen uns aus den Inschriften keine Informationen vor, allerdings erzählt der brit. Geschichtsschreiber Beda (geb. 673), daß die noch heidnischen Angeln zu Jahresbeginn in der mōdraniht id est matrum noctem, also zur Julzeit, Opferfeiern veranstalteten. Der zweifellose Zusammenhang zwischen den Matronen und den angelsächs. → mōdraniht ist nicht die einzige Verbindung mit bekannten german. Kulten späterer Zeit. Für die → Disen ist im skandinav. Bereich ebenfalls ein Opfer belegt, das → dísablót, welches nach Auskunft der (in dieser Beziehung wenig verläßlichen) Isländersagas at vetrnóttum, d. i. zu Winterbeginn Mitte Oktober stattfand; Philippson hat auch vermutet, daß die Fruchtkörbe der Matronen auf ein Herbstopfer deuten, was allerdings unwahrscheinlich ist. Das schwed. Disting (»Thing zur Zeit des Disenfests«) jedoch ist für Anfang Feber belegt.

Ein sehr interessanter Hinweis auf den M. scheint sich in Skandinavien bei Saxo Grammaticus (VI, 181) zu finden, welcher ein Heiligtum der »Parzen« (Nornen? Disen?) folgendermaßen beschreibt: »[Fridlevus] näherte sich betend dem Gebäude der Göttinnen, wo er, in den Schrein (Innentempel) blickend, auf drei Sitzen ebensoviele ›Nymphen‹ sitzen sah.« Der Tempel mit Cella und die drei sitzenden Göttinnen wirken wie eine Beschreibung eines Matronenheiligtums, wie es uns aus Sachfunden entgegentritt; da jedoch dieser Bericht mindestens 600 Jahre nach der letzten Blüte des M.s anzusetzen ist, bleibt jede Einschätzung des Verhältnisses problematisch.

Die Kultdenkmäler des M.s ähneln denen der Verehrung einzelner Göttinnen, von denen die friesische Nehalennia die bedeutendste ist. Auch männlichen Gottheiten wurden Votivaltäre gestiftet (Hercules, Mars Thingsus).

M. Ihm, Der Mütter- und M. und seine Denkmäler, in: Bonner Jahrbücher 83, 1887; R. Much, German. Matronennamen, in: ZfdA 35, 1891; F. Kauffmann, Der M. in Germanien, in: Zs. des Vereins für Volkskunde 2, 1892; S. Gutenbrunner, Die german. Götternamen, 1936; H. Hempel, M. und german. Mütterglaube, in: GRM 27, 1939; E. A. Philippson, Der german. Mütter- und M. am Niederrhein, in: GR 19, 1944; J. de Vries, ARG, [3]1970; H. Birkhan, GKAR, 1970; R. L. M. Derolez, Götter und Mythen der Germanen, 1974; G. Bauchhenss, G. Neumann (Hg.), Matronen und verwandte Gottheiten, 1987.

Matronennamen. Es sind uns weit über hundert verschiedene Namen bzw. Beinamen von Matronen überliefert, die als germanisch bezeichnet werden dürfen, wenn sie auch alle in lat. Inschriften erhalten sind; auch können in vielen Fällen die Namen nicht befriedigend gedeutet werden und die Entscheidung, ob es sich um keltische oder germanische handelt, ist ebenfalls häufig problematisch. Als zweifellos germanisch werden schon seit langem jene Namen betrachtet, die auch in ihrem lat. Kontext die urgerman. Dativendung des Plurals beibehalten haben, wie Vatvims, Aflims, Saitchamims (neben Vatviabus und Afliabus). Andere sind vom Stamm her als offensichtlich germanisch kenntlich, wie etwa die Gabiae, Friagabiae, Arvagastiae. Ein Teil der Inschriften mit M. bezieht sich auch direkt auf german. Stämme, Völker, oder Orte, wie jene den Matribus Suebis (»den suebischen Müttern«), Matribus meis Germanis (»meinen german. Müttern«), Matribus Frisiavis paternis (»den väterl. fries. Müttern«) gewidmeten, sowie die Albiahenae (zum heutigen Elvenich), die Mahlinehae (zu Mahlinium, dem heutigen Mecheln), die Nersihenae (zum Flußnamen Niers) und die Vacallinehae (vielleicht zum Fluß Waal).

Die Häufigkeit der auftretenden Namen ist sehr unterschiedlich: während viele nur ein einziges Mal belegt sind, lassen sich bei anderen, häufigeren, gebietsweise Verdichtungen feststellen, welche z. T. auf Kultzentren hinweisen. Die am häufigsten belegten M. sind die Austriahenae von Morken-Harff mit mindestens 130 sicheren Belegen, die Matrones Aufaniae mit knapp 90 Belegen vor allem aus Bonn und Nettersheim, die Matronae Vacallinehae aus Pesch (über 130 Belege) und die weit verstreuten Matres Suleviae (gegen 40 Belege). – Soweit die Namen zu deuten sind – und in vielen Fällen ist dies nicht der Fall – lassen sich aus der Bedeutung auch Schlüsse auf Art und Funktion der betreffenden Gottheiten ableiten, wobei neben den Mutter- und Schutzgottheiten (wie den Gabiae, Friagabiae, Arvagastiae) auch noch eine vielleicht funktionell verwandte Gruppe von Fluß- oder Quellgöttinnen hervortritt (Aumenahenae, Vacallinehae).

Vergleiche folgende M., die ausdrücklich als Matronae bezeichnet werden: Chuchenehae; Et(h)rahenae; Fachine(i)hae; Fernovineae; Gabiae; Gavadiae; Gavasiae; Gesahenae; Gratich(iae); Guinehae; Hamavehae; Havae; Hiheraiae; Ineae; Iulineihiae; Lanehiae; Lubicae; Mah(a)linehae; Naitienae; Octocannae; Ollogabiae; Ratheihiae; Renahenae; Rumanehae; Saitchamiae; Seccanehae; Suebae; Teniavehae; Tummaestiae; Udravarinehae; Ulauhinehae; Vacallinehae; Vallabneihiae; Vataranehae; Vativiae; Vesuniahenae; Veterahenae; Veteranehae; Vocallinehae.

M. Ihm, Der german. Mütter- u. Matronenkultus und seine Denkmäler, in: Bonner Jahrbücher 83, 1887; R. Much, German. M., in: ZfdA 35, 1891; Th. v. Grienberger, German. Götternamen auf rhein. Inschriften, in: ZfdA 35 u. 36, 1891 u. 92; ders., Niederrhein. Matronen, in: Eranos Vindobonensis, 1893; S. Gutenbrunner, Die german. Götternamen, 1936; E. A. Philippson, Der german. Mütter- und Matronenkult am Niederrhein, in: Germanic Review 19, 1944; J. de Vries, ARG, [3]1970; H. Birkhan, GKAR 1970; R. L. M. Derolez, Götter und Mythen der Germanen, 1974; A. Tovar, German. Wortbildungen in röm. Inschriften am Rhein, (Scritti in onore di Giuliano Bonfante 2) Brescia 1976.

máttr ok megin (altnord., »Macht und Stärke«) kommt häufig in der altnord. Formel ›trua á mátt sinn ok megin‹ vor, d. h. jemand vertraut (nur) auf seine eigene Macht und Stärke, nur auf sich selbst, nicht aber auf Götter und andere übernatürliche Kräfte. Während man in dieser Formel lange Zeit eine Grundhaltung des heidnischen Germanen zu sehen meinte, wobei auch die Alliteration der Formel auf höheres Alter zu deuten schien, hat vor kurzem Weber deutlich gezeigt, daß es sich hier nur um einen Topos in der altnord. Literatur ab dem 13. Jh. handelt, mit dem christliche Autoren arbeiteten, um die Abkehr ihrer heidnischen Helden von den heidnischen Göttern zu verdeutlichen und damit die Überführung in den christlichen Kontext zu erleichtern. Von einem Beleg für eine Art von Atheismus der heidnischen Germanen kann bei der m.o.m.-Formel also keine Rede sein.

C. L. Wrenn, Some earliest Anglo-Saxon Cult Symbols, in: Franciplegius. Studies F. P. Magoun, New York 1965; J. de Vries, ARG, 3 1970; G. W. Weber, Irreligiosität und Heldenzeitalter, in: Speculum Norrœnum, Studies G. Turville-Petre, Odense 1981.

Mediotautehae. Matronenname auf einer Inschrift aus Köln (CIL XIII 8222); der (höchstwahrscheinlich kelt.) Name kann als »Göttinnen des mittleren Landes« gedeutet werden.

S. Gutenbrunner, Die german. Götternamen, 1936.

Meduna. Name einer Göttin. Eine Inschrift auf einem Weihestein aus Bad Bertrich nennt die zwei Göttinnen M. und Vercana (CIL XIII 7667), wobei es sich bei den beiden römerzeitlichen Gottheiten höchstwahrscheinlich um Quellgöttinnen handelt; ob der Name M. wirklich als germanisch (und nicht etwa als keltisch) angesehen werden darf, ist jedoch fraglich.

S. Gutenbrunner, Die german. Götternamen, 1936.

megingjörð (oder Pl. megingjarðar, altnord., »Kraftgürtel«), neben dem Hammer Mjöllnir und dem Eisenhandschuh eines der Attribute des Gottes Thor (Gylf 20, Skaldsk 18), das aber erst bei Snorri vorkommt und wohl eine märchenhafte mittelalterliche Zutat ist. In Snorris Erzählung von Thors Fahrt nach → Geirröðargarð wird berichtet, daß Thor ohne Hammer, m. und járngreipr ausziehen mußte, da Loki versprochen hatte, Thor ohne diese Waffen zu Geirröðr zu bringen, um seine Freiheit zu erlangen. Als Thor jedoch bei der Riesin Gríðr einkehrt, bekommt er von ihr den Stab Gríðarvölr, einen Kraftgürtel und einen Eisenhandschuh; da diese Objekte aber doch wohl dieselben sind, die er – laut Snorri – schon vorher besessen hatte, dürfte hier irgendeine Konfusion in Snorris Bericht herrschen.

Meili (altnord., »der Liebe«?) heißt in den Thulur ein Sohn

Odins, und in der Haustlöng 14 (9. Jh.) und im Hrbl 9 wird Thor als Bruder M.s bezeichnet; da Thor wiederholt als Sohn Odins bezeichnet wird, dürfte es sich bei M. also tatsächlich um einen Sohn Odins handeln.

Menglöð (altnord., »die sich über Schmuck Freuende«) ist der Name einer Jungfrau, die zu gewinnen der Held Svipdagr in den Svm auszieht. Die Fjm beschreiben, wie sie auf dem Lyfjaberg wohnt, der von einer Waberlohe und einem Lehmwall umgeben ist und von einem Riesen (?) namens Fjölsviðr und zwei Hunden bewacht wird.
Üblicherweise wird M. mit der Göttin Freyja gleichgesetzt, welche das Halsband Brísingamen besitzt, aber die Anspielung im Namen ist der einzige Hinweis auf diese Identität. Auch der den Fjm zugrundeliegende Rest des Brautwerbungsmythos, in dem der Gott Svipdagr um M. freit, hilft bei der Bestimmung von M.s wahrem Namen nicht weiter, da auch Dagr zu Ende des german. Heidentums schon stark verblaßt war und wir von ihm sehr wenig wissen.

J. de Vries, ARG, [3]1970.

Menja (altnord., »Sklavin« oder »Halsbandträgerin«?) ist eine der beiden Riesen-Mägde, die im eddischen Grt den Mühlstein der mythischen Mühle → Grotti bewegen (vgl. Fenja). Auch Snorri berichtet (Skaldsk 40) ausführlich über diese mythisch-sagenhafte Geschichte (→ Grottasöngr).

Menmanhia. Name einer Göttin. Der Deae Menmanhiae ist ein Weihestein mit Inschrift aus Rom geweiht (CIL VI 31 158), doch der Name dürfte germanisch sein, fest steht dies jedoch nicht.

Th. Siebs, Beitr. zur dt. Mythologie, in: ZfdPh 24, 1892; S. Gutenbrunner, Die german. Götternamen, 1936.

Menschenopfer bei den Germanen sind seit Tacitus und Prokopius gut belegt und stellen die höchste Form des Opfers dar, das die Gemeinschaft erbringen kann. M. sind nicht an bestimmte Zwecke gebunden; sie können im regelmäßigen Opferfest (Semnonenhain, Uppsala-Opfer) oder in Krisenzeiten wie Hungersnöten (Dómaldi) und Kriegen, als Sühneopfer (Tacitus) oder als Odinsopfer dargebracht werden.
Die Trennung zwischen M. und → Todesstrafe, die ja als Sühneopfer an die erzürnten Götter aufgefaßt werden kann, ist gerade in den älteren Quellen schwierig, da Tacitus zwar todwürdige Verbrechen aufzählt, aber über die Verbindung zwischen Religion und Recht nur wenig mitteilt. Auch die eisenzeitlichen dän. Moorleichen lassen zum Teil keine sicheren Aussagen zu, ob es sich um einen Verbrechertod oder ein M. handelte.
Eindeutig sakraler Art ist dagegen das M. im regelmäßigen Op-

ferfest des Kultverbandes, wie es das von Tacitus beschriebene Opfer im → Semnonenhain und das große wikingerzeitliche → Uppsala-Opfer waren, sowie die recht häufigen Beispiele von M. an Odin. Schon Tacitus spricht in Germ 9 davon, daß M. nur dem Merkur (= Odin) dargebracht wurden; die typische Form des Odinsopfers war das Hängen und Durchbohren mit dem Speer, wie es uns sowohl aus → Odins Selbstopfer wie aus der Opferung des Königs → Víkarr an Odin bekannt ist. Auch beim Uppsala-Opfer wurden die Leichen der Geopferten in einem Hain aufgehängt; bildliche Darstellungen von in Hainen Gehenkten geben wikingerzeitliche Bildteppiche. Daneben dürfte auch noch das Ritzen des → Blutaars (altnord. blóðörn) als Odinsopfer verstanden worden sein (Orkneyinga saga 8).

Ein blutiges M. durch Schlachten (nicht Hängen) des Opfers zeigen völkerwanderungszeitliche Bilddenkmäler, wie der gotländ. Bildstein Lärbro Hammars I und ein dän. Goldbrakteat (→ Opfer). Dagegen ist ein M. durch Brechen des Rückens auf einem besonderen Stein (Þórs-steinn: Eyrbyggja saga 10; Landnámabók S 85 = H 73) wohl nur der Phantasie des christlichen Sagaautors, vielleicht auf Grund eines topographischen Namens (Þórsness), entsprungen; M. an Thor sind sonst überhaupt nicht belegt.

E. Mogk, Die M. bei den Germanen, 1909; ders., Ein Nachwort zu den M.n bei den Germanen, in: ARW 15, 1912; E. Klein, Der Ritus des Tötens bei den nord. Völkern, in: ARW 28, 1930; F. Ström, On the sacral origin of the Germanic death penalties, Stockholm 1942; A. Cordes, Lassen sich »urgerman. M.« mit Tacitus beweisen? in: Heimat 67, 1960; H. Beck, German. M. in der literar. Überlieferung, in: H. Jankuhn, Vorgeschichtliche Heiligtümer, 1970.

Mercurius → Merkur.

Mercurius Arvernorix. Obwohl die Inschrift mit diesem Götternamen, ebenso wie die des → Mercurius Arvernus, neben den Inschriften des höchstwahrscheinlich german. Mercurius Cimbrianus auf dem Greinberg bei Miltenberg (Kreis Würzburg) gefunden wurde (CIL XIII 6603), handelt es sich dabei wohl um einen kelt. Gott. Das Nebeneinander der Inschriftsteine könnte zwar eine Übernahme des Wodankultes durch kelt. Bevölkerungsteile nahelegen, genauso wahrscheinlich ist aber eine einander beeinflussende parallele Existenz zweier verschiedener Kulte.

J. de Vries, ARG, [3]1970.

Mercurius Arvernus. Zwar weist der Beiname des Gottes auf den kelt. Stamm der Arverner, im Hauptheiligtum des Stammes auf dem Puy de Dôme in Südfrankreich wurde aber nur eine Inschrift an Mercurius Dumiatus gefunden. Dagegen fanden sich alle sieben dem Mercurio Arverno gewidmeten Inschriften auf german. Boden, so daß es nicht ausgeschlossen ist, daß es sich bei ihm um eine german. Gottheit handelt, wobei dann allerdings der Beiname ungeklärt ist. – Sollte es sich allerdings um einen gallischen Merkur handeln, ist eine engere Beziehung der Arverner mit dem Rheinland vorauszusetzen (Gutenbrunner).

S. Gutenbrunner, Die german. Götternamen, 1936; J. de Vries, ARG, [3]1970.

Mercurius Channin(i)us (oder Hannin(i)us). Diesem german. Merkur ist eine Inschrift aus der Nähe von Blankenheim (CIL XIII 7781) gewidmet, allerdings ist es höchst unsicher, ob es sich bei Channinus wirklich um einen Beinamen des Gottes handelt (etwa zum Stamm der Kannanefates?); möglicherweise handelt es sich dabei aber auch nur um den Namen des Stifters der Inschrift.

R. Much, Mercurius Hanno, in: ZfdA 35, 1891; S. Gutenbrunner, Die german. Götternamen, 1936; J. de Vries, ARG, [3]1970.

Mercurius Cimbrianus. Bisher haben sich fünf dem Mercurio Cimbriano geweihte Votivinschriften auf dt. Boden gefunden: zwei auf dem Greinberg bei Miltenberg (Kreis Würzburg; CIL XIII 6604 u. 5), zwei auf dem Heiligenberg bei Heidelberg (davon hat CIL XIII 6402 Cimbrio) und eine in der Mainzer Gegend (CIL XIII 6742). Alle Inschriften fallen in die Zeit zwischen 150–210 n. Chr. Der Beiname Cimbrianus wird üblicherweise zum german. Volk der Kimbern gestellt, denn obwohl 4 der Inschriften zu dieser Zeit nicht auf german. Siedlungsgebiet lagen, muß mit Wanderungen versprengter Volksteile in diesen Gebieten gerechnet werden, die den Kult ihres Stammesgottes, des »Wodan der Kimbern«, aus ihrer Heimat bereits mitgebracht hatten, der dann in der Interpretatio romana auf den Votivinschriften als M. C. erschien. Vielleicht entstand der Beiname Cimbrianus aber auch erst in der Fremde zur Abgrenzung von keltischen, aber ebenfalls durch Mercurius wiedergegebenen Gottheiten.

F. Kauffmann, M. C., in: ZfdPh 38, 1906; S. Gutenbrunner, Die german. Götternamen, 1936; J. de Vries, ARG, [3]1970.

Mercurius Dumiatus (»Merkur vom Puy de Dôme«) ist kein Name des german. Merkur (d. h. Wodan), sondern höchstwahrscheinlich die lat. Form eines kelt. Gottes, der im Hauptheiligtum des gall. Stammes der Arverner auf dem Puy de Dôme in Südfrankreich verehrt wurde.

J. de Vries, ARG, [3]1970.

Mercurius *Eriausius? (oder Mercurius Friausius?). Eine fragmentarische Inschrift auf einem römerzeitlichen Votivstein aus Ubbergen bei Nijmegen (CIL XIII 8726) liest nur Mercurio … iausio, was vielleicht zu Eriausius (vgl. die got. Personennamen Eriulfus, Erilieva), vielleicht aber zu Friausius (zu *frija »lieb«, oder zu *fri(h)alsio »frei«?) zu ergänzen ist.

S. Gutenbrunner, Die german. Götternamen, 1936; J. de Vries, ARG, [3]1970.

Mercurius Gebrinius. Göttername auf zehn Bonner Votivsteinen der Römerzeit. Da keiner der Dedikanten Germane ist und auch die Versuche zur Deutung alle recht unsicher bleiben, scheint Gutenbrunners Erklärung als german. Merkur (d. i. Wodan/Odin) nicht überzeugend; er stellt den Beinamen zu altnord. gífr »Unhold« (zu german. *gibria-) und deutet die german. Vorform des Namens *gebrinio- als »Herr der Unholde«, was er auf Odin als Führer der wilden Jagd bezieht.
Viel wahrscheinlicher ist aber trotz des durchwegs auftretenden -e- der Stammsilbe die Verbindung mit kelt. gabros »Widder«, da auf der Hälfte der Weihesteine ein Widder als Attribut des Gottes auftritt. Wir haben es also mit einer keltischen Entsprechung des Merkur zu tun.

S. Gutenbrunner, Gallisches. 1. M. G., in: Zs. für celt. Philologie 20, 1936.

Mercurius *Leudisius(?). Auf einem römerzeitlichen Weihestein aus Weisweiler (Kreis Düren; CIL XIII 7559) findet sich eine verstümmelte Inschrift, deren Beginn folgendermaßen lautet:

CURIO LEUD
ANO C. AMRT

Ob unter Auffüllung der drei fehlenden Buchstaben am Zeilenbeginn ein Mercurius *Leudisianus, *Leudcianus oder *Leudiacanus gelesen werden soll, muß offen bleiben; *Leudisianus ließe sich zu einem Verbum *leudisjan »herrschen« stellen, andere Deutungen verbinden aber überzeugender mit einer lat. Namensform Leudicum (oder *Leudiacum) der Stadt Lüttich; die Inschrift wäre dann dem »Merkur = Wodan von Lüttich« geweiht gewesen.

S. Gutenbrunner, Die german. Götternamen, 1936; J. de Vries, ARG, [3]1970.

Mercurius Mercator (»der Händler Merkur«). Beiname für den german. Merkur (d. i. Wodan) auf einem römerzeitlichen Weihestein aus Metz (CIL XIII 4308). Die Beinamen Mercator, Nundinator, Negotiator könnten natürlich auch durchaus Beinamen des röm. Merkur sein, doch erlaubt außer der german. Bevölkerung des Bereichs auch der altnord. Odinsname → Farmatýr »Lastengott« Spekulationen über die Deutung von M. M. als Wodan/Odin. Sollte die Odinsverehrung (auf dem Umweg über die Männerbünde) tatsächlich auch von Händlern getragen worden sein, läge hier ein weiterer Grund für die Interpretatio romana von Odin als Merkur vor.

H. Falk, Odensheite, Kristiania 1924; O. Höfler, Kultische Geheimbünde der Germanen, 1934; J. de Vries, ARG, [3]1970.

Mercurius Negotiator (»der Großhändler Merkur«) ist möglicherweise eine Bezeichnung für den german. Merkur (d. i. Wodan) auf einer römerzeitlichen Inschrift aus Heddernheim (CIL XIII 7360); → Mercurius Mercator.

Mercurius Nundinator (»der Händler Merkur«) ist möglicherweise eine Bezeichnung für den german. Merkur (d. i. Wodan) auf einer römerzeitlichen Weiheinschrift aus der Gegend von Wiesbaden (CIL XIII 7569); → Mercurius Mercator.

Mercurius Rex. »König Merkur« auf einer römerzeitlichen Inschrift aus Nijmegen (CIL XIII 1326) bezieht sich wie die meisten anderen niederrhein. Nennungen des Merkur auf den german. → Merkur, was hier durch den Beinamen Rex nur bestätigt wird, denn der röm. Merkur nahm keine so hervorragende Stellung im röm. Pantheon ein, während Wodan/Odin dieser Titel im Rahmen der german. Götterwelt sehr wohl zukommen konnte.

J. de Vries, ARG, [3]1970.

Merkur, der röm. Gott des Handels, trat in der Interpretatio romana für Wodan/Odin ein. Schon Tacitus (Germ 9,1) und Caesar (De bello gallico 6,17) nennen Mercurius den höchsten Gott der Germanen. Dementsprechend hat man viele römerzeitliche Weihesteine an M. auf german. Boden gefunden und sie als dem german. M., d. h. Wodan, geweiht betrachtet, obwohl nur wenige der für M. in den Inschriften verwendeten Beinamen sicher germanisch sind (Mercurius Cimbrianus, *Leudisius, *Eriausius). Daß in den darauffolgenden Jahrhunderten auf jeden Fall M. für Wodan stand, beweisen die german. Übersetzungen des lat. Wochentagsnamens dies Mercurii durch angelsächs. Wōdnesdaeg (engl. Wednesday), mittelniederländ. Wōdensdach (holl. Woensdag), altnord. Óðinsdagr (dän. Onsdag), ahd. wôdanestag. Auch die christlichen Autoren des Frühmittelalters bestätigen durchwegs die Gleichsetzung von M. mit Wodan, so Jonas von Bobbio (*Vita Columbani* I, 27; verfaßt um 642) und Paulus Diaconus (*Historia Langobardorum* I, 8; verfaßt in der 2. Hälfte des 7. Jh.), wie auch schon die *Origo gentis Langobardorum*. Bei Geoffrey von Monmouth (*Historia Regum Britanniae* VI, 10; abgeschlossen ca. 1136) findet sich eine ausführliche Stelle zur Gleichsetzung von M. mit Wodan, aber bereits in den *Homilien* des Aelfric aus der 2. Hälfte des 10. Jh. findet sich ein Hinweis auf den heidnischen Gott Mercurius, »der auf Dänisch Odin genannt wird« (*Annaler for Nordisk Oldkyndighed* 1846). Damit ist M. als lat. Bezeichnung für den german. Gott Wodan/Odin vom 1. Jh. bis ins Hochmittelalter gut belegt.

Was zur Identifikation von M. mit Odin und umgekehrt geführt hat, waren sicherlich auch die äußeren Attribute des röm. Mercurius, welcher um die Zeitenwende schon begonnen hatte, mit dem griech. Hermes zu verschmelzen: dem breitkrempigen Hut, Mantel und Stab des M./Hermes entsprachen Schlapphut, Mantel und Speer Wodans/Odins; allerdings muß berücksichtigt werden, daß uns diese äußere Erscheinung Odins vor allem aus dem Mittelalter überliefert ist und das Bild des klassischen Gottes hier bereits eingewirkt hat. Außer diesen äußeren Details der beiden göttlichen Wanderer müssen aber auch andere Gemeinsamkeiten der beiden Götter zu der Identifikation geführt haben, denn im Gegensatz zu Odin war M. bei den Römern keineswegs ein Hauptgott; Odin war aber trotz des altnord. Odinsnamens farmatýr »Lastengott« sicher nicht vorwiegend Handelsgott wie M. Eine überzeugendere Parallele zwischen Odin und M. ergibt sich dadurch, daß beide die Funktion eines Seelengeleiters einnahmen. Eine weitere wäre unter Berücksichtigung der schon fortgeschrittenen Hellenisierung des M., daß der griech. Hermes auch der Rednergott war und sich darin ein Anknüpfungspunkt fand, falls Wodan/Odin überhaupt schon so früh als ein Gott der Dichtkunst betrachtet wurde.

J. Grimm, Dt. Mythologie, [4]1875–78; H. Collitz, Wodan, Hermes und Pushan, (Festskrift Pipping) Helsingfors 1924; L. Deubner, Die Römer, in: Chantepie de la Saussaye, Lehrbuch der Religionsgeschichte, [4]1925; J. de Vries, ARG, [3]1970; H. Hunger, Lexikon der griech. u. röm. Mythologie, [6]1974.

Merseburger Zaubersprüche → Erster Merseburger Zauberspruch, → Zweiter Merseburger Zauberspruch.

Met ist ein aus Honig, Wasser und Gewürzen hergestelltes alkoholisches Getränk, welches in der german. Mythologie (im Gegensatz zu dem billigeren Bier) als Göttergetränk gilt. Der → Skaldenmet ist ein mythologischer Rauschtrank, dessen Genuß zum Dichter macht und der sich in Odins Besitz befindet (Skaldsk 1).

Midgard (altnord. Miðgarðr, got. midjungards, ahd. mittilgart, mittangard, altsächs. middelgard, altengl. middangeard »Wohnort in der Mitte«) nannten die Germanen das Zentrum der Welt, die von Menschen bewohnte Erde. In der Edda scheint M. nicht nur den Wohnort der Menschen, sondern auch den ihn umgebenden Schutzwall zu bezeichnen (Vsp 4 und 56); dafür spricht der Ausdruck undir miðgarði (Hrbl 23, Hdl 11 und 16) ebenso wie die Erzählung in den Grm 41, wonach M. aus den Brauen des Urriesen → Ymir erbaut wurde. Auch Snorri spricht in Gylf 8 davon, daß den Abkömmlingen der ersten Menschen, Ask und Embla, undir Miðgarði als Wohnort zugeteilt wurde. Sonst ist allerdings auch bei Snorri M. die eigentliche Welt, in der nicht nur die Menschen, sondern auch die Götter ihre Wohnsitze haben, und die angeführten Bezeichnungen für M. in den anderen german. Sprachen werden durchwegs als Synonyme für »Erde, Welt« verwendet: got. midjungards steht für lat. orbis terrae, das angelsächs. middangeard ist eine Glosse für chosmos. Für die ältere Zeit ist M. für den skandinav. Bereich nur durch Erwähnungen bei den Skalden Þórleikr fagri und Arnórr Þórðarson (beide aus dem 11. Jh.) belegt, dennoch handelt es sich sicher um eine alte gemeingerman. Bezeichnung.

E. F. Halvorsen, M., in: KLNM 11, 1966; J. de Vries, ARG, [3]1970.

N: M. ist offensichtlich von Symbolwert für sogen. germanengläubige Bewegungen: *Midgardbund* nannte sich eine solche »neugermanische« Glaubensbewegung schon Mitte der 1930er Jahre, *Midgards Morgen* nennt sich ein »Buch für Germanengläubigkeit« von H. W. Hammerbacher noch 1977.

Midgard(s)schlange (altnord. Miðgarðsormr »Weltschlange«) heißt ein Ungeheuer der nord. Mythologie, das im die Welt umgebenden Urozean lebt und die Welt umspannt. Der Name M. kommt weder in den Eddaliedern noch bei den Skalden vor; lediglich Jörmungandr, Ormr, Naðr »Schlange, Drache« finden sich in der Edda. Erst bei Snorri (Gylf 33, 46, 47, 50, 52) werden die verstreuten Angaben systematisch zusammengefaßt. Daß das alte mythologische Konzept vom weltumschlingenden kosmischen Wesen bereits am Beginn der literarischen Zeit zur sagenhaften Meerschlange vermenschlicht worden war, beweisen Kenningar in Gedichten, in denen → Thors Fischzug beschrieben wird (Bragi: Ragnarsdrápa 16 aus dem 9. Jh., und Ulfr Uggason: Húsdrápa aus dem 10. Jh.). Diese Szene, in der Thor mit einem Ochsenkopf die M. geködert hat und sie gerade mit seinem Hammer erschlagen will, als der verängstigte Riese Hymir die Leine durchschneidet, findet sich auch auf drei wikingerzeitlichen Bildsteinen dargestellt und wird sowohl bei Snorri (Gylf 46, 47) als auch in der Hym literarisch behandelt. Auch zu den Ragnarök treffen die M. und Thor aufeinander (Gylf 50; Vsp 56); Thor erschlägt das Ungeheuer, stirbt aber selbst an dessen Gift. Snorri berichtet auch (Gylf 33), daß der Vater der M. (wie auch des Fenriswolfes und der Hel) Loki ist, welcher diese Ungeheuer mit der Riesin Angrboða gezeugt hatte. Dies ist nicht erst Snorris Erfindung, sondern wird schon in Eilífs Thórsdrápa 1 (10. Jh.) und in der Hym 22, 23 erwähnt. Lokis Stellung als Vater der Ungeheuer ist also zweifellos alt. Im christlichen Mittelalter wird die M. natürlich mit dem alttestamentarischen Leviathan assoziiert, und M. dient durchwegs als Glosse für dieses Meerungeheuer. Der Begriff einer erdumspannenden Schlange war auch außerhalb Skandinaviens bekannt, wie süddeutsche Belege aus dem 11. (*De mundi constitutione* I, 52ff.) und 14. Jh. (Konrad von Megenberg, *Buch der Natur* II, 33) zeigen, in denen die Erdbeben auf die Bewegungen einer derartigen Schlange zurückgeführt werden.

E. F. Halvorsen, Miðgarðsormr, in: KLNM 11, 1966; J. de Vries, ARG, [3]1970.

N: → Thors Fischzug.

Miði (altnord., zu miðr »der Mittlere«) heißt ein Riese in den Thulur.

Miðjungr (altnord., »Wesen der Mitte«) heißt ein Riese in den Thulur. Bei der Deutung von M. (und auch von Mið:) ist dabei weniger an Wesen, die etwa »in der Mitte« zwischen Riesen und Göttern stünden, zu denken, als vielmehr an Wesen, die in der Mitte des Kosmos, in Midgard leben, also an Lebewesen schlechthin. Ganz überzeugend ist jedoch diese Deutung nicht, da in der german. Mythologie sonst gerade die Riesen in Útgarð, also außerhalb der von Menschen bewohnten Welt, angesiedelt werden.

F. Jónsson, Þulur, in: APhSc 9, 1934.

Miðviðr (altnord., »Mittelbrett«) heißt ein Zwerg in den Thulur.

Miðvitnir (altnord.) heißt ein Riese in den Grm 50. Odin rühmt sich, ihn erschlagen zu haben, als er bei dessen Sohn Sökkmímir war. Sonst wissen wir nichts über einen Mythos von Odin, M. und Sökkmímir, und auch der Name M. ist nicht geklärt: In der vorliegenden Form könnte er »Wolf der Mitte« bedeuten, aber auch »Meerwolf« wäre denkbar, während »Met-Räuber« (aus Mjöð-vitnir) unwahrscheinlicher ist, da ein Zwerg in der Vsp so heißt; abgesehen davon sind im Mythos vom Skaldenmet weder Zwerge noch Riesen die Räuber des Mets, sondern nur Odin. Nimmt man aber an, daß M. »Odin« bedeute, so müßte nicht nur der Name, sondern auch die ganze Strophe recht verderbt sein; ganz ausgeschlossen ist dies aber nicht, denn sie steht mitten unter den Strophen, in denen Odin seine Namen aufzählt.

A. M. Sturtevant, Semantic and Etymological Notes, in: SS 20, 1948.

Mímameiðr (altnord., »Mimis Baum«) ist ein Baum, welcher in Fjm 20 und 24 erwähnt wird; M. setzt zwar eine Namensform Mími voraus, dürfte aber dennoch auf → Mímir verweisen, dessen Quelle (→ Mímirs Brunnen) zumindest laut Snorri unter einer der Wurzeln der Weltesche Yggdrasill liegt; damit ist mit M. wahrscheinlich Yggdrasill gemeint.

(Mime) heißt ein Zwerg (Tenor) aus dem Nibelungengeschlecht in R. Wagners Opern *Das Rheingold* und *Siegfried*. Wie der Mímir in der altnord. Vilkinasaga ist M. bei Wagner Lehrmeister Siegfrieds. In der mhd. Sage von Biterolf findet sich für Mímir die Form Mîme, in der Wagner den Namen übernommen hat.

Mímir (auch Mímr; altnord.) ist eine weise Person in der nord.

Mythologie. Bei Snorri in der Ynglinga saga 4 scheint es sich um einen Asen zu handeln, die Thulur führen M. jedoch unter den Riesennamen an. Die Form des Namens lautet in der Formel → »Míms Haupt« immer Mímr, sonst aber Mímir; dies hat dazu geführt, daß man zwei verschiedene Mythen, eine von M.s Haupt, die andere von → Mímirs Brunnen, unterscheiden wollte (de Vries). Schon Snorri hat jedoch M. und Mímr gleichgesetzt, und jüngste Untersuchungen über den Ursprung der Mythe vom weissagenden Haupt in der Quelle im kelt. Bereich (J. Simpson) bestätigen die Richtigkeit dieser Gleichsetzung. Daß der Mythos von M. sich nicht auf späte Eddagedichte und Snorris Mythographie (Gylf 14 und 50; Ynglinga saga 4 und 7) beschränkt, sondern schon im 10. Jh. bekannt war, belegt die Kenning Míms vinr »Míms Freund« für »Odin« bei Egill Skalagrímsson: Sonatorrek 23 und Völu-Stein 1. Die Vsp 46 erwähnt auch M.s Söhne, wer diese sind, wissen wir jedoch nicht.

M. bedeutet wohl »der Erinnerer, der Weise« und ist etymologisch zu lat. memor zu stellen. → Hoddmímir, → Sökkmímir.

G. Sverdrup, Rauschtrank und Labetrank im Glauben und Kultus, Oslo 1940; J. Simpson, M.: Two Myths or One?, in: Saga-Book 16, 1962; E. F. Halvorsen, M., in: KLNM 11, 1966; J. de Vries, ARG, [3]1970.

N: H. E. Freund, *Mimer og Balder raadspørger Nornerne* (Relief, 1822); D. Werenskiold, *Odin og Mime* (Relief im Rathaus von Oslo, 1938).

Mímirs Brunnen (altnord. Mímis brunnr) ist der Brunnen der Weisheit in der Vsp 28, wo Odin sich Rat holt. Laut Snorris Ausgestaltung der Vsp-Stelle (Gylf 14) liegt der Brunnen unter der Wurzel der Weltesche Yggdrasill, die sich zu den Hrímthursar erstreckt: »Dem der Brunnen gehört, heißt Mímir; er ist voller Weisheit, denn er trinkt mit dem Horn Gjallarhorn aus dem Brunnen« (Gylf 14). In Gylf 50 erzählt Snorri im Anschluß an Vsp 46 (wo allerdings nur von Mímirs Haupt, nicht aber vom Brunnen die Rede ist), daß sich zu den Ragnarök Odin Rat bei Mímir am Brunnen holt. Das Verhältnis von M. B. zu → Mímirs Haupt hat lange Zeit Probleme bereitet, wobei entweder an zwei verschiedene Mythen gedacht wurde (de Vries), oder aber das Haupt als »Brunnenhaupt« aufgefaßt wurde (Sverdrup), was aber wenig Sinn gibt. In der kelt. Mythologie und Folklore ist ein orakelspendendes Haupt in einer Quelle jedoch keineswegs selten, und man wird den Ursprung des nord. Mythos in diesem Bereich suchen müssen (Simpson); daneben sind aber auch Gewässernamen wie dt. Mimling, schwed. Mimeså und Mimesjöen zu beachten, die auf eine Vorstellung vom Aufenthalt weiser, weissagender Wesen in Gewässern hinweisen dürften.

P. Schjødt, Livsdrik og vidensdrik. Et problemkompleks i nordisk mytologi, in: Religionsvidenskabeligt Tidsskrift (Aarhus) 2, 1983. → Mímir.

Mímirs Haupt (eig. Mímrs Haupt: altnord. Míms höfuð) wird als weiser Ratgeber in den Eddaliedern zweimal erwähnt (Vsp 48, Sd 14). Diese Eddastellen haben bei der Erwähnung des Haupts die Form Mímr, Snorri setzt aber Mímir und Mímr gleich und spricht zwar in Gylf 14 und 50 auch davon, daß Odin sich bei Mímir Rat holt, erwähnt hier aber nicht, daß es sich dabei nur um ein Haupt handle. Dagegen berichtet er in der Heimskringla (Ynglinga saga 4 und 7) ausführlich über Mímirs Enthauptung: Mímir war »ein sehr weiser Mann« und die Asen stellten ihn als eine der Geiseln nach dem Wanenkrieg, um → Hœnir als Ratgeber zu dienen; als die Wanen erkennen, daß Hœnir ohne Mímir hilflos ist, enthaupten sie diesen und schikken den Kopf an die Asen, wo ihn Odin mit Hilfe von Kräutern und Zaubersprüchen vor dem Verwesen bewahrt, so daß er auch weiterhin geheime Informationen und solche »aus der anderen Welt« von ihm bezieht. – In den Isländersagas werden sprechende Köpfe erwähnt, wenn auch in anderem Zusammenhang. Bekannt sind sie vor allem aus der schamanistischen Praxis, aber auch im keltischen Bereich, wo sich auch die Verbindung zwischen Orakelhaupt und Quelle findet (Simpson), so daß man nicht (wie de Vries) zwischen zwei verschiedenen Mythen zu trennen versuchen muß.

Lit. → Mímir.

Mímirs Söhne (altnord. Míms synir) werden in Vsp 46 erwähnt, am Beginn der Ragnarök, wer sie jedoch sind, wissen wir nicht.

minni (altnord., »Andenken, Erinnerungstrunk«) wird laut Snorri der Becher genannt, der beim gemeinschaftlichen Opfermahl nach den Trünken für die Götter und dem → bragafull getrunken wurde, und als »Gedächtnistrunk; Zutrunk« in der Sagaliteratur häufig auftritt; vermutlich ist aber das »Minnetrinken« als Brauch erst im Hochmittelalter von Deutschland nach Skandinavien gelangt und daher nicht als heidnische Sitte zu betrachten.

K. Düwel, Das Opferfest von Lade, 1971.

Miskorblindi (altnord.) ist der nur in der Hym 2 genannte Vater des Riesen → Ägir. Da als Ägirs Vater sonst Fornjótr bezeichnet wird, ist es nicht sicher, ob es sich um einen selbständigen Namen oder um einen Beinamen Fornjótrs handelt. Die Deutung des Namens ist ebenfalls ganz unsicher: entweder »der Maische abmischt« (Gutenbrunner) oder »der Häßliche« (Sturtevant); mangels weiterer Informationen über M. kann beides nicht überzeugen.

S. Gutenbrunner, Eddica, in: ZfdA 77, 1940; A. M. Sturtevant, Etymological

Comments, in: PMLA 66, 1951; J. de Vries, Altnord. etymolog. Wörterbuch, Leiden [2]1977.

Mist (altnord.) ist der Name einer → Walküre (Grm 36, Thulur), der (wohl zu altnord. mistr »Wolke, Nebel«) daran erinnert, daß die Walküren durch die Luft und über das Wasser reiten können (HHv 9 Pr., HH II 4 Pr.).

Mistel (altnord. mistilteinn), spielt in der isländ. Tradition des Mythos von → Balder eine große Rolle, da der blinde Höðr einen Mistelzweig nach Balder wirft, der sich in einen Speer verwandelt und Balder tötet. Das Wort mistilteinn kommt auch in der Vsp 31 vor; in den Thulur, der Hervarar saga ok Heiðreks und der Hrómundar saga Gripssonar heißt so ein Schwert; hier kann eine Verbindung zur dän. Version des Baldermythos bei Saxo vorliegen, wo Balder durch ein bestimmtes Schwert umkommt.
Daß gerade die M. als Waffe bei Balders Tod auftritt, hat wohl nicht nur in der scheinbaren Harmlosigkeit der Pflanze, sondern auch in ihrer magischen Kraft, die der immergrünen Pflanze in den meisten alten europäischen Kulturen zugeschrieben wurde, seinen Grund; meist wurde sie jedoch als schadenabwehrend angesehen.

A. Kabell, Balder und die M., 1965; O. A. Hœg, Misteltein, in: KLNM 11, 1966; W. H. Wolf-Rottkay, Balder and the Mistletoe: A Note, in: SS 39, 1967; J. de Vries, ARG, [3]1970.

Mithotyn heißt in Saxo Grammaticus' *Gesta Danorum* (I, 25f.) ein Zauberer, der sich während → Odins Verbannung der Herrschaft über die Asen bemächtigt habe; er führte eine neue Form des Kultes ein, in welchem den Göttern nicht gemeinsam, sondern jedem getrennt geopfert werden sollte. Nach Odins Rückkehr flüchtet er nach Fünen, wird aber von den Einwohnern getötet. Sein Leichnam verursacht noch im Grab Seuchen, und erst als man seinen Körper ausgräbt, enthauptet und mit einem spitzen Stab durch die Brust pfählt, kann man sich von seiner posthumen Ausstrahlung befreien.
Während die Umstände um M.s Tod und zweite Tötung als klare Reflexion nord. Vorstellungen von den → lebenden Toten zu sehen sind, verursacht seine Rolle in der Erzählung von Odins Verbannung größere Probleme.
Der Name M. ist am überzeugendsten zu altnord. mjötuðr gestellt worden, das auf eine recht diffuse Weise die ordnende, göttliche, aber meist unpersönliche Allmacht bezeichnet. Nicht völlig unmöglich wäre auch die Erklärung als »falscher Odin« (zu altind. mithu »falsch«), aber Saxos Darstellung stützt die These, daß die dem M. zugeschriebene Neuordnung der Kultgebräuche eine Aktion »einer ordnenden, jede einzelne Sphäre menschlichen Schaffens berücksichtigenden Macht ist, während Odin gerade die alles in einem einzel-

nen Griff zusammenraffende, die ›totalitäre‹ Herrschaft bedeutet« (de Vries). Daß hier ein im Mythos reflektierter Antagonismus aufbricht, der durchaus mit der in der Geschichte von Odins Verbannung erhaltenen Usurpation der göttlichen Herrschaft durch andere Götter, vielleicht sogar mit dem Wanenkrieg, in Verbindung stehen kann, ist nicht unwahrscheinlich.

P. Herrmann, Die Heldensagen des Saxo Grammaticus, 1922; J. de Vries, ARG, [3]1970; G. Dumézil, From Myth to Fiction, Chicago/London 1973.

Mjöðvitnir (altnord., »Met-Wolf«, »Meträuber«) heißt ein Zwerg in Vsp 11 und in den Thulur; der Name spielt vielleicht auf den Mythos von Kvasir an, aus dessen Blut die Zwerge Fjalarr und Galarr laut Snorri den Skaldenmet brauten. Zwerge sind jedoch nicht die Räuber des Mets, sondern Odin; → Miðvitnir.

Mjöklituðr (altnord., »der stark Gefärbte«) heißt ein Zwerg in den Thulur.

Mjöll (altnord., »Pulverschnee«) ist eine Riesin (?) in der mythischen Genealogie des Ahnherren → Fornjótr in der Version von Hversu Nóregr byggðisk, wo Thorri, Fönn, Drífa und M. die Kinder des Königs Snær sind. Da alle diese Namen Aspekte des Winters personifizieren, wäre es möglich, daß es sich dabei ursprünglich um eine Genealogie von Reifriesen handelte.

Mjöllnir (altnord. Mjǫllnir oder Mjollnir) ist der Hammer des Gottes → Thor. Ebenso wie die göttlichen Attribute von Freyr und Odin wurde er von den Zwergen Sindri und Brokkr geschmiedet und von Loki zu den Asen gebracht; Loki stört in Gestalt einer Fliege → Sindri bei der Arbeit, wodurch der Stiel des Hammers zu kurz gerät (Skaldsk 33). Laut Saxo (Gesta Dan. III, 73) ist der Stiel im Kampf abgebrochen. M. erzeugt Blitz und Donner (Skaldsk 17), wenn er geworfen wird und kehrt dann wie ein Bumerang in Thors Hand zurück (Skaldsk 33); zum Halten des Hammers braucht er Eisenhandschuhe (Gylf 20). M. ist Thors Waffe im Kampf gegen Skrýmir (Gylf 44), Hrungnir (Skaldsk 17), Hymir (Hym 36), Thrymr (Thrk 30), vielleicht auch gegen Thjazi (Hrbl 19) und andere Riesen (Gylf 41). Der Diebstahl des Hammers und seine Rückholung vom Riesen Thrymr durch den als Freyja verkleideten Thor wird in der schwankartigen → Thrymskviða berichtet. Nach Thors Tod zu den Ragnarök erben seine Söhne Móði und Magni den Hammer (Vm 51; Gylf 52).

M. dient nicht nur als mythische Götterwaffe. Wie die bronzezeitlichen Felsbilder von axt- oder hammertragenden Göttergestalten zeigen, spielte er schon früh eine Rolle als Weihegerät wohl im Fruchtbarkeitskult, was mit der Verschiebung der Funktion Thors von der der Stärke auf

die im Fruchtbarkeitskult zusammenhängt.
Auch die wikingerzeitliche sogen. »Runenweihe« auf insgesamt 10 dän. und schwed. Runensteinen, die entweder die Formel »Thor weihe diese Runen«, oder, noch häufiger, nur das Abbild des Hammers mit der Inschrift tragen, dürfen nicht als Beleg für Thor als »Weihegott« aufgefaßt werden, sondern bestätigen für den Hammer die kultische Funktion als Weihegerät; diese Rolle spielt M. bei der Ehesegnung auf bronzezeitlichen Felszeichnungen ebenso wie bei der Brautweihe in der eddischen Thrk und in mittelalterlichen dt. Gedichten (Frauenlob: Marienleich; Muskatplüt). Seine Wundertätigkeit wird auch in der Snorra-Edda erwähnt, als Thor damit seine Bökke wieder zum Leben erweckt (Gylf 43).
In der Wikingerzeit wird der Thorshammer M. zum wichtigsten Symbol skandinav. Heidentums, das dem christlichen Kreuz entgegengesetzt wird; dies bestätigen die schon erwähnten Hammerdarstellungen auf runischen Grabsteinen der Wikingerzeit sowie die zahlreichen (silbernen) Amuletthämmerchen (Abb. bei J. Graham-Campbell u. D. Kidd, *The Vikings*, London 1980); spät wikingerzeitliche Gußformen, die sowohl zur Herstellung von Kreuzen als auch von Thorshämmern geeignet sind, unterstreichen die symbolische Bedeutung. Ob es sich bei einer in Island gefundenen Statuette eines sitzenden Gottes mit einem hammerähnlichen Objekt wirklich um Thor mit M. handelt, ist erst kürzlich wieder bezweifelt worden, da sich die Form des Symbols zu stark von jener der anderen gefundenen Thorshämmer unterscheidet.
Thors Wurfwaffe M. hat ihr Gegenstück nicht nur im Wetzstein seines riesischen Gegners → Hrungnir (Skaldsk 17), sondern auch in den Waffen von Göttern im außergerman. Raum: des gall. Hammergottes Sucellos, des irischen Dagda, des altslaw. Perkunos, des ind. Indra. Die hammergestaltige Blitzwaffe des Donnergottes dürfte somit schon auf indogerman. Vorstellungen zurückgehen.
Die Etymologie von M. (aus urnord. *melluniaR) ist umstritten; er wird entweder zu altslaw. mlŭnŭji, russ. molnija »Blitz« (von dort entweder entlehnt, oder damit urverwandt) gestellt, wäre also »der Blitzer«; ein anderer Erklärungsversuch stellt M. zu altnord. mjöll »Neuschnee«, isländ. mjalli »weiße Farbe«, also »die glänzende Blitzwaffe«. Früher zog man vor allem got. malwjan und altnord. mala »mahlen« heran und erklärte M. als »Zermalmer«. Nicht zu Unrecht hat aber Motz darauf hingewiesen, daß der »Hammer« M. auch mit hamarr »Fels« zusammenhängt und seinen Ursprung im (funkenschlagenden) Feuerstein bzw. den daraus hergestellten stein-

zeitlichen Waffen und Geräten haben könnte.

A. Kock, Etymolog.-mytholog. Untersuchungen, in: IF 10, 1899; O. Almgren, Symboliska miniatyryxor från den yngre järnåldern, in: Fornvännen 4, 1909; F. Ohrt, Hammerens lyde – Jærnets last, in: Festskrift t. F. Jónsson, København 1928; O. Bø, Hammarseng, in: KLNM 6, 1961; H. R. E. Davidson, Thor's Hammer, in: Folklore 76, 1965; J. de Vries, ARG, [3]1970; M. Puhvel, The Deicidal Otherworld Weapon in Celtic and Germanic Mythic Tradition, in: Folklore 83, 1972; E. Marold, »Thor weihe diese Runen«, in: FmSt 8, 1974; O. Bø, Torshamrar, in: KLNM 18, 1974; K. Eldjárn, The bronze image from Eyrarland, in: Speculum Norrœnum, Studies G. Turville-Petre, Odense 1981; J. Lindow, Thor's *hamarr,* in: JEGPh 93, 1994; L. Motz, The Germanic Thunderweapon, in: Saga-Book 24, 1994–97.

N: Thor wird auch in der Neuzeit fast durchweg mit M. abgebildet, wobei aber in der bildenden Kunst die Darstellung des M. zwischen einer hammerähnlichen Ausführung der Herkuleskeule (Fogelberg), einem überdimensionalen Vorschlaghammer (Dollman) bis zum Versuch der an den Funden von Amuletthämmerchen orientierten Nachbildung der heidnischen Götterwaffe (Winge) reicht.
Noch in der Neuzeit gilt der Hammer als Symbol des german. Heidentums, wie einer der sogen. »neugermanischen Glaubensbünde« der 1930er Jahre, der *Hammerbund*, bestätigt.

Móðguðr (altnord., »zorniger Kampf«) heißt die Bewacherin der Jenseitsbrücke → Gjallarbrú, die nach Hel führt (Gylf 48); da dieses Mädchen M. sonst nirgends belegt ist, dürfte es sich nur um eine Zutat Snorris in der Erzählung von → Hermóðs Ritt nach Hel handeln, wofür auch der allegorisierende Name spricht.

Móði (altnord., »der Zornige«) heißt einer von Thors Söhnen. Ausdrücklich als Sohn des Gottes wird er nur in der Hym 34 und bei Snorri (Gylf 52, Skaldsk 4) bezeichnet, aber auch in Vm 52 werden M. und → Magni als Erben des Thorshammers Mjöllnir nach den Ragnarök bezeichnet. Häufig findet sich der Name in den Kenningar der Skaldendichtung.
Wie die anderen Kinder Thors, der Sohn Magni und die Tochter Thrúðr, ist auch M. eine Personifikation einer Eigenschaft Thors, die in der Literatur der heidnischen Spätzeit zu einer eigenen mythologischen Gestalt wurde.

Mōdraniht (angelsächs., »Mütter-Nacht«). Der brit. Geschichtsschreiber Beda (geb. 673) erwähnt in *De temporum ratione* 13, daß die noch heidnischen Angeln zu Jahresbeginn in der modraniht id est matrum noctem (»der M., d. h. in der Nacht der Mütter [= Matronen]«) ein Opferfest abhielten. Es entspricht damit anderen german. Festen der Julzeit; daß es sich dabei um ein kelt. Fest gehandelt habe, wird heute weitgehend abgelehnt. Die M. als german. Opferfest ist zum → Matronenkult der Westgermanen einerseits, zu dem aus Skandinavien bekannten Dísablót und → Disting andererseits zu stellen und ist chronologisch als Zwischenglied zwischen diesen german. Kultformen zu betrachten.

F. Kauffmann, Der Matronenkultus in Germanien, in: Zs. des Vereins für Volkskunde 2, 1892; S. Gutenbrunner, Die german. Götternamen, 1936; J. de Vries, ARG, [3]1970; R. L. M. Derolez, Götter und Mythen der Germanen, 1974.

Móðsognir, auch Mótsognir (altnord.), heißt ein Zwerg in der Vsp 10 (auch Gylf 13). Die Bedeutung des Namens ist umstritten: am wahrscheinlichsten ist »der Müde, Kraftlose« (zu altnord. móðr und suga, vgl. schwed. dialektal modsugen »apathisch«), möglich wäre auch »der müde Seufzende«, kaum aber »der Mottensauger« (so Gutenbrunner). Vielleicht aber der »wütend Saugende« (Motz)?

S. Gutenbrunner, Eddastudien I, in: ANF 70, 1955; L. Motz, New Thoughts on Dwarf-Names, in: FmSt 7, 1973; B. Ejder, Eine Vsp-Stelle, in: Die Sprache 22, 1976; J. de Vries, Altnord. etymolog. Wörterbuch, Leiden [2]1977.

Móðvitnir (altnord., »zorniger Wolf«) heißt ein Zwerg in einer Version der Vsp 11.

Mögthrasir (altnord. Mögþrasir) heißt in den Vm 49 ein Riese (?), als dessen Mädchen hier die Nornen bezeichnet werden (Mögþrasis meyjar); warum, ist unbekannt. Der Name ist nicht ganz klar, aber »der nach Söhnen Strebende« dürfte die Bedeutung ungefähr wiedergeben. Die Vermutung, es handle sich bei M. um dieselbe mythologische Person wie bei Lífthrasir, hat nicht viel für sich; nahe stehen auch der Odinsname Thrasarr und der Zwergenname Thrasir.

A. M. Sturtevant, Semantic and Etymological Comments, in: SS 20, 1948.

Mökkurkálfi (altnord., »Nebel-Bein, Nebel-Wade«?) heißt ein künstlicher, von den Riesen aus Lehm gebildeter und mit dem Herz einer Stute versehener Riese, der laut Snorri (Gylf 17) dem Riesen → Hrungnir in seinem Kampf gegen Thor beistehen sollte; er war neun Meilen hoch und unter den Achseln drei Meilen breit; als Thor jedoch mit Blitz und Donner angriff, zitterte selbst dieser Lehmriese und wurde schließlich von Thors Diener Thjálfi ohne große Schwierigkeiten besiegt.
Diesen Lehmriesen hat Dumézil mit den künstlich errichteten Ungeheuern im Rahmen von Initiationsriten archaischer Kulturen verglichen, mit welchen die mythische Erzählung von Thor und Hrungnir Parallelen aufweist; allerdings wäre dann der eigentliche Held der Initiand, → Thjálfi, in der Tradition dieses Mythos schon so weit in Vergessenheit geraten, daß er in der Fassung der Haustlöng nicht vorkommt und Snorri aus einer anderen, vielleicht älteren Quelle geschöpft haben müßte, was nicht überzeugend ist.
M. wirkt wie ein skandinav. Pendant zum kabbalistisch-jüdischen Golem, aber eine Über-

nahme dieses Motivs durch Snorri, wenn es auch nur bei ihm vorkommt, ist recht unwahrscheinlich.

J. de Vries, ARG, [3]1970; G. Dumézil, Gods of the Ancient Northmen, Berkeley 1977.

Mörn (altnord., »Zermalmerin«?) ist in den Kenningar der Skaldendichtung häufig ein Name für eine Riesin.

Mörnir (altnord.) → Völsi.

Mogk, Eugen (1848–1939) war ein Leipziger Nordist, der in seinen Schriften zwischen 1879 und 1932 immer wieder Kritik an der Glaubwürdigkeit der altnord. Quellen der Mythologie, vor allem an Snorris Edda, erhoben hat und damit erstmals Bedenken gegen die leichtgläubige Haltung gegenüber Snorris Götterlehre anmeldete. Mogks Eddakritik schoß zweifellos übers Ziel hinaus, da er Snorri nicht einmal als Sammler alter Mythen gelten lassen wollte, aber sie hat auch zu einer allgemein kritischeren Einschätzung der altnord. Prosaliteratur geführt, die auch in der Buchprosatheorie zu einer berechtigten Ablehnung der Sagaliteratur als vollwertiger Quelle der Religionsgeschichte geführt hat. Mogks Theorien fanden trotz heftiger Ablehnung (etwa durch H. Kuhn) recht weite Verbreitung, und W. Baetke hat sie bis in die jüngste Vergangenheit verteidigt.

Móinn (altnord., wohl »Moor-Tier«) heißt eine der Schlangen, die unter den Wurzeln der Weltesche Yggdrasill hausen (Grm 34); laut Snorri (Gylf 15) leben diese Schlangen in der Quelle → Hvergelmir. M. und → Góinn werden in den Grm die Söhne von Grafvitnir genannt.

Mond → Máni.

Moorleichen heißen die gut erhaltenen Leichen, die sich in Mooren besonders in Dänemark und Norddeutschland, aber auch England, Südschweden und Norwegen erhalten haben. Sie stammen meist aus der Periode zwischen 1500 v. Chr. bis 100 n. Chr. und haben ihren guten Erhaltungszustand der in den Mooren enthaltenen Gerbsäure zu verdanken. Dadurch können sie uns zahlreiche Details über das tägliche Leben ihrer Zeit verraten, etwa über Ernährung, Gesundheit, Kleidung und Mode, aber am interessantesten ist wohl die Tatsache, daß nur wenige von ihnen eines natürlichen Todes gestorben sind. Viele wurden erhängt oder erdrosselt, bevor sie ins Moor versenkt wurden, und einige sind zusätzlich durch Stöcke und Prügel bedeckt oder wenigstens befestigt. Tacitus berichtet zwar (*Germania* 12), daß Feiglinge bei den Germanen in Sümpfen ertränkt wurden, aber nachdem nur wenige Ertrunkene gefunden wurden, sollte man die Erwähnung bei Tacitus wohl nicht überbewerten. Ob man die M. als Beleg für die → Todesstrafe, für ein → Menschenopfer oder als Vorkehrung gegen Wiedergänger (→ draugr) betrachten soll, ist unsicher; darüber hinaus sind Kombinationen aller drei Möglichkeiten sind nicht auszuschließen, da auch die Todesstrafe Opfercharakter besaß.

D. Strömbäck, Hade de germanska dödsstraffen sakralt ursprung?, in: Saga och Sed, 1942; A. Dieck, Die europäischen Moorleichenfunde (Hominidenmoorfunde) 1, 1965; V. P. Glob, Mosefolket, København 1965; H. Jankuhn, Archäologische Bemerkungen zur Glaubwürdigkeit des Tacitus in der Germania, 1966; ders., Archäologische Bemerkungen zu Tier- und Menschenopfern bei den Germanen in der Römischen Kaiserzeit, 1967; F. Ström, Straff. Sakrala element i straff, in: KLNM 17, Malmö 1972; V. P. Glob, The Mound People, London 1974; A. A. Lund, Moselig, København 1976; F. Ström, Bog Corpses and Germania, Ch. 12, in: G. Steinsland, Words and Objects; towards a Dialogue between Archaeology and History of Religion, Oslo 1986; R. Simek u. A. Simek, Bog People Revisited: Iron Age Bog-Corpses and their Relevance for the History of Germanic Religion, in: Hugur. Mélanges [...] offerts à Régis Boyer pour son 65e anniversaire, Paris 1997.

Mopates. Matronenname von einer Weiheinschrift aus Nimwegen (CIL XIII 8725), der wohl zu dem erstmals 996 belegten Wald forestum Moffet zu stellen ist; allerdings keltisch.

S. Gutenbrunner, Die german. Götternamen, 1936; H. Birkhan, GKAR, 1970.

Mundilfari (altnord., »der sich nach bestimmten Zeiten bewegt« ?) ist in den Vm 23 und bei Snorri (Gylf 10) der Vater des Mondes (Máni) und der Sonne (→ Sól). Es handelt sich bei M. möglicherweise um einen Namen für den Mond selbst.

J. de Vries, ARG, [3]1970.

Muninn (1) (altnord., »der Gedanke«) heißt einer der beiden Raben Odins, der andere ist → Huginn. M. ist in der Edda nur in den Grm 20 und einem Strophenbruchstück überliefert, während Huginn wesentlich besser belegt ist. Snorri (Gylf 37) berichtet von den beiden Raben, daß sie auf Odins Schultern sitzen und ihm alles berichten, was sie auf ihren Flügen über die ganze Welt gesehen oder gehört haben. In der Skaldik werden die Namen Huginn und M. auch allgemein für »Rabe« verwendet. (2) (altnord., »der sich Erinnernde«) heißt ein Zwerg in den Thulur.

Munnharpa (altnord., »Schrumpfmaul«) ist einer der Namen von Riesinnen, der auf ihr häßliches Äußeres anspielt (nur in den Thulur).

Munnriða (oder richtiger Myrkriða, Munnrifa? altnord.) ist der Name einer Riesin in den Thulur, bei dem die Handschriften stark abweichende Formen aufweisen; M. könnte »Mundbewegerin, Plappermaul« bedeuten, falls diese Form die richtige ist.

F. Jónsson, Þulur, in: APhSc 9, 1934.

Muspell ist wahrscheinlich eine german. Bezeichnung für das »Weltende durch Feuer«. Die belegten Formen des Wortes sind: im ahd. Gedicht *Muspilli* der Dat. Sg. muspille; im altsächs. *Heliand* der Nom. Sg. mutspelli, Gen. Sg.

mutspelles, mudspelles; im Altnordischen im Gen. Sg. in Muspellz lýðir (»Muspells-Leute« Vsp 51), Muspellz synir (»Muspells-Söhne« Ls 42; Gylf 12, 36 und 50), Muspellz heimr (Gylf 4, 7 und 10), Muspellz megir (»Muspells-Mächte« Gylf 12 und 50) und im Nom. Sg. Muspell, Dat. Sg. Muspelli (Gylf 3, 4 und 42). Die Bedeutungen in diesen Texten sind unterschiedlich: im Althochdeutschen und Altsächsischen bedeutet das Wort etwa »Weltende«, im Altnordischen bezeichnet es wohl einen Riesen, wenn es auch bei Snorri einerseits (Gylf 3 und 4) mit Muspellz heimr identisch ist (was in Snorris Kosmogonie den heißen Gegenpol – im Süden von Ginnungagap – zum eisigen Niflheim bezeichnet); andererseits faßt auch Snorri M. als Riesen auf, wofür neben dem Ausdruck Muspells-Söhne auch noch die Angabe in Gylf 42, M. sei der Besitzer des Schiffes → Naglfar spricht. Im Falle Snorris dürfte es sich dabei um eine von ihm selbst stammende Identifikation des Herrschers von Muspellz heimr (*Muspellr) mit dem Feuerriesen → Surtr handeln. Als Gefolgsleute von M. sind die als Muspells-Leute, Muspells-Mächte, Muspells-Volk bezeichneten Scharen aufzufassen, seine Söhne werden in Ls 42, Gylf 36 und 50 genannt. Zu den Ragnarök, am Weltende, ziehen diese Scharen mit Surtr, der schließlich den Weltbrand entfacht, gegen die Götter (Gylf 50), wobei nach der Vsp 51 Loki der Steuermann des Schiffes Naglfar ist, mit dem die Muspellsmächte übers Meer kommen. Ob er deswegen als ihr Anführer gilt, ist nicht sicher.

Trotz zahlreicher Deutungsversuche (angeführt bei Braune/Helm/Ebbinghaus), die M. einerseits als german. Wort deuten, mit spell »Schaden, Verderben« und mu- als »Erde« oder »Volk« oder »Feuchtigkeit«, andererseits als christlichen Ausdruck, mit spell als »Rede« und mu- zu »Mund« oder »mundus«, ist die Etymologie noch immer ungelöst. Mit Braune wird man als Grundbedeutung etwa »Weltende durch Feuer« annehmen dürfen, was nach de Vries bis in die Völkerwanderungszeit zurückreichen könnte. Bei der (heute vorwiegend angenommenen) Übernahme des Begriffs durch die Nordgermanen vom Kontinent ist es zu einer Begriffsverschiebung gekommen, als deren Folge M. im Norden als mythologische Person gedacht wurde. → Ragnarök, → Surtr.

T. v. Grienberger, Múspell, in: IF 16, 1904; W. Braune, Muspilli, in: PBB 40, 1915; W. Krogmann, Mûdspelli, in: Wörter und Sachen 14, 1932; ders., Mudspelli auf Island, 1933; G. Baesecke, Muspilli II, in: ZfdA 82, 1948/50; W. Krogmann, Muspilli und Muspellsheim, in: Zs. für Religions- und Geistesgeschichte 5, 1953; E. F. Halvorsen, M., in: KLNM 12, 1967; J. de Vries, ARG, [3]1970; W. Mohr u. W. Haug, Zweimal »Muspilli«, 1977; W. Braune, K. Helm u. E. A. Ebbinghaus, Ahd. Lesebuch, [16]1979 (mit reicher Lit.); S. Nordal, Vsp, 1980.

Muspellsheim (altnord. Muspellzheimr »Welt des Muspell«)

ist die Bezeichnung für eine feurige Welt, die den südlichen Pol im Schöpfungsmythos bildet, wie ihn Snorri in Gylf 4 beschreibt (→ Kosmogonie). Die aus M. fliegenden Funken schmelzen das Eis von Niflheim, was zur Entstehung des Urriesen Ymir führt. Auch die Himmelskörper entstehen durch Funken aus M. Der Name findet sich allerdings weder in den Eddaliedern noch bei den Skalden, und vermutlich hat ihn Snorri erst von → Muspell abgeleitet.

Muspellssöhne (altnord. Muspellzsynir) sind die Söhne, eher noch das Gefolge des → Muspell, der in Snorris Beschreibung der altskandinav. Mythologie offensichtlich der Herrscher von Muspellsheimr war und der zu den Ragnarök den Weltbrand entfachen wird und möglicherweise mit dem Feuerriesen → Surtr gleichzusetzen ist. Dafür spricht auch die Tatsache, daß in Snorris Schilderung (Gylf 50) Surtr als Anführer der M. bezeichnet wird. Bei Snorri ist þá er Muspellz-synir herja »wenn die M. in den Krieg ziehen« auch sonst eine Umschreibung für die Ragnarök (Gylf 12 und 36); die Brücke Bifröst stürzt unter ihnen ein (Gylf 12 und 50); dann rükken sie zum Kampfplatz Vígríðr vor. – Die einzige Erwähnung der M. außerhalb der Snorra-Edda ist Ls 42 (»wenn die M. durch den Myrkwald reiten«); bei Snorri scheinen die M. mit Muspells megir synonym zu sein (Gylf 12 und 50), was wiederum im 400 Jahre älteren altsächs. *Heliand* ein wörtliches Gegenstück hat (mûdspelles megin, Vers 2591). Da außer der kurzen Notiz in Gylf 42, daß Muspell Besitzer des Schiffes Naglfar ist, kein Hinweis auf die Vorstellung von Muspell als mythologischer Person besteht, könnte im Ausdruck Muspells megir der Schlüssel für die Übertragungsgeschichte des Wortes → Muspell vom Kontinent nach Skandinavien liegen.

Muspilli ist der jetzt übliche Titel eines ahd. Gedichts, welches von der christlichen Lehre von den letzten Dingen handelt. Der Titel stammt vom ersten Herausgeber des Gedichts (Schmeller 1832) und bezieht sich auf die 57. Zeile: dar ni mac denne mak andremo helfan vora demo muspille; dieses Wort bezieht sich offensichtlich auf das durch einen Weltenbrand herbeigeführte Weltende, und wurde mit → Muspell zusammengebracht. Das Gedicht M. ist im späten 9. oder im 10. Jh. in eine Handschrift des frühen 9. Jh. eingetragen, ist aber älter.

G. Ehrismann, Geschichte der dt. Lit., Bd. 1, 1915; H. de Boor u. R. Newald, Geschichte der dt. Literatur, Bd. 1, [8]1971; W. Mohr u. K. Haug, Zweimal M., 1977.

Mutterrecht nennt man eine Gesellschaftsform, in der die Erbfolge über die mütterliche Seite der Familie läuft und die auch sonst matriarchalische Tendenzen aufweist. Sie ist für die vorgerman. westeuropäische Megalithkultur angenommen worden, ohne daß sich diese Hypothese beweisen läßt. Nach derselben Theorie spiegelt die Inzesterlaubnis der Wanen (Ynglinga saga 4) mutterrechtliche Zustände, und der → Wanenkrieg zwischen Asen und Wanen ist der Konflikt zwischen den patriarchalischen Asen und den mutterrechtlichen Wanen; all dies ist unbeweisbar.

Myrkriða (altnord., »die im Dunkeln Umherreitende«) ist ein Riesinnenname in den Thulur, aber nur als handschriftliche Variante zu Munnriða.

Myrkviðr (altnord., »Dunkel-Wald«) ist ein Wald, der eher der Sagenwelt als der mythischen Geographie entstammt, auch wenn die Ls 42 es als Verweis auf die Ragnarök intendiert, wenn davon gesprochen wird, »daß die Muspells-Söhne durch den M. reiten«; sonst kommt M. nur in den Heldenliedern vor (Akv; HH I 51; Hunnenschlachtlied).

R. Much, M., in: Hoops 3, 1915–16; T. A. Shippey, Goths and Huns, in: The Medieval Legacy, Odense 1982.

N: Als Mirkwood hat M. in J. R. R. Tolkiens Roman *The Hobbit* (1937) Eingang gefunden.

N

Nabbi (altnord., wohl »Beule«) heißt in Hdl 7 der Zwerg, der gemeinsam mit Dáinn den Eber → Hildisvini verfertigt hat.

Nacht. In der Mythologie tritt die personifizierte N. in Gestalt der altnord. Riesin → Nótt auf. Da die Germanen die Mondphase für die Zeitrechnung verwenden, zählen sie nach Nächten statt nach Tagen und auch nach Wintern und nicht nach Sommern. Im religiösen Bereich spielte dagegen die N. keine allzugroße Rolle, auch wenn an die nächtlichen Ritte der wilden Jagd (während der twelfth-night, nord. hökunótt) zu erinnern ist und an ein ebenfalls in die Winternächte fallendes Mütter-(Matronen-, Disen-?)Opfer, altengl. mōdraniht. Daß daneben die N. im Volksglauben als die Zeit der besonderen Regsamkeit von Wesen der niederen Mythologie wie Zwergen und Trollen erscheint, ist ein Phänomen, das nicht nur auf die german. Religion beschränkt ist.

J. Grimm, Dt. Mythologie, [4]1875–78.

Næfi (altnord., »der Tüchtige« wie Næfr, oder eigentl. Nefi »Verwandter«?) heißt ein Zwerg in den Thulur.

Næfr (altnord. »der Tüchtige«) heißt ein Zwerg in den Thulur.

Naglfar (altnord. »Nagel-Schiff«, »Toten-Schiff«) ist das Totenschiff der eddischen Mythologie, das zu den Ragnarök flott wird und, vom Riesen Hrymr (nach Vsp 51 dagegen von Loki) gesteuert, die Muspellssöhne zum Kampf mit den Göttern heranführt (Gylf 42 und 50); es ist das

größte aller Schiffe (wogegen Skíðblaðnir als das beste aller Schiffe bezeichnet wird; Gylf 42) und ist aus den unbeschnittenen Nägeln der Toten gebaut, weswegen man die Nägel der Toten schneiden soll, um die Ankunft von N. und damit das Weltende hinauszuzögern (Gylf 50).
Im neuzeitlichen Volksglauben ist das Totenschiff N. von Island (neuisländ. náskipið) bis nach Osteuropa zu finden, immer mit dem Gebot, den Toten die Nägel zu schneiden, da sonst der Teufel ein Schiff daraus baue, mit dem er die Menschen zur Hölle führe. Ein Zusammenhang des Schiffes N. mit dem in der Völkerwanderungszeit und Wikingerzeit verbreiteten Brauch der Schiffsbestattung (→ Bootsbestattung) ist möglich, da der Name ursprünglich »Totenschiff« bedeutete; allerdings besteht ein wesentlicher Unterschied zwischen der Jenseitsreise des Toten in seinem Grabschiff und der Fahrt der Muspellsöhne zu den Ragnarök in N. Vielleicht erfolgte eine literarische Übernahme des Totenschiffs N. in die Ragnarökschilderung, dann hätte sich jedoch schon der mittelalterliche Volksglaube auf das Totenschiff des einzelnen und nicht auf das Schiff bei den Weltuntergangsvorstellungen bezogen haben müssen.
Die Deutung als »Nagelschiff« (aus naglafar zu altnord. nagli »Nagel«) ist wohl erst eine Volksetymologie; N. ist aber (mit Nagl- aus nā) zu got. naus »tot«, griech. nékus »Leichnam« zu stellen, ist also ursprünglich ein »Leichenschiff«, »Totenschiff«.

K. Krohn, Das schiff N., in: FuF 11, 1911; ders., Zum schiffe N., in: FuF 11, 1911; H. Lie, N. og Naglfari, in: MoM, 1954; E. F. Halvorsen, N., in: KLNM 12, 1967; R. Simek, Die Schiffsnamen, 1982.

Naglfari (altnord.) heißt laut Snorri (Gylf 9) der erste Mann der → Nótt, der personifizierten Nacht; beider Sohn heißt Auðr. Was Snorri dazu bewogen haben kann, den sonst nie erwähnten Mann der Nótt zu erfinden, wissen wir nicht.

Nágrind (altnord., »Totenzaun«) heißt der die Unterwelt Hel umschließende Zaun (Skm 35, Ls 63); andernorts heißt er auch → Helgrind oder Valgrind.

Náinn (altnord.) ist der Name eines Zwerges (Vsp 11, Gylf 19, Thulur). Zur Bedeutung vgl. → Náli.

Naitienae. Matronenname von einem Weihestein aus Thorr bei Köln (CIL XIII 12068); die Lesung ist unsicher, möglicherweise könnte der Name von einem Flußnamen abgeleitet sein.

S. Gutenbrunner, Die german. Götternamen, 1936.

Nal (altnord.) wird ebenso wie Laufey als Mutter Lokis bezeichnet (Gylf 32, Skaldsk 16; Sörlaþáttr 2), allerdings nicht in den Eddaliedern. Ob mit beiden Namen dieselbe Person bezeichnet wird, ist recht zweifelhaft, denn wenn der Sörla þáttr als Erklärung angibt, daß Laufey so schlank und leichtfüßig war, daß sie N. (»Nadel«) genannt wurde, so ist diese Deutung doch offensichtlich erst sekundär. Daß in den genannten Quellen jeweils beide Namen genannt werden, läßt vielleicht auf zwei Traditionen schließen; allerdings findet sich N. weder in den Edda- noch in den Skaldengedichten. Der Name ist entweder gleichbedeutend mit altnord. nal »Nadel«, oder verweist auf eine Verbindung mit dem Totenreich (→ Náli, → Naglfar).

J. de Vries, Altnord. etymolog. Wörterbuch, Leiden [2]1977.

Náli (altnord.) ist der Name eines Zwerges (Vsp 13). Entweder zu altnord. nal »Nadel«, also »der Nadelschmied« oder »der Nadel-Kleine«. Möglicherweise aber auch ursprünglich ein Totendämon (zu got. naus »Toter«, vgl. → Náströnd, → Naglfar) wie auch die Zwergnamen Nár und Náinn.

S. Gutenbrunner, Eddastudien I, in: ANF 70, 1955; J. de Vries, Altnord. etymolog. Wörterbuch, Leiden [2]1977.

Nanna (altnord.) ist nach der isländ. Tradition des Baldermythos die Frau von → Balder, laut Saxo aber die von Balders Gegenspieler und Mörder Hötherus/ → Höðr.

Bei Snorri ist N. die Tochter des Nepr (der aber in den Thulur unter den Odinssöhnen genannt wird), Frau des Balder und Mutter des Forseti; bei der Schilderung von → Balders Bestattung vermerkt er, daß N. aus Kummer stirbt und mit Balder verbrannt wird. Snorri führt sie in Skaldsk 1 unter den Asinnen an, die Bezeichnung der Frigg als Schwägerin der N. stammt wohl von ihm selbst. In der Skaldik kommt der Name N. gar nicht selten vor, allerdings erlauben die Stellen keinerlei Aussagen darüber, wer N. war. Von den Eddaliedern nennt nur Hdl 20 eine N., die hier jedoch die Tochter eines gewissen Nökkvi ist.

Trotz der Spärlichkeit der altnord. Quellen steht Snorri mit seiner Verbindung von N. mit dem Baldermythos dennoch nicht allein, denn auch bei Saxo Grammaticus (Gesta Dan. III, 63ff.) wird N. in seiner Fassung des Mythos von Balder wiederholt genannt, allerdings ist sie hier die Tochter eines norweg. Königs Gevarus und heiratet Hötherus, wird aber auch von Balder geliebt, was zum Kampf zwischen beiden und zum Tod Balders führt.

Die Namensübereinstimmung zwischen N. und der sumerischen Inanna, Nannar (babylon. Ishtar) oder der Nana, Mutter des phrygischen Attis, hat wiederholt zur Ansicht geführt, N. sei mit einer dieser Göttinnen identisch, was aber auf Grund des beträchtlichen räumlichen und zeitlichen Abstands wenig wahrscheinlich ist.

Die Bedeutung des Namens ist nicht völlig klar, möglich wäre die Herkunft aus einem Lallwort nanna »Mutter«; de Vries jedoch stellt es zur german. Wurzel *nanþ-, wonach N. »die Wagemutige« bedeuten würde.

F. R. Schröder, Germanentum und Hellenismus, 1924; A. Sommerfelt, Har syden og vesten vært uten betydning for nordisk hedenskap?, in: MoM, 1962; J. de Vries, ARG, ³1970; ders., Altnord. etymolog. Wörterbuch, Leiden ²1977.

N: (Bild. Kunst) K. Ehrenberg, *Balder und Nanna, Bragi und Idun* (Zeichnung, 1882).
(Lit.) W. Hertz, *Wie Höther Nannas Liebe gewann* (in: *Gesammelte Dichtungen*, 1900).

Nár (altnord., »Leiche«) ist der Name eines Zwerges (Vsp 11, Gylf 13, Thulur), vgl. auch → Náli und → Náinn.

Narfi (1) (altnord.) heißt der Sohn Lokis, und zwar nicht erst in den Quellen des 13. Jh. (Ls 65 Pr; Gylf 32, 49, Skaldsk 16) sondern bereits des 9. Jh. (Þjóðólfr ór Hvíni, Ynglingatal 7). N., das mit der Form Nari alterniert, ist auch als Personenname belegt. Die Kenning für → Hel, jóðis Ulfs ok Narfa (»Schwester des Wolfs und Narfis«), stellt N. in die Umgebung des Totenreichs, wofür auch der Name des Riesen → Nörr (auch Nörfi, Narfi) spricht, welcher als Vater der Nacht bezeichnet wird. Möglicherweise bedeutet der Name »eng, schmal«, jedoch wäre, wenn es sich bei N. ursprünglich um einen Totendämon gehandelt hat, trotz der Vokalquantität auch eine Verbindung mit altnord. nár, got. naus »Leiche« (→ Náströnd, → Náli, → Naglfar) zu überlegen.

J. de Vries, The Problem of Loki, Helsinki 1933; ders., Altnord. etymolog. Wörterbuch, Leiden ²1977.

(2) → Nörr.

Nari → Narfi, Lokis Sohn.

Narr (altnord.) heißt ein Zwerg in den Thulur; der Name ist möglicherweise eine Entlehnung aus dem mhd. narre »Narr«.

L. Motz, New Thoughts on Dwarf-Names, in: FmSt 7, 1973.

Násheimr (altnord., »Welt der Toten«) kommt nur einmal, in der Sturlunga saga (II, 220) im 13. Jh., vor und bezeichnet sicher keinen bestimmten Ort der heidnischen Mythologie, sondern kann durchaus das christliche Jenseits bezeichnen; das Wort ist eine Neubildung zu mythologischen Begriffen wie → Náströnd.

Náströnd (altnord., »Totenstrand«) heißt ein mythologischer Ort in Vsp 38, wo, fern der Sonne, eine Halle steht, deren Tor nach Norden gerichtet ist, von deren Dach Gift tropft und in der sich Schlangen winden; bei Snorri (Gylf 51) wird diese Halle etwas ausführlicher, sonst aber ganz ähnlich beschrieben. N. liegt wie Hel im Norden und ist schon dadurch als Ort der Toten gekennzeichnet; die Ausgestaltung der Halle erinnert allerdings an christliche Jenseitsvisionen.

F. Ström, Döden och de döda, in: KLNM 3, 1958.

Nati (altnord.) heißt ein Riese in den Thulur, die Bedeutung des Namens ist unklar.

Neck (schwed. Nekk, altnord. nykr) ist eine Art von Wassergeist, wie er auch in dt. Nix, Nixe begegnet. Alle diese Namen gehen auf eine gemeinsame indogerman. Wurzel *nig- »baden, waschen« zurück.
J. de Vries, ARG, [3]1970.

Nefi (altnord., »Neffe, Verwandter«) heißt ein Zwerg in den Thulur.

Nehalennia. Name einer german. Göttin, der in zahlreichen auf Votivaltären aus dem 3. Jh. erhaltenen Weiheinschriften genannt wird.
Aus Domburg auf der niederländ. Insel Walcheren stammen 28 Inschriften, eine ähnliche Zahl ergaben die 1971/72 gemachten Neufunde aus Colijnsplaat auf der Insel Noord-Beveland; zwei weitere stammen aus Köln-Deutz.
Auf diesen Votivaltären wird die Göttin dargestellt, ihr Attribut sind meist Fruchtkörbe, wie wir sie auch von den Denkmälern des → Matronenkults kennen, oft auch ein Hund, einigemale stützt sie sich auf einen Schiffsbug, z.T. auch auf ein Ruder. Während die Früchte wie bei den Matronen auf eine Fruchtbarkeitsfunktion hinweisen können, wäre der Hund eher für eine Todesgöttin charakteristisch, ein Etymologisierungsversuch stellt N. auch zu lat. nex, necare (töten). Die Verbindung mit Schiff und Ruder wird auch durch die Inschriften selbst gestützt, in denen sich Kaufleute nennen, so daß man unter Umständen mit einer Schiffahrtsgöttin rechnen müßte. Alle genannten Attribute sind auch solche der Isis. Mit der Übernahme röm. Formen von Inschriften und Altären sind auch ikonographische Details wie eben Attribute von Göttinnen übernommen worden. Um so bedeutsamer ist Tacitus' Erwähnung (Germ 9), daß die german. Sueben einer Göttin Isis opferten, deren Zeichen ein Schiff war. Diese german. Isis bei Tacitus ist verschiedentlich mit dem nur bei ihm beschriebenen Kult der → Nerthus in Verbindung gebracht worden. Es besteht die Möglichkeit – wie de Vries und schon Much annahmen –, daß in N. die lokale Sonderform einer german. Fruchtbarkeits- und Schiffahrtsgöttin vorliegt, als deren Repräsentantin auch die Nerthus aufzufassen ist. Ob in einem Fall auf einem Altar der N. auch Isis genannt ist (CIL XIII 8798), läßt sich bei der schlechten Lesbarkeit der Inschrift nicht mit Sicherheit bestätigen.
Die Etymologie des Namens N. ist unsicher; außer der schon erwähnten als »Todesgöttin« (zu lat. necare »töten« oder auch zum Verbum helan »verbergen«) ist Kauffmanns Herleitung von einem *nēu̯- »Schiff« bemerkenswert, da sie zur Erklärung als

»Schiffahrtsgöttin« passen würde; Much dagegen deutete N. als »die hilfsbereit nahende Göttin«.

T. v. Grienberger, Über german. Götternamen auf Inschriftsteinen des Niederrheins, Diss. Wien 1890; R. Much, N., in: ZfdA 35, 1891; F. Kauffmann, Dea N., in: PBB 16, 1892; S. Gutenbrunner, Die german. Götternamen, 1936; A. Hondius-Crone, The Temple of N. at Domburg, Amsterdam 1955; M. Schönfeld, Wörterbuch der altgerman. Personen- und Völkernamen, [2]1965; J. de Vries, ARG, [3]1970; S. J. de Laet, N., déesse germanique ou celtique?, in: Helinium 11, 1971; E. Cramer-Peeters, Zur Deutung des Namens N., in: Amsterdamer Beiträge zur älteren Germanistik 3, 1972; dies., Frija - Isis - N., in: ebenda; P. Stuart u. J. E. Bogaers, N. Römische Steindenkmäler aus der Oosterschelde bei Colijnsplaat, Leiden 2001.

N: K. H. Strobl, *Die Runen und das Marterholz* (Roman, 1942).

neorxnawang (altengl., »Paradies«) ist eine häufig belegte Bezeichnung für das christliche Paradies in der altengl. Literatur. Das Wort gehört zu german. wang »Wiese« (dazu auch gotisch waggs »Paradies«), aber der erste Teil des Wortes ist bis heute etymologisch ungeklärt, obwohl es über ein Dutzend verschiedene Deutungsversuche gibt. Auf Grund der dunklen Bedeutung wird man davon ausgehen können, daß es sich schon um eine altgerman. Bezeichnung für »Jenseits; Asgard« handelt und damit dem nordgerman. Iðavöllr, bzw. Glæsisvellir entspricht.

A. Leitzmann, Ags.n., in: PBB 32, 1907; R. Jente, Die mytholog. Ausdrücke im altengl. Wortschatz, 1921; E. A. Philippson, German. Heidentum bei den Angelsachsen, 1929; W. Krogmann, Neorxna wang und Iða völlr, in: Archiv 191, 1955.

Nepr (altnord.) ist bei Snorri der sonst ungenannte Vater der Nanna, in den Thulur wird N. unter den Söhnen Odins genannt. Die Herkunft des Namens ist unklar, ebenso seine Stellung im Mythos.

Nersihenae. Matronenname von einem Weihestein aus Jülich (CIL XIII 7883); der Name ist wahrscheinlich vom Flußnamen Niers (856 als Nersa belegt) abgeleitet.

S. Gutenbrunner, Die german. Götternamen, 1936; J. de Vries, ARG, [3]1970.

Nerthus (wobei aber die Überlieferung der Namensformen schwankt, so daß auch necthum, neithum, herthum, Neherthum, Verthum in den Tacitus-Drukken zu finden sind; N. geht vor allem auf die schon von Jakob Grimm bevorzugte etymologische Gleichung mit Njörðr zurück) ist laut Tacitus (Germ 40) eine german. Göttin, über deren Kult auf einer Ostseeinsel er im 1. Jh. n. Chr. recht ausführlich berichtet. Er zählt sieben german. Stämme auf, die gemeinsam die N. als Mutter Erde (Terram Matrem) verehrten: Auf einer Insel im Ozean steht in einem Heiligen Hain ein zugedeckter, geweihter Wagen, den nur ein Priester berühren darf. Er empfängt im Allerheiligsten die Göttin und geht neben ihrem Wagen her, den Kühe ziehen. Während der Tage, in denen sie umherfährt, herrscht festlicher Friede, die Waffen werden weggeschlossen. Wenn die Göttin in ihr Heiligtum zurückkehrt, werden Wagen, Tücher und die Göttin selbst in einem abgelegenen See gewaschen, und die dabei helfenden Sklaven im selben See ertränkt, wodurch ihr Heiligtum ein heiliges Geheimnis umgibt.

Bei der Insel muß es sich um eine Ostseeinsel handeln, da Tacitus die erwähnten Völker zu den östlich der Elbe siedelnden Sueben zählt, wegen der Nähe zum Land hat man an Alsen oder Fünen gedacht. Im Kult der N., den ein Gottesfriede umgibt, könnte der Vollzug eines hierós gámos vorliegen, wie durch die Waschung der Göttin angedeutet wird. Reste von Kultwagen und Modelle sind aus Funden der Eisenzeit bekannt, Felszeichnungen bestätigen die Tradition der kultischen Umfahrt schon für das Südskandinavien der Bronzezeit. Die Verhüllung weist darauf hin, daß der Wagen im N.-kult dem sakralen Bereich vorbehalten war.

Die Erdmutter N. bei Tacitus, german. *Nerþuz ist genau diejenige Namensform, die dem altnord. Gott Njörðr entsprechen würde. Daß es zu einem Geschlechtswechsel von N. zu Njörðr gekommen ist, kann verschieden gedeutet werden; durchaus möglich scheint etwa, daß schon in *Nerþuz eine männliche und eine weibliche Gottheit verehrt wurden, so wie im (wohl jüngeren) Geschwisterpaar Freyr/Freyja, oder daß überhaupt eine hermaphroditische Gottheit vorlag. Der bei einigen Skalden auftretende Plural zum Götternamen Njörðr deutet auf die erste Lösung, auch fallen bei den grammatischen u-Stämmen Maskulin und Feminin zusammen, so daß eine formale Unterscheidung nach dem Geschlecht unmöglich wird.

Während N. auf einer dän. Insel im 1. Jh. auftritt, ist Njörðr in mittelschwed. und westnorweg. Ortsnamen sowie in spätheidnischen Mythen belegt; ob dies auf eine Wanderung des Kults von Süden nach Norden hindeuten könnte, muß wohl offenbleiben, allerdings spricht die Verteilung der Ortsnamen eher für eine Ausbreitung um mehrere skandinav. Kultzentren.

A. Kock, Die Göttin N. und der Gott Njörðr, in: ZfdPh 28, 1896; G. Schütte, The Cult of N., in: Saga-Book 8, 1913–14; E. Bickel, Die Glaubwürdigkeit des Tacitus, in: Bonner Jahrbücher 139, 1934; E. C. Polomé, A propos de la déesse N., in: Latomus 13, 1954; H. Kirchner, Eine steinzeitliche »N.«-Darstellung. Zur Innenverzierung der Steinkammer von Züschen, in: Studien aus Alteuropa, K. Tackelberg gewidmet, Teil 1, 1964; R. Much, Die Germania des Tacitus, [3]1967; J. de Vries, ARG, [3]1970; Å. V. Ström u. H. Biezais, German. und balt. Religion, 1975; G. Dumézil, Gods of the Ancient Northmen, Berkeley 1977; E. C. Polomé, Some aspects of the cult of the mother goddess in Western Europe, in: Vistas and Vectors, (Festschrift H. Rehder) 1980; R. Boyer, Some Reflections on the Terra-Mater Motive in Old Scandinavian Sources, in: German. Religionsgeschichte. Quellen und Quellenprobleme, hg. von H. Beck, D. Ellmers u. K. Schier, Berlin/New York 1992; L. Motz, The goddess N.: a new approach, in: Amsterdamer Beiträge zur älteren Germanistik 36, 1992; M. Battaglia, N. as a Female

Deity. The *interpretatio romana* and Tacitus' *Germania*, XL revisited, in: Amsterdamer Beiträge zur älteren Germanistik 55, 2001.

N: E. Doepler d. J., *Nerthus* (in: E. Doepler, W. Ranisch, *Walhall*, 1901).

Nervinae. Matronenname (?). Der Name findet sich auf einem Weihestein aus Bavay, Nordfrankreich, und ist vom Namen des höchstwahrscheinlich german. Volks der Nervier (Nervii) abgeleitet.

S. Gutenbrunner, Die german. Götternamen, 1936.

Neun. Neben der Zahl Drei, die aber auch in vielen anderen Kulturen eine Rolle spielte, ist die Neun die mythische Zahl der Germanen. Belege für die Bedeutung der Neunzahl finden sich in Mythos und Kultus: In Odins Selbstopfer hing er neun Nächte am windigen Baum (Háv), neun Welten sind es bis Niflhel (Vm 43), neun Mütter gebaren Heimdallr (Hdl 35), neun Nächte muß Freyr auf die Hochzeit mit Gerðr warten (Skm 41), acht Nächte (= neun Tage?) wird als Verlobungszeit auch in der Thrk angegeben. Literarische Ausschmückungen in den Eddas verwenden ebenfalls die Zahl Neun: Skaði und Njörðr wohnten je neun Tage in Nóatún und Thrymheimr; vom Ring Draupnir tropft jede neunte Nacht ein gleich schwerer Ring ab; neun Mädchen hat Menglöð um sich (Fjm 35ff.), Ägir ebensoviele Töchter. Neun Schritte kann Thor zu den Ragnarök nach seinem Kampf mit der Midgardschlange noch machen, bevor er tot zusammenbricht.

Neuntägige Opfer alle neun Jahre werden für → Uppsala und Lejre erwähnt, wobei an jedem Tag angeblich auch neun Opfer geschlachtet wurden. Wie die Drei gehört auch die Neun zu den wichtigen Zahlen der Magie; mit der 27 gehören sie dem Mondkalender an, vor allem ist die Neun aber die besondere Verstärkung der Drei.

Niðafjöll (altnord., »dunkle Berge«) sind Berge in der Unterwelt, von denen der Totendrache Níðhöggr kommt (Vsp 66). Bei Snorri (Gylf 51) sind die N. gleichbedeutend mit den Niðavellir der Vsp 37. Nach seinen Angaben befindet sich dort der goldene Palast namens Sindri, was aber auf einem Mißverständnis beruht, denn in Vsp 37 ist der Palast der Wohnort von Sindris Geschlecht, also den Zwergen. Laut Snorri werden diesen Palast nach den Ragnarök, in der neuen Welt, die guten und tugendhaften Menschen bewohnen. Diese für Snorri problemlose Umdeutung zu einem paradiesartigen Ort – trotz der Nähe zu Hel –, zeigt, daß die nord. Jenseitsgefilde (wie N., Niðavellir, Glæsisvellir, Ódáinsakr und andere) nie als Straforte im Sinne der christlichen Hölle verstanden wurden.

Niðavellir (altnord., »dunkle Gefilde«) heißt der mythologische Ort im Norden, wo der goldene Saal von Sindris Geschlecht steht (Vsp 37). Sindris Geschlecht sind die Zwerge, und von ihrem goldenen Saal im Norden hören wir nur hier etwas, sonst leben sie in Felsen und Bergen. Die Angabe, daß die N. im Norden liegen, rückt sie in die Nähe der Unterwelt Hel, welche man sich gleichfalls als im Norden gelegen vorstellte. Bei Snorri (Gylf 51) dürfte mit → Niðafjöll und N. derselbe Ort gemeint sein, ebenso in der Vsp 66, allerdings ist in beiden Fällen von Ereignissen und Orten nach den Ragnarök die Rede. Snorri führt näher aus: Die goldene Halle selbst heißt bei ihm Sindri, und in der neuen Welt werden dort die guten und tugendhaften Menschen wohnen – ein offensichtlich stark von christlichen Paradiesesvorstellungen geprägtes Bild.

Níðhöggr (1) (altnord., »der haßerfüllt Schlagende«) ist in der Vsp ein Totendrache, der das Blut der Toten trinkt und Leichen frißt (Vsp 39); Vsp 66 schildert, daß er auch in der schönen neuen Welt nach den Ragnarök in Niðavellir wohnen wird. In den Grm (32 und 35) lebt N. unter den Wurzeln der Weltesche Yggdrasill, deren Wurzeln er benagt. Zwischen ihm und dem auf den Ästen der Esche sitzenden Adler ist das Eichhörnchen → Ratatoskr ein Unfrieden stiftender Bote. Diese Angaben der Grm wiederholt auch Snorri (Gylf 14 und 15), während er Gylf 51 die Stelle aus der Vsp 39 abgewandelt wiedergibt: Hier quält N. die Toten in der Quelle Hvergelmir, womit der Drache wie in der christlichen Visionsliteratur Bestandteil der höllischen Straforte wird.

N: D. Werenskiold, *Nidhogg* (Holzrelief im Rathaus von Oslo, 1938).

(2) (altnord., »der haßerfüllte Schlagende«) heißt ein Zwerg in den Thulur.

Niði (altnord., »der Dunkle«, zu nið »Neumond«?) ist der Name eines Zwergs in der Vsp 11 und in den Thulur.

Niðötr (altnord.) ist der Name eines Zwerges in den Thulur; wohl verschrieben für → Níðhöggr.

níðstöng (altnord., »Spottstange«) → Magie.

Nifengr (altnord.) ist der Name eines Zwergs in den Thulur; möglicherweise nur eine Variante zu → Nipingr, aber Fengr ist auch ein Odinsname; oder etwa ný-fengr »neu erworben«? Motz dagegen stellt N. zu níu »neun«, also »der neune fangen kann« und vermutet dahinter Beziehungen zu einem Spiel; wenig sinnvoll.

L. Motz, New Thoughts on Dwarf-Names, in: FmSt 7, 1973.

Niflheim (altnord., »die dunkle Welt«) ist ein mythischer Ort im eisigen Norden. In den mythologischen Eddaliedern ist uns der Name nicht überliefert, dagegen ist er fester Bestandteil von Snorris Kosmogonie. Er berichtet, daß N. schon vor der Weltschöpfung existierte (Gylf 3); durch → Ginnungagap ist N. von der Hitze → Muspells getrennt (Gylf 4). Eine der Wurzeln der Weltesche Yggdrasill erstreckt sich nach N., unter ihr liegt auch die Quelle → Hvergelmir, aus der die Flüsse Élivágar entspringen (Gylf 3, 14). In Gylf 33 identifiziert Snorri N. jedoch offensichtlich mit Hel (wahrscheinlich unter dem Einfluß der Bezeichnung Niflhel), und auch Gylf 43 trifft dies zu; hier wechseln jedoch N. und Niflhel sogar in den einzelnen Handschriften. Wenn auch nicht die Vorstellung, so stammt doch der Name N. sicherlich erst von Snorri.

J. de Vries, ARG, [3]1970.

Niflhel (altnord., »die dunkle Hel«) ist ein Teil der Unterwelt → Hel. N., ursprünglich wohl nur eine poetische Steigerung zu Hel (Bdr 2), wurde von Snorri im Anschluß an Vm 43 so verstanden, daß sie die neunte Welt unter der Erde ist, also die tiefste und finsterste Hölle (Gylf 2); dorthin sterben die Menschen aus Hel (Vm 43). Da Hel ja nur Aufenthaltsort der Schatten, nicht aber Strafort ist, hat sich die Verstärkung N. vielleicht Snorri als der christlichen Konzeption der Hölle näher angeboten (vgl. Gylf 41). – N. gehört etymologisch wahrscheinlich eher zu altengl. nifol »dunkel«, ahd. nebul, lat. nebula »Nebel« (bedeutet also »dunkle Hel«) als zu altengl. neowal »nieder«, dann also »tiefe Hel«; die erste Erklärung wird auch durch → Niflheim gestützt.

J. de Vries, ARG, [3]1970; ders., Altnord. etymolog. Wörterbuch, Leiden [2]1977.

Nipingr (altnord., »der Grämliche« zu hnipinn?) heißt ein Zwerg in der Vsp 11.

Nipt (altnord., »Schwester«) ist ein Walkürenname, der nur einmal in den Thulur vorkommt; obwohl die Bedeutung von altnord. nipt »Schwester, Nichte« zur Deutung des Walkürennamens ausreicht, ist es interessant, daß mit derselben Wortwurzel auch der altgerman. Matronenname → Annaneptiae gebildet wurde.

Nisse (norweg., dän., schwed.), eine Art von Kobold oder Hausgeist; sprachlich nicht mit dem dt. Nix verwandt, sondern vom Eigennamen Nils (aus Nicolaus) abgeleitet.

H. Feilberg, Der Kobold in nord. Überlieferung, in: Zs. für Volkskunde 8, 1898.

Njarðarlög hieß bis in die Neuzeit die kleine westnorweg. Insel Tysnesö in Hardanger. Der Name N. bedeutet »Njörds Kultbezirk« und gehört zu den Ortsnamen, die auf einen Kult des Gottes → Njörðr hindeuten (wie Nærvik, Næreim, Nerland). Die auf der Insel N. zu findenden Ortsnamen Vevatne und Ve

(»Heiliger See« und »Heiligtum«, beides zu altnord. vé »Heiligtum«) sowie Hovland (»Tempelland«) und auch Tysnes (»Landzunge des Týr«), von dem der jetzige Name der Insel abgeleitet ist, deuten darauf hin, daß sich hier ein wichtiges Kultzentrum befand; Vevatn, der Binnensee auf der Insel, erinnert stark an den bei Tacitus geschilderten Kult der → Nerthus. Ob das Auftreten des Himmelsgottes Týr in dem einen Ortsnamen auf die hier abgehaltene Feier eines hierós gámos (»heilige Hochzeit«) zwischen dem Himmelsgott und der Erdmutter (Nerthus/Njörðr) schließen läßt, ist kaum zu entscheiden. Olsen sieht in N. den Ort, wo der Nerthuskult zum erstenmal in Skandinavien Fuß faßte.

M. Olsen, Det gamle norske ønavn Njarðarlog, Kristiania 1905; ders., Aettegård og Helligdom, Oslo 1926; F. R. Schröder, Ingunar-Freyr, 1941; J. de Vries, ARG, [3]1970; G. Dumézil, From Myth to Fiction, Chicago/London 1973.

Njörðr (altnord.) ist ein skandinav. Gott, der laut Snorri zu der Götterfamilie der Wanen zählt und der Vater des Geschwisterpaares Freyr und Freyja ist (Grm 43, Skm 41, Thrk 22). Er wohnt am Meer in Nóatún (Grm 16) und heiratete die Riesentochter → Skaði, die sich unter den Asen einen Mann aussuchen durfte. Diese Ehe verläuft unglücklich, da N. am Meer, Skaði aber in den Bergen wohnen möchte (Gylf 22, Skaldsk 1). Snorri berichtet zusätzlich noch, daß N. über den Wind und das Meer regiert sowie das Feuer kontrolliert und man ihn für die Seefahrt und den Fischfang anrufen soll. Auch ist er reich und kann Reichtum verleihen. Nur Snorri erzählt davon, daß N. zu den Wanen zählt und nach dem Wanenkrieg als Geisel zu den Asen kam, im Austausch gegen Hœnir (Gylf 22). Außer in den genannten Eddaliedern kommt N. auch häufig in der Skaldik vor, aber abgesehen von seiner Vaterschaft von Freyr und Freyja und seinem Wohnort Nóatún erfahren wir sehr wenig über ihn; der Hinweis der Ls 34, er habe mit den Töchtern des Hymir zu schaffen gehabt, die seinen Mund als Nachttopf benutzt hätten, ist wohl ein junges Schwankmotiv ohne Ursprung im Mythos.

Über ein Opfer an N. berichtet nur Snorri in der Hákonar saga 14, wo für den Erntesegen ein Becher für N. und Freyr getrunken wird.

Weitere Reflexionen N.s in der Literatur hat Dumézil in der bei Saxo breit erzählten Geschichte des → Haddingus gesehen. Die Gemeinsamkeiten in den Erzählungen von N. und Haddingus sind zwar durchaus vorhanden, aber eine befriedigende Antwort, warum die Abenteuer des Gottes auf den Helden unter völliger Änderung aller Namen (sonst nicht Saxos Gewohnheit!) übertragen worden wäre, kann auch Dumézil nicht geben.

Trotz des recht blassen Bildes von N. in der altnord. Literatur dürfte N. im german. Altertum eine bedeutende Stellung im Kult der Wanen eingenommen haben. Davon zeugt nicht nur die beträchtliche Zahl der Kultortsnamen, die besonders in Mittelschweden und Westnorwegen gehäuft auftreten, sondern auch die sprachliche Identität des Namens N. mit urgerman. *Nerþuz, → Nerthus, einer Erdgöttin, für die schon Tacitus im 1. Jh. n. Chr. einen Kult auf einer Ostseeinsel beschreibt. Der Geschlechtswechsel von Nerthus zu N. kann vermutlich dadurch erklärt werden, daß in *Nerþuz entweder eine hermaphroditische Gottheit, oder, wahrscheinlicher, ein göttliches Geschwisterpaar (wie Freyr und Freyja) gemeint war.

N.s Bindung an die Schiffahrt, die er mit seinem Sohn → Freyr gemeinsam hat und die auch durch seinen Wohnsitz Nóatún bestätigt wird, lassen den Wanen N. nicht nur als Fruchtbarkeitsgott, sondern auch als Gott der Schiffahrt erscheinen. Damit wäre er zusammen mit den anderen Wanen vielleicht ein Relikt der Götterwelt der vorgerman. Megalithkultur, die von einem ausgesprochenen Seefahrervolk getragen wurde. Aber die Schiffahrt spielte auch bei den bronzezeitlichen Germanen eine wichtige Rolle. Somit wäre denkbar, daß auch die zahlreichen kultischen Schiffsdarstellungen bronzezeitlicher südskandinav. Felszeichnungen eine Rolle im Kult des Seefahrergottes N. spielten. Aber die Verteilung der skandinav. Ortsnamen auf N.- zeigt, daß das Problem wenigstens in historischer Zeit komplexer war: Während sich nämlich die norweg. Ortsnamen durchaus in Küstennähe finden, wie sie die Stellung des Schiffahrtsgottes erwarten lassen würde, sind die schwed. Ortsnamen auf N. durchwegs in mittelschwed. Agrargebieten des Innenlandes zu finden, so daß (mit Wessén) die Vermutung naheliegt, es sei hier ein Fruchtbarkeitsgott N., vielleicht sogar eine weibliche Nerthus verehrt worden. Dies deutet also ebenfalls auf die Existenz eines zweifunktionalen göttlichen Geschwisterpaares gleichen Namens, und nicht, wie Wessén meinte, auf ein Götterpaar N. (weibl.)/Ullr (männl.).

Auf eine Wanderung des N.-Kults von Süden nach Norden, wie sie Elgqvist postuliert hat, weist das Ortsnamenmaterial überhaupt nicht, eher scheint eine langsame Ausbreitung um bestimmte Kultzentren herum erfolgt zu sein.

A. Kock, Die Göttin Nerthus und der Gott N., in: ZfdPh 28, 1896; S. Konow, Njord und Kali, (Festskrift A. Kjær) Oslo 1924; F. R. Schröder, N.s nackte Füße, in: PBB 51, 1927; E. Wessén, Schwed. Ortsnamen und altnord. Mythologie, in: APhSc 4, 1929; H. Schück, Ingunar-Freyr, in: Fornvännen 35, 1940; E. Elgqvist, Studier rörande njordkultens spridning bland de nordiska folken, Lund 1952; F. R. Schröder, Die Göttin des Urmeeres und ihr männlicher Partner, in: PBB West 82, 1960; E. F. Halvorsen, N., in: KLNM 12, 1967; J. de Vries, ARG, ^{3}1970; G. Dumézil, From Myth to Fiction, Chicago 1973.

N: K. Ehrenberg, *Freyr und Gerda; Skade und Niurd* (Zeichnung, 1883); E. Doepler d. J., *Skadi* (in: E. Doepler, W. Ranisch, *Walhall*, 1901).
(Sonstiges) *Njörðr*, schwed. Eisbrecher, fertiggestellt 1969; *Njord* heißt auch ein Ölfeld vor der mittelnorweg. Küste.

Njótr (altnord.) ist ein Name für Odin in den Thulur und wohl als solcher auch in zahlreichen Kenningar der Skaldendichtung aufzufassen. N. bedeutet eigentlich »Benützer, Genießer« und steht vielleicht dem mythischen Namen Fornjótr nahe, möglicherweise ist aber eine Entlehnung aus dem Westgermanischen zu erwägen, wodurch er mit dem Götternamen sächs. Sahsnôt, angelsächs. Saxneat zusammenhängen könnte.
H. Falk, Odensheite, Kristiania 1924; J. de Vries, Altnord. etymolog. Wörterbuch, Leiden ²1977.

Nóatún (altnord., »Schiffsplatz, Schiffsstadt«) wird in den Grm 16 der Wohnort des Gottes → Njörðr genannt. Snorri nennt N. (Gylf 22, 23, Skaldsk 1) meist in Zusammenhang mit Njörðs Ehe mit Skaði, die nicht in N. am Meer leben will, sondern lieber in den verschneiten Bergen auf die Jagd geht. N. gehört etymologisch zur alten Schiffsbezeichnung indogerman. *nāus- (altnord. nór, altind. nāu, lat. navis) und zu altnord. tún »Hof, Stadt«, und stellt einen wichtigen Hinweis auf die Verbindung von Njörðr zur Schiffahrt dar, als deren Patrone er und sein Sohn Freyr galten.
N: (Lit.) W. Heinesen, *Noatun* (Roman, 1951).

Nökkvi (altnord., eig. »Nachen, Boot«) heißt im Eddalied Hdl 20 der Vater einer Nanna, welche aber kaum mit Nanna, Frau des Balder, identisch ist, da diese die Tochter eines gewissen Nepr ist.

Nönn (altnord., »die Starke«) heißt einer der (mythischen?) Flüsse im Flußkatalog der Grm 28.

Nörfi → Nörr.

Nörr (altnord., »schmal«) heißt in den Vm 25 und den Alv 29 der Vater der Nacht, bei Snorri (Gylf 9) heißt er Nörfi oder Narfi und ist ein Riese in Jötunheim. Der Name N. ist in den Eddaliedern vorwiegend als Ausschmückung zu werten, die den Gesetzen des Stabreims unterliegt. Es ist jedoch auffallend, daß eine altengl. Bezeichnung für Nacht, narouua, mit N. etymologisch verwandt ist.

Nöt (altnord., »die Stechende«) heißt einer der (mythischen?) Flüsse im Flußkatalog der Grm 28 und in den Thulur; der Name bezieht sich möglicherweise auf die stechende Kälte des Wassers.

Nordendorfer Fibel I. Die knapp 13 cm lange silbervergoldete Bügelfibel wurde 1843 in der Nähe von Nordendorf bei

Augsburg gefunden und befindet sich heute in Augsburg. Sie kann dem alamannischen Gebiet zugerechnet werden, stammt aus der ersten Hälfte des 7. Jh. und weist eine eingeritzte Runeninschrift auf, welche erst 1865 darauf entdeckt wurde. Diese Inschrift, die wegen der darin enthaltenen Götternamen für die Mythologie des südgerman. Raumes besonders interessant ist, da sie neben dem Zweiten Merseburger Zauberspruch und dem Sächsischen Taufgelöbnis eine der wenigen Quellen für den südgerman. Götterglauben darstellt, lautet:

logaþore
wodan
wigiþonar (oder: wiguþonar)

dazu, um 180 Grad gedreht, findet sich:

awaleubwini.

Dieser letzte Teil enthält den Frauennamen Awa und den Männernamen Leubwini. Von den anderen Namen, welche offensichtlich Götternamen wiedergeben, ist nur → Wodan problemlos. → wigiþonar ist wohl mit → Vingthor als »Kampf-Thor« und nicht als »Weihe-Donar« zu deuten; ganz abzulehnen ist die Lesung »weihe, Donar!«. → logaþore wird trotz beträchtlicher Probleme meist mit → Loðurr verbunden und damit als Name für Loki aufgefaßt. Die traditionelle Deutung sieht in der Inschrift drei Götternamen, welche von den beiden genannten, die Fibel schenkenden Personen um Glück angerufen werden.

Eine abgelegenere Erklärung hat Klingenberg vorgelegt, der die drei Götternamen in inhaltlichen Bezug zu Snorris Bericht von → Balders Tod (Gylf 48) setzt, wo Loki (= logaþore?) den Mord anstiftet, Odin (= wodan) um Balder trauert und Thor (= wigiþonar) den Scheiterhaufen mit seinem Hammer weiht; solche »Mythenabbreviationen« sind zwar auf den Bilddarstellungen der Brakteaten für diese Zeit belegt, für eine Runeninschrift ist aber eine magische Bedeutung wahrscheinlicher.

In jüngster Vergangenheit hat Düwel (und nach ihm Rosenfeld) die Inschrift als christliche Abwehr gegen die heidnischen Götter gedeutet; demnach bedeute sie etwa: »Ränkeschmiede sind Donar und Wodan!« (→ logathore).

Aber sollte man wirklich die Heidengötter in Runenschrift auf einer Fibel eingeritzt haben, nur um so auf die »Tabugestalt« Christus Bezug zu nehmen (Rosenfeld)? Dies scheint kaum der Praxis einer Missionszeit zu entsprechen, und so wird man die Inschrift wohl weiterhin als heidnisches Denkmal zu betrachten haben, auch wenn die endgültige Deutung noch aussteht.

S. Feist, Zur Deutung der dt. Runenspangen, in: ZfdPh 47, 1918; W. Krause, Die Runeninschriften im älteren Futhark, 1966; W. Steinhauser, Die Wodansweihe von Nordendorf, in: ZfdA 97, 1968; A. Kabell, Nordendorf A, in: PBB West 92, 1970;

K. Hauck, Goldbrakteaten aus Sievern, 1970; O. Höfler, Brakteaten als Geschichtsquelle, in: ZfdA 101, 1972; E. Marold, »Thor weihe diese Runen«, in: FmSt 8, 1974; H. Klingenberg, Die Drei-Götter-Fibel von Nordendorf, in: ZfdA 105, 1976; U. Schwab, The Inscription of the Nordendorf Brooch I, in: Michigan Germanic Studies 7, 1981; K. Düwel, Runen und interpretatio christiana, (Tradition als histor. Kraft. Festschrift K. Hauck) 1982; H. Rosenfeld, Die german. Runen im kleinen Schulerloch und auf der Nordendorfer Bügelfibel A, in: ZfdA 113, 1984.

Norðri (altnord., zu norðr »Norden«) heißt ein Zwerg in der Vsp 11, der nach Gylf 7 das aus Ymirs Schädel gebildete Himmelsgewölbe im Norden stützt. → Vestri.

Nóri (altnord., »Winzling« zu isländ. nori »Stückchen«?) heißt ein Zwerg in Vsp 11, in den Thulur findet sich N. unter den Namen der Seekönige.
N: N. ist einer der 13 Zwerge in J. R. R. Tolkiens Roman *The Hobbit* (1937).

Nornen (altnord. Sg. norn, Pl. nornar) sind Schicksalsfrauen in der nord. Mythologie. Snorri erzählt in Gylf 14: »Unter der Esche bei der Quelle steht eine schöne Halle; aus diesem Saal kommen drei Mädchen, die so heißen: Urd, Verdandi, Skuld; diese Mädchen bestimmen das Leben der Menschen; wir nennen sie N.; aber es gibt mehr N., die zu jedem Kind kommen, das geboren wird, um sein Leben zu bestimmen, und die sind von göttlicher Abstammung, andere aber aus dem Geschlecht der Alben, und die dritten aus dem Zwergengeschlecht [...]. Die guten N. aus gutem Geschlecht bestimmen gute Leben, aber die Menschen, denen Unglück zustößt, verdanken das den bösen N.« Die Vorstellung von den N. ist sowohl in den Eddaliedern (auch in den Heldenliedern; Rm 2, Sd 17, Hunn 34, Hm 29, 30, Fm 11, 12, 44) gut belegt, als auch bei den Skalden ab dem 10. Jh. und in der Prosaliteratur. In der Barlaams saga ok Josaphats werden neun N. als Töchter Thors bezeichnet. Snorris Erwähnung von guten und bösen N. wird durch die anderen Quellen bestätigt: Einerseits ist in der Heldendichtung der »Beschluß der N.« (norna domr) mit »Unglück« identisch, wodurch die N. in die Nähe der Walküren rükken (Hm 29), andererseits haben sie bei der Geburt hilfreiche Kräfte, und ihre Assoziation mit der Quelle am Fuß des Weltenbaums Yggdrasill weist ebenfalls auf eine lebensfördernde Seite hin, welche sie mit Disen und Matronen gemeinsam haben. – Eine hochmittelalterliche Runeninschrift aus der Stabkirche von Borgund in Norwegen bestätigt die zweifache Funktion der N.: »Die N. bestimmen das Gute und das Böse, mir haben sie großes Leid gebracht.« – »Aus der Erfahrung, daß im Leben der Menschen Glück und Unglück gemischt sind, konnte die Vorstellung entstehen, daß die N. teils gut-, teils übelgesinnt waren« (de Vries).

Die Ansicht, die drei N. bei Snorri seien aus der einen, älteren Norne → Urd hervorgegangen, die ursprünglich eine personifizierte Schicksalsmacht darstellte, ist unwahrscheinlich, da auch der Name von Urd wohl eher vom Urdsbrunnen abgeleitet ist, dem Schicksalsbrunnen. Die Deutung der drei N.-namen Urd, Verdandi, Skuld als Vergangenheit, Gegenwart und Zukunft (als Formen des Verbs verða: urðr zu urðum »wurden«, verdandi »werdend« und skuld zu skulu »werden, wollen«) stammt möglicherweise ebenfalls erst vom Dichter der Vsp, denn Skuld ist andernorts auch als Walkürenname belegt, und Verdandi eine sprechende Neubildung.

Als eine Dreiheit von Schicksalsfrauen sind die N. mit den Moîrai der griechischen und den Parcae der römischen Mythologie verglichen worden, und für die ausgeprägte Dreizahl der N. bei Snorri können die antiken Vorstellungen von Einfluß gewesen sein, allerdings fehlt bei den N. das für die Parzen typische Motiv des Spinnens oder Webens des Schicksals, welches in Skandinavien nur für die Walküren belegt ist (→ Darraðarljóð); das Konzept einer Mehrzahl von Schicksalsfrauen in der german. Religion ist aber sicherlich älter als nur mittelalterlich und liegt bis zu einem gewissen Grad sicher schon dem römerzeitlichen german. → Matronenkult zugrunde; die N. repräsentieren auch den Schicksalsaspekt der → Disen, in welchen lebensfördernde Aspekte ebenso wie solche des Kampfes und Todes vereinigt sind.

E. Mogk, N., in: Hoops 4, 1913–16; F. Ström, Diser, Nornor, Valkyrjor, Stockholm 1954; G. W. Weber, Wyrd, 1966; E. F. Halvorsen, Norner, in: KLNM 12, 1967; J. de Vries, ARG, [3]1970; E. Mundal, Supernatural Beings 3. Fylgja 4. Norns, in: MeScand, 1993.

N: (Bild. Kunst) H. Natter, *Nornengruppe* (Grabplastik in Mamor in Ober-St. Veit/Wien, 1886); K. Donndorf, *Nornenbrunnen* (Stuttgart); K. Ehrenberg, *Die Nornen* (Ölgemälde, 1888); H. Thoma, *Die Nornen* (Ölgemälde, 1889); H. Hendrich, *Die Nornen* (Ölgemälde für die Nibelungenhalle in Königswinter, 1913).

(Lit.) E. Bertram, *Nornenbuch* (Gedichtsammlung, 1925).

(Volkskunde) Nornenhafte Züge finden sich auch in den Prophezeiungen alter Frauen an der Wiege von Kindern in verschiedenen dt. Märchen, am bekanntesten davon ist *Dornröschen*.

(Sonstiges) *Nornen*, norweg. Fischereiwachtschiff, fertiggestellt 1963; *Norne* heißt auch ein neues Ölfeld vor der mittelnorweg. Küste.

Nótt oder Nött (altnord., »Nacht«) ist in den Eddaliedern Vm 25 und Alv 29f. die personifizierte Nacht, als deren Vater Nörr (nur im Dativ Nörvi überliefert) genannt wird. Snorri baut (Gylf 9) diese knappe Information aus und erzählt folgendes: »Nörfi oder Narfi hieß ein Riese, welcher in Jötunheim wohnte; er hatte eine Tochter namens N., die schwarz und dunkel war, wie es ihrer Familie entsprach. Sie wurde mit einem Mann namens Naglfari verheiratet, und ihr Sohn hieß Auðr. Als nächstes heiratete sie Annar, und ihre Tochter hieß Jörð. Schließlich heiratete sie Dellingr, der aus dem Geschlecht der Asen stammte, und ihr gemeinsamer Sohn hieß Dagr (»Tag«), und der war hell und schön wie seines Vaters Familie. Da nahm Alfaðir (»Allvater« = Odin) N. und Dagr, ihren Sohn, und gab ihnen zwei Pferde und zwei Wägen und sandte sie in den Himmel, so daß sie immer in zwei Tagen um die ganze Erde ritten. N. reitet auf dem Pferd Hrímfaxi voraus, und in der Frühe jeden Tages betaut es die Erde mit dem vom Biß tropfenden Schaum. Das Pferd Dags heißt Skinfaxi und beleuchtet den ganzen Himmel und die Erde mit seiner Mähne.« Snorri hat hier mehrere Vorstellungen, die ihm aus Edda- und Skaldengedichten bekannt waren, zu einem Mythos harmonisiert, wobei auch Elemente der klassischen antiken Mythologie eingeflossen sein mögen.

Nýi (altnord., »der Dunkle« zu ný »Neumond«? oder einfach »der Neue«?) ist der Name eines Zwerges in der Vsp 11 und in den Thulur. Sollten Zwerge tatsächlich mit dem Himmel und der Astronomie in Verbindung stehen, so wäre »Herrscher des Neumonds« als Deutung denkbar (Motz).

L. Motz, The Host of Dvalinn, in: Collegium Medievale, 1993.

Nýr (altnord.) heißt ein Zwerg in der Vsp 11: Gylf 13; zur Bedeutung siehe → Nýi. In den Haupthandschriften außer der Snorra-Edda heißt dieser Zwerg jedoch Nár.

Nýráðr (altnord., »der Neu-Ratende«?) heißt ein Zwerg in der Vsp 12 und in den Thulur.

Nyt (altnord., »Nutzen«) heißt einer der (mythischen?) Flüsse im Flußkatalog der Grm 28 und in den Thulur.

O

Oberon. Der Elfenkönig O. ist eine literarische Gestalt, die schon im 13. Jh. über den franz. Roman *Huon de Bordeaux* aus dem Zwergenkönig Alberich der dt. Heldensage entstand. In England wurde O., wohl unter Einfluß des positiven Elfenbildes des engl. Volksglaubens, zum Elfen- oder Feenkönig, als der er durch Shakespeare Berühmtheit erlangte.

N: O. gelangte in England seit der Übersetzung (1525–33) des franz. Volksbuchs von *Huon de Bordeaux* (1513) zu wachsender Beliebtheit, so in R. Greenes *James IV.* (Gedicht, 1590), in E. Spensers *Faerie Queene* (Drama, 1590–96), der O. als Gattin die

Titania zur Seite stellte, in W. Shakespeares *A Midsummer Night's Dream* (Schauspiel, 1595/96) und B. Jonsons *Oberon the Fairy Prince* (Maskenspiel, 1610). In Deutschland wurde O. durch C. M. Wielands *Oberon* (Versepos, 1780) eingeführt; Wieland kannte sowohl den altfranz. Huon-Stoff wie auch Shakespeares Stück.
(Musik) Wielands *Oberon* reizte zur Opernbearbeitung, F. Schiller plante 1797 einen Operntext, von R. Grillparzer stammt *Der Zauberwald* (Fragment, 1808); am erfolgreichsten wurde C. M. Webers Oper *Oberon* (1826).
(Sonstiges) Webers Musik dürfte auch den Ausschlag für die Benennung des 1827 entdeckten Mondes *Oberon* des Uranus gegeben haben.

Octocannae. Matronenname. Diese Matronen sind siebenmal in Gripswald (Kreis Krefeld) belegt (CIL XIII 8571–77), wo also ein Kultzentrum angesetzt werden kann. Der Name ist allerdings höchstwahrscheinlich keltisch und könnte von einem Ortsnamen *Octocanna (zu kelt. *uktā »Fichte«) abgeleitet sein.

S. Gutenbrunner, Die german. Götternamen, 1936; H. Birkhan, GKAR, 1970.

Ódáinsakr (altnord., »Feld der Lebenden«) ist eine Art von paradiesischen Gefilden in den altisländ. Fornaldarsögur (Hervarar saga 1, Halfdanar saga Eysteinssonar 1, Eireks saga víðförla 1–4) und kommt auch bei Saxo (Gesta Dan. IV, 105) in der Form Undersakre/Undensakre vor; diese Form bei Saxo könnte darauf hinweisen, daß Ó. ursprünglich entweder »Land im Südosten« oder »Unterwelt« bedeutet hatte (Much).
Nur die Eireks saga beschreibt Ó. ausführlicher, sie folgt in ihrer Darstellung der mittelalterlichen Visionsliteratur, hilft uns also nicht bei der Frage weiter, ob Ó. schon einen Platz in den heidnischen Jenseitsvorstellungen hatte. Die Erwähnungen von Ó. in den genannten Sagas stammen alle erst aus dem 14. Jh.; Saxos Nennung von Udensakre beweist zwar, daß die Bezeichnung schon um 1200 existierte, aber für die heidnische Zeit fehlen Belege. Wie bei ähnlichen Paradiesesbezeichnungen, altengl. neorxnawang und altnord. Glæsisvellir, ist es auch bei Ó. zwar möglich, daß der Begriff noch aus heidnischer Zeit stammt, der Vorstellungsgehalt war aber zur Zeit der Aufzeichnung schon völlig christlich.

R. Much, Udensakre-Untersberg, in: ZfdA 47, 1904; E. Lidén, Om nagra ortnamn, in: ANF 23, 1907; H. Rosén, Om dödsrike och dödsbruk, Lund 1918; P. Herrmann, Die Heldensagen des Saxo Grammaticus, 1922; H. R. Ellis, The Road to Hel, Cambridge 1943; K. Strauberg, Zur Jenseitstopographie, in: Arv 13, 1957; R. Simek, Elusive Elysia, or: Which Way to Glæsisvellir? On the Geography of the North in Icelandic Legendary Fiction, in: Sagnaskemmtun, (Studies in Honour of Hermann Pálsson) 1986.

Odensjakt (schwed., »Odins Jagd«) → Wildes Heer.

Odin (altnord. Óðinn, angelsächs. Wōden, altsächs. Woden, altfränk. Wodan, ahd. Wutan, Wuotan) ist der Hauptgott der eddischen Mythologie, zugleich die vielschichtigste Göttergestalt: er begegnet als Göttervater, Dichtergott, Totengott, Kriegsgott, Gott der Magie, der Runen, der Ekstase. Auch die zahlreichen Odinsnamen der altnord. Literatur exemplifizieren seine Vielfalt.

1) Odinsmythen

O. und seine Brüder Vili und Vé gehören zu den ersten Göttern. Sie sind Söhne des → Burr und der Riesin → Bestla. O. ist der Mann der Frigg, seine Söhne sind Balder (mit Frigg), Thor (mit der Jörð), Vali (mit der Rindr). Diese Verwandtschaftsverhältnisse sind schon bei den Skalden belegt, Snorri nennt darüber hinaus auch noch Heimdall, Týr, Bragi, Víðar und Höðr als Söhne O.s.

Snorri sagt über ihn: »O. ist der höchste und älteste der Götter; er regiert alles, und so mächtig die anderen Götter auch sind, sie dienen ihm alle wie Kinder ihrem Vater.« »O. heißt Alföðr, (»Allvater«), weil er der Vater aller Götter ist.« (Gylf 19).

Sein Wohnort in Asgard ist → Hliðskjálf, von wo er die ganze Welt überblicken kann; er wird als allwissend angesehen (vgl. den Odinsnamen Fjölsviðr). O.s Attribute sind sein Speer → Gungnir, der wie O.s Einäugigkeit, sein Hut und Mantel zur stereotypen Darstellung O.s von den Fornaldarsögur bis zur Neuzeit zählt, und der Ring → Draupnir, von dem jede neunte Nacht wieder acht ebenso schwere Ringe abtropfen (Skaldsk 33). Fest zum Bild O.s gehören schon am Ende der Völkerwanderungszeit (wie Brakteaten und Bildsteine beweisen) die beiden Raben → Huginn und Muninn, »die über die ganze Welt fliegen und zur Frühstückszeit wieder zurückkehren, wodurch er viele Neuigkeiten erfährt; deswegen wird er auch ›Rabengott‹ (Hrafnaguð) genannt« (Gylf 37). Schon recht früh ist auch das achtbeinige Odinspferd → Sleipnir belegt, welches (laut Snorri) der Riesenhengst Svaðilfari mit Loki gezeugt hatte. Sein Wissen bezieht O. auch von → Mímirs Haupt (Vsp 46; Ynglinga saga 4 und 7) oder durch das Trinken aus Mímirs Quelle, wofür er laut Snorri (Gylf 14) sein Auge als Pfand geben mußte.

Viel seltener als Thor ist O. in der altnord. Literatur der Held mythischer Abenteuer. In den eddischen Vm stellt er sich dem Riesen → Vafthrúðnir im Wissenswettstreit und siegt, in den Grm wird er von König → Geirröðr zur Offenbarung mythischen Wissens gezwungen, wobei er eine lange Reihe von → Odinsnamen bekanntgibt; einem Wissenswettstreit stellt er sich auch in der Hervarar saga. Ausführlicher berichtet Snorri von dem wohl älteren Mythos vom Raub des → Skaldenmets durch O., wobei er die Riesentochter Gunnlöð verführen muß, um an den Met zu gelangen; auf diese Episode spielt auch das sogenannte zweite Odinsbeispiel in den Háv (103–110) an, während sich das erste Odinsbeispiel (Háv 96–102) auf ein Abenteuer O.s mit der Tochter eines gewissen Billingr bezieht, über das wir aber sonst nichts wissen. Überhaupt wird O. (nach Vorbild Zeus?) mit mehreren Liebesabenteuern verbunden, so etwa mit Rindr, die ihm den Sohn Váli gebiert. Im Wortkampf mit Thor im Hrbl rühmt sich O. wiederholt seiner Verhältnisse (Hrbl 16/18, 20, 30/32), die er Thors Heldentaten entgegensetzt.

In den Háv wird der Mythos von → Odins Selbstopfer überliefert, in dem er neun Nächte an einem »windigen Baum« hing, sich selbst aufopfernd, und damit zur Kenntnis der Runen gelangt.

Häufig wird O. schon in der Skaldendichtung des 10. Jh. als Schirmherr der Krieger und Gott der in der Schlacht Gefallenen, der → Einherjar, bezeichnet; er versammelt diese tapferen Krieger um sich in Walhall, damit sie ihm zu den Ragnarök im Kampf gegen die Mächte der Unterwelt beistehen (Eireksmál). Die Walküren (Óðins meyjar »O.s Mädchen«) holen die Gefallenen vom Schlachtfeld und führen sie nach Walhall, wo sie sie bewirten (Gylf 37, 38, 40); Walhall nimmt dabei Züge eines Kriegerparadieses an.

Eine euhemeristische Auffassung der Götter liegt in der Geschichte von der Einwanderung der Asen unter ihrem König O. vor, wie sie sich in verschiedenen Varianten bei Snorri (Prolog zur Edda, Ynglinga saga) und bei Saxo (Gesta Dan. I–III) findet. Diese im 12. und 13. Jh. in Island gängige Lehrmeinung faßt »die Götter als längst verstorbene, zauberkundige Könige und Priester auf, zwar als irdische, sterbliche Menschen, aber im Besitz magischer Kräfte und Werkzeuge; sie ließen sich als Gottheit verehren, ihre übernatürlichen Taten waren jedoch Blendwerk.« (Herrmann. → Euhemerismus).

Bei Snorri ist von der Einwanderung der Asen unter O. über Deutschland und Jütland nach Schweden die Rede, wobei hier als Söhne Vegdeg, Baldr, Sigi, Skjöld, Sæmingr und Yngvi angeführt werden. Von → Odins Verbannung erzählen sowohl Snorri als auch Saxo, und berichten, daß während dieser Zeit andere Götter über die Asen geherrscht hätten, nämlich Mithotyn und Ollerus (= Ullr) laut Saxo, Vili und Vé laut Snorri.

2) Odins Funktionen

a) O. verkörpert in der german. Mythologie die Funktion der Herrschaft, in der literarischen Zeit die des Göttervaters; er heißt Alföðr (»Allvater«), und dieser Name dürfte ebenso wie die Bezeichnung almáttki áss durch christliche Gottesbezeichnungen geprägt sein; denn daß O. wenigstens im Kult und Volksglauben der Wikingerzeit keine so dominante Stellung hatte wie in den literarischen Quellen, ist sicher. Snorris bereits erwähnte Angaben, daß O. Vater einer ganzen Reihe von Götter ist, dürfte ebenfalls nicht zu wörtlich genommen werden. Dagegen tritt O. in einem Mythos vor der Erschaffung der Menschen auf, wobei ihn die Vsp 17/18 mit Hœnir und Loðurr, Snorri aber mit Vili und Vé zusammen nennt; die drei Götter hätten die Urmenschen Ask und Embla geschaffen (→ Anthropogonie). Nicht nur als Schöpfer des Menschen überhaupt, sondern auch als Ahnherr von Königsgeschlechtern tritt O. auf, so bei den Völsungen, Skjöldungen, Ynglingern ebenso wie bei angelsächs. Königshäusern (→ Abstammungsmythen).

b) O. tritt im Zuge der nach Dumézil bei den german. Göttern eingetretenen »Verschiebung« ihrer ursprünglichen Funktionen (→ Drei-Funktionen-Theorie) immer mehr als Kriegsgott hervor. Das hat man damit erklären wollen, daß er als Gott der Krieger und Dichter erst während der Wikingerzeit an Bedeutung unter den heimatlosen Wikingern gewonnen habe, was sich in der Literatur, besonders der Heldendichtung niedergeschlagen habe. Dies ist aber nur bedingt richtig, da er schon sehr früh in süd- und westgerman. Quellen als der Gott galt, der den Sieg verleiht: Godan kann bei den Langobarden über das Schlachtenschicksal entscheiden (Origo 1, Paulus Diaconus, *Historia Langobardorum* I, 8), die heidnischen Angelsachsen opferten vor der Schlacht Uuoddan (Æthelweard, Chronicorum libri IV, I). Im Norden ist es von der Wikingerzeit an immer O., der den Sieg schenkt (Hdl 3), darum wird er auch Sigfaðir, Sig-Gautr, Sigtýr u. ä. genannt.

Mit dem Wanenkrieg hat O. überhaupt erst den Krieg in die Welt gebracht (Ynglinga saga 4), und Schlachten werden begonnen, indem ein Speer über das feindliche Heer geworfen wird, um es O. zu weihen. O. ist aber auch für das persönliche Schlachtenglück des einzelnen verantwortlich und der Schlachtentod wurde zum Teil sogar als Verrat O.s aufgefaßt (Egill, Sonatorrek 22; Eyvindr, Hákonarmál 15). In der Heldensage ist O. häufig Beschützer einzelner Helden (Sigurd, Starkaðr, Haddingus), aber er schürt auch immer wieder den Streit, der zum Krieg führt (wie zur Bravallaschlacht: Saxo VII, 246 – VIII, 264, oder zum Krieg zwischen Agantýr und Hlöð: Hervarar saga 10).

c) Mit O.s Stellung als Kriegsgott hängt sein inniges Verhältnis mit den Toten, besonders mit den im Kampf gefallenen Kriegern zusammen. Er erwartet sie in → Walhall, wo sie als → Einherier seine Gefolgschaft bilden. Auch in der Vorstellung vom → Wilden Heer tritt er als Führer einer Kriegerschar auf, die in

Beziehung zum Heer der Toten steht.

d) Die Form der Odinsweihe findet sich in → Odins Selbstopfer, in welchem O., an einem »windigen Baum« hängend und mit einem Speer verwundet, die Kenntnis der Runen erwirbt (Háv 138–145). Daß O. als der gehenkte Gott schon den Skalden bekannt war, beweisen die Odinsnamen Hangaguð, Hangatýr, Hangi. Mit der durch das Selbstopfer (»seiner selbst sich selbst«) errungenen Kenntnis der Runen verbinden die Háv auch den Erwerb der Dichtkunst, der uns sonst in den altnord. Quellen anders geschildert wird: O. raubt nämlich sonst den aus dem Blut → Kvasirs gebrauten → Skaldenmet → Óðrœrir vom Riesen Suttungr und seiner Tochter Gunnlöð, indem er ihn trinkt und in Adlersgestalt zum Nutzen der Götter und Menschen nach Asgard bringt; deswegen heißt (laut Snorri) die Dichtung auch »Last O.s« (farmr Óðins), woher wohl auch der Odinsname Farmatýr stammt.

e) Mit O.s Erwerb von Dichtkunst und Runenkenntnis hängt auch seine Rolle als Gott der Magie zusammen. Zwar werden in der nord. Mythologie besonders die Wanen mit Zauber assoziiert (→ seiðr), aber unter den Asen ist O. der zauberkundigste. In den Háv rühmt er sich seiner Kenntnis von Zaubersprüchen, im Zweiten Merseburger Zauberspruch heilt Wodan durch Zauber und in den eddischen Bdr 3 wird er »Vater des Zauberlieds« (Galdrs föður) genannt. Sowohl O.s Erwerb der Runen und der Dichtkunst als auch die Art seiner Magie läßt auf Parallelen mit schamanistischen Praktiken schließen, in welchen ekstatische Zustände eine wesentliche Rolle spielen, wie sie uns auch als Bestandteil von O.s Wesen und Kult überliefert sind; Wodan id est furor (»Wodan, d. h. Wut«) sagt der Kirchenhistoriker Adam von Bremen im 11. Jh. (Gesta Hammab. Eccl. Pontif. IV, 26) und belegt damit, was auch die Etymologie des Namens O. zeigt, daß O. mit altnord. óðr »wütend« und dt. Wut zusammengehört. Diese ekstatische Wut, die sich in Odinskriegern wie → Berserkern und → Ulfheðnar ebenso manifestiert wie im kultischen Brauchtum, welches noch in den Vorstellungen vom Wilden Heer reflektiert wird, ist ein wesentlicher Bestandteil von O.s Wesen und deutet auf den schamanischen Ursprung dieses Gottes.

f) Ein weiterer Hinweis auf O. als Schamanen ist seine wiederholt belegte Funktion als göttlicher Arzt. Am bekanntesten ist O.s Rolle als heilender Gott im → Zweiten Merseburger Zauberspruch, wo Wodan das verrenkte Bein von Balders Pferd heilt; im Zauberspruch soll durch den Nachvollzug dieser mythischen Handlung die Heilung bewirkt werden. Hauck hat nachweisen können, daß in den Bilddarstellungen der völkerwanderungszeitlichen german.

Goldbrakteaten der Gruppe C, die einen (Götter-)Kopf über einem Pferd mit meist verrenkten Vorderläufen darstellen, ebenfalls Zeugnisse für eine veterinärmedizinische Funktion O.s/Wodans vorliegen.

3) Odinskult und Odinsglaube
a) Im Gegensatz zum Gott Thor gibt es bei O. nur wenige Hinweise, daß er in Island während der 130 Jahre zwischen der Besiedlung und dem Ende der heidnischen Zeit dort verehrt wurde; es gibt weder Orts- noch Personennamen, die auf einen Kult hinweisen. Wenn O. in den altnord. literarischen Quellen (vor allem bei Snorri) dennoch als Hauptgott erwähnt wird, liegt dies wohl daran, daß O. der Gott der Dichtung (und der Dichter) war, und unsere Quellen entweder direkt oder indirekt – über Snorris Systematisierung – von den Skalden stammen.
Auch in Kontinentalskandinavien sind Kultortsnamen auf O. keineswegs häufig und machen insgesamt nicht einmal 10 % der eigentlichen theophoren Ortsnamen aus.
Von einer Odinsverehrung in Form eines Götterbilds in einem Tempel spricht nicht nur Adam von Bremen bei der Beschreibung des großen Tempels in Uppsala, der Statuen von Thor, Wodan und Fricco enthalten haben soll (Gesta Hammab. Eccl. Pontif. IV, 26–27). Adam berichtet an derselben Stelle von Opfern, die dort alle neun Jahre abgehalten wurden und in deren Verlauf neben Tieren auch Menschen geopfert worden wären; daß diese → Menschenopfer O. geweiht waren, erwähnt er zwar nicht, Menschenopfer werden sonst aber ausschließlich mit O. in Verbindung gebracht, sowohl bei Snorri (Ynglinga saga 25 u. 43) als auch schon bei Tacitus (Germ 9). Ein durch das Hängen und Durchbohren dem Selbstopfer O.s verwandtes Odinsopfer liegt offensichtlich im Tod des Königs → Víkarr vor (Saxo, Gesta Dan. IV, 184). Zu den Odinsopfern im weitesten Sinn ist auch das schon erwähnte mehrfach bezeugte Weihen des feindlichen Heeres durch Speerwurf zu zählen. Belege eines Odinsglaubens im 10. Jh. sind die Skaldengedichte Eireksmál und Eyvinds Hákonarmál, die auf einen konkreten Kult aber nicht eingehen und O. al s Totengott, als Herrscher in Walhall, ansehen.
b) Ortsnamen, die den Namen O.s enthalten, finden sich auf Island gar nicht, sind in Südnorwegen selten, häufiger in Südschweden und Dänemark; man hat daraus schließen wollen, daß der Odinskult in Skandinavien jung war und sich, von Deutschland kommend, in der Wikingerzeit nicht mehr weit genug ausbreiten konnte, um vor der Christianisierung Island zu erreichen. Dagegen spricht die Tatsache, daß gerade unter den Ortsnamen auf O.- manche ein recht hohes Alter aufweisen (solche auf -vin und -akr), und das

hohe Alter der Odinsverehrung in der ganzen Germania durch die einheitliche Übersetzung des lat. Wochentagsnamens dies Mercurii mit german. *Wodanesdag (altengl. Wodnesdag, engl. Wednesday; altnord. Óðinsdagr, dän. Onsdag) belegt ist; da die Übersetzung der Wochentagsnamen im 4. Jh. abgeschlossen war, muß der Odins-Kult schon vorher im ganzen west- und wohl auch nordgerman. Bereich sehr verbreitet gewesen sein.

Personennamen auf O.- sind äußerst selten; in Schweden tritt auf einem Runenstein der Name Uþintisa (Óðinsdís) auf, in Dänemark ist der Männername Uþinka(ur) (Óðinkár) einige Male belegt, der auf eine persönliche Odinsweihe hinweist.

c) Die Übersetzung des lat. Merkur durch Wodan/O. gleichermaßen in der Interpretatio romana wie in der Interpretatio germanica weist auf deutliche Parallelen in der Auffassung vom Wesen dieser Götter in den ersten Jahrhunderten n. Chr. hin; dabei waren kaum nur äußerliche Attribute (Stab und Hut) ausschlaggebend, und auch die Rolle als wandernder Gott und vielleicht als Gott der Händler reicht als Grund für die Identifikation nicht aus. Schon Tacitus berichtet übrigens, daß die Germanen nur Merkur (= Wodan/O.) Menschenopfer darbrachten, während die anderen Götter Tieropfer bekamen; er kannte also bereits die hohe Stellung, die O. bei den Germanen einnahm, die mit der des Gottes Merkur bei den Römern kaum vergleichbar ist.

Auf Weihesteinen ist der german. Merkur nur durch seine Beinamen vom röm. Gott Merkur zu unterscheiden; wenigstens der Mercurius Cimbrianus und der Mercurius *Leudisius weisen dabei auf den german. Gott.

d) Bilddenkmäler: Schon für die skandinav. Bronzezeit sind Darstellungen O.s denkbar, wenn man die in einigen südschwed. Felszeichnungen auftretende große Göttergestalt mit Speer als O. deuten darf; diese Darstellungen überlagern durchwegs ältere Steinritzungen und sind daher mit religiösen Veränderungen während der jüngeren Bronzezeit in Verbindung zu bringen; auch für die Eisenzeit findet sich in Deutschland eine solche Abbildung eines Speergottes im Römersteinbruch bei Bad Dürkheim.

Wesentlich konkreter und umfangreicher ist das Bildmaterial über O. in der Völkerwanderungszeit. In einer Reihe von Arbeiten ist es K. Hauck gelungen zu zeigen, daß in den Götterdarstellungen der goldenen Brakteaten der Gruppe C (Götterkopf übe r Vierbeiner), die mit ca. 350 Exemplaren die größte Gruppe der Goldbrakteaten bilden, eine Darstellung O.s vorliegt, was einerseits durch die Vogelbegleitung des abgebildeten Gottes (vgl. die Odinsraben → Huginn und Muninn), andererseits durch seine deutliche

Arztfunktion hervorgeht. Es liegen hier identifizierbare Parallelen zur Heilung im Zweiten Merseburger Zauberspruch vor.

Darstellungen von O. und Odinskriegern (sowie den möglicherweise zum Odinsgefolge zählenden Dioskuren?) liegen höchstwahrscheinlich auch in den vendelzeitlichen schwed. Preßblechen vor, die zur Helmdekoration verwendet wurden und offensichtlich durchwegs kultische Szenen darstellen.

Auf wikingerzeitlichen Bildsteinen ist O. wiederholt abgebildet worden, z.T. in Vogelbegleitung, häufiger aber das achtbeinige Odinspferd Sleipnir reitend.

Daß hier, wie de Vries annahm, nicht O. selbst, sondern der nach Walhall reitende Tote dargestellt ist, ist nicht sehr wahrscheinlich, vielmehr ist an O. in seiner Rolle als Totenführer zu denken. Ob auch ein außerskandinav. Steinrelief eines Reiters mit Speerbewaffnung wie auf dem Hornhausener Reiterstein bei Magdeburg als O. zu deuten ist, wird vor allem durch ein typologisch sehr ähnliches nordengl. Relief zweier Speerreiter (Sockburn, County Durham) in Frage gestellt, und läßt wohl allenfalls eine Interpretation als Odinskrieger zu. Jedenfalls ist es eine unzulässige Überinterpretation, in allen wikingerzeitlichen und völkerwanderungszeitlichen Reiterbildern Odinsdarstellungen sehen zu wollen.

4) Der Name O.s/Wodans ist, wie erwähnt, etymologisch mit altnord. óðr, dt. Wut, got. wods »besessen« verwandt, was auf die dichterische, kultische Besessenheit hinweist, die ein Wesenszug dieses Gottes und seines Kultes war. Außergermanische etymologische Parallelen finden sich in lat. vates, altir. faith »Seher«.

In religionswissenschaftlicher Hinsicht ist O. neben den ind. Varuṇa zu stellen, der mit dem german. Gott die Zauberkraft, die Gabe der Verwandlung, das Lenken des Schlachtenglücks gemeinsam hat; beide sind Götter der Fürsten und Dichter, beiden werden sogar Menschenopfer dargebracht. Dumézil hat daher das ind. Herrschergötterpaar Mithra – Varuṇa mit den beiden Vertretern der Souveränität in der german. Mythologie, Týr und O., identifiziert, wobei beide Götter bis in indogerman. Zeiten zurückzuführen seien, Týr aber im Laufe der Zeit immer mehr verblaßt sei, bis er in literarischer Zeit O. bereits völlig untergeordnet war. Diese Theorie ist zweifellos überzeugender als die erwähnte Anschauung von der langsamen Ausbreitung des Odinsglaubens nach Norden.

A. Mahr, Wodan in der dt. Volksüberlieferung, in: Mitteilungen der anthrop. Ges. in Wien 58, 1928; O. Höfler, Kultische Geheimbünde der Germanen, 1934; H. Andersen, Navnet Odinkar, in: NoB 32, 1944; K. Helm, Wodan, 1946; E. O. G. Turville-Petre, Prof. Georges Dumézil, in: Saga-Book 14, 1953–55; K. Hauck, Herrschaftszeichen eines wodanist. Königtums, in: Jahrbuch für fränk. Landesforschung 14,

1954; J. S. Ryan, Othin in England, in: Folklore 74, 1963; Kr. Hald, The Cult of O. in Danish Place-names, in: Early English and Norse Studies Presented to H. Smith, London 1963; A. L. Meaney, Woden in England, in: Folklore 77, 1966; E. F. Halvorsen, Óðinn, in: KLNM 12, 1967; O. Höfler, Die nord. Kultortsnamen, in: H. Hornung (Hg.), Disputationes ad montium vocabula 1, 1969; J. de Vries, ARG, 31970; H. E. Davidson, The Battle God of the Vikings, York 1972; K. Hauck, Zur Ikonologie der Goldbrakteaten IV, (Festschrift S. Gutenbrunner) 1972; O. Höfler, Brakteaten als Geschichtsquelle, in: ZfdA 101, 1972; G. W. Weber, Das Odinsbild des Altunasteines, in: PBB 94, 1972; ders., O.s Wagen, in: FmSt 7, 1973; O. Höfler, Zwei Grundkräfte im Wodankult, (Antiquitates Indogermanicae. Gedenkschrift H. Güntert) 1974; E. O. G. Turville-Petre, Myth and Religion of the North, Westport 1975; Å. V. Ström u. H. Biezais, German. u. balt. Religion, 1975; P. Renauld-Krantz, O., in: R. Boyer, Les Vikings et leur civilisation, Paris 1976; R. L. Auld, The Psychological and Mythic Unity of the God Óðinn, in: Numen 23, 1976; K. Hauck, Zur Ikonologie der Goldbrakteaten XII, in: Archäol. Korrespondenzblatt 6, 1976; ders., Zur Ikonologie der Goldbrakteaten XV, (Festschrift H. Beumann) 1977; G. Dumézil, Gods of the Ancient Northmen, Berkeley 1977; K. Hauck, Bildforschung als histor. Sachforschung, (Festschrift H. Löwe) 1978; ders., Gott als Arzt, in: Chr. Meier (Hg.), Text und Bild, 1980; E. Haugen, The Edda as ritual: O. and his masks, in: Edda, Winnipeg 1983; R. H. Bremmer, Hermes-Mercury and Woden-O. as Inventors of Alphabets: A Neglected Parallel, in: Amsterdamer Beiträge zur älteren Germanistik 29, 1989; S. A. Mitchell, Óðinn, in: MeScand, 1993; L. Motz, The King, the Champion, and the Sorcerer, 1996; K. Starkey, Imagining an Early O.: Gold Brakteates as Visual Evidence? in: SS 71, 2001.

N: (Bild. Kunst) P. Hörberg, *Odin byggande Sigtuna* (Kolorierte Federzeichnung, 1812); ders., *König Gylfe empfängt Oden bei seiner Ankunft in Schweden* (Skizze, 1816); B. E. Fogelberg, *Odens möte med Gylfe* (Relief auf Trinkhorn, 1818); H. E. Freund, *Odin* (Statue, 1821/22); ders., *Odin* (Sitzstatue, 1924/25); B. E. Fogelberg, *Odin* (Marmorstatue, 1830); ders., *Odin* (Kolossalbüste); R. Krausse, Sgraffito über dem Eingang des Hauses Wahnfried in Bayreuth (1874); Sir E. Burne-Jones, *Odin* (Gemälde, ca. 1880); K. Ehrenberg, *Odin; Thor und Magni* (Zeichnung, 1883); H. Natter, *Wodan* (Marmorstatue, ca. 1887); K. Dielitz, *Odin und Brunhilde* (Gemälde, ca. 1890); H. Thoma, *Wotan als Kriegsgott* (Graphik, 1896); D. Hardy, *Odin and Fenris* (Gemälde, ca. 1900); H. Hendrich, *Wotan – Götterdämmerung* (Ölgemälde für die Nibelungenhalle in Königswinter, 1913); ders., *Wotans Abschied* und *Wotan (Götterdämmerung)* (Ölgemälde für die Halle Deutscher Sagenring, 1926); S. Nilsson, *The Road to Walhalla* (Gemälde); D. Werenskiold, *Odin og Mime* (Relief im Rathaus in Oslo, 1938); ders., *Odin på Sleipner* (farbiges Holzrelief im Hof des Rathauses in Oslo, 1945–50); B. Marklund, *Odin* (im Bronzerelief der Türen des Statens Historiska Museum Stockholm, um 1950).

(Lit.) F. v. Hagedorn, *Der Wein* (Gedicht, 1745); F. G. Klopstock, *Hymne an Wodan* (in: *Hermanns Schlacht*, Drama, 1769); P. F. Suhm, *Om Odin*, (1771); K. G. Leopold, *Odin eller Asarnes invandring* (Tragödie, 1790); J. Baggesen, *Odin eller Danrigets Stiftelse* (Episches Gedicht, 1803); N. F. S. Grundtvig, *Maskeradenball* (Ge-

dicht, an Odin und Christus gerichtet, 1808); ders., *Optrin af Norners og Asers Kamp: Odins komme til Norden* (Trilogieteil, 1809); A. Oehlenschläger, *Nordens Guder* (Gedichte, 1819); C. J. L. Almqvist, *Sviavigamal* (Roman in 4 Teilen, 1833, von Odins Einwanderung); W. Wordsworth, *Prelude* (Gedicht, 1850); R. Hamerling, *Germanenzug* (Kanzone, 1864); R. Wagner, *Zum 25. August 1870* (Gedicht, 1870); F. Schanz, *Rolf Krake* (Ballade, 1910); O. Duun, *Juvikingerne* (Roman, 1918–23); E. Toller, *Der entfesselte Wotan* (Komödie, 1923); K. H. Strobl, *Wotan* (Roman); H. F. Blunck, *Herrn Wodes Ausfahrt* (in: *Märchen und Sagen*, 1937); H. Burte, *An das Ich* (Gedicht in: *Anker am Rhein*, 1938); H. F. Blunck, *Sage vom Reich* (Roman, 1941–42).
(Musik) J. H. Stuntz, *Odins Schwert* (Ballett, 1818); ders., *Orfa* (Ballett, 1852); R. Wagner, *Der Ring des Nibelungen* (Bühnenfestspiel, 1848–74).
(Sonstiges) *Odin* heißt ein Bulkfrachter der dt. Reederei Frigga (1965), *Oden* ein schwed. Eisbrecher (1958), *Odinn* ein isländ. Küstenwachschiff (1960), *Wotan* ein Marinewerkstattschiff der BRD. *Odin* heißt inzwischen auch ein Ölfeld vor der südwestnorweg. Küste.

Odinsbeispiel. Die sogenannten O.e sind Episoden der Háv, die von Odins Liebesabenteuern berichten. Das erste O. (Háv 96–102) spricht von Odins vergeblichem Versuch, Billings Tochter zu verführen (→ Billingr 2), das zweite O. spielt auf die Verführung → Gunnlöðs durch Odin im Mythos vom Raub des Skaldenmets an (Háv 103–110), ein mögliches drittes O. (Háv 12–14) erwähnt vielleicht denselben Mythos.

Odins Einwanderung oder die Einwanderung der Asen nach Skandinavien ist eine Erklärung vom Ursprung des nord. Asenglaubens in der euhemeristischen Darstellung christlicher skandinav. Autoren des 12. und 13. Jh., vor allem bei Snorri Sturluson.
Die nord. Geschichtsschreiber verknüpfen heidnische Traditionen von Göttergenealogien mit gelehrter europäischer chronikalischer Geschichtsschreibung, wovon unter anderem die ca. 727 entstandenen *Gesta Francorum* und Geoffrey of Monmouths *Historia Regum Britanniae* (ca. 1130) oder von diesen beeinflußte Werke (darunter wohl selbst die *Gesta Philippi Augusti* des Rigord von St. Denis, vor 1196) als Quelle dienten, um die lückenlose Herleitung nord. Königsgeschlechter (und damit Göttergeschlechter) aus trojanischen und letztlich alttestamentarischen Geschlechtern zu ermöglichen; damit sollte nicht zuletzt eine historische Herrschaftslegitimation nord. Königstums innerhalb der christlichen Heilsgeschichte unter Berücksichtigung heimischer heid-

nischer Traditionen erreicht werden.

Bereits Aris vor 1133 abgeschlossener *Libellus Islandorum* (»Isländerbüchlein«) beginnt mit der Erwähnung von 1. Yngvi, dem Türkenkönig, 2. Njörðr, dem Schwedenkönig, 3. Frayr (= Freyr); wie hier bei der Herleitung dieser Wanengötter berichten sämtliche folgende mit der skandinav. Urgeschichte befaßten Quellen von der Abstammung der nord. Götter aus Asien, wobei die Herleitung der Asen aus Asien eine willkommene etymologische Stützung dargestellt haben dürfte.

Die Einwanderung Odins und der Asen nach Skandinavien wird in einer ganzen Reihe von isländ. Texten des 12. und 13. Jh. erwähnt (zusammengestellt bei Heusler), am ausführlichsten ist die Schilderung bei Snorri, von dem uns zwei abweichende Versionen erhalten sind: zum einen im Prolog der Snorra-Edda, zum anderen in der Ynglinga saga. Die Fassung des Eddaprologs enthält folgende Fakten: König Memnón von Troja (»das wir Tyrkland [= Türkei] nennen«) heiratete die Tochter des Königs Priamus, und sie hatten einen Sohn namens Trór, »den wir Thor nennen«; er regierte in Trákíá, welches von den Skandinaviern Thrúðheim genannt werde, und heiratete die Seherin Sif. Es folgt eine Genealogie, die zum Großteil aus Beinamen Thors besteht, bis zu Voden = Odin, der mit Frígíðá = Frigg verheiratet ist. Sie verlassen mit einer großen Schar die Türkei und ziehen vorerst nach Sachsen, wo Odin einige seiner Söhne als Könige über die dt. Königreiche einsetzt, und dann nach Schweden weiter, wo damals Gylfi regierte; Odin wird von diesem die Herrschaft angeboten, worauf er sich in Sigtuna niederläßt, wobei er »nach trojanischem Vorbild« 12 Häuptlinge einsetzt.

Davon weicht die Schilderung der Ynglinga saga (2–5) etwas ab: Odin war Herr über Asgard, das Land, das in Asien östlich des Don liegt; eingeschoben sind hier die Geschichten von Odins Verbannung und vom Wanenkrieg; dann folgt die Erzählung von der eigentlichen Wanderung, bei der Odin seine Brüder Vili und Vé über Asagard einsetzt, dann über Rußland und Sachsen, wo er wieder seine Söhne als Könige einsetzt, über Fünen nach Schweden, wo er sich in Sigtuna niederläßt.

Die Unterschiede in Snorris beiden Darstellungen erklären sich damit, daß schon Snorri am Beginn des 13. Jh. zwei verschiedene Einwanderungshypothesen vorfand, und er im Prolog der Edda mehr auf die Tradition um den Gelehrten Ari, bei der Ynglinga saga mehr auf die Überlieferung der Skjöldunga saga zurückgriff.

Obwohl die Quellen für die Einwanderungsgeschichten auf kontinentaleuropäische Geschichtsschreibung zurückzuführen sind, ist die Lehre von der asiatischen

Urheimat der skandinav. Götter- und Königsgeschlechter eine isländ. Konstruktion: weder der Norweger Theodoricus in seiner *Historia Norwegiae* noch der Däne Saxo bringen die in Island so verbreitete Theorie.

Die Erzählungen von O. E. haben in der Forschung zur Annahme einer relativ jungen Verbreitung des Odinskults geführt, der erst über Deutschland nach Skandinavien gelangt wäre, wofür aber bisher keine glaubhaften Belege erbracht werden konnten. Völlig absurd sind dagegen jüngste Spekulationen (von Thor Heyerdahl) zu einer historischen Relevanz von O. E. für die Besiedlung Skandinaviens.

A. Heusler, Die gelehrte Urgeschichte, 1908; F. Wild, Odin und Euemeros, 1941; K. Helm, Wodan, Ausbreitung und Wanderung seines Kultes, 1946; G. Dumézil, Gods of the Ancient Northmen, Berkeley 1977; H. Klingenberg, Trór Thórr (Thor) wie Trōs Aeneas. Snorra Edda Prolog, Vergil-Rezeption und Altisländische Gelehrte Urgeschichte, in: alvíssmál 1, 1992; ders., Odin und die Seinen. Altisländischer Gelehrter Urgeschichte anderer Teil, in: alvíssmál 2, 1993; ders., Odins Wanderzug nach Schweden. Altisländische Gelehrte Urgeschichte und mittelalterliche Geographie, in: alvíssmál 3, 1994; H. Beck, Yngvi Tyrkja Konungr, (Sagnaþing helgað Jónasi Kristjánssyni 1) Reykjavík 1994; R. Simek, Der lange Weg von Troja nach Grönland. Zu den Quellen der gelehrten Urgeschichte in Island, in: Germanisches Altertum und christliches Mittelalter, (Festschrift H. Klingenberg) 2001; T. Heyerdahl, P. Lillieström, Jakten på Odin: På sporet av vår fortid, Oslo 2002.

N: (Bild. Kunst) P. Hörberg, *Oden byggande Sigtuna* (Kolorierte Federzeichnung, 1801); ders., *König Gylfe empfängt Odin bei seiner Ankunft in Schweden* (Skizze, 1814); B. E. Fogelberg, *Odens möte med Gylfe* (Relief auf einem Trinkhorn, 1818); M. W. Winge, *Asarnes invandring* (Gemälde).
(Lit.) K. G. Leopold, *Odin eller Asarnes invandring* (Tragödie, 1790); J. Baggesen, *Odin eller Danrigets Stiftelse* (Episches Gedicht, 1803); N. F. S. Grundtvig, *Optrin af Norners og Asers kamp: Odins komme til Norden* (Roman, 1809); C. J. L. Almqvist, *Sviavigamal* (Roman in 4 Teilen, 1833).

Odinskrieger → Odinsweihe.

Odinsnamen, Beinamen für den Gott Odin, sind so zahlreich wie für keinen anderen Gott. Es sind über 170 überliefert, die Odin entweder als Decknamen verwendet (z. B. Hárbarðr, Hnikarr, Grímnir), oder die als dichterische Umschreibung für den Gott geprägt wurden (Alfaðir, Fimbultýr, Fjölsviðr), oder die schon sehr früh von einzelnen german. Stämmen für diesen Hauptgott verwendet wurden (Gautr, Viðurr, Skilfingr, Jörmunr). Bei Snorri (Gylf 19) wundert sich schon Gangleri über die große Zahl von O. (die hier von Snorri nach den Listen in den Grm 46–50 zitiert werden) und bekommt zur Antwort: »Große Weisheit gehörte dazu, sie alle richtig zu erklären; aber kurz ist dazu zu sagen, daß ihm die meisten Namen deswegen gegeben wurden, weil alle, die die verschiedenen Sprachen auf der Welt sprechen, ihn in ihre eigene Sprache übersetzen wollten, um ihn anzuspre-

chen und anzubeten. Aber einige seiner Namen haben ihren Anlaß in Ereignissen, die sich auf seinen Reisen zugetragen haben, die in Geschichten behandelt werden, und du kannst nicht als Gelehrter bezeichnet werden, wenn du nichts von diesen großen Ereignissen zu erzählen weißt.«
Zur zweiten von Snorri erwähnten Gruppe gehören also die Namen, welche sich direkt auf einen Mythos oder Odins Rolle darin beziehen: Hangi und Hangaguð auf Odins Selbstopfer, Sigfaðir und Hertýr auf seine Rolle als Schlachtenlenker, Arnhöfði auf seine Tierverwandlung im Mythos vom Raub des Skaldenmets, Grímnir, Blindr, Tvíblindi auf seine Einäugigkeit, Hárbarðr und Siðskeggr auf seinen Bart, Síðhöttr und Hjalmberi auf seine Kleidung, Gangraðr, Gangleri, Vegtamr auf sein Auftreten als Wanderer.
Odins Namen erhellen also viele Aspekte seiner Persönlichkeit, wie sie uns in den literarischen Quellen begegnet, sie verweisen aber auch zurück auf Kult und Verehrung bei den verschiedenen german. Stämmen in vorliterarischer Zeit.

H. Falk, Odensheite, Kristiania 1924; E. O. G. Turville-Petre, Myth and Religion of the North, Westport 1975.

Odins Selbstopfer ist in der berühmten Stelle der Háv 138–141 überliefert, wo es heißt

138: Ich weiß, ich hing am windigen Baum
ganze neun Nächte
vom Speer verwundet und Odin geweiht
ich selbst mir selbst
am Baum, von dem niemand weiß,
aus welcher Wurzel er wuchs.
139: Ohne Speis und Trank
neigte ich mich nieder,
nahm stöhnend die Runen auf
und stürzte dann herab.

Die Strophen sprechen also davon, daß Odin in einem Opfer seiner selbst an sich selbst die Kenntnis der Runen erwarb; die Art des Opfers durch Hängen und Verwunden mit dem Speer ist auch für andere Odinsopfer belegt, so etwa die Opferung des Königs → Víkarr, oder die Selbstverwundung Odins in Snorris euhemeristischer Darstellung in der Ynglinga saga 9.
Die an den Kreuzestod Christi erinnernden Motive haben dazu geführt, daß man an eine über England erfolgte und auf Odin übertragende Übernahme des Kreuzesopfers Christi gedacht hat (Bugge). Die Form des Opfers ist jedoch auch aus den Initiationsriten archaischer Kulturen bekannt und hat ausreichende Parallelen in der indischen (Prajāpati, Kṛṣṇa) und in der griech. Mythologie (Dionysos), um als indogerman. Motiv betrachtet werden zu können.
Somit ist als Ursprung von O. S. eine der schamanischen ähnliche Initiation in die Kenntnis der Dichtung und Magie (beide mit Runenkenntnis verbunden) anzusehen.

Der Weltbaum, an dem Odin hing, ist Yggdrasill und hat davon erst den Namen bekommen: Yggdrasill »Yggs = Odins Pferd« = »Galgen«; Odin ist wegen seines Selbstopfers durch Hängen auch der Gott der Gehenkten (Hangaguð, hangatýr), er wird sogar als »Herrscher des Galgens« (gálga valdr: Helgi traust, 10. Jh.) bezeichnet, Hangi (»der Hängende«) findet sich unter den Odinsnamen, und Eyvindr nennt ihn »Last des Galgens« (gálga farmr). Laut Háv 157 und Snorri (Ynglinga saga 7) war Odin fähig, durch Runenzauber die Gehenkten zum Leben zu erwecken und sie zum Sprechen zu bringen, eine ihm eigene Art des Totenzaubers.
Das Hängen ist also die typische Form des Odinsopfers, und man hat daher auch die Nachricht Adams von Bremen über das Hängen der beim großen Opfer in → Uppsala Geopferten als Odinsopfer verstanden.

S. Bugge, Studien über die Entstehung der nord. Götter- und Heldensagen, 1889; F. Kauffmann, Oðinn am Galgen, Helsingfors 1928; F. Ohrt, Odin paa Træet, in: APhSc 4, 1930; A. G. v. Hamel, Óðinn Hanging on the Tree, in: APhSc 7, 1932/33; J. de Vries, Odin am Baume, (Studia Germanica till. E. A. Kock) Lund 1934; F. Ström, Den döendes makt och Odin i trädet, Göteborg 1947; J. de Vries, ARG, [3]1970; J. Fleck, Óðinn's Self-Sacrifice – A New Interpretation, in: SS 43, 1971; Å. V. Ström u. H. Biezais, German. und balt. Religion, 1975.

N: E. Doepler d. J., *Odin am Weltbaum* (in: E. Doepler, W. Ranisch, *Walhall*, 1901).

Odins Verbannung. In der euhemeristischen Darstellung der Asen, wie sie sich bei Saxo Grammaticus sowie bei Snorri im Prolog seiner Edda und in seiner Ynglinga saga findet, treffen wir insgesamt dreimal auf verschiedene Erzählungen von einer Verbannung Odins. Die knappste Fassung gibt Snorri (Ynglinga saga 3): »Odin hatte zwei Brüder, von denen einer Vé, der andere Vili hieß. Die Brüder regierten sein Reich, wenn er abwesend war. Einmal, als Odin weit fort war und so lange ausblieb, daß die Asen seine Rückkehr für unwahrscheinlich hielten, begannen die Brüder, seine Güter aufzuteilen, seine Frau Frigg aber besaßen sie gemeinsam. Wenig später aber kam Odin heim und nahm seine Frau wieder zu sich.« Viel umfangreicher sind zwei abweichende Schilderungen bei Saxo, die Snorris Notiz erhellen, wovon die erste (Gesta Dan. I, 25f.) ebenfalls die freiwillige Natur von O.V. tradiert: Odin, ein in ganz Europa verehrter Mensch, bekommt von nordischen Königen als Ausdruck ihrer Verehrung eine schwer vergoldete Statue seiner selbst nach Byzantium geschickt; seine Frau Frigg läßt aus Eifersucht das Gold von Schmieden abnehmen; Odin läßt die Schmiede hängen und bewirkt durch Zauberei, daß die Statue bei menschlicher Berührung spricht. Frigg gibt sich darauf einem Diener hin und verführt ihn so dazu, die Statue zu zerstören und das Gold zu rauben. Wegen dieser Schande begibt sich Odin freiwillig ins Exil. Während seiner Abwesenheit bemächtigt sich der Zauberer Mithotyn der Herrschaft, flüchtet aber nach Odins Rückkehr nach Fünen und wird von den dortigen Bewohnern erschlagen; durch Mithotyns Tod ist Odins Ehre wieder hergestellt. Odins zweite Verbannung bei Saxo (Gesta Dan. III, 80–82) ist die umfangreichste Version der Geschichte und wurde in die Erzählung von Odins Werbung um → Rinda/Rindr eingearbeitet. Als Odin die seinem Ansinnen gänzlich abgeneigte Rinda nach einigen Fehlschlägen schließlich durch schändlichen Betrug verführen kann, wird er dieser Schande wegen von den anderen Asen auf 10 Jahre vertrieben, währenddessen ein »gewisser Ollerus« (= Ullr) die Herrschaft übernahm; als Odin wieder nach Byzantium (das bei Saxo wiederholt als Wohnort der Asen genannt wird) zurückkehrt, geht Ollerus nach Schweden, wird aber schließlich von den Dänen getötet. Odin dagegen kann seinen alten Ruhm wiederherstellen; Rinda gebiert ihm einen Sohn, Bous, der zum Rächer Balders wird.

Wie von Odin, so ist auch von dem wohl eng verwandten Gott → Óðr ein Verschwinden belegt; man hat die Geschichte von O.V. aus verschiedenen Romanen antiken oder russischen Ursprungs herleiten wollen, in der Version mit der Eroberung Rindas auch aus einem Märchen von der Zähmung der widerspenstigen Jungfrau, und bei Saxo ist die Schilderung sicherlich durch ausländische Motive angereichert. Der Kern der Geschichte dürfte aber dennoch seinen Ursprung in einem Mythos haben, der auch in der indischen, griechischen und (wie Schröder gezeigt hat) auch der sumerischen Mythologie auftritt, nämlich des Sturzes des herrschenden Gottes durch seine Söhne oder Brüder (hier Vili und Vé).

P. Herrmann, Die Heldensagen des Saxo Grammaticus, 1922; F. R. Schröder, O.V., in: GRM 17, 1967; J. de Vries, ARG, [3]1970; H. E. Davidson u. P. Fisher, Saxo Grammaticus: The History of the Danes, Cambridge 1980.

Odinsweihe kann als persönliche Bindung eines Menschen an diesen Gott definiert werden. Eine derartige O. ist in der altnord. Literatur recht häufig überliefert und bildet beinahe einen stereotypen Zug der Heldendichtung. Höfler hat die wesentlichsten Beispiele von Odinshelden ausführlich behandelt, zu denen Víkarr, Óðinkár, Starkaðr und Helgi gehören. Kennzeichnend ist das zwiespältige Verhältnis dieser Helden zu Odin: Er schützt sie im Kampf und verleiht ihnen den Sieg, sie werden ihm aber schließlich selbst im Tod geweiht. Äußeres Zeichen war offenbar das Weihehaar (die Haare wurden als Zeichen der Weihe an den Gott nicht geschnitten), das selbst noch in den Namen,

wie etwa Haddingus, Víkarr, Óðinkár auftritt.
Eine Form der O. dürfte auch Snorris euhemeristisch geprägtem Bericht von den Odinskriegern (Ynglinga saga 6) zugrunde liegen, → Berserker.

O. Höfler, German. Sakralkönigtum, 1952.

Óðr (altnord.) ist ein Gott in der eddischen Mythologie, laut Snorri (Gylf 34, Skaldsk 20 und 35) der Mann der Freyja und Vater der Hnoss. Schon in einer Kenning des Skalden Einarr Skulason (11. Jh.) sowie in der Vsp 25 und Hdl 46 und 47 ist von Ó. die Rede, er ist also keine späte Erfindung. Snorri sagt bei der Besprechung der Freyja, Ó. sei einmal lange abwesend gewesen, und Freyja habe sein Verschwinden beweint und sich auf die Suche nach ihm gemacht.
Die naheliegendste Erklärung ist die Identifikation von Ó. mit Odin; dafür spricht die Ähnlichkeit der Namen (welche in Ullr/Ullinn eine Parallele aufweist), die lange Abwesenheit (vgl. Odins Verbannung) und seine Ehe mit Freyja, die in Grm 14 mit Frigg, der Frau Odins, gleichgesetzt wird.
Allerdings spricht auch einiges dagegen: Freyjas Tränen um Ó. und ihre Suche sind dann nämlich unmotiviert, und die Erwähnung der Hnoss als einzigem Kind überrascht – warum wird denn dann etwa Balder nicht erwähnt? Diese Inkongruenzen haben zu verschiedenen, teils recht abgelegenen Erklärungsversuchen geführt; Bugge und Falk sahen in Ó. Adonis, Much den vorderasiatischen Götternamen Attis, und Hollander sieht in Snorris Geschichte von Ó. und Freyja gar eine Reflexion des Märchens von Amor und Psyche.
Wären die zwei Götter identisch, hätte sie Snorri sicher nicht separat erwähnt; andererseits stehen sich die Namen Ó. und Odin so nahe, daß man die beiden Göttergestalten kaum völlig trennen darf. Die Untersuchung des Verhältnisses der beiden und die Auflösung in ältere und jüngere »Schichten« (Helm, Philippson, de Vries) haben aber bei der Kargheit der Quellen über Ó. bis jetzt kein überzeugendes Ergebnis gebracht.

H. Andersen, Navnet Odinkar, in: NoB 32, 1944; K. Helm, Wodan, 1946; E. A. Philippson, Die Genealogie der Götter, Urbana 1953; J. de Vries, Über das Verhältnis von Ó. und Oðinn, in: ZfdPh 73, 1954; L. M. Hollander, The Old Norse God Ó., in: JEGPh 49, 1956; E. F. Halvorsen, Ó., in: KLNM 12, 1967; Å. Ström, Personal Piety in Nordic Heathenism, in: Old Norse and Finnish Religions and Cultic Place-Names, hg. von T. Ahlbäck, Åbo/Stockholm 1990.

Óðrœrir (altnord., etwa: »der zur Ekstase Anregende«) ist der Name des → Skaldenmets. Laut Snorri (Skaldsk 1) ist Ó. aber einer der Kessel, in denen die Zwerge Galarr und Fjalarr das Blut des von ihnen ermordeten Riesen → Kvasir auffingen. Zu dieser Auffassung ist Snorri nur auf Grund der unklaren Stelle Háv 140 gekommen, aber Háv

107 und eine Reihe von Kenningar aus der Skaldendichtung beweisen eindeutig, daß Ó. ursprünglich den Skaldenmet selbst bezeichnete, der, wie schon aus dem Namen hervorgeht, als Rauschtrank verstanden wurde. Der Mythos von Kvasir bestätigt sogar noch in der bei Snorri überlieferten Form die Stellung des Rauschtranks im Kult, welche weit in heidnische Vergangenheit zurückreicht.
Der Name Ó. paßt gut zum Met, so daß eine Verbesserung in ohrœrir »Verjüngungstrank« unnötig ist.

H. Lindroth, Boðn, Són och Ó., in: MoM, 1915; J. de Vries, ARG, ³1970.

N: *Óðrœrir* heißt die Zeitschrift einer 1976 gegründeten neugerman. Religionsgemeinschaft (*Ó. Wiedergeburt der german. Religion: Mitteilungsblatt*).

Öflugbarða (altnord., »Stark-Bart« oder »Stark-Axt«) heißt eine Riesin in den Thulur. Stimmt aber die erste Bedeutung, dann wäre natürlich eher an einen Riesen Öflugbarði zu denken; ein solcher findet sich in Bragis Ragnarsdrápa 15, und der Kompilator der Thulur dürfte in der Flüchtigkeit den Namen auf Grund der Genitivendung -a unter die Riesinnen gereiht haben.

F. Jónsson, Þulur, in: APhSc9, 1934.

Oegishjálmr → Ägirshelm.

Öku-Thor (altnord. Öku-Þórr, »Fahr-Thor«) nennt nur Snorri (Gylf 20, 43, 45, 53) den Gott Thor. Er leitet den Namen, der uns nirgendwo in der Dichtung erhalten geblieben ist, wohl richtig von aka »einen Wagen fahren« ab, da ja Thor einen von zwei Böcken gezogenen Wagen lenkt; der Ursprung der Vorstellungen vom Fahren Thors könnte im Geräusch des Donners liegen.
Die Ansicht, Öku- sei erst volksetymologisch von aka abgeleitet, ursprünglich jedoch vom finnischen Donnergott Ucco entlehnt (Finn Magnussen, Cleasby-Vigfusson), ist bei der normalerweise gegenläufigen Richtung der Kulturübernahmen zumindest unwahrscheinlich.

Ölnir ist der Name eines Zwerges in den Thulur, wo er auch als Sohn Odins bezeichnet wird; Odins Sohn ist aber Thor. F. Jónsson nimmt an, Ö. sei ein Thorsname gewesen, der später auf Odin übertragen und mit Geir- versehen wurde (→ Geirolnir), da Ö. besser auf Thor als auf Odin passe. – Der Name gehört wohl zu altnord. ala, bedeutet also etwa »Nährer«?; doch wäre auch eine Verbindung zu dem magischen Runenwort alu denkbar.

F. Jónsson, Gudenavne – dyrenavne, in: ANF 35, 1919; ders., Lexicon Poeticum, Kopenhagen ²1966; J. de Vries, Altnord. etymolog. Wörterbuch, Leiden ²1977.

Ölrun ist ein nur in der Heldendichtung (Vkv) überlieferter Name einer → Walküre; sie wird als Tochter eines Königs Kiarr von Valland bezeichnet und wie → Hervör und → Hlaðguðr als Schwanenjungfrau geschildert. Der Name könnte eigentlich »Bierrune« bedeuten, ob er etymologisch wirklich hierhergehört, ist wohl zweifelhaft.

Ölvaldi (altnord., »der Bierverwalter«) heißt laut Snorri (Skaldsk 1) der Riese, welcher der Vater von Thjazi, Iði und Gangr ist. Der reiche Ö. teilt die Erbschaft unter seinen Söhnen so auf, daß sich jeder einen Mund voll Gold nehmen darf; deswegen könne das Gold in Kenningar auch »Mundvoll Thjazis« (oder Iðis oder Gangrs) genannt werden. Da diese drei Riesensöhne tatsächlich häufig in Kenningar für Gold auftauchen, dürfte die ganze Geschichte nicht erst von Snorri erfunden sein, sondern es könnte der Rest eines alten Mythos vorliegen. Von allen Eddaliedern erwähnt allerdings nur Hrbl 19 den Riesen Ö. (in der Form → Allvaldi) als Vater Thjazis an der Stelle, wo Thor die Erschlagung Thjazis erwähnt; vom Rest des Mythos findet sich sonst nichts.

Önduðr oder Öndóttr (altnord.) heißt ein Riese in den Thulur; Ö. ist auch ein Personenname, aber als Riesenname scheint die handschriftliche Variante Öndóttr »der Schreckliche« das Ursprüngliche zu sein.

öndvegissúlur (altnord., »Hochsitzsäulen«) spielten in der heidnischen skandinav. Religion offensichtlich eine gewisse Rolle; die Bedeutung dieser Pfeiler des Ehrensitzes an der Nordseite des Hauses ist wohl aus einer Verknüpfung des Ahnenkults mit dem Kult der Weltsäule – repräsentiert durch den tragenden Pfosten des Hausdachs – hervorgegangen. Die Sagas berichten, daß isländ. Siedler beim Landfall ihre ö. ins Meer warfen und sich dort niederließen, wo diese angeschwemmt wurden. Von ö. mit eingeschnitztem Thorsbild erzählt die Eyrbyggja saga, wobei sie diese aus einem norweg. Tempel stammen läßt; doch selbst wenn die Angaben dieser Saga irgend eine faktische Bedeutung haben sollten, war die Aufstellung solcher Säulen und Sitze im Tempel allenfalls sekundär. Dagegen hatten die ö. im vorwikingerzeitlichen Kontinentalskandinavien offenbar doch kultische Relevanz, wie die Funde von Goldblechen und wertvollen Gläsern an diesen im Norden von fürstlichen Hallen gelegenen Säulen bestätigen.

V. Kiil, Fra andvegissula til omnkall, in: Norveg 7, 1960; J. de Vries, ARG, [3]1970; R. Simek, Religion und Mythologie der Germanen, 1993.

Önn oder Önni (altnord., »Arbeit«?) heißt ein Zwerg in den Thulur.

Örmt (altnord., »die sich in Arme Teilende«?) heißt ein (mythischer?) Fluß in den Grm 29 und in den Thulur; die Grm sprechen davon, daß Thor jeden

Tag auf dem Weg zur Versammlung der Götter unter der Weltesche Yggdrasill die Flüsse »Körmt und Ö. und die beiden Kerlaugar« durchwaten muß. Dies könnte darauf hindeuten, daß es sich bei diesen Flüssen um Jenseitsflüsse handelt, die im Osten die Grenze von Midgard gegen Jötunheim bilden, wo sich Thor nach Auskunft der Eddalieder häufig zur Bekämpfung der Riesen aufhielt.

Örnir (oder Aurnir, altnord.) heißt der Vater einer der Riesenmägde im Grt 9, der, wie die anderen Riesen dieser Strophe (Hrungnir, Thjazi, Iði), in späten Kenningar und in den Thulur erwähnt wird, meist jedoch in der Form Aurnir. Der Name könnte in dieser Form dann »Fels-, Erdbewohner« bedeuten, ähnlich den Riesennamen Aurgelmir, Aurboða.

Ösgrúi (altnord., »Aschenhaufen«) ist der Name eines Riesen in den Thulur.

Öskruðr (altnord., »Brüller«) heißt ein Riese in den Thulur; zahlreiche Riesennamen scheinen ähnliche Bedeutungen zu haben.

Ófnir (1) (altnord., »der Aufhetzer«) ist ein Beiname Odins in den Grm 54 und in den Thulur.
(2) (altnord., »die sich Windende«) heißt eine der Schlangen, die unter den Wurzeln der Weltesche Yggdrasill hausen (Grm 34), laut Snorri in der Quelle Hvergelmir (Gylf 15).

Ófóti (altnord., »der Beinlose«) heißt in den Thulur ein Riese, der möglicherweise als heros eponymos des norweg. Ófótansfjords aufgefaßt wurde.

Óglaðnir (altnord., »der Freudlose«) heißt ein Riese in den Thulur.

Óinn (altnord., »der Furchtsame« zu óast) heißt ein Zwerg in der Vsp 11.
N: Als Oin findet sich dieser Zwerg unter den 13 Zwergen in J. R. R. Tolkiens Roman *The Hobbit* (1937).

Ókolnir (altnord., »der unkalte Ort«) ist ein mythologischer Ort, an dem laut Vsp 37 (und Gylf 51) die Trinkhalle des Riesen Brimir steht. Da die riesischen Wohnstätten sonst als kalt gelten, hat man Ó. auch in Ofkolnir ändern wollen, also »der sehr kalte Ort«. Wahrscheinlicher ist allerdings, daß es sich bei Ó. ursprünglich nur um eine andere Bezeichnung oder Kenning für die (geheizte) Trinkhalle handelte, die erst vom Vsp-Dichter als mythologischer Ort aufgefaßt wurde.

A. M. Sturtevant, Comments on Mythological Name-Giving in Old Norse, in: Germanic Review 29, 1954.

Óláfr Pá → Húsdrápa.

Olgr (altnord.) ist ein Odinsname in den Thulur, der am wahrscheinlichsten als »der Brausende«, also als Gott des stürmischen Meeres, gedeutet werden kann.

H. Falk, Odensheite, Kristiania 1924.

Ollerus ist laut Saxo (Gesta Dan. III, 81) ein Ase, der während → Odins Verbannung die Herrschaft über die Asen übernommen habe; in dieser Funktion wurde auch er dann als »Odin« bezeichnet. Es handelt sich bei O. offensichtlich um den nord. Gott → Ullr/Ullinn.

Ollogabiae. Matronenname. Den Matronae O. sind zwei Weiheinschriften aus der Mainzer Gegend gewidmet (CIL XIII 6751 u. 7280); der Name ist ein kelt. Gegenstück zu den german. Alagabiae und bedeutet wie diese etwa die »reichlich Gebenden«.

R. Much, Baudihillia und Friagabis, (Festschrift Jellinek) 1928; S. Gutenbrunner, Die german. Götternamen, 1936.

Olsen, Magnus (1878–1963) war norweg. Ortsnamenforscher, der zu Anfang des 20. Jahrhunderts erstmals auf die Bedeutung der theophoren Ortsnamen für die german. Religionsgeschichte aufmerksam machte. Schon O. machte in seinen Untersuchungen den Versuch, aus der Art der Zusammensetzung von Göttername und Landschaftselement auf das Alter und die Art eines Kultes – ob öffentlich oder privat – zu schließen; aber obwohl seit O.s Werken *Hedenske Kultminder i norske Stedsnavne* (Kristiania 1915) und *Aettegård og Helligdom* (Kristiania 1926) zahlreiche Aufsätze zur Beziehung von Ortsnamen und Religionsgeschichte erschienen, fehlt bis heute eine umfassendere Darstellung, wenn auch de Vries in seiner *Altgerman. Religionsgeschichte* Ansätze dazu vorlegt.

Ómi (altnord.) ist ein Odinsname in den Grm 49, den Thulur und bei Snorri (Gylf 2). Ó. könnte »der Lärmer« bedeuten (zu ómun »laut«); sinnvoller ist aber eine Erklärung als »der Oberste« (aus *auhuma).

H. Falk, Odensheite, Kristiania 1924; J. de Vries, Altnord. etymolog. Wörterbuch, Leiden [2]1977.

Ónarr (altnord.) ist der Name eines Zwerges. In Rm 2 wird er als Vater des Zwerges Andvari bezeichnet; ob der in Skaldsk 22 genannte Ó. mit diesem Zwerg identisch ist, ist fraglich.

Opfer brachten die Germanen sowohl an Naturheiligtümern als auch für personifizierte Gottheiten dar. Das O. dient dem Zweck der Beeinflussung jenseitiger Mächte zur Erlangung von Gewünschtem nicht durch magische Manipulation, sondern durch die Darbringung von Gaben, wobei gleichzeitig mythische Urhandlungen nachvollzogen werden.
Bei Votivgaben – vor allem bei absichtlich zerbrochenem Kriegsgerät – handelte es sich möglicherweise auch um Dankopfer, sonst sind aber nur Bittopfer belegt.

Zu den ältesten bezeugbaren Opferformen bei den Germanen zählt das Niederlegen von Votivgaben an heiligen Stellen wie Mooren, Quellen, Wasserfällen, Steinen und Bäumen; dabei hängt die Art der Gabe mit dem Wunsch an die Gottheit zusammen: Die etwa 100 winzigen goldenen Miniaturboote aus einem Moor bei Nors in Jütland waren sicherlich mit dem Wunsch um sichere Schiffahrt verbunden, absichtlich zerbrochene Waffen aus anderen dän. Moorfunden (z. B. Hjørtspring auf der Insel Alsen) hängen zweifellos mit dem Wunsch um (oder Dank für) den Sieg zusammen; daneben finden sich auch noch Speisegaben und Hausgerät in Votivopfern.

Zu den wichtigsten Opferformen bei den Germanen zählt das Speiseopfer, bei dem das geschlachtete Tier von der Opfergemeinschaft zusammen verzehrt wurde. Auch die wenigen und leider nicht sehr verläßlichen literarischen Quellen über das wikingerzeitliche O. (zusammengestellt bei Ström 1966) weisen vorwiegend auf Schlacht- und Speiseopfer. Das altnord. Wort für O. ist blót (blóta »opfern«, got. altengl. blōtan) und bedeutete ursprünglich wohl »(die Gottheit) stärken« und gehört etymologisch nicht zum Wort Blut. Snorri gibt in der Heimskringla (Hákonar saga góða 14) eine Beschreibung eines O.s in Norwegen: Sigurð, Jarl von Hlaðir, war ein eifriger Opferer und hielt in Thrandheim nach altem Brauch ein O. ab; alle Bauern mußten daran teilnehmen und sich für die Dauer des Opferfests selbst versorgen. Verschiedenes Kleinvieh, aber auch Pferde wurde geschlachtet und das Opferblut (hlaut) wurde in besonderen Schüsseln (hlaut-bollar) aufgefangen und mit einem Zweig (hlautteinn) wie mit einem Sprengwedel auf den Altar und die Wände und die Gäste gespritzt; über den Langfeuern hingen Kessel. Der Häuptling, der das O. veranstaltete, sollte dann den Becher (full) weihen, und der erste wurde auf Odin, die nächsten auf Njörðr und Freyr »für gute Ernte und Frieden« getrunken, dann der → bragafull und dann der → minni (der Becher zum Andenken an die Verstorbenen); eine noch ausführlichere Schilderung eines solchen Opferfests auf Island bringt die Eyrbyggja saga 4, die aber höchstwahrscheinlich auf Snorri beruht. Jedenfalls sind beide Darstellungen allzu offensichtlich eine phantasievolle Rückverlängerung christlicher Liturgie auf die heidnischen Bräuche und haben daher nur sehr geringen Quellenwert (Düwel, Walter). Der hlautteinn etwa war in der heidnischen Zeit in Wirklichkeit ein Losstab (vgl. Hym 1; Þorvaldr Koðránsson), den die christlichen Schriftsteller aber als eine Art von Sprengwedel (aspergium) deuteten.

Tatsächlich dürfte sich nur das Röten (eines Altars? eines → Hörgr?) und das rituelle Mahl des Opferfleisches auf wikingerzeitliche heidnische Bräuche zurückführen lassen (Ström 1966), die damit als Hauptformen des spätheidnischen Gemeinschaftsopfers anzusehen sind. Welchen Göttern diese O. gewidmet waren, war zeitlich und regional sicher recht unterschiedlich. Die Opferriten waren aber wohl komplexer, als wir auf Grund der Quellen erkennen können, und durch geheimes Wissen um die Kultvorschriften gekennzeichnet, wenn wir der Strophe 144 der Háv trauen können:

»Weißt du zu ritzen (rísta),
Weißt du zu raten (ráða),
Weißt du zu färben (fá),
Weißt du zu fragen (freista),
Weißt du zu bitten (biðja),
Weißt du zu opfern (blóta),
Weißt du zu senden (senda),
Weißt du zu schlachten (sóa)?«

Hier sind vermutlich alle möglichen rituellen Handlungen aufgezählt und vermutlich ist sogar das Wort senda (sonst »senden«) hier als »opfern, hingeben« zu verstehen (Liberman; Düwel 1970).
Snorri erwähnt in der Ynglinga saga 8 die hauptsächlichsten Opferzeiten: Zu Beginn des Winterhalbjahres für gute Ernte, zu Mittwinter (Jul?) für Fruchtbarkeit, zu Sommerbeginn für den Sieg. Diese Zuordnung dürfte den Tatsachen nicht ganz entsprechen, da das Frühlingsopfer zweifellos auch ein Wachstumsopfer war.
Die höchste Form des O.s war das → Menschenopfer, das aber Odin vorbehalten gewesen sein dürfte, wie uns schon Tacitus mitteilt (Germ 9); die Form des Odinsopfers war das Hängen und Durchbohren mit dem Speer, obwohl auch das Ritzen des → Blutaars möglicherweise ein O. an Odin darstellte. Nur für das Menschenopfer gibt es völkerwanderungszeitliche Bilddarstellungen. Es wurde auch beim großen Opferfest in → Uppsala dargebracht.

E. Klein, Der Ritus des Tötens bei den nord. Völkern, in: ARW 28, 1930; F. Ström, Tro och Blot, in: Arv 7, 1951; W. Grönbech, Kultur und Religion der Germanen, [5]1954; Å. V. Ström, Die Hauptriten des winkingerzeitl. nord. Opfers, (Festschrift W. Baetke) 1966; E. Walter, Quellenkrit. und Wortgeschichtl. zum Opferfest von Hlaðir, ebenda; J. Simpson, Some Scandinavian Sacrifices, in: Folklore 78, 1967; O. Nordland, Offer, in: KLNM 12, 1967; K. Düwel, German. Opfer und Opferriten, in: H. Jankuhn, Vorgeschichtl. Heiligtümer, 1970; H. Beck, German. Menschenopfer, ebenda; J. de Vries, ARG, [3]1970; J. L. Sauvé, The Divine Victim, in: Myth and Law among the Indo-Europeans, hg. von J. Puhvel, Austin 1970; K. Düwel, Das Opferfest von Lade, 1971; K. Hauck, Zur Ikonologie der Goldbrakteaten VIII, (Festgabe für O. Höfler) 1976; A. Liberman, Germanic sendan, in: JEGPh 77, 1978; P. C. Bauschatz, The Germanic Ritual Feast, in: The Nordic Languages and Modern Linguistics, Stockholm 1978; K. Düwel, Das Opferfest von Lade, 1985; J. H. Aðalsteinsson, Opferbeschreibungen in christl. Schriften, in: Old Norse and Finnish Religions and Cultic Place-Names, hg. von T. Ahlbäck, Åbo/Stockholm 1990.

Orendel (mhd.) ist der Held des gleichnamigen Spielmannsepos, der Name entspricht altnord. → Aurvandill.

Óri (altnord., »der Verrückte« zu œrr?) heißt ein Zwerg in der Vsp 15 (Gylf 13). Ebenso wie der Zwergenname Onarr tritt auch Ó. in den Thulur als Bezeichnung für »Schlange« auf; → Órinn.
N: O. ist einer der 13 Zwerge in J. R. R. Tolkiens Roman *The Hobbit* (1937).

Órinn (altnord., »der Streitsüchtige«) heißt ein Zwerg in der Vsp 11; → Óri.

(Ortlinde) heißt eine Walküre (Mezzosopran) in R. Wagners Oper *Die Walküre*. Der Name ist von Wagner erfunden.

Ortsnamen hatte man schon im 19. Jh. als Quelle für die german. Religionsgeschichte erkannt, eine erste systematische Aufarbeitung dieses Quellenmaterials hat aber erst der norweg. Ortsnamenforscher Magnus → Olsen zu Beginn des 20. Jh. begonnen. Man kann bei den theophoren (»mit einem Götternamen gebildeten«) O. unterscheiden in solche, deren zweites Element ein Naturname ist (etwa -nes »Landzunge«, -ey »Insel«, -berg) und in solche, deren zweites Namenselement auf eine Kultstätte deutet; zu letzteren zählen alle theophoren O. auf -hof »Tempel?«, -hörgr und -vé »Kultstätte«, -lund »Hain«, vielleicht auch solche auf -vin »Wiese« und -akr »Acker«. Selbstverständlich haben die O. dieser zweiten Gruppe einen wesentlich höheren Aussagewert als Belege für einen Götterkult. Neben den eigentlichen theophoren O. gibt es noch eine größere Anzahl solcher, die ganz allgemein auf eine Kultstätte deuten, ohne daß die verehrte Gottheit genannt würde; dazu gehören etwa Vi (aus vé »Heiligtum«) oder Guðakr »Gottesakker«, vielleicht auch Hof »Hof; Tempel?«.
Sakrale O. in diesem weitesten Sinn gibt es in Skandinavien in sehr großer Zahl (Olsen nennt für Norwegen allein über 600), theophore O. im engeren Sinn sind in Skandinavien, einschließlich Island, etwa 1050 belegt. Davon stammen ca. 225 aus Norwegen, ca. 270 aus Dänemark, ca. 510 aus Schweden, knapp 30 aus Finnland und etwa 40 aus Island.
Schon M. Olsen hat auf die bemerkenswerte Tatsache hingewiesen, daß die Häufigkeit der in den O. auftretenden Götter nicht mit der Stellung dieser Götter in der Mythologie der literarischen Quellen korrespondiert. Als Hauptgott erscheint in den Eddas Odin, dennoch sind in Island, wo diese Werke entstanden sind, keine O. auf Odin belegt, und selbst in Norwegen, wo der kulturelle Hintergrund der altisländ. heidnischen Religion zu suchen ist, finden sich nur 12 solcher theophorer O. auf Odin (also nur 5,3 %: Höfler); auch in Dänemark und Schweden sind sie keineswegs häufig (32 bzw. 76 Belege). Der Gott Thor dagegen ist in den O. gut bezeugt, allerdings er-

gibt sich bei den O. auf Thor das Problem, daß sehr schwer zwischen theophoren O. und solchen, die auf dem Träger eines Thorsnamens (Thorbjörn, Thorleif, Thorstein, Thorkel, Thorgil etc.) basieren, zu unterscheiden ist; dies gilt auch für die häufigen O. auf Thor in Großbritannien.

Überraschend oft findet sich in O. der Name des Gottes Ullr (oder die Nebenform Ullinn) in Norwegen und Schweden, obwohl dieser Gott anderswo kaum hervortritt und in den literarischen Quellen recht unbedeutend wirkt. Dieser Umstand muß zu der Annahme führen, daß Ullr zur Zeit der Entstehung der O. eine wesentlich größere Rolle gespielt haben muß, als in der spätheidnischen Zeit, aus der unsere ältesten literarischen Quellen stammen.

Erwartungsgemäß sind O., die mit den Namen der Wanen, also den Fruchtbarkeitsgöttern Njörðr, Freyr und Freyja gebildet sind, in Schweden und Norwegen sehr verbreitet, allerdings fehlen sie in Dänemark fast völlig, und in Island sind nur drei O. auf Freyr belegt. Aber erst gemeinsam erreicht die Zahl der O. mit Wanennamen die Häufigkeit derer auf Ullr.

Neben theophoren O. mit Namen dieser bekannten Götter findet sich eine Reihe mit Namen von Gottheiten, die wir aus der Dichtung fast überhaupt nicht kennen, wie Hörn und *Vrindr. Aus den O. allein Aussagen über solche Götter zu machen, ist jedoch fast unmöglich.

O. sagen auch etwas über die Distribution von Götterkulten aus; so ist z. B. auffällig, daß manche Götter offenbar in Verbindung mit einem anderen verehrt wurden; es standen etwa Njörðr und Týr, Ullr und Freyr, Ullr und Njörðr anscheinend im Kult miteinander in Verbindung; daraus Schlußfolgerungen auf das Göttersystem zu ziehen, ist allerdings schwierig. Die Diskrepanz zwischen dem Befund der O. einerseits und der Götterlehre der Eddas andererseits beweist natürlich nicht, daß eine dieser Quellen falsche Mitteilungen überliefert, sondern nur, daß wir es mit Verhältnissen weit auseinanderliegender Epochen zu tun haben; denn während die Eddas sich auf die Religion der späten Wikingerzeit beziehen, geben die O. die Zustände mehrerer hundert Jahre über die ganze Völkerwanderungszeit hinweg wieder.

Art und Verbreitung von Heiligtümern lassen sich aus der Verteilung ebenfalls ablesen und dies könnte, in Relation zur Verbreitung der Siedlungsbezeichnungen, zweifellos auch Aufklärung über die zeitliche Schichtung verschiedener Arten von Heiligtümern geben; brauchbare Untersuchungen darüber stehen aber noch aus.

J. C. H. R. Steenstrup, Nogle Undersøgelser om Guders Navne i de nordiske Stedsnavne, in: Histor. Tidsskrift, 6. R., 1895; M. Olsen, Det gamle norske Ønavn Njarðarlög, Kristiania 1905; E. Brate, Thor(s)hughle, in: ANF 29, 1913; M. Olsen, Hedenske Kultminder 1, Kristiania 1915; E. Noreen, Ett hedniskt Kultcentrum i Värmland, in: NoB 8, 1920; A. Olrik u. H. Ellekilde, Nordens Gudeverden, København 1926–51; M. Olsen, Ættegård og Helligdom, Kristiania 1926; S. Aakjær, Danske stednavne fra hedenold, in: Dansk udsyn, 1927; M. Olsen, Farms and Fanes of Ancient Norway, Oslo 1928; E. Wessén, Schwed. O. u. altnord. Mythologie, in: APhSc 4, 1929; R. Knudsen, Vi og Vis i Stednavne, (Studier t. V. Dahlerup) Aarhus 1934; S. K. Amtoft, Stednavna, in: Aarbøger f. nord. Oldkynd. og Hist., 1941; ders., Nordiske Gudeskikkelser i bebyggelseshistorisk Belysning, København 1948; E. Elgqvist, Studier rörande njordkultens spridning, Lund 1952; N. Lid, Scandinavian Heathen Cult Places, in: Folk-Liv 21/22, 1957/58; K. Hald, The Cult of Odin in Danish Place-Names, (Early English and Norse Studies, Pres. t. H. Smith) London 1963; O. Höfler, Die nord. Kultortsnamen und die Edda, (Disputationes ad montium vocabula) 1969; J. de Vries, ARG, [3]1970; E. O. G. Turville-Petre, Thurstable, in: Nine Norse Studies, London 1972; ders., Myth and Religion of the North, Westport 1975; K. Bondevik, Truer og førestellingar i stadnam, in: Norske stedsnavn/stadnamn, Oslo 1975; O. Stemhaug, Våre nye stadnamn, in: Syn og Segn 83, 1977; T. Andersson, Thorsten, Eigennamen als erstes Glied nordischer Ortsnamen, in: NoB 67, 1979; L. Elmevik, Åsaka, (Nordisk Namnstudier. Festskrift till H. Ståhl) Uppsala 1985 (= NoB 73); G. Fellows-Jensen, The Viking's Relationship with Christianity in the British Isles: the evidence of place-names containing the element kirkja, in: Proceedings of the Tenth Viking Congress, hg. von J. E. Knirk, Oslo 1987; S. Benson, Einige Personennamen und Götternamen in schwed. O., in: Old Norse and Finnish Religions and Cultic Place-Names, hg. von T. Ahlbäck, Åbo/Stockholm 1990; R. B. Finnestad, The Study of the Christianization of the Nordic Countries. Some Reflections, ebenda; S. Brink, Cult Sites in Northern Sweden, ebenda; J. Kousgård Sørensen, The Change of Religion and the Names, ebenda; B. Holmberg, Views on Cultic Place-Names in Denmark. A Review of Research, ebenda; dies., Om Sakrale sted- og personnavne, in: Nordisk hedendom. Et symposium, hg. von G. Steinsland u. a., Odense 1991; dies., Über sakrale O. und Personennamen im Norden, in: Germanische Religionsgeschichte. Quellen und Quellenprobleme, hg. von H. Beck, D. Ellmers u. K. Schier, Berlin/New York 1992; T. Andersson, Orts- und Personennamen als Aussagequelle für die altgerman. Religion, in: Germanische Religionsgeschichte. Quellen und Quellenprobleme, ebenda; S. Brink, Har vi haft ett kultiskt *al i Norden?, in: Sakrale Navne, hg. von G. Fellows-Jensen u. B. Holmberg, Uppsala 1992; G. Fellows-Jensen, Cultic Placenames. A view from the Danelaw, ebenda; B. Helleland, Sakrale namn. Nokre forskningsoppgåver frå norsk synsstad, ebenda; J. Kousgård Sørensen, Cultic names. Past, present and future, ebenda; ders., Stednavne og folketro, ebenda; J. Sandnes, Norsk stedsnavn og hedensk kultus. En vurdering av Magnus Olsens tearier i lys av nyere forskningsdebat, ebenda; P. Vikstrand, Ortnamnet Hov – sakralt, terrängbetecknande eller bägge delarna, ebenda; T. Andersson, Kultplatsbeteckningar i nordiska ortnamn, ebenda; B. Helleland, O. als sozial- und religionsgeschichtliche Quelle vorchristlicher Zeit in Norwegen, in: XII. Arbeitstagung der deutschsprachigen Skandinavistik, 1996.

Óski (altnord.) ist ein Odinsname in den Grm 49, bei Ottar svarti und in den Thulur, auch Snorri führt ihn an. O. könnte etwa »Wunsch-Erfüller« bedeuten – wie ja auch die Walküren als óskmeyjar bezeichnet werden –, und damit darauf anspielen, daß er die Gefallenen in Walhall empfängt.

H. Falk, Odensheite, Kristiania 1924.

Óskmey (altnord., »Wunschmädchen«) ist ein Synonym für → Walküre (Óddrúnargrátr 16), da die Walküren die von Odin auserwählten (und von den gefallenen Kriegern ersehnten?)

Mädchen waren, die die Gefallenen nach Walhall brachten.

Óskópnir (altnord.) heißt in den Fm (14 u. 15) der sonst Vígríðr genannte Kampfplatz, auf dem zu den Ragnarök die Asen gegen Surtr und seine Muspellsmächte antreten werden. Die Bedeutung des Namens ist nicht befriedigend geklärt, möglich wäre »der (noch nicht) Geschaffene«.

Oskoreidi (norweg.) wird in Süd- und Westnorwegen das → Wilde Heer genannt; man hat die Bezeichnung als Ásguðsreið (»Ritt des Asengottes = Odins«) gedeutet, was zur Beziehung Odins zur Wilden Jagd in heidnischer Zeit gut passen würde; aber rein sprachlich wäre eine Deutung von O. als »Schreckensritt« mindestens ebenso wahrscheinlich.

M. Hægstad, Um namnet Oskoreidi, in: MoM, 1912; J. de Vries, ARG, [3]1970.

***Ôstara** (ahd.) war vielleicht eine heidnische Frühlingsgöttin (urgerman. *Austrō), die sich aus dem ahd. Namen des Osterfestes, Ôstarûn, und der Erwähnung einer angelsächs. Göttin → Ēostra bei Beda ableiten ließe (Grimm). Ob der Name der Göttin vom Ostermonat abgeleitet ist oder umgekehrt, ist unsicher, das christliche Osterfest ist jedenfalls über den Monatsnamen zu seinem heidnischen Namen gelangt.

Lit. → Ēostra.

N: Der Name der Ô. wurde ab 1905 für einen Verlag und eine Bücherreihe (»Bücherei der Blonden und Mannesrechtler«) mit Sitz in Mödling bei Wien verwendet.

ota, runisches Zauberwort auf vier Brakteaten und zwei brakteatenähnlichen Anhängern des 6. Jh.; die Bedeutung des Wortes ist unklar, vielleicht gehört es zu altnord. ótti und bedeutet dann »Schrecken«, »numinose Furcht«, vielleicht aber auch zu altsächs. odal »reich«. Auf den Hüfinger Kleinbrakteaten, die als Schmuck dienten, taucht das Wort gepaart mit → alu auf, was eher auf eine schützende Bedeutung hinweisen würde, wenn die beiden Begriffe nicht etwa ein Gegensatzpaar bilden sollten.

G. Fingerlin, J. F. Fischer u. K. Düwel, Alu und o. – Runenbeschriftete Münznachahmungen der Merowingerzeit aus Hüfingen, in: Germania 76, 1998; U. Schwab, Zweierlei Runenwünsche, 1999; J. McKinnell u. R. Simek (mit K. Düwel), Runes, Magic and Religion: A Sourcebook, 2004.

Óttarr (altnord., meist als Óttarr heimski »Ottar der Dumme«) heißt die Person, um die sich die mythologisierende Rahmenhandlung der → Hyndluljóð dreht.

P

Paulus Diaconus (ca. 720–799) war ein Kleriker aus einem langobard. Adelsgeschlecht, der nach einer Erziehung am langobard. Königshof in Pavia und einem Diakonat in Aquilea als

Mönch in Monte Cassino lebte; 782–86 war er am Hofe Karls des Großen. Neben anderen Werken ist für die Germanistik vor allem seine *Historia Langobardorum* (um 790) wichtig, in deren erstem Buch er auch auf die Herkunft und mythischen Sagen der Langobarden eingeht, die für die german. Mythologie von Wert sind.
Schon ein Jahrhundert vorher war die andere wichtige Quelle zur Geschichte der Langobarden, die anonyme *Origo gentis Langobardorum* entstanden, mit der Paulus in vielem konform geht.

Pfahlgötter. Die Verehrung von Göttern in Pfählen, bzw. in Form von Pfählen, ist eine der ältesten belegbaren Formen des Götterglaubens. Schon in der europäischen Steinzeit, aber auch bei den Germanen der Bronzezeit wurden in Steinhaufen aufgerichtete Pfähle verehrt. Bereits für die Eisenzeit ist die Anfertigung von anthropomorphen P.n belegt, erhalten sind bis zu 4 m hohe Pfähle oder Astgabeln mit roh angedeuteten menschlichen Zügen; solche P. sind sowohl aus Deutschland wie aus Dänemark und England bekannt. Als hölzerne »Götzen« werden noch die Götterbilder des späten Heidentums in den christlichen Quellen bezeichnet, so etwa die Statue des Gottes → Freyr im Gunnar þáttr helmings.
Die Herkunft der Pfahlverehrung im engeren Sinn hat man einerseits in einem Phalloskult sehen wollen, der aber bei den Germanen nur eine geringe Rolle gespielt haben dürfte, andererseits in einem archaischen Baumkult oder den damit möglicherweise verbundenen Vorstellungen von der Weltsäule (→ Irminsûl).

R. Meringer, Wörter und Sachen III. Der verehrte Pflock, in: IF 18, 1905/06; ders., Wörter und Sachen V. Die Pflock- und Säulenverehrung, in: IF 21, 1907; ders., Indogerman. Pfahlgötzen, in: Wörter und Sachen 9, 1926; J. Trier, Irminsûl, in: Westfäl. Forschungen 4, 1941; G. Behn-Blancke, German. Mooropferplätze, in: Ausgrabungen und Funde 2, 1957; H. Jankuhn, Archäolog. Bemerkungen, 1966; T. Capelle, Anthropomorphe Holzidole in Mittel- und Nordeuropa, Stockholm 1995; R. Simek, Religion und Mythologie der Germanen, 2003.

Pfahlkult → Pfahlgötter.

Pferd. Das P. nahm in der heidnischen german. Religion unter den Tieren eine Sonderstellung ein, die sicherlich nicht zuletzt in der großen praktischen Bedeutung als Reit- und Zugtier ihren Grund hat, und die schon auf indogerman. Zustände zurückgeht.
Die kultische Relevanz des P.s bei den Germanen ist bis in die Bronzezeit zurück kontinuierlich belegt; bronzezeitliche Felszeichnungen, Abbildungen auf sakralen Rasiermessern sowie das Zugtier am Trundholmer Sonnenwagen zeigen das P. ebenso wie eine große Zahl der vendelzeitlichen Brakteaten (vor allem der Gruppen C und D, seltener B), der wikingerzeitlichen Ru-

nensteine und Schnitzarbeiten häufig in religiösem Kontext. Auf den Bildsteinen dieser Periode ist wiederholt mit Sicherheit Odin auf seinem achtbeinigen Götterpferd → Sleipnir dargestellt, das hier möglicherweise als Totenpferd fungierte.
Nicht nur Odin, sondern vielleicht auch Freyr sind P.e geweiht gewesen; Hinweise darauf finden sich allerdings erst in jüngeren und unverläßlicheren Texten (Hrafnkels saga, Vatnsdœla saga, Óláfs saga Tryggvasonar) und sind daher mit Vorsicht zu betrachten.
Pferdeopfer sind dagegen auch archäologisch belegt, und Adam von Bremen berichtet bei seiner Schilderung des großen Opferfestes in → Uppsala, daß neben Menschen und Hunden auch P.e geopfert und in den Bäumen aufgehängt wurden. Wem diese Opfer galten – ob Odin, Freyr oder einem anderen Gott – ist schwer zu entscheiden. Die Partizipation am Opfermahl von Pferdefleisch war jedenfalls ein so verwurzelter Brauch, daß er für das Heidentum im Konflikt mit dem Christentum Symbolwert annahm: Der norweg. König Hákon wird von seinen heidnischen Landsleuten gezwungen, Pferdefleisch zu essen (Hákonar saga goða), und die Erlaubnis zum (sonst im Christentum untersagten) Genuß von Pferdefleisch war eine der Bedingungen, unter denen das isländ. Allthing im Jahre 1000 das Christentum annahm. → Völsi.

H. Rosén, Freykult och djurkult, in: Fornvännen 8, 1913; O. Höfler, Kultische Geheimbünde der Germanen, 1934; W. Koppers, Pferdeopfer und Pferdekult der Indogermanen, in: Wiener Beitr. zur Kulturgeschichte u. Ling. 4, 1936; G. Gjessing, Hesten i førhistorisk kunst og kultus, in: Viking, 1943; A. Holtsmark, Sleipnir, in: KLNM 16, 1971; J. Oexle, Merowingerzeitliche Pferdebestattungen – Opfer oder Beigabe?, in: FmSt 18, 1984.

Phol (vermutlich statt Fol) wird ein Gott am Beginn des → Zweiten Merseburger Zauberspruchs genannt. Dieser Göttername ist sonst nirgends überliefert und kann wohl nur in Verbindung mit dem Namen der Göttin Volla (für Folla?) gedeutet werden, die im selben Spruch erwähnt wird. Am überzeugendsten wirkt die Erklärung, es handle sich bei P. und Volla um ein göttliches Geschwisterpaar, das mit den skandinav. Göttern Freyr und Freyja identisch oder wenigstens eng verwandt sei; die nord. Entsprechung der Göttin Volla, die → Fulla, wird zwar in der eddischen Mythologie als selbständige Göttin (als »Zofe der Frigg«) bezeichnet, könnte aber vom Namen her als »Göttin der Fülle« durchaus ein Beiname für Freyja sein. P. ist daher wohl etymologisch ähnlich zu deuten, was dann auch für seine Nähe zum Fruchtbarkeitsgott Freyr sprechen würde.
Ganz unumstritten ist diese Deutung jedoch nicht. Vereinzelt nahm man an, es habe sich bei P. um keinen Gott, sondern eigentlich um das später genannte vo-

lon »Fohlen« gehandelt (Steiler, Warnatsch).

Nicht viel wahrscheinlicher ist die in der älteren Literatur zu findende Auffassung, P. sei eigentlich mit Balder identisch.

E. Brate, Andra Merseburg-besvärjelsen, in: ANF 35, 1919; W. Steller, P. ende Wodan, in: Zs. für Volkskunde 40, 1930; O. Warnatsch, P. und der 2. Merseburger Zauberspruch, in: ZfdPh 64, 1939; S. Gutenbrunner, Der zweite Merseburger Spruch, in: ZfdA 80, 1944; F. Genzmer, Die Götter des zweiten Merseburger Zauberspruchs, in: ANF 63, 1948; F. R. Schröder, Balder und der zweite Merseburger Zauberspruch, in: GRM 34, 1953; A. Spamer, P(h)ol ende uuodan, in: Dt. Jahrbuch für Volkskunde 3, 1957; J. de Vries, ARG, [3]1970; St. Schaffner, Die Götternamen des Zweiten Merseburger Zauberspruchs, in: Die Sprache 41, 1999.

Priester bei den Germanen erwähnt schon Tacitus (Germ 7, 10, 11, 40). Im Althochdeutschen könnte êwart (angelsächs. æweweard), obwohl es eigentlich »Gesetzeswart« bedeutet, P. bezeichnet haben, da es in Glossen für das lat. sacerdos zu finden ist.

In Skandinavien war wohl goði die übliche Benennung für den heidnischen P., ein Wort, das schon ab dem 5. Jh. auf Runensteinen als runennord. gudija belegt ist und gotisch gudja entspricht. Diese skandinav. → Goden hatten, vor allem in Island, zunehmend auch weltliche Funktionen und sind dann eine Art von Bezirkshäuptling.

Im german. Altertum dürften → Seherinnen eine priesterliche Rolle erfüllt haben, für die spätheidnische Zeit geben unsere Quellen über Priesterinnen kaum Auskunft, wenn wir vom altnord. Beinamen gyðja (zu goði) für einige Isländerinnen absehen.

Q

Quellen der german. Mythologie. Die ältesten Hinweise auf die Religion des frühen Nordeuropa geben uns die bronzezeitlichen → Felszeichnungen, die zweifellos religiös-kultischen Charakter tragen. Allerdings ist fraglich, ob wir die Träger dieses Kultes (besser: dieser Kulte, denn im Laufe des mindestens zwei Jahrtausende umfassenden Zeitraums der Entstehung der Felszeichnungen sind auch wesentliche Veränderungen dieser Religion aufgetreten) tatsächlich uneingeschränkt bereits als Germanen bezeichnen können. – Auskunft über religiöse Vorstellungen geben uns auch Bodenfunde. Hier stehen an erster Stelle Gräberfunde, die uns Hinweise auf die Einstellung der Trägerkultur in bezug auf → Grabbrauch und somit auch auf das Fortleben nach dem Tod geben. Daneben sind noch → Votivgaben zu nennen, die zu Ehren einer Gottheit niedergelegt wurden, meist in absichtlich zerbrochenem Zustand. – An dritter Stelle bei den archäolog. Q. sind verschiedenenorts gemachte Funde von → Kultobjekten zu nennen, die durch Funktion und Dekoration Auskunft nicht nur über den Kult, sondern, seltener, auch über die verehrten Götter geben. – Eine weitere außerliterar. Quelle sind die → Ortsnamen, soweit sie theophore Elemente oder Hinweise auf ehemalige Kultstätten beinhalten.

Die ältesten schriftlichen Zeugnisse sind die Götternamen auf antiken Votivinschriften (→ Matronen) und Nachrichten antiker Autoren; hier sind vor allem die *Germania* des → Tacitus (um 98 n. Chr.), die Schrift *De bello Gallico* des Caesar (um 50 v. Chr.) und *De bello Gothico* des Prokopius († ca. 558) zu erwähnen, daneben finden sich Hinweise auch bei Ammianus Marcellinus, Vellejus Paterculus, Strabo, Sueton, Plutarch u. a. m. Darüber hinaus finden sich in den Schriften europäischer Kleriker von der Spätantike bis zum Hochmittelalter zahlreiche Bemerkungen zur Religion der Germanen; zu nennen sind dabei die *Historia* des Paulus Orosius (nach 410), die Schrift *De origine actibusque Getarum* des Jordanes (551), die *Historia Francorum* des Gregor von Tours (591), die *Historia ecclesiastica gentis Anglorum* des Engländers Beda (731), die *Historia Langobardorum* des Paulus Diaconus (nach 787), die Werke Alcuins († 804) und die *Res gestae Saxonicae* des Widukind von Corvey (um 967); weiters sind die Viten und sonstigen Nachrichten über die Missionare der Germanen, wie Willibald, Columban, Bonifatius und Anskar zu erwähnen. Wichtiger sind der Hamburger Bischof Adam von Bremen mit seinen *Gesta Hammaburgensis Ecclesiae Pontificum* (um 1072) und ganz besonders das zu Beginn des 13. Jh. verfaßte Werk *Gesta Danorum* des Dänen → Saxo Grammaticus.

Die ältesten schriftlichen Zeugnisse in german. Sprachen sind die → Runeninschriften der heidnischen Zeit ab dem 2. Jh., die allerdings zum größten Teil eher in das Gebiet der → Magie als das der Religion fallen und uns vor allem Segens- und Abwehrformeln überliefern. → Zaubersprüche sind uns auch aus dem südgerman. Raum überliefert. Die reichsten Q. zu Religion und Mythologie besitzen wir jedoch für die Nordgermanen, und zwar in der mittelalterlichen isländ. Literatur. Vor allem in den → Götterliedern der Edda, aber auch in der → Skaldendichtung, die zum Teil noch in heidnische Zeiten zurückreichen, sowie in der systematischen Darstellung der Mythologie der → Snorra-Edda besitzen wir einmalige Q. zur german. Religion, auch wenn diese einer strengen Kritik unterzogen werden müssen, und selbst diese nicht immer zu den ältesten Schichten führen. Zwar enthalten auch die isländ. → Sagas häufig Anspielungen auf die heidnische Religion, aber die relativ späte Entstehungszeit im 13. und 14. Jh. und der vorwiegend literarische Charakter dieser Werke machen sie als verläßliche Q. kaum brauchbar, da wir hier ständig mit dem dominierenden

Einfluß mittelalterlicher Wissenschaft und somit mit gelehrten Rückverlängerungen und Rekonstruktionen rechnen müssen.

C. Clemen, Fontes Historiae Religionis Germanicae, 1928; W. Capelle, Das alte Germanien, 1929; F. R. Schröder, Quellenbuch zur german. Religionsgeschichte, 1933; O. Almgren, Nordische Felszeichnungen als religiöse Urkunden, 1934; S. Gutenbrunner, Die german. Götternamen der antiken Inschriften, 1936; W. Baetke, Die Religion der Germanen in Quellenzeugnissen, 1937; A. Holtsmark, Mytologi, in: KLNM 12, 1967; R. L. M. Derolez, Götter und Mythen der Germanen, 1974; H. Beck, Die religionsgeschichtlichen Q. der Gylfaginning, in: Germanische Religionsgeschichte. Q. und Quellenprobleme, hg. von H. Beck, D. Ellmers u. K. Schier, Berlin/New York 1992; M. Clunies-Ross, Q. zur germanischen Religionsgeschichte, ebenda; D. Ellmers, Die archäologischen Q. zur german. Religionsgeschichte, ebenda; B. Gladigow, Mögliche Gegenstände und notwendige Q. einer Religionsgeschichte, ebenda; K.-S. Kramer, Jacob Grimm und seine »volkskundlichen Q.«. Zur Frage der Zeugniskraft von »Sitte und Sage« für die »Deutsche Mythologie«, ebenda; E. Polomé, Quellenkritische Bemerkungen zu antiken Nachrichten über die german. Religion, ebenda.

Quellenkult. Die Verehrung von Quellen, die sich in der Niederlegung von → Votivgaben in oder bei Quellen manifestiert, ist für die Bronzezeit und Eisenzeit archäologisch gut belegt, eine Verehrung der Gewässer erwähnen auch noch frühmittelalterliche Autoren (Gregor von Tours, *Historia Francorum* II, 10; Procopius, *De Bello Gothico* II, 25). Kirchliche Bußbücher und christliche Gesetze verbieten die Verehrung von Quellen ebenso wie die Anbetung von Bäumen und Hainen.

In der Mythologie spiegelt sich der Q. in der Bedeutung der mythischen Quellen, zu denen der → Urdsbrunnen, der → Mimirsbrunnen sowie die Quelle → Hvergelmir gehören, aus der die mythischen Urflüsse (→ Élivágar) entspringen.

Die Verehrung von Quellen ist nicht nur für die Germanen, sondern auch für die anderen indogerman. Völker, besonders aber die Kelten belegt; der Ursprung des Q. hängt zweifellos mit den Vorstellungen von der Heiligkeit des → Wassers zusammen.

P. C. Bauschatz, The Well and the Tree: World and Time in Early Germanic Culture, Amherst (Mass.) 1982; R. Simek, Religion und Mythologie der Germanen, 2003.

R

Raben → Huginn.

Ráðgríðr (altnord., »die Herrschsüchtige«?) ist der Name einer → Walküre (Grm 36).

Ráðseyjarsund (altnord., »Ratsinselsund«) ist ein fingierter Ortsname der Hrbl 8, wo der Fährenbesitzer Hildólfr wohnte.

Ráðspakr (altnord., »der Scharfsinnige«) heißt ein Zwerg in den Thulur.

Ráðsviðr (altnord., »der kluge Ratgeber«) heißt ein Zwerg in der Vsp 12 und in den Thulur.

Ragnarök (altnord., Pl., »Endschicksal der Götter«) ist die Bezeichnung für die nord. Eschatologie in den Götterliedern der Edda, während die Snorra-Edda (so wie die Ls 39) durchwegs → ragnarökr »Götterdämmerung« verwendet, was aber erst eine spätere Umdeutung darstellt.
Hauptquelle für die Vorstellungen vom Weltuntergang sind die Vsp 44–66 und deren kommentierte Prosabearbeitung durch Snorri in der Gylf 50–52.
Die nord. Kosmologie schließt auch eine Zerstörung der Welt ein, welche die Götter ebenso betrifft wie die Menschen. Das Dasein der Götter ist also befristet, und das nicht von ungefähr: sie haben durch Verbrechen und Kriege wie die Menschen Schuld auf sich geladen.
Die R. werden durch vier große eschatologische Ereignisse gekennzeichnet, die in der Gylf 50 ausführlich beschrieben werden: der → Fimbulwinter; der Weltenbrand, mit dem → Surtr die ganze Welt vernichtet; das Versinken der Erde in dem von der → Midgardschlange aufgepeitschten Ozean; und schließlich die Verdunkelung der Sonne, die durch den → Fenriswolf verschluckt wird. Weitere Naturereignisse schließen sich an: die Erde bebt, Felsen stürzen, der Weltenbaum Yggdrasill zittert (Vsp 47), die Brücke Bifröst stürzt ein (Gylf 50). Um die Götter zu warnen, bläst Heimdallr das Gjallarhorn (Vsp 46). Odin zieht den Kopf Mímis zu Rate (Vsp 46) und die Götter beraten. Von allen Seiten nahen nun die Mächte der Unterwelt: Das Schiff → Naglfar wird flott und kommt mit den Riesen, von Hrymr (Gylf 50; nach Vsp 51 von Loki) gesteuert; Surtr führt die → Muspellssöhne heran. Besonders ausführlich wird der Götterkampf auf dem Kampfplatz Vígríðr (Vm 18) geschildert (Vsp 53–58; Gylf 50), in dem die Götter mit Unterstützung der → Einherier den Kampf gegen die Mächte der Unterwelt antreten. Odin kämpft mit dem Fenriswolf und fällt, wird aber von Víðarr gerächt. Thor tötet die Midgardschlange, stirbt aber an ihrem Gift. Freyr kämpft mit Surtr und fällt, da ihm sein Schwert fehlt; Týr und der Höllenhund Garmr, sowie Heimdallr und Loki töten einander. Schließlich entfacht Surtr das alles vernichtende Weltfeuer.
Die Vernichtung ist jedoch keine endgültige; gemäß einer zyklischen Weltvorstellung steigt eine neue, gereinigte Welt aus dem Meer. Die überlebenden Götter Víðarr und Váli, Móði und Magni treffen einander auf der Ebene Iðavöllr, dem Ort des früheren Asgard; von Hel kehren Balder und Höðr zurück. Die letzte Strophe der Vsp spricht dann vom endgültigen Untergang des Totendrachens Níðhöggr.
Die Strophen Vsp 59–66 mit der Schilderung der neuen Welt, sowie 37, welche Snorri im Zu-

sammenhang mit den R. zitiert (Gylf 51) und im Rahmen einer Beschreibung von Himmel und Hölle interpretiert, haben zur Frage nach christlichen Elementen in der Ragnarökschilderung der Vsp geführt, da sie zum Teil sehr an die Schilderung des himmlischen Jerusalem in der Johannesoffenbarung erinnern. Olrik hat eine Trennung der Elemente angestrebt und dabei die sittliche Verworfenheit der Welt, das Blasen des Gjallarhorns, das Verschwinden der Sonne, den Weltenbrand und die Schilderung der neuen Welt als christlich beeinflußt angesehen.

Weitere synonyme Bezeichnungen für den Weltuntergang neben R. in den Eddas sind aldar rök (»Weltende«, Vm 39), tíva rök (»Götterschicksal«, Vm 38, 42), þá er regin deyja (»wenn die Götter sterben«, Vm 47), unz um rjúfask regin (»wenn die Götter vernichtet werden«, Vm 52; Ls 41; Sd 19), þá er Muspellz-synir herja (»wenn die Muspellssöhne ausziehen«; Gylf 18, 36), aldar rof (»Weltuntergang«, HH II 41) und regin þrjóta (»Götterende«, Hdl 42).

A. Olrik, R., 1922; R. Reitzenstein, Weltuntergangsvorstellungen, in: Kyrkohistorisk Årsskrift 24, 1924; ders., Die nord., pers., und christl. Vorstellungen vom Weltuntergang, in: Vorträge der Bibl. Marburg 26, 1923–24; A. Holtsmark, R., in: KLNM 13, 1968; J. de Vries, ARG, [3]1970; J. S. Martin, R., Assen 1972; S. Nordal, Völuspá, 1980; A. Hultgård, Old Scandinavian and Christian Eschatology, in: Old Norse and Finnish Religions and Cultic Place-Names, hg. von T. Ahlbäck, Åbo/Stockholm 1990.

N: (Bild. Kunst) P. N. Arbo, *The Dusk of Gods* (Ölgemälde); H. E. Freund, *Ragnarök* (Fries, 1825); K. Ehrenberg, *Beginn der Götterdämmerung* (Kohlezeichnung, 1881).

(Musik) R. Wagner, *Die Götterdämmerung* (Oper, 1876); D. Bedford, *Ragnarök* (Oper, 1983).

ragnarökr (altnord., »Götterdämmerung«) wird in der Ls 39 und bei Snorri fälschlich für die ältere Bezeichnung → Ragnarök »Götterschicksal« als Name für die nord. Weltuntergangsvorstellungen verwendet. Diese korrupte Form bei Snorri hat dazu geführt, daß noch heute im Deutschen meist »Götterdämmerung« statt »Götterschicksal« für die german. Apokalypse gebraucht wird.

K. Müllenhoff, Um Ragnaröckr, in: ZfdA 16, 1873.

Ragnarsdrápa (altnord., »das Gedicht auf Ragnarr«) ist das älteste uns erhaltene Skaldengedicht und stammt von Bragi enn gamli aus dem 9. Jh. Die R. ist ein Schildgedicht, beschreibt also sagenhafte und mythologische Szenen, die auf einem Schild eingeritzt oder aufgemalt waren, den Bragi von einem gewissen Ragnarr (laut Skáldatal der dän. König Ragnarr Loðbrók) bekommen hatte. Snorri hat uns in seiner Edda 20 Strophen und Halbstrophen des ursprünglich wohl etwas umfangreicheren Gedichtes erhalten.

Die R. beschrieb offensichtlich vier Bildszenen: den Kampf von

Hamðir und Sörli in Ermanarichs Halle (8½ Halbstrophen); der → Hjaðningavíg (8½ Halbstrophen); der Mythos von → Gefjon (2 Halbstrophen); → Thors Fischzug (7 Halbstrophen); zwei weitere Halbstrophen befassen sich mit dem Schenker und dem Überbringer des Schilds.
Wie ein anderes frühes Schildgedicht, Thjóðólfs Haustlöng, gehört auch Bragis R. zu den ältesten literarischen Quellen nord. Mythologie; obwohl die Echtheit der R. auf Grund der entwickelten Kenningtechnik auch bezweifelt worden ist, überwiegen doch die Argumente, sie als Bragis Werk und damit als eines der ältesten Skaldengedichte zu betrachten.

Ausg.: F. Jónsson, Den Norsk-islandske Skjaldedigtning B. 1, København/Kristiania 1912.

F. Detter, Zur R., in: ANF 13, 1897; J. de Vries, Altnord. Literaturgeschichte, ²1964–67; V. Kiil, Gefjonmythen og Ragnarsdråpa, in: MoM, 1965; H. Lie, R., in: KLNM 13, 1968; E. O. G. Turville-Petre, Scaldic Poetry, Oxford 1976.

Rán (altnord.) heißt in der eddischen Mythologie die Frau des Meergottes (oder -riesen) Ägir. Sie ist damit die Mutter der → Ägirstöchter, der Wellen (Skaldsk 22, 31 u. 58), die damit auch »R.s Töchter« sind. In der mythologischen Dichtung kommt R. überhaupt nicht vor, in der Skaldendichtung (Egill, Sonatorrek 7) und in den Sagas (Friðþjófs saga 6) wird das Ertrinken mehr oder weniger mit »der R. in die Hände fallen« gleichgesetzt. R. ist also die Herrscherin über das Totenreich am Grunde des Meeres, in welches die Ertrunkenen kommen. Während Ägir das Meer als freundliche Macht verkörpert, ist die R. die sinistre Seite der See, wenigstens in den Augen der spätwikingerzeitlichen isländ. Seefahrer.
Obwohl die Bedeutung ihres Namens nicht völlig geklärt ist, wurde R. wahrscheinlich als »Räuberin« (zu rán »Raub«) aufgefaßt, und ist nicht etwa zu ráða »walten« zu stellen.

F. R. Schröder, Die Göttin des Urmeeres, in: PBB West 82, 1960; A. Holtsmark, R., in: KLNM 13, 1968; J. de Vries, Altnord. etymolog. Wörterbuch, Leiden ²1977.

N: M. E. Winge, *Ran* (Gemälde); H. Hendrich, *Die Töchter der Ran* (Ölgemälde, 1895); E. Doepler d. J., *Ran* (in: E. Doepler, W. Ranisch, *Walhall*, 1901).
(Sonstiges) *Ran*, schwed. Marineforschungsschiff, fertiggestellt 1946.

Randgrid (altnord.) ist der Name einer Walküre in den Thulur, → Randgríðr.

Randgríðr (altnord., »die Schildzerstörerin«?) heißt eine der 13 → Walküren in den Grm 36.

Rangbeinn (altnord., »Krummbein«) heißt ein Riese in den Thulur, dessen Name zu den jungen Riesennamen zu stellen ist, die auf die Häßlichkeit der Riesen anspielen.

Rani (altnord., »Schnauze«?) heißt eine mythologische (Frauen-?)Gestalt im Gg 6, vielleicht identisch mit der Göttin Rán, dagegen spricht aber die Vokalquantität. Auch als Beiname des Vali ist R. sehr unwahrscheinlich.

H. Gering, B. Sijmons, Kommentar zu den Liedern der Edda, 1927.

Rasengang (altnord. ganga undir jarðarmen) wird in einigen Isländersagas deutlich als Ritus für die Schließung der Blutsbrüderschaft bezeichnet (Gisla saga 6; Fostbrœðra saga; Þorsteins saga Víkingssonar). In anderen Texten (Njáls saga 119; Vatnsdæla saga 33, Laxdœla saga 18) wird der Brauch des R.s zu anderen Zwecken umfunktioniert (Demütigung, Gottesurteil), vermutlich aus Unkenntis der Rolle des R.s in der Blutsbrüderschaft. Beim R. wurde ein Rasenstreifen (jarðarmen) so vom Boden losgeschnitten, daß die Enden auf der Erde festblieben und der Mittelteil durch einen stehenden Speer in die Höhe gestützt wurde, so daß unter dem entstehenden Rasenbogen zwei Männer den Ritus der Blutsbrüderschaft (Blutmischung) vollziehen konnten. So beschreiben zumindest die erwähnten Sagas den Vorgang. Da die praktischen Probleme bei einer solchen Vorgehensweise aber beträchtlich gewesen sein müssen, hat man an eine ursprüngliche Form des jarðarmen gedacht, bei der der Rasen halbkreisförmig aus der Erde geschnitten worden sei, wobei das Anheben und Stützen wesentlich einfacher gewesen wäre (Hellmuth).

Über die Bedeutung des R.s als symbol. Wiedergeburt der Blutsbrüder aus der Erde herrscht weitgehend Einigkeit, viel fraglicher ist die tatsächliche einstmalige Verbreitung des R.s als Rechtsbrauch.

M. Pappenheim, Zum ganga undir jarðarmen, in: ZfdPh 24, 1892; J. de Vries, Der altnord. R., in: APhSc 3, 1928/29; L. Hellmuth, Die german. Blutsbrüderschaft, 1975.

Ratatoskr (altnord., »Bohrer-Zahn«) heißt in den Grm 30 das Eichhörnchen, das am Stamm der Weltesche Yggdrasill entlangläuft und dem bei den Wurzeln hausenden Drachen Níðhöggr die Worte des in den Ästen sitzenden Adlers übermittelt, um (laut Snorri Gylf 15) Zwietracht zu säen. Ein Zusammenhang mit der Phaedrus-Fabel ist aber dennoch nicht sicher, da das Zwietrachtsäen kaum einen ursprünglichen Zug darstellt und das Eichhörnchen R. wohl nur ein ausgestaltendes Detail am mythologischen Bild der Weltesche in den Grm darstellt.

S. Bugge, Studien, 1889; A. Holtsmark, R., in: KLNM 13, 1968.

N: *Ratatöskr* war eines der Pseudonyme des dt. Schriftstellers Hans Blaich (1873–1945).

Ratheihiae. Matronenname auf einer heute verlorenen Weiheinschrift aus Euskirchen. Für den Namen gibt es zahlreiche Deutungen; zuletzt hat ihn Birkhan zu urgerman. *raþa »Rad« gestellt und die R. als »Schicksalsgöttinnen« (eig. »Radgöttinnen«) gedeutet; die Vorstellung vom Schicksalsrad sei entweder von den Kelten oder aus dem röm. Glauben an die Parzen (die in einigen Denkmälern mit Matronen gleichgesetzt wurden) zu den Germanen gedrungen.

S. Gutenbrunner, Die german. Götternamen, 1936; M. Schönfeld, Wörterbuch der altgerman. Personen- und Völkernamen, ²1965; H. Birkhan, GKAR, 1970.

Rati (altnord., »Bohrer«) heißt bei Snorri (Skaldsk 1) und in den Háv 106 der Bohrer, mit dem der Riese Baugi im Mythos vom Raub des Skaldenmets für Odin ein Loch in den Berg bohrt, durch welches Odin in Gestalt einer Schlange zur Riesentochter Gunnlöð schlüpfen kann, die den Met bewacht. Daß der Bohrer den Eigennamen R. trägt, liegt wohl nur am Mißverständnis Snorris, der das Wort am Strophenanfang von Háv 106 als Name auffaßte.

regin (altnord., »Götter«, eig. »die (Be-)Ratenden«) ist eine alte Bezeichnung der Götter im Nordischen (raginakuðo schon auf dem schwed. Runenstein von Fyrunga, um 600 n. Chr.), und findet vor allem dort Verwendung, wo die Götter zum Rat zusammenkommen (z. B. Vsp 6). Die Runen werden, da sie von den Göttern gesandt sind, auch reginkunnar genannt (Háv 80). Die Götterbezeichnung r. findet sich auch in Personennamen wie Ragnarr, Rögnvald, Reginn.

H. de Boor, Die religiöse Sprache der Vsp, in: Dt. Islandforschung 1, 1930; J. de Vries, ARG, ³1970; ders., Altnord. etymolog. Wörterbuch, Leiden ²1977.

regindómr (altnord., »Urteil, Gericht der Götter«) in der Vsp 65 bedeutet vielleicht »die Herrschaft der Götter«, könnte aber auch ein anderer Ausdruck für → Ragnarök gewesen sein.

Reginleif (altnord., »Tochter der Götter«) heißt eine der 13 → Walküren in den Grm 36.

Reginn (1) (altnord., »der Mächtige«) ist in der german. Heldensage der Ziehvater Sigurðs. Er wird als Bruder Fafnirs, Otrs (Rm 9 Pr; Fm 25, 36, 39), Lyngheiðrs und Lofnheiðrs (Rm 10, 11 Pr) und als Sohn Hreiðmarrs (Rm Pr; Völsunga saga 13) bezeichnet. Als kunstfertiger, aber boshafter Zwerg schmiedet er das Schwert Gramr für Sigurð und reizt ihn, bis er mit diesem Schwert seinen Bruder Fafnir (den Drachen) tötet (Fm). Sigurð, vor R. gewarnt, schlägt schließlich auch ihm den Kopf ab (Fm 39 Pr; Völsunga saga 19).
(2) (altnord.) heißt ein Zwerg in der Vsp 12; → R. 1.

reginnaglar (altnord., »Götter-Nägel«) werden in der altnord. Literatur zweimal in religiösem Kontext erwähnt, ohne daß die genaue Funktion und Bedeutung der r. klar wird. Am ausführlichsten ist die Eyrbyggja saga 4; der christliche Autor dieser frühestens um 1250 entstandenen Saga zeigt wiederholt Interesse an den religiösen Gebräuchen der Heiden. Er berichtet bei der Schilderung vom Landfall des Siedlers Þórólfr Mostrarskegg, daß dieser seine von Norwegen mitgebrachten Hochsitzsäulen vor Island über Bord warf und sich dort niederließ, wo sie angeschwemmt wurden, und später einen Tempel errichtete, in dem die Hochsitzsäulen, in die das Bild Thors eingeschnitzt war, aufgestellt wurden; in diese Pfosten waren die r. eingeschlagen. Die im folgenden noch weiter ausgeschmückte Beschreibung eines heidnischen Tempels dürfte meist der Phantasie des Sagaautors entstammen, nur das Wort r. ist – auf Grund der Form regin – offensichtlich älter. Möglicherweise war dem Verfasser etwas über einen Zusammenhang zwischen r. und Hochsitzsäulen (die er einem Tempel entstammen läßt, was kaum stimmen kann) bekannt, was jedoch keineswegs sicher ist.

Die zweite Erwähnung der r. ist wesentlich älter und stammt aus der Glælognskviða des Skalden Þórarinn Loftunga von 1032, welche die Wunder am Grab Olafs des Heiligen besingt. Der Kontext des Wortes r. ist hier völlig unklar, könnte aber mit dem ans Kreuz genagelten Christus in Zusammenhang stehen. Daß die r. eine religiöse Funktion hatten, bestätigen auch die zwei Kenningar für »Nagel« in einer Fassung der Thulur (AM 758 I,4 to): regingaddi »Götterstachel« und veraldarnagli »Weltnagel«, die aus uns verlorener Dichtung stammen.

Die Angaben der Eyrbyggja saga haben dazu geführt, daß man die in ein Thorsbild eingeschlagenen Nägel mit dem Nagel an lappischen Pfahlgötzen verglichen hat, der dort zusammen mit einem Feuerstein eingeschlagen wird. Dies könnte allenfalls eine Entsprechung im german. Heidentum finden, wenn man die Nägel im Thorsbild zum Mythos von Thor und Hrungnir stellt, wo ein Stück von Hrungnirs Wetzstein in Thors Kopf steckenbleibt. Abgesehen von diesen Vermutungen wissen wir nur, daß die r. eine Rolle in der frühmittelalterlichen skandinav. Religion spielten, ob sie tatsächlich dem Heidentum zugeschrieben werden können, ist ungewiß.

J. Trier, Irminsul, in: Westfäl. Forschungen 4, 1941; A. Holtsmark, Reginnagler, in: KLNM 13, 1968; J. de Vries, ARG, [3]1970.

Reifriesen → Hrímthursar.

Rekkr (altnord., »Krieger«) heißt ein Zwerg in der Vsp 12.

Renahenae. Matronenname von einer römerzeitlichen Weiheinschrift aus Bonn, der zweifellos zu den Namen anderer Flußgöttinnen unter den Matronen gestellt werden kann (Aumenahenae, Nersihenae, Vatviae, Veteranehae) und »Rheingöttinnen« bedeutet.

E. A. Philippson, Neues über den Mütter- und Matronenkult am Niederrhein, in: Modern Language Notes 65, 1950; H. Birkhan, GKAR, 1970.

Rennandi (altnord., »die Laufende«) heißt einer der mythischen Flüsse im Flußkatalog der Grm 27 und in den Thulur.

Requalivahanus. Name eines Gottes auf einer Weiheinschrift aus Blatzheim a. d. Neffel aus der Zeit vom 2./4. Jh. (CIL XIII 8512); der Weihestein stammt vom Gebiet der german. Ubier, auf einen german. Gott deutet auch die Etymologie des Namens, welcher am ehesten zu einem german. Wort *rehwaz »Finsternis« zu stellen ist. Dies könnte auf einen Unterweltsgott deuten, obwohl aus der Inschrift hervorgeht, daß ihm Früchte geweiht wurden.

R. Much, R., in: ZfdA 35, 1891; F. Holthausen, R., in: PBB 16, 1892; F. Kauffmann, Mytholog. Zeugnisse aus röm. Inschriften, 5. Deus R., in: PBB 18, 1894; S. Gutenbrunner, Die german. Götternamen, 1936; M. Schönfeld, Wörterbuch der altgerman. Personen- und Völkernamen, [2]1965; J. de Vries, ARG, [3]1970.

Rezeption der germanischen Mythologie → Einleitung.

(Rheintöchter) sind drei von R. Wagner in den Opern *Das Rheingold* und *Die Götterdämmerung* nach Vorbild der Flußfrauen Hadeburc und Sigelint im *Nibelungenlied* (Str. 1535–49) geschaffene Wasserwesen; schon die Flußfrauen des *Nibelungenlieds* gehören aber zur Staffage mittelalterlicher Sagenwelt und sind in der german. Mythologie sonst nicht belegt.

Ricagambeda. Name einer german. Göttin. Dieser Deae Ricagambedae ist eine römerzeitliche Weiheinschrift von Birrens am Hadrianswall/Nordengland gewidmet (CIL XIII 1072); mehrere Deutungen des Namens sind denkbar, »die starke Gebieterin« dürfte den Sinn am ehesten wiedergeben.

S. Gutenbrunner, Die german. Götternamen, 1936.

(Ricen). Angeblicher Göttinnenname. Durch eine fälschlich dem Göttinnennamen Diana zugeordnete ahd. Glosse nahm J. Grimm eine Göttin R. an.

E. Sivers, Die angebliche Göttin R., in: PBB 16, 1892.

Riesen spielen in der altnord. Mythologie eine wesentliche Rolle, sowohl in der german. Schöpfungsgeschichte als auch in den meisten Göttersagen.
Die R. können den Menschen und Göttern positiv oder negativ gegenüberstehen, auf jeden Fall sind sie aber Bewohner des → Útgarðr, der außerhalb des besiedelten Gebiets gelegenen Außen-Welt, die voller Gefahren und Kälte steckt. Die Vorstellung von R. hat ihren Ursprung wahrscheinlich in der Wahrnehmung verschiedener Naturphänomene, die das menschliche Maß über-

steigen und außerhalb des näheren Erfahrungsbereichs der Menschen liegen, insbesondere auch winterlichen Naturerscheinungen (daher auch: Reifriesen); insofern sind R. als Naturgeister im weitesten Sinn zu betrachten, die zu den Urbewohnern der Welt gehören. In der german. Kosmogonie ist es ein Riese, → Ymir, aus dem die Welt geschaffen wird, und von den Töchtern eines Urriesengeschlechts stammen selbst die ersten nord. Götter ab, wie Odin, Vili und Vé von der Riesin Bestla. Es besteht daher auch keine ganz scharfe Trennung zwischen den Göttern und R., die Götter heiraten oder verführen die Töchter von R. (Njörðr die Skaði, Freyr die Gerðr, Odin die Gunnlöð), die R. hingegen versuchen wiederholt – aber vergeblich – Göttinnen mit Gewalt oder List zu gewinnen (Thjazi die Idun, Thrymr die Freyja, Hrungnir Sif und Freyja). Die Asen pflegen auch friedlichen Umgang mit den R., wie etwa bei den Gelagen beim Meerriesen Ägir. Als urzeitliche Wesen werden einige R. auch als sehr weise beschrieben (Mímir, Vafthrúðnir) und als solche von den Göttern geschätzt.

Die R. stellen aber als mächtige Bewohner Útgarðs eine konstante Bedrohung der umhegten Welt der Götter und Menschen dar, und gerade der stärkste der Asen, Thor, verbringt seine Zeit vorwiegend mit der Bekämpfung der R. (Hymir, Skrýmir, Thrymr, Thjazi, Hrungnir, Thríváldi). Erst mit der Zeit scheint der negative Aspekt der R. in der german. Mythologie die Oberhand gewonnen zu haben. In unseren Quellen, die alle aus der spätheidnischen oder christlichen Zeit stammen, hat sicherlich auch die christliche Dämonisierung der heidnischen mythologischen Gestalten zu der negativen Zeichnung der R. beigetragen, aber eine Differenzierung in verschiedene Arten von R. geht schon in die heidnische Zeit zurück. Das ursprüngliche Wort für R., altnord. jötunn, altengl. eoten, ist die Bezeichnung für R. im allgemeinen und weitgehend wertfrei, wogegen Thurse (altnord. þurs) schon gegen Ende des Heidentums einen vorwiegend bedrohlichen Charakter angenommen hatte, wie aus dem Runennamen þurs hervorgeht, der offensichtlich eine Funktion im Schadenszauber einnahm (Skm 36). Troll dagegen bezeichnet ausschließlich den R. als Unhold, im Hochmittelalter scheinen die Trolle bereits als eigenständige, von den R. unterschiedliche Gattung von Schadensgeistern betrachtet worden zu sein.

Dem wachsenden Einfluß des Christentums könnte neben der Dämonisierung auch eine gewisse Verharmlosung der R. zuzuschreiben sein, so daß uns in der Literatur des Hochmittelalters bereits eine Vorstellung von R. begegnet, wie wir sie noch heute in den Volkssagen finden:

R. sind gewalttätig, aber dumm, und daher leicht zu überwinden; in der altnord. Literatur wird dieses Bild durch die Namensbildungen für R. aus dem 10.–13. Jh. bestätigt, welche die R. und Riesinnen als schmutzig, haarig, häßlich, dumm und vor allem laut beschreiben.

K. Weinhold, Die R. im german. Mythus, in: Sitzungsber. der Akad. Berlin 26, 1858; F. Jónsson, Mytiske forestillinger, in: ANF 9, 1893; C. W. von Sydow, Jättarna i mytologi och folktro, in: Folkminnen och Folktankar 6, 1919; E. Hartmann, Die Trollvorstellungen, 1936; L. Motz, Giantesses and their Names, in: FmSt 15, 1981; G. Steinsland, Giants as Recipients of Cult in the Viking Age?, in: G. Steinsland, Words and Objects; towards a Dialogue between Archaeology and History of Religion, Oslo 1986; L. Motz, The Families of Giants, in: ANF 102, 1987; dies., Old Icelandic Giants and their Names, in: Frühmittelalterliche Studien 21, 1987; dies., Supernatural Beings 1. Elves, Dwarfs and Giants, in: MeScand, 1993; E. Tarantul, Elfen, Zwerge und R. Untersuchungen zur Vorstellungswelt germanischer Völker im Mittelalter, 2001; K. Schulz, R. Von Wissenshütern und Wildnisbewohnern in Edda und Saga, 2004.

N: M. E. Winge, *Tors strid med jättarne* (Gemälde, 1872); K. Ehrenberg, *Thors Kampf mit den Jöten* (Kohlezeichnung, 1880).

Riesenbaumeister. Das Märchenmotiv vom R., der um seinen Lohn geprellt wird, findet sich in der nord. Mythologie bei Snorri (Gylf 41), wo er vom Bau von → Asgard berichtet; Asen versprechen einem Riesen Freyja zur Frau, wenn er ihnen innerhalb eines Winters die Götterburg bauen würde; er schafft es auch beinahe mit Hilfe seines Riesenpferds Svaðilfari, aber Loki verwandelt sich in eine Stute und hält den Hengst damit in letzter Minute von der Arbeit ab, was zur Geburt des Odinsrosses Sleipnir führt. Den Riesen erschlägt Thor mit seinem Hammer.

Die Geschichte vom R. findet sich aber auch in europäischen Volksmärchen und sogar in zwei Isländersagas (Heiðarvíga saga 3–4, Eyrbyggja saga 25, 28), weswegen man in jüngerer Zeit Snorris Bericht als Mythologisierung eines Wandermärchens hat sehen wollen (Harris). Die Märchenvarianten entbehren aber eines wichtigen Details der mythischen Erzählung bei Snorri: nämlich Lokis Verwandlung und die Geburt Sleipnirs. Da Snorri als Quelle Vsp 25 und 26 sowie Vsp in skamma (Hdl 40) verwendete, wäre denkbar, daß er die Mythenabbreviatur »Loki zeugte mit Svaðilfari den Sleipnir« selbständig ausbaute und um das Märchen vom R. bereicherte; wahrscheinlicher scheint aber die Annahme, daß Snorri uns hier eine ihm noch bekannte vollere Version des Mythos von Sleipnirs Geburt und dem Bau von Asgard tradiert (Dumézil).

G. Dumézil, Loki, 1958; J. Harris, The Masterbuilder Tale in Snorris Edda and Two Sagas, in: ANF 91, 1976.

N: Eine zentrale Stellung gibt R. Wagner in seiner Oper *Das Rheingold* der Geschichte vom R., wobei er die Zahl der Riesen auf zwei verdoppelt und Svaðilfari wegläßt. Eine phantasievolle, aber Snorris Version getreuere künstlerische Bearbeitung fand der Stoff in der Zeichnung der engl. Buchillustratorin D. Hardy *Loki and Svadilfari* (um 1900).

Riesenheim → Jötunheim.

Rifingafla (altnord., »mit dem gespaltenen Giebel«?) heißt eine Riesin in den Thulur; der Name ist nicht ganz klar, enthält aber möglicherweise eine verschlüsselte Beleidigung, vgl. Bakrauf.

Rígr (altnord.) ist der Gott, der in der → Rígsþula die Ahnen der drei Stände Sklaven, Bauern und Adel zeugt. Die aus dem 14. Jh. stammende Prosaeinleitung der Rígsthula im *Codex Wormianus* berichtet, daß es der Asengott Heimdall war, der den Namen R. annahm; zur Stützung dieser Deutung wird auch die erste Strophe der Vsp herangezogen, wo die Menschen meiri oc minni mögo Heimdalar (»die hohe und niedre Verwandtschaft Heimdalls«) genannt werden, was aber durchaus auch allgemein gemeint sein kann. Das Bild des unter einem Decknamen wandernden, die Menschen aufsuchenden und schließlich einem Erwählten unter ihnen die Kenntnis der Runen mitteilenden Gottes paßt jedoch viel besser zu Odin, der also wohl ursprünglich mit R. gemeint war.
R. stammt aus dem irischen rí, gen./dat./akk. ríg »König«, hatte diese Bedeutung aber zum Zeitpunkt der Abfassung der Rígsþula schon verloren, denn sonst hätte das Wortspiel konr ungr/konungr in der Rígsþula wohl kaum die Pointe bilden können; Sturtevants Deutung von R. als einheimisches Wort zu einem altnord. rigr »Steifheit« ist unwahrscheinlich.

E. Mogk, Nordische Literatur, in: Grundriß der german. Philologie, hg. von H. Paul, Bd. 2, 1901–09; R. Meissner, R., in: PBB 57, 1933; A. M. Sturtevant, Etymolog. Comments, in: PMLA 67, 1952; J. de Vries, Altnord. Literaturgeschichte, Bd. 2, [2]1967.

N: ›Rig-Kreis‹ nannte sich eine der völkisch-religiösen Glaubensgemeinschaften um 1933.

Rígsthula (Rþ, altnord. Rígsþula »Merkgedicht von Rig«) ist der Titel eines Eddagedichtes, das nur bedingt unter die → Götterlieder zu zählen ist. Zwar tritt ein Gott namens → Rígr als Protagonist der Handlung des ersten Teils auf, und das Lied gibt sich auch den Anstrich eines Mythos von der Frühgeschichte der Menschen. Dennoch handelt es sich eigentlich um ein Beispiel ständedidaktischer Dichtung, wie ja auch der Titel des Liedes andeutet, denn es enthält zwar auch Namenslisten (→ Thulur), aber Thula bezieht sich hier wohl auf didaktische Literatur im allgemeinen.
Die R. erzählt, wie der Gott Rígr auf Erden wandelt und drei (kinderlose) Ehepaare besucht, bei denen er sich jeweils drei Tage aufhält. Dem ersten Paar, Ái und Edda (»Urgroßvater und Urgroßmutter«) entspringt aus seinem Besuch ein Sohn namens

Þraell (»Knecht«), der mit seiner Frau Þír (»Magd«) Kinder mit Namen wie Kleggi, Fjósnir, Arinnefja (»Heuhaufen, Kuhstall, Adlernase«) u. a. zeugt. Rígs zweiter Besuch gilt Afi und Amma (»Großvater und Großmutter«) und der dabei gezeugte Sohn heißt Karl (»Mann, Bauer«), Seine Kinder mit seiner Frau Snør (»Schnur«) tragen Namen wie Smiðr, Drengr, Bondi (»Schmied, Kerl, Bauer«) u. a. m. Rígs dritter Besuch schließlich gilt dem Paar Faðir und Móðir (»Vater und Mutter«), der Sohn wird hier Jarl (»Krieger, Fürst«) genannt; diesem lehrt Rígr Runenweisheit, nimmt ihn als Sohn an und nennt ihn Jarl-Rígr. Jarls Ehe mit Erna (»die Tüchtige«) entspringen Kinder mit Namen wie Aðal, Barn, Sonr (»Adel, Kind, Sohn«), der jüngste heißt Konr ungr (»junger Nachkomme«). Dieser übertrifft nun seinen Vater an Weisheit und übernimmt den Namen Rígr. Der verlorene Schluß des Liedes dürfte als wortspielerische Pointe den Übergang von Konr ungr zu konungr (»König«) enthalten haben.

Auch Rígr bedeutet aber »König« (aus irisch rí, gen./dat./akk. ríg). Verschiedene Motive des Lieds hielt man für keltisch und stellte deswegen die R. ins 10. Jh. Seit Heusler sieht man in der R. jedoch eine gelehrte Arbeit des 13. Jh., in der ein gebildeter isländ. Verfasser eine ätiologische Deutung vom Ursprung der Stände vorlegte. Es liegt hier also eine Art künstlicher, nachgedichteter Mythos vor, ein »mythos philosophicus« (Heusler). – Im Gegensatz dazu sieht Fleck die R. als kultisch-funktionelle Dichtung, welche die Individualweihe und die damit verbundene Wissensvermittlung in der Sukzession des Sakralkönigtums reflektiert.

Ob Rígr, wie in der späteren Prosaeinleitung des Liedes, mit dem Gott Heimdall identifiziert werden kann, ist höchst fraglich; das Bild vom wandernden, Runenwissen verbreitenden Gott scheint sich eher mit Odin zu decken.

Ausg. → Götterlieder.

K. Lehmann, Die R., (Festschrift Amsberg) 1904; A. Heusler, Heimat und Alter der edd. Gedichte, in: Archiv 116, 1906; F. Jónsson, R., in: ANF 33, 1917; R. Meissner, Rígr, in: PBB 57, 1933; J. I. Young, Does R. betray Irish Influence?, in: ANF 49, 1933; G. Dumézil, La R. et la structure sociale indoeuropéenne, in: Revue de l'histoire des religions 154, 1958; E. Ó. Sveinsson, Celtic Elements in Icelandic Tradition, in: Béaloideas 15, 1959; K. v. See, R. Str 47 u. 48, in: PBB West 82, 1960; ders., Das Alter der R., in: APhSc 24, 1961; S. P. Scher, R. as Poetry, in: MLN 78, 1963; J. de Vries, Altnord. Literaturgeschichte, [2]1964–67; B. Nerman, R. ålder, in: ANF 84, 1969; A. Holtsmark, R., in: KLNM 14, 1969; J. Fleck, Konr–Óttar–Geirroðr: A Knowledge Criterion for Succession to the Germanic Sacred Kingship, in: Scandinavian Studies 42, 1970; H. Gimmler, R., in: KLL 6, 1971; T. D. Hill, Rígsþula, in: MeScand, 1993.

N: A. Edelfelt, *Jarl* (Gemälde).

Rín (altnord., der Rhein) heißt einer der Flüsse im Katalog ansonsten mythischer Flüsse in den Grm 27.

Rinda heißt → Rindr, die Mutter Vális, bei Saxo (Gesta Dan. III, 78–82).

Rindr (altnord.) ist die Mutter des Odinssohnes Váli, der den Tod Balders rächt. Laut Gylf 35 ist sie zu den Asinnen zu zählen. Als Mutter Vális wird sie auch in der Skaldendichtung wiederholt erwähnt, ebenso in den Eddaliedern Bdr 11 und Gróg 6.
Am ausführlichsten berichtet Saxo die in der altnord. Literatur immer nur gestreifte Geschichte von Odins Werbung um Rinda (wie R. hier heißt) in seinen lat. *Gesta Danorum* (III, 78–82): Odin wird nach Balders Tod von einem finnischen Wahrsager prophezeit, daß nur Rinda, die Tochter des rutenischen Königs, ihm einen Sohn gebären würde, der Balder rächen könne. Odin nähert sich nun der spröden Königstochter in vier verschiedenen Verkleidungen, das erste Mal als General, dann als Goldschmied, dann als Kriegsheld, schließlich in Frauenverkleidung als heilkundiges Weib namens Vecha, wodurch es ihm schließlich gelingt, die Betrogene, von Wahnsinn und Krankheit bedrohte R. zu vergewaltigen. Die Schändlichkeit von Odins Handlungsweise führt zur zweiten → Odins Verbannung, aber auch zur Geburt des kriegerischen Bous, der Balders Mörder erschlägt.
Auf die Werbung Odins um R. spielt in der altnord. Dichtung nur der von Snorri zitierte Vers des Skalden Kormakr an: Seið Yggr til Rindar (»Odin verzauberte die R.«), der offensichtlich auf den durch Odin bei R. hervorgerufenen Wahnsinn anspielt, von dem Saxo mitteilt, daß er durch ein mit Runen beschriebenes Rindenstück hervorgerufen worden wäre.
Trotz der kargen isländ. Quellen haben wir also durch Saxo ein recht vollständiges Bild vom Mythos um R., welcher dem Baldermythos angehört.
Für den Namen R. wurden verschiedene Etymologien vorgeschlagen, keine davon kann aber völlig überzeugen; auch die Form *Vrindr, welche der Stabreim in Bdr 11 nahelegt, hilft nicht weiter; dagegen hat *Vrindr zu einer Verbindung mit dem schwed. Ortsnamen Vrinnevi (aus *Wrindawi) geführt, den Brate als »Heiligtum (V) Rinds« gedeutet hat; allerdings kann -vi auch aus viþi »Wald« abgeleitet sein, so daß es sich nicht sicher um einen Kultortsnamen handelt.

E. Brate, Wrindawi, in: ANF 29, 1913; P. Herrmann, Die Heldensagen des Saxo Grammaticus, 1922; A. Holtsmark, R., in: KLNM 14, 1969; J. de Vries, ARG, [3]1970; ders., Altnord. etymolog. Wörterbuch, [2]1977.

Ring → Tempelring; → Draupnir.

Ringeid. Von der Ablegung des Eides auf einen Ring bei den Germanen (wie auf Kreuz oder Bibel bei den Christen) berichten zahlreiche literarische Quellen; dabei wird der R. in der Akv

30 auf einen Ring des Gottes Ullr geleistet; in der altisländ. Landnámabók wird im Namen Freys und Njörðs und des allmächtigen Asen auf einen Ring geschworen, in der Háv 110 leistet der Gott Odin selbst so einen R. Die isländ. Sagas, die den R. erwähnen, sind durchwegs von der Landnámabók abhängig, erwähnen aber Thor als den Schwurgott. Eine sehr viel brauchbarere Quelle ist das *Anglo-Saxon Chronicle*, das zum Jahr 876 bei einem Friedensschluß zwischen Angelsachsen und Dänen von einem Schwur beider Parteien auf einen Ring spricht. Wenn also auch die Aussagen der Sagas über den Schwur auf einen → Tempelring mit Vorsicht zu genießen sind, so ist die kultische Bedeutung des Rings bei den Germanen (→ Draupnir) doch so gut bezeugt, daß man auch die Existenz eines R.s annehmen könnte.

H. Vordemfelde, Die german. Religion in den dt. Volksrechten. 1. Der religiöse Glaube, 1923; F. P. Magoun, On the Old-Germanic Altar- or Oathring (stallahringr), in: APhSc 20, 1947/49; J. de Vries, ARG, ³1970; J. Jóhannesson, A History of the Old Icelandic Commonwealth, Winnipeg 1974; A. Kabell, Baugi und der R., in: ANF 90, 1975.

Rökstólar (altnord., »Schicksals-Stühle«) werden nur in der Vsp (7ff.) die Stühle genannt, auf denen die Götter ihre Funktion als Herrscher und Richter ausüben; Snorri gibt die Bezeichnung R. mit dómstólar »Gerichtsstühle« wieder, vielleicht war schon ihm der Begriff R. nicht mehr geläufig.

Im Zusammenhang mit den R. sind möglicherweise auch die Funde von kleinen thronartigen Amuletten in Skandinavien zu sehen, die wohl Götterthrone darstellen sollten.

A. Holtsmark, R., in: KLNM 14, 1969; H. Drescher u. K. Hauck, Götterthrone des heidn. Nordens, in: FmSt 16, 1982.

Röskva (altnord.) heißt die Schwester Thjálfis; als → Thjálfi die Lähmung eines der beiden Thorsböcke herbeiführt, nimmt Thor als Wiedergutmachung die beiden Bauernkinder R. und Thjálfi als Diener mit auf seine Fahrt zu Útgarðaloki. Snorri (Gylf 43f. und Skaldsk 4) beruft sich dabei auf die Thórsdrápa des Skalden Eilífr Goðrunarson, der R. als Schwester Thjálfis nennt; sonst wissen wir nichts über sie. Die Etymologie des Namens (zu altnord. röskvast »wachsen, reifen«) könnte auf eine Stellung in einem Fruchtbarkeitskult deuten, aber die Interpretation der R. als alte Fruchtbarkeitsgöttin ist bei der Kargheit der Quellen über sie zu voreilig.

A. Olrik, Tordenguden og hans dreng, in: DS, 1905; J. de Vries, ARG, ³1970.

Rolf → Hrolfr.

Romanehae → Rumanehae.

(Roßweiße) heißt eine Walküre (Mezzosopran) in R. Wagners Oper *Die Walküre*. Der Name ist von Wagner frei erfunden, möglicherweise als »Eindeutschung« des ahd. Frauennamens Hrosvita.

Rosterus oder Rostarus (mittellat.) ist ein Odinsname bei Saxo (IX, 304; III, 79) und wahrscheinlich mit → Hroptr identisch; R. tritt verkleidet auf, einmal als Goldschmied, das andere Mal als Arzt.

S. Bugge, Studien, 1889.

Ruðr (altnord., »der Rote«?) heißt ein Fluß (?) im Gg 8.

Rumanehae (Nebenform Romanehae), Matronenname. Über ein Dutzend niederrhein. Weiheinschriften aus der Zeit um 200 n. Chr. sind den Matronis Rumanehis geweiht. Es handelt sich dabei nicht um »römische Göttinnen«, sondern um die »Göttinnen der Römersiedlung«, die natürlich auch für die dort lebenden Germanen Bedeutung hatten.

S. Gutenbrunner, Die german. Götternamen, 1936; M. Clauss, Neue Inschriften im Rhein. Landesmuseum Bonn, in: Epigraphische Studien 11, 1976.

Runen sind german. Schriftzeichen, die etwa um den Beginn unserer Zeitrechnung von Germanen, die im Süden mit den Römern in Kontakt kamen (→ Heruler), aus Alphabeten der Mittelmeersprachen, aber auch aus älteren german. Symbolzeichen, gebildet wurden. Bis zum 5. Jh. hat sich eine weitgehend einheitliche Runenschrift, aus 24 Zeichen bestehend, entwickelt, die nach den ersten 6 Zeichen als Futhark (älteres) bezeichnet wird. Gegen die Mitte des 8. Jh. beginnen sich Änderungen der Runenschrift durchzusetzen, und die große Masse der wikingerzeitlichen und mittelalterlichen skandinav. und britischen Runeninschriften sind im nur 16 Zeichen enthaltenden jüngeren Futhark abgefaßt. Länge, Art und Zweck der → Runeninschriften sind sehr unterschiedlich und reichen von einzelstehenden Begriffsrunen auf Waffen und Amuletten bis zu der umfangreichen Inschrift des schwed. Röksteins, die über 750 Zeichen enthält. R. finden sich fast überall, wo Germanen hinkamen, von Island bis nach Konstantinopel, und waren die gängige Schrift vor allem der Skandinavier der Wikingerzeit.

R. sind aber nicht nur Buchstaben im heutigen Sinn. Jede Rune trug einen bestimmten Namen und konnte allein auch den mit dem Namen bezeichneten Begriff vertreten, besonders im magischen Kontext. So sind die drei wiederholten t-Runen (Týr-Runen) nach der eigentlichen Inschrift auf dem Brakteaten Seeland II als dreimalige Wiederholung des Namens Týr, des alten Kriegsgottes, zu sehen, der damit um Sieg gebeten wird; auch in der Edda wird in Sd 6 die zweimalige Nennung Týrs beim Ritzen von »Siegrunen« empfohlen. Die dreifache Ritzung der f-Rune (Fe-Rune; fé: »Besitz, Reichtum«) als Wunsch für Glück und Reichtum hat ähnlich magischen Charakter. Auch im Schadenszauber konnten R. verwendet werden, so droht in den Skm 36 Freyrs Diener Skírnir der Gerðr damit, daß er ihr »einen Thursen ritzen werde«, womit die th-Rune (Thurs-Rune) gemeint ist, und sagt gleich dazu, daß die dreifache Ritzung dieser Rune für sie Schande, Irrsinn und Unrast zur Folge haben werde. Beispiele dieser Art sind zahlreich und zeigen deutlich die magisch-religiöse Bedeutung der R. Daß die R. manchmal wohl auch einen Zahlenwert hatten, der einer Inschrift einen weiteren versteckten Schriftsinn geben konnte, hat Klingenberg gezeigt, allerdings überschätzte er wohl den Einfluß dieser Zahlensymbolik auf die Runeninschriften.

Gott der Runenkenntnis und der Runenmagie ist Odin; in der mythologischen Dichtung (Háv) hat er sich durch → Odins Selbstopfer die Kenntnis der R. erworben, indem er neun Nächte ohne Speis und Trank am »windigen Baum« hing. Nicht nur die entsprechende Anwendung, sondern auch der Erwerb der Runenkenntnis hatte also magischen Charakter, und Odin als Zaubergott war daher der Erstbesitzer der Runenkunst, so wie er auch die Dichtung für die Menschen erworben hat. Dementsprechend spricht auch der schwed. Runenstein von Noleby (um 600) ebenso wie der jüngere Stein von Sparlösa von den »R., die von den Göttern stammen« (rūnaR raginukundu), eine Formel, die sich auch in den eddischen Háv 80 findet.

Versuche, auch die älteren R. als völlig wertfreie weltliche Schrift zu sehen, die keinerlei magische und religiöse Bedeutung hat, gibt es dennoch bis in die jüngste Zeit (Moltke), können aber kaum ernst genommen werden.

S. Agrell, Der Ursprung der Runenschrift und die Magie, in: ANF 43, 1927; ders., Zur Frage nach dem Ursprung der Runennamen, Lund 1928; R. W. V. Elliott, Runes, Yews and Magic, in: Speculum 32, 1957; W. Krause, Die Runeninschriften im älteren Futhark, 1966; O. Höfler, Herkunft und Ausbreitung der R., in: Die Sprache 17, 1971; E. H. Antonsen, Den ældre Fuþark: en gudernes gave eller et hverdagsalfabet?, in: MoM, 1980; E. Moltke, The Origins of the Runes in: Michigan Germanic Studies 7, 1981; F.-X. Dillmann, Le maître-des-runes: essai de détermination socioanthropologique: quelques réflexions méthodologiques, in: Michigan Germanic Studies 7, 1981; S. E. Flowers, Runes and Magic: Magical Formulaic Elements in the Older Runic Tradition, Bern/Frankfurt/New York 1986; R. H. Bremmer, Hermes–Mercury and Woden–Odin as Inventars of Alphabets: A Neglected Parallel, in: Amsterdamer Beiträge zur älteren Germanistik 29, 1989; O. Grønvik, Der Runenstein von Tanum – ein religionsgeschichtliches Denkmal aus urnordischer Zeit, in: Old Norse and Finnish Religions and Cultic Place-Names, hg. von T. Ahlbäck, Åbo/Stockholm 1990; K. Düwel, Runeninschriften als Quellen der german. Religionsgeschichte, in: Germanische Religionsgeschichte. Quellen und Quellenprobleme, hg. von H. Beck, D. Ellmers u. K. Schier, Berlin/New York 1992; S. E. Flowers, Magic, in: MeScand, 1993; J. E. Knirk, M. Stoklund u. E. Svärdström, Runes and Runic inscriptions, ebenda.; J. McKinnell u. R. Simek (mit K. Düwel), Runes, Magic and Religion: A Sourcebook, 2004.

N: K. H. Strobl, *Die Runen Gottes* (Roman, 1919); ders., *Die Runen und das Marterholz* (Roman, 1942).

Runeninschriften finden sich aus dem Zeitraum vom ersten Jh. bis zum Spätmittelalter, und zwar auf allen möglichen Gegenständen und für vielfältige Zwecke. Zu den ältesten R. zählen die auf den Helmen von Negau (Windische Bühel; heute Slowenien), welche Personennamen oder auch Götternamen tragen (→ Harigast, → Heruler); Inschriften der Völkerwanderungszeit tragen häufig magische R., wobei die Runenwörter → alu und laukaR (→ Lauch) häufig auftreten; solche magische R. finden sich auf Brakteaten, Waffen und Fibeln; besonderen Wert für die Religionsgeschichte hat die Nordendorfer Fibel, da sie drei Götternamen nennt, was sonst in R. selten geschieht. Die skandinav. Runensteine der Wikingerzeit, welche vorwiegend Gedenk- oder Grabsteine waren, tragen oft auch längere R., die mitunter ebenfalls Mitteilungen über das Glaubensleben machen, so etwa die wiederholt belegte Formel »Thor weihe diese Runen« (→ Mjöllnir), oder in Form von mythologischen Szenen auf Bildsteinen. Im Mittelalter nehmen die Runen alle Merkmale einer Gebrauchsschrift an, die zu privatem wie geschäftlichem Gebrauch verwendet wurde, und sogar in den christlichen Glauben Eingang fand, wie Kreuze mit runischen Gebeten zeigen.

Wenn Götternamen in heidnischen R. auch nicht häufig vorkommen, so sind R. doch von großem Wert für die Religionsgeschichte, da sie uns einen Einblick in den lebendigen Glauben des german. Altertums bieten.

Runenzauber nennt man die mit dem Gebrauch von Runen verbundene Form von → Magie. Allerdings ist diese Verbindung offenbar keine ursächliche, da nur auf Objekten vor dem Ende der Wikingerzeit mangels anderer Schriften auch → Zaubersprüche durchwegs in Runen überliefert sind, während im Mittelalter sowohl auf Amuletten als auch anderen schriftlichen Ausformungen von Magie Runen und das lateinische Alphabet durchaus wechseln können. Die literarischen Hinweise auf R. in den Sagas (Egils saga 57 und 72, Grettis saga 59) und wohl auch im Eddalied → Skírnismál dagegen dürften bereits gelehrte Rekonstruktionen historischer Anwendung von Runen und Magie sein.

K. M. Nielsen, Runen und Magie. Ein forschungsgeschichtlicher Überblick, in: Frühmittelalterliche Studien 19, 1985; St. E. Flowers, Runes and Magic: Magical Formulaic Elements in the Older Runic Tradition, 1986; ders., The Galdrabók. An Icelandic Grimoire, York Beach (Maine) 1989; ders., Magic, in: MeScand 1993; J. McKinnell u. R. Simek (with K. Düwel), Runes, Magic and Religion: A Sourcebook, 2004.

Rýgr (altnord., »Frau, Dame«) ist einer der wenigen höflichen Namen für eine Riesin in den Thulur.

Rymr (altnord., »Lärm«) ist ein Name für den Gott Thor in den

Thulur, dessen mythische Bedeutung unbekannt ist.

S

Saðr oder Sannr (altnord., »der Wahre«) ist ein Beiname Odins in den Grm 47, bei Einarr Gilsson und in den Thulur. Da sich S. sicher nicht auf Odins Charakter bezieht, ist vielleicht S. als »der wahre Odin« (im Gegensatz zu Odin in einer seiner vielen Verkleidungen bei seinem irdischen Auftreten) zu vermuten; völlig kann auch diese Deutung nicht überzeugen.

H. Falk, Odensheite, Kristiania 1924.

Sächsisches Taufgelöbnis. Das Taufgelöbnis (abrenuntiatio) ist eine von zahlreichen kirchlichen Gebrauchsformeln, die uns in den Landessprachen aus der Missionszeit erhalten sind. Das S.T., welches in einem Codex aus einer Mainzer Klosterbibliothek aus dem 9. Jh. (jetzt Cod. pal. 577 der Vaticana) überliefert ist, enthält die Namen von drei german. Göttern und ist deswegen als Quelle für die german. Religionsgeschichte interessant:

end ec forsacho allum dioboles uuercum and uuordum, Thunaer ende UUôden ende Saxnôte ende allum thêm unholdum thê hira genôtas sint.
(»Ich widersage allen Werken und Worten des Teufels, Thor, Wodan und Saxnôt und allen Unholden, die ihre Gefährten sind.«)

Davon ist besonders → Saxnôt interessant, da er nur hier genannt wird.

Sægr oder Sœgr (altnord., »Lärm« oder »Meer«) heißt in einem bei Snorri (Gylf 10) überlieferten Märchen vom Bild im Mond der Bottich, den die beiden Gestalten im Mond, Bil und Hjuki, tragen; → Máni.

A. Holtsmark, Bil og Hjuke, in: MoM, 1945.

Sæhrímnir (altnord., »rußiges Seetier«?, vielleicht aber zu seyðir »Kochgrube«) heißt der sich immer erneuernde Eber in den Grm 18, welcher in Walhall vom Koch Andhrímnir im Kessel Eldhrímnir zubereitet wird (Gylf 37): »Aber niemals ist in Walhall eine so große Menschenmenge, daß ihnen das Fleisch des Ebers S. ausgeht. Er wird jeden Tag gekocht und ist abends wieder ganz. [...] Der Koch heißt Andhrímnir, der Kessel aber Eldhrímnir.« Das Motiv des sich wiederbelebenden Tieres findet sich auch in der Geschichte von Thors Böcken und verweist wohl auf ein mit schamanistischen Praktiken verwandtes Opferritual zurück. Snorris Ausschmückung aber trägt eher Züge eines mittelalterlichen Schlaraffenlands.

J. de Vries, ARG, [3]1970; A. Holtsmark, S., in: KLNM 17, 1972.

Sækarlsmúli (altnord.) ist der eigenartige Name eines Riesen in den Thulur. Er könnte »Seemanns-Maul« bedeuten, aber sækarl ist trotz seiner offenkundlichen Bedeutung sonst nirgends belegt; was, außer einem Scherz, soll außerdem ein »Seemannsmaul« sein? Genauso unfundiert, aber semantisch naheliegender wäre es, in sækarl eine Nebenform zu hákarl »Haifisch« zu sehen, so daß der Name »Haifischrachen« ergäbe.

Sæmingr (altnord.) heißt ein Sohn Odins (Snorri, Edda-Prolog und Thulur), nach Snorris Ynglinga saga war er der Sohn Yngvi-Freys; von S. hätten sich die Jarle von Hlaðir hergeleitet. Die Bedeutung des Namens ist unsicher: entweder »der Graue« (zu altnord. sámr), oder »Sohn der Saatgottheit« (vgl. lat. sēmen)?

Sæmundar Edda, falsche Bezeichnung der → Lieder-Edda; als Bischof Brynjólfr Sveinsson von Skalholt 1643 die wichtigste Handschrift der Edda, den Codex Regius, entdeckte und erwarb, hielt er die Sammlung fälschlich für das Werk des isländ. Historikers Sæmundr Sigfússon enn fróði (»der Weise« 1056–1133); in diesem Irrtum verharrte auch noch die Wissenschaft des 18. Jh.

F. Jónsson. Litt. Historie, Bd. 1, Kopenhagen 1920; H. Hermannsson, Sæmund Sigfússon and the Oddaverjar, Ithaca/New York 1932.

Sága (altnord.) ist eine Göttin, die in den Grm 37 erwähnt wird, wo sie mit Odin in → Sökkvabekkr trinkt; dies hat Snorri dahingehend interpretiert, daß Sökkvabekkr der himmlische Wohnsitz der S. ist (Gylf 34). Einige Erwähnungen des Namens S. in der Skaldik geben keinen Aufschluß über die Natur dieser Göttin.
Man hat S. etymologisch von altnord. sjá (german. *sehwan) »sehen« ableiten wollen. Da Frigg in Ls 21 als Seherin bezeichnet wird, und auch die Namen von Sökkvabekkr und Friggs Wohnort Fensalir bedeutungsähnlich sind, sei S. nur ein anderer Name für Frigg. Aber abgesehen von lautlichen Problemen – trotz der Vokalquantität ist eher an Verbindung mit saga und segja »sagen« zu denken – ist eine solche Identifikation eher problematisch; man sollte daher S. vermutlich in die Reihe von nicht näher bekannten Asinnen stellen (Hlín, Sjöfn, Snotra, Vár, Vǫ́r), die wohl als weibliche Schutzgottheiten zu betrachten sind, welche alle für bestimmte Teilbereiche der privaten Sphäre zuständig waren, jedoch klar unterschieden wurden und damit etwa den Matronen ähnlich sind.

A. M. Sturtevant, Etymological Comments, in: PMLA 67, 1952; A. Holtsmark, S., in: KLNM 14, 1969; J. de Vries, ARG, [3]1970.

Saga (altnord. saga, Pl. sögur), allgemeine Bezeichnung für längere isländ. Prosawerke. Die ältesten S.s wurden um 1200 aufgezeichnet, ihre Blüte erlebte die S.schreibung im 13. und 14. Jh. Da die Islendingasögur (»Sagas über Isländer«) teilweise noch in der Zeit vor der Christianisierung Islands im Jahre 1000 handeln, die Fornaldarsögur (»Vorzeitsagas«) sich überhaupt auf eine sagenhafte Frühgeschichte beziehen, finden sich in den S.s zahlreiche Hinweise auf die german. Religion. Da die S.s jedoch keineswegs immer, wie früher meist angenommen, auf einer ungebrochenen mündlichen Tradition über drei Jahrhunderte beruhen, sind ihre Aussagen zur heidnischen german. Religion, soweit sie nicht aus anderen Quellen erhärtet werden können, nur mit Vorsicht heranzuziehen.

K. Schier, Sagaliteratur, 1960; P. Hallberg, Die isländ. S., 1965; J. de Vries, Altnord. Literaturgeschichte, [2]1964–67; W. Baetke (Hg.), Die Isländersaga, 1974.

Saitchamiae. Matronenname, der sich in zwei Inschriften auf Weihesteinen aus Hoven bei Zülpich findet (CIL XIII 7915–6); der Name wird schon auf Grund der Dativendung -ms als zweifelsfrei germanisch angesehen, der erste Teil wird üblicherweise zu altnord. → seiðr gestellt; demnach wären die S. vielleicht »Göttinnen der Magie«.

S. Gutenbrunner, Die german. Götternamen, 1936; H. Birkhan, GKAR, 1970.

Sakralkönigtum. Die Auffassung, daß auch bei den Germanen das Königtum seinen Machtanspruch ursprünglich vom sakralen Bereich her legitimierte, hat sich heute trotz vereinzelter Gegenstimmen (Kuhn, v. See) weitgehend durchgesetzt. Baetke hat das Wesen des german. S.s in drei Thesen zusammengefaßt:

1) Das Königsheil, das als Gabe mit der sakralen Stellung des Königs zusammenhängt.

2) Die Position des Königs im Kultwesen, aber auch als Kultgegenstand.

3) Der Glaube an die göttliche Abstammung der german. Könige.

ad 1) Der König war persönlich, kraft seiner sakralen Stellung, für das Wetter und die Ernte ebenso wie für den äußeren und inneren Frieden verantwortlich. Auf dem schwed. Runenstein von Stentoften (7. Jh.) und vielleicht auch auf dem von Sparlösa (um 800) wird von schwed. Königen gesagt, daß sie »die Jahresernte gegeben« hätten, und noch in christlicher Zeit wird in der Skaldendichtung Olaf der Heilige als Vermittler, wenn schon nicht als Spender, von ár ok friðr (»Jahressegen und Frieden«) angesprochen. Den norweg. Königen Olaf Guðroðarson und Olaf Haraldsson wird noch nach ihrem Tod til árs (für ein gutes Jahr) geopfert (→ Geirstaðaálfr), ebenso des ersteren Bruder Halfdan (Heimskringla). Die Burgunden setzten im 4. Jh. einen König wegen Mißernten ab (Amminanus Marcellinus XXVIII, 5), und das Nachlassen des Königsheils durch Krankheit oder Altersschwäche konnte sogar zur rituellen Opferung des Königs führen; Snorri berichtet in der Ynglinga saga 15, daß die schwed.

Könige geopfert wurden, um das Volk von einer Gefahr zu befreien; von → Dómaldi bestätigt dies eine Strophe der Ynglingatál; Snorri nennt an geopferten Königen noch Sveigðir, Jörundr, vielleicht auch Fjölnir und Agni; bei Óláfr trételgja (Ynglinga saga 43) liegt aber wohl ein Mißverständnis Snorris vor, laut Ynglingatál wurde der König wohl erst nach seinem Tode verbrannt. Nicht nur für gute Ernte, sondern auch für den Sieg des Königs wurde geopfert, in Schweden durch ein Schlachtopfer (sigrblót: Ynglinga saga 8; til friðar ok sigrs konungi: Óláfs saga hins helga 77), in Norwegen durch einen Opfertrunk (til sigrs ok ríkis konungi: Hákonar saga goða 28), und allein schon die physische Teilnahme des Königs am Kampf war bei den Westgermanen so wichtig (Belege bei Grönbech), daß hier die sakrale Stellung des Königs nicht zu bestreiten ist (Kuhns Einwände sind haltlos).

ad 2) Die Bedeutung des Königs im Kult wird schon von Tacitus (Germ 10) erwähnt, im speziellen Fall geht es dabei um Weissagungen. In der euhemeristischen Darstellung der Götter als Könige in der Ynglinga saga (8 und 9) werden Odin und Njörðr als Opferer beschrieben; wenn während Odins Verbannung andere Könige seine Stelle usurpieren, legitimieren sie sich durch besondere Opferformen. Die Yngling-Könige werden durchwegs als große Opferer beschrieben, selbst in einem Scholion (140) zu Adam von Bremen wird hervorgehoben, daß es die Pflicht der Könige in → Uppsala gewesen sei, Opfer abzuhalten. Vom norweg. König Hákon wird erzählt, daß ihn die Bauern zur Teilnahme am Opfer zwangen (Hákonar saga goða 17). Auf dem dän. Runenstein von Glavendrup (um 900) wird die Identität zwischen Opferpriester und Fürst bestätigt (Ström 1975).

ad 3) Der Glaube an die göttliche Abstammung alter Königshäuser ist aus dem ganzen german. Bereich überliefert (→ Abstammungsmythen). In den Stammtafeln angelsächs. Königshäuser werden vor allem Wodan und Geat als mythische Ahnherren genannt, bei der ostgot. Königsfamilie der Amaler ist es Gapt/Gaut. Die schwed. Ynglinge leiten sich von Yngvi-Freyr her, die Skjöldungen und die norweg. Jarle von Hlaðir von Odin. Dic mythischen Genealogien von Göttergeschlechtern setzen sich in den irdischen Königsfamilien fort, wobei der Name des göttlichen Ahnherren von den Königen auch als Ehrenname getragen werden konnte, so wie etwa Yngvi von den Yngling-Königen.

Obwohl viele der genannten Zeugnisse für das S. aus christlicher Zeit stammen und somit die Gefahr der Überlagerung durch die christliche Anschauung vom Königtum von Gottes Gnaden besteht, ist es gerade die

Sakralabstammung, aber auch die kultische Bedeutung der german. Könige, die die Unterschiede zwischen heidnischer und christlicher Anschauung deutlich machen und die Annahme eines heidnischen S.s erlauben.

W. Baetke, Das Heilige im Germanischen, 1942; O. Höfler, German. S., 1952; K. Hauck, Herrschaftszeichen eines wodanist. Königtums, in: Jahrbuch für fränk. Landesforschung 14, 1954; W. Grönbech, Kultur und Religion der Germanen, [5]1954; W. Baetke, Zur Religion der Skalden, in: Atti dell' VIII congresso internazionale di storia delle religioni, Florenz 1956; B. Kummer, Sverre und Magnus, ebenda; H. Ljungberg, Das sakrale Königtum im Norden, ebenda; M. A. Murray, The Divine King in England, ebenda; J. de Vries, Das Königtum bei den Germanen, in: Saeculum 7, 1956; O. Höfler, Der Sakralcharakter des german. Königtums, in: The Sacral Kingship, Leiden 1959; Å. V. Ström, The King God and his Connection with Sacrifice, ebenda; K. Hauck, Die geschichtliche Bedeutung der german. Auffassung von Königtum und Adel, in: Rapports du XIe Congrès Internat. des Sciences Historiques, Stockholm 1960; A. Closs, Die Heiligkeit des Herrschers, in: Anthropos 56, 1961; W. Baetke, Yngvi und die Ynglinger, 1964; W. A. Chaney, The Cult of Kingship, Manchester 1970; J. Fleck, Konr-Óttar-Geirroðr, in: SS 42, 1970; J. de Vries, ARG, [3]1970; K. v. See, Kontinuitätstheorie und Sakraltheorie, 1972; Å. V. Ström u. H. Biezais, German. und balt. Religion, 1975; E. Hoffmann, Die heiligen Könige bei den Angelsachsen, 1975; O. Höfler, Staatsheiligkeit und Staatsvergottung, (Festschrift A. Erler) 1976; H. Kuhn, German. S.?, in: Kleine Schriften 4, 1978; K. v. See, Rezension von E. Hoffmanns ›Die heiligen Könige bei den Angelsachsen …‹, in: Skandinavistik 8, 1978; L. Lönnroth, Dómaldi's death and the myth of sacral kingship, in: Structure and Meaning in Old Norse Literature, Odense 1986; E. Picard, Germanisches S.?, 1991; G. Steinsland, Det hellig bryllup og norrøn kongeideologi. En undersøkelse av hierogamimyten i Skírnismál, Ynglingatal, Háleygjatal og Hyndluljóð, Oslo 1991; dies., Die mythologische Grundlage für die nordische Königsideologie, in: Germanische Religionsgeschichte. Quellen und Quellenprobleme, hg. von H. Beck, D. Ellmers u. K. Schier, Berlin/New York 1992; R. Mc Turk, Kingship, in: MeScand, 1993.

Salfangr oder Svalfangr (altnord.) heißt ein Riese in den Thulur; der Name ist ungeklärt, obwohl »Fänger der Bezahlung« möglich wäre.

Sámendill (altnord.) heißt ein Riese in den Thulur; der Name bedeutet wörtlich »der dunkle Endill«, Endill aber ist kein Riese, sondern der Name eines Seekönigs. Worauf S. also wirklich anspielt, ist unklar.

Sandraudiga. Name einer Göttin auf einem römerzeitlichen Weihealtar aus Zundert, Holland (CIL XIII 8774); die Inschrift lautet: Deae Sandraudigae cultores templi. Der Name S. wurde früher zum Ortsnamen Zundert gestellt, wahrscheinlicher ist jedoch Gutenbrunners Deutung als »die wahrhaft Reiche« (vgl. altnord. sannr »wahr« und got. audags »reich«).

R. M. Meyer, Beiträge zur altgerman. Mythologie, in: ANF 23, 1907; S. Gutenbrunner, Die german. Götternamen, 1936; J. de Vries, ARG, [3]1970.

Sanngetall (altnord., »der die Wahrheit Erratende«) ist ein Odinsname in den Grm 47 und den Thulur, der darauf verweist, daß Odin wiederholt als Sieger aus Wissenswettkämpfen (in den Vm, Bdr und der Hervarar saga) hervorgeht, wie es ihm als weisesten der Götter auch zusteht.

H. Falk, Odensheite, Kristiania 1924.

Sanngriðr oder Sangriðr (altnord., »sehr heftig, sehr grausam«) ist der sonst unbelegte Name einer → Walküre im Drdlj 3.

Saxnôt ist ein german. Gott, der in einem → Sächsischen Taufgelöbnis (Abschwörungsformel) aus dem 9. Jh. genannt wird. Da S. auch in den Stammtafeln inselsächs. Königshäuser (Essex) in den Formen Seaxnet, Saxnêat, Saxnat auftritt, hat man ihn als eponymen Stammvater der Sachsen betrachtet, was sicherlich richtig ist, gleichgültig, ob sein Name nun eigentlich »Freund der Sachsen« oder, viel weniger wahrscheinlich, »Schwertgenosse« bedeutete.

S. wird in einer Göttertrias gemeinsam mit Thor und Wodan genannt, also wird es sich auch bei ihm um einen bedeutenden Gott gehandelt haben; man hat S. daher mit *Tîwaz/Týr identifizieren wollen (de Vries, Philippson), aber nach dem indogerman. → Drei-Funktionen-System würde sich eher Freyr anbieten (Turville-Petre). Das etymologisch vielleicht verwandte altnord. Njótr, als Odinsname belegt, hilft auch nicht weiter.

A. Leitzmann, Saxonica I, in: PBB 25, 1900; R. Jente, Die mytholog. Ausdrücke im altengl. Wortschatz, 1921; E. A. Philippson, German. Heidentum bei den Angelsachsen, 1929; J. de Vries, ARG, [3]1970; E. O. G. Turville-Petre, Myth and Religion of the North, Westport 1975.

Saxo Grammaticus (ca. 1150–1220) war ein dän. Kleriker und Gelehrter, der am Hofe der Erzbischöfe von Lund tätig war und dort zu Anfang des 13. Jh. seine lat. *Gesta Danorum* verfaßte, eine Geschichte Dänemarks von den Anfängen bis 1202 in 16 Büchern.

Die ersten neun Bücher behandeln die sagenhafte Vergangenheit Dänemarks bis zum Beginn der Regierung von Harald Blauzahn (936), Buch 10–16 die histor. Zeit von 936–1202. Der erste Teil hat die Forschung bislang wesentlich mehr interessiert, und die meisten Editionen und Übersetzungen geben überhaupt nur Buch 1–9 wieder.

Der Wert von Saxos Werk liegt vor allem darin, daß er ausführlich alte Sagen und auch Mythen wiedergibt, wobei er sich vor allem auf isländ. Informanten und Quellen stützte, so daß wir bei ihm etliche altnord. Götter- und Heldensagen in lat. Sprache finden, die uns sonst nicht erhalten sind. Saxo ist allerdings recht frei mit seinen Quellen umgegangen, so daß ihre ursprüngliche Form meist verloren ist. Er hat sich an die im 12. und 13. Jh. unter isländ. Gelehrten übliche Auffassung der german. Mythologie gehalten, die durch einen ausgeprägten → Euhemerismus gekennzeichnet ist.

Saxos Werk ist schon früh als älteste Quelle für den Hamlet-Stoff (Amlethus) von Literaturhistorikern gewürdigt worden, aber seine Dänengeschichte ist auch eine Fundgrube für Geschichten über mythisch-heroische Gestalten der Skandinavier, wie Hading, Starkaðr, Fróði, Guðmundr, Ragnar Loðbrok und viele andere. Er ist also eine der wertvollsten Quellen für die Sagengeschichte und nach der Lieder-Edda und Snorris Werken auch eine der wichtigsten für die german. Mythologie.

P. Herrmann, Die Heldensagen des S.G., 1922; H. E. Davidson u. P. Fisher, S.G., The History of the Danes, Cambridge 1980; E. Christiansen, S.G., in: MeScand, 1993.

Sax(s)anus, Saxsetanus → Hercules Saxanus.

Sceaf (altengl., »Garbe«) ist ein mythischer Vorfahre der angelsächs. Königsgeschlechter. Während S. in den Stammtafeln der engl. Königshäuser einer unter vielen Namen der mythischen Vorfahren Vodens (= Odins) ist, berichten die Historiographen des Mittelalters ausführlicher über ihn. Æthelweard (Chronicorum libri 3,3; 10. Jh.) berichtet von der wunderbaren Ankunft des Kindes S. auf der Insel Scani (Schonen) in einem Schiff voller Waffen; später wird S. König von Schonen und Ahnherr von Odins Geschlecht. William of Malmesbury (Gestis regum Anglorum 2, 116) führt diesen Bericht von der Ankunft eines schlafenden Knaben in einem Boot ohne Ruder weiter aus und erklärt S. Namen damit, daß er im Boot auf einer Korngarbe geruht habe. Im altengl. *Beowulf* (4–31) ist Scyld Scefing (Sohn des Scef) der Held einer ganz ähnlichen Episode, ursprünglicher ist aber wohl der Name S.; Williams Erklärung des Namens ließe sich leicht als nachträgliche mittelalterliche Deutung abtun, würde nicht in den Stammtafeln und im *Beowulf* auch ein anderer Ahn namens Beow, Beav (»Gerste«) aufscheinen. Man wollte daher in S. einen Korngeist oder Korndämon eines Fruchtbarkeitskultes ansehen, wofür aber die Evidenz nicht ausreicht; eher ist S. als Kulturheros, als Bringer des Ackerbaus aufzufassen.

J. Grimm, Dt. Mythologie, [4]1875–78; P. Herrmann, Die Heldensagen des Saxo Grammaticus, 1922; E. A. Philippson, Germanisches Heidentum bei den Angelsachsen, 1929.

Schamanismus. Spuren schamanistischer Praktiken finden sich in der german. Religion wiederholt, besonders aber in Mythen im Umkreis des Gottes Odin. Am offensichtlichsten ist dies bei Odins Selbstopfer bei seinem Erwerb des Runenwissens, welches deutlich an schamanistische Initiationsriten erinnert. Ähnlichkeiten dieser Art haben dazu geführt, daß man auch in den → Grímnismál die Reflektion eines alten Initiationsritus hat sehen wollen, was allerdings nicht unwidersprochen blieb.

Ein anderer Aspekt solcher Initiationsriten, nämlich der damit verbundene Tod, die Jenseitsreise und Wiederbelebung, könnte im Mythos von → Balder vorliegen, obwohl die verhinderte Rückkehr Balders vom schamanisti-

schen Handlungsmuster abweicht.
Am wichtigsten sind aber die Parallelen zwischen der Odinischen Religion und den ekstatischen Trance-Zuständen, in denen Schamanen Heilungen oder Vorhersagen ausführen. Die Trance, in der weder Schmerz noch Feuer verspürt werden, ist typisch für Odinskrieger, besonders → Berserker und Úlfheðnar, und sowohl Odins Name wie seine Rolle in der → Wilden Jagd zeigen seinen engen Bezug zu Ausnahmezuständen des Bewußtseins. Odin wird auch mit Details der Magie in Verbindung gebracht, die auf eine schamanistische Frühstufe der german. Religion zurückzuführen sein könnten: Er verwendet Mímirs sprechenden Kopf für Prophezeiungen, und sein Hochsitz → Hliðskjálf erinnert an Türme und Plattformen schamanischer Kultpraktiken. Solche Konstruktionen wurden übrigens auch bei german. Seherinnen verwendet und als → seiðhjallr bezeichnet.
Die schamanistischen Spuren in der german. Religion gehen also wohl auf eine archaischere Stufe dieser Religion zurück, welche bei verschiedenen Völkern in verschiedenen Epochen ihrer Entwicklung auftritt und in Skandinavien offenbar am besten in der Magie (→ seiðr) überlebt hat und vorwiegend mit dem Gott Odin assoziiert wird.

A. Ohlmarks, Arktischer Sch. und altnord. seiðr, in: ARW 36, 1939; V. Kiil, Hliðskjálf og seiðhjallr, in: ANF 75, 1960; P. Buchholz, Schamanistische Züge in der altisländ. Überlieferung, 1968; J. Fleck, The »Knowledge-Criterion« in the Grímnismál: The Case against »Shamanism«, in: ANF 86, 1971.

Schicksalsglaube. Die ältere Forschung war der noch heute oft wiederholten Ansicht, daß nach heidnisch-german. Glauben alles, auch die Götter, dem Schicksal unterworfen gewesen seien. Der Einfluß des S.s in der german. Religion ist aber sehr schwer zu bewerten, da die literarischen Quellen, auf die wir angewiesen sind, zum Großteil german. Gedankengut in christlicher Reflexion wiedergaben. Lange galt etwa altengl. → Wyrd als Zentralbegriff germanischen S.s, es hat sich aber herausgestellt, daß er ebenso eine vorwiegend christliche Schöpfung ist wie der angebliche fatalistische Glaube der Germanen an nichts als ihre eigene Macht und Stärke (→ máttr ok megin).
Wieweit auch die Vorstellung von den Nornen, die das Schicksal der Menschen und Götter in der mythologischen Dichtung der skandinav. spätheidnischen Zeit lenken, bereits von antikem Gedankengut beeinflußt ist, kann man kaum abschätzen. Noch riskanter ist die Annahme eines apersönlichen, lenkenden Schicksals bei den Germanen, die sich kaum beweisen läßt, auch wenn die Sagaliteratur sie zu bestätigen scheint.

F. Kauffmann, Über den S.n der Germanen, in: ZfdPh 50, 1926; A. G. v. Hamel, The Conception of Fate, in: Saga-Book

11, 1928–36; H. Naumann, German. S., 1934; W. Baetke, German. S., in: Neue Jahrbücher für Wissensch. u. Jugendbild. 10, 1934; W. Gehl, Der german. S., 1939; W. Wirth, Der S. in den Isländersagas, 1940; E. Naumann, Das Schicksal in der Edda, 1, 1955; L. Mittner, Wurd: Das Sakrale in der altgerman. Epik, 1955; H. Krahe, Altgerman. Kleinigkeiten. 4, in: IF 66, 1961; Å. V. Ström, Scandinavian Belief in Fate, in: Fatalistic Beliefs, Stockholm 1967; G. W. Weber, Wyrd, 1969; J. de Vries, ARG, [3]1970; Å. V. Ström u. H. Biezais, German. u. balt. Religion, 1975; A. Winterbourne, When the Norns Have Spoken, Madison 2004.

Schiff. Das S. spielte vor allem in der Praxis des german. Kults der älteren Zeit eine ganz wesentliche Rolle, wie die bronzezeitlichen Felszeichnungen und andere Bilddarstellungen dieser Zeit (Kivikgrab; kultische Rasiermesser) beweisen, in denen das S. – nach dem Menschen – das häufigste Motiv ist.

Da die Felszeichnungen heute allgemein als religiöse Dokumente gelten, stellt sich die Frage, in welchem Kult das S. hier eine so bedeutende Rolle spielte; die Form des Kults geht aus den Darstellungen hervor: Es handelt sich um Prozessionen mit einem S., vereinzelt wird es auch getragen, es ist bemannt mit tanzenden, anbetenden, lurenblasenden Gestalten, recht häufig ist das S. auch mit dem Symbol der Sonne verknüpft. Es sind also keine S.e im praktischen Gebrauch abgebildet, sondern Kultschiffe, die der weltlichen Verwendung teilweise oder immer entzogen waren; seit Almgren nimmt man an, daß sie vielleicht nur für die Dauer eines Festes an Land errichtet wurden, wozu der Name von Freyrs Götterschiff→ Skíðblaðnir ausgezeichnet paßt. Das S. im Glauben ist noch in der Eisenzeit, offensichtlich aber sogar noch im Mittelalter (→ Hringhorni) mit der Sonne verbunden, wie etwa die Dekorationen der eisenzeitlichen goldenen Votivboote aus Nors/Jütland zeigen. Offensichtlich spielte das S. also eine Rolle im Kult eines Sonnen- und Fruchtbarkeitsgottes (Njörðr/Freyr), zu dem nicht nur die bäuerliche Bevölkerung um guter Ernte willen, sondern auch die Seefahrer für gutes Segelwetter und reichen Fischfang beteten (Simek 1977). Ob auf diesen Kult auch außergerman. Vorstellungen vom Sonnengott, der im S. über den Himmel fährt, eingewirkt haben, ist nicht sicher. Das S. in der Verehrung des Sonnengottes hat sich im religiösen Brauchtum bis in die jüngste Neuzeit herauf erhalten, so etwa in den westeuropäischen Umzügen mit Schiffswagen (die Sonne nun als »Glücksrad« gedeutet) oder auch in der skandinav. Bootsverbrennung zur Sommersonnenwende, die dem alpenländischen Brauch des brennenden Rades entspricht, beides deutlich mit einer Verehrung des Sonnengotts verbunden.

Daneben spielte aber das S. noch eine wesentliche Rolle im Grabbrauch von der Eisenzeit bis zur Wikingerzeit; während dieser ganzen Zeitspanne war in Skandinavien der Brauch der

→ Bootsbestattung verbreitet, auf ähnliche Vorstellungen könnten die steinernen → Schiffssetzungen deuten, zumindest soweit sie als Gräber zu identifizieren sind; in der eddischen Mythologie trägt das Totenschiff den Namen → Naglfar.

O. Almgren, Nordische Felszeichnungen, 1936; R. Simek, skíðblaðnir, in: Northern Studies 9, 1977; ders., Die Schiffsnamen, 1982; O. Crumlin-Pedersen u. B. Munch Thye (Hg.), The Ship as Symbol in Prehistoric and Medieval Scandinavia, Copenhagen 1995.

Schiffsbegräbnis → Bootsbestattung.

Schiffsgrab → Bootsbestattung.

Schiffssetzungen nennt man auf schiffsförmigem Grundriß angeordnete Steinsetzungen von, durch Abstände getrennten, aufrecht stehenden Steinen, wobei die Stevensteine an beiden Enden die anderen meist überragen. S. stammen aus Mittel- und Südskandinavien, der Großteil aus Schweden; insgesamt kann mit über 1500 erhaltenen S. gerechnet werden, von denen die meisten der Völkerwanderungs- und Wikingerzeit angehören, ein kleinerer Teil der jüngeren Bronzezeit; für die dazwischenliegenden 800 Jahre sind keine sicheren S. bekannt.

Der Großteil der S. enthält Gräber und ist somit zum Brauch der → Bootsbestattung zu stellen; allerdings muß man bei den S. ohne Grab in der Bronzezeit auch mit der Möglichkeit von Kultmonumenten rechnen, entweder im Zusammenhang mit dem Grabbrauch, oder im Rahmen eines Kultes, der sich auch in den Schiffsbildern der bronzezeitlichen Felszeichnungen manifestiert.

A. Ohlmarks, Gravskeppet, Stockholm 1946; M. Müller-Wille, Bestattung im Boot, in: Offa 25–26, 1970; R. Simek, Die Schiffsnamen, 1982.

Schlange. Die S. dürfte im religiösen Leben der Germanen, vor allem in der Bronzezeit, einen nicht unbedeutenden Symbolwert besessen haben, auch wenn von einem eigenen Schlangenkult (so de Vries) nicht die Rede sein kann. Auf Felszeichnungen und kultischen Rasiermessern ist die S. häufig abgebildet, zum Teil als pferdeköpfige S., welche die Sonne zieht.

Im Mythos finden wir Odin, der sich in eine S. verwandelt, um zur Riesentochter Gunnlöð zu gelangen, → Skaldenmet.

Vermutlich war die S. ein Symbol in einem frühen Fruchtbarkeitskult. Die Verbindung mit der Weltschlange → Midgardschlange und dem an den Wurzeln der Weltesche Yggdrasill nagenden Drachen → Niðhöggr könnte möglicherweise auf eine Stellung im Totenkult weisen.

E. F. Halvorsen, Nidhöggr, in: KLNM 12, 1967; J. de Vries, ARG, [3]1970.

Schöpfung → Kosmogonie, → Anthropogonie.

Schröder, Franz Rolf (1893–1979) war Germanist und Skandinavist, dessen Forschungen sich immer mehr der german. Religionswissenschaft zuwandten und der sich vor allem mit dem Verhältnis der anderen indogerman. Religionen zur german. Religion befaßte. Einerseits hat er dabei vorsichtig und abwägend den Einfluß südöstlich-hellenistischen Gedankengutes auf die german. Religion zu bestimmen gesucht, andererseits ist er immer wieder Parallelen zwischen Mythen und Göttern der Germanen und der anderen indogerman. Völker nachgegangen und hat damit eine neue Epoche der komparativen Mythologie eingeleitet; diese Richtung hat dann zu Mitte des 20. Jh., besonders durch die Untersuchungen von G. Dumézil, eine nicht unbedeutende Rolle in der Forschungsgeschichte gespielt.

Schwarzalben (altnord. svartálfar) ist eine Kategorie der → Alben, welche aus dem bei Snorri (Gylf 33; Skaldsk 37) zu findenden Namen Svartálfaheim »Welt der Schwarzalben« abgeleitet werden kann. Da Snorri in beiden Belegen Svartálfaheim als Wohnort der Zwerge bezeichnet, ist anzunehmen, daß für ihn Zwerge und S. identisch waren, wofür auch die verschwimmenden Übergänge zwischen beiden Kategorien mythischer Wesen sprechen.

(Schwertleite) heißt eine Walküre (Alt) in R. Wagners Oper *Die Walküre*, deren Namen er frei erfunden hat.

Scyld Scefing (angelsächs., »Scyld, der Sohn Scefs«) ist der Name des Stammvaters der Scyldingas (= Skjöldungen) im altengl. *Beowulf* (4ff.); hier wird auch von seiner wunderbaren Ankunft als Kind in einem Boot berichtet, was aber andernorts – und wohl ursprünglicher – von → Sceaf erzählt wird. S. (»Schild«) dagegen ist in den skandinav. Überlieferungen Sohn Odins und der Ahnherr des Skjöldungengeschlechts; in der altengl. Tradition nimmt er nur im *Beowulf* eine hervorragende Stellung als Vater Beowulfs ein, in den Stammtafeln der angelsächs. Königshäuser wird S. (auch Sceldva) nur kommentarlos als Name zwischen Beav und Sceaf genannt.

J. Grimm, Dt. Mythologie, [4]1875–78; P. Herrmann, Die Heldensagen des Saxo Grammaticus, 1922; C. W. v. Sydow, Scyld Scēfing, in: NoB 12, 1924; E. A. Philippson, German. Heidentum bei den Angelsachsen, 1929.

Scyldingas ist der angelsächs. Name des Königsgeschlechts der dän. → Skjöldungen. Im *Beowulf* ist Scyld der Ahnherr der S., aus deren Geschlecht auch Beowulf selbst stammt.

Scylfingas (angelsächs., identisch mit altnord. → Skilfingar) ist die angelsächs. Bezeichnung des schwed. Königsgeschlechts der Ynglinge.

Seccanehae. Matronenname von einer Weiheinschrift aus

Blankenheim bei Aachen (CIL XIII 8846); vielleicht zum Personennamen Seccus?

S. Gutenbrunner, Die german. Götternamen, 1936; M. Schönfeld, Wörterbuch der altgerman. Personen- und Völkernamen, [2]1965.

Seele. Die Vorstellung einer vom Körper unterschiedenen S. wird nirgends in unseren Quellen zur german. Religionsgeschichte direkt ausgedrückt. Dennoch geht aus verschiedenen religiösen Ideen hervor, daß zumindest die Nordgermanen ein dem Seelenglauben nahestehendes Konzept besessen haben dürften. Diese Art von Seelenglauben bezieht sich aber offensichtlich nur auf den lebenden Menschen, während im Bereich von → Tod und Weiterleben der Glaube an eine S. keine Rolle spielte (→ draugr); die Vorstellung von einer Schattenseele, die sich nach dem Tode vom Körper trennt (wie bei den Griechen) findet sich bei den Germanen nicht.

Am deutlichsten scheint sich das Konzept einer vom Körper lösbaren (oder überhaupt getrennten?) S. im nord. Glauben an → Fylgjen zu manifestieren; diese treten in Tiergestalt oder in Gestalt des zugehörigen Menschen auf, sind mit seinem Schicksal eng verbunden und werden (wenigstens in der Sagaliteratur) an kritischen Punkten im Leben sichtbar; mit dem Tod des Menschen endet auch die Existenz der Fylgjen. Die → Hamingjen dürften den Fylgjen verwandte Seelenwesen gewesen sein. Ob man dagegen die Tierverwandlungen in den Sagas als Beleg für einen Seelenglauben heranziehen darf, ist zumindest sehr fraglich; auch die für das mittelalterliche Skandinavien belegte Sitte der Namensweitergabe an den Enkel kann nur bei Überinterpretation der Quellen als Wiedergeburt bezeichnet werden.

H. Falk, »Sjelen« i Hedentroen, in: MoM, 1926; E. Mandl, Über den Seelen- und Jenseitsglauben der alten Skandinavier, Diss. Wien 1927; G. Neckel, Walhall, 1931; H.-J. Klare, Die Toten in der altnord. Literatur, in: APhSc 8, 1933/34; H. R. Ellis, The Road to Hel, Cambridge 1943; Å. V. Ström u. H. Biezais, German. und balt. Religion, 1975; D. Strömbäck, The Concept of Soul in Nordic Tradition, in: Arv 31, 1975; B. La Farge, »Leben« und »S.« in den altgerman. Sprachen, 1991.

Seherinnen. Vom german. Altertum bis ins Hochmittelalter finden sich Belege, daß die Germanen den Frauen prophetische Gaben zutrauten und sie manche Frauen ganz ausdrücklich als S. (Wahrsagerinnen) verehrten. Schon Tacitus berichtet (Germ 8): »Die Germanen glauben sogar, daß den Frauen etwas Heiliges und Seherisches innewohne« und er erwähnt die S. Veleda und Albruna. Weitere uns namentlich bekannte S. des Altertums sind Waluburg und Ganna, die beide im 1. Jh. n. Chr. lebten. Aber auch sonst erwähnen antike Autoren S. bei den Germanen: Strabo (7, 2) erwähnt alte Frauen in weißen Gewändern, die mit dem Heer mitzogen und aus dem

Blut der Gefangenen die Zukunft weissagten, und Cassius Dio (Historia Romana 55,1) berichtet von einer Frau mit übermenschlichen Zügen, die dem Drusus im Gebiet der Cherusker gegenübergetreten sei. Aus den Schilderungen der Veleda bei Tacitus (Hist 4 und 5) und der Ganna bei Cassius Dio (Historia Romana 67, 5) scheint hervorzugehen, daß den S. Jungfräulichkeit zugeschrieben wurde; ein weiteres Attribut war, wie uns neben den alten Namen (Waluburg, Gambara) auch die mittelalterlichen nord. Quellen bezeugen, der Stab (altnord. völr), von dem die S. im Altnordischen ihren Namen hatten (völva, eig. »Stabträgerin«, dann »Seherin«).

In den Eddaliedern wird bedeutendes Wissen wiederholt S. in den Mund gelegt (Vsp, Bdr), und auch die Sagas nennen noch etliche S.: Thorbjörg lítilvölva (Eireks saga), Thordís spákona (Vatnsdœla saga), Heimlaug völva (Gullþóris saga), Thuríðr sundafyllir (Sturlunga saga 145).

Alle unsere Quellen über S. sind jedoch von der Interpretatio romana bzw. christiana geprägt: die röm. Autoren projizierten die Erfahrungen mit den eigenen Auguren auf die »Barbaren«, die christlichen mittelalterlichen isländ. Sagaverfasser sahen in den S. mehr oder weniger Hexen, die Zauberei praktizierten (→ seiðr). Darauf weist auch der häufige Beiname heiðr (etwa: »Hexe«) in den altnord. Texten hin.

Daß jedoch die römerzeitlichen german. S. einen zum Teil doch recht beachtlichen politischen Einfluß ausübten, geht aus den verschiedenen Berichten über Veleda und Ganna hervor; auch die Römer scheuten sich nicht, die Dienste germanischer S. in Anspruch zu nehmen (Tacitus, Hist 5, 24; Sueton, Aulus Vitellius 14).

So sehr aber auch manche S. und ihr Wirken in der Geschichte plastisch hervortreten (→ Veleda, → Waluburg), so sehr bleiben wir über ihre Praktiken der Weissagung gerade für die ältere Zeit im Dunkeln, auch wenn einige karge Hinweise (wie der Turm der Veleda) auf eine Kontinuität zu den in den altnord. Quellen erwähnten Verfahren beim Wahrsagen hindeuten. Die in den Sagas (Gisla saga 18, Vatnsdœla saga 10, Örvar-Odds saga 2 und besonders Eireks saga rauða 4) beschriebenen Praktiken der S. werden als seiðr »Zauber« bezeichnet und unterscheiden sich nur unwesentlich von solchen des andernorts erwähnten Schadenszaubers. Eine wesentliche Rolle scheint dabei ein erhöhtes Zaubergestell (seiðhjallr) zu spielen, auf dem die S. saß und ihre Vorhersagen machte. Die Eireks saga rauða erwähnt darüber hinaus noch Zaubergesänge, einen Zauberstab und die Fellkleidung der S. neben zahlreichen anderen Details, welche aber eher der Fabulierlust des Erzählers als seiner Zauberkenntnis entspringen.

Der Wahrsagezauber ist zweifellos eine Form von Schamanismus, die frühen Belege bei den Germanen machen eine Übernahme von den Finnen (so Strömbäck) unwahrscheinlich. So ist er wohl einer schamanoiden Entwicklungsstufe zuzuweisen, wie sie in der Kulturgeschichte zahlreicher Völker anzutreffen ist.

D. Strömbäck, Sejd, Uppsala 1935; H. Volkmann, German. S. in röm. Diensten, 1964; Å. V. Ström u. H. Biezais, German. u. balt. Religion, 1974.

N: (Lit.) Karoline v. Günderode, *Skandinav. Weissagungen* (in: *Melete von Jon*, 1805, gedr. 1896); H. F. Blunck, *Besuch der Wela* (in: *Märchen und Sagen*, 1937).

(Bild. Kunst) S. L. Hansen, *Vala* (Bronzeskulptur, 1890); A. Tidemand, *Spaakvinden* (Gemälde, 1857); E. Doepler d. J., *Die Wolwa* (in: E. Doepler, W. Ranisch, *Walhall*, 1901); ders., *Odin bei der Wolwa* (ebenda).

seiðkona (altnord., »Zauberin«) → Magie, → Seherinnen.

seiðlæti (altnord., etwa »Zauberton«) → Varðlokkur.

seiðmaðr (altnord., »Zauberer«) → Magie.

seiðr (altnord., »Zauber«) ist die spezifisch skandinav. Ausformung von Praktiken in der → Magie.

Semnonenhain. Vom german. Stamm der Semnonen aus dem Volk der Sueben berichtet Tacitus (Germ 39), daß sie in einem heiligen Hain durch Abgesandte der einzelnen Stämme ein öffentliches Menschenopfer dargebracht hätten. Diesem Hain wurde besondere Ehrfurcht erwiesen: Um die eigene Ohnmacht und die Macht der Gottheit zu bekunden, wird er nur in Fesseln betreten; und wenn einer fällt, darf er weder aufstehen noch aufgehoben werden, sondern muß sich am Boden hinauswälzen. Der Kult gehe auf den Glauben zurück, berichtet Tacitus, daß dort der Ursprung des Volkes sei und an diesem Ort der alles beherrschende Gott (regnator omnium deus) wohne. Mit dem Fesselgebot im S. hat man schon früh den Hain Fjöturlundr (»Fesselhain«) des Eddaliedes HH I 30 verglichen, wo Helgi durch → Dagr mit dem Speer getötet wurde. Der im S. verehrte göttliche Ahnherr dürfte wohl Odin gewesen sein, der auch noch in der altnord. Religion als Fesselgott betrachtet wurde, und nicht etwa *Tīwaz, wie noch Much vermutete. Im Fjöturlundr der Edda und im S. liegen auf jeden Fall analoge german. Glaubensvorstellungen und Kulte vor, wobei man beim Menschenopfer im S. durchaus an eine Art kultischen Nachvollzug von Odins Selbstopfer denken kann (Höfler); darüber hinaus hat Höfler zu zeigen versucht, daß bei den beiden Hainen nicht nur Analogie, sondern Identität vorliegt, so daß die eddische Helgidichtung die Reflexion suebischer Glaubensvorstellungen, besonders aber Kultformen beinhalte.

O. Höfler, Das Opfer im S. und die Edda, in: Edda, Skalden, Saga, (Festschrift F. Genzmer) 1952; R. W. Fischer, Vinculo ligatus, in: Antaios 5, 1963; R. Much, Die Germania des Tacitus, [3]1967; J. de Vries, ARG, [3]1970.

Sessrumnir (altnord., eig. »Sitze-Räumer«, wohl ein Schiff mit zahlreichen Ruderbänken in seinen Räumen) ist eine sonst nicht erwähnte Schiffsbezeichnung in den Thulur. Bei Snorri (Gylf 23) wird S. jedoch als Bezeichnung für Freyjas Halle in ihrem himmlischen Wohnort Fólkvangr genannt. Eine der beiden Deutungen geht wohl auf ein Mißverständnis zurück, als Bedeutung ist in beiden Fällen »Raum mit vielen oder geräumigen Sitzen« aufgefaßt worden.

R. Simek, Die Schiffsnamen, 1982.

Síarr → Svíurr.

Sibulca. Name einer Göttin. Dieser Deae Subulcae ist ein erst 1958 gefundener römerzeitlicher Weihestein aus Bonn gewidmet; der Name ist noch ungeklärt.

H.-G. Kolbe, Neue Inschriften aus Bonn, in: Bonner Jahrbücher 161, 1961.

Síð (altnord., »die Langsame«) heißt einer der mythischen Flüsse im Flußkatalog der Grm 27 und in den Thulur.

Síðgrani (altnord., »der mit dem langen Schnurrbart«), in den Alv vorkommende Bezeichnung für Odin, als dessen Sohn Vingthor sich an dieser Stelle bezeichnet; vgl. auch die ähnlich gebildeten Odinsnamen Síðskeggr und Langbarðr. Auch in der Örvar-Odds saga (Kap. 35) wird Odin mit einem langen Bart und Schnurrbart beschrieben.

H. Falk, Odensheite, Kristiania 1924; S. Gutenbrunner, Über die Redewendung ›láttu grön sía þá‹, in: ZfdA 72, 1935; J. de Vries, Altnord. etymolog. Wörterbuch, Leiden [2]1977.

Síðhöttr (altnord., »Lang-Hut«) ist ein Odinsname in den Grm 47 und den Thulur, der zu der üblichen Beschreibung Odins mit tief hereingezogenem Schlapphut paßt.

Síðskeggr (altnord., »Langbart«) ist ein Beiname Odins in den Grm 47 und den Thulur. In seiner irdischen Erscheinung wird Odin mit langem, grauem Bart beschrieben (vgl. die Namen Hárbarðr, Langbarðr, Siðgrani).

(Siegrune) heißt eine Walküre (Mezzosopran) in R. Wagners Oper *Die Walküre*. Der Name ist die eingedeutschte Form des Walkürennamens Sigrun.

Sif (altnord.) ist eine der Asinnen, Frau Thors und Mutter des Gottes Ullr, den sie schon in die Ehe mit Thor mitbringt (Gylf 30; Skaldsk 4, 14, 22; Hym 3, 15, 34; Hrbl 48; Thrk 24). Trotz der häufigen Erwähnungen in den jüngeren Eddaliedern, aber auch in der Skaldik, scheint ihre Stellung recht funktionslos; am wahrscheinlichsten ist es, in ihr eine Göttin zu sehen, die erst als Ergänzung zu Thor entstand, als dieser in zunehmendem Maße auch eine Rolle als Fruchtbarkeitsgott spielte; der Name S. kann diese Ansicht stützen, da S. kaum etwas anderes als »angeheiratete Verwandte« bedeutet, ursprünglich also wohl einfach »die Frau (Thors)«. Abweichend davon meint N. Å. Nielsen, S. sei ursprünglich mit Njörðr verheiratet gewesen, und erst nach dem Wanenkrieg Thors Frau geworden. Dies würde eine recht spekulative Identifikation Ullr = Freyr voraussetzen und ist daher sehr unsicher.

Den einzigen Mythos, den wir von S. kennen, bringt Snorri zur Erklärung der Kenning »S.s Haar« = »Gold«; diese Kenning ist uns in der erhaltenen Skaldendichtung zwar nicht überliefert, wirkt aber echt, da sich auch in den Bjarkamál 5 S. in einer Kenning für Gold findet. Snorri erzählt also (Skaldsk 33) »daß Loki Laufeyjarson einmal aus Bosheit S.s ganzes Haar abgeschnitten habe. Als Thor das merkte, nahm er Loki und hätte ihm jeden Knochen im Leib zerbrochen, wenn er nicht geschworen hätte, die Schwarzalben dazu zu bringen, für S. aus Gold Haar zu verfertigen, das wie richtiges Haar wachse.« Loki kommt dann zu den Zwergen, den Ívaldssöhnen Brokkr und Sindri, die nicht nur S.s Haar, sondern auch den Odinsspeer Gungnir, das Schiff Skíðblaðnir, Freyrs goldenen Eber Gullinborsti, den Ring Draupnir und den Thorshammer Mjöllnir schmieden.

Man hat seit Uhland in S.s goldenem Haar meist das mythische Bild des wogenden Getreidefelds sehen wollen, das auch jährlich geschnitten wird und dennoch immer wieder nachwächst; schon Grimm war dieser Deutung gegenüber skeptisch, und daß ein Moos (Polytrichum aureum »goldener Widerthon, Haarmoos«) auf altnord. haddr Sifjar »S.s Haar« heißt, widerspricht ihr klar. Daher ist auch der Vegetationskult, den man ausschließlich in Verbindung mit ihrem Goldhaar für S. hat ableiten wollen (de Vries, Å. V. Ström), der aber sonst völlig unbelegt ist, nur das Produkt einer Überinterpretation von Snorris Anekdote, der hier das Märchenmotiv vom goldenen Haar in die Entstehungsgeschichte der Götterattribute aufgenommen hat; auch sonst gibt es keinen Anhaltspunkt für einen Kult der S.

L. Uhland, Der Mythus von Thôr, 1836; J. Grimm, Dt. Mythologie, [4]1875–78; E. Mogk, Das angebliche Sifbild, in: PBB 14, 1889; J. de Vries, ARG, [3]1970; Å. V. Ström u. H. Biezais, German. und balt. Religion, 1975; N. Å. Nielsen, Mythen om Krigen, in: Nordiska Studier i filologi och lingvistik, (Festschrift G. Holm) Lund 1976.

N: J. C. Dollmann, *Sif and Thor* (Gemälde, ca. 1900).

Sigfaðir (altnord., »Kampfvater, Siegvater«) ist ein Name Odins (Vsp 55, Ls 58), der sich auf Odin als Kriegsgott und Lenker des

Schlachtenschicksals bezieht. Neben S. ist ebenfalls zweimal das möglicherweise archaischere → Sigföðr belegt; auf Sieg- sind auch andere Odinsnamen, wie Sigtýr und Siggautr, gebildet.

H. Falk, Odensheite, Kristiania 1924; H. Kuhn, Das nordgerman. Heidentum, in: ZfdA 79, 1942.

Sigföðr (altnord., »Siegvater, Kampfvater«) ist ein Name Odins in den Grm 48 und den Thulur, beide Male also in der Merkdichtung. Daneben ist auch Sigfaðir belegt. Es scheint, daß Merkverse die archaischer wirkenden Formen auf -föðr bei Namen, bei denen -föðr/-faðir wechselt, bevorzugen: Grm 48 nennt Alföðr und S., ebenso wie die Thulur, welche zwar auch Valföðr und Herjaföðr haben, nicht aber Alfaðir und Sigfaðir.

H. Falk, Odensheite, Kristiania 1924; H. Kuhn, Das nordgerman. Heidentum, in: ZfdA 79, 1942.

Siggautr (altnord., »Sieg-Gautr«) ist ein Odinsname in den Thulur, der eine Erweiterung zu Gautr nach dem Muster von Sigtýr und Sigfaðir darstellt.

Sigi (altnord., »Sieger«) heißt ein Sohn Odins, der nur in den Thulur und bei Snorri im Prolog seiner Edda erwähnt wird und über den wir sonst nichts wissen.

Sigrdrífa (altnord., »Siegtreiberin«) heißt in Fm 44 und Sd die Walküre, die sonst (auch in der Edda) den Namen Brynhildr trägt.

Sigrún (altnord., »Siegrune«) ist der Name einer → Walküre aus der nord. Heldendichtung (HH I, HH II), welche als Tochter König Högnis und Geliebte von Helgi Hundingsbani bezeichnet wird. Nach ihrem Tod wird sie als → Kara wiedergeboren.

Sigthrór (altnord. Sigþrór »Sieg-Thrór«) ist ein Odinsname in den Thulur, eine Erweiterung zu → Thrór.

Sigtýr (altnord., »Kampf-Gott, Sieg-Gott«) ist ein Odinsname bei Glumr Geirason (Gráfeldardrápa 12) und in der Akv 30. Er zählt zu den Odinsnamen auf -týr, die zu Ende des 10. Jh. ihre Blüte hatten (Hertýr, Gautatýr, Hroptatýr u. a.). Wesentlich häufiger als S. ist jedoch der Plural des Worts sigtívar, als Kenning für »Götter« (Vsp 44 und 49, Grm 45, Ls 1 und 2, Fm 24, Akv 29).

H. de Boor, Die relig. Sprache der Vsp, in: Dt. Islandforschung 1, 1930.

Sigyn (altnord.) heißt Lokis Frau (Vsp 35; Gylf 32, 49, Skaldsk 16), die von Snorri in der Liste der Asinnen angeführt wird (Skaldsk 1; Thulur). Meist tritt sie im Zusammenhang mit der Geschichte von → Lokis Bestrafung auf, wo sie mit einer Schüssel das Gift auffängt, das von einer Schlange auf den gefesselten Loki tropft. – Obwohl S. auch als Frauenname belegt ist (altnord. sigr »Sieg« und vina »Freundin«), ist sie als Frau Lokis schon bei Þjóðólfr ór Hvíni im 9. Jh. bekannt (Haustlöng 7) und gehört daher wohl bereits früher dem german. Pantheon an und ist nicht erst eine mythographische Schöpfung der Spätzeit.

J. de Vries, The Problem of Loki, Helsinki 1933; ders., ARG, [3]1970.

N: N. J. O. Blommér, *Loke och Sigyn* (Gemälde, um 1850); M. E. Winge, *Loke och Sigyn* (Gemälde, 1863); O. Wergeland, *Loki och Sigyn* (Gemälde, 1879); K. Ehrenberg, *Loki und Sigyn; Hel mit dem Hunde Garm* (Zeichnung, 1883).

Silfrintoppr (altnord., »Silbermähne«) heißt ein mythisches Pferd in den Grm 30 und in den Thulur; bei Snorri (Gylf 14) ist S. ein Asenpferd.

Simrock, Karl (1802–76), Germanist und Übersetzer, der nur 10 Jahre nach Jakob Grimms *Deutscher Mythologie* eine deutschsprachige Zusammenfassung der germanischen Mythologie mit sehr nachhaltiger Wirkung schrieb, nämlich das 1843 erschienene *Handbuch der deutschen Mythologie.* Neben fast 20 Bänden mit Übersetzungen mittelhochdeutscher Literatur publizierte S. auch eine sehr populäre Übersetzung der Liederedda (1851), welche zahlreiche Auflagen erlebte und noch 1986–90 in der DDR dreimal aufgelegt wurde. Seit 1853 hielt S. als Professor an der Universität Bonn immer wieder Lehrveranstaltungen zur germanischen Mythologie.

K.S., Die Edda, die ältere und jüngere, nebst den mythischen Erzählungen der Skalda, Stuttgart 1851; K.S., Handbuch der deutschen Mythologie mit Einschluß der nordischen, Bonn 1853.

H. Moser, K.S.: Universitätslehrer und Poet. Germanist und Erneuerer von »Volkspoesie« und älterer »Nationalliteratur«, 1976; R. Simek, K.S. und die germanische Mythologie, in: K.S. 1802–1876. Einblicke in Leben und Werk, 2002.

Simul (1) (altnord., »Rentier-Kuh«) heißt eine Riesin in den Thulur.

(2) (altnord.) heißt in einem bei Snorri (Gylf 10) überlieferten aitiologischen Märchen vom Bild im Mond die Stange, die die beiden Gestalten im Mond, Bil und Hjuki, tragen; → Máni.

A. Holtsmark, Bil og Hjuke, in: MoM, 1945.

Sindri (altnord., »der Funkensprüher«, »Schmied«) heißt ein Zwerg in der Vsp 37. Laut Snorri (Skaldsk 33) ist es S., der den Eber Gullinborsti, den Ring Draupnir und den Hammer → Mjöllnir geschmiedet hatte. S.s Bruder und Gehilfe heißt Brokkr.

Singasteinn (altnord.) ist der schwer deutbare Name eines mythologischen Objekts oder Ortes, den Snorri (Skaldsk 8) in einer Kenning für Heimdall (tilsœkir Singasteins »Besucher des S.«) erwähnt und der aus Úlfr Uggasons Húsdrápa stammt. Die Konstruktion in der Húsdrápa 2 legt vielleicht den Ortsnamen näher (at Singasteini), und als Name einer Insel hat ihn wohl auch Snorri aufgefaßt (Jónsson, Schier). Im Sinnzusammenhang könnte S. allerdings auch als Name des Objekts gelten, um das Heimdall und Loki kämpfen (de Vries, F. Ström). S. wurde etymologisch als »alter Stein« gedeutet (zu gotisch sineigs »alt«; Jónsson), aber auch als »Zauberstein, Amulett« (aus *signasteinn; Pering) oder aus dem altengl. sincstān (de Vries). Kaum abgelegener scheint mir, falls es sich beim S. in der Húsdrápa wirklich um eine Kenning für ein Schmuckstück handelt, S. als söngvastein »Stein der Gesänge«, also »vielbesungener Stein« zu erklären. Es ist also recht zweifelhaft, ob S. tatsächlich ein mythologischer Name ist.

→ Brísingamen.

Sinir (altnord., »der Sehnige«) heißt ein mythisches Pferd im Katalog der Pferdenamen in den Grm 30 und in den Thulur; bei Snorri (Gylf 14) ist S. eines der Pferde der Asen.

Sinmara (altnord.) ist in den Fjm (26, 30) eine Gefährtin des Riesen Surtr. Der Name ist unklar; mara ist »Mahr, Alp«, sin ist aber wohl kaum zu sindr »Schlacke« zu stellen (Gutenbrunner), auch wenn von der Farbe her eine sinnvolle Deutung möglich ist: »die fahle Mahr«, was zur Frau des Feuerriesen passen könnte.

S. Gutenbrunner, Eddica, in: ZfdA 77, 1940; J. de Vries, Altnord. etymolog. Wörterbuch, Leiden [2]1977.

Sinthgunt (in der Handschrift: Sinhtgunt) ist der Name einer Göttin, die nur im → Zweiten Merseburger Zauberspruch genannt wird, und hier als Schwester der Sunna bezeichnet wird. Die Bedeutung dieser Göttin ist unbekannt, und selbst ihr Name ist bis heute ungeklärt: Bleibt man bei der handschriftlichen Form Sinhtgunt, so kann man auf »die Nacht-Gehende«, d. h. den Mond, kommen (Brate, Ström), andere Deutungen (mit der Lesung als S.) ergaben »die zum Kampf Ausziehende« (Gering) oder »Himmelskörper, Stern« (Grimm). Die Erklärung als »Mond« (weil sie im Zauberspruch als Begleiterin der Sonne vorkommt), wirkt unwahrscheinlich, da die Germanen den Mond sonst als männliches Wesen auffaßten (→ Máni), und Schröders Deutung als »allnächtlich Wandelnder«, d. h. als Mondgott, steht in Widerspruch zur Aussage »Schwester Sunnas« im Zauberspruch. Die Etymologie ist also noch immer nicht befriedigend geklärt, und an ihr hängt die sonstige Deutung der Göttin; die Zweigliedrigkeit des Namens deutet jedenfalls auf sekundäre Bildung und/oder Bedeutung dieser (Hilfs?-)Gottheit.

J. Grimm, Dt. Mythologie, [4]1875–78; S. Bugge, Studien über die Entstehung der nord. Götter- und Heldensagen, 1889; H. Gering, Der zweite Merseb. Spruch, in: ZfdPh 26, 1894; E. Brate, Andra Merseburg-besvärjelsen, in: ANF 35 1919; F. R. Schröder, Balder und der zweite Merseb. Spruch, in: GRM 34, 1953; S. Gutenbrunner, Ritennamen – Kultnamen – Mythennamen, (Namenforschung. Festschrift A. Bach) 1965; J. de Vries, ARG, [3]1970; Å. V. Ström u. H. Biezais, German. und balt. Religion, 1975; St. Schaffner, Die Götternamen des Zweiten Merseburger Zauberspruchs, in: Die Sprache 41, 1999.

Sívör (altnord.) heißt eine Riesin in den Thulur; der Name könnte vielleicht »die mit der herabhängenden Lippe« oder gar »Werg-Lippe« bedeuten; vgl. aber → Svívör.

Sjöfn (altnord.) ist eine Göttin, von der Snorri (Gylf 34) erzählt, daß sie den Sinn der Menschen auf die Liebe wende, und deswegen werde die Liebe auch sjafni genannt. Snorri deutet also auch diesen Götternamen etymologisch (entweder zu sefi »Sinn« oder zu sefi »Verwandter«?), aber die wenigen Nennungen der S. als mythische Gestalt in der Skaldendichtung lassen keine bessere Erklärung zu; S. ist demnach entweder eine Göttin der Ehe und Liebe oder eine der Verwandtschaft und zählt wie andere von Snorri genannte Göttinnen (Vár, Vör, Hlín, Snotra) zu einer matronenartigen Schutzgottheit.

Skaði (altnord.) ist die Tochter des Riesen Thjazi, die Frau des Gottes → Njörðr und Mutter Freyrs, eine Göttin der Jagd und des Schilaufs. In den Eddaliedern wird über S. nur gesagt, daß sie die Tochter des Riesen Thjazi ist (Hdl 30) und in Thrymheimr wohnt (Grm 11); die Ls (49, 51, Pr) zählt sie als Frau Njörðs zu den Asen.

Ausführlicher ist Snorri: In Skaldsk 1 berichtet er, wie S. sich rüstet, ihren Vater → Thjazi zu rächen, den Thor erschlagen hat. Als sie bewaffnet nach Asgard kommt, bieten ihr die Götter einen Vergleich an. Sie soll sich unter den Asen einen Mann suchen, aber dabei von ihm nur die Füße zu sehen bekommen. Sie wählt den mit den offenbar schönsten (oder saubersten?), in der Annahme, es sei Balder, es ist aber der Meergott Njörðr. Zusätzlich wird vereinbart, daß die Götter sie als Buße auch zum Lachen bringen müssen; das schafft Loki, indem er einen Strick um den Bart einer Ziege und um seine Hoden bindet, und das resultierende Schauspiel bringt selbst S. zum Lachen. – Aus der Gylf 22 erfahren wir, daß die Ehe zwischen S. und Njörðr kein Erfolg ist: während Njörðr nur in seinem Wohnort Nóatún am Meer glücklich ist, zieht es S. in die verschneiten Berge zur Jagd; sie vereinbaren deshalb, abwechselnd je neun Tage in Nóatún und in Thrymheimr zu verbringen; aber S. hält es in Nóatún nicht aus und zieht ins Gebirge zurück. Njörðs Kinder Freyr und Freyja dürften dennoch von ihr stammen.

Nach der Tradition in Snorris Ynglinga saga hatte S. nach ihrer Trennung von Njörðr noch zahlreiche Söhne mit Odin, von denen Jarl Hakon abstamme; hierbei handelt es sich jedoch wieder um einen der zahlreichen Versuche des Nachweises göttlicher Herkunft in persönlichen Abstammungsmythen und damit sicher um eine Konstruktion des Hochmittelalters.

S. wird von den Skalden (Eyvindr, Háleygjatal 4 und Bragi, Ragnarsdrápa 20) öndurdís »Schigöttin« genannt, sie geht mit Pfeil und Bogen auf die Jagd, ist also ein Gegenstück zur griech. Göttin Artemis. Aber auch der Vergleich mit dem nord. Gott Ullr, ebenfalls ein »Schigott« (önduráss), drängt sich auf; man hat daher S. und Ullr als (Geschwister-?)Paar deuten wollen (Schröder), aber die Quellen enthalten dafür keinen Hinweis. Eigenartig ist S.s Beziehung zu Loki: er ist am Tode ihres Vaters mitschuldig, und er muß sie auch zum Lachen bringen; in der Prosa der Ls ist es gerade S., die die gifttropfende Schlange über dem gefesselten Loki aufhängt, andererseits wird ihr in der Ls 52 Ehebruch mit Loki vorgeworfen; vielleicht bestand eine Beziehung zwischen den beiden in einem älteren Mythos, jedenfalls haben die Aussagen der Ls kein großes Gewicht, da in dem Lied den meisten Göttinnen Ehebruch oder Unzucht vorgeworfen wird.
Ebenfalls in der Ls (51) wird offensichtlich auf Kultstätten der S. angespielt, was eine Bestätigung in verschiedenen schwed., seltener norweg. Ortsnamen finden könnte, die vielleicht auf S. zurückzuführen sind: Skedevi, Skedvi, Skea und Ortsnamen auf Ska- und Skada-; allerdings ist es keineswegs sicher, daß es sich hierbei wirklich um Kultortsnamen handelt. Wegen des Namens hat man S. sogar als eponyme Herrin Sca(n)dias (= Schonen) und damit Skandinaviens ansehen wollen, was allerdings nicht völlig überzeugend ist.

H. Lindroth, En nordisk gudagestalt i ny belysning genom ortnamn, in: Antikvar, tidskrift för Sverige 20, 1915; G. Schütte, Eponyme Götter und Heroen, in: ZfdA 69, 1932; F. R. Schröder, Skadi und die Götter Skandinaviens, 1941; J. de Vries, ARG, [3]1970; A. Holtsmark, S., in: KLNM 15, 1970.

N: (Lit.) A. Oehlenschläger, *Skades Giftermaal* (Gedicht in: *Nordens Guder*, 1819);
(Bild. Kunst) K. Ehrenberg, *Skadi und Niurd* (Zeichnung, 1883); E. Doepler d. J., *Skadi* (in: E. Doepler, W. Ranisch, *Walhall*, 1901).

Skærir (altnord.) heißt ein Riese in den Thulur, dessen Name möglicherweise »Scherer, Schneider« bedeutet; allerdings ist die Namensform nicht ganz sicher.

Skaldendichtung wird herkömmlicherweise der Teil altnord. gebundener Dichtung genannt, welcher (im Gegensatz zur anonymen Eddadichtung) sich mit der Person eines bestimmten Dichters (Skalden) verbinden läßt und im höfischen Versmaß, dem dróttkvætt, abgefaßt ist; S. bezeichnet also die mittelalterliche norweg. Hofpoesie und schließlich die damit formverwandte gebundene Dichtung in altnord. Sprache überhaupt. Ganz glücklich ist die Unterscheidung in S. und Eddadichtung nicht, da auch sogenannte skaldische Dichtung anonym überliefert ist, und das dróttkvætt allein ebenfalls nicht als gattungskonstituierend angesehen werden kann. Ursprünglich ist die S. nicht eigentlich epische Dichtung, ihr Zweck ist das Preislied auf einen lebenden, seltener toten Fürsten. Die S. erlaubt im engen Zusammenspiel von Stabreim, Binnenreim, silbenzählendem Versmaß und der Verwendung von → Kenningar nur wenig formale Freiheit, um so mehr wird Betonung auf kunstfertige Ausführung innerhalb dieses formalen Systems gelegt.

Für die Mythologie des german. Nordens ist die S. als Quelle aus zwei Gründen sehr wichtig: erstens verwenden die Skalden für die → Kenningar gerne mythologische Bilder, die für uns oft die einzigen Hinweise auf sonst nicht oder nur anders überlieferte Mythen des heidnischen Skandinavien sind; dies beschränkt sich nicht auf die Frühzeit des 9. und 10. Jh., sondern trifft auch noch im christlichen Hochmittelalter zu. Zweitens sind neben Runeninschriften die skaldischen Gedichte die ältesten datierbaren literarischen Quellen Skandinaviens, welche durch die meist historisch fixierbaren Personen der Skalden in einen frühen zeitlichen Abschnitt eingeordnet werden können, auch wenn die Aufzeichnung der Gedichte erst einige hundert Jahre später ins 13. Jh. fällt; dabei ist allerdings zu berücksichtigen, daß sich in die häufig in den Isländersagas überlieferten Skaldenstrophen auch unechte aus späterer Zeit eingeschlichen haben können. – Gerade gegen Ende der heidnischen Zeit, am Ende des 10. Jh. hat im Umkreis der norweg. Jarle von Hlaðir (»Ladejarle«) in Trondheim eine starke heidnische Reaktion auf das bereits christliche Königtum in Norwegen eingesetzt. Diese Reaktion wurde vorwiegend von den (isländ.) Skalden (wie Einarr Skálaglamm, Tindr Hallkelsson, Eyvindr Skáldaspillir und Hallfreðr Óttarsson) getragen, und ihre Dichtung bewahrt uns daher in gedrängter Form eine Sammlung heidnisch-religiöser Vorstellungen (in der Form der Mythenabbreviatur der Kenningar) aus dem Ende der vorchristlichen Zeit, auch wenn diese bereits teilweise durch die Reaktion auf das erstarkende Christentum von diesem mitgeprägt sein können.

Ausg.: F. Jónsson (Hg.), Den norsk-islandske Skjaldedigtning, 4 Bde., København 1908–15; E. A. Kock, Den Norsk-Isländska Skaldediktingen, 2 Bde., Lund 1946–49.

M. Kristensen, Skjaldenes Mytologi, in: APhSc 5, 1930/31; J. de Vries, Altnord. Literaturgeschichte, ²1964–67; E. O. G. Turville-Petre, Scaldic Poetry, Oxford 1976; K. v. See, S., 1980; F. Ström, Poetry as an instrument of propaganda, in: Speculum Norrœnum, Studies G. Turville-Petre, Odense 1981; E. Marold, Der heidnische Wortschatz der Skaldik des 10. Jh., in: Nordeuropa. Studien 23, 1988; dies., S. und Mythologie, in: Poetry in the Scandinavian Middle Ages (Spoleto, 4.–10. Sept. 1988), Spoleto 1990; E. Mundal, Kristinga av Noreg og Island reflektert gjennom samtidig skaldedikting, in: Collegium Medievale 3 1990/2; R. G. Poole, Viking Poems on War and Peace: A Study in Scaldic Narrative, Toronto/Buffalo/London 1991; E. Marold, Die S. als Quelle der Religionsgeschichte, in: Germanische Religionsgeschichte. Quellen und Quellenprobleme, hg. von H. Beck, D. Ellmers u. K. Schier, Berlin/New York 1992; B. Fidjestøl, Pagan beliefs and Christian impact. The contribution of scaldic studies, in: Viking Revaluations, hg. von A. Faulkes u. R. Perkins, London 1993.

Skaldenmet. Ein aus dem Blut des → Kvasir gebrauter Met, der die Gabe der Dichtkunst verleiht.

Der nord. Mythos von der Erwerbung des S.s ist am ausführlichsten bei Snorri (Skaldsk 1), etwas abweichend in der Háv 104–110 und schließlich in einer Reihe von skaldischen Kenningar aus dem 10. Jh., die sich auf die wesentlichsten Inhalte des Mythos beziehen, überliefert. Darüber hinaus findet sich eine deutliche Anspielung auf diesen Mythos in der bildlichen Darstellung des gotländ. Bildsteines von Lärbro St. Hammars III. (um 700 n. Chr.).

Snorri erzählt, daß die Asen und Wanen nach dem Wanenkrieg den Frieden besiegelten, indem sie neben dem Austausch von Geiseln auch noch alle in ein Gefäß spien. Aus diesem Speichel schufen sie ein Wesen namens Kvasir, das außerordentlich weise war. Zwei Zwerge aber, Fjalarr und Galarr, ermordeten Kvasir und fingen sein Blut in einem Kessel (Óðrœrir) und zwei anderen Gefäßen (Són und Boðn) auf; dieses Blut vermischten sie mit Honig und brauten so den Met, durch dessen Genuß jeder zum Dichter werden kann. Darauf folgt die Episode, wie die beiden Zwerge den Riesen Gillingr und seine Frau töten, aber dafür von deren Sohn Suttungr auf einer von der Flut überspülten Schäre ausgesetzt werden; sie können ihr Leben nur dadurch retten, daß sie Suttungr den kostbaren Met als Buße anbieten. Suttungr bewahrt dann den Met in Hnitbjörg auf und läßt ihn durch seine Tochter Gunnlöð bewachen.

Um den S. für die Götter zu gewinnen, zieht Odin aus (der dann als Gott der Dichtkunst als Verwalter des Mets angesehen werden kann); er trifft auf neun mähende Knechte des Riesen → Baugi und bringt sie durch einen Streit um seinen guten Wetzstein dazu, daß sie einander töten. Daraufhin verdingt sich Odin selbst unter dem Namen → Bölverkr als Mäher bei Baugi und arbeitet einen Sommer lang für neun und soll dafür einen Schluck des Mets als Lohn bekommen. Als Baugi mit Odin zu → Suttungr kommt, weigert sich dieser, auch nur einen Tropfen des S.s herauszugeben, so daß Odin zur List greifen muß. Baugi bohrt mit dem Bohrer Rati ein Loch durch den Berg, durch welches Odin in Schlangengestalt zur Riesentochter Gunnlöð gelangt. Nachdem er drei Nächte bei ihr geschlafen hat, gewährt sie ihm drei Schlucke des Mets, mit denen er aber jeweils eines der drei Gefäße Són, Boðn und Óðrœrir leert. Daraufhin verwandelt sich Odin in einen Adler und entkommt, verfolgt vom nun ebenfalls adlergestaltigen Suttungr, nach Asgard und speit den S. in dort von den Göttern bereitgestellte Schüsseln. Suttungr kommt ihm aber schließlich so nahe, daß Odin einige Tropfen fallen läßt, auf die niemand achtgibt und die jeder haben kann; diese werden »der Teil der Dichterlinge« genannt.

Recht ausführlich berichten auch die eddischen Háv (104–110) vom Raub des S.s; die Schilderung weicht hier aber in mehreren Punkten von der Snorris ab: In den Háv 109 veranstalten die Reifriesen eine Suche nach dem entflohenen Odin/Bölverkr, auch ist weder von Adler- noch von Schlangenverwandlung die Rede. Óðrœrir (bei Snorri der Metkessel) bezeichnet hier den S. selbst, was auch mit der Etymologie besser übereinstimmt, und Hnitbjörg kommt in den Háv überhaupt nicht vor; dagegen erwähnen Háv 13 und 14, daß Odin sich bei Gunnlöð (hier als Tochter Fjalars bezeichnet) am Met betrunken habe, wovon weder bei Snorri noch Háv 104–110 die Rede ist.

Wir haben es also offensichtlich mit zwei (unter Beachtung von Háv 13f. vielleicht sogar drei) verschiedenen Versionen des Mythos vom S. zu tun, wobei aber gerade Snorris Version recht alte Züge aufzuweisen scheint; auch werden die meisten Details seiner Erzählung durch alte Kenningar belegt: der Met als »Kvasirs Blut« (Kvasis dreyri bei Einarr skálaglamm), als lebensrettendes »Fahrzeug der Zwerge« (dverga farkostr bei Arnorr jarlaskáld), »Trank der Zwerge« (dverga drykkr bei Gisli), »die im Berg verborgene Flut der Zwerge« (bergs geymilǫ́ dverga bei Einarr skálaglamm), »Odins Diebstahl« (Viðurs þýfi bei Egill, Sonatorrek 1) und »Saat des Adlerschnabels« (arnar kjapta órð bei Egill, Berudrápa). Also selbst die meist als »unorganischer Einschub« betrachtete Episode von → Gillings Ermordung durch die Zwerge und ihr Freikauf ist zumindest teilweise durch eine Kenning abgedeckt.

Auch der schon erwähnte gotländ. Bildstein zeigt eine Frau (Gunnlöð), die einer menschlichen Figur in Adlerverkleidung (Odin) ein Trinkhorn reicht, während dahinter ein schwerttragender Mann (Suttungr) über einer angedeuteten Schlange (Odin/Bölverkr?) herantritt. Somit ist eine Kontinuität der Bekanntheit dieses Mythos über 500 Jahre hin belegt, seine Beliebtheit bezeugen auch die zahlreichen Erwähnungen in der Skaldendichtung; der Bildstein dürfte darüber hinaus schon einen erzählerisch ausgestalteten Mythos voraussetzen, der sich mit dem von Snorri wiedergegebenen weitgehend deckt.

Der Mythos vom S. mit der Rolle Odins als Kulturheroen läßt sich aber noch wesentlich weiter zurückverfolgen; der Raub des

Rauschtranks Soma durch den Gott Indra in der ind. Mythologie der Rigveda weist wesentliche Gemeinsamkeiten mit dem german. Mythos auf: Soma ist ebenfalls ein kultischer Dichtertrank; Indra raubt ihn mit Hilfe eines Vogels (oder selbst in Vogelgestalt) aus einem Versteck im Berg, und der räuberische Vogel entkommt ebenfalls nur mit knapper Not. Wenn auch Unterschiede zwischen den german. und ind. Versionen nicht vernachlässigt werden dürfen, so kann dennoch beim Mythos vom Raub des Göttertranks gemeinsames Erbe aus indogerman. Zeit angenommen werden.

A. Olrik, Skjaldenmjøden, in: Edda 24, 1926; A. G. v. Hamel, Gods, Skalds and Magic, in: Saga-Book 11, 1928–36; ders., The Mastering of the Mead, (Studia Germanica till. E. A. Kock) Lund 1934; J. de Vries, ARG, [3]1970; R. Doht, Der Rauschtrank im german. Mythos, 1974; G. Dumézil, Gods of the Ancient Northmen, Berkeley 1977.

N: Abb. des Bildsteins von Lärbro St. Hammars III/Gotland bei K. Hauck, *German. Bilddenkmäler des frühen Mittelalters*, in: DVjS 31, 1957; *Odin bei Gunnlöð* zeigt eine Illustration von E. Doepler d. J. (in: E. Doepler, W. Ranisch, *Walhall*, 1901).

Skáldskaparmál (»Lehre von der Dichtkunst, Poetik der skaldischen Dichtung«), zweiter Abschnitt der → Snorra-Edda. In diesem Handbuch zum Studium der Skaldendichtung erzählt Snorri auch zahlreiche Mythen, um damit die in der Dichtung auftretenden mythologischen → Kenningar zu erklären.

Skalli (altnord., »Glatzkopf«) heißt ein Riese in den Thulur.

Skalmöld (altnord., »Schwertzeit« = Kampf), auch Name einer Walküre in den Thulur.

Skaværr (altnord., entweder »der Gutmütige« oder »der Schiefe«) heißt ein Zwerg in den Thulur.

Skáviðr (altnord. auch Skáfiðr, Skafiðr »guter Baum« oder »schiefer Baum«?) heißt ein Zwerg in der Vsp 15 und in den Thulur.

Skeggöld oder Skeggjöld (zu altnord. skeggja »Streitaxt« und öld »Alter, Zeit«, also »Axtzeit« = »Kampf«) ist der kenningartige Name einer → Walküre in den Grm 36, welcher wie zahlreiche andere Walkürennamen eigentlich ein Synonym für »Kampf« ist.

Skeiðbrimir (altnord., »der im Wettlauf Strahlende«? oder »der im Lauf Schnaubende«?) heißt ein mythisches Pferd im Katalog der Pferdenamen in den Grm 30 und in den Thulur; Snorri (Gylf 14) erwähnt S. unter den Namen der Asenpferde.

Skelfir (altnord.) ist laut Snorri (Skaldsk 62) der mythische Ahne des Königsgeschlechts der → Skilfingar; S. ist wahrscheinlich eine ätiologische Erfindung Snorris.

Skerkir (altnord., »Lärmer«) ist ein Riesenname in den Thulur.

Skíðblaðnir (altnord.) ist das Schiff des Gottes → Freyr; nur nach Ynglinga saga 7 gehört es Odin. Es wurde von Zwergen, den Söhnen Ivaldis, gebaut (Grm 43; Gylf 42); S. ist nicht so groß wie das Totenschiff → Naglfar, aber am geschicktesten gebaut, und hat die wunderbaren Eigenschaften, daß es immer günstigen Wind hat, sobald die Segel gesetzt werden, und daß es sich wie ein Tuch zusammenlegen und in einen Beutel stecken läßt; alle Asen haben vollbewaffnet darin Platz (Gylf 42, Skaldsk 35) und es ist das beste aller Schiffe.
Bereits in der Religion des bronzezeitlichen Skandinavien spielt das → Schiff eine zentrale Rolle, wie aus den Felszeichnungen hervorgeht, deren häufigstes Motiv außer Menschen selbst das Schiff ist, welches zu dieser Zeit wahrscheinlich ein Kultschiff im Rahmen eines Kultes für einen der Wanengötter war, die nicht nur für die Fruchtbarkeit, sondern auch für die Schiffahrt zuständig waren. Zu einem Kultboot, das nur für Festlichkeiten errichtet wurde, würde der Name S. gut passen, eigentlich »etwas aus dünnen Holzstücken Zusammengesetztes«; eine Kontinuität zwischen den Felsbilderschiffen und dem Schiff S. der eddischen Mythologie ist nicht unwahrscheinlich, da Zwischenglieder vorhanden sind; und auch Snorris Zuordnung zum Fruchtbarkeitsgott Freyr spricht für diese Kontinuität. S. unterscheidet sich damit vom außergerman. Götterschiff, in dem der Sonnengott den Himmel überquert; auf eine Verbindung von Schiff und Sonne deutet auch der Name des Schiffs → Hringhorni.
Stellt man den Namen S. jedoch zur Erfindung des aus Planken gebauten Schiffes, sind die Felsbilderschiffe außer acht zu lassen, da das Plankenschiff wesentlich jünger ist. Die wunderbaren Eigenschaften von S. in der Snorra-Edda sind wohl aus volkstümlichen Vorstellungen eingeflossen. Ein Schiff mit denselben märchenhaften Eigenschaften kommt auch in der sehr jungen Samsons saga fagra vor, wo die Eigenschaften des Schiffes von Snorri entlehnt sein dürften.

B. Kahle, Altwestnord. Namensstudien, in: IF 14, 1903; E. Magnusson, Notes on Ship-Building, in: Saga-Book 4, 1905; O. Almgren, Nord. Felszeichnungen, 1936; J. de Vries, ARG, [3]1970; A. Holtsmark, S., in: KLNM 15, 1970; E. O. G. Turville Petre, Myth and Religion of the North, Westport 1975; R. Simek, S., in: Northern Studies 9, 1977; ders., Schiffsnamen, Schiffsbezeichnungen und Schiffskenningar, 1982.

N: E. Tegner, *Skidbladner* (Gedicht, 1812); *Skidbladner* hießen auch zahlreiche Schiffe, bes. in Norwegen.

Skilfingar ist die altnord. Form für das angelsächs. Scylfingas, der angelsächs. Bezeichnung des schwed. Königshauses der Ynglinge. Snorri (Skaldsk 62) leitet die S. auf einen Ahnen Skelfir zurück, der aber sonst nicht erwähnt wird, ein Zusammenhang dürfte jedoch mit dem Odinsnamen Skilfingr bestehen: sind die S. »die von Skilfingr = Odin Abstammenden«? Da die Ynglinge sich aber von Yngvi = Freyr herleiten, muß damit gerechnet werden, daß die Identifikation von S. = Ynglinge erst sekundär ist; die S. werden auch in Hdl 16 und in der Flateyjarbók als Geschlecht erwähnt, der Zusammenhang ist aber in beiden Fällen unklar.

Skilfingr (altnord., »der auf einem Berg, Felsen Wohnende«?) ist ein Odinsname in den Grm 54. Möglicherweise hängt S. als Stammvater mit dem nicht genau zu bestimmenden sagenhaften Königsgeschlecht der Skilfingar (= Ynglinge?) zusammen. Auf einen Kult von Odin und seinem Geschlecht könnten sich unter Heranziehung des Namens S. auch → Hliðskjálf und Válaskjálf (ein Kultortsname zu Odins Sohn Váli?) beziehen (Turville-Petre).

D. v. Kralik, Niblung, Schilbung und Balmung, in: Wiener Prähistor. Zs. 19, 1932; E. O. G. Turville-Petre, Myth and Religion of the North, New York 1964.

Skinfaxi (altnord., »Lichtpferd«) heißt laut Vm 12 das Pferd, das den hellen Tag herbeiführt; das Pferd, das die Nacht bringt, heißt Hrímfaxi. Snorri erzählt in Gylf 9 die mythologische Fabel von Tag und Nacht (Dagr und Nótt): »Nótt reitet auf dem Pferd namens Hrímfaxi voran, und jeden Morgen betaut es die Erde mit dem von seinem Zaumzeug tropfenden Speichel; Dags Pferd heißt S. und die ganze Luft und Erde wird von seiner Mähne erleuchtet.«

R. Simek, Tolkien und die german. Mythologie, 2005.

N: Das Pferd Gandalfs in J. R. R. Tolkiens *Lord of the Rings* heißt zwar Shadowfax, ist aber offensichtlich an Skinfaxi, Hrímfaxi und Sleipnir modelliert.

Skírnir (altnord.), Diener und Bote des Gottes Freyr. S. ist der Protagonist des Eddaliedes → Skírnismál, in dem S. im Namen Freys um die schöne Riesentochter → Gerðr wirbt. Dieses mythische Lied wird auch in der Snorra-Edda nacherzählt (Gylf 36), wo S. auch sonst als Freys Bote auftritt (Gylf 33). Der Name S., eigentlich »der Strahlende« (zu altnord. skírr »rein klar«), hängt sicher mit seiner Funktion als Bote des Sonnengottes Freyr zusammen.

Skírnismál (Skm, altnord., »Lied von Skírnir«), auch Skírnisför (oder för Skírnis »Skírnirs Fahrt«) heißt das Götterlied im Codex Regius, das von der Werbung Freyrs um die Riesentochter Gerðr berichtet. Freyr hat sich in Gerðr verliebt und sendet seinen Diener Skírnir, dem er sein Pferd und Schwert mitgibt, aus, um für ihn bei ihr zu werben. Da sie sich ablehnend verhält und auch Skírnirs Angebot von 11 goldenen Äpfeln (epli ellifo allgullin) und vom Ring Draupnir nichts fruchtet, muß er sie unter Androhung von Zauberrunen (Þurs ríst ec þér oc þriá stafi, ergi oc œði oc óþola »einen Thursen [= th-Rune] ritze ich dir und drei Stäbe, Schande und Irrsinn und Unrast«: Strophe 36) zur Zustimmung zwingen. Nach neun Tagen soll die Zusammenkunft mit Freyr im Hain Barri stattfinden, worauf Freyr in der letzten Strophe sehnsüchtig über die Länge dieser Frist klagt. Das Lied wird von einer kurzen Prosastelle eingeleitet, die 42 Strophen sind im Versmaß Ljóðaháttr abgefaßt und bieten den ganzen Handlungsablauf in Dialogform.

Seit Niedner und Olsen wurden die Skm als dichterische Ausgestaltung des → hierós gámos gedeutet, in dem sich der Sonnen- und Fruchtbarkeitsgott Freyr mit der Erdgöttin Gerðr vereinigte. Die Skm wären demnach ein Kultlied, das bei Freyrfesten zu Frühlingsbeginn vielleicht szenisch aufgeführt worden wäre. Olsens Deutung stützt sich allerdings vorwiegend auf eine chthonische Deutung der Namen der Gerðr und ihres Vaters Gymir, wobei er Gerðr zu altnord. garðr »umzäuntes Feld« stellt. Seit Sahlgren wurde diese Deutung jedoch wiederholt angezweifelt, da der Name Gerðr nicht auf eine Erdgöttin zurückgehen könne (Sahlgren) und garðr und seine Verwandten nicht das »fruchtbare Feld«, sondern den »eingezäunten Ort« bezeichneten (Motz). Sahlgrens Deutung der Skm als Mythos von der Tochter des Meerriesen kann nicht überzeugen, und auch Lönnroths Deutung von seiner einseitig-profanen Mythosauffassung her ist abzulehnen. Motz dagegen sieht die Skm als Repräsentation eines Konflikts zwischen dem maskulinen Asengeschlecht und einem die weiblichen Kräfte verkörpernden Geschlecht der Riesen. Jedoch krankt ihre Deutung vor allem daran, daß Freyr sonst nie als streitbarer Eroberer auftritt, dem auch der schmachtende Ton der Skm völlig widerspricht. Damit ist trotz der etymologischen Ungereimtheiten Olsens Deutung von der mythischen Hochzeit zwischen Fruchtbarkeitsgott und Erde am einleuchtendsten. – Je nach Einschätzung der mythisch-kultischen Funktion des Liedes schwankt auch seine Datierung zwischen der späten heidnischen Zeit und dem 12. Jh. Auf die Skm wird auch in der Ls 42 und im Hdl 30 angespielt; in der Ynglinga saga 10 wird Gerðr als Frau Freyrs genannt und Fjölnir als ihr Sohn angegeben. Die Snorra-Edda spielt beim Ragnarökbericht (Gylf 50) wegen Freyrs verlorenem Schwert auf die Skm an; in Gylf 36 erzählt Snorri den Inhalt der Mythe nach, wobei er die letzte Strophe zitiert, die nur hier überliefert ist. Nach einer wahrscheinlich volleren Version der Skm hat Snorri sicherlich den Namen von Gerðrs Mutter

→ Aurboða ergänzt, da dieser auch in der Anspielung im Hdl 30, und nur dort, zu finden ist.

F. Niedner, Skírnis För, in: ZfdA 30, 1886; M. Olsen, Fra gammelnorsk Mythe og Kultus, in: MoM, 1909; B. Phillpotts, The Elder Edda and Ancient Scand. Drama, Cambridge 1920; F. R. Schröder, Germanentum und Hellenismus, 1924; J. Sahlgren, Sagan om Frö och Gärd, in: NoB 16, 1928; ders., Skm, in: Eddica et Scaldica, Lund 1928; K. Reichardt, Die Liebesbeschwörung in För Skírnis, in: JEGPh 38. 1939; J. Sahlgren, Lunden Barre i Skm, in: NoB 50, 1962; U. Dronke, Art and Tradition in Skm, (Engl. and Medieval Studies, presented to Tolkien) Oxford 1962; E. Ó. Sveinsson, Íslenzkar Bókmenntir í Fornöld, Reykjavík 1962; J. de Vries, Altnord. Literaturgeschichte, [2]1964–67; ders., ARG, [3]1970; A. Holtsmark, Skm, in: KLNM 15, 1970; F. R. Schröder, Das Symposion der Lokasenna, in: ANF 67, 1972; J. Harris, Cursing with the Thistle, in: Neuphil. Mitt. 76, 1975; L. Lönnroth, Skm och den fornisländska äktenskapsnormen, in: Opuscula Septentrionalia (Festskrift O. Widding), København 1977; L. Motz, Gerðr, in: MoM, 1981; S. A. Mitchell, För Scírnis as Mythological Model: frið at kaupa, in: ANF 98, 1983; P. Bibire, Freyr and Gerðr: The story and its Myths, in: Sagnaskemmtun. Studies H. Pálsson, Wien 1986; G. Steinsland, Pagan Myth in Confrontation with Christianity: Skm and Genesis, in: Old Norse and Finnish Religions and Cultic Place-Names, hg. von T. Ahlbäck, Abo/Stockholm 1990; dies., Det hellig bryllup og norrøn kongeideologi. En undersøkelse av hierogamimyten i Skm, Ynglingatal, Háleygjatal og Hyndluljóð, Oslo 1991; dies., Die mythologische Grundlage für die nordische Königsideologie, in: Germanische Religionsgeschichte. Quellen und Quellenprobleme, hg. von H. Beck, D. Ellmers u. K. Schier), Berlin/New York 1992; C. Larrington, »What Does Woman Want?« Mær and munr in Skm, in: alvíssmál 1, 1992; S. A. Mitchell, Skm, in: MeScand, 1993; K. v. See, B. La Farge, E. Picard und M.-C. Heß, Skm, Modell eines Edda-Kommentars, 1993; H. Klingenberg, For Skírnis: Brautwerbungsfahrt eines Werbungshelfers, in: alvíssmál 6, 1996; R. Simek, Lust, Sex and Domination. Skm and the Foundation of the Norwegian Kingdom, in: Sagnaheimur, (Studies Hermann Pálsson) Wien 2001.

N: J. Møller, *Skirners Reise* (Gedicht, 1806); A. Oehlenschläger, *Skirnirs Reise* (Gedicht in *Nordens Guder*, 1819).

Skirvir, auch Skirfir oder Skirpir (altnord., »der Spucker« zu skirpa?) heißt ein Zwerg in der Vsp 15 und in den Thulur.

Skjalf (altnord.) heißt bei Snorri in der Ynglinga saga 14 die Tochter eines finn. Königs, mit der sich der sagenhafte König Agni verheiratet, den sie mit einem Halsband erdrosselt; S. findet sich auch in den Thulur unter den Namen für Freyja. Sonst ist über S. nichts überliefert, aber die Geschichte von der Erdrosselung Agnis mit dem Halsband legt einen Vergleich mit Freyjas Halsband → Brísingamen nahe – vielleicht war dies auch schon der Grund für die Aufnahme von S. unter die Namen Freyjas in den Thulur. Schröders Deutung, bei Agnis Erdrosselung und Aufhängen handle es sich um »ein Baumopfer an die Göttin S.-Freyja«, ist völlig unfundiert; auch seine Gleichsetzung von S. mit Skaði (durch welche er das Geschlecht der Skilfingar von S. herleiten will) ist nicht überzeugend.

E. Björkman, S. och Skilfing, in: NoB 7, 1919; S. Aakjær, Hilla, Hleiðra og Skialf, (Studier tilegnede Verner Dahlerup paa femoghalvfjerdsdagen) Aarhus 1934; F. R. Schröder, Skadi und die Götter Skandinaviens, 1941; K. E. Gade, S., in: ANF 100, 1985.

Skjöldr (altnord., »Schild«) ist nach der skandinav. Tradition der mythische Ahnherr des Skjöldungengeschlechts (altengl. Scyldingas). Bei Snorri (Prolog zur Edda 3) findet sich ein S. auch als Ahnherr des Odin (wohl in Anlehnung an die altengl. und dän. Tradition von der Aszendenz Odins), sonst aber ist S. auch bei Snorri (Prolog 4; Skaldsk 40 und 62) der Sohn Odins und erster Dänenkönig. Saxo (I, 11f.) geht ausführlich auf das Leben S.s ein und zeigt dabei gewisse Parallelen zur Schilderung von → Scyld im altengl. *Beowulf*: beide tun sich schon in der Jugend hervor, sind große Plünderer, unterwerfen andere Könige und haben einen berühmten Sohn: Beowulf, bzw. Gram. In der Ynglinga saga macht Snorri S. zum Gemahl der Riesin Gefjon. So alt und verbreitet die Traditionen von S. als Stammvater der Skjöldungen auch sind, so ist es doch wahrscheinlich, daß der Name S. eine ätiologische Ableitung vom Namen des dän. Königsgeschlechts der Skjöldungen/Scyldingas, welcher ursprünglich wohl nur »Schildleute, dän. Krieger« bedeutete, war.

P. Herrmann, Die Heldensagen des Saxo Grammaticus, 1922; H. E. Davidson u. P. Fisher, Saxo Grammaticus: The History of the Danes, Cambridge 1980.

Skjöldungen heißt das völkerwanderungszeitliche dän. Königsgeschlecht (4./5. Jh.), dessen historische Bedeutung und Ruhm in der Heldensage verherrlicht werden; die alten dän. Heldenlieder sind zwar nicht überliefert, aber durch den altengl. *Beowulf* und *Widsith* sowie Saxos lat. Dänengeschichte und die altnord. Skjöldungasaga ist der Stoff bewahrt. In allen Traditionszweigen ist Skjöldr der eponyme Ahnherr des Geschlechts, welches sich auf Odin zurückführt, was auf die vorherrschende Tendenz german. Geschlechter zur Herrschaftslegitimation durch Sakralabstammung weist.

Skögull (altnord.) ist der Name einer → Walküre (Vsp 30, Grm 36), welcher wie zahlreiche andere Walkürennamen »Kampf« bedeutet.

Sköll (altnord., »Spott«) heißt laut Grm 39 und Snorri (Gylf 11) der Wolf, der die Sonne auf ihrem Lauf über den Himmel verfolgt und sie schließlich verschlingen wird. Einerseits wäre es möglich, daß S. nur ein anderer Name für → Fenrir ist, andererseits könnte im Falle von S. und Hati, welcher den Mond verfolgt, auch eine naturmythologische Deutung recht haben, welche in den Wölfen das Phänomen von Nebensonnen reflektiert sieht, da diese in den skandinav. Sprachen als »Sonnenwolf« (norweg. solvarg, schwed. solulv) bezeichnet werden.

J. de Vries, ARG, [3]1970; K. Elstad, Om tremenn og solulvar i Edda. To små merknader om poesi og mytologi, in: ANF 102, 1987.

N: Die mythologische Szene der Verfolgung von Sonne und Mond durch S. und Hati wird in J. C. Dollmans Gemälde *The wolves pursuing Sol and Mani* wiedergegeben.

Skrati (altnord., »Troll«) ist ein Synonym für Riese in den Thulur.

Skríkja (altnord., »die Schreierin«) ist der Name einer Riesin in den Thulur.

Skrýmir (altnord., »Prahler«?) ist ein Riese und Gegner Thors auf dessen Fahrt zu → Útgarðaloki (der mit S. identisch ist).
Über das mythische Märchen von Thor und S. berichtet ausführlich nur Snorri (Gylf 44): Thor und Loki sind auf der Reise nach Jötunheim, die Bauernkinder Thjálfi und Röskva begleiten Thor als Diener. Als Nachtquartier finden sie eine riesige Halle mit einem mächtigen Eingang, die sie für die Nacht aufsuchen; als sie um Mitternacht durch ein Erdbeben geweckt werden, gehen sie weiter in die Halle hinein, bis sie zu einem Nebenraum kommen, in dem sie schließlich weiterschlafen. Am Morgen verlassen sie das Gebäude und sehen in der Nähe einen Riesen schlafen, der sich S. nennt und ihnen mitteilt, daß sie in seinem Fäustling übernachtet haben, dessen Daumen der Nebenraum war. S. bietet ihnen seine Begleitung an und trägt alle ihre Vorräte in seinem Rucksack. Am Abend, als der Riese schon schläft, versucht Thor vergeblich, den Ranzen aufzuknoten, worauf er mit seinem Hammer Mjöllnir den Riesen erschlagen will; der aber erwacht und glaubt, nur ein Blatt sei auf seinen Kopf gefallen; zwei weitere Versuche während der Nacht enden ebenso erfolglos. In der Früh verläßt S. die Reisegesellschaft und zieht nordwärts, während Thor und seine Gefährten nach Osten zu Útgarðaloki weiterreisen. Als sie bei diesem und seinem Riesenvolk ankommen, werden sie zu Wettkämpfen aufgefordert, wobei Loki vom Riesen → Logi im Wettessen, Thjálfi vom Riesen → Hugi im Wettlauf geschlagen wird. Thor kann selbst in drei Zügen das Trinkhorn Útgarðalokis nicht leeren, dessen Katze nicht vom Boden aufheben und verliert den Ringkampf mit der alten Amme Elli. Erst am nächsten Tag klärt Útgarðaloki Thor darüber auf, daß er durch Zauberei besiegt wurde und Útgarðaloki selbst der Riese S. war; Thors Niederlagen werden nun erklärt: Der Rucksack war mit Eisendraht verschnürt, und die drei Hammerschläge Thors trafen nicht S.s Haupt, sondern drei Hügel, in denen sie tiefe Täler hinterlassen haben; Loki wurde im Essen von Logi, dem »Wildfeuer«, das alles verschlingt, geschlagen, Thjálfi an Schnelligkeit nur von Hugi (»Gedanke«), und das Trinkhorn reichte bis ins Meer, in welchem durch Thors Schlucke nun die Ebbe entstanden ist; die Katze

war eigentlich die die Welt umspannende Midgardschlange, und im Ringkampf wurde Thor von Elli »Alter« besiegt, da jeder einmal durch das Alter bezwungen wird. Als Thor sich daraufhin an Útgarðaloki rächen will, sind dieser und seine Burg plötzlich verschwunden.
Auf die Geschichte von S. und seinem Rucksack und den Fäustlingen spielen sonst nur die Ls (60 und 62) und Hrbl (26; hier heißt der Riese Fjallarr) an, was aber noch kein Beweis für ein hohes Alter des Mythenmärchens ist. Die große Bedeutung von Märchenelementen und Wortspielen könnte darauf hinweisen, daß die Geschichte erst spät (gar erst durch Snorri?) aus älteren Märchen, Mythenresten und Rätseln kompiliert wurde. Allerdings gibt es außergerman. Parallelen in russ. und osset. Sagen (→ Útgarðaloki), welche ganz ähnliche Handlungsstrukturen aufweisen, so daß auch nicht völlig die Möglichkeit ausgeschlossen werden kann, daß Snorris Erzählung von S. doch ein heidnischer Mythos zugrundegelegen war.

C. W. v. Sydow, Jättarna i mytologi och folktro, in: Folkminnen och Folktankar 6, 1919; G. Dumézil, Legendes sur les Nartes, in: Revue de l'histoire des religions 125, 1943; N. K. Chadwick, The Russian Giant Svyatogor and the Norse Útgarða-Loki, in: Folklore 75, 1964; J. de Vries, ARG, [3]1970.

N: (Dichtung) A. Oehlenschläger, *Thors Reise til Jotunheim* (Ep. Gedicht, 1807); W. Hertz, *Thor kam als Gast ins Riesenland* (1859); ders., *Thors Trunk* (1859). (Bild. Kunst) E. Doepler d. J., *Thor bei Skrymir* (in: E. Doepler, W. Ranisch, *Walhall*, 1901); J. C. Dollman, *Thor and the mountain.*

(*Skrýmiskviða). Eine S. wäre als Quelle für die Erzählung von Thors Fahrt zu Utgarðaloki in Snorris Edda denkbar, ist aber nicht beweisbar; → Skrýmir.

D. Brennecke, Gab es eine S.?, in: ANF 96, 1981.

Skuld (1) (altnord., »Schuld«; vielleicht aber »Zukunft«?) heißt eine der drei → Nornen bei Snorri (Gylf 14), im Anschluß an Vsp 20; die beiden anderen heißen Urd und Verdandi.
N: Klopstock hat dieser Norne 1766 eine Ode gewidmet mit dem Titel *Skulda.*
(2) (altnord., »Schuld«) ist der Name einer → Walküre (Vsp 30).

Sleipnir (altnord., »der Dahingleitende«) ist Odins achtbeiniges Pferd, das Loki (als Stute) mit dem Riesenhengst Svaðilfari gezeugt hatte, wie Snorri in seiner Geschichte vom → Riesenbaumeister erzählt (Gylf 41; vgl. Hdl 40). Snorri nennt S. das beste aller Götterpferde (Gylf 14; vgl. Grm 44), → Hermóðr kann damit auf seinem Ritt nach Hel auch die Umzäunung der Hel überspringen (Gylf 48) und auch Odin reitet darauf nach Hel (Bdr 2); als Haddingus von Odin auf S. mitgenommen wird, sieht er unter sich das Meer liegen (Saxo, Gesta Dan. 1, 24). Von Runen auf S.s Zähnen spricht Sdr 15.

Obwohl also S. in den Eddaliedern wiederholt genannt wird, findet sich das Pferd äußerst selten in der Skaldendichtung, der Name scheint also recht jung zu sein und ist vielleicht erst Ende des 10. Jh. für Odins Pferd aufgekommen; die Geschichte von der Geburt durch Loki stammt wohl überhaupt erst von Snorri.

S. ist grau und hat acht Beine, wie späte Quellen übereinstimmend berichten (Snorri, Gylf 41; Hervarar saga ok Heiðreks, Strophe 72). Aber schon auf gotländ. Bildsteinen des 8. Jh. (Tjängvide; Ardre) wird Odin auf dem achtbeinigen S. dargestellt, was auf anderen, sonst ähnlichen Abbildungen des reitenden Odin jedoch nicht der Fall ist. Man könnte daher vermuten, daß hier die acht Beine nur dazu dienen, den Eindruck der Geschwindigkeit zu vermitteln und daß erst die bildliche Darstellung zur Entstehung der literarischen Tradition von den acht Beinen S.s geführt hat.

Odin wird nicht nur in Bilddenkmälern häufig reitend dargestellt, sondern auch von seinen zahlreichen Beinamen zeigen zwei auf seine Beziehung zu Pferden: Hrósshársgrani (»Roßhaarsbart«) und Jálkr (»Wallach«); ob dies auf eine Stellung des Pferds im Kult hinweisen könnte, ist fraglich. Auch der kultische Ursprung der Achtbeinigkeit S.s (weil er durch 4 Burschen dargestellt worden sei: Höfler) ist nicht ganz überzeugend. Allerdings ist die traditionelle naturmythologische Deutung von S. als dem Wind, dessen acht Beine die acht Himmelsrichtungen darstellen und der im Geäst des Weltbaums Yggdrasill äst (z. B. Magnusson), völlig abzulehnen.

E. Magnusson, Odin's Horse Yggdrasil, London 1895; F. Detter, Rezension von E. Magnusson: Odin's Horse Yggdrasil, in: ANF 13, 1897; E. Magnusson, Yggdrasil, in: ANF 13, 1897; F. Detter, Erwiderung, in: ANF 13, 1897; G. Gjessing, Hesten i førhistorisk kunst og kultus, in: Viking, 1943; J. de Vries, ARG, [3]1970; A. Holtsmark, S., in: KLNM 16, 1971; E. O. G. Turville-Petre, Myth and Religion of the North, Westport 1975; R. Simek, Tolkien und die german. Mythologie, 2005.

N: R. Kipling, *»Sleipnir« late »Thurinda«* (Erzählung, 1888). Odin auf S. zeigt das von D. Werenskiold stammende, 1945–50 entstandene farbige Holzrelief *Odin på Sleipner* im Hof des Osloer Rathauses, während Odin sonst in neuzeitlichen Darstellung nur sehr selten reitend abgebildet wird.

(Sonstiges) Der Sage nach ist die hufeisenförmige Schlucht Asbyrgi in Nordisland der Hufabdruck S.s. *Sleipnir, Sleipner* war im Dritten Reich ein recht häufiger Schiffsname. Schon 1911 hieß so ein Depeschenboot der kaiserlichen Deutschen Kriegsmarine. *Sleipner*, norweg. Korvette, fertiggestellt 1965. *Sleipner* ist auch der Name eines norweg. Ölfelds zwischen Stavanger und Nordschottland (1983/84). Das Pferd Gandalfs in J. R. R. Tolkiens *Lord of the Rings* heißt zwar Shadowfax, wird aber wie S. beschrieben (vgl. aber auch Skinfaxi und Hrímfaxi).

Slíðr (altnord., »gefährlich«) heißt ein Unterweltsfluß in der Vsp 36 (und im Flüssekatalog der Grm 28), der folgendermaßen beschrieben wird: »Von Osten strömt ein Fluß aus dem Gifttal, mit Dolchen und Schwertern, der S. heißt.« Bei Snorri ist S. einer der Flüsse Élivágar (Gylf 3). Solche waffentragenden Flüsse finden sich auch bei Saxo 1, 31 und im Flußnamen Geirvimull (»Speer-Sprudler«: Grm 27) und sind auf den Einfluß der christlichen Visionsliteratur zurückzuführen, wo derartige Flüsse zum Standardinventar der Jenseitsbeschreibung zählen.

Dietrich, Die dt. Wasserhölle, in: ZfdA 9, 1853.

Slíðrugtanni (altnord., »der mit gefährlichen Hauern«) ist ein Name des Ebers → Gullinborsti; er wird aber nur bei Snorri (Gylf 48 und Skaldsk 7) erwähnt. Da Snorri auch den Namen Gullinborsti erst auf Grund einer älteren Kenning erfunden hat, ist es durchaus möglich, daß auch der Name S. dieses Ursprungs ist.

Snær (altnord., »Schnee«) ist ein sagenhafter König in der Urgeschichte Norwegens in altisländ. Texten (Hversu Nóregr byggðisk in der Flateyjarbók und Fundinn Nóregr am Beginn der Orkneyinga saga). S. stammt als Sohn Frostis (oder Jökuls) von Kári und damit von → Fornjótr ab, dessen Stammbaum wie der eines mythologischen Reifriesengeschlechts anmutet; somit dürfte auch S. ursprünglich ein Reifriese gewesen sein, möglicherweise als Personifikation des Schnees.

P. Herrmann, Die Heldensagen des Saxo Grammaticus, 1922; J. de Vries, ARG, [3]1970.

Snio (lat.), sagenhafter König bei Saxo (Gesta Dan. VIII, 281f.), → Snær.

Snjór → Snær.

Snorra-Edda (»Snorris → Edda«), Lehrbuch der Skaldendichtkunst, um 1220 von → Snorri Sturluson verfaßt; das Werk hat drei Teile: die → Gylfaginning, eine Darstellung der heidnischen Mythologie; die → Skáldskaparmál, ein Lehrbuch der → Kenningar; und das Háttatal, eine Reihe von 102 Strophen in 100 verschiedenen Formen mit metrischem Kommentar. Auch die Skáldskaparmál enthalten Bemerkungen zur Mythologie, da deren Kenntnis für die skaldische Dichtung wegen der zahlreichen mythologischen Kenningar unerläßlich war. Die Gylfaginning jedoch präsentiert eine systematische Darstellung altskandinav. Mythologie und macht damit die S. E. zur wichtigsten Quelle german. Mythologie. Allerdings ist Snorris Darstellung nicht unverfälscht, nicht nur wegen der möglichen christlichen Einflüsse, sondern auch wegen Snorris eigener Kreativität bei der Behandlung und Kombination ihm bekannter Mythen.

Snorris Rolle bei der Abfassung der S. E. ist im Laufe der Geschichte von der Wissenschaft sehr unterschiedlich bewertet worden; Simrock und Grimm sahen zu Beginn des 19. Jh. die S. E. noch als reine Quelle altnord. Religion, und auch für Bugge bestand daran gegen Ende des 19. Jh. kaum ein Zweifel. Mogk dagegen sah Snorri vor allem als literarisch Schaffenden, als Dichter von Mythennovellen, die als Quellen altgerman. Religion kaum zu verwenden sind, und auch Baetke vertrat diese Ansicht. Dumézil dagegen trat für eine Ehrenrettung Snorris ein, und Turville-Petre, de Vries und Holtsmark vertreten ebenfalls eine vorsichtig positive Haltung gegenüber Snorris mythographischer Kompetenz. Holtsmark hatte auf drei Schichten in Snorris Mythologie hingewiesen: das heidnische Weltbild, das christliche Weltbild, und Snorris Verbindung der beiden, aber Schier hat in jüngerer Zeit wieder darauf aufmerksam gemacht, daß christliches Gedankengut bereits in den eddischen und skaldischen Quellen Snorris miteingeflossen ist. Dies stellt die Quellenkritik vor komplexe Probleme, da nicht alle Einflüsse auf Snorri zurückgeführt werden können. Als Quelle german. Mythologie behält die S. E. jedoch durchaus ihren Wert.

Wichtige Ausg.: Edda Snorra Sturlusonar, Bd. I–III, Hafniae 1848–87; F. Jónsson, Snorri Sturluson: Edda, København 1900; ders., Edda Snorra Sturlusonar, København 1931; A. Faulkes, Snorri Sturluson: Edda. Prologue and Gylfaginning, London 1988; ders., Snorri Sturluson, Skáldskaparmál, London 1998; ders., Snorri Sturluson, Háttatal, London 1988. – Faksimile: A. Faulkes, Codex Trajectinus. The Utrecht Manuscript of the Prose Edda, København 1985 (= EIM 15).

J. Grimm, Dt. Mythologie, 1835; K. Simrock, Handbuch der dt. Mythologie mit Einschluß der nord., 1853; S. Bugge, Studier over de nordiske Gude- og Heltesagns Oprindelse, Kristiania 1881–89; A. Heusler, Die gelehrte Urgeschichte im altisländ. Schrifttum, 1908; E. Mogk, Novellist. Darstellung mytholog. Stoffe Snorris und seiner Schule, Helsinki 1923; ders., Zur Bewertung der S. E. als religionsgeschichtl. u. mytholog. Quelle des nordgerman. Heidentums, 1923; ders., Die Überlieferung von Thors Kampf mit dem Riesen Geirröd, (Festschrift H. Pipping) 1924; ders., Lokis Anteil an Balders Tod, Helsinki 1925; ders., Zur Gigantomachie der Völuspá, Helsinki 1925; R. C. Boer, Studien über die S. E., in: APhSc 1, 1926; F. v. d. Leyen, Die Götter der Germanen, 1938; B. Pering, Heimdall, Lund 1941; D. O. Zetterholm, Studier i en Snorre-Text, Stockholm/København 1949; W. Baetke, Die Götterlehre der S. E., 1950; S. Beyschlag, Die Betörung Gylfis, in: ZfdA 85, 1954; A. Holtsmark, Studier i norrøn diktning, Oslo 1956; dies., Den yngre Edda, in: KLNM 3, 1958; G. Dumézil, Loki, 1959; E. O. G. Turville-Petre, Myth and Religion of the North, London 1964; A. Holtsmark, Studier i Snorres mytologi, Oslo 1964; J. de Vries, Altgerman. Religionsgeschichte, [3]1970; K. Schier, Zur Mythologie der S. E.: Einige Quellenprobleme, in: Speculum Norrœnum. Studies G. Turville-Petre, Odense 1981; T. Krömmelbein, Jakob Schimmelmann und der Beginn der S.-E.-Rezeption in Deutschland, in: Snorri Sturluson, hg. von H. Fix, Berlin/New York 1998.

Snorri Sturluson, isländ. Gelehrter und Politiker (1179 Hvamm – 1241 Reykjaholt). S. stammte aus dem Geschlecht der Sturlungen, zu Beginn des 13. Jh. die einflußreichste Familie Islands. Über S.s Leben wissen wir durch die bereits Ende des 13. Jh. abgefaßte Sturlunga saga (»Geschichte des Sturlungengeschlechts«) gut Bescheid. Von 1215 bis 1219 hielt er zum ersten Mal das höchste Amt Islands, das des Gesetzessprechers, inne. Auf seiner anschließenden Norwegenfahrt (bis 1220) verhandelte S. mit König Hakon, um einen friedlichen Anschluß Islands an Norwegen zu erreichen, ein Plan, der S. in Island Feinde schaffte und ihn durch sein Fehlschlagen auch bei Hakon in Ungnade fallen ließ. Von 1222 bis 1231 war S. dennoch wieder Gesetzessprecher, 1237 erfolgte seine zweite Norwegenfahrt. In der Nacht des 23. September 1241 fiel S. einem politischen Mordanschlag durch seinen Schwiegersohn Gizurr zum Opfer.

S.s Bedeutung liegt auf literarischem Gebiet; neben einer Ólafs saga, der Heimskringla (einer Geschichte der norwegischen Könige) und möglicherweise auch der Egils saga verdanken wir ihm vor allem das Skaldenlehrbuch Edda, üblicherweise als → Snorra-Edda (»S.s Edda«) bezeichnet. In den Abschnitten → Skáldskaparmál und Háttatal werden anhand von Beispielen die Regeln skaldischer Dichtung vermittelt, die → Gylfaginning aber bietet eine gelehrte Darstellung der altnord. Mythologie, die zweifellos auch stark von S.s christlicher Bildung durchsetzt ist, dennoch aber unsere wichtigste Quelle nordgerman. Mythologie darstellt.

G. Vigfusson (Hg.), Sturlunga Saga. I–II, Oxford 1878; H. Naumann, Versuch über S., 1943; J. de Vries, Altnord. Literaturgeschichte, [2]1964–67; Jón Jóhannesson, Íslendinga saga, Univ. of Manitoba 1974; S. Hauksdottir, Snorri Sturluson og konungsvaldið, in: Mimir 21, 1974; E. O. G. Turville-Petre, Origins of Icelandic Literature, Oxford 1975; J. Simon, S.: His Life and Times, in: Parergon 15, 1976; M. Clunies-Ross, The myth of Gefjon and Gylfi and its function in Snorra Edda and Heimskringla, in: ANF 93, 1978; G. W. Weber, Edda, Jüngere, in: RGA 6, 1986; ders., Siðaskipti. Das religionsgeschichtliche Modell Snorri Sturlusons in Edda und Heimskringla, in: Sagnaskemmtun, (Studies Hermann Pálsson) Wien 1986; H. Klingenberg, Gylfaginning. Tres vidit unum adoravit, in: Germanic Dialects, hg. von B. Brogyanyi u. Th. Krömmelbein, Amsterdam/Philadelphia 1986; M. Clunies-Ross, Skáldskaparmál. Snorri Sturluson's ars poetica and the medieval theories of language, Odense 1987; P. Meulengracht Sørensen, Preben, Der Runenstein von Rök und Snorri Sturluson – oder »Wie aussagekräftig sind unsere Quellen zur Religionsgeschichte der Wikingerzeit?«, in: Old Norse and Finnish Religions and Cultic Place-Names, hg. von T. Ahlbäck, Åbo/Stockholm 1990; M. Clunies-Ross, Pseudo-Procreation Myths in Old Norse: An Anthropological Approach, in: Social Approaches to Viking Studies, hg. von R. Samson, Glasgow 1991; Snorrastefna. Hg. Úlfar Bragason, Reykjavík 1992; A. Faulkes, Snorra Edda, in: MeScand, 1993; A. Wolf (Hg.), Snorri Sturluson. Kolloquium anläßlich der 750. Wiederkehr seines Todestages, 1993; Snorri Sturluson, hg. von H. Fix, Berlin/New York 1998.

Snotra (altnord., »die Kluge«) heißt bei Snorri (Gylf 34) und in den Thulur eine Göttin, deren Name sonst nirgendwo belegt ist. Snorri nennt diese Asin »klug und von gutem Benehmen«. S. ist vielleicht eine Erfindung Snorris, die er aus snotr »klug« hergeleitet und neben andere unbedeutendere Göttinnen gestellt hat.

Sœkin (altnord., »die Vorwärtsdrängende«) heißt einer der mythischen Flüsse im Flußkatalog der Grm 27 und in den Thulur.

Sökkmímir (altnord., »Mímir der Tiefe« oder »der streitbare Mímir«) ist laut Thulur und Ynglingatal 2 ein Riese, in Grm 50 hat Odin mit ihm zu tun. Ob S. in diesem Zusammenhang wirklich mit → Mímir identisch ist, ist unsicher, für ein in einer Quelle hausendes Wesen wäre der Name jedoch nicht unpassend.

J. Simpson, Mímir: Two Myths or One?, in: Saga-Book 16, 1962.

Sökkvabekkr (altnord., »gesunkene Bank« oder »Schatz-Bank«?) heißt in den Grm 7 eine der Götterwohnungen, die hier dem Odin und der Göttin Sága zugeordnet wird, bei Snorri jedoch dezidiert der Sága (Gylf 34).

Sönnungr (altnord., »der Wahrhaftige«?) wird in den Thulur als Name für den Gott Thor angeführt.

Sól (altnord., »Sonne«) ist in der eddischen Mythologie eine der Asinnen, aber eigentlich die personifizierte Sonne, die nur in der Dichtung eine Rolle gespielt hat; Snorri erzählt in Gylf 10 folgendes, wobei er sich auf zwei Eddastrophen (Grm 37 und Vm 23) stützt: »Ein Mann namens Mundilfari hatte zwei Kinder; die waren so schön und hübsch, daß er seinen Sohn Mond, die Tochter Sonne nannte; diese verheiratete er mit einem Mann namens Glenr. Die Götter aber waren über diese Anmaßung erzürnt, nahmen die Geschwister, setzten sie in den Himmel und ließen S. die Pferde lenken, welche den Wagen der Sonne zogen, die die Götter zur Beleuchtung der Welt aus einem Funken, der aus Muspellsheimr flog, geschaffen hatten; diese Pferde heißen Árvakr und Alsviðr. Unter den Schultern der Pferde befestigten die Götter aber zwei Blasbälge zur Kühlung, und in einigen Quellen wird das ›Eisenkühlung‹ genannt.« Bei diesem Lauf über den Himmel wird S. von einem Wolf namens Hati, der Mond von einem Wolf namens Sköll verfolgt (Gylf 11 nach Grm 39).
Für eine Verehrung der Sonne sind in der Bronzezeit zahlreiche Belege zu finden (Felszeichnungen; Sonnenwagen von Trundholm), und als lebensspendendem Himmelskörper wurde der Sonne wohl immer eine gewisse Verehrung zuteil. Daß sie auch als göttliche Person aufgefaßt wurde, bezeugt nur das Vorkommen der Asin S. in der altnord. Literatur und die Göttin Sunna im Zweiten Merseburger Zauberspruch; beides ist als Beleg für einen Sonnenkult zu wenig aussagekräftig. Dagegen dürfte die in den Grm und bei Snorri noch zu findende Vorstellung, daß die

Sonne von Pferden über den Himmel gezogen wurde, durch den Trundholmer Wagen als alt erwiesen sein. Die von der Bronzezeit bis ins Mittelalter häufig belegte Kombination des Sonnensymbols mit dem Schiff im kultischen Kontext dürfte auf einen Kult eines Fruchtbarkeitsgottes (Njörðr oder Freyr) zurückgehen, kaum aber auf den einer personifizierten Sonne.

D. Abrahamson, Solkult i nordisk bebyggelse, in: Ymer 44, 1924; J. de Vries, ARG, [3]1970; A. Holtsmark, S., in: KLNM 16, 1971; R. Simek, Skíðblaðnir, in: Northern Studies 9, 1977.

Sólbjartr (altnord., »Sonnenhell«) heißt laut Fjm 47 der Vater des Helden Svipdagr.

Sólblindi (altnord., »der Sonnenblinde«) ist möglicherweise ein Zwerg in den Fjm 10; da seine drei Söhne das Tor Thrymgjöll zu Menglöðs Wohnung geschmiedet haben, und der Name auf die in der Sonne blinden (oder überhaupt zu Stein erstarrenden) Zwerge gut paßt, dürfte die Deutung von S. als Zwerg das Naheliegendste sein.

Sómr (altnord.) heißt ein Riese in den Thulur; der Name ist unklar: vielleicht zu sómi »Ehre«, kaum aber zu sómr »Bogen«.

F. Jónsson, Þulur, in: APhSc 9, 1934.

Són (altnord.) ist nach Snorri eines der Gefäße, in denen die Zwerge Fjalarr und Galarr das Blut des Riesen Kvasir auffangen (Skaldsk 1); in dieser Fassung des Mythos vom → Skaldenmet verwenden sie dabei die Gefäße S. und Boðn sowie den Kessel Óðrœrir; S. scheint ursprünglich aber eher den Kessel bezeichnet zu haben, in dem Asen und Wanen beim Friedensschluß nach dem Wanenkrieg ihren Speichel gemischt haben, aus dem dann Kvasir geschaffen wurde, denn etymologisch dürfte der Name S. zu ahd. suona, sôna »Versöhnung, Sühne« zu stellen sein.

H. Lindroth, Boðn, S. och Óðrœrir, in: MoM, 1915; R. Meissner, Die Kenningar der Skalden, 1921; J. de Vries, ARG, [3]1970.

Sonargöltr (altnord., »Zuchteber«) ist ein Eber im altskandinav. Kult, von dem die HHv 4 Pr und die Hervarar saga 10 berichten, daß man am Julabend beim Ablegen von Gelöbnissen (heitstrengingar) die Hände auf seinen Rücken legte, und S. dann in einem sonarblót (»Sonar-Opfer«, »Opfer des S.«) für Erntesegen geopfert wurde. In der Ynglinga saga 18 wird das sonarblót aber als Orakel (til frétts) abgehalten. Hatte man früher S. als »Sühneeber, Sühneopfer« gedeutet, so scheint es seit Sievers sicher, daß S. eigentlich nichts anderes als »Herdeneber, Leiteber« bedeutet. Das Sonarblót, das Eber-Opfer, war ursprünglich zweifellos ein Opfer an den Fruchtbarkeitsgott Freyr, dessen Attribut der Eber war, → Gullinborsti.

E. Sievers, S., in: PBB 16, 1892; A. Holtsmark, S., in: KLNM 16, 1971.

Sonne → Sól.

spádísir (altnord., »Weissage-Disen«) treten in der späten altnord. Literatur teils als (walkürenartige) Frauen auf, die dem Helden im Traum erscheinen und ihm sein zukünftiges Schicksal mitteilen (z. B. Asmundar saga kappabana 8), teils als eine Art von Nornen, welche schon bei der Geburt das Schicksal des Menschen bestimmen (vgl. Völsunga saga 9); nicht mit den s. zu verwechseln ist das Wort spákona »Seherin«. Die Vorstellungen von Wesen wie den s. hat kaum mehr etwas mit german. Mythologie zu tun, sondern ist allenfalls dem mittelalterlichen isländ. Volksglauben zuzurechnen und setzt sich aus unklaren Reminiszenzen an Nornen, Disen und Walküren zusammen.

spákóna (altnord., »Seherin«) → Seherinnen.

spámaðr (altnord., »Seher, Zauberer«) → Seherinnen, → Magie.

Sprettingr (altnord., »der Aufspringende« oder »der Aufbrechende«) heißt ein Riese in den Thulur.

Staat. Wenn der S. als eine durch eine Regierung organisierte unabhängige Gemeinschaft mit eigenem Territorium definiert wird, so kann man im german. Europa erst in der Eisenzeit von der Ausbildung von S.en in unserem Sinn sprechen; vorher sind Sippenverband und Altersklassen die Großformen der Gemeinschaft. Staatenbildungen der Jungsteinzeit und Bronzezeit hat man aus Bauten erschließen wollen, für die eine organisierte Großgemeinschaft die Voraussetzung war, so etwa für die monumentalen Ganggräber und Steinsetzungen der westeuropäischen Megalithkultur, die zweifellos eine umfangreiche und zentral gelenkte Kultgemeinschaft voraussetzten; allerdings wissen wir dabei zu wenig über Herrschaftsverhältnisse und Unabhängigkeit dieser Gemeinschaftsformen.
Tacitus spricht im 1. Jh. vom S. (civitas) bei den Germanen (Germ 10, 13) und erwähnt Staatsämter: Könige und Heerführer (Germ 7). Aus den skandinav. Quellen kennen wir zwei german. Staatsformen, den Königsstaat und den Thingstaat (oder Freistaat). Die wiederholt diskutierte Frage, ob die Ursprünge der Staatenbildung im sakralen oder profanen Bereich liegen, ob es also eine »Staatsheiligkeit« bei den Germanen gab, steht demnach in engem Zusammenhang mit dem → Sakralkönigtum und der → Thingheiligkeit. Da die Existenz eines Sakralkönigtums bei den Germanen heute als gesichert gelten kann und auch die Heiligkeit des Things kaum ernstlich bezweifelt werden kann, ist wohl auch die Frage nach der Staatsheiligkeit bei den Germanen positiv zu beantworten.

W. Schulz, Staat und Gesellschaft in german. Vorzeit, 1926; J. de Vries, Die geistige Welt der Germanen, [3]1964; Å. V. Ström u.

H. Biezais, German. und balt. Religion, 1975; O. Höfler, Staatsheiligkeit und Staatsvergottung, (Festschrift A. Erler) 1976.

Staatsheiligkeit → Staat.

Stabkirchen werden die norweg. Holzkirchen aus dem Mittelalter genannt, deren Vorläufer man in german. → Tempeln hat sehen wollen.

stallahringr (altnord., »Altarring«) → Tempelring.

stalli oder stallr (altnord., »Kultgestell, Altar«) → Altar.

Starkaðr (1) (altnord.) heißt ein Riese, der in einem Strophenfragment des Isländers Vetrliði Sumarliðason (10. Jh.), das an Thor gerichtet ist, gemeinsam mit anderen von Thor erschlagenen Riesen und Riesinnen genannt wird; ob er hier etwa mit dem bekannten Sagenhelden S. (2) identisch sein könnte, bleibt ungewiß.
(2) (altnord.) ist ein Odinsheld der german. Heldensage. Sein Leben wird durch Vorbestimmungen beherrscht, mit welchen die Götter ihn bedenken, wobei er von Odin drei Lebensalter, den Sieg in Schlachten, die Gabe der Dichtung und anderes mehr bekommt, Thor ihm dagegen drei große Schandtaten, häufige Verwundung und ein schlechtes Gedächtnis auferlegt (Gautreks saga 7). Die Ambivalenz der Odinsweihe zeigt also besonders bei S., daß diese Weihe den Helden nicht nur siegreich macht, sondern ihn immer tiefer in sein eigenes Schicksal verstrickt.
S. spielt auch die maßgebliche Rolle beim Odinsopfer, in dem sein Freund und König → Víkarr getötet wird.

O. Höfler, German. Sakralkönigtum, 1952.

Stierkult. Bereits seit der Bronzezeit spielt das Rind und besonders der Stier bei den Germanen nachweislich eine Rolle im religiösen Leben, wobei sich der Symbolwert aber nicht auf einen Bereich allein begrenzen läßt.
Der Schwerpunkt des S.s bei den Germanen liegt in Dänemark und ist durch zahlreiche archäologische Funde belegt, wobei die Stiersymbolik besonders auf eisenzeitlichen Kesseln und Trinkhörnern häufig auftritt, was auf eine Verbindung des S.s der Kimbern mit einem Trankopfer hinweisen könnte. Ob dieses Opfer und der S. eine Rolle in den Fruchtbarkeitskulten spielte oder als Bestandteil der Týr-Verehrung anzusehen ist (Esterle), ist kaum noch zu entscheiden. Ein Stieropfer und den Stier als (Herrschafts-?)Symbol kennen wir von den Angelsachsen; näheres über einen S. läßt sich nicht sagen. Die Herkunft des german. S.s aus den ostmediterranen Hochkulturen wurde zwar wiederholt behauptet, läßt sich aber kaum beweisen; diese Annahme ist auch nicht notwendig, da die Bedeutung des Rinds in allen frühen agrarischen Kulturen durchaus zu einer eigenständi-

gen Entwicklung des S.s führen konnte.

H. Rosen, Freykult och djurkult, in: Fornvännen 8, 1913; K. Schneider, Runische Inschriftzeugnisse zum Stieropferkult der Angelsachsen, (Festschrift E. Mertner) 1969; G. Esterle, Die Boviden in der Germania, 1974.

Stígandi (altnord., »der Kletterer«) ist der Name eines Riesen in den Thulur, zweifellos auf die Riesen als Bergbewohner anspielend.

Stórverkr (altnord., »der große Werke Verrichtende«) ist der Name (oder ein Synonym) für einen Riesen in den Thulur. Auf Grund ihrer Kraft verband der Volksglauben die Riesen mit großen Bauwerken, so auch in den Sagen vom → Riesenbaumeister.

Strafe → Todesstrafe.

Strönd (altnord., »Strand«) heißt einer der (mythischen?) Flüsse im Flußkatalog der Grm 28 und in den Thulur.

Stúmi (altnord., »Stolperer«?) heißt ein Riese in den Thulur.

Suðri (altnord., zu suðr »Süden«) heißt ein Zwerg in der Vsp 11, der nach Gylf 7 das aus Ymirs Schädel gebildete Himmelsgewölbe im Süden stützt. → Vestri.

Suebae. Beiname von Matronen auf drei Weiheinschriften; zwei davon stammen aus Köln, die dritte aus Deutz kann mit dem Jahr 223 datiert werden. Der Name bedeutet »die suebischen Matronen«, und die Weihesteine wurden wohl von Angehörigen dieses Volkes gestiftet.

S. Gutenbrunner, Die german. Götternamen, 1936.

Sulevia. Name einer Göttin; S. ist zumindest in einer Trierer Inschrift (CIL XIII 3664) als einzelne Göttin aufzufassen (D[e]ae Sulev[iae]), in zahlreichen anderen Inschriften finden sich → Suleviae als eine Gruppe von Göttinnen und Matronen.

Suleviae. Name von Müttern oder Göttinnen. Knapp 40 Inschriften von römerzeitlichen Weiheinschriften sind den Sulevis gewidmet. Die Inschriften finden sich über den Großteil des europäischen Imperium romanum verstreut, zahlreich sind sie besonders in Rom (mit dem Zusatz matribus) und am Niederrhein; sie sind inhaltsreicher als andere Matroneninschriften und lassen Rückschlüsse auf die Funktion der Göttinnen eher zu: Die Zusätze meae, suae, domesticae suae und andere Formeln zeigen deutlich, daß die S. Gottheiten für den ganz persönlichen Bereich waren, die man infolgedessen mit den röm. Genien und den christlichen Schutzengeln vergleichen kann (Gutenbrunner).

Die Bedeutung des Namens S. ist nicht völlig geklärt, am ehesten sind sie ursprünglich wie die Göttin Sulis (belegt in Bath/

Südengland) als »Göttinnen der warmen Quellen«, oder vielleicht sogar als »Sonnengöttinnen« aufzufassen. Auch eine eindeutige Zuordnung in den kelt. oder german. Bereich ist bislang nicht gelungen. Ein Teil der Inschriften ist datiert, und fast alle fallen in den Zeitraum zwischen 130–160 n. Chr., nur eine Inschrift aus Xanten ist noch vor 89 anzusetzen; die S. fallen also in den frühesten Bereich des Mütter- oder Matronenkultes.

S. Gutenbrunner, Die german. Götternamen, 1936; E. A. Philippson, Der german. Mütter- und Matronenkult am Niederrhein, in: GR 19, 1944.

Sumarr (altnord., »Sommer«) heißt in den Vm 27 (und bei Snorri, der diese Strophe benutzte) der personifizierte Sommer, sein Vater ist Svásuðr. In der heidnischen Mythologie gab es keinen personifizierten Sommer, es handelt sich bei S. um eine junge literarische Konstruktion, die vielleicht aus der älteren Rätseldichtung übernommen wurde.

Sunna ist eine Göttin, die ausschließlich im → Zweiten Merseburger Zauberspruch erwähnt wird und wohl als nur literarische Personifikation der »Sonne« anzusehen ist, da sonstige Belege für die Verehrung einer personifizierten Sonne bei den Germanen fehlen. Auch die altnord. → Sól wird nur ganz selten erwähnt.

H. Gering, Der zweite Merseburger Spruch, in: ZfdPh 26, 1894; S. Gutenbrunner, Ritennamen – Kultnamen – Mythennamen, in: Namenforschung, (Festschrift A. Bach) 1965; St. Schaffner, Die Götternamen des Zweiten Merseburger Zauberspruchs, in: Die Sprache 41, 1999.

Sunucsal (oder Sunuxsal). Name einer Göttin, der auf zehn Inschriften vom Niederrhein zu finden ist, von denen sich eine mit 239 n. Chr. datieren läßt. S. ist wohl eine Stammesgöttin der schon von Tacitus den Germanen zugerechneten Sunuci.

S. Gutenbrunner, Die german. Götternamen, 1936; J. de Vries, ARG, [3]1970.

Surtalogi (altnord., »Surtrs Feuer«, eig.: »Surtis Feuer«) ist laut Vm 50, 51 und auch Snorri (Gylf 16, 52) das Feuer, mit dem zu den Ragnarök der Riese → Surtr die Welt in Brand stecken und vernichten wird.

Surti (altnord.) ist eine Nebenform zu → Surtr, welche in der Bezeichnung Surta logi (Vm 50, 51) vorausgesetzt wird. Gegen die Existenz einer solchen Nebenform wandte sich allerdings Neckel, der in der Form Surta logi nur eine Eigentümlichkeit des Codex Regius sieht.

G. Neckel, Zu den Eddaliedern, in: ANF 43, 1927.

Surtr (altnord., »der Schwarze«) ist der Feuerriese der nord. Mythologie. Die Vorstellung von S. ist sicherlich alt, denn sie findet sich sowohl bei Skalden des 10. Jh. (Eyvindr, Hallfreðr) als auch in der Edda (Vsp 47, 52, 53; Vm 18, 50, 51; Fm 14) sowie im

Namen der vulkanischen Höhle Surtshellir in Westisland, welcher schon in der Landnámabók belegt ist. In den Eddaliedern ist S. vor allem Feind der Götter zu den Ragnarök, er und Freyr – dem sein Schwert fehlt – töten einander; daß S. im Süden wohnt (Vsp 52) – Riesen hausen sonst gewöhnlich ja im Osten – hat sicherlich mit seiner Verbindung zu Feuer und Hitze zu tun. Als surta(r)logi »Surts Brand« wird der zu den Ragnarök alles vernichtende Weltenbrand bezeichnet (Vm 50, 51). Snorri verbindet S. mit den Muspells-Söhnen bzw. → Muspell überhaupt, dessen Wächter er ist, »der ein flammendes Schwert hat; am Ende wird er kommen und Krieg führen und alle Götter besiegen und die ganze Welt mit Feuer verbrennen.« (Gylf 4); »Surtr reitet zuerst und vor ihm und hinter ihm brennendes Feuer; sein Schwert ist ausgezeichnet und scheint heller als die Sonne.« (Gylf 50). Auf Island stellte man sich S. offensichtlich als mächtigen Riesen vor, der die (vulkanischen) Feuermächte der Unterwelt regierte; die Vorstellung von S. als Feind der Götter ist allerdings wohl nicht erst in Island entstanden. Daß S. als Feuerriese – sicher nicht zuletzt wegen der beeindruckenden Surtshellir – in Island bis heute lebendig ist, beweist der Name der erst 1963 in den Westmannaeyjar entstandenen Insel Surtsey (»Insel des S.«).

B. S. Phillpotts, Surt, in: ANF 21, 1905; G. Neckel, Zu den Eddaliedern, in: ANF 43, 1927; J. de Vries, ARG, [3]1970; A. Holtsmark, S., in: KLNM 17, 1972; S. Nordal, Vsp, 1980.

N: Snorris Interpretation von S. als Wächter Muspells gibt J. C. Dollmans Gemälde *The Giant with the Flaming Sword* wieder.

Suttungr (altnord.) heißt der Riese, der den → Skaldenmet besaß, bevor ihn Odin für die Menschen und Götter raubte.

Snorri erzählt in Skaldsk 1, daß der Riese S. den Met von den Zwergen Galarr und Fjalarr als Buße für die Erschlagung seines Vaters Gillingr erzwungen hatte. Dann berichtet er, wie Odin auszieht, erst den Tod von neun Heuarbeitern des Riesen Baugi (S.s Bruder) herbeiführt und sich dann unter dem Namen Bölverkr beim nichts ahnenden Baugi verdingt. Als am Ende des Sommers selbst Baugi S. nicht dazu bringen kann, Odin einen Schluck vom Skaldenmet nehmen zu lassen, bohrt Baugi für Odin mit dem Bohrer Rati ein Loch durch den Berg, und Odin dringt in Schlangengestalt zu S.s Tochter Gunnlöð in S.s Wohnort Hnitbjörg vor; nachdem er drei Nächte bei ihr geschlafen hat, erlaubt sie ihm drei Schlucke des Skaldenmets, und er leert damit die drei Kessel Boðn, Són und Óðrœrir. Dann verwandelt er sich in einen Adler und fliegt nach Asgard, verfolgt von S., ebenfalls in Adlergestalt, der ihn aber nicht einholen kann.

Snorris Erzählung über S. beruht anscheinend nur auf der Aus-

schmückung einiger weniger alter Kenningar; Skm 34 und Alv 34 nennen S. einen Riesen (so auch in den Thulur), nur Háv 104–110 verbindet S. mit der Geschichte vom Skaldenmet. Snorri nennt dazu noch die Bezeichnung Suttunga-mjöð für den Skaldenmet, aber dieser Ausdruck und sein Kontext sind uns nirgends sonst erhalten. Diesem Mangel an Informationen in der Skaldendichtung entspricht die recht blasse und funktionslose Stellung S.s in Snorris Erzählung, die nicht über das in den Háv von S. Gesagte hinausgeht: Gunnlöð wohnt in Suttungs Halle, und Odin entführt ihr den Met; daß S. Odin in Adlersgestalt verfolgt, ist sicher dem Mythos von → Thjazi entnommen.
Der Name S. ist vielleicht aus suþþungr »vom Trank beschwert« entstanden, möglicherweise aber zu norweg. sutta »schnell bewegen« zu stellen (kaum aber wegen seiner Verfolgung Odins); da also auch die Etymologie keine deutliche Aussage enthält, ist es recht unsicher, ob S. tatsächlich eine Rolle im Mythos vom Raub des Skaldenmets spielte, oder ob Snorri den Riesen erst damit verbunden hat.

A. Holtsmark, S., in: KLNM 17, 1972; R. Doht, Der Rauschtrank im german. Mythos, 1974.

Svaði (altnord., »schlampiger Kerl«) ist ein Riese (?) in den verschiedenen Fassungen der mythologisierenden norweg. Urgeschichte, wo er als Vater der Riesin Hadda und des Hrolfr bezeichnet wird. Hadda heiratet Norr und Hrolfr die Gói, beides Kinder des Thorri aus dem Geschlecht des sagenhaften Ahnherren Fornjótr.

Svaðilfari (altnord., »der eine unglückliche Fahrt Machende«) heißt nach der eddischen Mythologie (Hdl 40) der Hengst, der mit dem in eine Stute verwandelten Loki das achtbeinige Odinsroß Sleipnir zeugte. Snorri baute dieses Mythem in die Geschichte vom Bau von Asgard ein, welche eine mythologische Variante des Märchens vom → Riesenbaumeister ist.
N: D. Hardy, Zeichnung *Loki and Svadilfari* (um 1900).

Sváfnir (1) (altnord., »der in den Schlaf = Tod versetzt«?) ist ein Beiname Odins in den Grm 54, den Thulur und den Hrafnsmál des Skalden Thorbjörn hornklofi (um 900).

H. Falk, Odensheite, Kristiania 1924.

(2) (altnord.) heißt eine der Schlangen, die unter den Wurzeln der Weltesche Yggdrasill hausen (Grm 34); laut Snorri (Gylf 15) leben diese Schlangen in der Quelle Hvergelmir.

Svafrthorinn (altnord. Svafrþorinn) wird der Vater der Menglöð in den Fjm 8 genannt. Da Menglöð üblicherweise mit Freyja gleichgesetzt wird, könnte S. also ein Beiname ihres Vaters Njörðr sein. Der Name ist jedoch nicht ganz klar: þorinn ist

»tapfer«, aber svafr »Schwätzer« oder eine Verbindung mit sofa »schlafen« geben kaum einen Sinn. Eine gewagtere, aber sinnvollere Annahme wäre, daß der Dichter der Fjm den Svefnþorn (»Schlafdorn«), der als Märchenmotiv auch in den Fornaldarsögur vorkommt, gemeinsam mit dem Motiv der Waberlohe (Fjm 31) der Brynhildsage (die im Eddalied Sigdrifomál, bei Snorri und in der Völsunga saga zu finden ist) entnommen hätte und den Schlafdorn hier gleichsam personifiziert hat.

Svára (altnord., »die Schwere«) heißt eine Riesin in einer Strophe des Skalden Gunnlaugr ormstungu (Sigtryggsdrápa 3).

Svárangr (altnord., »der Schwerfällige«) heißt ein Riese in den Thulur und Hrbl 29, wo Thor von einem Kampf mit S.s Söhnen berichtet. »S.s Söhne« ist aber wahrscheinlich eine ganz allgemeine Kenning für Riesen, und braucht nicht unbedingt auf einen uns verlorenen Mythos zu verweisen.

Svartálfaheimr (altnord., »Welt der Schwarzalben«) heißt laut Snorri (Gylf 33, Skaldsk 37) der unterirdische Wohnort der Zwerge, so daß anzunehmen ist, daß für Snorri Schwarzalben und Zwerge identisch waren; → Alben.

Svartálfar (altnord.) → Schwarzalben.

Svarthöfði (altnord., »Schwarzkopf) heißt ein Riese in der → Völuspá in skamma (Hdl 33), der dort als mythischer Ahnherr aller seiðberandar (»Zauberer«) genannt wird.

Svartr (altnord., »der Schwarze«) heißt ein Riese in den Thulur; viele der Riesennamen weisen auf ein dunkles, behaartes, häßliches Aussehen.

Svásuðr (altnord., »der Liebenswerte«) heißt der Vater des Sommers in den Vm 27 und bei Snorri (Gylf 18, Skaldsk 28), welcher ergänzend ausführt: »S. hat so ein glückliches Leben, daß alles, was angenehm (vásligt) ist, nach ihm benannt ist.« Schon in den Vm, aus der Snorri seine Information bezog, ist S. aber eine dichterische, von den Gesetzen des Stabreims diktierte Erfindung.

Sváva (altnord., wohl zu svæfa »einschläfern«, also etwa »die Einschläfernde, Tötende«?) ist ein nur in der Heldendichtung (HHv) überlieferter Name einer → Walküre.

Svebdeg → Svipdagr (1).

Sveið (altnord., »Schwingung«?, »Lärm«?) ist der Name einer Walküre in den Thulur.

Sveipinfalda (altnord., »die von einer Kapuze Verhüllte«) heißt eine Riesin in den Thulur.

Svíagriss (altnord., »Schweden-Ferkel«) heißt ein Ring, von dem

Snorri (Skaldsk 41) erzählt, daß er im Besitz des Königs Aðils von Schweden und ein Erbstück der Ynglingen-Könige war. Der Name läßt vermuten – da ihn Snorri kaum erfunden haben wird –, daß er wahrscheinlich (wie auch schwed. Prunkhelme) das Figürchen eines Schweines trug; da der → Eber dem Freyr heilig war und sich die Ynglingen-Könige von Yngvi-Freyr herleiteten, wäre es nicht überraschend, wenn dieser Schatz eine Art Königsinsignie der Ynglinge gewesen wäre. Zur sakralen Funktion des Ringes bei den Germanen → Tempelring und → Draupnir.

Svibdavus, Held in Saxos *Gesta Danorum* (VI, 186), → Svipdagr (2).

Sviðrir (altnord.) ist ein Odinsname in den Grm 50 und den Thulur. Obwohl die Grm und auch Snorri (Gylf 2 und 19) den Namen jeweils selbständig anführen, dürfte es sich bei S., Sviðurr und der handschriftlichen Variante Sviðuðr doch nur um verschiedene Formen desselben Odinsnamens handeln. Snorri leitete den Namen Svíþjóð »Schweden« vom Odinsnamen Sviðurr ab (Skaldsk 63), ob diese Namen tatsächlich zusammengehören, ist allerdings sehr fraglich. Möglich wäre die Herleitung von S. aus sviða »Speer«, wonach S. »Speergott« bedeutete; überzeugender sind auch andere Deutungen (als »Schwinger« oder »Beschützer«) nicht.

H. Falk, Odensheite, Kristiania 1924; J. de Vries, ARG, [3]1970.

Sviðuðr (altnord.) wird als Odinsname in den Thulur angeführt und ist eine Variante zu Sviðurr und → Sviðrir.

Sviðurr (altnord.) ist ein Beiname Odins in den Grm 50 und bei Snorri, der wohl zu → Sviðrir zu stellen ist.

Svipall (altnord., »veränderlich«) ist ein Odinsname (Grm 47, Thulur) und bezieht sich offensichtlich auf Odins häufig wechselnde Namen und Verkleidungen, die auch Saxo (Gesta Dan. VIII, 263) und Snorri (Ynglinga saga 6) ausdrücklich erwähnen.

H. Falk, Odensheite, Kristiania 1924.

Svipdagerus, ein norweg. König in Saxos *Gesta Danorum* (I, 18), → Svipdagr (1).

Svipdagr (1) (altnord.) heißt der Held des jungen Eddaliedes → Svipdagsmál. Obwohl das Lied erst im späten 13. Jh. entstanden sein dürfte und das jüngste der Eddalieder ist, könnte sich hinter S. doch eine Gestalt der heidnischen Mythologie verbergen. Der Name S. würde etwa »der plötzlich hereinbrechende Tag« bedeuten; Snorri nennt ihn auch unter den Nachkommen Odins (Edda-Prolog 4), und vermerkt, er heiße richtig Svebdeg. Ein Swæfdæg findet sich auch in den mythischen Ahnentafeln anglischer Königshäuser als

Nachfahre Wodens. Höfler hat nun gezeigt, daß es sich bei Swǣfdæg um einen »Dag der Sueben« handelte, den volksspezifischen Gott → Dagr, der noch bei den ausgewanderten Angeln (die zu den Nordsueben gehörten) verehrt wurde. S. ist daher wohl als ein mythischer Ahnherr der Sueben zu deuten, welcher vielleicht auch ein Vegetationsgott war (Höfler, Schröder). In den Svm ist er der Sohn des Sólbjartr (»der Sonnen-Helle«: ein Himmelsgott?) und der Gróa (zu gróa: »wachsen«: eine Wachstumsgöttin?). Zu dieser Deutung S.s paßt auch die Interpretation der Svm als Brautwerbungsmythos des Göttersohnes S. um → Menglöð (= Freyja?). Wie bei den Skm, die dem Dichter der Svm als Vorbild dienten, läge also auch den jungen Svm ein Kultmythos zugrunde. In Saxos *Gesta Danorum* (I, 18) begegnet ein norweg. König Svipdagerus, sogar in Zusammenhang mit einer Groa, deren Mann er hier tötet.

O. Höfler, Das Opfer im Semnonenhain, in: Edda. Skalden. Saga, (Festschrift F. Genzmer) 1952; A. M. Sturtevant, The Old Norse Proper Name Svipdagr, in: SS 30, 1958; F. R. Schröder, Svm, in: GRM 47, 1966; J. de Vries, ARG, [3]1970.

(2) genauer: Svipdagr blindi (altnord., »der blinde Svipdag«) ist ein Deckname Odins in der Ynglinga saga (34ff.) und zum Odinsnamen Svipall zu stellen. Als Held findet er sich auch bei Saxo (VI, 186 als Svibdavus) und in der Hrólfs saga kraka, wo berichtet wird, wie S. sein Auge verliert. Höfler sieht in diesem dunklen und blinden S. den polaren Gegensatz zu S. (1), beide seien Aspekte derselben Göttergestalt, eine Polarität, die bei Vegetationsgottheiten nicht selten auftritt.

H. Falk, Odensheite, Kristiania 1924; O. Höfler, Das Opfer im Semnonenhain, in: Edda. Skalden. Saga, (Festschrift F. Genzmer) 1952; P. Fisher u. H. E. Davidson, Saxo Grammaticus, Cambridge 1980.

Svipdagsmál (Svm, altnord., »das Lied von Svipdag«) ist ein Name, den erst S. Bugge 1860 für zwei sehr junge, offensichtlich zusammengehörige Eddalieder, nämlich Grógaldr und Fjölsvinnsmál, geschaffen hat. Beide sind erst in sehr jungen Handschriften (ab dem 17. Jh.) überliefert. Die Lieder selbst dürften aus der Spätphase der gelehrten isländ. Renaissance, also dem Ende des 13. Jh. stammen. Svipdagr ist der Held beider Lieder; im 16 Strophen umfassenden → Grógaldr (»Zauberlied der Gróa«) erweckt er die tote Mutter und bittet sie um Zaubersprüche, mit denen er die gefährliche Brautwerbefahrt um die Jungfrau Menglöð bewältigen könne; die Mutter kündigt ihm neun Zaubersprüche für alle Gelegenheiten an, die Zauberformeln selbst werden jedoch nicht mitgeteilt. In den 50 Strophen der → Fjölsvinnsmál wird erzählt, wie Svipdagr bis an den Berg gekommen ist, auf dem, von einer Waberlohe umgeben, sich die Wohnung der Menglöð befindet, und dessen riesischen Bewacher Fjölsviðr (»Vielwisser«) er nun mit Fragen

herausfordert; Svipdagr nennt sich dabei Vindkaldr. Das offenbarte Wissen handelt vorerst von Menglöðs Gefolgschaft und Behausung, dann von mythologischen Themen. Schließlich verkündet Fjölsviðr, Menglöð könne keinem anderen Mann außer Svipdagr gehören, worauf sich dieser zu erkennen gibt und er und Menglöð einander unter gegenseitigen Liebeserklärungen begrüßen.
In den spätmittelalterlichen dän. und schwed. Balladen vom Ungen Svejdal (»Jung-Svejdal«), durch die Bugge und Grundtvig die Zusammengehörigkeit von Gg und Fjm erkannt haben, ist diese Handlung als Schwiegermuttermärchen angelegt. Die Märchenhaftigkeit und auch die Anklänge an Heldenlieder dürfen aber nicht darüber hinwegtäuschen, daß es sich bei den Svm um ein Produkt des Hochmittelalters handelt, bei dem die Wissensdichtung (nach Vorbild der Grm und Vm) mit einer Märchenhandlung (Dornröschenmotiv; Schwiegermuttermotiv?) zu einem Eddalied verarbeitet wurden. Unter diesem Märchenabenteuer steckt aber noch der Rest einer mythischen Brautwerbefahrt (wie die der Skm), und gerade der Name des Helden → Svipdagr weist den Weg zu älteren mythologischen Vorstellungen. Man wird daher die Svm am wahrscheinlichsten als mythische Brautwerbung eines Gottes (Svip-)Dagr um Menglöð (= Freyja?) anzusehen haben (Schröder), obwohl möglicherweise auch Züge eines Initiationsritus darin bewahrt sind (Motz).

S. Grundtvig, Danmarks gamle Folkeviser, Kjöbenhavn 1856; S. Bugge, Forbindelsen mellem Grógaldr og Fjölsvinnsmál, Kristiania 1860; F. W. Bergmann, Vielgewandts Sprüche, 1874; H. Falk, Om Svm, in: ANF 9, 1893; J. de Vries, Altnord. Literaturgeschichte, [2]1964–67; T. Rupp, Fiölsvinnsmål, in: Germania 10, 1965; F. R. Schröder, Svm, in: GRM 47, 1966; H. Beck, Svm, in: KLL 6, 1971; A. Holtsmark, Svm, in: KLNM 17, 1972; L. Motz, The King and the Goddess, in: ANF 90, 1975; E. Ó. Sveinsson, Svipdag's Long Journey, in: Hereditas (Essays pres. to S. Ó'Duilearga), Dublin 1975; L. Motz, Svm, in: MeScand 1993.

Svipul (altnord., »veränderlich«; auch seltenes Synonym für »Kampf« in den Thulur) ist im → Darraðarljóð und einmal auch in den Thulur der Name einer → Walküre. Der Name bezieht sich vermutlich auf die Veränderlichkeit des Schicksals, als dessen Lenkerinnen die Walküren besonders im Drdlj dargestellt werden.

Svíurr, auch Svíarr, Síarr (altnord., »der Verschwindende«) heißt ein Zwerg in der Vsp.

Svívör (altnord.) heißt eine der Riesinnen, von der der Skalde Þórbjörn dísarskáld in einer Strophe erzählt, daß sie von Thor erschlagen wurde, von der wir aber sonst nichts wissen. Der Name könnte zwar »Schandmaul« (zu vörr »Lippe«) bedeuten, aber die Namen auf -vör (Fjölvör, Leirvör, Sívör) könnten auch auf die Göttin (der Ehe?) Vör deuten, wobei dann mit einer kenningartigen Konstruktion des Namens zu rechnen ist, also »Schand-Göttin« = Riesin. In Anbetracht der anderen altnord. Riesinnennamen ist die erste Möglichkeit aber viel wahrscheinlicher.

Svöl (1) oder Svalin (altnord., »der Kühle«) heißt der Schild, der sich vor der Sonne befindet und ohne den sie die ganze Welt verbrennen würde (Grm 38).
(2) (altnord., »die Kühle«) heißt ein Fluß im Katalog mythischer Flüsse in den Grm 27, bei Snorri ist er einer der Élivágar, die der Quelle Hvergelmir entströmen (Gylf 3 und 40).

Svölnir (altnord.) ist ein in der Skaldendichtung etliche Male belegter Odinsname. Ein Zusammenhang mit dem mythischen Sonnenschild Svöl liegt nahe, so daß ihn Falk als »Schildträger« deutet, was aber nicht völlig befriedigt.
H. Falk, Odensheite, Kristiania 1924.

Svösuðr oder Svasuðr (altnord., »der Erfreuliche«) heißt ein Riese, der in den Vm 27 als Vater Sumars (des personifizierten Sommers) bezeichnet wird.

Swǣfdæg (angelsächs.), Nachkomme Wodens in der mythischen Genealogie angl. Könige, → Svipdagr 1.

Sylgr (altnord., »Verschlinger«) heißt einer der mythischen Flüsse im Flußkatalog der Grm 28; bei Snorri (Gylf 3) ist S. einer der Flüsse Élivágar, die aus der Quelle Hvergelmir entspringen.

Syn (altnord., »Verweigerung«) heißt bei Snorri (Gylf 34) und in den Thulur eine Göttin, die laut Snorri als Bewacherin der Türen gilt. Als nicht näher bezeichnete mythologische Gestalt kommt S. auch in der Skaldendichtung in Kenningar für »Frau« vor; S. zählt also zu den weiblichen Schutzgottheiten, die hier in der heidnischen Spätzeit mit Namen genannt werden, sonst aber kumulativ als → Disen bezeichnet werden und den altgerman. Matronen entsprechen.

Sýr (altnord., »Sau«) ist ein Beiname der Göttin Freyja, der sich schon beim Skalden Hallfreðr, dann bei Snorri (Gylf 34) und in den Thulur findet. Das Schwein war offensichtlich in Kult und Opferbrauch eng mit den Wanen, besonders mit den Geschwistern Freyr und Freyja verbunden, wie auch das Attribut Freys, der Eber → Gullinborsti, zeigt.

T

Tacitus, Cornelius, geboren um 55 n. Chr., gestorben nach 117, römischer Historiker, hat in seinen Werken *Historiae Annales* und *De origine et situ Germanorum* wichtige Mitteilungen über die Religion der heidnischen Ger-

manen hinterlassen. Da er in seiner um 98 verfaßten *Germania* ältere Quellen benutzte, neben Caesar vor allem ein um die Mitte des 1. Jh. verfaßtes Werk des Plinius über die Germanenkriege, dürften seine Angaben die von äußeren Einflüssen ziemlich unberührte Religion der Kontinentalgermanen kurz nach der Zeitenwende relativ getreu wiedergeben. Selbstverständlich handelt es sich auch bei T. um keine systematische Darstellung, sondern nur um einzelne Anmerkungen zur Religion der Germanen. Die bei T. sonst vorherrschende Tendenz, die Germanen als Muster der »edlen Barbaren« zu zeichnen, um den seines Erachtens verrohenden Römern ein Vorbild zu geben (»Sittenspiegeltheorie«), dürfte bei der Darstellung der german. Religion keine allzugroße Rolle gespielt haben.
Die wichtigsten Bemerkungen zur Religion der Germanen in T.' *Germania* sind die Beschreibung des Kultes im Semnonenhain (cap. 39), des Kultes der Nerthus (cap. 40) und der Abstammungsmythen der german. Völker, die sich von Tuisto und Mannus herleiteten (cap. 2). Angaben des T. über Rechtsbräuche der Germanen (z. B. Versenken von Verbrechern in Mooren) haben durch die Archäologie Bestätigung gefunden.

K. Müllenhoff, Die Germania des T., ^{2}1920; E. Norden, Die german. Urgeschichte in T.' Germania, 1920; R. Syme, T., Oxford 1958; H. Jankuhn, Archäolog. Bemerkungen zur Glaubwürdigkeit des T. in der Germania, 1966; R. Much, Die Germania des T., ^{3}1967; J. de Vries, Altgerman. Religionsgeschichte, ^{3}1970; M. Fuhrmann, T., in: Der kleine Pauly, Bd. 5, 1975; N. Wagner, Zwei Triaden in T.' »Germania«, in: ZfdA 108, 1979: K. v. See, Der Germane als Barbar, in: Jahrbuch für internat. Germanistik 13, 1981; D. Timpe, T.' Germania als religionsgeschichtliche Quelle, in: German. Religionsgeschichte. Quellen und Quellenprobleme, hg. von H. Beck, D. Ellmers u. K. Schier, Berlin/New York 1992; M. Battaglia, Nerthus as a Female Deity. The *interpretatio romana* and T.' *Germania*, XL revisited, in: Amsterdamer Beiträge zur älteren Germanistik 55, 2001.

Tamfana. Name einer german. Göttin. Tacitus berichtet (Ann I, 51), daß die röm. Truppen unter Germanicus beim Feldzug des Jahres 4 n. Chr. im Gebiet der Marsen, die zwischen der oberen Lippe und der Ruhr siedelten, das Heiligtum (templum) einer T. zerstörten, während die Germanen dort gerade ein Fest feierten; für die Datierung kommen nach Tacitus' Angaben nur der 28. September und der 27. Oktober in Frage, es handelte sich also dabei um ein Herbstfest; da in Skandinavien ein Herbstopfer für die Disen belegt ist (dísablót), ist der Kult der T. vielleicht in den Rahmen des westgerman. Matronenkults zu stellen, welcher in den ersten nachchristlichen Jahrhunderten eine große Rolle spielte und Gemeinsamkeiten mit der skandinav. Disenverehrung aufweist.

J. Wormstall, Der Tempel der T., 1906; H. Krahe, T., in: PBB 58, 1934; M. Schönfeld, Wörterbuch der altgerman. Personen- und Völkernamen, ^{2}1965; R. Much, Die Germania des Tacitus, ^{3}1967; J. de Vries, ARG, ^{3}1970.

N: Tanfana als germanische Göttin findet sich bereits in Klopstocks 1747 entstandener Ode *Wingolf*.

Tanngnidr (altnord., »Zähneknirschen«) ist der Name einer Walküre in den Thulur.

Tanngnjóstr (altnord., »Zähneknirscher«) heißt bei Snorri (Gylf 20) und in den Thulur einer von → Thors Böcken; den sprechenden Namen hat wahrscheinlich erst Snorri erfunden.

Tanngrísnir (altnord., »Zähnefletscher, Grinser«) heißt laut Snorri (Gylf 20) und in den Thulur einer von → Thors Bökken; der Name ist jung und wurde wohl erst von Snorri erfunden.

Tempel. Da keine german. T. erhalten sind, archäologische Untersuchungen die Existenz von T. nicht bestätigen, die wenigen literarischen Erwähnungen heidnischer T. mit Ausnahme sehr spät und wenig verläßlich sind, und auch die Ortsnamenforschung über etwaige T. nichts Sicheres erbringt, sind Spekulationen über Form, Art und Verbreitung german. T. seit dem 16. Jh. nicht abgerissen.
Wie die german. Wörter für T. beweisen, ist die Bedeutung »T.« meist erst sekundär, ursprünglich bezeichneten sie wohl nur → »Heiliger Hain, Heiliger Ort«. Angelsächs. ealh, alh, got. alhs, wie auch angelsächs. bearo, ahd. baro und angelsächs. heargh, altnord. hörgr wurden als »T.« und zugleich als »Heilige Stätte, Heiliger Hain« glossiert. Heilige Wälder gab es auf jeden Fall früher als T. und Altäre.
Die literarische Überlieferung beginnt im 1. Jh. mit Tacitus, der berichtet, daß die Germanen keine T. gekannt und ihre Götterbilder in Heiligen Hainen aufgestellt hätten (Germ 9); andererseits erwähnt er T. (templum) beim Kult der Nerthus (Germ 40) und der → Tamfana (Ann I, 51). Der engl. Historiker Beda erwähnt um 730 wiederholt vorchristliche T. (Hist. eccl. I, 30; II, 15; III, 30). Es ist zweifelhaft, ob er wirklich german. T. gekannt hat, oder ob ihn seine klassische Bildung die Verhältnisse des röm. Heidentums auf das german. übertragen ließ. Die Eddalieder erwähnen dreimal den → hörgr, möglicherweise liegt hier ein Hinweis auf eine Holzkonstruktion vor, die als eine Art Schutzdach gedeutet werden könnte. Die Beschreibungen isländ. T. (»hof«) in den Sagas um die Mitte des 13. Jh. (Eyrbyggja saga 4, Kjalnesinga saga 2) entsprechen etwa dem Aussehen großer isländ. Bauernhäuser. Die bei Ausgrabungen um 1900 auf Hofstaðir gefundenen »Übereinstimmungen« mit dem hof der Sagas (Ohlmarks, de Vries) haben geringe Bedeutung; hof bekam die Bedeutung »T.« offensichtlich erst in der hochmittelalterlichen isländ. Literatur, also in nachheidnischer Zeit. Der christliche

Skalde Sigvatr Þórðarson (um 1020) erwähnt einen hof in Schweden, auf dem ein → álfablót abgehalten wurde, was sich auch auf einen Hofnamen Hof beziehen kann. Das altnord. Wort hof bezeichnet höchstwahrscheinlich einen großen Bauernhof, auf dem Kultfeiern für eine größere Zahl von Personen abgehalten wurden (O. Olsen). Die beträchtliche Zahl von Ortsnamen mit hof in Skandinavien, die für regelrechte T.-Gebäude überraschend hoch wäre, bezieht sich also eher auf Bauernhöfe, die ihre weltliche mit einer sakralen Funktion verbanden; diese Deutung wird auch den beiden Höfen namens Hofstaðir (in Mývatnsveit und in Þorskafjörður) auf Island gerecht, deren sakrale Bedeutung durch auffällige Opfergruben nahe dem Eingang offenkundig wird.

Eine annähernd zeitgenössische Schilderung eines german. T.s auf Grund von Augenzeugenberichten gibt uns nur der Kirchenhistoriker Adam von Bremen (Gesta Hammab. Eccl. Pontif. IV, 26 und Scholion 138f.): »Dieses Volk besitzt einen sehr berühmten T. in Uppsala, nicht sehr weit von Sigtuna entfernt gelegen. In diesem T., der völlig aus Gold gefertigt ist, verehrt das Volk die Statuen von drei Göttern; als mächtigster von ihnen hat Thor in der Mitte des Raumes seinen Sitz, die Plätze links und rechts von ihm nehmen Wodan und Fricco ein.« Scholion 139: »Den T. umzieht eine goldene Kette, die vom Giebel des Hauses herunterhängt und den Ankommenden weithin entgegenleuchtet, denn das Heiligtum, das im Tale liegt, ist ringsum von Bergen umgeben wie ein Theater.«

Ausgrabungen haben 1926 unter der Kirche von Gamla Uppsala in der vorletzten Schicht Pfostenlöcher nachgewiesen, die möglicherweise zu konzentrischen Rechtecken zu verbinden sind. Hierüber kam es zu den verschiedensten Rekonstruktionsversuchen, wobei sich die meisten von der Form norweg. Stabkirchen beeinflussen ließen, ohne daß sich ein Zusammenhang mit T. beweisen ließ.

Die Stabkirchen stellen übrigens eines der schwerwiegendsten Argumente für die Annahme komplexer wikingerzeitlicher Tempelbauten dar. Bau und Anlage der Stabkirchen weisen schon um die Mitte des 11. Jh. eine Perfektion auf, die nur durch eine längere einheimische Tradition erklärt werden kann, da ausländische Vorbilder fehlen. Vorläufer der Stabkirchen müssen also in weltlichen oder sakralen Bauten des heidnischen Norwegen gesucht werden. Näheres haben auch die archäologischen Untersuchungen bis jetzt nicht erbracht.

Zusammenfassend läßt sich zur Frage nach der Existenz german. T. also nur sagen, daß es vermutlich Sakralbauten gegeben hat, die ihren Ursprung wohl in einer Überdachung des hörgr hatten, während eine ausschließlich sakrale Funktion für die als hof bezeichneten Gebäude nicht nachzuweisen ist. Es handelte sich vermutlich um Bauernhöfe, in denen auch Opferfeiern abgehalten wurden. In welche dieser Kategorien das relativ kleine Kulthaus von → Uppåkra in Schonen zu stellen ist, bleibt noch unklar, jedenfalls ist es das bislang einzige archäologisch nachgewiesene Gebäude im german. Bereich mit offenbar ausschließlich kultischer Nutzung.

F. Jónsson, Hörgr, (Festschrift K. Weinhold) 1896; A. Thümmel, Der german. T., in: PBB 35, 1909; B. S. Phillpotts, Templeadministration and Chieftainship in prechristian Norway and Iceland, in: Saga-Book 8, 1913/14; S. Lindqvist, Hednatemplet i Uppsala, in: Fornvännen, 1923; S. Aakjær, Hoveri, Hovgaard og Hov, in: Danske folkemål 3, 1929; Å. Ohlmarks, Isländska hov och gudahus, (Bidrag t. Nord. Filol., t. E. Olson) Lund 1936; W. Gehl, Das Problem des german. T.s, in: ZfdA 78, 1941; T. Palm, Uppsalalunden och Uppsalatemplet, in: Vetenskaps-societeten i Lunds Arsbok, 1941; K. Eldjárn u. a., Hov og horg, in: KLNM 7, 1962; H. Jankuhn, Archäolog. Bemerkungen zur Glaubwürdigkeit des Tacitus in der Germania, 1966; O. Olsen, Hørg, Hov og Kirke, København 1966; ders., Vorchristl. Heiligtümer, in: H. Jankuhn, Vorgeschichtl. Heiligtümer, 1970; J. de Vries, ARG, ³1970; T. L. Markey, Germanic Terms for Temple and Cult, (Studies for Einar Haugen) The Hague 1972; T. Andersson, Germanisch Hof – Hügel, Hof, Heiligtum, in: Sprache und Recht, (Festschrift für R. Schmidt-Wiegand zum 60. Geburtstag) hg. von K. Hauck u. a., Berlin/New York 1986; P. Vikstrand, Ortnamnet Hov – sakralt, terrängbetecknande eller bägge delarna, in: Sakrale Navne, hg. von G. Fellows-Jensen u. B. Holmberg, Uppsala 1992; H.-E. Lidén, Temples, Heathen, in: MeScand 1993; R. Simek, Religion und Mythologie der Germanen, 2003.

N: (Bild. Kunst) Die künstlerische Darstellung german. T. ist zum Teil abhängig vom jeweiligen Forschungsstand über den großen T. in Uppsala. Schon der schwed. Historiker Olaus Magnus stellte 1554 den T. in Uppsala als mächtiges kirchenähnliches Steingebäude dar, worin ihm die Historiker Erik Dahlberg und Olof Verelius zu Mitte des 17. Jh. folgten. Ab 1679 hielt man sich vor allem an Olof Rudbecks Theorie, der den T. als Art von romanischer Quadratkirche zeichnete; diese Auffassung verlor erst Ende des 19. Jh. ihre Gültigkeit.

Dementsprechend ist auch T. Bruuns Entwurf für ein Bühnenbild *Heiligtum der Göttin Hertha* von 1785 eine eigenartige Mischung von Dolmen und griech. T.n, J. Flintoes Zeichnung *Thors Heiligtum* von 1818 erinnert an eine gotische Kathedrale. Dagegen sind A. Malmströms Buchillustrationen zur Ausgabe von I. Tegners *Frithjofs saga* von 1888, die auch Balders Heiligtum zeigen, schon mehr um historische Genauigkeit bemüht.

(Lit.) I. Tegners *Frithjofs saga* erwähnt ausführlich einen T. des Gottes Balder, der schon in der altnord. Vorlage, der *Friðþjófs saga frœkna*, vorkommt.

Tempelring. Das isländ. Geschichtswerk Landnámabók (H 268) und eine ganze Reihe von Isländersagas (Eyrbyggja saga 4, Droplaugarsonar saga 6, Kjalnesinga saga 2, Víga-Glúms saga 25, Þorsteins þáttr uxafóts, Þórðar saga hreðu 94), die zum größten Teil voneinander abhängig sind, erwähnen die Existenz eines solchen T.s oder Altarrings, der angeblich auf den Altären der Tempel als Schwurring gelegen hätte (→ Ringeid) und bei Opfern durch die Priester mit dem Opferblut besprengt worden wäre.

In den genannten Belegen ist der T. weitgehend zum literarischen Topos geworden, und die eher weitschweifigen Berichte über seine Verwendung in manchen der Sagas entstammen hauptsächlich der Phantasie der antiquarisch interessierten Autoren. Aber Schwurringe scheinen nicht nur in unverläßlichen Quellen auf, sie werden auch in Eddaliedern erwähnt (Akv 30; Háv 110), und das *Anglo Saxon Chronicle* aus England berichtet über einen Friedensschwur der Angeln und Dänen auf einen Ring im Jahr 876.

Zu den literarischen Zeugnissen über die kultische Bedeutung des Rings bei den heidnischen Germanen zählt neben dem mythischen Halsgeschmeide → Brísingamen und dem Halsband, an dem König → Agni erhängt wurde, auch der als Zeichen der Rechtssicherheit auf der Heide von Jelling während des → Fróði-Friedens niedergelegte Goldring und der Ring Svíagríss der schwed. Ynglingen-Könige.

Auf bildlichen skandinav. Darstellungen der Völkerwanderungszeit ist der Ring als sakrale Herrschaftslegitimation auf Brakteaten wie auf Bildsteinen zu finden, hier häufig als Knotenring ausgeführt, dessen mythisches Gegenstück Odins Ring → Draupnir sein dürfte.

Da die isländ. Sagas den T. meist als kleinen Ring von ca. 50 g Gewicht, kaum größer als ein heutiger Siegelring, beschreiben, als Schwurring also kein sehr ansehnliches Objekt, hat Magoun den Schwurring/T. der Eyrbyggja saga (Gewicht etwa 550 g und daher wohl ein Armring) mit dem noch etwas schwereren gotischen Runenring von Pietrossa (vor 380 n. Chr.) verglichen. Letzterer war offen und zweifellos ein sakraler Gegenstand, wie die Inschrift »Erbbesitz der Goten. Ich bin heilig« bestätigt. Daß solche Armringe von heidnischen gotischen Priestern – und zum Entsetzen der Kirchenfürsten auch von arianisch-christlichen – getragen wurden, bestätigt ein Brief des mailänd. Bischofs Ambrosianus von 381.

Obwohl die Beschreibung des T.s in der Eyrbyggja saga und der Ring von Pietrossa wohl nur zufällig enge Parallelen aufweisen, wird man die religiöse Bedeutung des Ringes bei den Germanen, wohl auch seine Bedeutung als Schwurring, kaum bestreiten können; die Darstellung der Rolle des Rings im Kult, wie sie die Isländersagas bieten, ist aber sicherlich zu sehr von christlichen Vorstellungen und Zeremonien beeinflußt, um Quellenwert zu haben.

F. P. Magoun, On the Old-Germanic Altar- or Oathring (Stallahringr), in: APhSc 20, 1947/49; J. de Vries, ARG, [3]1970; A. Kabell, Baugi und der Ringeid, in: ANF 90, 1975; A. Ebenbauer, Fróði und sein Friede, (Festgabe für O. Höfler) 1976.

Teniavehae. Matronenname, der nur einmal auf einer Inschrift von einem römerzeitlichen Weihestein aus Blankenheim bei Aachen (CIL XIII 8847) belegt ist; der Name ist ungeklärt, Gutenbrunner vermutete eine Ableitung von einem Ortsnamen.

S. Gutenbrunner, Die german. Götternamen, 1936.

(Teut) ist ein von Dichtern des 18. Jh. erfundener Gott, der aus dem Namen des Stammvaters Tuisto bei Tacitus und dem Stammesnamen der Teutonen »erschlossen« wurde, während im Mittelalter der Name nur für einen Riesen belegt ist (Chronik von Kolmar, 13. Jh.).
N: L. A. Hoffmann spricht in seinem Gedicht *Beschluß* (1778) die »Hörer von Teuts Geschlechte« an, R. Hamerling nennt 1872 ein Scherzspiel in zwei Akten *Teut*. *Teut* heißt auch ein »Jahrbuch der junggermanischen Gesellschaft« (Nürnberg 1859) und eine »Monatsschrift der allgemeinen germanischen Gesellschaft« (Nürnberg 1860).

Textumeihae. Matronenname auf drei Weiheinschriften aus der Dürener Gegend. Der Name bedeutet entweder »die Götter der Südleute« (vgl. got. taihswa; altir. dess »rechts, südlich«: Gutenbrunner) oder »die Glückbringenden« (Birkhan).

S. Gutenbrunner, Die german. Götternamen, 1936; G. Alföldy, Epigraphisches aus dem Rheinland III, in: Epigraph. Studien 5, 1968; H. Birkhan, GKAR, 1970.

Thekkr (1) (altnord. Þekkr »der Beliebte«) ist ein Odinsname in den Grm 46 und den Thulur. »Er war so schön und edel anzusehen, daß alle froh wurden, wenn er mit seinen Freunden zusammensaß. Aber mit seinem Heer kam er seinen Feinden schrecklich vor« sagt Snorri über Odin in der Ynglinga saga 6.

H. Falk, Odensheite, Kristiania 1924.

(2) (altnord. Þekkr) heißt ein Zwerg in der Vsp 12 und in den Thulur.

Thing (altnord. Þing, altengl. ðing, altfränk., altsächs. thing, ahd. ding, langobard. thinx) ist die gesetzgebende und richtende Versammlung der freien Männer im german. Altertum. Im Freistaat Island nahm das Allthing (im Gegensatz zum regionalen T. der jeweiligen Landesviertel) als später Ausläufer des german. T.s zwischen dem 10. und dem 14. Jh. den Charakter eines regelrechten legislativen und jurisdiktiven Parlaments an, das allerdings zusehends von den mächtigeren Familien kontrolliert wurde, so daß aus dem formal parlamentarischen Island faktisch eine Oligarchie wurde.
Die Ursprünge des german. T.s gehen sehr weit zurück, die sakrale Gebundenheit dieser Insti-

tution (»Thingheiligkeit«) wird durch die Nennung eines → Mars Thingsus in Nordengland im 2. Jh., der schwerlich ein anderer als der alte german. Himmelsgott *Tiwaz (→ Týr/Ziu) gewesen sein kann, schon für die röm. Eisenzeit belegt. Tacitus berichtet zu Ende des 1. Jh., daß das german. T. durch das Schweigegebot des Priesters eröffnet wurde (Germ 11), und er erwähnt die Verbindung von Kultzugehörigkeit und Thingzutritt: »Der Geächtete darf weder am Kult teilnehmen noch beim T. auftreten« (Germ 6).
Im skandinav. Mittelalter begegnet im isländ. Gesetzbuch Grágás wiederholt der Ausdruck at helga þing (»das T. heiligen«); die kultische Funktion des Thingplatzes, der Thingfriede und die Unverletzlichkeit des T.s sind ebenfalls durch profane Erklärungsversuche der Bedeutung des T.s nur unvollständig zu erklären. Im frühmittelalterlichen Schweden hatte das T. sogar das Recht, den König einzusetzen, und ihn notfalls auch wieder abzusetzen. Der Institution des → Sakralkönigtums widerspricht dieses Thingkönigtum nicht, da das german. Sakralkönigtum nicht prinzipiell vom Volk geschieden war, sondern der König als Primus inter pares des Gesamtvolkes galt, dessen Repräsentation im ebenfalls sakralen T. bestand.

O. Höfler, Der Sakralcharakter des german. Königtums, in: The Sacral Kingship, Leiden 1959; K. v. See, Altnord. Rechtswörter, 1964; ders., Kontinuitätstheorie und Sakraltheorie, 1972 (See lehnt strikt jede sakrale Bedeutung des T. ab.); O. Höfler, »Sakraltheorie« und »Profantheorie« in der Altertumskunde, (Festschrift S. Gutenbrunner) 1972; ders., Staatsheiligkeit und Staatsvergottung, (Festschrift A. Erler) 1976; ders., Mars Thingsus, in: Handwörterbuch zur dt. Rechtsgeschichte 3, 1979.

Thingheiligkeit → Thing.

Thingsus → Mars Thingsus.

Thistilbarði (altnord. Þistilbarði »Distel-Bart«) heißt ein Riese in den Thulur.

Thjálfi (altnord. Þjálfi oder Þjalfi) ist der Diener des Gottes Thor; am frühesten ist er als Kampfgefährte Thors in der Thórsdrápa des Skalden Eilífr Goðrúnarson (10. Jh.) belegt, der auch T.s Schwester Röskva nennt, dann im Hrbl 39. Aus diesen Nennungen geht nicht hervor, daß T. ein Diener Thors ist, es könnte sich ebensogut um einen anderen Gott handeln.
Snorri erzählt wiederholt und ausführlich über T. und berichtet auch in seiner Fassung des Mythos von → Thors Böcken, wie Thor zu T. und Röskva kam: da T. für das Lahmen des einen Bocks verantwortlich war, gab sein Vater (→ Egill?) ihm die beiden Kinder als Buße (Gylf 43 und 44). Als Reisegefährte Thors und Mitkämpfer tritt T. auch in der Geschichte von Thors Fahrt zu → Útgarðaloki auf, wo er mit Hugi (»Gedanke«) um die Wette laufen muß und verliert (Gylf 45/46), sowie im Mythos von

Thors Kampf mit dem Riesen → Hrungnir, wo T. den Lehmriesen Mökkurkálfi erschlägt. Nur in Skaldsk 4, wo Thor »Herr des T.« genannt wird, und in der erwähnten Erzählung von Thors Böcken wird T. ausdrücklich als Diener Thors bezeichnet, was also nicht unbedingt eine alte Vorstellung ist; sicher ist nur, daß T. ausschließlich in Verbindung mit Thor auftritt.

Die Etymologie des Namens T. ist trotz zahlreicher Deutungsversuche noch immer nicht befriedigend gelöst, da auch die Erklärung aus *þewa-alfaR »dienstbarer Albe« insofern nicht befriedigt, da sonst nichts darauf deutet, daß T. ein Albe war; da aber der Name auch als Personenname in über einem Dutzend schwed. Runeninschriften vorkommt, und T. also wohl vorwiegend als solcher gebraucht wurde, ist dieser Einwand vielleicht unwesentlich.

A. Olrik, Tordenguden og hans dreng, in: DS, 1905; A. M. Sturtevant, Etymological Comments, in: PMLA 67, 1952; J. de Vries, ARG, [3]1970; ders., Altnord. etymolog. Wörterbuch, Leiden [2]1977.

N: F. G. Klopstock, *Braga* (Ode, 1771); ders., *Die Kunst Tialfs* (Ode, 1771).

Thjazi (altnord. Þjazi; Etymologie unsicher) heißt ein Riese, welcher in einer der Mythen um Loki eine bedeutende Rolle spielt. Die betreffende Geschichte wird in der Haustlöng des Skalden Þjóðólfr ór Hvíni aus dem 9. Jh. berichtet, ausführlicher referiert darüber Snorri (Skaldsk 1), dem vermutlich neben der Haustlöng noch andere Quellen verfügbar waren.

Die Asen Odin, Loki und Hönir sind unterwegs; als sie versuchen, einen Ochsen zu braten, hindert sie T. in Gestalt eines Adlers daran. Als er sich schließlich einen Anteil erzwungen hat, nimmt er gleich so viel von dem Fleisch, daß Loki ihn mit einer Stange erschlagen will. Diese bleibt jedoch am Adler hängen, und dieser schleppt nun Loki so lange über Stock und Stein, bis Loki um Gnade bittet. T. verlangt, daß er ihm Iduns jugendspendende Äpfel verschafft. Mit Hilfe Lokis raubt T. schließlich → Idun samt ihren Äpfeln, die Asen aber beginnen ohne sie zu altern. Loki wird gezwungen, Idun wiederzubringen, und mit Hilfe von Freyjas Falkengewand trägt er die (nur in Snorris Version) in eine Nuß verwandelte Idun davon, verfolgt von T. in Adlergestalt, den die Asen durch Feuer zum Absturz bringen und innerhalb der Tore von Asgard erschlagen.

Skaði, T.s Tochter, rüstet sich daraufhin, ihren Vater zu rächen, die Asen aber bieten ihr Genugtuung an. So soll sie sich einen der Asen zum Mann wählen, jedoch ohne von ihnen mehr als die Füße zu sehen; sie wählt die schönsten, in der Annahme, es wären die von Balder, sie gehören jedoch Njörðr; ihre zweite Bedingung ist, daß die Asen sie zum Lachen bringen sollen, was sie für unmöglich hält. Loki jedoch bindet die Enden einer Schnur um den Bart einer Ziege und sich um die Hoden. Das Hin- und Herziehen und das jämmerliche Geschrei der beiden bringt selbst Skaði zum Lachen. Schließlich wirft Odin als zusätzliche Kompensation noch T.s Augen in den Himmel und läßt sie zu Sternen werden.

Diese mythische Erzählung ist im wesentlichen aus der Entführung der Göttin Idun und → Skaðis Werbung zusammengesetzt, jedoch gehören beide dieser Mythen sicher älteren Schichten an, und auch die Rolle T.s war bereits im 9. Jh. etwa in der uns erhaltenen Form festgelegt. Dies belegen Kenningar und Erwähnungen bei den älteren Skalden (neben Þjóðólfr auch bei Kormákr Ögmundarson in der Sigurðardrápa) und in den Eddaliedern (Ls 50, Hdl 30, Grt 9). Wir erfahren über T. weiters noch, daß sein Wohnort Thrymheimr heißt (Grm 11), und daß er von Thor erschlagen wurde (Hrbl 19); hier wird T. auch »Sohn → Allvaldis« genannt.

Der Mythos von T. ist in der uns überlieferten Form nicht ohne Widersprüchlichkeiten: von der in Skaldsk 1 auftretenden Göttertrias agiert dann nur → Loki, welcher der eigentliche Held der Handlung ist; die in der Haustlöng verwendeten Kenningar für Loki (Odins, Thors, Hönirs Freund) passen gar nicht zu der Rolle, welche er sonst meist spielt; Thor behauptet, er habe T. erschlagen (Hrbl 19), andernorts rühmt sich Loki der Tat (Ls 50); einmal wird von Odin berichtet, er habe T.s Augen in den Himmel geworfen, dann wieder von Thor. Diese Unstimmigkeiten müssen wohl nicht unbedingt beweisen, daß es einmal mehrere Mythen über T. gegeben hat (de Vries), da die eingelagerten märchenhaften Elemente ebenso wie bestimmte an Namen geknüpfte Nebenfunktionen Schwankungen in der Überlieferung ausgesetzt sind, sie könnten aber möglicherweise auf eine ursprünglich positivere Stellung Lokis in der Mythologie hinweisen.

E. Hellquist, Ett par mytol. bidrag, 1. Om jättenamnet Þjaze, in: ANF 21, 1905; E. Mogk, Þjazi, in: Hoops 4, 1918–19; H. Gering, Kommentar, Bd. 1, 1927; J. de Vries, The Problem of Loki, Helsinki 1933; A. Holtsmark, Myten om Idun og Tjatse i Tjodolvs Haustlöng, in: ANF 64, 1949; J. de Vries, ARG, [3]1970; ders., Altnord. etymolog. Wörterbuch, Leiden [2]1977.

N: T. immer in Gestalt des Adlers: D. Hardy, *Loki and Thiassi* (Gemälde, um 1909); C. Hansen, *Iduns Rückkehr nach Valhalla* und C. Hammers Holzschnitt nach Hansens Gemälde (1862); Gipsstatue von C. G. Qvarnström, *Iduna som borttrövas av jätten Tjasse i örnhamn* (1856).

Thjóðnuma (altnord. Þjóðnuma »die Menschen Verschlingende«) heißt einer der (mythischen?) Flüsse im Flußkatalog der Grm 28 und in den Thulur.

Thjóðólfr ór Hvíni (altnord. Þjóðólfr) ist ein norweg. Skalde aus dem 9. Jh., von dem außer einigen Einzelstrophen seine Gedichte Ynglingatal und → Haustlöng erhalten sind. Die Ynglingatal ist in Snorris Heimskringla überliefert und behandelt in 38 Strophen die Ahnen des norweg. Königs Rögnvald bis in mythische Zeiten zurück; will man Snorris Angaben glauben, ist das Gedicht um 870 entstanden. Die Haustlöng ist ein Schildgedicht, welches auf einem Schild dargestellte mythische Szenen besingt und daher zu den ältesten literarischen Quellen nord. Mythologie gehört.

J. de Vries, Altnord. Literaturgeschichte, [2]1964–67.

Thjóðrœrir (altnord. Þjóðrœrir) heißt ein zauberkundiger Zwerg in den Háv 160. Der Name könnte entweder bedeuten »der Brüllende« (zu einem rjósa »tönen«) oder »der das Volk Bewegende« (aus Þjóðhrœrir), wenn man nicht wie Gould als Þjóðreyrir »der Berühmte im Grabhügel« (zu reyrr »Steinhaufen«) lesen will. Für einen Zwergennamen wirkt keine dieser Deutungen recht überzeugend.

K. Müllenhoff, Die alte Dichtung von den Nibelungen, in: ZfdA 23, 1879; N. C. Gould, Dwarf-Names in Old Icelandic, in: PMLA 44, 1929; J. de Vries, Altnord. etymolog. Wörterbuch, Leiden [2]1977.

Thjóðvarta (altnord. Þjóðvarta oder Þjóðvara) heißt eine der Mägde → Menglöðs in den Fjm 38; die Bedeutung des Namens ist unklar.

Thjóðvitnir (altnord. Þjóðvitnir »Volks-Wolf«) ist in Grm 21 eine Bezeichnung für den Fenriswolf.

Thjórr (altnord. þjórr »Stier«) heißt ein Zwerg in der Vsp 12.

Thögn (altnord. Þögn »Schweigen«) ist der Name einer Walküre in den Thulur.

Thökk (altnord. Þökk, »Dank, Freude«) heißt eine Riesin (nur Gylf 48), welche laut Snorri eigentlich nur der verkleidete Loki ist. T. ist das einzige Lebewesen auf der Welt, das nicht um den toten → Balder weint, und sie verhindert damit, daß er aus der Unterwelt zurückkehren darf; damit hängt vielleicht der Name zusammen, den Snorri ihr gegeben hat, da T. als einzige nicht trauert.

Thöll (altnord. Þöll) heißt einer der (mythischen?) Flüsse im Flußkatalog der Grm 27 und in den Thulur; die Etymologie des Flußnamens ist ungeklärt.

Thor (altnord. Þórr), im Süden → Donar, ist der german. Donnergott, stärkster der Asen und Bekämpfer der Riesen.

1) T. in den literarischen Quellen
a) T. wird in der altnord. Literatur durchweg als Sohn Odins bezeichnet (Skaldsk 4; Thrk 21 und 32, Hym 2 und 35; häufig bei den Skalden) und ist damit gleichzeitig Bruder des Gottes Balder (Thjóðólfr, Haustlöng 16). Snor-

ri zählt in Skaldsk 4 die weiteren Verwandtschaftsverhältnisse T.s auf: er ist Sohn der Riesin → Jörð (»Erde«, so auch Ls 58 und Thrk 1), die auch Hlóðyn oder Fjörgyn genannt wird (Vsp 56); T. als Sohn der Erdmutter geht sicherlich auf alten Glauben zurück; seine Kinder sind, wie aus den Namen hervorgeht, alle Personifikationen von T.s Stärke: er ist der Vater der Söhne → Moði und → Magni (Hym 34, Hrbl 53) und der → Thrúðr. Seine Frau ist die Göttin → Sif, er wird auch als Stiefvater des Gottes Ullr bezeichnet. All diese Angaben Snorris sind auch durch skaldische Kenningar belegbar. Nur Snorri nennt ihn noch dazu Ziehsohn des Vingnir und der Hlóra, was Abstraktionen aus den Thorsnamen Vingthórr und Hlórriði sein könnten.

T.s Begleiter auf seinen Wanderungen ins Riesenland ist meist Loki, in der Hym aber Týr. Seine Diener sind die Bauernkinder → Thjálfi und Röskva, die ihm als Buße für die Verletzung von einem von → Thors Böcken zufallen (Gylf 43; Hym 38?).

b) T. wohnt in Thrúðheimr oder Thrúðvangr (Grm 4; Gylf 20, Skaldsk 17), was auf seine Kraft verweist; seine Halle dort heißt Bilskírnir (Grm 24; Gylf 20, Skaldsk 4). Er ist der Besitzer eines Wagens, der von zwei Böcken (Tanngrísnir und Tanngnjóstr) gezogen wird (Hym; Gylf 43), so daß er als »Herr der Ziegen« (hafra dróttin, Hym 20 u. 31), als »Wagen-Gott« (reiðar Týr, Skaldsk 1) bezeichnet wird. Er besitzt einen Kraftgürtel und einen Eisenhandschuh, dazu bekommt er von der Riesin Gríðr den Stab Gríðarvölr (Skaldsk 4 u. 18), alles Attribute, mit denen der Volksglauben den starken T. märchenhaft ausgeschmückt hat.

T.s bezeichnendstes Attribut aber ist sein Hammer → Mjöllnir, einerseits schreckenverbreitende Waffe im Kampf gegen die Riesen, andererseits Symbol für die german.-heidnische Religion, das in der heidnischen Spätzeit dem christlichen Kreuz entgegengesetzt wird.

T. stellte man sich als groß, kräftig und rotbärtig vor, mit stechendem Blick (Thrk) und als großen Esser und Trinker. Seine Eigenschaften gehen aus den Namen seiner Söhne Magni und Moði hervor: Kraft und Zorn, aber er ist auch bieder bis zur Einfältigkeit (Hrbl).

c) T. ist der Verteidiger der Götter und Menschen gegen die bedrohlichen Mächte → Útgarðs, besonders gegen die Riesen und die Midgardschlange. In dieser Rolle ist er der Held einer ganzen Reihe von Abenteuern, die bei Snorri in Form kurzer mythologischer Novellen und in jüngeren Eddaliedern überliefert sind, deren höheres Alter in einigen Fällen aus der Erwähnung bei Skalden des 9. und 10. Jh. hervorgeht.

Der Hammer → Mjöllnir spielt in den meisten von T.s Kämpfen eine wichtige Rolle. Schon die Drohung damit bringt den in

Walhall eingedrungenen betrunkenen Riesen → Hrungnir zur Besinnung, und als es dann zum Zweikampf mit ihm kommt, wirft T. mit Mjöllnir, an dem selbst die Wurfwaffe des Riesen, ein mächtiger Wetzstein, zerbricht. Ob es sich dabei nun um einen naturmythologischen Kampf des Gewittergottes mit dem Bergriesen handelt, oder um eine mythisierte Fassung des Kulturkampfes zwischen den neuen Metallwaffen und den Waffen der Steinzeit, jedenfalls zeigt gerade dieser Mythos die Bedeutung von Wurfwaffen auf einer sehr archaischen Kulturstufe und dürfte deswegen sicherlich ein beträchtliches Alter haben.

Ohne seinen Hammer muß T. zum Kampf gegen den Riesen Geirröðr im Mythos von T.s Fahrt nach → Geirröðargarð antreten. Die Riesin Gríðr gibt ihm aber den Stab Gríðarvölr, mit Hilfe dessen er durch den Fluß Vimur waten kann, und den er dann bei Geirröðr gegen die Decke stemmt und damit den Riesentöchtern Gjálp und Greip, die seinen Sessel heben und ihn erdrücken wollen, den Rücken bricht. Im Kampf mit dem Riesen selbst wirft er ein glühendes Eisenstück mit solcher Kraft zurück, daß es eine eiserne Säule, den Riesen und die Hauswand durchschlägt, also als Mjöllnir-Ersatz dient; diese mythische Abenteuergeschichte erfreute sich offensichtlich großer Beliebtheit, denn sie findet sich schon im 10. Jh. in Eilífs Thórsdrápa, dann bei Snorri und als Anspielung sogar in Saxos *Gesta Danorum*.

Ebenfalls mit dem Verlust des Hammers, aber auf ganz andere Art, nämlich als köstlicher hochmittelalterlicher Götterschwank, beschäftigt sich die → Thrymskviða, in welcher der Riese Thrymr den Hammer Mjöllnir gestohlen hat und ihn nur im Tausch gegen die Göttin Freyja zurückerstatten will; da die Götter dazu nicht bereit sind, verkleidet sich T. auf Heimdalls Rat als Braut (und Loki als Dienerin) und macht sich zu Thrymr auf; erst als nach dem Hochzeitsmahl der Riese mit dem Hammer als Brautgeschenk herausrückt, macht T. dem Versteckspiel ein Ende und erschlägt Thrymr samt seiner ganzen Verwandtschaft. Diese Geschichte kennen die Skalden noch nicht, auch Snorri erwähnt sie nirgends, und man wird sie als rein literarisches Produkt des 12. oder 13. Jh. anzusehen haben.

Wie in der Thrymskviða, so ist auch im Mythos von T.s Fahrt zu Útgarðaloki T. zuerst der Lächerlichkeit preisgegeben, erweist sich am Ende aber doch als der souveräne Gott; in dieser märchenartigen Erzählung unterliegt T. in jeder Beziehung seinem Gegner Útgarðaloki, der sich auch → Skrýmir nennt, wie sich aber schließlich herausstellt, nur durch Zauberei; diese aus verschiedenen Komponenten zusammengesetzte Mythennovelle

ist sehr schwer zu datieren, da es wohl außergerman. Parallelen gibt, die Skalden und die Eddalieder sie aber nicht kennen.
Recht weit in die heidnische Zeit zurück läßt sich dagegen der Mythos von → Thors Fischzug und seine Auseinandersetzung mit dem Riesen Hymir verfolgen, wie sie uns sowohl in der → Hymiskviða als auch bei Snorri überliefert sind. Schon die ältesten Skalden (Bragi, Eystein Valdason, Ulfr Uggason) behandeln den Mythos recht ausführlich, und bildliche Darstellungen auf Gedenksteinen gehen bis ins 8. Jh. zurück. Dieser Mythos ist in seiner überlieferten Form eine Kombination von einem der üblichen Riesenkämpfe T.s (mit Hymir) mit T.s Fischfang, wo T. mit einem Ochsenkopf die Midgardschlange ködert, Hymir aber im letzten Moment, bevor T. sie erschlagen kann, aus Angst die Angelschnur durchschneidet.
Die → Midgardschlange ist neben den Riesen T.s Hauptgegner: nicht nur im Mythos vom Fischfang, sondern schon in einem der Kämpfe bei → Skrýmir hat T. mit ihr zu ringen, und zu den Ragnarök tritt er gegen sie zum Kampf an; dann wird er sie erschlagen, kann aber auch selbst nur mehr neun Schritte gehen, bevor er ihrem Giftatem zum Opfer fällt (Vsp 56, Gylf 50).
Die vielen Mythen von T.s Riesenkämpfen bewirken, daß er auch dort als Riesentöter auftritt, wo er diese Rolle vielleicht gar nicht ursprünglich hatte, wie bei der Erschlagung von → Thjazi und der des → Riesenbaumeisters, der Asgard errichtete. Eine ganze Reihe von angeblich durch T. erschlagenen Riesen und Riesinnen führen Strophen der Skalden Thorbjörn dísarskáld und Vetrliði Sumarliðarson (aus dem 10. Jh.) an.
d) Obwohl eigentlich Odin meist als oberster Gott des german. Pantheons betrachtet wird, sind die Götter in etlichen Mythen von T. abhängig, da sie auf seinen Schutz angewiesen sind. Diese Diskrepanz ist wohl auf eine unterschiedliche Stellung im Kult (s. unten) zurückzuführen. Während Odins Herrscherfunktion zunehmend durch seine Rolle als Gott der Dichtung, der Magie und der Runenkenntnis überlagert wird, und zudem der Kult auf die herrschenden Klassen und die damit sich identifizierenden Skalden (und Runenmeister) beschränkt blieb, verschiebt sich T.s Funktion der Stärke, derentwegen er von den Bauernkriegern als Kriegsgott verehrt wurde, zusehends auf die Fruchtbarkeitsfunktion; dies einerseits deshalb, weil der Donnergott seine Kompetenzen wohl auf das Wetter überhaupt ausgedehnt hatte, wie schon Adam von Bremen (IV, 26) feststellte: »T. führt in der Luft den Vorsitz, indem er Donner und Blitz, Wind und Regen lenkt.« Andererseits brachte die soziale Stellung der Thorsverehrer eine Übertragung vom krie-

gerischen in den bäuerlichen Bereich mit sich. – So rufen die Götter immer wieder T. herbei, wenn Gefahr droht: etwa durch die Riesen Thjazi oder Hrungnir, aber auch, um Loki zum Schweigen zu bringen, wenn es nötig ist (Ls). In all diesen Fällen heißt es, daß T. »auf Ostfahrt gegen die Riesen« war, aber sobald die Götter seiner bedürfen, ist er sofort da.

Auf seinen Reisen ist Loki der häufigste Begleiter T.s, was aber zweifellos auch in der Natur unserer Quellen liegt, da der biedere, starke, ehrliche T. im verschlagenen, listigen Loki einen so konträren Gefährten hat, daß sich schwankartige Situationen daraus leicht ergeben; dies geht so weit, daß T. neben Loki geradezu lächerlich wirken kann, wie in der Thrk, andererseits bringt in der (ebenfalls jungen) Ls gerade T. durch seine Autorität Loki zum Schweigen.

T.s Frau ist Sif, über die sich nur karge Mitteilungen in den Quellen finden, und über deren Relation zu T. sonst überhaupt nichts bekannt ist; auf Vermutungen ist man auch angewiesen, wenn man Sif eine Stellung in T.s Neigung zur dritten (Fruchtbarkeits-)Funktion zuweist, da auch die Etymologie ihres Namens keineswegs klar ist. Bei der bedeutenden Rolle T.s im Kult scheint es aber durchaus möglich, daß ihm schon früh eine Frau zugeordnet wurde, und somit ihr Name wirklich nur »die Gemahlin« (nämlich T.s) bedeutet und sie sonst weitgehend funktionslos war.

T.s Antagonismus zu Odin findet sich außer im Kult nirgends so ausgeprägt wie im zu Ende des Heidentums entstandenen → Hárbarðsljóð. Der Dichter steht auf Seiten Odins, der hier als Fährmann Harbarðr dem von einem Riesenkampf heimkehrenden T. die Überfahrt verweigert. Odin überschüttet den müden, zerlumpten T. mit Spott, und der Dichter sagt deutlich seine Meinung: »Odin gehören die Fürsten, die im Kampf fallen, dem T. das Geschlecht der Knechte.« Auf Grund dieser Aussage hat vor allem die ältere Forschung den Gegensatz zwischen Odin und T. sehr betont; Odin sei der Gott des königlichen Gefolges, T. der des bäuerlichen Volksheeres, und T. sei somit Odin untergeordnet, wie es auch seine Stellung als Sohn Odins andeutet. Obwohl aber der Gegensatz zwischen den beiden Göttern zweifellos besteht, dürfen auch Gemeinsamkeiten zwischen beiden nicht übersehen werden: beide werden als Ahnherren von Königsgeschlechtern genannt; wie Odin in den Vm, so zeigt auch T. in den Alv seine Weisheit; Odin ist zwar der Runengott, aber T. wird nach Runeninschriften angerufen, sie zu weihen (→ wigiþonar); Odin läßt aus den Augen Thjazis Gestirne werden, T. aus Aurvandills Zeh einen Stern. Beide stehen mit der Kriegführung in Verbindung. Odin durch

Magie, T. durch Stärke. Gerade in der Funktion der Stärke, als Kriegsgötter, liegt die Gemeinsamkeit von T. und Odin; während aber Odins Wesen besonders in der Herrscher-Funktion verankert ist, verschiebt sich T.s Stellung mehr zur dritten (Fruchtbarkeits-)Funktion, T. ist also bis zu einem gewissen Grad tatsächlich der Gott des Volks- und Bauernheeres, Odin der der verschworenen Krieger- und Wikingerbünde.

2) Zeugnisse des Glaubens und Kults

a) In der spätheidnischen Skaldendichtung zu Ende des 10. Jh. finden sich mehrere Gedichte, die ausschließlich an T. gerichtet oder ihm gewidmet sind. Die umfangreicheren davon sind die → Thórsdrápa des Eilífr Goðrúnarson und die → Thórsdrápa des Eysteinn Valdason; kürzere Gedichte an T. richteten die Skalden Thorbjörn dísarskáld und Vetrliði Sumarliðarson, von Bragi aus dem 9. Jh. stammt ein Strophenfragment. Diese Zeugnisse religiöser heidnischer Dichtung stehen neben rein beschreibenden mythologischen Dichtungen wie der Húsdrápa und der Haustlöng.

Zahlreiche Erwähnungen des Thorsglaubens der isländ. Siedler finden sich in der isländ. Literatur, in der Landnámabók ebenso wie in den Sagas. Wenn auch der Aussagewert dieser späten Quellen im Detail nicht überschätzt werden darf, so zeigt allein die Menge des überlieferten Materials die große Bedeutung T.s im isländ. Volksglauben des 9. und 10. Jh. Von den etwa 4000 in der Landnámabók erwähnten Personen tragen etwa ein Viertel Namen, die auf T.- gebildet sind; da hier oft Familientraditionen mitspielen, weist dies auch auf eine massive Thorsverehrung im Ursprungsland Norwegen hin; Personennamen mit anderen Götternamen (Freyr-, Ing-) sind dagegen vergleichsweise selten. Die isländ. Siedler vertrauten auch auf T., wenn es um den Standort ihrer neuen Höfe ging. Sie brachten aus der alten Heimat die Hochsitzsäulen (→ öndvegissúlur) mit, in denen entweder ein Thorsbild eingeschnitzt war (Landnámabók H 73 = S 85) oder die durch die darin eingeschlagenen → reginnaglar (wie Hrungnirs Wetzstein in T.s Kopf!) als dem T. geweiht gekennzeichnet waren (Eyrbyggja saga), um sie vor der Küste Islands ins Meer zu werfen. Wo sie angetrieben wurden, erbauten sie ihren Hof, soweit sie nicht überhaupt T. um die Lenkung ihres Landfalls anriefen (Eyrbyggja saga).

Tempel, in denen ein Standbild T.s verehrt wurde, soll es nach Auskunft der Sagas sowohl in Island (Eyrbyggja saga, Kjalnesinga saga) wie auch in Norwegen gegeben haben; so in Mærin in Trondheim (Óláfs saga Tryggvasonar), dessen Thorsbild Olaf mit einer Axt zerschlagen haben soll, und in Guðbrandsdal (Óláfs saga hins helga), dessen hohle Thorsstatue St. Olaf zerstört habe. Da aber gerade in diesen Gegenden Ortsnamen, die von Thórshof (»T.s Tempel«) herzuleiten sind, völlig fehlen, ist diesen Berichten mit Skepsis zu begegnen. Für Schweden erwähnt Adam von Bremen die Existenz von Thorsstatuen in Tempeln (eine vom engl. Missionar Wilfried um 1030 zerstörte: II, 62, und die im großen Tempel von Uppsala: IV, 26).

T.s Bild war anscheinend auch auf Jarl Eireks Schiffssteven (Óláfs saga hins helga) und Stühlen (Fóstbrœðra saga) eingeschnitzt. Die Verwendung einer kleinen Thorsstatuette wird zwar nur einmal erwähnt (Hallfreðar saga), ist aber durch die Funde ähnlicher Figürchen von Freyr und vielleicht auch von T. sehr wahrscheinlich. Sehr verbreitet war das Tragen von kleinen metallenen Thorshammer-Anhängern (→ Mjöllnir) als Amulette, was aber erst in der heidnischen Spätzeit als Reaktion auf das christliche Kreuz aufgekommen sein dürfte.

Opfer an T. sind in der mittelalterlichen Literatur ebenfalls belegt. Von einem Menschenopfer an den Thur der Normannen berichtet Dudo von St. Quentin im 11. Jh., der allerdings recht unverläßlich ist. Die Landnámabók berichtet von Menschenopfern auf Island, bei denen den Geopferten auf einem Thórs-steinn der Rücken gebrochen wurde (H 73); Gelübde für harmlosere Opfer, wahrscheinlich Votivgaben, sind von einem gewissen Kollr, der vor Island in einen Sturm geriet, überliefert (Landnámabók H 15). Archaischer als diese Angaben christlicher Autoren wirkt die Reminiszenz an ein Thorsopfer, das sich in der Erzählung von T.s Böcken erhalten haben dürfte; als T. bei einem Bauern einkehrt, läßt er seine beiden Böcke schlachten und kochen, die Knochen werden beim Essen auf die Bocksfelle geworfen. Am nächsten Morgen segnet T. mit seinem Hammer die Felle, und die Böcke werden wieder lebendig. Diese kurze Erzählung könnte auf ein Opfer von Böcken an T. zurückgehen, welches wahrscheinlicher ist als die eher phantastischen Berichte von Menschenopfern auf Island.

b) Die weitverbreitete Thorsverehrung ist aber nicht nur durch literarische Quellen belegt. Drei dän. (Glavendrup, Virring, Sønder-Kirkeby) und ein schwed. (Velanda Skattegården) Runenstein aus dem 10. Jh. tragen nach der eigentlichen Inschrift die Formel »T. weihe diese Runen«; drei dän. (Læborg, Spentrup, Gårdstanga 3) und drei schwed. (Stenkvista Kirka, Åby, Bjärby) Steine tragen statt dieser Formel den Thorshammer selbst. Die aus der ersten Hälfte des 7. Jh. stammende → Nordendorfer Fibel trägt neben anderen Götternamen auch wigiþonar. Aus all diesem für T. eine Rolle als Weihegott konstruieren zu wollen, wäre falsch (Marold). In der heidnischen Spätzeit entstand in weiten Bereichen Südskandinaviens und des Kontinents eine Verehrung T.s mit formalen Zügen, die zwar durch das Christentum hervorgerufen, ihm aber entgegengesetzt wurden. Die Weiheformeln und Hammerzeichen auf Grabsteinen sind also, wie die schon erwähnten Amulettähmmerchen, eine Antwort des Heidentums auf das vordringende Christentum, und vielleicht wurde T. gerade wegen des Hammerzeichens zur Symbolfigur dieser heidnischen Erneuerungsbewegung.

c) Die Flut von Personennamen auf T.- mag ähnliche Gründe haben, obwohl die Tendenz dieser Namensgebung in christlicher Zeit nicht zu dem Schluß führen darf, daß man die Träger der Namen tatsächlich mit dem Heidentum assoziiert hätte. Sicherlich spielen hier auch Familientraditionen eine große Rolle. Für die steigende Popularität T.s in der Wikingerzeit spricht auch, daß sich vor der Wikingerzeit keine Personennamen auf T.- in Runeninschriften finden.

d) Auch zahlreiche Ortsnamen auf T.- weisen auf den verbreiteten Thorskult hin. Dabei stellt sich das Problem, daß vielen Ortsnamen, die T. mit einem allgemeinen geographischen Element verbinden, auch ein Personenname auf T.- zugrunde liegen kann, so daß man bei den meisten skand. und engl. Ortsnamen auf T.- skeptisch sein muß. Echte Kultortsnamen sind nur dort anzunehmen, wo das zweite Namenselement deutlich auf eine Kultstätte wie vé, hof, lundr hinweist. Namen auf -lundr »Hain« sind besonders in Dänemark häufig, Thorshof in Südnorwegen.

Weniger sicher als Kultort ist Thorsåker in Schweden. Auch in England ist bei Ortsnamen auf Thunor Vorsicht geboten, aber die aus Thunores hlæw entstandenen entsprechen genau Thorslundr, und selbst in Irland ist Coill Tomair in derselben Bedeutung aus dem Jahr 1000 überliefert; daneben dürfte das engl. Thurstable »T.s Säule« auf Thorsverehrung verweisen. In Deutschland ist das Ortsnamenmaterial spärlich, allerdings gibt es eine Anzahl von Donnersbergen, die ihren Namen von T./Donar herleiten dürften.

e) Zu den ältesten Quellen für den Thorsglauben zählt der Wochentagsname → Donnerstag, der eine Übersetzung des lat. dies Jovi ist; diese Übertragung entspricht der Interpretatio germanica, die Jupiter mit T. übersetzte. Der Donnerstag erhielt sich im dt. Volksglauben bis ins 17. Jh. eine gewisse Heiligkeit und war vor allem ein beliebter Hochzeitstag.

f) Den konkreten Thorskult zeitlich noch weiter zurückzuverfolgen, dürften uns die skandinav. Felszeichnungen der Bronzezeit gestatten; in den Felsritzungen von Stora Hoglem und Hvitlycke findet sich jeweils neben der Abbildung eines sich vereinigenden Paares eine größere phallische, hammer- oder axttragende Gestalt. Man hat diese Szene als Eheweihe (hier eines → hierós gámos?) durch T. sehen wollen, dessen Hammer bis ins Mittelalter auch Fruchtbarkeitssymbol war und der damit die Rolle des Himmelsgottes in der Fruchtbarkeitsfunktion schon für das german. Altertum belegt. Im Lichte der symbolischen Rolle des Hammers müssen auch die Erwähnungen einer Brautweihe T.s gesehen werden.

3) Funktion und Stellung

T., altnord. Þórr, Þunarr, westgerman. Þonar, ahd. Donar, angelsächs. Þunor, aus german. *þunraR, bedeutet ursprünglich nicht »Donnerer«, sondern »Donner«, jedenfalls kennzeichnet ihn der Name als Donnergott. Sein Hammer, den er unter Blitz und Donner schleudert, ist sicher ursprünglich mit seiner Rolle verbunden. Obwohl T. vorwiegend Repräsentant der zweiten Dumézilschen Funktion (Funktion der Stärke) ist, dürfte die »Verschiebung« auf die dritte Funktion hohes Alter aufweisen, da der Hammer als fruchtbarkeitsspendendes Symbol bis in die Bronzezeit zurückverfolgt werden kann. T. ist somit als Gott des Blitzes und Donners auch der des Windes und Regens.

Welch hohe Stellung T. schon in german. Zeit in der Götterwelt einnahm, zeigt die Interpretatio germanica des röm. Jupiter mit T., wie sie uns in angelsächs. Glossen und in der Übersetzung der röm. Wochentagsnamen begegnet.

Von der Funktion her ist T. allerdings mit Herakles/Hercules der antiken Mythologie verwandt, und Tacitus erwähnt unter den german. Hauptgöttern auch einen → Hercules; Hercules und T. haben in der Tat so viel gemeinsam (die Waffe, die Funktion als Riesentöter und Verteidiger der Götter), daß es eher überrascht, daß T. in der Interpretatio germanica der Wochentagsnamen dann mit Jupiter gleichgesetzt wurde.

T. entspricht in der keltischen Mythologie der Kriegs- und Donnergott Taranis, dessen Nebenform Tanarus etymologisch mit Donar übereinstimmt; die Form Taranis aber wird durch keltisch taran »Donner« gestützt, so daß eine parallele Entwicklung der Donnergötter denkbar wäre.

Funktionsverwandt mit T. ist auch der ind. Kriegs- und Wettergott Indra. Indra ist der Repräsentant der zweiten Funktion in der ind. Mythologie. Wie T. ist er ein Göttersohn, der Sohn des Urelternpaares; wie T. die Midgardschlange, bekämpft Indra den Schlangendämon Vṛta; T.s Hammer entspricht Indras vajra (Keule), und beide Waffen sind von einem Götterschmied, Sindri bzw. Tvastr, geschaffen; T. und Indra sind beide große Esser und Trinker, beide sind Wagengötter, beide unternehmen weite Reisen zur Bekämpfung der Dämonen. Trotz vieler Unterschiede weisen T. und Indra so viele Gemeinsamkeiten auf, daß man mit Dumézil und F. R. Schröder eine Urverwandtschaft der beiden Götter wird annehmen dürfen, womit die Stellung T.s bis in die indogerman. Zeit zurückverfolgt werden kann.

F. Jónsson, Odin og Tor i Norge og på Island i det 9. og 10. årh., in: ANF 17, 1901; H. Lindroth, Om gudanamnet Tor, in: NoB 4, 1916; R. Jente, Die mytholog. Ausdrücke im altengl. Wortschatz, 1921; F. R. Schröder, T. im Vimurfluß, in: PBB 51, 1927; E. A. Philippson, German. Heidentum bei den Angelsachsen, 1929; H. Ljungberg, Tor, Uppsala 1947; E. O. G. Turville-Petre, Professor Georges Dumézil, in Saga-Book 14, 1953–55; F. R. Schröder, Indra, T. und Herakles, in: ZfdPh 76, 1957; V. Kiil, Fra andvegissula til omnkall, in: Norveg 7, 1960; J. de Vries, ARG, [3]1970; E. O. G. Turville-Petre, Thurstable, in: Nine Norse Studies, London 1972; Å. V. Ström u. H. Biezais, German. u. Balt. Religion, 1975; E. Marold, »T. weihe diese Runen«, in: FmSt 8, 1975; E. O. G. Turville-Petre, Myth and Religion of the North, New York 1975; E. F. Halvorsen, Þórr, in: KLNM 20, 1976; H. Klingenberg, Die Drei-Götter-Fibel, in: ZfdA 105, 1976; G. Dumézil, Gods of the Ancient Northmen, Berkeley 1977; M. Clunies-Ross, An Interpretation of the Myth of Þórr's Encounter with Geirrødr and his daughters, in: Speculum Norrœnum. Studies G. Turville-Petre, Odense 1981; L. J. Bronnenkant, Thurstable revisited, in: Journal of the English Place-Name Society 15, 1982–83; J. Lindow, Adressing T., in: SS 60, 1988; P. Schjødt, Þórr, in: MeScand, 1993; J. Lindow, T.'s Duel with Hrungir, in: alvíssmál 6, 1996; L. Motz, The King, the Champion, and the Sorcerer, 1996; R. Kroesen, The great god Þórr – a war god?, in: ANF 116, 2001.

N: In den weitaus meisten Fällen beschränkt sich die Rezeption der Gestalt T.s auf die künstlerische Wiedergabe des Gottes, wie ihn die nord. Quellen beschreiben: als kraftstrotzenden Donnergott, meist im Kampf mit Riesen; die Darstellung ist dabei, besonders bei Plastiken, häufig von antiken oder klassizistischen Statuen des Herakles beeinflußt. T. als ausgesprochener Kriegsgott findet sich nur bei Klopstock, Thorild, Pottner. Repräsentant der Asen und Aufhänger für eine polemische Auseinandersetzung mit der nord. Renaissance in der Romantik war T. bei den Skandinaviern Stiernstolpe und Grundtvig.

(Lit.) F. J. Klopstock, *Wir und Sie* (Ode, 1766, an T. als Kriegsgott adressiert); A. Oehlenschläger, *Hammeren hentes; T.s Fiskeri; T. besøger Hymir* (Gedichte, in: *Nordens Guder*, 1819); ders., *T.s Reise til Jotunheim* (Episches Gedicht, 1807); W. Hertz, *T.s Trank; T. kam als Gast ins Riesenlande* (1859); J. M. Stiernstolpe, *Mythologierne eller Gudatvisten* (satirisches Gedicht, 1820); N. F. S. Grundtvig, *Nordens Mythologie eller Sindbilled-Sprog* (1832); T Thorild, *Harmen* (Gedicht); L. Uhland, *Der Mythus von T.* (1836; als Beginn wissenschaftlicher Beschäftigung mit nordischer Mythologie in Deutschland zu werten); W. Schulte v. Brühl, *Der Hammer T.s* (1915); H. F. Blunck, *Herr Dunnar und die Bauern; Von jungen Göttern* (in: *Märchen und Sagen*, 1937); O. Erler, *T.s Gast* (Drama, 1937); H. C. Artmann, *Die Heimholung des Hammers* (1977); als mythologischer Supermann findet sich T. in der Comic-Serie *Der mächtige T.* (seit 1962).

(Bild. Kunst) J. H. Füssli, *T. in Hymirs Boot bekämpft die Midgardschlange* (Gemälde, 1780); H. E. Freund, *T.* (Statue, 1821/22); B. E. Fogelberg, *T.* (Mamorstatue, 1844); M. E. Winge, *T.s Kampf mit den Riesen* (Gemälde, 1872); K. Ehrenberg, *T.s Kampf mit den Jöten* (Kohlezeichnung, 1880); ders., *Odin, T. und Magni*, (Zeichnung, 1883); E. Doepler d. J., *T.; T. und die Midgardschlange; T. den Hrungnir bekämpfend; T. bei dem Riesen Thrym als Braut verkleidet; T. bei Hymir; T. bei Skrymir; T. den Fluß Wimur durchwatend* (alles Illustrationen in: E. Doepler, W. Ranisch, *Walhall*, 1901); J. C. Dollman, *T. and the mountain; Sif und T.* (Zeichnungen, 1909); G. Poppe, *T.* (Gemälde); E. Pottner, *T.s Schatten* (= Krieg; Zeichnung, 1914); H. Hendrich, *T.s Gewitterzauber* (Ölgemälde für die Halle Deutscher Sagenring, 1926); H. Natter, *T.* (Mamorstatue); U. Bremer, Illustr. zu H. C. Artmanns *Die Heimholung des Hammers* (1977).

(Musik) Als Donner (hoher Bass) erscheint T. in R. Wagners Oper *Das Rheingold.*

(Sonstiges) *T.*, isländ. Küstenwachtschiff, fertiggestellt 1951. *T.*, schwed. Eisbrecher, fertiggestellt 1963; von T. (norweg. Tor) hat auch das Element Thorium seinen Namen.

Thorbjörg lítilvölva (altnord. Þorbjörg lítilvölva »Thorbjörg, die kleine Seherin«) heißt eine Seherin in der Eireks saga rauða 4, von der ausführlich berichtet wird, wie sie auf einem grönländ. Hof den Bewohnern die Zukunft weissagt; für die Seherin, die einen Stab mit Knauf als Zeichen ihres Berufs trägt, wird ein Podest (seiðhallr) errichtet, auf dem sie Platz nimmt; die Frauen bilden dann einen Kreis um sie, und eine von ihnen – eine Christin, wie ausdrücklich betont wird! – stimmt einen Zaubergesang (namens Varðlokkur) an, der nach Aussage der Seherin die Geister zu ihr ruft, von denen sie ihr Wissen bezieht. Darauf wahrsagt sie jeder der Anwesenden die Zukunft.

Wenn es sich bei diesem Bericht auch um eine literarisch ausgestaltete Erzählung handelt, so dürften gewisse Elemente der Wahrsagesitzung, wie etwa der Stab der Seherin und das Podest, doch authentische Züge der Praktiken im german. Heidentum tragen. Interessant ist auch der Hinweis, daß die neun inzwischen verstorbenen Schwestern der Seherin ebenfalls Wahrsagerinnen gewesen wären; seherische Fähigkeiten lagen nach isländ. Vorstellung also in der Familie, wie auch eine Stelle der Laxdœla saga 35 bestätigt.

Thordís spákona (altnord. Þordís spákona »Thordís die Wahrsagerin«) heißt eine Seherin in der Vatnsdæla saga 44; diese Zauberin macht aber eher den Eindruck einer rein literarischen Gestalt. Mit den german. Seherinnen hat sie nur den Stab als Berufsabzeichen gemeinsam, was aber in der mittelalterlichen Literatur schon zum Topos geworden war.

Thorgerðr Hölgabrúðr (altnord. Þorgerðr Hölgabrúðr »Thorgerd, Hölgis Braut«) ist eine Göttin, der im 10. Jh. im norweg. Gudbrandsdal ein Tempel geweiht war, wo sie zusammen mit der Göttin → Irpa verehrt wurde.
Über die Verehrung dieser Göttin in einem reich dekorierten Tempel berichten altisländ. Prosatexte sowie der 1222 verstorbene Bischof Bjarni Kolbeinsson in seiner Jómsvíkingadrápa 32. In der Færeyinga saga ist bei der Schilderung des Tempels (der hier Glasfenster hat!) allein von der Göttin T. H. die Rede, aus deren Händen Hakon einen Goldring als gutes Omen erbittet. In der Jómsvíkinga saga wird neben ihr auch noch die Göttin Irpa erwähnt, und die Njáls saga ergänzt, daß auch Thor auf seinem Wagen im Tempel zu sehen gewesen wäre (88). Während diese Texte die Lage des Tempels übereinstimmend mit Norwegen angeben, verlegt die Harðar saga 19 ihn nach Island. Mit der Njáls saga hat diese Saga gemein, daß sie die Verbrennung des Tempels und der Götterbilder erwähnt. Snorri berichtet (Skaldsk 42), daß »der König namens Hölgi, nach dem Hálogaland benannt ist, der Vater (!) der T. H. war; es wurde ihnen beiden geopfert, und der Grabhügel, der über Hölgi aufgeworfen wurde, bestand aus abwechselnden Schichten von Opfergeld aus Gold und Silber, und Schichten von Erde und Schotter.«
Daß Snorri Hölgi als den Vater der T. H. nennt, überrascht, da der Name Hölgi als Mann der T. H. naheliegt. Auch andere Quellen ersetzen zum Teil die Form -brúðr durch -troll, während statt Hölga- auch Hörða-, Hörga-, Hölda- zu finden sind. Mit den anderen Quellen stimmt Snorris Verbindung von T. H. mit Hálogaland überein. In der Tat dürfte es sich um eine lokale Gottheit aus Hálogaland handeln, vielleicht sogar um eine mit dem Geschlecht des über Hálogaland herrschenden Hakon verbundene Familiengöttin (Storm), da ja der Kult der Göttin in den Quellen fast durchwegs mit Hakon assoziiert wird.
Der Name T. beruht wohl auf dem der Riesin Gerðr, T. H. wird ja zum Teil ebenfalls als Troll, d. h. als Riesin, bezeichnet und vermutlich ist auch T. H. wie Gerðr zu den Fruchtbarkeitsgottheiten zu rechnen, da noch dazu die mit ihr zusammen genannte Irpa etymologisch zu jarpr »dunkelbraun« gehört, also vielleicht ebenfalls auf eine chthonische Gottheit deutet (Schröder).
Das Eingreifen der T. H. in die Schlacht im Hjörungavágr, wo sie ein Unwetter bewirkt und, in diesem erscheinend, von jedem ihrer Finger Pfeile abschießt, erinnert jedoch mehr an Walküren; ihre Funktion im Tempel

dagegen – sie wird nicht um eine Gabe, sondern eine Vorhersage gebeten – mehr an die Rolle von Seherinnen als von Göttinnen. Alle unsere Quellen sind jedoch zu fiktional und zu sehr voneinander abhängig, als daß man Details der Schilderung allzugroße Bedeutung beim Versuch der Deutung der T. H. zumessen darf.

G. Storm, Om Thorgerd Hölgebrud, in: ANF 2, 1885; F. R. Schröder, Quellenbuch zur german. Religionsgeschichte, 1933; J. de Vries, ARG, [3]1970; E. F. Halvorsen, T. H., in: KLNM 20, 1976.

Thorinn (altnord. Þorinn »der Tapfere«) heißt ein Zwerg in der Vsp 12 und in den Thulur.
N: In J. R. R. Tolkiens Roman *The Hobbit* (1937) ist T. der älteste der 13 Zwerge.

Thorri (altnord. Þorri; sonst Name des Wintermonats von Mitte Januar bis Mitte Februar) ist auch der Name eines Riesen(?) in den Genealogien des → Fornjótr. T. war demnach der Sohn König Snærs und hatte drei Kinder, die Söhne Norr und Gorr und die Tochter Gói. Das Einleitungskapitel der Orkneyinga saga (Fundinn Nóregr) berichtet über ihn: »T. hielt viel von Opfern und veranstaltete jedes Jahr zu Mittwinter ein Opfer, das T.s Opfer (Þorrablót) genannt wurde, und davon bekam der Monat seinen Namen.« Die Erzählung dient offensichtlich zur ätiologischen Erklärung des Monatsnamens und des Opfers. Das Opfer hat aber seinen Namen wahrscheinlich vom Monat, so daß man keinen Vegetationsgott T. annehmen muß, da der Monatsname als »Frost« hinreichend erklärt ist.

J. de Vries, ARG, [3]1970; E. F. Halvorsen, Þorri, in: KLNM 20, 1976; N. Lid, Altnorweg. Þorri, in: Norsk Tidsskrift for Sprogvidenskap 7, 1934.

Thors Böcke, die seinen Wagen ziehen, heißen laut Snorri (Gylf 20) → Tanngrísnir und → Tanngnjóstr. Von Thors Ziegenböcken handelt auch eine kleine mythologische Erzählung als Einschübsel in Thors Fahrt zu → Útgarðaloki (Gylf 43), als Thor und Loki bei einem Bauern übernachteten; »am Abend nahm Thor seine Böcke und schlachtete sie; daraufhin zog man ihnen das Fell ab und warf sie in einen Kessel. Als sie gekocht waren, setzten sich Thor und sein Gefährte zum Nachtmahl, und Thor lud den Bauern, seine Frau und seine Kinder dazu ein; der Sohn des Bauern hieß → Thjálfi, die Tochter Röskva. Thor breitete die beiden Bockshäute vom Feuer entfernt auf und sprach, der Bauer und seine Familie sollten die Knochen darauf werfen. Der Bauernsohn Thjálfi nahm den Oberschenkelknochen eines Bocks und spaltete mit einem Messer den Knochen, um ans Mark zu kommen. Thor blieb über Nacht und vor Tagesanbruch stand er auf, zog sich an, nahm den Hammer Mjöllnir, hob ihn auf und segnete die Bockshäute. Da standen die Bökke auf, aber einer lahmte am Hinterbein. Thor sah es und sprach, der Bauer oder jemand von den Seinen habe eine Dummheit mit den Bocksbeinen gemacht: er merke, daß der Knochen gebrochen sei.« Dem Bauern gelingt es aber, Thors Zorn zu besänftigen, indem er ihm seine Kinder als Buße anbietet, die seither Thor als Diener folgen.

Die Geschichte vom lahmenden Bock wird auch in der Hym 37 erwähnt, auch hier werden zwei Kinder als Buße angeboten; wenn auch der Zusammenhang etwas abweicht, so dürfte es sich um denselben gut bekannten Mythos handeln.

Hinter dem Mythos verbirgt sich ein Opferritus, wie er auch im außergerman. Bereich gut belegt ist: Nach der Schlachtung des Opfertieres folgt seine Weihung an die Gottheit und Wiederbelebung; vor allem im schamanischen Ritus ist das Schlachten, Häuten und Kochen mit anschließender Wiederbelebung als Weg der Kontaktnahme mit den Göttern bestens bezeugt. In der german. Mythologie ist auch der Eber → Sæhrímnir, der in Walhall täglich gekocht und gegessen wird, aber am nächsten Tag wieder lebt (Gylf 37), ein Zeuge des alten Ritus.

Die sprechenden Namen der Böcke sind sicherlich erst eine junge Erfindung und stammen wohl von Snorri selbst, da sie außer in Gylf 20 und den Thulur nirgends belegt sind.

F. R. Schröder, Das Hymirlied, in: ANF 70, 1955; J. de Vries, ARG, [3]1970.

N: Neben dem Hammer sind die Böcke Thors charakteristisches Merkmal und sind mit ihm an romanischen deutschen Kirchen (St. Peter und Paul in Hirsau, Oberröblichen bei Halle/S.) abgebildet, häufiger noch in Darstellungen Thors in der Neuzeit wie in M. E. Winges Gemälde *Tors strid med jättarna* (1872) oder E. Doeplers d. J. Illustration *Thor* (in: E. Doepler, W. Ranisch, *Walhall*, 1901).

Thórsdrápa (1) (altnord. Þórsdrápa »Preislied auf Thor«) heißt ein Gedicht des Skalden Eilífr Goðrúnarson vom Ende des 10. Jh. Nur in der Snorra-Edda sind davon 19 ganze und zwei halbe Strophen im Versmaß dróttkvætt überliefert. Das Lied schildert mit großer Formkunst und zahlreichen dunklen Kenningar die durch Loki verursachte Fahrt Thors nach → Geirröðargarð, die Durchquerung des Flusses Vimur, die Tötung von Geirröðs Töchtern Gjálp und Greip, und schließlich den Kampf mit dem Riesen Geirröðr selbst, in welchem Thor und Geirröðr einander ein glühendes Eisenstück zuwerfen und Geirröðr schließlich fällt. Von dieser Fahrt berichtet ausführlich Snorri (Gylf 18), der die T. als Quelle verwendete.

Ausg.: F. Jónsson, Den norsk-islandske Skjaldedigtning, B. 1, København/Kristiania 1912.

K. Reichardt, Die Thórsdrápa des Eilífr Goðrúnarson: Textinterpretation, in:

PMLA 63, 1948; V. Kiil, Eilífr Goðrúnarsons Þórsdrápa, in: ANF 71, 1956; J. de Vries, Altnord. Literaturgeschichte, [2]1964–67; H. Lie, Þórsdrápa, in: KLNM 20, 1976.

(2) (altnord. Þórsdrápa), ein Skaldengedicht des Isländers Eysteinn, von dem aber nur die drei Strophen erhalten sind, die Snorri in seiner Edda als Quelle verwendet und bewahrt hat. Das Fragment der T. behandelt den zentralen Teil der mythischen Erzählung von → Thors Fischzug.

Thors Fahrt nach Geirröðargarð → Geirröðargarð.

Thors Fischzug war ein gutbekannter nord. Mythos von Thors Versuch, die Midgardschlange vom Boot des Riesen → Hymir aus zu angeln und sie zu erschlagen. Die ausführlichste Fassung findet sich bei Snorri (Gylf 47); Thor verläßt Midgard allein und in der Gestalt eines Jünglings. Beim Riesen Hymir verbringt er die Nacht, und am Morgen begleitet er den Riesen trotz dessen Widerspruchs zum Fischen. Er muß sich seinen eigenen Köder beschaffen und reißt dafür einem von Hymirs Stieren den Schädel ab. Thor sitzt dann hinten im Boot und rudert kräftig, und zwar weiter hinaus als dem Riesen lieb ist. Er befestigt den Ochsenkopf an einer starken Angelleine, und die Midgardschlange beißt auch sofort an; Thor zieht so fest an der Leine, daß seine Füße durch die Bodenplanken brechen und er am Grunde des Meeres stehend das Ungeheuer bis zur Bordkante heraufzieht. Den Riesen aber packt bei dem Anblick der Schlange das Entsetzen, und gerade, als Thor mit Mjöllnir ausholt, um die Schlange zu erschlagen, kappt er die Leine, worauf das Untier wieder im Meer versinkt; Thor wirft ihm zwar den Hammer nach, »und manche Leute sagen, daß er ihm damit in Höhe der Wellenkämme den Kopf abgeschlagen habe, aber ich glaube, die Wahrheit ist, daß die Midgardschlange noch lebt und draußen im Meer liegt, das die Welt umgibt.« Thor schlägt den Riesen Hymir dann mit der Faust über Bord und watet an Land.

Dieser Mythos findet sich in etwas knapperer Form auch in der Hym 18–25, wo Thor und Hymir beide nach dem mißglückten Fang Thors mit der Beute des Riesen, nämlich zwei Walen, zurückrudern.

Die Hym, selbst kaum wesentlich älter als die Snorra-Edda, ist nicht der einzige andere Beleg für Snorris Text von T. F.; bereits die Skalden des 9. und 10. Jh. kennen den Mythos (Bragi, Ragnarsdrápa 14–20; Eystein Valdason 1–3; Gamli gnævaðarskáld; Ulfr Uggason, Húsdrápa 3–6), wobei Ulfs Version insofern interessant ist, als nach ihm Thor das Ungeheuer tötet. Weitere wichtige Zeugnisse für die Beliebtheit des Mythos von T. F. sind vier wikingerzeitliche Bildsteine; am deutlichsten ist die Geschichte in der Darstellung des Bildsteins von Altuna, Schweden (ca. 1050) zu erkennen, wo Thor mit Mjöllnir in einer Hand, die Angelschnur mit einem schlangenartigen Ungeheuer in der anderen, mit den Füßen den Boden des Boots durchstößt; die anderen Abbildungen dagegen zeigen durchwegs ein Boot mit zwei (bewaffneten) Personen, die ein nicht näher zu definierendes Objekt angeln; daß es sich dabei um T. F. handelt, steht zumindest beim gotländ. Bildstein Ardre VIII (8. Jh.) durch den mythologischen Kontext der restlichen Bildfläche ganz außer Zweifel, beim Grabstein aus Gosforth, England (10. Jh.), ist dies durch den Stierschädel als Köder gesichert, und beim Stein aus der Kirche von Hørdum, Dänemark (8.–11. Jh.), muß die Ähnlichkeit der Darstellung mit Ardre VIII weiterhelfen.

Von einer weiteren bildlichen Darstellung im Island des späten 10. Jh. zeugt auch die Húsdrápa des Skalden Ulfr vom Jahre 983, in der er das Schnitzwerk in der Halle des Óláfr Pá auf Hjarðarholt besingt. Jedenfalls kann eine Bekanntheit des Mythos von T. F. für das ganze wikingerzeitliche und mittelalterliche Skandinavien angenommen werden.

Thor wird in der german. Mythologie auch sonst mit der Midgardschlange in Beziehung gebracht, was jedoch eher Folge als Anlaß seiner Rolle im Mythos von T. F. ist; in der bei Snorri dem Mythos von T. F. vorausgehenden Reise Thors zu Utgarðaloki kann Thor die Midgardschlange – die er durch eine magische Sinnestäuschung für eine Katze hält (→ Skrýmir) – nicht vom Boden aufheben, und Snorri sieht in dem Fischzug einen direkten Racheakt dafür. Auch im Endkampf der Götter zu den Ragnarök ist Thor der Gegner der Midgardschlange, die er zwar erschlagen kann, durch deren Giftatem er jedoch selbst umkommt (Vsp 56, Gylf 50).

Während der Kampf eines Gottes mit einem Ungeheuer zweifellos ein uraltes mythisches Motiv bei den indogerman. Völkern ist (Indra bekämpft Vṛtra, Apollo/Helios den Python), ist es doch umstritten, ob T. F. ein rein german. Mythos ist oder in frühchristlicher Zeit vom alttestamentlichen Drachen Leviathan, der mit Behemoth geködert wurde, und der bei den Kirchenvätern zur Personifikation des von Gott mit Christus geköderten und vernichteten Teufels geworden war, beeinflußt wurde, oder gar erst im 8. Jh. aus der jüd. apokryphen Literatur übernommen wurde (wie auch Kabell nicht überzeugend belegen kann). Wie auch immer die Genese des Mythos zu denken sein mag, es steht außer Zweifel, daß sich während der Bekehrung Skandinaviens zum Christentum der Mythos von T. F. und die Vorstellung von Christi Überwindung des Leviathan gegenseitig beeinflußt haben (Gschwantler), wofür vor allem die im christlichen Kontext zu findende Darstellung auf der Gosforth-Grabplatte und die sprachliche Gleichsetzung der Midgardschlange als Übersetzung von Leviathan in der älteren isländ. religiösen Übersetzungsliteratur als Belege dienen.

O. v. Friesen, Tors fiske pa en uppländske runsten, (Festschrift E. Mogk) 1924; F. R. Schröder, Das Hymirlied, in: ANF 70, 1955; J. Brøndsted, Thors fiskeri, in: Fra Nationalmuseets Arbejdsmark, 1955; O. Gschwantler, Christus, Thor und die Midgardschlange, (Festschrift O. Höfler 1) 1968; J. de Vries, ARG, [3]1970; A. Kabell, Der Fischfang Thors, in: ANF 91, 1976; A. Wolf, Sehweisen und Darstellungsfragen in der Gylfaginning, in: Skandinavistik 7, 1977; P. Meulengracht Sørensen, Thor's Fishing Expedition, in: G. Steinsland, Words and Objects; towards a Dialogue between Archaeology and History of Religion, Oslo 1986.

N: (Lit.) A. Oehlenschläger, *Thors Fiskeri* und *Thor besøger Jetten Hymir* (Gedichte in: *Nordens Guder*, 1819).
(Bild. Kunst) J. H. Füssli, *Thor in Hymirs Boot bekämpft die Midgardschlange* (Gemälde, 1790); H. Hendrich, *Thors Kampf mit der Midgardschlange* (Ölgemälde, 1891); ders., *Die Midgardschlange* (Ölgemälde, 1896); E. Doepler d. J., *Thor bei Hymir* (in: E. Doepler, W. Ranisch, *Walhall*, 1901).

Thráinn (altnord. Þráinn »der Bedrohliche«) heißt ein Zwerg in der Vsp 12.

Thrar (altnord. Þrar »der Sture«) heißt ein Zwerg in den Thulur.

Thrasarr (altnord. Þrasarr »der Wütende«) ist ein Odinsname in den Thulur. Verwandt sind die mythischen Namen Thrasir, Lífthrasir, Mögthrasir, Dolgthrasir, sowie der männliche Personenname altnord. Thrasi, ahd. Thraso. Daß → Odin mit der (kultischen) Wut, der Ekstase, zu tun hat, geht schon aus der Etymologie seines Namens hervor.

H. Falk, Odensheite, Kristiania 1924; J. de Vries, ARG, [3]1970.

Thrasir (altnord. Þrasir »der Wütende, Drohende«) heißt ein Zwerg in den Thulur.

A. M. Sturtevant, Semantic and Etymological Notes, in: SS 20, 1948.

Thriði (altnord. Þriði »der Dritte«) ist in den Grm 46 ein Name → Odins, in der → Gylfaginning, gemeinsam mit Hárr und Jafnhárr jedoch Gott einer sonst nicht genannten Göttertrias.

H. Falk, Odensheite, Kristiania 1924; J. de Vries, ARG, [3]1970.

Thrígeitir (altnord. Þrígeitir »Drei-Geitir«) heißt ein Riese in den Thulur; vielleicht nur verstärkend zum Riesennamen Geitir?

Thrima (altnord. Þrima »Kampf«) ist der Name einer Walküre in den Thulur.

Thrívaldi (altnord. Þrívaldi »der Drei-Mächtige«, »sehr Mächtige«) heißt ein Riese, mit dem laut Snorri, Skaldsk 4, Thor einen seiner Riesenkämpfe ausgetragen habe; er zitiert dazu ein Strophenfragment des Skalden Vetrliði (Ende 10. Jh.), in dem davon die Rede ist, daß Thor T.

erschlagen habe. Aber schon im 9. Jh. findet sich der Rest einer Strophe des Skalden Bragi, wo offensichtlich Thor (als Wagenführer) angesprochen wird und wo Bragi erwähnt, daß Thor die neun Köpfe T.s gespalten habe. Trotz der Nennung mehrköpfiger Riesen in den Eddaliedern (mit 900 Köpfen: Hym 8, mit 6: Vm 33, mit 3: Skm 31) tritt sonst nirgends in der altnord. Dichtung ein neunköpfiger Riese auf. Zwar hatte die Neunzahl in der german. Religion besondere Bedeutung, aber der Name T.s deutet eigentlich auf einen dreiköpfigen Riesen.

Es liegt hier jedenfalls der Rest eines weiteren Abenteuers des Gottes Thor vor, welches in die Reihe seiner Kämpfe mit den Riesen Hrungnir, Thrymr, Hymir, Skrýmir, Geirröðr einzuordnen ist, dessen genauer Inhalt uns aber nicht erhalten blieb.

Thróinn (altnord. Þróinn) heißt ein Zwerg in der Vsp 12; Gylf 13. Etymologisch vielleicht wie → Thrór zu þróast »wachsen«, also »der Gedeihliche« oder »der Gewachsene«; möglicherweise aber auch nur, wie die Handschriften nahelegen, eine Variante zu → Thráinn.

Thrór (1) (altnord. Þrór) ist ein Beiname Odins in den Grm 49 und einige Male in der Skaldendichtung. Der Name gehört zu altnord. þróast »gedeihen«, so daß Jónsson annahm, es habe sich ursprünglich um einen Namen für (den Fruchtbarkeitsgott) Freyr gehandelt, da T. auch ein Name für einen Eber (Freys Attribut) ist. Höfler hat aber darauf hingewiesen, daß im Bereich Odins der Eber mit der als »Eberschnauze« (svinfylking) bezeichneten Schlachtordnung in Verbindung steht und daher der Odinsname T. wohl mit »Angreifer« wiederzugeben ist.

F. Jónsson, Gudenavne – dyrenavne, in: ANF 35, 1919; H. Falk, Odensheite, Kristiania 1924; O. Höfler, German. Sakralkönigtum, 1952; J. de Vries, Altnord. etymolog. Wörterbuch, Leiden [2]1977.

(2) (altnord. Þrór »der Gedeihliche«) heißt ein Zwerg in der Vsp 12 und in den Thulur, wo auch ein Eber T. genannt wird.

Thróttr (altnord. Þróttr »Kraft«) ist ein in der Skaldendichtung häufiger Name für Odin und bezieht sich wohl auf Odins verschiedene Fertigkeiten, nicht zuletzt seine magischen Kräfte.

H. Falk, Odensheite, Kristiania 1924.

Thrúðgelmir (altnord. Þrúðgelmir »der Kraft-Schreiende«) heißt ein Riese Vm 29, welcher der sechsköpfige Sohn des Riesen → Aurgelmir ist, den dieser durch die Paarung seiner Füße miteinander zeugt; Aurgelmir ist wohl mit dem Urriesen Ymir zu identifizieren. T.s Sohn heißt Bergelmir und ist der Stammvater der Reifriesen.

Thrúðheimr (altnord. Þrúðheimr »Kraft-Heim«) nennen die Grm 4 den Wohnort des Gottes Thor, in der Snorra-Edda dagegen (Gylf 20, Skaldsk 17) heißt Thors Wohnsitz Thrúðvangr. In seiner Pseudohistorie im Prolog der Snorra-Edda erzählt Snorri, wie Thor sich ein Königreich Trákíá (Thrakien) unterworfen habe, und »das nennen wir T.«.

Thrúðr (1) (altnord. Þrúðr »Kraft; Frau«) ist der Name einer der 13 → Walküren, die in den Grm 36 den Einherjern Bier kredenzen. Bei Snorri (Skaldsk 4) wird T. unter den Töchtern Thors genannt, was bei einer Walküre überrascht, so daß es nicht sicher ist, ob es sich bei beiden um dieselbe Person handelt. Der Name T., obwohl häufig als zweiter Bestandteil von Frauennamen (z. B. altnord. Geirþrúðr, dt. Gertrud), hat im Mittelalter und später noch als mhd. trute, dt. Trud, Drud die Bedeutung Hexe, Zauberin, Mahr angenommen. Diese Bedeutungsentwicklung hat ihren Ursprung sicherlich eher im Umkreis des (mit dem Dämonischen assoziierten) Walkürennamens als in der neutralen Bedeutung »Frau«. Kluge allerdings trennt Trud von T. und stellt es zu altnord. troða, got. trudan »treten«; demnach hätte das Wort im Alpdrücken seinen Ursprung.

J. Grimm, Dt. Mythologie, [4]1875–78; O. A. Erich u. R. Beitl, Wörterbuch der dt. Volkskunde, (KTA 127) 1974; F. Kluge, Etymolog. Wörterbuch der dt. Sprache, [24]2002.

(2) (altnord. Þrúðr) wird bei Snorri (Gylf 4) und auch bei den Skalden als Tochter Thors bezeichnet und ist wie der Thorssohn Magni aus einer Personifikation von Thors Kraft hervorgegangen. In Bragis Ragnarsdrápa 1 (9. Jh.) wird der Riese Hrungnir, mit dem Thor kämpft, als »Entführer der T.« bezeichnet (þjófr Þrúðar), über einen derartigen Mythos ist uns aber sonst nichts bekannt.

Thrúðvangr (altnord. Þrúðvangr »Kraft-Feld«) lautet bei Snorri (Gylf 20, Skaldsk 17, Ynglinga saga 5) der Name von Thors Wohnung, welche in den Grm aber als Thrúðheimr bezeichnet wird. In T. steht nach Snorri auch Thors Halle Bilskírnir. All diese Namen sind zweifellos erst späte mythographische Ausschmückungen.

Thrymgjöll (altnord. Þrymgjöll »die laut Schallende«) heißt in den Fjm 10 die Tür zur Halle der → Menglöð; sie sei von drei Zwergen, den Söhnen Sólblindis, geschmiedet worden. Der Name ist sicherlich eine junge Bildung, hängt aber mit dem des Höllenflusses Gjöll und dem der darüberführenden Jenseitsbrücke Gjallarbrú zusammen und könnte demnach als Tor zu Hel verstanden worden sein, wozu auch die Beschreibung von den Hunden und der Waberlohe paßt, durch die Menglöðs Wohnung gesichert ist. Wahrscheinlicher ist aber, daß der Dichter der Fjm bei der Erfindung des Namens diese Assoziationen bewußt angestrebt hat.

Thrymheimr (altnord. Þrymheimr) heißt der Wohnort des Riesen → Thjazi und seiner Tochter → Skaði (Grm 11; Gylf 22, Skaldsk 1). Gylf 22 erzählt, wie Skaði und ihr Gemahl, der Gott Njörðr, je neun Nächte in T. in den verschneiten Bergen, wo Skaði auf Schiern jagt, und in Nóatún, wo Njörðr am Meer leben will, verbringen. T. bedeutet »Lärmheim«, Handschriften der Snorra-Edda lesen jedoch auch Þrumheimr und þruþheimr, im letzteren Fall dann also »Kraftheim«, was ebenfalls auf den Wohnort eines Riesen paßt.

Thrymr (altnord. Þrymr »Lärm«) heißt ein Riese, nach dem das Eddalied → Thrymskviða benannt ist, welches vom Diebstahl von Thors Hammer Mjöllnir durch T. und seiner Wiedereroberung erzählt. Außer in diesem Lied wird T. nirgends in der altnord. Dichtung erwähnt, weder von Snorri noch bei den Skalden, nur in der Aufzählung der Riesennamen in den Thulur. T. dürfte demnach kaum einen Platz in der nord. Mythologie eingenommen haben, sondern eine Schöpfung des Dichters der jungen Thrk sein. Zwar heißt der Wohnsitz eines Riesen (nämlich Thjazis) Thrymheimr (»Lärmheim«), aber dies braucht mit T. nichts zu tun haben, da die Riesen auch sonst als Lärmer galten, wie aus vielen Riesennamen (wie Gillingr, Hrungnir, Skerkir, Herkir, Glaumarr, Aurgelmir etc.) hervorgeht.

E. F. Halvorsen, Þrymr, in: KLNM 20, 1976.

Thrymskviða (Thrk, altnord. Þrymskviða »Lied von Thrymr«, auch Hamarsheimt »Heimholung des Hammers« genannt) heißt das Eddalied, in welchem die Geschichte vom Diebstahl des Hammers Mjöllnir durch den Riesen Thrymr und Thors Wiedererwerb des Hammers beschrieben wird.

In 32 Strophen beschreibt das im Codex Regius unter dem Namen T. überlieferte Lied, wie Thor eines Tages erwacht und seinen Hammer vermißt. Er erbittet von Freyja ein Federgewand, mit dem Loki nach Riesenheim fliegt und dort vom Riesenherrscher → Thrymr erfährt, daß dieser ihn entwendet und acht Meilen tief unter der Erde versteckt hat; er gibt ihn nur heraus, wenn er Freyja zur Frau bekommt (11). Loki teilt den Asen diese Bedingung mit, und Freyja lehnt entrüstet ab, aber Heimdall schlägt vor, Thor als Braut zu verkleiden, und nach anfänglichem Zögern Thors wird der Plan ausgeführt; Thor als Braut und Loki als Dienerin verkleidet reisen nach Riesenheim (21). Beim dort bereiteten Hochzeitsfest ißt die Braut einen Ochsen und acht Lachse und trinkt drei Fässer Met, was den Riesen beunruhigt, aber Loki beschwichtigt Thrymr mit dem Hinweis, die Braut habe acht Tage aus Sehnsucht gefastet; als der Blick Thors unter dem Schleier Thrymr trifft, fährt dieser entsetzt zurück, aber wiederum besänftigt ihn Loki mit der Entschuldigung, die Braut habe schon acht Nächte nicht mehr geschlafen. Schließlich bringt der Riesenkönig den Hammer und legt ihn der Braut in den Schoß, aber sobald Thor seinen Hammer wieder in den Händen hat, erschlägt er damit Thrymr und dessen ganze Familie (31–32).

Vom Diebstahl des Mjöllnir wird in den Quellen sonst nirgends berichtet, auch andere Motive des Liedes, wie der Brauch, der Braut einen Thorshammer in den Schoß zu legen, sind sonst nicht überliefert. Nur die Segnung der Eheleute durch die Göttin Vör (hier Vár) dürfte auf heidnische Vorstellungen zurückgehen; die Erwähnung von Freyjas Halsband Brísingamen und die ganz wenigen Kenningar sind nur historisierender Aufputz.

Die Entstehungszeit des schwankhaften Liedes ist schwer zu bestimmen, aber nachdem der Stoff weder Snorri noch den Skalden bekannt war, ist wohl an eine sehr späte Abfassung (12./13. Jh.) zu denken; eine andere Möglichkeit wäre, daß das Lied nicht isländisch ist und dort deswegen erst sehr spät bekannt wurde (de Vries). Als Verfasser der T. ausgerechnet Snorri anzunehmen (Hallberg), wird durch das Fehlen jeglicher Anspielung in der Snorra-Edda recht unwahrscheinlich gemacht (Magerøy).

Ab dem Spätmittelalter erreichte das Lied in Skandinavien große Beliebtheit, in Island finden sich balladenartige Reimbearbeitungen (rímur) unter dem Namen Thrymlur schon um 1400, Volksliedfassungen entstanden auch in Norwegen, Dänemark, Schweden und auf den Färöern.

P. Hallberg, Om Þrymskviða, in: ANF 69, 1954; H. Magerøy, Þrymskviða, in: Edda 58, 1958; B. Nerman, Två unga eddadikta, in: ANF 78, 1963; J. de Vries, Altnord. Literaturgeschichte, [2]1964–67; F. R. Schröder, Thors Hammerholung, in: PBB West 87, 1965; H. R. Ellis Davidson, Thor's Hammer, in: Folklore 76, 1965; H. Beck, T., in: KLL 6, 1971; H. M. Heinrichs, Satirisch-parodistische Züge in der Þrymskviða, (Festschrift H. Eggers) 1972; G. E. Rieger, Þrk. 20 við scolom aca tvau, in: Skandinavistik 5, 1975; A. Jakobsen, Þrymskviða som Allusjonsdikt, in: Edda 84, 1984; ders., Þrymskviða, in: MeScand 1993; P. B. Taylor, Völundarkviða, Þrymskviða and the Function of Myth, in: Neophilologus 78, 1994.

N: (Lit.) A. Oehlenschläger, *Hammaren hentes* (Gedicht in: *Nordens Guder,* 1819); N. F. S. Grundtvig, *Thrymskvide* (Gedicht in: *Kvaedlinger* I, 1808); H. C. Artmann, *Die Heimholung des Hammers* (1977).

(Bild. Kunst) E. Doepler d. J., *Thor bei dem Riesen Thrym als Braut verkleidet* (in: E. Doepler, W. Ranisch, *Walhall,* 1901); U. Bremer, Illustrationen zu H. C. Artmanns *Die Heimholung des Hammers* (1977).

Thulinn (altnord. Þulinn »der Murmler« oder »der Aufgezählte«?) heißt ein Zwerg in den Thulur.

Thulr (altnord. Þulr, »Dichter, Seher, Kultredner«). Die Funktion des german. T. ist auf Grund der spärlichen Quellen nicht mehr genau zu bestimmen; das identische altengl. þyle wird mit lat. orator »Redner« glossiert, und im *Beowulf* bedeutet es wohl einfach »Dichter«.

Auch in der Skaldendichtung (Íslendinga drápa 18, Jarl Rögnvald 29) bezeichnet T. vor allem den Skalden; als echte Funktionsbezeichnung eines gewissen Gunnwaldr Hróaldsson findet sich T. auf dem dän. Runenstein von Snoldelev aus dem 9. Jh. Dieser T. war á Salhaugum tätig, und diese Beziehung zu Hügeln weist bereits auf eine erweiterte, kultische Funktion des T. In den Háv 111 ist vom »Stuhl des T. am Urdsbrunnen« die Rede. Der Sprecher in den Háv 134, der Lebenslehren von sich gibt, nennt sich »alter T.«, der Riese Vafthruðnir im eddischen Wissensgedicht Vm bezeichnet sich selbst ebenso (Vm 9). Háv 80 und 142 wird Odin fimbulthulr »mächtiger T.« genannt, was seiner Stellung als Gott der Dichter und der Magie entspricht.

Der T., dessen Name mit þylja »murmeln« und der Gattung der → Thulur zusammenhängt, ist der Vortragende der Thulur, stabreimender Wissensdichtung, ursprünglich wohl magisch-religiösen Inhalts, die schon durch ihre gebundene Form auf den Zweck der Weitergabe ausgerichtet sind. Man wird den T. also als Wahrer der Tradition, vorwiegend auf religiösem Gebiet, vielleicht auch auf dem des Rechts, als Vortragenden der Überlieferung, als »Kultredner« bezeichnen können (Vogt).

Das Wort T. ist etymologisch noch nicht ganz geklärt, könnte aber zu gotisch þulan »aufheben«, hethitisch talli̯a »die Götter anrufen« gehören (Polomé).

W. H. Vogt, Stilgeschichte der eddischen Wissensdichtung, Bd. 1, Der Kultredner (þulr), 1927; ders., Der frühgerman. Kultredner, in: APhSc 2, 1927; ders., Die þula zwischen Kultrede und eddischer Wissensdichtung, 1942; J. de Vries, ARG, [3]1970; E. Polomé, Old Norse Religious Terminology, in: The Nordic Languages and Modern Linguistics 2, Stockholm 1975; E. F. Halvorsen, þulr, in: KLNM 20, 1976.

Thulur (altnord. þula, Pl. þulur) sind altnord. Merkversreihen, komponierte Listen von Synonymen oder Namen, die der Überlieferung von Kenntnissen an die Nachwelt in mündlicher Form dienten und sich mnemotechnischer Hilfsmittel wie Stabreim, Rhythmus und Sachzusammenhänge bedienten. Obwohl auch Eddaliedern wie den Alvíssmál oder der Rígsthula solche T. zugrundeliegen und in anderen (Vsp, Grm) ebenfalls Merkstrophen eingearbeitet wurden, werden unter den T. im engeren Sinn die in den Handschriften der Snorra-Edda überlieferten Synonym- und Namenslisten verstanden. Sie entstanden mit dem wiederaufkeimenden Interesse an der → Skaldendichtung in Island zu Ende

des 12. Jh. und waren als Hilfsmittel für diese gedacht.
Die T. erfassen weite Bereiche des dichterischen Wortschatzes und bieten Namen von Göttern, Zwergen, Riesen, Walküren, Seekönigen ebenso wie Synonyme für Mann, Frau, Waffen, Kampf, Meer, Schiff u. v. a. m.
Die T. bezogen ihr Wortgut aus der älteren Dichtung, und wo diese verloren ist, sind uns zahlreiche antiquierte oder seltene Wörter nur in den T. überliefert. Da die T. im weiteren Sinn, also die in mehreren Eddaliedern eingegliederten Namensreihen, vor allem mythologisches Wissensgut vermitteln, liegt es nahe, den Ursprung der T. in der kultischen Unterweisung des → Thulr, des Kultredners, zu sehen.

W. H. Vogt, Stilgeschichte der eddischen Wissensdichtung, Bd. 1, 1927; ders., Die Þula zwischen Kultrede und eddischer Wissensdichtung, 1942; J. de Vries, Altnord. Literaturgeschichte, [2]1964–67; ders., ARG, [3]1970.

Thunaer ist die altsächs. Form des Namens des Gottes Thor/Donar, wie sie in einer sächs. Abschwörungsformel (Taufformel) aus dem 9. Jh. auftritt. → Sächsisches Taufgelöbnis.

Thund (altnord. Þund »der Tosende«?) heißt der Fluß vor Walhall in den Grm 21.

Thundr (oder Thudr? altnord. Þundr, Pudr) wird Odin in den Grm (21, 46, 54) und den Háv 145 genannt. Die Bedeutung des Namens ist unklar, wahrscheinlich ist er zu altengl. ðunian »schwellen« zu stellen, aber wohl kaum als »Gott des aufgewühlten Meers« (Falk), sondern wohl nur »der Mächtige«?

H. Falk, Odensheite, Kristiania 1924; M. Olsen, Þundarbenda, in: MoM, 1934; J. de Vries, Altnord. etymolog. Wörterbuch, Leiden [2]1977.

Thunor (altengl. Þunor) ist die altengl. Entsprechung des german. Donnergottes → Thor/Donar. Die engl. Quellen des 9. und 10. Jh. zeigen aber bei der Erwähnung des Gottes vorwiegend die dem Altnordischen entstammende Form Þor, Þur, was darauf hinweist, daß durch die sehr frühe Christianisierung Englands T. bereits in Vergessenheit geraten war. Über die Verehrung T.s auf den brit. Inseln geben also nur mehr die Ortsnamen Auskunft; dabei ist bemerkenswert, daß T. als Bestandteil von vorchristlichen Ortsnamen fast nur auf das sächs. Siedlungsgebiet beschränkt ist. Besonders die auf Þunores hlæw (»T.s Hain«) und auf Þunres stapol (»T.s Säule«) zurückgehenden Ortsnamen Thunderley, Thursley, Thurstaple in Essex and Surrey dürften dabei echte Kultortsnamen sein; allerdings ist bei der Deutung von engl. Ortsnamen auf T. Vorsicht geboten, da zahlreiche von ihnen auf mit Thor gebildete Personennamen zurückgehen.

R. Jente, Die mythol. Ausdrücke im altengl. Wortschatz, 1921; E. A. Philippson, German. Heidentum bei den Angelsachsen, 1929; K. Cameron, English Place-Names, London 1961; E. O. G. Turville-Petre, Thurstable, in: Nine Norse Studies, London 1972; ders., Myth and Religion of the North, Westport 1975.

Thurbörð (altnord. Þurbörð »der mit den ausgetrockneten Wangen«?) heißt ein Riese in den Thulur.

Thuríðr spákona (altnord. Þuríðr spákona »Thuríðr die Wahrsagerin«) war eine isländ. Seherin im 10. Jh., die in der überwiegend historischen Geschichte der Besiedlung Islands, der Landnámabók (H 37), erwähnt wird.

Thuríðr sundafyllir (altnord. Þuríðr sundafyllir »Thuríðr die Sund-Füllerin« wird in der Landnámabók (S 145, H 116) unter den norweg. Besiedlern Islands angeführt. Ihr Name wird damit erklärt, daß sie während einer Hungersnot im norweg. Halogaland die Fjorde mittels Zauberei mit Fischen füllte. Sie ist also – wenn diese Erklärung des Beinamens richtig ist – eine der zahlreichen in der isländ. Literatur erwähnten zauberkundigen Frauen, allerdings eine der wenigen, deren tatsächliche historische Existenz mit ziemlicher Sicherheit belegt ist. Thuríðr wird allerdings in der altnord. Literatur gerne als Name für Seherinnen und Hexen verwendet.

Thurs (altnord. þurs »Riese«) ist eine der Bezeichnungen für »Riese« in der altnord. Literatur. Im Gegensatz zu der weitgehend wertfreien Bezeichnung jötunn bezeichnen T. und Troll aber übelgesinnte Riesen mit dämonischen Zügen. Daß diese Unterscheidung nicht erst auf christliche Verteufelungstendenzen zurückgeht, zeigt die Tatsache, daß T. auch der Name einer Rune ist, die (soweit sie als Symbolzeichen verwendet wird) schadenstiftenden Charakter hat: so Skm 36, wo T. für ergi, œði und óþola als Drohung gegen die Riesentochter Gerðr verwendet wird, also anscheinend im Zusammenhang mit irgendwelchen schändlichen Sexualpraktiken steht. In die Vorstellungen von T. als bösem Riesen sind möglicherweise auch Züge eines Krankheitsdämons miteingeflossen, was aus dem mittelalterlichen skandinav. Volksglauben hervorgeht, in dem ein T. vor allem Frauen an Körper und Geist schaden kann.

I. Reichborn-Kjennerud, Eddatidens medisin, in: ANF 40, 1924; J. de Vries, ARG, [3]1970.

Thviti (altnord. Þviti »Schläger«) heißt der Stein, mit dem laut Snorri (Gylf 33) – der Felsen Gjöll, an den der Fenriswolf gekettet war, in den Boden getrieben wurde. T. zählt zu den vielen von Snorri selbsterfundenen Namen.

Thyn (altnord. Þyn »die Brausende«) heißt einer der (mythischen?) Flüsse im Flußkatalog der Grm 27, in den Thulur, und in einer Strophe der Njáls saga.

Thyrs (angelsächs. þyrs »Riese«) ist eine dem altnord. → Thurs entsprechende Riesenbezeichnung, die sich vielleicht noch in engl. Ortsnamen erhalten hat (Thursford).

E. A. Philippson, German. Heidentum bei den Angelsachsen, 1929.

Tieropfer zählten auch bei den Germanen zu den häufigsten Formen des → Opfers, wobei wir außer der rituellen Schlachtung und dem gemeinsamen Opfermahl über die Form des T.s wenig wissen.
Es dürfte ein Bezug zwischen der Art des geopferten Tiers und dem Gott, an welchen das Opfer gerichtet war, bestanden haben. So sind Ziegenböcke die Tiere Thors, der Widder ist Heimdallr geweiht, der Eber Freyr, der Stier vielleicht dem Týr und das Pferd dem Odin, wobei aber der Genuß von Pferdefleisch besonderen religiösen Stellenwert hatte; dies geht schon daraus hervor, daß nach der Christianisierung der Verzehr von Pferdefleisch verboten war, sich in Island aber auf Grund einer Ausnahmeregelung noch eine Zeitlang halten konnte.

Tigvæ oder Tigr (altnord.) heißt ein Zwerg in den Thulur; Bedeutung ungeklärt.

Tīw oder Tīg (angelsächs.) ist die in angelsächs. Glossen belegte Namensform des german. Gottes → *Tíwaz, altnord. Týr, der von den Germanen mit dem röm. Mars identifiziert wurde, wie unter anderem die Übersetzung des Wochentagsnamens dies Martis durch angelsächs. iswesdæg/tīwesdæg (engl. Tuesday) bestätigt; Ortsnamen auf T. sind in England nicht sicher belegt.

R. Jente, Die mytholog. Ausdrücke im altengl. Wortschatz, 1921; E. A. Philippson, German. Heidentum bei den Angelsachsen, 1929; E. O. G. Turville-Petre, Myth and Religion of the North, Westport 1975.

***Tīwaz** hieß der german. Kriegs-, Himmels- und Versammlungsgott (altnord. → Týr, ahd. *Ziu), den die Germanen mit dem röm. Kriegsgott Mars identifizierten, wie die Übersetzung von dies Martis durch angelsächs. iswesdæg/tīwesdæg (engl. Tuesday), altnord. týsdagr bestätigt, während ahd. dingesdag (→ Dienstag) wohl eher auf eine im Namen des → Mars Thingsus belegte Nebenform des T. zurückgeht.

Tod und Weiterleben. Der Tod bedeutete auch bei den Germanen nicht das absolute Ende, sondern nur Übergang zu einer anderen Daseinsform; dies ist durch die Grabformen von den frühesten Zeiten bis zum Ausgang des Heidentums gut belegt. Worüber der → Grabbrauch jedoch keine Auskunft gibt, ist die konkrete Art dieses Weiterlebens nach dem Tod, wobei der Frage nach Fortleben in Form einer → Seele oder als körperliches Ganzes besondere Bedeutung zukommt.

Dabei ist auch bei den Germanen keine allgemeingültige Aussage über die Vorstellungen vom Weiterleben nach dem Tod möglich. Der Glaube an das Totenreich → Hel ist in den mittelalterlichen Quellen (vor allem bei Snorri) schon so sehr von christlichem und antikem Ideengut beeinflußt, daß die Deutung als ein von Schattenseelen bevölkertes Totenreich für die heidnischen Germanen wohl kaum mehr gültig ist. Daneben findet sich der Glaube an → Walhall, dem ältere german. Vorstellungen zugrunde liegen dürften, und das ebenfalls alte Konzept von der Schiffsreise des Toten in eine andere Welt, wofür die vielen Schiffsgräber (→ Bootsbestattung) ein deutliches Zeugnis ablegen.

Ausführliche Untersuchungen seit dem Beginn des 20. Jh. (Schreuer, Neckel, Klare) haben ergeben, daß zumindest für den spätheidnischen Glauben der Nordgermanen eine dualistische Auffassung, also eine Trennung in einen verwesenden Leib des Toten und eine weiterlebende Seele, höchst unwahrscheinlich ist. Vielmehr bezeugen die Quellen die Vorstellung vom lebenden Leichnam, und obwohl die Sagaliteratur (200–500 Jahre nach der Christianisierung entstanden) sonst für heidnische Glaubenskonzepte sehr unzuverlässig ist, zeigen diese Quellen gerade bei diesen – von den christlichen Glaubensinhalten stark abweichenden – Vorstellungen große Einhelligkeit, wenn sie auch stark vom Volksglauben des hochmittelalterlichen Island geprägt sind.

Unter Berücksichtigung christlicher Einflüsse und der literarischen Ausgestaltung ergibt sich für den lebenden Toten im Grab folgendes Bild: Der Tote lebt, wohnt im Grab in voller Körperlichkeit; er steht in konkreter Verbindung mit der Welt der Lebenden: er sagt die Zukunft voraus, verteidigt seinen Hügel gegen Grabräuber und terrorisiert seine Umwelt als Wiedergänger (→ draugr); durch Magie kann er zu Weissagungen für die Lebenden gezwungen werden (Háv 157; Bdr 4; Gróg 1).

Auf ein körperliches Weiterleben deuten auch die den Lebenden entsprechenden Bedürfnisse des Toten: er leidet unter Kälte und Nässe (HH II, 54), er kennt Hunger und Durst. Der lebende Tote sieht aus wie seine Leiche: Ertrunkene erscheinen völlig durchnäßt (Eyrbyggja saga, Laxdœla saga), Erschlagene treten blutig und mit Wunden auf (Gunnlaugs saga; HH II 44, 46). – Obwohl in diesen Fällen die konkrete Form dieses Auftretens auch literarischen Zwecken dient, haben sie als Reminiszenzen an den heidnischen Totenglauben sicherlich ihre Berechtigung.

Trotz der monistischen Auffassung des Toten im german. Glauben wäre es falsch, vom völligen Fehlen eines Seelenglaubens zu sprechen, er beschränkt sich aber auf den lebenden Menschen (→ Fylgjen). Der Tote dagegen lebt eben einerseits in der beschriebenen Körperlichkeit weiter, andererseits aber auch in seinen Werken, seinem Ruhm und seinen Nachkommen, was durch die gut belegte Weitergabe des Namens an den Enkel bezeugt wird.

H. Schreuer, Das Recht der Toten, in: Zs. für vergl. Rechtswiss. 33 u. 34, 1916 u. 1917; H.-J. Klare, Die Toten in der altnord. Literatur, in: APhSc 8, 1933/34; R. T. Christiansen, The Dead and the Living, Oslo 1946; W. Grönbech, Kultur und Religion der Germanen, [5]1954; F. Ström, Döden och de döda, in: KLNM 3, 1958; E. O. G. Turville-Petre, Myth and Religion of the North, New York 1964; W. Butt, ›Sterben‹ und ›Töten‹ in der Sprache der altnord. Dichter, Diss. Kiel 1967; Å. V. Ström u. H. Biezais, German. und balt. Religion, 1975.

Todesstrafe. Die Frage nach dem sakralen Ursprung der T. ist noch immer umstritten; das Problem liegt darin, ob die T. an einem Verbrecher zugleich als → Menschenopfer an die beleidigten Götter (als den Garanten kosmischer Ordnung) aufgefaßt werden kann. Die Formen der T. bei den heidnischen Germanen weisen aber so deutliche Übereinstimmungen mit den Opferformen auf, daß die Frage nach dem sakralen Ursprung der T. trotz aller Einwände (Ström, Sandklef) wohl positiv beantwortet werden muß.

Das Hängen als T., bei Tacitus (Germ 12) als Strafe für Verräter erwähnt, im Mittelalter jedoch die Strafe für Diebstahl, ist als Odinsopfer belegt (→ Odins Selbstopfer, → Víkarr), und auch beim großen Opferfest in → Uppsala als Hauptform des dortigen Opfers überliefert, so daß an der ursprünglichen kultischen Relevanz kaum gezweifelt werden kann.

Ertränken im Sumpf nennt Tacitus als T. für Feiglinge und schändliche Unzucht; die dt. und dän. Moorleichen bestätigen die Existenz dieser Todesart, wobei aber nicht immer zwischen Opfern der T. und kultischen Versenkungen, wie sie ebenfalls belegt sind, zu unterscheiden ist, so daß aus der Gleichheit der Form auf eine des Inhalts geschlossen werden kann; das Ertränken als reiner Opfertod ist durch Tacitus bei der Besprechung des → Nerthus-Kults (Germ 42) und im Zusammenhang mit dem Opfer in Uppsala überliefert, wo in einem Brunnen nahe dem Tempel Menschen ertränkt werden (Adam von Bremen, Gesta Hammab. Eccl. Pont. IV, 27; Scholion 138).

Ebenso ist es bei anderen Todesarten unklar, ob es sich um eine T. oder um ein Menschenopfer handelt; dazu zählt das Ritzen des → Blutaars, und das nur in einer Saga berichtete Zerbrechen des Rückens auf einem Stein.

L. Weiser-Aall, Zur Geschichte der altgerman. T. und Friedlosigkeit, in: ARW 30, 1933; F. Ström, On the sacral Origin of the Germanic death penalties, Stockholm 1942; D. Strömbäck, Hade de germanska dödsstraffen sakralt ursprung, in: Saga och Sed, 1942; A. Sandklef, De Germanska dödsstraffen, Tacitus och Mossliken, in:

Förnvännen 39, 1944; H. Jankuhn, Archäolog. Bemerkungen zur Glaubwürdigkeit des Tacitus in der Germania, 1966; J. de Vries, ARG, [3]1970; D. J. Ward, The threefold death, in: J. Puhvel (Hg.), Myth and Law among the Indo-Europeans, London 1970; H. Beck, German. Menschenopfer in der literar. Überlieferung, in: H. Jankuhn, Vorgesch. Heiligtümer, 1970; F. Ström, Sakrala element i straff, in: KLNM 17, 1972; K. E. Gade, Hanging in Northern Law and Literature, in: MoM 1985; R. Simek u. A. Simek, Bog People Revisited: Iron Age Bog-Corpses and their Relevance for the History of Germanic Religion, in: Hugur. Mélanges (…) offerts à Régis Boyer, Paris 1997.

Toki (altnord., »Narr«?) heißt ein Zwerg, vgl. → Jaki.

Totenkult im engeren Sinn ist nicht die Gesamtheit der dem Toten erwiesenen Zeichen der Pietät und seine Versorgung für das Weiterleben nach dem Tod (Grabhügel, Grabstein; Nahrung und Waffen als Grabbeigaben → Grabbrauch), sondern der Kontakt der Lebenden mit den Toten, um von ihnen durch Verehrung und Opfer Hilfe und Beistand zu erlangen.

Im german. Heidentum scheint der T. in diesem Sinn nur als Ahnenkult und als Verehrung verstorbener Könige auf. Das bekannteste Beispiel für einen Kult toter Herrscher ist die Erzählung von Óláfr Geirstaðaálfr, dem die Bevölkerung nach seinem Tod mit der Bitte um ein fruchtbares Jahr opferte (→ álfarblót); da Olaf hier ausdrücklich álfr genannt wurde, könnte man vermuten, daß die → Alben, denen man auch Opfer darbrachte, eigentlich als Seelen verstorbener Ahnen betrachtet wurden. Ähnlich wäre vielleicht auch bei den Disen anzunehmen, daß es sich um weibliche Ahnen handelt, da die Disen durchaus im Zusammenhang mit der westgerman. Verehrung von Müttern (→ Matronenkult) gesehen werden dürfen.

Die Beispiele für das Eingreifen verstorbener Ahnen zugunsten ihrer lebenden Nachkommen in der altnord. Literatur sind nicht allzu häufig (Landnámabók H 19; Grettis saga 18; Víga-Glúms saga 26; Þorsteins saga Síðuhallssonar 7), zeigen aber doch, daß der Glaube an den weiterbestehenden Kontakt mit den toten Ahnen bei den Germanen auch noch nach der Bekehrung gegeben war, wie es bei einem Volk mit so fester Familien- und Sippenstruktur auch zu erwarten ist.

W. v. Unwerth, Untersuchungen über T. und Ódinverehrung, 1911; K. Ranke, Ahnenglaube und Ahnenkult, in: Hoops 1, 1911–13; H. R. Ellis, The Road to Hel, Cambridge 1943.

Totenreiche. Die Vorstellungen von den Aufenthaltsorten der Toten sind nicht einmal im nordgerman. Bereich, wo wir die besten Informationen darüber besitzen, einheitlich. Der Tote befindet sich entweder im Grab, von wo aus er aber auch als Wiedergänger unter den Menschen auftreten kann (spätheidnische Zeit, Isländersagas; → draugr, → Grabhügel), oder im Totenreich → Hel, wo sich die Toten befinden, die an Krankheit oder Altersschwäche gestorben sind

(Snorri, Eddalieder), oder in → Walhall, wo Odin die gefallenen Krieger (→ Einherier) aufnimmt (Snorri, Edda, Skaldik); für die Ertrunkenen gibt es am Meeresgrund bei → Ägir und Rán ein Totenreich. Daneben weisen aber die Schiffsgräber auch noch auf das Konzept eines weiteren, jenseits des Meeres gelegenen Totenreichs.

Totenzauber (Nekromantie) als eine der Formen der Magie ist für die Germanen nur an wenigen Stellen der altnord. Literatur belegt. Die Gewichtigsten davon sind Verbote im Gulaþingsgesetz, wo das útiseta (»Draußensitzen«) zum Zweck der Beschwörung von Trollen und Toten verboten wird. Ansonsten sind es vor allem die Eddalieder, in denen die Erweckung von Toten, um ihr Wissen in Anspruch zu nehmen, offensichtlich ein poetisches Stilmittel der Rahmenhandlungen ist, die aber doch auf den Glauben an eine Möglichkeit solcher Totenbeschwörung zurückverweist: → Svipdagr erweckt seine tote Mutter und bittet sie um die Mitteilung von Zaubersprüchen (Gróg), in Bdr reitet Odin nach Hel, um mittels Zauberei eine tote Seherin zu wecken und sie über Balders Schicksal zu befragen. Bei Saxo wird beschrieben (I, 22), wie die Riesin Harthgrepa einen Toten zum Reden bringt, indem sie ihm einen mit Zaubersprüchen beschriebenen Runenstab unter die Zunge steckt. Bestimmte festgefügte Zaubersprüche dürften also für die Totenerweckung als notwendig erachtet worden sein.

H. R. Ellis, The Road to Hel, Cambridge 1943; J. de Vries, ARG, [3]1970.

Travala(e)ha. Name einer Göttin auf einem neugefundenen Fragment eines römerzeitlichen Weihesteins aus Köln. Der zweifellos german. Name der Göttin ist vermutlich mit dem Namen þrāwija auf dem schwed. Runenstein von Kalleby (Tanum, Bohuslän) zu verbinden (þrāwijan haitanaR was namne; um 400 n. Chr.). Dieser Name ist wohl deverbial zu einem þrāwijan, zu urnord. þrāwō »sehnen«, abgeleitet. Damit könnte die (Dea) T. die Bedeutung »die ersehnte Göttin« haben.

B. u. H. Galsterer, Die römischen Steininschriften aus Köln, 1975.

tréníð (altnord., »hölzerne Verhöhnung«) → Magie.

Trojaburgen werden niedere, runde, scheinbar labyrinthartige, tatsächlich aber schlingenförmig nach innen führende Steinreihen genannt, die in Südskandinavien recht häufig sind, aber auch in anderen Teilen Europas bis Rußland, Italien und den griech. Inseln vorkommen. Das Alter dieser T. ist sicher sehr hoch, die Funktion aber noch immer weitgehend unbekannt. Möglicherweise dienten die Anlagen einem (kultischen?) Tanzspiel, denkbar wäre auch die Darstellung des Wegs in die Unterwelt in Initiationsriten. Die weite Verbreitung in frühen skandinav., ital. und kret. Kulturen könnte auf eine Stellung der T. im indogerman. Brauchtum deuten.

E. Krause, Die T. Nordeuropas, 1893; W. Hunke, Die T. und ihre Bedeutung, o. J.; J. de Vries, ARG, [3]1970.

Trolle (altnord. troll, »Unhold, Riese, Zauberwesen«) ist eine der altnord. Bezeichnungen für Riesen (neben jötunn und þurs), bezeichnet aber durchweg feindliche Riesen. In der Literatur des Hochmittelalters nehmen die T. immer mehr die Bedeutung »Unholde« an, so daß sie zu einer eigenen Gattung innerhalb der Wesen der niederen Mythologie werden, denen besondere Zauberkräfte zugeschrieben wurden, vor allem im Bereich von Krankheits- und Schadenszauber. In der spätmittelalterlichen isländ. Literatur (Märchensagas) und im westskandinav. Volksglauben der Neuzeit spielen die T. eine wesentlich größere Rolle als die Riesen. Sie werden als größer als die Menschen, aber außerordentlich häßlich beschrieben. Die T. wohnen in den Bergen, schaden häufig den Menschen und sind zum Teil mit den Wiedergängern, den lebendigen Toten, identisch.
Im schwed. und dän. Volksglauben dagegen bezeichnen T., soweit das Wort nicht überhaupt ganz allgemein für alle Wesen der niederen Mythologie verwendet wird, eine Art von heinzelmännchenartigen Wesen, dem Huldrefolk, das oft in den Wechselbalgsagen eine Rolle spielt.

E. Hartmann, Die Trollvorstellungen, 1936; T. H. Wilbur, Troll, an etymological note, in: SS 30, 1958.

N: *Troll* heißt ein norweg. Ölfeld zwischen Westnorwegen und den Shetlands.

Tuisco → Tuisto.

Tuisto ist laut Tacitus (Germ 2, 9) der mythische Stammvater der Germanen, ein von der Erde geborener Gott, den sie in alten Liedern feierten. Sein Sohn ist Mannus, dessen drei Söhne wiederum die Ahnen der german. Völker Ingaevonen, Hermionen und Istaevonen waren. Diese Abfolge Vater – Sohn – drei Söhne hat sowohl german. als auch außergerman. Parallelen (→ Abstammungsmythen) und kann daher als gesichert gelten.
Da T. als erdgeborener zwitterhafter Ahnherr des Menschengeschlechts dem Urriesen → Ymir des nord. Schöpfungsmythos nahesteht, hat die Deutung des Namens T. als »Zwitter« viel für sich; auf die selbe Grundbedeutung läßt sich auch die Namensform Tuisco (so nämlich die Handschriften) etymologisch zurückführen.

F. Kluge, Tuisco deus et filius Mannus, in: Zs. für dt. Wortforschung 2, 1902; E. Adinsky, Tuisko oder Tuisto?, 1903; R. Much, Die Germania des Tacitus, [3]1967.

N: (Lit.) Einen Tuisto-Kult mit Standbildern des Tuisto stellte sich J. E. Schlegel in *Hermann* (Drama, 1743) vor.

Tummaestiae. Matronenname. Den Matronis Tummaestiis ist ein Votivstein aus Sinzenich bei Euskirchen (CIL XIII 7902) geweiht; Gutenbrunner hat die Deutung als »hilfreiche Frauen der Baustelle, des Hauses« vorgeschlagen.

S. Gutenbrunner, Die german. Götternamen, 1936.

Turstuahenae. Matronenname von zwei Weiheinschriften aus Derichsweiler (Kreis Düren) vom 2./3. Jh. Etymologisch stünde altsächs. thurstian »dürsten«, got. þaurstei »Durst« am nächsten, was aber wenig wahrscheinlich wirkt. Eher (mit Superlativsuffix?) zu ahd. duris, thuris, altnord. þurs »Riese«, also »die Mächtigsten«, oder, mit Metathese, zu trust, vgl. altfränk. antrustio »Gefolgsmann« (s. den Matronennamen → Andrusteihae).

S. Gutenbrunner, Zur Matroneninschrift von Derichsweiler, in: Bonner Jahrbücher 152, 1952; M. Clauss, Neue Inschriften im rhein. Landesmuseum Bonn, in: Epigraph. Studien 11, 1976.

Tveggi (altnord., »der Zweifache«; »Zwitter«?) ist ein Odinsname in der Vsp 23, in den Thulur und in Egills Sonatorrek 25. Da Odin wohl kaum als Zwitter bezeichnet werden konnte, bezieht sich der Name vermutlich auf seine doppelte Rolle als Gott und als Mensch in mannigfachen Verkleidungen, vielleicht aber auch auf den dunklen und hellen Aspekt seines Charakters. Mit dem doppelgesichtigen röm. Gott Janus hat Odin jedoch kaum etwas gemein.

H. Falk, Odensheite, Kristiania 1924.

Tviblindi (altnord., »Doppelt-Blind«) ist ein Odinsname in den Thulur und kann sich darauf beziehen, daß Odin sowohl selbst blind (einäugig) ist, als auch seine Feinde mit Blindheit schlägt (vgl. Ynglinga saga 6; → Herblindi).

H. Falk, Odensheite, Kristiania 1924.

Týr (altnord.) ist der altskandinav. Name für den german. Himmels-, Kriegs- und Versammlungsgott → *Tīwaz (ahd. Ziu), welcher der einzige german. Gott ist, dessen große Bedeutung sich schon für indogerman. Zeiten erschließen läßt: altind. Dyaus, griech. Zeus, lat. Juppiter, sowie altind. deva, altir. día, lat. dei, altnord. tívar (Plural zu T.) »Götter« sind alle eng miteinander verwandt.

In der altnord. Mythologie der Eddas ist T. schon recht blaß, er wird zwar wiederholt in den jüngeren Eddaliedern erwähnt (Ls 38 u. 40, Hym 4 u. 33, Sd 6), und auch Snorri nennt ihn häufig unter den bedeutenderen Asen, aber mehr, als daß er ein Kriegs- und Schlachtengott war (Gylf 24, Skaldsk 9), daß er seinen rechten Arm bei der Fesselung des Wolfes → Fenrir verloren hat und daß er zu den Ragnarök gegen den Wolf Garmr (= Fenrir?) kämpfen wird (Gylf 50), weiß auch er nicht zu sagen. T. steht auch außerhalb der üblichen Verwandtschaftsverhältnisse der Asen: Eine Frau T.s wird nirgends erwähnt (wenn man von einer unwichtigen Bemerkung der Ls absieht), und selbst über seinen Vater besteht Unklarheit: die Hym nennt T. einen Sohn des Riesen Hymir (weil die Götter von den Riesen abstammen?), und Snorri nennt ihn als Sohn Odins (weil für ihn fast alle Götter Kinder des Allvaters Odin sind). Mehr als eine Reminiszenz an seine Rolle als Kriegsgott ist also nicht zu finden; allerdings muß er einmal eine bedeutendere Rolle gespielt haben, wie aus dem Plural seines Namens, nämlich tívar »Götter« hervorgeht, sowie aus der Tatsache, daß in der Skaldendichtung sein Name als Grundwort in Kenningar für andere Götter, besonders Odin, verwendet werden konnte; dies beweist, daß sein Name ursprünglich, aber auch noch in der Wikingerzeit, »Gott« schlechthin bedeuten konnte.

Die Einhändigkeit T.s, die nur Snorri durch den Mythos von der Fesselung Fenrirs erklärt, wird in der Ls sowie in norweg. und isländ. Volksdichtungen erwähnt und dürfte einen alten Zug der Überlieferung darstellen. Parallelen zu außergerman. Göttern gibt es dabei einige, denn auch der irische Nuadu und der indische Sûrya sind einhändig, mit dem Unterschied, daß T. seine Hand als Pfand verloren hat. Der Verlust der Schwurhand ist bei vielen Völkern als Strafe für den Meineid belegt, befremdet aber vorerst bei einem Rechtsgott wie T.; Dumézil hat aber ein Gegenstück in einer röm. Sage gefunden, wo der Held seine Hand opfert, um sein Recht beweisen zu können. »Die Bedeutung des Mythus von T. ist also diese, daß er zeigt, wie ein Gott zur Sicherung der kosmischen Ordnung eine notwendige Lüge mit dem Verlust seiner Hand bezahlen will« (de Vries).

T. spielte auch eine Rolle in der Runenmagie; die T-Rune trägt in historischer Zeit seinen Namen, altnord. T., angelsächs. ti, gotisch tyz; die Sd 6 lehren, daß man Siegrunen auf ein Schwert ritzt, wenn man zweimal T. anführt, und in völkerwanderungszeitlichen Runeninschriften (auch auf Brakteaten) tritt die T-Rune öfters als magisches Sinnzeichen auf.

Anzeichen für einen T.-Kult geben vor allem Ortsnamen in Dänemark, wobei Tislund (zu lundr »Hain«) sogar häufiger auftritt, seltener und verstreut sind die Kultortsnamen in Norwegen (Tysnesø, Tysnes), wobei hier an eine Übertragung des Kults aus Dänemark gedacht worden ist. Möglich ist auch, daß ein Kult des Gottes T. zu einem Zeitpunkt, da die erhaltenen theophoren Ortsnamen entstanden, seinen Höhepunkt schon überschritten hatte.

O. Bremer, Der german. Himmelsgott, in: IF 3, 1894; R. Much, Der german. Himmelsgott, (Festgabe für R. Heinzel 1) 1898; K. Krohn, Tyrs högra hand, (Festskrift H. F. Feilberg) København 1911; G. Dumézil, Mitra-Varuna, Paris 1940; W. Krause, Ziu, in: Nachrichten der Ges. der Wiss. Göttingen, Phil.-histor. Kl, N. F. 3/6, 1940; B. Nerman, Fimbultýs fornar rúnar, in: ANF 85, 1970; J. de Vries, ARG, [3]1970; O. Höfler, »Sakraltheorie« und »Profantheorie«, (Festschrift S. Gutenbrunner) 1972; E. O. G. Turville-Petre, Myth and Religion of the North, Westport 1975; A. Holtsmark, T., in: KLNM 19, 1975; G. Dumézil, Gods of the Ancient Northmen, Berkeley 1977.

N: (Bild. Kunst) K. Ehrenberg, *Tyr und Heimdal; Widar und Uller* (Zeichnung, 1882); E. Doepler, *Fesselung des Fenriswolfs* (in: E. Doepler, W. Ranisch, *Walhall*, 1901).
(Lit.) F. Blunck, *Kampf der Gestirne* (Roman, 1926) erfindet einen Týr-Kult; M. A. Hansen, *Orm og Tyr* (Roman, 1952).
(Sonstiges) *Tyr*, norweg. Minenleger, fertiggestellt 1942.

U

Uðr (1) oder Unnr (altnord.) ist ein Beiname Odins in den Grm 46; möglicherweise ist U. zu unna zu stellen, also dann »der Gönner«, vielleicht aber auch als Gott der Gefolgschaft zu vinr »Freund«.

H. Falk, Odensheite, Kristiania 1924; J. de Vries, Altnord. etymolog. Wörterbuch, Leiden [2]1977.

(2) (altnord., »Welle«) heißt eine der neun Töchter des Meerriesen → Ägir und seiner Frau Rán (Skaldsk 22 u. 58; Einarr Skúlason; Thulur), welche in der altnord. Dichtung mit den Meereswellen gleichgesetzt wurden.

Udravarinehae. Matronenname, welcher sich in drei römerzeitliche Inschriften aus verschiedenen Orten am Niederrhein findet. Gutenbrunner deutete die U. als »Göttinnen des Otter-Wehrs«, was trotz der Häufigkeit der von Flußnamen abgeleiteten Matronennamen recht unwahrscheinlich wirkt.

S. Gutenbrunner, Die german. Götternamen, 1936.

Uggerus ist der Name eines alten Sehers, der bei Saxo (Gesta Dan. V, 158) auftritt, und wohl mit Odin identisch ist; der Name U. entspricht dem altnord. Odinsnamen → Yggr.

Ulauhinehae. Matronenname auf einem Weihestein aus Gleich bei Füssenich (Kr. Düren; CIL XIII 9732), dessen Bedeutung nicht ganz befriedigend geklärt ist. Gutenbrunner dachte an eine Grundform *uwa-lauha »Eulenhain«, aber wahrscheinlicher ist noch Vlauh- zur indogerman. Wurzel *plau-/pleu- »fließen«, also »Flußgöttinnen«.

S. Gutenbrunner, Die german. Götternamen, 1936.

Úlfheðnar (altnord., »Wolfshäuter«) werden in der altnord. Literatur im Zusammenhang mit → Berserkern erwähnt und gehören wie diese zu Kriegern in Tierverkleidung, die ihren Ursprung in den Odin geweihten kultischen Kriegerbünden hatten.
Die Bezeichnung Ú. ist auch in Personennamen, altnord. Úlfheðin, altfränk. Wolfhetan, eingeflossen, welche ursprünglich

wohl ihre Träger als Mitglieder eines solchen Tierkriegerbundes kennzeichneten.

G. Müller, Zum Namen Wolfhetan, in: FmSt 1, 1967.

Ulfr Uggason, isländ. Dichter des 10. Jh., Verfasser der → Húsdrápa.

Úlfrún (altnord., »Wolfs-Rune«, »Wolfsfrau«) heißt eine der neun riesischen Mütter des Heimdall laut Völuspá in skamma (Hdl 37). Ú. ist auch als altnord. Frauenname belegt.

A. M. Sturtevant, Etymolog. Comments upon Certain Old Norse Proper Names in the Eddas, in: PMLA 67, 1952; L. Motz, Giantesses and their Names, in: FmSt 15, 1981.

Ullinn ist eine Namensform des Gottes → Ullr, die in einigen norweg. Ortsnamen vorkommt.

Ullr (altnord.) ist ein german. Gott, der nur in Skandinavien belegt ist. U. wird bei Snorri (Gylf 30, Skaldsk 4 u. 14) als Sohn der Sif und Stiefsohn des Thor bezeichnet; fast alles weitere bezieht er aus Kenningar (Gylf 30, Skaldsk 14): U. ist ein guter Bogenschütze, Schlittschuhläufer und Schifahrer; er ist schön und von kriegerischem Aussehen, und es ist nützlich, ihn bei Zweikämpfen anzurufen.

In den Grm 5 wird Ýdalir als U.s Wohnort bezeichnet, in der Akv 30 wird ein Eid auf U.s Ring geschworen. Kenningar in der Skaldendichtung nennen U. häufig, meist in Umschreibungen für »Krieger«, auf → Ulls Schiff wird wiederholt angespielt.

Mit Snorris Erwähnungen von U. als Schlittschuhläufer und »Schi-Gott« (önduráss) hängt wohl zusammen, daß der Ollerus (= U.) bei Saxo Grammaticus (Gesta Dan. III, 81) auf einem Knochen über das Meer fahren kann, was Saxo allerdings seiner Zauberkraft zuschreibt. Dieser Ollerus hatte, laut Saxo, während Odins zweiter Verbannung die Herrschaft über die Asen übernommen. So karg die literarischen Quellen über U. sind, ist er doch durch zahlreiche theophore Ortsnamen vor allem in Schweden (außer in Schonen) und Ostnorwegen als besonders verehrter Gott belegt. Aus Saxos Hinweis auf einen U.-Kult in Schweden hat man schließen wollen, er habe in Konflikt zum vorherrschenden Odinskult gestanden. Interessant ist die nicht seltene Verbindung von Ortsnamen auf U. mit solchen eines anderen Gottes: Freyr in Norwegen, Njörðr in Schweden; (in Dänemark fehlen U.-Ortsnamen völlig). So beeindruckend die große Zahl von theophoren Ortsnamen auf U. auch ist, so sollte man doch nicht allzuweite Folgerungen daraus ziehen, denn nicht alle Ortsnamen auf Ull- sind wirklich Kultortsnamen (vgl. norweg. Ullerö); auch die Verbindung mit den Ortsnamen auf Freyr oder Njörðr reicht nicht aus, um U. sicher als Fruchtbarkeitsgott zu den Wanen zählen zu dürfen, und schon gar nicht zu einer Identifikation von U. mit Freyr (so Nielsen).

R. Much, Ulls Schiff, in: PBB 20, 1895; I. Lindquist, Eddornas bild av Ull – och guldhornens, in: NoB 14, 1926; E. Wessén, Schwed. Ortsnamen und altnord. Mythologie, in: APhSc 4, 1929/30; J. de Vries, Studien over Germaansche mythologie VI, in: TNTL 53, 1934; S. K. Amtoft, Nordiske Gudeskikkelser, København 1948; E. Elgqvist, Ullvi och Ullinshov, Lund 1955; N. Å. Nielsen, Freyr, U., and the Sparlösa Stone, in: MeScand, 1969; J. de Vries, ARG, [3]1970; A. Holtsmark, U., in: KLNM 19, 1975; N. Å. Nielsen, Myten om Krigen, in: Nordiska Studier i filologi och lingvistik, (Festskrift G. Holm) Lund 1976; B. Falck-Kjällquist, Namnet Ullerö, in: NoB 71, 1983.

N: C. G. Qvarnström, *Uller* (Statue); K. Ehrenberg, *Tyr und Heimdal; Widar und Ullr* (Zeichnung 1882).
(Sonstiges) *Uller*, norweg. Minenleger, fertiggestellt 1960.

Ulls Schiff (altnord. Ullar skip, Ullar kjóll oder Ullar askr) ist eine Kenning für »Schild«, die darauf anspielt, daß der Gott Ullr seinen Schild als Schiff (oder als Schi?) verwendet hat; der entsprechende Mythos ist uns jedoch nicht überliefert. Allerdings dürfte der Schild als Schiff eines Vegetationsgottes ein verbreiteteres Mythem darstellen, worauf ein Skjöldr als Gatte der Gefjon, wie auch der als Kind in einem Boot auf einer Garbe liegend angetriebene → Scyld Scefing hindeuten.

R. Much, U. S., in: PBB 20, 1895; H. Rosenfeld, Nord. Schilddichtung, in: ZfdPh 61, 1936; K. v. See, Skaldendichtung, 1980.

Undensakre → Ódáinsakr.

Uni (altnord., »der Zufriedene«?) heißt ein Zwerg (?) in den Fjm 34.

Unngerðr (altnord., »Wellen-Gerðr«) heißt eine Riesin in den Thulur; Gerðr kommt als eine der bekanntesten Riesinnen der nord. Mythologie häufig in Riesinnennamen vor, U. könnte in Anlehnung an die Ägirstochter Unnr (oder Uðr) gebildet sein, falls der Name nicht ein Schreibfehler für Ímgerðr ist.

L. Motz, Giantesses and their Names, in: FmSt 15, 1981.

Unterwelt → Jenseits, → Hel.

Uppåkra in Schonen ist ein altes Reichtumszentrum, das erst Ende des 10. Jh. seine Macht an das neugegründete Lund abtrat. In U. wurde neben zahlreichen weltlichen Gebäuden auch ein Kulthaus gefunden, das in dieser Form in den germanischen Gebieten bislang einzigartig ist, da es offenbar (und nicht nur wegen seiner geringen Größe) niemals als (säkulare) Festhalle verwendet wurde. Dafür fanden sich im Boden zahlreiche → Guldgubber und ein bisher einzigartiger goldverzierter Glasbecher. Andere Hinweise auf religiöse Akte fanden sich nicht, aber das Haus war durch etliche Phasen des Umbaus über mehrere Jahrhunderte hinweg in Benützung.

L. Larsson, Continuity for Centuries. A Ceremonial Building & Its Context at Uppåkra, Southern Sweden, Stockholm 2004.

Uppsala, oder genauer das etwas nördlich davon gelegene Altuppsala (Gamla U.) ist der altschwed. Königssitz, und spätestens seit der Völkerwanderungszeit nicht nur weltliches, sondern auch sakrales Zentrum Schwedens. In U. befand sich laut Adam von Bremen ein Tempel (→ Uppsala-Tempel), wo alle neun Jahre große Opferfeiern (→ Uppsala-Opfer) stattfanden. Noch heute sind in Altuppsala drei große völkerwanderungszeitliche Hügelgräber von Königen und eine Kirche an Stelle des heidnischen Tempels zu sehen.

Uppsala-Opfer. Im Anschluß an seine Schilderung des → Uppsala-Tempels beschreibt Adam von Bremen (ca. 1070) auch die hier abgehaltenen Opferfeiern: »Alle neun Jahre feiern alle schwedischen Stämme in Uppsala ein Fest; davon ist niemand enthoben. König und Volk, die Gemeinschaft und die Einzelnen bringen ihre Opfergaben nach Uppsala, und es müssen sich – was die härteste Strafe ist – jene, die schon zum Christentum übergetreten sind, von diesen Zeremonien freikaufen. Das Opfer geht nun so vor sich: Von jeder Art von männlichen Lebewesen werden neun Stück geopfert, durch deren Blut man so die Götter zu versöhnen pflegt. Die Körper werden in einem Hain, der beim Tempel liegt, aufgehängt. Dieser Hain ist den Heiden so heilig, daß man den einzelnen Bäumen wegen dem Tod und der Verwesung der Opfer Göttlichkeit zuschreibt. Dort hängen neben Menschen auch Hunde und Pferde, und ein Christ hat mir erzählt, er habe dort 72 Körper durcheinanderhängen sehen. Im übrigen sind die Lieder, die man bei diesen Opferriten singt, vielerlei und unanständig, die ich daher besser verschweige.« (Gesta Hammab. Eccl. Pontif. IV, 27).

Scholion 141: »Neun Tage lang werden Gelage und derartige Opfer gefeiert. Jeden Tag opfern sie einen Menschen und eines jeden anderen Tieres, so daß in neun Tagen 72 Lebewesen geopfert werden. Dieses Opfer findet etwa um die Tag- und Nachtgleiche im Frühjahr statt.«

Ein sehr ähnliches Opfer beschreibt schon zu Beginn des 11. Jh. der Bischof Thietmar von Merseburg (Chronicon I, 17) für das dän. → Lejre, allerdings wesentlich knapper, aber es scheint wahrscheinlich, daß Adam diesen Text benützt hat. – Da Adam in der vorhergehenden Beschreibung des Tempels Bilder von Thor, Odin und Freyr erwähnt, hat man immer wieder die Frage aufgeworfen, welchem der drei Götter das Opfer galt. Für ein Opfer an Odin sprechen die dargebrachten Menschenopfer, aber auch die Form des Opfers, das Hängen, und die mythische Neunzahl sind aus Odins Selbstopfer bekannt. Auch erwähnt Snorri (Ynglinga saga 8), daß das skandinav. Frühlingsop-

fer tils sigrs (für den Sieg) abgehalten wurde.
Dementgegen verbindet Snorri Tempel und Opfer in Uppsala wiederholt mit Freyr (Ynglinga saga 6, 10). Da Uppsala das Kultzentrum der schwed. Könige war, die sich von Yngvi – Freyr herleiteten, ist eine Verbindung des Opfers mit Freyr auch naheliegend. Zusätzlich dürfte es sich beim U.-O. um ein Fruchtbarkeitsopfer gehandelt haben (vgl. auch Ynglinga saga 15), worauf auch die von Adam erwähnten unanständigen Lieder und der Frühlingstermin deuten. Dann müßte es ein Freyr-Opfer gewesen sein. Da aber auch Thor, wie schwed. Runensteine beweisen, durch seinen Hammer Mjöllnir eine Rolle im schwed. Kult der Wikingerzeit spielte, wird man auch ihn nicht ausschließen können und somit am besten überhaupt keine Trennung des Opfers von einem oder dem anderen Gott annehmen. Wenn Adam mit der Nennung der drei Götternamen recht hat – und es besteht kein Grund zur Annahme des Gegenteils – so wird man also im U.-O. ein Opfer für alle drei Götter annehmen dürfen.

Lit. → Opfer, → Uppsala-Tempel.

Uppsala-Tempel. Der Tempel in Uppsala, das in heidnischer Zeit als Königssitz und schwed. Kultzentrum eine bedeutende Rolle spielte, wurde um 1070 von Adam von Bremen auf Grund von Augenzeugenberichten zu einer Zeit beschrieben, als Schweden noch nicht völlig christianisiert war (Gesta Hammab. Eccl. Pontif. IV, 26 und Scholion 139):
»Dieses Volk besitzt einen sehr berühmten Tempel in Uppsala, nicht weit von Sigtuna entfernt gelegen. In diesem Tempel, der völlig aus Gold gefertigt ist, verehrt das Volk die Statuen von drei Göttern; als mächtigster von ihnen hat Thor in der Mitte des Raumes seinen Sitz, die Plätze links und rechts von ihm nehmen Wodan und Fricco ein.« Scholion 139: »Den Tempel umzieht eine goldene Kette, die vom Giebel des Hauses herunterhängt und den Ankommenden weithin entgegenleuchtet, denn das Heiligtum, das im Tale liegt, ist ringsum von Bergen umgeben wie ein Theater.«
Adams Quellen für diese Angaben sind zwar von recht unterschiedlicher Verläßlichkeit, die Existenz eines Kultzentrums in Uppsala dürfte jedoch außer Zweifel stehen, auch wenn die Archäologie dafür bislang die Bestätigung schuldig geblieben ist. Die Details der Beschreibung sind oft angezweifelt worden, da man bei ihnen den Einfluß der Schilderungen des Salomonischen Tempels im Alten Testament vermutet, aber gerade die Kette hat in europäischen Kirchen des 8. und 9. Jh. Gegenstükke; daß sie aus Gold gewesen wäre, ist natürlich eine Übertreibung, und die Beschreibung läßt am ehesten an die Kette eines

hausförmigen frühmittelalterlichen Reliquars denken.
Archäologische Untersuchungen unter der Kirche in Gamla Uppsala durch Lindqvist 1926 haben eine Reihe von Pfostenlöchern nachgewiesen, die möglicherweise zu einem heidnischen Tempel gehörten. Zahlreiche Rekonstruierungsversuche, die von Lindqvists hypothetischer Anordnung der Löcher in zwei konzentrischen Rechtekken ausgingen und sich meist an Frühformen der nord. Stabkirchen orientierten, überschätzten wohl vor allem die Größe des U.-T.s. Neuere Untersuchungen auf Grund mittelalterlicher Dokumente weisen nur daraufhin, daß der von Adam beschriebene Tempel des 11. Jh. an den Chor der heutigen Kirche anschloß, während die erwähnten Pfostenlöcher vielleicht auf einen älteren, abgebrannten Tempel zurückgehen (Norberg).

S. Lindqvist, Hednatemplet i Uppsala, in: Fornvännen, 1923; ders., Gamla Uppsala kyrka, in: Fornvännen,1951; H. Widéen, Till diskussionen om Upps. hednatempel, in: ebenda; T. Palm, Úppsalalunden och Uppsalatemplet, in: Vetenskapssocieteten i Lunds Årsbok, 1941; O. Olsen, Hørg, Hov og Kirke, København 1966; R. Norberg, Uppsala tempel, in: KLNM 19, 1975; O. Sundqvist, Uppsala och Åsgard: Makt, offer och kosmos, in: Ordning mot kaos – studier av nordisk förkristen kosmologi, hg. von A. Andrén, K. Jennbert und C. Raudvere, Lund 2004 (= Vägar till midgård 4).

N: → Tempel.

Urd (1) (altnord. Urðr »Schicksal«) ist der Name einer → Norne (Vsp 19, 20, Háv 111, Gg 7), die fast durchwegs in den Quellen mit dem Ausdruck Urðar brunnr → »Urdsbrunnen« assoziiert wird. Bei Snorri in Gylf 14 ist U. im Anschluß an Vsp 20 eine der drei Nornen, die am Urdsbrunnen wohnen und die Schicksale der Menschen bestimmen. Der Dichter der Vsp, und vielleicht auch Snorri, hat U., Verdandi und Skuld wohl als Vergangenheit, Gegenwart und Zukunft gedeutet (U. zum Plural urðum »wurden«), hat aber gleichzeitig auch an den Begriff urðr »Schicksal« angeknüpft. Daß U. schon früher, als personifiziertes Schicksal, zu einer Norne geworden wäre (so de Vries), ist trotz des Belegs vom Ende des 10. Jh. bei Kormákr (Sigurðardrápa 4) nicht ganz sicher, da sich U. im Codex Regius der Edda überhaupt nicht findet, und man Kormáks Zeile statt komsk Urðr ór brunni (»U. kam aus der Quelle«) auch als komsk Uðr at brunni (»Uðr = Odin kam zur Quelle«) lesen kann, so daß die Stelle jeden Bezug zu Nornen verliert. Aber selbst wenn man die herkömmlichere erste Lesung akzeptiert, ist U. am wahrscheinlichsten eine Ableitung vom Begriff Urðarbrunnr, der als »Schicksalsbrunnen« dann älter als der Name U. wäre. Altnord. urðr »Schicksal« hat eine Entsprechung im recht häufigen altengl. → wyrd, welches von der älteren Forschung als Zentralbegriff eines german. Schicksalsglaubens gesehen wurde.

L. Mittner, Wurd, 1955; G. W. Weber, Wyrd, 1969.

(2) (altnord., »Schicksal«) → Wyrd.

Urdsbrunnen (altnord. Urðar brunnr »Brunnen der Urd« oder »Schicksalsbrunnen« zu altnord. urðr »Schicksal«) heißt laut Snorri (Gylf 14, 15) eine der Quellen unter den Wurzeln der Weltesche → Yggdrasill. Bei ihr halten die Götter ihre Beratungen ab, und in ihrer Nähe steht ein Saal, in dem die drei schicksalsbestimmenden Nornen Urd, Verdandi und Skuld wohnen; »Und es wird erzählt, daß die Nornen, die beim U. wohnen, jeden Tag Wasser aus der Quelle nehmen und dazu den Lehm, der um die Quelle ist, und es über die Esche hinaufsprühen, damit seine Zweige weder verdorren noch verfaulen.« Viel mehr, als daß der U. unter Yggdrasill liegt, erfahren wir auch aus den anderen Quellen nicht (Vsp 19, Háv 111), und die Skalden erwähnen überhaupt nur den Namen (Kormákr: Sigurðardrápa 4 aus dem 10. Jh., Eilífr Goðrúnarson aus dem 10./11. Jh.), der letztere sogar in stark christlich gefärbtem Kontext, indem er Christus »im Süden am U.« sitzen läßt. Snorri berichtet dann auch noch von zwei Vögeln, die sich von dem U. ernähren. Sie sind die Ahnen aller Schwäne, was auf die Heiligkeit dieser Vögel hinweist. Die genannte Assoziation des U. mit dem Süden und mit Rom bei Eilífr hat der Forschung viel Kopfzerbrechen bereitet und dazu geführt, daß der U. überhaupt gleich mit dem Jordan identifiziert wurde (Bugge). Ohrt hat jedoch recht überzeugend dargelegt, daß die lautliche und typologische Ähnlichkeit zwischen der heiligen Quelle des Nordens und dem heiligen »Jurdan« durchaus eine Rolle für die Entstehung des Bildes bei Eilífr gespielt haben kann, auch wenn kein ursächlicher Zusammenhang besteht.
Nirgends wird ausdrücklich U. als »Schicksalsquelle« erwähnt, die einzige Rechtfertigung einer solchen Annahme wäre, daß die Nornen daran wohnen und der Name der Norne Urd von U. abgeleitet ist. Daß auch Adam von Bremen von einer Quelle beim heiligen Baum in Uppsala spricht, dem der U. unter Yggdrasill entspricht, verweist auf eine Quelle, in der Opfer niedergelegt wurden. → Wasser.

S. Bugge, Studien, 1889; F. Ohrt, Sunnr at Urðarbrunni, in: APhSc 12, 1937/38 (mit älterer Literatur); G. W. Weber, Wyrd, 1969; K. G. Johansson, Urds brunn – en källa till förkristen religion i Norden? Ett försök att tolka *Voluspá* 17–20, in: S. Hansson u. M. Malm (Hg.), Gudar på jorden, (Festskrift till Lars Lönnroth) Stockholm 2000.

Úri (altnord., »der Schmied«) heißt der Zwerg in den Fjm 34.

Ursprungssagen → Abstammungsmythen.

Utgard (altnord. Útgarðr, etwa »Außenwelt«, »Raum außerhalb«) ist in der nord. Kosmologie der Bereich außerhalb der von Göttern und Menschen bewohnten Welt (Midgard und Asgard) und damit der Wohnort von Dämonen und Riesen. Ursprünglich die ganze Welt umgebend, wird in den mythologischen Novellen des Mittelalters der Osten von Midgard der typische Ort von U., im späteren Mittelalter rücken auf Grund der zunehmenden wissenschaftlichen Reflexion über das auf Reisen erworbene geographische Wissen die Wohnorte der Riesen und Ungeheuer immer weiter nach Norden, und die Märchensagas des 14. und 15. Jh. siedeln ihre Riesen und Trolle am Polarmeer an. – In der Erzählung von Thor und → Útgarðaloki bei Snorri wird U. in seiner Bedeutung auf die Burg dieses Riesen beschränkt, wo Thor sich Prüfungen unterzieht, in denen er unterliegt.

J. de Vries, ARG, [3]1970; A. Holtsmark, Útgarðr, in: KLNM 19, 1975.

Útgarðaloki (altnord.) ist ein Riese, der sich (laut Snorri) auch Skrýmir nennt; Snorri berichtet von einer Reise Thors zu Ú., wo sich Thor und seine Begleiter Loki und Thjálfi mit den Riesen in Wettkämpfen messen, die sich aber am Ende alle als Sinnestäuschungen entpuppen. Thors Reisen zu Ú. und zum Riesen → Geirröðr weisen Parallelen auf, wie die Begleitung Lokis und der Wettkampf, und auch bei Saxo (VIII, 286f. bzw. 292f.) ist der Besuch des Helden Thorkillus bei Geruthus (= Geirröðr) nicht unähnlich seinem Besuch bei Uthgarthi locus (wohl mit Ú. identisch), so daß in Thors Widersachern Ú. und Geirröðr ursprünglich vielleicht dieselbe Gestalt vorlag, die mit der Zeit etwas unterschiedliche epische Ausgestaltung erfahren hat.

Der Name Ú. (»Loki des Útgarðr, des Jenseits«) ist jedenfalls jung, setzt er doch die Dämonisierung Lokis voraus, so daß der Mythos wohl nicht ursprünglich mit dem Namen Ú. verbunden war; in den Eddaliedern wird zweimal auf die Geschichte angespielt, einmal Ls 60–62, wo der Riese Skrýmir heißt, das andere Mal Hrbl 26, wo er Fjallar genannt wird.

Trotz des Wechselns der Riesennamen dürfte es sich um einen älteren Mythos handeln – auch wenn er bei Snorri durch Märchenelemente verdeckt ist –, da nicht nur der Riese Svyatogor in russischen Volkserzählungen, sondern auch Gestalten einer ossetischen Sage weitgehende Parallelen mit dem nordischen Ú./Skrýmir aufweisen, so etwa der Schlaf im Handschuh oder Beutel des Riesen und die Kraftproben.

Über die literar. Ausgestaltung des Mythos von Thors Fahrt zu Ú. → Skrýmir.

G. Dumézil, Legendes sur les Nartes, in: Revue de l'histoire des religions 125, 1943; N. K. Chadwick, The Russian Giant Svyatogor and the Norse Ú., in: Folklore 75, 1964; J. de Vries, ARG, [3]1970.

útiseta (altnord., »das Draußen-Sitzen«) ist in den altnord. Quellen eine Form der praktischen

Magie, sowohl im Totenzauber (Gulathingslög 32) als auch im Rahmen des Wahrsagezaubers, wobei letzteres aber nicht unbedingt heidnischem Brauch entspricht (→ Seherinnen). Die nächtliche u. diente dem Zweck, mit den Toten in ihrem eigenen Bereich (d. h. außerhalb menschlicher Behausungen) in Kontakt zu kommen. → Totenzauber.

V

Vacallinehae. Matronenname. Die Matronae V. gehören zu den am besten belegten Matronennamen, sind vielleicht sogar der häufigste überhaupt. Aus dem Tempelbezirk von Pesch (Kreis Aachen; genauer Bad Münstereifel-Nöthen, Kreis Euskirchen) und seiner näheren Umgebung stammen über 130 Inschriften aus dem 2./3. Jh., die sicher den V. geweiht waren, dazu noch knapp 10 an die Vocallinehae (und ähnlich), weitere 150 Inschriftenfragmente dürften ebenfalls von Weiheinschriften an diese Matronen stammen. In Pesch wurde ein diesen Matronen gewidmetes Kultzentrum mit Tempelbauten freigelegt. Ob der Name der V. rein germanisch ist, ist nicht sicher, der erste Wortteil könnte auch keltischen Ursprungs sein; der Kult der Matronae V. wurde jedenfalls nach Auskunft der Inschriften von einer german.-kelt. Mischbevölkerung getragen. Der Name V. ist am wahrscheinlichsten von einem Ortsnamen *Vacall- abzuleiten, vielleicht zu Wachendorf (bei Antweiler) am Wachenbach (älter Wachlenbach) oder zum Flußnamen der Waal, gall. Vacalus, german. Vahalis. In drei Fällen tragen die V. den Zusatz → Leudinae, was auf die Verehrung der V. durch die Bewohner eines Ortes *Leudium schließen lassen könnte.

S. Gutenbrunner, Die German. Götternamen, 1936; E. A. Philippson, Der german. Mütter- und Matronenkult am Niederrhein, in: GR 19, 1944; G. Alföldy, Epigraphisches aus dem Rheinland III, in: Epigraphische Studien 5, 1968; M. Clauss, Neue Inschriften im Rhein. Landesmuseum Bonn, in: Epigraphische Studien 11, 1976.

Vaðgelmir (altnord., »Furt-Schreier«) heißt ein Fluß, der die Lügner bestraft (nur Rm 4). Die Vorstellung eines Jenseitsflusses als Strafort stammt sicherlich aus der christlichen Visionsliteratur des Mittelalters, von wo die späte nord. Mythographie auch die Unterweltsflüsse Slíðr und Geirvimull bezog.

Vættir → Landvættir.

Vafthrúðnir (altnord. Vafþrúðnir »der kräftig Verwickelnde«) heißt ein weiser Riese, der im Eddalied → Vafthrúðnismál von Odin zu einem Wissenswettkampf aufgefordert wird und unterliegt. V. kommt außer in diesem Lied nur in den Thulur und bei Snorri vor (Gylf 4), wo er das Eddagedicht zitiert. Beim Riesen V. handelt es sich also um eine rein literarische Schöpfung, um Odin einen Dialogpartner gegenüberzustellen. Daß Riesen im german. Heidentum als weise gelten konnten – im Gegensatz zur mittelalterlichen und späteren Dichtung, wo sie meist als dumm hingestellt werden –, beweisen auch die Riesin Hyndla (Hdl) und Mímir.

Vafthrúðnismál (Vm, altnord. Vafþrúðnismál »das Lied von Vafthrúðnir«) ist ein Eddalied aus dem Bereich der mythologischen Wissensdichtung, wozu auch die Alv und die Grm gehören.

Das Lied umfaßt 55 Strophen im Versmaß ljóðaháttr und ist streng gegliedert; bis auf Strophe 5 ist das ganze Lied in Dialogform gehalten, eine Form, die auch sonst für die Wissensdichtung charakteristisch ist. Die ersten fünf Strophen bilden eine kurze Einleitung: Odin fragt seine Frau Frigg um Rat, da er den weisen Vafthrúðnir aufsuchen will, Frigg aber warnt vor ihm, da er stärker als andere Riesen sei; dennoch macht sich Odin auf den Weg und trifft unter dem Decknamen Gangráðr beim Riesen ein; die Strophen 7–19 sind der Befragung Odins durch Vafthrúðnir gewidmet, wobei der Riese danach fragt, wer Tag und Nacht bewege, wie der Grenzfluß zwischen Göttern und Riesen heiße, und wie der Kampfplatz heiße, wo (zu den Ragnarök) Surtr mit den Göttern kämpfen werde; Odin beantwortet diese Fragen, und in den restlichen Strophen befragt nun er den Riesen, und zwar nach der Entstehung von Himmel und Erde, Sonne und Mond, Tag und Nacht, Winter und Sommer, den Riesen, Njörðr, den Einheriern und der Welt und den Göttern nach den Ragnarök; die letzte Frage Odins lautet: Was sagte Odin seinem Sohn (Balder) ins Ohr, bevor er auf den Scheiterhaufen gelegt wurde? Diese kann der Riese nicht beantworten und muß sich im Wissenswettstreit Odin geschlagen geben.

Das in den Vm vermittelte Wissen beinhaltet ausschließlich mythologische Kenntnisse, und Snorri hat das Lied für die Mythographie seiner Edda entsprechend ausgewertet. Man hat als Entstehungszeit für das Lied den Beginn des 10. Jh. angenommen, da man nur dann so fundierte mythologische Kenntnisse erwarten könne (de Vries); diese Annahme ist zweifellos falsch. Das Interesse für heidnische Mythologie war kurz vor Ende des 10. Jh., als das Heidentum ernstlich vom Christentum bedroht war, und dann wieder in der isländ. Renaissance des 12./13. Jh. am größten. Während nun der Stil des Liedes eher auf das Ende des 10. Jh. weist, macht die Dialogform, die aus der mittelalterlichen gelehrten Literatur übernommen worden sein kann, auch eine Entstehung im 13. Jh. nicht unmöglich.

Ausg.: G. Neckel u. H. Kuhn, Edda, [4]1962.
J. de Vries, Altnord. Literaturgeschichte, [2]1964–67; P. H. Salus, More »Eastern

Echoes« in the Eddas?, in: MLN 79, 1964; A. Holtsmark, Den uløselige gåten, in: MoM, 1964; H. Beck, Vm, in: KLL 7, 1972; E. Salberger, Heill þú farir!, in: Scripta Islandica 25, 1974; A. Holtsmark, Vm, in: KLNM 19, 1975; J. A. Mazo, Vafþrúðnismál, in: MeScand, 1993; J. McKinnell u. M. E. Ruggerini, Both One and Many: Essays on Change and Variety in Late Norse Heathenism, Rom 1994.

Váfuðr (altnord., »Wind«) ist ein Beiname Odins in den Grm 54 und bezieht sich wohl auf Odins Selbstopfer, als er »neun Nächte am windigen Baum« hing, und nicht auf Odin als einen »Windgott«.

H. Falk, Odensheite, Kristiania 1924.

Vagdavercustis (auch Vagevercustis, Vagdaevercustis; Iagdaarcustus?), Name einer (germanischen) Göttin, der auf sieben ihr gewidmeten Votivsteinen erhalten ist. Die geographische Streuung der Fundorte ist sehr groß, fünf Inschriften stammen vom Niederrhein, eine aus Plumtonwall am Hadrianswall in Nordengland, eine aus Ungarn. Zwei der Steine können in die erste Hälfte des 3. Jh. datiert werden. Obwohl der Name keineswegs völlig geklärt ist, scheinen die Namenselemente eine Deutung als Kriegsgöttin (V. = »kriegerische Tugend«?) zuzulassen.

R. Much, V., in: ZfdA 55, 1917; S. Gutenbrunner, Die german. Götternamen, 1936; J. de Vries, ARG, [3]1970.

Vagnhöfði (altnord., »Walkopf«?) heißt ein Riese in den Thulur; sonst ist er nirgends in der altnord. Literatur belegt, bei Saxo kommt er aber in der latinisierten Form Vagnophtus vor. In Saxos Geschichte von Haddingus sind die Riesen Vagnophtus und Haphlius (Hafli) die schwed. Erzieher der Gramssöhne Guthorm und Hadding (Gesta Dan. I, 19). In der Folge berichtet Saxo auch noch von der Riesin Harthgrepa (= Harðgreip), die Vagnophtus' Tochter ist und bei deren Schilderung Saxo noch mehr als bei V. und Hafli den nord. Volksglauben des Hochmittelalters und das Konzept der Riesen in der german. Mythologie zu einem Bild vereint.

Vagnophtus (lat.) heißt ein Riese bei Saxo, der mit → Vagnhöfði identisch ist.

Valaskjálf (altnord.) ist eine mit Silber gedeckte Götterwohnung in Grm 6, die als uralt beschrieben wird. Im Gegensatz zu den anderen angeführten Götterwohnungen wird sie aber nicht einem bestimmten Gott zugewiesen, und nur Snorri (Gylf 16) erwähnt, daß V. Odin gehöre. Der Name V. ist zwar nicht völlig geklärt, macht es jedoch wahrscheinlich, daß es sich um einen mythologischen Ort handelt, der mit Odins Sohn Vali assoziiert wurde. V. findet sich auch in einem norweg. Ortsnamen, heute Valaskioll; da es vielleicht auch einen Ortsnamen *Viðarsskjálf (heute Viskiøl) gab, ist es möglich, daß Odin und seine Söhne Vali und Víðarr mit Ortsnamen auf -skjálf in direkte Verbindung gebracht wurden – vgl. Odins Thron → Hliðskjálf –, wobei die Möglichkeit, daß es sich um Kultortsnamen handelt, nicht auszuschließen ist.

E. O. G. Turville-Petre, Myth and Religion of the North, New York 1964; J. de Vries, Altnord. etymolog. Wörterbuch, Leiden [2]1977.

Valföðr (altnord., »Vater der Erschlagenen«) ist ein Beiname Odins (Vsp 1, 27, Grm 48 und in den Thulur), der sich auf die Vorstellung bezieht, daß die im Kampf Gefallenen bei Odin in Walhall Aufnahme finden, wie Snorri (Gylf 19) erklärt: »Er [Odin] heißt auch V., denn alle, die im Kampf fallen [falla i val], sind seine Adoptivsöhne; ihnen teilt er Valhöll und Vingólf zu, und sie heißen dann Einherier.« Die Odinsnamen auf -föðr (V., Herföðr) sind wahrscheinlich älter und eher heidnisch als die auf -faðir (Sigfaðir, Alfaðir). Das eingedeutschte Walvater ist eine neuzeitliche Übersetzung von V., die erst in K. Simrocks *Handbuch der deutschen Mythologie* von 1853 aufscheint, von wo es von R. Wagner in seiner *Walküre* übernommen wurde.

H. Kuhn, Das nordgerman. Heidentum, in: ZfdA 79, 1942; F. Kluge, Etymolog. Wörterbuch der dt. Sprache, [24]2002.

Valgautr (altnord., »Gautr der Gefallenen«) ist ein Odinsname beim Skalden Refr; er ist eine Erweiterung zum Odinsnamen Gautr.

Valglaumnir oder Valglaumr (altnord., »der Lärmer vor Walhall«?) heißt in den Grm 21 vielleicht der Fluß vor Walhall, der sonst Thund genannt wird.

Valgrind (altnord., »Zaun der Gefallenen, Totenzaun, Totentor«) heißt laut Grm 22 »ein altes Tor«; wahrscheinlich ist mit V. wie mit Nágrind oder → Helgrind die Umzäunung von Hel gemeint, kaum das Tor zu Walhall.

Valhöll (altnord.) → Walhall.

Vali (1) (altnord.) ist der Rächer Balders in der Mythologie der Edda, während er bei Saxo → Bous heißt. Nach beiden Traditionen ist Rindr/Rinda die Mutter (Bdr 11?), welche Odin erst durch Zauberei und Täuschung erobern konnte. V. wird sonst nur in Hdl 29 als Rächer Balders genannt, und dies ist seine einzige Tat, von der wir etwas wissen. Falls es sich beim namenlosen Rächer Balders in der Vsp 32f. ebenfalls um V. handelt, dann hat dieser die Rache schon vollzogen, als er erst einen Tag alt war; davon ist in Saxos Version keine Rede, allerdings vermerkt auch er, daß sich Bous schon in frühem Alter für die Kriegskunst interessiert; laut Saxo fällt er selbst, sobald er Rache an Hötherus (→ Höðr) geübt hat. Dagegen nennen die Vm 51 V. als Gott der jüngeren Generation, die auch nach den Ragnarök weiterleben wird. Der von Snorri erwähnte Gott Áli (ein Sohn Lokis) dürfte durch ein Mißverständnis aus V. entstanden sein. Etymologisch ist der Name V. nicht völlig geklärt, die Erklärung aus *Wanilo »der kleine Wane« wird sachlich durch nichts gestützt, aber auch Nordenstrengs Deutung als »der Streitbare« (aus *waihalaR) hat sich nicht durchsetzen können. Der Göttername V. findet sich vermutlich auch im norweg. Ortsnamen Valaskioll (aus *Valaskiálf), ein Name, der in den Grm 6 auch als eine der Götterwohnungen genannt wird; wie bei Viskjøl (aus *Víðarsskjálf) könnte es sich dabei um einen Kultortsnamen für einen der Odinssöhne handeln, allerdings ist diesen vereinzelten Belegen nicht allzuviel Bedeutung zuzumessen.

R. Nordenstreng, Guden Váli, (Festskrift H. Pipping) Helsingfors 1924; J. de Vries, ARG, 31970; A. Holtsmark, V., in: KLNM 19, 1975.

(2) (altnord.) wird in Ls 65 Pr, Gylf 49, und auch Vsp 34 als Sohn Lokis genannt; wie bei dem gleichnamigen Sohn Odins (→ Vali 1) ist die Etymologie ungeklärt; mehr als seinen Namen wissen wir von diesem V. nicht.

(3) (altnord.) heißt auch ein Zwerg in der Vsp 13 in manchen Handschriften (statt Náli).

Valkjósandi (altnord., »der die Gefallenen Auswählende«) ist ein junger poetischer Odinsname beim Skalden Kormákr und bezieht sich auf Odins Heimholung der gefallenen Helden nach Walhall.

Vallabnaehiae (auch Valabneiae). Matronenname auf zwei Inschriften von römerzeitlichen Kölner Weihesteinen, der, wie auch der Matronenname Vallamaeneihiae, wahrscheinlich nicht germanisch ist, sondern zum keltischen Personennamen Valamni gehört.

S. Gutenbrunner, Die german. Götternamen, 1936.

Vallamaeneihiae. Matronenname auf einer Kölner Inschrift (CIL XIII 8228); → Vallabnaehiae.

Valthögn (altnord. Valþögn »Totenempfängerin«?) ist der Name einer Walküre beim norweg. Skalden Guttormr Sindri aus der Mitte des 10. Jh.

Valthögnir (altnord. Valþögnir »Empfänger der Gefallenen«) heißt Odin bei Víga-Glúmr; vgl. den Odinsnamen Valkjósandi und den Walkürennamen Valthögn.

Valtýr (altnord., »Gott der Gefallenen«) ist ein Odinsname bei Eyvindr Finnsson: Háleygjatal 15 (Ende des 10. Jh.) und verweist auf Odins Funktion als Kriegsgott, der die im Kampf Gefallenen zu sich nimmt; neben V. findet sich auch der Plural des Worts, valtívar, als Kenning für »Götter« (Vsp 62, Hym 1); → Sigtýr.

H. de Boor, Die relig. Sprache der Vsp, in: Dt. Islandforschung 1, 1930.

Ván, auch Vǿn (altnord., »Hoffnung«?) heißt einer der (mythologischen?) Flüsse im Flußkatalog der Grm 28. Da »Hoffnung« schlecht auf einen dieser gefährlichen Flüsse paßt, hat Sturtevant vorgeschlagen, darin einen Euphemismus für »Gefahr« zu sehen, was aber auch nicht ganz überzeugt. In Snorris Beschreibung der Fesselung des Fenriswolfes (Gylf 33) heißt V. der Fluß, welcher aus dem Speichel gebildet wird, der aus dem offenen Rachen des Wolfes fließt.

A. M. Sturtevant, Etymological Comments upon Certain Old Norse Proper Names in the Eddas, in: PMLA 67, 1952.

Vanadís (altnord., »Wanen-Dise«). Dieser Name für die Göttin Freyja findet sich nur bei Snorri (Gylf 34) und dürfte wohl nur eine Kenning für die zu den Wanen zählende Göttin darstellen (»Wanen-Frau«), obwohl ein Zusammenhang mit den → Disen nicht völlig auszuschließen ist.
N: I. Kurz, *Vanadis* (Roman, 1931).
(Sonstiges) Von Vanadís hat auch das Element Vanadium (V) seinen Namen, das 1830 vom schwed. Metallurgen Sefström entdeckt wurde.

Vanaheimr (altnord., »Wohnort der Wanen«) nennt nur Snorri (Gylf 32) einen fiktiven Wohnort der Wanen, wo Njörðr aufgewachsen sei; den Namen hat sicher erst Snorri als Gegenstück zu Asgard neu gebildet.

Vánargandr (altnord., »das Ungeheuer des Flusses Vǿn«?) nennt Snorri (Skaldsk 16) den Fenriswolf wohl, weil er in Gylf 33 erzählt, daß der Fluß Ván (oder Vǿn) aus dem Geifer des gefesselten Fenriswolfs entstanden sei. Es ist jedoch keineswegs sicher, daß V. in der Kenning »Vater des V.« = »Loki«, die uns nur bei Snorri überliefert ist, wirklich den Fenriswolf bezeichnet, oder ob nicht vielmehr die Midgardschlange damit gemeint war.

J. de Vries, The Problem of Loki, Helsinki 1933.

***Vandill** (1) (altnord., »Gott der Wandalen«?) könnte ein aus dem sagenhaften Ortsnamen Vandilsvé (»Heiligtum des V.«: HH II 35) erschlossener Göttername sein; Vandilsvé hat Much mit dem bei Tacitus (Germ 43) erwähnten Heiligen Hain der Naharvalen zusammengestellt und vermutete daraus einen wandalischen Gott *V., der auch etwa im mythischen Namen Aurvandill vorläge. So geistreich diese Theorie auch ist, so wenig ist sie bei der derzeitigen Quellenlage zu beweisen.

R. Much, Wandal. Götter, in: Mitteilungen der schles. Ges. für Volkskunde 27, 1926; ders., Die Germania des Tacitus, [3]1967.

(2) Vandill (altnord.) ist auch der Name eines Riesen in den Thulur.

Vandilsvé (altnord., »Heiligtum des Vandill«) → Vandill (1).

Vaningi (altnord., »Angehöriger, Verwandter der Wanen«) wird

Freyr in den Skm 37 genannt, da er der typische Vertreter der Götterfamilie der Wanen ist. In den Thulur steht V. als Bezeichnung für »Eber«, aber da der Eber → Gullinborsti das typische Attribut Freys ist, könnte diese Nennung sich indirekt auch auf den Gott beziehen.

Vanir (altnord.), die → Wanen.

Vapthiae. Name germanischer Mütter, der sich auf einer Inschrift von einem römerzeitlichen niederrhein. Weihestein findet (nach 150 n. Chr.); da die Inschrift jetzt verloren ist, ist der Beleg nicht völlig gesichert.

S. Gutenbrunner, Die german. Götternamen, 1936.

Vár (auch Vǫ́r, altnord., »Geliebte«) heißt eine Göttin in der altnord. Mythologie, von der Snorri (Gylf 34) sagt, daß sie für die Verträge zwischen Männern und Frauen zuständig sei. Dabei hat sich Snorri durch das Wort várar (»Verträge«) zu einer etymologischen Deutung verleiten lassen, denn für V. ist die Bedeutung »Geliebte« sehr wahrscheinlich (vgl. Svölnis Var »Odins Geliebte« = »Erde« bei Eyvindr), auch Snorris Erläuterung deutet dies ja noch an. In der Thrk 30 ist es V., welche die Ehe weiht. In V. haben wir es also mit einer Göttin der Ehe und Liebe zu tun.

J. de Vries, ARG, [3]1970; A. Holtsmark, V., in: KLNM 19, 1975.

Varðlokkur oder varðlokur (altnord., »Seelenlocker« ?) heißt ein Zaubergesang (galdr), der bei den Wahrsagesitzungen von skandinav. → Seherinnen gesungen wurde, und in dieser schamanischen Praxis wohl die Funktion hatte, die Geister herbeizurufen, von denen die Seherin ihr Wissen bezieht.
Die Bezeichnung V. ist in der Thorfinns saga Karlsefnis überliefert, und es ist nicht sicher, ob der Ausdruck weitere Verbreitung hatte; in der Landnámabók wird so ein Gesang als seiðlæti »Zauberton« bezeichnet.

M. Olsen, V., in: MoM, 1916.

Varðrun (altnord., »Wach-Rune«?) heißt eine Riesin beim Skalden Arnorr Þórðarson (Haraldsdrápa 13) und in den Thulur.

Vargr (altnord.) war sowohl eine Bezeichnung für »Wolf« als auch für den geächteten, »friedlos« erklärten Verbrecher, der wie ein Wolf außerhalb der menschlichen Gemeinschaft in den Wäldern leben mußte und wie der Wolf als eine den Menschen gefährliche Macht angesehen wurde und vogelfrei war.

C. v. Unruh, Wargus, in: Zs. der Savigny-Stiftung für Rechtsgeschichte 74, 1957.

Várkaldr (altnord., »Frühlings-Kälte«) heißt in den Fjm 6 der Vater des Svipdagr, der sich hier Vindkaldr nennt; V. und der Name seines Vaters, Fjölkaldr, sind aber nur poetisches Beiwerk und Erfindung des Dichters.

Varr (altnord., »der Vorsichtige«) heißt ein Zwerg in den Thulur.

Vartari (altnord., »Riemen«) heißt laut Snorri (Skaldsk 33) der Faden, mit dem bei → Lokis Bestrafung Lokis Mund zugenäht wurde; in den Thulur dagegen steht V. als Name für »Fisch«; Snorri hat den Namen zur Ausschmückung seiner Erzählung verwendet, ob er dafür Quellen hatte, wissen wir nicht.

Vataranehae. Matronenname. Den Matronis Vataranehabus sind drei Inschriften aus Embken bei Düren gewidmet (CIL XIII 7903–05); es handelt sich wohl nur um eine Nebenform des Namens → Veteranehae, dessen Belege vom selben Fundort stammen.

S. Gutenbrunner, Die german. Götternamen, 1936.

Vatviae. Matronenname. Der Name ist bisher 12mal belegt, drei Inschriften stammen aus Rödingen (Kreis Jülich), fünf aus Morken-Harff (Kreis Bergheim). Die Hälfte der Belege hat den Dativ Vatviabus, die anderen Vatvims, was den german. Charakter des Namens bestätigt. Die häufigste Deutung stellt die V. zu einem german. Wortstamm in der Bedeutung »Wasser«, dessen genaue Ansetzung jedoch umstritten ist. Origineller, aber nicht wahrscheinlicher, ist die Verbindung der V. mit lat. vates »Seher«.

S. Gutenbrunner, Die german. Götternamen, 1936; E. A. Philippson, Neues über den Mütter- und Matronenkult am Niederrhein, in: MLN 65, 1950; J. de Vries, ARG, 31970 (mit der älteren Literatur); H. Birkhan, GKAR, 1970 (mit den verschiedenen Deutungen).

Vé (altnord., »Heiligtum«), german. Gott, → Vili.

vé (altnord., »Heiligtum«) geht auf ein german. *wīha zurück und bezeichnet heidnische Heiligtümer und geweihte Plätze im weitesten Sinn; selbst die himmlischen Wohnsitze der Götter (→ Götterwohnungen) in der mythologischen Dichtung werden in der Edda v. genannt (Vm 51), und das Wort kommt wiederholt in den Skaldengedichten vor. Daß auch der Thingplatz (→ Thing) als v. betrachtet wurde, beweist der Ausdruck vébönd (»Bänder, die das Heiligtum abgrenzen«), der in Gesetzestexten (Frostaþingslög I) die Umfriedung der Gerichtsstätte auf dem Thing bezeichnet.
Die Ortsnamen beweisen die weite Verbreitung von Heiligtümern mit dem Namen v. in Skandinavien: in Schweden gibt es mehr als 80 theophore Ortsnamen auf -v., davon sind 18 mit Ullr, 16 mit Skaði, 8 mit Freyr, aber nur 4 mit Odin und 2 mit Thor gebildet, daneben gibt es noch eine ganze Reihe von Ortsnamen auf v.- mit Landschaftselementen (z. B. Visby); in Dänemark dagegen sind alle 5 theophoren Ortsnamen auf -v. mit Odin komponiert (z. B. Odense). Die wenigen norweg. Ortsnamen Ve sind dagegen

meist unkomponiert, auf Island gibt es sie gar nicht.
In der Forschung der 40er und 50er Jahre des 20. Jh. hatte man versucht, das v. als eine bestimmte Art von Heiligtum zu identifizieren, welche durch eine langgestreckte V-förmige Markierung (z. B. eine Steinsetzung) gekennzeichnet gewesen wäre; solche Konstruktionen wollte man in Jelling (Jütland), Tibirke (Seeland) und Tingsted (Falster) erkennen (Dyggve, Ljunggren). Inzwischen ist man aber wieder davon abgekommen, die Bezeichnung v. solcherart auf eine ganz konkrete Form altgerman. Heiligtümer einzugrenzen, da die Bezeichnung v. in den literarischen Quellen einen viel weiteren Sinn haben dürfte.

M. Olsen, Ættegård og Helligdom, Oslo 1926; E. Wessén, Schwed. Ortsnamen und altnord. Mythologie, in: APhSc 4, 1929/30; H. Andersen, Viborg, in: Sprog og kultur 4, 1935; W. Baetke, Das Heilige im Germanischen, 1942; S. Aakjær, Odins Vi i Salling, in: Skivebogen, 1943; E. Dyggve, Eine Gruppe südskandinav. Heiligtümer, (Festschrift W. Baetke) 1966; J. de Vries, ARG, [3]1970; O. Olsen, Vorchristl. Heiligtümer, in: H. Jankuhn, Vorgeschichtl. Heiligtümer, 1970; ders., The »sanctuary« in Jelling, in: Mediaeval Scandinavia 7, 1974; O. Olsen u. H. Ståhl, Vi, in: KLNM 19, 1975.

Vecha → Rindr.

Vegdeg (altnord.) heißt ein Sohn Odins, den aber nur Snorri im Prolog seiner Edda erwähnt.

Vegdrasill (altnord., »Weg-Pferd« oder »berühmtes Pferd«?) heißt ein Zwerg in den Fjm 34.

C. N. Gould, Dwarf-Names in Old Icelandic, in: PMLA 44, 1929; L. Motz, New Thoughts on Dwarf-Names, in: FmSt 7, 1973.

Vegetationskult → Fruchtbarkeitskult.

Veggr (altnord., »Keil«) heißt ein Zwerg in der Vsp 12 nach der Version der Hauksbók; in anderen Manuskripten jedoch → Veigr.

Vegsvinn (altnord., »die Reißende«?) heißt einer der (mythischen?) Flüsse im Flußkatalog der Grm 28 und in den Thulur.

Vegtamr (altnord., »der Reisegewohnte«) ist ein Deckname, den Odin auf seiner Fahrt nach Hel zu der toten Seherin in den → Baldrs draumar annimmt. Wie andere der Odinsnamen, etwa Gangráðr und Gestr, stellt auch V. Odin als den umherwandernden Gott dar, der dem Menschen häufig überraschend unter verschiedenen Namen und in verschiedenen Verkleidungen entgegentritt.

H. Falk, Odensheite, Kristiania 1924; J. de Vries, ARG, [3]1970.

Vegtamskviða → Baldrs draumar.

Veigr, auch Veggr oder Vigr (altnord.) heißt ein Zwerg in der Vsp 12. Entweder zu veig »Trank«, also »der den Met besitzende Zwerg«, oder »der mit den Kräften des Heiltranks Begabte«. Gutenbrunner möchte in V. keinen Namen, sondern nur ein Attribut zum Zwergennamen Gandálfr sehen, und zwar zu ahd. weigar »trotzig«. Da ein altnord. *veigr sonst unbelegt ist und alle Handschriften V. offensichtlich als Name auffassen, ist dies höchst unwahrscheinlich.

S. Gutenbrunner, Eddastudien I, in: ANF 70, 1955; J. de Vries, Altnord. etymolog. Wörterbuch, Leiden [2]1977.

Veleda war eine germanische Seherin aus dem Stamm der Brukterer, die (laut Tacitus) im 1. Jh. n. Chr. bei ihrem Volk fast göttliche Verehrung genoß, aber auch bei den Römern eine gewisse Berühmtheit erlangte. V. spielte eine wesentliche politische Rolle im german. Bataverkrieg; im Jahre 69 n. Chr. erhoben sich die am Unterrhein wohnenden german. Bataver unter Julius Civilis gegen die Römerherrschaft, als der Großteil der römischen Rheinarmee auf Grund der innenpolitischen Wirren nach Italien abgezogen war. Civilis sandte den gefangenen Legionskommandeur des gefallenen Castra Vetera als Geschenk an V., von der Tacitus (Hist IV, 61) an dieser Stelle berichtet: »Dies war eine Jungfrau aus dem Stamm der Brukterer, die weithin Macht besaß, nach dem alten Brauch der Germanen, viele Frauen für Seherinnen, bei gesteigertem Aberglauben sogar für Göttinnen zu halten. Das Ansehen der V. stieg damals beträchtlich, denn sie hatte den Germanen Erfolg und die Vernichtung der Legionen vorhergesagt.« Der Legionskommandeur wurde zwar unterwegs ermordet, aber dem Ansehen der V. tat dies keinen Abbruch; als die rechtsrheinischen Germanen, voran die Tenkterer, die Stadt Köln bedrohten, riefen die Kölner Bürger den Civilis und die für seine Entscheidungen ausschlaggebende V. als Schiedsrichter an; »Gesandte wurden mit verschiedenen Geschenken zu Civilis und V. geschickt und erledigten alles im Sinne der Kölner; vor V. selbst zu erscheinen und mit ihr zu reden wurde ihnen jedoch nicht gestattet. Ihr Anblick wurde verwehrt, um größere Ehrfurcht einzuflößen. Sie wohnte in einem hohen Turm, und ein von ihr dazu ausgewählter Verwandter überbrachte die Fragen und Antworten wie der Mittelsmann einer Gottheit« (Tacitus, Hist IV, 65). Bald darauf (im Jahre 70 n. Chr.) kaperten die Germanen in einem nächtlichen Überfall das Flaggschiff der röm. Rheinflotte, eine Trireme, und schleppten es als Geschenk für die V. zur Lippe hinauf. Der Kommandierende, Petilius Cerialis (der nicht gefangengenommen wurde, da er die Nacht bei einer Germanin an Land verbracht hatte), kannte und schätzte die Macht der V. jedoch ebenfalls, denn er forderte sie durch geheime Botschaften auf, dem Kriegsglück eine andere Wendung zu geben, wobei er ihr für Civilis und die Bataver die Begnadigung zusagte (Tacitus,

Hist V, 24); wie V. sich dabei verhalten hat, wissen wir nicht, da Tacitus' Bericht kurz darauf abbricht. Aus anderen Quellen wissen wir aber über das weitere Schicksal der V. Bescheid, denn in einem Gedicht des Papinius Statius (Silvae I, 4, 89) wird die gefangene V. im Jahre 77 erwähnt. Noch etwas später dürfte V. nach Italien deportiert worden sein und ihr Lebensende in einem Tempel der Stadt Ardea in Latium in Süditalien zugebracht haben; ein griechisches Spottgedicht auf einem kleinen Marmorfragment aus dieser Stadt ist nämlich auf V. gemünzt und erwähnt ihren Namen mit dem Zusatz »die lange, aufgeblasene Jungfrau, die die Rheinwassertrinker verehren«, so daß es sich wohl tatsächlich um die germanische Seherin handelt, die dort als Tempeldienerin ihr Leben beschlossen haben dürfte.

Der Name V. erinnert zwar lautlich an altnord. völva »Seherin«, ist aber wahrscheinlicher mit dem kelt. fili(d) »Dichter, Gelehrter« in Verbindung zu bringen; daß V. deswegen aber nicht als Name, sondern als Berufsbezeichnung zu betrachten sei (Guyonvarch), ist dennoch nicht sehr wahrscheinlich.

J. Weisweiler, Die Stellung der Frau bei den Kelten und das Problem des »kelt. Mutterrechts«, in: ZfceltPh 21, 1938–40; M. Guarducci, V., in: Rendiconti della Pontificia Accademia Romana di Archaeologia 21, 1945/46; J. Keil, Ein Spottgedicht auf die gefangene Seherin V., in: Anzeiger der österr. Akad. der Wiss., Phil.-histor. Kl. 84, Nr. 19, 1947; A. Wilhelm, Das Gedicht auf V., in: ebenda, Kl. 85, 1948; H. Krahe, Altgerman. Kleinigkeiten, 4. V., in: IF 66, 1961; C.-J. Guyonvarch, Notes d'étymologie et de lexicographie celtiques et gauloises 9, in: Ogam 13, 1961; W. Meid, Der german. Personenname V., in: IF 69, 1964; H. Volkmann, German. Seherinnen in röm. Diensten, 1964; R. Much, Die Germania des Tacitus, 31967; J. de Vries, ARG, 31970; H. Birkhan, GKAR, 1970.

N: Marmorstatue *Velleda* des franz. Bildhauers E. H. Maindron (1843/44, Paris); Zeichnung des Stuttgarter Malers K. Sigrist *V., die Prophetin der Brukterer*; F. de la Motte Fouqués Roman *Welleda und Ganna* (1818).
Oper *Velleda* des Königsberger Chordirektors E. Sobolewsky (1836).

Venus. Die römische Liebesgöttin V. wurde von den Germanen mit der Göttin Frîja (altnord. Frigg) identifiziert, wie die Übersetzung des → Wochentagsnamens dies Veneris zu »Tag der Frîja«, → Freitag, bezeugt.

Veratýr (altnord., »Tyr der Menschen«) ist ein Beiname Odins in den Grm 3 und den Thulur, der sich (wie etwa auch Aldafaðir) auf Odins Rolle bei der Erschaffung der Menschen (→ Anthropogonie) bezieht.

Vercana. Name einer Göttin auf zwei römerzeitlichen Votivinschriften, eine aus Bad Bertrich, die andere aus Ernstweiler bei Zweibrücken. Ob der Name keltisch oder germanisch ist, bleibt umstritten, im zweiten Fall ließe sich entweder an german. *werka, dt. wirken anknüpfen, oder an den Namen der b-Rune, altnord. bjarkan (dann V. für ein *Berkana); da die Birke eine Rolle in der Volksmedizin spielt, wäre diese Lösung semantisch ansprechend.

S. Gutenbrunner, Die german. Götternamen, 1936; M. Schönfeld, Wörterbuch der altgerman. Personen- und Völkernamen, [2]1965; H. Birkhan, GKAR, 1970.

Verdandi (altnord., »werdend«) heißt eine der drei → Nornen bei Snorri (Gylf 14) im Anschluß an die Vsp 20; es wird angenommen, daß V. – sicherlich ein junger Name – die Gegenwart verkörpern soll, während Urd für die Vergangenheit und Skuld für die Zukunft steht.
N: Als Werandi findet sich diese Norne in Klopstocks Ode *Skulda* von 1766.

Verr (altnord., »Mann«) ist eines der Synonyme für Riesen in den Thulur.

Vestri (altnord., zu vestr »Westen«) heißt ein Zwerg in der Vsp 11, der nach Gylf 7 den aus Ymirs Schädel gebildeten Himmel im Westen stützt, unterstützt von den Zwergen Austri, Nordri und Sudri an den anderen Haupthimmelsrichtungen.
Die Vorstellung könnte möglicherweise durch griechisches Ideengut beeinflußt sein, denn auch Atlas stützt das Himmelsgewölbe im Westen, die Vierzahl der Zwerge legt jedoch eher eine Verbindung mit den vier Engeln an den Weltenden in der Offenbarung des Johannes 7,1 nahe. Die Vorstellung von den den Himmel tragenden Zwergen geht jedoch auch im Norden nicht erst auf Snorri zurück, denn eine Kenning níðbyrðra Norðra »Last der Verwandten Nordris« für »Himmel« findet sich bereits im 10. Jh. in der Olafsdrápa des Hallfreðr vandræðaskáld (Str. 26). Daß im Altnord. auch die Stützbalken des Daches (also des Himmels des häuslichen Mikrokosmos) dvergar »Zwerge« genannt werden, ist zwar vermerkenswert, ob dabei wirklich ein Zusammenhang besteht, ist allerdings fraglich. Eine Darstellung der Zwerge, die den Himmel stützen, findet sich vermutlich auf einem Relief aus einem wikingerzeitlichen Grab in Haysham/England.

S. Gutenbrunner, Über die Träger des Himmelsgewölbes im german. Mythos, in: ARW 37, 1941/42; J. de Vries, ARG, [3]1970; L. Motz, On Elves and Dwarfs, in: Arv 29/30, 1973/74.

Vesuniahenae. Matronenname, der auf fünf römerzeitlichen Weiheinschriften belegt ist, von denen vier aus Vettweis (Kreis Düren) stammen; ob der Name der V. von einer frühen Form des Ortsnamens Vettweis (älter Wisse) abgeleitet ist, scheint fraglich; auch keltische Herkunft ist nicht auszuschließen.

M. Ihm, Der Mütter- oder Matronenkultus und seine Denkmäler, in: Bonner Jahrbücher 83, 1887; S. Gutenbrunner, Die german. Götternamen, 1936.

Veterahenae. Matronenname, zweimal in Embken belegt, Nebenform zu → Veteranehae.

S. Gutenbrunner, Die german. Götternamen, 1936.

Veteranehae. Matronenname. Den Matronis Veteranehis sind sieben Inschriften auf Weihesteinen aus Embken und Wollersheim (Kreis Düren) gewidmet, dazu kommen zwei Denkmäler mit der Namensvariante Veterahenae und drei mit Vataranehae aus demselben Gebiet, womit ein Kultzentrum in Embken zu postulieren ist; vier der Inschriften mit den V. stammen noch dazu von Stiftern aus derselben Familie. Eine weitere, neugefundene Inschrift, von der nur Veter ... erhalten ist, fällt aus dem Fundgebiet der anderen Steine hinaus (Rommerskirchen, Kreis Neuß), wurde aber als Baustein verwendet und kann also auch aus Embken stammen.
Die Verbindung des Namens mit veteranus »Veteran« ist unwahrscheinlich; Gutenbrunner schlug die Form Vataranehae als richtige vor und stellte den Namen zu german. *watar- »Wasser«, da zahlreiche Matronennamen von Flußnamen abgeleitet sind. Die größere Häufigkeit der Form auf Veter- macht diese Deutung allerdings eher unwahrscheinlich, und es ist wohl eine Ableitung von einem Lagernamen Castra Vetera anzunehmen.

S. Gutenbrunner, Die german. Götternamen, 1936; M. Clauss, Neue Inschriften im Rhein. Landesmuseum Bonn, in: Epigraph. Studien 11, 1976.

Véthormr (altnord. Véþormr »Beschützer des Heiligtums«?) könnte im Hinblick auf den Thorsnamen Véurr ebenfalls ein Name für den Gott Thor sein; der Kontext, in dem der Name vorkommt (Egill, Arinbjarnarkviða 19: vinr Véþorms »Freund des V.« = Arinbjörn), läßt jedoch jede Möglichkeit offen.

J. de Vries, ARG, [3]1970.

Vetr (altnord., »Winter«) ist in den Vm 27 (und dann auch bei Snorri, Gylf 18) eine rein literarische Personifizierung des Winters, dessen Vater hier Vindsvalr genannt wird. In der eigentlichen Mythologie gab es keinen »Winter« als mythische Person.

Véuðr oder Véoðr (altnord.) wird in den Thulur als Name des Gottes Thor genannt, ist möglicherweise aber nur eine Variante zu → Véurr.

Véurr (altnord., »Wächter des Heiligtums«?) heißt Thor in der Hym (11, 17, 21), in der Vsp wird er als Midgards V. »Beschützer der Welt« (?) bezeichnet. Die Etymologie des Namens ist umstritten, wahrscheinlich ist er aus einem *vé-vörr oder *vé-vörþr (zu vé »Heiligtum« und verja »schützen«) herzuleiten; dagegen ist die Entstehung aus *wihiþonraR »Weihe-Thor« (Krause) abzulehnen, da auch die anderen Belege für Thor als Weihegott höchst fraglich sind.

W. Krause, Vingþorr, in: ZfdA 64, 1927; E. Marold, »Thor weihe diese Runen«, in: FmSt 8, 1974; J. de Vries, Altnord. etymolog. Wörterbuch, Leiden [2]1977.

Víð oder Víl (altnord. Víð »die Breite« oder Víl »Not«?) heißt einer der mythischen Flüsse im Flußkatalog der Grm 28; bei Snorri (Gylf 3) ist V. einer der Flüsse Élivágar, die aus der Quelle Hvergelmir entspringen.

A. M. Sturtevant, Etymolog. Comments Upon Certain Old Norse Proper Names in the Eddas, in: PMLA 67, 1952.

Víðarr (altnord., »der weithin Herrschende«) ist einer der Asen und tritt vor allem als Rächer Odins am Wolf Fenrir hervor (Vsp 55; Vm 53; Grm 17); daß er ein Sohn Odins ist, erwähnen nur die Thulur, bei Snorri wird er als Sohn der Riesin Gríðr bezeichnet (Skaldsk 18). Als V.s Wohnsitz nennt Grm 17 Víðarsland oder Viði, und V. gehört mit Vali, Móði und Magni zu der Generation von Göttern, die nach dem Untergang der alten Götter zu den Ragnarök in der neuen Welt leben werden.

Snorri nennt V. den »schweigsamen Gott. Er hat den starken Schuh; nach Thor ist er der Stärkste und die Götter verlassen sich auf ihn in allen Schwierigkeiten.« (Gylf 28). Die Erwähnung des Schuhs bezieht sich auf ein bei Snorri (Gylf 50) im Rahmen der Ragnarökereignisse erzähltes Märchen: »Der Wolf verschlingt Odin, der so ums Leben kommt; aber gleich kommt V. vor und tritt mit einem Fuß auf den Unterkiefer des Wolfs. An diesem Fuß trägt er den Schuh, der seit dem Beginn der Welt gemacht worden war; er besteht aus den Lederstreifen, welche die Menschen bei ihren Schuhen vorn oder an den Fersen abschneiden; darum soll jeder, der den Asen helfen will, diese Streifen wegwerfen. – Dann nimmt V. mit einer Hand den Oberkiefer und zerreißt ihm den Rachen, woran er stirbt.« Ein ähnliches Fragment des Volksglaubens überliefert Snorri auch beim Schiff Naglfar.

V. wird in der Skaldendichtung nicht erwähnt, und man hat daher in ihm auch schon eine rein literarische Gestalt der mythologischen Eddadichtung (Vsp, Vm, Grm, Ls) sehen wollen. Ob die seltenen Ortsnamen in Norwegen, Virsu (aus Víðarshof) und Viskjøl (aus Víðarsskjálf) beweisen können, daß es in der heidnischen Spätzeit auch zu einem V.-kult gekommen ist, bleibt fraglich, eine alte Gottheit ist V. sicherlich nicht.

Eine Interpretation der Reliefs auf den Steinkreuzen aus Gosforth (Nordengland) und Kirk Andreas (Insel Man), beide aus der Zeit um 900, hat in der Darstellung des einen Wolfsrachen zerreißenden Mannes V. sehen wollen, es kann sich dabei jedoch genauso gut um Christus handeln, denn die Wikingerzeit ließ eine Vermischung von heidnischen und christlichen Traditionen zu (→ Thors Fischzug, → Interpretatio christiana).

J. de Vries, ARG, [3]1970; A. Holtsmark, V., in: KLNM 19, 1975.

N: K. Ehrenberg, *Tyr und Heimdall, Widar und Ullr* (Zeichnung 1882).

(Sonstiges) »Widar: Deutschgläubige Gemeinde« nannte sich auch eine der sogenannten neugermanischen Glaubensbewegungen um 1935.

Víðbláinn (altnord., »der Weit-Blaue«) heißt bei Snorri (und in den Thulur) der dritte Himmel, wo sich laut Snorri die Halle Gimlé befindet und wo Lichtalben (= Engel?) wohnen (Gylf 16). Das ganze Konzept ist christlich; zu Snorris möglicher Quelle vgl. → Andlangr.

Víðblindi (altnord., »der sehr Blinde«?) heißt ein Riese in der Skaldendichtung; Snorri erklärt die bei Hallar-Stein vorkommende Kenning »V.s Eber« = »Wale« folgendermaßen: »Wale werden hier V.s Eber genannt; er war ein Riese und angelte auf dem Meer Wale wie Fische.« (Skaldsk 44). Diese Erklärung der Kenning durch Snorri ist offensichtlich unzureichend, aber sonst wird V. nirgends erwähnt. Der einzige Riese der Götterdichtung, der Wale fängt, ist Hymir in der Erzählung von Thors Fischfang, aber daß er V. genannt würde, ist nirgendwo belegt.

Viddi (altnord.) heißt ein Riese beim Skalden Egill Skalagrímsson und in den Thulur; die Bedeutung des Namens ist unsicher, falls man Víddi lesen dürfte, wäre vielleicht »der Weite = Dicke« denkbar.

Viðfinnr (altnord., »der Gegen-Finne«?, eher »der Finder«) heißt in einem bei Snorri (Gylf 10) erzählten ätiologischen Märchen vom Bild im Mond der Vater von Bil und Hjuki; → Máni.

Víðgrípr (altnord., »der weit Greifende«) ist der Name eines Riesen in den Thulur.

Viðofnir (altnord.) ist ein Hahn in den Fjm (18, 24, 25), der in den Zweigen des Baumes Mimameiðr in Menglöðs Behausung sitzt und dessen Fleisch allein die Wachhunde davor besänftigen kann. Für den Namen V. bieten sich verschiedene Deutungen an; möglich wäre bei Annahme eines víð-: víðopnir »der weit Schreiende« (Jónsson), bei Lesung als Viðófnir »der Baumglüher« (zu váfa »flackern«: Bergmann) oder »Baumtreter« (aus Við-þófnir: Olsen).

F. W. Bergmann, Vielgewandts Sprüche, 1874; J. de Vries, Altnord. etymolog. Wörterbuch, Leiden [2]1977 (mit älterer Literatur).

Viðólfr (altnord.) → Vittólfr.

Viðr (altnord. viðr »Baum«) heißt ein Zwerg in den Thulur.

Viðrir (altnord., »Wetter-Gott«) ist ein Odinsname in der Ls 26, HH I 13, sowie etliche Male in der Skaldendichtung; auch Snorri (Gylf 2) führt den Namen an, und in den Fornaldarsögur tritt Odin verschiedentlich darunter auf. Odin ist natürlich nicht der eigentliche Wettergott der nordischen Mythologie, beeinflußt das Wetter aber durch Magie (vgl. Rm 16 Pr).

H. Falk, Odensheite, Kristiania 1924.

Viðurr (altnord.) ist ein Beiname Odins in den Grm 49 und ist seit Bragi im 9. Jh. einige Male in der Skaldendichtung belegt, bei Bragi könnte V. allerdings ein Zwergenname sein.
Die Bedeutung des Odinsnamens V. ist nicht ganz klar: entweder »Töter« (zu viða), oder aber zu einem Völkernamen Wederas oder Weder-Geatas, womit V. ein eponymer Stammvater dieses gautischen Stammes wäre.

H. Falk, Odensheite, Kristiania 1924; J. de Vries, Altnord. etymolog. Wörterbuch, Leiden [2]1977.

Vigglöð (altnord., »die Kampfesfrohe«) heißt eine Riesin in den Thulur.

Viggr (altnord.) heißt ein Zwerg in der Vsp 12 (in der Mehrzahl der Manuskripte jedoch → Veigr). Etymologisch ist eine Verbindung mit vigg »Pferd« – also dann »der mit dem wakkelnden Gang« – wahrscheinlicher als mit norweg. vigg »Teil der Axt«.

C. N. Gould, Dwarf-Names in Old Icelandic, in: PMLA 44, 1922; J. de Vries, Altnord. etymolog. Wörterbuch, Leiden [2]1977.

Vígríðr (altnord., »Platz, auf dem der Kampf wogt«) heißt laut Vm 18 der Kampfplatz, auf dem zu den Ragnarök Surtr (und seine Unterweltsmächte) gegen die Götter zum Endkampf antreten wird.

Vihansa. Name einer german. Göttin. Auf einer Bronzetafel aus Tongern in Belgien findet sich eine Inschrift, in der ein Centurio der III. Legion dieser V. Schild und Speer weiht; man stellt den Namen daher zu german. *wīhan »kämpfen« und sieht in V. eine Kampfgöttin; allerdings wäre auch die Ableitung von german. *wīhan »weihen« durchaus möglich.

S. Gutenbrunner, Die german. Götternamen, 1936; J. de Vries, ARG, [3]1970.

Víkarr (bei Saxo Wicarus), ein sagenhafter norweg. König, starb der Sage nach in einem Opfer an Odin, welches aber ursprünglich nur ein Scheinopfer hätte sein sollen.
Die Erzählung von diesem Opfer ist sowohl in der altnord. Gautreks saga und dem darin überlieferten Gedicht Víkarsbálkr als auch, nur unwesentlich abweichend, bei Saxo (Gesta Dan. VI, 184) erhalten.
Laut Gautreks saga waren V. und sein Blutsbruder Starkaðr auf einer Wikingerfahrt in eine Flaute geraten; als letzten Ausweg losten sie einen von ihnen aus, der geopfert werden sollte, wobei das Los auf V. fiel. Das Opfer sollte nur als Scheinopfer ausgeführt werden, und Starkaðr knüpfte eine Schlinge, befestigte sie an einem dünnen Zweig und legte sie V. um den Hals; Starkaðr schlägt dann mit einem Schilfrohr, das er

von Odin bekommen hatte, nach dem König. Plötzlich aber wird der Zweig zum starken Ast, die Darmschlinge zum festen Strick und das Schilfrohr zu einem Speer, so daß V. gleichzeitig gehenkt und durchbohrt wird.
Saxos Darstellung weicht nur geringfügig davon ab, allerdings verwehrt er sich ausdrücklich gegen die Erzählung von der Verwandlung des Darms und führt V.s Tod rationalisierend auf den zu festen Knoten in der Schlinge zurück; auch tötet hier Starkaðr V. mit einem Schwert.
Die Form dieses Opfertods durch Hängen und Durchbohren ist eng mit der von → Odins Selbstopfer verwandt und ist schon dadurch als Odinsopfer gekennzeichnet. V. war bereits vorher durch eine Prophezeiung dem Odin verfallen, in dieser Opferhandlung vollzog sich also sein Schicksal, und der Heimgang zu Odin wird in der Gautreks saga von Starkaðr sogar verbalisiert: »Nun gebe ich dich dem Odin«. Auch der Name V. weist, wie Höfler gezeigt hat, auf die Gottgeweihtheit V.s hin, da er zu vé-/vi- »heilig« und -kárr »Haar« gestellt werden kann, was auf die sakrale Bedeutung des (langgewachsenen) Haars in der Odinsweihe verweist.

P. Herrmann, Die Heldensagen des Saxo Grammaticus, 1922; O. Höfler, German. Sakralkönigtum, 1952.

Vili (altnord., »Wille«) und Vé sind Odins Brüder, diese drei Götter sind nach Snorris Schöpfungsgeschichte (Gylf 5) die ersten Götter und sind die Söhne des mythischen Ahnherren Borr mit der Riesin Bestla. In der Ynglinga saga 3 sind es V. und Vé, die während → Odins Verbannung die Herrschaft über die Asen übernehmen und gemeinsam Odins Frau Frigg zur Frau nehmen, bis Odin zurückkehrt; darauf spielt wohl auch die Ls 26 an, wo erwähnt wird, daß Frigg Odin mit V. und Vé betrogen habe. Als V.s Bruder wird Odin auch in der Skaldendichtung bezeichnet (Thjóðólfr, Ynglingatal 3; Egill, Sonatorrek 23).
Die Trias der Borrssöhne Odin, V. und Vé entspricht auch einer Göttertrias im → Abstammungsmythos (→ Kosmogonie, → Anthropogonie) der Germanen, den Tacitus berichtet: Mannus, der Sohn des Tuisto, sei der Vater von drei Brüdern gewesen, die den drei germanischen Völkern der Ingaevonen, Istaevonen und Hermionen den Namen gegeben hätten; die Tatsache, daß auch bei Odin, V. und Vé zur Zeit der Entstehung dieser Genealogie der Stabreim durch das anlautende W. in Wodan/Odin noch erhalten war, erlaubt die Datierung auf urgermanische Zeit.

F. R. Schröder, German. Schöpfungsmythen, in: GRM 19, 1931; J. de Vries, ARG, 31970; E. F. Halvorsen, Vé, in: KLNM 19, 1975.

Víli (altnord.) heißt ein Zwerg in der Vsp 13; → Fíli, → Heptifíli.

Vilmeiðr (altnord., Bedeutung ungeklärt: meiðr »Baum, Balken«, der erste Wortteil wie in Vilhjálmr u. ä.). Nach der Völuspá in skamma (Hdl 33; Gylf 4) ist V. der mythische Ahnherr aller Zauberer; ob der Name dazu in semantischer Beziehung steht, ist möglich, muß aber offenbleiben.

Vimur (altnord., »der Sprudelnde«? vgl. Geirvimul) heißt ein mythologischer Fluß, der in der Skaldendichtung (z. B. Ulfs Húsdrápa 6) und in den Thulur genannt wird und der auch in Snorris Erzählung von Thors Fahrt nach → Geirröðargard (Skaldsk 18) vorkommt; hier muß Thor diesen reißenden Fluß durchwaten, der durch den Urin der Riesentochter Gjálp mächtig anschwillt, und kann sich nur durch den Ast einer Esche retten. Die Strophe bei Ulfr könnte vielleicht nahelegen, daß V. einer der Namen für den Grenzfluß zwischen Menschen und Riesen war.

Vin (altnord.) heißt einer der (mythischen?) Flüsse im Flußkatalog der Grm 27; vielleicht identisch mit → Vína.

Vína (altnord., die Dwina in Rußland) heißt einer der Flüsse im mythologischen Flußkatalog der Grm 28 und in den Thulur.

Vindálfr (altnord., »Windalbe« oder »der krumme Zwerg«) heißt ein Zwerg in der Vsp 12 und in den Thulur.

Vindkaldr (altnord., »Windkalt«) nennt sich der Held Svipdagr in den Fjm 6 in seinem Wissenswettstreit mit dem Bewacher der Menglöð; als dichterische Ausgestaltung sind auch die hier genannten Namen seines Vaters und Großvaters, Várkaldr und Fjöllkaldr, zu werten.

Vindlér oder Vindhlér (altnord.) ist ein Beiname des Gottes → Heimdall (Skaldsk 8, Háttatal 7), der entweder »der gegen den Wind Schützende« (zu hlé »Lee, Schutz«) oder »Wind-Meer« (zu Hlér = Ägir = Meer) bedeutet; welche Beziehung der Name zu der Rolle des Gottes Heimdall hat, ist völlig unklar.

Vindljóni (altnord.) ist laut Snorri (Gylf 18) ein Name für → Vindsvalr, den Vater des Winters.

Vindr (altnord., »Wind, Sturm«) ist ein Riese in den Thulur. Bei Snorri (Skaldsk 26) wird er als Sohn des Fornjótr und Bruder von Ägir und Eldr bezeichnet. In den ansonsten überlieferten Genealogien des Fornjótr heißt dieser Sohn jedoch Kari (»Wind, Bö«), so daß V. als Sohn des Fornjótr wohl nur eine Kreation Snorris aus einem Synonym für Wind anstelle Karis darstellt.

Vindsvalr (altnord., »der Wind-Kühle«) heißt in den Vm 27 und bei Ormr Steinþórsson und danach auch bei Snorri (Gylf 18, Skaldsk 27) der Vater des Winters, was nicht viel mehr als eine poetische Ausschmückung des mythologischen Gebäudes ist. In den Thulur wird V. unter den Riesen angeführt. Snorri nennt auch noch Vindljóni als synonymen Namen für V.

Vingnir (1) (altnord.) wird in den Thulur unter den Odinsnamen angeführt. Der Name ist nicht befriedigend geklärt, möglich wäre »der seine Waffe schüttelnde Gott«, was auf Odin wie auf Thor passen könnte, wobei jedoch die Ähnlichkeit mit dem Thorsnamen Vingthor auffallt.

J. de Vries, Altnord. etymolog. Wörterbuch, Leiden [2]1977.

(2) (altnord.) ist ein Name für Thor (in den Thulur), und entweder ebenso zu deuten wie V. (1), oder aber von → Vingthor abgeleitet.
Im Prolog zu seiner Edda nennt Snorri V. im Stammbaum Thors unter einer ganzen Reihe von Thorsnamen, hat ihn also ebenfalls mit Thor identifiziert. In Skaldsk 4 dagegen nennt Snorri V. den Ziehvater Thors, womit entweder eine uns sonst nicht bekannte mythologische Gestalt gemeint ist, was nicht sehr wahrscheinlich ist, oder aber nur Odin → Vingnir (1).
(3) (altnord.) heißt ein Riese in der Haustlöng 19 und in den Thulur.

Vingólf (altnord., etwa: »das freundliche Haus«) heißt laut Snorri (Gylf 13) das schöne Gebäude in Asgard, das als Tempel der Asinnen diente. Dagegen erwähnt er (Gylf 19), daß sich die im Kampf Gefallenen und von Odin Heimgeholten nicht nur in Walhall, sondern auch in V. aufhalten werden.
Braune meint, das offensichtlich erst von Snorri erfundene Wort sei eigentlich Víngólf »Weinhaus« zu lesen und sei nur ein anderer Name für Walhall; diese Änderung ist aber gar nicht notwendig, denn »Halle der Freunde« oder auch »Halle der Liebenden« reicht als Deutung für den Ort, wo das Kriegerparadies der Einherier liegt, völlig aus.

W. Braune, V., in: PBB 14, 1889; F. Jónsson, V., in: ANF 6,1890; F. Kauffmann, V., in: ZfdA 36, 1892;

N: F. G. Klopstock, *Wingolf* (Ode, 1762); davon die dt. Studentenverbindung *Wingolf* in Prag (seit 1848).

Vingthor (altnord. Vingþórr »Kampf-Thor«?) wird Thor in der Thrk 1, den Alv 6 und in den Thulur genannt. Die Deutung des Namens ist umstritten; die Deutung als »Fessel-Thor, Weihe-Thor« (zu *u̯eik- »fesseln, weihen«: Krause) ist sprachlich wie sachlich unhaltbar; am wahrscheinlichsten ist »Kampf-Thor« (zu vega »kämpfen«, vgl. lat vincere), womit V. bedeutungsgleich zum runischen → wigithonar zu stellen ist.
Wenn Snorri in der gelehrten Urgeschichte im Prolog seiner Edda einen Ving(e)þórr als Sohn eines Einriði, Enkel eines Lóriði (= Hlóriði) und Vater eines Vin-

gener (= Vingnir) nennt, beweist dieser Stammbaum, der ausschließlich aus Thorsnamen besteht, daß Snorri auch V. als solchen verstand.

A. Kock, Etymolog.-mytholog. Untersuchungen, in: IF 10, 1889; W. Krause, Vingþorr, in: ZfdA 64, 1927; E. Marold, »Thor weihe diese Runen«, in: FmSt 8, 1974; J. de Vries, Altnord. etymolog. Wörterbuch, Leiden [2]1977.

Víparr (altnord.) heißt ein Riese in den Thulur; der Name bedeutet am wahrscheinlichsten »der Borstige« (vgl. norweg. vipa »Granne, Borste«), wogegen »der sich Bewegende« (Jónsson) nicht überzeugend wirkt.

F. Jónsson, Þulur, in: APhSc9, 1934.

Viradecdis (Nebenformen Viradestis, Viratehtis, Virodact(h)is). Name einer Göttin auf einer römerzeitlichen Weiheinschrift aus Vehten (CIL XIII 8815). Zwar stammt diese Inschrift und jene mit Virodactis von german. Boden, der Name selbst (zu ir. ferdaht »Männlichkeit«) weist aber auf eine keltische Göttin.

S. Gutenbrunner, Die german. Götternamen, 1936; J. de Vries, ARG, [3]1970; H. Birkhan, GKAR, 1970.

Viradesthis. Name einer Göttin auf einer römerzeitlichen Weiheinschrift von Birrens/Nordengland (CIL VII 1073); → Viradecdis.

Viratehtis. Name einer Göttin auf einer römerzeitlichen Weiheinschrift von Strée-lez-Huy/Belgien: D(eae) Viratehti Superina Supponis; → Viradecdis.

Thes. Pal. 1984.

Virodact(h)is. Name einer Göttin auf zwei römerzeitlichen niederrhein. Weiheinschriften aus Mainz (CIL XIII 6761) und aus Trebur; → Viradecdis.

Virvir, auch Virfir und Virpir (altnord.) heißt ein Zwerg in der Vsp 15 und in den Thulur. De Vries sieht V. mit dem ebenfalls unklaren Seekönigsnamen Virfill als Phalluswort an. Gould deutet ihn (mit Entlehnung aus dem Altfries.) als »Färber«.

C. N. Gould, Dwarf-Names, in: PMLA 44, 1929; J. de Vries, Altnord. etymolog. Wörterbuch, Leiden [2]1977.

Visna heißt eine kriegerische Königin bei Saxo (Gesta Dan. VIII, 256f.); → Alvilda.

Vitazgjafi (altnord., »der sicher Gebende«) heißt ein Acker auf Island in der Víga-Glúms saga (7ff.), »weil er niemals unfruchtbar war«. Da sich in der Nähe angeblich ein Freyr-Tempel befand, hat man in V. einen Freysakr, also einen dem Freyr geweihten Acker sehen wollen, wie sie durch festlandskandinavische Ortsnamen belegt sind; der Acker habe also deswegen unfehlbar Frucht getragen, weil er dem Fruchtbarkeitsgott geweiht war. – Man sollte aber den Quellenwert solcher Anekdoten nicht überschätzen, die zur romantischen Rückbesinnung auf die heidnische Vergangenheit im hochmittelalterlichen Island gehören.

A. Holtsmark, V., in: MoM, 1933; J. de Vries, ARG, [3]1970.

Vitolfus (mittellat.) → Vittólfr.

Vitr (altnord., »der Kluge«) heißt ein Zwerg in der Vsp 12 und in den Thulur.

Vittólfr (altnord.) heißt der Ahnherr der Weissager und Seher laut Völuspá in skamma (Gylf 4), in der Hdl 33 lautet der Name Viðólfr, also »Waldwolf«. Vitt bedeutet jedoch »Zauberei, Zaubergegenstand«, was hier offensichtlich zutreffender wäre. Bei Saxo (VII, 219) findet sich ein zauberkundiger Vitolfus, der vielleicht mit V. zu identifizieren ist.

H. Gering, Kommentar, Bd. 1, 1927.

Vlauhinehae. Matronenname, → Ulauhinehae.

Vocallinehae. Matronenname. Eine Nebenform zu → Vacallinehae, was dadurch bestätigt wird, daß auch die sieben Inschriften mit diesem Namen aus dem Kultbezirk in Pesch stammen.

S. Gutenbrunner, Die german. Götternamen, 1936.

Vôden → Woden.

Völsi (altnord., »Penis«) ist ein Pferdeglied, über dessen kultische Verehrung in der Óláfs saga hins helga eine Episode überliefert ist, der sogenannte Völsa þáttr (»Geschichte vom V.«). König Olaf (der Heilige) hört von noch heidnischen Bauern; dazu gehören auch ein nordnorweg. Bauer mit Frau, Sohn und Tochter; als eines Herbsts der Hengst des Bauern eingeht, verspeist die Familie (nach guter heidnischer Tradition) sein Fleisch, der Knecht aber schneidet dem Pferd das Glied ab und will es wegwerfen. Die Bäuerin meint jedoch, man solle nichts Nützliches umkommen lassen, und wickelt es in Leinen und → Lauch und andere Kräuter, damit es nicht verdirbt, und das Glied wächst weiter, bis es allein neben der Bäuerin stehen kann, die ihren ganzen Glauben an diesen »V.« hängt. Allabendlich wird der V. reihum gegeben, und jeder spricht eine Strophe darüber, die mit dem Kehrvers endet: þiggi Mörnir (Maurnir) þetta blœti (»Nimm an, Mörnir, dieses Opfer«), bis König Olaf eines Tages diesem heidnischen Irrglauben ein Ende macht.

Die verschiedenen bisherigen Deutungen des Völsa þáttr haben zu miteinander unvereinbaren Folgerungen geführt.

Ström hat eine der Unbekannten in der Geschichte vom V., den Namen Mörnir, als Plural von Marn aufgefaßt, welches in der Haustlöng 12 die Göttin Skaði bezeichnen könnte; das Opfer an die Mörnir richtete sich daher laut Ström an eine Mehrzahl von Fruchtbarkeitsgöttinnen, zu denen er die Disen zählt.

Turville-Petre hat darauf hingewiesen, daß Mörnir auch als

Schwertname bezeugt ist, so daß Mörnir ebenso wie V. nichts anderes als ein Phallus sei; da Freyr als Fruchtbarkeitsgott durch den Phallus charakterisiert wurde, sei auch das V.-Opfer an Freyr gerichtet.

Als unhistorisch und als Erfindung des 13./14. Jh. betrachtet in einer ausführlichen quellenkritischen Untersuchung Düwel die Geschichte vom V., die zur Gänze von einem hochmittelalterlichen Verfasser stamme, der selbst die bisher als alt betrachteten Elemente, die Namen V. und Mörnir, mehr oder weniger frei erfunden habe.

Selbst wenn Düwel nicht in jeder Beziehung Recht haben sollte, so ist doch Vorsicht geboten, bevor man aus der Geschichte vom V. einen alten nordischen Phalluskult rekonstruiert.

H. Rosén, Phallosguden i Norden, in: Antikvarisk Tidsskrift för Sverige 20, 1914; F. Ström, Diser, nornor, valkyrjor, Stockholm 1954; J. de Vries, ARG, [3]1970; K. Düwel, Das Opferfest von Lade und die Geschichte vom Völsi, 1971; E. O. G. Turville-Petre, Myth and Religion of the North, Westport 1975; G. Steinsland u. K. Vogt, »Aukin ertu Uolse ok vpp vm tekinn«. En religionshistorisk analyse av Vǫlsaþáttr i Flateyjarbók, in: ANF 96, 1981.

Völuspá (Vsp, altnord., »die Weissagung der Seherin«) ist sicherlich das berühmteste Götterlied der Lieder-Edda; die V. umfaßt 66 Strophen (davon 62 im Codex Regius, vier weitere in einer anderen Fassung in der Hauksbók, der zweiten Haupthandschrift) und hat die Form eines visionären Monologs; die ersten beiden Strophen sowie Strophe 28 und einige kürzere Anspielungen andernorts geben der Vision einen Rahmen, in dem eine riesische Seherin Odin Auskunft erteilt. Dennoch ist der Monolog weder didaktisch noch eigentlich episch, sondern setzt sich aus stark visuell wirkenden Einzelbildern zusammen.

Die älteste Handschrift der V., der Codex Regius, stammt aus der 2. Hälfte des 13. Jh., das Lied selbst ist allerdings wesentlich älter. Ob es nun zu Beginn des 10. Jh. (Jónsson) oder in der ersten Hälfte des 11. Jh. entstanden ist (Heusler), ein Terminus ante quem ergibt sich jedenfalls durch eine Entlehnung in der Þorfinnsdrápa des Arnórr Járlaskáld um 1065. Seit Nordal wird die V. meist in die religiöse Umbruchsstimmung und die Endzeiterwartungen knapp vor 1000 gestellt. Snorri in seiner Prosaedda hat nicht nur zahlreiche Strophen der V. zitiert und sie ausgiebig als Quelle für seine Mythographie benützt, sondern uns auch den Titel des Lieds überliefert.

Die V. berichtet von der Schaffung der Welt aus dem Urriesen → Ymir, von der Urgeschichte der Götter und der Menschen, von Riesen und Zwergen, vom ersten Krieg zwischen Asen und Wanen. Balders Tod leitet dann über zur Beschreibung der den Göttern und Menschen gefährlichen Mächte, worauf eine breite Schilderung der endzeitlichen

Ereignisse um die → Ragnarök folgt (Strophe 43–58). Doch das Verlöschen der Sonne, der Sturz der Götter und der vernichtende Weltbrand bedeuten kein endgültiges Ende: die letzten Strophen der V. schildern die Entstehung einer zukünftigen, besseren Welt.

Nicht nur vom Thema her, sondern auch bezüglich der darin enthaltenen Vorstellungen ist die V. ungemein reichhaltig. Daß dieses beeindruckendste aller Götterlieder nicht ausschließlich heidnisch-germanische Mythologie wiedergibt (so noch Müllenhoff), wurde bald festgestellt, doch auch eine Deutung, die das Lied vorwiegend als Produkt frühmittelalterlich-christlicher Vorstellungen sehen will (Meyer), wird der V. keineswegs gerecht. Nicht nur christliche, sondern auch indisch-iranisch-indoeuropäische Parallelen (Rydberg, Ström) ebenso wie persisch-manichäische (Reitzenstein, Schröder) hat man in der V. finden wollen. – Obwohl auch versucht worden ist, innerhalb des Liedes genau zwischen german. und christlichen Schichten zu scheiden (Olrik), kann dieser Weg nicht zu einer endgültigen Klärung der Quellen der V. führen. Nordal hat daher vorgeschlagen, das Lied, dessen Dichter vorwiegend einheimisches Material verarbeitet hat, als Einheit zu sehen, obwohl auch christliche Einflüsse sehr wahrscheinlich sind, wobei weder deren Umfang noch deren Vermittlungsweg geklärt sind. Diese Vorstellungen verschiedenster Herkunft in eine unvergängliche Form gegossen zu haben, ist das Verdienst eines einzelnen Dichters, auch wenn sein Werk vielleicht selbst für die heidnische Spätzeit nicht repräsentativ ist, sondern nur sein persönliches Bekenntnis in künstlerischer Form darstellt. Diese Einschränkungen dürfen bei der Verwendung der V. als Quelle für die germanische Mythologie nicht aus den Augen verloren werden. → Kosmogonie, → Kosmologie, → Balder, → Unterwelt, → Ragnarök, → Eschatologie.

Die Literatur über die V. und ihre vielen Einzelfragen ist fast unüberschaubar; im folgenden nur eine Auswahl wichtigerer und neuerer Arbeiten, die sich mit dem ganzen Lied befassen:

K. Müllenhoff, Über die V., 1883; V. Rydberg, Undersökningar i Germanisk Mythologie, 2 Bde., Stockholm 1886–89; E. H. Meyer, V. Eine Untersuchung, 1889; R. C. Boer, Kritik der V., in: ZfdPh 36, 1904; F. Jónsson, V., in: Skírnir 81, 1907; F. Niedner, Ragnarök in der V., in: ZfdA 49, 1908; R. Meissner, Zum Wortschatz der V., in: ZfdPh 43, 1911; E. Brate, V., in: ANF 30, 1914; A. Olrik, Ragnarök, 1922; S. Nordal, V., Reykjavík 1923 (dt.: 1980); A. Heusler, Die altgerman. Dichtung, 1923; R. Reitzenstein, Weltuntergangsvorstellungen, in: Kyrkohist. Årsskrift, 1924; E. Mogk, Zur Gigantomachie der V., Helsinki 1925; H. de Boor, Die relig. Sprache der V. und verwandter Denkmäler, in: Dt. Islandforschung, hg. von W. H. Vogt, Bd. 1, 1930; F. R. Schröder, German. Schöpfungsmythen, in: GRM 19, 1931; J. de Vries, Die V., in: GRM 24, 1936; S. Gutenbrunner, Über Vortragsregeln für die V., in: ZfdPh 77, 1958; F. T. Wood, The Transmission of the V., in: GR 34, 1959; J. de Vries, Altnord. Literaturgeschichte, [2]1964–67; H. A. Grahn, V., Versuch einer Deutung, in: Wirkendes

Wort 17, 1967; Å. V. Ström, Indogermanisches in der V., in: Numen 14, 1967; H. Dölvers, Text, Gliederung und Deutung der V., in: ZfdA 98, 1969; M. Lundgren, V., in: KLL 7, 1972; H. Klingenberg, Edda – Sammlung und Dichtung, 1974; H. Magerøy, V., in: KLNM 20, 1976; S. Nordal, The Autor of V., in: Saga-Book 20, 1978–79; L. Lönnroth, Iǫrð fannz æva né upphiminn: A Formula Analysis, in: Speculum Norrœnum. Studies G. Turville-Petre, Odense 1981; P. Schjødt, V. – cyclisk tidsopfattelse i gammelnordisk religion, in: Danske Studier, 1981; P. Schach, Some Thoughts on V., in: Edda. A Collection, Winnipeg 1983; R. Boyer, On the composition of V., ebenda; J. Jochens, *V.*: Matrix of Norse Womanhood, in: JEGPh 88, 1989; E. Mundal, Korleis endar eigentleg Voluspá?, (Festskrift til Finn Hødnebø) Oslo 1989; R. Simek, Warum sind V. und Merlínusspá in der Hauksbók überliefert?, in: Deutsch-Nordische Begegnungen, Odense 1991; J. McKinnell, V., in: MeScand 1993.

N: (Lit.) Nicht Übersetzungen, sondern Bearbeitungen der V. sind A. Oehlenschlägers *Volas Spaadom* (Gedicht in *Nordens Guder*, 1819) und H. W. v. Gerstenbergs *Gedicht eines Skalden* (1766), der die V. im 5. Gesang verwendete; in P. F. Suhms Erzählung *De tre Venner* (1775) dagegen singen die Fischer bei der Arbeit die V.!

Völuspá in skamma (altnord., »die kurze Völuspá«, »die kurze Weissagung der Seherin«) heißt eine Nachahmung der → Völuspá, die als Strophe 29–44 in der → Hyndluljóð eingelagert ist.

Daß die V.i.s. einmal unabhängig von der Hdl als eigenes Gedicht existiert hat, beweist auch Snorri, der sie in Gylf 4 noch unter ihrem eigenen Titel zitiert. Die Hdl stammt aus dem 13. Jh., viel älter ist aber auch die V.i.s. kaum, sie stammt wohl aus dem 12. Jh. Trotz wörtlicher Anleihen von der Vsp bleibt sie literarisch weit hinter dem Original zurück; sie bringt auch kaum einen kosmologischen Ablauf, sondern gibt vorwiegend Aufstellungen von Verwandtschaftsverhältnissen zwischen Göttern und Riesen. Neben Loki wird vor allem Heimdall besonders ausführlich behandelt (35–39), auf die Ragnarök aber wird nur kurz verwiesen, obwohl das Lied den Eindruck gibt, es sei eschatologisch angelegt. – Die Art der Darstellung setzt wohl bereits eine Reflexion über eine systematisierende Mythographie voraus und ist auch aus diesem Grund in die Zeit erwachenden wissenschaftlichen Interesses für die heidnische Mythologie im 12./13. Jh. zu stellen. Das Lied gibt – abgesehen vielleicht von der Genealogie der Riesen (32) – kaum Rätsel auf, sondern bestätigt nur mythologische Sachverhalte, die wir aus anderen eddischen Quellen kennen; dabei ist allerdings zu berücksichtigen, daß die V.i.s. selbst aus ebendiesen Quellen schöpft und daher allenfalls als sekundäre, nicht aber als parallele Quelle zu anderen Eddaliedern für die Mythologie in Betracht kommt.

J. de Vries, Altnord. Literaturgeschichte, [2]1964–67; H. Klingenberg, Edda-Sammlung und Dichtung, 1974.

Völva (altnord., »Wahrsagerin, Seherin«, eig. »Stabträgerin«) ist die altnord. Bezeichnung für eine Seherin. In der Edda sind es vor allem die Vsp und Bdr, wo der V. eine bedeutende Rolle als Seherin zukommt, in den Sagas tritt häufig eine V. als Zauberin auf und wird damit zur typischen Vertreterin des german. Heidentums in der mittelalterlichen skandinav. Literatur, die als Topos auch leichte Züge einer christlichen Dämonisierung der Seherinnen aufweist. → Seherinnen.

E. F. Halvorsen, V., in: KLNM 20, 1976; J. Quinn, The Gýgr, the V., the Ásynja and her lover: meetings with remarkable women in the eddic poetry, in: Treasures of the elder tongue, hg. von K. Burge, Melbourne, 1994, J. McKinnell, Encounters with Vǫlur, in: Old norse myths, literature and society, hg. von M. Clunies-Ross, Sydney 2003.

Vönd (altnord., »die Schwierige«) heißt einer der (mythischen?) Flüsse im Flußkatalog der Grm 28 und in den Thulur.

Vör (altnord., »die Vorsichtige«?) ist laut Snorri (Gylf 34) eine Göttin, »die so weise und vorsichtig ist, daß ihr nichts entgeht«; V. kommt sonst nur zweimal in der Skaldendichtung in Kenningar für »Frau« vor, ob sie aber wirklich eine Göttin war, und ob Snorris etymologische Deutung (zu vörr »vorsichtig«) stimmt, ist nicht sicher.

Vǫ́r → Var.

Vörnir (altnord., »der Vorsichtige«?) heißt ein Riese nur in den Thulur; lautgesetzlich entspricht V. dem Namen des indischen Gottes Varuṇa, wobei ein direkter Zusammenhang aber recht unwahrscheinlich ist; dagegen könnte V., falls er also nicht ein »gefallener« Gott ist, ein heros eponymos des Volkes der Varni (bei Jordanes) sein.

F. R. Schröder, Der Riese V., in: PBB West 84, 1962.

Volla (wohl statt Folla) wird eine Göttin im → Zweiten Merseburger Zauberspruch genannt. Sie wird sonst nirgends in dieser Form erwähnt, ist aber wahrscheinlich mit der skandinav. Göttin → Fulla gleichzusetzen. Vermutlich liegt in V. und dem im selben Spruch genannten Gott Phol eine südgerman. Entsprechung zum skandinav. Götterpaar Freyr und Freyja vor.

H. Gering, Der Zweite Merseburger Spruch, in: ZfdPh 26, 1894; E. Brate, Andra Merseburg-besvärjelsen, in: ANF 35, 1919; F. Genzmer, Die Götter, in: ANF 63, 1948; J. de Vries, ARG, [3]1970.

Votivgaben sind Weihegeschenke an eine Gottheit, die sowohl als Bitt- wie auch als Dankopfer gemeint sein können; für die Germanen ist der Brauch der Niederlegung von V. in Quellen oder Mooren seit der späten Bronzezeit archäologisch bestens belegt. Die Niederlegung an solchen unzugänglichen Stellen diente dem Zweck, die Gaben ausschließlich den Göttern vorzubehalten; dies konnte auch dadurch erreicht werden, daß man die V. vor der Niederlegung absichtlich unbrauchbar machte

oder zerbrach, um sie menschlicher Benützung zu entziehen; eine weitere typische Art von V., die sich noch weit in die christliche Zeit bis heute erhalten hat, ist die Nachbildung von Objekten in Miniaturform, um somit dem Inhalt der Bitte oder des Dankes auch plastisch Ausdruck zu verleihen.
Zu dieser letzten Gruppe zählen die etwa 100 goldenen Miniaturschiffchen aus einem Moor bei Nors in Jütland, die alle durch Sonnensymbole verziert sind und in einem irdenen Topf im Moor versenkt wurden (ca. 200–400 n. Chr.), und die zweifellos mit dem Wunsch für sichere Seefahrt zusammenhängen. Auch der Sonnenwagen von Trundholm war von vornherein ein reines Kultobjekt, das schließlich zerstört und begraben wurde. Die häufigsten V. sind aber Frauenschmuck und andere Gegenstände der weiblichen Privatsphäre, die wohl weiblichen Gottheiten dargebracht wurden; auch die german. Weihealtäre an → Matronen, die auf german. Gebiet nach römischem Vorbild in den ersten nachchristlichen Jahrhunderten gestiftet wurden, sind als Votivsteine zu bezeichnen und verdanken ihre Entstehung den Problemen und Wünschen des häuslichen Bereichs.

V. P. Glob, Kultbåde fra Danmarks bronzealder, in: Kuml, 1961.

Votivinschriften sind aus dem german. Altertum auf den römerzeitlichen rheinländ. Altären erhalten, in denen german. Götter und → Matronen angerufen werden. Die Form und der Ursprung dieser V. ist römisch, die Bittsteller aber und die von ihnen angerufenen Gottheiten germanisch.

De Vries, Jan (1890–1964) war Skandinavist und hat sich Zeit seines Lebens mit german. Mythologie beschäftigt. Neben vielen Einzelartikeln ist vor allem seine *Altgermanische Religionsgeschichte* (1935–37; 2. Aufl. 1956–57, Nachdruck 1970) als umfangreichste und beste neuere Gesamtdarstellung der german. Religion von Bedeutung. De Vries hat darin nicht nur versucht, die Religion der Germanen von den Anfängen bis ins Mittelalter auf breitester Basis aller bekannten Quellen darzustellen, sondern er setzt sich auch kritisch mit der gesamten älteren Forschung auseinander und ist um eine Synthese der verschiedenen Theorien bemüht. Dieses Werk ist bis heute als Standardwerk zur german. Mythologie anzusehen und erst durch die archäolog. Neufunde der letzten Jahrzehnte teilweise überholt.

***Vrindr** → Rindr.

W

Waberlohe (altnord. vafrlogi) ist ein Wall aus Flammen, der in der Heldendichtung den Wohnort einer Jungfrau umschließen kann und vom Helden durchquert werden muß, um zu ihr zu gelangen. In der Edda wird die W. in den Fjm 31f. und Sd 1 Pr ausdrücklich erwähnt, auch in den Skm 17f. muß Skírnir ein Feuer durchqueren, um zu Gerðr zu gelangen. Ein Bestandteil alter german. Mythologie ist die W. aber nicht.

Das Wort W. kommt als wæfrelieg auch im Altenglischen vor, und ist (laut Sahlgren) von dort entlehnt worden; die Vorstellung von der W. stammt aber ursprünglich wohl aus der gelehrten mittelalterlichen Literatur, wo ein undurchdringlicher Flammenwall, der das Paradies umgibt, häufig erwähnt wird und schon zu Anfang des 7. Jh. bei Isidor von Sevilla (Etymologiae: PL 82, 496) vorkommt. Da Isidors Werk zu den beliebtesten Nachschlagewerken des Mittelalters zählt, ist es nicht unwahrscheinlich, daß die Idee von ihm direkt übernommen wurde.

J. Sahlgren, Sagan om Frö och Gärd, in: NoB 16, 1928.

N: A. v. Heyden, *Siegfried in der W.* (Gemälde, 1888); R. Wagner, *Die Walküre* (Oper, 1866).

waelcyrge (angelsächs.) → Walküre.

Wagner, Richard (1813–83), deutscher Komponist, der durch seinen Opernzyklus *Der Ring des Nibelungen* der german. Mythologie zu einer ungeahnten Popularisierung verholfen hat. W.s Germanenbegeisterung und eigenwillige Bearbeitung der mythologischen Stoffe hat aber auch zu zahlreichen falschen Vorstellungen über die german. Mythologie geführt, die noch heute im Bewußtsein der Öffentlichkeit leben.

W.s Verwendung der Stabreimtechnik, die durchaus dem Stand der Erkenntnisse seiner Zeit entsprach und noch heute im gesungenen Vortrag ihre Wirkung hat, im gesprochenen Vortrag allerdings befremdet, vor allem aber die begeisterte Aufnahme und Vereinnahmung der Wagnerschen Kunst durch das nationalsozialistische Regime haben besonders in den Nachkriegsjahren zu einer ideologischen Tabuisierung der german. Mythologie geführt, die erst in jüngerer Zeit überwunden wurde.

W.s Beschäftigung mit german. Götter- und Heldensagen reicht bis in die 40er Jahre des 19. Jh. zurück, schon 1843 kannte er J. Grimms *Deutsche Mythologie* (1. Aufl. 1835). 1848 verfaßt er den Essay *Wibelungen/Weltgeschichte aus der Sage*, in welchem er Bezüge zwischen Zeitpolitik und der Nibelungensage herstellt; ins selbe Jahr fallen auch die ersten Arbeiten zu *Siegfrieds Tod*. 1850 entsteht der Dramenentwurf *Wieland der Schmied* nach K. Simrocks Bearbeitung der *Vilkina saga*. Ab 1851 wird F. H. v. d. Hagens Übersetzung der *Völsunga saga* (in: *Nordische Heldenromane*, Breslau 1814–28) zur Quelle von W.s Beschäftigung mit dem Nibelungenstoff. W. erwarb sich Kenntnisse des Altnordischen und verwendete während der Arbeit am Ring auch das Original der *Edda* und der *Völsunga saga.* Schon 1851 lag das vollständige Textbuch zu *Der junge Siegfried* (später: *Siegfried*) vor, bis 1852 war die Ringdichtung völlig fertiggestellt, deren Text W. 1853 als Privatdruck veröffentlichte. Zwischen 1853 und 1874 entstand dann die Musik zum Ring, der in der Endfassung aus dem »Vorspiel« *Das Rheingold* und den drei Opern *Die Walküre, Siegfried* und *Götterdämmerung* besteht.

W. hat mit dichterischer Freiheit weite Bereiche der ihm bekannten Helden- und Göttersagen gemäß seinen Ideen vom Nibelungenstoff umgestaltet. Erst er weist Wotan eine wesentliche Rolle in der Siegfriedsage zu, was eine Änderung der Grundstruktur bewirkt; der Tod Signys und die Rolle Odins sind W.s bedeutendste Erfindungen bezüglich des Stoffes, häufiger sind die Abweichungen in der Ausgestaltung: W.s recht derbes Walkürenbild, die Einführung der Riesen, die – wohl aus dem Stand der Forschung seiner Zeit zu entschuldigende – Verschmelzung von Loki mit dem Feuerriesen Logi, um nur einige zu nennen, die die Mythologie direkt betreffen. Aber gerade die W. geglückte dichterische Bearbeitung im Verein mit seiner beeindruckenden musikalischen Interpretation des Stoffes haben zu einer Verbreitung german. Götter- und Heldendichtung geführt, welche sämtliche anderen neuzeitlichen Aktualisierungen von Gestalten der german. Mythologie zusammen in den Schatten stellt.

W. Golther, Die sagengeschichtlichen Grundlagen der Ringdichtung, 1902; P. Herrmann, Einleitung (zu: Isländische Heldenromane. Thule 21) 1923; R. W., Mein Leben, hg. von M. Gregor-Dellin, 1976; D. Ingenschay-Goch, R. W.s neu erfundener Mythos, 1982; M. Gregor-Dellin, M. v. Soden, R. W., 1983; U. Müller, P. Wapnewski (Hg.), W.-Handbuch, 1986.

Wahrsagerinnen → Seherinnen.

Walhall (altnord. Valhöll »Halle der Gefallenen«) heißt der Wohnort Odins in Asgard, wo er die im Kampf gefallenen Krieger um sich schart.

Am ausführlichsten beschrieben wird W. in der Liste der Götterwohnungen in den Grm (8–10, 18–26) und im Anschluß daran von Snorri (Gylf 37–40). W. steht in dem Teil → Asgards, der Glaðsheimr heißt; die Halle ist mit Speeren und Schilden gedeckt, auf den Bänken darin liegen Brünnen. Die Walküren führen die gefallenen Helden (die Einherier) in diese Halle zu Odin, wo sie mit dem Fleisch des Ebers Sæhrímnir (den der Koch Andhrímnir im Kessel Eldhrímnir zubereitet) bewirtet werden; alle werden von seinem Fleisch satt, und er erneuert sich ständig. Dazu trinken die Einherier Met, der aus den Eutern der Ziege Heiðrun fließt, welche auf dem Dach von W. steht und wie der Hirsch Eikthyrnir vom Laub des

Baumes Læraðr (= Yggdrasill?) äst. Odin aber trinkt nur Wein, mit seinem Essen füttert er die Wölfe Geri und Freki. – Ein Tor von W. heißt Valgrind (vielleicht das, durch welches die Gefallenen einziehen?), davor befindet sich ein Wolf, darüber schwebt ein Adler. Die Einherier kämpfen den ganzen Tag miteinander, am Abend aber sind alle wieder lebendig und sitzen trinkend beisammen (Vm 41) – was einen Eindruck davon vermittelt, wie sich wikingerzeitliche Krieger das Paradies vorstellten. Zu den Ragnarök aber werden die Einherier ausziehen – je 800 durch jedes der 540 Tore von W. – und werden an der Seite der Götter gegen Fenrir und die Mächte der Unterwelt kämpfen.

Diese poetische Ausgestaltung des Kriegerparadieses in den Grm geht zweifellos nicht in allen Details auf Vorstellungen des Volksglaubens zurück, dennoch finden sich einige Elemente schon in skaldischen Gedichten des 9. und 10. Jh.: in Þórbjörn Hornklofis Hrafnsmál (der schildgedeckte Saal), in Eyvinds Hákonarmál und in den Eiríksmál.

Große Aufmerksamkeit hat M. Olsens provokative These erregt, die immerwährend kämpfenden Krieger und die 540 Tore von W. seien die zum Mythos hochstilisierte Reminiszenz an die Erfahrungen eines skandinavischen Reisenden an das Kolosseum mit den Gladiatoren in Rom. Wenn diese Erinnerung auch jedenfalls nicht die Basis für den nordischen W.mythos war, so ist sie als mögliches Element bei der späteren poetischen Ausgestaltung doch nicht unbedingt zu verwerfen. – Die Zahl von 800 mal 540 = 432 000 Einheriern der Grm ist möglicherweise auf hellenist. Einfluß zurückzuführen, und nicht eine konkrete Zahlenvorstellung von irgendeinem Symbolwert; auch ist es keineswegs sicher, ob die Zahl überhaupt stimmt und ob in den Grm nicht etwa Großhunderte (= 120) gemeint sind.

Das altnord. Valhöll (dt. Walhalla erst bei H. Schütze 1750) geht auf valr »die am Schlachtfeld Gefallenen« und höll »Halle« zurück und wurde wenigstens in der heidnischen Spätzeit als »Halle der Gefallenen« aufgefaßt; allerdings tragen auch einige Berge in Südschweden den Namen Valhall, die im Volksglauben als Aufenthaltsort der Toten, als Totenberg galten. Vielleicht ist der W.glaube also aus der Vorstellung vom Weiterleben der Toten in Hügeln und Bergen entstanden (→ Grabhügel), so wie es Sagas des 13. Jh. beschreiben, wo Tote in Bergen bei ihren Vorfahren feiernd erblickt werden (Gisla saga 11, Eyrbyggja saga 11, Njáls saga 14); in diesem Fall wäre es also möglich, daß valhöll nicht auf höll »Halle«, sondern auf hallr »Fels« zurückgeht.

Der Ursprung der Vorstellung ist aber auf jeden Fall noch älter als der Name: am Anfang stand das von Leichen übersäte Schlachtfeld, von dem die Totendämonen (Walküren) die Gefallenen zu einem Totengott führen; zur Ausgestaltung, ob nun als Wohnort im Berg oder als himmlische Trinkhalle, kam es erst sekundär.

A. Schullerus, Zur Kritik des altnord. Valhollglaubens, in: PBB 12, 1887; G. Neckel, W., 1913; E. Mogk, W., in: Hoops 4, 1918-19; A. Anderson, Das altnordische Paradies, in: Mannus 24, 1931; M. Olsen, Vallhall med de mange dörer, in: APhSc 6, 1931/32; O. Höfler, Kult. Geheimbünde der Germanen, 1934; E. O. G. Turville-Petre, Myth and Religion of the North, New York 1964; E. Marold, Das W.bild in den Eiríksmál und den Hákonarmál, in: Mediaeval Scandinavia 5, 1972; E. F. Halvorsen, Valhall, in: KLNM 19, 1975.

N: W. hat in der Neuzeit die Bedeutung einer Versammlung auserwählter Toter oder einer Ehrenhalle für diese angenommen; eine solche ist auch die von L. v. Klenze 1830–47 für Ludwig I. von Bayern erbaute *Walhalla* bei Regensburg, welche Portraits der großen Deutschen enthält, ebenso wie das gleichnamige Museum von Gallionsfiguren gestrandeter Schiffe auf der Scilly-Insel Tresco (Südwestengland).

Auch in der Literatur tritt diese Bedeutung hervor, in H. Rebenstocks Dichtung *Walhalla der Menschheit* (1847) wie in K. v. Gerstenbergs Komödie *Walhalla der Heiligen* (1873), sowie in H. v. Fallerslebens politischem Gedicht *Walhalla, Walhalla, was soll denn das sein?* (1842).

Dagegen beziehen sich K. Ehrenbergs Kohlezeichnung *Gastmahl in Walhalla (mit einziehenden Einheriern)* (1880) und selbst R. Wagners W.bild in seinem *Ring des Nibelungen* auf die nordische Mythologie, ebenso H. Hendrichs *Walhall* (Ölgemälde, 1907). W. als Symbol für german. Heidentum findet sich in der Zeitschrift *Walhalla* (München 1905–13) und in der dänischen Comicserie *Valhalla* (seit den 1970er Jahren).

Walküren waren ursprünglich wohl Totendämonen, denen die auf dem Schlachtfeld gefallenen Krieger zufielen; davon stammt auch der Name W. (altnord. Pl. valkyrjar) zu altnord. valr »die auf dem Schlachtfeld liegenden Leichen« und kjósa »wählen«, also »die die Gefallenen Auswählenden« (vgl. auch altengl. wælcyrge).

Mit dem Wechsel der Vorstellung von Walhall als Schlachtfeld zum Kriegerhimmel verschiebt sich auch bei den W. der Akzent; die ursprüngliche Vorstellung wird durch die von Schildmädchen – irdischen Kriegerinnen, die wie die Einherjer in Walhall weiterleben – überlagert. Wie sicherlich auch schon früher als Totendämonen werden sie zwar weiterhin eng mit Odin assoziiert, nun aber in der Funktion von in die Schlacht eingreifenden und damit das Schicksal bestimmenden überirdischen Kriegerinnen (Drdlj), welche Odins Wünsche ausführen und die im Kampf gefallenen Helden zu ihm führen. Sie werden als Óðins meyar »Odins Mädchen« und óskmeyjar »Wunschmädchen«, »Mädchen, die Odins Wünsche erfüllen« bezeichnet. Mit diesem Vorstellungswandel werden sie zum beliebten Inventar der Heldendichtung, wo sie die dämonischen Züge weitgehend verlieren, vermenschlicht werden, und damit sogar der Liebe zu Irdischen verfallen können, wie die Walküre Sigrdrífa in den Sd.

Die Zahl der W. wird entweder mit 9 (HHv) oder mit 12 (Drdlj) angegeben, dürfte tatsächlich aber unbegrenzt gewesen sein. Grm 36 nennt die Namen von 13 W., die den Einherjern in Walhall Bier kredenzen: Hrist, Mist, Skeggjöld, Skögull, Hildr, Thrúðr, Hlökk, Herfjötur, Göll, Geirölul (Geirrömul, Geirahöd), Randgríðr, Radgríðr und Reginleifr; das Drdlj nennt noch die Namen Hjörthrimul, Sanngríðr, Svipull, Guðr und Göndull, die Thulur zusätzlich noch Herja, Geiravör, Skuld, Geirröndul, Randgnid, Geirskögull, Hrund, Geirdriful, Tanngniðr, Sveid, Thögn, Hjalmthrimull, Thrima und Skalmöld. Andere W. begegnen nur in der Heldendichtung: Sigrun, Kara (HH II), Svafa (HHv) und Brynhildr (Sg, Gdr, Grp). Kaum einer der meist sprechenden W.-namen, von denen die Mehrheit auf die kriegerische Funktion hinweist, dürfte besonders alt sein, sie entstammen zum Großteil sicherlich eher dichterischer Kreativität als dem Volksglauben.

E. Mogk, W., in: Hoops 4, 1918–19; A. H. Krappe, The Valkyries, in: MLR 21, 1926; H. R. Ellis, The Road to Hel, Cambridge 1943; F. Ström, Diser, nornor, valkyrjor, Stockholm 1954; J. de Vries, ARG, [3]1970; A. Holtsmark, Valkyrje, in: KLNM 19, 1975; G. Müller, Zur Heilkraft der W., in: FmSt 10, 1976; L. Motz, Sister in the Cave, in: ANF 95, 1980; M. I. Steblin-Kamenskij, Valkyries and heroes, in: ANF 97, 1982; L. Præstgaard Andersen, Skjoldmøer: En kvindemyte. København 1982; dies., On Valkyries, shield maidens and other armed women, in: Mythological Women, (Studies L. Motz) 2002.

N: (Lit.) H. Heine, *Die Walküren* (Gedicht in: *Romanzero*, 1847); H. v. Lingg, *Die Walküren* (dramat. Gedicht, 1864); K. Boye, *Sköldmön* (Gedicht in: *Gömda Land*, 1924).

(Bild. Kunst) J. G. Sandberg, *Die Walküren* (Skizze, 1818); M. Echter, *Reitende Walküre* (Fresko in Münchner Residenz, 1865/66; zerstört); P. N. Arbo, *Valkyrien* (Gemälde, 1860) und *Valkyriens død* (Gemälde); A. Welti, *Walkürenritt* (Zinkradierung, 1871); T. Pixis, *Walkürenritt* (Holzstich, 1871); A. v. Heyde, *Walkürenritt* (1873) nach Radierung *Walkürenritt* von A. Becker (1872); K. Ehrenberg, *Die Walkyren* (Kohlezeichnung, 1880) und *Walkyren wählen und wecken die gefallenen Helden (Einherier), um sie vom Schlachtfeld nach Walhalla zu geleiten* (Gemälde, 1882) und *Walkyrenschlacht* (Ölgemälde, 1884); A. Welti, *Walkürenritt* (Ölgemälde 1888; Temperazeichnung 1888; Stahlradierung 1890); H. Günther, *Walküre* (Statue); F. Leeke, *Walkürenritt* (Gemälde); K. Dielitz, *Einherier* (Gemälde, um 1900); J. C. Dollman, *The Ride of the Valkyries* (Gemälde, um

1900); S. Sinding, *Valkyrie* (Reiterstatue, 1910) und *Walhalla-Fries* in der Ny Carlsberg Glyptotek (1886/87); H. Hendrich, *Walkürenritt* (Ölgemälde, 1905); ders., *Walkürensturm* (Ölgemälde für die Nibelungenhalle in Königswinter 1913); ders., *Walkürensturm* (Ölgemälde für die Halle Deutscher Sagenring 1926); A. Kolb, *Walküren* (Farblithographie, 1915); E. Hansen, *Valkyrier* (Zeichnung, 1925).

(Musik) R. Wagners Oper *Die Walküre* bezieht den Stoff in modifizierter Form aus der Völsunga saga, wo die neue Vorstellung von den W. schon in die german. Heldensage eingearbeitet ist und mit alten mythologischen Konzepten wenig zu tun hat.

(Waltraute) heißt eine der Walküren (Mezzosopran) in R. Wagners Oper *Die Walküre*. Der Name ist von Wagner frei erfunden.

Waluburg hieß eine german. Seherin, deren Namen man auf einem griechisch beschriebenen Ostrakon (Tonscherbe) aus dem 2. Jh. n. Chr. auf der ägypt. Insel Elephantine gefunden hat. Der Name, der Beruf und die Herkunft der Seherin: Waluburg. Se[m]noni Sibylla (»W., Seherin aus dem Stamm der Semnonen«) finden sich in der vorletzten Zeile einer Liste von röm. und gräkoägypt. Soldaten, die möglicherweise eine Soldliste war. Senoni ist sicherlich für Semnoni verschrieben, die Seherin stammt also aus dem german. Stamm der Semnonen und nicht von den keltischen Senones, denn ihr Name ist eindeutig germanisch, auch wenn -burg sonst in Personennamen vor dem 7. Jh. nicht belegt ist; Walu- ist wahrscheinlich auf german. *walus »Stab«, also den Zauberstab der Seherin als Zeichen ihres Berufs zurückzuführen (wie auch bei der anderen semnonischen Seherin Ganna). Mit dem deutschen Namen Walpurga (aus Waldburga) hat W. nichts zu tun.

Wie die Germanin allerdings nach Ägypten verschlagen wurde, wo sie offenbar in röm. Diensten stand, ist eine offene Frage. Wenn sie nicht überhaupt als Sklavin dorthin gelangt ist, dann vielleicht in dienender Stellung bei einem römischen Offizier, was den niederen Rang auf der Soldliste erklären könnte. Aber möglicherweise ist sie wie ihre Berufskollegin → Veleda von den Römern deportiert worden, was bei dem bedeutenden politischen Einfluß, den die Seherinnen bei den Germanen ausübten, nicht unwahrscheinlich ist.

E. Schröder, Walburg, die Sibylle, in: ARW 19, 1916–19; K. Helm, W., die Wahrsagerin, in: PBB 43, 1918; L. Franz, Seherinnen-Schicksale, in: Anzeiger der österr. Akad. der Wiss., Phil.-histor. Kl. 87, 1950.

Walvater → Valföðr.

Wanderer. Als Wanderer tritt Odin/Wotan besonders in den Fornaldarsögur häufig auf, um das Kampfgeschehen zu beeinflussen oder Vorhersagen zu machen. In dieser Rolle, mit Mantel, Schlapphut und Wanderstab, hat er aber auch häufig Eintritt in die Literatur und Kunst der Neuzeit gefunden, so z. B. in R. Wagners Oper *Siegfried* oder als Gandalf in Tolkiens *The Lord of the Rings.*

Wanen (altnord. Vanir) heißt bei Snorri Sturluson eine zweite Götterfamilie neben den Asen, deren Existenz in heidnischer Zeit aber bezweifelt werden muß.
Obwohl zunächst auch bei ihm alle german. Götter als Asen bezeichnet werden, ist laut Snorri eine Gruppe von ihnen, die W. (Njörðr, Freyr und Freyja), doch zu einer anderen Familie zu zählen, die nicht immer im Frieden mit den Asen lebte. Snorri berichtet vom → Wanenkrieg, zu dessen Ende die beiden Götterfamilien Frieden schlossen und einander Geiseln stellten.
Die von Snorri als W. zusammengefaßten Götter sind vor allem Fruchtbarkeitsgötter, die besonders von der agrarischen Bevölkerung um gute Ernte, Sonne, Regen und guten Wind, von den Seefahrern und Fischern um günstige Witterungsbedingungen gebeten wurden; gerade für Freyr dürfte Snorri diese Funktion der Fruchtbarkeit stark zuungunsten der Herrschaftsfunktion des Gottes hervorgehoben haben. Die W. praktizierten auch eine von den Asen als schändlich betrachtete Form des Zaubers, die sie durch Freyja kennenlernten. Zudem war (laut Snorri, Ynglinga saga 4) bei den W., im Gegensatz zu den Asen, die Geschwisterehe erlaubt, was auf mutterrechtliche Verhältnisse bei den ursprünglichen Trägern des Wanenkultes hinweisen könnte.
Die Verehrung der Götter Njörðr, Freyr und Freyja läßt sich weit zurückverfolgen: Die mit Njörðr etymologisch identische Göttin Nerthus wird schon bei Tacitus erwähnt, und die in bronzezeitlichen Felszeichnungen auftretenden Fruchtbarkeitsgötter sind sicherlich zu dieser Gruppe zu zählen. Bemerkenswert ist auch, daß in Skandinavien die Ortsnamen, die mit den Namen dieser Götter gebildet sind, die aller anderen Götter zusammen – außer Ullr – in ihrer Anzahl aufwiegen; das Wort W. selbst ist dagegen nicht in Ortsnamen zu finden, was ebenfalls auf die junge Verbindung dieser Götter mit dem Begriff W. hindeutet.
Neben Njörðr und seinen beiden Kindern Freyr und Freyja ist vielleicht der später in Skandinavien mit Freyr zusammengefallene Gott Ing zu dieser Gruppe von Göttern zu zählen; daß Fróði (= Freyr) jemals als selbständiger Gott verehrt wurde, ist dagegen zu bezweifeln; auch die hin und wieder vermutete Zugehörigkeit des Gottes Ullr zu den W. ist kaum zu beweisen.
Die Etymologie des Namens W. ist trotz zahlreicher Erklärungsversuche noch immer nicht überzeugend gedeutet.

W. Schulz, Archäologisches zur Wodan- und Wanenverehrung, in: Wiener Prähistorische Zs. 19, 1932; J. de Vries, ARG, [3]1970; A. Holtsmark, Vanir, in: KLNM 19, 1975; G. Dumézil, Gods of the Ancient Northmen, Berkeley 1977; L. Motz, The King, the Champion, and the Sorcerer, 1996; R. Simek, The use and abuse of ON religion: its beginnings in High Medieval Iceland, in: Germanic religion in long term perspective. Proceedings of the 2004 Lund Conference, Lund 2006; ders., The Vanir: an obituary, in: Herzort Island, (Festschrift G. Kreuzer) 2006.

N: A. Oehlenschläger, *Om Vanerne* (Gedicht in *Nordens Guder*, 1819).

Wanenkrieg nennt man den Kampf zwischen den beiden Götterfamilien der Asen und der Wanen, der uns nur bei Snorri und in einigen nicht sehr klaren Strophen der Vsp berichtet wird. Snorri gibt zwei kurze Abrisse des W.s, ein ganz knapper findet sich in Skaldsk 1: »Es fing so an, daß die Götter mit dem Volk, das Wanen genannt wird, einen Krieg führten. Aber sie einigten sich auf eine Friedensversammlung und setzten den Frieden auf die Art fest, daß beide Gruppen zu einem Gefäß gehen und hineinspucken sollten. Und beim Aufbruch nahmen die Götter dieses Versöhnungszeichen und wollten es nicht umkommen lassen, sondern schufen daraus einen Menschen, der → Kvasir hieß …«

Die andere, etwas ausführlichere Version steht in der Ynglinga saga 4: »Odin zog mit einem Heer gegen die Wanen, aber sie bemerkten es früh und verteidigten ihr Land, so daß keiner von beiden den anderen besiegte. Jeder verheerte das Land des anderen und richtete Schaden an. Als sie das beide satt hatten, einigten sie sich auf eine Friedensversammlung und schlossen Frieden und tauschten Geiseln aus. Die Wanen nahmen dazu ihre vornehmsten Männer, Njörðr den Reichen und seinen Sohn Freyr, aber die Asen einen, der Hœnir hieß, und den nannten sie wie zum Häuptling geschaffen. Es war ein großer und schöner Mann. Mit ihm sandten sie → Mímir, einen sehr weisen Mann, die Wanen aber gaben dafür den klügsten aus ihrer Schar und der hieß Kvasir.«

Daneben erwähnt Snorri (Gylf 22) die Geiselnahme Njörðs und Hœnirs und spielt damit indirekt auf den W. an.

Obgleich auch die Strophen 21–26 der Vsp vermutlich den W. schildern und Snorri diese Strophen gekannt hat, weicht der Inhalt der beiden Versionen Snorris stark von dem in der Vsp ab; so ist in der Vsp von der Geiselnahme keine Rede, die Verursacherin des W.s in der Vsp ist die wanische Seherin Gullveig, die von Snorri nicht erwähnt wird.

In der älteren Forschung hat man den Mythos vom W. meist als Reflexion eines tatsächlichen Krieges im 2. Jahrtausend v. Chr. sehen wollen; damals wurde die eingesessene südskandinavisch-westeuropäische Megalithkultur von den nordwestwärts vordringenden Streitaxtleuten überrannt, worauf es dann zu einer Vermischung der (nichtindogermanischen? mutterrechtlichen?) Träger der Megalithkultur (= Wanen?) mit den indogerman. Streitaxtleuten (= Schnurkeramikkultur? = Asen?) gekommen war. Diese historischen Vorgänge wären in Form des Mythos vom W. und Friedensschluß zwischen Asen und Wanen in Erinnerung geblieben (Eckhardt).

Dagegen hat Dumézil auf verwandte Mythen und Sagen bei anderen indogerman. Völkern hingewiesen (bei Römern, Indern) und daraus den W. als sozialen Konflikt innerhalb einer Gesellschaft gedeutet, in welcher sich die hierarchisch gegliederte Gruppe des kriegerischen Königsgefolges (= Asen?) und andererseits das Bauerntum, bei welchem Vegetationskult und Magie Bedeutung hatten, gegenüberstanden. Erst durch den Friedensschluß dieser sozialen Schichten – der im Mythos vom W. ja tatsächlich eine wesentliche Stelle einnimmt –, sei die geordnete soziale und religiöse Struktur der indogerman. Gesellschaft entstanden (Dumézil, de Vries).

K. A. Eckhardt, Der W., 1940; G. Dumézil, Tarpeia, Paris 1947; J. de Vries, ARG, [3]1970; N. Å. Nielsen, Mythen om kriegen og fredsslutningen mellem aserne og vanerne, in: Nordiska Studier i filologi och lingvistik, (Festschrift G. Holm) Lund 1976; G. Dumézil, Gods of the Ancient Northmen, Berkeley 1977.

Wasser. Der allen indogerman. Völkern gemeinsame Glaube an die Heiligkeit des lebenspendenden W.s findet sich auch bei den Germanen; Opfer und Votivniederlegungen bei verehrten Quellen sind schon für die älteste Zeit belegt, in der eddischen Mythologie sind Quellen wie der → Urdsbrunnen und der → Mímirsbrunnen ein Sitz der Weisheit. Das zu besonderen Zeiten unter bestimmten Voraussetzungen geschöpfte W. galt als heilkräftig (vgl. ahd. Heilwac). Dagegen ist es nicht sicher, ob die Germanen tatsächlich eine → Wasserweihe der Neugeborenen kannten.

Wasserweihe nennt man eine der christlichen Taufe entsprechende Besprengung der Neugeborenen bei den heidnischen Germanen, was als ausa vatni (»mit Wasser besprengen«) bezeichnet wird, während für die christliche Taufe durchwegs skíra (»reinigen; taufen«) verwendet wird. Nach Auskunft der Sagas wird das Neugeborene vom Vater aufgehoben, auf sein Knie gesetzt und mit Wasser besprengt, wobei ihm der Name gegeben wurde; vertrat ein anderer (Onkel, Fürst) den Vater, so wurde angeblich auch eine Art von Patengeschenk gegeben (nafnfesti); war die W. vollzogen, so traten dieselben Rechtsfolgen wie nach dem ersten Genuß von Speise in Kraft: Das Kind durfte nicht mehr ausgesetzt werden und mußte bei der Erschlagung mit dem vollen Wergeld gesühnt werden.

Die W. findet sich über 30 Mal in der altnord. Literatur erwähnt (Háv 158; Rþ 7; 21; 31; Landnámabók H 314; mehrfach in Snorris Heimskringla, außerdem in den Isländersagas und Fornaldarsögur), allerdings ist keine dieser Quellen vor dem 12. Jh. entstanden; in der Skaldendichtung wird die W. nicht erwähnt. Die älteste Quelle liegt in einem um 732 geschriebenen Brief des Papstes Gregor III. an Bonifatius vor, wo von einer Taufe durch die Heiden die Rede ist; ob dabei wirklich an eine W. gedacht wurde, geht aus der Stelle nicht hervor. Die nordischen Erwähnungen sind als Belege für die Existenz einer heidnischen W. nicht stichhaltig und man wird wie bei anderen »heidnischen« Riten, die uns die Sagaliteratur überliefert, mit der Möglichkeit gelehrter Rückverlängerung christlicher Bräuche zu rechnen haben; daß der Brauch nicht etwa in den letzten vorchristlichen Jahrhunderten aus der christlichen Taufe entlehnt wurde, beispielsweise in der Kontaktzone der britischen Inseln, geht daraus hervor, daß zu dieser Zeit das Untertauchen noch die verbreitetste Form der christlichen Taufe war, während die Beschreibung der W. den Übergang zum Besprengen des Neugeborenen voraussetzt.

Zweierlei allerdings spricht für die Existenz einer W. bei den heidnischen Germanen: einerseits war die Taufe im Rechtsbrauch mit zahlreichen Rechtsfolgerungen im 13. Jh. schon so etabliert, daß Maurer gemeint hat, die Taufe müßte wenigstens als Rechtshandlung eine W. voraussetzen; allerdings dürften auch die 200 Jahre seit der Christianisierung Islands dafür ausgereicht haben; anderseits ist eine kultische Wasserlustration des Neugeborenen bei den indogerman. Völkern so verbreitet, daß die Germanen bei einem Fehlen einer W. eher die Ausnahme gewesen wären. Beweiskraft für eine Echtheit der W. bei den Germanen haben aber natürlich auch diese Argumente nicht.

K. Maurer, Über die W. des german. Heidenthumes, in: Abhandlungen der philol.-philos. Kl. der kgl. bayer. Akad. der Wiss. 15/3, 1881; K. Müllenhoff, (Rezension von) Maurer, Über die W. des german. Heidenthumes, in: AfdA 8, 1881; W. Baetke, Christliches Lehngut in der Sagareligion, in: Bericht über die Verhandlungen der sächs. Akad. der Wiss. 98/6, 1952; R. Simek, Die W. der heidn. Germanen, 1979.

Weihnachten → Jul.

(Wellgunde) ist eine der Rheintöchter in R. Wagners Opern *Das Rheingold* und *Die Götterdämmerung*; der Name ist von Wagner frei erfunden.

Weltbild → Kosmologie.

Weltbrand → Surtarlogi, → Ragnarök.

Weltsäule → Irminsûl.

Weltuntergang → Ragnarök, → Eschatologie.

Werwolf (»Mann-Wolf«) werden in Wölfe verwandelte Menschen genannt. Der Glaube an solche Tierverwandlungen war in ganz Europa verbreitet, älteste Erwähnungen finden sich schon bei Herodot und Plinius (lykánthrópos). Im german. Bereich ist der W.-Glaube schon bei Burchard von Worms (um 1000) belegt. Im mittelalterlichen Skandinavien wird als Mittel zur Tierverwandlung das Anlegen eines Wolfsfells angenommen (Völsunga saga 5 und 8), auch Snorris Erwähnung der Odinskrieger, die »rasend wie Wölfe oder Bären« wurden, ist wohl dazu zu stellen. Solche in Wolfsfelle gekleideten → Berserker werden in der altnord. Literatur Úlfheðnar genannt. Am ausführlichsten berichtet der schwedische Erzbischof und Gelehrte Olaus Magnus 1555 über Wolfsverwandlungen, die Höfler mit den Tierverwandlungen im Rahmen der ekstatischen Odinskulte, die sich im Glauben an das → Wilde Heer widerspiegeln, zusammengebracht hat. Der Glaube an Werwölfe dürfte sich also teils auf Verwandlungskulte zurückführen lassen, aber auch die Lykanthropie, eine Geisteskrankheit, in der in schizophrenen Bewußtseinszuständen eine Wolfsidentifikation erfolgt, gehört wohl zu den Grundlagen dieser Vorstellung.

J. Grimm, Dt. Mythologie, [4]1875–78; L. Weiser-Aal, Zur Gesch. der altgerman. Todesstrafe und Friedlosigkeit, in: ARW 30, 1933; O. Höfler, Kult. Geheimbünde der Germanen, 1934; J. de Vries, ARG, [3]1970; O. A. Erich u. R. Beitl, Wörterbuch der dt. Volkskunde, [3]1974 (KTA 127).

N: (Bild. Kunst) J. C. Dollman, *The Were-Wolves* (Gemälde, ca. 1900).

(Lit.) W. Hertz, *Der W.* (Sagen, 1862); C. Morgenstern, *Der W.* (Gedicht, in: *Galgenlieder* 1905); H. Löns, *Der W.* (Roman, 1910).

(Sonstiges) *W.* hießen dt. Kampforganisationen nach 1923 und in der Endphase des 2. Weltkrieges.

Wicarus → Víkarr.

Wiedergänger → draugr, → Tod und Weiterleben.

Wigithonar (runisch wigiþonar) ist ein Göttername auf der → Nordendorfer Fibel, die neben W. auch noch die Götternamen Logaþore und Wodan trägt. W. ist offensichtlich mit dem Gott Donar/Thor identisch, lediglich die Herkunft des ersten Wortteils ist umstritten; dabei steht einerseits die Ansicht, es handle sich dabei um einen Namen, der Auffassung gegenüber, daß es sich um eine Weiheformel handele (»Thor weihe!«), andererseits wird der Namensteil Wigi- teils als »Weihe-« (zu einem *wīgian »weihen«), teils als »Kampf-« (zu ahd. wîgan »kämpfen«) wiedergegeben, wobei dieser letzte Lösungsversuch sprachlich wie semantisch am überzeugendsten wirkt; im Runennamen W. wäre damit der Name »Kampf-Thor« überliefert, der im altnord. Thorsnamen Vingthórr ein Gegenstück hat.

W. Krause, Vingþorr, in: ZfdA 64, 1972; W. Steinhauser, Die Wodansweihe von Nordendorf bei Augsburg (Runenspange A), in: ZfdA 97, 1968; E. Marold, »Thor weihe diese Runen«, in: FmSt 8, 1975; H. Klingenberg, Die Drei-Götter-Fibel von Nordendorf, in: ZfdA 105, 1976.

Wilde Jagd → Wildes Heer.

Wildes Heer (oder Wilde Jagd, mhd. Wuotanes her, schwed. Odens jakt, norweg. Oskoreidi, jolareidi, engl. Wild Hunt) ist die Bezeichnung für die im ganzen german. Raum verbreitete Vorstellung vom gespenstischen Reiter, der in den Zwölften (12 Tage um Neujahr) an der Spitze eines geisterhaften Heeres im Sturm dahinzieht.

In der älteren Forschung sah man in den Sagen vom W. H. eine Verschmelzung von zwei Vorstellungen: einerseits die Angst vor der um die Mittwinterzeit enger mit den Lebenden in Verbindung tretenden Gemeinschaft der Toten, andererseits die Furcht vor den in den Winternächten heulenden Stürmen; besonders diese naturmythologische Betrachtungsweise wurde bis in die jüngste Vergangenheit immer wieder vertreten; so einleuchtend sie auf den ersten Blick aber auch sein mag, so kann eine solche vereinfachende Erklärung den weit verbreiteten Gemeinsamkeiten in der Schilderung des W. H. nicht gerecht werden.

Erst Höfler hat (nach Vorarbeiten von Weiser und Meuli) mit großer Wahrscheinlichkeit nachweisen können, daß die Sagen vom W. H. »zu einem sehr wesentlichen Teil Spiegelungen von altertümlichen Kulten geheimnisvoller Bünde« sind (Höfler 1934). Träger dieser Kulte waren kriegerische Kultverbände, die in Verbindung mit Odin/Wodan standen, der als Führer des W. H. in der ganzen volkskundlichen Überlieferung bestens belegt ist. Wesentlicher Faktor der Betätigung dieser Kriegerbünde war die kultische Ekstase, mit der Odin noch im 11. Jh. direkt identifiziert wurde (Adam von Bremen, IV, 26: Wodan, id est furor: »Wodan, d. h. Wut«). Schon früh wurde das nächtlich kultische Treiben des W. H. auch von Außenstehenden als Totenheer interpretiert (so schon von Tacitus, → Harier), im Münchner Bannspruch (14. Jh.) werden die Gehenkten und Geräderten als Wûtanes her und alle sine man bezeichnet, Hunde und Pferde gehören als totendämonische Tiere zu den häufigsten Begleitern des W. H.; die kultisch-ekstatische Verbindung mit den Toten als besondere Form der Totenverehrung ist also die Basis der Umzüge des W. H., Odin als Gott der Toten und der Ekstase ist ihr Anführer.

L. Weiser, Altgerman. Jünglingsweihen und Männerbünde, 1927; K. Meuli, Bettelumzüge im Totenkultus, Opferritual und Volksbrauch, in: Schweiz. Archiv für Volkskunde 28, 1928; O. Höfler, Kult. Geheimbünde der Germanen, 1934; O. Huth, Der Durchzug des W. H., in: ARW 32, 1935; O. Höfler, Der german. Totenkult und die Sagen vom W. H., in: Oberdt. Zs. für Volkskunde 10, 1936; J. de Vries, ARG,

[3]1970; O. Höfler, Verwandlungskulte, Volkssagen und Mythen, 1974; O. A. Erich u. R. Beitl, Wörterbuch der dt. Volkskunde, [3]1974 (KTA 127).

N: (Lit.) J. S. Welhaven, *Aasgaardsreien* (Gedicht, 1844); H. v. Reder, *Wotans Heer. Odenwaldmäre* (1892); V. Stuckenberg, *Den Vilde Jæger* (Drama, 1894).

(Bild. Kunst) P. N. Arbo, *Aasgaardsreien* (Gemälde, 1872, nach Welhavens Gedicht); W. Trübner, *Die Wilde Jagd* (Ölgemälde, 1877); G. Bayes, *The Storm-Ride* (Relief, ca. 1900); E. Doepler d. J., *Die Wilde Jagd* (in: E. Doepler, W. Ranisch, *Walhall*, 1901).

Wind. Der W. wird nach nordischen mythologischen Vorstellungen durch die Schwingen eines riesigen Adlers erzeugt, der laut Snorri → Hræsvelgr heißt und im Norden am Ende der Welt wohnt.

Als Gott des W.es und Wetters wird von Snorri (Gylf 22) → Njörðr genannt, den er als Gott der Seefahrt betrachtet; da aber sowohl Njörðr wie auch sein Sohn Freyr als Fruchtbarkeitsgötter ebenfalls für Wetter und guten W. angerufen werden, muß man Snorris Bemerkung sicher auch auf Freyr ausdehnen, der ebenso wie Njörðr als Gott der Schiffahrt angesehen wurde. Wenn dagegen bei Adam von Bremen (Gesta Hammab. Eccl. Pontif. IV, 26) Thor als der Gott von W. und Regen bezeichnet wird, so dürfte dies eine Verallgemeinerung seiner Rolle als Donner- und Gewittergott sein; dabei ist zu beachten, daß Thor in der heidnischen Spätzeit eine zunehmende Bedeutung als Gott der bäuerlichen Bevölkerung gewann.

Wochentagsnamen. In dreien der deutschen W., Donnerstag, Freitag und vielleicht auch Dienstag, sind uns heidnisch-germanische Götternamen erhalten.

Die Siebentagewoche fand nicht erst durch die Verbreitung des Christentums den Eingang ins Abendland, sondern wurde bereits vorher im kaiserlichen Rom vom Orient übernommen. Als die Germanen ab dem letzten vorchristlichen Jahrhundert in näheren Kontakt mit dem röm. Reich kamen, übernahmen sie zum Teil auch die röm. W., die ins Germanische übersetzt wurden. Dieser Vorgang der Übernahme war spätestens im 4. Jh. abgeschlossen.

Dem röm. Mars wurde in der Interpretatio germanica der german. Gott *Tīwaz (→ Ziu, Týr) gegenübergestellt, so daß aus dem röm. dies Martii (daraus franz. mardi) ahd. zî(o)stag, altengl. tiwesdaeg, vielleicht → Dienstag entstand. Dies Iovi (»Tag des Iuppiter«, daraus franz. jeudi) wurde zum Tag des Donar/Thor: ahd. donarestag, altengl. thunresdaeg, Donnerstag, und der Freitag verdankt seinen Namen der Göttin Frîja/Frigg, welche in der Übersetzung des dies Veneris (daraus franz. vendredi) mit der lat. Göttin Venus gleichgesetzt wurde. Verdrängt wurde im Deutschen später der ursprünglich ebenfalls durch einen german. Gott gekennzeichnete Mittwoch: der lat. dies Mercurii (daraus franz. mercredi) wurde durch das german. *Wodanesdag übersetzt, vgl. altengl. wōdnesdaeg (engl. Wednesday), mittelniederdt. wōdensdach (holl. Woensdag), altnord. Óðinsdagr (dän. Onsdag); im Deutschen wurde der Name durch die Übersetzung des kirchenlat. media hebdomas »Wochenmitte« verdrängt.

F. Kluge, Die dt. Namen der Wochentage, in: Wiss. Beiheft zur Zs. des allgem. dt. Sprachvereins 8, 1885; H. Eggers, Dt. Sprachgeschichte, Bd. 1, 1963; J. de Vries, ARG, [3]1970; R. L. M. Derolez, Götter und Mythen der Germanen, 1974.

Wodan (altfränkisch) ist eine der westgerman. Namensformen des als → Odin in Skandinavien verehrten Gottes, der bei Sachsen und Angelsachsen Woden, bei den Langobarden Wotan/Godan hieß.

Die Belege für einen Wodansglauben sind im Süden viel spärlicher als in Skandinavien, aber dennoch gut belegt. W. tritt etwa in der Göttertrias der → Nordendorfer Fibel auf, aber auch im → Zweiten Merseburger Zauberspruch, wo er ein Pferd heilt. W. wurde allen Zeugnissen zufolge mit dem röm. → Merkur gleichgesetzt, auch wenn die Übersetzung des röm. Wochentagsnamens dies Mercurii durch Wodanesdag (ahd. Woutenestac) sich im Deutschen nicht erhalten hat. Als Merkur wird W. schon von Tacitus im 1. Jh. als Hauptgott der Germanen erwähnt, dem sie auch Menschenopfer dargebracht hätten (Germ 9).

Woden (altengl.) war die angelsächs. Namensform des Gottes, der als → Odin in Skandinavien und als → Wodan bei den Franken verehrt wurde. Die Zeugnisse eines W.kultes bei den Angelsachsen sind auf Grund der frühen Christianisierung Großbritanniens im 6. und 7. Jh. zwar spärlich, aber noch immer häufiger als auf dem Kontinent.

Als heilender Zauberer tritt W. im altengl. Neunkräutersegen auf, für einen Kult W.s in England spricht etwa ein Dutzend Ortsnamen (Wodnes beorh, Wenslow, Wedynsfeld, Wodnesfeld, sowie Wansdyke, der Name für einen spätrömerzeitlichen Verteidigungswall); fraglich ist, ob in Namen wie Grim's ditch und Grim's dyke Odins Beiname Grímr erhalten ist. Für die Bedeutung W.s in England spricht auch die Beibehaltung des → Wochentagsnamens Wodnesdæʒ (engl. Wednesday), der im Deutschen durch kirchlich akzeptablere Übersetzungen ersetzt wurde. Verbreitet war die Herleitung von angelsächs. Königshäusern von W. (→ Abstammungsmythen), was schon Beda (Hist. eccl. I, 15) im Hinblick auf Hengist und Horsa berichtet; später erwähnen die angelsächs. Chroniken wiederholt die Abstammung anglischer, westsächsischer und kentischer Königsgeschlechter von W.

E. Hackenberg, Die Stammtafeln der angelsächs. Königreiche, 1918; E. A. Philippson, German. Heidentum bei den Angelsachsen, 1929; K. Sisam, Anglo-Saxon Royal Genealogies, in: Proceedings of the British Academy 39, 1953; J. S. Ryan, Othin in England, in: Folklore 74, 1963; A. L. Meaney, W. in England, in: Folklore 77, 1966; E. O. G. Turville-Petre, Myth and Religion of the North, Westport 1975.

(Woglinde) ist eine der Rheintöchter in R. Wagners Opern *Das Rheingold* und *Die Götterdämmerung*; der Name ist von Wagner frei erfunden.

Wuotes Her, Wuotanes Her (mhd.) → Wildes Heer.

Wurd → Urd, → Wyrd.

Wyrd (altengl. »Schicksal«, ahd. wurt, altnord. urðr) in den altengl. Quellen wurde von der älteren Forschung als zentraler Begriff altgerman. Schicksalsglaubens aufgefaßt. Dagegen hat Weber zeigen können, daß der Ausdruck W. (der lat. fortuna glossiert) kaum heidnisch-german. Gedankengut tradiert, sondern einer auf spätantik-christlichem lauben basierenden mittelal - terlichen Weltsicht angehört und daher als Beleg für einen Fatalismus der Germanen nicht herangezogen werden darf.

B. Timmer, W. in Anglo-Saxon Prose and Poetry, in: Neophilologus 26, 1941; L. Mittner, Wurd: Das Sakrale in der altgerman. Epik, 1955; G. W. Weber, W., 1969.

N: Terry Pratchett, *Wyrd Sisters* (A Discworld Novel), 1988.

Y

Ýdalir (altnord., »Eiben-Tal«) heißt laut Grm 5 der Wohnort von Ullr. Diese Verbindung des Gottes mit der Eibe, aus deren Holz Bogen gefertigt wurden (vgl. altnord. ýbogi »Eibenbogen«), hat u. a. dazu geführt, daß man in Ullr einen Bogen-Gott hat sehen wollen.

M. Olsen, Yddal, in: MoM, 1931.

Yggdrasill (altnord., »Odins Pferd«) heißt der Weltenbaum der eddischen Mythologie. Laut Vsp 19, 47, Grm 35, 44 ist Y. eine Esche; ihre Wurzeln erstrecken sich nach drei Seiten über die ganze Welt: unter einer wohnen die Menschen, unter der anderen die Riesen, unter der dritten liegt Hel (Grm 31). Das Eichhörnchen → Ratatoskr läuft den Stamm entlang, ein Adler sitzt in den Ästen, und an den Wurzeln nagen der Drache Níðhöggr und zahlreiche Schlangen: Góinn, Móinn, Grafvitnir, Grábakr, Grafvölluðr, Ofnir, Svafnir. An den Ästen der Esche weiden vier Hirsche – Dáinn, Dvalinn, Duneyrr und Durathrór (Grm 32–35). Y. ist immergrün, unter ihr befindet sich der → Urdsbrunnen (Vsp 19), nach Snorri sogar drei Quellen, nämlich der Urdsbrunnen, der → Mímirsbrunnen und → Hvergelmir. Vor den Ragnarök halten die Götter unter Y. Rat (Grm 29, 30) und die Weltesche zittert als Zeichen kommenden Untergangs (Vsp

47). Snorri fügt noch weitere Details zum Bild von Y. hinzu, die erst bei ihm Züge eines Weltenbaums annimmt, wo sich die Thingstätte der Götter befindet (Gylf 14): »Diese Esche ist der größte und beste aller Bäume. Seine Zweige erstrecken sich über die ganze Welt und ragen bis über den Himmel hinaus; drei Wurzeln des Baumes halten ihn aufrecht und erstrecken sich weit hinaus, eine zu den Asen, die andere zu den Reifriesen, wo früher Ginnungagap war; die dritte steht über Niflheim, und unter dieser Wurzel befindet sich Hvergelmir, aber → Níðhöggr nagt von unten an der Wurzel. Unter der Wurzel, die sich zu den Reifriesen wendet, liegt der Mímirsbrunnen, worin Weisheit und Verstand verborgen sind; der Besitzer der Quelle heißt → Mímir; er ist voller Weisheit, denn er trinkt mit dem Horn Gjallarhorn Wasser aus der Quelle. [...] Die dritte Wurzel des Baumes reicht in den Himmel, und unter dieser Wurzel liegt die sehr heilige Quelle, die Urdsbrunnen genannt wird; dort haben die Götter ihre Gerichtsstätte.« – Y. heißt auch Læraðr (Grm 25, 26) und Mímameiðr (Fjm 20).

Über die Bedeutung des Namens Y. sind in der Vergangenheit die Meinungen weit auseinandergegangen, vor allem in der Frage, ob bereits Y. allein als Name des Baums aufgefaßt werden darf, oder ob askr Yggdrasill erst den Baum wirklich bezeichnet. Y. bedeutet »Yggs Pferd«, d. h. »Odins Pferd« (→ Yggr), askr Yggdrasills wäre demnach der Weltenbaum, an den das Pferd des obersten Gottes angebunden wird. Verbreiteter ist jedoch die Ansicht, bereits Y. allein in der Bedeutung »Odins Pferd« meint »Baum«, der deswegen als Odins »Pferd« bezeichnet werden kann, weil der Galgen als das Pferd des Gehängten aufgefaßt werden kann; der Baum wäre demnach Odins Galgen, an dem er bei seinem Selbstopfer hängt (→ Odins Selbstopfer, Háv). In beiden Fällen wird jedoch vorausgesetzt, daß Y. für ein zu erwartendes Yggsdrasill steht. Eine andere Interpretationsmöglichkeit wäre es, Y. statt zum Odinsnamen Yggr zu dessen Grundwort yggr »Schrecken« zu stellen, also »Schreckensbaum, Galgen« (Detter). Einen ganz anderen Weg der Deutung hat Schröder eingeschlagen, der Y. als »Eibensäule« (yggia aus *ĭgwja »Eibe«, drasill zu *dher- »stützen«) betrachtet.

Dem mythischen Weltenbaum Y. entspricht im irdischen Bereich wohl der gewaltige, immergrüne Baum beim Tempel in → Uppsala, von dem Adam von Bremen berichtet (Gesta Hammab. Eccl. Pont., IV, Scholion 138), daß keiner seine Art kenne; dasselbe wird Fjm 19, 20 von Mímameiðr gesagt. So wie dieser Baum das Abbild von Y. beim irdischen Hauptheiligtum war, so hatten auch Höfe ihre eigenen Schutzbäume. Die vielfältigen, in Y. zusammenfallenden Symbolismen als Weltbaum, Weltachse, Himmelsstütze, Odins Opferbaum haben dazu geführt, daß man in diesem Mythem christliche Züge hat nachweisen wollen (vgl. die Kreuzholzlegende); wahrscheinlicher sind aber indogerman., wenn nicht überhaupt archetypische Vorstellungen um den Weltenbaum in Y. zusammengeflossen. – Obwohl die Vsp und die Grm von Y. ausdrücklich als Esche sprechen, ist die zwecklose Diskussion um die Baumart des Weltenbaums nie verstummt; von Läffler bis de Vries wurde angenommen, es habe sich dabei um eine Eibe (Taxus baccata) gehandelt, und zwar einerseits wegen des Ausdrucks barr (Fjm 20), womit also ein Nadelbaum gemeint sein müßte, andererseits, weil schon Tacitus von einer Verehrung dieses Baumes bei den Kelten sprach. Trotzdem besteht natürlich kein Grund, die Vorstellungen der Edda bezüglich der Baumart von Y. zu »verwerfen«, auch wenn für den heiligen Baum in Uppsala anderes zutreffen mag.

E. Magnússon, Odins Horse Y., London 1895; F. Detter, Rezension von E. Magnússon, in: ANF 13, 1897; E. Magnússon, Y., in: ANF 13, 1897; F. Detter, Erwiderung, in: ANF 13, 1897; L. F. Läffler, Det evigt grönskande trädet, (Festskrift Feilberg) København 1911; A. Olrik, Y., in: DS, 1917; U. Holmberg, Der Baum des Lebens, Helsinki 1922; R. Nordenstreng, Namnet Y., (Festschrift A. Kock) Lund 1929; O. Höfler, Kultische Geheimbünde der Germanen, Bd. 1, 1934; F. R. Schröder, Ingunar-Freyr, 1941; A. M. Sturtevant, Etymological Comments Upon Certain Old Norse Proper Names in the Eddas, in: PMLA 67, 1952; S. Einarson, »Askr Yggdrasils«, »Gullnar töflur«, (Festschrift Schlauch), Warschau 1966; J. de Vries, ARG, 3 1970; E. F. Halvorsen, Y., in: KLNM 20, 1976; G. Steinsland, Treet i Vsp, in: ANF 94, 1979; P. C. Bauschatz, The Well and the Tree: World and Time in Early Germanic Culture, Amherst (Mass.) 1982; L. Motz, The Cosmic Ash and other Trees of Germanic Myth, in: Arv 47, 1991; A. Andrén, I skuggan av Yggdrasil. Trädet mellan idé och realitet i nordisk tradition, in: Ordning mot kaos – studier av nordisk förkristen kosmologi, hg. von A. Andrén, K. Jennbert und C. Raudvere, Lund 2004 (= Vägar till midgård 4).

N: Bildliche Darstellungen von Y. finden sich schon im Mittelalter: Die Reliefs an der Innenwand der mittelalterlichen Stabkirche von Sogne in Norwegen werden üblicherweise als Y. mit Hirschen und Níðhöggr gedeutet, eine reiche Illustration mit Y. findet sich auch im altisländ. Manuskript AM 738, 4to, von 1680. Moderne Bearbeitungen finden sich im Gemälde *Die Nornen* von K. Ehrenberg (1888), im Wandfresko *Yggdrasil* von Axel Revold in der Aula der Universitätsbibliothek in Oslo von 1933, im Holzrelief *Hjortene beiter i løvet på Yggdrasil asken* im Rathaus von Oslo von D. Werenskiold (1938) und auf den bronzenen Relieftüren des historischen Museums in Stockholm von B. Marklund (ca. 1950).

(Lit.) V. Rydberg, *Vårdträdet* (Gedicht); J. Linke, *Yggdrasill* (Gedicht); A. Henrikson, E. Lindahl, *Asken Yggdrasil* (freie Mythenbearbeitung, 1973).

Yggiungr (altnord.). In Vsp 28 wird Odin als Yggiungr asa »Ase aus dem Geschlecht des Yggr«

bezeichnet, → Yggr aber ist Odin selbst.

Yggr (altnord., »der Schreckliche«) ist ein Beiname Odins in den Háv 3, Grm 53 und 54, Vm 5, Hym 2, Fm 43 und recht häufig in der Skaldendichtung, wo er sich schon im 9. Jh. bei Bragi erwähnt findet.
Der alte und verbreitete Odinsname Y. hat zu Ableitungen geführt; dazu zählen Yggdrasill (eigentlich »Yggs Pferd«, womit aber wohl nicht Sleipnir, sondern der Baum, an dem Odin in seinem Selbstopfer hängt, gemeint ist, also der Weltenbaum) und Yggjungr (Vsp 28), das eigentlich jemand aus Odins Geschlecht bedeuten könnte, hier aber für Odin selbst steht. Bei Saxo (Gesta Dan. V, 158) tritt Y. in der Form Uggerus auf, womit ein uralter Seher bezeichnet wird, der das Schlachtenglück beeinflussen kann, zweifellos also Odin in einer seiner zahlreichen Rollen.
H. Falk, Odensheite, Kristiania 1924; → Sleipnir.

Ylgr (altnord., »Wölfin«) heißt einer der mythischen Flüsse im Flußkatalog der Grm 28; bei Snorri (Gylf 3) ist Y. einer der Flüsse Élivágar, die aus der Quelle Hvergelmir entspringen.

Ymir (altnord.) heißt der Urriese der nord. Schöpfungsmythen. Die Lieder-Edda nennt Y. wiederholt (Vsp 3, Vm 21 und 28, Grm 40, Hdl 33), und Kenningar bei den Skalden Arnórr Jarlaskáld (Y.s Schädel = Himmel) und Ormr Barreyjarskáld (Y.s Blut = Meer) aus dem 11. und 10. Jh. bezeugen die Verbreitung des Mythos von Y., von dem uns Snorri (Gylf 4–7) ausführlich berichtet: Y. war im Ginnungagap aus den schmelzenden Reiftropfen der Flüsse → Élivágar entstanden und wuchs zu riesenhafter Gestalt, genährt von der Urkuh → Auðumla. Y. ist der Stammvater aller Riesen – der Reifriesen (Hrimþursar), wie Snorri sie hier nennt. Die Geburt seiner Nachfahren erfolgte durch Autogamie: Als Y. schlief (schreibt Snorri) schwitzte er, und es wuchsen unter seiner linken Achsel ein Mann und eine Frau, und einer seiner Füße zeugte mit dem anderen einen Sohn. Von diesen Kindern Y.s stammen die Riesen ab. Nach der Geburt der ersten Götter Odin, Vili und Vé erschlagen diese Y., in dessen Blut ertrinken alle Riesen außer → Bergelmir (und seiner Frau?), der auf einem »lúðr« der Flut entkommt (Gylf 6; die Bedeutung von lúðr in diesem Zusammenhang ist unklar: vielleicht bezeichnet es hier ein Floß). Die Burs-Söhne Odin, Vili und Vé brachten dann Y. in die Mitte von Ginnungagap und begannen, aus seinem Körper die Welt zu erschaffen; sein Blut wurde das Meer und alle Gewässer, sein Fleisch die Erde, seine Knochen die Berge, seine Zähne und Knochensplitter die Felsen, sein Schädel der Himmel; Grm

40 und 41 fügen noch hinzu, daß aus seinen Haaren die Bäume, aus seinem Gehirn die Wolken und aus seinen Brauen → Midgard geschaffen wurden. – In der Vsp 9 ist mit den Riesennamen Bláinn und Brimir wohl Y. gemeint, wenn dies zutrifft, ist Y. auch der Stammvater der Zwerge; den Namen Aurgelmir in den Vm hat schon Snorri ebenfalls als Name für Y. aufgefaßt. Allerdings erzählen die Vm 29–33 die Geschichte anders als Snorri: hier ist Aurgelmir und nicht Y. der zwitterhafte Ahnherr des Riesengeschlechts, sein Sohn heißt Thruðgelmir und sein Enkel Bergelmir. Der »lúðr«, auf den Bergelmir gelegt wurde, wird zwar auch hier erwähnt (Vm 35), aber von einer Flut ist keine Rede; de Vries hat versucht, die Flut als christliche Zutat Snorris und lúðr als Wiege, nämlich des ganzen Riesengeschlechts, zu erklären; jedoch ist nach den Vm nicht Bergelmir, sondern Aurgelmir der Ahnherr der Riesen. Offensichtlich ist es nicht erst bei Snorri, sondern schon vor den Vm zu einer Vermischung der Vorstellungen von zwei unterschiedlichen Riesen gekommen; dafür spricht auch die sicherlich nicht ursprüngliche Doppelung der Nachkommen, welche Snorri Y., die Vm aber Aurgelmir zuschreiben: einerseits das der Achsel entsprungene Geschwisterpaar, andererseits den sechsköpfigen Sohn der Beine des Urriesen. Welche Nachkommen welchem Riesen zuzuschreiben sind, muß offenbleiben, Snorri hat aber sicherlich mit gutem Grund Y. mit Aurgelmir gleichgesetzt, und seine Quellen dürften auch diesbezüglich reicher gewesen sein als unsere.

Nicht nur der von Snorri wiedergegebene Mythos, sondern auch die Etymologie erweist Y. als Zwitterwesen, da er gemeinsam mit sanskrit. Yama, avestisch Yima (ebenfalls mythische Vorfahren), lat. geminus, mittelirisch gemuin »Zwilling« zur indogerman. Wurzel *i̯emo- »Zwilling, Zwitter« zu stellen ist. Auch → Tuisto, den Tacitus als Ahnherren der german. Stämme Ingaevonen, Hermionen und Istaevonen nennt, zeigt sich nach Ausweis der Etymologie als Zwitterwesen, so daß hier gemeinsame Vorstellungen innerhalb der german. Kosmogonie anzunehmen sind. – Die Details der Erschaffung der Welt aus Y.s Körper dürfte Snorri gängigen mittelalterlichen Mikrokosmos-/Makrokosmos-Schilderungen entnommen haben, wo solche Gleichsetzungen von Teilen des menschlichen Körpers mit denen des Kosmos geläufig waren (z. B. im Elucidarius).

F. R. Schröder, German. Schöpfungsmythen, in: GRM 19, 1931; F. Börtzler, Y., Ein Beitrag zu den eddischen Weltschöpfungsvorstellungen, in: ARW 33, 1936; J. de Vries, ARG, [3]1970; Å. V. Ström, German. Religion 1975; E. F. Halvorsen, Y., in: KLNM 20, 1976.

N: N. A. Abilgaard, *Ymer dier Koen Ødhumble* (Gemälde).

Ynglinge (altnord. Ynglingar) heißt das schwed. Königsgeschlecht des Frühmittelalters, von dem sich auch der erste norweg. König, Harald Schönhaar (gest. ca. 933) und danach die norweg. Königsdynastie der Y. bis ins 14. Jh. herleitet.

Für die Mythologie sind die Anfänge der Genealogie der schwed. Y. interessant; die Namen dieser Könige sind in dem Gedicht Ynglingatal des Skalden Þjóðólfr ór Hvíni aus dem 9. Jh. enthalten, von dort sind sie in die altnord. Prosatexte, Snorris Ynglingasaga und Aris Íslendingabók, sowie in die lat. *Historia Norvegiae* übernommen worden. Laut Ynglingatal ist der erste König Fjölnir, die Prosatexte nennen vorher noch je drei Götternamen; bei Ari und in der *Historia* sind dies Yngvi, Njörðr und Freyr, bei Snorri lautet die Abfolge Odin, Njörðr und Yngvi-Freyr. Yngvi-Freyr (auch in der Form Ingunar-Freyr) wurde also von Ari und Snorri als Ahnherr der Y. betrachtet; ihre Quellen für diese Herleitung kennen wir nicht, denn ob in der Ynglingatal wirklich eingangs Strophen fehlen, ist nicht sicher. Daß aber nicht erst Ari und Snorri den Stammvater Yngvi mit den Y. verbanden (wie Baetke 1964 annahm), dafür dürfte die häufige Erwähnung von Yngvi als Ahnherrn in der heidnischen Skaldik und Tacitus' Bericht (Germ 2) sprechen; Tacitus erzählt zu Ende des 1. Jh., daß sich der german. Volksteil der Ingaevonen in alten Überlieferungen auf einen Sohn des Mannus zurückführten, der ihnen den Namen gegeben habe (→ Abstammungsmythen); die Annahme eines Ahnen namens *Inguaz oder *Inguan als göttlichen Stammvater der nördlichsten Germanengruppe bestärkt Snorris Angaben zur Sakralabstammung der Y.

A. Heusler, Die gelehrte Urgeschichte im altisländ. Schrifttum, 1908; A. Noreen, Yngve, Inge, Inglinge m. m., in: NoB 8, 1920; K. A. Eckhardt, Ingwi und die Ingweonen in der Überlieferung des Nordens, 1939; H. Schück, Ingunar-Freyr, in: Fornvännen 35, 1940; F. R. Schröder, Ingunar-Freyr, 1941; O. Höfler, Der Sakralcharakter des german. Königtums, in: Vortr. u. Forsch., hg. vom Inst. für geschichtl. Landesforschung des Bodenseegebietes in Konstanz 3, 1956; W. Baetke, Yngvi und die Y., 1964; U. Wyss, Zur Interpretation der Ynglingasage, (Philologische Untersuchungen, gewidmet E. Stutz) Wien 1984.

Yngvi (1) ist ein Beiname des Gottes → Freyr, der deshalb auch → Yngvi-Freyr genannt wurde, und von dem laut Snorri das schwed. Königsgeschlecht der → Ynglinge seinen Namen ableitete (Ynglinga saga 10f.); Snorri erzählt aber auch, daß die Ynglinge den Namen Y. oder Ynguni als Ehrenname trugen (Ynglinga saga 16); man wird diese Aussage wohl auf den jeweils regierenden König einzuschränken haben, da sicher nicht alle lebenden Ynglinge gleichzeitig diesen Ehrennamen trugen. Die Bedeutung des Namens Y. ist weitgehend ungeklärt, auch über seine Bedeutung als Beiname der Ynglinge herrscht keine

Einigkeit: am einleuchtendsten ist es, den jeweiligen König als Repräsentanten des göttlichen Ahnherrn Yngvi-Freyr zu betrachten, aber auch eine Bedeutung »der Ing-Anhänger« oder »der Ingævone« ist nicht völlig auszuschließen. → Yngvi-Freyr.
(2), auch Ingi (altnord.), ist der Name eines Zwergs in der Vsp 16. Die Bedeutung ist ebenso unsicher wie bei Y. (1).

Yngvi-Freyr wird der Gott Freyr bei Snorri (Ynglinga saga 11) genannt; dieser Name habe sich aus Freys Beinamen → Yngvi (1) entwickelt, welchen auch die schwed. Ynglingen-Könige in der Folge als Ehrenname geführt hätten.
Die ursprüngliche Bedeutung von Yngvi ist ganz ungewiß, sicher ist nur ein Zusammenhang mit dem Götternamen Ing (aus *Ingwaz), dem mythischen Stammvater des german. Stammes der Ingaevones (bei Tacitus, Germ 2). Der gotische Name der Eiben-Rune, enguz, deutet ebenfalls auf ein hohes Alter der Gottheit Ing.
Yngvi könnte somit eine Ableitung von *Ingwaz sein und als »der Ingaevone« interpretiert werden, und Y.-F. aus *Ingwiafraujaz »Herr der Ingaevonen«, wobei dann auch für die Konstruktion Y.-F. ein hohes Alter angenommen werden muß.

A. Heusler, Die gelehrte Urgeschichte 1908; A. Noreen, Yngve, Inge, Inglinge m. m., in: NoB 8, 1920; K. A. Eckhardt, Ingwi und die Ingweonen, 1939; H. Schück, Ingunar-Freyr, in: Fornvännen 35, 1940; F. R. Schröder, Ingunar-Freyr, 1941; A. H. Krappe, Yngvi-Freyr and Aengus mac Oc, in: SS 18, 1942/43; W. Krause, Ing, 1944; W. Baetke, Yngvi und die Ynglinger, 1964; H. Beck, Yngvi Tyrkja Konungr, in: Sagnaþing helgað Jónasi Kristjánssyni, 1, Reykjavík 1994.

Z

Zauber → Magie.

Zaubersprüche dienen in der → Magie dazu, durch die Macht des gebundenen Wortes die magischen Kräfte, die sich der Mensch dienstbar machen will, in Bewegung zu setzen. Germanische Z. sind uns in großer Zahl überliefert, die meisten davon stammen allerdings erst aus dem christlichen Mittelalter. Dementsprechend werden heidnische Götter nur äußerst selten erwähnt, häufig dagegen ersetzt die Erwähnung Christi offenbar ältere Gottheiten und half, die Z. als »Segen« für die Christen akzeptabel zu machen, wodurch sie auch in klösterlichen Aufzeichnungen bewahrt werden konnten; tatsächlich sind die meisten Z. in kirchlichen Handschriften auf uns gekommen, im angelsächsischen Raum zudem in volksmedizinischen Rezeptsammlungen. Die meisten der erhaltenen Z. dienen medizinischen und veterinärmedizinischen Zwecken, dazu kommt aber auch der Schutz auf Reisen oder die Abwehr von Schadenzauber. Zu den Heilsprüchen zählt auch der → Zweite Merseburger Zauberspruch, der durch die Nennung der Götter Wodan, Balder (?), Frija, Volla, Sintgunt und Phol besonders interessant ist. Der → Erste Merseburger Zauberspruch soll die Befreiung aus der Gefangenschaft bewirken.

Im Altnordischen ist ein eigenes Versmaß für Z. (altnord. galdar) namens galdralag überliefert, echte Z. finden sich in der altnord. Literatur aber nicht, sondern nur Ankündigungen von solchen (Hávamál, Grógaldr), dafür ist in der Eireks saga rauða 4 der Vorgang des Absingens eines Zauberlieds beschrieben (→ varðlokkur, → Thorbjörg lítilvölva), der allerdings kaum als historisch zu werten ist.

Z. wurden aber nicht immer ausgesprochen oder gesungen. In der Magie fanden auch Holzstäbchen mit eingeritzten Z.n Verwendung, wobei aber → Runenzauber eher die Ausnahme bildete und offenbar erst im christlichen Mittelalter an Bedeutung gewann.

A. F. Hälsig, Der Zauberspruch, 1910; F. Genzmer, German. Z., in: GRM 32, 1950; G. Eis, Altdeutsche Z., 1964; O. Bø, Trollformlar, in: KLNM 18, 1974; K. A. Wipf, Die Z. im Althochdeutschen, in: Numen 22, 1975; K. Jolly, Anglo-Saxon charms in the context of a Christian world view, in: Journal of Medieval History 11,4, 1985; G. Keil, Z. I Allgemein, in: LexMA 9, 1998; V. Holzmann, »Ich beswer dich wurm und wyrmin ...«: Formen und Typen altdeutscher Z. und Segen, 2001; B. Murdoch, The Charms, in: The Early Middle Ages, Rochester 2004 (= The Camden House History of German Literature II); R. Simek, Zauber, -dichtung, in: RGA 34, 2006.

Zeit scheint in der altnord. Mythologie der Eddas keine allzugroße Rolle zu spielen; dennoch sind einige Epochen klar zu unterscheiden: die mythische Urzeit der Schöpfung, »als Ymir hauste«; die mythische Jetzt-Zeit, die Aspekte der Ewigkeit trägt, wie sie durch das immer Jugendhafte der Götter, die von → Iduns Äpfeln essen, betont wird; die Ragnarök als Endzeit; und schließlich die ferne Zeit der neuen Welt, die nach dem Untergang dieser Welt entstehen wird.

Eine Zuordnung einzelner Mythen zu bestimmten Abschnitten der mythischen Gegenwart ist zwar teilweise möglich, führt aber zu nichts, wie solche Zusammenstellungen gezeigt haben (Ciklamini); allerdings spricht die genannte Annahme einer neuen Welt nach den Ragnarök gegen apokalyptisch-lineare Endzeiterwartung und für eine eschatologisch-zyklische Zeitvorstellung bei den Germanen.

M. Ciklamini, The Chronological Concept in Norse Mythology, in: Neophilologus 47, 1963; A. Y. Gurevich, Space and Time, in: Mediaeval Scandinavia 2, 1969.

(Zisa) ist bei J. Grimm eine aus dem alten Namen von Augsburg, Ciesburc, abgeleitete Göttin, was aber nur auf Lesefehler zurückgeht; tatsächlich dürfte Ciesburc auf den Gott → *Ziu zurückgehen.

J. Bachlechner, Eine Göttin Z., in: ZfdA 8, 1851.

***Ziu** ist die ahd. Namensform des german. Gottes → *Tīwaz, altnord. → Týr; die ahd. Übersetzung des röm. Wochentagsnamens dies Martis (»Tag des Mars«) lautete Ziostag (alemann. Ziestag) und bestätigt damit auch für den Kontinent die für die Skandinavier und Angelsachsen belegte Gleichsetzung des röm. Kriegsgottes Mars mit dem german. *Tīwaz. Der Gott *Z. wird in den ahd. Quellen sonst nicht ausdrücklich erwähnt, eine Glosse zum sogenannten *Wessobrunner Gebet* nennt aber die Alemannen Cyowari (wohl: »Verehrer des Cyo«), ihre Hauptstadt sei Ciesburc; mit diesem Cyo ist wohl *Z. gemeint.

Im westgerman. Bereich hat neben *Tīwaz offensichtlich auch noch eine Nebenform dieses Götternamens existiert, die in Mars Thingsus belegt ist und auf die der dt. Wochentagsname Dienstag (zu älterem dingesdach) zurückgeht.

W. Krause, Z., in: Nachrichten der Ges. der Wiss. Göttingen, Phil.-histor. Kl., N. F. 3/6, 1940; H. Rosenfeld, Alemannischer Z.-Kult, in: Archiv für Kulturgeschichte 37, 1955; O. Höfler, »Sakraltheorie« und »Profantheorie«, (Festschrift S. Gutenbrunner) 1972.

Zweiter Merseburger Zauberspruch. Dieser ahd. Zauberspruch ist in einer Handschrift des 10. Jh. überliefert, ist aber sicherlich älter, und lautet:

Phol ende Uuodan vuorun zi holza.
du uuart demo Balderes volon sin vuoz birenkit.
thu biguol en Sinthgunt, Sunna era suister;
thu biguol en Friia, Volla era suister;
thu biguol en Uuodan, so he uuola conda:
sose benrenki, sose bluotrenki, sose lidirenki:
ben zi bena, bluot zi bluoda,
lid zi geliden, sose gelimida sin!

(»Phol und Wodan ritten in den Wald; da wurde der Fuß von Balders Fohlen verrenkt; da besang es Sinthgunt und Sunna, ihre Schwester, da besang es Friia und Volla, ihre Schwester, da besang es Wodan, der dies gut konnte: Sei es Beinrenkung, sei es Blutrenkung, sei es Gliedrenkung: Bein zu Bein, Blut zu Blut, Glied zu Gliedern, als wenn sie geleimt wären! (oder: daß sie gelenkig sind!)«).

Die Deutung des Heilzaubers selbst ist offensichtlich und entspricht der mythischen Beispielhandlung anderer Zaubersprüche. Schwierigkeiten haben dagegen einige der Götternamen bereitet, und die Diskussion darüber ist bis heute nicht abgeschlossen. Problemlos zu identifizieren sind nur Wodan und seine Frau Frîja, dagegen werden Sinthgunt, Sunna und Volla nur hier genannt, und bei Phol und Balder hat man zum Teil überhaupt bestritten, daß es sich um Götternamen handle: so wäre Balder nur als »Herr« aufzufassen und beziehe sich auf den Gott Wodan der ersten Zeile; beweisbar ist diese Behauptung aller-

dings nicht, und man wird daher den Z. M. Z. als frühen Beleg für den Namen Balders gelten lassen können. Auch Phol (= Fol?, Vol?) ist nicht unumstritten, am elegantesten löste Brate das Problem, indem er Fol und Fulla (= Volla) als Geschwisterpaar deutete, denen in Skandinavien Freyr und Freyja entsprächen; mehr als eine Hypothese ist dies freilich nicht.
Die Heilungsszene, die im Z. M. Z. geschildert wird und durch die in der magischen Rezitation die Heilung des Pferds durch Wodan nachvollzogen werden soll, ist auch bildlich auf Brakteaten des 5./6. Jh. dargestellt, wo der Kopf eines Gottes, höchstwahrscheinlich Wodan, häufig über einem Pferd mit ganz offensichtlich verrenktem Vorderlauf auftritt; diese Brakteaten (der Gruppe C) mit Wodan als Zauberarzt hatten wohl Amulettfunktion.

H. Gering, Der Z. M. Z., in: ZfdPh 26, 1894; R. Th. Christiansen, Die finn. und nord. Varianten, Helsinki 1914; E. Brate, Andra Merseb.-besvärjelsen, in: ANF 35, 1919; W. H. Vogt, Zum Problem der Merseb. Zaubersprüche, in: ZfdA 65, 1928; S. Gutenbrunner, Der Z. M. Z., in: ZfdA 80, 1944; H. W. J. Kroes, Die Balderüberlieferungen und der Z. M. Z., in: Neophilologus 35, 1951; F. R. Schröder, Balder und der Z. M. Z., in: GRM 34, 1953; W. Betz, Sose gelimida sin, in: Rhein. Vierteljahresblätter 21, 1956; L. Forster, Zum Z. M. Z., in: Archiv 192, 1956; A. Schirokauer, Der Z. M. Z., in: Germanist. Studien, 1957; K. Northcott, An Interpretation of the Second Merseburg Charm, in: MLR 54, 1959; F. Wrede, Zu den Merseb. Zaubersprüchen, in: Kleine Schriften, 1963; J. de Vries, ARG, [3]1970; K. Hauck, Text und Bild in einer oralen Kultur, in: FmSt 17, 1983; W. Beck, *birenkict* – Zu einem Pferdefuß des Z. M. Z.s, in: Die Sprache 41, 1999; St. Schaffner, Die Götternamen des Z. M. Z.s, (ebenda); H. Eichner, R. Nedoma, Die Merseburger Zaubersprüche: Philologische und sprachwissenschaftliche Probleme aus heutiger Sicht, in: Die Sprache 42, 2001/02.

N: E. Doepler d. J., *Wodan heilt Balders Pferd* (in: E. Doepler, W. Ranisch, *Walhall*, 1901).

Zwerge (ahd. zwerc, gitwerc, altnord. dvergr, altengl. dweorg). Im Volksglauben lebt der Glaube an Wesen wie Z., Alben, Trolle und Riesen ziemlich unabhängig von der höheren Religion und eigentlichen mythologischen Vorstellungen fort. Da diese Bereiche des Volksglaubens auch die Christianisierung der german. Völker im wesentlichen unbeschadet überstanden haben, geben uns auch noch die Quellen der christlichen Zeit einen recht brauchbaren Eindruck von den Vorstellungen, die man von den genannten Wesen hatte. Mehr als die eddischen Quellen zur Mythologie berichten uns die altnord. Vorzeit- und Märchensagas des 14. und 15. Jh. über Z., wo sie zum halb geglaubten, halb – als Stereotyp märchenhafter Handlungen – belächelten Standardinventar gehören. Eine weitere Quelle für die Vorstellungen, die man sich von Z.n machte, sind ihre Namen, von den sich Listen in der Vsp und in den Thulur finden, welche vermutlich auf gemeinsame Quellen zurückgehen; darin finden sich über 100 Zwergennamen, die allerdings

fast durchwegs jung und meist sprechend sind.
Die Z. setzt Snorri mit einer Untergruppe der → Alben, nämlich den Schwarzalben (svartálfar) gleich. In den Háv (143 und 160) begegnen uns Z. in der Hierarchie von Asen, Alben und Z.n; dies dürfte auch ihrer Stellung im Volksglauben entsprechen: während Alben noch eine gewisse Rolle im Kult gespielt haben dürften, sind die Z. nur (meist hilfreiche) Wesen, mit denen der Mensch wie mit seinesgleichen verkehren kann. Daß man sich die Z. ursprünglich als besonders klein vorstellte, ist nicht belegt, erst die Sagas beschreiben sie als kurz und oft häßlich. Viel charakteristischer ist ihre Weisheit, die sich auch in Namen wie → Alvíss, → Fjölsviðr, → Ráðsviðr manifestiert. Kunstfertigkeit zeichnet die Z. besonders aus, nicht nur als Schmiede, wie zahlreiche Zwergennamen verdeutlichen (Hanarr, Nýráðr, Næfr; Skirvir, Draupnir, Fjalarr, Bifurr u. a.). Die Z. haben praktisch alle Kleinode der Götter geschaffen, so Thors Hammer Mjöllnir, Sifs goldenes Haar, Heimdalls Ring Draupnir, Freyjas Halsband Brísingamen und den Eber Hildisvíni (Hdl 7); auch Freyrs wunderbares Schiff Skíðblaðnir wurde von Z.n, und zwar »den Söhnen Ivaldis« gebaut, und die Fesseln (Gleipnir) des Fenriswolfes sind ebenfalls Zwergenarbeit. – Die Z. wohnen unter den Bergen und in Felsen, wie sowohl skaldische Kenningar aus dem 11. und 12. als auch Sagas des 13. und 14. Jh. wiederholt bestätigen. Der altnord. Ausdruck dvergmali (»Zwergspruch«) für »Echo« belegt ebenfalls die Vorstellung von den Z.n als Bergbewohnern. Märchensagas erwähnen, daß man den Z.n vor ihren Felsen auflauern muß, um sie zu ergreifen, und das Eddalied → Alvíssmál läßt den weisen Zwerg Alvíss im ersten Sonnenstrahl versteinern, als ihn dieser außerhalb seiner Wohnung trifft. In das Bild der Z. als tüchtige Handwerker und Bergbewohner fügt sich auch die Vorstellung von ihnen als Bergleute und Bewacher von Schätzen, was sie im Volksglauben der südgerman. Bereiche, vor allem in Bergbaugebieten, bis in die Neuzeit geblieben sind. – Aber auch magische Kräfte wurden den Z.n bisweilen zugeschrieben (Háv 160; Alv), was den Ursprung vielleicht eher im Ruf ihrer technischen Kunstfertigkeit hat. – Snorri berichtet, daß es vier Z., Austri, Vestri, Norðri und Suðri, sind, die den aus Ymirs Schädel gebildeten Himmel tragen (Gylf 7); daß es sich dabei nicht erst um einen Einfluß aus Snorris klerikaler Bildung handelt, beweist die Kenning níðbyrðra Norðri »Himmel« aus dem 10. Jh. (→ Vestri). Gleichfalls durch Snorri (Skaldsk 1) und einige Kenningar kennen wir die Z. (Fjalarr und Galarr) als Brauer und kurzfristige Aufbewahrer des aus dem Blut des von ihnen

getöteten Kvasir gebrauten → Skaldenmets.

Über den Ursprung der Z. sind in den Eddas verschiedene Traditionen überliefert: die Vsp 9 beschreibt die Erschaffung der Z. aus dem Blut des Riesen Brimir und den Knochen des Riesen Bláinn im Rahmen der Kosmogonie, Snorri beschreibt den Ursprung der Z. als madenähnliche Lebewesen im Fleisch des Urriesen Ymir, welche dann von den Göttern mit Verstand begabt wurden (Gylf 13). Beide Erklärungen dürften eher mythographischer Phantasie als dem Volksglauben entstammen.

Die Herkunft der Vorstellung von Z.n wird entweder in Naturgeistern oder in Totendämonen gesehen, wobei Zwergennamen wie Nár, Náinn, Dáinn, Bláinn und ihre unterirdischen Behausungen für die zweite Deutung sprechen; Naturgeister wird man eher in den Alben sehen dürfen. Aber mit einer Vermischung von Vorstellungen muß dabei gerechnet werden, und auch Überlagerung mit gesunkenen pantheistischen Vorstellungen kommt in Betracht. Die Z., mit ihrem Ruf als tüchtige Techniker und vielleicht auch Astronomen, als Reflex einer megalithischen Bevölkerung hat L. Motz wieder ins Spiel gebracht. Die Etymologie von Zwerg ist ungelöst: einerseits hat man auf norweg. dvergskot »Tierseuche« und altind. drva- »Gebrechen« hingewiesen, was auf eine indogerman. Wurzel *dhuer- »schädigen« zurückführen würde, andererseits auf altind. dhvaras »dämonisches Wesen«; auch die für dt. Traum, Trug anzusetzende indogerman. Wurzel *dhreugh- wurde erwogen, in diesem Fall wäre »Trugbild« die ursprüngliche Bedeutung.

A. Lütjens, Der Z. in der dt. Heldendichtung, Breslau 1911; H. de Boor, Der Z. in Skandinavien, (Festschrift E. Mogk) 1924; C. N. Gould, Dwarf-Names, in: PMLA 44, 1929; I. Reichborn-Kjennerud, Den gamle dvergetro, (Festschrift E. A. Kock) Lund 1934; ders., Den norske Dvergetradition, in: Norsk Folkekultur 20, 1934; S. Gutenbrunner, Eddastudien I: Über die Z. in der Vsp Str. 9–13, in: ANF 70, 1955; E. F. Halvorsen, Dverger, in: KLNM 3, 1958; J. de Vries, ARG, [3]1970; L. Motz, On Elves and Dwarfs, in: Arv 29/30, 1973/74; J. de Vries, Altnord. etymolog. Wörterbuch, Leiden [2]1977; C. Lecouteux, Z. und Verwandte, in: Euphorion 75, 1981; L. Motz, The Host of Dvalinn. Thoughts on Some Dwarf-Names in Old Icelandic, in: Collegium Medievale, 1993; dies., Supernatural Beings 1. Elves, Dwarfs and Giants, in: MeScand, 1993; V. Hänsel u. D. Kramer (Hg.), Die Z. kommen!, 1993; E. Tarantul, Elfen, Z. und Riesen. Untersuchungen zur Vorstellungswelt germanischer Völker im Mittelalter, 2001; F. Kluge, Etymolog. Wörterbuch der dt. Sprache, [24]2002.

N: Die Vorstellung von der Existenz eines Zwergenvolkes ist nicht nur bei den german. Völkern so verbreitet, und hat vor allem in der Volksliteratur einen so starken Niederschlag gefunden, daß es unmöglich ist, die Rezeption des german. Zwergenglaubens von anderen zu trennen. Vgl. H. Hässler, *Zwerge und Riesen in Märchen und Sage*, Diss. Tübingen 1957.

Literaturverzeichnis

(Werke zur allgemeinen Mythologie sowie Wörterbücher wurden nicht aufgenommen)

Aakjær, Svend, Danske stednavne fra hedenold, (Dansk udsyn) 1927, 123–125.
–, Hilla, Hleiðra og Skialf, (Studier tilegnede Verner Dahlerup paa femoghalvfjerdsdagen) Aarhus 1934, 52–62.
–, Hoveri, Hovgaard og Hov, (Danske folkemål 3) 1929, 25–34.
–, Odins Vi i Salling, (Skivebogen) 1943, 33–42.
Abrahamson, David, Solkult i nordisk bebyggelse, (Ymer 44) 1924, 239–259.
Achterberg, Herbert, Interpretatio Christiana, Leipzig 1930 (= Form und Geist 19).
Aðalsteinsson, Jón Hnefill, Kristnitakan á Íslandi, Reykjavík 1971.
–, Old Norse Religion in the Sagas of Icelanders, (Gripla 7) Reykjavík 1990, 303–322.
–, Opferbeschreibungen in christlichen Schriften, (Old Norse and Finnish Religions and Cultic Place-Names, hg. von Tore Ahlbäck) Åbo/Stockholm 1990, 206–222.
–, Under the Cloak: The Acceptance of Christianity with Particular Reference to the Religious Attitudes Prevailing at the Time, Stockholm 1978 (= Studia Ethnologica Upsaliensia. 4).
Adinsky, E., Tuisko oder Tuisto?, Königsberg 1903.
Agrell, Sigurd, Der Ursprung der Runenschrift und die Magie, (ANF 43) 1927, 97–109.
–, Zur Frage nach dem Ursprung der Runennamen, Lund 1928 (= Skrifter udgivna av vetenskaps-societeten i Lund. 10).
Alföldy, Géza, Epigraphisches aus dem Rheinland III. Die Inschriften aus dem Tempelbezirk bei Pesch (Kr. Schleiden), (Epigraphische Studien 5) 1968, 33–89.
–, Die Personennamen der römischen Provinz Dalmatia, Heidelberg 1969 (= Beiträge zur Namenforschung. N. F. Beiheft 4).
Allén, Sture, »Baldrs draumar« 14 och Guðrúnarkviða II, 9 – två samhöriga eddaställen, (ANF 76) 1961, 74–95.
Allen, William E. D., The Poet and the Spae-Wife, (Saga-Book 15) 1957–61, 149–258.
Almgren, Bertil, Hällristningar och bronsålderdräkt, (Tor 6) 1960, 19–50.
Almgren, Oskar, Nordische Felszeichnungen als religiöse Urkunden, Frankfurt a. M. 1934.
–, Det runristade guldhornets datering, (NoB 2) 1914, 217–225.
–, Symboliska miniatyryxor från den yngre järnåldern, (Fornvännen 4) 1909, 39–42.

–, Tanums härads fasta fornlämnigar fran bronsaldern. 1. Hällristningar, (Bidrag till kännedom om Göteborgs och Bohusläns Fornminnen och Historie 8) 1906–13, 473–575.
–, Vikingatidens grafskick i verkligheten och i den fornordiska litteraturen, (Nordiska Studier till. A. Noreen) Uppsala 1904, 309–346.
Amira, Karl von, Die germanischen Todesstrafen, (Abhandlungen der bayer. Akademie der Wissenschaften. Philos.-philol. und histor. Kl. 31/3) 1922, 1–415.
Amory, Frederic, Kennings, (MeScand) 1993, 351–352.
–, Kennings, Referentiality, and Metaphors, (ANF 103) 1988, 87–101.
Amtoft, Søren K., Nordiske Gudeskikkelser i bebyggelseshistorisk Belysning, København 1948.
–, Stednavne som bebyggelses- og religionshistorisk Kildestof. En kritisk-historisk Oversigt, (Aarbøger for nordisk Oldkyndighed og Historie) 1941, 177–312.
Andersen, E. H., Die Darstellung des heidnischen Altars auf gotländischen Bildsteinen und dem Runenstein von Elgesem. Diskussionsbeitrag, (FmSt 18) 1984, 334–335.
Andersen, Harry, Navnet Odinkar, (NoB 32) 1944, 101–110.
–, Smaa kritiske Strejftog, (ANF 52) 1936, 66–75.
–, Viborg, (Sprog og kultur 4) 1935, 97–99.
Anderson, Philip N., Form and Content in Lokasenna: a Re-evaluation, (Edda 81) 1981, 215–225.
Anderson, William, Das altnordische Paradies, (Mannus 24) 1931, 19–32.
Andersson, Thorsten, Eigennamen als erstes Glied nordischer Ortsnamen, (NoB 67) 1979, 123–146.
–, Germanisch *Hof* – Hügel, Hof, Heiligtum, (Sprache und Recht. Festschrift für Ruth Schmidt-Wiegand zum 60. Geburtstag, hg. von Karl Hauck u. a.) Berlin/New York 1986, 1–9.
–, Kultplatsbeteckningar i nordiska ortnamn, (Sakrale Navne, hg. von Gillian Fellows-Jensen und Bente Holmberg) Uppsala 1992, 77–105 (= Norna-Rapporter 48).
–, Orts- und Personennamen als Aussagequelle für die altgermanische Religion, (Germanische Religionsgeschichte. Quellen und Quellenprobleme, hg. von Heinrich Beck, Detlev Ellmers und Kurt Schier) Berlin/New York 1992, 508–540 (= Ergänzungsbände zum RGA 5).
–, Sakrala personnamn – eller profana? Klassifikations- och gränsdragningsproblem i det gamla nordiska personnamnsförrådet, (Personnamn i nordiska och andra germanska fornspråk, hg. von Lena Peterson) Uppsala 1993, 39–60 (= Norna-Rapporter 51).
Andrén, Anders, I skuggan av Yggdrasil. Trädet mellan idé och realitet i nordisk tradition, (Ordning mot kaos – studier av nordisk förkristen kosmologi, hg. von Anders Andrén, Kristina Jennbert und Catharina Raudvere) Lund 2004, 389–430 (= Vägar till midgård. 4).
–, Platsernas betydelse. Norrön ritual och kultplatskontinuitet, (Plats och praxis. Studier av nordisk förkristen ritual, hg. von Kristina Jennbert, Anders Andrén und Catharina Raudvere) Lund 2002, 299–342 (= Vägar till midgård. 2).
Anholm, Maria, Den bundene jætte i Kavkasus, (DS 1) 1904, 141–151.

Antonsen, Elmer H., Den ældre Fuþark: en gudernes gave eller et hverdagsalfabet?, (MoM) 1980, 129–143.
Arent, A. Margaret, The Heroic Pattern: Old Germanic Helmets, Beowulf, and Grettis saga, (Old Norse Literature and Mythology: A Symposium, hg. von Edgar C. Polomé) Austin (Texas) 1969, 130–199.
Arren, J., Om Ragnarok, (Dania 10) 1903, 112–125.
Arrhenius, Birgit, Det flammande smycket, (Fornvännen 57) 1962, 79–101.
–, Snorris Asa-Etymologie und das Gräberfeld von Altuppsala, (Tradition als historische Kraft. [Festschrift] K. Hauck) Berlin/New York 1982, 65–77.
–, Zum symbolischen Sinn des Almadin im früheren Mittelalter, (FmSt 3) 1969, 47–59.
Auffarth, Christoph/Hans G. Kippenberg/Axel Michaels (Hg.), Wörterbuch der Religionen, Stuttgart [4]2006.
Auld, Richard L., The Psychological and Mythic Unity of the God Óðinn, (Numen 23) 1976, 145–160.
Bachlechner, Joseph, Eine Göttin Zisa, (ZfdA 8) 1851, 587–588.
–, Vuldor-Ullr, (ZfdA 8) 1851, 201–208.
Bächtoldi-Stäubli, Hanns (Hg.), Handwörterbuch des deutschen Aberglaubens, 10 Bde., Berlin 1927–42, Reprint München 1987.
Baesecke, Georg, Muspilli II, (ZfdA 82) 1948–50, 199–239.
Baetke, Walter, Art und Glaube der Germanen, Hamburg [3]1938.
–, Arteigene germanische Religion und Christentum, Berlin/Leipzig [2]1936.
–, Die Aufnahme des Christentums durch die Germanen, Reprint Darmstadt 1959.
–, Der Begriff der »Unheiligkeit« im altnordischen Recht, (PBB 66) 1942, 1–54.
–, Christentum und germanische Religion, Berlin 1934.
–, Christliches Lehngut in der Sagareligion, Berlin 1952 (= Berichte über die Verhandlungen der sächsischen Akademie der Wissenschaften Leipzig. 98/6)
–, Germanischer Schicksalsglaube, (Neue Jahrbücher für Wissenschaft und Jugendbildung 10) 1934, 226–236.
–, Die Götterlehre der Snorra-Edda, Berlin 1950 (= Berichte über die Verhandlungen der sächsischen Akademie der Wissenschaften Leipzig. 97/3).
–, guð in den altnordischen Eidesformeln, (PBB 70) 1948, 351–371.
–, Das Heilige im Germanischen, Tübingen 1942.
–, Kleine Schriften, Weimar 1973.
–, Die Religion der Germanen in Quellenzeugnissen, Frankfurt a. M. [2]1938.
–, Vom Geist und Erbe Thues, Göttingen 1944.
–, Yngvi und die Ynglinger, Berlin 1964 (= Sitzungsberichte der sächsischen Akademie der Wissenschaften Leipzig. 109/3).
–, Zur Religion der Skalden, (Atti dell' VIII congresso internazionale di storia delle religione) Firenze 1956, 361–364.
Bang, Anton C., Völuspaa og de Sibyllinske Orakler, Oslo 1879.
Batka, Richard, Altnordische Stoffe und Studien in Deutschland. 1. Von Gottfried Schütze bis Klopstock, (Euphorion. Ergänzungsheft 2) 1896, 1–70.

Battaglia, Marco, Nerthus as a Female Deity. The *interpretatio romana* and Tacitus' *Germania* XL revisited, (Amsterdamer Beiträge zur älteren Germanistik 55) 2001, 1–14.

Bauchhenss, Gerhard, Jupitergigantensäulen, Köln 1976 (= Kleine Schriften zur Kenntnis der römischen Besetzungsgeschichte Südwestdeutschlands. 14).

Bauchhenss, Gerhard/Günter Neumann (Hg.), Matronen und verwandte Gottheiten, Köln 1987.

Bauschatz, Paul C., The Germanic Ritual Feast, (The Nordic Languages and Modern Linguistics) Stockholm 1978, 289–294.

–, The Well and the Tree: World and Time in Early Germanic Culture, Amherst (Mass.) 1982.

Beard, D. J., The Berserkr in Icelandic Literature, (Approaches to Oral Literature, hg. von Robin Thelwall) Ulster 1978, 99–114.

Beck, Heinrich, Das Ebersignum im Germanischen, Berlin 1965 (= Quellen und Forschungen zur Sprach- und Kulturgeschichte der germanischen Völker. N. F. 16).

–, Eddische Dichtung, (RGA 6) ²1986, 413–426.

–, Germanische Menschenopfer in der literarischen Überlieferung, (H. Jahnkuhn, Vorgeschichtliche Heiligtümer und Opferplätze in Mittel- und Nordeuropa) Göttingen 1970, 240–258.

–, Grottasǫngr, (KLL 3) München 1967, 1213–1215.

–, Hávamál, (KLL 3) München 1967, 1514–1516.

–, Höfler, Otto, (RGA 15) 2000, 30–34.

–, Namenkundlich-religionsgeschichtliche Bemerkungen zur Gudme-Diskussion, (Nordwestgermanisch, hg. von Edith Marold und C. Zimmermann) Berlin/New York 1995, 41–55.

–, Reginsmál, (KLL 6) München 1971, 75–77.

–, Die religionsgeschichtlichen Quellen der Gylfaginning, (Germanische Religionsgeschichte. Quellen und Quellenprobleme, hg. von Heinrich Beck, Detlev Ellmers und Kurt Schier) Berlin/New York 1992, 608–617 (= Ergänzungsbände zum RGA 5).

–, Snorri Sturlusons Sicht der paganen Vorzeit, Göttingen 1994 (Nachrichten der Akademie der Wissenschaften in Göttingen. Philol.-histor. Kl. 1994/1).

–, Svipdagsmál, (KLL 6) München 1971, 2232–33.

–, Thrymskviða, (KLL 6) München 1971, 2646–47.

–, Yngvi Tyrkja Konungr, (Sagnaþing helgað Jónasi Kristjánssyni, 1) Reykjavík 1994, 55–68.

Beck, Heinrich/Detlev Ellmers/Kurt Schier (Hg.), Germanische Religionsgeschichte. Quellen und Quellenprobleme, Berlin/New York 1992 (= Ergänzungsbände zum RGA 5).

Beck, Inge, Studien zur Erscheinungsform des heidnischen Opfers nach altnordischen Quellen, München 1967.

Beck, Wolfgang, *birenkict* – Zu einem Pferdefuß des Zweiten Merseburger Zauberspruchs, (Die Sprache 41) 1999, 89–103.

Behm-Blancke, Günter, Germanische Mooropferplätze in Thüringen, (Ausgrabungen und Funde 2) 1957, 129–135.

–, Das germanische Tierknochenopfer und sein Ursprung, (Ausgrabungen und Funde 10) 1965, 233–239.
–, Ein westgermanisches Moor- und Seeheiligtum in Nordwestthüringen, (Ausgrabungen und Funde 3) 1958, 264–266.
Behn, Friedrich, Die Bronzezeit in Nordeuropa, Stuttgart 1967.
–, Die nordischen Felsbilder, (ARW 34) 1937, 1–13.
Beitl, Richard, Deutsches Volkstum der Gegenwart, Berlin 1933.
Bemmann, Jan/Güde Hahne, Ältereisenzeitliche Heiligtümer im nördlichen Europa nach den archäologischen Quellen, (Germanische Religionsgeschichte. Quellen und Quellenprobleme, hg. von Heinrich Beck, Detlev Ellmers und Kurt Schier) Berlin/New York 1992, 29–69 (= Ergänzungsbände zum RGA 5).
Benson, Sven, Einige Personennamen und Götternamen in schwedischen Ortsnamen, (Old Norse and Finnish Religions and Cultic Place-Names, hg. von Tore Ahlbäck) Åbo/Stockholm 1990, 441–457.
Berendson, Walter A., Zauberunterweisung in der Edda, (ANF 50) 1934, 250–259.
Bergeron, Tor/Magnus Fries/Carl-Axel Moberg/Folke Ström, Fimbulvinter, (Fornvännen 51) 1956, 1–18.
Betz, Werner, Die altgermanische Religion, (Deutsche Philologie im Aufriß 3) Berlin [2]1962, 1547–1648.
–, Die Laima und der zweite Merseburger Zauberspruch, (Latomus 45) 1960, 45–50.
–, Sose gelimida sin, (Rheinische Vierteljahresblätter 21) 1956, 11–13.
–, Vom »Götterwort« zum »Massentraumbild«. Zur Wortgeschichte von »Mythos«, (Mythos und Mythologie in der Literatur des 19. Jahrhunderts) Frankfurt a. M. 1979, 11–24.
Beyschlag, Siegfried, Die Betörung Gylfis, (ZfdA 85) 1954, 163–181.
Bibire, Paul, Freyr and Gerðr: The story and its myths, (Sagnaskemmtun. Studies H. Pálsson) Wien 1986, 19–40.
Bibliographie zur archäologischen Germanenforschung. Deutschsprachige Literatur 1941–1955, Berlin 1966.
Bickel, Ernst, Die Glaubwürdigkeit des Tacitus und seine Nachrichten über den Nerthuskult und den Germanennamen, (Bonner Jahrbücher 139) 1934, 1–20.
Biezais, Haralds, Die vermeintlichen germanischen Zwillingsgötter, (Temenos 5) 1969, 22–36.
Bilfinger, Gustav, Untersuchungen über die Zeitrechnung der alten Germanen II. Das germanische Julfest. Programm, Stuttgart 1899–1901.
Bing, Just, Germanische Religion der älteren Bronzezeit, (Mannus 6) 1914, 149–180.
–, Die Götter der südskandinavischen Felszeichnungen, (Mannus 14) 1922, 259–274.
–, Der Götterwagen, (Mannus 6) 1914, 261–282.
–, Götterzeichen, (Mannus 7) 1915, 263–280.
–, Das Kivikdenkmal, (Mannus 7) 1915, 61–77.
–, Ull, en mytologisk undersøkelse, (MoM) 1916, 107–124.
Birkeli, Emil, Fedrekult i Norge, Oslo 1939.
–, Huskult og hinsidighetstro, Oslo 1941.

Birkhan, Helmut, Gapt und Gaut, (ZfdA 94) 1965, 1–17.
–, Germanen und Kelten bis zum Ausgang der Römerzeit, Wien 1970.
–, Otto Höfler, (Almanach der Österreichischen Akademie der Wissenschaften 138) 1988, 385–406.
Björkman, Erik, Skialf och Skilfing, (NoB 7) 1919, 163–181.
Björnsson, Árni, Hjátrú á jólum, (Skírnir 135) 1961, 110–128.
Blaney, Benjamin, Berserkr, (MeScand) 1993, 37–8.
–, The Berserkr: His Origin and Development in Old Norse Literature, Diss. University of Colorado 1972.
–, The Berserk Suitor: The Literary Application of a Stereotyped Theme, (SS 54) 1982, 279–294.
Blind, Karl, The Meaning of »Edda«, (Academy 48) 1895, 547.
Blum, Ida, Die Schutzgeister in der altnordischen Literatur, Diss. Straßburg, Zabern 1912.
Bø, Olav, Hammarseng, (KLNM 6) Malmö 1961, 81.
–, Torshamrar, (KLNM 18) Malmö 1974, 502–503.
–, Trollformlar, (KLNM 18) Malmö 1974, 674–678.
–, Vær og vind, (KLNM 20) Malmö 1976, 332–334.
Böldl, Klaus, Der Mythos der Edda. Nordische Mythologie zwischen europäischer Aufklärung und nationaler Romantik, Tübingen/Basel 2000.
Boer, Richard C., Gylfes mellemværende med Aserne, (Festskrift H. Pipping) Helsingfors 1924, 17–24.
–, Kritik der Vǫluspá, (ZfdPh 36) 1904, 289–370.
–, Studien über die Snorra-Edda, (APhSc 1) 1926/27, 54–150.
Börtzler, Friedrich, Ymir. Ein Beitrag zu den eddischen Weltschöpfungsvorstellungen, (ARW 33) 1936, 230–245.
Bolle, Kees W., In Defense of Euhemeros, (Myth and Law among the Indo-Europeans) London 1970, 19–38.
Bondevik, Kjell, Truer og førestellingar i stadnamn, (Norske stedsnavn/stadnamn) Oslo 1975, 132–144.
Bonnetain, Yvonne S., En er þetta sá Loki Laufeyjarson, þá líkaði honum illa, er Baldr sakaði ekki, (International Scandinavian and medieval studies in memory of Gerd Wolfgang Weber) Triest 2000, 73–89.
de Boor, Helmuth, Die religiöse Sprache der Vǫluspá und verwandter Denkmäler, (Deutsche Islandforschung 1) Breslau 1930, 68–142.
–, Der Zwerg in Skandinavien, (Festschrift E. Mogk) Halle/S. 1924, 536–557.
–, Bork, Ferdinand, Germanische Götterdreiheiten, (Mannus 15) 1923, 1–19.
Bornhausen, Karl, Die nordische Religionsvorstellung vom Sonnengott und ihr Gestaltwandel, (ARW 33) 1936, 15–20.
Boudriot, Wilhelm, Die altgermanische Religion in der amtlichen kirchlichen Literatur des Abendlandes vom 5. bis 11. Jahrhundert, Bonn 1928 (= Untersuchungen zur allgemeinen Religionsgeschichte. 2).
Boyer, Regis, On the Composition of Vǫlospá, (Edda. A Collection) Winnipeg 1983, 117–133.
–, Paganism and literature: the so-called »Pagan survivals« in the samtíðarsǫgur, (Gripla 1) 1975, 135–167.
–, Some Reflections on the Terra-Mater Motive in Old Scandinavian Sources, (Germanische Religionsgeschichte. Quellen und Quellenprobleme,

hg. von Heinrich Beck, Detlev Ellmers und Kurt Schier) Berlin/New York 1992, 618–632 (= Ergänzungsbände zum RGA 5).
Boyer, Regis/Eveline Lot-Falck, Les Religions de l'Europe du Nord, Paris 1974.
Branston, Brian, Gods of the North, London/New York 1955.
–, The lost Gods of England, London 1957.
Brate, Erik, Andra Merseburg-besvärjelsen, (ANF 35) 1919, 287–296.
–, Disen, (Zeitschrift für deutsche Wortforschung 13) 1912, 143–152.
–, Nyare forskning i nordisk mytologi, Stockholm 1907.
–, Thor(s)hughle, (ANF 29) 1913, 103–108.
–, Voluspa, (ANF 30) 1914, 43–60.
–, Wrindawi, (ANF 29) 1913, 109–119.
Braune, Walter, Irmindeot und Irmingot, (PBB 21) 1896, 1–7.
–, Muspilli, (PBB 40) 1915, 425–445.
–, Vingolf, (PBB 14) 1889, 369–376.
Breiteig, Byrge, Snorre Sturlason og Æsene, (ANF 79) 1964, 117–153.
Bremer, Otto, Der Germanische Himmelsgott, (IF 3) 1894, 301–302.
Bremmer, Rolf H., Hermes-Mercury and Woden-Odin as Inventors of Alphabets: A Neglected Parallel, (Amsterdamer Beiträge zur älteren Germanistik 29) 1989, 39–48.
Brennecke, Detlef, Gab es eine *Skrýmiskviða?*, (ANF 96) 1981, 1–8.
Briem, Olafur, Fenrisúlfr, (KLNM 4) Malmö 1959, 220–221.
–, Heiðina siður á Íslandi, Reykjavík 1945.
–, Vanir og Æsir, Reykjavík 1963 (= Studia Islandica. 21).
Brím, Eggert Ó., Bemærkniger angående en del vers i »Noregs konungasǫgur I«, (ANF 11) 1895, 1–32.
Brink, Stefan, Cult Sites in Northern Sweden, (Old Norse and Finnish Religions and Cultic Place-Names, hg. von Tore Ahlbäck) Åbo/Stockholm 1990, 458–489.
–, Har vi haft ett kultiskt **al* i Norden?, (Sakrale Navne, hg. von Gillian Fellows-Jensen und Bente Holmberg) Uppsala 1992, 107–121 (= Norna-Rapporter 48).
Brix, Hans, Noter til Hávamál, (Edda 58) 1958, 100–105.
Brøndsted, Johannes, Nordische Vorzeit 1–3, Neumünster 1960–63.
–, Thors Fiskeri, (Fra Nationalmuseets Arbejdsmark) 1955, 93–104.
Bronnenkant, L., Thurstable revisited, (Journal of the English Place-Name Society 15) 1982–83, 9–19.
Brunner, Heinrich, Der Todtentheil in germanischen Rechten, (Zeitschrift der Savigny-Stiftung für Rechtsgeschichte, Germanist. Abt. 19) 1898, 107–139.
Bryce, Lynn, The Influence of Scandinavian Mythology on the Works of J. R. R. Tolkien, (Edda 83) 1983, 113–119.
Buchholz, Peter, Im Himmel wie auf Erden. Gedanken zu Heiligtum und Kultprovinz in der frühgeschichtlichen Religion Skandinaviens, (Acta Germanica 7) 1972, 1–17.
–, Perspectives for historical research in Germanic religion, (History of Religions 8) 1968, 111–138.
–, Religion, Pagan Scandinavian, (MeScand) 1993, 521–525.

–, The religious geography of pagan Scandinavia. A new research project, (Mediaeval Scandinavia 5) 1972, 89–91.
–, Schamanistische Züge in der altisländischen Überlieferung, Münster 1968.
Bugge, Sophus, Altnordische Namen, (Zeitschrift für vergleichende Sprachforschung 3) 1854, 26–34.
–, Fricco, Frigg und Priapos, Kristiania 1904.
–, Germanische Etymologien, (PBB 21) 1896, 421–428.
–, Der Gott Bragi in den norrönen Gedichten, (PBB 13) 1888, 187–201.
–, Iduns Æbler, (ANF 5) 1889, 1–45.
–, Rigsþula, (ANF 1) 1883, 305–313.
–, Studien über die Entstehung der nordischen Götter- und Heldensagen, München 1889.
–, Studier over de nordiske Gude- og Heltesagns Oprindelse, Kristiania 1881–89.
Burri, Margrit, Germanische Mythologie zwischen Verdrängung und Verfälschung, Zürich 1892.
Buschan, Georg, Altgermanische Überlieferung in Kult und Brauchtum der Deutschen, München 1936.
Butt, Wolfgang, ›Sterben‹ und ›Töten‹ in der Sprache der altnordischen Dichter, Diss. Kiel 1967.
–, Zur Herkunft der Vǫluspá, (PBB West 91) 1969, 82–103.
Byvanck, Alexander W., De inscriptionibus traiectensibus nuper repertis, (Mnemosyne. N. S. 60) 1933, 193–198.
Cameron, Kenneth, English Place-Names, London 1961.
Capelle, Torsten, Anthropomorphe Holzidole in Mittel- und Nordeuropa, Stockholm 1995.
Carver, Martin (Hg.), The Cross Goes North. Processes of Conversion in Northern Europe, AD 300–1300, York 2003.
Cassidy, Vincent H. de P., The Location of Ginnunga-gap, (Scandinavian Studies. Essays H. G. Leach) Seattle 1965, 27–38.
Celander, Hilding, Förkristen jul enligt norröna källor, Stockholm/Gothenburg 1955.
–, Loke-Problemet, (DS) 1914, 65–93.
–, Lokes mytiska ursprung, (SSUF) 1906–09, 18–140.
–, Nordisk Jul, Stockholm 1928.
–, Oskoreien och besläktade forestellningar i äldre och nyare nordisk tradition, (Saga och Sed) 1943, 71–175.
Chadwick, Henry Munro, The cult of Othin, London 1899.
Chadwick, Nora K., The Russian giant Svyatogor and the Norse Utgartha-Loki, (Folklore 75) 1964, 243–259.
Chambers, Raymond Wilson, Beowulf. An introduction to the study of the poem with a discussion of the stories of Offa and Finn, Cambridge [3]1959.
Chaney, William Albert, The cult of kingship in Anglo-Saxon England, Manchester 1970.
Chantepie de la Saussaye, Pierre Daniel, Lehrbuch der Religionsgeschichte 1–2, Tübingen [4]1925.
–, The religion of the Teutons, Boston/London 1902.
Christiansen, Eric, Saxo Grammaticus, (MeScand) 1993, 566–569.

Christiansen, Henning, Eyluðr, (Norsk Tidsskrift for Sprogvitenskap 19) 1960, 383–392.
–, En utolketsstrofe av Grógaldr, (Norsk Tidsskrift for Sprogvitenskap 17) 1954, 425–427.
Christiansen, Inger, Rimtusser, (KLNM 14) Malmö 1969, 319.
–, Vetter, (KLNM 19) Malmö 1975, 678–679.
Christiansen, Reidar Thoralf, The dead and the living, Oslo 1946 (= Studia Norvegica. 2).
–, Die finnischen und nordischen Varianten des zweiten Merseburger Spruches, Helsinki 1914 (= FFC. 18).
–, Til de norske sjøvetters historie, (MoM) 1935, 1–25.
Ciklamini, Marlene, The chronological conception in Norse mythology, (Neophilologus 47) 1963, 138–151.
–, Óðinn and the giants, (Neophilologus 46) 1962, 145–157.
Clauss, Manfred, Neue Inschriften im Rheinischen Landesmuseum Bonn, (Epigraphische Studien 11) 1976, 1–40.
Clemen, Carl, Altgermanische Religionsgeschichte, Bonn 1934.
–, Die Bedeutung anderer Religionen für die altnordische Religionsgeschichte, (ARW 34) 1937, 13–18.
–, Der Einfluß des Christentums auf andere Religionen, Leipzig 1933.
–, Fontes historiæ religionis Germanicæ, Berlin 1928.
–, Mithrasmysterien und germanische Religion, (ARW 34) 1937, 217–226.
–, Südöstliche Einflüsse auf die nordische Religion?, (ZfdPh 55) 1930, 148–160.
–, Urgeschichtliche Religion 1–2, Bonn 1932/33.
Closs, Alois, Heidentum der Altgermanen, (Kirche in der Zeitenwende) Salzburg [3]1939.
–, Die Heiligkeit des Herrschers, (Anthropos 56) 1961, 469–480.
–, Irdisches Wiedererstehen im Glauben der alten Nordeuropäer, (Kairos 7) 1965, 216–234.
–, Loki und die germanische Frömmigkeit, (Kairos 2) 1960, 89–100.
–, Neue Problemstellungen in der germanischen Religionsgeschichte, (Anthropos 29) 1934, 477–496.
–, Die Religion der Germanen in ethnologischer Sicht, (Christus und die Religionen der Erde, Bd. 2) Freiburg [2]1961, 267–366.
–, Die Religion des Semnonenstammes, (W. Koppers, Die Indogermanen- und die Germanenfrage) Salzburg/Leipzig, 1936, 549–674.
–, Das Versenkungsopfer, (Kultur und Sprache 9) 1952, 66–107.
Clover, Carol J., Hárbarðsljóð as generic farce, (SS 51) 1979, 124–145.
Clunies-Ross, Margaret, An Interpretation of the Myth of Þórr's Encounter with Geirrødr and his daughters, (Speculum Norrœnum. Studies G. Turville-Petre) Odense 1981, 370–391.
–, The myth of Gefjon and Gylfi and its function in Snorra Edda and Heimskringla, (ANF 93) 1978, 149–165.
–, The Mythological Fictions of Snorra Edda, (Snorrastefna 1990, hg. von Úlfar Bragason) Reykjavík 1992, 204–216.
–, Prolonged Echoes, Bd. 1–2, Odense 1994–98.

–, Pseudo-Procreation Myths in Old Norse: An Anthropological Approach, (Social Approaches to Viking Studies, hg. von Ross Samson), Glasgow 1991, 45–52.
–, »Quellen zur germanischen Religionsgeschichte«, (Germanische Religionsgeschichte. Quellen und Quellenprobleme, hg. von Heinrich Beck, Detlev Ellmers und Kurt Schier) Berlin/New York 1992, 633–655 (= Ergänzungsbände zum RGA Bd. 5).
–, Skáldskaparmál. Snorri Sturluson's ars poetica and the medieval theories of language, Odense 1987 (= The Viking Collection. 4).
–, Snorri Sturluson's use of the Norse origin-legend of the sons of Fornjótr in his Edda, (ANF 98) 1983, 47–66.
Coles, John M./Anthony F. Harding, The Bronze Age in Europe, London 1979.
Collinder, Björn, Till frågan om de äldsta Eddakvädenas ålder, (ANF 80) 1965, 61–63.
Collitz, Hermann, Wodan, Hermes und Pushan, (Festskrift H. Pipping) Helsingfors 1924, 574–587.
Cordes, August, Lassen sich »urgermanische Menschenopfer« mit Tacitus beweisen?, (Heimat 67) 1960, 88–89.
Cornelius, Friedrich, Indogermanische Religionsgeschichte, München 1942.
Cour, Vilhelm la, Heimdalls navne, (DS) 1923, 61–68.
Cramer-Peeters, Elisabeth, Frija – Isis – Nehalennia, (Amsterdamer Beiträge zur älteren Germanistik 3) 1972, 15–24.
–, Zur Deutung des Namens der Göttin Nehalennia, (Amsterdamer Beiträge zur älteren Germanistik 3) 1972, 1–14.
Crumlin-Pedersen, Ole/Birgitte Munch Thye (Hg.), The Ship as Symbol in Prehistoric and Medieval Scandinavia, Copenhagen 1995 (= Publications from the National Museum. Studies in Archaeology & History. 1).
Dahlerup, Verner, Et par af myterne i Oehlenschlägers Nordens Guder, (Festskrift til F. Jónsson) København 1928, 299–303.
Damico, Helen, Sǫrla Þáttr, (MeScand) 1993, 638.
–, Sörla Þáttr and the Hama Episode in Beowulf, (SS 55) 1983, 222–235.
Davidson, Hilda R. Ellis, The Battle God of the Vikings, York 1972 (= University of York Mediaeval Monograph Series. 1).
–, Gods and Myths of Northern Europe, London 1964.
–, Hostile Magic in the Icelandic Sagas, (The Witch Figure. Studies K. M. Briggs) London/Boston 1973, 20–41.
–, Pagan Scandinavia, London 1967 (= Ancient Peoples and Places. 58).
–, Progress on the Northern Front, (Religion 4) 1974, 151–155.
–, The road to Hel. A study of the conception of the dead in Old Norse literature, Cambridge 1943, Reprint New York 1968.
–, Scandinavian Mythology, London 1969.
–, Thor's Hammer, (Folklore 76) 1965, 1–15.
Davidson, Hilda R. Ellis/David Fisher, Saxo Grammaticus. The History of the Danes, 1–2, Cambridge 1979/80.
Davidson, Thomas, The needfire ritual, (Antiquity 29) 1955, 132–136.
Derolez, René L. M., Götter und Mythen der Germanen, Wiesbaden 1974.
Detter, Ferdinand, Der Baldrmythus, (PBB 19) 1894, 495–516.

–, Erwiderung, (ANF 13) 1897, 207–208.
–, Der Mythus von Hölgi, Þórgerðr und Irpa, (ZfdA 32) 1888, 394–402.
–, [Rezension von] Eiríkr Magnússon, Odin's horse Yggdrasil, London 1895, (ANF 13) 1897, 99–100.
–, [Rezension von] Elard H. Meyer, Die eddische Kosmogonie, Freiburg 1891, (ANF 8) 1892, 304–306.
–, Zur Ragnarsdrápa, (ANF 13) 1897, 363–369.
–, Zur Ynglinga saga, (PBB 18) 1894, 72–105.
Detter, Ferdinand/Richard Heinzel, Hœnir und der Vanenkrieg, (PBB 18) 1894, 542–560.
Dick, Ernst S., Ae. dryht und seine Sippe, Münster 1965 (= Neue Beiträge zur englischen Philologie. 3).
Dieck, Alfred, Die europäischen Moorleichenfunde (Hominidenmoorfunde) 1, Neumünster 1965.
Dieterle, Richard L., The Song of Baldr, (SS 58) 1986, 285–307.
Dietrich, [Franz], Die deutsche Wasserhölle, (ZfdA 9) 1853, 175–186.
Dillmann, François-Xavier, Georges Dumézil et la religion Germanique – l'interprétation du dieu Odhinn, (Jean-Claude Rivière, Georges Dumézil à la découverte des Indo-Européens) Paris 1979, 157–186.
–, Le maître-des-runes: essai de détermination socioanthropologique: quelques réflexions méthodologiques, (Michigan Germanic Studies 7) 1981, 27–37.
Dinzelbacher, Peter, Die Jenseitsbrücke im Mittelalter, Diss. Wien 1973.
Döbler, Hannsferdinand, Die Germanen, München 1975.
Döhring, Alfred, Kastors und Balders Tod, (ARW 5) 1902, 38–63, 97–104.
Dölvers, Horst, Text, Gliederung und Deutung der Vǫluspá, (ZfdA 98) 1969, 241–264.
Dörries, Hermann, Germanische Religion und Sachsenbekehrung, Göttingen 1934.
Doht, Renate, Der Rauschtrank im germanischen Mythos, Wien 1974 (= Wiener Arbeiten zur germanischen Altertumskunde und Philologie. 3).
Domaszewski, Alfred von, Die Juppitersäule in Mainz, (ARW 9) 1906, 303–311.
–, Die Religion des römischen Heeres, (Westdeutsche Zeitschrift 14) 1895, 1–124.
Drescher, Hans/Karl Hauck, Götterthrone des heidnischen Nordens, (FmSt 16) 1982, 237–301.
Drexel, Friedrich, Die Gottheiten der Equites Singulares und die Juppitersäulen, (Germania 8) 1924, 49–60.
Drobin, Ulf, Myth and epical motifs in the Loki-research, (Temenos 3) 1968, 19–39.
Dronke, Ursula, Art and Tradition in Skírnismál, (English and Mediaeval Studies presented to J. R. R. Tolkien) Oxford 1962, 250–268.
–, Eddic Poetry as a source for the history of Germanic religion, (Germanische Religionsgeschichte. Quellen und Quellenprobleme, hg. von Heinrich Beck, Detlev Ellmers und Kurt Schier) Berlin/New York 1992, 656–684 (= Ergänzungsbände zum RGA 5).
–, Reginsmál v. 8, (MoM) 1960, 97–98.

–, Six Notes on the Interpretation of *Hymiskviða*, (Gripla 14) Reykjavík 2003, 47–60.
–, Vǫluspá and satiric tradition, (Annali 21) 1979, 57–86.
Düwel, Klaus, Buchstabenmagie und Alphabetzauber. Zu den Inschriften der Goldbrakteaten und ihrer Funktion als Amulette, (FmSt 22) 1988, 70–110.
–, Germanische Opfer und Opferriten im Spiegel altgermanischer Kultworte, (H. Jahnkuhn, Vorgeschichtliche Heiligtümer und Opferplätze in Mittel- und Nordeuropa) Göttingen 1970, 219–239.
–, Das Opferfest von Lade. Quellenkritische Untersuchungen zur germanischen Religionsgeschichte, Wien 1985 (= Wiener Arbeiten zur germanischen Altertumskunde und Philologie. 27).
–, Das Opferfest von Lade und die Geschichte vom Völsi, Göttingen 1971.
–, Runeninschriften als Quellen der germanischen Religionsgeschichte, (Germanische Religionsgeschichte. Quellen und Quellenprobleme, hg. von Heinrich Beck, Detlev Ellmers und Kurt Schier) Berlin/New York 1992, 336–364 (= Ergänzungsbände zum RGA 5).
–, Runen und interpretatio christiana. Zur religionsgeschichtlichen Stellung der Bügelfibel von Nordendorf I, (Tradition als historische Kraft. [Festschrift] K. Hauck) Berlin/New York 1982, 78–99.
–, Zu den Umschreibungen für »Gott« in der altnordischen Dichtung, (Die vielen Namen Gottes. Festschrift G. H. Mohr) Stuttgart 1974, 65–77.
Dumézil, Georges, Balderiana minora, (Indo-Iranica. Mélanges présentés à G. Morgenstierne) Wiesbaden 1964, 67–72.
–, Deux petits dieux scandinaves: Byggvir et Beyla, (La nouvelle Clio 3) 1952, 1–31.
–, Le dieu scandinave Víðarr, (Revue de l'histoire des religions 168) 1965, 1–13.
–, Du mythe au roman, Paris 1970.
–, From myth to fiction. The saga of Hadingus, Chicago/London 1973.
–, Gods of the Ancient Northmen, Berkeley 1977.
–, Hotherus et Balderus, (PBB West 83) 1961–62, 259–270.
–, L'idéologie tripartie des Indo-Européens, Bruxelles 1968 (= Latomus. 31).
–, Légendes sur les Nartes, (Revue de l'histoire des religions 125) 1943, 97–128.
–, Loki, Paris 1948.
–, Loki, Darmstadt 1959.
–, Njǫrðr, Nerthus et le folklore scandinave de génies de la mer, (Revue de l'histoire des religions 147) 1961, 210–226.
–, De nordiska gudarna, Stockholm ²1966.
–, Notes sur le bestiaire cosmique d'Edda et du Rg Veda, (Mélanges de linguistique et de philologie. F. Mossé in memoriam) Paris 1959, 104–112.
–, Remarques comparatives sur le dieu scandinave Heimdallr, (Etudes Celtiques 8) 1959, 268–283.
–, La Rígsþula et la structure sociale indo-européenne, (Revue de l'histoire des religions 154) 1958, 1–9.
–, Tarpeia, Paris 1947.
Dyggve, Ejnar, Three Old Danish sanctuaries of the Jelling type, Lund 1961.
Ebenbauer, Alfred, Bifröst, (RGA 2) ²1982, 1–3.
–, Blutaar, (RGA 3) ²1978, 80–81.

–, Fróði und sein Friede, (Festgabe für O. Höfler) Wien 1976, 128–181.
–, Germanische Religion, (Theologische Realenzyklopädie 12) Berlin/New York 1984, 510–521.
–, Ursprungsglaube, Herrschergott und Menschenopfer: Beobachtungen zum Semnonenkult (Germania c. 39), (Antiquitates Indogermanicae. Gedenkschrift für H. Güntert) Innsbruck 1974, 233–249 (= Innsbrucker Beiträge zur Sprachwissenschaft. 12).
Eckhardt, Karl August, Ingwi und die Ingweonen in der Überlieferung des Nordens, Weimar 1939.
–, Irdische Unsterblichkeit, Weimar 1937.
–, Der Wanenkrieg, Bonn 1940.
Edzardi, Anton, Fensalir und Vegtamskviða 12,5ff., (Germania 27) 1882, 330–338.
–, Über die Heimat der Eddalieder, (PBB 8) 1882, 349–370.
–, Zur Lokasenna, (Germania 23) 1878, 418–421.
Ehrismann, Otfrid, Vom Wirtshaus nach Walhall. Aspekte der Mittelalterrezeption in Deutschland, (The Medieval Legacy) Odense 1982, 9–50.
Eichner, Heiner/Robert Nedoma, Die Merseburger Zaubersprüche: Philologische und sprachwissenschaftliche Probleme aus heutiger Sicht, (Die Sprache 42) 2001/02, 1–195.
Einarsson, Bjarni, Vættatrú og nokkur íslenzk örnefni, (Árbók hins íslenzka fornleifafélags) 1967, 110–116.
Einarsson, Stefán, »Askr Yggdrasils«, »Gullnar tǫflur« (Vǫluspá), (Festschrift M. Schlauch) Warschau 1966, 111–115.
–, Some Parallels in Norse and Indian Mythology, (Scandinavian Studies. Essays H. G. Leach) Seattle 1965, 21–26.
Eis, Gerhard, Altdeutsche Zaubersprüche, Berlin 1964.
–, Eine neue Deutung des ersten Merseburger Zauberspruchs, (Forschungen und Fortschritte 32) 1958, 27–29.
Eitrem, Samson, Lina laukar, (Festskrift till. A. Kjær) Kristiania 1924, 85–94.
Ejder, Bertil, Eddadikten Vafþrúðnismál, (Vetenskaps-Societeten i Lunds Årsbok) 1960, 5–20.
–, Eine Vǫluspá-Stelle, (Die Sprache 22) 1976, 49–52.
Ejerfeldt, Lennart, Germanische Religion, (Handbuch der Religionsgeschichte Bd. 1) Göttingen 1971, 277–342.
Eldjárn, Kristján, Kuml og Haugfé, Reykjavík 1956.
–, The Bronze Image from Eyrarland, (Speculum Norrœnum. Studies G. Turville-Petre) Odense 1981, 73–84.
Eldjárn, Kristján/Per Hovda/Kristian Hald/Olav Bø/Harry Ståhl, Hov og Horg, (KLNM 7) Malmö 1962, 8–15.
Elgqvist, Eric, Guden Höner, (ANF 72) 1957, 155–172.
–, Studier rörande njordkultens spridning bland de nordiska folken, Lund 1955.
–, Ullvi och Ullinshov, Lund 1955.
Ellekilde, Hans, Om Sighvat skjalds Alfeblotsstrofer og Alfhildsagnet i Hervararsaga, (APhSc 8) 1933, 182–192.
Elliot, Ralph W. V., Runes, yews and magic, (Speculum 32) 1957, 250–261.
Ellis, Hilda Roderick → Davidson, H. R. Ellis.

Ellmers, Detlev, Die archäologischen Quellen zur germanischen Religionsgeschichte, (Germanische Religionsgeschichte. Quellen und Quellenprobleme, hg. von Heinrich Beck, Detlev Ellmers und Kurt Schier) Berlin/New York 1992, 95–117 (= Ergänzungsbände zum RGA 5).
Elmevik, Lennart, Åsaka, (Nordisk Namnstudier. Festskrift till Harry Ståhl) Uppsala 1985, 156–167 (= NoB 73).
–, fsv. *lytir (*Lytir). Ett etymologiskt och religionshistoriskt bidrag, (NoB 54) 1966, 47–61.
–, Glömskans häger. Till tolkningen av en Hávamál-strof, (Scripta Islandica 19) 1968, 39–45.
–, Sakrala namn. Några synpunkter, (Sakrale Navne, hg. von Gillian Fellows-Jensen und Bente Holmberg) Uppsala 1992, 251–254 (= Norna-Rapporter 48).
Elstad, Kåre, Om tremenn og solulvar i Edda. To små merknader om poesi og mytologi, (ANF 102) 1987, 13–17.
Emsheimr, Ernst, Horn, (KLNM 6) Malmö 1961, 672–673.
Erben, Johannes, Der Schluß des zweiten Merseburger Zauberspruchs, (Festschrift W. Baetke) Weimar 1966, 118–121.
Erich, Oswald A./Richard Beitl, Wörterbuch der deutschen Volkskunde, Stuttgart [3]1974 (= Kröners Taschenausgabe 127).
Espeland, Anton, Njarðarlaug – Onarheim – Tingstad, (MoM) 1919, 62–65.
Esterle, Gert, Die Boviden in der Germania, Wien 1974 (= Wiener Arbeiten zur germanischen Altertumskunde und Philologie. 2).
Ettlinger, Ellen, The mythological relief of the Oseberg wagon found in southern Norway, (Folklore 87) 1976, 81–88.
Ettmüller, Ludwig, Beiträge zur Kritik der Eddalieder, (Germania 14) 1869, 305–323.
Evans, David A. H., Hávamál, (MeScand) 1993, 272.
–, King Agni: myth, history or legend?, (Speculum Norrœnum. Studies G. Turville-Petre) Odense 1981, 89–105.
Fabech, Charlotte, Sakrale pladser i sydskandinavisk jernalder. En evaluering, (Sakrale Navne, hg. von Gillian Fellows-Jensen und Bente Holmberg) Uppsala 1992, 141–167 (= Norna-Rapporter 48).
Fabing, Howard D., On going berserk: a neurochemical inquiry, (Scientific Monthly 83) 1956, 232–237.
Falck-Kjällquist, Birgit, Namnet Ullerö, (NoB 71) 1983, 152–156.
Falk, Hjalmar, Begravelseterminologien i den oldnorsk-islandske litteratur, (Festskrift til A. Torp) Kristiania 1913, 1–18.
–, Martianus Capella og den nordiske mythologi, (Aarbøger for Nordisk Oldkydighed og Historie) København 1891, 266–300.
–, Mytologiens gudesønner, (Festskrift til. A. Kjær) Kristiania 1924, 1–8.
–, De nordiska hovedguders utviklingshistorie, (ANF 43) 1927, 34–44.
–, Odensheite, Kristiania 1924.
–, Om Svipdagsmál, (ANF 9) 1893, 311–362, (10) 1894, 26–82.
–, »Sjelen« i Hedentroen, (MoM) 1926, 169–174.
Farwerck, Franz E., Het Wilde Heir, (Nehalennia 2) 1957, 120–132.
Faulkes, Anthony, Descent from the gods, (Mediaeval Scandinavia 11) 1978/79, 92–125.
–, Edda, (Gripla 2) Reykjavík 1977, 32–39 (= Rit 16).

–, Snorra Edda, (MeScand) 1993, 600–602.

Feilberg, Henning Frederik, Jul, København 1904.

–, Der Kobold in nordischer Überlieferung, (Zeitschrift für Volkskunde 8) 1898, 1–20, 130–146, 264–277.

Feist, Siegfried, Runen und Zauberwesen im germanischen Altertum, (ANF 35) 1919, 243–287.

–, Zur Deutung der deutschen Runenspangen, (ZfdPh 47) 1918, 1–10.

Fellows-Jensen, Gillian, Cultic Place-names. A view from the Danelaw, (Sakrale Navne, hg. von Gillian Fellows-Jensen und Bente Holmberg) Uppsala 1992, 265–272 (= Norna-Rapporter 48).

–, The Vikings' Relationship with Christianity in the British Isles: the evidence of place-names containing the element kirkja, (Proceedings of the Tenth Viking Congress, hg. von James E. Knirk) Oslo 1987, 295–307.

Fidjestøl, Bjarne, The Dating of Eddic Poetry. A Historical Survey and Methodological Investigation, hg. von Odd Einar Haugen, Copenhagen 1999 (= Bibliotheca Arnamagnæana. 41).

–, Håvamål og den klassiske humanismen, (MoM) 1992, 1–10.

–, Pagan beliefs and Christian impact. The contribution of scaldic studies, (Viking Revaluations, hg. von Anthony Faulkes, Richard Perkins) London 1993, 100–120.

Fingerlin, Gerhard/Josef F. Fischer/Klaus Düwel, Alu und ota – Runenbeschriftete Münznachahmungen der Merowingerzeit aus Hüfingen, (Germania 76) 1998, 789–822.

Finnestad, Ragnhild Bjerre, The Study of the Christianization of the Nordic Countries. Some Reflections, (Old Norse and Finnish Religions and Cultic Place-Names, hg. von Tore Ahlbäck) Åbo/Stockholm 1990, 256–272.

Fischer, Rudolf W., Gullveigs Wandlung, (Antaios 4) 1963, 581–596.

–, Vinculo ligatus. Zur Akzessionsvorschrift des Kultes im Semnonenhain, (Antaios 5) 1963, 285–300.

Fleck, Jere, Drei Vorschläge zu Baldrs draumar, (ANF 84) 1969, 19–37.

–, The »knowledge-criterion« in the Grimnismál: the case against »shamanism«, (ANF 86) 1971, 49–65.

–, Konr – Óttar – Geirroðr: a knowledge criterion for succession to the Germanic sacred kingship, (SS 42) 1970, 39–49.

–, Óðinn's self-sacrifice – a new interpretation, (SS 43) 1971, 119–142, 385–413.

Flowers, Stephen E., Magic, (MeScand) 1993, 399–400.

–, Runes and Magic: Magical Formulaic Elements in the Older Runic Tradition, Bern/Frankfurt a. M./New York 1986.

Foote, Peter, Aurvandilstá. Norse Studies, hg. von M. Barnes, Odense 1984.

Forster, Leonard, Zum 2. Merseburger Zauberspruch, (Archiv 192) 1956, 155–159.

Frakes, Jerold C., Loki's Mythological Function in the Tripartite System, (JEGPh 86) 1987, 473–486.

Frank, Roberta, Kenning, (DicMa 7) 1986, 230–231.

Franz, Bernhard, Der Wanenkrieg und seine historische Grundlage, Diss. Wien 1921.

Franz, Leonhard, Seherinnen-Schicksale, (Anzeiger der österreichischen Akademie der Wissenschaften 87) 1950, 276–278.

–, Zur altnordischen Religionsgeschichte, (Mannus 19) 1927, 135–148.
Franzén, Gösta, Aspen i hultet. Till tolkningen av en strof i Hamðismál, (ANF 78) 1963, 134–139.
Frazer, James George, The golden bough. A study in magic and religion, 1–7, London [3]1911–35.
Friedrichs, Gustav, Grundlage, Entstehung und genaue Einzeldeutung der bekanntesten germanischen Märchen, Mythen und Sagen, Leipzig 1909.
Friesen, Otto von, Har det nordiska kungadömet sakralt ursprung?, (Saga och Sed) 1932, 15–34.
–, Tors fiske på en uppländsk runsten, (Festschrift E. Mogk) Halle/S. 1924, 474–483.
Fromm, Hans, Lemminkäinen und Baldr, (Märchen, Mythos, Dichtung. Festschrift F. v. d. Leyen) München 1963, 287–302.
Fuglesang, Signe Horn, Viking and medieval amulets in Scandinavia, (Fornvännen 84) 1989, 15–25.
Gade, Kari Ellen, Hanging in Northern Law and Literature, (MoM) 1985, 159–183.
–, Skjalf, (ANF 100) 1985, 59–71.
Galsterer, Brigitte/Hartmut Galsterer, Neue Inschriften aus Köln – Funde der Jahre 1974–1979, (Epigraphische Studien 12) 1981, 225–264.
–, Die römischen Steininschriften aus Köln, Wiss. Katalog Röm.-German. Museum, Köln 1975.
Gaster, M., Naglfar, (Germania 26) 1881, 204–207.
Gattinoni, Franca Landucci, Un culto celtico nella Gallia cisalpina, Milano 1986.
Gehl, Walther, Der germanische Schicksalsglaube, Berlin 1939.
–, Das Problem des germanischen Tempels, (ZfdA 78) 1941, 37–49.
Gehrts, Heino, Die Gullveig-Mythe der Vǫluspá, (ZfdPh 88) 1969, 321–378.
Geisslinger, Helmut/K. W. Alt/G. Schiller, Grab und Grabbrauch, (RGA 12) [2]1998, 491–515.
Gelling, Peter/Hilda Ellis Davidson, The chariot of the sun and other rites and symbols of the northern bronze age, London 1969.
Genzmer, Felix, Die Gefjonstrophe, (PBB 51) 1932, 414–436.
–, Germanische Zaubersprüche, (GRM 32) 1950, 21–35.
–, Die Götter des Zweiten Merseburger Zauberspruchs, (ANF 63) 1948, 55–72.
–, Das Walkürenlied, (ANF 71) 1956, 168–171.
Gering, Hugo, Óttar heimski, (ANF 36) 1920, 326–331.
–, Über Weissagung und Zauber im nordischen Altertum, Kiel 1902.
–, Der zweite Merseburger Spruch, (ZfdPh 26) 1894, 145–149.
Gering, Hugo/Barend Sijmons, Kommentar zu den Liedern der Edda, Halle/S. 1927.
Gimmler, Heinrich, Rígsþula, (KLL 6) München 1971, 284–286.
–, Skírnismál, (KLL 6) München 1971, 1517–19.
Gíslason, Jónas, Acceptance of Christianity in Iceland in the Year 1000 (999), (Old Norse and Finnish Religions and Cultic Place-Names, hg. von Tore Ahlbäck) Åbo/Stockholm 1990, 223–255.
Gjessing, Guttorm, Hesten i førhistorisk kunst og kultus, (Viking) 1943, 5–143.

Gladigow, Burkhard, Mögliche Gegenstände und notwendige Quellen einer Religionsgeschichte, (Germanische Religionsgeschichte. Quellen und Quellenprobleme, hg. von Heinrich Beck, Detlev Ellmers und Kurt Schier) Berlin/New York 1992, 3–26 (= Ergänzungsbände zum RGA 5).
Glauser, Jürg, Supernatural Beings 2. Draugr and Aptrganga, (MeScand) 1993, 623–624.
Glob, Vilhelm Peter, Danske Oldtidsminder, København [2]1967.
–, Kultbåde fra Danmarks bronzealder, (Kuml) 1961, 8–18.
–, Mosefolket, København 1965.
–, The Mound People, London 1974.
–, Vorzeitdenkmäler Dänemarks, Neumünster 1967.
Görman, Marianne, Nordic and Celtic. Religion in Southern Scandinavia during the Late Bronze Age and Early Iron Age, (Old Norse and Finnish Religions and Cultic Place-Names, hg. von Tore Ahlbäck) Åbo/Stockholm 1990, 329–343.
Golther, Wolfgang, Handbuch der germanischen Mythologie, Leipzig 1895.
–, Die sagengeschichtlichen Grundlagen der Ringdichtung, Charlottenburg 1902.
Gould, Chester Nathan, Dwarf-Names: A study in Old Icelandic religion, (PMLA 44) 1929, 939–967.
–, Which are the norns who take children from mothers?, (MLN 42) 1942, 218–221.
Gräslund, Anne-Sofie, Some Aspects of Christianisation in Central Sweden, (Social Approaches to Viking Studies, hg. von Ross Samson) Glasgow 1991, 53–64.
Graf, Heinz-Joachim, Orientalische Berichte des Mittelalters über die Germanen. Eine Quellensammlung, Krefeld 1971.
Grahn, Heinz A., Vǫluspá. Versuch einer Deutung, (Wirkendes Wort 17) 1967, 289–301.
Grambo, Roland, De tre legende møyer i norske trollformler, (MoM) 1974, 72–89.
Gras, Elizabeth Johanna, Mistiltein, (Neophilologus 17) 1932, 293–298.
–, De Noords Loki-mythen in hun onderling verband, Haarlem 1931.
Gregor-Dellin, Martin/Michael von Soden, Richard Wagner. Leben. Werk. Wirkung, Düsseldorf 1983 (= Hermes Handlexikon).
Grieg, Sigurd, Amuletter og gudebilder, (Viking 18) 1954, 157–209.
Grienberger, Theodor von, Dea Garmangabis, (ZfdA 38) 1894, 189–198.
–, Germanische Götternamen auf rheinischen Inschriften, (ZfdA 35) 1891, 388–401, (36) 1892, 308–316.
–, Die Merseburger Zaubersprüche, (ZfdPh 27) 1895, 433–462.
–, Muspell, (IF 16) 1904, 40–63.
–, Niederrheinische Matronen. Die Beinamen nach dem Typus -ehae und -henae, (Eranos Vindobonensis) 1893, 253–268.
–, Über germanische Götternamen auf Inschriften des Niederrheins mit besonderer Berücksichtigung der Matronensteine, Diss. Wien 1890.
–, Zwischenvokalisches h in germanischen und keltischen Namen der Römerzeit, (PBB 19) 1894, 527–536.
Grimm, Jakob, Deutsche Mythologie, Berlin [4]1875–78, Reprint Frankfurt a. M. 1981.

Grönbech, Vilhelm, Die Germanen, (P. D. Chantepie de la Saussaye, Lehrbuch der Religionsgeschichte 2) Tübingen [4]1925, 540–600.
–, Kultur und Religion der Germanen, 1–2, Darmstadt [5]1954.
–, Nordiske myter og sagn, København [4]1973.
–, Vor Folkeaet i Oldtiden, København 1909–12.
Gröndal, Benedikt Sveinbjarnarson, Clavis poetica antiquae linquae Septemtrionalis, Hafniæ 1864.
Grønvik, Ottar, Der Runenstein von Tanum – ein religionsgeschichtliches Denkmal aus urnordischer Zeit, (Old Norse and Finnish Religions and Cultic Place-Names, hg. von Tore Ahlbäck) Åbo/Stockholm 1990, 223–255.
Gschwantler, Otto, Älteste Gattungen germanischer Dichtung, (Neues Handbuch der Literaturwissenschaft 6) Wiesbaden 1985, 91–123.
–, Asen, (LexMa 1) 1980, 1104–06.
–, Christus, Thor und die Midgardschlange, (Festschrift für Otto Höfler 1) Wien 1968, 145–168.
–, Edda, (LexMa 3) 1986, 1555–1558.
–, Hymiskviða, (MeScand) 1993, 308–309.
–, Die Überwindung des Fenriswolfs und ihr christliches Gegenstück bei Frau Ava, (Poetry in the Scandinavian Middle Ages, Spoleto, 4.–10. Sept. 1988) Spoleto 1990, 1–26 (= Atti del 12° Congresso Internazionale di Studi sull' Alto Medioevo).
Gschwantler, Otto/Knut Schäferdieck, Bekehrung und Bekehrungsgeschichte, (RGA 2) [2]1976, 175–205.
Guarducci, Margherita, Veleda, (Rendiconti della Pontifica Academia Romana di Archaeologia 21) 1945/46, 163–176.
Gubernatis, Angelo de, Die Tiere in der indogermanischen Mythologie, Leipzig 1874.
Güntert, Hermann, Altgermanischer Glaube nach Wesen und Grundlage, Heidelberg 1937.
–, Über altisländische Berserkergeschichten, Heidelberg 1912.
–, Von der Sprache der Götter und Geister, Halle/S. 1921.
Gunnell, Terry, The Pagan Religion of the Vikings on Sognefjord, [Balestrand] 1992.
Gurevich, Aron Ja., Edda and Law. Commentary upon Hyndloliòð, (ANF 88) 1973, 72–84.
–, Space and time in the Weltmodell of the Old Scandinavian peoples, (Mediaeval Scandinavia 2) 1969, 42–53.
Gustafson, Gabriel, Gotlands Bildsteine 1–2, Stockholm 1941/42.
Gutenbrunner, Siegfried, Altnordische Spruchdichtung in den Reginsmál, (ZfdA 74) 1937, 135–139.
–, Balders Wiederkehr. Südostgermanisches in der Völuspa?, (GRM 37) 1956, 62–72.
–, Der Büchertitel Edda, (PBB 66) 1942, 276–277.
–, Eddastudien I. Über die Zwerge in der Völuspa Str. 9–13, (ANF 70) 1955, 61–75.
–, Eddica, (ZfdA 77) 1940, 17–25.
–, Fanesii und Fenrir, (ZfdA 77) 1940, 25–26.
–, Germanische Frühzeit in den Berichten der Antike, Halle/S. 1939.

–, Die germanischen Götternamen der antiken Inschriften, Halle/S. 1936.
–, Die Harier im Markomannenkrieg, (ZfdA 77) 1940, 27–28.
–, Der Kult des Weltherrschers bei den Semnonen und ein altnorwegischer Rechtsbrauch, (APhSc 14) 1939/40, 102–108.
–, Ostern, (Festschrift W. Baetke) Weimar 1966, 122–129.
–, Ritennamen – Kultnamen – Mythennamen, (Namenforschung. Festschrift A. Bach) Heidelberg 1965, 17–31.
–, Über die Redewendung »láttu grǫn sía þá«, (ZfdA 72) 1935, 175–176.
–, Über die Träger des Himmelsgewölbes im germanischen Mythos, (ARW 37) 1941/42, 270–272.
–, Über Vortragsregeln für die Vǫluspá, (ZfdPh 77) 1958, 1–25.
–, Über zwei germanische Heiligtümer bei Plinius und bei Ptolemaios, (ZfdA 83) 1951/52, 157–162.
–, Versteckte Eddagedichte, (Edda, Skalden, Saga. Festschrift für F. Genzmer) Heidelberg 1952, 72–86.
–, Zur Matroneninschrift von Derichsweiler, (Bonner Jahrbücher 152) 1952, 162–164.
–, Der zweite Merseburger Spruch im Lichte nordischer Überlieferung, (ZfdA 80) 1944, 1–5.
Gutenbrunner, Siegfried/Heinz Klingenberg, Runenschrift. Die älteste Buchstabenschrift der Germanen, (Studium generale 20) 1967, 432–448.
Guyonvarch, Christian-J., Notes d'etymologie et de lexicographie celtiques et gauloises 9, (Ogam 13) 1961, 321–330.
Gysseling, Maurits, Nordostgallische Götternamen, (Rolf Bergmann u. a., Althochdeutsch 2) Heidelberg 1987, 1296–1304.
Haas, Hans, Bilderatlas zur Religionsgeschichte, Leipzig/Erlangen 1924.
Hachmann, Rolf, Die Goten und Skandinavien, Berlin 1970.
Hachmann, Rolf/Georg Kossack/Hans Kuhn, Völker zwischen Germanen und Kelten, Neumünster 1962.
Hackenberg, Erna, Die Stammtafeln der angelsächsischen Königreiche, Diss. Berlin 1918.
Haegstad, Marius, Um navnet Oskoreidi, (MoM) 1912, 80–85.
Hälsig, Arthur Friedrich, Der Zauberspruch bei den Germanen bis um die Mitte des XVI. Jahrhunderts, Diss. Leipzig 1910.
Hänsel, Volker/Diether Kramer (Hg.), Die Zwerge kommen!, Trautenfels 1993.
Hafstein, Valdimar Tr., Groaning Dwarfs at Granite Doors: Fieldwork in Völuspá, (ANF 118) 2003, 97–110.
Hagen, S. N., Om navnet Fenrisulfr, (MoM) 1910, 57–59.
–, On the origin of the name Kvasir, (ANF 28) 1912, 127–139.
Hagman, N., Kring nagra motiv i Hávamál, (ANF 72) 1957, 13–24.
Hald, Kristian, The cult of Odin in Danish place-names, (Early English and Norse Studies, presented to H. Smith) London 1963, 99–109.
Hale, Christopher S., The river names in Grimnismal 27–29, (Edda. A Collection) Winnipeg 1983, 165–186.
Hallberg, Peter, Eddic Poetry, (MeScand) 1993, 149–152.
–, Om Þrymskviða, (ANF 69) 1954, 51–77.
–, Världsträdet och Världsbranden. Ett Motiv i Vǫluspá, (ANF 67) 1952, 145–155.

Halvorsen, Eyvind Fjeld, Aegir, (KLNM 20) Malmö 1976, 470–471.
–, Åsgard, (KLNM 20) Malmö 1976, 457–458.
–, Dverger, (KLNM 3) Malmö 1958, 376–378.
–, Élivágar, (KLNM 3) Malmö 1958, 597–598.
–, Freyja, (KLNM 4) Malmö 1959, 617–618.
–, Freyr, (KLNM 4) Malmö 1959, 618–620.
–, Frigg, (KLNM 4) Malmö 1959, 631–632.
–, Hel, (KLNM 6) Malmö 1961, 304–305.
–, Iðunn, (KLNM 7) Malmö 1962, 330–331.
–, Lóðurr, (KLNM 10) Malmö 1965, 668–669.
–, Miðgarðr, (KLNM 11) Malmö 1966, 610.
–, Mímir, (KLNM 11) Malmö 1966, 629–630.
–, Muspell, (KLNM 12) Malmö 1967, 32–33.
–, Naglfar, (KLNM 12) Malmö 1967, 202–203.
–, Niðhǫggr, (KLNM 12) Malmö 1967, 303–304.
–, Njǫrðr, (KLNM 12) Malmö 1967, 322–324.
–, Norner, (KLNM 12) Malmö 1967, 347–348.
–, Ódr, (KLNM 12) Malmö 1967, 514.
–, Óðinn, (KLNM 12) Malmö 1967, 503–509.
–, Þorgerðr Hǫlgabruðr, (KLNM 20) Malmö 1976, 382–384.
–, Þórr, (KLNM 20) Malmö 1976, 391–395.
–, Þorri, (KLNM 20) Malmö 1976, 395–397.
–, Þrymr, (KLNM 20) Malmö 1976, 402.
–, Þulr, (KLNM 20) Malmö 1976, 402–403.
–, Valhall, (KLNM 19) Malmö 1975, 364–465.
–, Vé, (KLNM 19) Malmö 1975, 591–593.
–, Vǫlva, (KLNM 20) Malmö 1976, 355–358.
–, Yggdrasill, (KLNM 20) Malmö 1976, 357–359.
–, Ymir, (KLNM 20) Malmö 1976, 359–360.
Hamel, Anton G. van, The conception of fate in early Teutonic and Celtic religion, (Saga-Book 11) 1928–36, 202–214.
–, Gambanteinn, (Neophilologus 17) 1932, 136–143, 234–239.
–, The game of the gods, (ANF 50) 1934, 218–242.
–, Gods, skalds and magic, (Saga-Book 11) 1928–36, 129–152.
–, The mastering of the mead, (Studia Germanica till. E. A. Kock) Lund 1934, 76–85.
–, Óðinn hanging on the tree, (APhSc 7) 1932/33, 260–288.
–, The prose-frame of »Lokasenna«, (Neophilologus 14) 1929, 204–214.
–, Vǫluspá 27–29, (ANF 41), 1925, 293–305.
Hammarstedt, N. E., Olsmessa och Torsblot, (Fataburen) 1915, 32–40, 89–91.
Harder, Hermann, Die Religion der Germanen, Leipzig [2]1941.
Harris, Joseph, Cursing with the thistle, (Neuphilologische Mitteilungen 76) 1975, 26–33.
–, Eddic Poetry, (Old Norse-Icelandic Literature. A Critical Guide, hg. von Carol J. Clover und John Lindow), Ithaca (New York) 1985, 68–156.
–, The masterbuilder tale in Snorri's Edda and two sagas, (ANF 91) 1976, 66–101.
Hartmann, Elisabeth, Der Ahnenberg. Eine altnordische Jenseitsvorstellung, (ARW 34) 1937, 201–217.

–, Die Trollvorstellungen in den Sagen und Märchen der skandinavischen Völker, Stuttgart/Berlin 1936.
Hartner, Willy, Die Goldhörner von Gallehus, Wiesbaden 1969.
Hauck, Karl, Bildforschung als historische Sachforschung, (Geschichtsschreibung und geistiges Leben im Mittelalter, Festschrift für H. Löwe) Köln/Wien 1978, 27–70.
–, Die bildliche Wiedergabe von Götter- und Heldenwaffen im Norden seit der Völkerwanderungszeit. Zur Ikonologie der Goldbrakteaten XVIII, (Wörter und Sachen im Lichte der Bezeichnungsforschung) Berlin/New York 1981, 168–269.
–, Die bremische Überlieferung zur Götter-Dreiheit Altuppsalas und die bornholmischen Goldfolien aus Sorte Muld (Zur Ikonologie der Goldbrakteaten LII), (FmSt 27) 1993, 409–479.
–, Dioskuren in Bildzeugnissen des Nordens vom 5. bis 7. Jahrhundert. Zur Ikonologie der Goldbrakteaten XXVIII, (Jahrbuch des Römisch-germanischen Zentralmuseums 32) 1983, 435–464.
–, Dioskuren, § 4–6: Die Bildzeugnisse des Nordens, (RGA 5) ²1981, 168–269.
–, Gemeinschaftsstiftende Kulte der Seegermanen. Zur Ikonologie der Goldbrakteaten XIX, (FmSt 14) 1980, 463–617.
–, Germanische Bilddenkmäler des frühen Mittelalters, (DVjS 31) 1957, 349–379.
–, Die geschichtliche Bedeutung der germanischen Auffassung von Königtum und Adel, (Rapports du XIe Congrès International des Sciences Historiques) Stockholm 1960, 96–120.
–, Goldbrakteaten aus Sievern, München 1970.
–, Gott als Arzt. Zur Ikonologie der Goldbrakteaten XVI, (Text und Bild) Wiesbaden 1980, 19–62.
–, Herrschaftszeichen eines wodanistischen Königtums, (Jahrbuch für fränkische Landesforschung 14) 1954, 9–65.
–, Kontext – Ikonographie, (Verbum et Signum 2) München 1975, 25–69.
–, Lebensnormen und Kultmythen in germanischen Stammes- und Herrschergenealogien, (Saeculum 6) 1955, 186–223.
–, Ein neues Drei-Götter-Amulett von der Insel Fünen. Zur Ikonologie der Goldbrakteaten V, (Geschichte in der Gesellschaft. Festschrift für K. Bosl) Stuttgart 1974, 93–153.
–, Politische und asketische Aspekte der Christianisierung, (Dauer und Wandel der Geschichte. Festgabe für K. v. Raumer) Münster 1965, 45–61.
–, Der religions- und sozialgeschichtliche Quellenwert der völkerwanderungszeitlichen Goldbrakteaten, (Germanische Religionsgeschichte. Quellen und Quellenprobleme, hg. von Heinrich Beck, Detlev Ellmers und Kurt Schier) Berlin/New York 1992, 229–269 (= Ergänzungsbände zum RGA 5).
–, Text und Bild in einer oralen Kultur. Zur Ikonologie der Goldbrakteaten XXV, (FmSt 17) 1983, 510–599.
–, Völkerwanderungszeitliche Bilddarstellungen des zweiten Merseburger Spruchs als Zugang zu Heiligtum und Opfer, (H. Jankuhn, Vorgeschichtliche Heiligtümer und Opferplätze) Göttingen 1970, 297–319.

–, Völkerwanderungszeitliche Bildzeugnisse eines Allgotts des Nordens und ihre älteren mediterranen Analogien. Zur Ikonologie der Goldbrakteaten XVII, (Pietas. Festschrift für B. König) Münster 1980, 566–583.
–, Zur Ikonologie der Goldbrakteaten I: Neue Windgott-Amulette, (Festschrift für H. Heimpel) Göttingen 1972, 627–660.
–, Zur Ikonologie der Goldbrakteaten IV: Metamorphosen Odins nach dem Wissen von Snorri und von Amulettmeistern der Völkerwanderungszeit, (Festschrift für S. Gutenbrunner) Heidelberg 1972, 47–70.
–, Zur Ikonologie der Goldbrakteaten VIII: Ikonographie des Opfers, (Festschrift für O. Höfler) Wien/Stuttgart 1976, 269–296.
–, Zur Ikonologie der Goldbrakteaten X: Formen der Aneignung spätantiker ikonographischer Konventionen im paganen Norden, (Settimane di Studio del centro italiano di studi sull'alto medioevo XXIII) Spoleto 1976, 81–121.
–, Zur Ikonologie der Goldbrakteaten XII: Die Ikonographie der C-Brakteaten, (Archäologisches Korrespondenzblatt 6) 1976, 235–242.
–, Zur Ikonologie der Goldbrakteaten XIII: Schlüsselstücke zur Entzifferung der D-Brakteaten, (Studien zur Sachsenforschung. [Festschrift] A. Genrich) Hildesheim 1977, 161–196.
–, Zur Ikonologie der Goldbrakteaten XIV: Die Spannung zwischen Zauber- und Erfahrungsmedizin, erhellt an Rezepten aus zwei Jahrtausenden, (FmSt 11) 1977, 414–510.
–, Zur Ikonologie der Goldbrakteaten XV: Die Arztfunktion des seegermanischen Götterkönigs, erhellt mit der Rolle der Vögel auf den goldenen Amulettbildern, (Festschrift für H. Beumann) Sigmaringen 1977, 98–116.
Haugen, Einar, The Edda as ritual: Odin and his masks, (Edda. A Collection of Essays) Winnipeg 1983, 3–24.
–, The mythological structure of the ancient Scandinavians: Some thoughts on reading Dumézil, (To honour Roman Jakobson. Essays on the Occasion of his seventieth birthday, Bd. 2), Den Haag 1966, 855–868.
Hauksdóttir, Solveig, Snorri Sturluson og konungsvaldið, (Mímir 21) 1974, 5–11.
Heinemann, Frederik J., Baldrs draumar, (MeScand) 1993, 28–29.
–, Ealuscerwen – Meoduscerwen, the cup of death, and Baldrs draumar, (Studia Neophilologica 55) 1983, 3–10.
Heinrichs, Heinrich Matthias, Satirisch-parodistische Züge in der Þrymskviða, (Festschrift für H. Eggers) Tübingen 1972, 501–510 (= PBB West 94, Sonderheft).
Heinzel, Richard, Über die ostgotische Heldensage, (Sitzungsberichte der kaiserlichen Akademie der Wissenschaften in Wien 119) 1889, 1–98.
Heizmann, Wilhelm, Bildformel und Formelwort. Zu den laukaR-Inschriften auf Goldbrakteaten der Völkerwanderungszeit, (Runor och runinskrifter) Stockholm 1985, 145–153 (= Kungliga Vitterhets Historie och Antikvitets Akademien: Konferenser. 15).
–, Die Esche als Weltenbaum in der mythischen Überlieferung der Nordgermanen, (Beiträge zur Esche. Berichte aus der Bayrischen Landesanstalt für Wald und Forstwirtschaft [LFW] 34) 2002, 62–70.
–, Fenriswolf, (Dämonen, Monster, Fabelwesen, hg. von Ulrich Mueller und Werner Wunderlich) St. Gallen 1999, 229–256 (= Mittelalter Mythen 2).

–, Gefjon: Metamorphosen einer Göttin, (Mythological Women. Studies in Memory of Lotte Motz 1922–1997), Wien 2002, 197–255 (= SMS 7).
–, Die Kleinbrakteaten von Hüfingen und die Goldbrakteaten der Völkerwanderungszeit, (Alemannien und der Norden), Berlin/New York 2004, 371–385 (= Ergänzungsbände zum RGA 43).
–, Laukr (»Lauch«) in der altnordischen Literatur, Mythologie und Heilkunde, Diss. München 1981.
–, Lein(en) und Lauch in der Inschrift von Fløksand und im Vǫlsa þáttr, (Germanische Religionsgeschichte. Quellen und Quellenprobleme, hg. von Heinrich Beck, Detlev Ellmers und Kurt Schier) Berlin/New York 1992, 365–395 (= Ergänzungsbände zum RGA 5).
–, Wörterbuch der Pflanzennamen im Altwestnordischen, Berlin/New York 1993 (= Ergänzungsbände zum RGA 7).
Helgadóttir, Guðrún P., Laukagarðr, (Speculum Norrœnum. Studies G. Turville-Petre) Odense 1981, 171–184.
Helleland, Botolv, Ortsnamen als sozial- und religionsgeschichtliche Quelle vorchristlicher Zeit in Norwegen, (XII. Arbeitstagung der deutschsprachigen Skandinavistik, 16.–23. September 1995 in Greifswald) Wien 1996, 137–151 (= SMS 2).
–, Sakrale namn. Nokre forskningsoppgåver frå norsk synsstad, 255–263, (Sakrale Navne, hg. von Gillian Fellows-Jensen und Bente Holmberg) Uppsala 1992, 221–234 (= Norna-Rapporter 48).
Hellmuth, Leopold, Die germanische Blutsbrüderschaft, Wien 1975 (= Wiener Arbeiten zur germanischen Altertumskunde und Philologie. 7).
Hellquist, Elof, Om Fornjótr, (ANF 19) 134–140.
–, Om naturmytiska element i Hymiskviða, (ANF 18) 1902, 353–368.
–, Ett par mytologiska bidrag, (ANF 21) 1905, 132–140.
Helm, Karl, Altgermanische Religionsgeschichte, 1–2/2, Heidelberg 1913–53.
–, Balder in Deutschland?, (PBB 67) 1944, 216–222.
–, Die Entwicklung der germanischen Religion; ihr Nachleben in und neben dem Christentum, (H. Nollau, Germanische Wiedererstehung) Heidelberg 1926, 292–422.
–, Erfundene Götter?, (Studien zur deutschen Literatur des Mittelalters, F. Panzer dargebracht) Heidelberg 1950, 1–11.
–, Die germanische Weltschöpfungssage und die Alvísmál, (PBB 32) 1907, 99–112.
–, Hluðana, (PBB 37) 1912, 337–338.
–, Isis Sueborum?, (PBB 43) 1918, 527–533.
–, Lollus?, (PBB 43) 1918, 158–163.
–, Mythologie auf alten und neuen Wegen, (PBB West 77) 1955, 333–365.
–, Religionsgeschichte und Volkskunde, (Zum Verständnis des religiösen Phänomens. Festschrift für R. Otto) Berlin 1940, 1–9.
–, Waluburg, die Wahrsagerin, (PBB 43) 1918, 337–341.
–, Weltwerden und Weltvergehen in altgermanischer Sage, Dichtung und Religion, (Hessische Blätter für Volkskunde 38) 1940, 1–35.
–, Wodan. Ausbreitung und Wanderung seines Kultes, Gießen 1946.

Helten, Willem van, Über Marti Thincso, Alaesiagis Bede et Fimmilene (?), Tuihanti, (langob.) thinx, (got.) þeihs und mal. dinxen-, dijssendach etc., (mnd.) dingsedach, (PBB 27) 1902, 137–153.
Hempel, Heinrich, Hellenistisch-orientalisches Lehngut in der germanischen Religion, (GRM 16) 1928, 185–202.
–, Matronenkult und germanischer Mütterglaube, (GRM 27) 1939, 245–270.
Henning, R., Die Alaisiagen, (ZfdA 42) 1898, 193–195.
Herrmann, Ferdinand, Das Tier als Schöpfer. Ein Beitrag zur vergleichenden Mythologie, (Studium generale 20) 1967, 129–138.
Herrmann, Paul, Das altgermanische Priesterwesen geschildert, Jena 1929.
–, Deutsche Mythologie in gemeinverständlicher Darstellung, Leipzig ²1906.
–, Die Heldensagen des Saxo Grammaticus, Leipzig 1922 (= P. Herrmann, Dänische Geschichte des Saxo Grammaticus. 2).
–, Nordische Mythologie in gemeinverständlicher Darstellung, Leipzig 1903.
Hertlein, Friedrich, Die Juppitergigantensäulen, Stuttgart 1910.
–, Juppitersäulen, (Hoops 2) 1914/15, 619–621.
Hettema, F. Buitenrust, Fosete, Fosite, Foste, (TNTL 12) 1893, 281–288.
Hettner, Felix, Juppitersäulen, (Westdeutsche Zeitschrift 4) 1885, 365–388.
Heusler, Andreas, Die gelehrte Urgeschichte im altisländischen Schrifttum, Berlin 1908.
–, Die Geschichte vom Völsi, (Zeitschrift für Volkskunde 13) 1903, 25–39.
–, Heimat und Alter der eddischen Gedichte, (Archiv 116) 1906, 249–281.
–, Sprichwörter in den eddischen Sittengedichten, (Zeitschrift für Volkskunde 25) 1915, 108–115, (26) 1916, 42–57.
Heyerdahl, Thor/Per Lillieström, Jakten på Odin: På sporet av vår fortid, Oslo 2002.
Hill, Thomas D., Rígsþula, (MeScand) 1993, 535–536.
–, Rígsþula: Some Medieval Christian Analogues, (Speculum 61) 1986, 76–87.
Hirschfeld, Max, Untersuchungen zur Lokasenna, Berlin 1889 (= Acta Germanica. 1).
Höckert, Robert, Vǫluspá och Vanakulten, 1–2, Stockholm 1926–30.
Höfler, Otto, Abstammungstraditionen, (RGA 1) ²1973, 18–22.
–, Antwort, (Oberdeutsche Zeitschrift für Volkskunde 11) 1973, 97–102.
–, Balders Bestattung und die nordischen Felszeichnungen, (Anzeiger der philos.-histor. Klasse der österreichischen Akademie der Wissenschaften 88) 1951, 343–372.
–, Berserker, (RGA 1) ²1973, 298–304.
–, Brakteaten als Geschichtsquelle, (ZfdA 101) 1972, 161–186.
–, Das germanische Kontinuitätsproblem, (Historische Zeitschrift 157) 1938, 1–26.
–, Germanisches Sakralkönigtum 1: Der Runenstein von Rök und die germanische Individualweihe, Tübingen/Münster/Köln 1952.
–, Der germanische Totenkult und die Sagen vom Wilden Heer, (Oberdeutsche Zeitschrift für Volkskunde 10) 1976, 33–49.
–, Götterkomik. Zur Selbstrelativierung des Mythos, (ZfdA 100) 1971, 371–389.

–, Herkunft und Ausbreitung der Runen, (Die Sprache 17) 1971, 134–156.
–, Kultische Geheimbünde der Germanen, Frankfurt a. M. 1934.
–, Mars Thingsus, (Handwörterbuch der deutschen Rechtsgeschichte 3) Berlin 1979, 344–348.
–, Die nordischen Kultortsnamen, (Disputationes ad montium vocabula 1) Wien 1969, 191–199.
–, Das Opfer im Semnonenhain und die Edda, (Edda, Skalden, Saga. Festschrift für F. Genzmer) Heidelberg 1952, 1–67.
–, Der Sakralcharakter des germanischen Königtums, (Vorträge und Forschungen, hg. vom Institut für geschichtliche Landesforschung des Bodenseegebiets in Konstanz 3) Lindau/Konstanz 1956, 75–104.
–, »Sakraltheorie« und »Profantheorie« in der Altertumskunde, (Festschrift für S. Gutenbrunner) Heidelberg 1972, 71–116.
–, Siegfried, Arminius und die Symbolik, Heidelberg 1961.
–, Staatsheiligkeit und Staatsvergottung, (Rechtsgeschichte als Kulturgeschichte. Festschrift für A. Erler) Aalen 1976, 109–133.
–, Über germanische Verwandlungskulte, (ZfdA 73) 1936, 109–115.
–, Verwandlungskulte, Volkssagen und Mythen, Wien 1973.
–, Zur Bestimmung mythischer Elemente in der geschichtlichen Überlieferung, (Beiträge zur deutschen und nordischen Geschichte. Festschrift für O. Scheel) Schleswig 1952, 9–27.
–, Zwei Grundkräfte im Wodankult, (Antiquitates Indogermanicae. Gedenkschrift für H. Güntert) Innsbruck 1974, 133–144.
Høeg, Ove Arbo, Mistiltein, (KLNM 11) Malmö 1966, 651–653.
Højrup, Ole, Mjød-gudernes drik, (Fra Nationalmuseets Arbejdsmark) 1957, 53–62.
Høst Heyerdahl, Gerd, Litt mer om *laukaR* og *alu*, (MoM) 1992, 156–160.
Hoffmann, Erich, Die heiligen Könige bei den Angelsachsen und den germanischen Völkern, Neumünster 1975.
Hoffory, Julius, Der germanische Himmelsgott, (Nachrichten von der königl. Gesellschaft der Wissenschaften zu Göttingen) 1888, 426–443.
Hohenschwert, Friedrich/H. Beck/J. Udolph/W. Schlosser, Externsteine, (RGA 8) [2]1991–95, 37–49.
Hollander, Lee M., The Old Norse god Óðr, (JEGPH 49) 1950, 304–308.
–, Recent works and views on the poetic Edda, (SS 35) 1963, 101–109.
Holmberg, Bente, Asbjørn, Astrid og Åsum. Om den hedenske as som navneled, (Sakrale Navne, hg. von Gillian Fellows-Jensen und Bente Holmberg) Uppsala 1992, 235–249 (= Norna-Rapporter 48).
–, Om Sakrale sted- og personnavne, (Nordisk hedendom. Et symposium, hg. von Gro Steinsland u. a.) Odense 1991, 149–159.
–, Über sakrale Ortsnamen und Personennamen im Norden, (Germanische Religionsgeschichte. Quellen und Quellenprobleme, hg. von Heinrich Beck, Detlev Ellmers und Kurt Schier) Berlin/New York 1992, 541–551 (= Ergänzungsbände zum RGA 5).
–, Views on Cultic Place-Names in Denmark. A Review of Research, (Old Norse and Finnish Religions and Cultic Place-Names, hg. von Tore Ahlbäck) Åbo/Stockholm 1990, 381–393.
Holmberg, Uno, Der Baum des Lebens, Helsinki 1922.

Holmqvist, Wilhelm, The dancing gods, (Acta Archaeologica 31) 1960, 101–127.
Van Holten, Arend Teunis, De dood van de Goden, Groningen 1977.
Holthausen, Ferdinand, Requalivahanus, (PBB 16) 1892, 342–345.
Holtsmark, Anne, Bil og Hjuke, (MoM) 1945, 139–154.
–, Eddadiktning, (KLNM 3) Malmö 1958, 480–488.
–, Gevjons plog, (MoM) 1944, 169–179.
–, Grotta sǫngr, (KLNM 5) Malmö 1960, 482–483.
–, Haustlǫng, (KLNM 6) Malmö 1961, 254–255.
–, Iðavǫllr, (Festschrift K. Reichardt) Bern/München 1969, 98–102.
–, Lokasenna, (KLNM 10) Malmö 1965, 678–680.
–, Loki, (MoM) 1962, 81–89.
–, Måne, (KLNM 12) Malmö 1967, 140–143.
–, Myten om Idun og Tjatse i Tjodolvs Haustlǫng, (ANF 64) 1949, 1–73.
–, Mytiske dikt, (KLNM 12) Malmö 1976, 105–106.
–, Mytologi, (KLNM 12) Malmö 1967, 107–110.
–, Norrøn mytologi, Oslo 1970.
–, On the Werewolf Motif in Egil's saga Skalla-Grímssonar, (Scientia Islandica – Science in Iceland 1) 1968, 7–9.
–, Ragnarǫk, (KLNM 13) Malmö 1968, 649–652.
–, Rán, (KLNM 13) Malmö 1968, 654–655.
–, Ratatoskr, (KLNM 13) Malmö 1968, 677.
–, Reginnaglar, (KLNM 13) Malmö 1968, 712–713.
–, Rígsþula, (KLNM 14) Malmö 1969, 234–236.
–, Rindr, (KLNM 14) Malmö 1969, 326–327.
–, Rǫkstólar, (KLNM 14) Malmö 1969, 624.
–, Sæhrimnir, (KLNM 17) Malmö 1972, 685.
–, Sága, (KLNM 14) Malmö 1969, 650–651.
–, Skaði, (KLNM 15) Malmö 1970, 381–382.
–, Skírnismál, (KLNM 15) Malmö 1970, 570–572.
–, Skíðblaðnir, (KLNM 15) Malmö 1970, 494.
–, Sleipnir, (KLNM 16) Malmö 1971, 200–201.
–, Sol, (KLNM 16) Malmö 1971, 401–402.
–, Sonargǫltr, (KLNM 16) Malmö 1971, 433.
–, Studier i norrøn diktning, Oslo 1956.
–, Studier i Snorres mytologi, Oslo 1964.
–, Surtr, (KLNM 17) Malmö 1972, 440–442.
–, Suttungr, (KLNM 17) Malmö 1972, 445–446.
–, Svipdagsmál, (KLNM 17) Malmö 1972, 585–587.
–, Til Hávamál str. 52, (MoM) 1959, 1.
–, To Eddasteder, (Arv 13) 1957, 21–30.
–, Týr, (KLNM 19) Malmö 1975, 122–123.
–, Ullr, (KLNM 19) Malmö 1975, 280–281.
–, Den uløselige gåten, (MoM) 1964, 101–104.
–, Útgarðr, (KLNM 19) Malmö 1975, 379–380.
–, Vafþrúðnismál, (KLNM 19) Malmö 1975, 422–423.
–, Váli, (KLNM 19) Malmö 1975, 465–466.
–, Valkyrje, (KLNM 19) Malmö 1975, 468–469.
–, Vanir, (KLNM 19) Malmö 1975, 493–494.

–, Vár, (KLNM 19) Malmö 1975, 529–530.
–, »Vefr Darraðar«, (MoM) 1939, 74–96.
–, Víðarr, (KLNM 19) Malmö 1975, 690–691.
–, Vitazgjafi, (MoM) 1933, 111–133.
–, Den yngre Edda, (KLNM 3) Malmö 1958, 475–480.
Hommel, Hildebrecht, Die Hauptgottheiten der Germanen bei Tacitus, (ARW 37) 1941–42, 144–173.
Hondius-Crone, Ada, The temple of Nehalennia at Domburg, Amsterdam 1955.
Horn, Heinz-Günter, Eine Weihung für Hercules Magusanus aus Bonn, (Bonner Jahrbücher 170) 1970, 233–251.
Huisman, Johannes A., Odin auf dem Holzweg, oder die Irrfahrt eines altgermanischen Zauberspruchs, (Altgermanische Beiträge, J. v. Dam zum 80. Geburtstag) Amsterdam 1977, 1–9.
Hultgård, Anders, Old Scandinavian and Christian Eschatology, (Old Norse and Finnish Religions and Cultic Place-Names, hg. von Tore Ahlbäck), Åbo/Stockholm 1990, 344–357.
Hunke, Waltraud, Odins Geburt, (Edda, Skalden, Saga. Festschrift für F. Genzmer) Heidelberg 1952, 68–71.
–, Die Trojaburgen und ihre Bedeutung, Diss. Kiel o. J.
Huth, Ott, Der Durchzug des Wilden Heeres, (ARW 32) 1935, 193–210.
–, Der Feuerkult der Germanen, (ARW 36) 1939, 108–133.
–, Vesta. Untersuchungen zum indogermanischen Feuerkult, Leipzig/Berlin 1943 (= Beihefte zum ARW. 2).
Hvidtfeldt, Arild, Mistilteinn og Balders Død, (Arbøger for nordisk Oldkyndighed og Historie) 1941, 169–175.
Hyenstrand, Åke, Gravformer och symboltecken under yngre bronsålder, (Fornvännen 63) 1968, 185–189.
Ihm, Max, Der Mütter- und Matronenkultus und seine Denkmäler, (Bonner Jahrbücher 83) 1887, 1–200.
Ingenschay-Goch, Dagmar, Richard Wagners neu erfundener Mythos, Bonn 1982.
Die Iupitersäulen in den germanischen Provinzen. Enthält: Gerhard Bauchhenß, Die Iupitergigantensäulen in der römischen Provinz Germania superior; Peter Noelke, Die Iupitersäulen und -pfeiler in der römischen Provinz Germania inferior, Köln/Bonn 1981 (= Beihefte der Bonner Jahrbücher. 41).
Jaekel, Hugo, Die Alaisiagen Bede und Fimmilene, (ZfdPh 22) 1890, 257–277.
–, Ertha Hludana, (ZfdPh 23) 1891, 129–145.
–, Die Hauptgötter der Istvaeen, (ZfdPh 24) 1892, 289–311.
Jakobsen, Alfred, Strofe 33 i Grímnismál, (ANF 80) 1965, 87–94.
–, Til strofe 25–6 i Vǫluspá, (MoM) 1963, 79–93.
–, Þrymskviða, (MeScand) 1993, 678–679.
–, Þrymskviða som Allusjonsdikt, (Edda 84) 1984, 75–80.
Janda, Michael/Andreas Kamp, Die germanischen Götter Nerthus und Njǫrðr im Rahmen der indogermanischen Religionsgeschichte, (Die Sprache 43) 2002/03, 33–54.

Jankuhn, Herbert, Archäologische Bemerkungen zur Glaubwürdigkeit des Tacitus in der Germania, Göttingen 1966.
–, Archäologische Bemerkungen zu Tier- und Menschenopfern bei den Germanen in der Römischen Kaiserzeit, Göttingen 1967.
–, (Hg.), Vorgeschichtliche Heiligtümer und Opferplätze in Mittel- und Nordeuropa, Göttingen 1970.
Jankuhn, Herbert/Hans Kuhn, Altar, (RGA 1) ²1973, 200–202.
Jankuhn, Herbert/Heinrich Beck, Axtkult, (RGA 1) Berlin/New York ²1973, 562–568.
Jarausch, Konrad, Der Zauber in den Isländersagas, (Zeitschrift für Volkskunde 39) 1930, 237–268.
Jennbert, Kristina/Anders Andrén/Catharina Raudvere (Hg.), Plats och praxis. Studier av nordisk förkristen ritual, Lund 2002 (= Vägar till midgård. 2).
Jensen, Knud B., Til Getjon-spørgsmaalet, (DS) 1919, 92–94.
Jente, Richard, Die mythologischen Ausdrücke im altenglischen Wortschatz, Heidelberg 1921 (= Anglistische Forschungen. 56).
Jochens, Jenny, *Voluspá*: Matrix of Norse Womanhood, (JEGPh 88) 1989, 344–362.
Jóhannesson, Jón, Íslendinga saga. A History of the Old Icelandic Commonwealth, [Winnipeg] 1974.
Johansson, K. F., German. Alcis (german. Dioskurer), (ANF 35) 1919, 1–22.
Johansson, Karl G., Urds brunn – en källa till förkristen religion i Norden? Ett försök att tolka *voluspá* 17–20, (Gudar på jorden. Festskrift till Lars Lönnroth, hg. von Stina Hansson und Mats Malm) Stockholm 2000, 44–56.
Jones, Gwyn, A History of the Vikings, Oxford 1973.
Jónsson, Finnur, Brage skjald, (APhSc 5) 193031, 237–286.
–, Gudenavne – dyrenavne, (ANF 35) 1919, 309–314.
–, Hǫrgr, (Festschrift K. Weinhold) Straßburg 1896, 13–20.
–, Mytiske forestillinger i de ældste skjaldekvad, (ANF 9) 1893, 1–22.
–, Odin og Tor i Norge og på Island i det 9. og 10. århundret, (ANF 17) 1901, 219–247.
–, Rígsþula, (ANF 33) 1917, 157–171.
–, Þulur. Søkonge- og Jættenavneremserne, (APhSc 9) 1934, 289–308.
–, Um galdra, seið, seiðmenn og vǫlur, (Þrjár ritgǫrðir til einkaðar Páli Melsteð) København 1892, 5–28.
–, Vingolf, (ANF 5) 1890, 280–284.
–, Vǫluspá, (Skírnir 81) 1907, 326–341.
Jung, Erich, Germanische Götter und Helden in christlicher Zeit, München/Berlin ²1939.
Jungner, Hugo, Gudinnan Frigg och Als Härad, Uppsala 1922.
–, Om Friggproblemet, (NoB 12) 1924, 1–36.
Kaalund, Kristian, Bidrag til en historisk-topografisk beskrivelse af Island, 1, Kjøbenhavn 1877.
Kabell, Aage, Balder und die Mistel, Helsinki 1965 (= FFC. 196).
–, Baugi und der Ringeid, (ANF 90) 1975, 30–40.
–, Der Fischfang Þórs, (ANF 91) 1976, 112–129.
–, Harja, (ZfdA 102) 1973, 1–15.
–, Nordendorf A., (PBB West 92) 1970, 1–16.

Kahle, Bernhard, Der Ragnarökmythus, (ARW 8) 1905, 431–455, (9) 1906, 61–72.
–, Zum Nerthuskult, (ARW 14) 1911, 310–313.
Karsten, T. E., Tīwaz, (NoB 2) 1914, 195–204.
Kaspers, Wilhelm, Germanische Götternamen, (ZfdA 83) 1951/52, 79–91.
Kauffmann, Friedrich, Altgermanische Religion, (ARW 8) 1905, 114–128, (11) 1908, 105–126, (20) 1920, 205–229, (27) 1929, 334–345, (31) 1934, 124–136.
–, Balder: Mythus und Sage nach ihren dichterischen und religiösen Elementen untersucht, Straßburg 1902.
–, Deutsche Mythologie, Stuttgart ²1893.
–, Der Matronenkultus in Germanien, (Zeitschrift des Vereins für Volkskunde 2) 1892, 24–46.
–, Mercurius Cimbrianus, (ZfdPh 38) 1906, 289–297.
–, Mythologische Zeugnisse aus römischen Inschriften:
I. Hercules Magusanus, (PBB 15) 1891, 553–562.
II. Mars Thingsus et deae Alaisiagae, (PBB 16) 1892, 200–210.
III. Dea Nehalennia, (PBB 16) 1892, 210–234.
IV. De goden der West-Germanen, (TNTL 51) 1932, 277–304.
V. Deus Requalivahanus, (PBB 18) 1894, 157–194.
VI. Dea Garmangabis, (PBB 20) 1895, 195–207.
–, Oðinn am Galgen, (PBB 15) 1891, 195–207.
–, Über den Schicksalsglauben der Germanen, (ZfdPh 50) 1926, 361–408.
–, Vingolf, (ZfdA 36) 1892, 32–41.
–, Der zweite Merseburger Zauberspruch, (PBB 15) 1891, 207–210.
Keil, Joseph, Ein Spottgedicht auf die gefangene Seherin Veleda, (Anzeiger der österreichischen Akademie der Wissenschaften 84) 1947, 185.
Kellogg, Robert, A Concordance to Eddic Poetry, East Lansing (Michigan) 1988.
Kiessling, Edith, Zauberei in der germanischen Volksrechten, Jena 1914.
Kiil, Vilhelm, Eilífr Goðrúnarson's Þórsdrápa, (ANF 71) 1956, 89–167.
–, Fra andvegissula til ommkall. Grunndrag i Torskulten, (Norveg 7) 1960, 183–246.
–, Gevjonmyten og Ragnarsdråpa, (MoM) 1965, 63–70.
–, Hliðskjálf og seiðhjallr, (ANF 75) 1960, 84–112.
–, The Norse prophetess and the ritually induced prostitution, (Norveg 9) 1962, 159–174.
–, Tjodolvs Haustlǫng, (ANF 74) 1959, 1–104.
Kirchner, Horst, Eine steinzeitliche »Nerthus«-Darstellung. Zur Innenverzierung der Steinkammer von Züschen, (Studien aus Alteuropa. K. Takkelberg gewidmet. Teil 1), Köln/Graz 1964, 82–92.
Klare, Hans-Joachim, Die Toten in der altnordischen Literatur, (APhSc 8) 1933–34, 1–56.
Klein, Ernst, Der Ritus des Tötens bei den nordischen Völkern, (ARW 28) 1930, 166–182.
Klingenberg, Heinz, Alvísmál. Das Lied vom überweisen Zwerg, (GRM. N. F. 17) 1967, 113–142.
–, Die Drei-Götter-Fibel von Nordendorf bei Augsburg, (ZfdA 105) 1976, 167–188.

–, Edda-Sammlung und Dichtung, Basel/Stuttgart 1974.
–, For Skírnis: Brautwerbungsfahrt eines Werbungshelfers, (alvíssmál 6) 1996, 21–62.
–, Gylfaginning. Tres vidit unum adoravit, (Germanic dialects) Amsterdam/ Philadelphia 1986, 627–693.
–, Hávamál, (Festschrift für S. Gutenbrunner) Heidelberg 1972, 117–144.
–, Hávamál in mittelalterlicher Sicht, hg. von Otmar Werner, Arbeiten zur Skandinavistik, Frankfurt a. M. 1989, 79–95 (= Texte und Untersuchungen zur Germanistik und Skandinavistik. 22).
–, Odins Wanderzug nach Schweden. Altisländische Gelehrte Urgeschichte und mittelalterliche Geographie, (alvíssmál 3) 1994, 19–42.
–, Odin und die Seinen. Altisländischer Gelehrter Urgeschichte anderer Teil, (alvíssmál 2) 1993, 31–80.
–, Runenschrift – Schriftdenken – Runeninschriften, Heidelberg 1973.
–, Trór Thórr (Thor) wie Trōs Aeneas. Snorra Edda Prolog, Vergil-Rezeption und Altisländische Gelehrte Urgeschichte, (alvíssmál 1) 1992, 17–54.
–, Types of Eddic mythological poetry, (Edda. A Collection of Essays) Winnipeg 1983, 134–164.
Klose, Olaf, Handbuch der historischen Stätten. Dänemark, Stuttgart 1982 (= Kröners Taschenausgabe 327).
Kluge, Friedrich, Die deutschen Namen der Wochentage, (Wissenschaftliche Beihefte zur Zeitschrift des allgemeinen deutschen Sprachvereins 8) 1895, 89–98.
–, Etymologisches Wörterbuch der deutschen Sprache, Berlin/New York [24]2002.
–, Tuisco deus et filius Mannus, (Zeitschrift für deutsche Wortforschung 2) 1902, 43–45.
Knirk, James E., Tor og Odin i runer på Bryggen i Bergen, (Arkeo) 1995.1, 27–30.
Knirk, James E./Marie Stoklund/Elisabeth Svärdström, Runes and Runic inscriptions, (MeScand) 1993, 545–555.
Knudsen, Regnar, Vi og Vis i Stednavne, (Studier til. V. Dahlerup) Aarhus/ København 1934, 196–204.
Kock, Axel, Besvärjelseformler i forndanska runinskrifter, (ANF 38) 1922, 1–21.
–, Etymologisch-mythologische Untersuchungen, (IF 10) 1899, 90–111.
–, Die Göttin Nerthus und der Gott Njǫrðr, (ZfdPh 28) 1896, 289–294.
–, Ordforskning i den äldre Eddan, (ANF 27) 1911, 107–140.
–, Studier i de nordiska språkens historia, (ANF 14) 1898, 213–270.
Köbler, Gerhard, Ewart. Ein Beitrag zur Lehre vom altgermanischen Priesteramt, (Zeitschrift der Savigny-Stiftung für Rechtsgeschichte 89, Kanonist. Abteilung) 1972, 306–319.
Kögel, Rudolf, Idis und die Walküre, (PBB 16) 1892, 502–509.
Kölbing, Eugen, Zur Œgisdrekka, (Germania 21) 1876, 27–28.
Koepp, Friedrich, Germania Romana IV. Die Weihedenkmäler, Bamberg [2]1928.
Kofoed, Niels, Myten og det mytiske hos Søren Kierkegaard, (DS) 1983, 48–60.

Kohl, R., Die Augsburger Cisa – eine germanische Göttin?, (ARW 33) 1936, 21–40.
Koht, Halvdan, Var »finnane« alltid finnar?, (MoM) 1923, 161–175.
Kolbe, Hans-Georg, Neue Inschriften aus Bonn, (Bonner Jahrbücher 161) 1961, 85–107.
–, Die neuen Matroneninschriften von Morken Harff, (Bonner Jahrbücher 160) 50–124.
Konow, Sten, Njord und Kali, (Festschrift till. A. Kjær) Oslo 1924, 53–60.
Koppers, Wilhelm, Pferdeopfer und Pferdekult der Indogermanen, (Wiener Beiträge zur Kulturgeschichte und Linguistik 4) 279–412.
Kousgård Sørensen, John, The Change of Religion and the Names, (Old Norse and Finnish Religions and Cultic Place-Names, hg. von Tore Ahlbäck) Åbo/Stockholm 1990, 394–403.
–, Cultic names. Past, present and future, (Sakrale Navne, hg. von Gillian Fellows-Jensen und Bente Holmberg) Uppsala 1992, 273–275 (= Norna-Rapporter 48).
–, Gudhem, (FmSt 19) 1985, 131–138.
–, Stednavne og folketro, (Sakrale Navne, hg. von Gillian Fellows-Jensen und Bente Holmberg) Uppsala 1992, 221–234 (= Norna-Rapporter 48).
Kragerud, Alv, De mytologiske spørsmål i Fåvnesmål, (ANF 96) 1981, 9–48.
Krahe, Hans, Altgermanische Kleinigkeiten. 4. Veleda, (IF 66) 1961, 39–43.
–, Tamfana, (PBB 58) 1934, 282–287.
–, Zu einigen Namen westgermanischer Göttinnen, (Beiträge zur Namenforschung 13) 1962, 268–276.
Kralik, Dietrich von, Niblung, Schilbung und Balmung, (Wiener Prähistorische Zeitschrift 19) 1932, 324–348.
Kramer, Karl-S., Jacob Grimm und seine »volkskundlichen Quellen«. Zur Frage der Zeugniskraft von »Sitte und Sage« für die »Deutsche Mythologie«, (Germanische Religionsgeschichte. Quellen und Quellenprobleme, hg. von Heinrich Beck, Detlev Ellmers und Kurt Schier) Berlin/New York 1992, 588–607 (= Ergänzungsbände zum RGA 5).
Krappe, Alexander Haggerty, Alces, (PBB 57) 1933, 226–230.
–, Anses, (PBB 56) 1932, 1–10.
–, Die Blendwerke der Æsir, (ZfdPh 62) 1937, 113–124.
–, Les dieux jumaux dans la religion germanique, (APhSc 6) 1931, 136–145.
–, Odin entre les feux (Grímnismál), (APhSc 8) 1933–34, 136–145.
–, The Valkyries, (MLR 21) 1926, 55–73.
–, Yngvi-Freyr and Aengus mac Oc, (SS 18) 1942/43, 174–178.
Krause, Ernst, Die Trojaburgen Nordeuropas, Glogau 1893.
Krause, Wolfgang, Beiträge zur Runenforschung, Halle/S. 1932.
–, Gullveig und Pandora, (skandinavistik 5) 1975, 1–6.
–, Ing, Göttingen 1944 (= Nachrichten der Gesellschaft der Wissenschaften zu Göttingen, Phil.-histor. Kl., N. F. 3 M).
–, Die Kenning als typische Stilfigur der germanischen und keltischen Dichtersprache, Halle/S. 1930.
–, Die Runeninschriften im älteren Futhark, Göttingen 1966.
–, Vingþorr, (ZfdA 64) 1927, 269–276.
–, Was man in Runen ritzte, Halle/S. [2]1943.

–, Ziu, (Nachrichten der Gesellschaft der Wissenschaften zu Göttingen, Phil.-histor. Kl., N. F. 3/6) 1940, 155–172.
Kreutzer, Gerd, Berserker, (LexMa 1) 1980, 2019–2020.
Kristensen, Marius, Skjaldenes Mytologi, (APhSc 5) 1930/31, 67–92.
Krömmelbein, Thomas, Jakob Schimmelmann und der Beginn der Snorra-Edda-Rezeption in Deutschland, (Snorri Sturluson, hg. von Hans Fix), Berlin/New York 1998, 109–130 (= Ergänzungsbände zum RGA 18).
Kroes, Hendrik W. J., Die Balderüberlieferungen und der zweite Merseburger Zauberspruch, (Neophilologus 35) 1951, 201–213.
–, Muspilli, (GRM 38) 1957, 393–394.
Kroesen, Riti, The great god Þórr – a war god?, (ANF 116) 2001, 97–110.
–, One Hadingus – two Haddingjar, (SS 59) 1987, 404–435.
Krogmann, Willy, Die Edda, (ANF 52) 1936, 243–249.
–, Die heilige Insel. Ein Beitrag zur altfriesischen Religionsgeschichte, Assen 1942.
–, Hœnir, (APhSc 6) 1932, 311–327.
–, Loki, (APhSc 12) 1937/38, 59–70.
–, Mudspelli, (WuS 14) 1932, 68–85.
–, Mudspelli auf Island. Eine religionsgeschichtliche Untersuchung, Wismar 1933.
–, Muspilli und Muspellsheim, (Zeitschrift für Religions- und Geistesgeschichte 5) 1953, 97–118.
–, Neorxna wang und Iða vǫllr, (Archiv 191) 1954/55, 30–43.
–, Eine neue Vermutung über as. mûdspelli, (Niederdeutsches Jahrbuch 84) 1961, 43–54.
Krohn, Kaarle, Das schiff Naglfar, (Finnisch-ugrische Forschungen 11) 1911, 154–155.
–, Skandinavisk Mytologi, Helsingfors 1922.
–, Tyrs högr hand, Freys svärd, (Festskrift til H. F. Feilberg) København 1911, 541–547.
–, Zum schiffe Naglfar, (Finnisch-ugrische Forschungen 11) 1911, 317–320.
Krüger, Emil, Die gallischen und die germanischen Dioskuren, (Trierer Zeitschrift 15) 1940, 8–27, (16/17) 1941/42, 1–66.
–, Das Tierfries-Beschlagstück aus dem Moorfund von Thorsberg, (Prähistorische Zeitschrift 34/35, Teil 2) 1949/50, 112–124.
Kuhn, Adalbert, Die Herabkunft des Feuers und des Göttertranks, Gütersloh ^{2}1886.
–, Zur Mythologie, (ZfdA 6) 1848, 117–134.
Kuhn, Hans, Alben, (RGA 1) ^{2}1973, 130–132.
–, Asen, (RGA 1) ^{2}1973, 457–458.
–, Es gibt kein balder »Herr«, (Erbe der Vergangenheit. Festschrift für K. Helm) Tübingen 1951, 37–45.
–, Das Fortleben des germanischen Heidentums nach der Christianisierung, (Settimane di Studio del centro Italiano di Studi sull'Alto Medioevo 14) Spoleto 1967, 743–757.
–, Gaut, (Festschrift für J. Trier) Meisenheim 1954, 417–433.
–, Germanisches Sakralkönigtum?, (H. Kuhn, Kleine Schriften 4) Berlin/New York 1978, 242–247.

–, Gott im Altnordischen, (H. Kuhn, Kleine Schriften 4) Berlin/New York 1978, 258–265.
–, Kämpen und Berserker, (FmSt 2) 1968, 218–227.
–, Die negation des verbs in der altnordischen dichtung, (PBB 60) 1936, 431–444.
–, Das nordgermanische Heidentum in den ersten christlichen Jahrhunderten, (ZfdA 79) 1942, 133–166.
–, Die Religion der nordischen Völker in der Wikingerzeit, (Settimane di Studio del centro Italiano di Studi sull'Alto Medioevo 16) Spoleto 1969, 117–129, 161–163.
–, Rund um die Vǫluspá, (Medievalia litteraria. Festschrift für H. de Boor) München 1971, 1–14.
Kummer, Bernhard, Midgards Untergang. Germanischer Kult und Glaube in den letzten heidnischen Jahrhunderten, Zeven ²1972.
–, Sverre und Magnus, (Atti dell'VIII congresso internazionale di storia della religioni) Firenze 1956, 368–371.
Kunze, Richard, Die Germanen in der antiken Literatur, Leipzig 1906/07.
Kvillerud, Reinert, Några anmärkningar till Þrymskviða, (ANF 80) 1956, 64–86.
Läffler, Leopold Fredrik, Det evigt grönskade trädet vid Uppsala hednatämpel, (Festskrift til H. F. Feilberg) København 1911, 617–696.
DeLaet, Sigfrid J., Nehalennia, déesse germanique ou celtique?, (Helinium 11) 1971, 154–162.
La Farge, Beatrice, »Leben« und »Seele« in den altgermanischen Sprachen, Heidelberg 1991.
Lang, Andrew, Mythology and fairy tales, (Fortnightly Review N. S. 13) 1873, 618–631.
Lange, Johan, Løg-LaukaR. Studier over en ordgruppe i nordiske sprog, (Sprog og Kultur 23) 1963, 1–27.
Larrington, Carolyne, Hávámal and Sources outside Scandinavia, (Saga-book 23) 1990–93, 141–157.
–, »What Does Woman Want?« Mær and munr in *Skírnismál*, (alvíssmál 1) 1992, 3–16.
Larsson, Lars, Continuity for Centuries. A Ceremonial Building & Its Context at Uppåkra, Southern Sweden, Stockholm 2004.
Lecouteux, Claude, Zwerge und Verwandte, (Euphorion 75) 1981, 366–378.
Lee, Alvin A., Heorot and the »Guest-Hall« of Eden, (Mediaeval Scandinavia 2) 1969, 78–91.
Lehmann, K., Die Rígsþula, (Festschrift für J. v. Amsberg) Rostock 1904, 1–34.
Lehmann, Winfried P., Lín and laukr in the Edda, (GR 30) 1955, 163–171.
Leitzmann, Albert, Ags. neorxnawong, (PBB 32) 1907, 60–66.
–, Saxonica I. Das Taufgelöbnis und der Indiculus Superstitionum, (PBB 25) 1900, 567–591.
Leo, Heinrich, Über Odins Verehrung in Deutschland, Erlangen 1822.
Leyen, Friedrich von der, Alte Zaubersprüche und Segen in der Münchener Staatsbibliothek, (Bayerisches Jahrbuch für Volkskunde) 1958, 103–104.
–, Die Entwicklung der Göttersagen in der Edda, (GRM 1) 1909, 284–291.

–, Der gefesselte Unhold. Eine mythologische Studie, (Untersuchungen und Quellen zur germanischen und romanischen Philologie, J. v. Kelle dargebracht. Teil 1) Prag 1908, 7–35.
–, Die germanische Runenreihe und ihre Namen, (Zeitschrift für Volkskunde 40) 1930, 170–182.
–, Die Götter der Germanen, München 1938.
–, Die Götter der Germanen, (GR 30) 1955, 5–13.
–, Mythus und Märchen, (DVjS 33) 1959, 343–360.
–, Utgardaloke in Irland, (PBB 33) 1908, 382–391.
–, Zur größeren Nordendorfer Spange, (PBB West 80) 1958, 208–213.
Liberman, Anatoly, Germanic sendan »to make a sacrifice«, (JEGPh 77) 1978, 473–488.
–, The Origin of the Eddic Animal Names Heiðrún and Eykþyrnir, (General Linguistics 28) 1988, 32–48.
Lid, Nils, Altnorweg. Þorri, (Norsk Tidsskrift for Sprogvidenskap 7) 1934, 163–169.
–, Berserkr, (KLNM 1) Malmö 1956, 501–502.
–, Díar, (KLNM 3) Malmö 1958, 63–64.
–, Drikkeoffer, (KLNM 3) Malmö 1958, 322–323.
–, Scandinavian heathen cult-places, (Folk-Liv 21/22) 1957/58, 79–84.
–, Til varulvens historia, (Saga och Sed) 1937, 3–25.
Lidén, Evald, Om nagra ortnamn, (ANF 23) 1907, 259–269.
Lidén, Hans-Emil, Temples, Heathen, (MeScand) 1993, 639–640.
Lie, Hallvard, Naglfar og Naglfari, (MoM) 1954, 152–161.
–, Ragnarsdrápa, (KLNM 13) Malmö 1968, 647–649.
–, Þórsdrápa, (KLNM 20) Malmö 1976, 397–400.
Liestøl, Knut, Jøtarne og Joli, (Festskrift til H. F. Feilberg) København 1911, 192–205.
Lincoln, Bruce, On the imagery of paradise, (IF 85) 1980, 151–164.
Lindow, John, Adressing Thor, (SS 60) 1988, 119–136.
–, Freyr and Freyja, (MeScand) 1993, 220–221.
–, Loki and Skaði, (Snorrastefna 1990, hg. von Úlfar Bragason) Reykjavík 1992, 130–142.
–, Mythology, (MeScand) 1993, 521–525.
–, Mythology and Mythography, (Old Norse-Icelandic Literature: A Critical Guide) Ithaca/London 1985, 21–67 (= Islandica 45).
–, Scandinavian Mythology: An Annotated Bibliography, New York/London 1988.
–, Thor's Duel with Hrungir, (alvíssmál 6) 1996, 3–20.
–, Thor's *hamarr*, (JEGPh 93) 1994, 485–503.
Lindquist, Ivar, Eddornas bild av Ull- och guldhornens, (NoB 14) 1926, 82–103.
–, Galdrar, Göteborg 1923 (= Göteborg högskolas Arsskrift 29,1).
–, Die Urgestalt der Hávamál, Lund 1956.
Lindquist, Sune, Gamla Uppsala kyrka, (Fornvännen 18) 1951, 219–250.
–, Gotlands Bildsteine 1, Stockholm 1941.
–, Hednatemplet i Uppsala, (Fornvännen) 1923, 85–118.
–, Snorres Uppgifter um hednatidens gravskick och gravar, (Fornvännen 15) 1920, 56–105.

–, Ynglingatidens gravskick, (Fornvännen 16) 1921, 83–194.
Lindroth, Hjalmar, Boðn, Són och Óðrœrir, (MoM) 1915, 174–177.
- En nordisk gudagestalt i ny belysning genom ortnamn, (Antikvarisk tidsskrift for Sverige 20) 1915, 1–76.
–, Om gudanamnet Tor, (NoB 4) 1916, 161–169.
–, Yggdrasils »Barr« och eviga grönska, (ANF 30) 1914, 218–226.
Littleton, C. Scott, The »kingship in heaven« theme, (Myth and Law among the Indo-Europeans, hg. von Jaan Puhvel) Berkeley 1970, 83–121.
–, The new comparative mythology. An anthropological assessment of the theories of Georges Dumézil, Berkeley [2]1973.
Ljungberg, Helge, Das sakrale Königtum im Norden während der Missionszeit im 10. und 11. Jahrhundert, (Atti dell' VIII congresso internazionale di storia della religioni) Firenze 1956, 364–366.
–, Tor. Undersökningar i indoeuropeisk och nordisk religionshistoria, Uppsala/Leipzig 1947.
Ljunggren, Karl Gustav, Anteckningar till Skírnismál och Rígsþula, (ANF 53) 1937, 190–232.
–, Eine Gruppe südskandinavischer Altertümer in philologischer Beleuchtung, (Festschrift W. Baetke) Weimar 1966, 261–270.
Lönnroth, Lars, Dómaldi's death and the myth of sacral kingship, (Structure and Meaning in Old Norse Literature) Odense 1986, 73–93.
–, Iǫrð fannz æva né upphiminn: A Formula Analysis, (Speculum Norrœnum. Studies G. Turville-Petre) Odense 1981, 310–327.
–, Skírnismál och den fornisländska äktenskapsnormen, (Opuscula Septentrionalia. Festskrift til O. Widding) København 1977, 154–178.
Loewenthal, John, Alcis, (PBB 51) 1927, 287–289.
–, Altnord. Loki, (IF 39) 1921, 113–114.
–, Cultgeschichtliche Fragen, (PBB 49) 1925, 63–88.
–, Drei Götternamen. Yngvi, Phol, Loki, (ANF 31) 1915, 153–154.
–, Fricco, (PBB 50) 1927, 287–296.
, Germanische Cultaltertümer, (PBB 47) 1922, 261–289.
–, Religionswissenschaftliche Parerga, (PBB 45) 1921, 239–265.
–, Wirtschaftsgeschichtliche Parerga, (WuS 9) 1926, 173–191.
–, Zur germanischen Wortkunde, (ANF 32) 1916, 270–301, (33) 1917, 97–131, (35) 1919, 229–242.
Lofmark, Carl, Der rote Drache der Waliser, (Festgabe O. Höfler) 1976, 429–448.
Lorenz, Gottfried, Snorri Sturluson, Gylfaginning. Texte, Übersetzung, Kommentar, Darmstadt 1984 (= Texte zur Forschung. 48).
Losch, Friedrich, Mythologische Studien im Gebiet des Baldermythus, (ARW 3) 1900, 358–374.
Lütjens, August, Der Zwerg in der deutschen Heldendichtung, Breslau 1911 (= Germanistische Abhandlungen. 38).
Lukman, Niels, Frode Fredegot – Den gotiska Fravita, København 1981.
–, Gefion, (KLNM 5) Malmö 1960, 228–229.
Lund, Allan A., Moselig, Kopenhagen 1976.
Lundgren, Michael, Vǫlospá, (KLL 7) München 1972, 764–766.
Lutzhöft, Hans Jürgen, Der nordische Gedanke in Deutschland 1920–1940, Stuttgart 1972.

Mac → Mc.
Mackensen, Lutz, Baumseele, (Zeitschrift für Deutschkunde) 1924, 1–21.
Magerøy, Hallvard, Þrymskviða, (Edda 58) 1958, 256–270.
–, Vǫluspá, (KLNM 20) Malmö 1976, 352–355.
Magnusen, Finn, Priscae veterum borealium mythologiae lexicon, Havniae 1828.
Magnússon, Eiríkr, The derivation of »Edda«, (Academy 49) 1896, Nr. 1235, 15–16.
–, Edda, (Academy 48) 1895, Nr. 1230, 464–465.
–, Odin's Horse Yggdrasil, London 1895.
–, Yggdrasil, (ANF 13) 1897, 205.
Magoun, Francis Peabody, On the Old-Germanic altar- or oath-ring (stallahringr), (APhSc 20) 1947–49, 277–293.
–, On some survivals of pagan belief in Anglo-Saxon, (Harvard Theological Review 40) 1947, 33–46.
Mahr, Alexander, Wodan auf südgermanischem Gebiet, Diss. Wien 1921.
–, Wodan in der deutschen Volksüberlieferung, (Mitteilungen der anthropologischen Gesellschaft in Wien 58) 1928, 143–167.
Mandl, Emilie, Ueber den Seelen- und Jenseitsglauben der alten Skandinavier, Diss. Wien 1927.
Mannhardt, Wilhelm, Germanische Mythen, Berlin 1858.
–, Die Götter der deutschen und nordischen Völker, Berlin 1860.
–, Die Korndämonen, Berlin 1868.
–, Wald- und Feldkulte, 2 Bde., Berlin ²1904.
Markey, Thomas L., Germanic *liþ/laiþ- and funerary ritual, (FmSt 8) 1974, 179–194.
–, Germanic terms for temple and cult, (Studies for E. Haugen), The Hague/Paris 1972, 365–378.
–, Nordic Níðvísur: An Instance of Ritual Inversion?, (Mediaeval Scandinavia 5) 1972, 7–18.
Marold, Edith, Der heidnische Wortschatz der Skaldik des 10. Jahrhunderts, (Nordeuropa. Studien 23) 1988, 56–63.
–, Kenningkunst. Ein Beitrag zu einer Poetik der Skaldendichtung, Berlin/New York 1983 (= Quellen und Forschungen zur Sprach- und Kulturgeschichte der germanischen Völker. 204 = N. F. 80).
–, Kosmogonische Mythen in der Húsdrápa des Úlfr Uggason, (International Scandinavian and medieval studies in memory of Gerd Wolfgang Weber) Triest 2000, 281–293.
–, Der Schmied im germanischen Altertum, Diss. Wien 1967.
–, Die Skaldendichtung als Quelle der Religionsgeschichte, (Germanische Religionsgeschichte. Quellen und Quellenprobleme, hg. von Heinrich Beck, Detlev Ellmers und Kurt Schier) Berlin/New York 1992, 685–719 (= Ergänzungsbände zum RGA 5).
–, Skaldendichtung und Mythologie, (Poetry in the Scandinavian Middle Ages, Spoleto, 4.–10. Sept. 1988) Spoleto 1990, 107–130 (= Atti del 12° Congresso Internazionale di Studi sull' Alto Medioevo).
–, »Thor weihe diese Runen«, (FmSt 8) 1975, 195–222.
–, Das Walhallabild in den Eiríksmál und den Hákonarmál, (Mediaeval Scandinavia 5) 1972, 19–33.

Marquardt, Hertha, Die altenglischen Kenningar, Halle 1938 (= Schriften der Königsberger Gelehrten Gesellschaft, Geisteswiss. Kl. 14/3).
Marstrander, Carl J. S., Isis chez les Germains du Nord, (Norsk tidsskrift for sprogvidenskap 3) 1929, 236–238.
–, De nordiska runeinnskrifter i eldre Alfabet, (Viking 16) 1953, 1–277.
–, Tor i Irland, (MoM) 1915, 80–89.
Marstrander, Sverre, Östfolds jordbruksristninger: Skjeberg, 1–2, Oslo 1963.
Martin, John Stanley, Ár vas alda: Ancient Scandinavian Creation Myths Reconsidered, (Speculum Norrœnum. Studies G. Turville-Petre) Odense 1981, 357–369.
–, Baldr's death and The Golden Bough, (Iceland and the Mediaeval World. Studies I. Maxwell) Melbourne 1974, 26–32.
–, The development of the figure of Baldr in Old Norse mythology, (Australasian Universities Language and Literature Association. Proceedings and Papers 14) 1972, 248–249.
–, Ragnarök, Assen 1972.
–, Some comments on the perception of heathen religious customs in the sagas, (Parergon 6) 1973, 45–50.
Maurer, Conrad, Die Bekehrung des norwegischen Stammes zum Christenthume, 2 Bde., München 1855–56.
–, Über die Wasserweihe des germanischen Heidenthumes, (Abhandlungen der philos.-histor. Kl. der königl. bayer. Akademie der Wissenschaften 15/3) 1881, 173–253.
–, Zur Urgeschichte der Godenwürde, (ZfdPh 4) 1873, 125–130.
Mazo, Jeffrey Alan, Sacred Knowledge, Kingship, and Christianity: Myth and Cultural Change in Medieval Scandinavia, (The Sixth International Saga Conference 1985. Workshop Papers 2) Kopenhagen 1985, 751–762.
–, Vafþrúðnismál, (MeScand) 1993, 685.
McCreesh, Bernardine, How pagan are the Icelandic family sagas?, (JEGPh 79) 1980, 58–66.
McKinnell, John, Encounters with Vǫlur, (Old Norse myths, literature and society, hg. von Margaret Clunies-Ross) Sydney 2003, 110–132.
–, Vǫluspá, (MeScand) 1993, 713–715.
McKinnell, John/Rudolf Simek (mit Klaus Düwel), Runes, Magic and Religion: A Sourcebook, Wien 2004 (= SMS 10).
McKinnell, John/M. E. Ruggerini, Both One and Many: Essays on Change and Variety in Late Norse Heathenism, Rom 1994.
McTurk, Rory, Kingship, (MeScand) 1993, 353–355.
Meaney, Audrey L., Woden in England: A reconsideration of the evidence, (Folklore 77) 1966, 105–115.
Meid, Wilhelm, Der germanische Personenname Veleda, (IF 69) 1964, 256–258.
Meid, Wolfgang, Die germanische Religion im Zeugnis der Sprache, (Germanische Religionsgeschichte. Quellen und Quellenprobleme, hg. von Heinrich Beck, Detlev Ellmers und Kurt Schier) Berlin/New York 1992, 486–507 (= Ergänzungsbände zum RGA 5).
Meissner, Rudolf, Ganga til fréttar, (Zeitschrift für Volkskunde 27) 1917, 1–13, 97–105.
–, Die Kenningar der Skalden, Bonn/Leipzig 1921.

–, Rígr, (PBB 57) 1933, 109–130.
–, Die Sprache der Götter, Riesen und Zwerge in den »Alvíssmál«, (ZfdA 61) 1924, 128–140.
Meldgaard, Eva Villarsen, Sakrale personnavne, (Sakrale Navne, hg. von Gillian Fellows-Jensen und Bente Holmberg) Uppsala 1992, 185–197 (= Norna-Rapporter 48).
Meletinskij, Eleazar M., Nordische Mythologie als System, (Sowjetische Skandinavistik. Eine Anthologie, hg. von Lilja Popowa) Frankfurt a. M./Berlin/New York 1992, 87–106.
Menzel, Wolfgang, Odin, Stuttgart 1855.
Meringer, Rudolf, Indogermanische Pfahlgötzen (Alche, Dioskuren, Asen), (WuS 9) 1926, 107–123.
–, Der Name des Julfests, (WuS 5) 1913, 184–194.
–, Wörter und Sachen III. Der verehrte Pflock, (IF 18) 1905/06, 277–282.
–, Wörter und Sachen V. Die Pflock- und Säulenverehrung bei den Indogermanen, (IF 21) 1907, 296–306.
Merkel, Rudolf F., Anfänge der Erforschung der germanischen Religion, (ARW 34) 1937, 18–41.
Meulengracht Sørensen, Preben, Freyr i islændingesagaerne, (Sakrale Navne, hg. von Gillian Fellows-Jensen und Bente Holmberg) Uppsala 1992, 55–75 (= Norna-Rapporter 48).
–, Freyr in den Isländersagas, (Germanische Religionsgeschichte. Quellen und Quellenprobleme, hg. von Heinrich Beck, Detlev Ellmers und Kurt Schier) Berlin/New York 1992, 720–735 (= Ergänzungsbände zum RGA 5).
–, Loki's *Senna* in Ægir's Hall, (Idee – Gestalt – Geschichte. Festschrift Klaus von See, hg. von G. W. Weber) 1988, 239–260.
–, Der Runenstein von Rök und Snorri Sturluson – oder »Wie aussagekräftig sind unsere Quellen zur Religionsgeschichte der Wikingerzeit?«, (Old Norse and Finnish Religions and Cultic Place-Names, hg. von Tore Ahlbäck) Åbo/Stockholm 1990, 58–71.
–, Thors's Fishing Expedition, (G. Steinsland, Words and Objects; towards a Dialogue between Archaeology and History of Religion) Oslo 1986, 257–278.
Meuli, Karl, Bettelumzüge im Totenkultus, Opferritual und Volksbrauch, (Schweizerisches Archiv für Volkskunde 28) 1928, 1–38.
Meyer, Elard Hugo, Die Eddische Kosmogonie, Freiburg 1891.
–, Germanische Mythologie, Berlin 1891.
–, Hercules Saxanus, (PBB 18) 1894, 106–133.
–, Völuspá. Eine Untersuchung, Berlin 1889.
Meyer, Richard Moses, Altgermanische Religionsgeschichte, Leipzig 1910.
–, Beiträge zur altgermanischen Mythologie, (ANF 23) 1907, 245–255.
–, Ikonische Mythen, (ZfdPh 38) 1906, 166–177.
–, Mythologische Fragen, (ARW 9) 1906, 417–428, 10 (1907) 88–103.
–, Schwurgötter, (ARW 15) 1912, 435–450.
–, Snorri als Mythograph, (ANF 28) 1912, 109–121.
–, Der Urriese, (ZfdA 41) 1897, 180–187.
–, Ymi und die Weltschöpfung, (ZfdA 37) 1893, 1–8.

Mikkola, Jooseppi J., Zur Vanenmythe, (Festskrift till. H. Pipping) Helsingfors 1924, 376–378.
Mitchell, Stephen A., Fǫr Scírnis as mythological model: frið at kaupa, (ANF 98) 1983, 108–122.
–, Óðinn, (MeScand) 1993, 444–445.
–, Skírnismál, (MeScand) 1993, 596–597.
–, The Whetstone as Symbol of Authority in Old English and Old Norse, (SS 57) 1985, 1–31.
Mittner, Ladislaus, Wurd: Das Sakrale in der altgermanischen Epik, Bern 1955.
Mjöberg, Jöran, Drömmen om Sagatiden, 2 Bde., Stockholm 1967/68.
–, The importance of medieval literature in Sweden for modern fiction and poetry, (The Medieval Legacy) Odense 1982, 103–119.
Moberg, Lennart, The languages of Alvíssmál, (Saga-Book 18) 1973, 299–323.
Mogk, Eugen, Das angebliche Sifbild im Tempel zu Guðbrandsdalir, (PBB 14) 1889, 90–93.
–, Bragi, (PBB 14) 1889, 81–90.
–, Bragi als Gott und Dichter, (PBB 12) 1887, 383–392.
–, Germanische Mythologie, Leipzig 1906.
–, Germanische Religionsgeschichte und Mythologie, Leipzig [3]1927.
–, Ginnungagap, (PBB 8) 1882, 153–160.
–, Lokis Anteil an Balders Tod, Helsinki 1925 (= FFC. 57).
–, Die Menschenopfer bei den Germanen, Leipzig 1909.
–, Ein Nachwort zu den Menschenopfern bei den Germanen, (ARW 15) 1912, 422–434.
–, Nordgermanische Götterverehrung nach den Kultquellen, (Germanica. [Festschrift] E. Sievers) Halle/S. 1925, 258–272.
–, Novellistische Darstellung mythologischer Stoffe Snorris und seiner Schule, Helsinki 1923 (= FFC. 51).
–, Die Überlieferung von Thors Kampf mit dem Riesen Geirrǫd, (Festskrift till. H. Pipping) Helsingfors 1924, 379–388.
–, Untersuchungen über die Gylfaginning, (PBB 6) 1879, 477–537, (7) 1880, 203–334.
–, Veleda, (Hoops 4) Straßburg 1918–19, 389.
–, Zur Bewertung der Snorra Edda als religionsgeschichtliche und mythologische Quelle des nordgermanischen Heidentums, Leipzig 1923.
–, Zur Gigantomachie der Vǫluspa, Helsinki 1925 (= FFC. 58).
Mohr, Wolfgang, Kenningstudien, Stuttgart 1933.
–, Mephistopheles und Loki, (DVjS 18) 1940, 173–200.
Mohr, Wolfgang/Walter Haug, Zweimal »Muspilli«, Tübingen 1977.
Moltke, Erik, The origins of the runes, (Michigan Germanic Studies 7) 1981, 3–7.
Moltke, Moe, Middelalderens Visionsdigtning, (Festskrift til H. F. Feilberg) København 1911, 421–448.
Moser, Hugo, Karl Simrock: Universitätslehrer und Poet. Germanist und Erneuerer von »Volkspoesie« und älterer »Nationalliteratur«. Ein Stück Literatur-, Bildungs- und Wissenschaftsgeschichte des 19. Jahrhunderts, Bonn

1976 (= Academica Bonnensia. 5), zugleich Berlin (= Philologische Studien und Quellen. 82).
Mosher, Arthur D., Baldr, (MeScand) 1993, 28–29.
–, The story of Baldr's death: the inadequacy of myth in the light of Christian faith, (SS 55) 1983, 305–315.
Motz, Lotte, The Conquest of Death: the Myth of Baldr and its Middle Eastern Counterparts, (Collegium Medievale 4) 1991, 99–116.
–, The Cosmic Ash and other Trees of Germanic Myth, (Arv 47), 1991, 127–141.
–, The Families of Giants, (ANF 102) 1987, 216–236.
–, The Germanic Thunderweapon, (Saga-Book 24) 1994–97, 329–350.
–, Gerðr, (MoM) 1981, 121–136.
–, Giantesses and their names, (FmSt 15) 1981, 495–511.
–, Giants in Folklore and Mythology: A New Approach, (Folklore 93) 1982, 70–84.
–, The Goddess Freyja, (Snorrastefna 1990, hg. von Úlfar Bragason) Reykjavík 1992, 163–179 (= Rit Stofnuna Sigurðar Nordals 1).
–, The goddess Nerthus: a new approach, (Amsterdamer Beiträge zur älteren Germanistik 36) 1992, 1–19.
–, Gods and Demons of the Wilderness. A Study in Norse Tradition, (ANF 99) 1984, 175–187.
–, The Great Goddess of the North, (ANF 113) 1998, 29–57.
–, The Host of Dvalinn. Thoughts on Some Dwarf-Names in Old Icelandic, (Collegium Medievale 6.1) 1993, 81–96.
–, The King and the Goddess, An interpretation of Svipdagsmál, (ANF 90) 1975, 133–150.
–, The Magician and His Craft, (Collegium Medievale 7.1) 1994/5, 5–32.
–, New thoughts on dwarf-names in Old Icelandic, (FmSt 7) 1973, 100–115.
–, Note on a Bracteate from Trollhättan, (Collegium Medievale 9.1–2) 1996, 153–156.
–, Old Icelandic Giants and their Names, (FmSt 21) 1987, 295–317.
–, On elves and dwarfs, (Arv 29/30) 1973/74, 93–127.
–, Óðinn's Vision, (MoM) 1990, 11–20.
–, Sister in the cave: the stature and the function of the female figures of the Eddas, (ANF 95) 1980, 168–182.
–, Snorri's Story of the Cheated Mason and its Folklore Parallels, (MoM) 1977, 115–122.
–, The Storm of Troll-Women, (MoM) 1988, 31–41.
–, Supernatural Beings 1. Elves, Dwarfs and Giants, (MeScand) 1993, 622–623.
–, Svipdagsmál, (MeScand) 1993, 629.
–, The Winter Goddesses: Percht, Holda, and Related Figures, (Folklore 95) 1984, 151–166.
Much, Rudolf, Aurvandils tá, (Festschrift H. Seger) Breslau 1934, 387–388 (= Altschlesien. 5).
–, Balder, (ZfdA 61) 1924, 93–124.
–, Baudihillia und Friagabis, (Festschrift M. H. Jellinek) Wien/Leipzig 1928, 75–85.
–, Dea Harimella, (ZfdA 36) 1892, 44–47.

–, Eddica, (ZfdA 37) 1893, 417–419.
–, Die Eruler, (Deutsch-Nordische Zeitschrift. Festnummer) 1929, 43–57.
–, Die Germania des Tacitus, Heidelberg [3]1967.
–, Germanische Dative aus der Römerzeit, (ZfdA 31) 1887, 354–358.
–, Der germanische Himmelsgott, (Festgabe für R. Heinzel 1) Halle/S. 1898, 189–278.
–, Harimalla – Harimella, (ZfdA 63) 1926, 19–22.
–, Heruler, (Hoops 2) Straßburg 1915, 517–519.
–, Mercurius Hanno, (ZfdA 35) 1891, 207–208.
–, Der Namensatz der Germania, (Anzeiger der österreichischen Akademie der Wissenschaft 27) 1928, 275–297.
–, Nehalennia, (ZfdA 35) 1891, 324–327.
–, Der nordische Widdergott, (Deutsche Islandforschung 1930, 1) Breslau 1930, 63–67.
–, Requalivahanus, (ZfdA 35) 1891, 374–376.
–, Der Sagenstoff der Grimnismal, (ZfdA 46) 1902, 309–329.
–, Ulls Schiff, (PBB 20) 1895, 35.
–, Undensakre – Untersberg, (ZfdA 47) 1904, 67–72.
–, Unfachlas, (ZfdA 35) 1891, 204–376.
–, Vagdavercustis, (ZfdA 55) 1917, 284–296.
–, Wandalische Götter, (Mitteilungen der schlesischen Gesellschaft für Volkskunde 27) 1926, 20–41.
–, Zauberzeichen auf germanischen Eisenwaffen, (Wiener Prähistorische Zeitschrift 7/8) 1920/21, 78–81.
–, Zur Rígsþula, (Prager deutsche Studien 8) 1908, 225–239.
Müllenhoff, Karl, Die alte Dichtung von den Nibelungen, (ZfdA 23) 1879, 113–173.
–, Deutsche Altertumskunde 1–5, Berlin 1870–1908.
–, Frija und der Halsbandmythos, (ZfdA 30) 1886, 217–260.
–, Irmin und seine Brüder, (ZfdA 23) 1879, 1–22.
–, Sceáf und seine Nachkommen, (ZfdA 7) 1849, 410–419.
–, Tanfana, (ZfdA 23) 1879, 23–25.
–, Über die Vǫluspá, Berlin 1883.
–, Um Ragnaröckr, (ZfdA 16) 1873, 146–148.
Müller, Günther, Altnordisch Vífill – ein Weihename, (Festschrift für O. Höfler 2) Wien 1968, 363–371.
–, Zum Namen Wolfhetan und seinen Verwandten, (FmSt 1) 1967, 200–212.
–, Zur Heilkraft der Walküre, (FmSt 10) 1976, 350–361.
Müller, I. H. V., Fra Valhall til paradis. Om kristen begravelse, (Fra hedendom til kristendom, hg. von Magnus Rindal) Oslo 1996, 54–62.
Müller, Max, Essays 1–4, Leipzig 1869–76.
Müller, Sophus, Nordische Altertumskunde, Bd. 1–2, Straßburg 1897/98.
Müller, Ulrich/Peter Wapnewski (Hg.), Wagner-Handbuch, Stuttgart 1986.
Müller, Werner, Die Jupitergigantensäulen und ihre Verwandten, Meisenheim 1975 (= Beiträge zur klassischen Philologie. 66).
Müller, Wilhelm, Gefjon, (ZfdA 1) 1841, 95–96.
Müller-Wille, Michael, Bestattung im Boot, (Offa 25/26) 1970, 7–203.
–, Boat-graves in Northern Europe, (The International Journal of Nautical Archaeology and Underwater Exploration) 1974, 187–204.

–, Burial Mounds and Burial Practises, (MeScand) 1993, 58–60.
–, Graves, (MeScand) 1993, 237–240.
–, Zwei regionale Studien, (Germanische Religionsgeschichte. Quellen und Quellenprobleme, hg. von Heinrich Beck, Detlev Ellmers und Kurt Schier) Berlin/New York 1992, 69–94 (= Ergänzungsbände zum RGA 5).
Munch, Peter A., Norrøne gude- og heltesagn, Oslo 1967.
Mundal, Else, Androgyny as an image of chaos in Old Norse mythology, (MoM) 1990, 1–10.
–, Fylgjemotiva i norrøn litteratur, Oslo 1974.
–, Korleis endar eigentleg Voluspá?, (Festskrift till Finn Hødnebø 29. desember 1989, hg. von Bjørn Eithun, Eyvind Fjeld Halvorsen, Magnus Rindal und Erik Simensen) Oslo 1989, 210–223.
–, Kristinga av Norge og Island reflektert gjennom samtidig skaldedikting, (Collegium Medievale 3.2) 1990, 145–162.
–, The Position of the Individual Gods and Goddesses in Various Types of Sources – with Special Reference to the Female Divinities, (Old Norse and Finnish Religions and Cultic Place-Names, hg. von Tore Ahlbäck) Åbo/Stockholm 1990, 294–315.
–, Snorri og *Vǫluspá*, (Snorrastefna 1990, hg. von Úlfar Bragason) Reykjavík 1992, 180–192 (= Rit Stofnuna Sigurðar Nordals. 1).
–, Supernatural Beings: 3. Fylgja 4. Norns, (MeScand) 1993, 624–626.
Murray, Margaret A., The divine king in England, (Atti dell' VIII congresso internazionale di storia della religioni) Firenze 1956, 378–380.
Naert, Pierre, Grímnismál 33, (ANF 81) 1966, 117–119.
Näsström, Britt-Mari, Freyja – The Great Goddess of the North, Lund 2005 (= Lund Studies in History of Religions. 5).
–, The goddesses in *Gylfaginning*, (Snorrastefna 1990, hg. von Úlfar Bragason), Reykjavík 1992, 193–203 (= Rit Stofnuna Sigurðar Nordals. 1).
Naumann, Hans, Germanischer Schicksalsglaube, Jena 1934.
–, Die Götter Germaniens, (DVjS 8) 1930, 13–32.
–, Neue Beiträge zum altgermanischen Dioskurenglauben, (Bonner Jahrbücher 150) 1950, 91–101.
–, Versuch über Snorri Sturluson, Bonn 1943.
Naumann, Hans-Peter, Supernatural Beings: 2. Dísir, (MeScand) 1993, 624.
–, Viktor Rydbergs »Undersökningar i germansk Mythologi«, (Studien zur dänischen und schwedischen Literatur des 19. Jahrhunderts) Basel/Stuttgart 1976, 185–205 (= Beiträge zur Nordischen Philologie. 4).
Nebel, Gerhard, Die Not der Götter. Welt und Mythos der Germanen, Hamburg 1957.
Neckel, Gustav, Aisl. Edda »Urgroßmutter«, (ZfdA 49) 1908, 314–320.
–, Die altgermanische Religion, Berlin 1932.
–, Die Götter auf dem goldenen Horn, (ZfdA 58) 1921, 225–233.
–, Irmin, (Festschrift T. Siebs) Breslau 1933, 1–9 (= Germanistische Abhandlungen. 67).
–, Die Überlieferungen vom Gotte Balder, Dortmund 1920.
–, Walhall, Dortmund 1931.
Nedoma, Robert, Der altisländische Odinsname Langbarðr: ›Langbart‹ und die Langobarden, (Die Langobarden. Herrschaft und Identität, hg. von Walter Pohl und Peter Erhart) Wien 2005, 439–444.

–, Die Inschrift auf dem Helm B von Negau, Wien 1995.
–, Matronae Amfratninae, (Beiträge zur Namenforschung 24) 1989, 292–294.
Negelein, Julius von, Germanische Mythologie, Leipzig [3]1919.
Nerman, Birger, De äldsta Eddadikterna, (ANF 86) 1971, 19–37.
–, Baldersagans äldsta form, (Edda 3) 1915, 1–10.
–, Fimbultýs fornar rúnar, (ANF 85) 1970, 206–207.
–, Det heliga tretalet och Vǫluspá, (ANF 74) 1959, 264–267.
–, Rígsþula 16:8 dvergar á ǫxlom, arkeologiskt belyst, (ANF 69) 1954, 210–213.
–, Rígsþulas alder, (ANF 84) 1969, 15–18.
–, Två unga eddadikter. Arkeologisk belysning av Þrymskviða och Atlamál, (ANF 78) 1963, 126–133.
–, Vǫluspá 61:3 gullnar tǫflor, (ANF 78) 1963, 122–125.
Nesheim, Asbjørn, Omkring harpen i Volospå, (By og Bygd 29) 1967, 1–10.
Neumann, Eduard, Das Schicksal in der Edda 1, Gießen 1955 (= Beiträge zur deutschen Philologie. 7).
Neumann, Eduard/Helmut Voigt, Germanische Mythologie, (Wörterbuch der Mythologie 2) Stuttgart 1963, 21–98.
Neumann, Günter, Germani cisrhenani – die Aussage der Namen, (Germanenprobleme in heutiger Sicht) Berlin/New York 1986, 105–129 (= Ergänzungsbände zum RGA 1).
Niedner, Felix, Baldrs Tod, (ZfdA 41) 1897, 305–334.
–, Bemerkungen zu den Eddaliedern 3. Lokasenna, (ZfdA 36) 1892, 286–290.
–, Die Dioskuren im Beowulf, (ZfdA 42) 1898, 229–258.
–, Eddische Fragen, (ZfdA 41) 1897, 33–64.
–, Der Mythus des zweiten Merseburger Zauberspruchs, (ZfdA 43) 1899, 101–112.
–, Ragnarǫk in der Vǫluspá, (ZfdA 49) 1908, 239–298.
–, Skírnis Fǫr, (ZfdA 30) 1886, 132–150.
Nielsen, Karl Martin, Runen und Magie. Ein forschungsgeschichtlicher Überblick, (FmSt 19) 1985, 75–97.
Nielsen, Niels Åge, At which time of the year was the pre-Christian Yule celebrated?, (Arv 14) 1958, 109–114.
–, Freyr, Ullr, and the Sparlösa Stone, (Mediaeval Scandinavia 2) 1969, 102–128.
–, Myten om krigen og fredsslutningen mellem aserne og vanerne, (Nordiska Studier i filologi og lingvistik. Festskrift G. Holm) Lund 1976, 310–315.
–, Studien zur Vorgeschichte des Weihnachtsfestes, (ARW 19) 1916–19, 50–150.
–, Zur Deutung der Juppitergigantensäulen, (ARW 23) 1925, 175–184.
Ninck, Martin, Die Bedeutung des Wassers im Kult und Leben der Alten, Leipzig 1921 (Philologus. Supplement 14/2).
–, Wodan und der germanische Schicksalsglaube, Jena 1935.
Nissen, Carl, Der »Norden« auf dem Theater, (Märchen, Mythos, Dichtung. Festschrift für F. v. d. Leyen) München 1963, 423–446.
Nollau, Hermann (Hg.), Germanische Wiedererstehung, Heidelberg 1926.
Norberg, Rune, Uppsala tempel, (KLNM 19) Malmö 1975, 334–336.

Nordal, Sigurður, The Author of Vǫluspá, (Saga-Book 20) 1978/79, 114–130.
–, Billings mær, (Bidrag till nordisk filologi till. E. Olson) Lund 1936.
–, Three Essays on Vǫluspá, (Saga-Book 18) 1971, 79–135.
–, Vǫluspá, Darmstadt 1980 (= Texte zur Forschung. 33).
Norden, Eduard, Die germanische Urgeschichte in Tacitus Germania, Leipzig/Berlin ³1923.
Nordenstreng, Rolf, Guden Vali, (Festskrift till. H. Pipping) Helsingfors 1924, 392–394.
–, Namnet Yggdrasill, (Festskrift till. A. Kock) Lund 1929, 194–199.
Nordland, Odd, Offer, (KLNM 12) Malmö 1967, 514–524.
–, Stalli, (KLNM 17) 1972, 38–41.
Noreen, Adolf, Mytiska beståndsdelar i Ynglingatal, (Uppsalastudier til. S. Bugge) Uppsala 1892, 194–225.
–, Urkon Audhumla och några hennes språkliga släktningar, (NoB 6) 1918, 169–172.
–, Yngve, Inge, Inglinge m. m., (NoB 8) 1920, 1–8.
Noreen, Evald, Ett hedniskt kultcentrum i värmland, (NoB 8) 1920, 17–31.
–, Ordet bärsärk, (ANF 58) 1932, 242–254.
North, Richard, Heathen religion in Haustlǫng, (Sagas and the Norwegian Experience. 10th International Saga Conference) Trondheim 1997, 511–521.
–, The Pagan Inheritance of »Sonatorrek«, (Poetry in the Scandinavian Middle Ages, Spoleto, 4.–10. Sept. 1988) Spoleto 1990, 147–167 (= Atti del 12° Congresso Internazionale di Studi sull' Alto Medioevo).
Northcott, Kenneth, An interpretation of the second Merseburg Charm, (MLR 54) 1959, 45–50.
Nutt, Alfred, The fairy mythology of English literature: its origin and nature, (Folk-Lore 8) 1897, 29–53.
Nylén, Erik, Bildstenar, Visby 1978.
Nylén, Erik/Jan Peder Lamm, Stones, Ships and Symbols, Stockholm 1988.
Oestigaard, Terje, Sacrifices of Raw, Cooked and Burnt Humans, (Norwegian archaeological review 33) 2000, 41–58.
Oexle, Judith, Merowingerzeitliche Pferdebestattungen – Opfer oder Beigabe?, (FmSt 18) 1984, 122–172.
Ohlmarks, Åke, Arktischer Schamanismus und altnordischer seiðr, (ARW 36) 1939, 171–180.
–, Gravskeppet, Stockholm 1946.
–, Gudatro i nordisk forntid, Stockholm 1970.
–, Heimdalls Horn und Odins Auge, Lund 1937.
–, Isländska hov och gudahus, (Bidrag till Nordisk Filologi, till. E. Olsen) Lund 1936, 339–355.
–, Totenerweckungen in Eddaliedern, (ANF 52) 1936, 264–297.
Ohrt, Ferdinand, Eddica og magica, (APhSc 52) 1934–35, 161–176.
–, Gondols ondu, (APhSc 10) 1935, 199–207.
–, Hammerens lyde – Jærnets last, (Festskrift til F. Jónsson) København 1928, 294–298.
–, Odin paa Træet, (APhSc 4) 1930, 273–286.
–, Sunnr at Urðarbrunni, (APhSc 12) 1937/38, 91–101.

Ólafsson, Ólafur M., Vǫluspá Konungsbókar, (Landsbókasafn Íslands. Árbók 22) 1965, 86–124.
Olrik, Axel, Gefion, (DS) 1910, 1–31.
–, Irminsul og gudestøtter, (MoM) 1910, 1–10.
–, Loke i nyere folkeoverlevering, (DS) 1908, 193–207, 1909, 69–84.
–, Myterne om Loke, (Festskrift til H. F. Feilberg) København 1911, 548–593.
–, Nordisches Geistesleben, Heidelberg 1908.
–, Odins Ridt, (DS) 1925, 1–18.
–, En Oldtidshelligdom, (DS) 1911, 1–14.
–, Ragnarǫk, Berlin 1923.
–, The sign of the dead, (Finnisch-ugrische Forschungen) 1912, 40–44.
–, Skjaldenmjøden, (Edda 24) 1926, 236–241.
–, Tordenguden og hans dreng, (DS) 1905, 129–146.
–, Yggdrasill, (DS) 1917, 49–62.
Olrik, Axel/Hans Ellekilde, Nordens Gudeverden, 2 Bde., København 1926–51.
Olrik, Jörgen/Axel Olrik, Asgård, (DS) 1914, 1–8.
Olsen, Björn M., Um nokkra staði i Svipdagsmálum, (ANF 33) 1917, 1–21.
Olsen, Emil, Neue Beiträge zur altnordischen Religionsgeschichte, (ARW 31) 1934, 213–271.
Olsen, Magnus, Aettegård og Helligdom, Kristiania 1926.
–, Farms and Fanes of ancient Norway, Oslo 1928.
–, Fra Eddaforskningen. »Grímnismál« og den höiere tekstkritik, (ANF 49) 1933, 263–278.
–, Fra gammelnorsk mythe og kultus, (MoM 1) 1909, 17–36.
–, Det gamle norske Ønavn Njarðarlög, Kristiania 1905 (= Skrifter utg. av det Norske videnskap Akademi i Kristiania, Histor.-Filos. Kl. 1905. 5).
–, Hærnavi. En gammel svensk og norsk gudine, Kristiania 1908 (= Forhandl. utg. av det Norske videnskap Selsk. i Kristiania. 1908. 6).
–, Hedenske Kultminder i norske stedsnavne 1, Kristiania 1915 (= Skrifter utg. av det Norske videnskap Selsk. i Kristiania, Histor. Filos. Kl. 1914. 4).
–, Hjadningekampen og Hallfreds Arvedrapa over Olav Tryggvason, (Heidersskrift til M. Hægstad) Oslo 1925, 23–33.
–, Möjebrostenen, (ANF 33) 1917, 276–283.
–, Norges innskrifter med de yngre runer, Oslo 1941.
–, Om Balder-digtning og Balder-kultus, (ANF 40) 1924, 148–175.
–, Le prêtre-magicien et le dieu-magicien dans la Norvège ancienne, (Revue de l'histoire des religiones 111) 1935, 177–221, (112) 1935, 5–49.
–, Stedsnavne og Gudeminner i Land, Oslo 1929 (= Skrifter utg. av det Norske videnskap Akademi i Oslo, Histor.-Filos. Kl. 1929. 3).
–, þundarbenda, (MoM) 1934, 92–97.
–, Valhall med de mange dører, (APhSc 6) 1931/32, 151–170.
–, Varðlokur, (MoM) 1916, 1–21.
–, Yddal (Ydlar) i Strandvik, (MoM) 1931, 131–133.
Olsen, Olaf, Hørg, Hov og Kirke, København 1966.
–, The »sanctuary« in Jelling, (Mediaeval Scandinavia 7) 1974, 226–234.

–, Vorchristliche Heiligtümer in Nordeuropa, (H. Jankuhn, Vorgeschichtliche Heiligtümer und Opferplätze in Mittel- und Nordeuropa) Göttingen 1970, 259–278.
Olsen, Olaf/Harry Ståhl, Vi, (KLNM 19) Malmö 1975, 684–689.
Oppel, Horst, Studien zur Auffassung des Nordischen in der Goethezeit, Halle/S. 1944 (= DVjS. Buchreihe. 28).
Orchard, Andy, Dictionary of Norse Myth and Legend, London 1997.
Orluf, Fr., Gefionmythen hos Brage den Gamle, (DS) 1923, 22–30.
Padberg, Lutz E. von, Christen und Heiden. Zur Sicht des Heidentums in ausgewählter angelsächsischer und fränkischer Überlieferung des 7. und 8. Jahrhunderts, (Iconologia sacra. Festschrift Karl Hauck, hg. von Hagen Keller und Nikolaus Staubach) Berlin/New York 1994, 291–312 (= Arbeiten zur Frühmittelalterforschung. 23).
–, Die Christianisierung Europas im Mittelalter, Stuttgart 1998.
–, Mission und Christianisierung. Formen und Folgen bei Angelsachsen und Franken im 7. und 8. Jahrhundert, Stuttgart 1995.
–, Odin oder Christus? Loyalitäts- und Orientierungskonflikte in der frühmittelalterlichen Christianisierungsepoche, (Archiv für Kulturgeschichte 77) 1995, 249–278.
Palm, Thede, Der Kult der Naharvalen, (ARW 36) 1939, 398–405.
–, Trädkult. Studier i germansk religionshistoria, Lund 1948.
–, Uppsalalunden och Uppsalatemplet, (Vetenskaps-societeten i Lunds Årsbok) 1941, 79–109.
Palmér, Johan, Baldersbrå, (ANF 34) 1918, 138–147.
Pálsson, Einar, The Sacred Triangle of Pagan Iceland, Reykjavík 1993.
Pálsson, Hermann, Áss hin almáttki, (Skírnir 130) 1956, 187–192.
Panzer, Friedrich, Hilde – Gudrun, Halle/S. 1901.
Pappenheim, Max, Zum ganga undir jarðarmen, (ZfdPh 24) 1892, 157–161.
Paul, Fritz, »Aller sage grund ist nun mythus«. Religionswissenschaft und Mythologie im Werk der Brüder Grimm (Die Brüder Grimm. Dokumente ihres Lebens und Wirkens, hg. von Dieter Hennig und Bernhard Lauer), Kassel 1985, 77–90.
Pauli, Ludwig, Quellen zur keltischen Religionsgeschichte, (Germanische Religionsgeschichte. Quellen und Quellenprobleme, hg. von Heinrich Beck, Detlev Ellmers und Kurt Schier) Berlin/New York 1992, 118–144 (= Ergänzungsbände zum RGA 5).
Pentikäinen, Juha, Child Abandonment as an indicator of Christianization in the Nordic Countries, (Old Norse and Finnish Religions and Cultic Place-Names, hg. von Tore Ahlbäck) Åbo/Stockholm 1990, 72–91.
Pering, Birger, Heimdall, Lund 1941.
Persson, Axel W., Åkerbruksriter och hällristningar, (Fornvännen 25) 1930, 1–24.
Pesch, Alexandra, Brunaǫld, haugsǫld, kirkjuǫld, Frankfurt a. M. 1996.
Peters, R. A., OE. Aelf, -Aelf, Aelfen, -Aelfen, (Philological Quarterly 42) 1963, 250–257.
Peuckert, Will Erich, Germanische Eschatologien, (ARW 32) 1935, 1–37.
Pfannenschmid, Heino, Das Weihwasser im heidnischen und christlichen Cultus, Hannover 1869.

Pfister, Friedrich, Die Religion und der Glaube der germanischen Völker und ihrer religiösen Führer, (ARW 33) 1936, 1–14.

Philippson, Ernst Alfred, Die agrarische Religion der Germanen nach den Ergebnissen der Nordischen Ortsnamenforschung, (PMLA 51) 1936, 313–327.

–, Die Genealogie der Götter in germanischer Religion, Mythologie und Theologie, Urbana (Ill.) 1953.

–, Der germanische Mütter- und Matronenkult am Niederrhein, (GR 19) 1944, 81–142.

–, Germanisches Heidentum bei den Angelsachsen, Leipzig 1929.

–, Neuere Forschung auf dem Gebiet der germanischen Mythologie, (GR 11) 1935, 4–19.

–, Neues über den Mütter- und Matronenkult am Niederrhein, (MLN 65) 1950, 462–465.

–, Phänomenologie, vergleichende Mythologie und germanische Religionsgeschichte, (PMLA 77) 1962, 187–193.

–, Phol, Pholesleah und Poling, (Archiv 150) 1926, 228–231.

–, Die Volkskunde als Hilfswissenschaft der germanischen Religionsgeschichte, (GR 13) 1938, 237–251.

Phillpotts, Berta S., The Elder Edda and Ancient Scandinavian Drama, Cambridge 1920.

–, Surt, (ANF 21) 1905, 14–30.

–, Temple-administration and chieftainship in pre-christian Norway and Iceland, (Saga-Book 8) 1913/14, 264–284.

Picard, Eve, Germanisches Sakralkönigtum?, Heidelberg 1991.

Piepers, Wilhelm, Neue Matronensteine aus Morken-Harff, Landkreis Bergheim (Erft), (Germania 37) 1959, 298.

Piggot, Stuart, Ancient Europe from the beginnings of agriculture to Classical Antiquity, Edinburgh 1965.

Pipping, Rolf, Odin i Galgen, Helsingfors 1928 (= Studier i nordisk Filologi. 18 2).

–, Om Gullveig-stroferna i Vǫluspá, (Festskrift til F. Jónsson) København 1928, 225–228.

Pittioni, Richard, Urzeit von etwa 80 000 bis 15 v. Ch. Geb., Wien 1980 (= Geschichte Österreichs. 1).

Polomé, Edgar, À propos de la déesse Nerthus, (Latomus 13) 1954, 167–200.

–, L'étymologie du terme germanique *ansuz »dieu souverain«, (Études Germaniques 8) 1953, 36–44.

–, The Indo-European component in Germanic Religion, (Myth and Law among the Indo-Europeans) London 1970, 55–82.

–, Notes sur le vocabulaire religieux du germanique I. Runique alu, (Nouvelle Clio 6) 1954, 40–55.

–, Old Norse Religious Terminology in Indo-European Perspective, (The Nordic Languages and Modern Linguistics 2) Stockholm 1975, 654–665.

–, Quellenkritische Bemerkungen zu antiken Nachrichten über die germanische Religion, (Germanische Religionsgeschichte. Quellen und Quellenprobleme, hg. von Heinrich Beck, Detlev Ellmers und Kurt Schier) Berlin/New York 1992, 399–412 (= Ergänzungsbände zum RGA 5).

–, Quelques notes à propos de l'énigmatique dieu scandinave Loðurr, (Revue Belge de Philologie et d'Histoire 33) 1955, 493–494.
–, Some aspects of the cult of the mother goddess in Western Europe, (Vistas and Vectors. Festschrift H. Rehder) Austin 1980, 493–494.
–, Some Comments on Vǫluspá, Stanzas 17–18, (Old Norse Literature and Mythology) Austin 1969, 265–290.
Poole, Russell G., Darraðarljóð, (MeScand) 1993, 121.
–, Viking Poems on War and Peace: A Study in Scaldic Narrative, Toronto/Buffalo/London 1991.
Porter, Mary Gray, A Dictionary of the Personal Names in the Eddic Poems (Elder Edda and Eddica minora), Diss. Chapel Hill 1960.
Præstgaard Andersen, Lise, On Valkyries, shield maidens and other armed women, (Mythological Women. Studies in Memory of Lotte Motz 1922–1997) Wien 2002, 291–318 (= SMS 7).
–, Skjoldmøer – en kvindemyte, København 1982.
Price, Neil S., Different Vikings? Towards a cognitive archaeology of religion and war in late Iron Age Scandinavia, (Cult and belief in the Viking Age: a period of change, hg. von Anne-Sophie Gräslund) Uppsala 1998, 53–66 (= EC Socrates Papers. 1).
–, The Viking way: religion and war in late Iron Age Scandinavia, Uppsala 2002.
Prosdocimi, Aldo Luigi/Piergiuseppe Scardigli, Negau, (Italia linguistica nuova et antica 1, Miscellanea in onore di O. Parlangi) Galantina 1976, 178–229.
Puhvel, Martin, The Deicidal Otherworld Weapon in Celtic and Germanic Mythic Tradition, (Folklore 83) 1972, 210–219.
Quinn, Judy, Dialogue with a vǫlva:
Hyndluljóð, *Baldrs draumar* and *Vǫluspá*, (The poetic Edda: essays on Old Norse mythology, hg. von Carolyne Larrington und Paul Acker) New York 2002, 245–274.
–, The *Gýgr*, the *Völva*, the *Ásynja* and her Lover: Meetings with remarkable women in the Eddic poems, (Treasures of the Elder Tongue, hg. von Katrina Burge) Melbourne 1995, 137–148.
Ralph, Bo, The Composition of the Grímnismál, (ANF 87) 1972, 97–118.
Ranke, Kurt, Ahnenglaube und Ahnenkult, (Hoops 1) 1911–13, 112–114.
Raudvere, Catharina, Kunskap och insikt i norrön tradition. Mytologi, ritualer och trolldomsanklagelser, Lund 2003 (= Vägar till midgård. 3).
Redlich, Clara, Zur Trinkhornsitte der Germanen der älteren Kaiserzeit, (Prähistorische Zeitschrift 52) 1977, 61–120.
Reichardt, Konstantin, »Hymiskviða«. Interpretation, Wortschatz, Alter, (PBB 57) 1937, 130–156.
–, Odin am Galgen, (Festschrift H. F. Weigand) New Haven 1957, 15–28.
–, Die Thórsdrápa des Eilífr Guðrunarson: Textinterpretation, (PMLA 63) 1948, 329–391.
Reichborn-Kjennerud, Ingjald, Eddatidens medisin, (ANF 40) 1924, 104–148.
–, Den gamle dvergetro, (Festschrift E. A. Kock) Lund 1934, 278–288.
–, Mimameiðs aldin, (Studier i Nordisk Filologi 17.2) 1926, 1–3.
–, Den norske Dvergetradition, (Norsk Folkekultur 20) 1934, 85–141.

–, Vår gamle Trolldomsmedisin, Oslo 1927–40 (= Skrifter utgitt av det Norske videnskaps Akademi i Oslo, Histor.-Filos. Kl. 1927. 6, 1933. 2, 1940. 1).
Reichert, Hermann, Altgermanische Personennamen als Quellen der Religionsgeschichte, (Germanische Religionsgeschichte. Quellen und Quellenprobleme, hg. von Heinrich Beck, Detlev Ellmers und Kurt Schier) Berlin/New York 1992, 552–574 (= Ergänzungsbände zum RGA 5).
–, Lexikon der altgermanischen Namen, Wien 1987–90 (= Thesaurus Palaeogermanicus. 1, 1–2).
–, Zum Sigrdrífa-Brünhild-Problem, (Antiquitates Indogermanicae. Gedenkschrift für H. Güntert) Innsbruck 1974, 251–265.
Reinbold, Ernst Th., Die Nacht im Mythos, Kultus, Volksglauben und in der transpersonalen Erfahrung, Köln 1970.
Reitzenstein, Richard, Die nordischen, persischen und christlichen Vorstellungen zum Weltuntergang, (Vorträge der Bibliothek Marburg 26) 1923–34, 149–169.
–, Weltuntergangsvorstellungen, (Kyrkohistorisk Årsskrift 24) 1924, 129–212.
Renauld-Krantz, Pierre, Odin, (Les Vikings et leur civilisation) Paris 1976, 191–208.
–, Structures de la mythologie nordique, Paris 1972.
Reuschel, Helga, Untersuchungen über Stoff und Stil der Fornaldarsaga, Bühl 1933.
Rieger, Gerd Enno, þrk. 20 við scolom aca tvau, (skandinavistik 5) 1975, 7–10.
Rieger, Max, Über den altnordischen Fylgjenglauben, (ZfdA 42) 1898, 277–290.
Riese, Alexander, Zur Geschichte des Götterkults im rheinischen Germanien, (Westdeutsche Zeitung 17) 1898, 1–40.
Riviere, Jean Claude, Georges Dumézil à la découverte des Indo-Européens, Paris 1979.
Rohling, Elke (Hg.), Herman Hendrich: Leben und Werk – Life and Work, Billerbeck 2001.
Rooth, Anna Birgitta, Loke, (KLNM 10) Malmö 1965, 680–684.
–, Loki in Skandinavian Mythology, Lund 1961.
Rosén, Helge, Freykult och djurkult, (Fornvännen 8) 1913, 213–244.
–, Om dödsrike och dödsbruk i fornnordisk religion, Lund 1918.
–, Phallosguden i Norden, (Antikvarisk Tidsskrift för Sverige 20.2) 1920, 1–24.
Rosenberg, G., Et Gudebillede fra Broncealderen, (DS) 1929, 1–9.
Rosenfeld, Hellmut, Alemannischer Ziu-Kult und SS. Ulrich- und Afra-Verehrung in Augsburg, (Archiv für Kulturgeschichte 37) 1955, 306–355.
–, Die germanischen Runen im kleinen Schulerloch und auf der Nordendorfer Bügelfibel A, (ZfdA 113) 1984, 159–173.
–, Germanischer Zwillingsgottkult und indogermanischer Himmelsgottglaube, (Märchen. Festschrift für F. v. d. Leyen) München 1963, 269–286.
–, Name und Kult der Istvionen (Istwäonen), zugleich Beitrag zu Wodankult und Germanenfrage, (ZfdA 90) 1960/61, 161–181.

–, Nordische Schilddichtung und mittelalterliche Wappendichtung, (ZfdPh 61) 1936, 232–269.
–, Die vandalischen Alkes »Elchreiter«, der ostgermanische Hirschkult und die Dioskuren, (GRM 28) 1940, 245–258.
Rostvik, Allen, Har och Harg, Uppsala 1967.
Rudolph, Otto E., Die Göttergestalt der Frigg in ihrem historischen Entwicklungsgang, Leipzig 1875.
Rückert, Hans, Die Christianisierung der Germanen, Tübingen 1932.
Rupp, Theophil, Fiölsvinnsmål, (Germania 10) 1965, 433–446.
Ryan, John S., Germanic Mythologie Applied – The Extension of the Literary Folk Memory, (Folklore 77) 1966, 45–59.
–, Othin in England. Evidence from the Poetry for a Cult of Woden in Anglo-Saxon England, (Folklore 74) 1963, 460–480.
Rydberg, Viktor, Undersökningar i Germanisk Mythologie, 2 Bde., Stockholm 1886–89.
Sahlgren, Jöran, Lunden Barre i Skírnismál, (NoB 50) 1962, 193–203, 233.
–, Sagan om Frö och Gärd, (NoB 16) 1928, 1–19.
–, Skírnismál, (J. Sahlgren, Eddica et Scaldica 2) Lund 1928, 209–243.
Salberger, Evert, Heill þú farir! Ett textproblem i Vafþrúðnismál 4, (Scripta Islandica 25) 1974, 23–30.
–, Rístu nú, Skírnir! Ett textställe i Skírnismál 1, (ANF 72) 1957, 173–192.
–, Ett stafrimsproblem i Vafþrúðnismál 34, (MoM) 1955, 113–120.
Saltveit, Laurits, Litt mer om *laukaR* og *alu*, (MoM) 1992, 150–156.
Salus, Peter H., More »Eastern Echoes« in the Edda? An Addendum, (MLN 79) 1964, 426–428.
Salus, Peter H./Paul B. Taylor, Eikinskjaldi, Fjalarr, and Eggþér. Notes on Dwarves and Giants in the Vǫluspá, (Neophilologus 53) 1969, 76–81.
Sandklef, Albert, De Germanska Dödsstraffen, Tacitus och Mossliken, (Fornvännen 39) 1944, 27–44.
Sandnes, Jørn, Norsk stedsnavn og hedensk kultus. En vurdering av Magnus Olsens teorier i lys av nyere forskningsdebat, (Sakrale Navne, hg. von Gillian Fellows-Jensen und Bente Holmberg) Uppsala 1992, 9–22 (= Norna-Rapporter 48).
Sanmark, Alexandra, Power and Conversion – A Comparative Study of Christianization in Scandinavia, Uppsala 2004 (= Occasional Papers in Archaeology 34).
Sarrazin, Gregor, Der Balder-Kultus in Lethra, (Anglia 19) 1897, 392–397.
–, Die Hirsch-Halle, (Anglia 19) 1897, 368–392.
Sauer, Hans/U. Ebel/E. Meineke, Fluchdichtung, (RGA 9), [2]1995, 240–251.
Sauvé, James L., The Divine Victim: Aspects of Human Sacrifice in Viking Scandinavia and Vedic India, (Myth and Law among the Indo-Europeans) London 1970, 173–191.
Sayers, William, Irish Perspectives on Heimdallr, (alvíssmál 2) 1993, 3–30.
Scardigli, Piergiuseppe, Die drei Seelen der Langobarden. Eine Skizze, (Germanische Religionsgeschichte. Quellen und Quellenprobleme, hg. von Heinrich Beck, Detlev Ellmers und Kurt Schier) Berlin/New York 1992, 413–433 (= Ergänzungsbände zum RGA 5).
Schade, Oskar, Über Jünglingsweihen, (Weimarisches Jahrbuch 4/2) 1857, 241–416.

Schaffner, Stefan, Die Götternamen des Zweiten Merseburger Zauberspruchs, (Die Sprache 41) 1999, 153–205.
Schahl, A., Freyr – Fro – Phôl, (ARW 35) 1938, 174–178.
Scheltema, F. Adama von, Um eine deutsche Runeninschrift, (Mannus 24) 1932, 211–215.
Scher, S. P., Rígsþula as poetry, (MLN 78) 1963, 397–407.
Scherer, Wilhelm, Mars Thingsus, (Sitzungsbericht der königl. preuß. Akademie der Wissenschaften zu Berlin 1) 1884, 571–582.
Schier, Kurt, Alvísmál, (KLL 1) München 1967, 506–507.
–, Balder, (RGA 2) ²1976, 2–7.
–, Balder-Lieder, (KLL 1) München 1967, 1278–79.
–, Balder, Loki, Heimdall. Untersuchungen zur germanischen Religion. Teil 1: Balder und die sterbenden Gottheiten des Orients, Habil. München 1969.
–, Baldrs draumar, (KLL 1) München 1967, 1282–83.
–, Edda, (KLL 2) München 1967, 1814–28.
–, Edda, Ältere, (RGA 6) ²1986, 355–394.
–, Die Erdschöpfung aus dem Urmeer und die Kosmogonie der Vǫluspá, (Märchen. Festschrift für F. v. d. Leyen) München 1963, 303–334.
–, Freys und Fróðis Bestattungen, (Festschrift für O. Höfler 2) Wien 1968, 389–409.
–, Die Literaturen des Nordens, (Neues Handbuch der Literaturwissenschaft 7) Wiesbaden 1981, 535–574.
–, Skandinavische Felsbilder als Quelle für die germanische Religionsgeschichte?, (Germanische Religionsgeschichte. Quellen und Quellenprobleme, hg. von Heinrich Beck, Detlev Ellmers und Kurt Schier) Berlin/New York 1992, 162–228 (= Ergänzungsbände zum RGA 5).
–, Zur Mythologie der Snorra Edda: Einige Quellenprobleme, (Speculum Norrœnum. Studies G. Turville-Petre) Odense 1981, 405–420.
Schirokauer, Arno, Der 2. Merseburger Zauberspruch, (A. Schirokauer, Germanistische Studien) Hamburg 1957, 169–197.
Schjødt, Peter, Horizontale und vertikale Achsen in der vorchristlichen skandinavischen Kosmologie, (Old Norse and Finnish Religions and Cultic Place-Names, hg. von Tore Ahlbäck), Åbo/Stockholm 1990, 35–57.
–, Livsdrik og vidensdrik. Et problemkompleks i nordisk mytologi, (Religionsvidenskabeligt Tidsskrift [Aarhus] 2) 1983, 85–102.
–, Om Loke endnu engang, (ANF 96) 1981, 49–86.
–, Þórr, (MeScand) 1993, 672–673.
–, Völuspá – cyclisk tidsopfattelse i gammelnordisk religion, (Danske Studier) 1981, 91–95.
Schlerath, Bernfried, Zu den Merseburger Zaubersprüchen, (Zweite Fachtagung für indogerman. und allgem. Sprachwissenschaft) Innsbruck 1962, 139–143.
Schlund, Erhard, Neugermanisches Heidentum im heutigen Deutschland, München ²1924, Reprint 1977.
Schmidt, Kurt Dietrich, Die Bekehrung der Germanen zum Christentum, Bd. 1, Göttingen 1939.
Schmidt-Wiegand, Ruth, Spuren paganer Religiosität in frühmittelalterlichen Rechtsquellen, (Germanische Religionsgeschichte. Quellen und

Quellenprobleme, hg. von Heinrich Beck, Detlev Ellmers und Kurt Schier) Berlin/New York 1992, 575–587 (= Ergänzungsbände zum RGA 5).
Schneider, Hermann, Beiträge zur Geschichte der nordischen Götterdichtung, (PBB 69) 1947, 301–350.
–, Die Geschichte vom Riesen Hrungnir, (Edda. Skalden. Saga, Festschrift für F. Genzmer) Heidelberg 1952, 200–210.
–, Die Götter der Germanen, Tübingen 1938.
–, Muspilli, (H. Schneider, Kleine Schriften) Berlin 1962, 165–194.
–, Der Mythus von Thor, (Archiv 143) 1922, 165–176, (144) 1922, 1–30.
–, Über die ältesten Götterlieder der Nordgermanen, (PBB 67) 1947, 301–350.
Schneider, Ingo, Schadenzauber, (RGA 26) [2]2004, 564–567.
Schneider, Karl, Runische Inschriftzeugnisse zum Stieropfer-Kult der Angelsachsen, (Festschrift für E. Mertner) München 1969, 9–54.
Schnippel, Emil, Der Grottasong und die Handmühle, (ZfdA 61) 1924, 41–48.
Schnurbein, Stefanie von, Religion als Kulturkritik. Neugermanisches Heidentum im 20. Jahrhundert, Heidelberg 1992 (= Skandinavistische Arbeiten 13).
Schönfeld, Markus, Wörterbuch der altgermanischen Personen- und Völkernamen, Heidelberg [2]1965.
Schomerus, Rudolf, Die Religion der Nordgermanen im Spiegel christlicher Darstellung, Diss. Göttingen 1936.
Schoning, O., Dødsriger i nordisk hedentro, København 1903.
Schopper, Karl, Die Irminsul. Forschungen über ihren Standort, Paderborn 1947.
Schreiner, Katharina, Die Sage von Hengest und Horsa, Berlin 1921.
Schreuer, Hans, Altgermanisches Sakralrecht 1, (Zeitschrift der Savigny-Stiftung für Rechtsgeschichte, Germanist. Abt. 34) 1913, 313–404.
–, Das Recht der Toten, (Zeitschrift für vergleichende Rechtswissenschaft (33) 1916, 333–423, (34) 1917, 1–208.
Schröder, Edward, Balder in Deutschland, (NoB 10) 1922, 13–19.
–, Dea Harimella, (ZfdA 61) 1924, 59–60.
–, Irminsûl, (ZfdA 72) 1935, 292.
–, Walburg und Sibylle, (ARW 19) 1916–19, 196–200.
Schröder, Franz Rolf, Altgermanische Kulturprobleme, Berlin/Leipzig 1929.
–, Ase und Gott, (PBB 51) 1927, 29–30.
–, Balder-Probleme, (PBB West 84) 1962, 319–357.
–, Balder und der zweite Merseburger Spruch, (GRM 34) 1953, 161–183.
–, Die eddischen »Balders Träume«, (GRM. N. F. 14) 1964, 329–337.
–, Erce und Fjǫrgyn, (Festschrift für K. Helm) Tübingen 1951, 15–36.
–, Die Germanen, Tübingen 1929.
–, Germanentum und Hellenismus, Heidelberg 1924.
–, Germanische Schöpfungsmythen, (GRM 19) 1931, 1–26, 81–99.
–, Germanische Urmythen, (ARW 35) 1939, 201–236.
–, Die Göttin des Urmeeres und ihr männlicher Partner, (PBB West 82) 1960, 221–264.
–, Grimnismál, (PBB West 80) 1958, 341–378.

–, Heimdall, (PBB West 89) 1967, 1–41.
–, Helgi und Heimdall?, (GRM. N. F. 19) 1969, 454–456.
–, Hœnir, (PBB 43) 1918, 219–252.
–, Das Hymirlied. Zur Frage verblaßter Mythen in den Götterliedern der Edda, (ANF 70) 1955, 1–40.
–, Indra, Thor und Herakles, (ZfdPh 76) 1957, 1–41.
–, Ingunar-Freyr, Tübingen 1941.
–, Mythos und Heldensage, (Zur Germanisch-deutschen Heldensage) Bad Homburg 1961, 285–315 (= Wege der Forschung. 14).
–, Neuere Forschungen zur germanischen Altertumskunde und Religionsgeschichte, (GRM 17) 1929, 177–192, 241–255, 401–420.
–, Njǫrds nackte Füße, (PBB 51) 1927, 31–32.
–, Odins Verbannung, (GRM. N. F. 17) 1967, 1–12.
–, Quellenbuch zur germanischen Religionsgeschichte, Berlin/Leipzig 1933.
–, Der Riese Vǫrnir, (PBB West 84) 1962, 1–4.
–, Skadi und die Götter Skandinaviens, Tübingen 1941.
–, Svipdagsmál, (GRM. N. F. 16) 1966, 119–132.
–, Das Symposion der Lokasenna, (ANF 67) 1972, 1–29.
–, Thor im Vimurfluß, (PBB 51) 1927, 33–34.
–, Thors Hammerholung, (PBB West 87) 1965, 3–42.
–, Thor und der Wetzstein, (PBB 51) 1927, 33–34.
–, Ursprung und Ende der germanischen Heldendichtung, (GRM 27) 1939, 325–367.
Schroeder, Leopold von, Arische Religion, 2 Bde., Leipzig 1914–16.
Schück, Henrik, Ingunar-Freyr, (Fornvännen 35) 1940, 289–296.
–, Odin, Vili och Vé, (Fornvännen 36) 1941, 22–29.
Schütte, Gudmund, The Cult of Nerthus, (Saga-Book 8) 1913/14, 29–43.
–, Dänisches Heidentum, Heidelberg 1923.
–, Eponyme Götter und Heroen, (ZfdA 69) 1932, 129–136.
–, Gotthiod, Die Welt der Germanen, Jena 1939.
–, Gotthiod und Utgard. Altgermanische Sagengeographie in neuer Auffassung, 2 Bde., København/Jena 1935/36.
–, Die Schöpfungssage in Deutschland und im Norden, (IF 17) 1905, 444–457.
Schuhmann, Roland, Wie ›deutsch‹ ist der erste Merseburger Zauberspruch?, (Die Sprache 41) 1999, 206–217.
Schullerus, Adolf, Zur Kritik des altnordischen Valhollglaubens, (PBB 12) 1887, 221–282.
Schulte-Wülwer, Ulrich, Die Nibelungen in der deutschen Kunst des 19. und 20. Jahrhunderts, Gießen 1980.
Schultz, Bruno, Beiträge zu den Jenseitsvorstellungen der Germanen, Diss. Wien 1924.
Schultz, Wolfgang, Die Felsritzung von Hvitlycke und das Edda-Lied von Thrym, (Mannus 21) 1929, 52–71.
–, Grundsätzliches über Religion und Mythos der Arier, (Mannus 16) 1924, 193–225.
–, Thors Bergung, (Mannus 6, Erg.-Heft, Festgabe G. Kossina) Leipzig 1928, 316–323.

–, Zeitrechnung und Weltordnung bei den Germanen, (Mannus 16) 1924, 119–126.
Schulz, Katja, Riesen. Von Wissenshütern und Wildnisbewohnern in Edda und Saga, Heidelberg 2004.
Schulz, Walther, Archäologisches zur Wodan- und Wanenverehrung, (Wiener Prähistorische Zeitschrift 19) 1932, 160–172.
–, Staat und Gesellschaft in germanischer Vorzeit, Leipzig 1926.
Schulze, W., Alaferhviae, (ZfdA 54) 1913, 172–174.
Schulz-Halle, Walther, Kartographische Darstellungen zur altgermanischen Religionsgeschichte, Halle/S. 1926.
Schwab, Ute, The Inscription of the Nordendorf Brooch I: A Double Reading Line III?, (Michigan Germanic Studies 7) 1981, 38–49.
Schwartz, Wilhelm, Der heutige Volksglaube und das alte Heidentum, Berlin 1849.
–, Der Ursprung der Mythologie dargelegt an griechischer und deutscher Sage, Berlin 1860.
Schwarz, Ernst, Die Herkunft der Juthungen, (Jahrbuch für fränk. Landesforschung 14) 1954, 1–8.
Schwarz, Werner, Germanische »Dioskuren«?, (Bonner Jahrbücher 167) 1967, 1–10.
Schwietering, Julius, Wodans Speer, (ZfdA 60) 1923, 290–292.
Scovazzi, Marco, Nerthus e la völva, (Einarsbók: Afmæliskveðja til Einars Ól. Sveinssonar 12. desember 1969) Reykjavík 1970, 309–323.
See, Klaus von, Das Alter der Rígsþula, (APhSc 24) 1957, 1–12.
–, Altnordische Rechtswörter, Tübingen 1964 (= Hermea. N. F. 16).
–, Berserker, (Zeitschrift für deutsche Wortforschung. N. F. 2) 1961, 129–135.
–, Common sense and Hávamál, (skandinavistik 17) 1987, 135–147.
–, Deutsche Germanen-Ideologie. Vom Humanismus bis zur Gegenwart, Frankfurt a. M. 1970.
–, Disticha Catonis und Hávamál, (PBB West 94) 1972, 1–18.
–, Euhemerismus, (LexMa 4) 1987, 86–91.
–, Der Germane als Barbar, (Jahrbuch für internationale Germanistik 13) 1981, 42–72.
–, Die Gestalt der Hávamál, Frankfurt a. M. 1972.
–, Götter und Mythen der Germanen, (AfdA 79) 1968, 1–5.
–, Kontinuitätstheorie und Sakraltheorie in der Germanenforschung, Frankfurt a. M. 1972.
–, Mythos und Theologie im skandinavischen Hochmittelalter, Heidelberg 1988.
–, Probleme der altnordischen Spruchdichtung, (ZfdA 104) 1975, 91–118.
–, [Rezension von:] E. Hoffmann, Die heiligen Könige, (skandinavistik 8) 1978, 72–75.
–, Rígsþula Str. 47 und 48, (PBB West 82) 1960, 318–320.
–, Snorris Konzeption einer nordischen Sonderkultur, (Snorri Sturluson. Kolloquium anläßlich der 750. Wiederkehr seines Todestages, hg. von A. Wolf) 1993.
–, Sonatorrek und Hávamál, (ZfdA 99) 1970, 26–33.
–, Das Walkürenlied, (PBB West 81) 1959, 1–15.

–, Zwei eddische Preislieder: Eríksmál und Hákonarmál, (Festgabe U. Pretzel), Berlin 1963, 107–117.

See, Klaus von/Beatrice La Farge/Eve Picard/Ilona Priebe/Katja Schulz, Kommentar zu den Liedern der Edda. Bd. 2: Götterlieder, (Skírnismál, Hárbarðsljóð, Hymiskviða, Lokasenna, Þrymskviða) Heidelberg 1997.

See, Klaus von/Beatrice La Farge/Eve Picard/Katja Schulz, Kommentar zu den Liedern der Edda. Bd. 3: Götterlieder (Völundarkviða, Alvíssmál, Baldrs draumar, Rígsþula, Hyndluliód, Grottasöngr). Unter Mitarbeit von Debora Dusse, Ilona Priebe und Betty Wahl, Heidelberg 2000.

Seebold, Elmar, Römische Münzbilder und germanische Symbolwelt, (Germanische Religionsgeschichte. Quellen und Quellenprobleme, hg. von Heinrich Beck, Detlev Ellmers und Kurt Schier) Berlin/New York 1992, 270–335 (= Ergänzungsbände zum RGA 5).

Seggewiss, Hermann-Josef, Goði und hǫfðingi. Die literarische Darstellung und Funktion von Gode und Häuptling in den Isländersagas, Frankfurt a. M./Bern/Las Vegas 1978.

Seip, Horst, Entwicklungszüge der germanischen Religionswissenschaft. Von Jacob Grimm bis Georges Dumézil, Berlin 1968.

Shippey, Tom A., Goths and Huns: the rediscovery of the Northern cultures in the nineteenth Century, (The Medieval Legacy) Odense 1982, 51–69.

Siebourg, Max, Der Matronenkult beim Bonner Münster, (Bonner Jahrbücher 138) 1933, 103–123.

–, Matronen-Terrakotta aus Bonn, (Bonner Jahrbücher 105) 1900, 78–102.

–, Zum Matronenkultus, (Westdeutsche Zeitschrift 7) 1888, 99–116.

Siebs, Theodor, Beiträge zur deutschen Mythologie, (ZfdPh 24) 1892, 145–157, 433–461.

–, Der Gott Fos(e)te und sein Land, (PBB 35) 1909, 535–553.

–, Neues zur germanischen Mythologie, (Mitteilungen der schlesischen Gesellschaft für Volkskunde 25) 1924, 1–17.

Sieg, Gerd, Zu den Merseburger Zaubersprüchen, (PBB Ost 82) 1960, 364–370.

Sievers, Eduard, Grammatische Miscellen, (PBB 18) 1894, 582–584

–, Sonargǫltr, (PBB 16) 1892, 540–544.

–, Zur Lokasenna, (PBB 18) 1894, 208.

Simek, Rudolf, Altnordische Kosmographie. Studien und Quellen zu Weltbild und Weltbeschreibung in Norwegen und Island vom 12. bis zum 14. Jahrhundert, Berlin/New York 1990 (= Ergänzungsbände zum RGA 4).

–, Dictionary of Northern Mythology, Cambridge 1993, [2]2006.

–, Elusive Elysia, or: Which Way to Glæsisvellir? On the Geography of the North in Icelandic Legendary Fiction, (Sagnaskemmtun. Studies in Honour of Hermann Pálsson, hg. von R. Simek, Jónas Kristjánsson und Hans Bekker-Nielsen) Wien 1986, 247–275.

–, Der Glaube der Germanen, Kevelaer 2005.

–, Goddesses, Mothers, Dísir: Iconography and interpretation of the Female Deity in Scandinavia in the first Millennium, (Mythological Women. Studies in Memory of Lotte Motz 1922–1997, hg. von R. Simek, Wilhelm Heizmann) Wien 2002, 93–123 (= Studia Mediaevalia Septentrionalia 7).

–, Gods, Kings, Priests or Worshippers? The Status of the Figures on the Migration Age Scandinavian *guldgubber,* (Norna u istochnika sud'by: Sbornik statej v chest' Eleny Aleksandrovny Mel'nikovoj, hg. von T. N. Jackson u. a.) Moskva 2001, 136–149.
–, Götter und Kulte der Germanen, München 2004 (= Beck Wissen 2335).
–, Karl Simrock und die germanische Mythologie, (Karl Simrock 1802–1876. Einblicke in Leben und Werk, hg. von der Karl-Simrock-Forschung) Bonn 2002, 53–60.
–, Der lange Weg von Troja nach Grönland. Zu den Quellen der gelehrten Urgeschichte in Island, (Germanisches Altertum und christliches Mittelalter. Festschrift für Heinz Klingenberg, hg. von Bela Brogyanyi und Thomas Krömmelbein) Hamburg 2001, 315–327.
–, Lust, Sex and Domination. *Skírnismál* and the Foundation of the Norwegian Kingdom, (Sagnaheimur. Studies in Honour of Hermann Pálsson, hg. von R. Simek und Ásdís Egilsdóttir) Wien 2001, 229–246 (= Studia Mediaevalia Septentrionalia 6).
–, Mittelerde. Tolkien und die germanische Mythologie, München 2005 (= Becksche Reihe).
–, Religion und Mythologie der Germanen, Darmstadt 2003.
–, Rich and Powerful: The Image of the Female Deity in Migration Age Scandinavia, (Old Norse Myths, Literature and Society. Proceedings of the 11th International Saga Conference, hg. von Geraldine Barnes und Margaret Clunies-Ross) Sydney 2000, 468–479.
–, Die Schiffsnamen, Schiffsbezeichnungen und Schiffskenningar im Altnordischen, Wien 1982 (= Wiener Arbeiten zur germanistischen Altertumskunde und Philologie. 14).
–, skíðblaðnir. Some Ideas on Ritual Connections between Sun and Ship, (Northern Studies 9) 1977, 31–39.
–, Warum sind Völuspá und Merlínusspá in der Hauksbók überliefert?, (Deutsch-Nordische Begegnungen. 9. Arbeitstagung der Skandinavisten des deutschen Sprachgebiets 1989 in Svendborg) Odense 1991, 104–115.
–, Die Wasserweihe der heidnischen Germanen, Dipl.arbeit, Wien 1979.
–, What a Swell Party This Is … ? Giants and Feasting in Old Norse Literature, (De Consolatione Philologiae. Studies in Honor of Evelyn S. Firchow, hg. von Anna Grotans, Heinrich Beck und Anton Schwob Bd. 1) Göppingen 2000, 385–395 (= GAG 682/1–2).
–, Zaubersprüche, -dichtung, (RGA 34) 2006 (im Druck).
Simek, Rudolf/Angela Simek, Bog People Revisited: Iron Age Bog-Corpses and their Relevance for the History of Germanic Religion, (Hugur. Mélanges […] offerts à Régis Boyer pour son 65e anniversaire) Paris 1997, 51–85.
Simek, Rudolf/John McKinnel/Klaus Düwel, Runes, Magic and Religion: A Sourcebook, Wien 2004 (= Studia Mediaevalia Septentrionalia 10).
Simon, Erica, Réveil national et culture populaire en Scandinavie. La Genèse de la hojskole nordique (1844–1870), Paris 1962.
Simon, John, Snorri Sturluson: His Life and Times, (Parergon 15) 1976, 3–15.
Simpson, Jacqueline, Mímir, Two Myths or One?, (Saga-Book 16) 1962, 41–53.
–, Otherworld adventures in an Icelandic Saga, (Folklore 77) 1966, 1–20.

–, Some Scandinavian Sacrifices, (Folklore 78) 1967, 190–202.
Simrock, Karl, Handbuch der deutschen Mythologie, Bonn [3]1869.
Singer, Samuel, Die Religion der Germanen, (Schweizerisches Archiv für Volkskunde 43) 1946, 327–342.
Sisam, Kenneth, Anglo-Saxon Royal Genealogies, (Proceedings of the British Academy 39) 1953, 287–348.
Slawik, Alexander, Kultische Geheimbünde der Japaner und Germanen, (Wiener Beiträge zur Kulturgeschichte und Linguistik 4) 1926, 675–763.
Sluijter, Paula C. M., Ijslands Volksgeloof, Haarlem 1936.
Söderberg, Barbro, Lokasenna – egenheter och ålder, (ANF 102) 1987, 18–99.
Solberg, Bergljot, Holy white stones. Remains of fertility cult in Norway, (Völker an Nord- und Ostsee und die Franken. Akten des 48. Sachsensymposiums in Mannheim) Bonn 1999, 99–106.
Solheim, Svale, Landvætte, (KLNM 10) Malmö 1965, 300–302.
Solli, Brit, Seid. Myter, sjamanisme og kjønn i vikingenes tid, Oslo 2002.
Sommerfelt, Alf, Har syden og vesten vært uten betydning for nordisk hedenskap?, (MoM) 1962, 90–96.
Spanier, A., P(h)ol ende Uodan. Zum zweiten Merseburger Spruch, (Deutsches Jahrbuch für Volkskunde 3) 1957, 347–365.
Sperber, Hans, Embla, (PBB 34) 1910, 219–222.
–, Der Name Loki und die Wortfamilie von german. *lukan, (Saga och Sed) 1962, 48–63.
–, Två mytologiska namn: »Hǫrn och Mǫrn«, (Svio-Estonica 14) 1958, 231–237.
Ståhl, Harry, Vi, (KLNM 19) Malmö 1975, 685–689.
Starkey, Kathryn, Imagining an Early Odin: Gold Bracteates as Visual Evidence?, (SS 71) 2001, 373–392.
Steblin-Kamenskij, Michail I., Myte og medvit, (Syn og segn 84) 1978, 468–481.
–, Myth. The Icelandic Sagas and Eddas, Ann Arbor 1982.
–, On the Etymology of the Word Skáld, (Afmælisrit Jóns Helgasonar) Reykjavík 1969, 421–430.
–, Valkyries and Heroes, (ANF 97) 1982, 81–93.
Steenstrup, Johannes C. H. R., Nogle Undersøgelser om Guders Navne i de nordiske Stedsnavne, (Historisk Tidskrift 6. R. 6) 1895, 353–388.
Steffensen, Jón, Lækningagyðjan Eir, (Skírnir 134) 1960, 34–46.
Steinhauser, Walter, Kultische Stammesnamen in Ostgermanien, (Die Sprache 2) 1950, 1–22.
–, Die Wodansweihe von Nordendorf bei Augsburg (Runenspange A), (ZfdA 97) 1968, 1–29.
Steinsland, Gro, Antropogonimyten i Vǫluspá, (ANF 98) 1983, 80–107.
–, Antropologiske og eskatologiske ideer i førkristen nordisk religion, (Collegium Medievale 3.1) 1990, 59–72.
–, Ask og Embla i *Vǫluspá* – fri fantasi eller gammel tradisjon? Om et mulig *imago dei*-motiv i *Vǫluspás* skapelsesmyte, (Sagnaheimur. Studies in Honour of Hermann Pálsson, hg. von Ásdís Egilsdottir und Rudolf Simek) Wien 2001, 247–262.

–, The Change of Religion in the Nordic Countries – a confrontation between two living Religions, (Collegium Medievale 3.2) 1990, 123–135.
–, Giants as Recipients of Cult in the Viking Age?, (Gro Steinsland, Words and Objects; towards a Dialogue between Archaeology and History of Religion), Oslo 1986, 212–222.
–, Det hellig bryllup og norrøn kongeideologi. En undersøkelse av hierogamimyten i Skírnismál, Ynglingatal, Háleygjatal og Hyndluljóð, Oslo 1991.
–, Herskemaktens ritualer. Kan mytologien sette oss på spor av riter, gjenstander og kult knyttet til herskerens intronisasjon?, (Plats och praxis. Studier av nordisk förkristen ritual, hg. von Kristina Jennbert, Anders Andrén und Catharina Raudvere) Lund 2002, 87–103 (= Vägar till midgård. 2).
–, Hvordan ble hedendommen utfordret og påvirket av kristendommen?, (Møtet mellom hedendom og kristendom i Norge, hg. von Hans-Emil Lidén) Oslo 1995, 9–27.
–, Die mythologische Grundlage für die nordische Königsideologie, (Germanische Religionsgeschichte. Quellen und Quellenprobleme, hg. von Heinrich Beck, Detlev Ellmers und Kurt Schier) Berlin/New York 1992, 736–751 (= Ergänzungsbände zum RGA 5).
–, De nordiske gullblekk med parmotiv og norrøn fyrsteideologi, (Collegium Medievale 3.1) 1990, 73–94.
–, Pagan Myth in Confrontation with Christianity: *Skírnismál* and *Genesis*, (Old Norse and Finnish Religions and Cultic Place-Names, hg. von Tore Ahlbäck) Åbo/Stockholm 1990, 316–328.
–, Treet i Vǫluspá, (ANF 94) 1979, 120–150.
Steinsland, Gro/Kari Vogt, »Aukin ertu Uolse ok vpp vm tekinn«. En religionshistorisk analyse av Vǫlsaþáttr i Flateyjarbók, (ANF 96) 1981, 87–106.
Steller, Walter, Phol ende Wodan, (Zeitschrift für Volkskunde 40) 1930, 61–71.
Stemhaug, Ola, Våre nye stadnamn, (Syn og Segn 83) 1977, 298–310.
Stjerna, Knut, Mossfynden och Valhallstron, (Från Filologiska Föreningen i Lund. Språkliga uppsater till. A. Kock) 1906, 137–161.
Stjernfelt, Frederik, Baldr og verdensdramaet, København 1990.
Stjernquist, Berta, Germanische Quellenopfer, (H. Jankuhn, Vorgeschichtliche Heiligtümer und Opferplätze in Mittel- und Nordeuropa) Göttingen 1970, 78–99.
–, New light on Spring-Cults in Scandinavian Prehistory, (Archeology 17) 1964, 180–184.
Stokes, Whitley, A few Parallels between the Old-Norse and the Irish Literatures and Traditions, (ANF 2) 1885, 339–341.
Storm, Gustav, Ginnungagap i Mythologien og i Geografien, (ANF 6) 1890, 340–350.
–, Om Thorgerd Hölgebrud, (ANF 2) 1885, 124–135.
Straubergs, Karlis, Zur Jenseitstopographie, (Arv 13) 1957, 56–110.
Strich, Fritz, Die Mythologie in der deutschen Literatur, 2 Bde., Halle/S. 1910, Nachdruck Tübingen 1970.
Ström, Åke V., Änkebegravning, (KLNM 20) Malmö 1976, 544–546.
–, Die Hauptriten des wikingerzeitlichen nordischen Opfers, (Festschrift W. Baetke) Weimar 1966, 330–342.

–, Das indogermanische Erbe in den Urzeit- und Endzeitschilderungen des Eddaliedes Vǫluspá, (10. Kongreß für Religionsgeschichte) Marburg 1961, 83–84.
–, Indogermanisches in der Vǫluspá, (Numen 14) 1967, 167–208.
–, The King-God and his Connection with Sacrifice in Old Norse Religion, (Sacral Kingship) Leiden 1959, 702–715.
–, Personal Piety in Nordic Heathenism, (Old Norse and Finnish Religions and Cultic Place-Names, hg. von Tore Ahlbäck) Åbo/Stockholm 1990, 374–380.
–, Scandinavian Belief in Fate, (Fatalistic Beliefs) Stockholm 1967, 63–88.
Ström, Åke V./Haralds Biezais, Germanische und baltische Religion, Stuttgart 1975 (= Die Religionen der Menschheit. 19).
Ström, Folke, År och fred, (KLNM 20) Malmö 1976, 450–452.
–, Bog Corpses and Germania, Ch. 12, (Gro Steinsland, Words and Objects; towards a Dialogue between Archaeology and History of Religion) Oslo 1986, 223–239.
–, Diser, (KLNM 3) 1958, 101–103.
–, Diser, nornor, valkyrjor. Fruktbarhetskult och sakralt kungadöme i Norden, Stockholm 1954.
–, Döden och de döda, (KLNM 3) Malmö 1958, 432–438.
–, Den döendes makt och Odin i trädet, Göteborg 1947.
–, Einherjar, (KLNM 3) Malmö 1958, 532–533.
–, Fylgja, (KLNM 5) Malmö 1960, 38–39.
–, Gudarnas vrede, (Saga och Sed) 1952, 5–40.
–, Guden Hœnir och odensvalen, (Arv 12) 1956, 41–68.
–, Hieros gamos-motivet i Hallfreðr Óttarsons Hákonardrápa och den nordnorska jarlavärdigheten, (ANF 98) 1983, 67–79.
–, Hœnir, (KLNM 7) Malmö 1962, 301–302.
–, Kung Domalde i Svitjod och »kungalyckan«, (Saga och Sed) 1967, 52–66.
–, Loki. Ein mythologisches Problem, Göteborg 1956.
–, Nid och ergi, (Saga och Sed) 1972, 27–47.
–, Nordisk hedendom, Göteborg [2]1967.
–, On the sacral Origin of the Germanic Death Penalties, Stockholm 1942.
–, Poetry as an instrument of Propaganda. Jarl Hakon and his poets, (Speculum Norrœnum. Studies G. Turville-Petre) Odense 1981, 440–458.
–, Straff. Sakrala element i straff, (KLNM 17) Malmö 1972, 275–280.
–, Tro och blot, (Arv 7) 1951, 23–38.
Strömbäck, Dag, The Concept of Soul in Nordic Tradition, (Arv 31) 1975, 5–22.
–, The Conversion of Iceland, London 1975.
–, Hade de germanska dödsstraffen sakralt ursprung?, (Saga och Sed) 1942, 51–69.
–, Lytir-en fornsvensk gud?, (Festskrift til F. Jónsson) København 1928, 283–293.
–, Philologisch-kritische Methode und altnordische Religionsgeschichte, (APhSc 12) 1937/38, 1–24.
–, Resan til den andra världen kring medeltidsvisionerna och Draumkvædet, (Saga och Sed) 1976, 15–29.
–, Sejd, (KLNM 15) Malmö 1970, 76–79.

–, Sejd. Textstudier i nordisk religionshistoria, Stockholm/København/Lund 1935.
Strömberg, Märta, Kultische Steinsetzungen in Schonen, (Meddelanden från Lunds Universitets Historiska Museum) 1962/63, 148–185.
Stuart, Petrus/Julianus E. Bogaers, Nehalennia. Römische Steindenkmäler aus der Oosterschelde bei Colijnsplaat, Leiden 2001.
Stübe, R., Kvasir und der magische Gebrauch des Speichels, (Festschrift E. Mogk) Halle/S. 1924, 500–509.
Stumpfl, Robert, Kultspiele der Germanen als Ursprung des mittelalterlichen Dramas, Berlin 1936.
Sturtevant, Albert Morey, Comments on Mythical Name-Giving in Old Norse, (GR 29) 1954, 68–71.
–, Etymological Comments on Certain Words and Names in the Elder Edda, (PMLA 66) 1951, 278–291.
–, Etymological Comments Upon Certain Old Norse Proper Names in the Eddas, (PMLA 67) 1952, 1145–1162.
–, The Old Norse Proper Name Svipdagr, (SS 30) 1958, 30–34.
–, Regarding the Name Ása-þórr, (SS 25) 1953, 15–16.
–, Regarding the Old Norse Name Gefjon, (SS 24) 1952, 166–167.
–, Semantic and Etymological Notes on Old Norse Poetic Words, (SS 20) 1948, 129–142.
–, A Study of the Old-Norse Word Regin, (JEGPh 15) 1916, 251–266.
–, Three Old Norse Words: Gamban, Ratatǫskr, and Gymir, (SS 28) 1956, 109–114.
Sundqvist, Olof, Uppsala och Åsgard: Makt, offer och kosmos, (Ordning mot kaos – studier av nordisk förkristen kosmologi, hg. von Anders Andrén, Kristina Jennbert und Catharina Raudvere) Lund 2004, 145–182 (= Vägar till midgård. 4).
Sveinsson, Einar Ólafur, Celtic Elements in Icelandic Tradition, (Béaloideas 15) 1959, 3–24.
–, Íslenzkar Bókmenntir í Fornǫld, Reykjavík 1962.
–, Svipdags Long Journey. Some Observations on Grógaldr and Fjǫlsvinnsmál, (Hereditas. Studies S. O'Duilearga) Dublin 1975, 298–319.
Svennung, Josef, Jordanes' beskrivning av ön Scandia, (Fornvännen 59) 1964, 1–23.
–, Jordanes Scandia-Kapitel, (Fornvännen 60) 1965, 1–41.
Sverdrup, Georg, Rauschtrank und Labetrank in Glaube und Kultus, Oslo 1940.
Sverdrup, Jakob, Bemerkungen zum Hildebrandslied, (Festschrift E. Mogk) Halle/S. 1924, 99–118.
Sydow, Carl W. von, Jättarna i mytologi och folktro, (Folkminnen och Folktankar 6) 1919, 52–96.
–, Jättens Hymers bägare, (DS) 1915, 113–150.
–, Scyld Scéfing, (NoB 12) 1924, 90–91.
–, Tors färd till Utgård, (DS) 1910, 65–105, 145–182.
Syrne, Ronald, Tacitus, 2 Bde., Oxford 1958.
Tally, Joyce Ann, The Dragon's Progress: The significance of the dragon in »Beowulf«, the »Volsunga saga«, »Das Nibelungenlied«, and »Der Ring des Nibelungen«, Diss. Denver 1983.

Tapp, Henry L., Hinn almáttki áss – Thor or Odin?, (JEGPh 55) 1956, 85–99.
Tarantul, Evgen, Elfen, Zwerge und Riesen. Untersuchungen zur Vorstellungswelt germanischer Völker im Mittelalter, Frankfurt a. M. u. a. 2001.
Taylor, Marvin, Heruler, (RGA 14) 1999, 468–474.
Taylor, Paul Beekman, The Rythm of Vǫluspá, (Neophilologus 55) 1971, 45–57.
–, Searoniðas: Old Norse Magic and Old English Verse, (Studies in Philology 80) 1983, 109–125.
–, Völundarkviða, Þrymskviða and the Function of Myth, (Neophilologus 78) 1994, 263–281.
Þórðarson, Matthías, Álvissmál, (Árbók hins Íslenzka Fornleifafjelags) 1924, 61–78.
–, Um dauða Skalla-Gríms og hversu hann var heygður, (Festskrift til F. Jónsson) København 1928, 95–112.
Thrane, T./Torsten Capelle/Herbert Jankuhn/Wolfgang Krause/Kurt Ranke, Amulett, (RGA 1) ²1973, 268–274.
Thümmel, Albert, Der germanische Tempel, Diss. Halle 1909 (auch in PBB 35, 1909, 1–123).
Thun, Nils, The Malignant Elves. Notes on Anglo-Saxon Magic and Germanic Myth, (Studia Neophilologica 41) 1969, 378–396.
Timmer, B[enno] J[ohann], Wyrd in Anglo-Saxon Prose and Poetry, (Neophilologus 26) 1941, 24–33, 213–228.
Timpe, Dieter, Tacitus' Germania als religionsgeschichtliche Quelle, (Germanische Religionsgeschichte. Quellen und Quellenprobleme, hg. von Heinrich Beck, Detlev Ellmers und Kurt Schier) Berlin/New York 1992, 434–485 (= Ergänzungsbände zum RGA 5).
Toldberg, Helge, Dvaergekongen Laurin, (KLNM 3) Malmö 1958, 378–380.
Tolley, Clive, The Mill in Norse and Finnish Mythology, (Saga-Book 24) 1994–97, 63–82.
–, *Vǫrðr* and *Gandr*: Helping Spirits in Norse Magic, (ANF 110) 1995, 57–75.
Tompkins, Joyce M. S., Kipling and Nordic myth and saga, (English Studies 52) 1971, 147–157.
Tovar, Antonio, Germanische Wortbildungen in römischen Inschriften am Rhein, (Scritti in onore di Giuliano Bonfante 2), Brescia 1976, 1079–1106.
Trætteberg, Hallvard, Øks. Sakralt, ikon. og herald., (KLNM 20) Malmö 1976, 667–674.
Trathnigg, Gilbert, Glaube und Kult der Semmonen, (ARW 34) 1937, 226–249.
Trier, Jost, Irminsul, (Westfälische Forschungen 4) 1941, 99–133.
Turville-Petre, E. O. Gabriel, The Cult of Freyr in the Evening of Paganism, (Proceedings of Leeds Philos. and Literary Society 3) 1935, 317–333.
–, Fertility of Beast and Soil in Old Norse Literature, (Old Norse Literature and Mythology) Austin 1969, 244–264.
–, Myth and Religion of the North, London 1964, Reprint Westport 1975.
–, A Note on the Landdísir, (Early English and Norse Studies, presented to H. Smith) London 1963, 196–201.
–, Professor Georges Dumézil, (Saga-Book 14) 1953–55, 131–134.
–, Thurstable, (G. Turville-Petre, Nine Norse Studies) London 1972, 20–29.

Tveitane, Mattias, Omkring det mytologiske navnet Aegir m. »vannmannen«, (APhSc 31) 1976, 81–95.

Udolph, Jürgen, Ostern, Heidelberg 1999.

Uecker, Heiko, Die altwestnordischen Bestattungssitten in der literarischen Überlieferung, Diss. München 1966.

–, Darraðarljóð, (RGA 5) ²1983, 254–256.

Uhland, Ludwig, Uhlands Schriften zur Geschichte der Dichtung und Sage, Bd. 6, Stuttgart 1868.

Ulvestad, Bjarne, How old are the Mythological Eddic Poems?, (SS 26) 1954, 49–69.

Unruh, Christoph von, Wargus, Friedlosigkeit und magisch-kultische Vorstellungen bei den Germanen, (Zeitschrift der Savigny-Stiftung für Rechtsgeschichte 74, Germanist. Abt.) 1957, 1–40.

Unwerth, Wolf von, Fjolnir, (ANF 33) 1917, 320–335.

–, Óðinn und Rota, (PBB 39) 1914, 213–223.

–, Über Totenkult und Ódinnverehrung bei Nordgermanen und Lappen, Breslau 1911.

–, Zur Deutung der längeren Nordendorfer Runenschrift, (Zeitschrift für Volkskunde 26) 1916, 81–85.

Vennemann, Theo, Die mitteleuropäischen Orts- und Matronennamen mit *f*, *þ*, *h* und die Spätphase der Indogermania, (Früh-, Mittel-, Spätindogermanisch. Akten der 9. Fachtagung der Indogermanischen Gesellschaft) Wiesbaden 1994, 403–426.

Vesper, Ekkehard, Das Menschenbild der älteren Hávamál, (PBB Ost 79) 1957, 13–21.

Vestergaard, Torben A., Marriage Exchange and Social Structure in Old Norse Mythology, (Social Approaches to Viking Studies, hg. von Ross Samson) Glasgow 1991, 35–44.

Vetter, Ferdinand, Zum Muspilli, (Germania 16) 1891, 121–155.

Vikstrand, Per, Ortnamnet *Hov* – sakralt, terrängbetecknande eller bägge delarna, (Sakrale Navne, hg. von Gillian Fellows-Jensen und Bente Holmberg) Uppsala 1992, 123–139 (= Norna-Rapporter 48).

Vilmundarson, Þórhallur, Kultnavn eller ej?, (Sakrale Navne, hg. von Gillian Fellows-Jensen und Bente Holmberg) Uppsala 1992, 35–54 (= Norna-Rapporter 48).

Visted, Kristofer, Frodes Fred – Julefred, (Norsk Folkekultur 8) 1922, 1–10.

Vogt, Walter Heinrich, Bragis Schild. Maler und Skalde, (APhSc 5) 1930, 1–28.

–, Fluch, Eid, Götter – altnordisches Recht, (Zeitschrift der Savigny-Stiftung für Rechtsgeschichte 57, Germanist. Abt.) 1937, 1–57.

–, Der frühgermanische Kultredner, (APhSc 2) 1927, 250–263.

–, Hroptr Rǫgna, (ZfdA 62) 1925, 41–48.

–, Stilgeschichte der eddischen Wissensdichtung. Bd. 1 Der Kultredner (þulr), Breslau 1927.

–, Thors Fischzug, Eine Betrachtung über ein Bild auf Bragis Schild, (Studier till A. Kock) Lund 1929, 200–216.

–, Die þula zwischen Kultrede und eddischer Wissensdichtung, Göttingen 1942.

–, Zum Problem der Merseburger Zaubersprüche, (ZfdA 65) 1928, 97–130.

Volkmann, Hans, Germanische Seherinnen in römischen Diensten, Krefeld 1964 (= Kölner Universitätsreden. 32).
Vollgraff, Carl W., Romeinsche Inscripties uit Utrecht, (Verslagen en Mededelingen der Akademie van Wetenschapen te Amsterdam. Afd. Letterk. 70 B 5) 1930, 127–148.
Volz, R., Balder, (LexMA 1), 1362–64.
Vordemfelde, Hans, Die germanische Religion in den deutschen Volksrechten. 1. Der religiöse Glaube, Giessen 1923.
De Vries, Jan, Altgermanische Religionsgeschichte, 2 Bde., Berlin [3]1970.
–, Altnordische Literaturgeschichte, Berlin [2]1964–67.
–, Der altnordische Rasengang, (APhSc 3) 1928–29, 106–135.
–, Altnordisches etymologisches Wörterbuch, Leiden [2]1977.
–, Die Bedeutung der Volkskunde für mythologische und religionsgeschichtliche Untersuchungen, (GRM 20) 1932, 27–39.
–, Celtic and Germanic Religion, (Saga-Book 16) 1963/64, 109–123.
–, Contributions to the study of Othin especially in his relation to agricultural practises in modern popular lore, Helsingfors 1931 (= FFC. 94).
–, Dinsdag, (TNTL 48) 1929, 145–184.
–, Forschungsgeschichte der Mythologie, Freiburg/München 1961.
–, Die geistige Welt der Germanen, Tübingen [3]1964.
–, Ginnungagap, (AphSc 5) 1930–31, 41–66.
–, Heimdallr, dieu énigmatique, (Études Germaniques 10) 1955, 257–268.
–, Der heutige Stand der germanischen Religionsforschung, (GRM 33) 1951/52, 1–11.
–, Kenningen und Christentum, (ZfdA 87) 1956/57, 125–131.
–, Das Königtum bei den Germanen, (Saeculum 7) 1956, 289–309.
–, Loki ... und kein Ende, (Festschrift F. R. Schröder) Heidelberg 1959, 1–10.
–, Der Mythos von Balders Tod, (ANF 70) 1955, 41–60.
–, Odin am Baume, (Studia Germanica, till. E. A. Kock) Lund 1934, 392–395.
–, Om Eddaens Visdomsdigtning, (ANF 50) 1934, 1–59.
–, Over de dateering der Þrymskviða, (TNTL 47) 1928, 251–322.
–, The Problem of Loki, Helsingfors 1933 (= FFC. 110).
–, De Skaldenkenningen met mytologischen Inhoud, Haarlem 1934.
–, Studien over Germaansche mythologie.
I. Fjǫrgyn en Fjǫrgynn, (TNTL 50) 1931, 1–25.
II. De nederrijnsche Matronenvereering, (TNTL 50) 1930, 85–125.
III. Franeker en Vroonloo, (TNTL 51) 1932, 97–121.
IV. Dea Hludana, (PBB 18) 1894, 134–157.
V. De Wodanvereering bij West- en Noord-Germanen, (TNTL 52) 1933, 165–216.
VI. Over enkele godennamen, (TNTL 53) 1934, 192–210.
VII. De skaldenkenningen met de namen der godinnen Freyja en Frigg, (TNTL 53) 1934, 210–217.
VIII. Ward en Werf, (TNTL 53) 1934, 257–269.
IX. De Oudnoorsche god Heimdallr, (TNTL 54) 1935, 53–76.
X. Bilrǫst en Gjallarbru, (TNTL 54) 1935, 77–81.
–, Sur certain glissements fonctionnels de divinités dans la religion germanique, (Hommages à Georges Dumézil) Brüssel 1960, 83–95.

–, Über Sigvats Álfablót-Strophen, (APhSc 7) 1932, 169–180.
–, Über das Verhältnis von Óðr und Óðinn, (ZfdPh 73) 1954, 337–353.
–, Die Vǫluspá, (GRM 24) 1936, 1–14.
–, Vǫluspá Str. 21 und 22, (ANF 77) 1962, 12–47.
–, Die Welt der Germanen, Leipzig [1934].
–, Wodan und die Wilde Jagd, (Die Nachbarn. Jahrbuch für vergleichende Volkskunde 3) 1962, 31–59.
–, Das Wort goðmálugr in der Hymiskviða, (GRM 35) 1954, 336–337.
Wagner, Norbert, Dioskuren, Jungmannschaften und Doppelkönigtum, (ZfdPh 79) 1960, 1–12, 225–247.
–, (Hercules) Magusanus, (Bonner Jahrbücher 177) 1977, 417–422.
–, Zum Mars der Goten. Eine religions- und sozialgeschichtliche Marginalie, (Volkskultur und Geschichte. Festgabe für J. Dünninger) Berlin 1970, 557–561.
–, Zur Neunzahl von Lejre und Uppsala, (ZfdA 109) 1980, 202–208.
–, Zu zwei Triaden in Tacitus' »Germania«, (ZfdA 108) 1979, 209–218.
Wagner, Richard, Mein Leben, hg. von M. Gregor-Dellin, München 1976.
Wais, Kurt, Ullikummi, Hrungnir, Armilius und Verwandte, (Edda, Skalden, Saga. Festschrift für F. Genzmer) Heidelberg 1952, 211–261.
Walter, Ernst, Quellenkritisches und Wortgeschichtliches zum Opferfest von Hlaðir in Snorris Heimskringla (Hák. góð. c. 17), (Festschrift W. Baetke) Weimar 1966, 359–367.
Ward, Donald J., The Divine Twins: An Indo-European Myth in Germanic Tradition, (Folklore Studies 19) 1968, 8–29.
–, An Indo-European mythological theme in Germanic tradition, (Indo-European and the Indo-Europeans) Philadelphia 1970, 405–420.
–, The separate functions of the Indo-European divine twins, (Myth and Law among the Indo-Europeans) Berkeley 1970, 193–202.
–, The threefold death: An Indo-European trifunctional sacrifice?, (Myth and Law among the Indo-Europeans) Berkeley 1970, 123–142.
Warde Fowler, William, The Oak and the Thundergod, (ARW 16) 1913, 317–320.
Warnatsch, Otto, Phol und der 2. Merseburger Zauberspruch, (ZfdPh 64) 1939, 148–155.
Watkins, Calvert, Language of gods and language of men, (Myth and Law among the Indo-Europeans) Berkeley 1970, 1–17.
Watt, Margarete, Die Goldblechfiguren (»guldgubber«) aus Sorte Muld, (Der historische Horizont der Götterbild-Amulette aus der Übergangsepoche von der Spätantike zum Frühmittelalter, hg. von Karl Hauck) Göttingen 1992, 195-227.
–, Gubber, (RGA 13), ^{2}1999, 131-142.
–, Images of Women on »Guldgubber« from the Merovingian Age, (Mythological Women. Studies in Memory of Lotte Motz 1922–1997, hg. von Rudolf Simek und Wilhelm Heizmann) Wien 2002, 81–91 (= Studia Mediaevalia Septentrionalia 7).
–, Kings or Gods? Iconographic Evidence from Scandinavian Gold Foil Figures, (The Making of Kingdoms. Anglo-Saxon Studies in Archaeology and History 10, hg. von Tania Dickinson und David Griffiths) Oxford 1999, 173–183.

Weber, Gerd Wolfgang, Edda, Jüngere, (RGA 6) ²1986, 394–412.
–, Grímnismál, (KLL 3) München 1967, 1171–72.
–, Harbardsljóð, (KLL 3) München 1967, 1470–71.
–, Háttatal, (KLL 3) München 1967, 1498–99.
–, Hymiskviða, (KLL 3) München 1967, 2291–93.
–, Irreligiosität und Heldenzeitalter. Zum Mythencharakter der altisländischen Literatur, (Mythos und Geschichte. Essays zur Geschichtsmythologie Skandinaviens in Mittelalter und Neuzeit) Triest 2001, 15–42.
–, Die Literatur des Nordens, (Neues Handbuch der Literaturwissenschaft 8) Wiesbaden 1978, 487–518.
–, Lokasenna, (KLL 4) München 1968, 1592–93.
–, Das Odinsbild des Altunasteins, (PBB West 94) 1972, 323–334.
–, Odins Wagen, (FmSt 7) 1973, 88–89.
–, Siðaskipti. Das religionsgeschichtliche Modell Snorri Sturlusons in Edda und Heimskringla, (Sagnaskemmtun. Studies Hermann Pálsson) Wien 1986, 309–329.
–, Snorri Sturlusons Verhältnis zu seinen Quellen und sein Mythos-Begriff, (Snorri Sturluson. Kolloquium anläßlich der 750. Wiederkehr seines Todestages, hg. von Alois Wolf) Tübingen 1993, 193–244.
–, »Wyrd«. Studien zum Schicksalsbegriff der altenglischen und altnordischen Literatur, Bad Homburg 1969.
Weinhold, Karl, Die Riesen des germanischen Mythus, (Sitzungsbericht der königl. preuß. Akademie der Wissenschaften zu Berlin 26) 1858, 225–306.
–, Die Sagen von Loki, (ZfdA 7) 1849, 1–94.
–, Tius Things, (ZfdPh 21) 1889, 1–16.
–, Über den Mythus vom Wanenkrieg, (Sitzungsbericht der königl. preuß. Akademie der Wissenschaften zu Berlin) 1890, 611–625.
Weiser-Aall, Lily, Altgermanische Jünglingsweihen und Männerbünde, Bühl 1927.
–, Jul, (KLNM 8) Malmö 1963, 6–14.
–, Zur Geschichte der altgermanischen Todesstrafe und Friedlosigkeit, (ARW 30) 1933, 209–227.
Weisweiler, Josef, Seele und See. Ein etymologischer Versuch, (IF 57) 1940, 25–55.
–, Die Stellung der Frau bei den Kelten und das Problem des »keltischen Mutterrechts«, (ZfceltPh 21) 1938–40, 205–279.
Weninger, Ludwig, Feralis exercitus, (ARW 9) 1906, 201–247, (10) 1907, 229–256.
Werner, Joachim, Childerichs Pferde, (Germanische Religionsgeschichte. Quellen und Quellenprobleme, hg. von Heinrich Beck, Detlev Ellmers und Kurt Schier) Berlin/New York 1992, 145–161 (= Ergänzungsbände zum RGA 5).
–, Herkuleskeule und Donar-Amulett, (Jahrbuch des Römisch-germanischen Zentralmuseums Mainz 11) 1964, 176–197.
Wesche, Heinrich, Der althochdeutsche Wortschatz im Gebiet des Zaubers und der Weissagung, Halle/S. 1940.
–, Beiträge zu einer Geschichte des deutschen Heidentums, (PBB 61) 1937, 1–116.
Wessén, Elias, Athuganir á stíl Hávamála, (Andvari. N. F. 5) 1965, 193–209.

–, Gestumblinde, (Festskrift till. H. Pipping) Helsingfors 1924, 537–548.
–, Havamal. Några stilfrågor, Stockholm 1959.
–, Ordspråk och lärodikt. Några stilformer i Hávamál, (Septentrionalia et Orientalia. Studia B. Kalgren dedicata) Stockholm 1959, 455–473.
–, Schwedische Ortsnamen und altnordische Mythologie, (APhSc 4) 1929/30, 97–115.
Westergaard, Kai-Erik, Die vergessenen Göttinnen der Fruchtbarkeit, (Frauen und Frauenbilder dokumentiert durch 2000 Jahre) Oslo 1983, 203–226.
Widéen, Harald, Till diskussionen om Uppsala hednatempel, (Fornvännen) 1951, 127–131.
Wieden, Helge bei der, Bragi, (ZfdPh 80) 1961, 83–86.
–, Die Runenbildtafel vom Süntel, (Schaumburg-Lippische Mitteilungen 22) 1973, 49–56.
–, Zum religionsgeschichtlichen Ort der Lokasenna, (ZfdPh 83) 1964, 266–275.
Wiens, Gerhard Lebrecht, Die frühchristlichen Gottesbezeichnungen im Germanisch-Althochdeutschen, Diss. Berlin 1935.
Wilbur, Terence H., The Interpretation of Vǫluspá 22,4: Vitti Hon Ganda, (SS 31) 1959, 129–136.
–, Troll, an etymological note, (SS 30) 1958, 137–139.
Wild, Friedrich, Drachen im Beowulf und andere Drachen, (Sitzungsberichte der österreichischen Akademie der Wissenschaften 238/5) Wien 1962.
–, Odin und Euhemeros, Wien 1941.
Wilhelm, Adolf, Das Gedicht auf Veleda, (Anzeiger der österreichischen Akademie der Wissenschaften 85) 1948, 151.
Wilken, Ernst, Der Fenriswolf, (ZfdPh 28) 1896, 165–198, 297–348.
Wilson, David M. (Hg.), Kulturen im Norden. Die Welt der Germanen, Kelten und Slawen 400–1100 n. Chr., München 1980.
Winterbourne, Anthony, When the Norns Have Spoken, Time and Fate in Germanic Paganism, Madison (N.J.) 2004.
Wipf, Karl A., Die Zauberspüche im Altnordischen, (Numen 22) 1975, 42–69.
Wirth, Werner, Der Schicksalsglaube in den Isländersagas, Stuttgart 1940.
Wislicenus, Hugo, Loki und seine Stellung in der germanischen Mythologie, Zürich 1867.
Wissowa, Georg, Interpretatio Romana. Götter im Barbarenlande, (ARW 19) 1918/19, 1–49.
Wolf, Alois, Sehweisen und Darstellungsfragen in der Gylfaginning. Thors Fischfang, (skandinavistik 7) 1977, 1–27.
–, (Hg.), Snorri Sturluson. Kolloquium anläßlich der 750. Wiederkehr seines Todestages, Tübingen 1993.
–, Zitat und Polemik in den Hákonarmál Eyvinds, (Germanistische Studien, hg. von Johannes Erben und Eugen Thurnher) Innsbruck 1969, 9–32 (= Innsbrucker Beiträge zur Kulturwissenschaft. 15).
Wolff, Ludwig, Die Merseburger Zaubersprüche, (Festschrift für F. Maurer) Stuttgart 1963, 305–319.
Wolf-Rottkay, Wolf H., Balder and the Mistletoe. A Note, (SS 39) 1967, 340–344.

Wolzogen, Hans von, Aus Richard Wagners Geisteswelt, Berlin/Leipzig 1908.

Wood, F. T., The age of the Vǫluspá, (GR 36) 1961, 94–107.

–, The transmission of the Vǫluspá, (GR 34) 1959, 247–261.

Wormstall, Joseph, Der Tempel der Tanfana. Ein altgermanisches Heiligtum in neuer Beleuchtung, Münster 1906.

Wrede, Ferdinand, Zu den Merseburger Zaubersprüchen, (F. Wrede, Kleine Schriften) Marburg 1963, 364–369.

Wrenn, Charles L., Some earliest Anglo-Saxon cult symbols, (Franciplegus. [Festschrift] F. P. Magoun) New York 1965, 40–55.

Wright, Thomas, Anglo-Saxon and Old English vocabularies 1–2, London ²1884.

Wyss, Ulrich, Zur Interpretation der Ynglingasage, (Philologische Untersuchungen gewidmet E. Stutz) Wien 1984, 469–486 (= Philologica Germanica. 7).

Young, Jean I., Does Rígsþula betray Irish influence?, (ANF 49) 1933, 97–107.

Zacher, Konrad, Loki und Typhon, (ZfdPh 30) 1898, 289–301.

Zangemeister, Karl, Römische Inschriften, (Bonner Jahrbücher 81) 1886, 78–86.

–, Zur germanischen Mythologie, (Neue Heidelberger Jahrbücher 5) 1895, 46–60.

Zetterholm, Delmar O., Studier i en Snorre-Text, Stockholm/København 1949.

Zimmer, Heinrich, Parjanya, Fiǫrgyn, Vâta, Wôdan. Ein Beitrag zur vergleichenden Mythologie, (ZfdA 19) 1976, 164–180.